路国权 著

北京大学中国考古学研究中心稽古系列丛书之三

東周青銅容器譜系研究

上册

上海古籍出版社

本研究得到山东省社会科学规划研究项目（15DKGJ01）资助

東周青銅容器譜系研究

路國權 著

徐天進 題

目　　录

插 图 目 录

插 表 目 录

绪　　论

第一节　选题背景

东周时期是我国历史上具有承前启后意义的关键环节,它前承西周,后启两汉,在中国古代历史研究中具有重要地位。[①] 但是,有关这一时期的文献材料十分有限,历来学者研究这一段历史常常感到"文献不足"、[②]"史文阙轶,考古者为之茫昧"。[③] 因此研究东周历史必须在文献史料之外开拓新材料,青铜器就是其中最重要的新材料之一。

青铜器是古代历史文化的重要载体,是先秦历史文化研究中不可或缺的基础材料,也是夏商周考古学研究中最重要的材料之一。青铜器研究自 20 世纪 30 年代因郭沫若《两周金文辞大系》导夫先路步入科学轨道以来,[④]已经取得了十分丰富的成果,但是同时也存在一些问题和薄弱环节。近年王世民先生在总结商周青铜器研究历史时指出"商代和西周铜器的研究进行较多,东周列国则亟待改善(各地资料的积累与研究既不平衡,相互之间的比较研究也嫌甚少)"。[⑤] 这种状况限制了周代特别是东周历史文化研究的深入。

有鉴于此,我们将东周青铜器作为选题范围和研究对象。

东周青铜器门类繁多,数量巨大,全部进行深入细致地分析研究需要付出旷日持久的努力,远非一时所能完成。在此,我们先选择其中地位最重要、数量较多的青铜容器作为本书的具体研究对象,探索方法,树立标尺,为容器之外其他门类东周青铜器的研究开拓道路。

第二节　研究历史与概况

根据研究目的、研究方法和研究材料来源方式的不同,东周青铜容器的研究历史可以

---

① 东周相对于西周而言,地理上"东、西周之名,前后凡三变,初言东、西周者,以镐京对洛邑而言;中间言东、西周者,以王城对成周而言;最后言东、西周,则以河南对巩而言也"。作为历史分期意义上的东周时期,史学界一般认为开始于公元前 770 年,终于公元前 221 年秦始皇统一六国。顾祖禹:《读史方舆纪要》,中华书局,2005 年,第 27 页;李学勤:《东周与秦代文明》,上海人民出版社,2007 年,第 4 页。

② 《论语·八佾》。

③ 顾炎武:《日知录·周末风俗》,《日知录集释》,上海古籍出版社,2006 年,第 749 页。

④ 《两周金文辞大系》:"开创性地创造了标准器断代法,并按年代和国别分类,将'一团混沌'的传世青铜器,第一次变成完整的体系。使著录的青铜器铭文,既成为有系统的编年史料,又成为有系统的国别史料。"郭沫若:《西周金文辞大系图录考释》说明,《郭沫若全集·考古编》第八卷,科学出版社,2002 年。

⑤ 王世民:《商周铜器考古学研究的回顾与展望》,《新世纪的中国考古学——王仲殊先生八十华诞纪念论文集》,科学出版社,2005 年,第 260—268 页。

1923 年河南新郑李家楼大墓铜器群的发现和研究为界,划分为"金石学与古器物学研究
阶段"和"考古学研究阶段"两个时期。

一、金石学与古器物学研究阶段

金石学与古器物学研究阶段的历史至少可以上溯到西汉武帝时期。据《史记·孝武
本纪》记载:"上(汉武帝)有故铜器,问少君。少君曰:'此器齐桓公十年陈于柏寝。'已而
案其刻,果齐桓公器。一宫尽骇,以少君为神,数百岁人也。"①《汉书·武帝纪》记载汉武
帝元鼎元年曾"得鼎汾水上",元鼎四年六月又"得宝鼎后土祠旁",②可能是东周时期晋国
墓葬中随葬的铜鼎。③ 明代陈继儒《妮古录》记载:"金大定中,汾东岸崩得古墓,有鼎十
余,钟磬各数十。鼎有盖,大者几三尺,其中宝物犹存。钟磬小者仅五寸许,大至三尺,凡
十有二,盖音律之次。后世之制以厚薄,而此以大小,其制度皆周器,非秦汉以后所作。"④
清代同治初年后土祠旁也曾出土一批青铜器,其中包括十二件大小不一的邵钟,⑤《妮古
录》所记或与此相似。

北宋至清代和民国早期的金石学尤为发达,著录丰富,有的收录了东周时期青铜容器
的器形、纹饰、铭文或铭文考释等,进行了初步整理。但是从总体上来看,这一阶段东周青
铜容器研究的材料大多来源于偶然发现或传世藏品,偏重于铭文著录、考释以及青铜器命
名的考证,虽然取得了一些成果,但是还没有步入现代意义上科学研究的轨道。

二、考古学研究阶段

根据研究材料的积累情况、研究目的、研究方法以及研究侧重点的不同,东周青铜器
考古学研究阶段的历史可以 1949 年为界,分为以下两个小阶段:

(一) 1923 年至 1949 年——材料初步积累和科学研究的开始

1. 重要发现概述

1923 年至 1949 年之间,河南新郑李家楼、⑥洛阳金村、⑦山西浑源李峪、⑧安徽寿县朱
家集李三孤堆⑨等地,陆续出土了几批重要的东周时期青铜器群,为东周青铜器研究提供
了重要的新材料,引起中外学者广泛关注和热烈讨论。

---

① 司马迁:《史记·孝武本纪》,中华书局,2010 年,第 454 页。
② 班固:《汉书·武帝纪》,中华书局,2007 年,第 182、184 页。
③ 考古学者在后土祠周围钻探发掘到东周时期的晋国墓葬群,出土一批东周青铜器。
④ 陈继儒:《妮古录》,华东师范大学出版社,2011 年,第 58 页。
⑤ 吴大澂:《愙斋集古录》,1917 年。
⑥ 蒋鸿元:《新郑出土古器图志》,新郑出土古器图志总发行所,1923 年;关百益:《新郑古器图录》,上海商务印
书馆影印本,1929 年;孙海波:《新郑彝器》,1937 年影印本;关百益:《郑冢古器图考》,中华书局石印本,1940 年。
⑦ 梅原末治:《增订洛阳金村古墓聚英》,京都小林出版社,1933 年。
⑧ 商承祚:《浑源彝器图》,金陵大学中国文化研究所,1936 年。
⑨ 刘节:《寿县出土楚器图释》,国立北平图书馆,1935 年。

2. 研究概况和研究成果

在出土新材料的刺激下,中外学者对中国古代青铜器研究产生了浓厚的兴趣,考古学、历史学、古文字学、艺术史等领域的学者和海外汉学家们纷纷投入到对中国古代青铜器的研究中。受国外考古学和艺术史等学科研究方法的启迪和影响,中国古代青铜器研究开始步入科学的轨道。这一时期东周青铜器研究的主要成果可以概括如下:

（1）分期断代研究

1933 年,瑞典学者高本汉（Karlgren）将中国青铜器划分为:殷式（？—前 11 世纪）、殷周式（晚商至西周早期,前 11 世纪—前 10 世纪）、中周式（前 9 世纪—前 7 世纪）、淮式（前 7 或前 6 世纪—前 3 世纪）、汉式（前 206—220）五期。① 他将以往西方学术界定为"秦式"或"秦楚式"②的青铜器改定为"淮式"青铜器,将安徽寿县朱家集李三孤堆铜器群、山西浑源李峪铜器群等都划为"淮式"青铜器。1935 年,高本汉又将中国商周时期青铜器划分为:殷式（？—前 1123）、殷周式（前 1122—前 947）、中周式（前 946—前 400）、淮式（前 600—前 3 世纪）四期,将"淮式"青铜器的年代定为公元前 6 世纪至秦代。③ 1937 年高本汉又将"淮式"青铜器的年代改订为约公元前 650 年至前 200 年。④

1933 年,日本学者内藤湖南将山西浑源李峪出土的青铜器的年代由"秦式"订正为"战国式",即战国时期。⑤

1934 年,中国学者郭沫若将殷周青铜器划分为四期:第一期,滥觞期,大约相当于殷商前期;第二期,勃古期,殷商后期及周初成康昭穆之世;第三期,开放期,西周恭懿以后至春秋中叶;第四期,新式期,春秋中叶至战国末年。⑥ 1945 年郭沫若对上述分期做了新的表述:第一期,鼎盛期,相当于殷代及西周文武成康昭穆诸世;第二期,颓败期,相当于西周恭懿孝夷诸世至春秋中叶;第三期,中兴期,相当于春秋中叶至战国末年;第四期,衰落期,自战国末叶以后。在这两种表述中,郭沫若均主张以春秋中叶为界将东周时期青铜器划分为两大期,但是都没有说明春秋中叶的绝对年代。⑦

1936 年,由唐兰等中国学者组成的伦敦中国艺术国际展览会筹备委员会将中国古代青铜器划分为:商器（前 1766—前 1122）、西周器（前 1122—前 769）、春秋器（前 722—前 481）、战国器（前 481—前 221）、汉器（前 206—220）、汉以后器六个时期,将东周时期青铜

---

① Karlgren, "The Exihibition of Early Chinese Bronzes", *BMFEA*, NO.6,1934.

② 1929 年,卡尔白克（Karlbeck）将收购的出自淮河流域的青铜器带回欧洲,西方学者将这批青铜器称为"秦式"或"秦楚式",其中包含东周时期的青铜器。Osvald Siren, "A History of Early Chinese Art", *Ernest Benn*, Vol 1, London, 1929.

③ Karlgren, "Yin and Chou in Chinese Bronzes", *Yin and Chou Researches dedicated to the Royal Academy of Arts and the Executive Committee of International Exhibition of Chinese Art London 1935—1936*, The Museum of Far Eastern Antiquities, Stockholm, 1935. also in *BMFEA*, NO.8, 1936.

④ Karlgren, "New Studies on Chinese Bronzes", *BMFEA*, NO.9, 1937.

⑤ 内藤湖南:《欧米蒐储支那古铜精华·序》,山中商会,1933 年。

⑥ 郭沫若:《彝器形象学试探》,《青铜时代》,科学出版社,1957 年,第 319—326 页。

⑦ 郭沫若:《青铜器时代》,《青铜时代》,科学出版社,1957 年,第 297—313 页。

器以公元前 481 年为界划分为春秋和战国两期。①

1936 年,日本学者梅原末治从器形和纹样等角度对 1923 年山西浑源李峪出土的青铜器进行了比较细致的研究,将这批青铜器的年代定为"战国式",然后以之为标准系联当时所见公、私收藏及河南新郑、洛阳金村、辉县、安徽寿县等地出土的具有相似特征的"战国式"青铜器,进行了比较全面的研究。②

1941 年,中国学者容庚以公元前 476 年为界,将东周时期青铜器划分为春秋(前 770—前 476)和战国(前 475—前 222)两期。③

1946 年,美国学者 Ludwig Bachhofer④ 从艺术史的角度,根据青铜器形制风格的不同,将东周时期和西汉时期的青铜器划分为新郑式(前 7 世纪—?)、李峪式(? —前 550)、淮式(前 550—前 475)、金村式(前 5 世纪—1 世纪中期)四个发展阶段。⑤

(2)国别研究

1932 年,郭沫若《两周金文辞大系——周代金文辞之历史系统与地方分类》首先开创了对东周时期青铜器铭文进行分国系统研究的先河。⑥《大系》下编辑录东周时期青铜器铭文,首先按照国别排列,然后将各个诸侯国的青铜器铭文按照时代先后顺序排列,共收录东周列国青铜器铭文 114 篇,分为:吴、越、徐、庐、楚、郜、黄、江、蔡、邓、许、苏、郑、陈、宋、曾、滕、薛、邾、邿、鲁、杞、祝、齐、卫、燕、晋、虞、虢、秦 30 个国别。⑦ 这一方法凿破混沌,不仅为东周青铜器铭文,也为东周青铜器的系统整理和研究开辟了新的科学路径。

(3)区系研究

1932 年,郭沫若在分国别考释的基础上,将东周青铜器铭文划分为南北二系,并概述了二系的差异和成因:"由长江流域溯流而上,于江、河之间顺流而下,更由黄河流域溯流而上,地之比邻者,其文化色彩大抵相同。更综而言之,可得南北二系。江淮流域诸国南系也,黄河流域北系也。南文尚华藻,字多秀丽;北文重事实,字多浑厚,此其大较也。徐楚乃南系之中心,而徐多古器,旧文献中每视荆、舒为蛮夷化外,足征乃出于周人之敌忾。徐、楚均为商之同盟,自商亡之后即与周为敌国,此于旧史有征,而于宗周彝铭,凡周室与南夷用兵之事尤几于累代不绝。故徐、楚实商文化之嫡系,南北二流实商、周之派演。商人气质倾向艺术,彝器之制作精绝千古,而好饮酒,好田猎,好崇祀鬼神,均其超现实性之

---

① 伦敦中国艺术国际展览会筹备委员会:《参加伦敦中国艺术国际展览会出品图说·第一册·铜器》,商务印书馆,1936 年,第 5—7 页。赴英国参加展览之前,曾抽选 108 件青铜器在上海进行初展,其中收录 1923 年新郑出土铜器 8 件、1933 年寿县出土铜器 4 件,占全部展品的 11%。

② 梅原末治:《战国式铜器の研究》,东方文化学院京都研究所研究报告第七册,1936 年。

③ 容庚、张维持:《殷周青铜器综论》,科学出版社,1958 年。

④ Bachhofer, Ludwig, *A Short History of Chinese Art*, New York:Pantheon, 1946.

⑤ 在考古学界,这种用第一次发现的地点作为各期名称的定名法,最早是法国考古学家莫尔蒂耶仿照地质学上地史分期的方法命名旧石器时代各期的名称。

⑥ 郭沫若:《两周金文辞大系——周代金文辞之历史系统与地方分类》,东京文求堂书店,1932 年。1935 年文求堂书店增订出版了《两周金文辞大系图录》和《两周金文辞大系考释》,1958 年科学出版社出版了《两周金文辞大系图录考释》。

⑦ 后来增补为 161 器,分为 32 国,见郭沫若:《两周金文辞大系图录考释》,《郭沫若全集·考古编》第八卷,科学出版社,2002 年,第 9—17 页。

证。周人气质则偏重现实,与前人所谓'殷尚质,周尚文'者,适得其反。民族之商、周,益以地域之南北,故二系之色彩浑如泾、渭之异流。"①

1946 年,陈梦家根据青铜器铭文文法、文字、形制、纹饰等方面的差别,将东周列国青铜器划分为东、西、南、北、中五系。② 在同年发表的另外一篇文章中他将"五系"上溯至商和西周时期:"按地域把青铜器分为五系:(1)中土系:商时期为商文化;西周时期为商和周的混合文化;东周时期则受南土系文化的影响。(2)东土系:商和西周时期与中土系相同;东周时期受北土系和南土系文化的影响。(3)西土系:商和西周早期为周文化;西周中期和晚期为商和周的混合文化;东周时期为秦文化。(4)北土系:东周时期为燕、赵边疆文化。(5)南土系:东周时期为楚、吴、越边疆文化。"③

与前一阶段相比,这一时期东周青铜器研究取得了比较丰富的成果:其一,在年代学研究方法上取得了具有里程碑意义的重大突破,青铜器研究从此步入科学轨道,东周青铜器分期断代研究取得一定的成果;其二,开始重视考古发掘出土材料,与传世青铜器结合进行综合研究;其三,开始关注青铜器铭文之外的形制、纹饰、工艺等因素;其四,开始关注青铜器背后反映的社会历史问题的研究。

与此同时,这一阶段的研究中还存在一些有待解决和需要深化研究的问题:其一,分期研究是在中国青铜器和青铜时代的整体分期研究中进行,缺乏专门研究,分期和年代框架有待细化;其二,断代方法还不够缜密,断代研究局限在对少数有铭青铜器和青铜器群的讨论,对没有铭文的青铜器缺乏关注,独钟青铜器铭文的陋习仍然存在;其三,郭沫若"南北二系"说和陈梦家"五系"说还停留在纲要和轮廓层次,有待充分论证。

(二)1950 年至今——材料丰富积累和基于考古材料的深入研究

1. 重要考古发现概述

20 世纪 50 年代以来,随着田野考古工作在全国各地陆续展开,考古工作者发掘出土了大量东周时期的青铜器,为相关问题的深入研究提供了大量科学、系统的基础材料。一方面,一些大型墓地和墓葬(例如河南三门峡上村岭虢国墓地、④淅川下寺楚国墓地、⑤安

---

①　郭沫若:《两周金文辞大系——周代金文辞之历史系统与地方分类》,东京文求堂书店,1932 年,第 8—10 页。

②　陈梦家划分的东土系包括齐、鲁、邾、莒、杞、铸、薛、滕等国;西土系指秦、晋、虞、虢等国;南土系包括吴、越、徐、楚等国;北土系包括燕、赵等国;中土系指宋、卫、陈、蔡、郑等国。他指出:"此五系者,东、中、西三系为黄河流域,南系为江淮流域,北系为塞外。故南北两系最易受域外文化之影响,否则常保持其地域性的发展,而其他三系乃正统的华夏文化也。"陈梦家:《中国铜器概述》,《海外中国铜器图录(第一集)》,国立北平图书馆,1946 年。

③　Ch'en Men-chia, "Style of Chinese Bronzes", *Archives of the Chinese Art Society of America*, Vol. 1 (1945/1946), pp. 26 - 52.

④　中国科学院考古研究所:《上村岭虢国墓地》,科学出版社,1959 年;河南省文物考古研究所、三门峡市文物工作队:《三门峡虢国墓(第一卷)》,文物出版社,1999 年。

⑤　河南省文物研究所等:《淅川下寺春秋楚墓》,文物出版社,1991 年。

徽寿县蔡昭侯墓、①河北平山中山王𰀭墓、②湖北随州擂鼓墩曾侯墓、③荆门包山楚墓、④江陵望山楚墓、⑤云梦睡虎地秦墓⑥等),出土的青铜器群年代较为清楚,为东周青铜器分期和断代研究提供了重要的坐标和参照标准。另一方面,各地区陆续发掘出土的大量东周时期的青铜器(例如河南洛阳中州路、⑦洛阳体育场路西、⑧新郑祭祀坑、⑨淅川徐家岭和尚岭、⑩山西侯马上马、⑪临猗程村、⑫长治分水岭、⑬太原金胜村、⑭河北唐山贾各庄、⑮山东曲阜鲁故城、⑯滕州薛故城、⑰临淄齐故城、⑱湖北当阳赵家湖、⑲江陵九店、⑳襄阳余岗、㉑湖南桃江腰子仑、㉒陕西凤翔八旗屯、㉓陇县边家庄、㉔孙家南头、㉕四川新都马家㉖等),为研究区域特色和区域之间的差别与联系提供了丰富的材料。

2. 研究概况和研究成果

在前一阶段研究的基础上,再加上考古发掘出土大量新材料的支持,这一时期东周青铜器研究在理论和方法方面都获得了重大突破和长足进步,取得了丰硕成果。

(1)分期断代研究

1959 年,中国社会科学院考古研究所苏秉琦、安志敏、林寿晋等先生,将洛阳中州路经科学发掘并随葬有青铜容器的 M2415、M1、M4、M6、M216、M115、M2729、M2717 8 座墓

① 安徽省文物管理委员会、安徽省博物馆:《寿县蔡侯墓出土遗物》,科学出版社,1956 年。

② 河北省文物研究所:《𰀭墓——战国中山国国王之墓》,文物出版社,1996 年。

③ 湖北省博物馆:《曾侯乙墓》,文物出版社,1989 年;随州市博物馆:《随州擂鼓墩二号墓》,文物出版社,2008 年。

④ 湖北省荆沙铁路考古队:《包山楚墓》,文物出版社,1991 年。

⑤ 湖北省文物考古研究所:《江陵望山沙塚楚墓》,文物出版社,1996 年。

⑥ 《云梦睡虎地秦墓》编写组:《云梦睡虎地秦墓》,文物出版社,1981 年。

⑦ 中国科学院考古研究所:《洛阳中州路(西工段)》,科学出版社,1959 年。

⑧ 洛阳市文物工作队:《洛阳体育场路西东周墓发掘报告》,文物出版社,2011 年。

⑨ 河南省文物考古研究所:《新郑郑国祭祀遗址》,大象出版社,2006 年。

⑩ 河南省文物考古研究所等:《淅川和尚岭与徐家岭楚墓》,文物出版社,2004 年。

⑪ 山西省考古研究所:《上马墓地》,文物出版社,1994 年。

⑫ 中国社会科学院考古研究所等:《临猗程村墓地》,中国大百科全书出版社,2003 年。

⑬ 山西省考古研究所等:《长治分水岭东周墓地》,文物出版社,2010 年。

⑭ 山西省考古研究所、太原市文物管理委员会:《太原晋国赵卿墓》,文物出版社,1996 年。

⑮ 安志敏:《河北省唐山市贾各庄发掘报告》,《考古学报》1953 年第 6 期,第 57—116 页。

⑯ 山东省文物考古研究所等:《曲阜鲁国故城》,齐鲁书社,1982 年。

⑰ 山东省济宁市文物管理局:《薛国故城勘查和墓葬发掘报告》,《考古学报》1991 年第 4 期,第 449—495 页。

⑱ 淄博市博物馆、齐故城博物馆:《临淄商王墓地》,齐鲁书社,1997 年;山东省文物考古研究所:《临淄齐墓》( ),文物出版社,2007 年。

⑲ 湖北省宜昌地区博物馆、北京大学考古系:《当阳赵家湖楚墓》,文物出版社,1992 年。

⑳ 湖北省文物考古研究所:《江陵九店东周墓》,科学出版社,1995 年。

㉑ 襄阳市文物考古研究所:《余岗楚墓》,科学出版社,2011 年。

㉒ 益阳市文物管理处:《湖南桃江腰子仑春秋墓》,《考古学报》2003 年第 4 期,第 511—544 页。

㉓ 吴镇烽、尚志儒:《陕西凤翔八旗屯秦国墓葬发掘简报》,《文物资料丛刊》(3),文物出版社,1980 年,第 67—85 页;尚志儒、赵丛苍:《陕西凤翔八旗屯西沟道秦墓发掘简报》,《文博》1986 年第 3 期,第 1—31 页。

㉔ 尹盛平、张天恩:《陕西陇县边家庄一号春秋秦墓》,《考古与文物》1986 年第 6 期,第 15—22 页;陕西省考古研究所宝鸡工作站、宝鸡市考古工作队:《陕西陇县边家庄五号春秋墓发掘简报》,《文物》1988 年第 11 期,第 14—23 页。

㉕ 陕西省考古研究院、宝鸡市考古工作队、凤翔县博物馆:《陕西凤翔孙家南头春秋秦墓发掘简报》,《考古与文物》2013 年第 4 期,第 3—53 页。

㉖ 四川省博物馆、新都县文物管理所:《四川新都战国木椁墓》,《文物》1981 年第 6 期,第 1—16 页。

葬分为四期,并与陶器墓的分期结果相对照,将整个墓地的东周时期墓葬划分为七期六段,相当于自周平王东迁至秦统一的整个东周时期,每段约占百年。① 这一分期断代结果在此后相当长的时间里一直被作为东周考古学文化和青铜器分期断代研究的标尺,影响深远。

1959 年,日本学者水野清一先生将东周青铜器划分为:春秋前期(周平王—周惠王,前 770—前 652)、春秋中期(周襄王—周定王,前 652—前 586)、春秋后期(周简王—前 481,前 586—前 481)、战国前期(前 480—周威烈王,前 480—前 408)、战国中期(周安王—周显王,前 408—前 327)、战国后期(周慎靓王—前 222,前 327—前 222)六期。②

1960 年,水野清一对东周青铜器分期进行了修订,重新划分为:春秋前期(前 770—前 680,以浚县辛村后期墓为代表)、春秋中期(前 680—前 580,以郏县太仆寺墓和新郑李家楼 1923M 为代表)、春秋后期(前 580—前 481,以寿县蔡侯墓为代表)、战国前期(前 480—前 400,以浑源李峪墓为代表)、战国中期(前 400—前 310,以唐山贾各庄墓群为代表)、战国晚期(前 310—前 222,以洛阳金村墓为代表)六期。③

1962 年,美国学者 W. Watson 根据河南三门峡上村岭虢国墓地发掘出土的青铜器材料,在 1946 年 Bachhofer 提出的"新郑式"的前面,添加"上村岭式"作为整个演变序列中的最早阶段,将 Bcchhofer 的"四式"序列修订为"五式"序列。④

1968 年,美国学者 Max Loehr 在 Bachhofer 1946 年提出的"新郑式"和"李峪式"之间添加"先李峪式",将 Bachhofer 的"四式"序列,进一步修订为"上村岭式—新郑式—先李峪式—李峪式—淮式—金村式"六式序列。⑤

1972 年,日本学者林巳奈夫先生将东周青铜器划分为:春秋前期(前 770—前 650)、春秋中期前半(前 649—前 600)、春秋中期后半(前 599—前 550)、春秋后期前半(前 549—前 500)、春秋后期后半(前 499—前 454)、战国前期(前 453—前 351)、战国中期(前 350—前 250)、战国后期(前 249—前 221)六期八段。⑥

1981 年,郭宝钧先生将东周青铜器划分为:东周初期(前 770—前 723)、春秋早期(前 722—前 655)、春秋中期(前 654—?)、春秋晚期(?—前 481)、先战国期(前 480—前 404)、战国早期(前 402—?)、战国中期(?)、战国晚期(?—前 222)八期。⑦

1981 年,高明先生将中原地区东周青铜礼器划分为:春秋早期(前 770—前 650)、春

①　中国科学院考古研究所:《洛阳中州路(西工段)》,科学出版社,1959 年。

②　水野清一:《殷周青铜器と玉》,日本经济新闻社,1959 年。水野清一的分期年表中,只有东周上限公元前 770 年、东周下限公元前 222 年、春秋战国以公元前 480 年分界给出绝对年代,其余均与周王世系挂钩,本书根据平势隆郎《新编史记东周年表》推定绝对年代。平势隆郎:《新编史记东周年表》,东京大学东洋文化研究所报告,1995 年。

③　水野清一:《世界考古学大系》(6),平凡社,1960 年。

④　Watson, William, *Ancient Chinese Bronzes*, Rutlan, Vermont, 1962.

⑤　Max Loehr, *Ritual Vessels of Bronze Age China*, New York: Asia House Gallery, 1968.

⑥　林巳奈夫:《春秋战国时代文化の基础的编年》,《中国殷周时代の武器》,京都大学人文科学研究所,1972 年,第 471—564 页;林巳奈夫:《春秋战国时代青铜器の研究(殷周青铜器综览三)》,吉川弘文馆,1989 年。后者基本沿用前者的分期体系,以 Ⅰ、Ⅱ、Ⅲ 期分别代表前者的前、中、后期。

⑦　郭宝钧:《商周铜器群综合研究》,文物出版社,1981 年,第 70—120 页,"?"指郭宝钧先生没有给出说明。

秋中期(前 650—前 550)、春秋晚期(前 550—前 453)、战国早期(前 453—前 380)、战国中期(前 380—前 280)、战国晚期(前 280—前 221)六期。①

1984 年,陈平先生将陕西关中地区三十多座东周时期秦国青铜容器墓葬出土的青铜器划分为:春秋早期(前 770—前 678)、春秋中期(前 677—前 577)、春秋晚期(前 576—前 477)、战国早期(前 476—前 385)、战国中期(前 384—前 307)、战国晚期(前 306—前 221)六期。②

1992 年,高崇文先生将晋南地区发表材料比较齐全的二十五座东周时期青铜容器墓葬出土的青铜容器划分为:春秋早期(前 770—前 650)、春秋中期(前 650—前 550)、春秋晚期(前 550—前 476)、战国早期早段(前 475—前 430)、战国早期晚段(前 430—前 400)、战国中期早段(前 400—前 350)、战国中期晚段(前 350—前 300)、战国晚期(前 300—前 221)六期八段。③

1993 年,刘绪先生在检讨以往东周考古分期和断代研究中存在的问题的基础上,根据考古学文化面貌特征的变化,将东周时期的晋文化划分为:春秋早期(前 770—前 665)、春秋中期(前 664—前 559)、春秋晚期(前 558—前 454)、战国早期(前 453—前 377)、战国中期(前 376—前 300)、战国晚期(前 299—前 225)六期。④ 这一分期和断代体系被不少研究东周时期晋和三晋青铜器的学者接受,具有较大影响。⑤

1995 年,刘彬徽先生将东周时期的楚系青铜器划分为:春秋早期(前 770—前 670)、春秋中期早段(前 670—前 600)、春秋中期晚段(前 600—前 530)、春秋晚期(前 530—前 450)、战国早期(前 450—前 380)、战国中期(前 380—前 300)、战国晚期(前 300—前 223)六期七段。⑥

1995 年,朱凤瀚先生将东周时期青铜器划分为:春秋早期(前 770—前 671)、春秋中期(前 670—前 571)、春秋晚期(前 570—前 476)、战国早期(前 475—前 376)、战国中期(前 375—前 276)、战国晚期(前 275—前 222)六期。⑦ 六期之下或又进一步细分为早、晚两段或早、中、晚三段,将战国时期的楚国青铜器划分为四期六段。

1995 年,苏芳淑将东周时期的青铜器分为:春秋早期(前 770—前 670)、春秋中期(前 670—前 570)、春秋晚期(前 570—前 470)、战国早期(前 470—前 370)、战国中期(前

① 高明:《中原地区东周时代青铜礼器研究(上)》,《考古与文物》1981 年第 2 期,第 68—82 页;高明:《中原地区东周时代青铜礼器研究(中)》,《考古与文物》1981 年第 3 期,第 84—103 页;高明:《中原地区东周时代青铜礼器研究(下)》,《考古与文物》1981 年第 4 期,第 82—91 页。后收入高明:《高明论著选集》,科学出版社,2001 年,第 158—216 页。

② 陈平:《试论关中秦墓青铜容器的分期问题(上)》,《考古与文物》1984 年第 3 期,第 58—73 页;陈平:《试论关中秦墓青铜容器的分期问题(下)》,《考古与文物》1984 年第 4 期,第 63—73 页。后收入陈平:《燕秦文化研究——陈平学术文集》,北京燕山出版社,2003 年,第 176—200 页。

③ 高崇文:《试论晋南地区东周铜器墓的分期与年代》,《文博》1992 年第 4 期,第 17—33 页。

④ 刘绪:《晋与晋文化的年代问题》,《文物季刊》1993 年第 4 期,第 83—87 页。

⑤ 赵瑞民、韩炳华:《晋系青铜器研究:类型学与文化因素分析》,山西人民出版社,2005 年;杨建军:《三晋东周铜器墓初论》,《中原文物》2005 年第 3 期,第 33—46 页。杨建军将春秋早、中、晚三期进一步细分出早、晚两段。

⑥ 刘彬徽:《楚系青铜器研究》,湖北教育出版社,1995 年。

⑦ 朱凤瀚:《古代中国青铜器》,南开大学出版社,1995 年;朱凤瀚:《中国青铜器综论》,上海古籍出版社,2009 年。

370—前 270）、战国晚期（前 270—前 221）六期。①

（2）以国别为纲的综合性研究

"以国别为纲"是指以某个（或某些）特定国别的青铜器为研究对象，进行综合研究。包括以下两类：

其一，国别青铜器专门研究。例如：樋口隆康、②李丰、③姜涛④等先生对东周时期虢国青铜器的研究；李学勤等先生对东周时期中山国青铜器的研究；⑤曾昭岷和李瑾、⑥周永珍、⑦李先登、⑧杨宝成、⑨张昌平⑩等先生对东周时期曾国青铜器的研究；陈平、⑪冈村秀典⑫、饭岛武次、⑬王辉、⑭郭明、⑮刘牧、⑯贾腊江、⑰陈洪、⑱王冰⑲等先生对东周时期秦国青铜器的研

---

①　Jenny So, *Eastern Zhou Ritual Bronzes from the Arthur M. Sackler Collections*, Arthur M. Sackler Foundation, 1995. 1981 年，苏芳淑博士论文采用《洛阳中州路（西工段）》的分期框架。Jenny F So, "Bronze Styles of the Eastern Zhou Period", Ph. D. dissertation, Harvard University, 1981.

②　樋口隆康：《虢国铜器考》，《东方学》（20），1960 年。

③　李丰：《虢国墓地铜器群的分期及其相关问题》，《考古》1988 年第 11 期，第 1035—1043 页。

④　姜涛等：《虢国墓地高级贵族墓随葬青铜礼乐器的组合特征》，《故宫文物月刊》2000 年总第 213 期，第 64—81 页。

⑤　李学勤：《平山墓葬群与中山国的文化》，《文物》1979 年第 1 期，第 37—41 页；朱德熙、裘锡圭：《平山中山王墓铜器铭文的初步研究》，《文物》1979 年第 1 期，第 42—52 页；张政烺：《中山王𰯼壶及鼎铭考释》，《古文字研究》（一），中华书局，1979 年，第 208—232 页；孙稚雏：《中山王𰯼鼎、壶的年代史实及其意义》，《古文字研究》（一），中华书局，1979 年，第 273—305 页；张克忠：《中山王墓青铜器铭文简释——附论墓主人问题》，《故宫博物院院刊》1979 年第 1 期，第 39—50 页；李学勤、李零：《平山三器与中山国史的若干问题》，《考古学报》1979 年第 2 期，第 147—170 页；步连生：《中山王墓出土遗物考释三则》，《故宫博物院院刊》1979 年第 2 期，第 88—90 页；于豪亮：《中山三器铭文考释》，《考古学报》1979 年第 2 期，第 171—184 页；徐中舒、伍士谦：《中山三器释文及宫堂图说明》，《中国史研究》1979 年第 4 期，第 85—98 页；黄盛璋：《关于战国中山国墓葬遗物若干问题辨正》，《文物》1979 年第 5 期，第 43—45 页；巫鸿：《谈几件中山国器物的造型与装饰》，《文物》1979 年第 5 期，第 46—50 页；饶宗颐：《中山君譻考略》，《学术研究》1980 年第 2 期，第 41—45 页；段连勤：《关于平山三器的作器年代及中山王𰯼的在位年代问题——兼与李学勤、李零同志商榷》，《西北大学学报》1980 年第 3 期，第 54—59 页；黄盛璋：《再论平山中山国墓若干问题》，《考古》1980 年第 5 期，第 444—447 页；钟凤年：《试谈平山三铜器》，《文物》1981 年第 12 期，第 34 页；商承祚：《中山王譻鼎、壶铭文刍议》，《古文字研究》（七），中华书局，1982 年，第 43—70 页；西村俊范：《中山国王墓出土铜器的铸造关系铭文》，《展望アジアの考古学——樋口隆康教授退官纪念论集》，新潮社，1983 年，第 536—548 页；尚志儒：《试论平山三器的铸造年代及中山王譻的在位时间——兼与段连勤同志商榷》，《河北学刊》1985 年第 6 期，第 77—81 页；小南一郎：《中山王陵三器铭とその时代背景》，《战国时代出土文物の研究》，1985 年，第 271—350 页；孙华：《中山王譻墓铜器四题》，《文物春秋》2003 年第 1 期，第 59—69 页；杜廼松：《论中山国青铜器》，《吉金文字与青铜文化论集》，紫禁城出版社，2003 年，第 209—215 页；董珊：《中山国题铭考释拾遗（三则）》，《北京大学中国古文献研究中心集刊》（四），2004 年，第 345—354 页。

⑥　曾昭岷、李瑾：《曾国和曾国铜器综考》，《江汉考古》1980 年第 1 期，第 69—84 页。

⑦　周永珍：《曾国与曾国铜器》，《考古》1980 年第 5 期，第 436—443 页。

⑧　李先登：《曾国铜器的初步分析》，《中国历史博物馆馆刊》1986 年第 9 期，第 45—49 页。

⑨　杨宝成：《试论曾国铜器的分期》，《中原文物》1991 年第 4 期，第 14—20 页。

⑩　张昌平：《曾国青铜器的分期及其相关问题》，《江汉考古》1992 年第 3 期，第 60—66 页；张昌平：《曾国青铜器研究》，文物出版社，2009 年。

⑪　陈平：《试论关中秦墓青铜容器的分期问题》，《燕秦文化研究——陈平学术文集》，北京燕山出版社，2003 年，第 176—200 页。

⑫　冈村秀典：《秦文化の编年》，《古史春秋》（2），1985 年，第 53—74 页。

⑬　饭岛武次：《秦文化の起源：西周青铜器与秦青铜器、陶器の关系》，《中国考古学与历史学之整合研究》，中研院历史语言研究所，1997 年，第 345—372 页。

⑭　王辉：《秦铜器铭文编年集释》，三秦出版社，1990 年。

⑮　郭明：《东周秦铜器墓初论》，北京大学硕士学位论文，2008 年。

⑯　刘牧：《早期秦文化青铜礼器分期及相关问题研究》，西北大学硕士学位论文，2009 年。

⑰　贾腊江：《秦早期青铜器科技考古学研究》，科学出版社，2011 年。

⑱　陈洪：《关中秦墓出土青铜器编年研究》，《文博》2012 年第 5 期，第 18—27 页。

⑲　王冰：《东周时期秦国青铜器纹饰研究》，陕西师范大学硕士学位论文，2012 年。

究;黄盛璋、①高崇文、②吉琨璋、③杨林中、④吴雅芝、⑤杨建军⑥、赵瑞民和韩炳华、⑦李夏廷和李劭轩、⑧陈志明⑨等先生对东周时期晋和三晋青铜器的研究;李零、⑩刘彬徽、⑪杨宝成、⑫陈振裕、⑬邹芙都、⑭裘士京和张靖、⑮杨式昭、⑯高崇文、⑰张闻捷⑱等先生对东周时期楚国青铜器的研究;肖梦龙、⑲杜廼松、⑳刘兴、㉑李朝远、㉒周大鸣、㉓高成林和傅先荣、㉔

① 黄盛璋:《三晋铜器的国别、年代与相关制度》,《古文字研究》(十七),中华书局,1989 年,第 1—66 页。
② 高崇文:《试论晋南地区东周铜器墓的分期与年代》,《文博》1992 年第 4 期,第 17—33 页。
③ 吉琨璋:《晋国春秋中期铜器墓葬初论》,《山西省考古学会论文集》(二),山西人民出版社,1994 年,第 112—122 页。
④ 杨林中:《晋东南春秋铜器墓的分期及意义》,《山西省考古学会论文集》(二),山西人民出版社,1994 年,第 109—111 页。
⑤ 吴雅芝:《战国三晋铜器研究》,《"国立"台湾师范大学国文研究所集刊》(41),1997 年,第 431—688 页。
⑥ 杨建军:《三晋东周铜器墓初论》,北京大学硕士学位论文,2001 年;杨建军:《三晋东周铜器墓初论》,《中原文物》2005 年第 3 期,第 33—46 页。
⑦ 赵瑞民、韩炳华:《晋系青铜器研究:类型学与文化因素分析》,山西人民出版社,2005 年。
⑧ 李夏廷、李劭轩:《晋国青铜艺术图鉴》,文物出版社,2009 年。
⑨ 陈志明:《山西地区出土晋系青铜器纹饰类型与文化因素分析》,陕西师范大学硕士学位论文,2011 年。
⑩ 李零:《楚国铜器铭文编年汇释》,《古文字研究》(十三),中华书局,1986 年,第 353—397 页;李零:《楚国铜器类说》,《江汉考古》1987 年第 4 期,第 69—78 页;李零:《论东周时期的楚国典型铜器群》,《古文字研究》(十九),中华书局,1992 年,第 136—178 页;李零:《楚鼎图说》,《文物天地》1995 年第 6 期,第 31—36 页;李零:《入山与出塞》,文物出版社,2004 年。
⑪ 刘彬徽:《楚国青铜礼器初步研究》,《中国考古学会第四次年会论文集》,文物出版社,1983 年,第 108—122 页;刘彬徽:《楚国有铭铜器编年概述》,《古文字研究》(九),中华书局,1984 年,第 331—372 页;刘彬徽:《楚国春秋早期铜礼器简论》,《楚文化觅踪》,中州古籍出版社,1986 年,第 30—34 页;刘彬徽:《楚系青铜器略论》,《楚文化研究论集》(一),荆楚书社,1987 年,第 147—157 页;刘彬徽:《楚墓出土铜器的年代略说》,《中原文物》1989 年第 4 期,第 23—24 页;刘彬徽:《楚国楚系有铭铜器编年补论》,《文物研究》(7),黄山书社,1991 年,第 237—243 页;刘彬徽:《楚鼎略考》,《楚文化研究论集》(二),湖北人民出版社,1991 年,第 81—92 页;刘彬徽:《楚系青铜器研究》,湖北教育出版社,1995 年;刘彬徽:《容庚先生〈通考〉著录的楚铜器及其铭文述编》,《容庚先生百年诞辰纪念文集》,广东人民出版社,1998 年,第 44—52 页;刘彬徽:《楚铜器墓分期续论》,《早期文明与楚文化研究》,岳麓书社,2001 年,第 95—103 页;刘彬徽:《楚系金文研究的新进展及相关问题》,《楚文化研究论集》(六),湖北教育出版社,2005 年,第 262—268 页;刘彬徽:《近年楚系青铜器研究述评》,《湖南省博物馆馆刊》(三),岳麓书社,2008 年,第 171—182 页;刘彬徽:《论东周时期用鼎制度中楚制与周制的关系》,《中原文物》1991 年第 2 期,第 50—58 页。
⑫ 杨宝成:《楚国青铜礼器组合研究》,《华夏考古》2000 年第 2 期,第 87—93 页。
⑬ 陈振裕:《楚国青铜器的装饰艺术》,《南方文物》1993 年第 2 期,第 84—94 页。
⑭ 邹芙都:《楚系铭文分期研究》,《四川大学学报(哲学社会科学版)》2003 年第 3 期,第 137—142 页;邹芙都:《楚系铭文综合研究》,巴蜀书社,2007 年。
⑮ 裘士京、张靖:《试论商业因素对楚系青铜文化的影响》,《文物研究》(13),黄山书社,2002 年,第 64—72 页。
⑯ 杨式昭:《春秋楚系青铜器转型风格之研究》,台北历史博物馆,2006 年。
⑰ 高崇文:《楚墓的考古发现与研究》,《古代文明》(8),文物出版社,2010 年,第 163—203 页。
⑱ 张闻捷:《试论楚墓的用鼎制度》,《江汉考古》2010 年第 4 期,第 87—95 页。
⑲ 肖梦龙:《试论江南吴国青铜器》,《东南文化》(二),江苏古籍出版社,1986 年;肖梦龙:《镇江博物馆藏商周青铜器——兼谈江南吴器的地方特色》,《东南文化》1988 年第 5 期,第 54—77 页;肖梦龙:《吴国青铜器分期、类型与特点探析》,《考古与文物》1990 年第 3 期,第 52—60 页;肖梦龙:《吴国青铜器研究》,《东方文明之韵——吴文化国际学术研讨会论文集》,岭南美术出版社,2000 年,第 193—207 页;肖梦龙、刘伟主编:《吴国青铜器综合研究》,科学出版社,2004 年。
⑳ 杜廼松:《春秋吴国具铭青铜器汇释和相关问题》,《吴文化研究论文集》,中山大学出版社,1988 年,第 133—143 页。
㉑ 刘兴:《吴文化青铜器初探》,《文博通讯》(江苏)1981 年第 4 期,第 25—30 页。
㉒ 李朝远:《吴地青铜器未受商文化影响论》,《上海博物馆集刊》(8),上海书画出版社,2000 年,第 79—97 页。
㉓ 周大鸣:《略论吴国发现的青铜器及其相关问题》,《人类学论文选集》,中山大学出版社,1988 年,第 101—109 页。
㉔ 高成林、傅先荣:《吴文化铜甗及其渊源浅谈》,《东方文明之韵——吴文化国际学术研讨会论文集》,岭南美术出版社,2000 年,第 243—246 页;高成林:《东周吴越铜器墓研究》,北京大学硕士学位论文,2004 年。

白宁、①毛颖、②郎剑锋③等先生对东周时期吴国或越国青铜器的研究；赵化成、④杜廼松、⑤李先登、⑥冯胜君、⑦胡传耸⑧等先生对东周时期燕国青铜器的研究；王恩田、⑨杜廼松⑩等先生对东周时期齐国青铜器的研究；张学海、⑪杜廼松⑫等先生对东周时期鲁国青铜器的研究；陈公柔先生⑬对东周时期邾国青铜器的研究；陈公柔、⑭孔令远⑮等先生对东周时期徐国青铜器的研究；李学勤、⑯刘翔、⑰何光岳、⑱王晓勇⑲等先生对东周时期黄国青铜器的研究；刘雨⑳等先生对东周时期曹国青铜器的研究；黄盛璋、㉑徐少华㉒等先生对东周时期鄀国青铜器的研究；徐少华等先生对许国、㉓陈国㉔青铜器的研究；李学勤㉕等先生对小邾国青铜器的研究；黄盛璋先生对山东诸小国、㉖缪鹏对钟离国、㉗孙振等先生对群舒㉘东周青铜器的研究等。

其二，青铜器的国别比较研究。例如：蔡国与楚国青铜器比较研究、㉙郑国与楚国青

① 白宁：《吴国青铜鼎浅析》，《东方文明之韵——吴文化国际学术研讨会论文集》，岭南美术出版社，2000年，第221—228页。
② 毛颖：《吴国青铜器之南方特征》，《南方文物》2009年第2期，第62—70页。
③ 郎剑锋：《吴越地区出土商周青铜器研究》，山东大学博士学位论文，2012年。
④ 赵化成：《东周燕代青铜容器的初步分析》，《考古与文物》1993年第2期，第60—67页。赵化成先生文中还讨论了山西浑源李峪铜器群，认为可能属于代国。
⑤ 杜廼松：《论东周燕国青铜器》，《文物春秋》1994年第2期，第45—49页。
⑥ 李先登：《燕国青铜器的初步研究》，《北京建城3040年暨燕文明国际学术研讨会会议专辑》，北京燕山出版社，1997年，第305—311页。
⑦ 冯胜君：《战国燕青铜礼器铭文汇释》，《中国古文字研究》（一），1999年，第183—195页。
⑧ 胡传耸：《东周燕文化初步研究》，北京大学硕士学位论文，2006年。
⑨ 王恩田：《东周齐国铜器的分期与年代》，《中国考古学会第九次年会论文集》，文物出版社，1997年，第276—297页。
⑩ 杜廼松：《东周时代齐、鲁青铜器探索》，《南方文物》1995年第2期，第81—87页。
⑪ 张学海：《试论鲁城两周墓葬的类型、族属及其反映的问题》，《中国考古学会第四次年会论文集》，文物出版社，1983年，第81—97页。
⑫ 杜廼松：《东周时代齐、鲁青铜器探索》，《南方文物》1995年第2期，第81—87页。
⑬ 陈公柔：《滕国、邾国青铜器及其相关问题》，《中国考古学研究——夏鼐先生考古五十年纪念论文集》，科学出版社，1986年，第176—190页。
⑭ 陈公柔：《徐国青铜器的花纹、形制及其他》，《吴越地区青铜器研究论文集》，两木出版社，1997年。
⑮ 孔令远：《徐国青铜器群综合研究》，《考古学报》2011年第4期，第503—524页。
⑯ 李学勤：《光山黄国墓的几个问题》，《考古与文物》1985年第2期，第49—52页。
⑰ 刘翔：《论黄君孟铜器群》，《江汉考古》1988年第4期，第92—96页。
⑱ 何光岳：《黄国与黄国青铜器》，《中原文物》1989年第4期，第18—22页。
⑲ 王晓勇：《有关古黄国的两个问题》，《河南大学学报》1989年第4期，第60—64页。
⑳ 刘雨：《两周曹国铜器考》，《中原文物》2008年第2期，第42—46页。
㉑ 黄盛璋：《鄀国铜器——铜器分国大系考释之一》，《文博》1986年第2期，第20—25页。
㉒ 徐少华：《鄀国铜器及其历史地理研究》，《江汉考古》1987年第3期，第51—63页。
㉓ 徐少华：《许国铜器及其历史地理研究》，《江汉考古》1994年第3期，第56—61页。
㉔ 徐少华：《陈国铜器及其历史地理与文化综论》，《江汉考古》1995年第2期，第59—66页。
㉕ 李学勤：《小邾国墓及其青铜器研究》，《东岳论丛》2007年第28卷第2期，第1—4页。
㉖ 黄盛璋：《山东诸小国铜器研究——〈两周金文大系续编〉分国考释之一章》，《华夏考古》1989年第1期，第73—102页。
㉗ 缪鹏：《钟离国青铜器初步研究》，安徽大学硕士学位论文，2010年。
㉘ 孙振：《群舒青铜器初步研究》，安徽大学硕士学位论文，2012年。
㉙ 郭沫若：《由寿县蔡器论到蔡墓的年代》，《考古学报》1956年第1期，第1—5页；陈梦家：《寿县蔡侯墓铜器》，《考古学报》1956年第2期，第95—123页。

铜器比较研究、①曾国和楚国青铜器比较研究、②徐国与楚国青铜器比较研究、③秦国与楚国青铜器比较研究、④吴越与徐楚青铜器比较研究、⑤中山国与三晋和燕国青铜器比较研究、徐国与巴国青铜器比较研究、⑥洛阳地区青铜礼器与莒国青铜礼器比较研究⑦等。

（3）以区域为纲的综合性研究

"以区域为纲"是指以某个特定区域为研究的空间范围，对这一空间范围内出土的东周青铜容器进行综合研究。包括以下两类：

其一，以某个自然地理区为研究的空间范围。这类研究通常以河流流域或盆地等空间范围内出土的东周时期青铜器为研究对象，通常包括不同国别、具有某些共同特征的青铜器。例如：高明先生对中原地区，⑧李学勤、杨权喜、杨宝成等先生对江汉、汉淮地区，⑨刘兴、邹厚本、马承源、刘建国、郑小炉、袁艳玲等先生对长江流域，⑩李国梁、宋永祥、郭光、李学勤等先生对皖南地区，⑪张钟云先生对淮河中下游地区，⑫张洁先生对淮泗流域，⑬王

① 马世之：《试论郑与楚文化的关系》，《中原文物》1983年特刊，第47—51页；杨文胜：《郑国青铜器与楚国青铜器之比较研究》，《中原文物》2002年第3期，第41—44页。

② 舒之梅、刘彬徽：《从近年出土曾器看楚文化对曾的影响》，《楚史论丛·初集》，湖北人民出版社，1984年，第228—236页；谭维四：《曾侯乙编钟所见先秦列国文化交流》，《中国考古学会第七次年会论文集》，文物出版社，1989年，第177—188页；张昌平：《曾国青铜器研究》，文物出版社，2009年。

③ 万全文：《徐楚青铜文化比较研究》，《荆州师专学报》1991年第14卷第4期，第71—77页；万全文：《徐楚青铜文化比较研究论纲》，《东南文化》1993年第6期，第26—33页。

④ 刘彬徽：《秦楚青铜器比较研究》，《周秦文化研究》，陕西人民出版社，1998年，第542—547页。

⑤ 刘彬徽：《吴越地区东周铜器与徐楚青铜器比较研究》，《早期文明与楚文化研究》，岳麓书社，2001年，第138—146页。

⑥ 孔令远：《巴徐青铜文化比较论纲》，《巴蜀文化研究》（三），巴蜀书社，2006年，第123—125页。

⑦ 程永建：《洛阳东周铜器墓用鼎研究》，《中原文物考古研究》，大象出版社，2003年，第190—197页；程永建：《东周王畿铜器墓用鼎状况考察》，《考古与文物》2003年第1期，第31—37页；程永建、商春芳：《东周王畿与莒国东周葬制、青铜礼器比较》，《耕耘论丛》（二），科学出版社，2002年，第52—65页。

⑧ 高明：《中原地区东周时代青铜礼器研究（上）》，《考古与文物》1981年第2期，第68—82页；高明：《中原地区东周时代青铜礼器研究（中）》，《考古与文物》1981年第3期，第84—103页；高明：《中原地区东周时代青铜礼器研究（下）》，《考古与文物》1981年第4期，第82—91页。后收入高明：《高明论著选集》，科学出版社，2001年，第158—216页。

⑨ 李学勤：《论汉淮间的春秋青铜器》，《文物》1980年第1期，第54—58页；杨权喜：《江汉地区发现的商周青铜器——兼述楚文化与中原文化的关系》，《中国考古学会第三次年会论文集》，文物出版社，1984年，第207—219页；杨宝成：《试论随枣地区的两周铜器》，《中国考古学会第七次年会论文集》，文物出版社，1989年，第127—139页；叶舒然：《安徽江淮地区春秋青铜器发现与研究略论》，安徽大学硕士学位论文，2012年。

⑩ 刘兴：《东南地区青铜器分期》，《考古与文物》1985年第5期，第90—101页；刘兴：《试论东南地区青铜器特点》，《中国历史博物馆馆刊》1986年第9期，第30—44页；邹厚本：《宁镇区出土周代青铜容器的初步认识》，《中国考古学会第四次年会论文集》，文物出版社，1985年，第123—135页；马承源：《长江下游土墩墓出土青铜器的研究》，《上海博物馆集刊》（四），上海古籍出版社，1987年，第198—220页；刘建国：《论江南周代青铜文化》，《东南文化》1994年第3期，第20—39页；郑小炉：《吴越和百越地区周代青铜器研究》，科学出版社，2007年；袁艳玲：《长江流域东周青铜器研究——以楚系青铜器为中心》，北京大学博士学位论文，2008年。

⑪ 李国梁：《皖南出土的青铜器》，《文物研究》（4），1988年，第161—186页；宋永祥：《试析皖南周代青铜的几个地方特征》，《东南文化》1988年第5期，第91—101页；郭光：《皖南商周青铜器的装饰艺术》，《文物研究》（15），黄山书社，2008年，第269—276页；李学勤：《安徽南部存在着颇具特色的青铜文化》，《学术界》1991年第1期，第37—40页；支小勇：《皖南地区出土青铜器研究》，南京大学博士学位论文，2008年。

⑫ 张钟云：《淮河中下游春秋诸国青铜器研究》，《考古学研究》（四），科学出版社，2000年，第140—179页。

⑬ 张洁：《淮泗流域东周墓葬出土青铜容器研究》，北京大学硕士学位论文，2006年；张洁：《淮泗流域东周秦代墓葬出土青铜容器研究（内容提要）》，《古代文明研究通讯》2006年总第30期，第30页。

青、毕经纬先生对海岱地区,①贾志强和刘小胖先生对忻定盆地,②张叶亭先生对沂沭河流域,③向桃初先生对湘江流域④等地区出土的东周时期青铜器的研究等。

其二,以某个行政区为研究的空间范围。例如:杜迺松、刘彬徽、曹锦炎、张剑、程永建等先生对江苏、山东、湖北、浙江、河南洛阳等地出土的东周时期青铜器的研究。⑤

(4) 以器类为纲的综合研究

以器类为纲的综合研究是指以某类特定青铜器为研究对象进行的综合研究。例如:高崇文先生对两周时期铜壶的形态学研究;⑥吴伟华⑦对山东地区出土的东周青铜钟的研究;郭德维、⑧高崇文、⑨叶植、⑩衡云花、⑪王有鹏、⑫间濑收芳⑬等先生对所谓"楚式鼎"、"楚式敦"的研究;彭浩、⑭叶文宪、⑮横仓雅幸和西江清高及小泽正人、⑯向桃初、⑰丁兰⑱等先生对所谓"越式鼎"的研究;郑小炉、⑲毛颖⑳等先生对所谓"瓿形盉"的研究;张懋镕㉑先生对两周时期青铜盨的研究等。

另外值得特别指出的是,从 1999 年开始,张懋镕先生指导研究生进行青铜器分器类

① 王青:《海岱地区周代墓葬研究》,山东大学出版社,2002 年;王青:《海岱地区周代墓葬与文化分区研究》,文物出版社,2012 年;毕经纬:《海岱地区东周青铜容器研究》,《考古学报》2012 年第 4 期,第 423—466 页。

② 贾志强、郭俊卿、刘小胖:《忻定盆地春秋铜器墓主的文化族属问题》,《山西省考古学会论文集》(三),山西古籍出版社,2000 年,第 316—320 页。

③ 张叶亭:《沂沭河流域商周青铜器研究》,陕西师范大学硕士学位论文,2005 年。

④ 向桃初:《湘江流域商周青铜文化研究》,线装书局,2008 年。

⑤ 杜迺松:《谈江苏地区商周青铜器的风格与特征》,《考古》1987 年第 2 期,第 169—174 页;刘彬徽:《山东地区东周青铜器研究》,《中国考古学会第九次年会论文集》,文物出版社,1997 年,第 263—275 页;刘彬徽:《湖北出土两周金文国别年代考述》,《古文字研究》(十三),中华书局,1986 年,第 239—352 页;刘彬徽:《湖北出土两周金文之国别与年代补记》,《古文字研究》(十九),1992 年,第 179—195 页;曹锦炎:《浙江出土商周青铜器初论》,《东南文化》1989 年第 6 期,第 104—112 页;张剑:《东周国都洛阳青铜器研究》,《四川大学考古专业创建四十周年暨冯汉骥教授百年诞辰纪念文集》,四川大学出版社,2001 年,第 228—243 页;程永建:《洛阳东周铜器墓用鼎研究》,《中原文物考古研究》,大象出版社,2003 年,第 190—197 页;程永建:《东周王畿铜器墓用鼎状况考察》,《考古与文物》2003 年第 1 期,第 31—37 页;程永建、商春芳:《东周王畿与莒国东周葬制、青铜礼器比较》,《耕耘论丛》(二),科学出版社,2002 年,第 52—65 页;毕经纬:《山东出土东周青铜礼容器研究》,陕西师范大学硕士学位论文,2009 年。

⑥ 高崇文:《西周时期铜壶的形态学研究》,《考古类型学的理论与实践》,文物出版社,1989 年,第 177—233 页。

⑦ 吴伟华:《山东出土东周铜钟及相关问题研究》,《考古》2012 年第 1 期,第 72—81 页。

⑧ 郭德维:《试论典型楚器——兼论楚文化的形成》,《中原文物》1992 年第 2 期,第 5—10 页。

⑨ 高崇文:《东周楚式鼎形态分析》,《江汉考古》1983 年第 1 期,第 1—18 页。

⑩ 叶植:《楚式鼎刍议》,《江汉考古》1991 年第 4 期,第 71—75 页。

⑪ 衡云花:《河南出土的楚鬲鼎综述》,《中原文物考古研究》,大象出版社,2003 年,第 202—206 页。

⑫ 王有鹏:《成都地区楚式敦的出土及开明氏蜀族源初探》,《中国考古学会第七次年会论文集》,文物出版社,1989 年,第 249—254 页。

⑬ 间濑收芳:《戦国時代楚文化の中の鼎と敦:周辺文化との関連を主眼にみる》,《東洋史研究》第 43 卷第 3 号,1984 年,第 578 页。

⑭ 彭浩:《我国两周时期的越式鼎》,《湖南考古辑刊》(2),岳麓书社,1984 年,第 136—141 页。

⑮ 叶文宪:《越式鼎溯源》,《东南文化》1988 年第 6 期,第 107—109 页。

⑯ 横仓雅幸、西江清高、小泽正人:《所謂"越式鼎"の展開——紀元前 1 千紀后半の東南中国》,《考古学雑志》1990 年第 76 卷第 1 期,第 66—100 页。

⑰ 向桃初:《"越式鼎"研究初步》,《古代文明》(4),文物出版社,2005 年,第 65—104 页。

⑱ 丁兰:《纪南城周边楚墓地出土青铜越式鼎现象初探》,《百越研究》(一),2008 年,第 289—295 页。

⑲ 郑小炉:《试论青铜瓿(瓺)形盉》,《南方文物》2003 年第 3 期,第 45—54 页。

⑳ 毛颖:《南方青铜盉研究》,《东南文化》2004 年第 4 期,第 51—62 页。

㉑ 张懋镕:《两周青铜盨研究》,《考古学报》2003 年第 1 期,第 1—28 页。

的整理和研究,其中有的研究涉及东周时期的青铜容器。①

(5)区系综合研究

区系综合研究是指对所有区域出土的东周时期青铜器进行的整体综合研究,划分区系结构和类型。这种研究路径和取向上承郭沫若和陈梦家先生二十世纪三四十年代的研究思路,同时吸收大量新出土的考古材料,取得了许多新进展。②

1981 年,高明先生将东周时期的青铜礼器按照产地分为中原地区、南方地区、北方地区、山东地区四个区域。③

1989 年,林巳奈夫先生在分期研究的基础上进行分区研究,将春秋中期的青铜器划分为秦、晋、东周、郑国南北中间地带、山东、黄国等淮水上游诸国、舒、楚、宁镇地区、越十个地区;将春秋后期的青铜器划分为秦、晋、燕、东周、郑、山东、楚、宁镇地区、越九个地区;将战国前期的青铜器划分为秦、三晋、郑、山东、楚、四川六个地区;将战国中期的青铜器划分为秦、三晋、楚、四川四个地区;将战国后期的青铜器划分为楚、秦两个地区。④

1995 年,朱凤瀚先生根据青铜器形制、纹饰、工艺特征和组合形式的不同,将春秋时期的青铜器划分为六个区域:(1)中原地区,包括晋、虞、虢、郑、卫等姬姓诸侯;(2)山东地区,包括鲁、薛、齐、莒、纪、临沂凤凰岭铜器群;(3)汉水以北、淮水流域及邻近地区,包括曾、黄、蔡三国;(4)汉水流域及长江中游地区和楚国;(5)长江下游地区,包括群舒及邻近小国、吴国等;(6)关西地区,指关中地区秦国。他将战国时期的区域文化划分为中原(两周、三晋及中山)、齐、燕、楚、秦五个文化圈。⑤

2005 年,小泽正人先生提出东周青铜礼器从春秋中期后半叶开始,地域差别越来越明显,可以分为 4 个区域:(1)渭水流域;(2)汾水流域和中原;(3)山东和河北北部;

①　张静:《商周青铜甗初论》,西北大学硕士学位论文,2002 年;张婷:《商周青铜盘的初步研究》,西北大学硕士学位论文,2004 年;张小丽:《出土商周青铜尊研究》,西北大学硕士学位论文,2004 年;海宁:《试论青铜盆、盂、敦的关系》,西北大学硕士学位论文,2005 年;张翀:《商周时期青铜豆综合研究》,陕西师范大学硕士学位论文,2006 年;胡嘉麟:《两周时期青铜簠研究》,陕西师范大学硕士学位论文,2007 年;乔美美:《商周青铜鬲研究》,陕西师范大学硕士学位论文,2008 年;阴玲玲:《两周青铜匜研究》,陕西师范大学硕士学位论文,2008 年;谷朝旭:《东周青铜敦研究》,陕西师范大学硕士学位论文,2010 年;王宏:《商周青铜罍研究》,陕西师范大学硕士学位论文,2010 年;齐耐心:《东周青铜卮的整理与研究》,陕西师范大学硕士学位论文,2011 年;李云朋:《商周青铜盉整理与研究》,陕西师范大学硕士学位论文,2011 年;张翀:《商周时期青铜豆整理与研究》,线装书局,2012 年;张婷、刘斌:《商周时期青铜盘整理与研究》,线装书局,2012 年。

②　日本学者白川静将东周青铜器铭文分为:西北诸器(秦、虢、晋、燕国)、中土诸器(郑、邓、郐、宋、陈、蔡、许国)、东土诸器(齐、鲁、纪、杞、邾、铸、薛、鄫国)、南土诸器(楚、徐、吴、越国)。其中似乎隐含着对东周青铜器铭文在分国考释基础上进行分区的意图,“四区”的划分可能受到陈梦家“五系”说影响。白川静:《金文通释(第四卷)》,白鹤美术馆,1964—1984 年。

③　高明:《中原地区东周时代青铜礼器研究(上)》,《考古与文物》1981 年第 2 期,第 68—82 页;高明:《中原地区东周时代青铜礼器研究(中)》,《考古与文物》1981 年第 3 期,第 84—103 页;高明:《中原地区东周时代青铜礼器研究(下)》,《考古与文物》1981 年第 4 期,第 82—91 页。后收入高明:《高明论著选集》,科学出版社,2001 年,第 158—216 页。

④　林巳奈夫:《春秋战国时代青铜器の研究(殷周青铜器综览三)》,吉川弘文馆,1989 年,第 5—10 页。该书以Ⅰ、Ⅱ、Ⅲ期分别代表《春秋战国时代文化的基础的编年》(《中国殷周时代の武器》,京都大学人文科学研究所,1972 年,第 471—564 页)一文的前、中、后期。

⑤　朱凤瀚:《古代中国青铜器》,南开大学出版社,1995 年。

（4）淮河中上流域、南阳盆地和两湖平原。①

2009年,朱凤瀚先生将春秋时期的青铜器划分为六个地区:（1）中原地区,包括周、晋、虢、郑、应等国;（2）山东地区,包括鲁、薛、邾、郳、邿、齐、莒、纪及胶东半岛中部;（3）汉水以北、淮水流域及江、淮间地区,包括曾、黄、蔡、许、羕、邓等国;（4）汉水流域及长江中游地区和楚国;（5）长江下游地区,包括群舒、皖南、吴国、徐国等;（6）关西地区,包括芮国和秦国。他将战国时期的青铜器划分为:（1）中原诸国（周、三晋、中山）;（2）中原以外诸国（燕国、浑源李峪村青铜器、齐国、楚国、曾国、秦国）。②

2011年,彭裕商先生将春秋时期的青铜器按照产地的不同划分为以周晋为中心的北方中原文化区、南方楚文化区、东方齐鲁文化区、西方秦文化区四区。③

此外,李学勤、④李伯谦、⑤孙华⑥等先生对包括青铜器在内的东周列国考古学文化进行过区系划分。

与前一时期相比,1950年至今东周青铜器研究取得了长足进展:

其一,分期断代研究方法不断创新,年代框架更加详细、可靠;

其二,研究中独钟铭文的陋习得到纠正,更加关注青铜器的形制、纹饰、工艺、组合、制度等考古背景信息;

其三,研究层次不断提升,由关注青铜器的“铭文”→关注铭文、形制、纹饰、工艺一体的“器”→关注组合制度的“群”→关注更高层次的“国别”→“区域”→“区系”,反映出研究视野逐渐扩大,综合研究能力不断提高;

其四,开始进行以器类为纲的综合性研究,扩展了东周青铜器的研究视角,为沟通不同区域、实现各部分之间的有机结合找到合适的切入点。

毋庸讳言,在取得上述丰富成果的同时,也还存在很多亟需解决的问题。

第三节　以往研究中存在的问题

在上一节中,我们对东周青铜容器的研究历史和取得的成果进行了简要的梳理,本节我们讨论以往研究中存在的问题。

---

① 小泽正人:《东周时代青铜礼器の地域性とその背景》,《中国考古学》2005年第5号,第209—236页。
② 朱凤瀚:《中国青铜器综论》,上海古籍出版社,2009年。
③ 彭裕商:《春秋青铜器年代综合研究》,中华书局,2011年。
④ 李学勤先生的《东周与秦代文明》将东周列国分为七个文化圈:（1）以周为中心的中原文化圈,包括晋国南部、郑国、卫国;（2）北方文化圈,包括赵国北部、中山国、燕国及更北的方国部族;（3）齐鲁文化圈,包括鲁南的东夷小国和宋国;（4）楚文化圈,包括楚国之北的周朝封国和之南的方国部族;（5）吴越文化圈,包括淮水流域和长江下游的嬴姓、偃姓小国（如徐国和群舒等）和东南的方国部族;（6）巴蜀滇文化圈;（7）秦文化圈。参见李学勤:《东周与秦代文明》,文物出版社,1984年。
⑤ 李伯谦先生将西周后期至春秋末年的中原青铜文化区划分为周郑晋卫、齐鲁、燕、秦、楚、吴越六个文化亚区。李伯谦:《中国青铜文化的发展阶段与分区系统》,《中国青铜文化结构体系研究》,科学出版社,1998年,第9—10页;李伯谦:《商周青铜器的区域特征及其形成原因初析》,《古代文明研究通讯》2002年总第15期,第1—6页。
⑥ 孙华:《中原青铜文化系统的几个问题》,《中国考古学跨世纪的反思》,商务印书馆,1999年,第305—333页;孙华:《中国青铜文化体系的几个问题》,《考古学研究》（五）,科学出版社,2003年,第921—948页。

我们认为,以往东周青铜容器研究中存在以下几个亟需解决的问题。

一、多专治一域,整体研究和系统研究不足

钱穆先生在研究先秦诸子年代时曾经针砭以往研究中的弊病:"盖昔人考论诸子年世,率不免于三病。各治一家,未能通贯,一也。详其显著,略其晦沉,二也。依据史籍,不加细勘,三也。惟其各治一家,未能贯通,故治墨者不能通于孟,治孟者不能通于荀。自为起迄,差若可据,比而观之,乖戾自见。"①以往东周青铜器研究中也存在类似问题,多区域性的研究专家,各治一域,各重一隅,通贯性的整体研究和系统研究还比较缺乏和薄弱。

以往的研究过于重视区域和国别本位,突出局部,罕顾整体,割裂了同一器类的历史和不同区域之间的联系,揭示的只能是局部的、不完整的历史,有时甚至演绎出错误的结论。例如刘彬徽先生在考察楚系青铜器与其他地区青铜器的关系时,正确指出了宋右师延敦(本书 BbⅢ 式铜敦)与楚系铜敦(本书 Ea 型铜敦)的形制区别,但是却错误地认为宋右师延敦是"楚甲型圆体敦传入宋国之后,宋国右师进而仿铸,并且有些变异",把"楚系敦"、"晋系敦"的形制演变、时间先后、相互影响关系弄颠倒。② 严志斌先生在《楚王領探讨》一文中,将荆门包山 1986M2:7 铜瓶定为"楚系东周青铜圆瓶"。③ 我们认为该瓶并不属于所谓的"楚系铜瓶"。从形制渊源来看,该瓶是仿造周文化系统早期铜瓶形制特征的复古型铜瓶,属于本书划分的 Aab 型铜瓶。该型铜瓶既不是楚人首创,也不是楚国、楚文化独有,目前所见至少还有绍兴坡塘狮子山 1981M306:10、④临淄辛店 2010M2:Q3、⑤淮阴高庄 1978M1:115、123、⑥洛阳西工区解放路 1982C1M395(陪葬坑):137、72⑦ 等,显然不能定义为"楚系东周青铜圆瓶"。通过对东周时期铜瓶的系统梳理可以发现,东周时期楚国、楚文化系统的贵族墓葬中并不流行随葬铜瓶,楚人也没有发明具有自身特色的铜瓶,因此所谓"楚系东周青铜圆瓶"这个概念本身可能不能成立。

过于重视区域和国别本位,忽视区域之间的协调和联系,也严重阻碍和制约了相关区域东周时期青铜器分期和断代研究的深化。例如:在晋和三晋文化系统的东周青铜器分期断代研究中,太原金胜村 1988M251 铜器群的年代至关重要,但是关于它的年代一直存在春秋晚期和战国早期两种争议,有的学者认为它的墓主是赵简子赵鞅(卒于公元前475⑧ 或前458⑨),年

---

① 钱穆:《先秦诸子系年·自序》,河北教育出版社,2002 年,第 3 页。
② 刘彬徽:《楚系青铜器研究》,湖北教育出版社,1995 年,第 539—540 页。
③ 严志斌:《楚王領探讨》,《考古》2011 年第 8 期,第 87—96 页。
④ 浙江省文物管理委员会等:《绍兴 306 号战国墓发掘简报》,《文物》1984 年第 1 期,第 10—26 页。
⑤ 临淄区文物局:《山东淄博市临淄区辛店二号战国墓》,《考古》2013 年第 1 期,第 32—58 页。
⑥ 淮阴市博物馆:《淮阴高庄战国墓》,《考古学报》1988 年第 2 期,第 189—232 页;淮安市博物馆:《淮阴高庄战国墓》,文物出版社,2009 年。
⑦ 洛阳市文物工作队:《洛阳解放路战国陪葬坑发掘报告》,《考古学报》2002 年第 3 期,第 359—380 页。
⑧ 山西省考古研究所、太原市文物管理委员会:《太原晋国赵卿墓》,文物出版社,1996 年;李建生:《辉县琉璃阁与太原赵卿墓相关问题》,《中国国家博物馆馆刊》2012 年第 2 期,第 6—42 页。
⑨ 陶正刚:《赵氏戈铭考释》,《文物》1995 年第 2 期,第 64—68 页。

代属于春秋晚期;①另外一部分学者认为墓主是赵简子的儿子赵襄子赵毋卹(前475—前426),②年代属于战国早期③(关于赵简子和赵襄子的年代另有赵简子卒于公元前458年、赵襄子[前458—前426]说④)。这两种观点争论已久,错误的一种最近仍然被频繁地引用,说明在这个问题上以往的研究中还没有举出足够让所有学者信服的关键证据。我们认为最能说明问题的关键证据是该墓出土的编号为M251∶540的铜匜,该铜匜属于楚国和楚文化系统流行的典型铜匜,演变序列和年代特征十分清晰,属于本书划分的BaaaⅤ式匜,年代属战国早期,绝对年代为公元前453—前370年。此外编号为M251∶541的附耳折沿鼎和编号为M251∶625的铜壶也可与湖北、安徽、河北等地出土的同类型标准器系联来判断年代,详见下文。东周时期楚国和楚文化系统标准铜器群数量最多,序列最完备,在对其他地区的东周青铜器进行分期断代时,如果能够看到其中的联系性,相互系联,往往事半功倍。如果局限在一隅,闭门造车,往往事倍功半。

"不谋全局者,不足谋一域"。管中窥豹虽有所得,却也可能只见一斑、不见整体,譬如盲人摸象。以往以区域和国别为本位的研究范式,往往以主要篇幅研究所谓区域和国别特色,然后以少许笔墨论述与其他地区的异同或交流。虽然在这种范式下东周青铜器研究取得了丰富的成果,但也隐含着致命的缺陷:这种研究范式的出发点、着眼点和重心集中在局部,过于关注区域特点,突出差异性,强调"分"的一面,忽视了"合"的一面,割裂了整体性,不能如实地反映整体。⑤ 部分简单相加不等于整体,整体是部分的有机结合,整体大于部分之和。⑥ 将以往东周青铜器区域研究成果全部相加,并不能得到对东周

　　① 姞射:《太原金胜村251号墓墓主及年代》,《北方文物》1992年第1期,第26—29页;白国红:《太原金胜村赵简子墓所见春秋晚期礼制变革》,《中国历史文物》2006年第3期,第45—51页;杨建军:《三晋东周铜器墓初论》,《中原文物》2005年第3期,第33—46页;侯毅:《再论太原金胜村251号大墓年代与墓主问题》,《辽海文物学刊》1992年第1期,第107—110页;山西省考古研究所:《万荣庙前东周墓葬发掘收获》,《三晋考古》(一),山西人民出版社,1994年,第218—250页。渠川福先生2000年文认为墓主为赵简子(卒于公元前475年)。渠川福:《关于太原晋国赵卿墓的若干问题》,《山西省考古学会论文集》(三),山西人民出版社,2000年,第321—324页;白国红:《从乐悬制度的演变看春秋晚期新的礼制规范的形成——以太原金胜村赵卿墓为切入点》,《文物春秋》2006年第4期,第18—20页。
　　② 渠川福先生1989年文认为"绝对年代大约在公元前475—前425年"。渠川福:《太原金胜村大墓年代的推定》,《文物》1989年第9期,第87—90页;张崇宁:《太原金胜村251号墓主探讨》,《中国历史文物》2005年第1期,第64—68页。
　　③ 高崇文先生将太原金胜村1988M251定为战国早期晚段至战国中期早段(前430—前350)偏早阶段。高崇文:《试论晋南地区东周铜器墓的分期与年代》,《文博》1992年第4期,第17—33页。
　　④ 赵简子卒年有二说,《史记·赵世家》记载:"晋出公十七年(前458),简子卒,太子毋卹代立,是为襄子。"而《正义》曰:"《左传》云哀公二十年(前475)简子死,襄子嗣立。"《史记·六国年表》有"(前464)知伯谓简子,欲废太子襄子,襄子怨知伯"的记载,说明在公元前464年赵简子未卒,赵襄子未即位。《左传》哀公二十年的有关记载可能有误。《史记·赵世家》云:"襄子立三十三年(前425)卒。"陶正刚:《赵氏戈铭考释》《文物》1995年第2期,第64—68页;平势隆郎:《新编史记东周年表》,东京大学东洋文化研究所报告,1995年。
　　⑤ 李零先生曾对这种现象提出批评和警示:"讲地区差异,恐怕不能太过分……如果对地方特色讲过头,不但后面的秦汉没法讲,前面的商周也架空。"李零:《入山与出塞·自序》,文物出版社,2004年,第3页。
　　⑥ 整体和部分是辩证统一的。任何事物都是一个整体,同时又包含各个部分。整体是指事物的各内部要素相互联系构成的有机统一体及其发展的全过程;部分是指组成事物有机统一体的各个方面、要素及发展全过程的某一阶段。整体居于主导地位,统率着部分,整体具有部分根本没有的功能,整体的功能大于各个部分的功能之和。整体和部分又是相互依赖的:整体是由部分构成的,整体依赖于部分,只有深入认识部分才能清晰地把握整体;部分是整体的部分,离开整体的部分,就失去它原有的性质和功能,部分依赖整体,只有从整体中才能真正认识部分。这要求我们观察和研究问题要从整体着眼,从全局出发。譬如猫观察地毯图案的寓言故事所示的哲理一样,将观察问题的角度从"地毯上"依次上升到"椅子上"、"桌子上"、"房梁上",能够获得不同的视野,得出更全面的认识。又如盲人摸象所示,对部分的正确认知并不等于对事物整体的准确把握。

青铜器发展演变历史的准确认知。① 以往以区域为本位的研究,虽然也以青铜器的形制分析为基础,但是正如本书正文中所要揭示的,大多数青铜器(甚至其型、亚型)是跨区域分布或跨区域起源,甚至有的青铜器的分布重心在多个区域之间迁移,这也要求我们将研究范围扩展开来,跨越"区域"层面,上升到"全局"高度,树立整体观念和全局观念。

以往研究中的少数区系综合研究还停留在"部分相加"的层次,没有找到合适的门径实现各部分之间的有机结合。少数学者选择以器类为纲,作为沟通不同区域、实现各部分之间有机结合的切入点,但又因为青铜器型式分类方法不够科学,没有梳理清楚东周青铜器的科学谱系,反倒将问题复杂化(详见下文)。

我们并不否定以往以区域为本位的研究范式取得的成果,本书旨在尝试提供另外一种研究范式和研究视角——基于全局视野、着眼于整体、以器物谱系为本位的研究。我们主张在开展划分文化区或文化系统的宏大叙述之前,将研究的重心重新转回到"器物本位"。② 每一类青铜器都有其独特的起源、发展和演化的生命史,其分布和演变的"舞台"并不以区域或国别的界限为限制,因此我们必须要从全局出发,打破观念中人为划定的地域藩篱,以器类为纲,对每一类青铜器进行准确的型式划分和谱系分析,揭示每一类青铜器的演变历史,然后在此基础之上进行区域综合研究,实现各部分之间的有机结合。

二、型式分类不科学,缺乏系统思维和谱系观念

虽然一切分类都是实用的,但是分类目的、分类标准不同,分类结果和分类意义也不相同。以往青铜器研究中的型、式划分主要是为实现分期、断代目的进行的传统类型学研究,分类结果不能准确地反映分类对象之间的历史渊源和亲缘关系。少数试图梳理青铜器谱系的研究在分类标准的选取等方面,存在着很多不够准确的地方。作为分类对象的青铜器拥有很多不同的性状特征,例如口、沿、颈、腹、底、足、盖、耳、鋬等,分类时选择哪一个性状特征作为第一分类标准(型),哪个作为第二分类标准(亚型),哪个作为第三分类标准(式)……等等,至关重要。但是以往的研究中经常混淆"类"、"型"、"式"三种不同概念,没有理清类、型、式之间的层次关系,陷入为分类而分类的形而上的机械类型学陷阱

---

① 梁云先生曾对以往区域本位范式的东周青铜器研究成果进行吸收、融汇,制作出各地区东周时期铜器群演变序列图(梁书图二至图九)。但是在这样的图谱中,除去分期断代的错误不论,我们无法看出东周青铜器发展演变的清晰谱系,相反,我们经常看到不同地区的演变序列图中杂烩着在其他地区更为常见的铜器类、型、式。梁云:《战国时代的东西差别——考古学的视野》,文物出版社,2008 年。

② 矫枉必须过正。本书所谓将研究重心重新转回到"器物本位",仅是针对以往以区域为本位的研究范式带来很多弊病而言。考古学研究器物的目的是透物见人,指向历史问题,因此除了针对器物本身物理特征的研究外,还需要更加关注器物出土背景信息,即所谓背景本位。本书针对东周青铜容器的谱系研究是针对其物理特征的器物本位研究,研究器之理;我们同时也关注到青铜器出土背景,在数据库统计表格中详细记录了各项背景信息,在下篇中我们将在本书研究的基础上,分析青铜器背景信息,研究背后反映的历史问题(即器之礼)。

中,丧失了型式分类应有的科学性。①

以东周时期铜匜的型式分类为例,对东周时期铜匜进行综合研究的有(表一):

1984年,容庚和张维持先生将商周时期的铜匜分为:1. 四足匜属;2. 三足匜属;3. 圈足匜属;4. 无足匜属。②

1989年,林巳奈夫先生将商、西周和东周时期的铜匜划分为两大类(有盖和无盖)、九型,其中一至三型为有盖铜匜(其他学者一般称为盉),年代为商和西周时期;四型至九型为无盖铜匜,年代为西周晚期至东周时期,其中:四型匜,流上仰;四A型匜,流上仰,流较短;五型匜,流较平;六型匜,流上仰,流前部有兽首,三或四足;七型匜,流前部有兽首,无足或低圈足;八型匜,半瓢形,无足;八A型匜,半瓢形,长流,无足;九型匜,小型,短流。③

2008年,阴玲玲对传世和出土的两周时期铜匜进行了全面收集和研究,将铜匜划分为两类(有足和无足)、四型:A型,四足;B型,三足;C型,圈足;D型,平底。各型之下又根据不同标准划分亚型。④

2009年,朱凤瀚先生根据足的有无和形制的不同,将铜匜划分为四型:A型,三或四蹄足;B型,三环足;C型,圈足;D型,无足。各型之下按照不同标准划分亚型。⑤

2011年,彭裕商先生将春秋时期的铜匜划分为三型:A型,三足或四足、敞口流;B型,筒形兽头流、三矮足;C型,平底。C型下又根据流、鋬的不同分为二亚型。⑥

此外,还有学者在对一些区域或国别出土的青铜器进行分期和断代研究时,曾对铜匜进行过型式划分,例如:高崇文先生在对晋南地区东周铜器墓进行分期和断代研究时,将晋南地区出土的东周铜匜划分为二型:A型长体匜;B型,瓢形匜。B型之下根据足部和口、纹饰的不同分为三个亚型。⑦ 刘彬徽先生将楚系铜匜划分为三型:A型,四足或三足型;B型,龙形鋬平底型;C型,环钮鋬平底型。⑧

从以上各位学者的研究可以看出,型式分类标准结果差别很大。虽然分类标准多种多样,侧重点各不相同,但是都没有抓住核心标准,有的分得很细,但是没有合理安排好分

---

① 关于考古分类中“类”、“型”、“式”的关系,邹衡先生指出“同类才能分型,不同类不能分型;同型才能分式,不同型不能分式,这就是我们分型分式时必须遵守的科学原则”,只有将“型”放在“类”的下面才能观察得更加清楚:“所谓类、型、式的顺序应该包括双重涵义:一是类、型、式之间的层次关系,即何者属类? 何者属型? 何者属式? 二是各类、型、式本身内部的前后关系,例如各型(A、B、C)和各式(Ⅰ、Ⅱ、Ⅲ)中,何者居前? 何者居中? 何者居后? 但无论确定何种关系,都必先选定特征标准的顺序,即以何者为第一特征标准? 何者为第二、第三……特征标准? ……如何把握这许多标准的顺序的确不是轻而易举的事,因为这正是我们进行型式分类研究的全过程,而这个顺序的最后选定,不仅要经过反复观察、比较、分析、研究,而且还要多次检验。”邹衡:《论古代器物的型式分类》,《夏商周考古学论文集(续集)》,科学出版社,1998年,第352—353页。
② 容庚、张维持:《殷周青铜器通论》,文物出版社,1984年,第26页。
③ 林巳奈夫分类中的“四A型”、“八A型”分别是指从“四型”、“八型”中分化出来的亚型。林巳奈夫:《春秋战国时代青铜器的研究(殷周青铜器综览三)》,吉川弘文馆,1989年。
④ 阴玲玲:《两周青铜匜研究》,陕西师范大学硕士学位论文,2008年。原文云A型四足匜“根据足部、流部的变化划分为五亚型”,文中仅见选定特征Aa、Ab、Ac、Ad四个亚型。
⑤ 朱凤瀚:《中国青铜器综论》,上海古籍出版社,2009年,第288—295页。
⑥ 彭裕商:《春秋青铜器年代综合研究》,中华书局,2011年,第96—99页。
⑦ 高崇文:《试论晋南地区东周铜器墓的分期与年代》,《文博》1992年第4期,第17—33页。
⑧ 刘彬徽:《楚系青铜器研究》,湖北教育出版社,1995年,第216—218页。

表 0.3.1　以往研究中东周青铜匜的分类标准

容庚、张维持（1984）	林巳奈夫（1989）	高崇文（1992）	刘彬徽（1995）	阴玲玲（2008）		朱凤瀚（2009）	彭裕商（2011）
1. 四足匜属	四型匜：流上仰，流较短	A型长体匜	1. 四足型或三足型	**甲类　有足**　A型　四足匜		A型　三或四蹄足	A型　三足或四足，敞口流
2. 三足匜属	五型匜：流较平，流前部有兽首，三或四足	B型瓢形匜	2. 龙形鋬平底型	B型　三足匜		B型　三环足	B型　筒形兽头流，三矮足
3. 圈足匜属	六型匜：流上仰，流前部有兽首，无足或三、四足		3. 环钮鋬平底型	C型　圈足匜		C型　圈足	C型　平底
4. 无足匜属	七型匜：流前部有兽首，无足或圈足			**乙类　无足**　D型　平底匜		D型　无足，流部封顶，通体似瓢	
	八A型匜：半瓢形，长流，无足						
	八型匜：半瓢形，无足						
	九型匜：小型，短流						

高崇文（1992）B型瓢形匜分型：

- Ba型：敞口流，尾作环钮，底部圈足。素面。
- Bb、Bc型：桃形，平口，圜底，三环形足，素面。器同Ba型，器壁甚薄，平底无圈足。器内壁刻纹。

阴玲玲（2008）分型：

甲类　有足
- A型　四足匜
  - Aa型：兽形扁足，敞口流，流微扬，即流与器口近平
  - Ab型：四兽形扁足，敞口流，流上扬，即流明显高出器的口沿
  - Ac型：四环足，敞口流，口呈圆角长方形，足较矮
  - Ad型：四兽形扁足，管状流，流上扬
- B型　三足匜
  - Ba型：三蹄足，整体俨然一勺状，鋬呈圆形
  - Bb型：三蹄足，流下有乳突，鋬下端呈倒L型，上端呈扇状
  - Bc型：三蹄足或柱足，敞口流，兽首形，环形的兽形鋬，近于口沿
  - Bd型：三蹄足或柱足，尖足，管状流，简化了的兽形鋬，近于口沿
  - Be型：器口呈椭圆形或桃形，三环足

乙类　无足
- C型　圈足匜
  - Ca型：管状流
  - Cd型：敞口流，深圆腹，器口基本呈桃形，流上扬，流尾端有环
- D型　平底匜
  - Da型：敞口流，扁长腹，流腹间有界限，流上扬
  - Db型：敞口流，扁长腹，流腹间有界限，流上扬
  - Dc型：流腹间无界限，流上扬，敞口流
  - Dd型：长敞口流，流腹间有界限，流平伸
  - De型：敞口流，流腹间无界限，流平伸
  - Df型：原文缺述此型
  - Dg型：平底，管状流
  - Dh型：敞口流，平底，形制似勺

朱凤瀚（2009）分型：

- A型　三或四蹄足
  - Aa型：流部上仰，明显高出以上口沿
  - Ab型：流微仰，与器口近平
- B型　三环足
  - Ba型：浅腹，平底，筒状流，仰而短
  - Bb型：器平面呈桃形，流上仰而短，尖
- C型　圈足
  - Ca型：流，鋬在腹部长径方向上，浅腹，平底，折作筒状
  - Cb型：流，鋬在腹部短径方向上，无封顶，腹身横宽
- D型　无足，流部封顶，通体似瓢
  - Da型：流在腹部长径方向上
  - Db型：流在腹部短径方向上

彭裕商（2011）分型：

- A型　三足或四足，敞口流
- B型　筒形兽头流，三矮足
- C型　平底
  - Ca型：流，一般有兽头盖，似筒形，兽头鋬
  - Cb型：流，一般无盖，环形鋬，整体似瓢形

类标准的层次,反倒事倍功半。

　　本书根据腹部形态特征的不同,将东周时期的铜匜划分为以下四型:A 型,横长腹,腹部长径在流—尾方向;B 型,纵长腹,腹部长径在流—尾的垂直方向;C 型,圆形腹,数量少,主要分布于长江下游南岸地区;D 型,异型(A、B 型的混合型,目前仅见一件)。四型之下可根据其他特征划分亚型、次亚型、次次亚型。四型铜匜之中,以 A 型、B 型为最大宗,数量最多,其中:A 型为周文化系铜匜,承自西周中晚期,春秋时期流行于黄河流域(春秋早期波及淮河和汉水流域),进入战国之后数量急剧减少,仅见于中原地区和南方地区极少数高等级贵族墓葬中;B 型铜匜目前最早见于春秋初期淮河上游地区,春秋早期开始被楚人接受,春秋中期伴随楚文化的强势扩张,分布范围大为拓展,遍布淮河、汉水流域和长江中下游地区,从春秋晚期开始逐渐扩展到北方黄河流域,战国中期之后几乎完全取代北方黄河流域原来流行的 A 型铜匜,北方秦、三晋、燕、齐等国出土的陶匜形制也是模仿 B 型铜匜。A、B 两型铜匜的划分和分布格局的演变明确地反映出周文化系统和楚文化系统影响力此消彼长的互动关系,较之前学者提出的几种分类方法更具有合理性。

　　再以东周时期铜簠的分类为例(表二):

　　1984 年,容庚和张维持先生将铜簠划分为两类:1. 两耳簠属;2. 无耳簠属。[1]

　　1989 年,林巳奈夫先生将盖部捉手和足部大小的不同作为第一分类标准,将东周时期铜簠划分为两型:一型,盖的捉手和足较小;二型,盖的捉手和器足宽大,腹部浅、扁宽。二型之下又划分出二 A 型,其指盖的捉手和器足宽大,腹部深、较高。[2]

　　2007 年,胡嘉麟对传世和出土的两周时期铜簠进行了全面收集和型式分析,将两周时期的铜簠划分为三型:A 型,长方体,侈口,腹壁斜直下收为平底,下承矩形圈足;B 型,长方体,直口,腹壁内折下收为平底,口沿有一段直壁,矩形圈足外侈有缺口;C 型,长方体,直口,方唇折沿,腹壁内折下收,口沿下直壁长度不及腹深一半,腹部两侧有一对兽首形耳,平底下承四足。各型之下又根据足部形态特征的不同细分为若干亚型。[3]

　　2009 年,张婷将圈足的有无作为第一分类标准,将东周时期的铜簠划分为二型:A 型,长方形圈足簠;B 型,无圈足簠。各型之下又根据足部形态特征的不同细分为若干亚型。[4]

　　2009 年,朱凤瀚先生将足部形态特征作为第一分类标准,将东周时期的铜簠划分为二型:A 型,长方形圈足,四面中间有缺口;B 型,四长斜足,足底作曲尺形。[5]

　　2011 年,彭裕商将錾耳大小、粗细和与器体的铸接位置的不同作为第一分类标准,将东周时期的铜簠划分为二型:A 型,錾耳较小,较粗,铸于器、盖斜面上;B 型,錾耳较大且

①　容庚、张维持:《殷周青铜器通论》,文物出版社,1984 年,第 25 页。
②　林巳奈夫:《春秋战国时代青铜器の研究(殷周青铜器综览三)》,吉川弘文馆,1989 年。
③　胡嘉麟:《两周时期青铜簠研究》,陕西师范大学硕士学位论文,2007 年。
④　张婷:《两周青铜簠初步研究》,《四川文物》2009 年第 1 期,第 45—51 页。
⑤　朱凤瀚:《中国青铜器综论》,上海古籍出版社,2009 年,第 139—142 页。

表0.3.2 以往研究中东周青铜簠的分类标准

容庚、张维持 (1984)	林巳奈夫 (1989)	高崇文 (1992)	胡嘉麟 (2007)	张婷 (2009)	朱凤瀚 (2009)	彭裕商 (2011)
2. 无耳簠属	一型 盖的提手和足较小	A型 斜壁	A型 长方体，侈口，腹壁斜直下收，下为平底，承矩形圈足 —— Aa型 圈足无缺口，呈封闭状；Ab型 圈足有缺口	A型 长方形圈足簠 —— Aa型 圈足无缺口；Ab型 果叶形缺口圈足；Ac型 梯形缺口圈足；Ad型 弧形缺口圈足；Ae型 凸形缺口圈足	A型 长方形圈足，四面中间有缺口	A型 鋬耳较小，较粗，铸于器、盖斜面上
1. 两耳簠属	二型 盖的提手和器足宽大，腹部浅，扁宽	B型 折壁折沿	B型 长方体，直口，腹壁内折下收，口沿有一段直壁，矩形圈足外侈有缺口 —— Ba型 圈足缺口无回弧；Bb型 圈足缺口有回弧	B型 无圈足簠 —— Ba型 腹底接四动物形足；Bb型 器底接四长斜足；Bc型 器底下接四曲尺形足	B型 四长斜足，足底作曲尺形	B型 鋬耳较大且较细，一端铸于器、盖斜面上，另一端铸于器、盖折沿上，一般无卡扣
	二A型 盖的提手和器足宽大，腹部深，较高	C型 折壁直口	C型 长方体，直口，方唇折沿，口沿内折下收，口沿下直壁长度不及腹部深有一半，腹部两侧有一对兽首形耳，平底下承圈足 —— Ca型 器底下承四个兽首形足；Cb型 器底下承四个镂空兽形足；Cc型 器底下承四个高斜支足，足底作蹼形			

较细,一端铸于器、盖斜面上,另一端铸于器、盖折沿上,一般无卡扣。①

此外,还有学者在对一些区域或国别出土的东周时期青铜器进行分期和断代研究时,曾对铜簠进行过型式划分,例如:高崇文先生在对晋南地区东周铜器墓进行分期和断代研究时,将晋南地区出土的东周铜簠分为三型:A 型,斜壁;B 型,折壁折沿;C 型,折壁直口。②

综合来看,上述学者选取的第一分类标准也多种多样,各不相同,但都没有抓住核心标准。

本书根据口部形态特征的不同,将东周时期的铜簠划分为二型:A 型,折沿;B 型,无沿。各型之下根据足部形态特征的不同划分为若干亚型。A 型铜簠继承西周晚期周文化系统同型铜簠的形制特征,属于周文化系统,东周时期主要分布在北方黄河流域,数量由多变少:第一期,数量最多,集中分布区在陕西关中、晋南、河南、鄂北和山东西部地区;第二期,数量减少,主要分布在河南、鄂北、山东西南部;第三期,数量进一步减少,主要分布在河南和晋南地区;第四期至第六期,较为罕见,仅分布于豫西和山西地区少数高等级贵族墓葬中。与此不同,B 型铜簠虽然可能来源于 A 型铜簠,但是分布格局和文化属性与 A 型铜簠明显不同:第一期,目前发现 6 件,其中 4 件出自山东平邑,2 件出自湖北谷城;第二期,数量增加,集中分布于豫南地区楚文化控制区;第三期,数量激增,分布空间由豫南地区向北、向南、向东扩展,集中分布于豫中、豫南和汉水流域,边缘分布区可及晋南、豫北、湘北和淮河下游地区;第四期,数量继续大幅增加,分布空间在第三期的基础上进一步向外扩展,向东可及苏南、向北可及鲁南、向西可及四川中部地区;第五期,数量开始减少,分布范围收缩,集中分布在豫南和湖北汉水流域,晋南地区有少量发现;第六期,数量较少,主要分布在豫南和湖北汉水流域,豫中和冀中地区少数高等级贵族墓葬有少量发现;第七期,数量更少,目前仅见于安徽寿县朱家集楚王墓中。由此可见,从第二期开始,B 型铜簠集中分布在楚文化核心区,第三期和第四期分布范围伴随楚国的对外扩张而向外拓展,因此其文化属性属于楚文化系统。虽然只是口沿部位的小小差异,分布格局和文化属性却完全不同。A、B 两型铜簠的划分和分布格局的演变也明确地反映出周文化系统和楚文化系统影响力此消彼长的互动关系,因而较之前学者提出的几种分类方法更具有合理性。

与铜匜和铜簠的分类相似的问题亦见于以往对铜盆、铜敦、铜壶、铜鉴、铜盉、铜盘、铜浴缶等器类的分类研究,问题的症结都在于没有搞清楚类型学与分类学的区别和联系。我们并不认为以往研究中其他学者的型、式分类是错误的,因为一切分类都有其合理性,只是分类目的不同,分类标准和结果也不相同。以往学者进行型、式分类的目的主要是为分期、断代服务,也基本实现了预期目的,但却没有梳理清楚铜器的谱系。我们主张对青铜器进行型式分类应该超越仅为分期断代服务的传统类型学研究范式,在进行型式分类

---

① 彭裕商:《春秋青铜器年代综合研究》,中华书局,2011 年,第 66—69 页。
② 高崇文:《试论晋南地区东周铜器墓的分期与年代》,《文博》1992 年第 4 期,第 17—33 页。

时,选择合适的分类标准,合理安排分类对象的性状特征在分类系统中的层级,①使型式分类的结果能够反映分类对象之间的亲缘关系和历史渊源,构建科学的谱系。②

三、分期断代研究有待进一步深化和整合

以往不同学者研究得出的分期和年代框架差异较大(图一),不利于学术对话和研究:

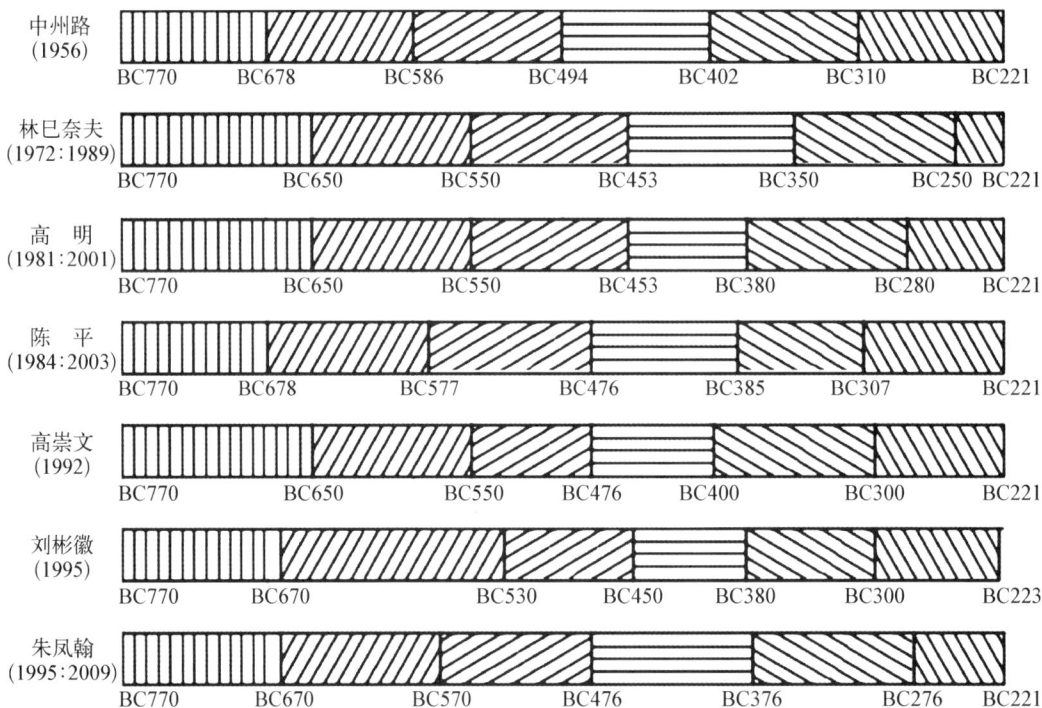

图 0.3.1　以往东周青铜器分期和断代框架比较示意

其一,分期方面,对一些重点区域和重要文化系统的东周时期青铜器的分期,还有很多分歧,例如东周时期楚国和楚文化系统青铜器,一般认为分为七期较为合适,但也有学者坚持分为六期;其他地区东周时期青铜器分期一般秉持六期分法,与楚有异。但据我们观察,其他地区青铜器面貌的变化节奏与楚基本相吻合,可以相互系联,七期分法更能准确地把握东周时期青铜器发展演变的节奏和特征(详见下文)。

其二,断代方面,有时分期意见虽然相同,但是断代结果却相差悬殊,进行学术交流和讨论时,如果不言明依据哪一种分期断代框架,A 学者和 B 学者所谓"春秋晚期"的绝对

① 邹衡:《论古代器物的型式分类》,《夏商周考古学论文集(续集)》,科学出版社,1998 年,第 353 页。
② 在此,我们没有使用考古类型学(Typology),而是代以分类学(Taxonomy,Systematics)。考古类型学又称标型学或者器物形态学,在以往考古学研究中主要作为研究古代遗物相对年代的方法使用,没能解决古代遗物的谱系问题。虽然考古类型学也是受生物分类学的启发而产生,但是没有吸取生物分类学后来的研究成果。

年代,很可能一为"春秋晚期"、一为"战国早期",以往对于各期绝对年代的判断还存在需要调整和细化的地方。

其三,在一些重要铜器群的分期和断代上分歧意见还比较大,①说明以往的研究方法还有待进一步完善,亟需在研究方法上有所突破和创新。

四、空间分布格局的系统研究十分薄弱,几近空白

所有青铜器都是分布在一定的空间范围,但是不同类型的青铜器可能具有不同的分布范围和分布格局,有时甚至同型不同亚型的青铜器也具有各自独特的空间分布特点。这些都需要进行专门的统计、分析和解释。

东周青铜器存在的空间也是东周列国或族群活动的舞台,青铜器分布范围和分布格局的变化往往与国别或族群有关,因此通过对东周青铜器分布格局的研究也可以透物见人,研究东周时期国、族的历史和社会问题。但是以往研究中缺乏对东周青铜容器空间分布范围和分布格局的系统梳理和研究,迄今为止还没有专门的研究成果。

综合来看,上述四个方面的问题可以归纳成为一个核心的问题:东周青铜容器的谱系,尚未得到全面、系统的梳理和科学的揭示。

第四节　研究思路、结构和方法

根据对以往东周青铜器研究成果的总结、对以往研究中存在的相关问题的检讨和省思,我们将本书的研究目的设定为:梳理东周青铜容器的科学谱系,包括型式分类、分期断代、空间分布和文化属性四个方面,揭示东周青铜容器"铸造"的东周历史的本来面貌。

我们将本书的研究思路、结构和方法设定如下:

一、以系统思维方式,从整体和全局出发,对各地区出土的东周青铜容器统一进行型式分类

系统论是由美籍奥地利生物学家贝塔朗菲(L. V. Bertalanffy)在第二次世界大战前后酝酿、提出的,它从系统的角度揭示了事物、对象之间互相联系、相互作用的共同本质和内在规律性,提供了一种新的系统思维方式,推动现代科学思维从机械论的范式转变到系统

---

① 　其中比较重要、争议较大的例如:滕州薛故城尤楼 1978M1 铜器群,朱凤瀚先生定为春秋中期(前 670—前 571)偏晚,彭裕商先生定为春秋中期(前 670—前 530)偏早;长治分水岭 1972M269、M270 铜器群,高崇文先生定为春秋中期(前 650—前 550),朱凤瀚先生定为春秋晚期(前 570—前 476)偏早,彭裕商先生定为春秋晚期(前 530—前 450)偏晚;辉县琉璃阁 M55 铜器群,郭宝钧先生定为先战国期(前 481—前 403),刘彬徽先生定为春秋中期(前 670—前 530)偏晚,林巳奈夫先生定为春秋中期(前 650—前 550)偏晚,李学勤先生定为春秋晚期(?—前 477)偏早,朱凤瀚先生定为春秋晚期(前 570—前 476)偏晚。

论的范式。① 系统论"不把事物看作相互孤立的因果系列和可以分割处理的机械模式,为研究错综复杂的事物提供了某些具体的理论和方法。在强调整体研究的时候,系统论、控制论还特别指出:局部特点相加之和并不等于整体特征,而必须把它们始终作为整个系统的相互依存的组成部分来加以研究"。② 张光直先生也曾指出:"中国新石器时代早期各区域文化彼此独立、各自发展的时候,每个文化是一个独立的系统;可是到了它们彼此接触交流、互相影响的时候,这些区域文化便形成许多子系统,而它们共同组成的大的文化体系便形成一个主系统。"③东周时期区域文化之间的接触交流、互相影响更加密切和频繁,形成的"主系统"也更加强大,本书正是要研究这一"主系统"的青铜容器的整体面貌。这就要求我们必须打破狭隘的地域观念和界限,从整体和全局出发,将各地区出土的东周青铜容器统一进行型式分类,梳理每一类青铜容器的谱系。④

二、东周青铜容器型式分类研究

应用分类学研究方法,构建东周青铜容器的型式分类系统和科学谱系。

分类学分为四个学派,其中分支分类学又称分支系统学、系统发育系统学(phylogenetics)、谱系发生学;进化分类学又称进化系统学。二者都是以系统发育为理论根据的分类学派,都认为"形形色色的物种可以归纳为大大小小的物类,研究大小物类的形成,或系统发育,使建立的分类系统反映生物进化的历史过程"。⑤ 这两个学派都认为,系统发育的历史包括三个基本过程:(1)从无到有(或从旧到新)的起源;(2)从少到多的分支发展;(3)从低级到高级的阶段发展。我们应该,而且可以,将这种分类方法和系统思想应用到东周青铜器的研究中。每一类东周青铜容器发展演变的历史都可以被视为系统发育的过程,包括纵、横两个方向的发展:横向的分支发展表现为新的型、亚型、次亚型、次次亚型……的出现,纵向的阶段发展表现为新的式别特征的出现,通过类、型、亚型、次亚型、次次亚型……式的排比,可以构建出东周青铜容器的科学谱系。

达尔文在研究物种起源时曾指出:"我们的分类,就它们所能被安排的来说,将是按谱系进行的;那时它们才能真地显示出所谓'创造的计划'。"⑥我国著名昆虫学家和分类学家陈世骧先生在阐释"分类学的目的"时也曾指出:"分类是认识客观事物的一种基本方法……现代生物分类已经发展为一门自然科学,以进化论为理论基础,要求分类系统总结进化历史,反映生物系谱。"⑦在考古学上,邹衡等先生早已注意到和生物分类一样,考古

① 冯·贝塔朗菲:《一般系统论——基础、发展和应用》,清华大学出版社,1987年。
② 金观涛、刘青峰:《兴盛与危机——论中国封建社会的超稳定结构》,湖南人民出版社,1984年,第8页。
③ 张光直:《论"中国文明的起源"》,《文物》2004年第1期,第78页。
④ 邹衡:《中原地区东周陶器墓葬研究·序》,张辛著:《中原地区东周陶器墓葬研究》,科学出版社,2002年,第Ⅰ、Ⅱ页。
⑤ 周明镇等译编:《分支系统学译文集》,科学出版社,1983年;陈世骧:《进化论与分类学》(第二版),科学出版社,1987年;W. Hennig, *Phylogenetic systematics*, Urbana: University of Illinois Press, 1999.
⑥ 达尔文著,周建人、叶笃庄、方宗熙译:《物种起源》,商务印书馆,1995年,第554页。
⑦ 陈世骧:《进化论与分类学》,《昆虫学报》1977年第20卷第4期,第360—381页。

遗物的分类也需要以进化论为理论基础、按照谱系进行。他将分类学方法应用到考古遗物研究中,创立了"古代器物的型式分类"学,通过对夏、商、先商、先周文化陶器和青铜器的研究树立了对考古遗物进行型式分类研究的典范。①

但遗憾的是,这种方法没有受到足够的重视和正确运用。在以往青铜器研究中,充斥着机械的类型学研究,缺乏科学的分类学研究意识。其症结在于以往研究中普遍存在以类型学代替分类学,混淆了类型学和分类学的区别。

分类学和类型学既有本质的区别,又有密切的联系。区别在于分类学(Taxonomy,Systematics)是研究分类对象亲缘关系和科学谱系的方法;类型学(Typology)是通过研究分类对象的形态特征的演变规律来确定相对年代的方法。② 青铜器研究中常用的标准器断代法③就属于类型学范畴。联系在于分类学旨在研究谱系关系,其中包涵相对年代问

① 邹衡先生将系统学引入考古学研究中,树立了对考古遗物进行型式分类研究的典范:"型式分类主要是从器物的形态(形制、花纹)去研究器物的特征及其相互关系;采用的方法是归纳分析法。我们可以先把复杂多样的个体器物,按其特征比较其异同,分别归类,并用适当的型式符号表示其类别,然后根据各类器物之间的相互关系排列成谱系,以找出其产生、演变和绝灭的规律。"邹衡:《夏商周考古学论文集》,文物出版社,1980年;邹衡:《论古代器物的型式分类》,《夏商周考古学论文集(续集)》,科学出版社,1998年,第352页。

② 考古学中的类型学又称标型学、器物形态学、形象学等,是专门研究遗迹、遗物或器物花纹形态变化规律,排列出演化顺序发展序列,根据遗迹和遗物形态的差异程度来确定相对年代关系的方法。考古类型学的目的旨在判断相对年代,并非研究谱系。在考古学上,一般认为类型学的真正奠基人是蒙特留斯(Oscar Montelius),在他之前可以进一步追溯到汤姆逊《北欧古物导论》和沃尔赛《考古发现与墓葬所反映的丹麦古代史》将林奈的生物学分类法运用到人工制品的分析上。考古类型学来源于生物分类学,走上独立的发展道路,与现代生物分类学分道扬镳,没有充分吸收后者新的研究成果。也有学者主张将考古类型学区分为"狭义的类型学"和"广义的类型学",将构建器物谱系的任务赋予"广义的类型学"。根据考古类型学的历史发展过程和目前学术界对考古类型学的理解和实际运用,我们主张将考古类型学和分类学分立。苏秉琦、殷玮璋:《地层学与器物形态学》,《文物》1982年第4期,第1—7页;张忠培:《地层学与类型学的若干问题》,《文物》1983年第5期,第60—69页;严文明:《考古资料整理中的标型学研究》,《考古与文物》1985年第4期,第30—40页;俞伟超:《关于"考古类型学"的问题》,《考古学是什么》,中国社会科学出版社,1996年,第54—107页;赵辉:《关于考古类型学的几点思考》,《考古学研究》,文物出版社,1992年,第482—497页;李科威:《考古类型学的原理和问题》,《东南文化》1994年第3期,第1—8页;孙祖初:《考古类型学的中国化历程》,《文物季刊》1998年第4期,第38—53页;黄建秋:《对中国考古类型学研究方法的反思》,《东南文化》2001年第9期,第6—12页;栾丰实、方辉、靳桂云:《考古学理论·方法·技术》,文物出版社,2002年;科林·伦福儒、保罗·巴恩著,中国社会科学院考古研究所译:《考古学:理论、方法与实践》,文物出版社,2004年,第120页;陈畅:《三位中国考古学家类型学研究之比较》,《四川文物》2005年第6期,第87—92页;汤惠生:《考古类型学的诞生与发展——考古类型学系列研究之一》,《文博》2006年第4期,第24—29页;汤惠生:《中国考古类型学的形成与发展——考古类型学系列研究之二》,《文博》2006年第5期,第21—29页;汤惠生:《考古类型学方法论的学术检讨——考古类型学系列研究之三》,《文博》2006年第6期,第20—28页。

③ "先选定了彝铭中已经自行把年代表明了的作为标准器或联络站,其次就这些彝铭里面的人名事迹以为线索,再参证以文辞的体裁,文字的风格,和器物本身的花纹形制,由已知年的标准器便把许多未知年的贯串了起来。其有年月日规定的,就限定范围内的历朔考究其合与不合,把这作为副次的消极条件。我用这个方法编出了我的《两周金文辞大系》一书,在西周我得到了一百六十二器,在东周我得到了一百六十一器,合共三百二十三。为数看来很象有限,但这些器皿多是四五十字以上的长文,有的更长到四五百字,毫不夸张地是为《周书》或《国语》增加了三百二十三篇真正的逸文。这在作为史料研究上是有很大的价值的。即使没有选入《大系》中的器皿,我们拿着也可以有把握判定它的相对的年代了。因为我们可以按照它的花纹形制乃至有铭时的文体字体,和我们所已经知道的标准器相比较,凡是相近似的,年代便相差不远。这些是很可靠的尺度,我们是可以安心利用的。一个时代有一个时代的文体,一个时代有一个时代的字体,一个时代有一个时代的器制,一个时代有一个时代的花纹,这些东西差不多是十年一小变,三十年一大变。譬如拿瓷器来讲,宋瓷和明瓷不同,明瓷和清瓷不同,而清器中有康熙瓷、雍正瓷、乾隆瓷等,花纹、形态、体质、色泽等都有不同。外行虽不能辨别,而内行则有法以御之,触目便见分晓。周代的彝器,我自信是找到了它的历史的串绳了"。通过与可以自明年代的标准器进行形态、纹饰方面的比较和系联来研究青铜器的年代,解决了青铜器断代问题,但是解决不了构建青铜器谱系的问题。郭沫若:《青铜器时代》,《青铜时代》(《郭沫若全集》历史编第一卷),人民出版社,1982年,第604—605页。

题;类型学旨在研究相对年代,应该建立在谱系分析清楚的基础上。二者是相辅相成、辩证统一的关系,不能相互替代。

以往的东周青铜器研究,大多数属于类型学研究范式,从表面上来看,虽然也进行型、式划分,分期和断代结果也差强人意,[①]但是因为研究的出发点旨在解决分期和断代问题,型、式的划分主要是为分期和断代服务,划分标准虽然多种多样,但都不能准确地反映亲缘关系,解决不了构建青铜容器谱系的问题。

东周青铜容器的科学谱系长期没有得到科学梳理,一方面是因为大多数研究者将研究目的设定为分期断代而非构建谱系;另一方面也是受类型学方法的客观局限性所致,少数试图构建东周青铜容器谱系的学者未能突破机械类型学的羁绊。要构建东周青铜容器的科学谱系,除了扩展研究视野,树立全局观念和系统思维方式之外,在研究方法上,亟需在类型学之上树立分类学意识,自觉地进行旨在建立青铜器科学谱系的分类学研究。

三、东周青铜容器分期断代研究

应用考古年代学研究方法,对东周青铜容器进行分期和断代研究,使之成为系统的编年史料。具体操作方法如下:

首先,选取典型铜器群,[②]将出土典型铜器群数量较多、阶段特征较为明显且演变序列较为完整的若干自然区域或行政区域内出土的铜器群集中在一起,编为若干个编年组;

其次,考察典型器类及其主要型式在各个编年组的典型铜器群中的分布情况,根据器类构成的变化、型式特征的变化以及共存陶器、铜车害等其他器物的变化情况,将编年组内部的铜器群进一步划分为若干个编年小组,进行分期;

然后,利用编年小组内部包含的可以自明年代的标准器和标准器群,[③]以及可以与标准器系联确定年代的铜器、可以确定年代的非铜质器物等,推断各个编年小组的绝对年代,进而推求各期的绝对年代。

四、东周青铜容器空间分布格局和文化属性研究

借鉴分支生物地理学研究方法,[④]构建东周青铜容器分布地理学,研究它们的空间分布范围和分布格局,解释其成因。

---

① 这点主要得益于铜器标准器断代方法的效用。
② 凡符合以下条件者皆可作为典型铜器群:第一,保存完整且材料公开发表;第二,器类丰富,数量较多,风格较为一致,期别特征明显;第三,虽然保存不甚完整,器类较少,数量不甚丰富,材料公布不甚详细,但或因其能自明年代,或代表一个期段,亦被列为典型铜器群。符合上述条件的铜器群数量较多时,择优选取。
③ 按照断代精度的不同,可以把标准器划分为两个等级:第一等标准器是能够自明年代的铜器。这种铜器一般是作器者或史事与文献记载中年代清晰的人物或事件相关联,可以将作器年代限定在具体年代或较窄时间段。第二等标准器是具体作器年代虽不可详知,但根据铭文和文献可以推求上限或下限的铜器(群)。这两种标准器犹如两把精度不同的标尺,根据断代要求的不同,可以单独使用或交叉使用。第一等标准器的数量虽然较少,但可以将其形制、纹样、字体、辞例等诸项要素分解开来,作为各项分别研究的定点标准,参以第二等标准器,建立各项要素的演变谱系。
④ 张明理等译:《分支生物地理学——植物和动物分布的解释性格局》,高等教育出版社,2004年。

　　我们拟在型式分类和分期断代的基础上，统计东周青铜容器各类、型、式的空间分布范围和分布格局，划分不同时期各类、型青铜容器的核心分布区、边缘分布区和离散分布区，与文献中记载的东周时期的诸侯国或族群控制的领域、势力范围进行对比研究，划定各类、型青铜容器的文化属性、国族属性。这项工作本质上是在考古学文化区系类型学说指导下，研究东周青铜容器的区系历史。①

　　总之，每一类东周青铜容器都具有独特的系统发育史和分布历史，我们的研究目的就是揭示它们并解释背后的历史原因。

第五节　关于相关问题的说明

一、研究范围

　　本书研究的时间范围为我国历史上的东周时期，上限为公元前 770 年，下限为公元前 221 年。但是，限于目前研究水平和研究对象的特殊性，青铜器分期和断代精度还难以与历史文献纪年、历史上的重大事件精确对接，因此本书研究材料中不可避免地存在少数绝对年代可能属于西周晚期或秦代、楚汉时期甚至西汉前期的材料。但是这些材料数量少、所占分量小，不影响本书的主要结论。

　　本书研究的空间范围理论上应以东周列国疆域范围为限。但是东周五百五十年间，列国存亡、疆域变动较大，华夏系统诸侯国之间、华夏系统诸侯国与边缘族群之间的界限也变动不居，空间范围上难以划定准确的四界。为简便计，我们在实际操作中大致以秦代疆域为界（图二）。②

二、材料来源

　　本书引用材料全部为公开发表的材料，以考古专业期刊和考古发掘报告为主，同时援引已出版的青铜器图录及相关馆藏文物图录中的青铜器图像材料，随文注明材料出处。同一批材料曾经多次发表的，一般按照惯例以正式报告为准。尚未发表正式报告且前后不一致者，本书择善而从，并随文注明异说，以备参照。部分材料因公布不够清晰不便引用的（例如《四川船棺葬发掘报告》③等），本书暂且搁置不论。

　　本书引用书、刊材料截至 2014 年。

三、典型器类的选择

　　本书主要利用考古发掘出土的青铜容器来探索东周青铜容器的形制发展演变规律，

---

① 苏秉琦：《中国文明起源新探》，人民出版社，2013 年。
② 谭其骧主编：《中国历史地图集》（第二册），中国地图出版社，1982 年，第 3—4 页。
③ 四川省博物馆：《四川船棺葬发掘报告》，文物出版社，1960 年。

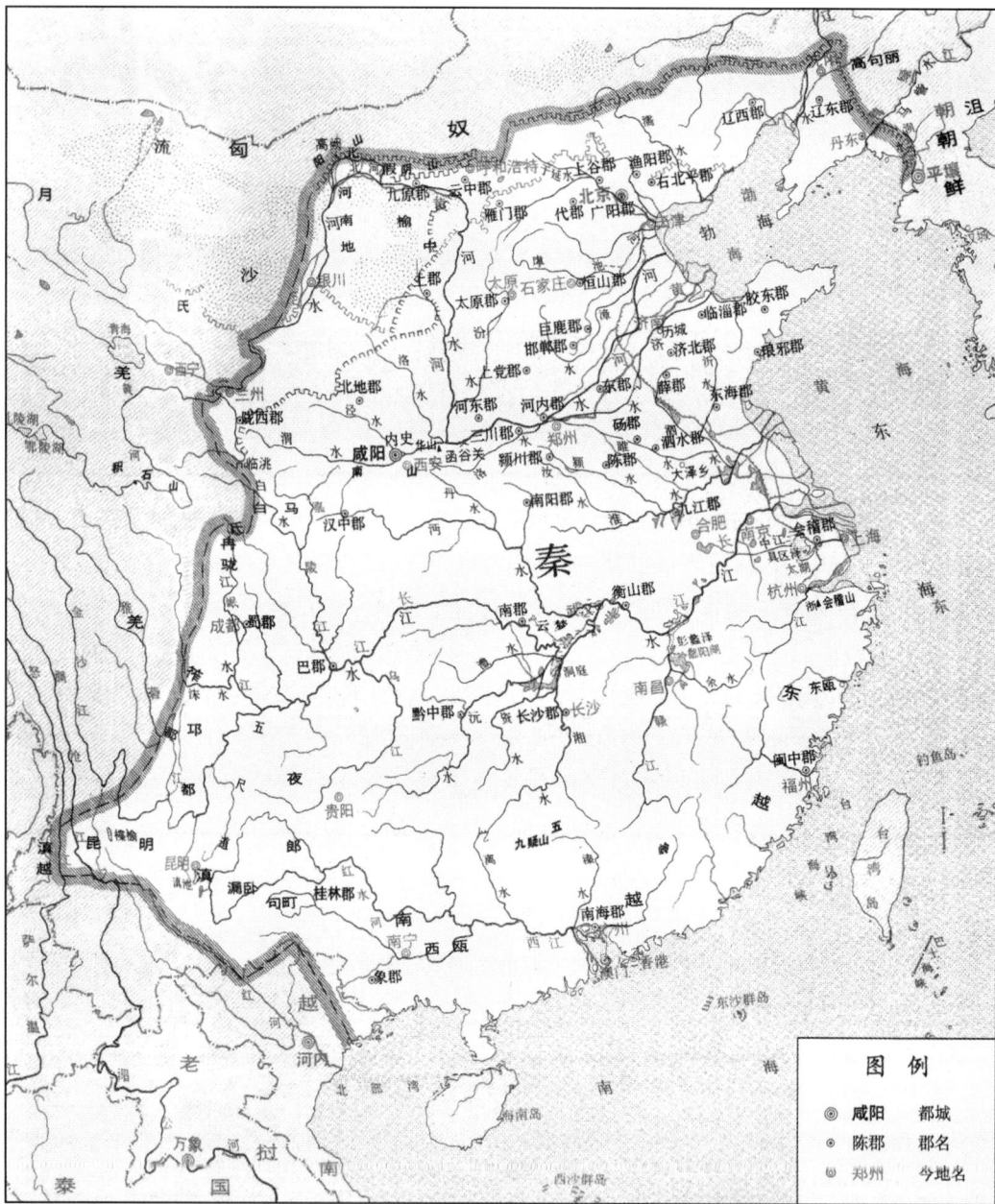

0.5.1　本书研究空间范围示意图

构建谱系。东周青铜容器数量众多,种类丰富,本书在尽量涉及较多器类的同时,优先选择那些:第一,数量较多、演变规律清晰的器类;第二,存在时间较短或仅分布在某个特定区域的器类作为典型器类进行重点研究。对那些数量少,或者形制变化慢、期别特征区别不明显的器类,本书暂先搁置,留诸日后。

按照上述标准,本书选取二十一种典型器类,按照它们主要功能的不同,分为四个

门类：①

　　烹煮器：鼎、鬲、甗、镬、鐎、釜。

　　盛食器：簋、簠、簋、盆、敦。②

　　盛酒器：壶、③尊缶、罍。④

　　盥洗器：盉、⑤匜、盘、铟、⑥浴缶、汤鼎、⑦鉴。⑧

四、青铜器和铜器群的命名

　　本书将同一单位出土的青铜器称为铜器群。铜器群的命名采用"县（区、州、市）+村（遗址）+发掘（发现）年代+单位（墓葬 M、窖藏 J、采、征、缴）+编号+保存状况（完整、扰-、盗-、扰、盗、采、征）"形式。

　　部分铜器群位于省会城市或地级城市市区或近郊的，以所在城市命名，例如太原金胜村 1988M251 铜器群（完整）、⑨随州擂鼓墩 1978M1 铜器群（盗-）⑩等。

　　部分市、区、县行政名称有更替，一般以现行行政区划名称为准，例如：原湖北襄樊，现称襄阳；原湖北应山，现称广水；原山东滕县，现称滕州；原山东邹县，现称邹城；原山东黄县，现称龙口；原江苏邳县，现称邳州；原广西贺县，现称贺州。但部分已经被学界俗称

---

　　①　关于东周青铜容器分类法（指型式分类之上更高层级的功能分类），本书主要根据容庚《商周彝器通考》、容庚和张维持《殷周青铜器通论》、朱凤瀚《中国青铜器综论》。对于用途存在争议，或者我们对以往观点持有异议另有新说时，随文加以详细说明；少数兼具两种及以上用途的青铜器，按其主要用途分类；少数用途具有地域差别的青铜器，按其主要用途和形态分类，例如 Caa 型铜壶在山东地区与盥洗器放置在一起，在其他地区有时与酒器放置在一起，本书按照形制特征将其划归铜壶类属。容庚：《商周彝器通考》，上海人民出版社，2008 年；容庚、张维持：《殷周青铜器综论》文物出版社，1984 年；朱凤瀚：《中国青铜器综论》，上海古籍出版社，2009 年。
　　②　本书所谓铜敦大致包含以往学者所谓的铜盏、铜敦、铜豆、铜盒等，原因详见第一章第三节附论。
　　③　铜壶中个别型式的功能存在地域差别，例如本书划分的 Ca 型铜壶，自名为铊或铟，意即扁壶，在山东地区已公布平面图的墓葬中，往往与盘、匜等盥洗器放置在一起，但是在山东之外其他地区的墓葬中往往与酒器放置在一起。凡如此类，均以形制决定隶属。
　　④　《诗经·周南·卷耳》："我姑酌彼金罍。"《诗经·小雅·蓼莪》："缾之罄矣，维罍之耻。"毛亨《传》："缾小而罍大。"《周礼·春官·鬯人》："凡祭祀社壝用大罍。"《尔雅·释器》郭璞注："罍形似壶，大者受一斛。"西周晚期的函皇父鼎、簋、盘铭文云："函皇父乍琱娟盘、盉、尊器、鼎、簋一具，自豕鼎降十又一、簋八、两罍、两壶，周娟其万年，子子孙孙永宝用。"可见罍为大型酒器，与壶、缾等容量较小酒器组合使用。因此，郭宝钧《商周铜器群综合研究》、马承源主编《中国青铜器（修订本）》、朱凤瀚《中国青铜器综论》等均将铜罍划为酒器；同时，又根据《仪礼·少牢馈食礼》"司宫设罍水于洗东，有枓"的记载，认为罍兼可盛水。朱凤瀚先生认为《仪礼》成书晚于《诗经》诗篇，盛水器称罍或是春秋以后的事。郭宝钧：《商周铜器群综合研究》，文物出版社，1981 年，第 146 页；马承源主编：《中国青铜器（修订本）》，上海古籍出版社，2003 年，第 233—238 页；朱凤瀚：《中国青铜器综论》，上海古籍出版社，2009 年，第 208—216 页；马承源主编：《商周青铜器铭文选》（三），文物出版社，1988 年，第 321—323 页。
　　⑤　本书所谓铜盉的内涵及其功能属于盥洗器的依据，详见第一章第五节铜盉的型式分析和第五节附论。
　　⑥　本书所谓铜铟的命名及其功能属于盥洗器的依据，详见第一章第五节附论。
　　⑦　铜汤鼎自名为濡鼎、汤鼎等，荆门包山 1986M2 出土一件，遣册记为"一汤鼎"。有学者根据形制特征称为小口鼎。
　　⑧　文献记载中铜鉴兼具多种用途：（1）盥洗器。《庄子·则阳》："灵公有妻三人，同滥而浴。"《释文》："滥，浴器也。"（2）酒器。文献中鉴常与壶连称并举，例如《吕氏春秋·慎势》"功名著乎盘盂，铭篆著乎壶鉴"；《墨子·节葬》"鼎鼓（敦）几梃壶滥"，尹桐阳云"滥，鉴也，大盆之称"；《吕氏春秋·节丧》"钟鼎壶滥"，高诱注"以冰置水浆于其中为滥，取其冷也"；《周礼·天官·凌人》"祭祀共冰鉴"。从考古发掘出土的铜鉴在墓葬中的放置位置来看，铜鉴既有与铜壶、铜尊缶等酒器放置在一起的例子（例如淅川下寺 1978M2、1978M3 等），也有与铜盘、铜匜、铜浴缶、铜汤鼎等盥洗器放置在一起的例子（例如襄阳陈坡 2006M10 等）。本书将铜鉴归为盥洗器。
　　⑨　山西省考古研究所、太原市文物管理委员会：《太原晋国赵卿墓》，文物出版社，1996 年。
　　⑩　湖北省博物馆：《曾侯乙墓》，文物出版社，1989 年。

成为惯例的,例如原河南汲县,现称卫辉市;原江苏吴县在 2000 年撤销改设苏州市吴中区和相城区,为避免增加不必要的麻烦,沿用旧称。

部分铜器群发掘过程跨越两个及以上年度时,以开始发掘年代为准;集中发掘一处墓地,发掘出土多个铜器群,但未公布每个铜器群的具体发掘年代时,以整个墓地的开始发掘年代为准。

青铜器的编号以原始发掘编号为准(有时文字介绍中没有公布青铜器编号,但能够从平面分布图中得知编号);部分铜器群材料在正式发掘报告中被重新编号,同时附录新、旧编号对照表,本书采用发掘时的旧编号系统,例如《益阳楚墓》;①部分铜器群在公布材料时未公布青铜器的编号,本书按照在正文描述中出现的次序,从 1 开始顺序编号,或者不予编号。

部分铜器群是由当地村民首先发现,后经考古文物工作者赶赴现场清理或事后调查,能够确认出自同一单位及单位性质的,作为铜器群命名;不能确认的,作为采集品命名。

考古发掘或村民发现、考古或文物工作者赶赴清理的铜器群中,被盗扰不甚、青铜容器组合保存较为完整的,保存状况视为“盗-”、“扰-”。

有些铜器群出土时共存有陶器、原始瓷器等变化速率较快、年代特征较明显、有助于分期研究的非铜质器物。为研究的便利,本书将这类非铜质器物编入具有共存关系的铜器群中。

五、青铜器纹饰的命名

本书对青铜器纹饰的定名,基本沿用《商周彝器通考》的名称。需要特别指出的是关于蟠螭纹的定义,有学者认为“蟠螭纹的出现和风行,足以作为新风格的标志。单体的龙蛇交纠的花纹,西周已经有了,但真正的蟠螭纹是由两条以上的蟠龙相纠结,构成纹饰的单元,重复出现,这是春秋前期末才产生的新花纹主题”。② 按照这个定义,蟠螭纹的标准是强调它是构成铜器整体纹饰的基本单元,且在同一件铜器上重复出现。

六、图、表的编制

为配合文字论述,文中随文插入图、表。图、表分章节依序编号,编号由章、节和图号构成。例如:“图 3.1.1”表示第三章第一节的第一幅插图,“图 3.2.1”表示第二章第二节的第一幅插图。为加强或补充正文论述,正文之后设附表,按先后顺序,从附表一依序编号。绪论中图、表的编号不在此例,从图一、表一顺序编排。文中青铜器图像比例不一,均不做注明。

在各铜器群型式登记表中,我们竭力判断和登记所有铜器的型式归属。但是有一些铜器群的信息公布得不够详细或具体,需做如下说明:

---

① 益阳市文物管理处、益阳市博物馆:《益阳楚墓》,文物出版社,2008 年。
② 李学勤:《东周与秦代文明》,上海人民出版社,2007 年,第 174 页。

　　"有",表示从公布的信息判断存在该类(型)铜器,但是没有透露具体数量、形制等信息;单独的阿拉伯数字表示公布的信息不足以判断铜器所属的型、式,仅以阿拉伯数字标注数量。

　　"?",表示在简报或报告公布的信息不够详细,不足以准确判断铜器的数量或型式归属时,根据公布的文字信息做出的最有可能的推测,标注问号以示存疑和区别。

　　"\",表示从简报或报告公布的信息判断,可能属于"\"前后中的一种。有的简报或报告公布的信息不够详细,不足以判断铜器所属的式别,仅能判断至型。

第一章 分类——型式划分

本章运用分类学方法对考古发掘出土的东周青铜容器进行型式分类。在进行型式分类之前,我们先阐明本书的型式分类方法和命名方法。

第一节 型式分类方法和命名方法

一、分类学和分类系统

分类学作为一门学科,自诞生以来经历了三个时代:

(1)林奈时代。林奈认为自然界的动植物种类都存在着自然类缘,根据它们可以建立自然系统。他的分类特征是采取共性和特性的一般对比,没有进化意义,本质上是一种实用分类学,比较机械。①

(2)达尔文时代。达尔文阐明了物种演变和生物进化,他指出生物的演化就是"Decent with modification"(即"生物的特征代代相传,略有改变"),并将进化论引入分类学,成为分类学的理论基础,由此诞生了进化分类学。达尔文进化论阐明的"共同起源"成为分类学的核心原理,大小分类系统必须以共同起源为根据才是单源系统。进化既是分支发展,又是阶段发展,建立分类系统必须将分支(clades)与阶段(grades)结合起来。②

(3)现代。现代分类学处在百家争鸣的时代,主要有传统分类学、数值分类学、分支系统学和进化系统学四个学派。前两个学派不讲进化,不受进化论影响;后两个学派联系进化,是以系统发育为理论依据的分类学派。③

本章对青铜器进行型式分类的理论依据就来自进化系统学,分类的目的是要分析青铜器之间的历史渊源,据以分门别类,建立谱系。

一切分类都有一个层次问题,也就是分类级别。分类系统必须是阶元系统,选取不同的性状特征作为分类标准,并把这些分类标准放置在不同的层级中。④ 本书针对东周青

---

① 张昀:《生物进化》,北京大学出版社,2014年,第142—143页。
② 达尔文著,周建人、叶笃庄、方宗熙译:《物种起源》,商务印书馆,2012年。
③ 陈世骧:《进化论与分类学(第二版)》,科学出版社,1987年。
④ 邹衡:《论古代器物的型式分类》,《夏商周考古学论文集(续集)》,科学出版社,1998年,第352—354页。

铜容器的分类系统分为以下几个层级：类→亚类→型→亚型→次亚型→次次亚型→式→标本。这是最复杂的一种情况。对一般青铜器类别而言，只需类下分型、型下分亚型、亚型下分式、式下列举标本。"亚类"只针对少数数量特别多、形制特别复杂的器类，例如铜鼎；"次亚型"和"次次亚型"是针对形制特征特别丰富的器类而设置。

这种分类系统是通过对大量青铜器形制特征进行聚类分析、层层归纳、层层分析，推导出来的。具体来说，我们把许多形制相似的青铜器聚合在一起，从中挑选出标本，然后把若干具有某些共同特征的标本聚集在一起，归纳为若干式，又把若干有某些共同特征的式归纳为若干型，再把若干有某些共同特征的型归纳为若干类，这就是从个别到一般的层层归纳；反之，也可把某类青铜器依其不同特征分为若干型，再把某型青铜器依其不同特征分为若干式，每式青铜器又包括具有一定个性的若干标本，这就是从一般到个别的层层分析。通过这样的层层归纳和分析，就形成下图1.1.1所示的阶元系统，是一种塔层关系或筒套关系。在这个系统中，上级单元的特征是下级单元的共同特征，下级单元具有上级单元的特征（祖先特征），而上级单元不具有下级单元的新生特征。

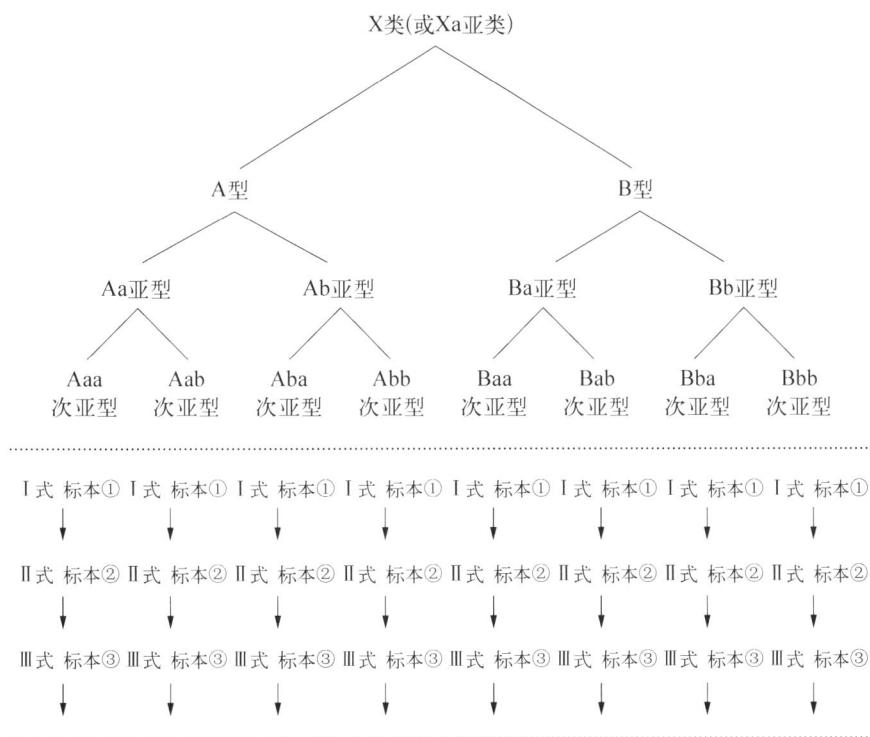

图 1.1.1　本书型、式分类系统和符号系统

二、型、式的意义和命名方法

按照进化论的理论来看，青铜器发展演变的进化史也是"Decent with modification"（即"特征代代相传，并略有改变"），是横向分支发展（clades）和纵向阶段发展（grades）共同作

用的产物：新的"型"、"亚型"、"次亚型"和"次次亚型"的出现，是青铜器形制特征多样化的表现，从进化论和分类学的角度而言，是青铜器横向分支分化的产物。这种分支分化一般可以归结为两种情况：一种是分支发展，产生新的形态分支；另一种是分支分化，产生新的地域分支。第一种仅仅表现为形制多样化，除此之外并不具有其他意义；第二种则往往表现为空间分布范围的拓展和分歧发展。从最初的祖型分支分化，由少到多，形成一个新型，是分支发展的一般过程。达尔文观察到的加拉帕戈斯群岛的地雀亚科的例子说明了生物怎样从一个祖种开始，通过占领不同的空间，适应不同的生活，形成隔离分化，产生了多式多样的物种，形成一个同源的自然类型。[①] 类似的情形也发生在东周青铜器上。例如：青铜钟从最初的平底型，发展出圈足型、蹄足型，就是通过这种隔离分化产生的新的地域分支。

新的"式"的出现，往往表现为祖先特征和新生特征镶嵌在同一个个体上，也是青铜器形制特征多样化的一种表现，从进化论和分类学的角度而言，是青铜器在时间轴上阶段发展的产物。祖先特征体现发展的连续性，是追溯历史渊源的根据；而新生特征则是阶段发展的表现，能够表示相对年代早晚，具有分期意义。我们可以根据式别特征的差异程度进行分期研究。

因此，从分类学和进化论的角度而言，青铜器发展演变的历史就是型（横向分支发展）、式（纵向阶段发展）发展变化的历史。通过型、式划分能够反映出青铜器在空间和时间两个维度上的发展变化。而型的分支分化还具有亲缘关系意义。因此，通过型、式划分能够梳理青铜器的谱系。我们用若干符号来表示型和式，[②] 通过一套符号系统就可以表示出青铜器发展变化的谱系（图1.1.1）。

分类系统建立之后，分类工作的基本程序就是按照青铜器形制特征差异的程度和亲缘关系的远近，将青铜器归入到分类系统中，工作的基本内容就是区分特征和组合特征，是分与合的对立统一："分"不能太细，太细便失去了合的意义；"合"不能太粗，太粗便失去了分的意义。分类学必须合理地处理分与合的关系。早期的分类必然较粗，随着研究的深入，分类系统必然愈分愈细，单元的数目和层次必然愈来愈多，这是自然的趋势。至于如何掌握"分"与"合"、"粗"与"细"的标准，虽然具有一定的主观性，但基本原则是要遵循系统分类原理，反映亲缘关系和谱系。

另外，有时早晚两个式别之间具有"中间链锁"意义的式别暂时还没有发现标本，这可能是因为目前材料发现不足；也有可能两个式别之间经历了"跳跃式发展"或者"突变"，并不存在这种"中间链锁"。这两种情况一般可以通过邹衡先生所谓的"左右看齐"即参考亲缘关系密切的姊妹型的情况来推测。如果是前一种情况，可以视为标本"暂

---

① 达尔文著，周建人、叶笃庄、方宗熙译：《物种起源》，商务印书馆，2012年。
② 现在学者通常使用大写英文字母表示型，例如A型、B型等；用大写英文字母和小写英文字母的组合表示亚型，例如Aa亚型、Ab亚型等；用拉丁字母Ⅰ、Ⅱ、Ⅲ……表示式。本书用Aaa、Aab……表示次亚型，用Aaaa、Aaab……表示次次亚型。

缺"，留待今后出土新材料来补充。

下面我们按照烹煮器、盛食器、盛酒器、盥洗器分别进行型式划分。

第二节 烹煮器的型式分类

一、铜鼎的型式分析

根据耳、腹、足、盖等形态特征的不同,东周时期的铜鼎可以分为立耳折沿鼎、附耳卷·折沿鼎、附耳子母口鼎、箍口鼎、束腰垂腹鼎、鬲鼎、牲首鼎、方鼎、细撇足鼎①九个亚类。

（一）立耳折沿鼎

双耳立于折沿之上,绝大多数为蹄足,少数为柱足。根据口和腹部形态的不同,分为四型:

A 型　敛口,鼓腹,圜底。腹最大径位于腹中部。根据耳部形态特征的不同,分为两个亚型:

Aa 型　耳较直。根据腹和足部形态特征及纹饰的不同,分为三式:

Ⅰ式　双耳直立,蹄足发达,较为粗壮,接于圜底下;腹中部多饰一周凸弦纹,上腹饰重环纹或窃曲纹,下腹饰垂鳞纹、波带纹或素面等西周晚期以来的传统纹样。少数制作粗糙,纹饰简朴。标本:三门峡上村岭 1991M2011：85（图 1.2.1,1）、②登封告成袁窑 1995M3：7。③

Ⅱ式　纹饰发生较大变化,摆脱西周晚期传统,流行饰以吐舌蟠螭、勾连蟠螭等新纹样。标本:光山宝相寺 1983MG2：A1（图 1.2.1,2）、④凤翔孙家南头 2003M161：1。⑤

Ⅲ式　蹄足较上式粗矮,位置上移,接于下腹中部。标本:礼县大堡子山 2006 Ⅰ

① 即以往所谓的"越式鼎"。1980 年俞伟超先生首先正式提出"越式鼎",随后被学术界频繁使用,多认为属于越族文化系统。但实际上不同学者使用的"越式鼎"这一概念的内涵并不相同。我们主张从形制特征出发来命名铜鼎的分类名称,然后分析其分布格局、文化属性和国族属性。俞伟超:《关于楚文化发展的新线索》,《江汉考古》1980 年第 1 期,第 17—30 页;彭浩:《我国两周时期的越式鼎》,《湖南考古辑刊》(2),岳麓书社,1984 年,第 136—141 页;叶文宪:《越式鼎溯源》,《东南文化》1988 年第 6 期,第 107—109 页;横仓雅幸、西江清高、小泽正人:《所谓"越式鼎"的展开——纪元前 1 千纪后半的东南中国》,《考古学杂志》第 76 卷第 1 期,1990 年,第 66—100 页;向桃初:《"越式鼎"研究初步》,《古代文明》(4),文物出版社,2005 年,第 65—104 页;丁兰:《纪南城周边楚墓地出土青铜越式鼎现象初探》,《百越研究》(一),广西科学技术出版社,2007 年,第 289—295 页。
② 河南省文物考古研究所、三门峡市文物工作队:《三门峡虢国墓》(第一卷),文物出版社,1999 年。
③ 郑州市文物考古研究所、登封市文物局:《河南登封告成东周墓地三号墓》,《文物》2006 年第 4 期,第 4—16 页。
④ 河南信阳地区文管会、光山县文管会:《春秋早期黄君孟夫妇墓发掘报告》,《考古》1984 年第 4 期,第 302—332 页。
⑤ 陕西省考古研究院、宝鸡市考古工作队、凤翔县博物馆:《陕西凤翔孙家南头春秋秦墓发掘简报》,《考古与文物》2013 年第 4 期,第 3—53 页。

M25：148(图1.2.1,3)、①凤翔孙家南头2003M191：5(图1.2.1,4)。②

Ab型　耳外侈。根据耳、腹、足部形态特征和纹饰的不同,分为六式:

Ⅰ式　双耳微侈,蹄足发达,较为粗壮,接于圈底下;腹中部多饰一周凸弦纹,上腹饰重环纹或窃曲纹,下腹饰垂鳞纹、波带纹或素面等西周晚期以来的传统纹样。少数制作粗糙,纹饰简朴。标本:三门峡上村岭1990M2006：59(图1.2.1,5)、③曲沃北赵晋侯墓地1994M93：49。④

Ⅱ式　双耳外侈,蹄足接于下腹中下部,腹中部一周凸弦纹;上腹饰以吐舌蟠螭、勾连蟠螭等新纹样。标本洛阳体育场路2005M8836：46(图1.2.1,6)、⑤光山宝相寺1983MG2：A2。⑥

Ⅲ式　双耳较上式更加外侈,蹄足粗壮较高。标本:新郑祭祀坑1996T602K15：1(图1.2.1,7)、⑦洛阳西工区1998C1M6112：5。⑧

Ⅳ式　双耳外侈更甚,蹄足较上式变粗矮,接于下腹中部;上腹、下腹饰吐舌蟠螭或勾连蟠螭纹,中间间以凸弦纹。标本:洛阳西工区1991C1M3498：8(图1.2.1,8)、⑨太原金胜村1994M674。⑩

Ⅴ式　双耳外侈,束颈,蹄足粗矮,接于腹中部;纹饰繁缛。标本:潞城潞河1983M7：2(图1.2.1,9)、⑪忻州1994缴一号铜鼎。⑫

Ⅵ式　双耳外侈更甚,束颈,蹄足更矮;纹饰繁缛。标本:长治分水岭1959M25：32(图1.2.1,10)、⑬陕县后川1957M2040：284。⑭

B型　敞口,斜腹,圈底或平底。绝大多数无盖,个别带盖。根据耳、腹、足部形态特征的不同,分为四式:

Ⅰ式　双耳直立或微外侈,圈底,蹄足细高,接于圈底外;上腹饰一周重环纹或窃曲纹

①　早期秦文化联合考古队:《2006年甘肃礼县大堡子山东周墓葬发掘简报》,《文物》2008年第11期,第30—49页。

②　陕西省考古研究院、宝鸡市考古工作队、凤翔县博物馆:《陕西凤翔孙家南头春秋秦墓发掘简报》,《考古与文物》2013年第4期,第3—53页。

③　河南省文物考古研究所、三门峡市文物工作队:《上村岭虢国墓地M2006的清理》,《文物》1995年第1期,第4—31页。

④　北京大学考古学系、山西省考古研究所:《天马——曲村遗址北赵晋侯墓地第五次发掘》,《文物》1995年第7期,第4—39页。

⑤　洛阳市文物工作队:《洛阳体育场路西东周墓发掘报告》,文物出版社,2011年。

⑥　河南信阳地区文管会、光山县文管会:《春秋早期黄君孟夫妇墓发掘报告》,《考古》1984年第4期,第302—332页。

⑦　河南省文物考古研究所:《新郑郑国祭祀遗址》,大象出版社,2006年。

⑧　洛阳市文物工作队:《洛阳市613所东周墓》,《文物》1999年第8期,第14—18页。

⑨　洛阳市文物工作队:《洛阳西工区春秋墓发掘简报》,《文物》2010年第8期,第8—28页。

⑩　李建生:《辉县琉璃阁与太原赵卿墓相关问题》,《中国国家博物馆馆刊》2012年第2期,第6—42页。

⑪　山西省考古研究所、山西省晋东南地区文化局:《山西省潞城县潞河战国墓》,《文物》1986年第6期,第1—19页。

⑫　李有成:《忻州缴获的三件铜鼎》,《文物季刊》1997年第1期,第100—101页。

⑬　山西省文物管理委员会、山西省考古研究所:《山西长治分水岭战国墓第二次发掘》,《考古》1964年第3期,第111—137页;山西省考古研究所等:《长治分水岭东周墓地》,文物出版社,2010年。

⑭　中国社会科学院考古研究所:《陕县东周秦汉墓》,科学出版社,1994年。

带,较宽。标本:三门峡上村岭 1992M2013∶4(图 1.2.1,11)、①洛阳西工区 2008M9934∶24。②

Ⅱ式　双耳外侈,圜底,蹄足细长,腹中部一周凸弦纹;上腹一周纹饰带变窄。标本:海阳嘴子前 1994M4∶94(图 1.2.1,12)、③洛阳中州路 1954M2415∶4。④

Ⅲ式　双耳外侈,下腹急收成平底或圜平底,蹄足稍矮,接于下腹中下部;素面,或仅在腹中部饰一周凸弦纹。标本:洛阳西工区 2001C1M7258∶4(图 1.2.1,13)、⑤洛阳西工区 2005M8830∶8。⑥

Ⅳ式　双耳外侈,平底,蹄足较上式粗矮,接于下腹中上部,腹中部一周凸棱;上腹和凸棱下分别饰一周纹饰带。标本:洛阳王城广场 2002M37∶23(图 1.2.1,14)。⑦

C 型　敛口,上腹壁稍直,下腹微垂,腹最大径靠近底部,圜平底较宽阔。体量大、较厚重、蹄足粗壮、装饰精美,少数器壁薄、柱足、装饰简单。根据耳部形态特征的不同,分为二式:

Ⅰ式　双耳直立。标本:平顶山滍阳岭 1989M8∶33(图 1.2.1,15)、⑧三门峡上村岭 1957M1753∶1。⑨

Ⅱ式　双耳外侈。标本:沂水刘家店子 1978M1∶1(图 1.2.1,16)。⑩

D 型　浅扁腹,圜平底。多制作粗糙。根据耳、腹、足部形态的不同,分为七式:

Ⅰ式　双耳直立,蹄足粗壮,接于圜底下;上腹饰重环纹或窃曲纹等西周晚期传统纹样,下腹素面。标本:宝鸡南阳村 1998M1∶2(图 1.2.1,17)。⑪

Ⅱ式　双耳较直,蹄足接于腹下部;腹部装饰双头吐舌蟠螭或勾连吐舌蟠螭等新式纹样。标本:宝鸡洪塬 2003M1∶3(图 1.2.1,18)、⑫宝鸡阳平秦家沟 1963M2。⑬

Ⅲ式　双耳外侈,蹄足较上式变矮。标本:凤翔三岔村砖厂 1999M1∶2(图 1.2.1,19)、⑭礼县大堡子山 2006M25∶147。⑮

---

①　河南省文物考古研究所、三门峡市文物工作队:《三门峡虢国墓地 M2013 的发掘清理》,《文物》2000 年第 12 期,第 23—34 页。

②　山西大学历史文化学院、洛阳市文物工作队:《河南洛阳市润阳广场东周墓 C1M9934 发掘简报》,《考古》2010 年第 12 期,第 23—32 页。

③　烟台市博物馆、海阳市博物馆:《海阳嘴子前》,齐鲁书社,2002 年。

④　中国科学院考古研究所:《洛阳中州路(西工段)》,科学出版社,1959 年。

⑤　洛阳市文物工作队:《洛阳市西工区几座春秋墓的清理》,《考古与文物》2003 年第 2 期,第 9—15 页。

⑥　洛阳市文物工作队:《洛阳体育场路东周墓(M8830)发掘简报》,《文物》2011 年第 8 期,第 13—21 页;洛阳市文物工作队:《洛阳体育场路西东周墓发掘报告》,文物出版社,2011 年。

⑦　洛阳市文物工作队:《洛阳王城广场东周墓》,文物出版社,2009 年。

⑧　河南省文物考古研究所、平顶山市文物管理局:《河南平顶山应国墓地八号墓发掘简报》,《华夏考古》2007 年第 1 期,第 20—49 页。

⑨　中国科学院考古研究所:《上村岭虢国墓地》,科学出版社,1959 年。

⑩　山东省文物考古研究所、沂水县文物管理站:《山东沂水刘家店子春秋墓发掘简报》,《文物》1984 年第 9 期,第 1—10 页;《中国青铜器全集》编辑委员会:《中国青铜器全集》,文物出版社,1995 年,第 9 册,图 063。

⑪　宝鸡市考古工作队、宝鸡县博物馆:《陕西宝鸡县南阳村春秋墓的清理》,《考古》2001 年第 7 期,第 21—29 页。

⑫　王志友、董卫剑:《陕西宝鸡市洪塬村一号春秋秦墓》,《考古》2008 年第 4 期,第 93—96 页。

⑬　陕西省文物管理委员会:《陕西宝鸡阳平镇秦家沟村秦墓发掘记》,《考古》1965 年第 7 期,第 339—346 页。

⑭　景宏伟:《凤翔出土春秋时期文物》,《文博》2003 年第 4 期,第 30—37 页。

⑮　早期秦文化联合考古队:《2006 年甘肃礼县大堡子山东周墓葬发掘简报》,《文物》2008 年第 11 期,第 30—49 页。

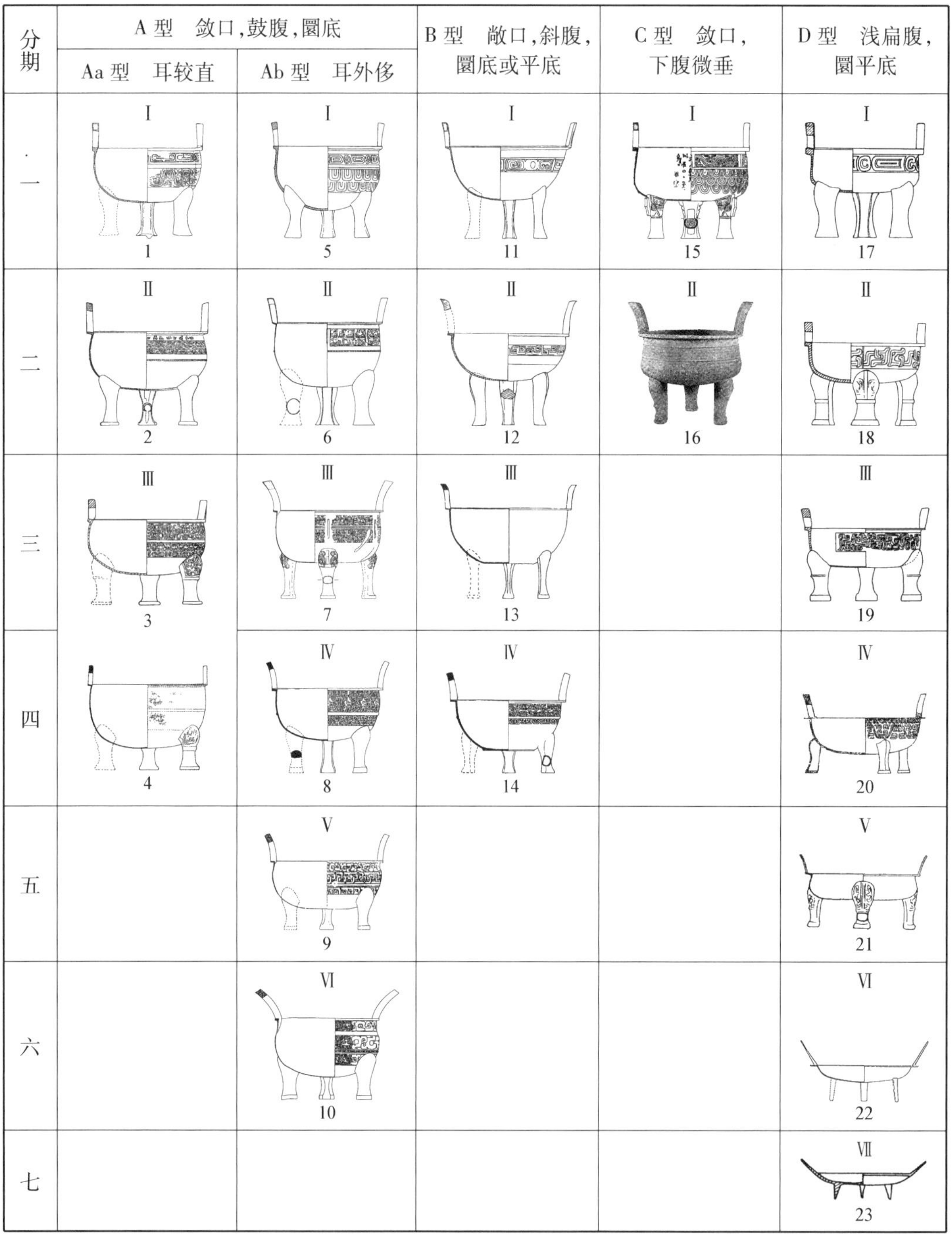

分期	A 型　敛口,鼓腹,圜底		B 型　敞口,斜腹,圜底或平底	C 型　敛口,下腹微垂	D 型　浅扁腹,圜平底
	Aa 型　耳较直	Ab 型　耳外侈			
一	I 1	I 5	I 11	I 15	I 17
二	II 2	II 6	II 12	II 16	II 18
三	III 3	III 7	III 13		III 19
四	4	IV 8	IV 14		IV 20
五		V 9			V 21
六		VI 10			VI 22
七					VII 23

图 1.2.1　立耳折沿鼎谱系图

1. 三门峡上村岭 1991M2011：85　2. 光山宝相寺 1983MG2：A1　3. 礼县大堡子山 2006IM25：148　4. 凤翔孙家南头 2003M191：5　5. 三门峡上村岭 1990M2006：59　6. 洛阳体育场路 2005M8836：46　7. 新郑祭祀坑 1996T602K15：1　8. 洛阳西工区 1991C1M3498：8　9. 潞城潞河 1983M7：2　10. 长治分水岭 1959M25：32　11. 三门峡上村岭 1992M2013：4　12. 海阳嘴子前 1994M4：94　13. 洛阳西工区 2001C1M7258：4　14. 洛阳王城广场 2002M37：23　15. 平顶山滍阳岭 1989M8：33　16. 沂水刘家店子 1978M1：1　17. 宝鸡南阳村 1998M1：2　18. 宝鸡洪塬 2003M1：3　19. 凤翔三岔村砖厂 1999M1：2　20. 凤翔高庄 1977M10：3　21. 武功赵家来 1981M1：18　22. 凤翔八旗屯西沟道 1983M26：30　23. 凤翔八旗屯 1981M14：11

Ⅳ式　双耳外侈,斜腹,圜平底,矮蹄足,接于腹中部;上腹饰波带纹。标本:凤翔高庄1977M10∶3(图1.2.1,20)。[1]

Ⅴ式　双耳外侈更甚,蹄足接于腹中上部。标本:武功赵家来1981M1∶18(图1.2.1,21)、[2]长安客省庄1953M202∶6。[3]

Ⅵ式　双耳斜侈,腹浅似盘,圜底,三细足斜立。标本:凤翔八旗屯西沟道1983M26∶30(图1.2.1,22)。[4]

Ⅶ式　双耳侈甚,足矮小。标本:凤翔八旗屯1981M14∶11(图1.2.1,23)。[5]

(二) 附耳卷·折沿鼎

附耳、卷沿或折沿、蹄足。根据颈部形态特征的不同,分为二型:

A型　不束颈。根据盖的有无,分为两个亚型:

Aa型　无盖。根据口沿、耳、足部形态特征的不同,分为六式:

Ⅰ式　卷沿或斜折沿,沿下角较大,附耳微侈,鼓腹,下腹缓收呈圜底,蹄足粗壮,接于下腹下部;腹中部多饰一周凸弦纹,上腹饰窃曲纹,下腹饰垂鳞纹、波带纹或素面,附耳和沿之间多连有铜梗。标本:曲沃北赵晋侯墓地1994M93∶37(图1.2.2,1)、[6]洛阳西工区2008C1M9950∶21。[7]

Ⅱ式　卷沿或斜折沿,沿下角变小,双耳外侈,腹变浅。标本:洛阳西工区2005M8835∶1(图1.2.2,2)、[8]当阳赵家塝1973M2∶1。[9]

Ⅲ式　折沿,沿下角较小,双耳外侈,蹄足较高,接于下腹中部。标本:洛阳西工区1991C1M3427∶17(图1.2.2,3)、[10]洛阳中州路1954M6∶22。[11]

Ⅳ式　腹变浅,蹄足较上式变粗矮,接于下腹中部。标本:新绛宋村1980采(图1.2.2,4)。[12]

Ⅴ式　暂缺。[13]

---

① 吴镇烽、尚志儒:《陕西凤翔高庄秦墓地发掘简报》,《考古与文物》1981年第1期,第12—38页。
② 中国社会科学院考古研究所武功发掘队:《陕西武功县赵家来东周时期的秦墓》,《考古》1996年第12期,第44—48页。
③ 中国科学院考古研究所:《沣西发掘报告》,文物出版社,1963年。
④ 尚志儒、赵丛苍:《陕西凤翔八旗屯西沟道秦墓发掘简报》,《文博》1986年第3期,第1—31页。
⑤ 陕西省雍城考古队:《一九八一年凤翔八旗屯墓地发掘简报》,《考古与文物》1986年第5期,第23—40页。
⑥ 北京大学考古学系、山西省考古研究所:《天马——曲村遗址北赵晋侯墓地第五次发掘》,《文物》1995年第7期,第4—39页。
⑦ 洛阳市文物工作队:《河南洛阳市润阳广场C1M9950号东周墓葬的发掘》,《考古》2009年第12期,第18—31页。
⑧ 洛阳市文物工作队:《洛阳体育场路西东周墓发掘报告》,文物出版社,2011年。
⑨ 湖北省宜昌地区文物工作队:《当阳金家山九号春秋楚墓》,《文物》1982年第4期,第41—45页;湖北省宜昌地区博物馆、北京大学考古系:《当阳赵家湖楚墓》,文物出版社,1992年。
⑩ 洛阳市文物工作队:《洛阳西工区春秋墓发掘简报》,《文物》2010年第8期,第8—28页。
⑪ 中国科学院考古研究所:《洛阳中州路(西工段)》,科学出版社,1959年。
⑫ 王金平:《新绛柳泉墓地采集的铜器》,《晋都新田》,山西人民出版社,1996年,第188—193页。
⑬ 在进行型式分类时,因为材料暂时发现不足,早、晚两个式别之间具有"中间链锁"意义的式别暂时没有标本,或者两个式别之间经历了"跳跃式发展"或"突变"并不存在这种"中间链锁"。一般可以通过"左右看齐"参考亲缘关系密切的姊妹亚型的情况来推测,留待新材料补充或验证。

Ⅵ式　双耳外侈较甚,折沿近平,腹变窄深,腹壁较直,底近平,蹄足接于腹中部。标本:荆门包山 1986M2:124(图 1.2.2,5)、①江陵天星观 2000M2:1(图 1.2.2,6)。②

Ab 型　有盖。根据盖钮形态特征的不同,分为三个次亚型:

Aba 型　捉手钮盖。根据耳、腹、足、盖部形态特征的不同,分为五式:

Ⅰ式　暂缺。

Ⅱ式　暂缺。

Ⅲ式　双耳外侈,腹较深,蹄足较高,接于下腹中部,盖顶微隆。标本:南阳八一路 2008M38:41(图 1.2.2,7)。③

Ⅳ式　双耳较上式更加外侈,腹变浅,蹄足与腹部相接位置上移,盖顶圆鼓。标本:新郑铁岭 2011M1404:11(图 1.2.2,8)、④新郑李家村 1979M1:6。⑤

Ⅴ式　双耳外侈更甚,外端翻侈近平,腹变浅。标本:新郑新禹公路 1988M13:2(图 1.2.2,9)。⑥

Abb 型　环钮盖。根据耳、腹、足、盖部形态特征的不同,分为五式:

Ⅰ式　卷沿或折沿,沿下角较大,双耳微侈,蹄足发达,盖顶平。标本:日照崮河崖 1976M1:3(图 1.2.2,10)。⑦

Ⅱ式　暂缺。

Ⅲ式　暂缺。

Ⅳ式　暂缺。

Ⅴ式　附耳外侈较甚,蹄足粗矮,盖顶圆鼓。标本:新郑新禹公路 1988M2:1 (图 1.2.2,11)、⑧新郑烟厂 1963M。⑨

Abc 型　兽钮盖。根据耳、腹、足、盖部形态特征的不同,分为五式:

Ⅰ式　卷沿或折沿,沿下角较大,双耳微侈,蹄足发达,盖顶平。标本:洛阳西工区 2008C1M9950:24(图 1.2.2,12)。⑩

Ⅱ式　暂缺。

Ⅲ式　暂缺。

Ⅳ式　暂缺。

---

①　湖北省荆沙铁路考古队:《包山楚墓》,文物出版社,1991 年。

②　湖北省荆州博物馆:《荆州天星观二号楚墓》,文物出版社,2003 年。

③　南阳市文物考古研究所:《河南南阳春秋楚彭射墓发掘简报》,《文物》2011 年第 3 期,第 4—31 页。

④　郑州市文物考古研究院、河南省文物管理局南水北调办公室:《新郑铁岭墓地 M1404、M1405 发掘简报》,《中原文物》2012 年第 2 期,第 10—18 页。

⑤　河南省文物研究所新郑工作站:《河南新郑县李家村发现春秋墓》,《考古》1983 年第 8 期,第 703—706 页。

⑥　赵清、王文华、刘松根:《河南新郑新禹公路战国墓发掘简报》,《考古》1994 年第 5 期,第 397—404 页。

⑦　杨深富:《山东日照崮河崖出土一批青铜器》,《考古》1984 年第 7 期,第 594—597 页。

⑧　赵清、王文华、刘松根:《河南新郑新禹公路战国墓发掘简报》,《考古》1994 年第 5 期,第 397—404 页。

⑨　孟昭东:《河南新郑出土的战国铜器》,《考古》1964 年第 7 期,第 368 页。

⑩　洛阳市文物工作队:《河南洛阳市润阳广场 C1M9950 号东周墓葬的发掘》,《考古》2009 年第 12 期,第 18—31 页。

Ⅴ式　附耳外侈较甚,蹄足粗矮,盖顶圆鼓。标本:新郑郑韩路2004M6：1(图1.2.2,13)、①新郑铁岭2009M458：2。②

B型　束颈。根据盖的有无,分为两个亚型:

Ba型　无盖。根据耳、腹、足部形态特征的不同,分为五式:

Ⅰ式　卷沿或折沿,沿下角较大,双耳直侈或曲侈,深腹,圜底,蹄足发达,接于下腹下部。标本:当阳赵家塝1973M3：14(图1.2.2,14)、③侯马上马1961M13庚儿鼎。④

Ⅱ式　斜折沿,沿下角变下,双耳外侈,腹变浅,圜底,蹄足接于下腹中部。标本:临猗程村1987M1001：6(图1.2.2,15)、⑤太原金胜村1994M674：50。⑥

Ⅲ式　双耳外侈,腹变浅,平底或圜底近平,蹄足接于腹中部。标本:随州擂鼓墩1978M1：C96(图1.2.2,16)、⑦随州擂鼓墩1981M2：32。⑧

Ⅳ式　双耳外侈更甚,平底。标本:淅川徐家岭1991M10：46(图1.2.2,17)、⑨荆门包山1986M2：146。⑩

Ⅴ式　双耳外侈更甚,平底。标本:寿县朱家集1933M铸客大鼎(图1.2.2,18)、⑪成都羊子山1955M172：1。⑫

Bb型　有盖。根据盖钮形态特征的不同,分为两个次亚型:

Bba型　捉手钮盖。根据口沿、耳、腹和足部形态特征的不同,分为三式:

Ⅰ式　卷沿或斜折沿,沿下角较大,双耳外侈,深鼓腹,圜底,蹄足直立或微撇,接于圜底下或下腹下部。标本:当阳金家山1975M9：9(图1.2.2,19)、⑬淅川下寺1978M2：44。⑭

Ⅱ式　双耳外侈,圜底,蹄足接于下腹中上部。标本:寿县西门内1955M：1(图1.2.2,20)。⑮

Bab型　环钮盖。根据口沿、耳、腹和足部形态特征的不同,分为四式:

①　河南省文物考古研究所新郑工作站:《新郑市郑韩路6号春秋墓》,《文物》2005年第8期,第39—46页。
②　郑州市文物考古研究院、河南省文物管理局南水北调办公室:《河南新郑市铁岭墓地M458发掘简报》,《文物研究》(17),科学出版社,2010年。
③　高仲达:《湖北当阳赵家塝楚墓发掘简报》,《江汉考古》1982年第1期,第11—20页;湖北省宜昌地区博物馆、北京大学考古系:《当阳赵家湖楚墓》,文物出版社,1992年。
④　山西省文物管理委员会侯马工作站:《山西侯马上马村东周墓葬》,《考古》1963年第5期,第229—245页。
⑤　中国社会科学院考古研究所等:《临猗程村墓地》,中国大百科全书出版社,2003年。
⑥　李建生:《辉县琉璃阁与太原赵卿墓相关问题》,《中国国家博物馆馆刊》2012年第2期,第6—42页。
⑦　湖北省博物馆:《曾侯乙墓》,文物出版社,1989年。
⑧　随州市博物馆:《随州擂鼓墩二号墓》,文物出版社,2008年。
⑨　河南省文物考古研究所等:《淅川和尚岭与徐家岭楚墓》,大象出版社,2004年。
⑩　湖北省荆沙铁路考古队:《包山楚墓》,文物出版社,1991年。
⑪　安徽省博物馆:《安徽省博物馆藏青铜器》,上海人民美术出版社,1987年;吴长青:《寿县李三孤堆楚国大墓出土铜器的初步研究——以安徽省博物馆藏该批青铜器为中心》,北京大学硕士学位论文,2005年。
⑫　四川省文物管理委员会:《成都羊子山第172号墓发掘报告》,《考古学报》1956年第4期,第1—20页。
⑬　湖北省宜昌地区文物工作队:《当阳金家山九号春秋楚墓》,《文物》1982年第4期,第41—45页;湖北省宜昌地区博物馆、北京大学考古系:《当阳赵家湖楚墓》,文物出版社,1992年。
⑭　河南省文物研究所等:《淅川下寺春秋楚墓》,文物出版社,1991年。
⑮　安徽省文物管理委员会、安徽省博物馆:《寿县蔡侯墓出土遗物》,科学出版社,1956年。

分期	A 型 不束颈					B 型 束颈			
	Aa 型 无盖	Ab 型 有盖				Ba 型 无盖	Bb 型 有盖		
		Aba 型 捉手盖	Abb 型 环钮盖	Abc 型 兽钮盖			Bba 型 捉手盖	Bbb 型 环钮盖	
一	I（1）	I 暂缺	I（10）	I（12）					
二	II（2）	II 暂缺	II 暂缺	II 暂缺					
三	III（3）	III（7）	III 暂缺	III 暂缺		I（14）	I（19）	I 暂缺	
四	IV（4）	IV（8）	IV 暂缺	IV 暂缺		II（15）	II（20）	II 暂缺	

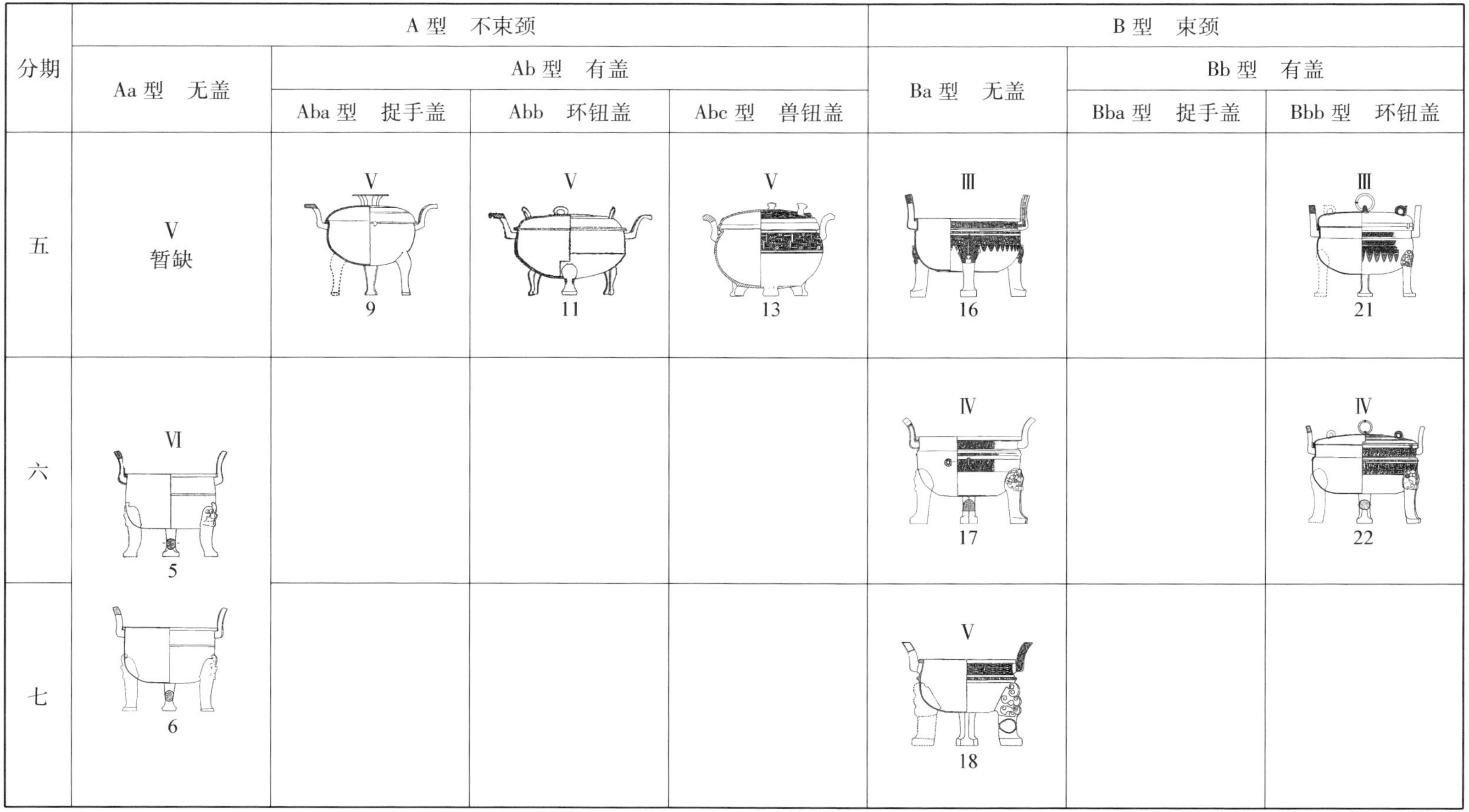

分期	A型 不束颈				B型 束颈		
	Aa型 无盖	Ab型 有盖			Ba型 无盖	Bb型 有盖	
		Aba型 捉手盖	Abb型 环钮盖	Abc型 兽钮盖		Bba型 捉手盖	Bbb型 环钮盖
五	V 暂缺	V 9	V 11	V 13	III 16		III 21
六	VI 5				IV 17		IV 22
七	6				V 18		

图 1.2.2 附耳卷·折沿鼎谱系图

1. 曲沃北赵晋侯墓地1994M93：37　2. 洛阳西工区2005M8835：1　3. 洛阳西工区1991C1M3427：17　4. 新绛柴村1980采　5. 荆门包山1986M2：124　6. 江陵天星观2000M2：1　7. 南阳八一路2008M38：41　8. 新郑铁岭2011M1404：11　9. 新郑新禹公路1988M13：2　10. 日照苗河崖1976M1：3　11. 新郑新禹公路1988M2：1　12. 洛阳西工区2008C1M9950：24　13. 新郑郑韩路2004M6：1　14. 当阳赵家塝1973M3：14　15. 临猗程村1987M1001：6　16. 随州擂鼓墩1978M1：C96　17. 淅川徐家岭1991M10：46　18. 寿县朱家集1933M 铸客大鼎　19. 当阳金家山1975M9：9　20. 寿县西门内1955M：1　21. 淅川和尚岭1990M2：31　22. 淅川和尚岭1990M1：1

Ⅰ式　暂缺。

Ⅱ式　暂缺。

Ⅲ式　双耳外侈,平底或圜平底,蹄足接于腹中部。标本:淅川和尚岭1990M2:31(图1.2.2,21)。①

Ⅳ式　双耳外侈较甚,平底,多棱形蹄足接于腹中部。标本:淅川徐家岭1990M1:1(图1.2.2,22)。②

另外,目前只见新野小西关1971M出土一件贯耳折沿鼎,“口微敛,唇外折,鼓腹,圜底,贯耳,颈饰重环纹一周,腹饰垂带纹”,残,口径22.5、腹径24、壁厚0.2厘米。③ 目前只见新野小西关1971M出土一件环耳折沿鼎,“口微敛,唇外折,深腹,圜底,三矮蹄足,颈部附有二兽首形环耳,颈下饰窃曲纹一周”,通高29厘米。④

(三)附耳子母口鼎

根据腹部和足部形态特征的不同,分为四型:

A型　深腹。敛口,深腹圆鼓,圜底。根据盖顶钮的不同,分为四个亚型:

Aa型　曲尺形钮盖。根据腹、足、耳部形态特征的不同,分为五式:

Ⅰ式　平顶盖,蹄足较细,接于腹底部。标本:舒城河口1988M1:1(图1.2.3,1)、⑤舒城龙舒凤凰嘴1959M。⑥

Ⅱ式　平顶盖,附耳微侈,蹄足粗壮,接于下腹中下部。标本:南阳李八庙2004M1:1(图1.2.3,2)、⑦淅川下寺1979M7:6。⑧

Ⅲ式　盖顶平或微隆,附耳外侈,下端弯曲,蹄足瘦高,接于下腹中部,除腹中部一周凸弦纹外,多素面。标本:侯马上马1978M1010:10(图1.2.3,3)、⑨洛阳西工区2005M8830:14。⑩

Ⅳ式　盖顶隆起较高,双耳外侈,足较上式稍矮。标本:涉县李家巷1997M01:1(图1.2.3,4)、⑪洛阳西工区1981C1M124:1。⑫

Ⅴ式　盖顶高高隆起,蹄足低矮,接于腹中部。标本:太原金胜村1988M251:589

①　河南省文物考古研究所等:《淅川和尚岭与徐家岭楚墓》,大象出版社,2004年。

②　河南省文物考古研究所等:《淅川和尚岭与徐家岭楚墓》,大象出版社,2004年。

③　郑杰祥:《河南新野发现的曾国铜器》,《文物》1973年第5期,第14—20页。

④　郑杰祥:《河南新野发现的曾国铜器》,《文物》1973年第5期,第14—20页。

⑤　安徽省文物考古研究所、舒城县文物管理所:《安徽舒城县河口春秋墓》,《文物》1990年第6期,第58—66页。

⑥　安徽省文化局文物工作队:《安徽舒城出土的铜器》,《考古》1964年第10期,第498—503页。

⑦　南阳市文物考古研究所:《河南南阳李八庙春秋楚墓清理简报》,《文物》2012年第4期,第29—33页。

⑧　河南省文物研究所等:《淅川下寺春秋楚墓》,文物出版社,1991年。

⑨　山西省考古研究所:《上马墓地》,文物出版社,1994年。

⑩　洛阳市文物工作队:《洛阳体育场路东周墓(M8830)发掘简报》,《文物》2011年第8期,第13—21页;洛阳市文物工作队:《洛阳体育场路西东周墓发掘报告》,文物出版社,2011年。

⑪　邯郸市文物保护研究所、涉县文物保管所:《河北涉县李家巷春秋战国墓发掘报告》,《文物》2005年第6期,第39—53页。

⑫　洛阳市文物工作队:《洛阳两座东周铜器墓》,《中原文物》1983年第4期,第17—18页。

(图 1. 2. 3, 5)。①

Ab 型　环钮盖。根据腹、足、耳部形态特征的不同,分为六式:

Ⅰ式　平顶盖,附耳微侈,蹄足细高,接于腹下部。标本:洛阳体育场路 2005M8833 : 6(图 1. 2. 3, 6)。②

Ⅱ式　盖顶平或微隆,分列三个圆环钮,附耳外侈,下端弯曲,圜底或平底,蹄足瘦高,接于下腹中部;除腹中部一周凸弦纹外,腹部和盖顶多素面。标本:临猗程村 1987M0003 : 13(图 1. 2. 3, 7)、③侯马上马 1961M13 三式铜鼎。④

Ⅲ式　盖顶隆起较高,附耳外侈,蹄足较上式稍矮;腹部和盖顶纹饰繁缛。标本:临猗程村 1987M1062 : 1(图 1. 2. 3, 8)、⑤侯马上马 1973M4006 : 5。⑥

Ⅳ式⑦　附耳外侈或铺首衔环耳,蹄足粗矮,接于腹中部;腹部和盖顶纹饰较为繁缛,少数仅饰绚索纹。标本:长子牛家坡 1977M7 : 2(图 1. 2. 3, 9)、⑧太原金胜村 1988M251 : 616。⑨

Ⅴ式　附耳外侈,蹄足更加粗矮,圜底或平底;纹饰较繁缛,或饰绚索、花瓣纹带。标本:陕县后川 1957M2040 : 276(图 1. 2. 3, 10)、⑩洛阳西工区 1983C1M203。⑪

Ⅵ式　蹄足矮小,扁腹,盖顶环钮多作倒 Q 形,素面。标本:泌阳官庄 1978M3 : 8(图 1. 2. 3, 11)、⑫云梦睡虎地 1975M11 : 54。⑬

Ac 型　捉手钮盖。根据腹、足、耳部形态特征的不同,分为三式:⑭

Ⅰ式　附耳较直,蹄足粗矮。标本:南阳西关 1988M40(图 1. 2. 3, 12)。⑮

Ⅱ式　附耳外侈,蹄足瘦高,接于下腹中部;除腹中部一周凸弦纹外,腹部和盖顶多素面。标本:临猗程村 1987M0003 : 18(图 1. 2. 3, 13)、⑯辉县琉璃阁 1951M130 : 1。⑰

Ⅲ式　盖顶隆起较高,附耳外侈,蹄足较上式稍矮;腹部和盖顶纹饰繁缛,纹饰类型基

---

①　山西省考古研究所、太原市文物管理委员会:《太原晋国赵卿墓》,文物出版社,1996 年。

②　洛阳市文物工作队:《洛阳体育场路西东周墓发掘报告》,文物出版社,2011 年。

③　中国社会科学院考古研究所等:《临猗程村墓地》,中国大百科全书出版社,2003 年。

④　山西省文物管理委员会侯马工作站:《山西侯马上马村东周墓葬》,《考古》1963 年第 5 期,第 229—245 页。

⑤　中国社会科学院考古研究所等:《临猗程村墓地》,中国大百科全书出版社,2003 年。

⑥　山西省考古研究所:《上马墓地》,文物出版社,1994 年。

⑦　如果进一步区分,可以将随州擂鼓墩 1978M1 : C103 代表的、主要出自楚地的青铜器区分出来,区分的依据主要是腹、足部形态和纹饰的不同。本书暂不做细分。

⑧　山西省考古研究所:《山西长子县东周墓》,《考古学报》1984 年第 4 期,第 503—529 页。

⑨　山西省考古研究所、太原市文物管理委员会:《太原晋国赵卿墓》,文物出版社,1996 年。

⑩　中国社会科学院考古研究所:《陕县东周秦汉墓》,科学出版社,1994 年。

⑪　洛阳市文物工作队:《洛阳市西工区 203 号战国墓清理简报》,《中原文物》1984 年第 3 期,第 29—33 页。

⑫　驻马店地区文管会、泌阳县文教局:《河南泌阳秦墓》,《文物》1980 年第 9 期,第 15—24 页。

⑬　《云梦睡虎地秦墓》编写组:《云梦睡虎地秦墓》,文物出版社,1981 年。

⑭　以下几点需要说明:1. 淅川下寺 1979M8 : 8 在子母口下附加一周凸棱箍口,一般将其划归为箍口鼎,本书从之。2. 根据简报,南阳西关 1988M40 出土铜鼎 "和淅川下寺一号墓和毛坪楚墓出土的早期鼎" 基本相同,该鼎应属于箍口鼎。河南省文物研究所等:《淅川下寺春秋楚墓》,文物出版社,1991 年;南阳市文物工作队:《南阳市西关三座春秋楚墓发掘简报》,《中原文物》1992 年第 2 期,第 107—113 页。

⑮　南阳市文物工作队:《南阳市西关三座春秋楚墓发掘简报》,《中原文物》1992 年第 2 期,第 107—113 页。

⑯　中国社会科学院考古研究所等:《临猗程村墓地》,中国大百科全书出版社,2003 年。

⑰　中国科学院考古研究所:《辉县发掘报告》,科学出版社,1956 年。

本与 Bb 型 Ⅲ 式相同。标本：临猗程村 1987M1001：2（图 1.2.3，14）、①侯马上马 1973M5218：2。②

Ad 型　兽钮盖。根据盖、腹、足部形态特征的不同，分为六式：

Ⅰ式　平顶盖，附耳微侈，蹄足粗壮，根部发达，接于下腹中下部。标本：洛阳西工区 2005M8832：11（图 1.2.3，15）、③罗山高店 1979M。④

Ⅱ式　暂缺。

Ⅲ式　盖顶隆起，附耳外侈，蹄足较矮。标本：原平峙峪赵家塳 1964M（图 1.2.3，16）、⑤固始侯古堆 1978M1P：52。⑥

Ⅳ式　附耳外侈或铺首衔环耳，蹄足粗矮，接于腹中部，腹部和盖顶纹饰较为繁缛。标本：太原金胜村 1988M251：559（图 1.2.3，17）、⑦随州擂鼓墩 1978M1：C98。⑧

Ⅴ式　侈耳或铺首衔环耳，隆盖，蹄足粗矮。标本：洛阳西工区 1996C1M5269：1、51（图 1.2.3，18、19）、⑨辉县赵固 1951M1：8。⑩

Ⅵ式　侈耳或铺首衔环耳，蹄足更粗矮。标本：陕县后川 1957M3401：14（图 1.2.3，20）、⑪旬邑转角 1979M。⑫

B 型　腹较浅，敛口，鼓腹，多曲尺形钮盖，平底或圜底。根据耳和足部形态的不同，分为三个亚型：

Ba 型　蹄足粗矮。平顶盖，或微隆，中心一环钮、周围分列三个曲尺形钮。根据腹、足部形态特征的不同，分为三式：

Ⅰ式　暂缺。或与舒城河口 1988M1：1、⑬舒城龙舒凤凰嘴 1959M⑭ 相似。

Ⅱ式　双耳较直，鼓腹，腹最大径位于腹中部，下腹缓收成平底。标本：洛阳西工区 2005M8832：5（图 1.2.3，21）。⑮

Ⅲ式　双耳外侈，腹变浅。标本：枣庄峄城徐楼 2009M1：39（图 1.2.3，22）、⑯闻喜

————————

①　中国社会科学院考古研究所等：《临猗程村墓地》，中国大百科全书出版社，2003 年。

②　山西省考古研究所：《上马墓地》，文物出版社，1994 年。

③　洛阳市文物工作队：《洛阳体育场路西东周墓发掘报告》，文物出版社，2011 年。

④　信阳地区文管会、罗山县文化馆：《罗山县高店公社又发现一批春秋时期青铜器》，《中原文物》1981 年第 4 期，第 18—21 页。

⑤　戴遵德：《原平峙峪出土的东周铜器》，《文物》1972 年第 4 期，第 69—72 页。

⑥　河南省文物考古研究所：《固始侯古堆一号墓》，大象出版社，2004 年。

⑦　山西省考古研究所、太原市文物管理委员会：《太原晋国赵卿墓》，文物出版社，1996 年。

⑧　湖北省博物馆：《曾侯乙墓》，文物出版社，1989 年。

⑨　洛阳市文物工作队：《洛阳市针织厂东周墓（C1M5269）的清理》，《文物》2001 年第 12 期，第 41—59 页。

⑩　中国科学院考古研究所：《辉县发掘报告》，科学出版社，1956 年。

⑪　中国社会科学院考古研究所：《陕县东周秦汉墓》，科学出版社，1994 年。

⑫　卢建国：《陕西铜川发现战国铜器》，《文物》1985 年第 5 期，第 44—46 页。

⑬　安徽省文物考古研究所、舒城县文物管理所：《安徽舒城县河口春秋墓》，《文物》1990 年第 6 期，第 58—66 页。

⑭　安徽省文化局文物工作队：《安徽舒城出土的铜器》，《考古》1964 年第 10 期，第 498—503 页。

⑮　洛阳市文物工作队：《洛阳体育场路西东周墓发掘报告》，文物出版社，2011 年。

⑯　枣庄市博物馆等：《山东枣庄徐楼东周墓发掘简报》，《文物》2014 年第 1 期，第 4—27 页。

上郭 1976M17：6(图 1.2.3,23)。①

Bb 型　直耳,蹄足较高。根据耳、腹、足部形态特征的不同,分为六式：

Ⅰ式　暂缺。或与舒城河口 1988M1：1、②舒城龙舒凤凰嘴 1959M③ 相似。

Ⅱ式　暂缺。

Ⅲ式　双耳外侈,盖顶平或微隆起,中央一环钮、周围分列三个曲尺形钮,腹变浅,圜平底或圜底,蹄足直立或稍内敛,上腹饰一周纹饰带或素面。标本：长清仙人台 1995M5：72(图 1.2.3,24)、④临朐杨善 1963M。⑤

Ⅳ式　双耳外侈较甚,圜底,蹄足向外斜立,上腹所饰一周纹饰带变窄。标本：莱芜戴鱼池 1984M(图 1.2.3,25)。⑥

Ⅴ式　腹变深,蹄足稍矮,接于下腹中上部。标本：临淄相家庄 1996M6X：11(图 1.2.3,26)、⑦济南左家洼 1985M1：1。⑧

Ⅵ式　腹较深。标本：临淄东夏庄 1985M5：86(图 1.2.3,27)。⑨

Bc 型　曲耳,高蹄足。敛口、鼓腹、圜底,盖顶平或微隆。根据盖钮形制特征的不同,分为以下次亚型：

Bca 型　曲尺形钮。标本：易县燕下都 1964M31：1 (图 1.2.3,28)、⑩三河双村 1978M1。⑪

Bcb 型　兽钮。标本：顺义龙湾屯 1982M(图 1.2.3,29)、⑫唐山贾各庄 1952M28：42。⑬

Bcc 型　盖顶有一环钮,周围无钮。标本：怀来北辛堡 1964M1：85。⑭

C 型　盖顶隆起较高、深腹、圜底,盖、腹合观形似 Dc 型铜敦,蹄足较高。根据盖顶钮形态特征的不同,分为两个亚型：

① 山西省考古研究所：《1976 年闻喜上郭村周代墓葬清理记》,《三晋考古》(一),山西人民出版社,1994 年,第123—138 页。

② 安徽省文物考古研究所、舒城县文物管理所：《安徽舒城县河口春秋墓》,《文物》1990 年第 6 期,第 58—66 页。

③ 安徽省文化局文物工作队：《安徽舒城出土的铜器》,《考古》1964 年第 10 期,第 498—503 页。

④ 山东大学历史文化学院考古系：《长清仙人台五号墓发掘简报》,《文物》1998 年第 9 期,第 18—30 页。

⑤ 齐文涛：《概述近年来山东出土的商周青铜器》,《文物》1972 年第 5 期,第 3—18 页。

⑥ 莱芜市图书馆、泰安市文物考古研究室：《山东莱芜市戴鱼池战国墓》,《文物》1989 年第 2 期,第 67—71 页。

⑦ 山东省文物考古研究所：《临淄齐墓》(一),文物出版社,2007 年。

⑧ 济南市文化局文物处、历城区文化局：《山东济南市左家洼出土战国青铜器》,《考古》1995 年第 3 期,第209—213 页。

⑨ 山东省文物考古研究所：《临淄齐墓》(一),文物出版社,2007 年。

⑩ 河北省文化局文物工作队：《1964—1965 年燕下都墓葬发掘报告》,《考古》1965 年第 11 期,第 548—561 页。

⑪ 廊坊地区文物管理所、三河县文化馆：《河北三河大唐迴、双村战国墓》,《考古》1987 年第 4 期,第 318—322 页。

⑫ 程长新：《北京市顺义县龙湾屯出土一组战国青铜器》,《考古》1985 年第 8 期,第 701—703 页。

⑬ 安志敏：《河北省唐山市贾各庄发掘报告》,《考古学报》1953 年第 6 期,第 57—116 页。

⑭ 敆承隆、李晓东：《河北省怀来县北辛堡出土的燕国铜器》,《文物》1964 年第 7 期,第 28—29 页;河北省文化局文物工作队：《河北怀来北辛堡战国墓》,《考古》1966 年第 5 期,第 231—242 页;河北省博物馆、文物管理处：《河北省出土文物选集》,文物出版社,1980 年,第 84—86 页。

Ca 型　环钮。根据耳、足部形态特征的不同,分为三式:

Ⅰ式　双耳微侈,盖顶隆起,深腹,圜底,盖顶和上腹满饰纹饰,或素面。标本:淄博磁村 1977M03∶1(图 1.2.3,30)、①济南左家洼 1985M1∶3。②

Ⅱ式　双耳外侈,盖顶隆起更高,盖、腹合视似铜敦,圜底,素面,仅在腹中部饰一周凸弦纹,蹄足或作多棱形。标本:临淄辛店 2010M2∶Q9(图 1.2.3,31)、③长清岗辛 1975M∶1—4。④

Ⅲ式　腹变浅,蹄足较上式稍矮,圜平底。标本:临淄赵家徐姚 2001M1∶9(图 1.2.3,32)、⑤济南千佛山 1972M∶018。⑥

Cb 型　兽钮。标本:临淄辛店 2010M2∶Q11(图 1.2.3,33)、⑦阳信城关西北村 1988M∶6。⑧

D 型　浅腹、多棱形高蹄足,平底或圜平底。根据盖钮形态特征的不同,分为两个亚型:

Da 型　环钮。根据耳、腹、足部形态特征的不同,分为四式:

Ⅰ式　腹较深,高蹄足外撇。标本:六合程桥 1968M2(图 1.2.3,34)、⑨丹徒北山顶 1984M∶5。⑩

Ⅱ式　腹壁较直,方形附耳微侈,高蹄足,接于下腹中部,平底。标本:随州擂鼓墩 1978M1∶C235(图 1.2.3,35)。⑪

Ⅲ式　鼓腹,方形或 🐍 形附耳外侈,六棱或八棱形高蹄足,或作铁质,接于腹中部凸弦纹下,多为平底,少数圜平底,大多数素面。标本:江陵望山 1965M1∶35(图 1.2.3,36)、⑫荆门包山 1986M2∶173。⑬

Ⅳ式　鼓腹,附耳多作 🐍 形,外侈更甚,平底或圜底,六棱或八棱形高蹄足。标本:桃源三元 1985M1∶5(图 1.2.3,37)、⑭云梦睡虎地 1975M3∶4。⑮

---

①　淄博市博物馆:《山东淄博磁村发现四座春秋墓葬》,《考古》1991 年第 6 期,第 506—510 页。

②　济南市文化局文物处、历城区文化局:《山东济南市左家洼出土战国青铜器》,《考古》1995 年第 3 期,第 209—213 页。

③　临淄区文物局:《山东淄博市临淄区辛店二号战国墓》,《考古》2013 年第 1 期,第 32—58 页。

④　山东省博物馆、长清县文化馆:《山东长清岗辛战国墓》,《考古》1980 年第 4 期,第 325—332 页。

⑤　淄博市临淄区文化局:《山东淄博市临淄区赵家徐姚战国墓》,《考古》2005 年第 1 期,第 32—44 页。

⑥　李晓峰、伊沛扬:《济南千佛山战国墓》,《考古》1991 年第 9 期,第 813—817 页。

⑦　临淄区文物局:《山东淄博市临淄区辛店二号战国墓》,《考古》2013 年第 1 期,第 32—58 页。

⑧　惠民地区文物普查队、阳信县文化馆:《山东阳信城关镇西北村战国墓器物陪葬坑清理简报》,《考古》1990 年第 3 期,第 218—222 页。

⑨　南京博物院:《江苏六合程桥二号东周墓》,《考古》1974 年第 2 期,第 116—120 页。

⑩　江苏省丹徒考古队:《江苏丹徒北山顶春秋墓发掘报告》,《东南文化》1988 年第 3、4 期,第 13—50 页。

⑪　湖北省博物馆:《曾侯乙墓》,文物出版社,1989 年。

⑫　湖北省文物考古研究所:《江陵望山沙塚楚墓》,文物出版社,1996 年。

⑬　湖北省荆沙铁路考古队:《包山楚墓》,文物出版社,1991 年。

⑭　常德地区文物工作队、桃源县文化局:《桃源三元村一号楚墓》,《湖南考古辑刊》(4),岳麓书社,1987 年,第 22—32 页;湖南省常德市文物局等:《沅水下游楚墓》,文物出版社,2010 年。

⑮　《云梦睡虎地秦墓》编写组:《云梦睡虎地秦墓》,文物出版社,1981 年。

| 分期 | A 型 深腹 | | | | B 型 腹较浅 | | Bc 型 蹄足较高，曲耳 | | C 型 球形腹 | | D 型 浅腹、多棱形高蹄足 | |
	Aa 型 曲尺形钮盖	Ab 型 环钮盖	Ac 型 捉手盖	Ad 型 兽钮盖	Ba 型 蹄足粗矮	Bb 型 蹄足较高，直耳	Bca 型 曲尺钮	Bcb 型 兽钮	Ca 型 环钮盖	Cb 型 兽钮盖	Da 型 环钮盖	Db 型 兽钮盖
一	I 1				I 暂缺	I 暂缺						
二	II 2	I 6	I 12	I 15	II 21　III 22　III 23	II 暂缺						
三	III 3	II 7	II 13	II 暂缺		III 24						
四	IV 4	III 8	III 14	III 16		IV 25	28	29			I 34	I 暂缺

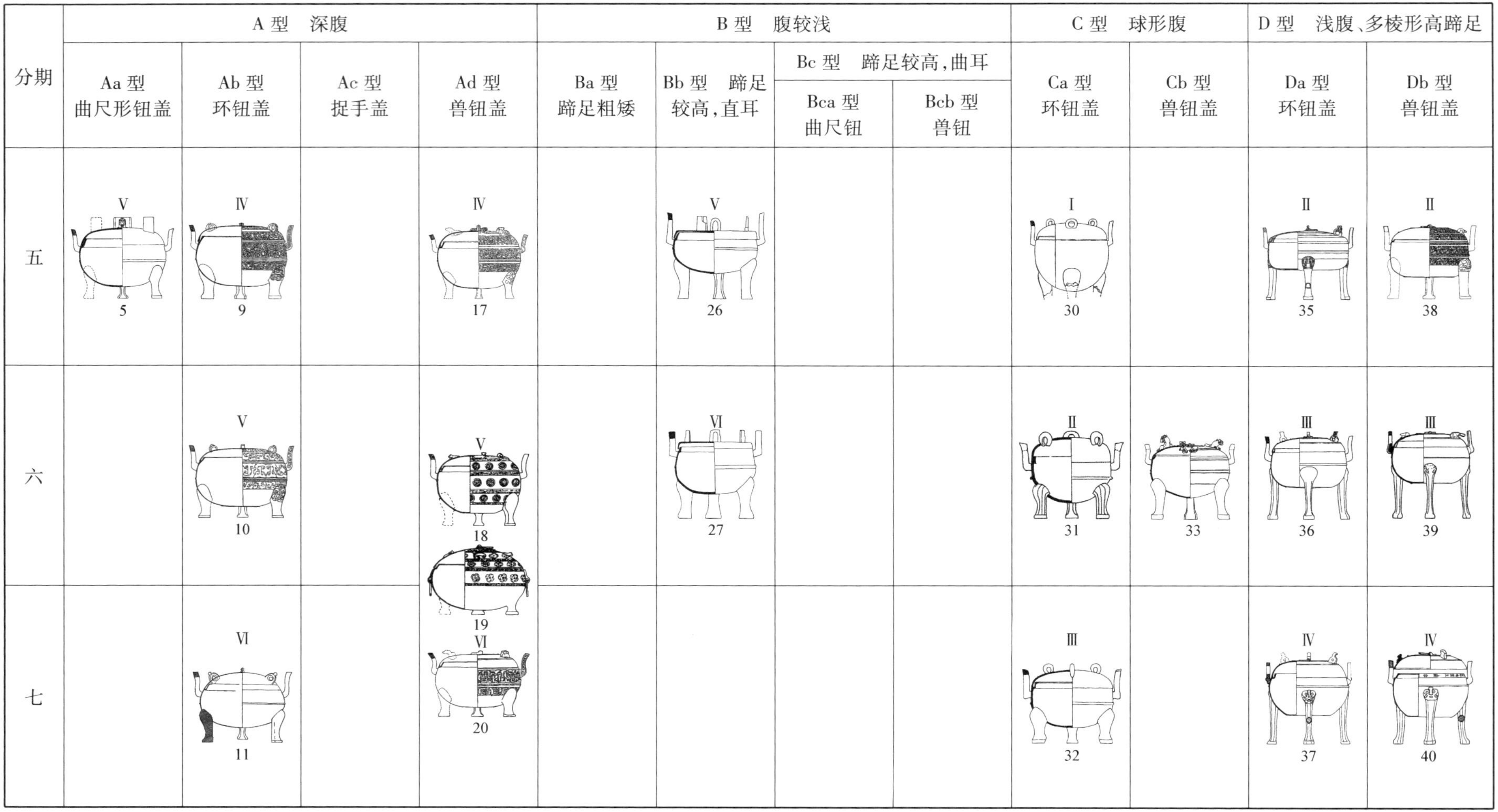

分期	A 型 深腹				B 型 腹较浅				C 型 球形腹		D 型 浅腹，多棱形高蹄足	
	Aa 型 曲尺形钮盖	Ab 型 环钮盖	Ac 型 捉手盖	Ad 型 兽钮盖	Ba 型 蹄足粗矮	Bb 型 蹄足较高，直耳	Bc 型 蹄足较高，曲耳 Bca 型 曲尺钮	Bcb 型 兽钮	Ca 型 环钮盖	Cb 型 兽钮盖	Da 型 环钮盖	Db 型 兽钮盖
五	V 5	IV 9		IV 17		V 26			I 30		II 35	II 38
六		V 10		V 18 VI 19 VI 20		VI 27			II 31	III 33	III 36	III 39
七		VI 11							III 32		IV 37	IV 40

图 1.2.3　附耳子母口鼎谱系图

1. 舒城河口 1988M1：1　2. 南阳李八庙 2004M1：1　3. 侯马上马 1978M1010：10　4. 涉县李家巷 1997M01：1　5. 太原金胜村 1988M251：589　6. 洛阳体育场路 2005M8833：6　7. 临猗程村 1987M0003：13　8. 临猗程村 1987M1001：2　9. 长子牛家坡 1977M7：2　10. 陕县后川 1957M2040：276　11. 南阳官庄 1978M3：8　12. 南阳西关 1988M40　13. 临猗西工区 1996C1M5269：1　19. 洛阳西工区 1996C1M5269：51　20. 陕县后川 1957M3401：14　21. 洛阳西工区 2005M8832：5　22. 峄城徐楼 2009M1：39　23. 闻喜上郭村 1976M17：6　24. 长清仙人台 1995M5：72　25. 莱芜戴鱼池 1984M　26. 临淄相家庄 1996M6X：11　27. 临淄乐夏庄 1985M5：86　28. 易县燕下都 1964M31：1　29. 淄博磁村 1977M03：1　30. 顺义龙湾屯 1982M　31. 临淄辛店 2010M2：Q9　32. 临淄赵家徐姚 2001M1：9　33. 临淄辛店 2010M2：Q11　34. 六合程桥 1968M2　35. 随州擂鼓墩 1978M1：C235　36. 江陵望山 1965M1：5　37. 桃源三元 1985M1：36　40. 桃源三元 1985M1：2

Db 型　兽钮。根据耳、腹、足部形态特征的不同,分为四式:

Ⅰ式　暂缺。

Ⅱ式　腹壁较直或微鼓腹,平底或圜平底,盖顶和腹部纹饰繁缛。标本:随州擂鼓墩1981M2∶69(图 1.2.3,38)、①襄阳余岗 2004M112∶10。②

Ⅲ式　鼓腹,方形或 ⊗ 形附耳外侈,六棱或八棱形高蹄足,或作铁质,接于腹中部凸弦纹下,多为平底,少数圜平底,多通体素面。标本:江陵望山 1965M1∶36(图 1.2.3,39)、③荆门包山 1986M2∶140。④

Ⅳ式　鼓腹,附耳多作 ⊗ 形,外侈更甚,平底或圜底,六棱或八棱形高蹄足。标本:桃源三元 1985M1∶2(图 1.2.3,40)、⑤襄阳王坡 2001M34∶5。⑥

（四）箍口鼎

口沿下附加一周凸棱用以承盖。根据口、腹、足部形态特征的不同,分为三型:

A 型　敛口、深腹、圜底或平底。根据鼎盖和腹部形态的不同,分为四个亚型:

Aa 型　曲尺形钮盖。根据腹、足部形态特征的不同,分为三式:

Ⅰ式　平鼎盖,双耳较直,深鼓腹,蹄足粗壮,接于圜底外,腹中部一周凸弦纹。标本:谷城新店 1977M∶4(图 1.2.4,1)。⑦

Ⅱ式　盖顶微隆起,腹较深。标本:南阳万家园 2005M181∶7(图 1.2.4,2)。⑧

Ⅲ式　腹变浅。标本:滕州庄里西 1990M8∶1(图 1.2.4,3)。⑨

Ab 型　提手钮盖。根据腹、足部形态特征的不同,分为四式:

Ⅰ式　盖顶隆起,双耳直立,敛口,深腹圆鼓,圜底,蹄足粗壮,稍内敛,接于圜底外,腹中部一周凸棱,盖面和腹部满饰纹饰。标本:淅川下寺 1979M8∶8(图 1.2.4,4)、⑩钟祥文集黄土坡 1988M31∶1。⑪

Ⅱ式　双耳微侈,敛口,深腹圆鼓,圜底,蹄足粗壮,直立,接于下腹中下部,盖面和腹

①　随州市博物馆:《随州擂鼓墩二号墓》,文物出版社,2008 年。

②　襄阳市文物考古研究所:《余岗楚墓》,科学出版社,2011 年。

③　湖北省文物考古研究所:《江陵望山沙塚楚墓》,文物出版社,1996 年。

④　湖北省荆沙铁路考古队:《包山楚墓》,文物出版社,1991 年。

⑤　常德地区文物工作队、桃源县文化局:《桃源三元村一号楚墓》,《湖南考古辑刊》(4),岳麓书社,1987 年,第22—32 页;湖南省常德市文物局等:《沅水下游楚墓》,文物出版社,2010 年。

⑥　湖北省文物考古研究所等:《襄阳王坡东周秦汉墓》,科学出版社,2005 年。

⑦　陈千万:《谷城新店出土的春秋铜器》,《江汉考古》1986 年第 3 期,第 13—16 页;襄樊市博物馆、谷城县文化馆:《襄樊市、谷城县馆藏青铜器》,《文物》1986 年第 4 期,第 15—20 页;襄樊市博物馆:《湖北谷城、枣阳出土周代青铜器》,《考古》1987 年第 5 期,第 410—413 页;谷城县博物馆:《谷城文物精粹》,文物出版社,2012 年,第 23 页。

⑧　南阳市文物考古研究所:《南阳市万家园 M181 发掘简报》,《中原文物》2009 年第 1 期,第 4—11 页。

⑨　滕州市博物馆:《山东滕州庄里西战国墓》,《文物》2002 年第 6 期,第 57—62 页。

⑩　河南省文物研究所等:《淅川下寺春秋楚墓》,文物出版社,1991 年。

⑪　荆州博物馆、钟祥市博物馆:《湖北钟祥黄土坡东周秦代墓发掘报告》,《考古学报》2009 年第 2 期,第 247—294 页。

部纹饰繁缛。标本：淅川下寺1978M2：43(图1.2.4,5)、①叶县旧县2002M4：0184。②

Ⅲ式　双耳外侈,口微敛,腹变浅,圜底,蹄足外撇,接于下腹中部,盖面和腹部纹饰繁缛。标本：襄阳余岗2004M215：1(图1.2.4,6)、③平顶山滍阳岭1992M301：12。④

Ⅳ式　腹更浅,蹄足与腹相接位置上移。标本：当阳曹家岗1981M5(图1.2.4,7)。⑤

Ac型　环钮盖。根据腹、足部形态特征的不同,分为七式：

Ⅰ式　暂缺。

Ⅱ式　双耳微侈,敛口,深腹圆鼓,圜底,三足粗壮,接于下腹中下部,盖顶和腹部纹饰繁缛。标本：淅川下寺1978M1：58(图1.2.4,8)、⑥丹徒北山顶1984M：4。⑦

Ⅲ式　双耳外侈,腹较上式变浅,圜底,蹄足外撇,接于下腹中部,盖顶和腹部纹饰繁缛,环钮或作倒Q形。标本：襄阳余岗2004M180：2(图1.2.4,9)、⑧淅川下寺1978M10：50。⑨

Ⅳ式　双耳外侈,口微敛,腹变浅,上腹壁较直,下腹缓收成平底或圜平底,蹄足外撇,接于腹中部,盖顶多作倒Q形钮。标本：平顶山滍阳岭1992M301：10(图1.2.4,10)。⑩

Ⅴ式　腹较上式变浅,蹄足较高,位置上移。标本：随州擂鼓墩1978M1：C102(图1.2.4,11)、⑪淅川和尚岭1990M2：29。⑫

Ⅵ式　双耳外侈,腹变浅,腹壁直,平底,多棱形蹄足外撇,接于腹中部。标本：荆门包山1986M2：83(图1.2.4,12)、⑬江陵天星观2000M2：3。⑭

Ⅶ式　双耳外侈,平底,蹄足外撇更甚。标本：寿县朱家集1933M楚王熊悍鼎甲(图1.2.4,13)。⑮

Ad型　兽钮。根据腹、足部形态特征的不同,分为四式：

Ⅰ式　暂缺。

Ⅱ式　盖顶微隆起,双耳微侈,鼓腹。标本：洛阳西工区2005M8830：20(图1.2.4,14)。⑯

---

① 河南省文物研究所等：《淅川下寺春秋楚墓》,文物出版社,1991年。
② 平顶山市文物管理局、叶县文化局：《河南叶县旧县四号春秋墓发掘简报》,《文物》2007年第9期,第4—37页。
③ 襄阳市文物考古研究所：《余岗楚墓》,科学出版社,2011年。
④ 河南省文物考古研究所等：《河南平顶山春秋晚期M301发掘简报》,《文物》2012年第4期,第4—28页。
⑤ 宜昌地区博物馆：《馆藏铜器介绍》,《江汉考古》1986年第2期,第93—96页。
⑥ 河南省文物研究所等：《淅川下寺春秋楚墓》,文物出版社,1991年。
⑦ 江苏省丹徒考古队：《江苏丹徒北山顶春秋墓发掘报告》,《东南文化》1988年第3、4期,第13—50页。
⑧ 襄阳市文物考古研究所：《余岗楚墓》,科学出版社,2011年。
⑨ 河南省文物研究所等：《淅川下寺春秋楚墓》,文物出版社,1991年。
⑩ 河南省文物考古研究所等：《河南平顶山春秋晚期M301发掘简报》,《文物》2012年第4期,第4—28页。
⑪ 湖北省博物馆：《曾侯乙墓》,文物出版社,1989年。
⑫ 河南省文物考古研究所等：《淅川和尚岭与徐家岭楚墓》,大象出版社,2004年。
⑬ 湖北省荆沙铁路考古队：《包山楚墓》,文物出版社,1991年。
⑭ 湖北省荆州博物馆：《荆州天星观二号楚墓》,文物出版社,2003年。
⑮ 安徽省博物馆：《安徽省博物馆藏青铜器》,上海人民美术出版社,1987年。
⑯ 洛阳市文物工作队：《洛阳体育场路东周墓(M8830)发掘简报》,《文物》2011年第8期,第13—21页;洛阳市文物工作队：《洛阳体育场路西东周墓发掘报告》,文物出版社,2011年。

Ⅲ式　暂缺。

Ⅳ式　盖顶隆起,曲耳外侈较甚。标本:新郑铁岭 2009M550∶4(图 1.2.4,15)、①陕县后川 1957M2125∶55。②

B 型　斜腹、圜底。根据盖钮形态特征的不同,分为两个亚型:

Ba 型　捉手钮盖。根据腹、足部形态特征的不同,分为二式:

Ⅰ式　双耳外侈,蹄足外撇,接于下腹中下部。标本:淅川下寺 1978M3∶12(图 1.2.4,16)、③襄阳余岗 2004M237∶2。④

Ⅱ式　双耳外侈,蹄足外撇较甚,接于下腹中部。标本:麻城李家湾 1993M14∶1(图 1.2.4,17)。⑤

Bb 型　环钮盖。根据腹、足部形态特征的不同,分为二式:

Ⅰ式　双耳外侈,钮作倒 Q 形,蹄足外撇,接于下腹中部。标本:淅川下寺 1978M10∶48(图 1.2.4,18)、⑥随州义地岗 1994M3∶19(图 1.2.4,19)、⑦寿县西门内 1955M∶3.1。⑧

Ⅱ式　双耳外侈,倒 Q 形钮,方耳或 🥨 形耳,蹄足外撇较甚,超出双耳外侈宽度。标本:淅川和尚岭 1990M1∶5(图 1.2.4,20)、⑨淅川下寺 1978M11∶5。⑩

C 型　敛口,扁鼓腹。蹄足直立,较高,接于下腹中上部。根据盖钮形态特征的不同,分为两个亚型:

Ca 型　捉手钮盖。除箍口外,形制和纹饰与附耳子母口鼎 AcⅢ式基本相同。标本:侯马上马 1973M1004∶18(图 1.2.4,21)、⑪侯马上马 1978M1026∶1。⑫ 二者下腹部所饰大蕉叶纹,与 Ab 型Ⅱ式箍口鼎所饰细密的蕉叶纹不同,与晋地出土 Ac 型Ⅲ式附耳子母口鼎下腹部装饰的蕉叶纹相同。

Cb 型　环钮盖。根据耳、腹、足部形态特征的不同,分为三式:

Ⅰ式　双耳外侈,蹄足粗矮,除口为箍口外,形制和纹饰与附耳子母口鼎 Ab 型Ⅲ式基本相同。标本侯马上马 1973M5218∶5(图 1.2.4,22)、⑬侯马上马 1963M15∶16。⑭

①　郑州市文物考古研究院、河南省文物管理局南水北调办公室:《新郑铁岭墓地 M550 发掘简报》,《中原文物》2010 年第 5 期,第 4—10 页。
②　中国社会科学院考古研究所:《陕县东周秦汉墓》,科学出版社,1994 年。
③　河南省文物研究所等:《淅川下寺春秋楚墓》,文物出版社,1991 年。
④　襄阳市文物考古研究所:《余岗楚墓》,科学出版社,2011 年。
⑤　湖北省文物考古研究所:《湖北麻城市李家湾春秋楚墓》,《考古》2000 年第 5 期,第 21—33 页。
⑥　河南省文物研究所等:《淅川下寺春秋楚墓》,文物出版社,1991 年。
⑦　湖北省文物考古研究所等:《湖北随州义地岗墓地曾国墓 1994 年发掘简报》,《文物》2008 年第 2 期,第 4—18 页。
⑧　安徽省文物管理委员会、安徽省博物馆:《寿县蔡侯墓出土遗物》,科学出版社,1956 年。
⑨　河南省文物考古研究所:《淅川和尚岭与徐家岭楚墓》,大象出版社,2004 年。
⑩　河南省文物研究所等:《淅川下寺春秋楚墓》,文物出版社,1991 年。
⑪　山西省考古研究所:《上马墓地》,文物出版社,1994 年。
⑫　山西省考古研究所:《上马墓地》,文物出版社,1994 年。
⑬　山西省考古研究所:《上马墓地》,文物出版社,1994 年。
⑭　山西省考古研究所:《上马墓地》,文物出版社,1994 年。

| 分期 | A型　敛口，深腹，圜底或平底 | | | | B型　斜腹，圜底 | | C型　敛口，扁鼓腹 | |
	Aa型 曲尺形钮盖	Ab型 捉手钮盖	Ac型 环钮盖	Ad型 兽钮盖	Ba型 捉手钮盖	Bb型 环钮盖	Ca型 捉手钮盖	Cb型 环钮盖
一	I 1	I 4						
二	II 2	II 5	I 暂缺	I 暂缺				
三	III 3	III 6	II 8	II 14	I 16			
四			III 9　IV 10	III 暂缺	II 17	I 18　19	21	I 22

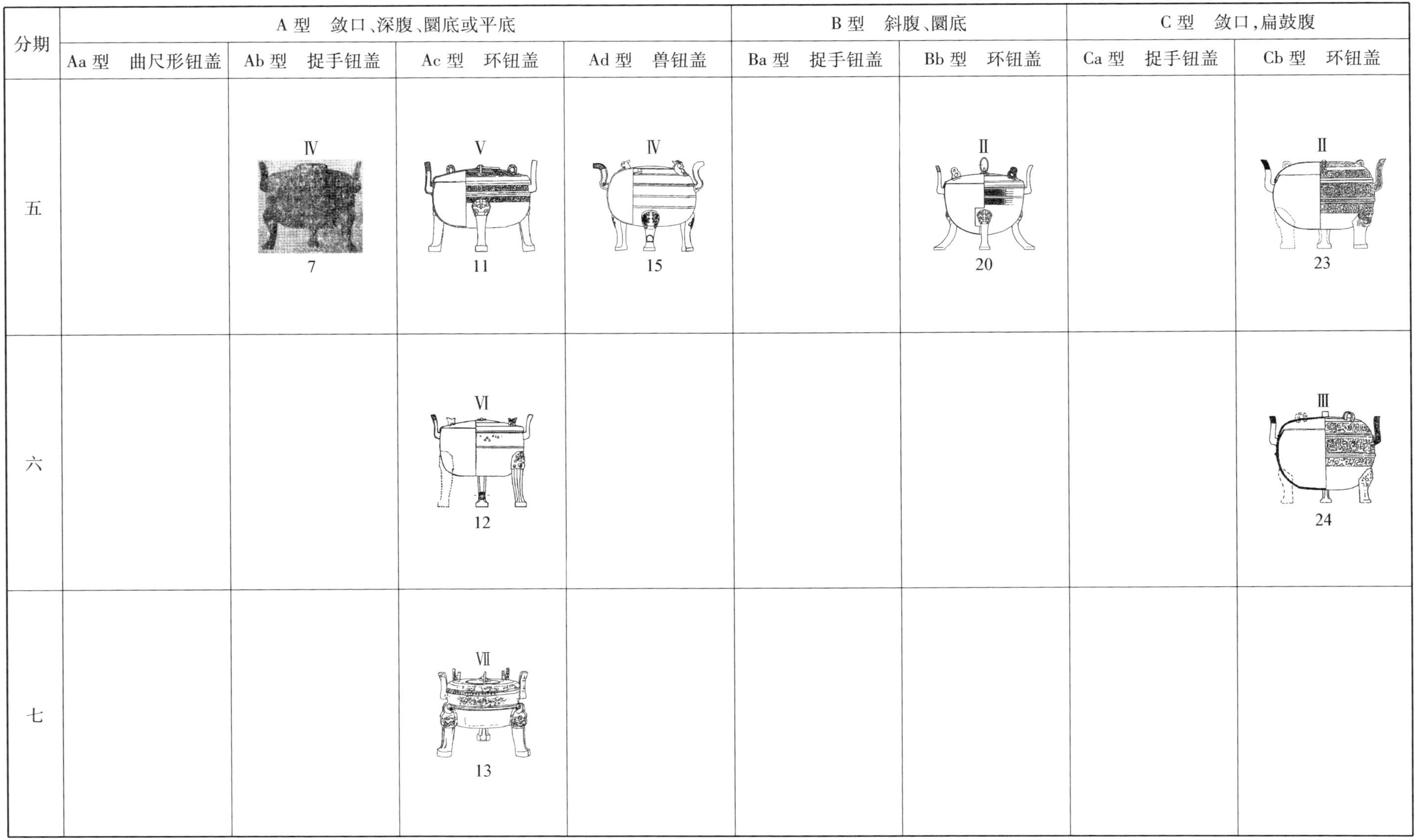

分期	A型 敛口、深腹，圆底或平底				B型 斜腹、圆底		C型 敛口、扁鼓腹	
	Aa型 曲尺形钮盖	Ab型 捉手钮盖	Ac型 环钮盖	Ad型 兽钮盖	Ba型 捉手钮盖	Bb型 环钮盖	Ca型 捉手钮盖	Cb型 环钮盖
五		IV〔7〕	V〔11〕	IV〔15〕		II〔20〕		II〔23〕
六			VI〔12〕					III〔24〕
七			VII〔13〕					

图 1.2.4　敛口鼎谱系图

1. 谷城新店 1977M：4　2. 南阳万家园 2005M181：7　3. 滕州庄里西 1990M8：1　4. 淅川下寺 1979M8：8　5. 淅川下寺 1978M2：43　6. 襄阳余岗 2004M215：1　7. 当阳曹家岗 1981M5
8. 淅川下寺 1978M1：58　9. 襄阳余岗 2004M180：2　10. 平顶山滍阳岭 1992M301：10　11. 荆门包山 1986M2：83　13. 寿县朱家集 1933M1：C102　12. 荆门十里铺　14. 洛阳西工区 2005M8830：20　15. 新郑铁岭 2009M550：4　16. 淅川下寺 1978M3：12　17. 淅川下寺 1979M10：48　18. 随州义地岗 1994M3：19　19. 随州李家湾 1993M14：1　20. 淅川和尚岭 1990M1：5　21. 侯马上马 1973M1004：18　22. 太原金胜村 1988M251：633　24. 洛阳西工区 1992C1M3750：7

Ⅱ式　双耳较上式侈甚,蹄足变矮,形制和纹饰与附耳子母口鼎 Ab 型Ⅳ式基本相同。标本:太原金胜村 1988M251:633(图 1.2.4,23)、①陕县后川 1957M2121:7。②

Ⅲ式　蹄足更加粗矮。标本:洛阳西工区 1992C1M3750:7(图 1.2.4,24)。③

(五) 束腰垂腹鼎

根据耳和腹部形态特征的不同,分为二型:

A 型　直口,圜底。立耳、束腰。标本:枣庄东江 2002M3:6(图 1.2.5,1)、④临朐泉头 1981M 乙:2。⑤

B 型　敞口,平底,或圜平底。根据耳部形态特征的不同,分为两个亚型:

Ba 型　立耳。根据腹部形态特征和演变规律的不同,分为两个次亚型:

Baa 型　根据耳、腹部形态特征的不同,分为七式:

Ⅰ式　暂缺。

Ⅱ式　双耳外侈,平底。标本:淅川和尚岭 1990M1:2(图 1.2.5,2)、⑥随州刘家崖 1975 采 1—3 号铜鼎。⑦

Ⅲ式　双耳外侈较甚,腹变深,下腹向外鼓出较甚,平底,腹部一周攀附 6 只伏兽,纹饰繁缛。标本:淅川下寺 1978M2:38(图 1.2.5,3)、⑧叶县旧县 2002M4:0182。⑨

Ⅳ式　双耳较上式长,外侈,纹饰较为繁缛,腹部攀附 6 或 4 只伏兽。标本:寿县西门内 1955M:2.1(图 1.2.5,4)、⑩淅川徐家岭 1990M9:9。⑪

Ⅴ式　双耳更长,外侈更甚,腹变浅,下腹近底处鼓出作直壁,或弧壁。标本:随州擂鼓墩 1978M1:C89(图 1.2.5,5)、⑫随州擂鼓墩 1981M2:61(图 1.2.5,6)。⑬

Ⅵ式　长耳外侈,下腹直壁较上式变长,腹部攀附四只伏兽。标本:江陵天星观 2000M2:115(图 1.2.5,7)。⑭

------

①　山西省考古研究所、太原市文物管理委员会:《太原晋国赵卿墓》,文物出版社,1996 年。
②　中国社会科学院考古研究所:《陕县东周秦汉墓》,科学出版社,1994 年。
③　洛阳市文物工作队:《洛阳市中州中路东周墓》,《文物》1995 年第 8 期,第 7—18 页。
④　枣庄市博物馆、枣庄市文物管理办公室:《枣庄市东江周代墓葬发掘报告》,《海岱考古》(四),科学出版社,2011 年,第 141—231 页。
⑤　临朐县文化馆、潍坊地区文物管理委员会:《山东临朐发现齐、郭、曾诸国铜器》,《文物》1983 年第 12 期,第 1—6 页。
⑥　河南省文物考古研究所等:《淅川和尚岭与徐家岭楚墓》,大象出版社,2004 年。
⑦　随州市博物馆:《湖北随县刘家崖发现古代青铜器》,《考古》1982 年第 2 期,第 142—146 页。
⑧　河南省文物研究所等:《淅川下寺春秋楚墓》,文物出版社,1991 年。
⑨　平顶山市文物管理局、叶县文化局:《河南叶县旧县四号春秋墓发掘简报》,《文物》2007 年第 9 期,第 4—37 页。
⑩　安徽省文物管理委员会、安徽省博物馆:《寿县蔡侯墓出土遗物》,科学出版社,1956 年。
⑪　河南省文物考古研究所等:《淅川和尚岭与徐家岭楚墓》,大象出版社,2004 年。
⑫　湖北省博物馆:《曾侯乙墓》,文物出版社,1989 年。
⑬　随州市博物馆:《随州擂鼓墩二号墓》,文物出版社,2008 年。
⑭　湖北省荆州博物馆:《荆州天星观二号楚墓》,文物出版社,2003 年。

分期	A 型 圜底	B 型 平底		
		Ba 型 立耳		Bb 型 附耳
		Baa 型	Bab 型	
一	1	I 暂缺		13 II 14
二		II 2		
三		III 3		
四		IV 4		
五		V 5 6	I 10	

分期	A 型　圈底	B 型　平底		
		Ba 型　立耳		Bb 型　附耳
		Baa 型	Bab 型	
六		Ⅵ 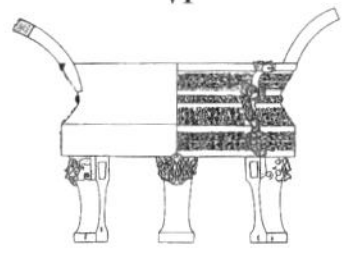 7 Ⅶ 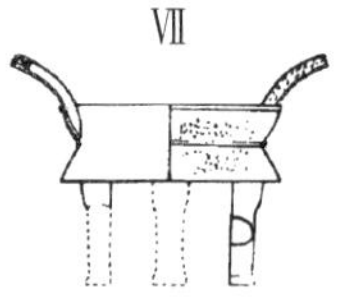 8 9	Ⅱ 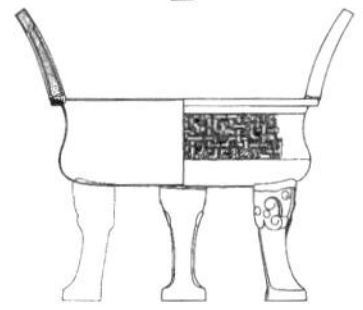 11 Ⅲ 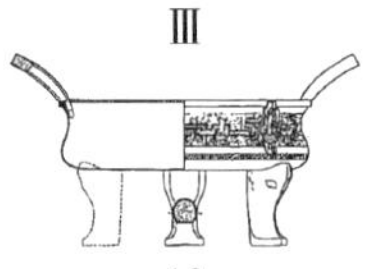 12	
七		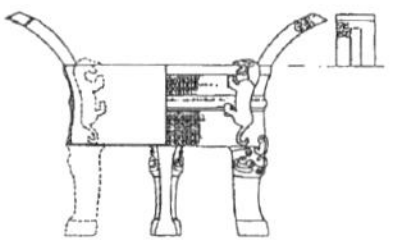		

图 1.2.5　束腰垂腹鼎谱系图

1. 枣庄东江 2002M3：6　2. 淅川和尚岭 1990M1：2　3. 淅川下寺 1978M2：38　4. 寿县西门内 1955M：2.1　5. 随州擂鼓墩 1978M1：C89　6. 随州擂鼓墩 1981M2：61　7. 江陵天星观 2000M2：115　8. 叶县旧县 1985M1：采1　9. 寿县朱家集 1933M　10. 淅川徐家岭 1990M9：18　11. 淅川徐家岭 1990M3：34　12. 淅川徐家岭 1991M10：43　13. 随州万店周家岗 1976M　14. 随州刘家崖 1980M1

Ⅶ式　双耳外侈极甚，腹变浅，下腹斜收至底。标本：叶县旧县 1985M1：采1（图 1.2.5,8）、[1]寿县朱家集 1933M（图 1.2.5,9）。[2]

Bab 型　形态特征与 Baa 型Ⅱ式相似，耳更长，可能属于 Baa 型Ⅱ式的复古型。根据耳、腹部形态特征的不同，分为三式：

Ⅰ式　腹较深，长耳外侈。标本：淅川徐家岭 1990M9：18（图 1.2.5,10）。[3]

Ⅱ式　腹变浅，耳变长。标本：淅川徐家岭 1990M3：34（图 1.2.5,11）。[4]

Ⅲ式　腹更浅，长耳外侈更甚。标本：淅川徐家岭 1991M10：43（图 1.2.5,12）。[5]

Bb 型　附耳。根据耳部形态特征的不同，分为二式：

Ⅰ式　双耳较直。标本：随州万店周家岗 1976M（图 1.2.5,13）。[6]

---

① 河南省文物研究所等：《河南省叶县旧县 1 号墓的清理》，《华夏考古》1988 年第 3 期，第 1—18 页。
② 吴长青：《寿县李三孤堆楚国大墓出土铜器的初步研究——以安徽省博物馆藏该墓青铜器为中心》，北京大学硕士学位论文，2005 年。
③ 河南省文物考古研究所等：《淅川和尚岭与徐家岭楚墓》，大象出版社，2004 年。
④ 河南省文物考古研究所等：《淅川和尚岭与徐家岭楚墓》，大象出版社，2004 年。
⑤ 河南省文物考古研究所等：《淅川和尚岭与徐家岭楚墓》，大象出版社，2004 年。
⑥ 随州市博物馆：《湖北随县发现商周青铜器》，《考古》1984 年第 6 期，第 510—514 页。

Ⅱ式　双耳外侈。标本：随州刘家崖 1980M1（图 1.2.5,14）。[1]

（六）鬲鼎

根据口、腹、足部形态特征的不同,分为三型:

A 型　折沿。目前所见数量少。标本：三门峡上村岭 1957M1708：1（图 1.2.6,1）。[2]

B 型　子母口、带盖、鼓腹、粗蹄足。根据耳部形态特征的不同,分为两个亚型:

Ba 型　方形附耳。根据盖、腹、足部形态特征的不同,分为七式:

Ⅰ式　双耳直立,盖顶平,中央一环钮,周围分列三曲尺形钮,高蹄足,弧形高裆。标本：合肥乌龟岗 1970M（图 1.2.6,2）。[3]

Ⅱ式　暂缺。

Ⅲ式　暂缺。

Ⅳ式　双耳外侈,盖顶隆起,环钮,蹄足粗壮,弧裆较高,盖顶和腹部纹饰繁缛。标本：定襄中霍村 1995M1：9（图 1.2.6,3）。[4]

Ⅴ式　双耳外侈,盖顶隆起,兽钮,弧裆变低,盖顶和腹部纹饰较为繁缛。标本：洛阳中州路 1954M2717：102（图 1.2.6,4）。[5]

Ⅵ式　双耳外侈,隆盖,兽钮,蹄足粗矮,平裆较平,纹饰较为繁缛或简化为绹索纹带。标本：长治分水岭 1964M106：8（图 1.2.6,5）、[6]洛阳王城广场 2002M150：10。[7]

Ⅶ式　平裆更低矮。标本：洛阳王城广场 2002XM150：10（图 1.2.6,6）。[8]

Bb 型　铺首衔环耳。根据盖、腹、足部形态特征的不同,分为三式:

Ⅰ式　失盖、足残,纹饰繁缛。标本：洛阳王城广场 2002M7：1（图 1.2.6,7）。[9]

Ⅱ式　盖顶隆起,兽钮,蹄足粗壮,弧裆较高,盖顶和腹部纹饰繁缛。标本：太原金胜村 1988M251：611（图 1.2.6,8）。[10]

Ⅲ式　隆盖,兽钮或环钮,平裆较低,盖顶和腹部饰以带状绹索纹或花瓣纹等。标本：洛阳西工区 1996C1M5269：53（图 1.2.6,9）。[11]

C 型　子母口,蹄足矮小。腹部形态与 Dc 型铜敦相似。根据耳部形态特征的不同,分为两个亚型:

---

①　随州市博物馆：《湖北随县刘家崖发现古代青铜器》,《考古》1982 年第 2 期,第 142—146 页。

②　中国科学院考古研究所：《上村岭虢国墓地》,科学出版社,1959 年。

③　佚名：《肥西、合肥发现西周晚期铜器》,《文物》1972 年第 1 期,第 77 页；安徽省博物馆：《遵循毛主席的指示,做好文物博物馆工作》,《文物》1978 年第 8 期,第 1—11 页。

④　李有成：《定襄县中霍村东周墓发掘报告》,《文物》1997 年第 5 期,第 4—17 页。

⑤　中国科学院考古研究所：《洛阳中州路（西工段）》,科学出版社,1959 年。

⑥　山西省考古研究所等：《长治分水岭东周墓地》,文物出版社,2010 年。

⑦　洛阳市文物工作队：《洛阳王城广场东周墓》,文物出版社,2009 年。

⑧　洛阳市文物工作队：《洛阳王城广场东周墓》,文物出版社,2009 年。

⑨　洛阳市文物工作队：《洛阳王城广场东周墓》,文物出版社,2009 年。

⑩　山西省考古研究所、太原市文物管理委员会：《太原晋国赵卿墓》,文物出版社,1996 年。

⑪　洛阳市文物工作队：《洛阳市针织厂东周墓（C1M5269）的清理》,《文物》2001 年第 12 期,第 41—59 页。

分期	A 型　折沿	B 型　子母口、粗蹄足		C 型　子母口、小蹄足	
		Ba 型 方形附耳	Bb 型 铺首衔环耳	Ca 型 方形附耳	Cb 型 铺首衔环耳
一	 1	I  2			
二		II 暂缺			
三		III 暂缺			
四		IV 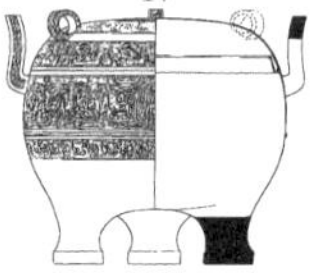 3	I 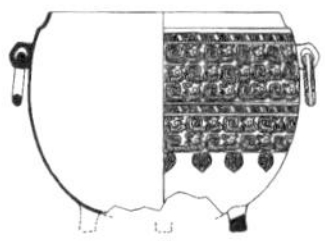 7		
五		V  4	II 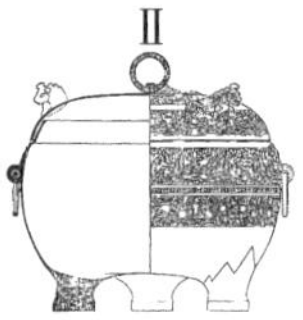 8		
六		VI  5	III 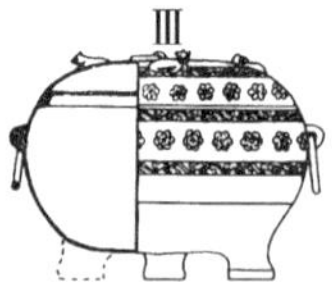 9	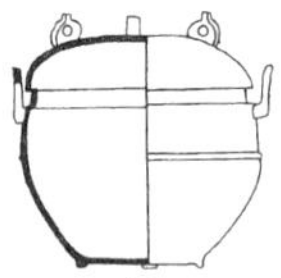 10	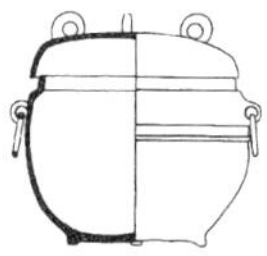 11 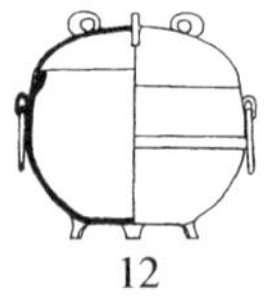
七		VII 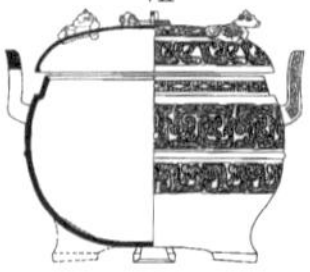 6			12

图 1.2.6　鬲鼎谱系图

1. 三门峡上村岭 1957M1708：1　2. 合肥乌龟岗 1970M　3. 定襄中霍村 1995M1：9　4. 洛阳中州路 1954M2717：102　5. 长治分水岭 1964M106：8　6. 洛阳王城广场 2002XM150：10　7. 洛阳王城广场 2002M7：1　8. 太原金胜村 1988M251：611　9. 洛阳西工区 1996C1M5269：53　10. 临淄相家庄 1996M6X：17　11. 临淄相家庄 1996M6X：22　12. 临淄赵家徐姚 2001M1：10

　　Ca 型　方形附耳。隆盖,裆部低矮。标本:临淄相家庄 1996M6X∶17(图 1.2.6, 10)。①

　　Cb 型　铺首衔环耳。标本:临淄相家庄 1996M6X∶22(图 1.2.6,11)、②临淄赵家徐姚 2001M1∶10(图 1.2.6,12)。③

（七）牺首鼎

　　目前考古发现的铜质牺首鼎数量不多。目前考古发掘出土的铜牺首鼎有以下几件:舒城河口 1988M1∶11(图 1.2.7,1)、④舒城龙舒凤凰嘴 1959M、⑤寿县肖严湖 1975M、⑥庐江岳庙莫庄 1988M、⑦怀宁金拱人形 1982M(图 1.2.7,2)、⑧邳州九女墩 1993M3∶41(图 1.2.7,3)、⑨绍兴坡塘狮子山 1981M306∶采 6⑩ 等。

　　因为目前发现数量不多,加之其本身性质变化不是特别明显,铜牺首鼎的形制演变规律尚不明晰,铜牺首鼎的年代主要根据纹饰特征和共存器物的时代特征来判断。在浙江余杭(图 1.2.7,4)、⑪江西贵溪⑫等地出土有陶或瓷质牺首鼎,年代集中在第六期。

　　关于牺首鼎的文化属性,从分布格局来看,第一至第三期其文化属性属于徐舒文化系统,第四期至第七期先后被吴文化和越文化接受,使用者中大部分可能是纳入吴国、越国、楚国统治下的徐舒裔贵族,小部分为其他裔的贵族。

（八）方鼎

　　目前所见数量少。根据耳部形态特征的不同,分为二型:

　　A 型　立耳。根据耳部形态特征的不同,分为二式:

　　Ⅰ式　双耳直立。标本:繁昌汤家山 1979M∶1(图 1.2.7,5)。⑬

　　Ⅱ式　双耳外侈。标本:滕州薛故城尤楼 1978M1∶58(图 1.2.7,6)。⑭

　　B 型　附耳。根据足部形态特征的不同,分为两个亚型:

　　Ba 型　蹄足。数量少。标本:《通考》144(图 1.2.7,7)。⑮

①　山东省文物考古研究所:《临淄齐墓》(一),文物出版社,2007 年。
②　山东省文物考古研究所:《临淄齐墓》(一),文物出版社,2007 年。
③　淄博市临淄区文化局:《山东淄博市临淄区赵家徐姚战国墓》,《考古》2005 年第 1 期,第 32—44 页。
④　安徽省文物考古研究所、舒城县文物管理所:《安徽舒城县河口春秋墓》,《文物》1990 年第 6 期,第 58—66 页。
⑤　安徽省文化局文物工作队:《安徽舒城出土的铜器》,《考古》1964 年第 10 期,第 498—503 页。
⑥　寿县博物馆:《寿县肖严湖出土春秋青铜器》,《文物》1990 年第 11 期,第 65—67 页。
⑦　马道阔:《安徽省庐江县出土春秋青铜器——兼谈南淮夷文化》,《东南文化》1990 年第 12 期,第 74—78 页。
⑧　怀宁县文物管理所:《安徽怀宁县出土春秋青铜器》,《文物》1983 年第 11 期,第 68—71 页。
⑨　孔令远、陈永清:《江苏邳州市九女墩三号墩的发掘》,《考古》2002 年第 5 期,第 19—30 页。
⑩　浙江省文物管理委员会等:《绍兴 306 号战国墓发掘简报》,《文物》1984 年第 1 期,第 10—26 页。
⑪　余杭县文物管理委员会:《浙江省余杭崇贤战国墓》,《东南文化》1989 年第 6 期,第 121—125 页。
⑫　江西省历史博物馆、贵溪县文化馆:《江西贵溪崖墓发掘简报》,《文物》1980 年第 11 期,第 1—25 页。
⑬　安徽省文物工作队、繁昌县文化馆:《安徽繁昌出土一批春秋青铜器》,《文物》1982 年第 12 期,第 47—50 页。
⑭　山东省济宁市文物管理局:《薛国故城勘查和墓葬发掘报告》,《考古学报》1991 年第 4 期,第 449—495 页。
⑮　容庚:《商周彝器通考》,上海人民出版社,2008 年,第 482 页。

分期	牺首鼎	方　鼎		
		A 型　立耳	B 型　附耳	
			Ba 型	Bb 型
一	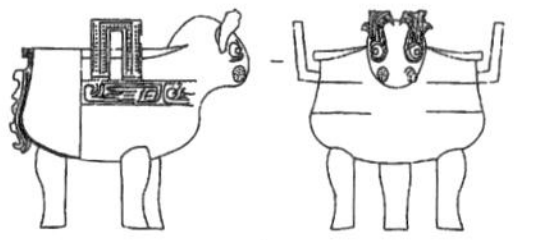 　1	I 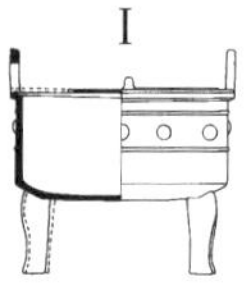　5		
二	 　2	II 　6		
三				
四	 　3			
五			 　7	
六	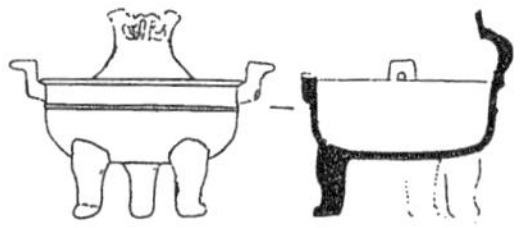 　4			
七				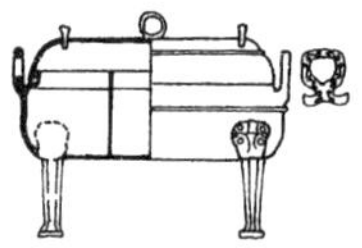 　8

图 1.2.7　牺首鼎、方鼎谱系图

1. 舒城河口 1988M1：11　2. 怀宁金拱人形 1982M　3. 邳州九女墩 1993M3：41　4. 余杭崇贤 1984M1：17 瓷鼎　5. 繁昌汤家山 1979M：1　6. 滕州薛故城尤楼 1978M1：58　7.《通考》144　8. 襄樊郑家山 1990M17：4

Bb 型　多棱形高蹄足。数量少。标本：襄樊郑家山 1990M17：4(图 1.2.7,8)。①

（九）细撇足鼎

根据口、腹部形态特征的不同,分为五型:

A 型　窄沿,圜底,立耳。根据耳部形态特征的不同,分为两个亚型:

Aa 型　短耳。根据腹、足部形态特征的不同,分为七式:

Ⅰ式　暂缺。

Ⅱ式　足尖变细。标本：铜陵金口岭采：123(图 1.2.8,1)、②青阳龙岗 1995M2：1。③

Ⅲ式　足较上式细长,底端外撇较甚。标本：恭城秧家 1971M：3(图 1.2.8,2)、④枣庄峄城徐楼 2009M2：24(图 1.2.8,3)。⑤

Ⅳ式　敛口,腹变深,足细长,或外撇更甚,或侈立。标本：四会鸟旦山 1973M1：2、3(图 1.2.8,4、5)、⑥六合程桥 1964M1：66。⑦

Ⅴ式　腹更深,细长足与腹相接位置上移至下腹中部。标本：六合和仁 1973M(图 1.2.8,6)。⑧

Ⅵ式　暂缺。或可参考当涂陶庄 2011D1M1：33 陶鼎(图 1.2.8,7)。⑨

Ⅶ式　垂腹。标本：罗定背夫山 1983M1：17(图 1.2.8,8)。⑩

Ab 型　长耳。根据腹、足部形态特征的不同,分为四式:

Ⅰ式　暂缺。

Ⅱ式　腹较浅,双耳直立,三足细长,向外斜立。标本：湘潭枫树 1975M：2(图 1.2.8,9)。⑪

Ⅲ式　耳较上式变长,微侈。标本：长沙五里牌 1964M1：5(图 1.2.8,10)。⑫

Ⅳ式　双耳外侈,足更加细长,足尖外撇。标本：桃江腰子仑 1989M19：1(图 1.2.8,11)、⑬清远马头岗 1962M1：1。⑭

B 型　窄沿,浅腹,平底,立耳或少数无耳。根据耳部有无、形态特征的不同,分为三个亚型:

---

①　湖北省文物考古研究所、襄樊市博物馆：《湖北襄樊郑家山战国秦汉墓》,《考古学报》1999 年第 3 期,第 367—392 页。

②　安徽大学、安徽省文物考古研究所：《皖南商周青铜器》,文物出版社,2006 年,第 197 页。

③　青阳县文物管理所：《安徽青阳县龙岗春秋墓的发掘》,《考古》1998 年第 2 期,第 18—24 页。

④　广西壮族自治区博物馆：《广西恭城县出土的青铜器》,《考古》1973 年第 1 期,第 30—34 页。

⑤　枣庄市博物馆等：《山东枣庄徐楼东周墓发掘简报》,《文物》2014 年第 1 期,第 4—27 页。

⑥　广东省博物馆：《广东四会鸟旦山战国墓》,《考古》1975 年第 2 期,第 102—108 页。

⑦　江苏省文物管理委员会、南京博物院：《江苏六合程桥东周墓》,《考古》1965 年第 3 期,第 105—115 页。

⑧　吴山菁：《江苏六合县和仁东周墓》,《考古》1977 年第 5 期,第 298—301 页。

⑨　安徽省文物考古研究所等：《安徽当涂陶庄战国土墩墓发掘简报》,《文物》2013 年第 10 期,第 23—35 页。

⑩　广东省博物馆、罗定县文化局：《广东罗定背夫山战国墓》,《考古》1986 年第 3 期,第 210—220 页。

⑪　湖南省博物馆：《湖南衡南、湘潭发现春秋墓葬》,《考古》1978 年第 5 期,第 297—300 页。

⑫　湖南省博物馆等：《长沙楚墓》,文物出版社,2000 年。报告新编号为 M22。

⑬　益阳市文物管理处：《湖南桃江腰子仑春秋墓》,《考古学报》2003 年第 4 期,第 511—544 页。

⑭　广东省文物管理委员会：《广东清远发现周代青铜器》,《考古》1963 年第 2 期,第 57—61 页。

Ba 型　　短耳。根据足部形态特征的不同,分为七式:

Ⅰ式　　侈口,折沿,浅腹,足细短,接于底下。标本: 宣城孙埠正兴 1981M(图 1.2.8, 12)。①

Ⅱ式　　足细短,接于腹下部。标本:桃江腰子仑 1989M16:1(图 1.2.8,13)。②

Ⅲ式　　标本:铜陵新桥凤凰山 1984JC(图 1.2.8,14)。③

Ⅳ式　　足变细长,足尖外撇。标本:吴县枫桥何山 1980M:4(图 1.2.8,15)、④丹徒谏壁粮山 1979M1:3。⑤

Ⅴ式　　足较上式细长,外撇较甚。标本:成都金沙巷 1993M2:17(图 1.2.8,16)、⑥广宁铜鼓岗 1977M16:8。⑦

Ⅵ式　　足更细长,外撇更甚。标本:益阳热电厂 1985M2:1(图 1.2.8,17)。⑧

Ⅶ式　　足横截面呈棱形,向外侈立。标本:平乐银山岭 1974M119:17(图 1.2.8, 18)、⑨广宁龙嘴岗 1995M5:37。⑩ 岑溪花果山 1986 采:27⑪腹较深、棱形足较短。

Bb 型　　长耳。根据耳、足部形态特征的不同,分为五式:

Ⅰ式　　暂缺。

Ⅱ式　　双耳微侈,三足细长,外撇。标本:桃江腰子仑 1989M11:1(图 1.2.8,19)。⑫

Ⅲ式　　双耳外侈,足外撇更甚。标本:湘乡何家湾 1982M1:4(图 1.2.8,20)、⑬桃江腰子仑 1989M18:1。⑭

Ⅳ式　　腹变深,三足细长,向外侈立。标本:绵竹清道 1976M1:145(图 1.2.8, 21)。⑮

Ⅴ式　　标本:洛阳西工区 1982C1M395:74(图 1.2.8,22)。⑯

---

①　徐之田:《安徽宣州市孙埠出土周代青铜器》,《文物》1991 年第 8 期,第 96 页;王爱武:《安徽宣城出土的青铜器》,《文物》2007 年第 2 期,第 39—40 页;安徽大学、安徽省文物考古研究所:《皖南商周青铜器》,文物出版社,2006 年。

②　益阳市文物管理处:《湖南桃江腰子仑春秋墓》,《考古学报》2003 年第 4 期,第 511—544 页。

③　叶波:《铜陵凤凰山发现春秋铜器》,《文物研究》(3),黄山书社,1988 年,第 84—86 页。

④　吴县文物管理委员会:《江苏吴县何山东周墓》,《文物》1984 年第 5 期,第 16—20 页。

⑤　镇江市博物馆:《江苏丹徒出土东周铜器》,《考古》1981 年第 5 期,第 409—410 页;刘建国:《江苏丹徒粮山春秋石穴墓——兼谈吴国的葬制及人殉》,《考古与文物》1987 年第 4 期,第 29—38 页;杨正宏、肖梦龙主编:《镇江出土吴国青铜器》,文物出版社,2008 年。

⑥　成都市文物考古工作队:《成都市金沙巷战国墓清理简报》,《文物》1997 年第 3 期,第 15—23 页。

⑦　广东省博物馆:《广东广宁县铜鼓岗战国墓》,《考古学集刊》(1),中国社会科学出版社,1981 年,第 111—119 页。

⑧　益阳市文物管理处、益阳市博物馆:《益阳楚墓》,文物出版社,2008 年。报告统一编号为 M139。

⑨　广西壮族自治区文物工作队:《平乐银山岭战国墓》,《考古学报》1978 年第 2 期,第 211—258 页。

⑩　广东省文物考古研究所、广宁县博物馆:《广东广宁县龙嘴岗战国墓》,《考古》1998 年第 7 期,第 45—59 页。

⑪　广西壮族自治区文物工作队、岑溪县文物管理所:《岑溪花果山战国墓清理简报》,《广西考古文集》,科学出版社,2004 年,第 213—227 页。

⑫　益阳市文物管理处:《湖南桃江腰子仑春秋墓》,《考古学报》2003 年第 4 期,第 511—544 页。

⑬　湘乡县博物馆:《湘乡县五里桥、何家湾古墓葬发掘简报》,《湖南考古学辑刊》(3),中国社会科学出版社,1986 年,第 39—44 页。

⑭　益阳市文物管理处:《湖南桃江腰子仑春秋墓》,《考古学报》2003 年第 4 期,第 511—544 页。

⑮　王有鹏:《四川绵竹县船棺墓》,《文物》1987 年第 10 期,第 22—33 页。

⑯　洛阳市文物工作队:《洛阳解放路战国陪葬坑发掘报告》,《考古学报》2002 年第 3 期,第 359—380 页。

Bc 型　无耳。根据口、腹、足部形态特征的不同,分为三式:

Ⅰ式　沿下角较大,三足细长,向外斜立。标本:湘乡五里桥 1977M1 ： 026(图 1.2.8,23)。①

Ⅱ式　沿下角变小,足尖外撇。标本:桃江腰子仑 1989M10 ： 1(图 1.2.8,24)。②

Ⅲ式　三细长足横截面呈棱形,足尖外撇。标本:湘乡何家湾 1982M3 ： 1(图 1.2.8,25)、③桃江腰子仑 1989M10 ： 1。④

C 型　腹呈两截,上部近口处较宽,立耳。根据腹、足部形态的不同,分为三式:

Ⅰ式　三足细长,较直,浅腹。标本:乐昌对面山 1987M60 ： 1(图 1.2.8,26)、⑤肇庆北岭松山 1972M1 ： 4。⑥

Ⅱ式　三足细长,外撇,腹变深。标本:平乐银山岭 1974M71 ： 1(图 1.2.8,27)。⑦

Ⅲ式　棱形细长足,足尖外撇,腹较深。标本:武进淹城 1976 采(图 1.2.8,28)。⑧

D 型　附耳。根据口部形态特征的不同,分为两个亚型:

Da 型　折沿。目前所见数量较少。分为三式:

Ⅰ式　标本:贺县龙中 1991M(图 1.2.8,29)。⑨

Ⅱ式　暂缺。

Ⅲ式　标本:长兴和平四矿区 1969M(图 1.2.8,30)、⑩岑溪花果山 1986 采 ： 25(图 1.2.8,31)。⑪

Db 型　箍口或子母口。推测可能是从 Aa 型Ⅳ式分化发展而来。根据足、腹部形态特征的不同,分为三式:

Ⅰ式　双耳微侈,腹较深,三细长足较直。标本:瑞昌桂林六合 1990M(图 1.2.8,32)、⑫桃江腰子仑 1990M24 ： 2。⑬

Ⅱ式　双耳内敛,腹变浅,圜底,三足外撇。标本:荆门罗坡岗 1996M51 ： 2(图 1.2.8,33)。⑭

① 湘乡县博物馆:《湘乡县五里桥、何家湾古墓葬发掘简报》,《湖南考古学辑刊》(3),中国社会科学出版社,1986 年,第 39—44 页。
② 益阳市文物管理处:《湖南桃江腰子仑春秋墓》,《考古学报》2003 年第 4 期,第 511—544 页。
③ 湘乡县博物馆:《湘乡县五里桥、何家湾古墓葬发掘简报》,《湖南考古学辑刊》(3),中国社会科学出版社,1986 年,第 39—44 页。
④ 益阳市文物管理处:《湖南桃江腰子仑春秋墓》,《考古学报》2003 年第 4 期,第 511—544 页。
⑤ 广东省文物考古研究所等:《广东乐昌市对面山东周秦汉墓》,《考古》2000 年第 6 期,第 37—61 页。
⑥ 广东省博物馆、肇庆市文化局发掘小组:《广东肇庆市北岭松山古墓发掘简报》,《文物》1974 年第 11 期,第 69—79 页。
⑦ 广西壮族自治区文物工作队:《平乐银山岭战国墓》,《考古学报》1978 年第 2 期,第 211—258 页。
⑧ 赵玉泉:《武进县淹城遗址出土春秋文物》,《东南文化》1989 年第 4、5 期,第 78—91 页。
⑨ 贺县博物馆:《广西贺县龙中岩洞墓清理简报》,《考古》1993 年第 4 期,第 324—329 页。
⑩ 长兴县文化馆:《浙江长兴县的两件青铜器》,《文物》1973 年第 1 期,第 62 页。
⑪ 广西壮族自治区文物工作队、岑溪县文物管理所:《岑溪花果山战国墓清理简报》,《广西考古文集》,科学出版社,2004 年,第 213—227 页。
⑫ 何国良:《江西瑞昌市出土春秋青铜鼎》,《考古与文物》1992 年第 5 期,第 112 页。
⑬ 益阳市文物管理处:《湖南桃江腰子仑春秋墓》,《考古学报》2003 年第 4 期,第 511—544 页。
⑭ 湖北省文物考古研究所、荆门市博物馆:《荆门罗坡岗与子陵岗》,科学出版社,2004 年。

鬲（陶器）分型分期表

型 / 式	一	二	三	四	五
A型 立耳,圜底 Aa型 短耳	I 暂缺	II（1）	III（2、3）	IV（4、5）	V（6）
A型 立耳,圜底 Ab型 长耳	I 暂缺	II（9）	III（10）	IV（11）	
B型 立耳或少数无耳,平底 Ba型 短耳	I（12）	II（13）	III（14）	IV（15）	V（16）
B型 Bb型 长耳		I 暂缺	II（19）	III（20）	IV（21）
B型 Bc型 无耳				I（23）	
C型 立耳,腹呈两截,上部近口处较宽					I（26）
D型 附耳 Da型 折沿				I（29）	II 暂缺
D型 附耳 Db型 箍口或子母口					I（32）
E型 盘口	I（35）	II（36）		III（37）	III（38）

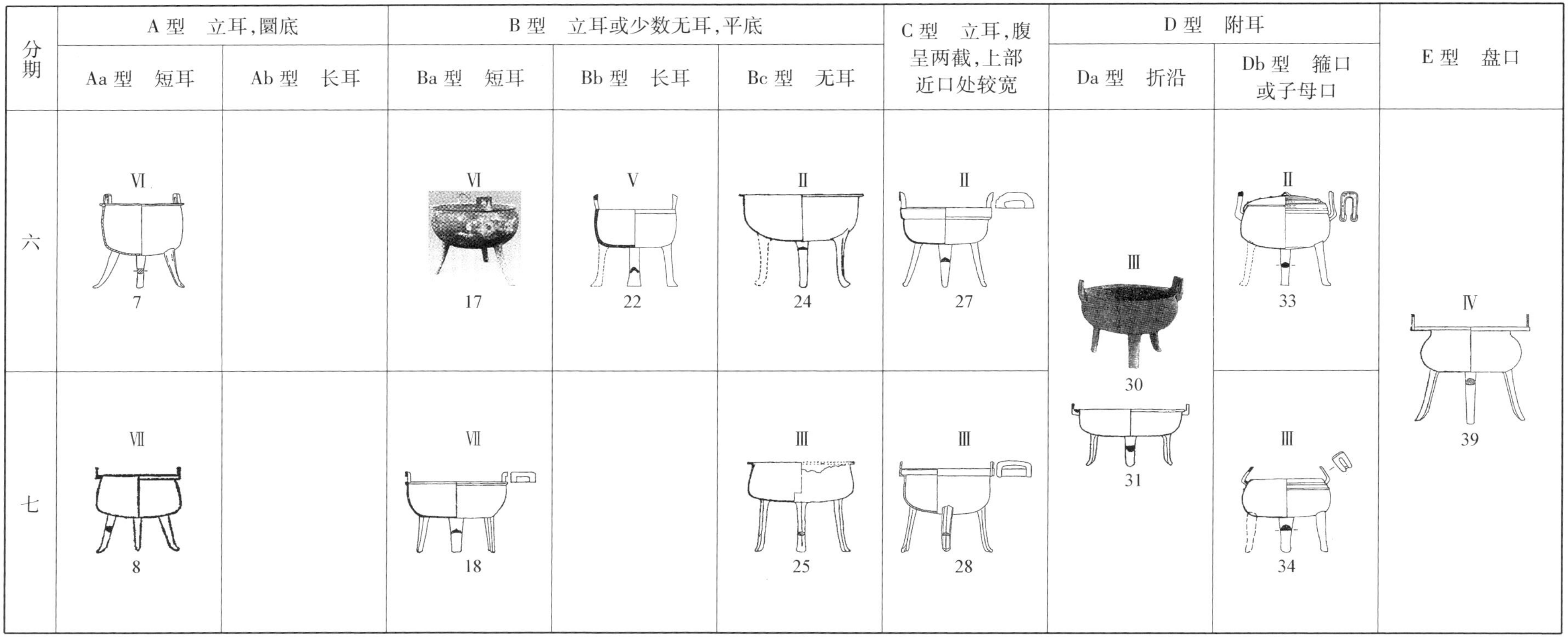

分期	A型 立耳，圜底		B型 立耳或少数无耳，平底			C型 立耳，腹呈两截，上部近口处较宽	D型 附耳		E型 盘口
	Aa型 短耳	Ab型 长耳	Ba型 短耳	Bb型 长耳	Bc型 无耳		Da型 折沿	Db型 箍口或子母口	
六	VI 7		VI 17	V 22	II 24	II 27	III 30	II 33	IV 39
七	VII 8		VII 18		III 25	III 28	31	III 34	

图1.2.8 细撇足鼎谱系图

1. 铜陵金口岭采：123 2. 恭城秧家1971M采：17 3. 嵊城徬楼2009M2：24 4. 四会乌旦山1973M1：2 5. 四会乌旦山1973M1：3 6. 六合和仁1973M 7. 当涂陶21 2011D1M1：33 陶鼎 8. 罗定背夫山1983M1：17 9. 湘潭枫树1975M：2 10. 长沙五里牌1964M1：5 11. 宣城孙埠正兴1981M 12. 桃江腰子仓1989M16：1 14. 铜陵新桥凤凰山1984JC 15. 吴县枫桥何山1980M：4 16. 成都金沙巷1993M2：17 17. 益阳热电厂1985M2：1 18. 平乐银山岭1974M119：17 19. 桃江腰子仓1989M11：1 20. 湘乡何家湾1982M：4 21. 平乐银山岭1976M1：145 22. 洛阳西工区1982C1M395：74 23. 湘乡五里桥1977M1：026 24. 桃江腰子仓1989M10：1 25. 湘乡何家湾1982M3：1 26. 乐昌对面山1987M60：1 27. 平乐银山岭1974M71：1 28. 乐昌对面山1987M59：1 29. 贺县龙中1991M 30. 长兴和平四矿区1969M 31. 瑞昌桂林六合1990M采：25 32. 瑞昌桂林六合1990M 33. 荆门罗坡岗1996M51：2 34. 襄阳王坡2001M134：6 35. 衡南胡家港1963M：4 36. 贺县龙中1991M 37. 宜阳苏坡1977M1：14 38. 瑞昌桂林六合1990M 39. 罗定背夫山1983M1：16

Ⅲ式　双耳内敛较甚,浅腹,平底。标本:襄阳王坡 2001M134∶6(图 1.2.8,34)、①益阳赫山庙义子山 1991M33。②

E 型　宽沿,或称盘口鼎。根据口、腹、足部形态特征的不同,分为四式:

Ⅰ式　沿下角较大,三细足较短,向外斜立,圜底。标本:乐昌对面山 1987M59∶1(图 1.2.8,35)。③

Ⅱ式　沿下角变小,足变细长。标本:衡南胡家港 1963M∶4(图 1.2.8,36)。④

Ⅲ式　沿下角更小,细长足外撇较甚,圜底,或平底。标本:宾阳韦坡 1977M1∶14(图 1.2.8,37)、⑤瑞昌桂林六合 1990M(图 1.2.8,38)。⑥

Ⅳ式　折沿近平,平底。标本:罗定背夫山 1983M1∶16(图 1.2.8,39)。⑦

此外,有少数细撇足鼎在上述基础形制上添加附饰。例如:恭城秧家 1971M∶2⑧ 双耳之间增添提梁;峄城徐楼 2009M2∶24(图 1.2.8,3)⑨三足根部增饰兽面;丹徒谏壁王家山 1985M∶49⑩ 三足之间附加铜盘等。

二、铜鬲的型式分析

根据裆、足等部形态的不同,东周时期的铜鬲可以分为六型:

A 型　联裆、鼓腹。根据足部形态的不同,分为两个亚型:

Aa 型　锥足。腹部或有扉棱。根据耳的有无和形态的不同,分为三个次亚型:

Aaa 型　无耳。根据口沿和裆部形态的不同,分为二式:

Ⅰ式　宽折沿,沿下角较大,弧裆较高。标本:三门峡上村岭 1957M1602∶151(图 1.2.9,1)。⑪

Ⅱ式　沿变窄,沿下角变小。标本:滕州薛故城尤楼 1978M2∶114(图 1.2.9,2)。⑫

Aab 型　附耳。根据口沿、裆和耳部形态的不同,分为四式:

Ⅰ式　附耳,宽折沿,沿下角较大,弧裆较低。标本:三门峡上村岭 1957M1704∶14(图 1.2.9,3)。⑬

Ⅱ式　暂缺。

①　湖北省文物考古研究所等:《襄阳王坡东周秦汉墓》,科学出版社,2005 年。
②　益阳市文物管理处、益阳市博物馆:《益阳楚墓》,文物出版社,2008 年。报告统一编号为 M413。
③　广东省文物考古研究所等:《广东乐昌市对面山东周秦汉墓》,《考古》2000 年第 6 期,第 37—61 页。
④　湖南省博物馆:《湖南衡南、湘潭发现春秋墓葬》,《考古》1978 年第 5 期,第 297—300 页。
⑤　广西壮族自治区文物工作队:《广西宾阳县发现战国墓葬》,《考古》1983 年第 2 期,第 146—148 页。
⑥　何国良:《江西瑞昌市出土春秋青铜鼎》,《考古与文物》1992 年第 5 期,第 112 页。
⑦　广东省博物馆、罗定县文化局:《广东罗定背夫山战国墓》,《考古》1986 年第 3 期,第 210—220 页。
⑧　广西壮族自治区博物馆:《广西恭城县出土的青铜器》,《考古》1973 年第 1 期,第 30—34 页。
⑨　枣庄市博物馆等:《山东枣庄徐楼东周墓发掘简报》,《文物》2014 年第 1 期,第 4—27 页。
⑩　镇江博物馆:《江苏镇江谏壁王家山东周墓》,《文物》1987 年第 12 期,第 24—37 页;杨正宏、肖梦龙主编:《镇江出土吴国青铜器》,文物出版社,2008 年。
⑪　中国科学院考古研究所:《上村岭虢国墓地》,科学出版社,1959 年。
⑫　山东省济宁市文物管理局:《薛国故城勘查和墓葬发掘报告》,《考古学报》1991 年第 4 期,第 449—495 页。
⑬　中国科学院考古研究所:《上村岭虢国墓地》,科学出版社,1959 年。

Ⅲ式 暂缺。

Ⅳ式 标本：《劫掠》A115（图1.2.9,4）。①

Aac型 衔环耳。数量少。分为三式：

Ⅰ式 暂缺。

Ⅱ式 暂缺。

Ⅲ式 低裆。标本：临猗程村1987M0002：72（图1.2.9,5）。②

Ab型 蹄足。根据耳的有无，分为两个次亚型：

Aba型 无耳。腹部多有扉棱。根据颈部形态的不同，分为两个次次亚型：

Abaa型 颈部较高。根据口沿和裆部形态的不同，分为七式：

Ⅰ式 斜折沿，矮直颈，蹄足较高，弧裆，腹部满布纹饰，较为繁缛。标本：洛阳西工区2008C1M9950：47（图1.2.9,6）、③三门峡上村岭1990M2006：51。④

Ⅱ式 沿下角变小。标本：滕州薛故城尤楼1978M1：70（图1.2.9,7）。⑤

Ⅲ式 沿下角较上式更小。标本：侯马上马1961M13（图1.2.9,8）、⑥临猗程村1987M0002：71。⑦

Ⅳ式 平折沿，裆渐变平，较上式变低。标本：万荣庙前1958M1：15（图1.2.9,9）、⑧寿县西门内1955M：5.1。⑨

Ⅴ式 沿下角变大，平裆较上式低。标本：太原金胜村1988M251：558（图1.2.9,10）、⑩侯马下平望1975M。⑪

Ⅵ式 平裆，裆不低反高。标本：长治分水岭1954M14：26－1（图1.2.9,11）。⑫

Ⅶ式 平裆较低。标本：平山三汲1974M1XK：29（图1.2.9,12）、⑬平山三汲穆家庄1974M6：89。⑭

Abab型 无颈。根据口、腹、裆部形态的不同，分为七式：

Ⅰ式 暂缺。

---

① 中国科学院考古研究所：《美帝国主义劫掠的我国殷周铜器集录》，科学出版社，1962年。
② 赵慧民、李百勤、李春喜：《山西临猗县程村两座东周墓》，《考古》1991年第11期，第987—994页。
③ 洛阳市文物工作队：《河南洛阳市润阳广场C1M9950号东周墓葬的发掘》，《考古》2009年第12期，第18—31页。
④ 河南省文物考古研究所、三门峡市文物工作队：《上村岭虢国墓地M2006的清理》，《文物》1995年第1期，第4—31页。
⑤ 山东省济宁市文物管理局：《薛国故城勘查和墓葬发掘报告》，《考古学报》1991年第4期，第449—495页。
⑥ 山西省文物管理委员会侯马工作站：《山西侯马上马村东周墓葬》，《考古》1963年第5期，第229—245页。
⑦ 赵慧民、李百勤、李春喜：《山西临猗县程村两座东周墓》，《考古》1991年第11期，第987—994页。
⑧ 杨富斗：《山西万荣县庙前村的战国墓》，《文物参考资料》1958年第12期，第34—35页；山西省考古研究所：《万荣庙前东周墓葬发掘收获》，《三晋考古》（一），山西人民出版社，1994年。
⑨ 安徽省文物管理委员会、安徽省博物馆：《寿县蔡侯墓出土遗物》，科学出版社，1956年；安徽省博物馆：《安徽省博物馆藏青铜器》，上海人民美术出版社，1987年。
⑩ 山西省考古研究所、太原市文物管理委员会：《太原晋国赵卿墓》，文物出版社，1996年。
⑪ 范文谦：《山西侯马下平望墓地出土的东周铜器》，《文物季刊》1993年第1期，第20—21页。
⑫ 山西省文物管理委员会、山西省考古研究所：《山西长治分水岭战国墓第二次发掘》，《考古》1964年第3期，第111—137页；山西省考古研究所等：《长治分水岭东周墓地》，文物出版社，2010年。
⑬ 河北省文物研究所：《響墓——战国中山国国王之墓》，文物出版社，1995年。
⑭ 河北省文物研究所：《战国中山国灵寿城——1975—1993年考古发掘报告》，文物出版社，2005年。

Ⅱ式　宽斜折沿,沿下角较大,高尖裆。标本:随州刘家崖1980M1(图1.2.9,13)。[1]

Ⅲ式　暂缺。

Ⅳ式　平折沿。标本:长治分水岭1972M269:67(图1.2.9,14)。[2]

Ⅴ式　沿下角较上式变大,裆较高,鼓腹。标本:随州擂鼓墩1978M1:C163(图1.2.9,15)、[3]淅川徐家岭1990M9:7。[4]

Ⅵ式　平折沿较宽,裆部变平,扉棱和纹饰蜕化,或素面。标本:陕县后川1957M2040:59(图1.2.9,16)。[5]

Ⅶ式　平裆较低。标本:寿县朱家集1933M(图1.2.9,17)。[6]

Abb型　方耳。根据耳部形态的不同,分为两个次次亚型:

Abba型　立耳。标本:江宁陶吴1960M(图1.2.9,18)。[7]

Abbb型　附耳。标本:浦口林场长山子1977M(图1.2.9,19)。[8]

B型　分裆、折肩,多数为锥足。根据裆部形态的不同,分为二式:

Ⅰ式　裆较高。标本:莒县西大庄1996M1:4(图1.2.9,20)、[9]临沂汤河中洽沟1984M1:5。[10]

Ⅱ式　裆较上式变低。标本:信阳平桥西1986M5(图1.2.9,21)、[11]沂水刘家店子1978M1:45。[12]

C型　高柱足、联裆。目前所见数量少。分为四式:

Ⅰ式　侈口,卷沿,沿下角较大,鼓腹,弧裆较高。标本:淅川下寺1978M1:59(图1.2.9,22)。[13]

Ⅱ式　暂缺。

Ⅲ式　暂缺。

Ⅳ式　卷沿,沿下角变小,腹最大径向上移,裆部更高。标本:淅川徐家岭1991M10:26(图1.2.9,23)。[14]

①　随州市博物馆:《湖北随县刘家崖发现古代青铜器》,《考古》1982年第2期,第142—146页。

②　山西省文物工作委员会晋东南工作组、山西省长治市博物馆:《长治分水岭269、270号东周墓》,《考古学报》1974年第2期,第63—85页;山西省考古研究所等:《长治分水岭东周墓地》,文物出版社,2010年。

③　湖北省博物馆:《曾侯乙墓》,文物出版社,1989年。

④　河南省文物考古研究所等:《淅川和尚岭与徐家岭楚墓》,大象出版社,2004年。

⑤　中国社会科学院考古研究所:《陕县东周秦汉墓》,科学出版社,1994年。

⑥　吴长青:《寿县李三孤堆楚国大墓出土铜器的初步研究——以安徽省博物馆藏该墓青铜器为中心》,北京大学硕士学位论文,2005年。

⑦　李蔚然:《南京发现周代铜器》,《考古》1960年第6期,第41页。

⑧　南京市文物保管委员会:《南京浦口出土一批青铜器》,《文物》1980年第8期,第10—11页。

⑨　莒县博物馆:《山东莒县西大庄西周墓葬》,《考古》1999年第7期,第38—45页。

⑩　临沂市博物馆:《山东临沂中洽沟发现三座周墓》,《考古》1987年第8期,第701—706页。

⑪　信阳地区文管会、信阳市文管会:《河南信阳市平西五号春秋墓发掘简报》,《考古》1989年第1期,第20—25页。

⑫　山东省文物考古研究所、沂水县文物管理站:《山东沂水刘家店子春秋墓发掘简报》,《文物》1984年第9期,第1—10页。

⑬　河南省文物研究所等:《淅川下寺春秋楚墓》,文物出版社,1991年。

⑭　河南省文物考古研究所等:《淅川和尚岭与徐家岭楚墓》,大象出版社,2004年。

分期	A 型 联裆、鼓腹							B 型 分裆、折肩	C 型 高柱足、联裆	D 型	E 型	F 型 铲足
	Aa 型 锥足		Ab 型 蹄足		Abb 型 蹄足							
	Aaa 型 无耳	Aab 型 附耳	Aac 型 衔环耳	Aba 型 Abaa 型 高领	Abab 型 无颈	Abba 型 立耳	Abbb 型 方耳 附耳					
一	I 1	I 3	I 暂缺	I 6	I 暂缺	18	19	I 20				
二	II 2	II 暂缺	II 暂缺	II 7	II 13			II 21				
三		III 暂缺	III 5	III 8	III 暂缺				I 22			
四		IV 4		IV 9	IV 14				II 暂缺			

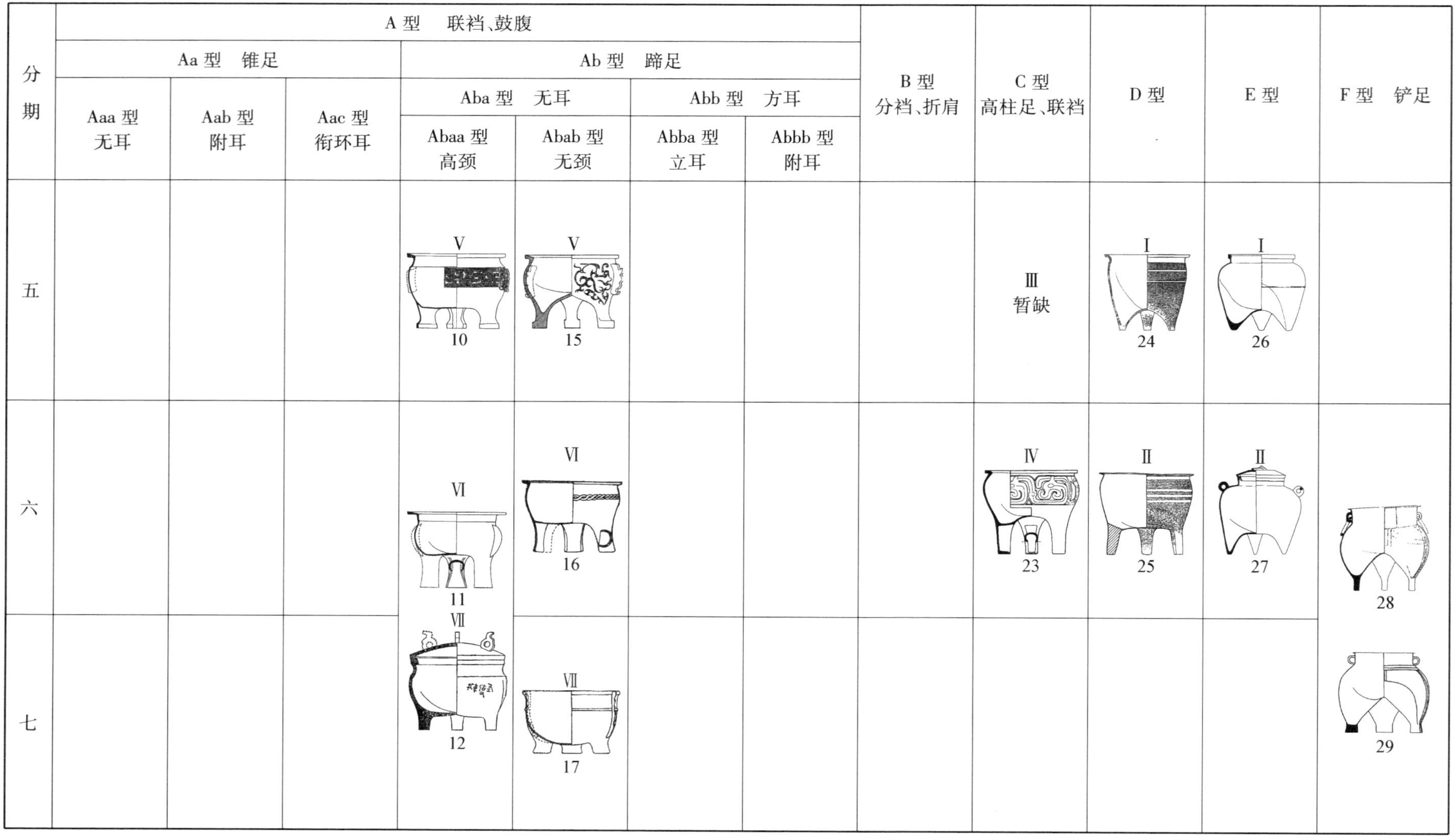

图 1.2.9 铜鬲谱系图

分期	A型 联裆鼓腹							B型 分档,折肩	C型 高柱足,联裆	D型	E型	F型 铲足
	Aa型 锥足			Ab型 蹄足								
	Aaa型 无耳	Aab型 附耳	Aac型 衔环耳	Aba型 无耳		Abb型 立耳	Abbb型 附耳(方耳)					
				Abaa型 高颈	Abab型 无颈	Abba型 立耳	Abbb型 附耳					
五				V 10	V 15				III 暂缺	I 24	I 26	
六				VI 11 / VII 12	VI 16				IV 23	II 25	II 27	28 / 29
七					VII 17							

1. 三门峡上村岭 1957M1602：151 2. 滕州薛故城尤楼 1978M2：114 3. 三门峡上村岭 1957M1704：14 4.《劫掠》A115 5. 临猗程村 1957M1704：14 6. 洛阳西工区 2008C1M9950：47
7. 滕州薛故城尤楼 1978M1：72 8. 侯马上马 1961M13 9. 万荣庙前 1958M1：15 10. 太原分胜村 1988M251：558 11. 长治分水岭 1954M14：26-1 12. 平山三汲 1974M1XK：29 13. 随州刘家
崖 1980M1 14. 滕州薛故城尤楼 1972M269：67 15. 长治分水岭 1972M269：67 16. 随州擂鼓墩 1978M1：C163 17. 陕县后川 1957M2040：59 18. 江宁陶吴 1933M 19. 浦口林场长山子 1977M 20. 莒县西
大庄 1996M1：4 21. 信阳平桥西 1986M5 22. 淅川下寺 1978M1：59 23. 淅川徐家岭 1991M10：26 24. 随州擂鼓墩 2006M10E：64 26. 襄阳陈坡
27. 襄阳陈坡 2006M10E：4 28. 张家川马家塬 2007M14：1 29. 张家川马家塬 2010M18：7
25. 襄阳擂鼓墩 1981M1：C126 25. 襄阳擂鼓墩 1981M2：29

D 型　方唇、卷沿、瘦腹、柱足、联裆,沿下遍饰绳纹。目前所见数量少。根据口沿、裆部形态的不同,分为二式:

Ⅰ式　沿下角较大,弧裆。标本:随州擂鼓墩 1978M1:C126(图 1.2.9,24)、①随州擂鼓墩 1981M2:78。②

Ⅱ式　沿下角变现,平裆。标本:襄阳陈坡 2006M10E:64(图 1.2.9,25)。③

E 型　方唇、窄沿、高颈、鼓肩、锥足、联裆。目前所见数量少。根据裆部形态的不同,分为二式:

Ⅰ式　沿下角较大,弧裆。标本:随州擂鼓墩 1981M2:29(图 1.2.9,26)。④

Ⅱ式　沿下角变现,平裆。标本:襄阳陈坡 2006M10E:4(图 1.2.9,27)。⑤

F 型　铲足鬲。标本:张家川马家塬 2007M14:1(图 1.2.9,28)、⑥张家川马家塬 2010M18:7(图 1.2.9,29)。⑦

三、铜甗的型式分析

根据上部、下部形态的不同,东周时期的铜甗可以分为四型:

A 型　上部为甑、下部为鬲。根据甑部和鬲部形态的不同分为两个亚型:

Aa 型　圆形。根据演变趋势的不同分为三个次亚型:

Aaa 型　制作精致,前进进化。根据耳部形态的不同分为两个次次亚型:

Aaaa 型　根据耳和裆部形态的不同分为六式:

Ⅰ式　立耳或附耳,双耳微侈,尖裆较高。标本:曲沃北赵 1994M93:32(图 1.2.10,1)、⑧新野小西关 1971M:6。⑨

Ⅱ式　立耳或附耳,双耳外侈,弧裆较高。标本:海阳嘴子前 1994M4:87(图 1.2.10,2)。⑩

Ⅲ式　立耳或附耳,双耳外侈,弧裆变低,多素面。标本:临猗程村 1987M0003:9、17(图 1.2.10,3)。⑪

Ⅳ式　甑部立耳或附耳,曲侈更甚,鬲部多为铺首衔环耳,弧裆较低,甑部纹饰繁缛。

---

① 湖北省博物馆:《曾侯乙墓》,文物出版社,1989 年。
② 随州市博物馆:《随州擂鼓墩二号墓》,文物出版社,2008 年。
③ 湖北省文物考古研究所等:《襄阳陈坡》,科学出版社,2013 年。
④ 随州市博物馆:《随州擂鼓墩二号墓》,文物出版社,2008 年。
⑤ 湖北省文物考古研究所等:《襄阳陈坡》,科学出版社,2013 年。
⑥ 早期秦文化联合考古队、张家川回族自治县博物馆:《张家川马家塬战国墓地 2007—2008 年发掘简报》,《文物》2009 年第 10 期,第 25—51 页。
⑦ 早期秦文化联合考古队、张家川回族自治县博物馆:《张家川马家塬战国墓地 2010—2011 年发掘简报》,《文物》2012 年第 8 期,第 4—26 页。
⑧ 北京大学考古学系、山西省考古研究所:《天马——曲村遗址北赵晋侯墓地第五次发掘》,《文物》1995 年第 7 期。
⑨ 郑杰祥:《河南新野发现的曾国铜器》,《文物》1973 年第 5 期。
⑩ 烟台市博物馆、海阳市博物馆:《海阳嘴子前》,齐鲁书社,2002 年。
⑪ 中国社会科学院考古研究所等:《临猗程村墓地》,中国大百科全书出版社,2003 年。

标本：侯马上马 1963M15：13(图 1.2.10,4)。①

Ⅴ式 甑部和鬲部均作铺首衔环耳，弧裆较上式低，甑部纹饰繁缛。标本：太原金胜村 1988M251：620(图 1.2.10,5)。②

Ⅵ式 低裆近平，蹄足蜕化较甚。标本：陕县后川 1957M2040：34(图 1.2.10,6)、③凤翔八旗屯 1981M14：9(图 1.2.10,7)。④

Aaab 型 除了耳作绳索形外，与 Aaaa 型基本相同，分为二式：

Ⅰ式 双耳微侈，尖裆较高。标本：铜陵谢垅 1989JC：1(图 1.2.10,8)。⑤

Ⅱ式 双耳外侈较甚，裆较高。标本：南阳李八庙 2004M1：3(图 1.2.10,9)。⑥

Aab 型 附耳，蹄足，弧裆较高，演变趋势与 Aba 型相异，或谓复古型、返祖型。根据耳和裆部形态的不同分为三式：

Ⅰ式 标本：绍兴狮子山 1981M306：10(图 1.2.10,10)。⑦

Ⅱ式 标本：随州擂鼓墩 1978M1：C165(图 1.2.10,11)。⑧

Ⅲ式 立耳或附耳，弧裆或尖裆较上式高。标本：荆门包山 1986M2：77(图 1.2.10,12)。⑨

Aac 型 鬲部为铲足鬲。标本：张家川马家塬 2008M16：27、28(图 1.2.10,13)。⑩

Ab 型 方形。根据耳、甑、鬲部形态的不同分为六式：

Ⅰ式 甑部敞口，斜折沿，沿下角较大，附耳或立耳，鬲部蹄足，裆较高。标本：三门峡上村岭 1990M2006：57(图 1.2.10,14)。⑪

Ⅱ式 形制与上式基本相同，纹饰变化较大，饰以吐舌勾连蟠螭纹，制作粗糙，甑部口沿直立，甑部、鬲部多为附耳。标本：陇县边家庄 1979M1：11(图 1.2.10,15)。⑫

Ⅲ式 立沿较上式变高，通体素面，制作粗糙。标本：凤翔孙家南头 2003M160：11(图 1.2.10,16)。⑬

Ⅳ式 立沿更高，甑部瘦长，制作粗糙。标本：凤翔高庄 1977M10：6(图 1.2.10,17)。⑭

---

① 山西省考古研究所：《上马墓地》，文物出版社，1994 年。

② 山西省考古研究所、太原市文物管理委员会：《太原晋国赵卿墓》，文物出版社，1996 年。

③ 中国社会科学院考古研究所：《陕县东周秦汉墓》，科学出版社，1994 年。

④ 陕西省雍城考古队：《一九八一年凤翔八旗屯墓地发掘简报》，《考古与文物》1986 年第 5 期。

⑤ 张国茂：《安徽铜陵谢垅春秋铜器窖藏清理简报》，《东南文化》1990 年第 4 期。

⑥ 南阳市文物考古研究所：《河南南阳李八庙春秋楚墓清理简报》，《文物》2012 年第 4 期。

⑦ 浙江省文物管理委员会等：《绍兴 306 号战国墓发掘简报》，《文物》1984 年第 1 期。

⑧ 湖北省博物馆：《曾侯乙墓》，文物出版社，1989 年。

⑨ 湖北省荆沙铁路考古队：《包山楚墓》，文物出版社，1991 年。

⑩ 早期秦文化联合考古队、张家川回族自治县博物馆：《张家川马家塬战国墓地 2008—2009 年发掘简报》，《文物》2010 年第 10 期。

⑪ 河南省文物考古研究所、三门峡市文物工作队：《上村岭虢国墓地 M2006 的清理》，《文物》1995 年第 1 期。

⑫ 尹盛平、张天恩：《陕西陇县边家庄一号春秋秦墓》，《考古与文物》1986 年第 6 期。

⑬ 陕西省考古研究院等：《陕西凤翔孙家南头春秋秦墓发掘简报》，《考古与文物》2013 年第 4 期。

⑭ 吴镇烽、尚志儒：《陕西凤翔高庄秦墓地发掘简报》，《考古与文物》1981 年第 1 期。

Ⅴ式　立沿和足部较上式变高,立耳外侈,制作粗糙。标本:长安客省庄1955M202:1(图1.2.10,18)。[1]

Ⅵ式　立耳外侈,整体较上式更显瘦高,制作粗糙。标本:凤翔八旗屯1983M26:27(图1.2.10,19)。[2]

B型　上部为甗、下部为盉。根据口、腹、足部形态的不同分为二亚型:

Ba型　敞口,甗腹部有一折棱。根据裆、足部形态的不同分为二式:

Ⅰ式　尖锥足或圆锥足,弧裆较高。标本:舒城河口1988M1:6(图1.2.10,20)。[3]

Ⅱ式　柱足,裆较上式稍低。标本:怀宁金拱人形1982M(图1.2.10,21)。[4]

Bb型　敛口,鼓腹,柱足。根据裆部形态的不同分为三式:

Ⅰ式　高裆。标本:铜陵金口岭采:52(图1.2.10,22)。[5]

Ⅱ式　弧裆变低。标本:光山宝相寺1983MG2:A6(图1.2.10,23)。[6]

Ⅲ式　平裆,高足。标本:绍兴狮子山1981M306:14(图1.2.10,24)。[7]

C型　上部为甗、下部为鼎。根据甗部和鼎部形态的不同分为二亚型:

Ca型　圆形。分为五个次亚型:

Caa型　鼎腹部较为圆鼓。根部沿、耳、裆部形态的不同分为六式:

Ⅰ式　甗部斜折沿,沿下角较大,附耳微侈,蹄足和裆较高,甗部纹饰较繁缛。标本:曲阜鲁故城1977M48:15(图1.2.10,25)。[8]

Ⅱ式　甗部折沿,沿下角变小,附耳或立耳,蹄足和裆较高,甗部纹饰简化。标本:洛阳西工区2005M8836:47、53(图1.2.10,26)。[9]

Ⅲ式　双耳外侈。标本:长清仙人台1995M5:80(图1.2.10,27)。[10]

Ⅳ式　双耳外侈更甚。标本:新泰周家庄2003M2:40(图1.2.10,28)。[11]

Ⅴ式　暂缺。

Ⅵ式　暂缺。临淄辛店2010M2[12]等出土有陶甗,可资参考(图1.2.10,29)。

Cab型　蹄足根部装饰兽面纹。根据耳和足部形态的不同分为六式:

Ⅰ式　甗耳微向外侈,足直立,足间距较小。标本:蚌埠双墩2006M1:32(图1.2.10,30)。[13]

---

① 中国科学院考古研究所:《沣西发掘报告》,文物出版社,1963年。

② 尚志儒、赵丛苍:《陕西凤翔八旗屯西沟道秦墓发掘简报》,《文博》1986年第3期。

③ 安徽省文物考古研究所、舒城县文物管理所:《安徽舒城县河口春秋墓》,《文物》1990年第6期。

④ 怀宁县文物管理所:《安徽怀宁县出土春秋青铜器》,《文物》1983年第11期。

⑤ 安徽大学、安徽省文物考古研究所:《皖南商周青铜器》,文物出版社,2006年。

⑥ 河南信阳地区文管会、光山县文管会:《春秋早期黄君孟夫妇墓发掘报告》,《考古》1984年第4期。

⑦ 浙江省文物管理委员会等:《绍兴306号战国墓发掘简报》,《文物》1984年第1期。

⑧ 山东省文物考古研究所等:《曲阜鲁国故城》,齐鲁书社,1982年。

⑨ 洛阳市文物工作队:《洛阳体育场路西东周墓发掘报告》,文物出版社,2011年。

⑩ 山东大学历史文化学院考古系:《长清仙人台五号墓发掘简报》,《文物》1998年第9期。

⑪ 山东省文物考古研究所、新泰市博物馆:《新泰周家庄东周墓地》,文物出版社,2014年。

⑫ 临淄区文物局:《山东淄博市临淄区辛店二号战国墓》,《考古》2013年第1期。

⑬ 安徽省文物考古研究所、蚌埠市博物馆:《钟离君柏墓》,文物出版社,2013年。

Ⅱ式　足向外撇,足间距变大。标本:随州义地岗1994M1:3(图1.2.10,31)。①

Ⅲ式　甗耳外侈,足外撇较甚,足间距变大。标本:随州义地岗2011M6:6(图1.2.10,32)。②

Ⅳ式　暂缺。

Ⅴ式　甗耳外侈较甚,鼎耳外翻,足变高。标本:寿县朱家集1933M铸客甗(图1.2.10,33)。③

Ⅵ式　甗耳和鼎耳都作铺首衔环耳,高足向外撇。标本:江陵扬家山1990M135:45、51(图1.2.10,34)。④

Cac型　甗部较宽,鼎部圆鼓腹,鼎肩着铺首衔环,蹄足。根据耳、足、腹部等形态的不同分为四式:

Ⅰ式　甗部长方形附耳外侈,足较细较高,釜之腹部较小。标本:长治分水岭1972M269:30、31(图1.2.10,35)。⑤

Ⅱ式　甗部作铺兽衔环耳,足较粗较矮,釜之腹部较宽。标本:太原金胜村1988M251:532(图1.2.10,36)。⑥

Ⅲ式　甗和釜部均变宽。标本:平山三汲穆家庄1974M6:86(图1.2.10,37)。⑦

Ⅳ式　甗部变高,釜部变宽变高。标本:成都羊子山1955M172:34(图1.2.10,38)。⑧

Cad型　鼎腹较扁,高蹄足。根据耳部形态的不同分为三式:

Ⅰ式　附耳较直。标本:满城采石厂1971M(图1.2.10,39)。⑨

Ⅱ式　附耳曲侈。标本:曲阳大赵邱1998M(图1.2.10,40)。⑩

Ⅲ式　附耳曲侈更甚。标本:平山三汲1977M8006:1(图1.2.10,41)。⑪

Cae型　连体。根据耳和足部形态的不同分为三式:

Ⅰ式　暂缺。

Ⅱ式　暂缺。

Ⅲ式　立耳外侈,平底,蹄足较高。标本:丹徒青龙山1987M1:84(图1.2.10,42)。⑫

①　湖北省文物考古研究所等:《湖北随州义地岗墓地曾国墓1994年发掘简报》,《文物》2008年第2期。
②　湖北省文物考古研究所、随州市博物馆:《湖北随州义地岗曾公子去疾墓发掘简报》,《江汉考古》2012年第3期。
③　安徽省博物馆:《安徽省博物馆藏青铜器》,上海人民美术出版社,1987年。
④　湖北省荆州地区博物馆:《江陵扬家山135号秦墓发掘简报》,《文物》1993年第8期。
⑤　山西省考古研究所等:《长治分水岭东周墓地》,文物出版社,2010年。
⑥　山西省考古研究所、太原市文物管理委员会:《太原晋国赵卿墓》,文物出版社,1996年。
⑦　河北省文物研究所:《战国中山国灵寿城》,文物出版社,2005年。
⑧　四川省文物管理委员会:《成都羊子山第172号墓发掘报告》,《考古学报》1956年第4期。
⑨　河北省博物馆、文物管理处:《河北省出土文物选集》,文物出版社,1980年。
⑩　王丽敏:《河北曲阳县出土战国青铜器》,《文物》2000年第11期。
⑪　河北省文物研究所:《河北平山三汲古城调查与墓葬发掘》,《考古学集刊》(5),中国社会科学出版社,1987年。
⑫　丹徒考古队:《丹徒青龙山春秋大墓及附葬墓发掘报告》,《东方文明之韵——吴文化国际学术研讨会论文集》,岭南美术出版社,2000年。

Cb 型　方形。数量少。根据耳部形态的变化分为三式：

Ⅰ式　暂缺。

Ⅱ式　暂缺。

Ⅲ式　曲耳。标本：叶县旧县 2002M4：0187（图 1.2.10,43）。①

D 型　上部为甑、下部为釜。根据耳、釜部形态的不同分为三个亚型：

Da 型　附耳或提链耳，平底，蹄足矮小。标本：丹徒谏壁粮山 1979M1：4（图 1.2.10,44）。②

Db 型　环耳或矩形耳。分为两个次亚型：

Dba 型　环耳，釜部圆鼓腹。根据口沿和腹部形态的不同分为四式：

Ⅰ式　甑部卷沿，沿下角较大，甑、釜连体，甑腹最大径靠下，颈部着双环耳。标本：成都石人小区 1994M9：5（图 1.2.10,45）。③

Ⅱ式　甑部卷沿，甑、釜分体，甑腹最大径靠上。标本：绵竹清道 1976M1：153（图 1.2.10,46）。④

Ⅲ式　甑部折沿，沿下角较大，釜腹部变宽。标本：新都马家 1980M（图 1.2.10,47）。⑤

Ⅳ式　甑部折沿，沿下角变小，釜部扁腹，肩上着双环耳，底或附着矮三足。标本：涪陵小田溪 1993M9：36（图 1.2.10,48）。⑥

Dbb 型　矩形耳。标本：荥经同心 1985M21：A68（图 1.2.10,49）。⑦

Dc 型　铺首衔环耳，釜部鼓肩。分为三式：

Ⅰ式　甑部斜折沿，束颈，腹部直口，颈高颈，肩部圆鼓，最大径靠上。标本：太原金胜村 1988M251：535、588（图 1.2.10,50）。⑧

Ⅱ式　甑部折沿，沿下角变小，束颈，釜部折肩，最大径向下移。标本：平山三汲 1974M1DK：19（图 1.2.10,51）。⑨

Ⅲ式　甑部平折沿，釜部敛口，短颈，最大径在腹中部。标本：临潼上焦村 1976M18：38A（图 1.2.10,52）。⑩

———————————

①　平顶山市文物管理局、叶县文化局：《河南叶县旧县四号春秋墓发掘简报》，《文物》2007 年第 9 期。
②　南京市博物馆、六合县文教局：《江苏六合程桥东周三号墓》，《东南文化》1991 年第 1 期。
③　成都市文物考古研究所、成都市文物考古工作队：《成都西郊石人小区战国土坑墓发掘简报》，《文物》2002 年第 4 期。
④　王有鹏：《四川绵竹县船棺墓》，《文物》1987 年第 10 期。
⑤　四川省博物馆、新都县文物管理所：《四川新都战国木椁墓》，《文物》1981 年第 6 期。
⑥　四川省文物考古研究所等：《涪陵市小田溪 9 号墓发掘简报》，《四川考古报告集》，文物出版社，1998 年。
⑦　四川省文物考古研究所、荥经严道古城遗址博物馆：《荥经县同心村巴蜀船棺葬发掘报告》，《四川考古报告集》，文物出版社，1998 年。
⑧　山西省考古研究所、太原市文物管理委员会：《太原晋国赵卿墓》，文物出版社，1996 年。
⑨　河北省文物研究所：《𰯼墓——战国中山国国王之墓》，文物出版社，1995 年。
⑩　秦俑考古队：《临潼上焦村秦墓清理简报》，《考古与文物》1980 年第 2 期。

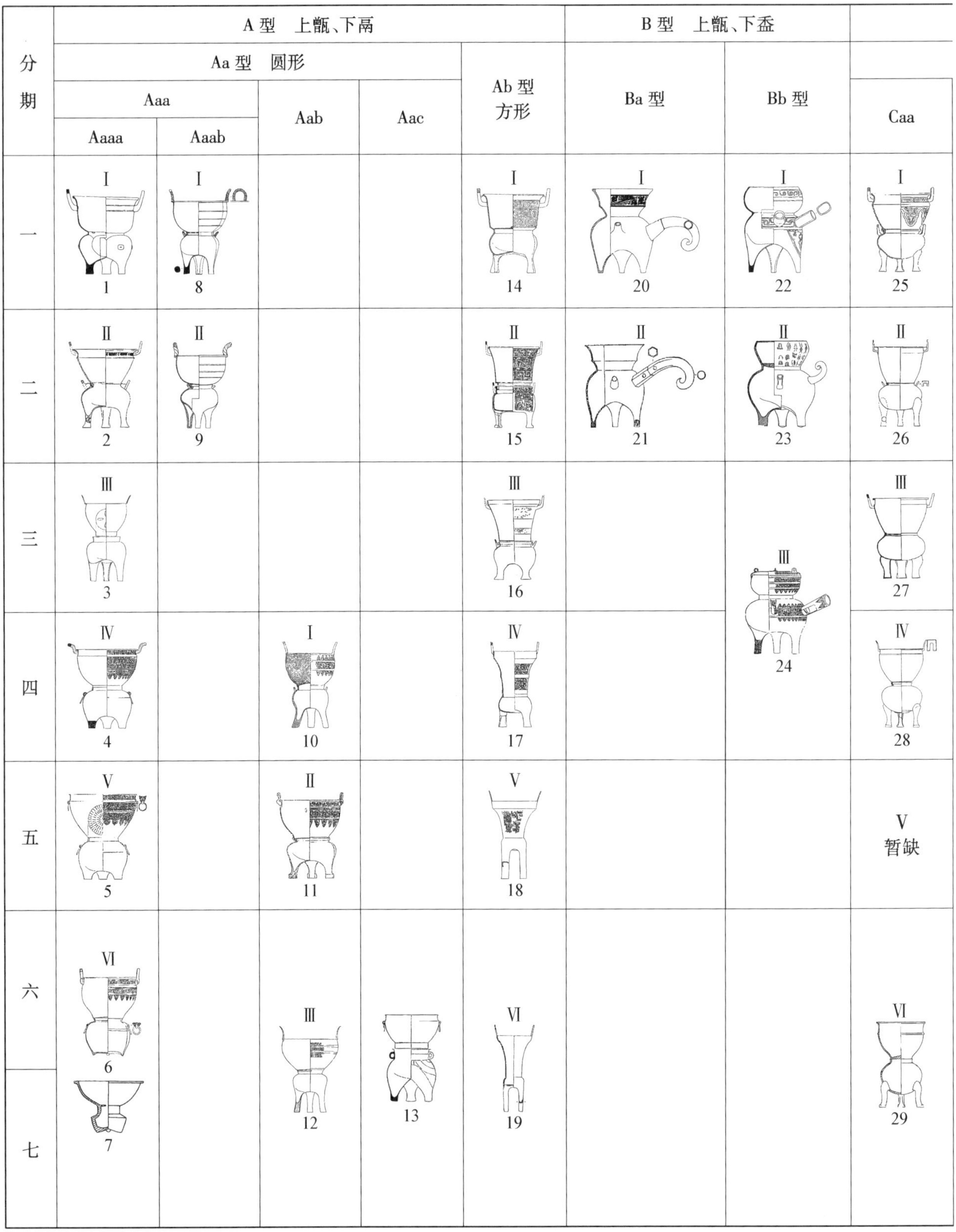

分期	A 型　上甗、下鬲					B 型　上甑、下盂		
	Aa 型　圆形				Ab 型 方形	Ba 型	Bb 型	Caa
	Aaa		Aab	Aac				
	Aaaa	Aaab						
一	I 1	I 8			I 14	I 20	I 22	I 25
二	II 2	II 9			II 15	II 21	II 23	II 26
三	III 3				III 16		III 24	III 27
四	IV 4		I 10		IV 17			IV 28
五	V 5		II 11		V 18			V 暂缺
六	VI 6		III 12	VI 13	VI 19			VI 29
七	7							

图 1.2.10　铜

1. 曲沃北赵 1994M93：32　2. 海阳嘴子前 1994M4：87　3. 临猗程村 1987M0003：9、17　4. 侯马上马 1963M15：13　5. 太原金胜村 1988M251：620　6. 陕县后川 1957M2040：34　7. 凤翔八旗屯 1981M14：9　8. 铜陵谢垅 1989JC：1　9. 南阳李八庙 2004M1：3　10. 绍兴狮子山 1981M306：10　11. 随州擂鼓墩 1978M1：C165　12. 荆门包山 1986M2：77　13. 张家川马家塬 2008M16：27、28　14. 三门峡上村岭 1990M2006：57　15. 陇县边家庄 1979M1：11　16. 凤翔孙家南头 2003M160：11　17. 凤翔高庄 1977M10：6　18. 长安客省庄 1955M202：1　19. 凤翔八旗屯 1983M26：27　20. 舒城河口 1988M1：6　21. 怀宁金拱人形 1982M　22. 铜陵金口岭采：52　23. 光山宝相寺 1983MG2：A6　24. 绍兴狮子山 1981M306：14　25. 曲阜鲁故城 1977M48：15　26. 洛阳西工区 2005M8836：47、53

C 型　上甗、下鼎					D 型　上甗、下釜			
Ca 型　圆形				Cb 型　方形	Da 型	Db 型		Dc 型
Cab	Cac	Cad	Cae			Dba 型	Dbb 型	
			I 暂缺	I 暂缺				
			II 暂缺	II 暂缺				
I 30		I 39	III 42	III 43				
II 31	I 35	II 40			I 44	I 45		
III 32	II 36	III 41				II 46		I 50
IV 暂缺 V 33 VI 34	III 37 IV 38					III 47 IV 48	III 49	II 51 III 52

甗谱系图

27. 长清仙人台 1995M5：80　28. 新泰周家庄 2003M2：40　29. 临淄辛店 2010M2：3（陶甗）　30. 蚌埠双墩 2006M1：32　31. 随州义地岗 1994M1：3　32. 随州义地岗 2011M6：6　33. 寿县朱家集 1933M 铸客甗　34. 江陵扬家山 1990M135：45、51　35. 长治分水岭 1972M269：30、31　36. 太原金胜村 1988M251：532　37. 平山三汲穆家庄 1974M6：86　38. 成都羊子山 1955M172：34　39. 满城采石厂 1971M　40. 曲阳大赵邱 1998M　41. 平山三汲 1977M8006：1　42. 丹徒龙山 1987M1：84　43. 叶县旧县 2002M4：0187　44. 丹徒谏壁粮山 1979M1：4　45. 成都石人小区 1994M9：5　46. 绵竹清道 1976M1：153　47. 新都马家 1980M　48. 涪陵小田溪 1993M9：36　49. 荥经同心 1985M21：A68　50. 太原金胜村 1988M251：535、588　51. 平山三汲 1974M1DK：19　52. 临潼上焦村 1976M18：38A

四、铜镂的型式分析

根据腹部形态的不同,东周时期的铜镂可以分为二型:

A 型　圆腹。根据口部和腹部形态的不同,分为两个亚型:

Aa 型　敞口,深圜腹。根据耳和足部形态特征的不同,分为六个次亚型:

Aaa 型　环突立耳,喇叭状粗圈足。根据耳、足部形态的不同,分为二式:

Ⅰ式　耳较直或微敛,矮圈足。标本:凤翔东社 1982 采(图 1.2.11,1)、①韩城梁带村 2005M26:261。②

Ⅱ式　耳外侈,圈足变高。标本:闻喜上郭 1976M1:3(图 1.2.11,2)。③

Aab 型　方立耳,喇叭状粗圈足。根据耳、腹、足部形态的不同分为四式:

Ⅰ式　耳较直,圈足较矮,腹较深。标本:甘肃省博物馆藏礼县采铜镂(图 1.2.11,3)。④

Ⅱ式　耳外侈,圈足变高。标本:凤翔侯家庄 1973M(图 1.2.11,4)。⑤

Ⅲ式　耳微侈,腹变宽,圈足较高。标本:临猗程村 1987M0002:115(图 1.2.11,5)、⑥临猗程村 1987M1072:69。⑦

Ⅳ式　耳外侈,腹变深,圈足更高。标本:侯马上马 1973M2008:45(图 1.2.11,6)。⑧

Aac 型　方立耳,阶状粗圈足。根据全部形态的不同分为五式:

Ⅰ式　暂缺。

Ⅱ式　暂缺。

Ⅲ式　圈足较矮。标本:侯马上马 1961M13(图 1.2.11,7)。⑨

Ⅳ式　圈足变高。标本:新乐中同村 1980M2:6(图 1.2.11,8)。⑩

Ⅴ式　圈足阶更高。标本:太原金胜村 1988M251:46(图 1.2.11,9)。⑪

Aad 型　方附耳,阶状圈足。根据口部形态的不同,分为两个次次亚型:

Aada 型　折沿。根据耳部形态的不同,分为三式:

Ⅰ式　暂缺。

---

① 陕西省雍城考古队:《一九八二年凤翔雍城秦汉遗址调查简报》,《考古与文物》1984 年第 2 期,第 23—31 页。
② 孙秉君、蔡庆良:《芮国金玉选粹——陕西韩城春秋宝藏》,三秦出版社,2007 年;上海博物馆、陕西省考古研究院:《金玉华年——陕西韩城出土周代芮国文物珍品》,上海书画出版社,2012 年。
③ 山西省考古研究所:《1976 年闻喜上郭村周代墓葬清理记》,《三晋考古》(一),山西人民出版社,1994 年,第 123—138 页。
④ 李永平:《甘肃省博物馆系统所藏青铜器选介》,《文物》2000 年第 12 期,第 69—71 页。
⑤ 赵丛苍:《凤翔出土一批春秋战国文物》,《考古与文物》1991 年第 2 期,第 2—13 页。
⑥ 赵慧民、李百勤、李春喜:《山西临猗县程村两座东周墓》,《考古》1991 年第 11 期,第 987—994 页。
⑦ 中国社会科学院考古研究所等:《临猗程村墓地》,中国大百科全书出版社,2003 年。
⑧ 山西省考古研究所:《上马墓地》,文物出版社,1994 年。
⑨ 山西省文物管理委员会侯马工作站:《山西侯马上马村东周墓葬》,《考古》1963 年第 5 期,第 229—245 页。
⑩ 河北省文物研究所:《河北新乐中同村发现战国墓》,《文物》1985 年第 6 期,第 16—21 页。
⑪ 山西省考古研究所、太原市文物管理委员会:《太原晋国赵卿墓》,文物出版社,1996 年。

Ⅱ式　暂缺。

Ⅲ式　耳曲侈较甚。标本：怀来北辛堡1964M1：86（图1.2.11，10）。①

Aadb型　子母口。根据耳部形态的不同，分为三式：

Ⅰ式　暂缺。

Ⅱ式　暂缺。

Ⅲ式　耳曲侈较甚。标本：辉县琉璃阁1936M甲：7－6（图1.2.11，11）。②

Aae型　无耳，阶状圈足。标本：太原金胜村1988M251：260（图1.2.11，12）。③

Aaf型　平底。标本：太原金胜村1988M251：61（图1.2.11，13）。④

Ab型　敛口，圆鼓腹。根据耳、足部形态的不同，分为四个次亚型：

Aba型　环突耳，喇叭形圈足。分为四式：

Ⅰ式　暂缺。

Ⅱ式　暂缺。

Ⅲ式　暂缺。

Ⅳ式　标本：靖边麻湾小圈1985采（图1.2.11，14）。⑤

Abb型　方立耳，喇叭形圈足。根据耳、腹、足部形态的不同，分为四式：

Ⅰ式　耳较直，腹较深，圈足较矮。标本：延庆军都山玉皇庙1986M18：1（图1.2.11，15）。⑥

Ⅱ式　耳外侈，腹变浅，圈足变高。标本：怀来甘子堡1981M8：1（图1.2.11，16）。⑦

Ⅲ式　耳变直，腹变浅变宽，圈足更高。标本：顺平坛山1985M（图1.2.11，17）。⑧

Ⅳ式　腹变深，圈足更高。标本：唐县钓鱼台1966M（图1.2.11，18）、⑨唐县北城子1970M2。⑩

Abc型　方立耳，细高柄状圈足。分为四式：

Ⅰ式　暂缺。

①　敖承隆、李晓东：《河北省怀来县北辛堡出土的燕国铜器》，《文物》1964年第7期，第28—29页；河北省文化局文物工作队：《河北怀来北辛堡战国墓》，《考古》1966年第5期，第231—242页；河北省博物馆、文物管理处：《河北省出土文物选集》，文物出版社，1980年，第84—86页。

②　河南博物院、台北历史博物馆：《辉县琉璃阁甲乙二墓》，大象出版社，2011年。

③　山西省考古研究所、太原市文物管理委员会：《太原晋国赵卿墓》，文物出版社，1996年。

④　山西省考古研究所、太原市文物管理委员会：《太原晋国赵卿墓》，文物出版社，1996年。

⑤　卢桂兰：《榆林地区收藏的部分匈奴文物》，《文博》1988年第6期，第16—19页；曹玮主编：《陕北出土青铜器》（三），巴蜀书社，2009年，第287页。

⑥　北京市文物研究所：《军都山墓地》，文物出版社，2007年。

⑦　贺勇、刘建中：《河北怀来甘子堡发现的春秋墓群》，《文物春秋》1993年第2期，第23—40页。

⑧　保定市文物管理所：《河北顺平县坛山战国墓》，《文物春秋》2002年第4期，第43—45页。

⑨　胡金华、冀艳坤：《河北唐县钓鱼台积石墓出土文物整理简报》，《中原文物》2007年第6期，第4—9页；河北省博物馆、文物管理处：《河北省出土文物选集》，文物出版社，1980年，第96页。

⑩　郑绍宗：《唐县南伏城及北城子出土周代青铜器》，《文物春秋》1991年第1期，第14—22页；河北省博物馆、文物管理处：《河北省出土文物选集》，文物出版社，1980年，第91—95页。

分期	A 型 圆腹					
	Aa 型 敞口,深圈腹					
	Aaa 型 环突耳,喇叭状粗圈足	Aab 型 方立耳,喇叭状粗圈足	Aac 型 方立耳,阶状圈足	Aad 型 方附耳,阶状圈足		Aae 型 无耳
				Aada 型 折沿	Aadb 型 子母口	
一	I  1	I  3	I 暂缺			
二	II 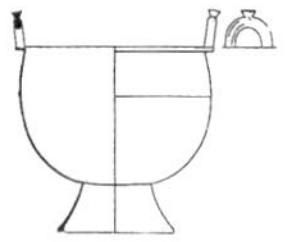 2	II  4	II 暂缺	I 暂缺	I 暂缺	
三		III 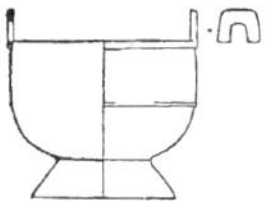 5	III 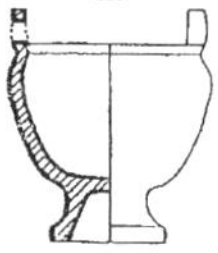 7	II 暂缺	II 暂缺	
四		IV 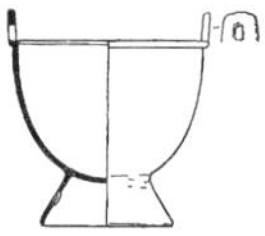 6	IV  8	III  10	III 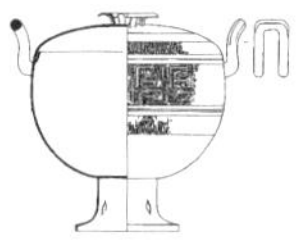 11	
五			V  9			 12
六						
七						

图 1.2.11

1. 凤翔东社 1982 采　2. 闻喜上郭 1976M1：3　3. 甘肃省博藏礼县采　4. 凤翔侯家庄 1973M　5. 临猗程村 1987M0002：115
6. 侯马上马 1973M2008：45　7. 侯马上马 1961M13　8. 新乐中同村 1980M2：6　9. 太原金胜村 1988M251：46　10. 怀来北辛堡
1964M1：86　11. 辉县琉璃阁 1936M 甲：7－6　12. 太原金胜村 1988M251：260　13. 太原金胜村 1988M251：61　14. 靖边麻湾小圈

Aaf 型　平底	Ab 型　敛口,圆鼓腹				B 型　圆角长方形腹	
	Aba 型　环突耳,喇叭形圈足	Abb 型　方立耳,喇叭形圈足	Abc 型　方立耳,细高柄状圈足	Abd 型　方立耳,深腹,矮柄	Ba 型　立耳,环突耳	Bb 型　附耳,环突耳
	I 暂缺	I 15	I 暂缺			
	II 暂缺	II 16	II 19		I 暂缺	I 暂缺
	III 暂缺	III 17	III 暂缺		II 暂缺	II 暂缺
	IV 14	IV 18	IV 20	21	III 22 / 23	III 24 / 25
13						

铜𨫼谱系图

1985 采　15. 延庆军都山玉皇庙 1986M18：1　16. 怀来甘子堡 1981M8：1　17. 顺平坛山 1985M　18. 唐县钓鱼台 1966M　19. 延庆军都山玉皇庙 1986M250：1　20. 原平练家岗 1974M　21. 沁水桃花沟 1984M　22. 志丹张渠 1984M　23. 绥德城关 1979 征　24. 原平刘庄塔岗梁 1991M　25. 准格尔宝亥社 1984M

Ⅱ式　标本:延庆军都山玉皇庙 1986M250 : 1(图 1.2.11,19)、[1]行唐李家庄 1962M。[2]

Ⅲ式　暂缺。

Ⅳ式　标本:原平练家岗 1974M(图 1.2.11,20)。[3]

Abd 型　方立耳,深腹,矮柄。标本:沁水桃花沟 1984M(图 1.2.11,21)。[4]

B 型　圆角长方形腹。根据耳部形态特征的不同,分为两个亚型:

Ba 型　环突立耳。分为三式:

Ⅰ式　暂缺。

Ⅱ式　暂缺。

Ⅲ式　标本:志丹张渠 1984M(图 1.2.11,22)、[5]绥德城关 1979 征(图 1.2.11, 23)。[6]

Bb 型　环突附耳。分为三式:

Ⅰ式　暂缺。

Ⅱ式　暂缺。

Ⅲ式　标本:原平刘庄塔岗梁 1991M(图 1.2.11,24)、[7]原平刘庄塔岗梁 1985M3 : 2、[8]准格尔宝亥社 1984M(图 1.2.11,25)、[9]浑源李峪 1963 征。[10]

五、铜鍪的型式分析

根据耳部形态的不同,东周时期的铜鍪可以分为二型:

A 型　环耳。根据耳的数量和形态的不同,分为两个亚型:

Aa 型　单耳。根据耳部形态的不同,分为两个次亚型:

Aaa 型　大耳。根据口、腹部形态的不同,分为六式:

Ⅰ式　侈口,卷沿,沿下角较大,圜底。标本:成都中医学院 1980M : 7(图 1.2.12,1)。[11]

①　北京市文物研究所:《军都山墓地》,文物出版社,2007 年。
②　河北省文化局文物工作队:《行唐县李家庄发现战国铜器》,《文物》1963 年第 4 期,第 55—56 页;河北省博物馆、文物管理处:《河北省出土文物选集》,文物出版社,1980 年,第 88—89 页。
③　李有成:《原平县练家岗战国青铜器》,《山西省考古学会论文集》(一),山西人民出版社,1992 年,第 107—109 页。
④　李继红:《沁水县出土的春秋战国铜器》,《山西省考古学会论文集》(三),山西古籍出版社,2000 年,第 288—294 页。
⑤　姬乃军:《延安地区文管会收藏的匈奴文物》,《文博》1989 年第 4 期,第 72—73 页。
⑥　卢桂兰:《榆林地区收藏的部分匈奴文物》,《文博》1988 年第 6 期,第 16—19 页;曹玮主编:《陕北出土青铜器》(三),巴蜀书社,2009 年,第 325 页。
⑦　山西忻州地区文物管理处:《原平县刘庄塔岗梁东周墓》,《文物》1986 年第 11 期,第 21—26 页。
⑧　山西忻州地区文物管理处:《原平县刘庄塔岗梁东周墓》,《文物》1986 年第 11 期,第 21—26 页。
⑨　伊克昭盟文物工作站:《内蒙古准格尔旗宝亥社发现青铜器》,《文物》1987 年第 12 期,第 81—83 页。
⑩　山西省考古研究所:《山西浑源县李峪村东周墓》,《考古》1983 年第 8 期,第 695—700 页。
⑪　成都市博物馆考古队:《成都中医学院战国土坑墓》,《文物》1992 年第 1 期,第 71—75 页。

Ⅱ式 沿下角较上式变小。标本：成都京川饭店1986M（图1.2.12,2）。①

Ⅲ式 沿下角变小，圜底。标本：成都石人小区1994M9：44（图1.2.12,3）、②成都百花潭1965M10。③

Ⅳ式 暂缺。

Ⅴ式 暂缺。

Ⅵ式 沿下角较小，腹最大径下移，靠近底部，平底。标本：涪陵小田溪1980M4：6（图1.2.12,4）。④

Aab型 小耳。根据口、耳、腹部形态的不同，分为六式：

Ⅰ式 侈口，卷沿，沿下角较大，腹部圆鼓，圜底，半环耳。标本：汉中石英沙厂1986M1：1（图1.2.12,5）。⑤

Ⅱ式 沿下角变小，腹部扁鼓。标本：成都西郊青羊宫1973M：4（图1.2.12,6）。⑥

Ⅲ式 沿下角变小，腹部扁宽，环耳。标本：成都石人小区1994M9：46（图1.2.12,7）。⑦

Ⅳ式 腹最大径较上式向下移。标本：成都金沙巷1993M2：2（图1.2.12,8）、⑧绵竹清道1976M1：16。⑨

Ⅴ式 沿下角较上式变小。标本：云阳李家坝1998M25：6（图1.2.12,9）、⑩新都马家1980M。⑪

Ⅵ式 颈部变长，颈腹分界明显，腹最大径向下移。标本：云梦睡虎地1975M10：17（图1.2.12,10）、⑫涪陵小田溪2002M15：9、10。⑬

Ab型 双耳。根据耳部形态的不同，分为两个次亚型：

Aba型 双耳等大。根据口、腹部形态的不同，分为三式：

Ⅰ式 侈口，卷沿，沿下角较大，腹部圆鼓。标本：绵竹清道1976M1：1（图1.2.12,11）。⑭

① 成都市博物馆考古队：《成都京川饭店战国墓》，《文物》1989年第2期，第62—66页。

② 成都市文物考古研究所、成都市文物考古工作队：《成都西郊石人小区战国土坑墓发掘简报》，《文物》2002年第4期，第32—40页。

③ 四川省博物馆：《成都百花潭中学十号墓发掘记》，《文物》1976年第3期，第40—46页。

④ 四川省文物管理委员会、涪陵地区文化局：《四川涪陵小田溪四座战国墓》，《考古》1985年第1期，第14—17页。

⑤ 何新成：《汉中市石英沙厂清理三座战国墓》，《文博》1987年第6期，第33—36页。

⑥ 四川省博物馆：《成都西郊战国墓》，《考古》1983年第7期，第597—600页。

⑦ 成都市文物考古研究所、成都市文物考古工作队：《成都西郊石人小区战国土坑墓发掘简报》，《文物》2002年第4期，第32—40页。

⑧ 成都市文物考古工作队：《成都市金沙巷战国墓清理简报》，《文物》1997年第3期，第15—23页。

⑨ 王有鹏：《四川绵竹县船棺墓》，《文物》1987年第10期，第22—33页。

⑩ 四川大学历史文化学院考古系、云阳县文物管理所：《云阳李家坝巴人墓地发掘报告》，《重庆库区考古报告集·1998卷》，科学出版社，2003年，第348—388页。

⑪ 四川省博物馆、新都县文物管理所：《四川新都战国木椁墓》，《文物》1981年第6期，第1—16页。

⑫ 《云梦睡虎地秦墓》编写组：《云梦睡虎地秦墓》，文物出版社，1981年。

⑬ 重庆市文物考古研究所、重庆市文物局：《涪陵小田溪墓群发掘简报》，《重庆库区考古报告集·2002卷》，科学出版社，2010年，第1339—1376页。

⑭ 王有鹏：《四川绵竹县船棺墓》，《文物》1987年第10期，第22—33页。

分期	铜鍪					铜釜
	A 型 环耳				B 型 一耳一柄	
	Aa 型 单耳		Ab 型 双耳			
	Aaa 型 大耳	Aab 型 小耳	Aba 型 双耳等大	Abb 型 双耳一大一小		
一						
二						
三	I 1	I 5				
四	II 2 III 3	II 6 III 7				
五	IV 暂缺	IV 8	I 11			I 16

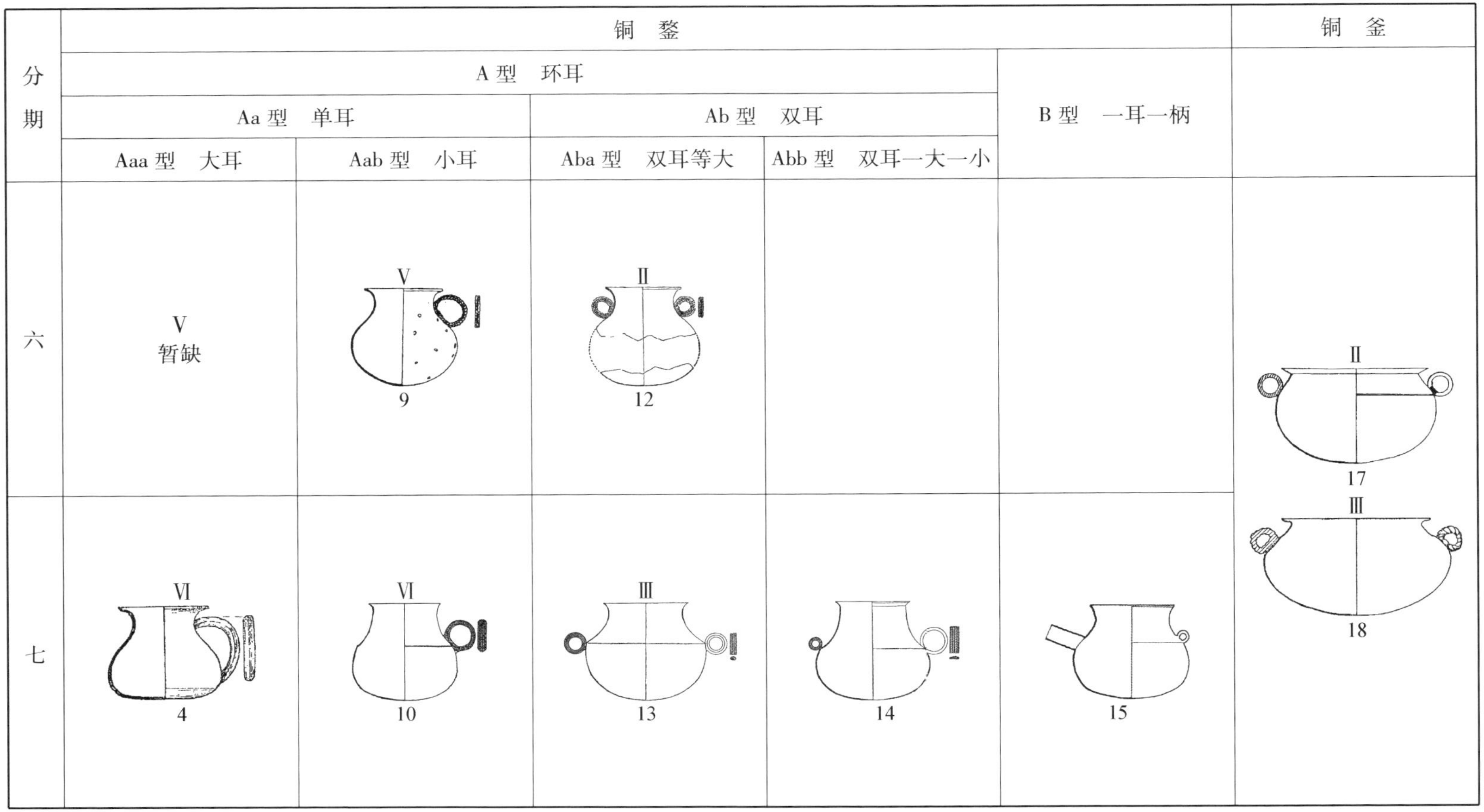

分期	铜 鍪					铜 釜	
	A 型 环耳				B 型 一耳一柄	II	III
	Aa 型 单耳		Ab 型 双耳				
	Aaa 型 大耳	Aab 型 小耳	Aba 型 双耳等大	Abb 型 双耳一大一小			
六	V 暂缺	V / 9	II / 12			II / 17	
七	VI / 4	VI / 10	III / 13	14	15		III / 18

图 1.2.12 铜鍪、铜釜谱系图

1. 成都中医学院 1980M：7 2. 成都京川饭店 1986M 3. 成都石人小区 1986M 4. 涪陵小田溪 1994M9：44 5. 汉中石英沙厂 1986M1：1 6. 成都西郊青羊宫 1973M：4 7. 成都石人小区 1994M9：46 8. 成都金沙巷 1993M2：2 9. 云阳李家坝 1998M25：6 10. 云梦睡虎地 1975M10：17 11. 绵竹清道 1976M1：1 12. 荥经南罗坝 1988M1：61 13. 泌阳官庄 1978M3：11 14. 泌阳官庄 1978M3：7 15. 西安尤家庄壹号公寓 1998M36：3 16. 新都马家 1980M 17. 涪陵小田溪 1993M9：37 18. 涪陵小田溪 1980M4：8

Ⅱ式　沿下角变小。标本：荥经南罗坝 1988M1：61（图 1.2.12，12）、①新都马家 1980M。②

　　Ⅲ式　颈部变长，颈腹分界明显。标本：泌阳官庄 1978M3：11（图 1.2.12，13）、③荆门子陵岗 1996M201：8。④

　　Abb 型　双耳一大一小。标本：泌阳官庄 1978M3：7（图 1.2.12，14）、⑤云梦睡虎地 1975M9：46。⑥

　　B 型　一耳一柄。标本：西安尤家庄壹号公寓 1998M36：3（图 1.2.12，15）。⑦

六、铜釜的型式分析

　　根据口沿、腹部形态的不同，东周时期的铜釜可分为三式：

　　Ⅰ式　侈口，沿下角较大。标本：新都马家 1980M（图 1.2.12，16）、⑧成都无线电机械工业学校 1986M：4。⑨

　　Ⅱ式　斜折沿，沿下角较上式变小。标本：涪陵小田溪 1993M9：37（图 1.2.12，17）、⑩涪陵镇安 2001M39：2。⑪

　　Ⅲ式　斜折沿，沿下角变小，腹变扁浅。标本：涪陵小田溪 1980M4：8（图 1.2.12，18）、⑫涪陵小田溪 2002M15：60。⑬

第三节　盛食器的型式分类

一、铜盂的型式分析

　　目前所见数量少。形制和纹饰特征继承西周晚期铜盂特征。标本：长清仙人台 1995M6：B32（图 1.3.1，1）、⑭孟津平乐邙山 1957 采齐侯盂（图 1.3.1，2）。⑮

① 荥经严道古城遗址博物馆：《四川荥经南罗坝村战国墓》，《考古学报》1994 年第 3 期，第 381—396 页。
② 四川省博物馆、新都县文物管理所：《四川新都战国木椁墓》，《文物》1981 年第 6 期，第 1—16 页。
③ 驻马店地区文管会、泌阳县文教局：《河南泌阳秦墓》，《文物》1980 年第 9 期，第 15—24 页。
④ 湖北省文物考古研究所、荆门市博物馆：《荆门罗坡岗与子陵岗》，科学出版社，2004 年。
⑤ 驻马店地区文管会、泌阳县文教局：《河南泌阳秦墓》，《文物》1980 年第 9 期，第 15—24 页。
⑥ 《云梦睡虎地秦墓》编写组：《云梦睡虎地秦墓》，文物出版社，1981 年。
⑦ 陕西省考古研究院：《西安尤家庄秦墓》，陕西科学技术出版社，2008 年。
⑧ 四川省博物馆、新都县文物管理所：《四川新都战国木椁墓》，《文物》1981 年第 6 期，第 1—16 页。
⑨ 成都市博物馆：《成都出土一批战国铜器》，《文物》1990 年第 11 期，第 68—71 页。
⑩ 四川省文物考古研究所等：《涪陵市小田溪 9 号墓发掘简报》，《四川考古报告集》，文物出版社，1998 年。
⑪ 北京市文物研究所等：《2001、2003 年度涪陵镇安遗址发掘报告》，《重庆库区考古报告集·2001 卷》，科学出版社，2008 年，第 1930—1980 页。
⑫ 四川省文物管理委员会、涪陵地区文化局：《四川涪陵小田溪四座战国墓》，《考古》1985 年第 1 期，第 14—17 页。
⑬ 重庆市文物考古研究所、重庆市文物局：《涪陵小田溪墓群发掘简报》，《重庆库区考古报告集·2002 卷》，科学出版社，2010 年，第 1339—1376 页。
⑭ 山东大学考古系：《山东长清县仙人台周代墓地》，《考古》1998 年第 9 期，第 11—25 页。
⑮ 张剑：《齐侯鉴铭文的新发现》，《文物》1977 年第 3 期，第 75 页。

二、铜盨的型式分析

东周时期铜盨数量较少。形制和纹饰特征继承西周晚期铜盨特征。根据足部形态的不同,分为二型:

A 型　凹蹼足。根据纹饰面貌的不同,分为二式:

Ⅰ 式　饰窃曲纹、龙纹、重环纹等西周晚期以来的传统纹样。标本:三门峡上村岭 1990M2001：79(图 1.3.1,3)、①三门峡上村岭 1990M2006：55。②

分期	铜盂	铜盨	
		A 型　凹蹼足	B 型　圈足
一	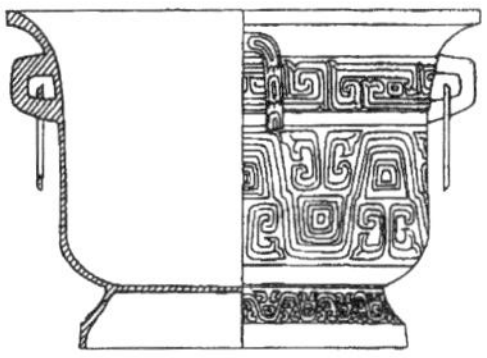 1	 Ⅰ 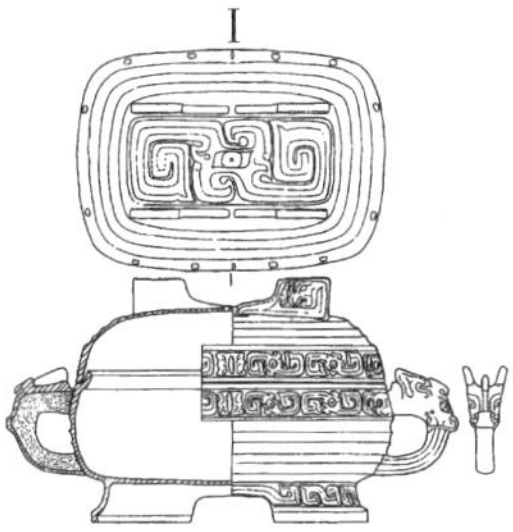 3	Ⅰ 暂缺
二		 Ⅱ  4	 Ⅱ  5
三	 2		

图 1.3.1　铜盂、铜盨谱系图

　1. 长清仙人台 1995M6：B32　2. 孟津平乐邙山 1957 采齐侯盂　3. 三门峡上村岭 1990M2001：79　4. 太和胡窑 1958 采　5. 礼县圆顶山 1998M2：35

---

① 河南省文物考古研究所、三门峡市文物工作队：《三门峡虢国墓(第一卷)》,文物出版社,1999 年。
② 河南省文物考古研究所、三门峡市文物工作队：《上村岭虢国墓地 M2006 的清理》,《文物》1995 年第 1 期,第 4—31 页。

Ⅱ式　饰吐舌蟠螭纹等新式纹样。标本：太和胡窑 1958 采（图 1.3.1,4）。①

B 型　圈足。根据纹饰面貌的不同,分为二式：

Ⅰ式　饰窃曲纹、龙纹、重环纹等西周晚期以来的传统纹样。标本暂缺。

Ⅱ式　饰吐舌蟠螭纹。标本：礼县圆顶山 1998M2：35（图 1.3.1,5）。②

三、铜簠的型式分析

铜簠一般是由形制、尺寸、纹饰相同的盖、器上下扣合而成。根据口部形态的不同,东周时期的铜簠可以分为二型：

A 型　折沿。根据足部形态的不同,分为五个亚型：

Aa 型　凹蹼足。即圈足中部缺口呈长方形或梯形。根据腹、足部形态的不同,分为八式：

Ⅰ式　斜直腹,矮足。标本：三门峡上村岭 1991M2012：14、78（图 1.3.2,1）、③侯马上马 1973M4078：12。④

Ⅱ式　折腹,上腹直壁,较短,下腹斜直较长。标本：枣阳郭家庙 2002GM1：06（图 1.3.2,2）。⑤

Ⅲ式　上腹直壁变长,下腹斜直变短。标本：登封告成袁窑 1995M2：177（图 1.3.2,3）、⑥商水朱集 1975M 原仲簠。⑦

Ⅳ式　上腹直壁较上式更长,下腹斜直变短,足变高。标本：洛阳西工区 2005M8832：18（图 1.3.2,4）、⑧滕州薛故城尤楼 1978M2：118。⑨

Ⅴ式　上腹直壁更长,下腹斜直短壁,足较上式变高。标本：洛阳西工区 2005M8835：9（图 1.3.2,5）、⑩临猗程村 1987M0002：15。⑪

Ⅵ式　上腹直壁较上式变长,高足。标本：洛阳西工区 1991C1M3498：13（图 1.3.2,6）、⑫洛阳中州路 1954M4：18。⑬

---

① 安徽省文物局：《安徽馆藏珍宝》,中华书局,2008 年。

② 甘肃省文物考古研究所、礼县博物馆：《甘肃礼县圆顶山 98LDM2、2000LDM4 春秋秦墓》,《文物》2005 年第 2 期,第 4—27 页。

③ 河南省文物考古研究所、三门峡市文物工作队：《三门峡虢国墓（第一卷）》,文物出版社,1999 年。

④ 山西省考古研究所：《上马墓地》,文物出版社,1994 年。

⑤ 襄樊市考古队等：《枣阳郭家庙曾国墓地》,科学出版社,2005 年。

⑥ 郑州市文物考古研究院、登封市文物管理局：《河南登封告成春秋墓发掘简报》,《文物》2009 年第 9 期,第 21—42 页。

⑦ 河南省周口市博物馆：《周口市博物馆藏有铭青铜器》,《考古》1988 年第 8 期,第 766—768 页；秦永军、韩维龙、杨凤翔：《河南商水县出土周代青铜器》,《考古》1989 年第 4 期,第 310—313 页。两次报道中内容有多处不一致,本书以第二篇报道为基础,认为铜簠和铜簋出土于同一座墓葬,整合第一篇报道中的相关信息。即便如第一篇简报所推测,铜簠和铜簋出土地点相距仅 2 米,即便不是出自同一座墓葬,两座墓葬相距如此近,铜器风格又较相似,埋葬的年代应该是接近的。

⑧ 洛阳市文物工作队：《河南洛阳市西工区 M8832 号东周墓》,《考古》2011 年第 9 期,第 33—43 页；洛阳市文物工作队：《洛阳体育场路西东周墓发掘报告》,文物出版社,2011 年。

⑨ 山东省济宁市文物管理局：《薛国故城勘查和墓葬发掘报告》,《考古学报》1991 年第 4 期,第 449—495 页。

⑩ 洛阳市文物工作队：《洛阳体育场路西东周墓发掘报告》,文物出版社,2011 年。

⑪ 赵慧民、李百勤、李春喜：《山西临猗县程村两座东周墓》,《考古》1991 年第 11 期,第 987—994 页。

⑫ 洛阳市文物工作队：《洛阳西工区春秋墓发掘简报》,《文物》2010 年第 8 期,第 8—28 页。

⑬ 中国科学院考古研究所：《洛阳中州路（西工段）》,科学出版社,1959 年。

Ⅶ式　暂缺。

Ⅷ式　上腹直壁更长，上、下腹深度相若。标本：长治分水岭1954M12：28（图1.3.2,7）。①

Ab型　凸蹼足。即圈足中部缺口呈凸字形。根据腹、足部形态的不同，分为八式：

Ⅰ式　斜直腹，矮足。标本：安阳王古道2004M2：15（图1.3.2,8）。②

Ⅱ式　暂缺。

Ⅲ式　折腹，上腹直壁，较短，下腹斜直变短。标本：洛阳西工区2005M8833：18（图1.3.2,9）。③

Ⅳ式　上腹直壁较上式变长，下腹斜直变短，足较上式变高。标本：滕州薛故城尤楼1978M4：1（图1.3.2,10）。④

Ⅴ式　上腹直壁更长，下腹斜直短壁，足较上式变高。标本：峄城徐楼2009M1：7（图1.3.2,11）、⑤洛阳西工区2005M8830：12。⑥

Ⅵ式　上腹直壁较上式变长，高足。标本：辉县琉璃阁1936M甲（图1.3.2,12）、⑦长治分水岭1972M269：32。⑧

Ⅶ式　暂缺。

Ⅷ式　上腹直壁更长，上、下腹深度相若。标本：长治分水岭1959M26：17（图1.3.2,13）。⑨

Ac型　瓣蹼足。即圈足中部缺口呈长方形或梯形，缺口顶端直抵器腹底部，各足分立，不相连接。根据腹、足部形态的不同，分为八式：

Ⅰ式　暂缺。

Ⅱ式　暂缺。

Ⅲ式　折腹，上腹直壁，下腹斜直。标本：洛阳西工区1998C1M6112：18（图1.3.2,14）、⑩洛阳西工区纱厂路2001JM32：6。⑪

Ⅳ式　暂缺。

①　山西省文物管理委员会：《山西长治市分水岭古墓的清理》，《考古学报》1957年第1期，第103—118页；山西省考古研究所等：《长治分水岭东周墓地》，文物出版社，2010年。

②　安阳市文物考古研究所：《河南安阳市王古道村东周墓葬发掘报告》，《华夏考古》2008年第1期，第14—29页。

③　洛阳市文物工作队：《洛阳体育场路西东周墓发掘报告》，文物出版社，2011年。

④　山东省济宁市文物管理局：《薛国故城勘查和墓葬发掘报告》，《考古学报》1991年第4期，第449—495页。

⑤　枣庄市博物馆等：《山东枣庄徐楼东周墓发掘简报》，《文物》2014年第1期，第4—27页。

⑥　洛阳市文物工作队：《洛阳体育场路东周墓（M8830）发掘简报》，《文物》2011年第8期，第13—21页；洛阳市文物工作队：《洛阳体育场路西东周墓发掘报告》，文物出版社，2011年。

⑦　河南博物院、台北历史博物馆：《辉县琉璃阁甲乙二墓》，大象出版社，2011年。

⑧　山西省文物工作委员会晋东南工作组、山西省长治市博物馆：《长治分水岭269、270号东周墓》，《考古学报》1974年第2期，第63—85页；山西省考古研究所等：《长治分水岭东周墓地》，文物出版社，2010年。

⑨　山西省文物管理委员会、山西省考古研究所：《山西长治分水岭战国墓第二次发掘》，《考古》1964年第3期，第111—137页；山西省考古研究所等：《长治分水岭东周墓地》，文物出版社，2010年。

⑩　洛阳市文物工作队：《洛阳市613所东周墓》，《文物》1999年第8期，第14—18页。

⑪　洛阳市第二文物工作队：《洛阳市纱厂路东周墓（JM32）发掘简报》，《文物》2002年第11期，第31—37页。

Ⅴ式　暂缺。

Ⅵ式　暂缺。

Ⅶ式　上腹直壁较长,上、下腹深度相若。标本:太原金胜村 1988M251∶537(图1.3.2,15)。[1]

Ⅷ式　上腹深于下腹。标本:长子牛家坡 1977M7∶9(图1.3.2,16)。[2]

Ad 型　全蹼足。根据腹、足部形态的不同,分为六式:

Ⅰ式　折腹,上腹直壁,较短,下腹斜直较长。标本:襄阳沈岗 2009M1022∶3(图1.3.2,17)。[3]

Ⅱ式　上腹直壁较上式长。标本:淅川下寺 1979M8∶1(图1.3.2,18)。[4]

Ⅲ式　上腹直壁变长,下腹斜直变短。标本:江陵岳山 1970M(图1.3.2,19)。[5]

Ⅳ式　暂缺。

Ⅴ式　暂缺。

Ⅵ式　上腹直壁更长,下腹斜直短壁,足较上式变高。标本:陕县后川 1957M2040∶36(图1.3.2,20)。[6]

Ae 型　兽形足。根据腹、足部形态的不同,分为四式:

Ⅰ式　暂缺。

Ⅱ式　折腹,上腹直壁,较短,下腹斜直较长。标本:肥城小王庄 1963M(图1.3.2,21)。[7]

Ⅲ式　直壁较上式变长。标本:卫子叔旡父簠(图1.3.2,22)。[8]

Ⅳ式　上腹直壁更长,下腹斜直变短。标本:淅川下寺 1978M3∶13(图1.3.2,23)。[9]

B 型　无沿。根据足部形态的不同,分为三个亚型:

Ba 型　凹蹼足。根据腹、足部形态的不同,分为七式:

Ⅰ式　暂缺。

Ⅱ式　折腹,上腹直壁,较短,下腹斜直较长。标本:平邑蔡庄 1976M(图1.3.2,24)。[10]

Ⅲ式　上腹直腹变长,足变宽。标本:南阳西关煤场 1974M(图1.3.2,25)、[11]罗山高店 1996M 曾子季夨臣簠。[12]

Ⅳ式　暂缺。

---

[1]　山西省考古研究所、太原市文物管理委员会:《太原晋国赵卿墓》,文物出版社,1996 年。
[2]　山西省考古研究所:《山西长子县东周墓》,《考古学报》1984 年第 4 期,第 503—529 页。
[3]　襄阳市文物考古研究所:《湖北襄阳沈岗墓地 M1022 发掘简报》,《文物》2013 年第 7 期,第 4—19 页。
[4]　河南省文物研究所等:《淅川下寺春秋楚墓》,文物出版社,1991 年。
[5]　荆州地区博物馆:《江陵岳山大队出土一批春秋铜器》,《文物》1982 年第 10 期,第 16—17 页。
[6]　中国社会科学院考古研究所:《陕县东周秦汉墓》,科学出版社,1994 年。
[7]　齐文涛:《概述近年来山东出土的商周青铜器》,《文物》1972 年第 5 期,第 3—18 页。
[8]　吴镇烽:《商周青铜器铭文暨图像集成》05792,上海古籍出版社,2012 年。
[9]　河南省文物研究所等:《淅川下寺春秋楚墓》,文物出版社,1991 年。
[10]　李常松:《平邑蔡庄出土一批青铜器》,《考古》1986 年第 4 期,第 366—367 页。
[11]　王儒林、崔庆明:《南阳市西关出土一批春秋青铜器》,《中原文物》1982 年第 1 期,第 39—41 页;尹俊敏:《南阳市西关出土一批春秋青铜器补记》,《华夏考古》1999 年第 3 期,第 43—45 页。
[12]　湖北省文物考古研究所:《曾国青铜器》,文物出版社,2007 年,第 391—400 页。

Ⅴ式　暂缺。

Ⅵ式　暂缺。

Ⅶ式　上腹直壁较长,上、下腹深度相若。标本:洛阳西工区1982C1M395∶76(图1.3.2,26)。①

Bb型　全蹼足。根据腹、足部形态的不同,分为八式:

Ⅰ式　折腹,上腹直壁较短,下腹斜直较长。标本:谷城邱家楼2007M(图1.3.2,27)。②

Ⅱ式　折腹,上腹直壁,较短,下腹斜直较长。标本:淅川下寺1979M8∶4(图1.3.2,28)、③信阳平桥西1978M2∶5。④

Ⅲ式　上腹直壁较上式变长,足变高。标本:淅川下寺1979M7∶9(图1.3.2,29)。⑤

Ⅳ式　上腹直壁更长,足较上式变宽。标本:淅川下寺1978M1∶45(图1.3.2,30)、⑥叶县旧县2002M4∶118。⑦

Ⅴ式　上腹直壁更长,下腹斜直短壁,足较上式变宽,与腹长相若。标本:固始侯古堆1978M1P∶37-1(图1.3.2,31)、⑧凤阳下庄2007M1∶22。⑨

Ⅵ式　足更高、更宽,与腹长相若或超过腹长。标本:随州擂鼓墩1978M1∶C123(图1.3.2,32)、⑩随州擂鼓墩1981M2∶49。⑪

Ⅶ式　上腹直壁更长,上、下腹深度相若,高足较宽,外端超过腹长。标本:随州擂鼓墩1981M2∶50(图1.3.2,33)。⑫

Ⅷ式　与上式基本相同,足更宽。标本:淅川徐家岭1990M1∶9(图1.3.2,34)。⑬

Bc型　瓣蹼足。目前所见数量较少。根据足部形态的不同,分为三式:

Ⅰ式　足较矮。标本:潞城潞河1983M7∶158(图1.3.2,35)。⑭

Ⅱ式　足变高、变宽。标本:随州擂鼓墩1978M33∶2(图1.3.2,36)、⑮平山三汲穆家庄1974M6∶119。⑯

①　洛阳市文物工作队:《洛阳解放路战国陪葬坑发掘报告》,《考古学报》2002年第3期,第359—380页。
②　李广安:《湖北谷城出土许国铜器》,《文物》2014年第8期。
③　河南省文物研究所等:《淅川下寺春秋楚墓》,文物出版社,1991年。
④　河南省博物馆等:《河南信阳市平桥春秋墓发掘简报》,《文物》1981年第1期,第9—14页。
⑤　河南省文物研究所等:《淅川下寺春秋楚墓》,文物出版社,1991年。
⑥　河南省文物研究所等:《淅川下寺春秋楚墓》,文物出版社,1991年。
⑦　平顶山市文物管理局、叶县文化局:《河南叶县旧县四号春秋墓发掘简报》,《文物》2007年第9期,第4—37页。
⑧　河南省文物考古研究所:《固始侯古堆一号墓》,大象出版社,2004年。
⑨　安徽省文物考古研究所、凤阳县文物管理所:《凤阳大东关与卞庄》,科学出版社,2010年。
⑩　湖北省博物馆:《曾侯乙墓》,文物出版社,1989年。
⑪　随州市博物馆:《随州擂鼓墩二号墓》,文物出版社,2008年。
⑫　随州市博物馆:《随州擂鼓墩二号墓》,文物出版社,2008年。
⑬　河南省文物考古研究所等:《淅川和尚岭与徐家岭楚墓》,大象出版社,2004年。
⑭　山西省考古研究所、山西省晋东南地区文化局:《山西省潞城县潞河战国墓》,《文物》1986年第6期,第1—19页。
⑮　随州市博物馆:《湖北随州擂鼓墩战国东汉墓发掘简报》,《江汉考古》1992年第2期,第1—7页。
⑯　河北省文物研究所:《战国中山国灵寿城——1975—1993年考古发掘报告》,文物出版社,2005年。

分期	A型 折沿 Aa型 凹蹼足	Ab型 凸蹼足	Ac型 瓣蹼足	Ad型 全蹼足	Ae型 兽形足	B型 无沿 Ba型 凹蹼足	Bb型 全蹼足	Bc型 瓣蹼足
一	I 1　II 2	I 8　II 暂缺	I 暂缺　II 暂缺		I 暂缺　II 21	I 暂缺　II 24	I 27	
二	III 3　IV 4	III 9　IV 10	III 14　IV 暂缺	I 17　II 18	III 22	III 25	II 28　III 29	
三	V 5	V 11	V 暂缺	III 19	IV 23	IV 暂缺	IV 30	
四	VI 6	VI 12	VI 暂缺	IV 暂缺		V 暂缺	V 31	

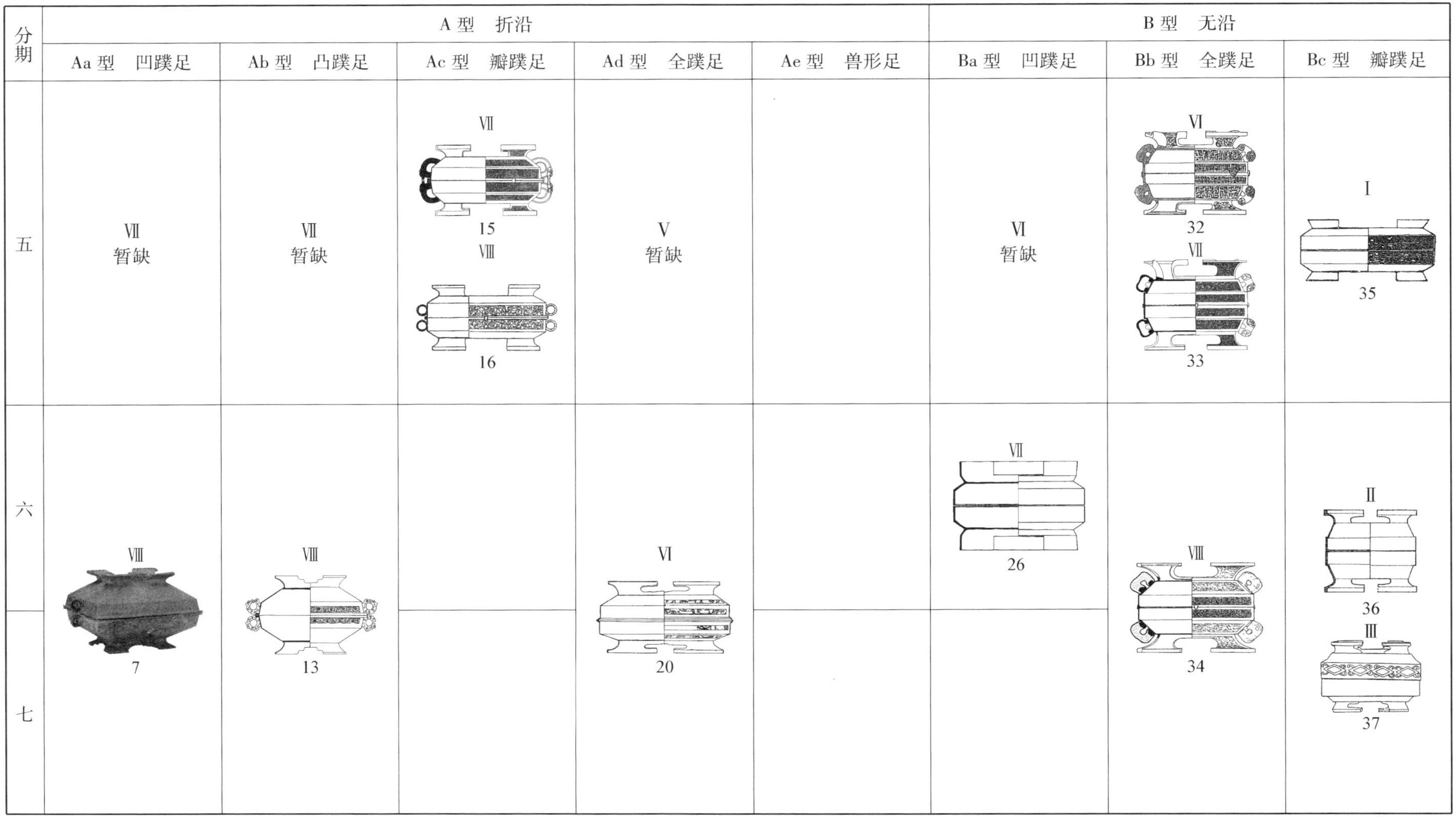

分期	A 型　折沿					B 型　无沿		
	Aa 型　凹蹼足	Ab 型　凸蹼足	Ac 型　瓣蹼足	Ad 型　全蹼足	Ae 型　兽形足	Ba 型　凹蹼足	Bb 型　全蹼足	Bc 型　瓣蹼足
五	Ⅶ 暂缺	Ⅶ 暂缺	Ⅶ 15 ／ Ⅷ 16	Ⅴ 暂缺		Ⅵ 暂缺	Ⅵ 32 ／ Ⅶ 33	Ⅰ 35
六								Ⅱ 36 ／ Ⅲ 37
七	Ⅷ 7	Ⅷ 13		Ⅵ 20		Ⅶ 26	Ⅷ 34	

图 1.3.2　铜簠谱系图

1. 三门峡上村岭 1991M2012：14,78　2. 枣阳郭家庙 2002GM1：06　3. 登封告成袁窑 1995M2：177　4. 洛阳西工区 1995M2：177　5. 洛阳西工区 2005M8835：9　6. 洛阳西工区 1991C1M3498：13　7. 长治分水岭 1954M12：28　8. 安阳王古道 2004M2：15　9. 洛阳西工区 2005M8833：18　10. 滕州薛放城尤楼 1978M4：1　11. 峄城徐楼 2009M1：7　12. 淅川下寺 1979M8：1 甲　13. 长治分水岭 1959M26：17　14. 洛阳西工区 1998C1M6112：18　15. 太原金胜村 1977M7：9　17. 长子牛家坡 1977M3：13　18. 襄阳沈岗 2009M1022：3　18. 洛阳西工区 19. 江陵岳山 1970M　20. 陕县后川 1957M2040：36　21. 肥县蔡庄 1963M　22. 卫子叔无父簋　23. 淅川下寺 1978M3：13　24. 平邑蔡庄 1976M　25. 南阳西关煤场 1974M　26. 洛阳西工区 1982C1M395：76　27. 谷城邱家楼 2007M　28. 淅川下寺 1979M7：9　29. 淅川下寺 1979M8：4　30. 淅川下寺 1979M7：9　31. 固始侯古堆 1978M1：45　32. 随州擂鼓墩 1978M1P：37-1　32. 随州擂鼓墩 33. 随州擂鼓墩 1981M2：50　34. 淅川徐家岭 1990M1：9　35. 潞城潞河 1983M7：158　36. 随州擂鼓墩 1978M33：2　37. 寿县朱家集 1933M 王六句簠

Ⅲ式　上腹直壁更长。标本：寿县朱家集1933M王六句簋(图1.3.2,37)。①

四、铜簋的型式分析

根据腹、底、圈足形态的不同,东周时期的铜簋可以分为五型:

A型　捉手盖,子母口内敛,鼓腹,矮圈足,圈足下或附加三个小足,多为兽首耳,耳下或有珥,形制特征变化不大,根据纹饰特征的不同,分为六式:

Ⅰ式　腹下部多饰瓦棱纹,腹上部近口处饰一周重环纹、窃曲纹等西周晚期传统纹样。多数制作精致,少数为粗糙的明器。标本：曲沃北赵晋侯墓地1994M93：33(图1.3.3,1)、②洛阳西工区2008C1M9950：18。③

Ⅱ式　形制与上式基本相同,盖顶捉手或作花瓣形,纹饰变化大,多饰吐舌或勾连蟠螭纹。标本：礼县圆顶山1998M1：17(图1.3.3,2)、④滕州薛故城尤楼1978M1：67。⑤

Ⅲ式　纹饰更为繁缛,或较简洁、通体素面。标本：淅川下寺1978M2：63(图1.3.3,3)、⑥当阳赵家塝1973M3：10。⑦

Ⅳ式　暂缺。

Ⅴ式　暂缺。

Ⅵ式　标本：洛阳西工区1982C1M395：82(图1.3.3,4)。⑧

B型　方座簋。根据耳部形态的不同,分为三个亚型:

Ba型　兽首耳。根据口部形态的不同,分为六式:

Ⅰ式　斜折沿,沿下角较大,捉手盖,腹部和方座装饰西周晚期传统纹样,较为繁缛。标本：商水朱集1975M噩仲簋(图1.3.3,5)。⑨

Ⅱ式　斜折沿,沿下角变小,腹部和方座饰以吐舌蟠螭或勾连蟠螭纹等新纹样。标本：商水朱集1975M(图1.3.3,6)、⑩临潼零口1976JC陈侯簋。⑪

Ⅲ式　暂缺。

Ⅳ式　沿下角更小,盖顶捉手作花瓣形,方座四面或有方形缺口。标本：寿县西门内

① 马承源主编：《中国青铜器(修订本)》,上海古籍出版社,2003年,第137页。
② 北京大学考古学系、山西省考古研究所：《天马——曲村遗址北赵晋侯墓地第五次发掘》,《文物》1995年第7期,第4—39页。
③ 洛阳市文物工作队：《河南洛阳市润阳广场C1M9950号东周墓葬的发掘》,《考古》2009年第12期,第18—31页。
④ 甘肃省文物考古研究所、礼县博物馆：《礼县圆顶山春秋秦墓》,《文物》2002年第2期,第4—30页。
⑤ 山东省济宁市文物管理局：《薛国故城勘查和墓葬发掘报告》,《考古学报》1991年第4期,第449—495页。
⑥ 河南省文物研究所等：《淅川下寺春秋楚墓》,文物出版社,1991年。
⑦ 高仲达：《湖北当阳赵家塝楚墓发掘简报》,《江汉考古》1982年第1期,第11—20页。
⑧ 洛阳市文物工作队：《洛阳解放路战国陪葬坑发掘报告》,《考古学报》2002年第3期,第359—380页。
⑨ 河南省周口市博物馆：《周口市博物馆藏有铭青铜器》,《考古》1988年第8期,第766—768页;秦永军、韩维龙、杨凤ъ：《河南商水县出土周代青铜器》,《考古》1989年第4期,第310—313页。
⑩ 河南省周口市博物馆：《周口市博物馆藏有铭青铜器》,《考古》1988年第8期,第766—768页;秦永军、韩维龙、杨凤ъ：《河南商水县出土周代青铜器》,《考古》1989年第4期,第310—313页。
⑪ 临潼县文化馆：《陕西临潼发现武王征商簋》,《文物》1977年第8期,第1—7页。

1955M：10.1(图1.3.3,7)。①

　　Ⅴ式　鼓腹较上式甚。标本：随州擂鼓墩1978M1：C109(图1.3.3,8)、②随州擂鼓墩1981M2：40。③

　　Ⅵ式　上腹壁较直,下腹缓收。标本：江陵天星观2000M2：160(图1.3.3,9)、④寿县朱家集1933M(图1.3.3,10)。⑤

　　Bb型　无耳。目前所见数量少。标本：辉县琉璃阁1936M甲：6：2(图1.3.3,11)。⑥

　　Bc型　环耳。目前所见数量少。标本：长治分水岭1959M26：8(图1.3.3,12)、⑦长治分水岭1954M12(图1.3.3,13)。⑧

　　C型　腹较浅、圈足较高。根据口、足部形态的不同,分为五式：

　　Ⅰ式　子母口内敛,兽首耳,捉手盖,圈足下有阶,较矮,腹饰勾连蟠螭纹。标本：宝鸡阳平秦家沟1963M1(图1.3.3,14)。⑨

　　Ⅱ式　标本：凤翔孙家南头2003M191：12(图1.3.3,15)。⑩

　　Ⅲ式　暂缺。

　　Ⅳ式　直口,兽首耳,无盖,圈足下阶变高,素面,质薄。标本：长安客省庄1955M202：8(图1.3.3,16)、⑪眉县水泥厂1993M。⑫

　　Ⅴ式　直口,无盖,无耳,素面,质薄。标本：凤翔八旗屯西沟道1983M26：26(图1.3.3,17)、⑬凤翔邓家崖1988M4：9。⑭

　　D型　高圈足。根据口部形态的不同,分为四个亚型：

　　Da型　圈足较粗,侈口,无耳。根据口、腹、圈足形态的不同,分为六式：

　　Ⅰ式　卷沿,沿较宽,沿下角较大,腹较浅,最大径在腹上部。标本：应城孙堰村1991M1：4(图1.3.3,18)。⑮

————————

　　①　安徽省文物管理委员会、安徽省博物馆：《寿县蔡侯墓出土遗物》,科学出版社,1956年;安徽省博物馆：《安徽省博物馆藏青铜器》,上海人民美术出版社,1987年;五省出土重要文物展览筹备委员会：《陕西、江苏、热河、安徽、山西五省出土重要文物展览图录》,文物出版社,1958年。
　　②　湖北省博物馆：《曾侯乙墓》,文物出版社,1989年。
　　③　随州市博物馆：《随州擂鼓墩二号墓》,文物出版社,2008年。
　　④　湖北省荆州博物馆：《荆州天星观二号楚墓》,文物出版社,2003年。
　　⑤　《中国青铜器全集》编辑委员会：《中国青铜器全集》,文物出版社,1995年,第10册,图021;容庚：《商周彝器通考》,上海人民出版社,2008年,第400页。
　　⑥　河南博物院、台北历史博物馆：《辉县琉璃阁甲乙二墓》,大象出版社,2003年。
　　⑦　山西省文物管理委员会、山西省考古研究所：《山西长治分水岭战国墓第二次发掘》,《考古》1964年第3期,第111—137页;山西省考古研究所等：《长治分水岭东周墓地》,文物出版社,2010年。
　　⑧　山西省文物管理委员会：《山西长治市分水岭古墓的清理》,《考古学报》1957年第1期,第103—118页;山西省考古研究所等：《长治分水岭东周墓地》,文物出版社,2010年。
　　⑨　陕西省文物管理委员会：《陕西宝鸡阳平镇秦家沟村秦墓发掘记》,《考古》1965年第7期,第339—346页。
　　⑩　陕西省考古研究院等：《陕西凤翔孙家南头春秋秦墓发掘简报》,《考古与文物》2013年第4期,第3—53页。
　　⑪　中国科学院考古研究所：《沣西发掘报告》,文物出版社,1963年。
　　⑫　刘怀君、郝芝芹：《眉县水泥厂春秋秦墓及其相关问题》,《文博》1993年第6期,第93—96页。
　　⑬　尚志儒、赵丛苍：《陕西凤翔八旗屯西沟道秦墓发掘简报》,《文博》1986年第3期,第1—31页。
　　⑭　陕西省考古研究所雍城工作站：《凤翔邓家崖发现秦墓发掘简报》,《考古与文物》1991年第2期,第14—19页。
　　⑮　李怡南、汪艳明：《应城市孙堰村发现一座两周之际墓葬》,《江汉考古》1996年第4期,第43页。

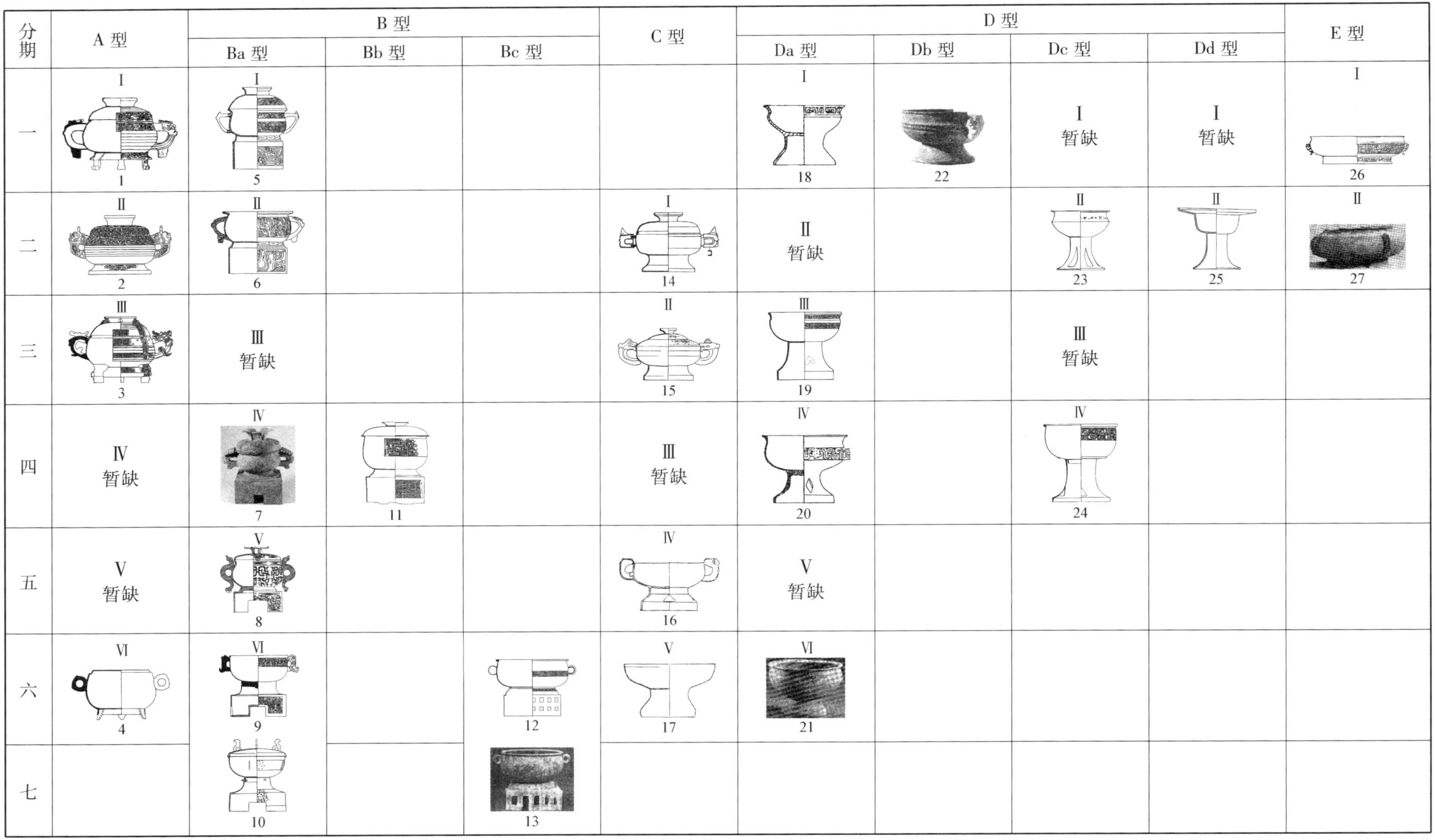

图 1.3.3 铜簠谱系图

分期	A 型		B 型			C 型		D 型					E 型
			Ba 型	Bb 型	Bc 型			Da 型	Db 型	Dc 型	Dd 型		
一	I 1		I 5			I 14		I 18	22	I 暂缺	I 暂缺		I 26
二	II 2		II 6	11	12 13	II 15		II 暂缺		II 23	II 25		II 27
三	III 3		III 暂缺			III 暂缺		III 19		III 暂缺			
四	IV 暂缺		IV 7			IV 16		IV 20		IV 24			
五	V 暂缺		V 8			V 17		V 暂缺					
六	VI 4		VI 9					VI 21					
七			10										

1. 曲沃北赵晋侯墓地 1994M93：33　2. 礼县圆顶山 1998M1：17　3. 淅川下寺 1978M2：63　4. 洛阳西工区 1982C1M395：82　5. 商水朱集 1975M 霝仲簠　6. 商水朱集 1975M 霝仲簠　7. 寿县西门内 1955M：10.1　8. 随州擂鼓墩 1978M1：C109　9. 江陵天星观 2000M2：160　10. 寿县朱家集 1933M　11. 辉县琉璃阁 1936M 甲：6：2　12. 长治分水岭 1959M26：8　13. 长治分水岭 1954M12　14. 宝鸡阳平秦家沟 1963M1　15. 凤翔孙家南头 2003M191：12　16. 长安客省庄 1955M202：8　17. 凤翔八旗屯西沟道 1983M26：26　18. 应城孙堰村 1991M1：4　19. 蚌埠双墩 2006M1：285　20. 绍兴坡塘狮子山 1981M306：26　21. 涪陵小田溪 1972M2：31　22. 桐柏钟鼓堂 1975M　23. 光山宝相寺 1983MG1：A3　24. 凤阳嘴子前 1978M1：54　26. 海阳嘴子前 1978M1：18　25. 凤阳卞庄 2007M1：A3　26. 繁昌汤家山 1979M：9　27. 汉川西正街尾 1974M

Ⅱ式 暂缺。

Ⅲ式 卷沿,腹变深,圈足变高。标本:蚌埠双墩 2006M1：285(图 1.3.3,19)。[1]

Ⅳ式 卷沿,沿变窄,沿下角较小,腹最大径在腹下部。标本:绍兴坡塘狮子山 1981M306：26(图 1.3.3,20)。[2]

Ⅴ式 暂缺。

Ⅵ式 折沿,腹变深。标本:涪陵小田溪 1972M2：31(图 1.3.3,21)。[3]

Db 型 圈足较粗,兽首耳。目前所见数量少。标本:桐柏钟鼓堂 1975M(图 1.3.3,22)、[4]宿州平山村 1987M。[5]

Dc 型 圈足细高,窄折沿,无耳。根据口部形态的不同,分为四式:

Ⅰ式 暂缺。

Ⅱ式 斜折沿较宽,沿下角较大,束颈,折腹。标本:光山宝相寺 1983MG1：A3(图 1.3.3,23)、[6]光山宝相寺 1983MG2：A8。[7]

Ⅲ式 暂缺。

Ⅳ式 沿变窄,腹变深,微鼓腹。标本:凤阳卞庄 2007M1：18(图 1.3.3,24)。[8]

Dd 型 圈足细高,宽折沿,无耳。分为二式:

Ⅰ式 暂缺。

Ⅱ式 标本:海阳嘴子前 1978M1：54(图 1.3.3,25)。[9]

E 型 浅腹,圈足较高。根据口、腹部形态的不同,分为二式:

Ⅰ式 沿下角较大。标本:繁昌汤家山 1979M：9(图 1.3.3,26)。[10]

Ⅱ式 沿下角变小,扁鼓腹。标本:汉川西正街尾 1974M(图 1.3.3,27)。[11]

五、铜盆的型式分析

根据口、肩、腹部形态的不同,东周时期的铜盆可以分为七型:

A 型 卷沿、束颈。根据口沿和纹饰特征的不同,分为三式:

① 安徽省文物考古研究所、蚌埠市博物馆:《钟离君柏墓》,文物出版社,2013 年。
② 浙江省文物管理委员会等:《绍兴 306 号战国墓发掘简报》,《文物》1984 年第 1 期,第 10—26 页。
③ 四川省博物馆等:《四川涪陵地区小田溪战国土坑墓清理简报》,《文物》1974 年第 5 期,第 61—80 页。
④ 黄运甫、曾光勋:《桐柏钟鼓堂出土一批春秋铜器》,《河南文博通讯》1980 年第 4 期,第 7—8 页;南阳地区文物工作队:《河南桐柏县发现一批春秋铜器》,《考古》1983 年第 8 期,第 701—702 页。
⑤ 李国梁:《安徽宿县谢芦村出土周代青铜器》,《文物》1991 年第 11 期,第 92—93 页。
⑥ 河南信阳地区文管会、光山县文管会:《春秋早期黄君孟夫妇墓发掘报告》,《考古》1984 年第 4 期,第 302—332 页。
⑦ 河南信阳地区文管会、光山县文管会:《春秋早期黄君孟夫妇墓发掘报告》,《考古》1984 年第 4 期,第 302—332 页。
⑧ 安徽省文物考古研究所、凤阳县文物管理所:《凤阳大东关与卞庄》,科学出版社,2010 年。
⑨ 烟台市博物馆、海阳市博物馆:《海阳嘴子前》,齐鲁书社,2002 年。
⑩ 安徽省文物工作队、繁昌县文化馆:《安徽繁昌出土一批春秋青铜器》,《文物》1982 年第 12 期,第 47—50 页;安徽大学、安徽省文物考古研究所:《皖南商周青铜器》,文物出版社,2006 年。
⑪ 沈银华:《湖北省汉川县发现一批春秋时期青铜器》,《文物》1974 年第 6 期,第 85 页。

Ⅰ式　沿下角大,沿下饰一周纹饰。标本:新野小西关 1974M(图 1.3.4,1)、①三门峡上村岭 1991M2011∶330(图 1.3.4,2)。②

Ⅱ式　形制略同上式,捉手盖,盖面和腹部纹饰摆脱西周晚期传统。标本:信阳明港段湾 1978M(图 1.3.4,3)。③

Ⅲ式　卷沿外翻近平,沿下角较小。标本:淅川下寺 1978M2∶68(图 1.3.4,4)。④

B 型　折沿,束颈。根据底部形态的不同,分为两个亚型:

Ba 型　平底。根据口沿形态的不同,分为两个次亚型:

Baa 型　平折沿。目前所见数量少,形制变化较小,根据纹饰特征的不同分为四式:

Ⅰ式　标本:闻喜上郭 1989M33∶12(图 1.3.4,5)、⑤闻喜上郭 1974M57∶7(图 1.3.4,6)。⑥

Ⅱ式　暂缺。

Ⅲ式　标本:淅川下寺 1978M2∶69(图 1.3.4,7)。⑦

Ⅳ式　标本:清远马头岗 1962M∶003(图 1.3.4,8)。⑧

Bab 型　斜折沿。目前所见数量少。分为四式:

Ⅰ式　暂缺。

Ⅱ式　暂缺。

Ⅲ式　标本:桐柏月河左庄 1993M1∶410(图 1.3.4,9)。⑨

Ⅳ式　标本:临沂凤凰岭 1982M∶K11(图 1.3.4,10)、⑩凤阳卞庄 2007M1∶24(图 1.3.4,11)。⑪

Bb 型　圜底。标本:长安客省庄 1955M202∶9(图 1.3.4,12)、⑫武功赵家来 1981M1∶13(图 1.3.4,13)。⑬

C 型　折沿,折肩。多有盖,盖钮作捉手形。根据耳的有无,分为两个亚型:

---

①　河南省博物馆、新野县文化馆:《河南新野古墓葬清理简报》,《文物资料丛刊》(2),文物出版社,1978 年,第 70—74 页。

②　河南省文物考古研究所、三门峡市文物工作队:《三门峡虢国墓(第一卷)》,文物出版社,1999 年。

③　信阳地区文管会、信阳县文化馆:《信阳县明港发现两批春秋早期青铜器》,《中原文物》1981 年第 4 期,第 16—17 页。

④　河南省文物研究所等:《淅川下寺春秋楚墓》,文物出版社,1991 年。

⑤　山西省考古研究所:《闻喜县上郭村 1989 年发掘简报》,《三晋考古》(一),山西人民出版社,1994 年,第 139—153 页。

⑥　朱华:《闻喜上郭村古墓群试掘》,《三晋考古》(一),山西人民出版社,1994 年,第 95—122 页。

⑦　河南省文物研究所等:《淅川下寺春秋楚墓》,文物出版社,1991 年。

⑧　广东省文物管理委员会:《广东清远发现周代青铜器》,《考古》1963 年第 2 期,第 57—61 页。

⑨　南阳市文物研究所、桐柏县文管办:《桐柏月河一号春秋墓发掘简报》,《中原文物》1997 年第 4 期,第 8—23 页。

⑩　山东省兖石铁路文物考古工作队:《临沂凤凰岭东周墓》,齐鲁书社,1987 年。

⑪　安徽省文物考古研究所、凤阳县文物管理所:《凤阳大东关与卞庄》,科学出版社,2010 年。

⑫　中国科学院考古研究所:《沣西发掘报告》,文物出版社,1963 年。

⑬　中国社会科学院考古研究所武功发掘队:《陕西武功县赵家来东周时期的秦墓》,《考古》1996 年第 12 期,第 44—48 页。

Ca 型 有耳。根据口部形态的不同,分为三式:

Ⅰ式 斜折沿,沿下角较大。标本:韩城梁带村 2005M27：1018(图 1.3.4,14)、①招远曲城 1958M(图 1.3.4,15)。②

Ⅱ式 沿下角变小。沂水刘家店子 1978M1：41(图 1.3.4,16)、③信阳平桥西 1978M1：10。④

Ⅲ式 折沿近平,沿下角更小。标本:凤翔孙家南头 2003M160：10(图 1.3.4,17)。⑤

Cb 型 无耳。根据口部形态的不同,分为三式:

Ⅰ式 斜折沿,沿下角较大。标本:闻喜上郭 1974M59：15(图 1.3.4,18)、⑥登封告成袁窑 1995M3：257(图 1.3.4,19)。⑦

Ⅱ式 沿下角变小。标本:宝鸡福临堡 1959M1：2(图 1.3.4,20)、⑧凤翔八旗屯 1976BM27：5。⑨

Ⅲ式 折沿近平,沿下角更小。标本:礼县大堡子山 2006M25：150(图 1.3.4,21)、⑩凤翔铁炉村 2001M1：5。⑪

D 型 折沿,折腹。目前所见数量少。分为二式:

Ⅰ式 暂缺。

Ⅱ式 斜折沿,沿下角较小。标本:闻喜上郭 1976M4：7、8(图 1.3.4,22)。⑫

E 型 卷沿,深腹。目前所见数量少。根据口部形态的不同,分为二式:

Ⅰ式 沿下角大。标本:淅川徐家岭 1990M9：143(图 1.3.4,23)。⑬

Ⅱ式 沿下角变小。标本:随州擂鼓墩 1981M2：11(图 1.3.4,24)。⑭

F 型 折沿,深腹。目前所见数量少。根据耳的有无,分为两个亚型:

① 陕西省考古研究院等:《陕西韩城梁带村遗址 M27 发掘简报》,《考古与文物》2007 年第 6 期,第 3—22 页。
② 李步青、林仙庭、杨文玉:《山东招远出土西周青铜器》,《考古》1994 年第 4 期,第 377—378 页。
③ 山东省文物考古研究所、沂水县文物管理站:《山东沂水刘家店子春秋墓发掘简报》,《文物》1984 年第 9 期,第 1—10 页。
④ 河南省博物馆等:《河南信阳市平桥春秋墓发掘简报》,《文物》1981 年第 1 期,第 9—14 页。
⑤ 陕西省考古研究院:《陕西凤翔孙家南头春秋秦墓发掘简报》,《考古与文物》2013 年第 4 期,第 3—53 页。
⑥ 朱华:《闻喜上郭村古墓群试掘》,《三晋考古》(一),山西人民出版社,1994 年,第 95—122 页。
⑦ 郑州市文物考古研究所、登封市文物局:《河南登封告成东周墓地三号墓》,《文物》2006 年第 4 期,第 4—16 页。
⑧ 中国科学院考古研究所宝鸡发掘队:《陕西宝鸡福临堡东周墓葬发掘记》,《考古》1963 年第 10 期,第 536—543 页。
⑨ 吴镇烽、尚志儒:《陕西凤翔八旗屯秦国墓葬发掘简报》,《文物资料丛刊》(3),文物出版社,1980 年,第 67—85 页。
⑩ 早期秦文化联合考古队:《2006 年甘肃礼县大堡子山东周墓葬发掘简报》,《文物》2008 年第 11 期,第 30—49 页。
⑪ 景宏伟:《凤翔出土春秋时期文物》,《文博》2003 年第 4 期,第 30—37 页。
⑫ 山西省考古研究所:《1976 年闻喜上郭村周代墓葬清理记》,《三晋考古》(一),山西人民出版社,1994 年,第 123—138 页。
⑬ 河南省文物考古研究所等:《淅川和尚岭与徐家岭楚墓》,大象出版社,2004 年。
⑭ 随州市博物馆:《随州擂鼓墩二号墓》,文物出版社,2008 年。

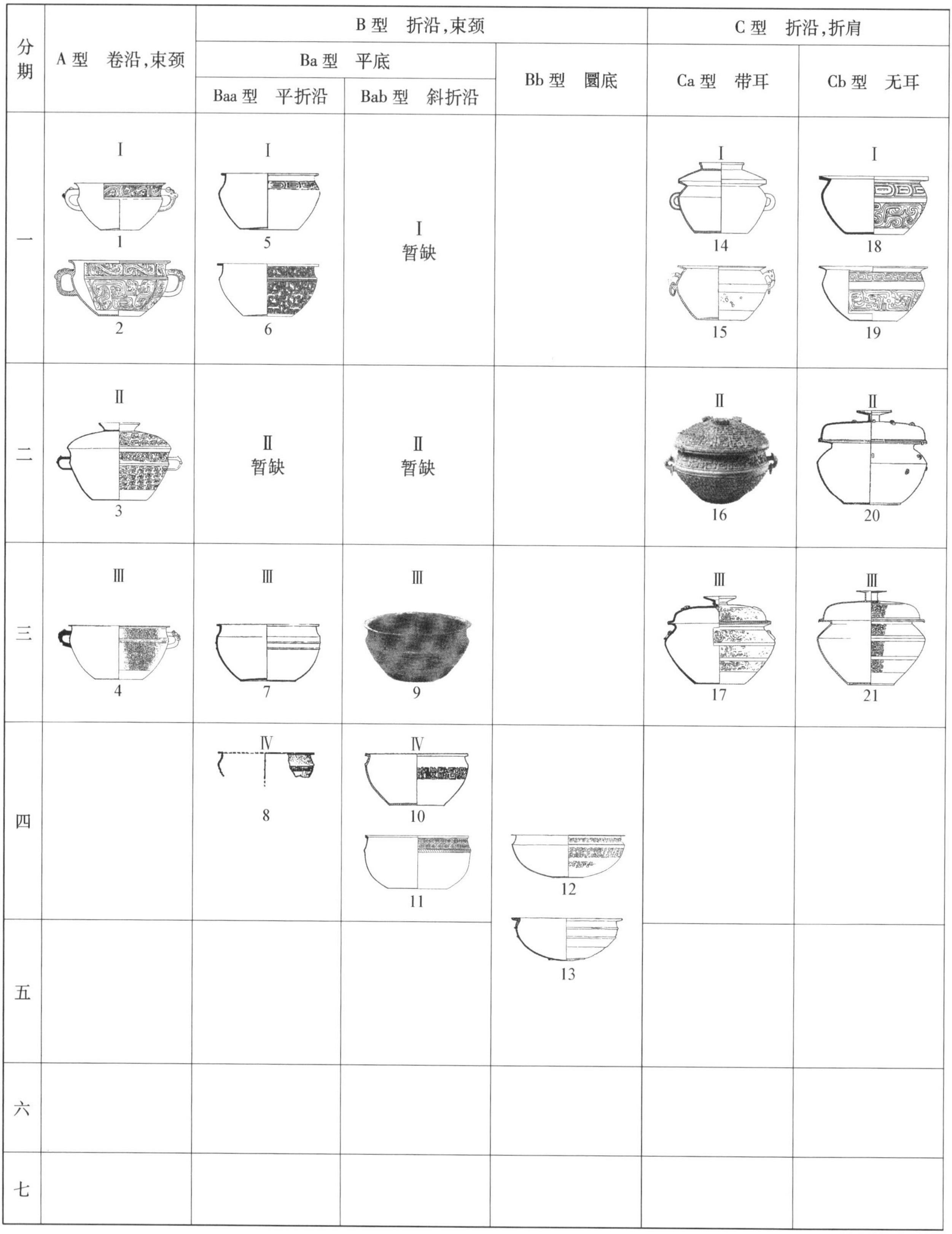

分期	A 型　卷沿,束颈	B 型　折沿,束颈			C 型　折沿,折肩	
		Ba 型　平底		Bb 型　圜底	Ca 型　带耳	Cb 型　无耳
		Baa 型　平折沿	Bab 型　斜折沿			
一	I 1 2	I 5 6	I 暂缺		I 14 15	I 18 19
二	II 3	II 暂缺	II 暂缺		II 16	II 20
三	III 4	III 7	III 9		III 17	III 21
四		IV 8	IV 10 11	12 13		
五						
六						
七						

图 1.3.4　铜

1. 新野小西关 1974M　2. 三门峡上村岭 1991M2011：330　3. 信阳明港段湾 1978M　4. 淅川下寺 1978M2：68　5. 闻喜上郭 1989M33：12　6. 闻喜上郭 1974M57：7　7. 淅川下寺 1978M2：69　8. 清远马头岗 1962M：003　9. 桐柏月河左庄 1993M1：410　10. 临沂凤凰岭 1982M：K11　11. 凤阳卞庄 2007M1：24　12. 长安客省庄 1955M202：9　13. 武功赵家来 1981M1：13　14. 韩城梁带村 2005M27：1018　15. 招远曲城 1958M　16. 沂水刘家店子 1978M1：41　17. 凤翔孙家南头 2003M160：10　18. 闻喜上郭

D 型 折沿,折腹	E 型 卷沿,深腹	F 型 折沿,深腹	G 型 斜直腹		
			Ga 型 双耳,蹄足	Gb 型 双耳,平底	Gc 型 无耳,平底
I 暂缺		Fa 型 带耳 25			
II 22					
	I 23				
	II 24		 27 28		
		Fb 型 无耳 26		 29	 30 31

盆谱系图

1974M59：15　19. 登封告成袁窑 1995M3：257　20. 宝鸡福临堡 1959M1：2　21. 礼县大堡子山 2006M25：150　22. 闻喜上郭
1976M4：7、8　23. 淅川徐家岭 1990M9：143　24. 随州擂鼓墩 1981M2：11　25. 莒县天井汪 1963M　26. 洛阳西工区
1982C1M395：88　27. 新都马家 1980M　28. 什邡城关 1988M79：5　29. 洛阳西工区 1982C1M395：85　30. 凤翔八旗屯西沟道
1983M26：28　31. 咸阳任家咀 1990M230：8

Fa 型　带耳。标本：莒县天井汪 1963M(图 1.3.4,25)。①

Fb 型　无耳。标本：洛阳西工区 1982C1M395：88(图 1.3.4,26)。②

G 型　斜直腹。根据底、耳部形态的不同,分为三个亚型：

Ga 型　蹄足,有耳。标本：新都马家 1980M(图 1.3.4,27)、③什邡城关 1988M79：5 (图 1.3.4,28)。④

Gb 型　平底,有耳。标本：洛阳西工区 1982C1M395：85(图 1.3.4,29)。⑤

Gc 型　平底,无耳。凤翔八旗屯西沟道 1983M26：28(图 1.3.4,30)、⑥咸阳任家咀 1990M230：8(图 1.3.4,31)。⑦

六、铜敦的型式分析

东周时期的铜敦大多数为圆形,少数作方形。根据腹、底部形态的不同,分为五型：

A 型　平底,或着矮圈足。形似铜盆,可称为盆形敦。根据盖顶钮部形态的不同,分为四个亚型：

Aa 型　捉手盖。根据口沿和颈部形态的不同,分为五式：

Ⅰ式　暂缺。

Ⅱ式　宽卷沿或斜折沿,沿下角较大,盖沿扣于器沿上,以兽钮衔扣扣合。标本：闻喜上郭 1976M7：8(图 1.3.5,1)、⑧洛阳中州路 1954M2415：7。⑨

Ⅲ式　沿下角较上式变小,折沿近平,或窄沿似卷,盖沿扣合于器沿上。标本：闻喜上郭 1976M17：7(图 1.3.5,2)、⑩侯马上马 1973M1013：1。⑪

Ⅳ式　沿变窄,颈变矮,盖沿扣于颈下部。标本：侯马上马 1978M1006：7(图 1.3.5,3)。⑫

Ⅴ式　与上式相似,底着矮圈足。标本：沁水桃花沟 1984 采(图 1.3.5,4)。⑬

Ab 型　环钮盖。根据口沿、颈、耳、底部形态的不同,分为七式：

Ⅰ式　斜折沿,沿下角较大,束颈,盖沿扣于器体口沿上,或以兽形衔扣扣合。标本：

①　齐文涛：《概述近年来山东出土的商周青铜器》,《文物》1972 年第 5 期,第 3—18 页。

②　洛阳市文物工作队：《洛阳解放路战国陪葬坑发掘报告》,《考古学报》2002 年第 3 期,第 359—380 页。

③　四川省博物馆、新都县文物管理所：《四川新都战国木椁墓》,《文物》1981 年第 6 期,第 1—16 页。

④　四川省文物考古研究所、什邡市文物保护管理所：《什邡市城关战国秦汉墓葬发掘报告》,《四川考古报告集》,文物出版社,1998 年,第 112—185 页；四川省文物考古研究院等：《什邡城关战国秦汉墓地》,文物出版社,2006 年。

⑤　洛阳市文物工作队：《洛阳解放路战国陪葬坑发掘报告》,《考古学报》2002 年第 3 期,第 359—380 页。

⑥　尚志儒、赵丛苍：《陕西凤翔八旗屯西沟道秦墓葬发掘简报》,《文博》1986 年第 3 期,第 1—31 页。

⑦　咸阳市文物考古研究所：《任家咀秦墓》,科学出版社,2005 年。

⑧　山西省考古研究所：《1976 年闻喜上郭周代墓葬清理记》,《三晋考古》(一),山西人民出版社,1994 年,第 123—138 页。

⑨　中国科学院考古研究所：《洛阳中州路(西工段)》,科学出版社,1959 年。

⑩　山西省考古研究所：《1976 年闻喜上郭周代墓葬清理记》,《三晋考古》(一),山西人民出版社,1994 年,第 123—138 页。

⑪　山西省考古研究所：《上马墓地》,文物出版社,1994 年。

⑫　山西省考古研究所：《上马墓地》,文物出版社,1994 年。

⑬　李继红：《沁水县出土的春秋战国铜器》,《山西省考古学会论文集》(三),山西古籍出版社,2000 年,第 288—294 页。

洛阳西工区 2001C1M7258：6(图 1.3.5,5)。[1]

　　Ⅱ式　沿下角变小。标本：长清仙人台 1995M5：79(图 1.3.5,6)、[2]洛阳西工区 2005M8830：5。[3]

　　Ⅲ式　沿较上式变窄,盖沿扣于器体环耳之上,形成子母口,穹盖隆起,盖顶 3 或 4 个环钮,底部或着矮圈足。标本：洛阳西工区 2005M8833：20(图 1.3.5,7)、[4]运城南相 1987M2：2。[5]

　　Ⅳ式　盖顶隆起,较上式稍高,盖顶三环钮、两侧与器身双耳相对处或有一环耳。标本：洛阳西工区 2001C1M7256：2(图 1.3.5,8)、[6]莒南大店老龙腰 1975M1：15。[7]

　　Ⅴ式　束颈,平底,或着矮圈足,环耳或提链。标本：随州擂鼓墩 1978M1：C128(图 1.3.5,9)。[8]

　　Ⅵ式　子母口,平底,或着矮圈足,铺首衔环耳。标本：襄阳陈坡 2006M10E：35(图 1.3.5,10)、[9]黄冈禹王城曹家岗 1992M5：33。[10]

　　Ⅶ式　子母口,圈足,盖顶作 Q 形钮,镶嵌纹饰或素面。标本：襄阳陈坡 2006M10E：51(图 1.3.5,11)、[11]荆门包山 1986M4：25(图 1.3.5,12)。[12]

　　Ac 型　平顶盖,无钮。根据盖和底部形态的不同,分为四式：

　　Ⅰ式　盖较浅,环耳。标本：临沂凤凰岭 1982M：K42(图 1.3.5,13)。[13]

　　Ⅱ式　标本：固始侯古堆 1978M1：39(图 1.3.5,14)、[14]临沂凤凰岭 1982M：K40。[15]

　　Ⅲ式　盖较上式变深,环耳。标本：襄阳余岗 2004M289：2(图 1.3.5,15)。[16]

　　Ⅳ式　盖、腹大小相若,环耳。标本：襄阳蔡坡 1973M4：3(图 1.3.5,16)。[17]

　　Ⅴ式　盖、腹大小相同,铺首衔环耳,折腹。标本：襄樊邓城贾庄 1997M1：22(图 1.3.5,17)。[18]

①　洛阳市文物工作队：《洛阳市西工区几座春秋墓的清理》,《考古与文物》2003 年第 2 期,第 9—15 页。
②　山东大学历史文化学院考古系：《长清仙人台五号墓发掘简报》,《文物》1998 年第 9 期,第 18—30 页。
③　洛阳市文物工作队：《洛阳体育场路东周墓(M8830)发掘简报》,《文物》2011 年第 8 期,第 13—21 页;洛阳市文物工作队：《洛阳体育场路西东周墓发掘报告》,文物出版社,2011 年。
④　洛阳市文物工作队：《洛阳体育场路西东周墓发掘报告》,文物出版社,2011 年。
⑤　王志敏、高胜才：《运城南相春秋墓清理简报》,《文物季刊》1990 年第 1 期,第 39—44 页。
⑥　洛阳市文物工作队：《洛阳市西工区几座春秋墓的清理》,《考古与文物》2003 年第 2 期,第 9—15 页。
⑦　山东省博物馆等：《莒南大店春秋时期莒国殉人墓》,《考古学报》1978 年第 3 期,第 317—336 页。
⑧　报告中将随州擂鼓墩 1978M1：127、128 定名为"铜圆鉴"。但是从报告图三五·中室器物分布图来看,这两件铜器和铜簠等盛食器放置在一起,本书将其归为铜敦。湖北省博物馆：《曾侯乙墓》,文物出版社,1989 年。
⑨　湖北省文物考古研究所等：《襄阳陈坡》,科学出版社,2013 年。
⑩　黄冈市博物馆、黄州区博物馆：《湖北黄冈两座中型楚墓》,《考古学报》2000 年第 2 期,第 257—284 页。
⑪　湖北省文物考古研究所等：《襄阳陈坡》,科学出版社,2013 年。
⑫　湖北省荆沙铁路考古队：《包山楚墓》,文物出版社,1991 年。
⑬　山东省兖石铁路文物考古工作队：《临沂凤凰岭东周墓》,齐鲁书社,1987 年。
⑭　河南省文物考古研究所：《固始侯古堆一号墓》,大象出版社,2004 年。
⑮　山东省兖石铁路文物考古工作队：《临沂凤凰岭东周墓》,齐鲁书社,1987 年。
⑯　襄阳市文物考古研究所：《余岗楚墓》,科学出版社,2011 年。
⑰　湖北省博物馆：《襄阳蔡坡战国墓发掘报告》,《江汉考古》1985 年第 1 期,第 1—37 页。
⑱　王先福、王志刚、范文强：《湖北襄樊市贾庄发现东周墓》,《考古》2005 年第 1 期,第 92—95 页。

Ad 型　异型,盖顶着短柱状钮。目前所见数量少。标本:信阳长台关 2002M7 右侧室:17。①

B 型　蹄足,浅盖,盖、腹合视呈扁圆形,可称为盏形敦。根据足和盖钮形态的不同,分为五个亚型:

Ba 型　蹄足,捉手盖。根据装饰风格的不同,分为两个次亚型:

Baa 型　装饰较繁缛。根据盖、口沿、腹、足部形态和纹饰特征的不同,分为四式:

Ⅰ式　斜折沿,沿小角较大,鼓腹,平底或圜底,盖较深,盖顶捉手两侧或有对称圆环钮。标本:洛阳西工区 2005M8750:1(图 1.3.6,1)、②钟祥文集黄土坡 1988M31:4(图 1.3.6,5)。③

Ⅱ式　窄沿,束颈,圜底,盖变浅,盖顶捉手两侧多有对称环钮,捉手、盖、腹、足纹饰繁缛。标本:淅川下寺 1978M1:48(图 1.3.6,2)、④叶县旧县 2002M4:0186。⑤

Ⅲ式　沿下角变小,蹄足上移。标本:新郑铁岭 2011M1405:6(图 1.3.6,3)。⑥

Ⅳ式　蹄足位置上移,接于腹中部,盖更浅。标本:新郑铁岭 2009M550:2(图 1.3.6,4)。⑦

Bab 型　多素面,少装饰。数量少。根据口沿、足、盖部形态的不同,分为三式:

Ⅰ式　折沿,三小蹄足接于腹底,盖较深。标本:临猗程村 1987M0022:8(图 1.3.6,6)。⑧

Ⅱ式　暂缺。

Ⅲ式　折沿蜕化呈子母口,蹄足上移,接于下腹中部,盖变浅。标本:长治分水岭 1954M11:4(图 1.3.6,7)。⑨

Bb 型　蹄足,环钮盖。根据足部形态的不同,分为两个次亚型:

Bba 型　根据口、足、盖部形态的不同,分为三式:

Ⅰ式　折沿较宽,沿下角较大,盖较浅,扣合于沿上,蹄足接于腹底。标本:洛阳西工区 1981C1M124:4(图 1.3.6,8)。⑩

①　河南省文物考古研究所、信阳市文物工作队:《河南信阳长台关七号楚墓发掘简报》,《文物》2004 年第 3 期,第 31—41 页。

②　洛阳市文物工作队:《洛阳体育场路西东周墓发掘报告》,文物出版社,2011 年。

③　荆州博物馆、钟祥博物馆:《湖北钟祥黄土坡东周秦代墓发掘报告》,《考古学报》2009 年第 2 期,第 247—294 页。

④　河南省文物研究所等:《淅川下寺春秋楚墓》,文物出版社,1991 年。

⑤　平顶山市文物管理局、叶县文化局:《河南叶县旧县四号春秋墓发掘简报》,《文物》2007 年第 9 期,第 4—37 页。

⑥　郑州市文物考古研究院、河南省文物管理局南水北调办公室:《新郑铁岭墓地 M1404、M1405 发掘简报》,《中原文物》2012 年第 2 期,第 10—18 页。

⑦　郑州市文物考古研究院、河南省文物管理局南水北调办公室:《新郑铁岭墓地 M550 发掘简报》,《中原文物》2010 年第 5 期,第 4—10 页。

⑧　中国社会科学院考古研究所等:《临猗程村墓地》,中国大百科全书出版社,2003 年。

⑨　山西省文物管理委员会:《山西长治市分水岭古墓的清理》,《考古学报》1957 年第 1 期,第 103—118 页;山西省考古研究所等:《长治分水岭东周墓地》,文物出版社,2010 年。

⑩　洛阳市文物工作队:《洛阳两座东周铜器墓》,《中原文物》1983 年第 4 期,第 17—18 页。

Ⅱ式 口沿蜕化较窄,束颈或子母口,盖变深,扣合于颈下,蹄足上移,接于下腹近底处,盖顶和器身多为素面。标本:临猗程村1987M0003:11(图1.3.6,9)、[①]侯马上马1961M13。[②]

Ⅲ式 蹄足上移,接于腹中下部。标本:侯马上马1973M2008:13(图1.3.6,10)、[③]洛阳西工区2005M8829:7(图1.3.6,11)。[④]

Bbb型 根据足部形态的不同,分为四式:

Ⅰ式 蹄足外撇,接于腹下部。标本:宜城骆家山1979M1(图1.3.6,12)。[⑤]

Ⅱ式 蹄足外撇较甚,接于腹中部。标本:随州义地岗1976M(图1.3.6,13)。[⑥]

Ⅲ式 暂缺。

Ⅳ式 足曲侈外撇,腹变深(可能受到Dab型影响)。标本:寿县朱家集1933M(图1.3.6,14)。[⑦]

Bc型 蹄足,侈口、斜折沿,束颈,穿盖较浅,盖顶着小蹄足钮,腹部和盖顶满饰乳钉纹。根据盖钮形态的不同,分为两个次亚型:

Bca型 环钮盖。标本:怀来甘子堡1981M2:6(图1.3.6,15)。[⑧]

Bcb型 蹄足钮盖。标本:济南左家洼1985M1:8(图1.3.6,16)、[⑨]平山三汲穆家庄1977M8102:7(图1.3.6,17)。[⑩]

Bd型 环足,捉手盖。目前所见数量少。根据口沿形态的不同,分为三式:

Ⅰ式 斜折沿,沿下角较大。标本:襄阳沈岗2009M1022:7(图1.3.6,18)。[⑪]

Ⅱ式 暂缺。

Ⅲ式 折沿近平,沿下角变小。标本:辉县琉璃阁1936M甲:19(图1.3.6,19)。[⑫]

Be型 蹄足附加圆环,捉手盖。目前所见数量少。标本:襄阳朱坡徐庄1990采(图1.3.6,20)。[⑬]

C型 带柄敦。可称为豆形敦。根据柄和盖部形态的不同,分为三个亚型:

① 中国社会科学院考古研究所等:《临猗程村墓地》,中国大百科全书出版社,2003年。

② 山西省文物管理委员会侯马工作站:《山西侯马上马村东周墓葬》,《考古》1963年第5期,第229—245页。

③ 山西省考古研究所:《上马墓地》,文物出版社,1994年。

④ 洛阳市文物工作队:《洛阳体育场路西东周墓发掘报告》,文物出版社,2011年。

⑤ 张吟午、李福新:《湖北宜城骆家山一号墓出土青铜器》,《江汉考古》1983年第1期,第84页。

⑥ 程欣仁、刘彬徽:《古盏小议》,《江汉考古》1983年第1期,第74—76页。

⑦ 安徽省博物馆:《安徽省博物馆藏青铜器》,上海人民美术出版社,1987年;容庚:《商周彝器通考》,上海人民出版社,2008年;吴长青:《寿县李三孤堆楚国大墓出土铜器的初步研究——以安徽省博物馆藏该墓青铜器为中心》,北京大学硕士学位论文,2005年。

⑧ 贺勇、刘建中:《河北怀来甘子堡发现的春秋墓群》,《文物春秋》1993年第2期,第23—40页。

⑨ 济南市文化局文物处、历城区文化局:《山东济南市左家洼出土战国青铜器》,《考古》1995年第3期,第209—213页。

⑩ 河北省文物研究所:《河北平山三汲古城调查与墓葬发掘》,《考古学集刊》(5),中国社会科学出版社,1987年,第157—193页;河北省文物研究所:《战国中山国灵寿城——1975—1993年考古发掘报告》,文物出版社,2005年。

⑪ 襄阳市文物考古研究所:《湖北襄阳沈岗墓地M1022发掘简报》,《文物》2013年第7期,第4—19页。

⑫ 河南博物院、台北历史博物馆:《辉县琉璃阁甲乙二墓》,大象出版社,2003年。

⑬ 张昌平:《襄阳县新发现一件铜盏》,《江汉考古》1993年第3期,第42—43页。

Ca 型　矮柄,圆形。根据耳的有无和底部形态的不同,分为三个次亚型:

Caa 型　双耳。根据盖钮形态的不同,分为两个次次亚型:

Caaa 型　捉手盖。根据柄、腹部形态和纹饰特征的不同,分为四式:

Ⅰ式　柄粗矮,呈喇叭形,器身卷沿,束颈,通体素面。标本:临猗程村 1987M1072 : 47(图 1.3.7,1)。[1]

Ⅱ式　柄较上式细高,器身子母口,盖、器身上腹部、柄座饰以细密纹饰。标本:临猗程村 1987M1001 : 7(图 1.3.7,2)。[2]

Ⅲ式　柄较上式矮,柄底阶和盖顶捉手较上式高,盖和器身腹部、柄座、耳部纹饰较上式更显繁缛,亦有镶嵌繁缛纹饰。标本:太原金胜村 1988M251 : 570(图 1.3.7,3)。[3]

Ⅳ式　柄上端较直,柄底阶更高,纹饰较上式简化,盖、腹部素面或饰以绚索纹等。标本:长治分水岭 1966M258 : 4(图 1.3.7,4)、[4]陕县后川 1957M2040 : 273。[5]

Caab 型　环钮盖。根据柄和钮形态的不同,分为四式:

Ⅰ式　暂缺。

Ⅱ式　柄较矮,盖顶着三环钮。标本:涉县李家巷 1997M01 : 3(图 1.3.7,5)、[6]原平峙峪赵家堎 1964M。[7]

Ⅲ式　柄变高,圈足底部变宽。标本:随州擂鼓墩 1978M1 : C194(图 1.3.7,6)。[8]

Ⅳ式　柄细高,中部一周凸棱,盖顶着 Q 形钮。标本:枣阳九连墩 2002M2 : E78(图 1.3.7,7)。[9]

Cab 型　无耳。根据盖钮形态的不同,分为两个次次亚型:

Caba 型　捉手盖。根据柄、腹部形态和纹饰特征的不同,分为四式:

Ⅰ式　暂缺。

Ⅱ式　柄细高,器身子母口,通体素面,或在柄座饰以简单纹饰。标本:洛阳王城广场 2002M37 : 32(图 1.3.7,8)、[10]洛阳中州路北 1998LM535 : 1。[11]

Ⅲ式　柄较上式矮,柄底阶较上式高,素面。标本:洛阳西工区 1981M131 : 25(图

[1]　中国社会科学院考古研究所等:《临猗程村墓地》,中国大百科全书出版社,2003 年。
[2]　中国社会科学院考古研究所等:《临猗程村墓地》,中国大百科全书出版社,2003 年。
[3]　山西省考古研究所、太原市文物管理委员会:《太原晋国赵卿墓》,文物出版社,1996 年。
[4]　山西省考古研究所等:《长治分水岭东周墓地》,文物出版社,2010 年。
[5]　中国社会科学院考古研究所:《陕县东周秦汉墓》,科学出版社,1994 年。
[6]　邯郸市文物保护研究所、涉县文物保管所:《河北涉县李家巷春秋战国墓发掘报告》,《文物》2005 年第 6 期,第 39—53 页。
[7]　戴遵德:《原平峙峪出土的东周铜器》,《文物》1972 年第 4 期,第 69—72 页。
[8]　湖北省博物馆:《曾侯乙墓》,文物出版社,1989 年。
[9]　湖北省博物馆:《九连墩——长江中游的楚国贵族大墓》,文物出版社,2007 年;广东省博物馆、湖北省博物馆:《剑舞楚天——湖北九连墩战国墓文物展图录》,2008 年;湖北省博物馆、深圳博物馆:《剑舞楚天——湖北出土楚文物展图录》,文物出版社,2010 年;山西博物院、湖北省博物馆:《荆楚长歌——九连墩楚墓出土文物精华》,山西省人民出版社,2011 年。
[10]　洛阳市文物工作队:《洛阳王城广场战国墓(西区 M37)发掘简报》,《文物》2009 年第 11 期,第 22—29 页。
[11]　中国社会科学院考古研究所洛阳唐城队:《河南洛阳市中州路北东周墓葬的清理》,《考古》2002 年第 1 期,第 29—33 页。

1.3.7,9)。①

Ⅳ式 柄较上式细高,通体镶嵌纹饰。标本:长清岗辛 1975M:8、9(图 1.3.7,10、11)。②

Cabb 型 环钮盖。目前所见数量少。分为二式:

Ⅰ式 暂缺。

Ⅱ式 标本:沁水河西村 1991M:03(图 1.3.7,12)。③

Cac 型 矮柄下接有方座,腹部着双环耳。根据盖钮形态的不同分为两个次次亚型:

Caca 型 捉手盖。根据装饰风格的不同,分为二式:

Ⅰ式 腹部和方座纹饰繁缛。标本:太原金胜村 1988M251:554(图 1.3.7,13)、④潞城潞河 1983M7:163。⑤

Ⅱ式 腹部和方座纹饰简化,饰以绚索纹带等。标本:陕县后川 1957M2040:57(图 1.3.7,14)、⑥平山三汲 1974M1XK:13(图 1.3.7,15)。⑦

Cacb 型 环钮盖。分为二式:

Ⅰ式 标本:长子牛家坡 1977M7:14(图 1.3.7,16)。⑧

Ⅱ式 暂缺。

Cb 型 高柄。圆形腹。根据盖顶钮形态的不同以及盖和器口耳的有无,分为四个次亚型:

Cba 型 双耳,捉手盖。根据柄部形态和纹饰特征的不同,分为五式:

Ⅰ式 柄壁圆弧,柄高约为腹深的 1.3—1.5 倍,素面。标本:滕州薛故城尤楼 1978M6:3(图 1.3.7,17)、⑨苏州虎丘 1975M。⑩

Ⅱ式 柄壁较直,柄高与腹深的比值较上式大,素面。标本:新泰周家庄 2003M2:59(图 1.3.7,18)、⑪滕州庄里西 1990M8:2。⑫

Ⅲ式 柄高约为腹深的 1.5—2.4 倍,盖、腹和柄座纹饰较为繁缛。标本:长岛王沟 1973M2:4(图 1.3.7,19)。⑬

① 蔡运章、梁晓景、张长森:《洛阳西工 131 号战国墓》,《文物》1994 年第 7 期,第 4—15 页。
② 山东省博物馆、长清县文化馆:《山东长清岗辛战国墓》,《考古》1980 年第 4 期,第 325—332 页。
③ 李继红:《沁水县出土的春秋战国铜器》,《山西省考古学会论文集》(三),山西古籍出版社,2000 年,第 288—294 页。
④ 山西省考古研究所、太原市文物管理委员会:《太原晋国赵卿墓》,文物出版社,1996 年。
⑤ 山西省考古研究所、山西省晋东南地区文化局:《山西省潞城县潞河战国墓》,《文物》1986 年第 6 期,第 1—19 页。
⑥ 中国社会科学院考古研究所:《陕县东周秦汉墓》,科学出版社,1994 年。
⑦ 河北省文物研究所:《𪨊墓——战国中山国国王之墓》,文物出版社,1995 年。
⑧ 山西省考古研究所:《山西长子县东周墓》,《考古学报》1984 年第 4 期,第 503—529 页。
⑨ 山东省济宁市文物管理局:《薛国故城勘查和墓葬发掘报告》,《考古学报》1991 年第 4 期,第 449—495 页。
⑩ 苏州博物馆考古组:《苏州虎丘东周墓》,《文物》1981 年第 11 期,第 51—54 页。
⑪ 山东省文物考古研究所、新泰市博物馆:《山东新泰周家庄东周墓发掘简报》,《文物》2013 年第 4 期,第 4—23 页。
⑫ 滕州市博物馆:《山东滕州庄里西战国墓》,《文物》2002 年第 6 期,第 57—62 页。
⑬ 烟台市文物管理委员会:《山东长岛王沟东周墓群》,《考古学报》1993 年第 1 期,第 57—87 页。

Ⅳ式　暂缺。

Ⅴ式　柄变矮,盖和器身满饰凹弦纹,柄部饰两组凸弦纹,每组4周。标本:临淄赵家徐姚 2001M1:11(图 1.3.7,20)。①

Cbb 型　双耳,环钮盖。形制演变规律与 Cba 型相同。根据柄部形态和纹饰特征的不同,分为五式:

Ⅰ式　柄壁圆弧,柄高约为腹深的 1.3—1.5 倍。标本:滕州北辛 1999M1:4(图 1.3.7,21)、②阳谷景阳岗 1979M、③楚叔之孙克黄敦。④

Ⅱ式　柄壁直,柄高与腹深的比值较上式大。标本:平山三汲穆家庄 1977M8102:3(图 1.3.7,22)、⑤寿县西门内 1955M:13.1。⑥

Ⅲ式　直柄细高,柄高一般约为腹深的 1.6—2.4 倍,多数通体素面。标本:济南左家洼 1985M1:5(图 1.3.7,23)。⑦

Ⅳ式　柄更加细高,柄高约为腹深的 2.5—3.8 倍,通体素面或在盖、腹、柄部饰以弦纹。标本:临淄东夏庄 1985M5:93(图 1.3.7,24)、⑧临淄相家庄 1996M6X:7。⑨

Ⅴ式　暂缺。

Cbc 型　双耳,蹄足钮盖。标本:迁西大黑汀 1989M1:2(图 1.3.7,25)、⑩通县中赵甫 1981M:1、⑪易县燕下都解村 1974M2:458(图 1.3.7,26)。⑫

Cbd 型　无耳,无盖或捉手钮盖。根据口和柄部形态的不同,分为二式:

Ⅰ式　子母口,柄较高。标本:新蔡葛陵 1994M1001N:8(图 1.3.7,27)。⑬

Ⅱ式　平口,柄更高。标本:江陵天星观 2000M2:125(图 1.3.7,28)、⑭襄阳陈坡 2006M10E:20。⑮

Cc 型　方形。柄较高。目前发现数量较少,可能为 Ca、Cb 型的衍生型。根据钮部形态的不同,分为两个次亚型:

Cca 型　盖顶环钮。根据柄部形态的不同,分为二式:

①　淄博市临淄区文化局:《山东淄博市临淄区赵家徐姚战国墓》,《考古》2005 年第 1 期,第 32—44 页。
②　孙柱才、王元平、石晶:《山东滕州市北辛村发现一座战国墓》,《考古》2004 年第 3 期,第 92—93 页。
③　聊城地区博物馆:《山东阳谷县景阳岗村春秋墓》,《考古》1988 年第 1 期,第 27—29 页。
④　吴镇烽:《商周青铜器铭文暨图像集成》06132,上海古籍出版社,2012 年。
⑤　河北省文物研究所:《河北平山三汲古城调查与墓葬发掘》,《考古学集刊》(5),中国社会科学出版社,1987 年,第 157—193 页;河北省文物研究所:《战国中山国灵寿城——1975—1993 年考古发掘报告》,文物出版社,2005 年。
⑥　安徽省文物管理委员会、安徽省博物馆:《寿县蔡侯墓出土遗物》,科学出版社,1956 年。
⑦　济南市文化局文物处、历城区文化局:《山东济南市左家洼出土战国青铜器》,《考古》1995 年第 3 期,第 209—213 页。
⑧　山东省文物考古研究所:《临淄齐墓》(一),文物出版社,2007 年。
⑨　山东省文物考古研究所:《临淄齐墓》(一),文物出版社,2007 年。
⑩　顾铁山、郭景斌:《河北省迁西县大黑汀战国墓》,《文物》1996 年第 3 期,第 4—17 页。
⑪　程长新:《北京市通州中赵甫出土一组战国青铜器》,《考古》1985 年第 8 期,第 694—700 页。
⑫　河北省文物研究所:《燕下都》,文物出版社,1996 年,第 755—767 页。
⑬　河南省文物考古研究所等:《河南新蔡平夜君成墓的发掘》,《文物》2002 年第 8 期,第 4—19 页;河南省文物考古研究所:《新蔡葛陵楚墓》,大象出版社,2003 年。
⑭　湖北省江陵博物馆:《江陵天星观二号楚墓》,文物出版社,2003 年。
⑮　湖北省文物考古研究所等:《襄阳陈坡》,科学出版社,2013 年。

Ⅰ式　柄较高。标本：固始侯古堆1978M1P：36（图1.3.7,29）、①随州擂鼓墩1981M2：38（图1.3.7,30）。②

Ⅱ式　柄变细高。标本：淅川徐家岭1991M10：78（图1.3.7,31）。③

Ccb型　盖顶捉手钮。标本：江陵藤店1973M1（图1.3.7,32）。④

D型　球形敦。根据口、腹、盖、足形态的不同,分为三个亚型：

Da型　盖、腹对称。⑤绝大多数为平口,⑥盖口、器口均有双环耳。根据足和钮形态的不同,分为三个次亚型：

Daa型　蹄足、环钮。与Bb型铜敦的区别在于：Bb型盖顶隆起较浅,Daa型盖顶隆起较高、盖与器身对称。根据盖、腹部形态的不同,分为三式：

Ⅰ式　矮蹄足外撇,盖顶圆环钮或Q形钮,盖、腹合视呈扁球形,纹饰较为繁缛。标本：新郑李家村1979M1：5（图1.3.6,21）、⑦寿县西门内1955M：12.1。⑧

Ⅱ式　蹄足较上式稍高,盖顶Q形钮,盖、腹合视呈圆球形,多素面。标本：当阳杨家山1978M6：2（图1.3.6,22）。⑨

Ⅲ式　盖、腹合视呈纵长体球形。标本：平顶山滍阳岭1994M10：7（图1.3.6,23）、⑩益阳热电厂1985M2：2（图1.3.6,24）。⑪

Dab型　环足、环钮。根据盖、腹部形态的不同,分为三式：

Ⅰ式　盖、腹合视呈扁球形,足、钮作圆环形或Q形。标本：麻城李家湾1993M16：2（图1.3.6,25）、⑫淅川和尚岭1990M2：28。⑬

Ⅱ式　盖、腹合视呈纵圆球形,足、钮均作Q形。标本：襄阳余岗2004M173：6（图1.3.6,26）、⑭六安城西窑厂1991M2。⑮

Ⅲ式　盖、腹合视呈纵长体球形,足、钮均作Q形,较高、装饰精致。标本：江陵望山

①　河南省文物考古研究所：《固始侯古堆一号墓》,大象出版社,2004年。

②　随州市博物馆：《随州擂鼓墩二号墓》,文物出版社,2008年。

③　河南省文物考古研究所等：《淅川和尚岭与徐家岭楚墓》,大象出版社,2004年。

④　荆州地区博物馆：《湖北江陵藤店一号墓发掘简报》,《文物》1973年第9期,第7—17页。

⑤　"盖、腹对称"指盖腔、腹腔,不包括足、钮。

⑥　需要专门单列说明的是当阳金家山1978M235：2。根据报告所言,该敦为蹄足（缺失）,盖顶三环钮,器身口部有双环钮,但该敦为子母口,与Da型平口、盖和腹对称不同,而与Db型作子母口相同,但盖和腹部形态属于Da型。类似者目前仅见此一件,较为特殊。如果该敦无蹄足,将之归为E型,作为该型Ⅰ式,倒无隔阂。暂且搁置不论,留诸他日。湖北省宜昌地区博物馆、北京大学考古系：《当阳赵家湖楚墓》,文物出版社,1992年。

⑦　河南省文物研究所新郑工作站：《河南新郑县李家村发现春秋墓》,《考古》1983年第8期,第703—706页。

⑧　安徽省文物管理委员会、安徽省博物馆：《寿县蔡侯墓出土遗物》,科学出版社,1956年。

⑨　湖北省宜昌地区博物馆、北京大学考古系：《当阳赵家湖楚墓》,文物出版社,1992年。

⑩　河南省文物考古研究所、平顶山市文物局：《平顶山应国墓地十号墓发掘简报》,《中原文物》2007年第4期,第4—19页。

⑪　益阳市文物管理处、益阳市博物馆：《益阳楚墓》,文物出版社,2008年。报告统一编号为M139。

⑫　湖北省文物考古研究所：《湖北麻城市李家湾春秋楚墓》,《考古》2000年第5期,第21—33页。

⑬　河南省文物考古研究所等：《淅川和尚岭与徐家岭楚墓》,大象出版社,2004年。

⑭　襄阳市文物考古研究所：《余岗楚墓》,科学出版社,2011年。

⑮　安徽省六安县文物管理所：《安徽六安县城西窑厂2号楚墓》,《考古》1995年第2期,第124—140页。

1965M2：98(图 1.3.6,27)、①荆门包山 1986M2：175(图 1.3.6,28)。②

Dac 型　蹄足、蹄足钮。根据盖、腹、足部形态的不同,分为二式:

Ⅰ式　盖、腹合视呈扁球形,蹄足较矮。标本:寿县西门内 1955M：12.2(图 1.3.6,29)。③

Ⅱ式　盖、腹合视呈纵圆球形,细高蹄足。标本:随州擂鼓墩 1978M1：C121(图 1.3.6,30)。④

Db 型　盖、腹形制相同,窄折沿,束颈,上下扣合似子母口。根据足部和盖钮形态的不同,分为两个亚型:

Dba 型　蹄足、蹄足钮。根据足部形态的不同,分为二式:

Ⅰ式　蹄足较细。标本:长治分水岭 1959M25：30(图 1.3.6,31)。⑤

Ⅱ式　蹄足粗矮。标本:辉县赵固 1951M1：3(图 1.3.6,32)。⑥

Dbb 型　矮圈足、矮圈足钮。根据足部形态的不同,分为三式:

Ⅰ式　矮直圈足。标本:万荣庙前 1961M1：42(图 1.3.6,33)。⑦

Ⅱ式　圈足变高。陕县后川 1957M2040：274(图 1.3.6,34)、⑧长治分水岭 1959M26：13。⑨

Ⅲ式　圈足更高。标本:北京拣选宜阳右仓敦(图 1.3.6,35)。⑩

Dc 型　盖、腹不对称,子母口,盖口多无双环耳,少数有双环耳。从 Bb 型Ⅲ式演变而来。根据腹、盖部形态的不同,分为两个次亚型:

Dca 型　盖、腹深度相若。纹饰或简朴呈素面,或饰弦纹,或纹饰繁缛。根据、盖、腹、足、钮形态的不同,分为三式:

Ⅰ式　盖较浅,盖、腹合视呈扁圆球形。标本:济南左家洼 1985M1：9(图 1.3.6,36)、⑪平度东岳石 1960M16：23。⑫

Ⅱ式　盖变深,盖、腹合视呈纵长体球形。标本:临淄相家庄 1996M6X：26(图

①　湖北省文物考古研究所:《江陵望山沙塚楚墓》,文物出版社,1996 年。
②　湖北省荆沙铁路考古队:《包山楚墓》,文物出版社,1991 年。
③　安徽省文物管理委员会、安徽省博物馆:《寿县蔡侯墓出土遗物》,科学出版社,1956 年。
④　湖北省博物馆:《曾侯乙墓》,文物出版社,1989 年。
⑤　山西省文物管理委员会、山西省考古研究所:《山西长治分水岭战国墓第二次发掘》,《考古》1964 年第 3 期,第 111—137 页;山西省考古研究所等:《长治分水岭东周墓地》,文物出版社,2010 年。
⑥　中国科学院考古研究所:《辉县发掘报告》,科学出版社,1956 年。
⑦　山西省考古研究所:《万荣庙前东周墓葬发掘收获》,《三晋考古》(一),山西人民出版社,1994 年。
⑧　中国社会科学院考古研究所:《陕县东周秦汉墓》,科学出版社,1994 年。
⑨　山西省文物管理委员会、山西省考古研究所:《山西长治分水岭战国墓第二次发掘》,《考古》1964 年第 3 期,第 111—137 页;山西省考古研究所等:《长治分水岭东周墓地》,文物出版社,2010 年。
⑩　程长新:《北京市拣选的春秋战国青铜器》,《文物》1987 年第 11 期,第 93—95 页。
⑪　济南市文化局文物处、历城区文化局:《山东济南市左家洼出土战国青铜器》,《考古》1995 年第 3 期,第 209—213 页。
⑫　中国科学院考古研究所山东发掘队:《山东平度东岳石村新石器时代遗址与战国墓》,《考古》1962 年第 10 期,第 509—518 页。

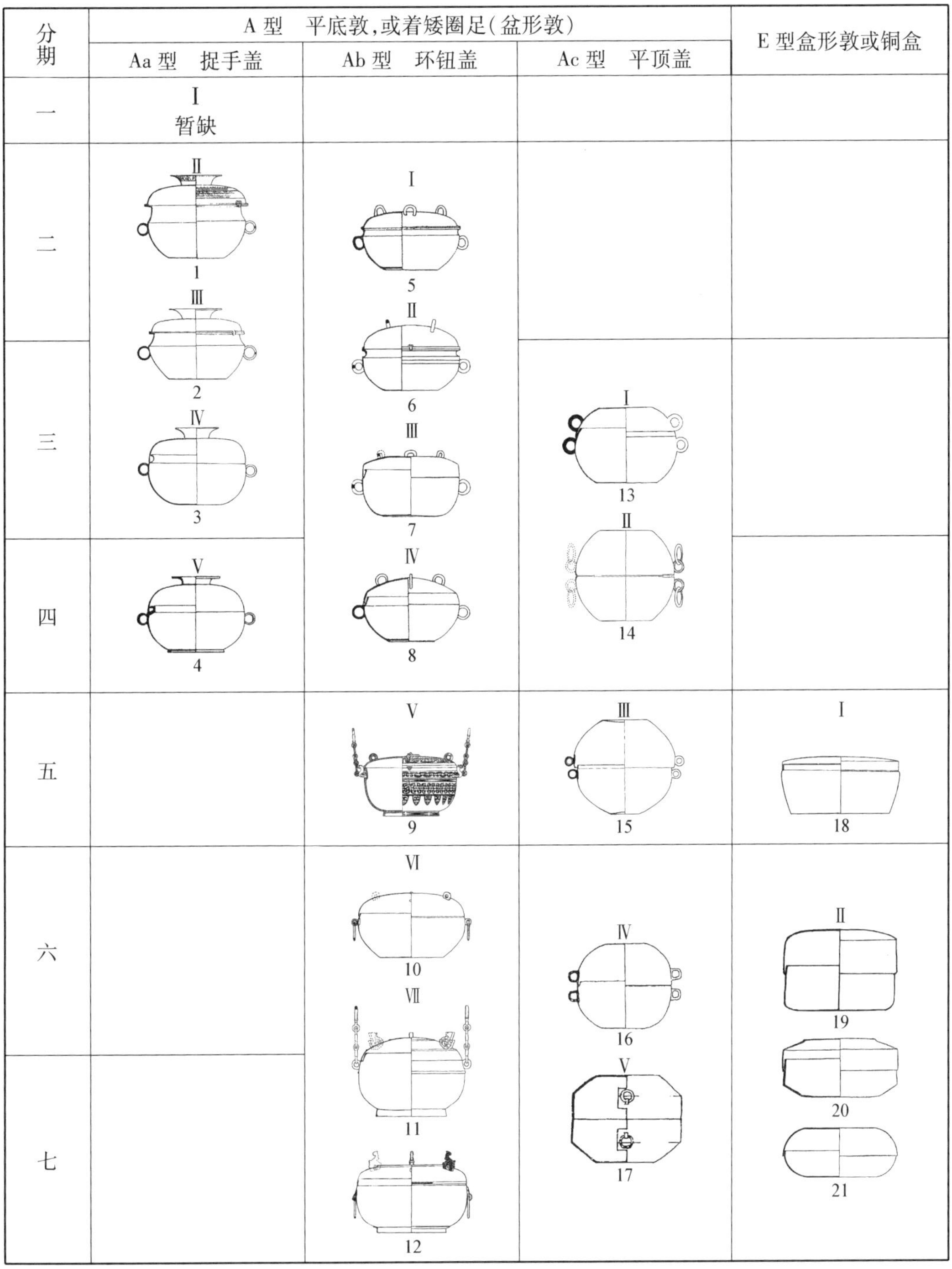

分期	A 型　平底敦，或着矮圈足（盆形敦）			E 型盒形敦或铜盒
	Aa 型　捉手盖	Ab 型　环钮盖	Ac 型　平顶盖	
一	I 暂缺			
二	II 1	I 5		
三	III 2 IV 3	II 6 III 7	I 13	
四	V 4	IV 8	II 14	
五	V 9	V 9	III 15	I 18
六	VI 10 VII 11	VI 10	IV 16	II 19
七	12		V 17	20 21

图 1.3.5　铜敦谱系图（A、E 型）

1. 闻喜上郭 1976M7∶8　2. 闻喜上郭村 1976M17∶7　3. 侯马上马 1978M1006∶7　4. 沁水桃花沟 1984 采
5. 洛阳西工区 2001C1M7258∶6　6. 长清仙人台 1995M5∶79　7. 洛阳西工区 2005M8833∶20　8. 洛阳西工区 2001C1M7256∶2　9. 随州擂鼓墩 1978M1∶C128　10. 襄阳陈坡 2006M10E∶35　11. 襄阳陈坡 2006M10E∶51
12. 荆门包山 1986M4∶25　13. 临沂凤凰岭 1982M∶K42　14. 固始侯古堆 1978M1∶39　15. 襄阳余岗 2004M289∶2
16. 襄阳蔡坡 1973M4∶3　17. 襄樊邓城贾庄 1997M1∶22　18. 随州擂鼓墩 1978M1∶C237　19. 临淄单家庄 1992M1P3∶18　20. 平山三汲 1974M1DK∶25　21. 云梦睡虎地 1975M3∶37

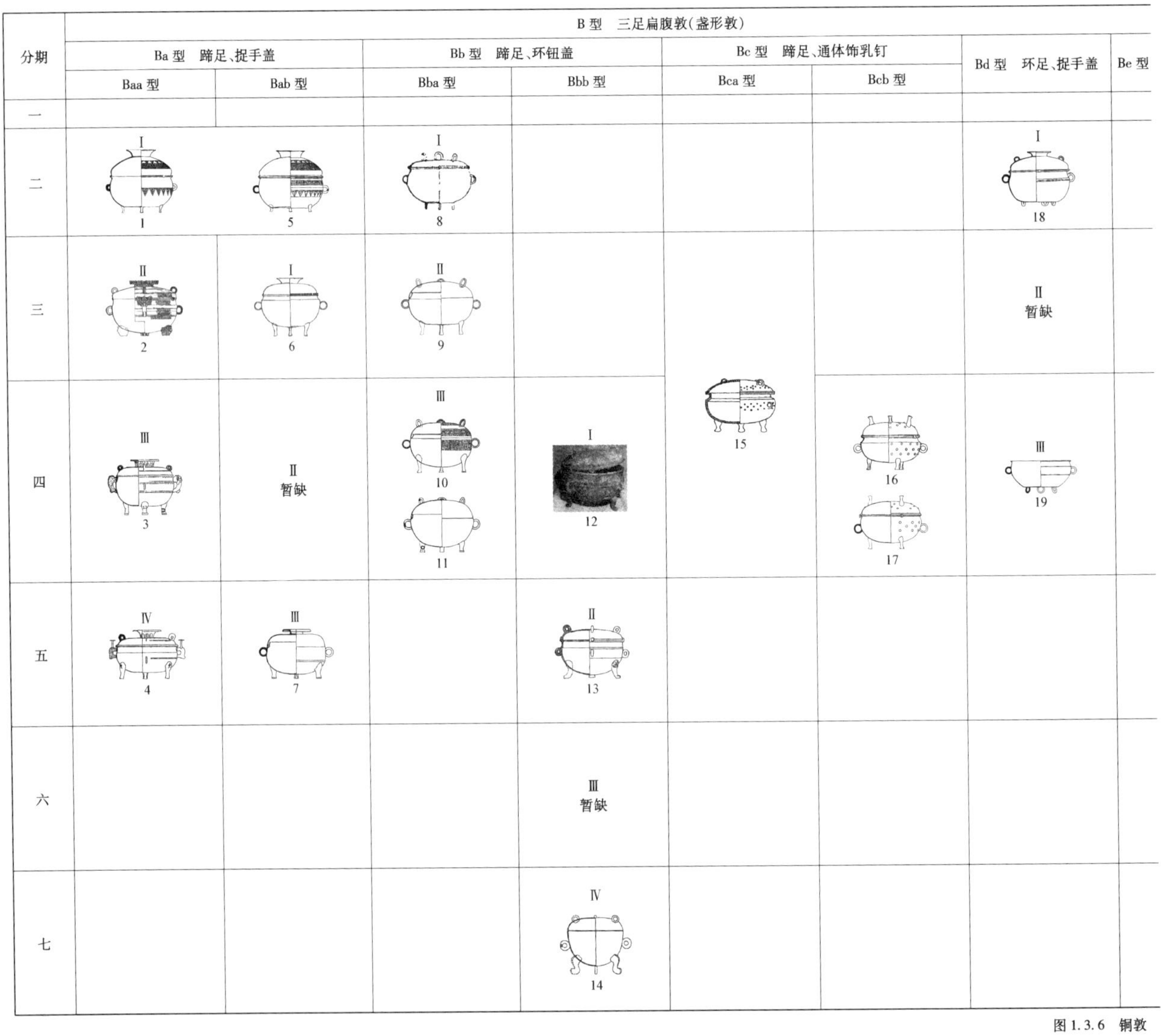

分期	B 型　三足扁腹敦(盉形敦)							
	Ba 型　蹄足、捉手盖		Bb 型　蹄足、环钮盖		Bc 型　蹄足、通体饰乳钉		Bd 型　环足、捉手盖	Be 型
	Baa 型	Bab 型	Bba 型	Bbb 型	Bca 型	Bcb 型		
一								
二	I 1	I 5	I 8				I 18	
三	II 2	I 6	II 9				II 暂缺	
四	III 3	II 暂缺	III 10 11	I 12	15	16 17	III 19	
五	IV 4	III 7	II 13					
六			III 暂缺					
七			IV 14					

图 1.3.6　铜敦

1. 洛阳西工区 2005M8750：1　2. 淅川下寺 1978M1：48　3. 新郑铁岭 2011M1405：6　4. 新郑铁岭 2009M550：2　5. 钟祥文集黄土坡 1988M31：4　6. 临猗程村 1987M0022：8　7. 长治分水岭 1954M11：4　8. 洛阳西工区 1981C1M124：4　9. 临猗程村 1987M0003：11　10. 侯马上马 1973M2008：13　11. 洛阳西工区 2005M8829：7　12. 宜城雷家山 1979M1　13. 随州义地岗 1976M　14. 寿县朱家集 1933M　15. 怀来甘子堡 1981M2：6　16. 济南左家洼 1985M1：8　17. 平山三汲穆家庄 1977M8102：7　18. 襄阳沈岗 2009M1022：7　19. 辉县琉璃阁 1936M 甲：19　20. 襄阳朱坡徐庄 1990 采　21. 新郑李家村 1979M1：5　22. 当阳杨家山 1978M6：2

蹄环足、捉手盖	D 型 球形敦						
	Da 型 盖、腹对称,多平口			Db 型 盖、腹形制相同,窄折沿		Dc 型 盖、腹不对称,子母口	
	Daa 型	Dab 型	Dac 型	Dba 型	Dbb 型	Dca 型	Dcb 型
20							
	I 21	I 25	I 29			I 36	
	II 22	II 26	II 30	I 31	I 33	I 37	I 41
	III 23	III 27		II 32	II 34	III 38	II 42
	24	28			III 35	39 / 40	III 43

谱系图(B、D 型)

23. 平顶山滍阳岭 1994M10:7 24. 益阳热电厂 1985M2:2 25. 麻城李家湾 1993M16:2 26. 襄阳余岗 2004M173:6 27. 江陵望山 1965M2:98 28. 荆门包山 1986M2:175 29. 寿县西门内 1955M:12.2 30. 随州擂鼓墩 1978M1:C121 31. 长治分水岭 1959M25:30 32. 辉县赵固 1951M1:3 33. 万荣庙前 1961M1:42 34. 陕县后川 1957M2040:274 35. 北京拣选宜阳右仓敦 36. 济南左家洼 1985M1:9 37. 临淄相家庄 1996M6X:26 38. 临淄辛店 2010M2:Q31 39. 长治分水岭 1954M12:6-2 40. 张家川马家塬 2010M18:6 41. 莱芜西上崮 1973采1号 42. 临淄辛店 2010M2:Q40 43. 张家川马家塬 2010M18:5

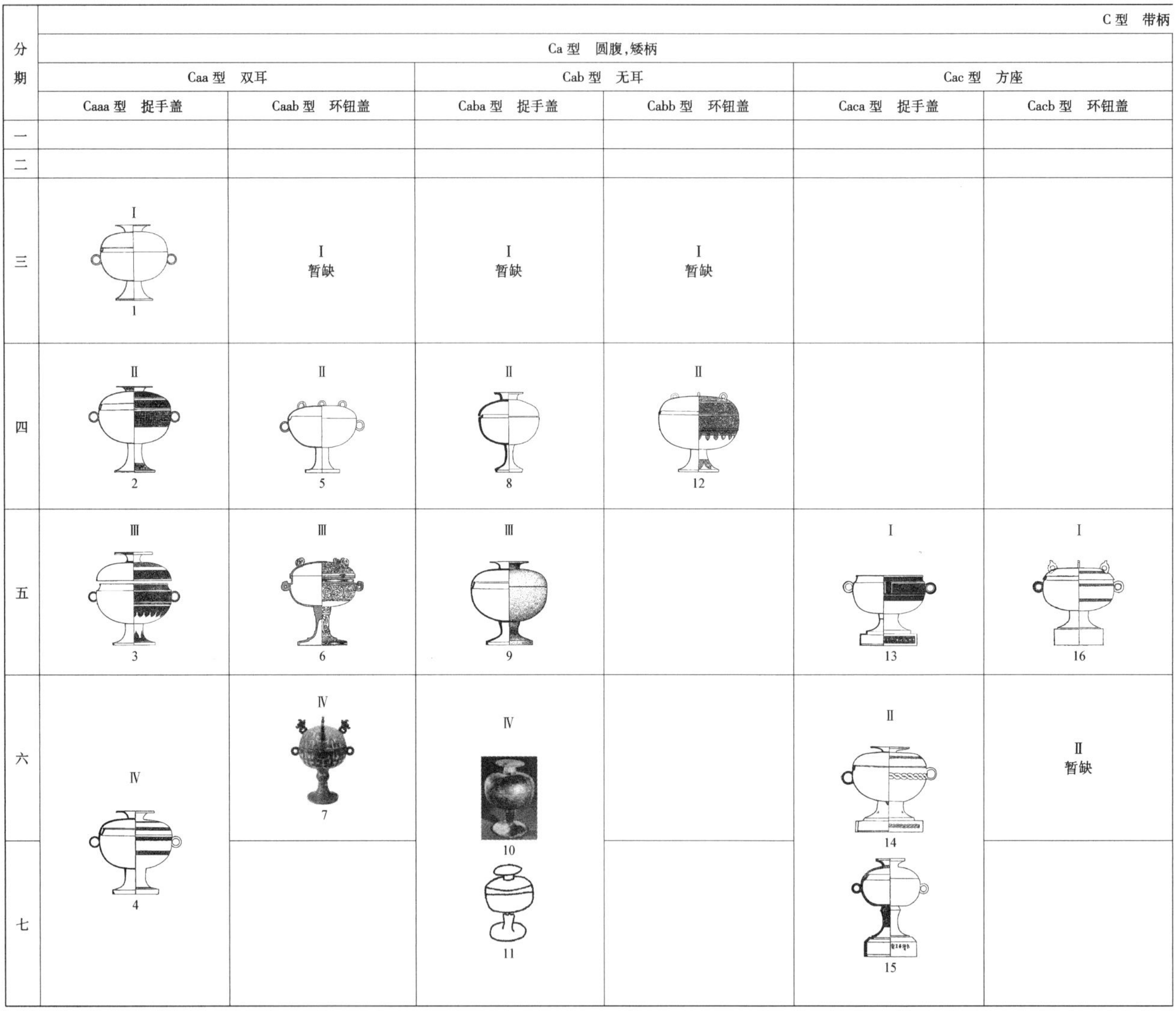

分期	Ca 型　圆腹,矮柄				Cac 型　方座	C 型　带柄
	Caa 型　双耳		Cab 型　无耳			
	Caaa 型　捉手盖	Caab 型　环钮盖	Caba 型　捉手盖	Cabb 型　环钮盖	Caca 型　捉手盖	Cacb 型　环钮盖
一						
二						
三	I 1	I 暂缺	I 暂缺	I 暂缺		
四	II 2	II 5	II 8	II 12		
五	III 3	III 6	III 9		I 13	I 16
六	IV 4	IV 7	IV 10		II 14	II 暂缺
七			11		15	

图 1.3.7　铜敦

1. 临猗程村 1987M1072：47　2. 临猗程村 1987M1001：7　3. 太原金胜村 1988M251：570　4. 长治分水岭 1966M258：4　5. 涉县李家巷 1997M01：3　6. 随州擂鼓墩 1978M1：C194　7. 枣阳九连墩 2002M2：E78　8. 洛阳王城广场 2002M37：32　9. 洛阳西工区 1981M131：25　10. 长清岗辛 1975M：8　11. 长清岗辛 1975M：9　12. 沁水河西村 1991M：03　13. 太原金胜村 1988M251：554　14. 陕县后川 1957M2040：57　15. 平山三汲 1974M1XK：13　16. 长子牛家坡 1977M7：14　17. 滕州薛故城尤楼 1978M6：3　18. 新泰周家庄 2003M2：59　19. 长岛王沟 1973M2：4　20. 临淄赵家徐姚 2001M1：11　21. 滕州

敦（豆形敦）

Cb 型　圆腹,高柄				Cc 型　方腹	
Cba 型　双耳,捉手盖	Cbb 型　双耳,环钮盖	Cbc 型　双耳,蹄足钮盖	Cbd 型　无耳,无盖或捉手盖	Cca 型　环钮盖	Ccb　捉手盖
Ⅰ  17	Ⅰ  21				
Ⅱ 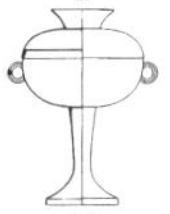 18	Ⅱ 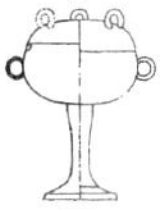 22			Ⅰ 29	
Ⅲ 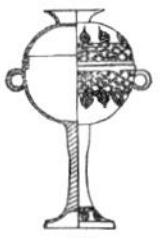 19	Ⅲ 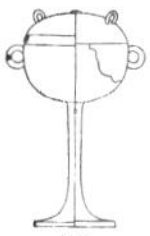 23	 Ⅲ 25	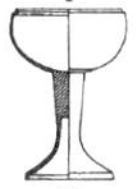 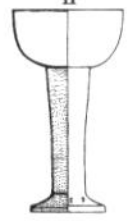	30	
Ⅳ 暂缺 Ⅴ 20	Ⅳ 24 Ⅴ 暂缺	Ⅳ 26	Ⅰ 27 Ⅱ 28	Ⅱ 31	32

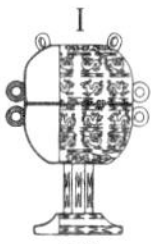

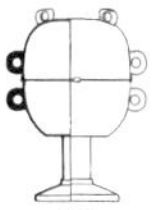

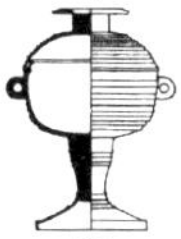

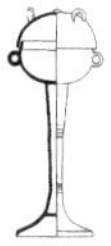

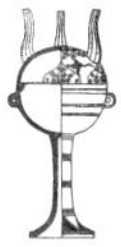

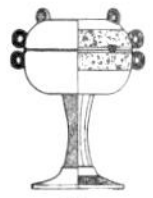

谱系图（C 型）

北辛 1999M1∶4　22. 平山三汲穆家庄 1977M8102∶3　23. 济南左家洼 1985M1∶5　24. 临淄东夏庄 1985M5∶93　25. 迁西大黑汀 1989M1∶2　26. 易县燕下都解村 1974M2∶458 陶敦　27. 新蔡葛陵 1994M1001N∶8　28. 江陵天星观 2000M2∶125　29. 固始侯古堆 1978M1P∶36　30. 随州擂鼓墩 1981M2∶38　31. 淅川徐家岭 1991M10∶78　32. 江陵藤店 1973M1

1.3.6,37)、①通州中赵甫1981M：2。②

　　Ⅲ式　盖、腹合视呈卵形，纵径与横径比例大于上式。标本：临淄辛店2010M2：Q31（图1.3.6,38）、③长治分水岭1954M12：6－2(图1.3.6,39)、④张家川马家塬M18：6(图1.3.6,40)。⑤

　　Dcb型　浅盖、深腹，盖、腹合视呈卵形，深腹、浅盖，蹄足。分为三式：

　　Ⅰ式　环耳、环钮，素面。标本：莱芜西上崮1973采1号（图1.3.6,41）。⑥

　　Ⅱ式　环耳，盖和器身饰瓦棱纹。标本：临淄辛店2010M2：Q40（图1.3.6,42）。⑦

　　Ⅲ式　衔环耳，盖和器身饰瓦棱纹。标本：张家川马家塬2010M18：5(图1.3.6,43)。⑧

　　E型　盒形敦。分为二式：

　　Ⅰ式　标本：随州擂鼓墩1978M1：C237（图1.3.5,18）。⑨

　　Ⅱ式　标本：临淄单家庄1992M1P3：18（图1.3.5,19）、⑩平山三汲1974M1DK：25（图1.3.5,20）、⑪云梦睡虎地1975M3：37（图1.3.5,21）。⑫

七、附论　本书所谓铜敦的内涵和依据

　　下面我们阐述本书将上述A—E型铜器统称为"铜敦"的依据。

　　关于铜敦的定义和起源，张光裕、⑬陈芳妹、⑭刘彬徽、⑮李零、⑯彭裕商⑰等先生进行过专门研究，争议较大。彭裕商⑱和冯峰⑲曾对以往研究成果进行过总结，本书不再赘述。

———————————

①　山东省文物考古研究所：《临淄齐墓》(一)，文物出版社，2007年。
②　程长新：《北京市通州中赵甫出土一组战国青铜器》，《考古》1985年第8期，第694—700页。
③　临淄区文物局：《山东淄博市临淄区辛店二号战国墓》，《考古》2013年第1期，第32—58页。
④　山西省考古研究所等：《长治分水岭东周墓地》，文物出版社，2010年。
⑤　早期秦文化联合考古队、张家川回族自治县博物馆：《张家川马家塬战国墓地2010—2011年发掘简报》，《文物》2012年第8期，第4—26页。
⑥　刘慧：《山东莱芜西上崮出土青铜器及双凤牙梳》，《文物》1990年第11期，第59—64页。
⑦　临淄区文物局：《山东淄博市临淄区辛店二号战国墓》，《考古》2013年第1期，第32—58页。
⑧　早期秦文化联合考古队、张家川回族自治县博物馆：《张家川马家塬战国墓地2010—2011年发掘简报》，《文物》2012年第8期，第4—26页。
⑨　湖北省博物馆：《曾侯乙墓》，文物出版社，1989年。
⑩　山东省文物考古研究所：《临淄齐墓》(一)，文物出版社，2007年。
⑪　河北省文物研究所：《厝墓——战国中山国国王之墓》，文物出版社，1995年。
⑫　《云梦睡虎地秦墓》编写组：《云梦睡虎地秦墓》，文物出版社，1981年。
⑬　张光裕：《从 字的释读谈到盨、盆、盂诸器的定名问题》，《雪斋学术论文集》，艺文印书馆，1989年，第143—152页(原载《考古与文物》1982年第3期，第76—82页)。
⑭　陈芳妹：《盆、敦与簋——论春秋早、中期间青铜盛食器的转变》，《故宫学术季刊》1985年第2卷第3期，第63—118页。
⑮　刘彬徽：《东周时期青铜敦研究》，《早期文明与楚文化研究》，岳麓书社，2001年，第115—122页(原载《湖南省博物馆文集》[一]，岳麓书社，1991年)；刘彬徽：《楚系青铜器研究》，湖北教育出版社，1995年，第152—171页。
⑯　李零：《论楚国铜器的类型》，《入山与出塞》，文物出版社，2004年，第298—303页。
⑰　彭裕商：《东周青铜盆、盏、敦研究》，《考古学报》2008年第2期，第175—194页；彭裕商：《春秋青铜器年代综合研究》，中华书局，2011年，第69—77页。
⑱　彭裕商：《春秋青铜器年代综合研究》，中华书局，2011年，第69—77页。
⑲　冯峰：《东周丧葬礼俗的考古学观察》，北京大学博士学位论文，2010年，第137—149页。

我们认为以往界定的"铜盏、铜敦、铜豆、铜盒"等器"类",实际应该是同"类"下不同的"型"。因为:

第一,文字学的研究也表明自名为盆、盏、盏、盂的铜器实际为同一类器,是同类器物在不同地域的不同名称。[1] 以带有自名的各类型铜敦为例,本书划分的 A、B、C、D 型铜敦均有自名为"敦"的例子,而"敦"也是四型唯一的共用名(表 1.3.1)。因此我们可以将"敦"作为这类器物的通用名。

表 1.3.1　有铭铜敦自名统计表

器　名	型式	分期	自　名	出土地点	国别	资料出处[2]
息子行敦	Aa	二	盆	随州	息	06262
西林敦	Aa	三	鐳	邳县刘林		06257
归父敦	Aa	三	敦	唐县东崀尨	鲁	06066
齐侯敦	Ab	三	敦	易县	齐	06076
益余敦	A	三	敦			06072
愠儿盏盂	Baa	三	盏盂	岳阳凤形嘴	楚	06063
楚王熊审盂	Baa	三	盂		楚	06056
王子申盏盂	Baa	三	盏盂		楚	06071
邓子皦盏	Be	二	䁑鼎	襄阳朱坡		06075
伯戋敦	Baa	三	盏（盏）	河内太行山		06272
賄于皦盏	Bbb	四	盏	随州义地岗	曾?	06059
荆公孙敦	Bca	五	敦	胶南山周	齐	06069－70
哀成叔敦	Cab	四	盨	洛阳西工区	周	06116
上官敦	Cab	六	缶		周	06149
罸之飤盒	Cbb	六	壹（锜）	固始侯古堆		06115
克黄敦	Cbb	二	鐂（锜）		楚	06132
滕侯昃敦	Cbb	四	敦	滕州	滕	06057

---

①　张光裕:《从 𦍌 字的释读谈到盏、盆、盂诸器的定名问题》,《雪斋学术论文集》,艺文印书馆,1989 年,第 143—152 页(原载《考古与文物》1982 年第 3 期,第 76—82 页);李零:《论楚国铜器的类型》,《入山与出塞》,文物出版社,2004 年,第 303 页。

②　吴镇烽:《商周青铜器铭文暨图像集成》,上海古籍出版社,2012 年。

续表

器　名	型式	分期	自　名	出土地点	国别	资料出处
梁伯可忌敦	Cb	三	敦	临淄白兔邱		06152
襄王孙口嫡盏	Daa	四	盏	谷城过山		06068
许子敦	Daa	四	盏盂	南阳	许	06058
十四年陈侯午敦	Da	五	敦		齐	06078
十年陈侯午敦	Dba	五	敦		齐	06079
十四年陈侯午敦	Dba	五	敦		齐	06077
陈侯因齐敦	Dba	六	敦		齐	06080
仲姬产敦	D	5	盏	淅川		06054
太府之馈盏	D	7	盏	寿县	楚	06055

第二，从渊源和谱系发生的角度来看，B、C、D、E 型铜敦都是在 A 型铜敦的基础上分化发展演化而来：B 型是在 A 型的基础上在底部添加三足演变而来；C 型是在 A 型的基础上在底部添加柄演变而来；D 型则是在 B 型的基础上稍加变化发展而来；E 型可能是从Ac 型分化发展出来。本书划分的 AbⅤ—AbⅦ式铜敦，《信阳楚墓》报告中就已经将此类铜器定名为"敦"，[①]但是后来学者大多将这类铜器称为铜盒。在汉代漆器中也有类似形制的漆木器，有铭文自名为"盛"。[②] 但是，从这类器物的形制特征和渊源来看，实际上是从 AbⅠ—AbⅣ式铜敦演变而来，流行的区域曾发生转移：AbⅠ—AbⅣ式时代较早，属于第二、三、四期，主要分布在北方黄河流域周、晋、齐、鲁等地；而 AbⅤ—AbⅦ式时代较晚，属于第五、六、七期，主要分布在南方淮河、汉水和长江流域的楚国地区和海岱地区的齐国等地。至于本书所划分的 E 型铜敦，之前也有学者称为"盒形敦"。[③]

从上述两方面的证据来看，将它们统归为"敦"放在一起进行研究，不仅有理、有据，而且有利于揭示它们之间的关系。以往的研究混淆了"类"和"型"两种不同概念，是产生分歧的根源所在。关于考古分类中"类"和"型"的关系，邹衡先生早已指出，只有将"型"放在"类"的下面才能观察得更加清楚："所谓类、型、式的顺序应该包括两重涵义：一是类、型、式之间的层次关系，即何者属类？何者属型？何者属式？二是各类、型、式本身内部的前后关系，例如各型（A、B、C）和各式（Ⅰ、Ⅱ、Ⅲ）中，何者居前？何者居中？何者居后？但无论确定何种关系，都必先选定特征标准的顺序，即以何者为第一特征标准？何者为第二、第三……特征标准？……如何把握这许多标准的顺序的确不是轻而易举的事，因为这正是我们进行型式分类研究的全过程，而这个顺序的最后选定，不仅要经过反复观

① 河南省文物研究所：《信阳楚墓》，文物出版社，1986 年，第 49 页。
② 洪石：《战国秦汉漆器研究》，文物出版社，2006 年。
③ 《中国青铜器全集》编辑委员会：《中国青铜器全集》，文物出版社，1995 年，第 9 册，图 071。

察、比较、分析、研究,而且还要多次检验。"①

第四节　盛酒器的型式分类

一、铜壶的型式分析

铜壶的主要功能是盛酒,有时或在有些地区亦被兼用来盛水。本书基于形制统一分类。根据口、腹、耳部形态的不同,分为八型:

A 型　方壶。根据颈、腹部形态的不同,分为三个亚型:

Aa 型　垂腹,腹最大径接近底部。根据盖、耳、颈部形态的不同,分为六式:

Ⅰ式　颈部较矮,兽首耳,或衔环,绝大多数为捉手盖,少数盖作花瓣形。标本:洛阳西工区 2008C1M9950:44(图 1.4.1,1)、②登封告成袁窑 1995M1:141。③

Ⅱ式　颈部较上式稍长,仍较粗。标本:洛阳西工区 2005M8821:14(图 1.4.1,2)、④礼县圆顶山 1998M2:20。⑤

Ⅲ式　颈部细长,兽首耳或攀附龙耳,捉手盖或镂空。标本:淅川下寺 1978M1:49(图 1.4.1,3)、⑥洛阳西工区 1991C1M3427:24。⑦

Ⅳ式　颈部更加细长,盖作花瓣形,攀附龙耳或兽首耳。标本:寿县西门内 1955M:15.1(图 1.4.1,4)。⑧

Ⅴ式　圈足变高。标本:太原金胜村 1988M251:579(图 1.4.1,5)。⑨

Ⅵ式　颈部更长,圈足更高。标本:陕县后川 1957M2040:28(图 1.4.1,6)、⑩曾姬无卹壶。⑪

Ab 型　鼓腹,腹最大径在腹中部。根据盖、耳、颈部形态的不同,分为六式:

Ⅰ式　颈部较矮,兽首耳,少数为贯耳,捉手盖。标本:洛阳西工区 2008C1M9934:28(图 1.4.1,7)。⑫

---

① 邹衡:《论古代器物的型式分类》,《夏商周考古学论文集(续集)》,科学出版社,1998 年,第 353 页。

② 洛阳市文物工作队:《河南洛阳市润阳广场 C1M9950 号东周墓葬的发掘》,《考古》2009 年第 12 期,第 18—31 页。

③ 郑州市文物考古研究院、登封市文物管理局:《河南登封告成春秋墓发掘简报》,《文物》2009 年第 9 期,第 21—42 页。

④ 洛阳市文物工作队:《洛阳体育场路西东周墓发掘报告》,文物出版社,2011 年。

⑤ 甘肃省文物考古研究所、礼县博物馆:《甘肃礼县圆顶山 98LDM2、2000LDM4 春秋秦墓》,《文物》2005 年第 2 期,第 4—27 页。

⑥ 河南省文物研究所等:《淅川下寺春秋楚墓》,文物出版社,1991 年。

⑦ 洛阳市文物工作队:《洛阳西工区春秋墓发掘简报》,《文物》2010 年第 8 期,第 8—28 页。

⑧ 安徽省文物管理委员会、安徽省博物馆:《寿县蔡侯墓出土遗物》,科学出版社,1956 年。

⑨ 山西省考古研究所、太原市文物管理委员会:《太原晋国赵卿墓》,文物出版社,1996 年。

⑩ 中国社会科学院考古研究所:《陕县东周秦汉墓》,科学出版社,1994 年。

⑪ 《集成》09710、09711。

⑫ 山西大学历史文化学院、洛阳市文物工作队:《河南洛阳市润阳广场东周墓 C1M9934 发掘简报》,《考古》2010 年第 12 期,第 23—32 页。

Ⅱ式　颈部较上式细长,捉手盖。标本:洛阳西工区 2005M8832∶2(图 1.4.1,8)、①洛阳体育场路 2005M8836∶59。②

Ⅲ式　颈部更长,圈足变高,盖顶多作花瓣形。标本:洛阳西工区 2005M8830∶11(图 1.4.1,9)、③侯马上马 1961M13。④

Ⅳ式　长颈,盖顶花瓣向外侈张。标本:洛阳西工区 1991C1M3498∶2(图 1.4.1,10)、⑤临猗程村 1987M1001∶5。⑥

Ⅴ式　盖作捉手形,高圈足。标本:随州擂鼓墩 1981M2∶4(图 1.4.1,11)、⑦长安客省庄 1955M202∶2。⑧

Ⅵ式　圈足更高,腹最大径位置位于腹中部。标本:襄阳陈坡 2006M10E∶82(图 1.4.1,12)、⑨凤翔八旗屯西沟道 1983M26∶25(图 1.4.1,13)。⑩

Ac 型　整体较矮胖,腹部较宽,最大径在腹中部。根据足部形态的不同分为二式:

Ⅰ式　圈足较矮。标本:桐柏钟鼓堂 1975M(图 1.4.1,14)。⑪

Ⅱ式　圈足变高。标本:光山宝相寺 1983MG1∶A5(图 1.4.1,15)、⑫枝江百里洲王家岗 1969M。⑬

B 型　圆壶。腹较扁小,最大径靠下,绝大多数为兽首耳,少数为贯耳或铺首衔环耳。根据腹部形态的不同,分为三个亚型:

Ba 型　垂腹,腹最大径靠下。根据盖、颈、耳、圈足形态的不同,分为六式:

Ⅰ式　颈部较矮,兽首耳,多数为捉手盖,少数作花瓣形,腹最大径靠下。标本:新野小西关 1974M(图 1.4.1,16)、⑭枣阳郭家庙 2002M17∶4。⑮

Ⅱ式　颈部较上式细长,捉手盖或花瓣形盖。标本:滕州薛故城尤楼 1978M2∶123

①　洛阳市文物工作队:《河南洛阳市西工区 M8832 号东周墓》,《考古》2011 年第 9 期,第 33—43 页;洛阳市文物工作队:《洛阳体育场路西东周墓发掘报告》,文物出版社,2011 年。

②　洛阳市文物工作队:《洛阳体育场路西东周墓发掘报告》,文物出版社,2011 年。

③　洛阳市文物工作队:《洛阳体育场路东周墓(M8830)发掘简报》,《文物》2011 年第 8 期,第 13—21 页;洛阳市文物工作队:《洛阳体育场路西东周墓发掘报告》,文物出版社,2011 年。

④　山西省文物管理委员会侯马工作站:《山西侯马上马村东周墓葬》,《考古》1963 年第 5 期,第 229—245 页。

⑤　洛阳市文物工作队:《洛阳西工区春秋墓发掘简报》,《文物》2010 年第 8 期,第 8—28 页。

⑥　中国社会科学院考古研究所等:《临猗程村墓地》,中国大百科全书出版社,2003 年。

⑦　随州市博物馆:《随州擂鼓墩二号墓》,文物出版社,2008 年。

⑧　中国科学院考古研究所:《沣西发掘报告》,文物出版社,1963 年。

⑨　湖北省文物考古研究所等:《襄阳陈坡》,科学出版社,2013 年。

⑩　尚志儒、赵丛苍:《陕西凤翔八旗屯西沟道秦墓发掘简报》,《文博》1986 年第 3 期,第 1—31 页。

⑪　黄运甫、曾光勋:《桐柏钟鼓堂出土一批春秋铜器》,《河南文博通讯》1980 年第 4 期,第 7—8 页;南阳地区文物工作队:《河南桐柏县发现一批春秋铜器》,《考古》1983 年第 8 期,第 701—702 页。

⑫　河南信阳地区文管会、光山县文管会:《春秋早期黄君孟夫妇发掘报告》,《考古》1984 年第 4 期,第 302—332 页。

⑬　湖北省博物馆:《湖北枝江百里洲发现春秋铜器》,《文物》1972 年第 3 期,第 65—68 页。

⑭　河南省博物馆、新野县文化馆:《河南新野古墓葬清理简报》,《文物资料丛刊》(2),文物出版社,1978 年,第 70—74 页。

⑮　襄樊市考古队等:《枣阳郭家庙曾国墓地》,科学出版社,2005 年。

（图1.4.1，17）、①襄阳王坡2001M55：20。②

　　　Ⅲ式　颈部较上式变长。标本：新郑祭祀坑1997T605K3：29（图1.4.1，18）。③

　　　Ⅳ式　盖多作花瓣形，耳作攀附龙形，腹最大径向上移，纹饰较为繁缛。标本：侯马上马1963M15：7（图1.4.1，19）、④侯马上马1973M5218：1。⑤

　　　Ⅴ式　颈部变长，腹最大径上移至腹中部，圈足较高，颈部或作铺首衔环耳。标本：随州擂鼓墩1978M1：C132（图1.4.1，20）、⑥潞城潞河1983M8：3。⑦

　　　Ⅵ式　颈部更长，高圈足。标本：淅川徐家岭1991M10：62（图1.4.1，21）、⑧陕县后川1957M2040：31。⑨

　　　Bb型　鼓腹，腹最大径在腹中部。数量较少。根据颈部形态的不同，分为三式：

　　　Ⅰ式　颈部较长。三门峡上村岭1990M2006：53（图1.4.1，22）。⑩

　　　Ⅱ式　颈部较上式变长。南阳西关煤场1974M（图1.4.1，23）。⑪

　　　Ⅲ式　颈更长。标本：临朐杨善1963M（图1.4.1，24）。⑫

　　　Bc型　口较小，腹较宽，最大径在腹中部。多为贯耳，少数或作攀附兽耳。根据纹饰特征的不同，分为二式：

　　　Ⅰ式　腹部饰垂鳞纹。标本：信阳明港钢厂1981M（图1.4.1，25）。⑬

　　　Ⅱ式　腹部饰勾连吐舌蟠螭纹或弦纹。标本：信阳平桥西1986M5（图1.4.1，26）、⑭光山宝相寺1983MG2：A14。⑮

　　　C型　提链壶。早期阶段多无铜提链，可能采用绳索等其他材质未能保存下来（晚期阶段的新都马家1980M、⑯江陵九店1981M294：12⑰等绳索提链偶然保存下来）。根据腹部形态的不同，分为三个亚型：

---

①　山东省济宁市文物管理局：《薛国故城勘查和墓葬发掘报告》，《考古学报》1991年第4期，第449—495页。

②　湖北省文物考古研究所等：《襄阳王坡东周秦汉墓》，科学出版社，2005年。

③　河南省文物考古研究所：《新郑郑国祭祀遗址》，大象出版社，2006年。

④　山西省考古研究所：《上马墓地》，文物出版社，1994年。

⑤　山西省考古研究所：《上马墓地》，文物出版社，1994年。

⑥　湖北省博物馆：《曾侯乙墓》，文物出版社，1989年。

⑦　山西省考古研究所、山西省晋东南地区文化局：《山西省潞城县潞河战国墓》，《文物》1986年第6期，第1—19页。

⑧　河南省文物考古研究所等：《淅川和尚岭与徐家岭楚墓》，大象出版社，2004年。

⑨　中国社会科学院考古研究所：《陕县东周秦汉墓》，科学出版社，1994年。

⑩　河南省文物考古研究所、三门峡市文物工作队：《上村岭虢国墓地M2006的清理》，《文物》1995年第1期，第4—31页。

⑪　王儒林、崔庆明：《南阳市西关出土一批春秋青铜器》，《中原文物》1982年第1期，第39—41页；尹俊敏：《南阳市西关出土一批春秋青铜器补记》，《华夏考古》1999年第3期，第43—45页。

⑫　齐文涛：《概述近年来山东出土的商周青铜器》，《文物》1972年第5期，第3—18页。

⑬　信阳地区文管会、信阳县文化馆：《信阳县明港发现两批春秋早期青铜器》，《中原文物》1981年第4期，第16—17页。

⑭　信阳地区文管会、信阳市文管会：《河南信阳市平西五号春秋墓发掘简报》，《考古》1989年第1期，第20—25页。

⑮　河南信阳地区文管会、光山县文管会：《春秋早期黄君孟夫妇墓发掘报告》，《考古》1984年第4期，第302—332页。

⑯　四川省博物馆、新都县文物管理所：《四川新都战国木椁墓》，《文物》1981年第6期，第1—16页。

⑰　湖北省文物考古研究所：《江陵九店东周墓》，科学出版社，1995年。

Ca 型　扁腹。部分铸有铭文自名为钲或錍。从在墓葬中的放置位置来看,在山东地区多与铜盘、铜匜或铜盉等放置在一起,在山东之外的地区多与盛酒器放置在一起,本书暂统归为盛酒器。根据腹部形态的不同,分为两个次亚型:

Caa 型　下腹缓收。根据口、颈、腹、底部形态的不同,分为七式:

Ⅰ式　短颈,平底。标本:长清仙人台 1995M6：B12(图 1.4.2,1)、①登封告成袁窑 1995M3：3。②

Ⅱ式　颈部变长。标本:滕州薛故城尤楼 1978M1：63(图 1.4.2,2)、③洛阳体育场路 M8836：42。④

Ⅲ式　暂缺。

Ⅳ式　下腹缓收,平底。标本:太原金胜村 1994M674(图 1.4.2,3)、⑤寿县西门内 1955M：18(图 1.4.2,4)。⑥

Ⅴ式　长颈,矮圈足。标本:太原金胜村 1988M251：625(图 1.4.2,5)。⑦

Ⅵ式　腹部变宽,矮圈足。标本:平山三汲 1974M1DK：15(图 1.4.2,6)、⑧平山三汲穆家庄 1974M6：79。⑨

Ⅶ式　腹部较上式更宽,肩部着铺首衔环,圈足较高。标本:平山三汲 1974M1DK：13(图 1.4.2,7)、⑩三门峡上村岭 1974M5：5(图 1.4.2,8)。⑪

Cab 型　下腹近底处收束较甚。根据颈、底部形态的不同,分为四式:

Ⅰ式　暂缺。

Ⅱ式　颈部较短,平底。标本:海阳嘴子前 1978M1：57(图 1.4.2,9)。⑫

Ⅲ式　下腹收束较上式明显。标本:尉氏河东周村 1971M：21(图 1.4.2,10)、⑬郧县肖家河 2001M1：2。⑭

Ⅳ式　颈部变长,矮圈足。标本:新郑铁岭 2011M1405：2(图 1.4.2,11)。⑮

Cb 型　圆腹。根据口、颈、腹部形态和纹饰特征的不同,分为以下三个次亚型:

---

①　山东大学考古系:《山东长清县仙人台周代墓地》,《考古》1998 年第 9 期,第 11—25 页。
②　郑州市文物考古研究所、登封市文物局:《河南登封告成东周墓地三号墓》,《文物》2006 年第 4 期,第 4—16 页。
③　山东省济宁市文物管理局:《薛国故城勘查和墓葬发掘报告》,《考古学报》1991 年第 4 期,第 449—495 页。
④　洛阳市文物工作队:《洛阳体育场路西东周墓发掘报告》,文物出版社,2011 年。
⑤　李建生:《辉县琉璃阁与太原赵卿墓相关问题》,《中国国家博物馆馆刊》2012 年第 2 期,第 6—42 页。
⑥　安徽省文物管理委员会、安徽省博物馆:《寿县蔡侯墓出土遗物》,科学出版社,1956 年。
⑦　山西省考古研究所、太原市文物管理委员会:《太原晋国赵卿墓》,文物出版社,1996 年。
⑧　河北省文物研究所:《 墓——战国中山国国王之墓》,文物出版社,1995 年。
⑨　河北省文物研究所:《 墓——战国中山国国王之墓》,文物出版社,1995 年。
⑩　河北省文物研究所:《 墓——战国中山国国王之墓》,文物出版社,1995 年。
⑪　河南省博物馆:《河南三门峡市上村岭出土的几件战国铜器》,《文物》1976 年第 3 期,第 52—54 页。
⑫　烟台市博物馆、海阳市博物馆:《海阳嘴子前》,齐鲁书社,2002 年。
⑬　郑州市博物馆:《尉氏出土一批春秋时期青铜器》,《中原文物》1982 年第 4 期,第 32—35 页。
⑭　郧县博物馆:《湖北郧县肖家河出土春秋唐国铜器》,《江汉考古》2003 年第 1 期,第 3—8 页。
⑮　郑州市文物考古研究院、河南省文物管理局南水北调办公室:《新郑铁岭墓地 M1404、M1405 发掘简报》,《中原文物》2012 年第 2 期,第 10—18 页。

Cba 型 环耳或贯耳,衔接提链,腹最大径靠下。根据口、颈、腹部形态的不同,分为四个次次亚型:

Cbaa 型 根据颈、腹、底部形态的不同,分为六式:

Ⅰ式 颈部较短。标本:招远曲城1958M(图1.4.2,15)。①

Ⅱ式 颈部较长,平底,上腹饰一周纹饰。标本:滕州薛故城尤楼1978M4:6(图1.4.2,16)、②洛阳西工区2005M8832:15。③

Ⅲ式 颈部较上式长,矮圈足,腹部饰二至三周凸弦纹或素面。标本:长清仙人台1995M5:48(图1.4.2,17)、④临朐杨善1963M公孙窑壶。⑤

Ⅳ式 圈足较上式变高。标本:新泰周家庄2003M2:2(图1.4.2,18)、⑥定襄中霍村1995M1:11(图1.4.2,19)。⑦

Ⅴ式 腹最大径位置较上式高。标本:济南左家洼1985M1:7(图1.4.2,20)、⑧平山三汲穆家庄1977M8102:4。⑨

Ⅵ式 颈部更长,通体素面,或饰凸弦纹。标本:临淄辛店2010M2:Q26(图1.4.2,21)、⑩临淄东夏庄1985M5:114(图1.4.2,22)。⑪

Cbab 型 长颈,颈部多饰蕉叶纹,纹饰繁缛。根据颈、腹、足部形态的不同,分为五式:

Ⅰ式 长颈,腹部较长。标本:淅川下寺1978M3:21(图1.4.2,23)。⑫

Ⅱ式 暂缺。

Ⅲ式 颈部细长,鼓腹近折,矮圈足。标本:随州擂鼓墩1978M1:C182(图1.4.2,24)、⑬绵竹清道1976M1:3。⑭

Ⅳ式 暂缺。

Ⅴ式 长径,高圈足。标本:荆门子陵岗1987M64:3(图1.4.2,25)、⑮江陵雨台山

① 李步青、林仙庭、杨文玉:《山东招远出土西周青铜器》,《考古》1994年第4期,第377—378页。
② 山东省济宁市文物管理局:《薛国故城勘查和墓葬发掘报告》,《考古学报》1991年第4期,第449—495页。
③ 洛阳市文物工作队:《河南洛阳市西工区M8832号东周墓》,《考古》2011年第9期,第33—43页;洛阳市文物工作队:《洛阳体育场路西东周墓发掘报告》,文物出版社,2011年。
④ 山东大学历史文化学院考古系:《长清仙人台五号墓发掘简报》,《文物》1998年第9期,第18—30页。
⑤ 齐文涛:《概述近年来山东出土的商周青铜器》,《文物》1972年第5期,第3—18页。
⑥ 山东省文物考古研究所、新泰市博物馆:《新泰周家庄东周墓地》,文物出版社,2014年。
⑦ 李有成:《定襄县中霍村东周墓发掘报告》,《文物》1997年第5期,第4—17页。
⑧ 济南市文化局文物处、历城区文化局:《山东济南市左家洼出土战国青铜器》,《考古》1995年第3期,第209—213页。
⑨ 河北省文物研究所:《河北平山三汲古城调查与墓葬发掘》,《考古学集刊》(5),中国社会科学出版社,1987年,第157—193页。
⑩ 临淄区文物局:《山东淄博市临淄区辛店二号战国墓》,《考古》2013年第1期,第32—58页。
⑪ 山东省文物考古研究所:《临淄齐墓》(一),文物出版社,2007年。
⑫ 河南省文物研究所等:《淅川下寺春秋楚墓》,文物出版社,1991年。
⑬ 湖北省博物馆:《曾侯乙墓》,文物出版社,1989年。
⑭ 王有鹏:《四川绵竹县船棺墓》,《文物》1987年第10期,第22—33页。
⑮ 荆门市博物馆:《荆门子陵岗》,文物出版社,2008年。

1975M480：2。①

Cbac 型　与 Cbaa 型相似,唯腹部圆鼓、肥硕。根据颈、足部形态的不同分为四式:

Ⅰ式　颈部较短,矮圈足。标本:洛阳王城广场 2002M37：30(图 1.4.2,26)、②平山三汲穆家庄 1977M8101：3(图 1.4.2,27)。③

Ⅱ式　颈部变长。标本:陕县后川 1957M2040：29(图 1.4.2,28)。④

Ⅲ式　圈足变高。标本:洛阳西工区 1983C1M203(图 1.4.2,29)、⑤辉县赵固 1951M1：5。⑥

Ⅳ式　颈部变长,圈足更高。标本:涞水永乐 1955 采(图 1.4.2,30)。⑦

Cbad 型　口部一侧作鸟喙状。目前所见数量少。根据颈、腹、足部形态的不同,分为二式:

Ⅰ式　颈较短,腹最大径靠下,圈足较矮,直立。标本:临淄相家庄 1996M6X：12(图 1.4.2,12)。⑧

Ⅱ式　颈变长,腹最大径靠上,圈足变高,向外侈立。标本:诸城臧家庄 1970M(图 1.4.2,13)、⑨枣阳九连墩 2002M1：W295(图 1.4.2,14)。⑩

Cbb 型　铺首衔环耳。鼓腹肥硕,最大径靠上。根据腹部形态的不同,分为四个次次亚型:

Cbba 型　圆鼓腹,腹最大径靠上。根据颈、腹、圈足形态的不同,分为六式:

Ⅰ式　暂缺。

Ⅱ式　暂缺。

Ⅲ式　侈口,短颈,溜肩,鼓腹,矮圈足。标本:洛阳王城广场 2002M7：2(图 1.4.2,31)、⑪成都百花潭 1965M10(图 1.4.2,32)。⑫

Ⅳ式　颈部变长,圈足更高,直立,鼓肩,圆鼓腹,腹最大径上移至腹中部,肩腹部饰三

① 湖北省荆州地区博物馆:《江陵雨台山楚墓》,文物出版社,1984 年。
② 洛阳市文物工作队:《洛阳王城广场战国墓(西区 M37)发掘简报》,《文物》2009 年第 11 期,第 22—29 页。
③ 河北省文物研究所:《河北平山三汲古城调查与墓葬发掘》,《考古学集刊》(5),中国社会科学出版社,1987 年,第 157—193 页。
④ 中国社会科学院考古研究所:《陕县东周秦汉墓》,科学出版社,1994 年。
⑤ 洛阳市文物工作队:《洛阳市西工区 203 号战国墓清理简报》,《中原文物》1984 年第 3 期,第 29—33 页。
⑥ 中国科学院考古研究所:《辉县发掘报告》,科学出版社,1956 年。
⑦ 河北省博物馆、文物管理处:《河北省出土文物选集》,文物出版社,1980 年,第 58 页。
⑧ 山东省文物考古研究所:《临淄齐墓》(一),文物出版社,2007 年。
⑨ 齐文涛:《概述近年来山东出土的商周青铜器》,《文物》1972 年第 5 期,第 3—18 页;山东诸城县博物馆:《山东诸城臧家庄与葛布口村战国墓》,《文物》1987 年第 12 期,第 47—56 页。
⑩ 湖北省博物馆:《九连墩——长江中游的楚国贵族大墓》,文物出版社,2007 年;广东省博物馆、湖北省博物馆:《剑舞楚天——湖北九连墩战国墓文物展图录》,2008 年;湖北省博物馆、深圳博物馆:《剑舞楚天——湖北出土楚文物展图录》,文物出版社,2010 年;山西博物院、湖北省博物馆:《荆楚长歌——九连墩楚墓出土文物精华》,山西省人民出版社,2011 年。
⑪ 洛阳市文物工作队:《洛阳王城广场东周墓》,文物出版社,2009 年。
⑫ 四川省博物馆:《成都百花潭中学十号墓发掘记》,《文物》1976 年第 3 期,第 40—46 页。

周弦纹或镶嵌画像纹。标本：淅川徐家岭 1991M10：72、①随州擂鼓墩 1981M2：8（图1.4.2,33）。②

　　Ⅴ式　颈部更长,鼓耸肩,高圈足向外侈立,Q 形钮盖,多素面。标本：江陵望山1965M1：28（图1.4.2,34）、③荆门包山 1986M2：154。④

　　Ⅵ式　长颈,鼓肩,圈足向外侈立,或作阶状。标本：桃源三元 1985M1：10（图1.4.2,35）、⑤云梦睡虎地 1975M3：3、⑥济南千佛山 1972M：019（图1.4.2,36）。⑦

　　Cbbb 型　瘦腹,腹最大径靠下。根据腹、足部形态的不同,分为三式：

　　Ⅰ式　腹最大径较靠上。标本：邯郸百家村 1957M57：8（图1.4.2,37）、⑧成都西郊青羊宫 1973M：3（图1.4.2,38）。⑨

　　Ⅱ式　颈部细长,腹最大径靠下,圈足变高。标本：长治分水岭 1966M225：8（图1.4.2,39）、⑩侯马下平望 1975M。⑪

　　Ⅲ式　颈部较上式变长,腹最大径向上移。标本：三门峡盆景园 1993M8：12（图1.4.2,40）、⑫涪陵镇安 2001M38：9（图1.4.2,41）。⑬

　　Cbbc 型　硕鼓腹,腹最大径靠下。根据颈、腹、足部形态的不同,分为四式：

　　Ⅰ式　短颈,平底。标本：平山三汲穆家庄 1977M8101：5（图1.4.2,42）。⑭

　　Ⅱ式　颈变长。标本：怀来北辛堡 1964M1：88（图1.4.2,43）。⑮

　　Ⅲ式　长颈。标本：长治分水岭 1964M126：128（图1.4.2,44）。⑯

　　Ⅳ式　腹径变宽,高圈足侈立。标本：咸阳任家嘴 1984M：20（图1.4.2,45）。⑰

────────────────

①　河南省文物考古研究所等：《淅川和尚岭与徐家岭楚墓》,大象出版社,2004 年。
②　随州市博物馆：《随州擂鼓墩二号墓》,文物出版社,2008 年。
③　湖北省文物考古研究所：《江陵望山沙塚楚墓》,文物出版社,1996 年。
④　湖北省荆沙铁路考古队：《包山楚墓》,文物出版社,1991 年。
⑤　常德地区文物工作队、桃源县文化局：《桃源三元村一号楚墓》,《湖南考古辑刊》（4）,岳麓书社,1987 年,第22—32 页；湖南省常德市文物局等：《沅水下游楚墓》,文物出版社,2010 年。
⑥　《云梦睡虎地秦墓》编写组：《云梦睡虎地秦墓》,文物出版社,1981 年。
⑦　李晓峰、伊沛扬：《济南千佛山战国墓》,《考古》1991 年第 9 期,第 813—817 页。
⑧　河北省文化局文化工作队：《河北邯郸百家村战国墓》,《考古》1962 年第 12 期,第 613—634 页；河北省博物馆、文物管理处：《河北省出土文物选集》,文物出版社,1980 年,第 52 页。
⑨　四川省博物馆：《成都西郊战国墓》,《考古》1983 年第 7 期,第 597—600 页。。
⑩　山西省考古研究所等：《长治分水岭东周墓地》,文物出版社,2010 年。
⑪　范文谦：《山西侯马下平望墓地出土的东周铜器》,《文物季刊》1993 年第 1 期,第 20—21 页。
⑫　三门峡市文物工作队：《三门峡盆景园 8 号战国墓》,《中原文物》2002 年第 1 期,第 4—8 页；胡小龙、许海星、刘宇翔：《河南三门峡市老城东 8 号战国墓》,《考古》2004 年第 2 期,第 94—96 页。
⑬　北京市文物研究所等：《2001、2003 年度涪陵镇安遗址发掘报告》,《重庆库区考古报告集•2001 卷》,科学出版社,2008 年,第 1930—1980 页。
⑭　河北省文物研究所：《河北平山三汲古城调查与墓葬发掘》,《考古学集刊》（5）,中国社会科学出版社,1987 年,第 157—193 页。
⑮　敖承隆、李晓东：《河北省怀来县北辛堡出土的燕国铜器》,《文物》1964 年第 7 期,第 28—29 页；河北省文化局文物工作队：《河北怀来北辛堡战国墓》,《考古》1966 年第 5 期,第 231—242 页；河北省博物馆、文物管理处：《河北省出土文物选集》,文物出版社,1980 年,第 84—86 页。
⑯　边成修：《山西长治分水岭 126 号墓发掘简报》,《文物》1972 年第 4 期,第 38—44 页；山西省考古研究所等：《长治分水岭东周墓地》,文物出版社,2010 年。
⑰　咸阳市博物馆：《咸阳任家嘴殉人秦墓清理简报》,《考古与文物》1986 年第 6 期,第 22—27 页。

Cbbd 型　硕鼓腹,腹最大径靠上。根据颈、足部形态的不同,分为二式:

Ⅰ式　短颈,矮圈足。标本:洛阳市西工区 1992C1M3750:3(图 1.4.2,46)、①长子牛家坡 1977M7:6。②

Ⅱ式　长颈,圈足较高。标本:平山三汲 1974M1DK:6(图 1.4.2,47)、③泌阳官庄 1978M3:13(图 1.4.2,48)。④

Cbc 型　颈部较矮,翁口,鼓腹,矮圈足,颈部和腹下部分布多个环耳或铺首衔环。目前所见数量少。根据颈、耳、腹部形态的不同,分为五式:

Ⅰ式　矮颈,溜肩,鼓腹,腹最大径靠下,矮圈足,肩上和腹下部分别有两个环钮。标本:曲阜鲁故城 1977M48:16(图 1.4.2,49)、⑤日照崮河崖 1976M1:1。⑥

Ⅱ式　暂缺。

Ⅲ式　颈变长,溜肩,鼓腹,腹最大径上移近腹中部,平底。标本:辉县琉璃阁 1936M甲:15－2(图 1.4.2,50)。⑦

Ⅳ式　矮圈足,腹下部着多个环耳或小铺首衔环。标本:定襄中霍村 1995M1:6(图 1.4.2,51)。⑧

Ⅴ式　颈较上式变长,腹最大径上移至腹中部,颈部着铺首衔环耳,下腹着多个小铺首衔环。标本:潞城潞河 1983M7:149(图 1.4.2,52)。⑨

Cc 型　方腹。或称铜钫。根据耳部形态的不同,分为两个次亚型:

Cca 型　环耳提链。根据颈、腹、圈足形态的不同,分为三式:

Ⅰ式　暂缺。

Ⅱ式　暂缺。

Ⅲ式　长颈,高圈足。标本:益阳县医院 1988M35:4(图 1.4.2,53)、⑩咸阳塔儿坡 1966M。⑪

Ccb 型　铺首衔环耳。根据颈、腹、圈足形态的不同,分为三式:

Ⅰ式　矮颈,矮圈足。标本:绵竹清道 1976M1:4(图 1.4.2,54)。⑫

Ⅱ式　圈足较上式变高,腹最大径在肩、腹交接处。标本:长治分水岭 1954M12:37

① 洛阳市文物工作队:《洛阳市中州中路东周墓》,《文物》1995 年第 8 期,第 7—18 页。
② 山西省考古研究所:《山西长子县东周墓》,《考古学报》1984 年第 4 期,第 503—529 页。
③ 河北省文物研究所:《𫐓墓——战国中山国国王之墓》,文物出版社,1995 年。
④ 驻马店地区文管会、泌阳县文教局:《河南泌阳秦墓》,《文物》1980 年第 9 期,第 15—24 页。
⑤ 山东省文物考古研究所等:《曲阜鲁国故城》,齐鲁书社,1982 年。
⑥ 杨深富:《山东日照崮河崖出土一批青铜器》,《考古》1984 年第 7 期,第 594—597 页。
⑦ 河南博物院、台北历史博物馆:《辉县琉璃阁甲乙二墓》,大象出版社,2003 年。
⑧ 李夏成:《定襄县中霍村东周墓发掘报告》,《文物》1997 年第 5 期,第 4—17 页。
⑨ 山西省考古研究所、山西省晋东南地区文化局:《山西省潞城县潞河战国墓》,《文物》1986 年第 6 期,第 1—19 页。
⑩ 益阳市文物管理处、益阳市博物馆:《益阳楚墓》,文物出版社,2008 年。报告统一编号为 M379。
⑪ 咸阳市博物馆:《陕西咸阳塔儿坡出土的铜器》,《文物》1975 年第 6 期,第 69—75 页。
⑫ 王有鹏:《四川绵竹县船棺墓》,《文物》1987 年第 10 期,第 22—33 页。

（图1.4.2,55）、①洛阳西工区针织厂1996C1M5269：2。②

Ⅲ式　颈较上式变长，腹最大径向下移至腹中部，圈足变高。标本：云梦睡虎地1975M11：45（图1.4.2,56）、③平山三汲1974M1：11、④泌阳大曹庄1988M5南棺：1。⑤

D 型　瓠壶。目前所见数量较少。根据口、流、颈、足部形态的不同，分为六式：

Ⅰ式　敞口，短颈，平底或圈足。标本：随州义地岗八角楼1979M（图1.4.1,27）、⑥《通考》780。⑦

Ⅱ式　敞口，颈变长，较粗，矮圈足。标本：郯城大埠二村2002M1：13（图1.4.1,28）、⑧行唐李家庄1962M。⑨

Ⅲ式　封口，顶口一侧作管状流，颈变细变长，矮圈足。标本：沂水纪王崮2012M1：50（图1.4.1,29）。⑩

Ⅳ式　封口，顶口管状流变长，颈更细更长，圈足变高。标本：辉县琉璃阁1936M甲：155（图1.4.1,30）。⑪

Ⅴ式　鸟形盖，鸟喙状流，颈更细，圈足更高，直立。标本：太原金胜村1988M251：599（图1.4.1,31）。⑫

Ⅵ式　鸟形盖，鸟喙状流，颈更细长，圈足更高，向外侈立。标本：绥德1967征（图1.4.1,32）、⑬汲县山彪镇1935M1：26（图1.4.1,33）。⑭

E 型　铜蒜头壶。根据颈、腹部形态的不同，分为二亚型：

Ea 型　长颈，圆腹。标本：云梦睡虎地1975M9：30（图1.4.1,34）、⑮泌阳官庄1978M3：6。⑯

Eb 型　短颈，扁腹。标本：南阳拆迁办2000M208：11（图1.4.1,35）、⑰荆门子陵岗

①　山西省文物管理委员会：《山西长治市分水岭古墓的清理》，《考古学报》1957年第1期，第103—118页；山西省考古研究所等：《长治分水岭东周墓地》，文物出版社，2010年。
②　洛阳市文物工作队：《洛阳市针织厂东周墓（C1M5269）的清理》，《文物》2001年第12期，第41—59页。
③　《云梦睡虎地秦墓》编写组：《云梦睡虎地秦墓》，文物出版社，1981年。
④　河北省文物研究所：《䍲墓——战国中山国国王之墓》，文物出版社，1995年。
⑤　河南省文物研究所、泌阳县文化馆：《河南泌阳县发现一座秦墓》，《华夏考古》1990年第4期，第43—50页。
⑥　随县博物馆：《湖北随县城郊发现春秋墓葬和铜器》，《文物》1980年第1期，第34—41页；湖北省博物馆：《荆楚英华——湖北全省博物馆馆藏文物精品联展图录》，湖北人民出版社，2011年，第82页。
⑦　容庚：《商周彝器通考》，上海人民出版社，2008年，第812页。
⑧　山东省文物考古研究所等：《郯城县大埠二村遗址发掘报告》，《海岱考古》（四），科学出版社，2011年，第105—140页。
⑨　河北省文化局文物工作队：《行唐县李家庄发现战国铜器》，《文物》1963年第4期，第55—56页；河北省博物馆、文物管理处：《河北省出土文物选集》，文物出版社，1980年，第88—89页。
⑩　山东省文物考古研究所等：《山东沂水县纪王崮春秋墓》，《考古》2013年第7期，第33—48页。
⑪　河南博物院、台北历史博物馆：《辉县琉璃阁甲乙二墓》，大象出版社，2011年。
⑫　山西省考古研究所、太原市文物管理委员会：《太原晋国赵卿墓》，文物出版社，1996年。
⑬　朱捷元：《绥德发现战国鸟盖铜瓠壶》，《考古与文物》1980年第2期，第32—33页。
⑭　郭宝钧：《山彪镇与琉璃阁》，科学出版社，1959年。
⑮　《云梦睡虎地秦墓》编写组：《云梦睡虎地秦墓》，文物出版社，1981年。
⑯　驻马店地区文管会、泌阳县文教局：《河南泌阳秦墓》，《文物》1980年第9期，第15—24页。
⑰　南阳市文物考古研究所：《河南南阳市拆迁办秦墓发掘简报》，《华夏考古》2005年第3期，第15—19页。

分期	A 型 方壶			B 型 圆壶			D 型 瓠壶	E 型 蒜头壶	
	Aa 型 垂腹	Ab 型 鼓腹	Ac 型 矮胖	Ba 型 垂腹	Bb 型 鼓腹	Bc 型 矮胖		Ea 型 圆腹	Eb 型 扁腹
一	I 1	I 7	I 14	I 16	I 22	I 25	I 27		
二	II 2	II 8	II 15	II 17	II 23	II 26	II 28		
三	III 3	III 9		III 18	III 24		III 29		
四	IV 4	IV 10		IV 19			IV 30		

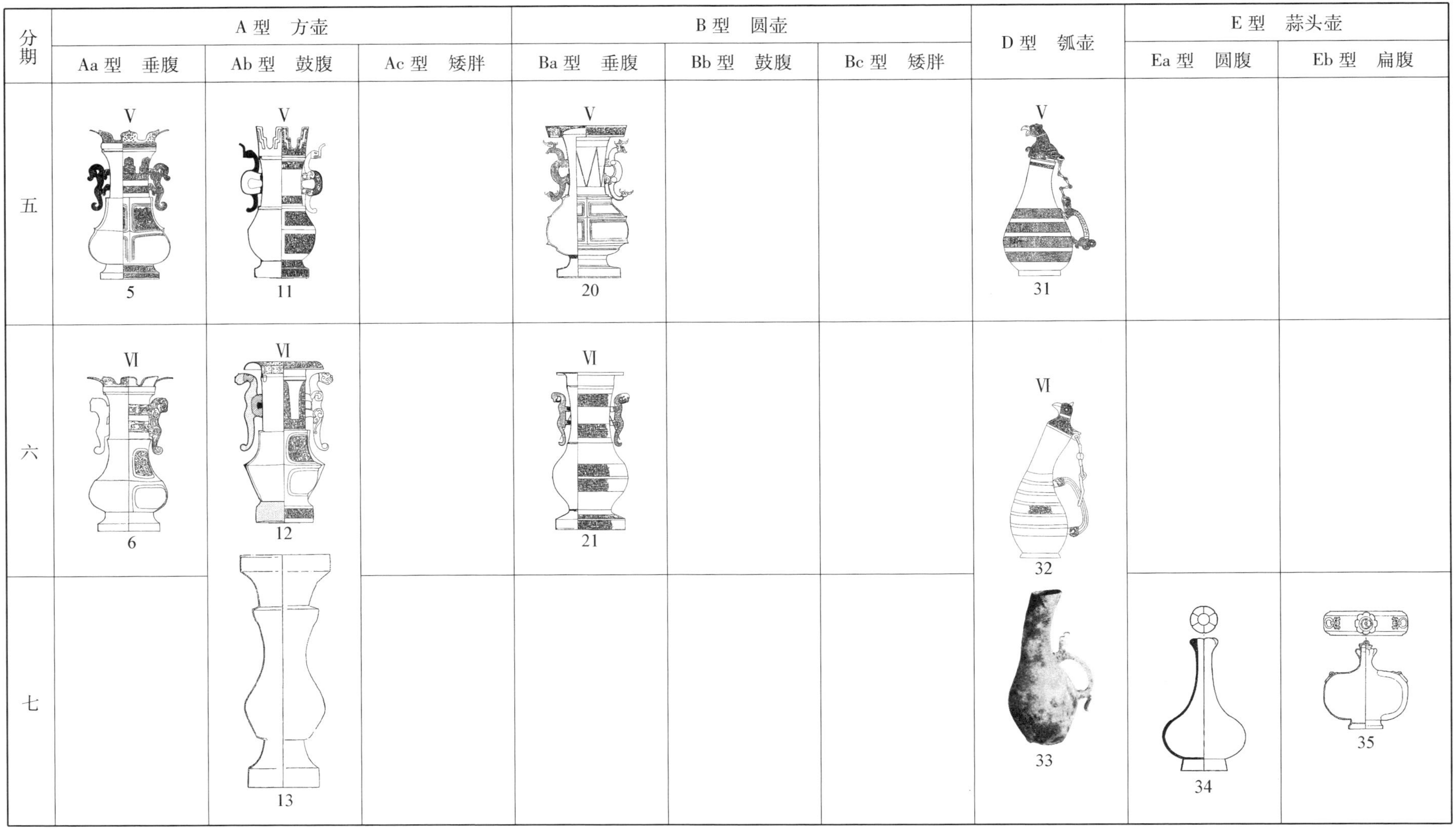

分期	A 型 方壶			B 型 圆壶			D 型 弧壶	E 型	
	Aa 型 垂腹	Ab 型 鼓腹	Ac 型 矮胖	Ba 型 垂腹	Bb 型 鼓腹	Bc 型 矮胖		Ea 型 圆腹	Eb 型 扁腹
五	5	11		20			31		
六	6	12		21			32		
七		13					33	34	35

图 1.4.1 铜壶谱系图（A、B、D、E 型）

1. 洛阳西工区 2008C1M9950：44　2. 洛阳西工区 2005M8821：14　3. 淅川下寺 1978M1：49　4. 寿县西门内 1955M：15.1　5. 太原金胜村 1988M251：579　6. 陕县后川 1957M2040：28　7. 洛阳西工区 2008C1M9934：28　8. 洛阳西工区 2005M8832：2　9. 洛阳西工区 1991C1M3498：2　10. 随州擂鼓墩 1981M2：4　12. 襄阳琢坡 2006M10E：82　13. 凤翔八旗屯西沟道 1983M26：25　14. 桐柏钟鼓堂 1975M　15. 光山宝相寺 1983MG1：A5　16. 新野小西关 1974M　17. 滕州薛故城尤楼 1978M2：123　18. 新郑祭祀坑 1997T605K3：29　19. 侯马上马 1963M15：7　20. 随州擂鼓墩 1978M1：C132　21. 淅川徐家岭 1991M10：62　22. 三门峡上村岭 1990M2006：53　23. 南阳西关煤场 1974M　24. 临阳胸杨堂 1963M　25. 信阳明港钢厂 1981M　26. 信阳平桥西 1986M5　27. 随州义地岗八角楼 1979M　28. 郑城大埠二村 2002M1：13　29. 沂水纪王崮 2012M1：50　30. 辉县琉璃阁 1936M 甲：155　31. 太原金胜村 1988M251：599　32. 绥德 1967 征　33. 汲县山彪镇 1935M1：26　34. 云梦睡虎地 1975M9：30　35. 南阳拆迁办 2000M208：11

C 型　提链壶

| 分期 | Ca 型 扁腹 | | Cb 型 提链壶 圆腹 | | | | | | | Cbc 型 | Cc 型 | |
	Caa 型	Cab 型	Cba 型 环耳或贯耳，腹最大径靠下 Cbaa 型	Cbab 型	Cbac 型	Cbb 型 铺首衔环耳 Cbba 型	Cbbb 型	Cbbc 型 腹最大径靠上	Cbbd 型		Cca 型 环耳提链	Ccb 型 铺首衔环耳 方腹
一	I / 1	I 暂缺	I / 15							I / 49		
二	II / 2	II / 9	II / 16			I 暂缺	II 暂缺			II 暂缺		
三	III 暂缺	III / 10	III / 17	I / 23								
四	IV / 3, 4	IV / 11	IV / 18, 19	II 暂缺	I / 26, 27	III / 31, 32	I / 37, 38	I / 42　II / 43		III / 50　IV / 51		

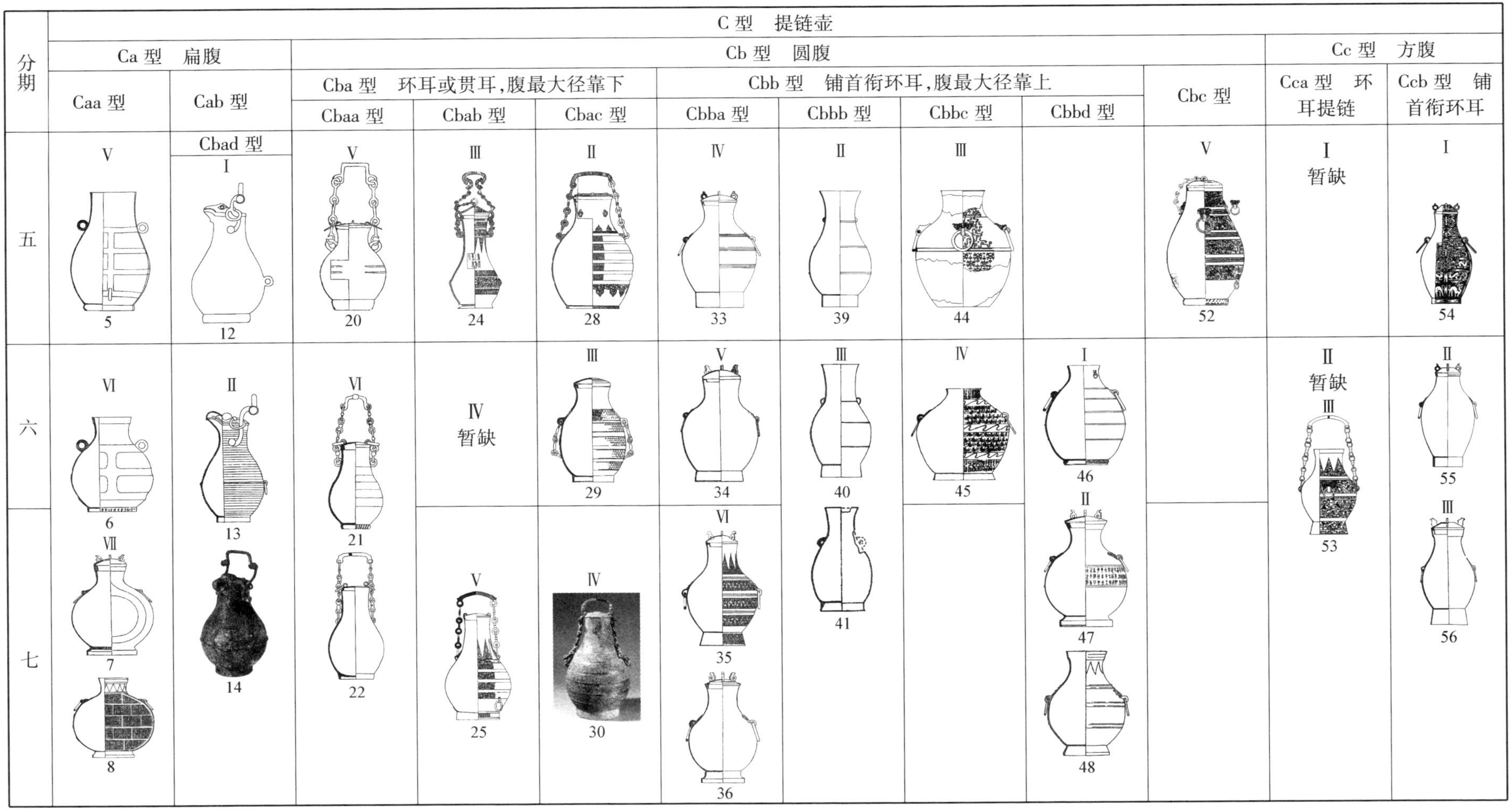

C 型 提链壶

分期	Ca 型 扁腹			Cb 型 圆腹											Cbc 型	Cc 型		方腹
	Caa 型	Cab 型	Cbad 型	Cba 型 环耳或贯耳，腹最大径靠下			Cbb 型 铺首衔环耳，腹最大径靠上									Cca 型 环耳提链	Ccb 型 铺首衔环耳	
				Cbaa 型	Cbab 型	Cbac 型	Cbba 型	Cbbb 型	Cbbc 型	Cbbd 型							

图 1.4.2　铜壶谱系图（C 型）

1. 长清仙人台 1995M6：B12　2. 滕州薛故城尤楼 1978M1：63　3. 太原金胜村 1994M674　4. 寿县西门内 1955M：18　5. 太原金胜村 1988M251：625　6. 平山三汲 1974M1DK：13　7. 平山三汲 1974M1DK：15　8. 三门峡上村岭 1974M5：5　9. 海阳嘴子前 1978M1：57　10. 尉氏河东周村 1971M：21　11. 新郑铁岭 2011M1405：2　12. 临淄相家庄 1996M6X：12　13. 诸城臧家庄 1970M　14. 襄阳九连墩 2002M1：W295　15. 招远曲城 1958M　16. 滕州薛故城尤楼 1978M4：6　17. 长清仙人台 1995M5：48　18. 新泰周家庄 2003M2：2　19. 定襄中霍村 1995M1：11　20. 济南左家洼 1985M1：7　21. 临淄辛店 2010M2：Q26　22. 临淄东夏庄 1985M5：114　23. 淅川下寺 1978M3：21　24. 随州擂鼓墩 1978M：C182　25. 荆门子陵岗 1987M64：3　26. 洛阳王城广场 2002M37：30　27. 平山三汲穆家村 1977M8101：3　28. 陕县后川 1957M2040：29　29. 洛阳西工区 1983C1M203　30. 洛阳王城广场 2002M7：2　32. 成都百花潭 1965M10　33. 随州擂鼓墩 1981M2：8　34. 江陵望山 1965M1：28　35. 桃源三元 1985M1：10　36. 济南千佛山 1972M：019　37. 成都西郊青羊宫 1973M：3　38. 洛阳王城广场 2002M57：8　39. 长治分水岭 1964M1：88　40. 洛阳涧滨墩 1981M1：6　41. 三门峡金景园 1993M8：12　42. 平山三汲稳家庄 1993M38：9　43. 邯郸百家村 1957M57：8　44. 长治分水岭 1964M126：128　45. 咸阳任家嘴 1936M 甲：15－2　46. 洛阳西工区 1992C1M3750：3　47. 平山三汲 1974M1DK：3　48. 泌阳官庄 1978M3：13　49. 曲阜鲁故城 1977M48：16　50. 辉县琉璃阁 1936M 甲：15－2　51. 定襄中霍村 1975M11：45　52. 潞城潞河 1983M7：149　53. 益阳县医院 1988M35：4　54. 绵竹清道 1976M1：4　55. 长治分水岭 1964M12：37　56. 云梦睡虎地 1975M11：6

1996M201：7。①

F 型　喇叭口,长颈,折肩,肩上和腹部饰以三角绳纹,颈部双环耳,下腹部着一竖环耳。数量较少。标本:随州熊家老湾 1972M。②

G 型　茧形壶。目前所见数量少。标本:张家川马家塬 2006M3：8。③

H 型　目前所见数量少,形制特征似 BaⅣ式与 CbbaⅤ式组合而成。标本:枣阳九连墩 2002M2：E55。④

二、铜尊缶的型式分析

根据腹部形态的不同,东周时期的铜尊缶可分为二型:

A 型　圆形。根据口、腹部形态的不同,分为四个亚型:

Aa 型　腹部较瘦,器体瘦长。根据口、颈、腹、底部形态的不同,分为七式:

Ⅰ式　暂缺。形制或与长清仙人台 1995M6：B12(图 1.4.3,1)⑤相似,腹最大径靠下,唯后者为扁体。

Ⅱ式　平折沿,方唇,斜颈,溜肩,颈部和腹部分界不明显,平底内凹。标本:钟祥文集黄土坡 1988M3：4(图 1.4.3,2)。⑥

Ⅲ式　平折沿,方唇,斜颈或矮直颈,颈部和腹部分界较上式明显,腹部圆鼓,最大径向上移,下腹近底处收束,矮圈足。标本: 淅川下寺 1978M2：60(图 1.4.3,3)、⑦淅川下寺 1978M3：20。⑧

Ⅳ式　平折沿,方唇,直颈较高,腹中部一周配置 4 个圆环钮,下腹近底处收束,圈足较上式高。标本:麻城李家湾 1993M1：2(图 1.4.3,4)、⑨寿县西门内 1955M：19.1。⑩

Ⅴ式　颈部更长,多素面。标本:平顶山滍阳岭 1994M10：21(图 1.4.3,5)。⑪

---

①　湖北省文物考古研究所、荆门市博物馆:《荆门罗坡岗与子陵岗》,科学出版社,2004 年。

②　鄂兵:《湖北随县发现曾国铜器》,《文物》1973 年第 5 期,第 21—25 页。

③　甘肃省文物考古研究所、张家川回族自治县博物馆:《2006 年度甘肃张家川回族自治县马家塬战国墓地发掘简报》,《文物》2008 年第 9 期,第 4—28 页。

④　湖北省博物馆:《九连墩——长江中游的楚国贵族大墓》,文物出版社,2007 年;广东省博物馆、湖北省博物馆:《剑舞楚天——湖北九连墩战国墓文物展图录》,2008 年;湖北省博物馆、深圳博物馆:《剑舞楚天——湖北出土楚文物展图录》,文物出版社,2010 年;山西博物院、湖北省博物馆:《荆楚长歌——九连墩楚墓出土文物精华》,山西省人民出版社,2011 年。

⑤　山东大学历史文化学院考古系:《长清仙人台五号墓发掘简报》,《文物》1998 年第 9 期,第 18—30 页。

⑥　荆州博物馆、钟祥市博物馆:《湖北钟祥黄土坡东周秦代墓发掘报告》,《考古学报》2009 年第 2 期,第 247—294 页。

⑦　河南省文物研究所等:《淅川下寺春秋楚墓》,文物出版社,1991 年。

⑧　河南省文物研究所等:《淅川下寺春秋楚墓》,文物出版社,1991 年。

⑨　湖北省文物考古研究所:《湖北麻城市李家湾春秋楚墓》,《考古》2000 年第 5 期,第 21—33 页。

⑩　安徽省文物管理委员会、安徽省博物馆:《寿县蔡侯墓出土遗物》,科学出版社,1956 年;安徽省博物馆:《安徽省博物馆藏青铜器》,上海人民美术出版社,1987 年。

⑪　河南省文物考古研究所、平顶山市文物局:《平顶山应国墓地十号墓发掘简报》,《中原文物》2007 年第 4 期,第 4—19 页。

Ⅵ式　圈足较上式变高,直立。多素面。标本:郧县肖家河 2006M5:10(图 1.4.3,6)。①

Ⅶ式　圈足较上式更高,向外侈立。标本:寿县朱家集 1933M(图 1.4.3,7)、②临潼1960 采丽山圜缶。③

Ab 型　腹部肥硕,器体较宽矮。根据颈、腹、底部形态的不同,分为四式:

Ⅰ式　直颈,矮圈足,腹中部装饰一周纹饰带。标本:淅川下寺 1978M1:51(图1.4.3,8)。④

Ⅱ式　颈部变长,圈足变高,腹中部装饰一周纹饰带。标本:淅川下寺 1978M10:47(图 1.4.3,9)、⑤郧县肖家河 1990M:3。⑥

Ⅲ式　颈部较长,下腹收束,多通体素面。标本:淅川下寺 1978M11:1(图 1.4.3,10)。⑦

Ⅳ式　箍口或子母口,圈足较上式变高,多素面,或饰涡纹。标本:荆门包山1986M2:93(图 1.4.3,11)、⑧当阳季家湖 1988M(图 1.4.3,12)。⑨

Ac 型　侈口,卷沿。根据肩、腹部形态的不同,分为二式:

Ⅰ式　鼓肩,最大径在肩部。标本:南阳八一路 2008M38:51(图 1.4.3,13)。⑩

Ⅱ式　标本:原平刘庄塔岗梁 1985M3:3(图 1.4.3,14)。⑪

Ad 型　敛口。目前发现数量少。根据腹部形态的不同,分为三式:

Ⅰ式　下腹部收束不明显。标本:万荣庙前 1961 采:31(图 1.4.3,15)。⑫

Ⅱ式　暂缺。或可参考随州义地岗 2011M6:2(图 1.4.3,16)。⑬

Ⅲ式　下腹部收束明显。标本:随州擂鼓墩 1978M1:N5(图 1.4.3,17)。⑭

B 型　方形。分为三式:

Ⅰ式　暂缺。

———————————

①　湖北省文物考古研究所、湖北省文物局南水北调办公室:《湖北郧县乔家院春秋殉人墓》,《考古》2008 年第 4 期,第 28—50 页。

②　朱凤瀚:《中国青铜器综论》,上海古籍出版社,2009 年,第 223 页,图三·五六:7。

③　丁耀祖:《临潼县附近出土秦代铜器》,《文物》1965 年第 7 期,第 53—54 页;《中国青铜器全集》编辑委员会:《中国青铜器全集》,文物出版社,1995 年,第 12 册,图 010。

④　河南省文物研究所等:《淅川下寺春秋楚墓》,文物出版社,1991 年。

⑤　河南省文物研究所等:《淅川下寺春秋楚墓》,文物出版社,1991 年。

⑥　郧阳地区博物馆:《湖北郧县肖家河春秋楚墓》,《考古》1998 年第 4 期,第 42—46 页。

⑦　河南省文物研究所等:《淅川下寺春秋楚墓》,文物出版社,1991 年。

⑧　湖北省荆沙铁路考古队:《包山楚墓》,文物出版社,1991 年。

⑨　谭宗菊:《湖北当阳县出土的战国青铜器》,《考古》1990 年第 2 期,第 175 页;宜昌地区博物馆:《当阳季家湖楚墓发掘简报》,《江汉考古》1991 年第 1 期,第 17—19 页。

⑩　南阳市文物考古研究所:《河南南阳春秋楚彭射墓发掘简报》,《文物》2011 年第 3 期,第 4—31 页。

⑪　山西忻州地区文物管理处:《原平县刘庄塔岗梁东周墓》,《文物》1986 年第 11 期,第 21—26 页。

⑫　山西省考古研究所:《万荣庙前东周墓葬发掘收获》,《三晋考古》(一),山西人民出版社,1994 年。

⑬　湖北省文物考古研究所、随州市博物馆:《湖北随州义地岗曾公子去疾墓发掘简报》,《江汉考古》2012 年第 3 期,第 3—26 页。

⑭　湖北省博物馆:《曾侯乙墓》,文物出版社,1989 年。

Ⅱ式　标本：寿县西门内 1955M：20.1（图 1.4.3,18）。[1]

Ⅲ式　标本：随州擂鼓墩 1981M2：6（图 1.4.3,19）。[2]

分期	A 型　圆形				B 型　方形
	Aa 型　腹部较瘦，器体瘦长	Ab 型　腹部肥硕，器体较宽矮	Ac 型　侈口，卷沿	Ad 型　敛口，体量巨大	
一	Ⅰ 暂缺 1				
二	Ⅱ 2				
三	Ⅲ 3	Ⅰ 8	Ⅰ 13	Ⅰ 15	Ⅰ 暂缺
四	Ⅳ 4	Ⅱ 9	Ⅱ 14	Ⅱ 暂缺 16	Ⅱ 18

① 安徽省文物管理委员会、安徽省博物馆：《寿县蔡侯墓出土遗物》，科学出版社，1956 年；安徽省博物馆：《安徽省博物馆藏青铜器》，上海人民美术出版社，1987 年。

② 随州市博物馆：《随州擂鼓墩二号墓》，文物出版社，2008 年。

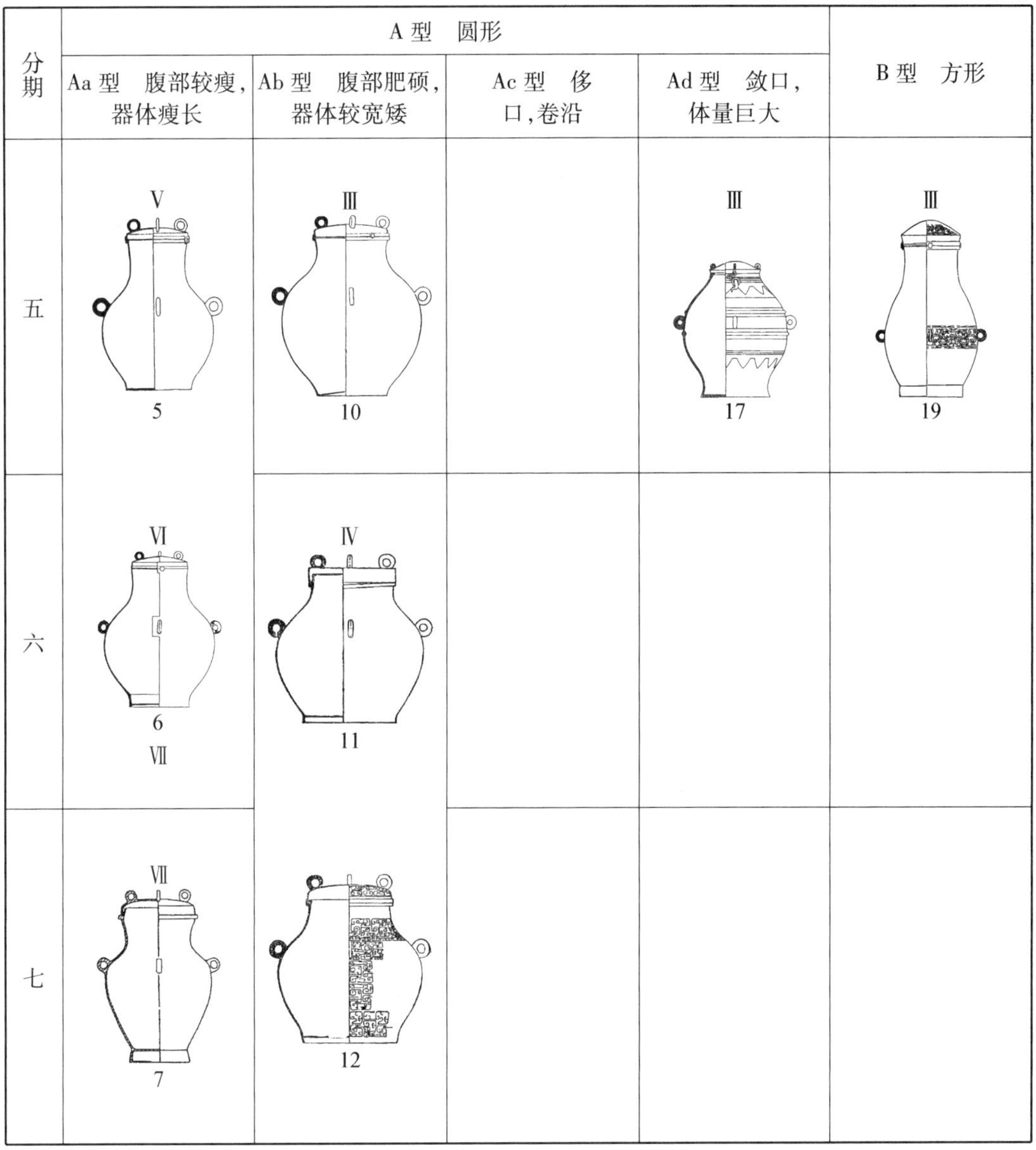

分期	A型 圆形				B型 方形
	Aa型 腹部较瘦，器体瘦长	Ab型 腹部肥硕，器体较宽矮	Ac型 侈口，卷沿	Ad型 敛口，体量巨大	
五	V 5	III 10		III 17	III 19
六	VI 6 VII	IV 11			
七	VII 7	12			

图 1.4.3　铜尊缶谱系图

1. 长清仙人台 1995M6：B12　2. 钟祥文集黄土坡 1988M3：4　3. 淅川下寺 1978M2：60　4. 麻城李家湾 1993M1：2　5. 平顶山滍阳岭 1994M10：21　6. 郧县肖家河 2006M5：10　7. 寿县朱家集 1933M　8. 淅川下寺 1978M1：51　9. 淅川下寺 1978M10：47　10. 淅川下寺 1978M11：1　11. 荆门包山 1986M2：93　12. 当阳季家湖 1988M　13. 南阳八一路 2008M38：51　14. 原平刘庄塔岗梁 1985M3：3　15. 万荣庙前 1961 采：31　16. 随州义地岗 2011M6：2　17. 随州擂鼓墩 1978M1：N5　18. 寿县西门内 1955M：20.1　19. 随州擂鼓墩 1981M2：6

三、铜罍的型式分析

根据肩、腹部形态的不同，东周时期的铜罍可以分为四型：

A型　圆形，圆肩。根据领、颈、肩部形态的不同，分为两个亚型：

Aa型　斜领，器体较矮。根据口、颈、底部形态的不同，分为五式：

Ⅰ式　侈口,曲颈,平底,肩上着兽首耳。标本:枣阳郭家庙 1983M02:04(图 1.4.4,1)、①郏县太仆乡 1953M。②

Ⅱ式　斜领较宽,肩部较宽,肩上着伏兽衔环耳,平底,纹饰繁缛,腹最大径在肩部。标本:洛阳西工区 2005M8832:7(图 1.4.4,2)、③洛阳西工区 2005M8836:43。④

Ⅲ式　斜领变窄,肩部较上式变窄,肩上着伏兽衔环耳或兽首耳,平底,纹饰较上式简化,饰凸弦纹或素面,腹最大径稍向下移。标本:洛阳西工区纱厂路 2001JM32:9(图 1.4.4,3)、⑤洛阳西工区 1992C1M3529:2。⑥

Ⅳ式　窄领,平底。标本:洛阳西工区 1992C1M3529:2(图 1.4.4,4)、⑦洛阳西工区 1983LBM4:6。⑧

Ⅴ式　底着矮圈足。标本:洛阳西工区 2005M8829:11(图 1.4.4,5)、⑨洛阳西工区 2001C1M7226:1。⑩

Ab 型　直颈。根据器体和肩、腹部形态的不同,分为两个次亚型:

Aba 型　器体较矮。根据口、颈、底部形态的不同,分为六式:

Ⅰ式　暂缺。

Ⅱ式　折沿较宽,沿下角较大,平底,肩上着兽首耳或半环耳,腹最大径在肩部。标本:洛阳西工区 2005M8830:18(图 1.4.4,6)。⑪

Ⅲ式　折沿变窄,沿下角变小,平底,肩上着兽首耳或伏兽耳。标本:唐县钓鱼台 1966M(图 1.4.4,7)。⑫

Ⅳ式　直颈较上式高,平折沿,矮圈足。标本:洛阳西工区 1991C1M3498:5(图 1.4.4,8)、⑬唐县北城子 1970M2。⑭

Ⅴ式　暂缺。

Ⅵ式　标本:洛阳西工区 1992C1M3750:8(图 1.4.4,9)。⑮

Abb 型　器体较高。根据腹部形态的不同,分为两个次次亚型:

---

① 襄樊市考古队等:《枣阳郭家庙曾国墓地》,科学出版社,2005 年。
② 佚名:《河南郏县发现的古代铜器》,《文物参考资料》1954 年第 3 期,第 60—62 页;河南省博物馆编:《河南省博物馆馆藏青铜器选》,香港摄影艺术出版社,1999 年。
③ 洛阳市文物工作队:《洛阳体育场路西东周墓发掘报告》,文物出版社,2011 年。
④ 洛阳市文物工作队:《洛阳体育场路西东周墓发掘报告》,文物出版社,2011 年。
⑤ 洛阳市第二文物工作队:《洛阳市纱厂路东周墓(JM32)发掘简报》,《文物》2002 年第 11 期,第 31—37 页。
⑥ 洛阳市文物工作队:《洛阳市木材公司春秋墓》,《中国国家博物馆馆刊》2011 年第 8 期,第 15—23 页。
⑦ 洛阳市文物工作队:《洛阳市木材公司春秋墓》,《中国国家博物馆馆刊》2011 年第 8 期,第 15—23 页。
⑧ 中国社会科学院考古研究所洛阳唐城队:《1983 年洛阳西工区墓葬发掘简报》,《考古》1985 年第 6 期,第 508—521 页。
⑨ 洛阳市文物工作队:《洛阳体育场路西东周墓发掘报告》,文物出版社,2011 年。
⑩ 洛阳市文物工作队:《洛阳市西工区几座春秋墓的清理》,《考古与文物》2003 年第 2 期,第 9—15 页。
⑪ 洛阳市文物工作队:《洛阳体育场路西东周墓发掘报告》,文物出版社,2011 年。
⑫ 胡金华、冀艳坤:《河北唐县钓鱼台积石墓出土文物整理简报》,《中原文物》2007 年第 6 期,第 4—9 页。
⑬ 洛阳市文物工作队:《洛阳西工区春秋墓发掘简报》,《文物》2010 年第 8 期,第 8—28 页。
⑭ 郑绍宗:《唐县南伏城及北城子出土周代青铜器》,《文物春秋》1991 年第 1 期,第 14—22 页。
⑮ 洛阳市文物工作队:《洛阳市中州中路东周墓》,《文物》1995 年第 8 期,第 7—18 页。

Abba 型　腹最大径靠上,位于肩部。根据颈、底部形态的不同,分为七式:

Ⅰ式　窄斜折沿,沿下角较大,矮直颈,平底。标本:钟祥文集黄土坡 1988M35∶10(图 1.4.4,10)。[1]

Ⅱ式　斜折沿变宽,沿下角变小,颈部变高,平底微内凹,或着矮圈足。标本:洛阳西工区 2005M8833∶3(图 1.4.4,11)。[2]

Ⅲ式　直颈变高,折沿近平,器体较上式显瘦高,平底或矮圈足。标本:万荣庙前1958M1∶18(图 1.4.4,12)。[3]

Ⅳ式　圈足变高。标本:凤阳卞庄 2007M1∶23(图 1.4.4,13)。[4]

Ⅴ式　肩腹径变宽,圈足变高。标本:临淄相家庄 1996M6X∶18(图 1.4.4,14)。[5]

Ⅵ式　颈部和圈足更高,肩部无耳或着铺首衔环,隆盖,盖钮作 Q 形。标本:荆门包山 1986M2∶129(图 1.4.4,15)、[6]临淄国家村 2004M4∶24。[7]

Ⅶ式　肩最大径向下移。标本:临淄商王 1992M1∶30、27(图 1.4.4,16、17)。[8]

Abbb 型　圆鼓腹,腹最大径较 Abba 型靠下。根据颈、底部形态的不同,分为七式:

Ⅰ式　暂缺。

Ⅱ式　标本:峄城徐楼 2009M1∶20(图 1.4.4,18)、[9]蚌埠双墩 2006M1∶398。[10]

Ⅲ式　颈部变长,器身变高,矮圈足。标本:恭城秧家 1971M∶6(图 1.4.4,19)。[11]

Ⅳ式　斜折沿,沿下角较大,矮圈足。标本:长治分水岭 1972M270∶13(图 1.4.4,20)、[12]辉县琉璃阁 1936M 乙∶12。[13]

Ⅴ式　沿下角变小。标本:太原金胜村 1988M251∶534(图 1.4.4,21)。[14]

Ⅵ式　折沿,底部圈足较高。标本:潞城潞河 1983M7∶73(图 1.4.4,22)。[15]

Ⅶ式　鼓腹,高圈足。标本:荆门子陵岗 1987M64∶2(图 1.4.4,23)。[16]

B 型　圆形,折肩。根据口部和领部形态的不同,分为两个亚型:

① 荆州博物馆、钟祥市博物馆:《湖北钟祥黄土坡东周秦代墓发掘报告》,《考古学报》2009 年第 2 期,第 247—294 页。

② 洛阳市文物工作队:《洛阳体育场路西东周墓发掘报告》,文物出版社,2011 年。

③ 杨富斗:《山西万荣县庙前村的战国墓》,《文物参考资料》1958 年第 12 期,第 34—35 页;山西省考古研究所:《万荣庙前东周墓葬发掘收获》,《三晋考古》(一),山西人民出版社,1994 年。

④ 安徽省文物考古研究所、凤阳县文物管理所:《凤阳大东关与卞庄》,科学出版社,2010 年。

⑤ 山东省文物考古研究所:《临淄齐墓》(一),文物出版社,2007 年。

⑥ 湖北省荆沙铁路考古队:《包山楚墓》,文物出版社,1991 年。

⑦ 淄博市临淄区文物局:《山东淄博市临淄区国家村战国墓》,《考古》2007 年第 8 期,第 11—21 页。

⑧ 淄博市博物馆、齐故城博物馆:《临淄商王墓地》,齐鲁书社,1997 年。

⑨ 枣庄市博物馆等:《枣庄市峄城徐楼东周墓葬发掘报告》,《海岱考古》(七),科学出版社,2014 年。

⑩ 安徽省文物考古研究所、蚌埠市博物馆:《钟离君柏墓》,文物出版社,2013 年。

⑪ 广西壮族自治区博物馆:《广西恭城县出土的青铜器》,《考古》1973 年第 1 期,第 30—34 页。

⑫ 山西省考古研究所:《长治分水岭东周墓地》,文物出版社,2010 年。

⑬ 河南博物院、台北历史博物馆:《辉县琉璃阁甲乙二墓》,大象出版社,2003 年。

⑭ 山西省考古研究所、太原市文物管理委员会:《太原晋国赵卿墓》,文物出版社,1996 年。

⑮ 山西省考古研究所、山西省晋东南地区文化局:《山西省潞城县潞河战国墓》,《文物》1986 年第 6 期,第 1—19 页。

⑯ 荆门市博物馆:《荆门子陵岗》,文物出版社,2008 年。

分期	A型 圆形，圆肩 Aa型 斜领	Aba型 器体较矮	Ab型 直颈 Abb型 Abba型	Abbb型 器体较高	B型 圆形，折肩 Ba型 侈口，高直领	Bb型 微沿，无领	C型 方形	D型 Da型	Db型
一	I 1				I 24				
二	II 2	I 暂缺	I 10	I 暂缺	II 25			28	31
三	III 3	II 6	II 11	II 18				29	32
四	IV 4 V 5	III 7 IV 8	III 12 IV 13	III 19 IV 20					

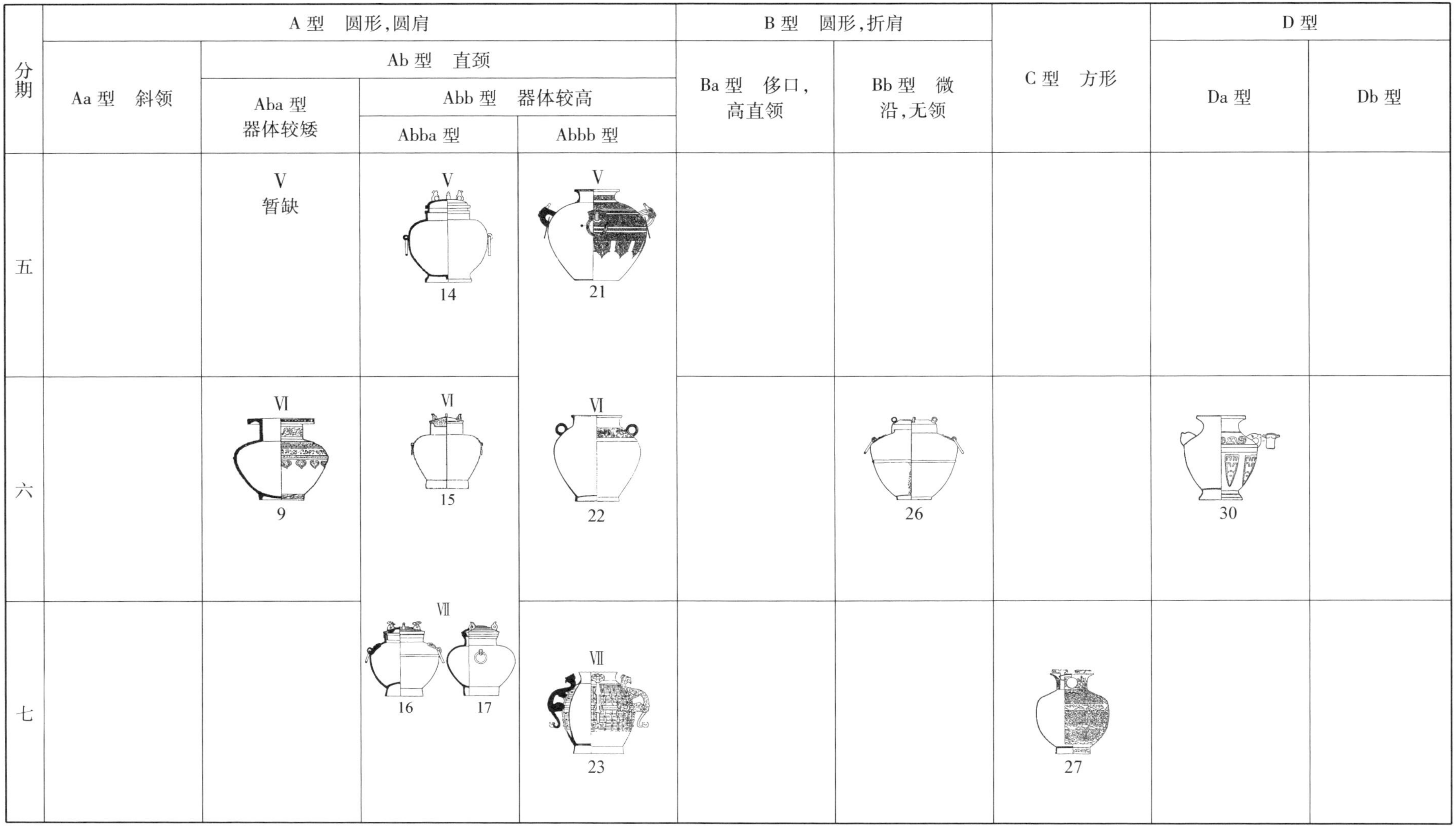

图 1.4.4　铜罍谱系图

分期	A型 圆形,圆肩				B型 圆形,折肩		C型 方形	D型	
	Aa型 斜领	Ab型 直颈			Ba型 侈口,高直颈	Bb型 微沿,无领	C型 方形	Da型	Db型
		Aba型 器体较矮	Abb型 直颈 器体较高						
			Abba型	Abbb型					
五		V 暂缺		V 21					
六		VI 9	V 14 / VI 15	VI 22		26			
七			VII 16 / VII 17	VII 23			27	30	

1. 枣阳郭家庙 1983M02：04　2. 洛阳西工区 2005M8832：7　3. 洛阳西工区 2005M8829：11　4. 洛阳西工区 1992C1M3529：2　5. 洛阳西工区 1992C1M32：9　6. 洛阳西工区 2005M8830：18　7. 唐县钓鱼台 1966M　8. 洛阳西工区 1991C1M3498：5　9. 洛阳西工区 1992C1M3750：8　10. 洛阳西工区 1988M35：10　11. 洛阳西工区 2005M8833：3　12. 万荣庙前 1958M1：18　13. 凤阳卞庄 2007M1：23　14. 洛阳淄相家庄 1996M6X：18　15. 荆门包山 1986M2：129　16. 临淄商王 1992M1：30　17. 临淄商王 1992M1：27　18. 峄城徐楼 2009M1：20　19. 恭城秧家 1971M：6　20. 长治分水岭 1972M270：13　21. 太原金胜村 1988M251：534　22. 荆门子陵岗 1987M64：2　23. 荆门子陵岗 1987M7：73　24. 桐柏月河左庄 2001M4：1　25. 光山宝相寺 1983MG1：A7　26. 荆门包山 1986M2：426　27. 成都三洞桥 1992K3：6　28. 茂县牟托 1974M5：1　29. 茂县牟托 1992M1：A　30. 新都马家 1980M　31. 桐城高矴长岗 1994JC　32. 茂县牟托 1992M1：A

Ba 型　侈口,高直领。根据口沿、肩部形态的不同,分为二式:

Ⅰ式　卷沿较窄,溜肩微瘪。标本:桐柏月河左庄 2001M4:1(图 1.4.4,24)、①沂源姑子坪 2001M1:11。②

Ⅱ式　折沿较宽,肩部鼓出。标本:光山宝相寺 1983MG1:A7(图 1.4.4,25)。③

Bb 型　微沿,无领。矮圈足,肩部着铺首衔环。标本:荆门包山 1986M2:426(图 1.4.4,26)。④

C 型　方形。标本:三门峡上村岭 1974M5:1(图 1.4.4,27)。⑤

D 型　形制和纹饰近似西周早期流行的铜罍风格,从公布的图像材料看,部分或为西周时期遗留,部分或为仿制品。根据耳部形态的不同,分为两个亚型:

Da 型　兽首耳较小。形制变化区别不大,暂不分式,年代可据共存的其他器物判断。标本:茂县牟托 1992K3:6(图 1.4.4,28)、⑥成都三洞桥 1983M1(图 1.4.4,29)、⑦新都马家 1980M(图 1.4.4,30)。⑧

Db 型　兽首耳较大。形制变化区别不大,暂不分式。标本:桐城高桥长岗 1994JC(图 1.4.4,31)、⑨茂县牟托 1992M1:A(图 1.4.4,32)。⑩

第五节　盥洗器的型式分类

一、铜盉的型式分析

根据腹部形态的不同,东周时期的铜盉可以分为七型:

A 型　扁腹。蹄足或圈足,兽首鋬,盖顶多有鸟形捉手,或作伏兽形等。根据流部形态特征和腹部纹饰特征的不同,分为二式:

Ⅰ式　筒形流较直,少数流首端弯折。标本:洛阳西工区 2008C1M9934:32(图 1.5.1,1)、⑪洛阳西工区 2008C1M9950:52(图 1.5.1,2)。⑫

①　河南省文物考古研究所、桐柏县文物管理委员会:《河南桐柏月河墓地第二次发掘》,《文物》2005 年第 8 期,第 21—38 页。
②　山东大学考古系等:《山东沂源县姑子坪周代墓葬》,《考古》2003 年第 1 期,第 33—43 页。
③　河南信阳地区文管会、光山县文管会:《春秋早期黄君孟夫妇发掘报告》,《考古》1984 年第 4 期,第 302—332 页。
④　湖北省荆沙铁路考古队:《包山楚墓》,文物出版社,1991 年。
⑤　河南省博物馆:《河南三门峡市上村岭出土的几件战国铜器》,《文物》1976 年第 3 期,第 52—54 页。
⑥　茂县羌族博物馆等:《茂县牟托一号石棺墓》,文物出版社,2012 年。
⑦　成都市文物管理处:《成都三洞桥青羊小区战国墓》,《文物》1989 年第 5 期,第 31—35 页。
⑧　四川省博物馆、新都县文物管理所:《四川新都战国木椁墓》,《文物》1981 年第 6 期,第 1—16 页。
⑨　江小角:《桐城出土春秋时期青铜器》,《文物》1999 年第 4 期,第 89—91 页。
⑩　茂县羌族博物馆等:《茂县牟托一号石棺墓》,文物出版社,2012 年。
⑪　山西大学历史文化学院、洛阳市文物工作队:《河南洛阳市润阳广场东周墓 C1M9934 发掘简报》,《考古》2010 年第 12 期,第 23—32 页。
⑫　洛阳市文物工作队:《河南洛阳市润阳广场 C1M9950 号东周墓葬的发掘》,《考古》2009 年第 12 期,第 18—31 页。

Ⅱ式　兽首流弯曲。标本：礼县圆顶山 1998M1：21（图 1.5.1,3）、①陇县边家庄 1979M1：12（图 1.5.1,4）。②

B型　圆鼓腹,小口,形似铜汤鼎（详见下文）。根据腹部和足部形态的不同,分为三个亚型：

Ba型　尾部着透雕扉棱。根据足部形态的不同,分为六式：

Ⅰ式　蹄足瘦高,接于腹底部。标本：潜山梅城黄岭 1993M：8（图 1.5.1,5）。③

Ⅱ式　蹄足变粗矮,接于腹、底交接处。标本：繁昌新塘采：57（图 1.5.1,6）、④蚌埠双墩 2006M1：20（图 1.5.1,7）。⑤

Ⅲ式　蹄足接于腹下部。标本：淅川下寺 1978M1：71（图 1.5.1,8）、⑥淅川下寺 1978M3：3。⑦

Ⅳ式　形制与上式基本相同,纹饰较上式繁缛,下腹饰三角纹。标本：固始侯古堆 1978M1P：44 吴王夫差盉（图 1.5.1,9）、⑧凤阳卞庄 2007M1：20。⑨

Ⅴ式　腹较上式变深,圜底。标本：丹徒谏壁王家山 1985M：48（图 1.5.1,10）、⑩苏州虎丘 1975M。⑪

Ⅵ式　腹部变浅,较为宽扁,纹饰较上式蜕化。标本：江陵天星观 2000M2：37（图 1.5.1,11）、⑫寿县朱家集 1933M 铸客盉（图 1.5.1,12）。⑬

Bb型　尾部无鋬和扉棱,平底,多棱形高蹄足,接于腹中部,腹部素面或饰一至二周凸弦纹。标本：荆门包山 1986M2：392（图 1.5.1,13）、⑭黄冈罗汉山 1982M（图 1.5.1,14）。⑮

Bc型　尾部无鋬和扉棱,蹄足。根据腹、足部形态的不同,分为五式：

Ⅰ式　扁鼓腹,蹄足粗矮,接于腹底部。标本：滕州薛故城尤楼 1978M4：5（图 1.5.1,15）。⑯

Ⅱ式　圆鼓扁腹,较深,圜底,兽首流弯曲,蹄足较高,根部装饰兽面,接于腹下部。标

---

① 甘肃省文物考古研究所、礼县博物馆：《礼县圆顶山春秋秦墓》,《文物》2002 年第 2 期,第 4—30 页。

② 尹盛平、张天恩：《陕西陇县边家庄一号春秋秦墓》,《考古与文物》1986 年第 6 期,第 15—22 页。

③ 潜山县文物局：《潜山黄岭春秋墓》,《文物研究（13）》,黄山书社,2001 年,第 125—127 页。

④ 安徽大学、安徽省文物考古研究所：《皖南商周青铜器》,文物出版社,2006 年,第 94—95 页。

⑤ 安徽省文物考古研究所、蚌埠市博物馆：《钟离君柏墓》,文物出版社,2013 年。

⑥ 河南省文物研究所等：《淅川下寺春秋楚墓》,文物出版社,1991 年。

⑦ 河南省文物研究所等：《淅川下寺春秋楚墓》,文物出版社,1991 年。

⑧ 河南省文物考古研究所：《固始侯古堆一号墓》,大象出版社,2004 年。

⑨ 安徽省文物考古研究所、凤阳县文物管理所：《凤阳大东关与卞庄》,科学出版社,2010 年。

⑩ 镇江博物馆：《江苏镇江谏壁王家山东周墓》,《文物》1987 年第 12 期,第 24—37 页；杨正宏、肖梦龙主编：《镇江出土吴国青铜器》,文物出版社,2008 年。

⑪ 苏州博物馆考古组：《苏州虎丘东周墓》,《文物》1981 年第 11 期,第 51—54 页。

⑫ 湖北省荆州博物馆：《荆州天星观二号楚墓》,文物出版社,2003 年。

⑬ 吴镇烽：《商周青铜器铭文暨图像集成》14739,上海古籍出版社,2012 年。

⑭ 湖北省荆沙铁路考古队：《包山楚墓》,文物出版社,1991 年。

⑮ 黄州古墓发掘队：《黄冈罗汉山楚墓》,《江汉考古》1987 年第 1 期,第 1—4 页。

⑯ 山东省济宁市文物管理局：《薛国故城勘查和墓葬发掘报告》,《考古学报》1991 年第 4 期,第 449—495 页。

本：长治分水岭 1972M269：28(图 1.5.1,16)。①

　　Ⅲ式　腹较上式变浅,圜平底,蹄足较高,素面,接于腹下部。标本：长治分水岭 1972M270：18(图 1.5.1,17)、②凤翔高王寺 1977JC。③

　　Ⅳ式　圜平底,蹄足较上式粗矮,接于腹下部。标本：潞城潞河 1983M7：160(图 1.5.1,18)、④长子牛家坡 1977M7：22。⑤

　　Ⅴ式　平底,蹄足粗矮,接于腹中部。标本：平山三汲 1974M1DK：16(图 1.5.1,19)、⑥成都羊子山 1955M172：49(图 1.5.1,20)。⑦

　　C 型　罐形腹,前有流,尾部着躬身兽首鋬,蹄足或圈足。⑧ 根据流部形态的不同,分为二式：

　　Ⅰ式　长流。标本：繁昌汤家山 1979M：7(图 1.5.1,21)、⑨京山苏家垅 1966M(图 1.5.1,22)。⑩

　　Ⅱ式　曲流。标本：淅川下寺 1979M8：6(图 1.5.1,23)、⑪潢川上油岗磨盘山 1975M(图 1.5.1,24)。⑫

　　D 型　方腹。目前所见数量少。标本：寿县西门内 1955M：17(图 1.5.1,25、26)。⑬

　　E 型　把手鬲形腹。目前所见数量少。分为二式：

　　Ⅰ式　标本：六安毛坦厂走马岗 1989M(图 1.5.1,27)。⑭

　　Ⅱ式　标本：光山宝相寺 1983MG2：A7(图 1.5.1,28)。⑮

　　F 型　杯形。目前所见数量少。标本：平顶山滍阳岭 1989M8：37(图 1.5.1,29)。⑯

①　山西省文物工作委员会晋东南工作组、山西省长治市博物馆：《长治分水岭 269、270 号东周墓》,《考古学报》1974 年第 2 期,第 63—85 页;山西省考古研究所等：《长治分水岭东周墓地》,文物出版社,2010 年。

②　山西省文物工作委员会晋东南工作组、山西省长治市博物馆：《长治分水岭 269、270 号东周墓》,《考古学报》1974 年第 2 期,第 63—85 页;山西省考古研究所等：《长治分水岭东周墓地》,文物出版社,2010 年。

③　韩伟、曹明檀：《陕西凤翔高王寺战国铜器窖藏》,《文物》1981 年第 1 期,第 15—17 页。

④　山西省考古研究所、山西省晋东南地区文化局：《山西省潞城县潞河战国墓》,《文物》1986 年第 6 期,第 1—19 页。

⑤　山西省考古研究所：《山西长子县东周墓》,《考古学报》1984 年第 4 期,第 503—529 页。

⑥　河北省文物研究所：《𰯼墓——战国中山国国王之墓》,文物出版社,1995 年。

⑦　四川省文物管理委员会：《成都羊子山第 172 号墓发掘报告》,《考古学报》1956 年第 4 期,第 1—20 页。

⑧　日后材料丰富时,或可根据足部形态特征的不同,分为圈足和蹄足两个亚型。

⑨　安徽省文物工作队、繁昌县文化馆：《安徽繁昌出土一批春秋青铜器》,《文物》1982 年第 12 期,第 47—50 页;安徽大学、安徽省文物考古研究所：《皖南商周青铜器》,文物出版社,2006 年。

⑩　佚名：《湖北京山发现曾国铜器》,《文物》1972 年第 1 期,第 75 页;湖北省博物馆：《湖北京山发现曾国铜器》,《文物》1972 年第 2 期,第 47—53 页;湖北省文物考古研究所：《曾国青铜器》,文物出版社,2007 年。

⑪　河南省文物研究所等：《淅川下寺春秋楚墓》,文物出版社,1991 年。

⑫　信阳地区文管会、潢川县文化馆：《河南潢川县发现黄国和蔡国铜器》,《文物》1980 年第 1 期,第 46—50 页。

⑬　安徽省文物管理委员会、安徽省博物馆：《寿县蔡侯墓出土遗物》,科学出版社,1956 年;安徽省博物馆：《安徽省博物馆藏青铜器》,上海人民美术出版社,1987 年;马承源主编：《中国青铜器(修订本)》,上海古籍出版社,2003 年,第 249 页。

⑭　安徽省博物馆、六安县文物管理所：《安徽六安县发现一座春秋时期墓葬》,《考古》1993 年第 7 期,第 656—657 页。

⑮　河南信阳地区文管会、光山县文管会：《春秋早期黄君孟夫妇墓发掘报告》,《考古》1984 年第 4 期,第 302—332 页。

⑯　河南省文物考古研究所、平顶山市文物管理局：《河南平顶山应国墓地八号墓发掘简报》,《华夏考古》2007 年第 1 期,第 20—49 页。

分期	A 型	B 型		Ba 型	Bb 型	Bc 型	C 型	D 型	E 型	F 型

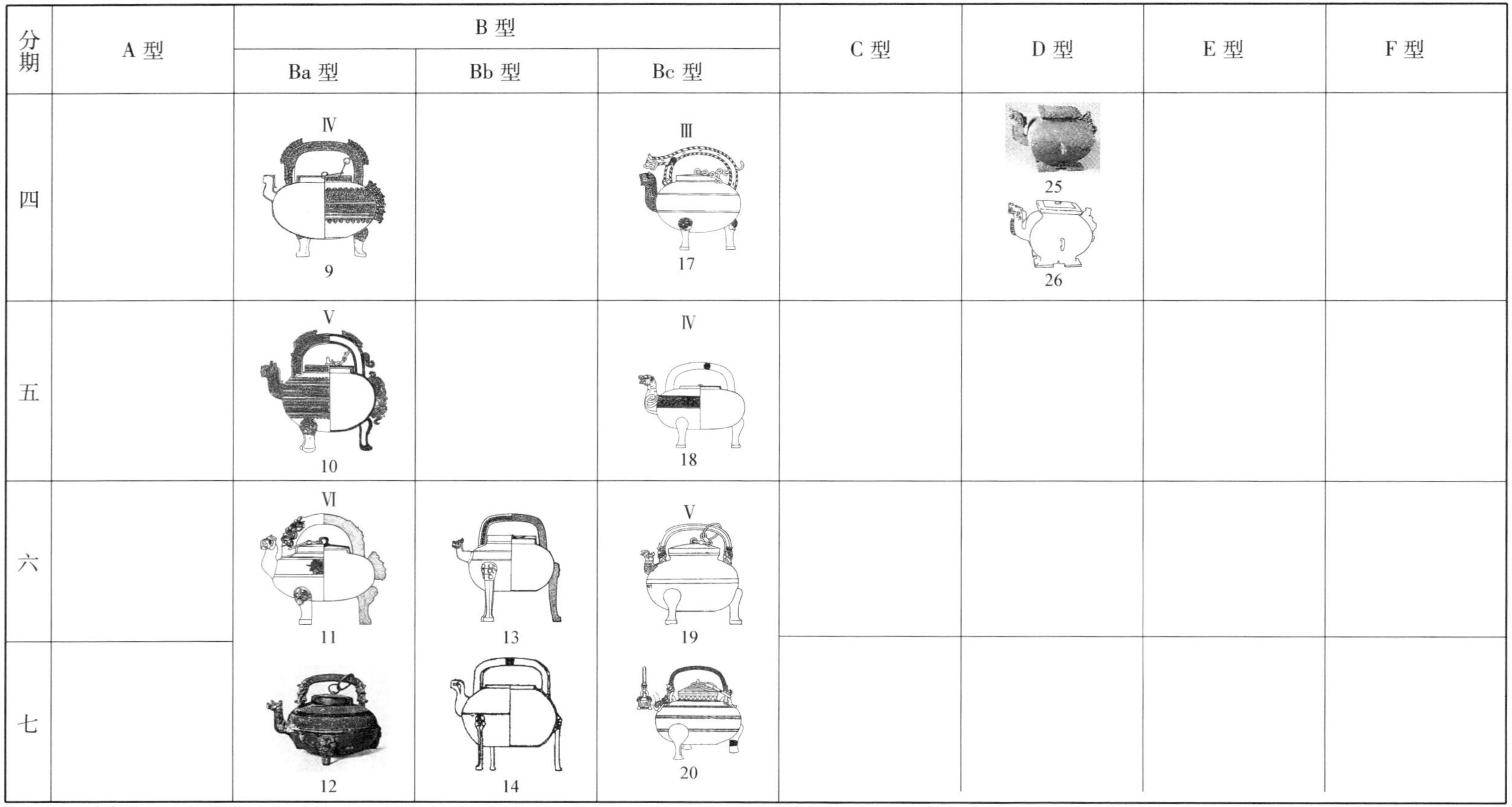

图 1.5.1　铜盉谱系图

1. 洛阳西工区 2008C1M9934：32　2. 洛阳西工区 2008C1M9950：52　3. 礼县圆顶山 1998M1：21　4. 陇县边家庄 1979M1：12　5. 潜山梅城黄岭 1993M：8　6. 繁昌新塘采：57　7. 朱衣集 1993M 铸客盉　8. 淅川下寺 1978M1：20　9. 固始侯古堆 1978M1P：44 吴王夫差盉　10. 丹徒谏壁王家山 1985M：48　11. 江陵天星观 2000M2：37　12. 寿县蚌埠双墩 2006M1：20　13. 荆门包山 1986M2：392　14. 黄冈罗汉山 1982M　15. 滕州薛故城尤楼 1978M4：5　16. 长治分水岭 1972M269：28　17. 长治分水岭 1972M270：18　18. 潞城潞河 1983M7：160　19. 平山三汲 1974M1DK：16　20. 繁昌汤家山 1979M：7　21. 繁昌汤家山 1955M172：49　22. 京山苏家垅 1966M　23. 淅川下寺 1979M8：6　24. 滇川上油岗磨盘山 1975M　25、26. 寿县西门内 1955M：17　27. 六安毛坯厂走马岗 1989M　28. 光山宝相寺 1983MG2：A7　29. 平顶山滍阳岭 1989M8：37

G 型　壶形。目前所见数量少。标本：《商周集成》14782。①

二、铜匜的型式分析

根据腹部形态的不同,东周时期的铜匜可以分为四型：

A 型　腹部长径在流—尾方向(横长腹)。根据流形态的不同分为两个亚型：

Aa 型　敞口流。根据足部形态的不同分为三个次亚型：

Aaa 型　扁足或蹄足。根据錾形态的不同分为三个次次亚型：

Aaaa 型　犄角兽首形或圆环形錾。根据流、腹、足和錾形态的不同分为七式：

Ⅰ式　流较短,深腹窄长,圜底,扁足或蹄足较高,足前后间距较小,尾着躬身兽首錾,或卷尾、垂珥,腹上部多饰重环纹或窃曲纹、下部多饰瓦棱纹。标本：三门峡上村岭1992M2013：18(图 1.5.2,1)、②三门峡上村岭 1990M2010：50。③

Ⅱ式　流变长,流口上翘较高,深腹稍显宽阔,足内聚于腹底,足间距较小,腹部饰吐舌蟠螭或勾连蟠螭等纹样。标本：光山宝相寺 1983MG2：A13(图 1.5.2,2)。④

Ⅲ式　足多为蹄足,足间距变大,尾部躬身兽首錾变小,或代以圆环。标本：洛阳中州路 1954M2415：8(图 1.5.2,3)、⑤洛阳西工区 2005M8832：12。⑥

Ⅳ式　流变低,流口较平,浅腹宽阔,俯视呈圆角长方形或椭圆形,蹄足前后间距更大,錾多作圆环形,腹部多素面。标本：陕县后川 1957M2056：10(图 1.5.2,4)、⑦洛阳中州路 1954M4：39。⑧

Ⅴ式　腹变浅,蹄足矮小蜕化,尾部着环形錾。标本：洛阳中州路 1954M4：39(图1.5.2,5)。⑨

Ⅵ式　暂缺。

Ⅶ式　流变长,上翘较高,腹部呈长条形,蜕化较甚,制作粗糙。标本：陕县后川1957M2060：61(图 1.5.2,6)。⑩

Aaab 型　尾部兽首錾顶部作平板形,其余部位与 Aaaa 型基本相同。根据流形态的不同分为二式：

---

①　吴镇烽：《商周青铜器铭文暨图像集成》,上海古籍出版社,2012 年。

②　河南省文物考古研究所、三门峡市文物工作队：《三门峡虢国墓地 M2013 的发掘清理》,《文物》2000 年第 12期,第 23—34 页。

③　河南省文物考古研究所、三门峡市文物工作队：《三门峡虢国墓地 M2010 的清理》,《文物》2000 年第 12 期,第 4—22 页。

④　河南信阳地区文管会、光山县文管会：《春秋早期黄君孟夫妇墓发掘报告》,《考古》1984 年第 4 期,第 302—332 页。

⑤　中国科学院考古研究所：《洛阳中州路(西工段)》,科学出版社,1959 年。

⑥　洛阳市文物工作队：《洛阳体育场路西东周墓发掘报告》,文物出版社,2011 年。

⑦　中国社会科学院考古研究所：《陕县东周秦汉墓》,科学出版社,1994 年。

⑧　中国科学院考古研究所：《洛阳中州路(西工段)》,科学出版社,1959 年。

⑨　中国科学院考古研究所：《洛阳中州路(西工段)》,科学出版社,1959 年。

⑩　中国社会科学院考古研究所：《陕县东周秦汉墓》,科学出版社,1994 年。

Ⅰ式　流较短。标本：铜陵谢垅 1989JC：5（图 1.5.2,7）、①安丘东古庙 1994M：17。②

Ⅱ式　流变长。标本：郯城大埠二村 2002M1：14（图 1.5.2,8）。③

Aaac 型　尾部錾为平板形,流口平,浅腹,平底,质薄粗糙,数量少。标本：凤翔八旗屯西沟道 1983M3：3（图 1.5.2,9）。④

Aab 型　圈足。数量少。标本：易县燕下都西贯城 1973 采（图 1.5.2,10）、⑤淇县桥盟 1982 征。⑥

Aac 型　无足。数量少,暂不分式。标本：凤翔邓家崖 1988M7：4（图 1.5.2,11）。⑦

Ab 型　封口流。根据足部形态的不同分为四个次亚型：

Aba 型扁足或蹄足。根据腹壁有无兽面分为两个次次亚型：

Abaa 型　腹壁无兽面。演变规律与 Aaaa 型基本相同。分为六式：

Ⅰ式　流较短,扁足或蹄足间距较小,躬身兽形錾较发达。标本：随州安居桃花坡 1979M1（图 1.5.2,12）、⑧肥城小王庄 1963M。⑨

Ⅱ式　流变长,流首上翘。标本：滕州薛故城尤楼 1978M1：57（图 1.5.2,13）。⑩

Ⅲ式　足多为蹄足,扁足变少,足间距变大,錾蜕化或作圆环形,腹变长。标本：洛阳西工区 1991C1M3427：13（图 1.5.2,14）、⑪洛阳西工区 2005M8832：25。⑫

Ⅳ式　蹄足粗矮精壮,腹部呈圆角长方形,圆环形錾。标本洛阳西工区 2005M8830：7（图 1.5.2,15）、⑬侯马上马 1961M13。⑭

Ⅴ式　腹变浅,管状流变细长。标本：洛阳西工区 1991C1M3498：6（图 1.5.2,16）、⑮临猗程村 1987M1001：128。⑯

Ⅵ式　流口更加细长,与腹部呈两截状,錾作环形,或"返祖"作躬身兽形錾。标本：新郑郑韩路 2004M6：5（图 1.5.2,17）。⑰

Abab 型　腹壁有兽面。演变规律与 Abaa 型基本相同。分为二式：

----

① 张国茂：《安徽铜陵谢垅春秋铜器清理简报》,《东南文化》1990 年第 4 期,第 210—212 页。
② 安丘市博物馆：《山东安丘柘山镇东古庙村春秋墓》,《文物》2012 年第 7 期,第 16—21 页。
③ 山东省文物考古研究所等：《郯城县大埠二村遗址发掘报告》,《海岱考古》（四）,科学出版社,2011 年,第 105—140 页。
④ 尚志儒、赵丛苍：《陕西凤翔八旗屯西沟道秦墓发掘简报》,《文博》1986 年第 3 期,第 1—31 页。
⑤ 河北省文物研究所：《燕下都》,文物出版社,1996 年,第 819—822 页。
⑥ 王小运：《河南淇县文物管理所藏春秋青铜器》,《华夏考古》2012 年第 3 期,第 89—90 页。
⑦ 陕西省考古研究所雍城工作站：《凤翔邓家崖发现秦墓发掘简报》,《考古与文物》1991 年第 2 期,第 14—19 页。
⑧ 随州市博物馆：《湖北随县安居出土青铜器》,《文物》1982 年第 12 期,第 51—57 页。
⑨ 齐文涛：《概述近年来山东出土的商周青铜器》,《文物》1972 年第 5 期,第 3—18 页。
⑩ 山东省济宁市文物管理局：《薛国故城勘查和墓葬发掘报告》,《考古学报》1991 年第 4 期,第 449—495 页。
⑪ 洛阳市文物工作队：《洛阳西工区春秋墓发掘简报》,《文物》2010 年第 8 期,第 8—28 页。
⑫ 洛阳市文物工作队：《洛阳体育场路西东周墓发掘报告》,文物出版社,2011 年。
⑬ 洛阳市文物工作队：《洛阳体育场路西东周墓发掘报告》,文物出版社,2011 年。
⑭ 山西省文物管理委员会侯马工作站：《山西侯马上马村东周墓葬》,《考古》1963 年第 5 期,第 229—245 页。
⑮ 洛阳市文物工作队：《洛阳西工区春秋墓发掘简报》,《文物》2010 年第 8 期,第 8—28 页。
⑯ 中国社会科学院考古研究所等：《临猗程村墓地》,中国大百科全书出版社,2003 年。
⑰ 河南省文物考古研究所新郑工作站：《新郑市郑韩路 6 号春秋墓》,《文物》2005 年第 8 期,第 39—46 页。

Ⅰ式　流口上翘较高,足间距较小。标本:滕州薛故城尤楼1978M2:121(图1.5.2,18)。[1]

Ⅱ式　流口变低,足间距变大。标本:峄城徐楼2009M1:38(图1.5.2,19)。[2]

Abb型　圈足。数量少。根据流、腹、圈足和鋬形态的不同分为六式:

Ⅰ式　暂缺。

Ⅱ式　流细长,流口较高,深腹稍显宽阔,圈足较高,躬身兽首鋬,腹部饰吐舌蟠螭或勾连蟠螭纹。标本:《美集录》A836(图1.5.2,20)。[3]

Ⅲ式　暂缺。

Ⅳ式　暂缺。

Ⅴ式　流口变低,腹变浅,圈足变矮,圆环形鋬。标本:侯马下平望1975M(图1.5.2,21)。[4]

Ⅵ式　圈足更矮,腹部平面呈椭圆形。标本:陕县后川1957M2040:210(图1.5.2,22)。[5]

Abc型　环足。数量少。根据流和足部形态的不同,分为四式:

Ⅰ式　暂缺。

Ⅱ式　暂缺。

Ⅲ式　流较短,足间距较小。标本:峄城徐楼2009M2:20(图1.5.2,23)。[6]

Ⅳ式　流变长,足间距变大。标本:洛阳西工区1981C1M124:2(图1.5.2,24)、[7]邳州刘林1958M。[8]

Abd型　无足。数量少。根据流形态的不同,分为三式:

Ⅰ式　流较短。标本: 闻喜邱家庄1979M13:8(图1.5.2,25)。[9]

Ⅱ式　暂缺。

Ⅲ式　流较长。标本:陕县后川1957M2040:71(图1.5.2,26)。[10]

B型　腹部长径在流—尾的垂直方向(纵长腹)。根据流的不同分为两个亚型:

Ba型　敞口流。根据足的不同分为四个次亚型:

Baa型　无足。根据流的不同分为两个次次亚型:

Baaa型　流由短变长。根据流、腹和鋬的不同分为九式:

① 山东省济宁市文物管理局:《薛国故城勘查和墓葬发掘报告》,《考古学报》1991年第4期,第449—495页。
② 枣庄市博物馆等:《山东枣庄徐楼东周墓发掘简报》,《文物》2014年第1期,第4—27页。
③ 中国科学院考古研究所:《美帝国主义劫掠的我国殷周铜器集录》,科学出版社,1962年。
④ 范文谦:《山西侯马下平望墓地出土的东周铜器》,《文物季刊》1993年第1期,第20—21页。
⑤ 中国社会科学院考古研究所:《陕县东周秦汉墓》,科学出版社,1994年。
⑥ 枣庄市博物馆等:《山东枣庄徐楼东周墓发掘简报》,《文物》2014年第1期,第4—27页。
⑦ 洛阳市文物工作队:《洛阳两座东周铜器墓》,《中原文物》1983年第4期,第17—18页。
⑧ 南京博物院:《1959年冬徐州地区考古调查》,《考古》1960年第3期,第25—29页。
⑨ 运城行署文化局、运城地区博物馆:《山西闻喜邱家庄战国墓葬发掘简报》,《考古与文物》1983年第1期,第5—11页。
⑩ 中国社会科学院考古研究所:《陕县东周秦汉墓》,科学出版社,1994年。

分期	A 型　横长型,腹部				
	Aa 型　敞口流				
	Aaa 型　蹄足			Aab 型　圈足	Aac 型　无足
	Aaaa 型	Aaab 型	Aaac 型		
一	I 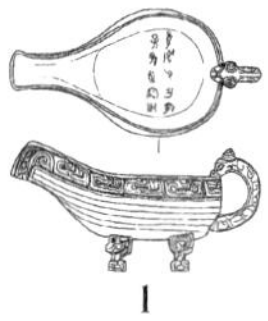 I 	I 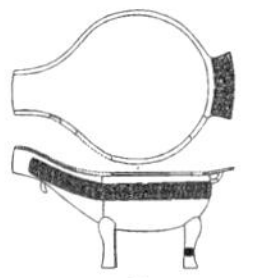 7			
二	II 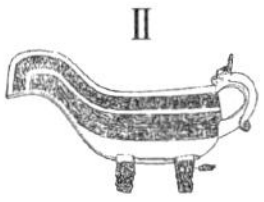 2 III  3	II 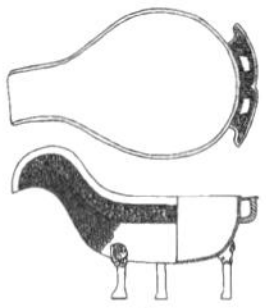 8			
三	IV  4				
四	V  5			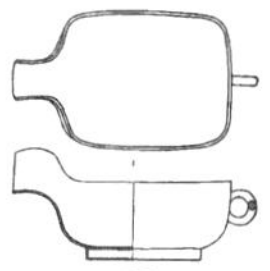 10	
五	VI 暂缺	9			
六	VII 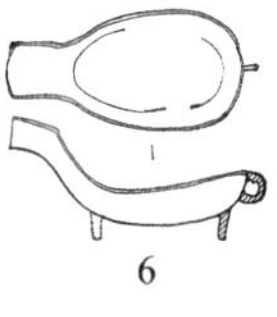 6				 11
七					

图 1.5.2　铜匜

1. 三门峡上村岭 1992M2013：18　2. 光山宝相寺 1983MG2：A13　3. 洛阳中州路 1954M2415：8　4. 陕县后川 1957M2056：10　5. 洛阳中州路 1954M4：39　6. 陕县后川 1957M2060：61　7. 铜陵谢垅 1989JC：5　8. 郯城大埠二村 2002M1：14　9. 凤翔八旗屯西沟道 1983M3：3　10. 易县燕下都西贯城 1973 采　11. 凤翔邓家崖 1988M7：4　12. 随州安居桃花坡 1979M1　13. 滕州薛故城尤楼 1978M1：57　14. 洛阳西

Ab 型　封口流				
Aba 型　扁足或蹄足		Abb 型　圈足	Abc 型　环足	Abd 型　无足
Abaa 型	Abab 型			
I 12		I 暂缺	I 暂缺	
II 13 III 14 IV 15	I 18 II 19	II 20	II 暂缺 III 23	
V 16		IV 暂缺	IV 24	I 25
VI 17		V 21		II 暂缺
		VI 22		III 26

谱系图（A 型）

工区 1991C1M3427：13　15. 洛阳西工区 2005M8830：7　16. 洛阳西工区 1991C1M3498：6　17. 新郑郑韩路 2004M6：5　18. 滕州薛故城尤楼 1978M2：121　19. 峄城徐楼 2009M1：38　20.《美集录》A836　21. 侯马下平望 1975M　22. 陕县后川 1957M2040：210　23. 峄城徐楼 2009M2：20　24. 洛阳西工区 1981C1M124：2　25. 闻喜邱家庄 1979M13：8　26. 陕县后川 1957M2040：71

Ⅰ式　流较短,尾着兽或圆环形鋬。标本:信阳明港钢厂1981M(图1.5.3,1)、①襄阳沈岗2009M1022:9(图1.5.3,2)。②

Ⅱ式　流变长,流口变宽。标本:淅川下寺1979M8:5(图1.5.3,3)、③南阳李八庙2004M1:7。④

Ⅲ式　流变长,流口上翘,流下或有一圆环,尾部鋬多为圆环形。标本:栖霞吕家埠1982M1:17(图1.5.3,4)、⑤礼县圆顶山1998M1:14。⑥

Ⅳ式　流变长,斜直上翘,流口更宽,圆环形鋬或无鋬。标本:郧县肖家河1990M:6(图1.5.3,5)、⑦随州义地岗1994M1:1。⑧

Ⅴ式　流更长,斜直上翘角度较大,流口变窄,腹部平面呈椭圆形或圆角长方形,圆环形鋬。标本:随州义地岗2011M6:3(图1.5.3,6)、⑨太原金胜村1988M251:540。⑩

Ⅵ式　流上翘角度变小,腹部呈圆角长方形,圆环形鋬。标本:淅川和尚岭1990M2:67(图1.5.3,7)。⑪

Ⅶ式　流变得细长,流口更窄,上翘角度较小,鋬多为铺首衔环。标本:江陵天星观2000M2:21(图1.5.3,8)、⑫荆门包山1986M2:125。⑬

Ⅷ式　流细长,近平直,腹部呈椭圆形或圆角长方形。标本:平山三汲1974M1DK:32(图1.5.3,9)、⑭淅川徐家岭1991M10:128(图1.5.3,10)。⑮

Ⅸ式　流更细长,平直或微翘,腹部平面呈圆角方形,鋬作铺首衔环形,或无鋬。标本:襄阳王坡2001M146:3(图1.5.3,11)、⑯云梦睡虎地1975M11:12。⑰

Baab型　流较短。与Baaa型早期阶段相似,是铜匜演化中的一种"返祖"现象。根据流形态的不同,分为二式:

Ⅰ式　流较长,流口微翘。标本:天门彭家山2007M8:29(图1.5.3,12)、⑱洛阳西

① 信阳地区文管会、信阳县文化馆:《信阳县明港发现两批春秋早期青铜器》,《中原文物》1981年第4期,第16—17页。
② 襄阳市文物考古研究所:《湖北襄阳沈岗墓地M1022发掘简报》,《文物》2013年第7期,第4—19页。
③ 河南省文物研究所等:《淅川下寺春秋楚墓》,文物出版社,1991年。
④ 南阳市文物考古研究所:《河南南阳李八庙春秋墓清理简报》,《文物》2012年第4期,第29—33页。
⑤ 栖霞县文物管理所:《山东栖霞县松山乡吕家埠西周墓》,《考古》1988年第9期,第778—783页。
⑥ 甘肃省文物考古研究所、礼县博物馆:《礼县圆顶山春秋秦墓》,《文物》2002年第2期,第4—30页。
⑦ 郧阳地区博物馆:《湖北郧县肖家河春秋楚墓》,《考古》1998年第4期,第42—46页。
⑧ 湖北省文物考古研究所等:《湖北随州义地岗墓地曾国墓1994年发掘简报》,《文物》2008年第2期,第4—18页。
⑨ 湖北省文物考古研究所、随州市博物馆:《湖北随州义地岗曾公子去疾墓发掘简报》,《江汉考古》2012年第3期,第3—26页。
⑩ 山西省考古研究所、太原市文物管理委员会:《太原晋国赵卿墓》,文物出版社,1996年。
⑪ 河南省文物考古研究所等:《淅川和尚岭与徐家岭楚墓》,大象出版社,2004年。
⑫ 湖北省江陵博物馆:《江陵天星观二号楚墓》,文物出版社,2003年。
⑬ 湖北省荆沙铁路考古队:《包山楚墓》,文物出版社,1991年。
⑭ 河北省文物研究所:《𰯄墓——战国中山国国王之墓》,文物出版社,1995年。
⑮ 河南省文物考古研究所等:《淅川和尚岭与徐家岭楚墓》,大象出版社,2004年。
⑯ 湖北省文物考古研究所等:《襄阳王坡东周秦汉墓》,科学出版社,2005年。
⑰ 《云梦睡虎地秦墓》编写组:《云梦睡虎地秦墓》,文物出版社,1981年。
⑱ 湖北省文物考古研究所、天门市博物馆:《天门彭家山楚墓》,科学出版社,2012年。

工区针织厂1996C1M5269：81。①

　　Ⅱ式　流变短,流口近平。标本:凤翔高庄1979M1：13(图1.5.3,13)。②

　　Bab型　圈足。演变规律与Baaa型基本相同。根据流、腹部形态的不同分为四式:

　　Ⅰ式　流较长,上翘,流口较宽。标本:邯郸邯钢1989M(图1.5.3,14)、③淇县赵沟1981M1。④

　　Ⅱ式　流变长,斜直上翘角度较大,流口较宽。标本:潞城潞河1983M8：6(图1.5.3,15)、⑤长治分水岭1954M11：7。⑥

　　Ⅲ式　流更长,上翘角度变小,近平直,流口变窄,腹部平面呈椭圆形或圆角长方形。标本:随州擂鼓墩1981M2：74(图1.5.3,16)。⑦

　　Ⅳ式　流更细长。标本:长治分水岭1959M25：42(图1.5.3,17)。⑧

　　Bac型　蹄足。数量少。根据流形态的不同,分为五式:

　　Ⅰ式　暂缺。

　　Ⅱ式　暂缺。

　　Ⅲ式　暂缺。

　　Ⅳ式　流较长,躬身兽形鋬。标本:随州擂鼓墩1978M1：C190(图1.5.3,18)。⑨

　　Ⅴ式　流更长,鋬作铺首衔环。标本:临淄国家村2004M4：15(图1.5.3,19)。⑩

　　Bad型　环足。数量少,分为二式:

　　Ⅰ式　标本:辉县琉璃阁1936M甲：135(图1.5.3,20)。⑪

　　Ⅱ式　标本:长治分水岭1959M26：51(图1.5.3,21)。⑫

　　Bb型　封口流。根据足的不同分为四个次亚型:

　　Bba型　无足。根据流和腹部形态的不同分为七式:

　　Ⅰ式　暂缺。

　　Ⅱ式　暂缺。

　　Ⅲ式　流上翘,流口较高,躬身兽形鋬。标本:淅川下寺1978M2：53(图1.5.3,

---

①　洛阳市文物工作队:《洛阳市针织厂东周墓(C1M5269)的清理》,《文物》2001年第12期,第41—59页。

②　雍城考古工作队:《凤翔县高庄战国秦墓发掘简报》,《文物》1980年第9期,第10—14页。

③　郝良真、赵建朝:《邯钢出土青铜器及赵国贵族墓葬区域》,《文物春秋》2003年第4期,第13—17页。

④　淇县文物保管所:《淇县赵沟发现两批战国铜器》,《中原文物》1984年第2期,第117—118页。

⑤　山西省考古研究所、山西省晋东南地区文化局:《山西省潞城县潞河战国墓》,《文物》1986年第6期,第1—19页。

⑥　山西省文物管理委员会:《山西长治市分水岭古墓的清理》,《考古学报》1957年第1期,第103—118页;山西省考古研究所等:《长治分水岭东周墓地》,文物出版社,2010年。

⑦　随州市博物馆:《随州擂鼓墩二号墓》,文物出版社,2008年。

⑧　山西省考古研究所等:《长治分水岭东周墓地》,文物出版社,2010年。

⑨　湖北省博物馆:《曾侯乙墓》,文物出版社,1989年。

⑩　淄博市临淄区文物局:《山东淄博市临淄区国家村战国墓》,《考古》2007年第8期,第11—21页。

⑪　河南博物院、台北历史博物馆:《辉县琉璃阁甲乙二墓》,大象出版社,2011年。

⑫　山西省考古研究所等:《长治分水岭东周墓地》,文物出版社,2010年。

分期	B型　纵长型,腹部长径在流—尾垂直方向					
	Ba型　敞口流					
	Baa型　无足		Bab型　圈足	Bac型　蹄足	Bad型　环足	Bba型　无足
	Baaa型	Baab型				
一	I 　1 　2					I 暂缺
二	II 　3			I 暂缺		II 暂缺
三	III 　4			II 暂缺		III 　22
四	IV 　5		I 　14	III 暂缺	I 　20	IV 　23

Bb 型　封口流				C 型　圆形腹	D 型　异型
Bbb 型　圈足	Bbc 型　矮蹄足	Bbd 型　高蹄足			
		Bbda 型	Bbdb 型		
				I  36	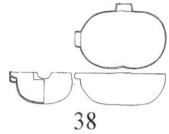 38
	I 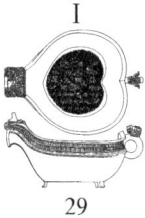 29			II  37	
	II  30				
I  26	III 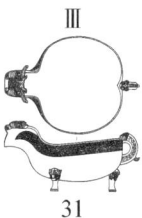 31	 34			

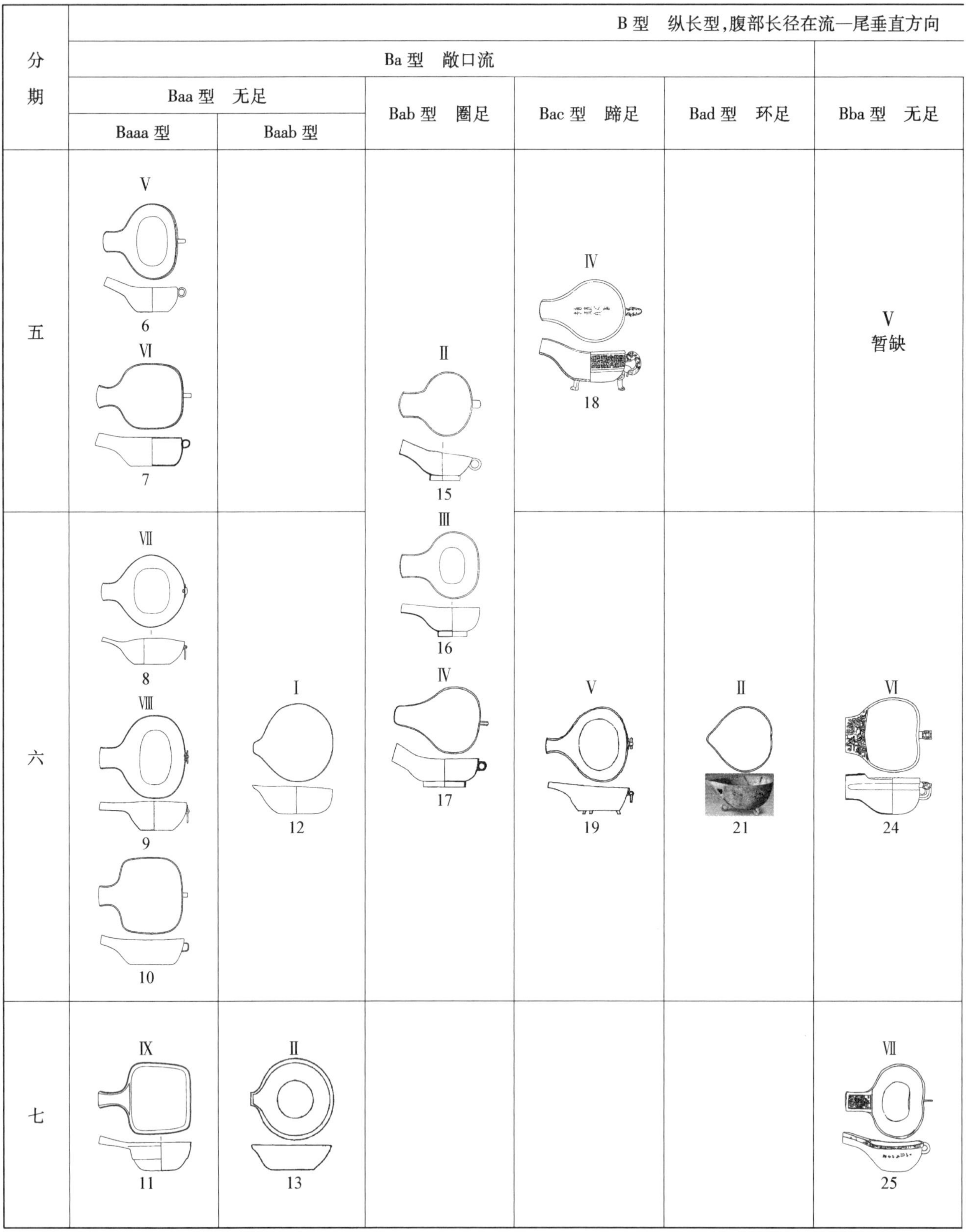

分期	B型　纵长型,腹部长径在流—尾垂直方向					
	Ba型　敞口流					Bba型　无足
	Baa型　无足		Bab型　圈足	Bac型　蹄足	Bad型　环足	
	Baaa型	Baab型				
五	V 6 VI 7		II 15	IV 18		V 暂缺
六	VII 8 VIII 9 10	I 12	III 16 IV 17	V 19	II 21	VI 24
七	IX 11	II 13				VII 25

图 1.5.3　铜匜谱系图

1. 信阳明港钢厂 1981M　2. 襄阳沈岗 2009M1022：9　3. 淅川下寺 1979M8：5　4. 栖霞吕家埠 1982M1：17　5. 郧县肖家河 1990M：6　6. 随州义地岗 2011M6：3　7. 淅川和尚岭 1990M2：67　8. 江陵天星观 2000M2：21　9. 平山三汲 1974M1DK：32　10. 淅川徐家岭 1991M10：128　11. 襄阳王坡 2001M146：3　12. 天门彭家山 2007M8：29　13. 凤翔高庄 1979M1：13　14. 邯郸邯钢 1989M　15. 潞城潞河 1983M8：6　16. 随州擂鼓墩 1981M2：74　17. 长治分水岭 1959M25：42　18. 随州擂鼓墩 1978M1：C190　19. 临淄国家村 2004M4：15　20. 辉县琉璃阁 1936M 甲：135　21. 长治分水岭 1959M26：51　22. 淅川下寺 1978M2：53　23. 淅川下寺 1978M10：40　24. 襄阳陈

Bb 型　封口流				C 型　圆形腹	D 型　异型
Bbb 型　圈足	Bbc 型　矮蹄足	Bbd 型　高蹄足			
		Bbda 型	Bbdb 型		
27	32		35		
28	33				

（B、C、D 型）

坡 2006M10S：1　25. 寿县朱家集 1933M 铸客匜　26. 唐县北城子 1970M2　27. 随州擂鼓墩 1978M1：C147　28. 荆门包山 1986M2：89　29. 淅川下寺 1979M7：1　30. 岳阳凤形嘴 1986M1：10　31. 侯马上马 1973M1004：12　32. 太原金胜村 1988M251：614　33. 江陵天星观 2000M2：36　34. 唐山贾各庄 1952M18：4　35. 随州擂鼓墩 1978M1：C142　36. 铜陵铁湖采　37. 溧水黄家宽广墩 1981M　38. 枣庄东江 2002M3：10

22)、①淅川下寺1977M36∶8。②

　　Ⅳ式　流较上式变低,纹饰更加繁缛。标本:淅川下寺1978M10∶40(图1.5.3,23)、③平顶山滍阳岭1992M301∶13。④

　　Ⅴ式　暂缺。

　　Ⅵ式　流口变低,銴和纹饰蜕化较甚。标本:襄阳陈坡2006M10S∶1(图1.5.3,24)。⑤

　　Ⅶ式　流细长,平直或微翘,銴作圆环形或简化的躬身兽形。标本:寿县朱家集1933M铸客匜(图1.5.3,25)。⑥

　　Bbb型　圈足。根据流、口、腹、圈足的不同分为三式:

　　Ⅰ式　流较长,流口下探,深腹,矮圈足。标本:唐县北城子1970M2(图1.5.3,26)。⑦

　　Ⅱ式　流变长,腹变浅。标本:随州擂鼓墩1978M1∶C147(图1.5.3,27)。⑧

　　Ⅲ式　圈足变高,流或作鸟首形。标本:荆门包山1986M2∶89(图1.5.3,28)、⑨临淄商王1992M1∶114。⑩

　　Bbc型　矮蹄足。根据流、口、腹部形态的不同分为五式:

　　Ⅰ式　流较短,流口下探,蹄足瘦小,接于器底。标本:淅川下寺1979M7∶1(图1.5.3,29)。⑪

　　Ⅱ式　流变长,流口上翘,蹄足粗矮,接于下腹部。标本:岳阳凤形嘴1986M1∶10(图1.5.3,30)。⑫

　　Ⅲ式　流变长,流口变低,蹄足细长精致。标本:侯马上马1973M1004∶12(图1.5.3,31)。⑬

　　Ⅳ式　流更长。标本:太原金胜村1988M251∶614(图1.5.3,32)。⑭

　　Ⅴ式　流更加细长,上翘角度变小,近平直。标本:江陵天星观2000M2∶36(图1.5.3,33)。⑮

---

① 河南省文物研究所等:《淅川下寺春秋楚墓》,文物出版社,1991年。
② 河南省文物研究所等:《淅川下寺春秋楚墓》,文物出版社,1991年。
③ 河南省文物研究所等:《淅川下寺春秋楚墓》,文物出版社,1991年。
④ 河南省文物考古研究所等:《河南平顶山春秋晚期M301发掘简报》,《文物》2012年第4期,第4—28页。
⑤ 湖北省文物考古研究所等:《襄阳陈坡》,科学出版社,2013年。
⑥ 吴镇烽:《商周青铜器铭文暨图像集成》,上海古籍出版社,2012年。
⑦ 郑绍宗:《唐县南伏城及北城子出土周代青铜器》,《文物春秋》1991年第1期,第14—22页。
⑧ 湖北省博物馆:《曾侯乙墓》,文物出版社,1989年。
⑨ 湖北省荆沙铁路考古队:《包山楚墓》,文物出版社,1991年。
⑩ 淄博市博物馆:《山东临淄商王村一号战国墓发掘简报》,《文物》1997年第6期,第14—26页;淄博市博物馆、齐故城博物馆:《临淄商王墓地》,齐鲁书社,1997年。
⑪ 河南省文物研究所等:《淅川下寺春秋楚墓》,文物出版社,1991年。
⑫ 岳阳市文物工作队:《湖南省岳阳县凤形嘴山一号墓发掘简报》,《文物》1993年第1期,第1—8页。
⑬ 山西省考古研究所:《上马墓地》,文物出版社,1994年。
⑭ 山西省考古研究所、太原市文物管理委员会:《太原晋国赵卿墓》,文物出版社,1996年。
⑮ 湖北省荆州博物馆:《荆州天星观二号楚墓》,文物出版社,2003年。

Bbd 型　高蹄足。根据流、腹、底部形态的不同分为两个次次亚型：

Bbda 型　鸟首流，深腹，圜底。标本：唐山贾各庄 1952M18：4(图 1.5.3,34)。[1]

Bbdb 型　兽首流，浅腹，平底。标本：随州擂鼓墩 1978M1：C142(图 1.5.3,35)。[2]

C 型　圆形腹。数量少。根据流的不同分为二式：

Ⅰ式　流较短。标本：铜陵铁湖采(图 1.5.3,36)。[3]

Ⅱ式　流变长。标本：溧水黄家宽广墩 1981M(图 1.5.3,37)。[4]

D 型　异型。形制特殊，仅枣庄东江 2002M3：10 一件(图 1.5.3,38)，[5]腹部形制与
Baaa Ⅰ式相近，但是流开在了腹部长轴方向，可能是铸造过程中的纰漏所致。

三、铜盘的型式分析

根据腹部形态的不同，东周时期的铜盘可以分为三型：

A 型　圆形弧腹。根据耳部形态的不同，分为六个亚型：

Aa 型　方形立耳。根据足部形态的不同，分为两个次亚型：

Aaa 型　圈足。圈足下或附加三个小足或人、兽。分为四式：

Ⅰ式　圈足较高，多附加三小足。标本：三门峡上村岭 1990M2008：9（图
1.5.4,1）。[6]

Ⅱ式　圈足蜕化，变粗变矮。标本：登封告成袁窑 1995M1：160(图 1.5.4,2)。[7]

Ⅲ式　暂缺。

Ⅳ式　圈足更矮。标本：新乐中同村 1980M2：5(图 1.5.4,3)。[8]

Aab 型　蹄足。根据耳和足部形态的不同，分为七式：

Ⅰ式　暂缺。

Ⅱ式　暂缺。

Ⅲ式　暂缺。

Ⅳ式　足矮小，接于盘底，足间距较小。标本：临猗程村 1987M1064：2（图
1.5.4,4）。[9]

Ⅴ式　足变高，足间距变大。标本：临猗程村 1987M1023：1(图 1.5.4,5)、[10]万荣庙

①　安志敏：《河北省唐山市贾各庄发掘报告》,《考古学报》1953 年第 6 期,第 57—116 页。

②　湖北省博物馆：《曾侯乙墓》,文物出版社,1989 年。

③　安徽大学、安徽省文物考古研究所：《皖南商周青铜器》,文物出版社,2006 年。

④　刘建国、吴大林：《江苏溧水宽广墩墓出土器物》,《文物》1985 年第 12 期,第 23—25 页。

⑤　枣庄市博物馆、枣庄市文物管理办公室：《枣庄市东江周代墓葬发掘报告》,《海岱考古》(四),科学出版社,
2011 年,第 141—231 页。

⑥　河南省文物考古研究所、三门峡市文物考古研究所：《河南三门峡虢国墓地 M2008 发掘简报》,《文物》2009
年第 2 期,第 18—31 页。

⑦　郑州市文物考古研究院、登封市文物管理局：《河南登封告成春秋墓发掘简报》,《文物》2009 年第 9 期,第
21—42 页。

⑧　河北省文物研究所：《河北新乐中同村发现战国墓》,《文物》1985 年第 6 期,第 16—21 页。

⑨　中国社会科学院考古研究所等：《临猗程村墓地》,中国大百科全书出版社,2003 年。

⑩　中国社会科学院考古研究所等：《临猗程村墓地》,中国大百科全书出版社,2003 年。

前 1962M1：6(图 1.5.4,6)。①

　　Ⅵ式　足变高,耳向外飞侈。标本:潞城潞河 1983M8：5(图 1.5.4,7)。②

　　Ⅶ式　足更高。标本:新郑新禹公路 1988M13：6(图 1.5.4,8)。③

　　Ab 型　方形附耳。根据足部形态的不同,分为四个次亚型:

　　Aba 型　圈足。圈足下或附加三个小足或人、兽。根据耳部形态的不同,分为两个次次亚型:

　　Abaa 型　直耳。根据耳部形态特征和纹饰特征的不同,分为二式:

　　Ⅰ式　附耳较直,腹部和圈足饰窃曲纹、鱼纹、垂鳞纹等西周晚期常见纹饰。标本:三门峡上村岭 1990M2010：21(图 1.5.4,9)、④洛阳西工区 2008M9950：43。⑤

　　Ⅱ式　腹部和圈足饰吐舌蟠螭或勾连蟠螭纹等西周晚期罕见的新纹饰。标本:光山宝相寺 1983MG1：A9(图 1.5.4,10)、⑥礼县圆顶山 1998M1：22。⑦

　　Abab 型　曲耳。根据耳、足部形态和装饰纹样的不同,分为五式:

　　Ⅰ式　耳向外曲侈,圈足较高,多附加三小足;多饰以重环纹、窃曲纹等西周晚期以来的传统纹样。标本:曲阜鲁故城 1977M48：8(图 1.5.4,11)、⑧沂源姑子坪 2001M1：13。⑨

　　Ⅱ式　耳较长,上部向外斜侈,角度较大,圈足蜕化,多无三小足;饰以吐舌蟠螭、三角几何等新纹样。标本:海阳嘴子前 1978M1：64(图 1.5.4,12)。⑩

　　Ⅲ式　耳顶端外侈,角度变小,圈足变矮。标本:滕州薛故城尤楼 1978M1：56(图 1.5.4,13)。⑪

　　Ⅳ式　耳顶端曲侈近平,圈足较矮。标本:延庆军都山玉皇庙 1986M2：7(图 1.5.4,14)。⑫

　　Ⅴ式　耳顶端向外曲侈更甚,圈足变高。标本:唐山贾各庄 1952M18：5(图 1.5.4,

---

①　山西省考古研究所:《万荣庙前东周墓葬发掘收获》,《三晋考古》(一),山西人民出版社,1994 年。

②　山西省考古研究所、山西省晋东南地区文化局:《山西省潞城县潞河战国墓》,《文物》1986 年第 6 期,第 1—19 页。

③　赵清、王文华、刘松根:《河南新郑新禹公路战国墓发掘简报》,《考古》1994 年第 5 期,第 397—404 页。

④　河南省文物考古研究所、三门峡市文物工作队:《三门峡虢国墓地 M2010 的清理》,《文物》2000 年第 12 期,第 4—22 页。

⑤　洛阳市文物工作队:《河南洛阳市润阳广场 C1M9950 号东周墓葬的发掘》,《考古》2009 年第 12 期,第 18—31 页。

⑥　河南信阳地区文管会、光山县文管会:《春秋早期黄君孟夫妇墓发掘报告》,《考古》1984 年第 4 期,第 302—332 页。

⑦　甘肃省文物考古研究所、礼县博物馆:《礼县圆顶山春秋秦墓》,《文物》2002 年第 2 期,第 4—30 页。

⑧　山东省文物考古研究所等:《曲阜鲁国故城》,齐鲁书社,1982 年。

⑨　山东大学考古系、淄博市文物局、沂源县文管所:《山东沂源县姑子坪周代墓葬》,《考古》2003 年第 1 期,第 33—43 页。

⑩　烟台市博物馆、海阳市博物馆:《海阳嘴子前》,齐鲁书社,2002 年。

⑪　山东省济宁市文物管理局:《薛国故城勘查和墓葬发掘报告》,《考古学报》1991 年第 4 期,第 449—495 页。

⑫　北京市文物研究所:《军都山墓地》,文物出版社,2007 年。

15）。①

Abb 型 蹄足。根据耳部形态特征演变规律的不同,分为两个次次亚型:

Abba 型 附耳由较直演变为曲侈外翻较低。根据耳、腹部形态的不同,分为六式:

Ⅰ式 附耳较直,腹较深。标本:信阳明港钢厂1981M(图1.5.4,16)。②

Ⅱ式 腹较上式浅,双耳较直。标本:宝鸡阳平秦家沟1963M2(图1.5.4,17)、③浙川下寺1979M7:2(图1.5.4,18)。④

Ⅲ式 耳顶端向外曲侈。标本:洛阳西工区2005M8836:62(图1.5.4,19)。⑤

Ⅳ式 耳顶端向外曲侈较上式甚。标本:临猗程村1987M0003:10(图1.5.4,20)、⑥长治分水岭1972M270:20。⑦

Ⅴ式 耳顶端向外曲侈更甚。标本:临猗程村1987M1056:14(图1.5.4,21)、⑧侯马上马1963M15:9。⑨

Ⅵ式 附耳外翻更甚,外端向下探。标本:随州擂鼓墩1978M1:C148(图1.5.4,22)、⑩太原金胜村1988M251:538。⑪

Abbb 型 附耳曲侈较高。根据耳、足部形态的不同,分为五式:

Ⅰ式 附耳较高,外端斜向上,蹄足细高。标本:洛阳西工区2005M8833:13(图1.5.4,23)。⑫

Ⅱ式 附耳较上式变高,外端上斜角度较上式变小。标本:临猗程村1987M1024:8(图1.5.4,24)、⑬随州义地岗1994M1:2。⑭

Ⅲ式 附耳顶端外翻,角度变小,蹄足较粗。标本:太原金胜村1988M251:538(图1.5.4,25)。⑮

Ⅳ式 标本:陕县后川1957M2040:70(图1.5.4,26)。⑯

---

① 安志敏:《河北省唐山市贾各庄发掘报告》,《考古学报》1953年第6期,第57—116页。

② 信阳地区文管会、信阳县文化馆:《信阳县明港发现两批春秋早期青铜器》,《中原文物》1981年第4期,第16—17页。

③ 陕西省文物管理委员会:《陕西宝鸡阳平镇秦家沟村秦墓发掘记》,《考古》1965年第7期,第339—346页。

④ 河南省文物研究所等:《浙川下寺春秋楚墓》,文物出版社,1991年。

⑤ 洛阳市文物工作队:《洛阳体育场路西东周墓发掘报告》,文物出版社,2011年。

⑥ 中国社会科学院考古研究所等:《临猗程村墓地》,中国大百科全书出版社,2003年。

⑦ 山西省文物工作委员会晋东南工作组、山西省长治市博物馆:《长治分水岭269、270号东周墓》,《考古学报》1974年第2期,第63—85页;山西省考古研究所等:《长治分水岭东周墓地》,文物出版社,2010年。

⑧ 中国社会科学院考古研究所等:《临猗程村墓地》,中国大百科全书出版社,2003年。

⑨ 山西省考古研究所:《上马墓地》,文物出版社,1994年。

⑩ 湖北省博物馆:《曾侯乙墓》,文物出版社,1989年。

⑪ 山西省考古研究所、太原市文物管理委员会:《太原晋国赵卿墓》,文物出版社,1996年。

⑫ 洛阳市文物工作队:《洛阳体育场路西东周墓发掘报告》,文物出版社,2011年。

⑬ 中国社会科学院考古研究所等:《临猗程村墓地》,中国大百科全书出版社,2003年。

⑭ 湖北省文物考古研究所等:《湖北随州义地岗墓地曾国墓1994年发掘简报》,《文物》2008年第2期,第4—18页。

⑮ 山西省考古研究所、太原市文物管理委员会:《太原晋国赵卿墓》,文物出版社,1996年。

⑯ 中国社会科学院考古研究所:《陕县东周秦汉墓》,科学出版社,1994年。

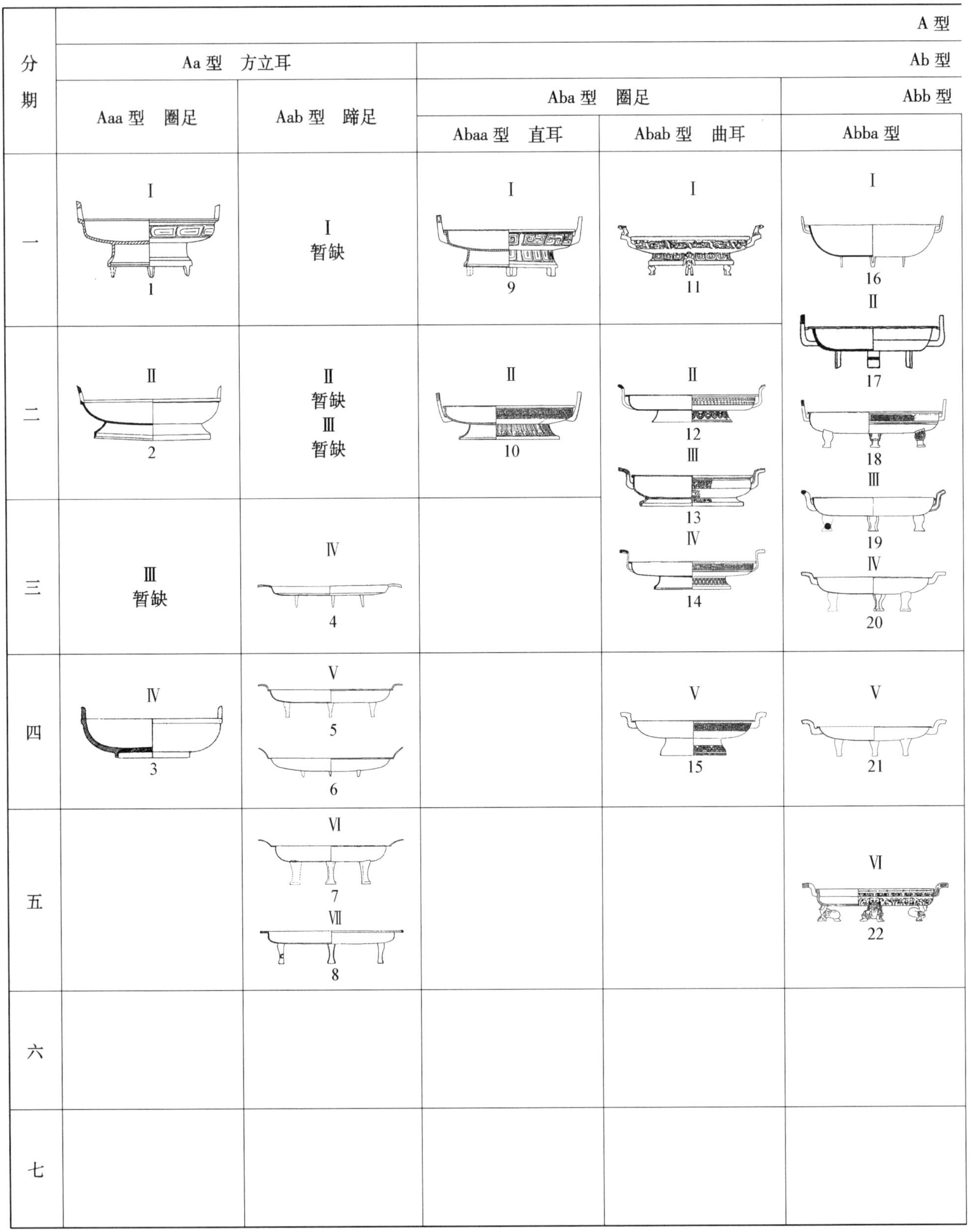

分期	A 型					
	Aa 型　方立耳		Ab 型			
			Aba 型　圈足			Abb 型
	Aaa 型　圈足	Aab 型　蹄足	Abaa 型　直耳	Abab 型　曲耳	Abba 型	
一	I 1	I 暂缺	I 9	I 11	I 16	
二	II 2	II 暂缺 III 暂缺	II 10	II 12 III 13 IV 14	II 17 III 18 III 19	
三	III 暂缺	IV 4			IV 20	
四	IV 3	V 5 6		V 15	V 21	
五		VI 7 VII 8			VI 22	
六						
七						

图 1.5.4　铜盘谱系图

1. 三门峡上村岭 1990M2008：9　2. 登封告成袁窑 1995M1：160　3. 新乐中同村 1980M2：5　4. 临猗程村 1987M1064：2　5. 临猗程村 1987M1023：1　6. 万荣庙前 1962M1：6　7. 潞城潞河 1983M8：5　8. 新郑新禹公路 1988M13：6　9. 三门峡上村岭 1990M2010：21　10. 光山宝相寺 1983MG1：A9　11. 曲阜鲁故城 1977M48：8　12. 海阳嘴子前 1978M1：64　13. 滕州薛故城尤楼 1978M1：56　14. 延庆军都山玉皇庙 1986M2：7　15. 唐山贾各庄 1952M18：5　16. 信阳明港钢厂 1981M　17. 宝鸡阳平秦家沟 1963M2　18. 淅川下寺 1979M7：2　19. 洛阳西工区 2005M8836：62　20. 临猗程村 1987M0003：10　21. 临猗程村 1987M1056：14　22. 随州擂鼓墩 1978M1：

圆形弧腹				
方附耳			Ac 型　兽耳	
蹄足	Abc 型　环足	Abd 型　无足	Aca 型　圈足	Acb 型　蹄足
Abbb 型				
	I 暂缺	I 暂缺	I 33	I 暂缺
	II 28 III 29	II 暂缺 III 暂缺	II 34	II 36 37
I 23	III 30	IV 暂缺	III 暂缺	III 38
II 24	V 31	V 32	IV 35	IV 39
III 25				
IV 26 V 27				

（Aa、Ab、Ac 型）

C148　23. 洛阳西工区 2005M8833：13　24. 临猗程村 1987M1024：8　25. 太原金胜村 1988M251：538　26. 陕县后川 1957M2040：70　27. 汲县山彪镇 1935M1：57　28. 洛阳西工区 2005M8832：17　29. 郧县肖家河 2001M1：4　30. 滕州薛故城尤楼 1978M9：3　31. 洛阳西工区 1981C1M124：3　32. 邯郸百家村 1957M57：43　33. 枣庄东江 2002M3：18　34. 罗山高店 1979M　35. 灵寿西岔头 1984M：11　36. 郯城大埠二村 2002M1：15　37. 者尚盘　38. 陕县后川 1957M2061：3　39. 凤阳卞庄 2007M1：19

Ⅴ式　标本：汲县山彪镇 1935M1：57(图 1.5.4,27)。[1]

Abc 型　环足。根据耳、腹部形态的不同,分为五式：

Ⅰ式　暂缺。

Ⅱ式　双耳较直。标本：洛阳西工区 2005M8832：17(图 1.5.4,28)。[2]

Ⅲ式　双耳微侈。标本：郧县肖家河 2001M1：4(图 1.5.4,29)。[3]

Ⅳ式　双耳外侈较甚。标本：滕州薛故城尤楼 1978M9：3(图 1.5.4,30)。[4]

Ⅴ式　附耳向外曲侈更甚。标本：洛阳西工区 1981C1M124：3(图 1.5.4,31)。[5]

Abd 型　无足。目前所见数量少。分为五式：

Ⅰ式　暂缺。

Ⅱ式　暂缺。

Ⅲ式　暂缺。

Ⅳ式　暂缺。

Ⅴ式　附耳向外曲侈较甚。标本：邯郸百家村 1957M57：43(图 1.5.4,32)。[6]

Ac 型　兽形耳。根据足部形态的不同,分为两个次亚型：

Aca 型　圈足。圈足下或附加三个小足或人、兽。分为四式：

Ⅰ式　标本：枣庄东江 2002M3：18(图 1.5.4,33)、[7]曲沃羊舌 2005M5。[8]

Ⅱ式　标本：罗山高店 1979M(图 1.5.4,34)。[9]

Ⅲ式　暂缺。

Ⅳ式　标本：灵寿西岔头 1984M：11(图 1.5.4,35)、[10]唐县北城子 1970M1。[11]

Acb 型　蹄足。分为四式：

Ⅰ式　暂缺。

Ⅱ式　标本：郯城大埠二村 2002M1：15(图 1.5.4,36)、[12]者尚盘(图 1.5.4,37)。[13]

① 郭宝钧：《山彪镇与琉璃阁》,科学出版社,1959 年。
② 洛阳市文物工作队：《洛阳体育场路西东周墓发掘报告》,文物出版社,2011 年。
③ 郧县博物馆：《湖北郧县肖家河出土春秋唐国铜器》,《江汉考古》2003 年第 1 期,第 3—8 页。
④ 山东省济宁市文物管理局：《薛国故城勘查和墓葬发掘报告》,《考古学报》1991 年第 4 期,第 449—495 页。
⑤ 洛阳市文物工作队：《洛阳两座东周铜器墓》,《中原文物》1983 年第 4 期,第 17—18 页。
⑥ 河北省文化局文化工作队：《河北邯郸百家村战国墓》,《考古》1962 年第 12 期,第 613—634 页;河北省博物馆、文物管理处：《河北省出土文物选集》,文物出版社,1980 年,第 52 页。
⑦ 枣庄市博物馆、枣庄市文物管理办公室：《枣庄市东江周代墓葬发掘报告》,《海岱考古》(四),科学出版社,2011 年,第 141—231 页。
⑧ 山西省考古研究所、曲沃县文物局：《山西曲沃羊舌晋侯墓地发掘简报》,《文物》2009 年第 1 期,第 4—14 页。
⑨ 信阳地区文管会、罗山县文化馆：《罗山县高店公社又发现一批春秋时期青铜器》,《中原文物》1981 年第 4 期,第 18—21 页。
⑩ 文启明：《河北灵寿县西岔头村战国墓》,《文物》1986 年第 6 期,第 20—24 页。
⑪ 郑绍宗：《唐县南伏城及北城子出土周代青铜器》,《文物春秋》1991 年第 1 期,第 14—22 页;河北省博物馆、文物管理处：《河北省出土文物选集》,文物出版社,1980 年,第 91—95 页。
⑫ 山东省文物考古研究所等：《郯城县大埠二村遗址发掘报告》,《海岱考古》(四),科学出版社,2011 年,第 105—140 页。
⑬ 陈佩芬：《夏商周青铜器研究(东周篇上)》,上海古籍出版社,2004 年,第 202—203 页。

Ⅲ式　标本：陕县后川 1957M2061：3(图 1.5.4,38)。①

Ⅳ式　标本：凤阳下庄 2007M1：19(图 1.5.4,39)。②

Ad 型　环形耳。或衔环。根据足部形态的不同,分为四个次亚型：

Ada 型　圈足。根据腹、足部形态的不同,分为四式：

Ⅰ式　斜折沿,沿下角较大。标本：招远曲城 1958M(图 1.5.5,1)。③

Ⅱ式　暂缺。

Ⅲ式　圆环耳较小,圈足较矮。标本：长清仙人台 1995M5：46(图 1.5.5,2)、④江陵岳山 1970M。⑤

Ⅳ式　腹较上式变深。标本：新泰周家庄 2003M2：41(图 1.5.5,3)、⑥滕州庄里西1990M8：7。⑦

Adb 型　蹄足。根据腹、足部形态的不同,分为六式：

Ⅰ式　暂缺。

Ⅱ式　浅腹,矮蹄足接于盘底部。标本：南阳李八庙 2004M1：6(图 1.5.5,4)、⑧谷城新店 1977M。⑨

Ⅲ式　腹变深,蹄足接于盘腹下部外侧。标本：淅川下寺 1978M1：69(图 1.5.5,5)、⑩蚌埠双墩 2006M1：283(图 1.5.5,6)。⑪

Ⅳ式　蹄足外撇。标本：潢川隆古高稻场 1966M1(图 1.5.5,7)。⑫

Ⅴ式　暂缺。

Ⅵ式　蹄足外撇更甚。标本：淮阴高庄 1978M1：96(图 1.5.5,8)、⑬襄阳陈坡2006M10S：4(图 1.5.5,9)。⑭

Adc 型　环足。根据足的形态的不同,分为六式：

Ⅰ式　暂缺。

① 中国社会科学院考古研究所：《陕县东周秦汉墓》,科学出版社,1994 年。
② 安徽省文物考古研究所、凤阳县文物管理所：《凤阳大东关与下庄》,科学出版社,2010 年。
③ 李步青、林仙庭、杨文玉：《山东招远出土西周青铜器》,《考古》1994 年第 4 期,第 377—378 页。
④ 山东大学历史文化学院考古系：《长清仙人台五号墓发掘简报》,《文物》1998 年第 9 期,第 18—30 页。
⑤ 荆州地区博物馆：《江陵岳山大队出土一批春秋铜器》,《文物》1982 年第 10 期,第 16—17 页。
⑥ 山东省文物考古研究所、新泰市博物馆：《山东新泰周家庄东周墓发掘简报》,《文物》2013 年第 4 期,第 4—23 页。
⑦ 滕州市博物馆：《山东滕州庄里西战国墓》,《文物》2002 年第 6 期,第 57—62 页。
⑧ 南阳市文物考古研究所：《河南南阳李八庙春秋楚墓清理简报》,《文物》2012 年第 4 期,第 29—33 页。
⑨ 陈千万：《谷城新店出土的春秋铜器》,《江汉考古》1986 年第 3 期,第 13—16 页；襄樊市博物馆、谷城县文化馆：《襄樊市、谷城县馆藏青铜器》,《文物》1986 年第 4 期,第 15—20 页；襄樊市博物馆：《湖北谷城、枣阳出土周代青铜器》,《考古》1987 年第 5 期,第 410—413 页。
⑩ 河南省文物研究所等：《淅川下寺春秋楚墓》,文物出版社,1991 年。
⑪ 安徽省文物考古研究所、蚌埠市博物馆：《钟离君柏墓》,文物出版社,2013 年。
⑫ 信阳地区文管会、潢川县文化馆：《河南潢川县发现黄国和蔡国铜器》,《文物》1980 年第 1 期,第 46—50 页；赵新来：《潢川县出土蔡国铜器补正》,《文物》1981 年第 11 期,第 93—94 页。
⑬ 淮阴市博物馆：《淮阴高庄战国墓》,《考古学报》1988 年第 2 期,第 189—232 页。
⑭ 湖北省文物考古研究所等：《襄阳陈坡》,科学出版社,2013 年。

Ⅱ式　暂缺。

Ⅲ式　足较小,装饰精致,接于盘底。标本:淅川下寺 1978M2:52(图 1.5.5,10)、[①]淅川下寺 1979M36:7。[②]

Ⅳ式　足作 Q 形,间距较上式变大。标本:淅川下寺 1978M10:41(图 1.5.5,11)。[③]

Ⅴ式　暂缺。

Ⅵ式　足变高。标本:襄阳陈坡 2006M10S:2(图 1.5.5,12)、[④]广宁龙嘴岗 1996M8:18。[⑤]

Add 型　平底。无足。敛口,无沿。根据口、腹部形态的不同,分为六式:

Ⅰ式　标本:舒城河口 1988M1:7(图 1.5.5,13)[⑥]

Ⅱ式　暂缺。

Ⅲ式　暂缺。

Ⅳ式　腹较深。标本:襄樊余岗团山 1988M1:2(图 1.5.5,14)、[⑦]吴县枫桥何山 1980M:11。[⑧]

Ⅴ式　标本:六安城西窑厂 1991M2(图 1.5.5,15)。[⑨]

Ⅵ式　腹较浅。标本:淮阴高庄 1978M1:3(图 1.5.5,16)。[⑩]

Ae 型　方耳之间附着铺首衔环耳。根据耳部形态的不同,分为四式:

Ⅰ式　双耳较直。标本:岳阳凤形嘴 1986M1:9(图 1.5.5,17)。[⑪]

Ⅱ式　方耳曲侈外翻,外端上翘。标本:新郑西亚斯 2003M247:7(图 1.5.5,18)。[⑫]

Ⅲ式　耳外端角度变小。标本:新郑铁岭 2011M1405:7(图 1.5.5,19)、[⑬]新郑铁岭 2009M429:4。[⑭]

Ⅳ式　方耳曲侈外翻更甚,耳外端下探。标本:新郑郑韩路 2004M6:4(图 1.5.5,20)、[⑮]新郑铁岭 2009M550:1。[⑯]

---

① 河南省文物研究所等:《淅川下寺春秋楚墓》,文物出版社,1991 年。
② 河南省文物研究所等:《淅川下寺春秋楚墓》,文物出版社,1991 年。
③ 河南省文物研究所等:《淅川下寺春秋楚墓》,文物出版社,1991 年。
④ 湖北省文物考古研究所等:《襄阳陈坡》,科学出版社,2013 年。
⑤ 广东省文物考古研究所、广宁县博物馆:《广东广宁县龙嘴岗战国墓》,《考古》1998 年第 7 期,第 45—59 页。
⑥ 安徽省文物考古研究所、舒城县文物管理所:《安徽舒城县河口春秋墓》,《文物》1990 年第 6 期,第 58—66 页。
⑦ 襄樊市博物馆:《湖北襄阳团山东周墓》,《考古》1991 年第 9 期,第 781—802 页。
⑧ 吴县文物管理委员会:《江苏吴县何山东周墓》,《文物》1984 年第 5 期,第 16—20 页。
⑨ 安徽省六安县文物管理所:《安徽六安县城西窑厂 2 号楚墓》,《考古》1995 年第 2 期,第 124—140 页。
⑩ 淮阴市博物馆:《淮阴高庄战国墓》,《考古学报》1988 年第 2 期,第 189—232 页。
⑪ 岳阳市文物工作队:《湖南省岳阳县凤形嘴山一号墓发掘简报》,《文物》1993 年第 1 期,第 1—8 页。
⑫ 河南省文物考古研究所:《新郑西亚斯东周墓地》,大象出版社,2012 年。
⑬ 郑州市文物考古研究院、河南省文物管理局南水北调办公室:《新郑铁岭墓地 M1404、M1405 发掘简报》,《中原文物》2012 年第 2 期,第 10—18 页。
⑭ 郑州市文物考古研究院、河南省文物管理局南水北调办公室:《新郑铁岭墓地 M429 发掘简报》,《中原文物》2010 年第 1 期,第 4—8 页。
⑮ 河南省文物考古研究所新郑工作站:《新郑市郑韩路 6 号春秋墓》,《文物》2005 年第 8 期,第 39—46 页。
⑯ 郑州市文物考古研究院、河南省文物管理局南水北调办公室:《新郑铁岭墓地 M550 发掘简报》,《中原文物》2010 年第 5 期,第 4—10 页。

Af 型　无耳。根据足部形态的不同,分为两个次亚型:

Afa 型　圈足。圈足较矮。标本:淅川徐家岭 1991M10：254(图 1.5.5,21)。①

Afb 型　蹄足。目前所见数量少。标本:侯马上马 1981M4090：25(图 1.5.5,22)。②

B 型　圆形折腹。根据足部形态的不同,分为三个亚型:

Ba 型　圈足。根据耳的有无,分为两个次亚型:

Baa 型　环耳衔环。根据口沿、腹、圈足形态的不同,分为三式:

Ⅰ式　斜折沿,沿下角较大。标本:莒南大店老龙腰 1975M1：18(图 1.5.5,23)、③济南左家洼 1985M1：11(图 1.5.5,24)。④

Ⅱ式　沿下角变小,圈足较上式变高。标本:章丘女郎山 1990M1：67(图 1.5.5,25)、⑤平度东岳石 1960M16：35A。⑥

Ⅲ式　圈足更高,足下有阶。标本:曲阜鲁故城 1977M52：98(图 1.5.5,26)。⑦

Bab 型　无耳。目前所见数量少。根据口沿形态的不同,分为三式:

Ⅰ式　斜折沿,沿下角较大。标本:崂山夏庄安乐 1974M(图 1.5.5,27)。⑧

Ⅱ式　沿下角变小。标本:临淄东夏庄 1985M5：88(图 1.5.5,28)。⑨

Ⅲ式　暂缺。

Bb 型　蹄足。目前所见数量少。标本:淅川徐家岭 1991M10：129(图 1.5.5,29)。⑩

Bc 型　无足,平底或圜平底。根据耳的有无,分为两个次亚型:

Bca 型　环耳。根据口沿、腹部形态的不同,分为四式:

Ⅰ式　斜折沿,沿下角较大,腹较深。标本:平山三汲穆家庄 1977M8101：4(图 1.5.5,30)。⑪

Ⅱ式　沿下角变小,腹较上式浅。标本:长子牛家坡 1977M7：17(图 1.5.5,31)、⑫太原金胜村 1988M251：615。⑬

Ⅲ式　腹变浅,下腹更浅。标本:信阳长台关 1956M1：739(图 1.5.5,32)、⑭平山三

①　河南省文物考古研究所等:《淅川和尚岭与徐家岭楚墓》,大象出版社,2004 年。
②　山西省考古研究所:《上马墓地》,文物出版社,1994 年。
③　山东省博物馆等:《莒南大店春秋时期莒国殉人墓》,《考古学报》1978 年第 3 期,第 317—336 页。
④　济南市文化局文物处、历城区文化局:《山东济南市左家洼出土战国青铜器》,《考古》1995 年第 3 期,第 209—213 页。
⑤　济青公路文物考古队绣惠分队:《章丘绣惠女郎山一号战国大墓发掘报告》,《济青高级公路(章丘工段)考古发掘报告集》,齐鲁书社,1993 年。
⑥　中国科学院考古研究所山东发掘队:《山东平度东岳石村新石器时代遗址与战国墓》,《考古》1962 年第 10 期,第 509—518 页。
⑦　山东省文物考古研究所:《曲阜鲁国故城》,齐鲁书社,1982 年。
⑧　孙善德:《青岛市郊出土一批东周青铜器》,《文物资料丛刊》(5),文物出版社,1981 年,第 206—208 页。
⑨　山东省文物考古研究所:《临淄齐墓》(一),文物出版社,2007 年。
⑩　河南省文物考古研究所等:《淅川和尚岭与徐家岭楚墓》,大象出版社,2004 年。
⑪　河北省文物研究所:《河北平山三汲古城调查与墓葬发掘》,《考古学集刊》(5),中国社会科学出版社,1987 年,第 157—193 页。
⑫　山西省考古研究所:《山西长子县东周墓》,《考古学报》1984 年第 4 期,第 503—529 页。
⑬　山西省考古研究所、太原市文物管理委员会:《太原晋国赵卿墓》,文物出版社,1996 年。
⑭　河南省文物研究所:《信阳楚墓》,文物出版社,1986 年。

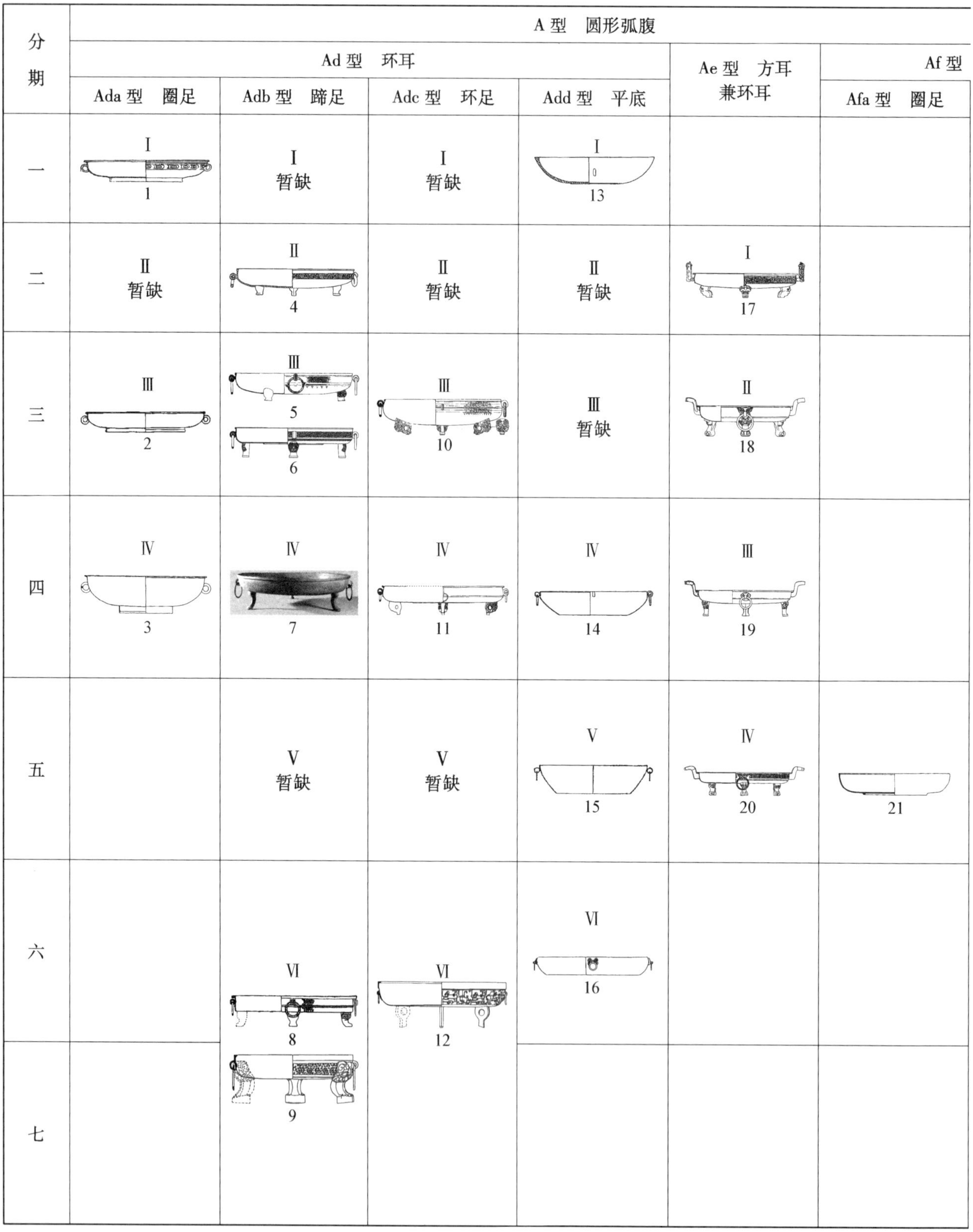

| 分期 | A 型　圆形弧腹 | | | | Ae 型　方耳兼环耳 | Af 型 |
| | Ad 型　环耳 | | | | | Afa 型　圈足 |
	Ada 型　圈足	Adb 型　蹄足	Adc 型　环足	Add 型　平底		
一	I 1	I 暂缺	I 暂缺	I 13		
二	II 暂缺	II 4	II 暂缺	II 暂缺	I 17	
三	III 2	III 5 6	III 10	III 暂缺	II 18	
四	IV 3	IV 7	IV 11	IV 14	III 19	
五	V 暂缺	V 暂缺	V 15	IV 20	V 21	
六		VI 8	VI 12	VI 16		
七		9				

图 1.5.5　铜盘谱系图

1. 招远曲城 1958M　2. 长清仙人台 1995M5：46　3. 新泰周家庄 2003M2：41　4. 南阳李八庙 2004M1：6　5. 淅川下寺 1978M1：69　6. 蚌埠双墩 2006M1：283　7. 潢川隆古高稻场 1966M1　8. 淮阴高庄 1978M1：96　9. 襄阳陈坡 2006M10S：4　10. 淅川下寺 1978M2：52　11. 淅川下寺 1978M10：41　12. 襄阳陈坡 2006M10S：2　13. 舒城河口 1988M1：7　14. 襄樊余岗团山 1988M1：2　15. 六安城西窑厂 1991M2　16. 淮阴高庄 1978M1：3　17. 岳阳凤形嘴 1986M1：9　18. 新郑西亚斯 2003M247：7　19. 新郑铁岭 2011M1405：7　20. 新郑郑韩路 2004M6：4　21. 淅川徐家岭 1991M10：254　22. 侯马上马 1981M4090：25　23. 莒南大店老龙腰 1975M1：18　24. 济

	B 型　圆形折腹				
无耳	Ba 型　圈足		Bb 型　蹄足	Bc 型　平底或圜平底	
Afb 型　蹄足	Baa 型　环耳	Bab 型　无耳		Bca 型　环耳	Bcb 型　无耳
				I 30	I 35
22	I 23 24	I 27		II 31	II 36
	II 25	II 28	29	III 32 33	III 37
	III 26	III 暂缺		IV 34	IV 38

（Ad、Ae、Af、B 型）

南左家洼 1985M1：11　25. 章丘女郎山 1990M1：67　26. 曲阜鲁故城 1977M52：98　27. 崂山夏庄安乐 1974M　28. 临淄东夏庄 1985M5：88　29. 淅川徐家岭 1991M10：129　30. 平山三汲穆家庄 1977M8101：4　31. 长子牛家坡 1977M7：17　32. 信阳长台关 1956M1：739　33. 平山三汲 1974M1DK：46　34. 桃源三元 1985M1：8　35. 寿县西门内 1955M1：26.1　36. 什邡城关 1988M1：23　37. 荆门包山 1986M2：128　38. 云梦睡虎地 1975M3：5

汲 1974M1DK：46(图 1.5.5,33)。①

Ⅳ式　腹更浅,下腹蜕化,更浅。标本:桃源三元 1985M1：8(图 1.5.5,34)、②荆门子陵岗 1996M201：6。③

Bcb 型　无耳。根据口沿、腹部形态的不同,分为四式:

Ⅰ式　斜折沿,沿下角较大,腹较深。标本:寿县西门内 1955M：26.1(图 1.5.5,35)。④

Ⅱ式　沿下角较上式变小。标本:什邡城关 1988M1：23(图 1.5.5,36)。⑤

Ⅲ式　沿下角变小,腹变浅。标本:荆门包山 1986M2：128(图 1.5.5,37)、⑥临淄单家庄 1992M1P3：16。⑦

Ⅳ式　沿下角更小,腹更浅,下腹蜕化,更浅。标本:云梦睡虎地 1975M3：5(图 1.5.5,38)、⑧泌阳大曹庄 1988M5 南棺：4。⑨

C 型　长方形斜直腹。平底,质薄粗糙。目前所见数量少。标本:凤翔八旗屯西沟道 1983M26：29、⑩凤翔邓家崖 1988M7：2、⑪凤翔八旗屯 1981M14：13。⑫

四、铜釦的型式分析

根据足的有无和形态的不同,可以将铜釦分为四型:

A 型　平底。根据耳的有无和数量的不同分为三个亚型:

Aa 型　单耳。根据腹部有无圆钮分为两个次亚型:

Aaa 型　无钮。根据腹壁的不同分为三个次次亚型:

Aaaa 型　腹壁较光滑。根据口和腹部形态的不同分为五式:

Ⅰ式　直口微侈,口、腹俯视呈近圆形,口径明显小于腹径,口径和腹径比值较小,深腹圆鼓,最大径在腹中部。标本:莒县西大庄 1996M1：14(图 1.5.6,1)。⑬

Ⅱ式　侈口,卷沿,沿下角较大,口部俯视呈近圆形,口径小于腹径,口径和腹径比值

① 河北省文物研究所:《𨻅墓——战国中山国国王之墓》,文物出版社,1995 年。
② 常德地区文物工作队、桃源县文化局:《桃源三元村一号楚墓》,《湖南考古辑刊》(4),岳麓书社,1987 年,第 22—32 页;湖南省常德市文物局等:《沅水下游楚墓》,文物出版社,2010 年。
③ 湖北省文物考古研究所、荆门市博物馆:《荆门罗坡岗与子陵岗》,科学出版社,2004 年。
④ 安徽省文物管理委员会、安徽省博物馆:《寿县蔡侯墓出土遗物》,科学出版社,1956 年;安徽省博物馆:《安徽省博物馆藏青铜器》,上海人民美术出版社,1987 年。
⑤ 四川省文物考古研究院等:《什邡城关战国秦汉墓地》,文物出版社,2006 年。
⑥ 湖北省荆沙铁路考古队:《包山楚墓》,文物出版社,1991 年。
⑦ 山东省文物考古研究所:《临淄齐墓》(一),文物出版社,2007 年。
⑧ 《云梦睡虎地秦墓》编写组:《云梦睡虎地秦墓》,文物出版社,1981 年。
⑨ 河南省文物研究所、泌阳县文化馆:《河南泌阳发现一座秦墓》,《华夏考古》1990 年第 4 期,第 43—50 页。
⑩ 尚志儒、赵丛苍:《陕西凤翔八旗屯西沟道秦墓发掘简报》,《文博》1986 年第 3 期,第 1—31 页。
⑪ 陕西省考古研究所雍城工作站:《凤翔邓家崖发现秦墓发掘简报》,《考古与文物》1991 年第 2 期,第 14—19 页。
⑫ 陕西省雍城考古队:《一九八一年凤翔八旗屯墓地发掘简报》,《考古与文物》1986 年第 5 期,第 23—40 页。
⑬ 莒县博物馆:《山东莒县西大庄西周墓葬》,《考古》1999 年第 7 期,第 38—45 页。

较上式变大,深腹,最大径在腹中部。标本:韩城梁带村2005M26:139(图1.5.6,2)。①

 III式　沿下角较上式变小,口、腹俯视呈椭圆形,腹最大径在腹中部。标本:蓬莱柳格庄1976M4:55(图1.5.6,3)。②

IV式　沿下角变小,口、腹俯视呈椭圆形,口径和腹径比值变大,口径和腹径相若,腹变浅,最大径在腹中部。标本:临淄刘家新村2011M28:31(图1.5.6,4)。③

V式　沿变小,口、腹俯视呈椭圆形,腹径和口径相若,腹部最大径从中部上移至上腹部,下腹部窄收成小平底。标本:峄城徐楼2009M2:21(图1.5.6,5)。④

演变趋势是:沿下角由大变小,腹部由深变浅,口、腹俯视由近圆形的椭圆形变为长椭圆形(即长径和短径的比值由小变大),整体由口小腹大逐渐变为口腹大小相若(口径和腹径的比值由小变大)。以下各型演变趋势与此基本相近同,不再一一赘述。

Aaab型　腹壁作瓦棱形。根据口部形态的不同分为二式:

I式　直口。标本:枣阳郭家庙2002GM17:11(图1.5.6,6)。⑤

II式　侈口,卷沿,沿下角较大。标本:登封告成袁窑1995M2:180(图1.5.6,7)。⑥

Aaac型　无沿,敛口或口微侈。Aaac型口腹部俯视始终保持呈近圆形,是旧态延续时间最长的一个分支类型。根据腹和耳部形态的不同分为三式:

I式　深腹,环耳。标本:淅川下寺1978M3:28(图1.5.6,8)。⑦

II式　腹变浅,环耳。标本:临猗程村1987M1023:4(图1.5.6,9)。⑧

III IV式　腹更浅,衔环耳。标本:荆州熊家冢2006PM16:19(图1.5.6,10)。⑨

Aab型　长轴两端有圆钮。根据口、腹部形态的不同分为三式:

I式　侈口,卷沿,沿下角较大,口、腹俯视呈椭圆形,长径和短径的比例较小,口径小于腹径,口径和腹径比值较小,深腹。标本:临淄东古城1984M1:9(图1.5.6,11)。⑩

II式　沿下角较上式变小,口、腹俯视呈长椭圆形,长径和短径的比例较上式变大,口径小于腹径,口径和腹径比值较小,腹变浅。标本:海阳嘴子前1985M2:20(图1.5.6,12)。⑪

III式　沿下角更小,口、腹俯视呈长椭圆形,口径和腹径比值变大,腹更浅。标本:洛

---

①　孙秉君、蔡庆良:《芮国金玉选粹——陕西韩城春秋宝藏》,三秦出版社,2007年。

②　烟台市文物管理委员会:《山东蓬莱县柳格庄墓群发掘简报》,《考古》1990年第9期,第803—810页。

③　临淄区文物局:《山东淄博市临淄区刘家新村春秋墓》,《考古》2013年第5期,第20—28页。

④　枣庄市博物馆等:《山东枣庄徐楼东周墓发掘简报》,《文物》2014年第1期,第4—27页。

⑤　襄樊市考古队等:《枣阳郭家庙曾国墓地》,科学出版社,2005年。

⑥　郑州市文物考古研究院、登封市文物管理局:《河南登封告成春秋墓发掘简报》,《文物》2009年第9期,第21—42页。

⑦　河南省文物研究所等:《淅川下寺春秋楚墓》,文物出版社,1991年。

⑧　中国社会科学院考古研究所等:《临猗程村墓地》,中国大百科全书出版社,2003年。

⑨　荆州博物馆:《湖北荆州熊家冢墓地2006—2007年发掘简报》,《文物》2009年第4期。

⑩　齐国故城遗址博物馆、临淄区文物管理所:《山东临淄齐国故城西周墓》,《考古》1988年第1期,第24—26页。

⑪　烟台市博物馆、海阳市博物馆:《海阳嘴子前》,齐鲁书社,2002年。

阳西工区 2005M8832：26(图 1.5.6,13)。①

Ab 型　双耳。根据腹部有无圆钮以及口部形态的不同分为四个次亚型：

Aba 型　卷沿,长轴两端有圆钮。根据口、腹部形态的不同分为三式：

Ⅰ式　侈口,卷沿,沿下角较大,口、腹俯视呈椭圆形,长径和短径的比例较小,口径小于腹径,口径和腹径比值较小,深腹。标本：滕州薛故城尤楼 1978M1：1(图 1.5.6,14)。②

Ⅱ式　沿下角较上式变小,口、腹俯视呈椭圆形,长径和短径的比例较上式变大,口径小于腹径,口径和腹径比值较小,腹变浅。标本：海阳嘴子前 1994M4：132(图 1.5.6,15)。③

Ⅲ式　沿下角更小,口、腹俯视呈长椭圆形,口径和腹径比值变大,腹变浅。标本：闻喜上郭 1976M6：4(图 1.5.6,16)。④

Abb 型　卷沿,无钮。根据口、腹、盖部形态的不同分为五式：

Ⅰ式　侈口,卷沿,沿下角较大,口、腹俯视呈椭圆形,长径和短径的比例较小,口径小于腹径,口径和腹径比值较小,深腹。标本：暂缺。

Ⅱ式　沿下角较上式变小,口、腹俯视呈椭圆形,长径和短径的比例较上式变大,口径小于腹径,口径和腹径比值较小,腹较深。标本：闻喜上郭 1976M4：2 (图 1.5.6,17)。⑤

Ⅲ式　沿下角更小,口、腹俯视呈长椭圆形,口径和腹径比值变大,腹变浅,平顶环钮盖,或无盖。标本：洛阳西工区 2005M8836：41(图 1.5.6,18)。⑥

Ⅳ式　沿变小,沿下角更小,口、腹俯视呈长椭圆形,腹径和口径相若,腹部最大径从中部上移至上腹部,下腹部窄收成小平底,环钮盖的盖顶微隆起,或无盖。标本：海阳嘴子前 1978M1：62(图 1.5.6,19)、⑦浙川下寺 1978M2：54(图 1.5.6,20)。⑧

Ⅴ式　沿变小,腹最大径靠上,下腹收束成小平底,口、腹部俯视呈长椭圆形或圆角长方形,长径和短径的比例更大,环钮盖隆起较高,或无盖。标本：临沂凤凰岭 1982M：K35(图 1.5.6,21)。⑨

Abc 型　无沿,直口或敛口。根据口、腹部形态特征的不同分为四式：

Ⅰ式　直口,或微敛,口、腹俯视呈长椭圆形,腹较浅,腹部最大径靠上位于上腹部,下腹缓收成平底,无盖。标本：峄城徐楼 2009M1：11(图 1.5.6,22)、⑩当阳金家山

①　洛阳市文物工作队：《洛阳体育场路西东周墓发掘报告》,文物出版社,2011 年。
②　山东省济宁市文物管理局：《薛国故城勘查和墓葬发掘报告》,《考古学报》1991 年第 4 期,第 449—495 页。
③　烟台市博物馆、海阳市博物馆：《海阳嘴子前》,齐鲁书社,2002 年。
④　山西省考古研究所：《1976 年闻喜上郭村周代墓葬清理记》,《三晋考古》(一),山西人民出版社,1994 年。
⑤　山西省考古研究所：《1976 年闻喜上郭村周代墓葬清理记》,《三晋考古》(一),山西人民出版社,1994 年。
⑥　洛阳市文物工作队：《洛阳体育场路西东周墓发掘报告》,文物出版社,2011 年。
⑦　烟台市博物馆、海阳市博物馆：《海阳嘴子前》,齐鲁书社,2002 年。
⑧　河南省文物研究所等：《浙川下寺春秋楚墓》,文物出版社,1991 年。
⑨　山东省兖石铁路文物考古工作队：《临沂凤凰岭东周墓》,齐鲁书社,1987 年。
⑩　枣庄市博物馆等：《枣庄市峄城徐楼东周墓葬发掘报告》,《海岱考古》(七),科学出版社,2014 年。

1984M247：2（图1.5.6,23）。①

　　Ⅱ式　敛口，口、腹俯视呈长椭圆形，腹部最大径更靠上，下腹急收成小平底，环钮盖顶部隆起，或无盖。标本：长治分水岭1972M270：17（图1.5.6,24）、②滕州薛故城尤楼1978M6：2（图1.5.6,25）。③

　　Ⅲ式　敛口，鼓腹，腹部最大径靠上，口、腹俯视呈圆角长方形，环钮盖的盖顶隆起。标本：临淄相家庄1996M6X：5（图1.5.6,26）、④临淄东夏庄1984M6P13X22：1（图1.5.6,27）。⑤

　　Ⅳ式　形制与上式基本相似，腹部较上式变深，环钮盖的盖顶隆起或作平顶盖。标本：临淄赵家徐姚2001M1：2（图1.5.6,28）、⑥临淄商王1992M1：93‐2（图1.5.6,29）、⑦临淄辛店2010M2：20。⑧

　　Abd型　子母口。环钮穹顶盖，盖顶有三或四个环钮。根据底、耳、钮部形态的不同分为四式：

　　Ⅰ式　环耳，口、腹部俯视呈椭圆形或椭方形，腹部最大径在上腹处，下腹缓收成平底，圆环钮盖顶部隆起，或无盖。标本：新泰周家庄2003M3：5（图1.5.6,30）。⑨

　　Ⅱ式　环耳，口、腹部俯视呈圆角长方形，腹部最大径靠近口部，腹下部近底处急收成平底，视若"假圈足"，盖顶隆起，上有圆环钮。标本：长岛王沟1973M1：4（图1.5.6,31）。⑩

　　Ⅲ式　环耳，口、腹部俯视呈圆角长方形，腹下部急收，"假圈足"较上式变高，盖顶隆起，上有圆环形或Q形钮。标本：长清岗辛1975M：7（图1.5.6,32）。⑪

　　Ⅳ式　形制与上式基本相同，腹部双耳一作圆钮衔环形，一作Q形，腹下部收束更甚，"假圈足"更高。标本：临淄商王1992M1：113（图1.5.6,33）。⑫

　　Ac型　无耳。数量少。标本：曲阜鲁故城1977M305：1。⑬

　　B型　圈足。根据耳的数量的不同分为两个亚型：

　　Ba型　单耳。数量少。根据口和腹部形态的不同分为四式：

　　Ⅰ式　侈口，卷沿，沿下角较大，口部俯视呈近圆形，口径小于腹径，口径和腹径比值

① 湖北省宜昌地区博物馆：《当阳金家山春秋楚墓发掘简报》，《文物》1989年第11期，第70—78页。
② 山西省考古研究所等：《长治分水岭东周墓地》，文物出版社，2010年。
③ 山东省济宁市文物管理局：《薛国故城勘查和墓葬发掘报告》，《考古学报》1991年第4期，第449—495页。
④ 山东省文物考古研究所：《临淄齐墓》（一），文物出版社，2007年。
⑤ 山东省文物考古研究所：《临淄齐墓》（一），文物出版社，2007年。
⑥ 淄博市临淄区文化局：《山东淄博市临淄赵家徐姚战国墓》，《考古》2005年第1期，第32—44页。
⑦ 淄博市博物馆、齐故城博物馆：《临淄商王墓地》，齐鲁书社，1997年。
⑧ 临淄区文物局：《山东淄博市临淄辛店二号战国墓》，《考古》2013年第1期，第32—58页。
⑨ 山东省文物考古研究所、新泰市博物馆：《新泰周家庄东周墓地》，文物出版社，2014年。
⑩ 烟台市文物管理委员会：《山东长岛王沟东周墓群》，《考古学报》1993年第1期，第57—87页。
⑪ 山东省博物馆、长清县文化馆：《山东长清岗辛战国墓》，《考古》1980年第4期，第325—332页。
⑫ 淄博市博物馆、齐故城博物馆：《临淄商王墓地》，齐鲁书社，1997年。
⑬ 山东省文物考古研究所等：《曲阜鲁国故城》，齐鲁书社，1982年。

分期	A 型					
	Aa 型					Ab
	Aaa 型			Aab 型	Aba 型	Abb 型
	Aaaa 型	Aaab 型	Aaac 型			
西周晚期	I 1					
一	II 2	I 6 II 7		I 11	I 14	I 暂缺
二	III 3 IV 4			II 12 II 13	II 15 II 16	II 17 II 18
三	V 5		I 8			IV 19 20

		B 型			
型			Bb 型		
Abc 型	Abd 型	Ba 型	Bba 型	Bbb 型	Bbc 型
		 I 34	 I 36		
		II 暂缺	II 暂缺		
 I 22 23		III 暂缺	III 暂缺	 40	

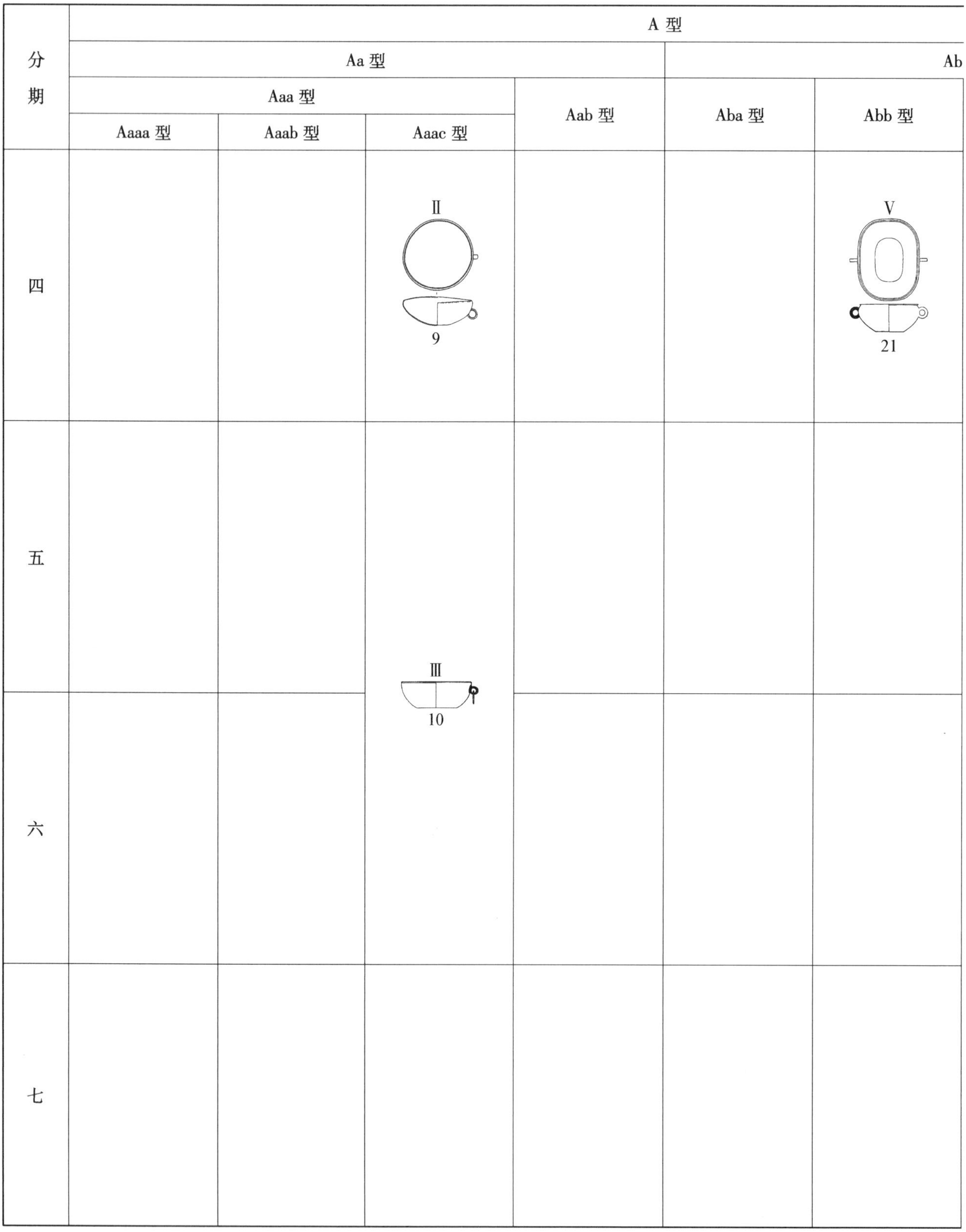

分期	A 型					
	Aa 型					Ab
	Aaa 型			Aab 型	Aba 型	Abb 型
	Aaaa 型	Aaab 型	Aaac 型			
四			II 9			V 21
五						
六			III 10			
七						

图 1.5.6　铜钸谱系图

1. 莒县西大庄 1996M1∶14　2. 韩城梁带村 2005M26∶139　3. 蓬莱柳格庄 1976M4∶55　4. 临淄刘家新村 2011M28∶31　5. 峄城徐楼 2009M2∶21　6. 枣阳郭家庙 2002GM17∶11　7. 登封告成袁窑 1995M2∶180　8. 淅川下寺 1978M3∶28　9. 临猗程村 1987M1023∶4　10. 荆州熊家冢 2006PM16∶19　11. 临淄东古城 1984M1∶9　12. 海阳嘴子前 1985M2∶20　13. 洛阳西工区 2005M8832∶26　14. 滕州薛故城尤楼 1978M1∶1　15. 海阳嘴子前 1994M4∶132　16. 闻喜上郭 1976M6∶4　17. 闻喜上郭 1976M4∶2　18. 洛阳西工区 2005M8836∶41　19. 海阳嘴子前 1978M1∶62　20. 淅川下寺 1978M2∶54　21. 临沂凤凰岭 1982M∶K35　22. 峄城徐楼 2009M1∶11　23. 当阳金家山

型		B 型			
		Ba 型	Bb 型		
Abc 型	Abd 型		Bba 型	Bbb 型	Bbc 型
II 24 25	I 30	IV 35	IV 37		IV 41
III 26 27	II 31		V 38		
IV 28 29	III 32 IV 33		VI 39		

（A 型、B 型）

1984M247：2　24. 长治分水岭 1972M270：17　25. 滕州薛故城尤楼 1978M6：2　26. 临淄相家庄 1996M6X：5　27. 临淄东夏庄 1984M6P13X22：1　28. 临淄赵家徐姚 2001M1：2　29. 临淄商王 1992M1：93－2　30. 新泰周家庄 2003M3：5　31. 长岛王沟 1973M1：4　32. 长清岗辛 1975M：7　33. 临淄商王 1992M1：113　34. 安丘东古庙 1994M：13　35. 洛阳凯旋路南 1997LM470：12　36. 闻喜上郭 1974M373：12　37. 临猗程村 1987M1002：5　38. 太原金胜村 1988M251：533　39. 新绛柳泉 1979M302：17　40. 淄博磁村 1977M02：3　41. 顺义龙湾屯 1982M

较小,深腹,最大径在腹中部。标本:安丘东古庙1994M:13(图1.5.6,34)。①

Ⅱ式　暂缺。

Ⅲ式　暂缺。

Ⅳ式　沿下角变小,口径、腹径相若。标本:洛阳凯旋路南1997LM470:12(图1.5.6,35)。②

Bb型　双耳。根据盖、口沿、圈足形态的不同分为三个次亚型:

Bba型　卷沿,无盖,矮圈足。根据口沿和腹部形态和纹饰风格的不同分为六式:

Ⅰ式　侈口,卷沿,沿下角较大。标本:闻喜上郭1974M373:12(图1.5.6,36)。③

Ⅱ式　暂缺。

Ⅲ式　暂缺。

Ⅳ式　沿下角变小,束颈,双环耳位于颈腹交接处,口、腹部俯视呈椭圆形,颈部多素面,多在腹上部饰一或两周纹饰。标本:临猗程村1987M1002:5(图1.5.6,37)。④

Ⅴ式　沿下角更小,束颈,双环耳位于颈腹交接处,口、腹部俯视呈长椭圆形,长径和短径的比例较上式变大,颈部、腹部、圈足、耳部多满饰纹饰。标本:太原金胜村1988M251:533(图1.5.6,38)。⑤

Ⅵ式　沿下角更小,束颈,微沿,口、腹部俯视呈长椭圆形或圆角长方形,长径和短径的比例更大,颈部、腹部纹饰繁缛。标本:新绛柳泉1979M302:17(图1.5.6,39)。⑥

Bbb型　卷沿,高圈足,环钮盖。标本:淄博磁村1977M02:3(图1.5.6,40)。⑦

Bbc型　子母口,高圈足,鸟兽钮盖。标本:顺义龙湾屯1982M(图1.5.6,41)。⑧

C型　蹄足。根据耳的数量的不同分为两个亚型:

Ca型　单耳。数量少。根据口、腹、足部形态的不同,分为二式:

Ⅰ式　口、腹部俯视呈椭圆形,长径和短径的比例较小,与耳相对的长边中间向内凹,矮蹄足。标本:滕州薛故城出土(图1.5.7,1)、⑨谷城新店1977M(图1.5.7,2)。⑩

Ⅱ式　口、腹部俯视呈长椭圆形,长径和短径的比例较上式变大,环钮盖的盖顶微微隆起,蹄足较上式高。标本:长清仙人台1995M5:84(图1.5.7,3)。⑪

Cb型　双耳。根据口沿、腹部和足部形态的不同分为四个次亚型:

① 安丘市博物馆:《山东安丘柘山镇东古庙村春秋墓》,《文物》2012年第7期,第16—21页。
② 中国社会科学院考古研究所洛阳唐城工作队:《洛阳凯旋路南东周墓发掘报告》,《考古学报》2000年第3期,第359—394页。
③ 朱华:《闻喜上郭古墓群试掘》,《三晋考古》(一),山西人民出版社,1994年。
④ 中国社会科学院考古研究所等:《临猗程村墓地》,中国大百科全书出版社,2003年。
⑤ 山西省考古研究所、太原市文物管理委员会:《太原晋国赵卿墓》,文物出版社,1996年。
⑥ 杨富斗等:《新绛柳泉墓地调查、发掘报告》,《晋都新田》,山西人民出版社,1996年。
⑦ 淄博市博物馆:《山东淄博磁村发现四座春秋墓葬》,《考古》1991年第6期,第506—510页。
⑧ 程长新:《北京市顺义县龙湾屯出土一组战国青铜器》,《考古》1985年第8期,第701—703页。
⑨ 山东省文物考古研究所标本陈列室展陈。
⑩ 襄樊市博物馆、谷城县文化馆:《襄樊市、谷城县馆藏青铜器》,《文物》1986年第4期,第15—20页。
⑪ 山东大学历史文化学院考古系:《长清仙人台五号墓发掘简报》,《文物》1998年第9期,第18—30页。

　　Cba 型　卷沿,乳钉腹,矮蹄足。根据盖的不同分为两个次次亚型:

　　Cbaa 型　环钮盖。盖顶中心一环钮,周列若干环钮。根据口沿和腹部形态的不同分为二式:

　　Ⅰ式　沿下角较大,腹较深。标本:暂缺。可参考青州杨姑桥 1972SQY:5(图1.5.7,4)。①

　　Ⅱ式　沿下角变小,腹变浅,腹部最大径在腹中部,口、腹俯视呈长椭圆形。标本:长清仙人台 1995M5:75(图1.5.7,5)。②

　　Cbab 型　蹄足钮盖。盖顶中心一环钮,周列若干蹄足钮。根据口沿和腹部形态的不同分为三式:

　　Ⅰ式　沿下角较大,腹较深。标本:暂缺。可参考青州杨姑桥 1972SQY:5(图1.5.7,4)。

　　Ⅱ式　暂缺。

　　Ⅲ式　沿下角较小,腹最大径靠上,口、腹部俯视呈长椭圆形,盖顶隆起较高。标本:阳谷景阳岗 1979M(图1.5.7,6)。③

　　Cbb 型　卷沿,矮蹄足。根据盖的不同分为两个次次亚型:

　　Cbba 型　捉手钮盖。根据口沿和足部形态的不同分为三式:

　　Ⅰ式　沿下角较大,蹄足素朴,接于腹底。标本:暂缺。或可参考洛阳西工区 2005M8759:8(图1.5.7,7)。④

　　Ⅱ式　沿下角变小,蹄足繁缛,接于腹下部。标本:新郑李家楼 1923M:p126(图1.5.7,8)、⑤新郑铁岭 2011M1405:3(图1.5.7,9)。⑥

　　Ⅲ式　蹄足接于腹中部。标本:新郑郑韩路 2004M6:3(图1.5.7,10)。⑦

　　Cbbb 型　蹄足钮盖。根据口沿形态的不同分为二式:

　　Ⅰ式　沿下角较大。标本:暂缺。或可参考洛阳西工区 2005M8759:8(图1.5.7,7)。

　　Ⅱ式　沿下角较小。标本:洛阳玻璃厂 1966M439:5(图1.5.7,11)。⑧

　　Cbc 型　直口或敛口,无沿,矮蹄足。标本:洛阳西工区 2005M8830:6(图1.5.7,12)。⑨

　　Cbd 型　子母口,高蹄足。根据盖的不同分为两个次次亚型:

───────────

①　青州市博物馆:《青州杨姑桥遗址调查报告》,《海岱考古》(五),科学出版社,2012 年。
②　山东大学历史文化学院考古系:《长清仙人台五号墓发掘简报》,《文物》1998 年第 9 期,第 18—30 页。
③　聊城地区博物馆:《山东阳谷县景阳岗村春秋墓》,《考古》1988 年第 1 期,第 27—29 页。
④　洛阳市文物工作队:《洛阳体育场路西东周墓发掘报告》,文物出版社,2011 年。
⑤　河南博物院:《新郑郑公大墓青铜器》,大象出版社,2001 年。
⑥　郑州市文物考古研究院、河南省文物管理局南水北调办公室:《新郑铁岭墓地 M1404、M1405 发掘简报》,《中原文物》2012 年第 2 期,第 10—18 页。
⑦　河南省文物考古研究所新郑工作站:《新郑市郑韩路 6 号春秋墓》,《文物》2005 年第 8 期,第 39—46 页。
⑧　洛阳博物馆:《洛阳哀成叔墓清理简报》,《文物》1981 年第 7 期,第 65—67 页。
⑨　洛阳市文物工作队:《洛阳体育场路西东周墓发掘报告》,文物出版社,2011 年。

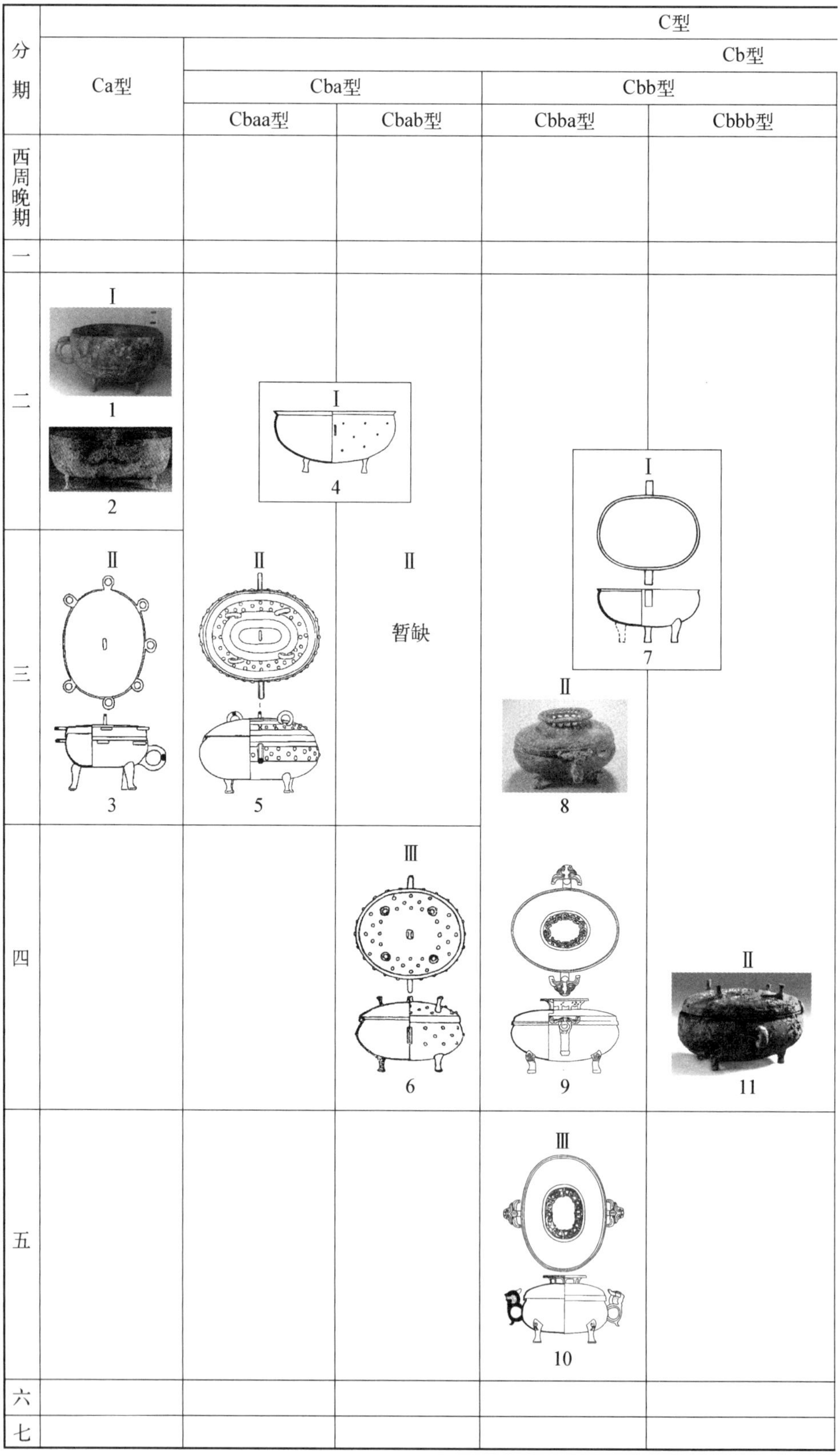

分期	C型				
	Ca型	Cb型			
		Cba型		Cbb型	
		Cbaa型	Cbab型	Cbba型	Cbbb型
西周晚期					
一					
二	I 1 / 2	I 4		I 7	
三	II 3	II 5	II 暂缺	II 8	
四		III 6	9	II 11	
五			III 10		
六					
七					

图 1.5.7 铜铈谱系图

1. 滕州薛故城　2. 谷城新店 1977M　3. 长清仙人台 1995M5：84　4. 青州杨姑桥 1972SQY：5　5. 长清仙人台 1995M5：75　6. 阳谷景阳岗 1979M　7. 洛阳西工区 2005M8759：8　8. 新郑李家楼 1923M：p126　9. 新郑铁岭 2011M1405：3　10. 新郑郑韩路 2004M6：3　11. 洛

Cbc型	Cbd型		D型
	Cbda型	Cbdb型	
12			
	I 14	13	16
	II 15		

（C 型、D 型）

阳玻璃厂 1966M439：5　12. 洛阳西工区 2005M8830：6　13. 满城采石厂 1971M
14. 易县燕下都 1964M31：2　15. 三河双村 1975M03　16. 临淄河崖头 1964 采

Cbda 型　环钮盖。标本：满城采石厂 1971M(图 1.5.7,13)。①

Cbdb 型　鸟兽钮盖。根据足部形态特征的不同分为二式：

Ⅰ式　蹄足接于腹下部。标本：易县燕下都 1964M31：2(图 1.5.7,14)。②

Ⅱ式　蹄足接于腹中部。标本：三河双村 1975M03(图 1.5.7,15)。③

D 型　人形足。仅临淄河崖头 1964 采一件(图 1.5.7,16)。④

五、铜浴缶的型式分析

根据颈部和足部形态的不同,可以将铜浴缶分为三型：

A 型　无颈。侈口,折沿,圆鼓腹,腹上部有一对半环耳或无耳。根据盖部形态的不同分为两个亚型：

Aa 型　覆钵形盖,捉手钮。标本：舒城龙舒凤凰嘴 1959M(图 1.5.8,1)。⑤

Ab 型　平顶盖,环钮。根据口沿形态的不同,分为二式：

Ⅰ式　斜折沿,沿下角较大。标本：寿县肖严湖 1975M(图 1.5.8,2)、⑥舒城河口 1988M1：4。⑦

Ⅱ式　沿下角变小。标本：怀宁金拱人形 1982M(图 1.5.8,3)、⑧沂水刘家店子 1978M1：5。⑨

B 型　矮直颈。根据盖部形态的不同分为两个亚型：

Ba 型　捉手钮盖。根据盖、颈、腹、底部形态的不同分为七式：

Ⅰ式　矮颈,无沿,平底内凹。标本：枣庄东江 2002M3：3(图 1.5.8,4)。⑩

Ⅱ式　颈变高,窄折沿,矮圈足。标本：襄阳沈岗 2009M1022：5(图 1.5.8,5)、⑪淅川下寺 1979M7：3。⑫

Ⅲ式　颈较上式变高,沿变宽,矮圈足,肩部有兽首耳或提链。标本：淅川下寺 1978M3：6(图 1.5.8,6)。⑬

---

① 河北省博物馆、文物管理处:《河北省出土文物选集》,文物出版社,1980 年。

② 河北省文化局文物工作队:《1964—1965 年燕下都墓葬发掘报告》,《考古》1965 年第 11 期,第 548—561 页。

③ 廊坊地区文物管理所、三河县文化馆:《河北三河大唐迥、双村战国墓》,《考古》1987 年第 4 期,第 318—322 页。

④ 张连利等:《山东淄博文物精粹》,山东画报出版社,2002 年。

⑤ 安徽省文化局文物工作队:《安徽舒城出土的铜器》,《考古》1964 年第 10 期,第 498—503 页。

⑥ 寿县博物馆:《寿县肖严湖出土春秋青铜器》,《文物》1990 年第 11 期,第 65—67 页。

⑦ 安徽省文物考古研究所、舒城县文物管理所:《安徽舒城河口春秋墓》,《文物》1990 年第 6 期,第 58—66 页。

⑧ 怀宁县文物管理所:《安徽怀宁县出土春秋青铜器》,《文物》1983 年第 11 期,第 68—71 页。

⑨ 山东省博物馆考古山东展。

⑩ 枣庄市博物馆、枣庄市文物管理办公室:《枣庄市东江周代墓葬发掘报告》,《海岱考古》(四),科学出版社,2011 年。

⑪ 襄阳市文物考古研究所:《湖北襄阳沈岗墓地 M1022 发掘简报》,《文物》2013 年第 7 期,第 4—19 页。

⑫ 河南省文物研究所等:《淅川下寺春秋楚墓》,文物出版社,1991 年。

⑬ 河南省文物研究所等:《淅川下寺春秋楚墓》,文物出版社,1991 年。

Ⅳ式　下腹近底处收束明显,圈足变高。标本:淅川下寺 1978M10:39(图 1.5.8, 7)、①寿县西门内 1955M:21。②

Ⅴ式　器身较上式变矮,圈足较高。标本:随州擂鼓墩 1978M1:C189(图 1.5.8, 8)、③随州擂鼓墩 1981M2:77。④

Ⅵ式　形制与上式基本相同,装饰较上式简化。标本:新都马家 1980M(图 1.5.8, 9)、⑤荆门包山 1986M2:289(图 1.5.8,10)。⑥

Ⅶ式　高圈足。标本:寿县朱家集 1933M(图 1.5.8,11)。⑦

Bb 型　环钮或兽钮盖。根据肩、腹部形态的不同分为三个次亚型:

Bba 型　圆鼓腹。根据口、颈、足部形态的不同分为六式:

Ⅰ式　颈部较矮。标本:暂缺。

Ⅱ式　颈部较高,窄折沿。标本:南阳李八庙 2004M1:4(图 1.5.8,12)。⑧

Ⅲ式　沿较上式变宽,矮圈足。标本:淅川下寺 1978M2:51(图 1.5.8,13)。⑨

Ⅳ式　颈部变高,纹饰更繁缛。标本:平顶山滍阳岭 1994M10:1(图 1.5.8,14)。⑩

Ⅴ式　圈足较上式变高。标本:郧县肖家河 2006M6:10(图 1.5.8,15)。⑪

Ⅵ式　高颈,圈足较高。标本:荆门左冢 2000M1W:1(图 1.5.8,16)、⑫凤翔八旗屯西沟道 1983M26:11(图 1.5.8,17)。⑬

Bbb 型　鼓肩,深腹。根据颈、腹、底部形态的不同分为三式:

Ⅰ式　颈部较矮,平底或矮圈足。标本:暂缺。

Ⅱ式　颈部较高,下腹斜收,矮圈足。标本:江陵天星观 2000M2:35(图 1.5.8, 18)。⑭

Ⅲ式　颈部变高,下腹近底部收束明显,圈足较高。标本:淅川徐家岭 1991M10: 136(图 1.5.8,19)。⑮

Bbc 型　鼓肩,扁腹。数量少暂不分式。标本:丹阳司徒砖瓦厂 1976JC:22(图

①　河南省文物研究所等:《淅川下寺春秋楚墓》,文物出版社,1991 年。
②　安徽省文物管理委员会、安徽省博物馆:《寿县蔡侯墓出土遗物》,科学出版社,1956 年。
③　湖北省博物馆:《曾侯乙墓》,文物出版社,1989 年。
④　随州市博物馆:《随州擂鼓墩二号墓》,文物出版社,2008 年。
⑤　四川省博物馆、新都县文物管理所:《四川新都战国木椁墓》,《文物》1981 年第 6 期,第 1—16 页。
⑥　湖北省荆沙铁路考古队:《包山楚墓》,文物出版社,1991 年。
⑦　线图引自吴长青:《寿县李三孤堆楚国大墓出土铜器的初步研究》,北京大学硕士学位论文,2005 年。
⑧　南阳市文物考古研究所:《河南南阳李八庙春秋楚墓清理简报》,《文物》2012 年第 4 期,第 29—33 页。
⑨　河南省文物研究所等:《淅川下寺春秋楚墓》,文物出版社,1991 年。
⑩　文启明:《河北灵寿县西岔头村战国墓》,《文物》1986 年第 6 期,第 20—24 页。
⑪　湖北省文物考古研究所、湖北省文物局南水北调办公室:《湖北郧县乔家院春秋殉人墓》,《考古》2008 年第 4 期,第 28—50 页。
⑫　湖北省文物考古研究所:《荆门左冢楚墓》,文物出版社,2006 年。
⑬　尚志儒、赵丛苍:《陕西凤翔八旗屯西沟道秦墓发掘简报》,《文博》1986 年第 3 期,第 1—31 页。
⑭　湖北省荆州博物馆:《荆州天星观二号楚墓》,文物出版社,2003 年。
⑮　河南省文物考古研究所等:《淅川和尚岭与徐家岭楚墓》,大象出版社,2004 年。

分期	A 型 折沿，无颈		B 型 直颈					C 型 蹄足	
	Aa 型 捉手盖	Ab 型 环钮盖	Ba 型 捉手盖	Bb 型 环钮或兽钮盖				Ca 型	Cb 型
				Bba 型	Bbb 型	Bbc 型			
一	1	I 2	I 4	I 暂缺					
二		II 3	II 5	II 12		20			
三			III 6	III 13					
四			IV 7	IV 14				I 23	

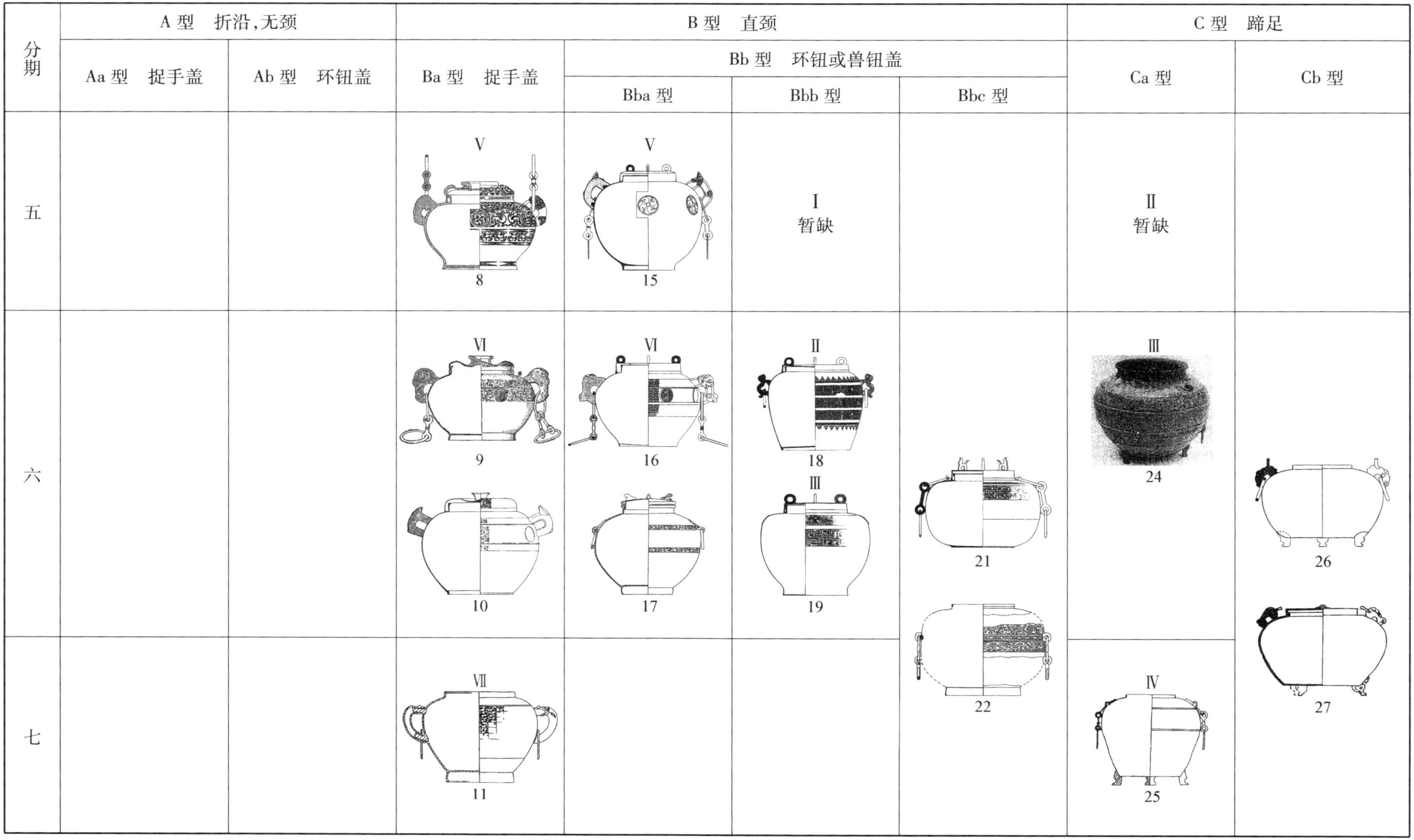

图 1.5.8　铜浴岳谱系图

1. 舒城龙舒凤凰嘴 1959M　2. 寿县肖严湖 1975M　3. 怀宁金拱人形 1982M　4. 枣庄东江 2002M3：3　5. 襄阳沈岗 2009M1022：5　6. 淅川下寺 1978M3：6　7. 淅川下寺 1978M10：39　8. 随州擂鼓墩 1978M1：C189　9. 新郑马家 1980M　10. 荆门包山 1986M2：289　11. 寿县朱家集 1933M　12. 南阳李八庙 2004M1：4　13. 淅川下寺 1978M2：51　14. 平顶山湛阳岭 1994M10：1　15. 郧县肖家河 2006M6：10　16. 荆门左冢 2000M1W：1　17. 凤翔八旗屯西沟道 1983M26：11　18. 江陵天星观 2000M2：35　19. 淅川徐家岭 1991M10：136　20. 丹阳司徒砖瓦厂 1976JC：22　21. 淅川徐家岭 1991M10：70　22. 襄阳陈坡 2006M10S：56　23. 绍兴坡塘狮子山 1981M306：采 4　24. 新野任集 1991 采　25. 洛陵小田溪 1993M9：38　26. 淮阴高庄 1978M1：112　27. 安丘葛布口 1965M

1.5.8,20)、①浙川徐家岭 1991M10：70（图 1.5.8,21）、②襄阳陈坡 2006M10S：56（图
1.5.8,22）。③

　　C 型　鼓肩,平底,蹄足。根据腹部形态的不同分为两个亚型：

　　Ca 型　深腹。根据足部形态的不同分为四式：

　　Ⅰ式　蹄足接于腹底。标本：绍兴坡塘狮子山 1981M306：采 4（图 1.5.8,23）、④丹
徒谏壁粮山 1979M1：5。⑤

　　Ⅱ式　暂缺。

　　Ⅲ式　标本：新野任集 1991 采（图 1.5.8,24）。⑥

　　Ⅳ式　蹄足接于腹下部。标本：涪陵小田溪 1993M9：38（图 1.5.8,25）。⑦

　　Cb 型　腹较浅。数量少暂不分式。标本：淮阴高庄 1978M1：112（图 1.5.8,26）、⑧
安丘葛布口 1965M（图 1.5.8,27）。⑨

六、铜汤鼎的型式分析

　　铜汤鼎又称为小口鼎,自名为鐈鼎、汤鼎等,在墓葬中一般与铜盉、铜匜、铜盘、铜浴缶
等盥洗器放置在一起。

　　根据耳、腹、足部形态的不同,分为七式：

　　Ⅰ式　附耳微侈,平顶盖,中央一环钮,扁鼓腹,圜底,蹄足较高,接于圜底下,上腹饰一周
纹饰。标本：舒城河口 1988M1：8（图 1.5.9,1）、⑩繁昌汤家山 1979M：3（图 1.5.9,2）。⑪

　　Ⅱ式　暂缺。

　　Ⅲ式　双耳外侈,盖顶平或微隆,中央有一或三个环钮,腹变深,圜底,蹄足接于圜底
外,腹部饰二或三周纹饰,较为繁缛。标本：浙川下寺 1978M2：56（图 1.5.9,3）、⑫浙川
下寺 1978M3：4（图 1.5.9,4）。⑬

　　Ⅳ式　双耳外侈更甚,圜底或平底。标本：寿县西门内 1955M：6（图 1.5.9,5）、⑭绍
兴坡塘狮子山 1981M306：采 3（图 1.5.9,6）。⑮

---

①　镇江市博物馆、丹阳县文物管理委员会：《江苏丹阳出土的西周青铜器》,《文物》1980 年第 8 期,第 3—9 页。
②　河南省文物考古研究所等：《浙川和尚岭与徐家岭楚墓》,大象出版社,2004 年。
③　湖北省文物考古研究所等：《襄阳陈坡》,科学出版社,2013 年。
④　浙江省文物管理委员会等：《绍兴 306 号战国墓发掘简报》,《文物》1984 年第 1 期,第 10—26 页。
⑤　镇江市博物馆：《江苏丹徒出土东周铜器》,《考古》1981 年第 5 期,第 409—410 页。
⑥　丁鹏：《河南省新野县发现一件战国时期青铜缶》,《文物》1993 年第 2 期,第 47 页。
⑦　四川省文物考古研究所等：《涪陵市小田溪 9 号墓发掘简报》,《四川考古报告集》,文物出版社,1998 年。
⑧　淮阴市博物馆：《淮阴高庄战国墓》,《考古学报》1988 年第 2 期,第 189—232 页。
⑨　山东诸城县博物馆：《山东诸城臧家庄与葛布口村战国墓》,《文物》1987 年第 12 期,第 47—56 页。
⑩　安徽省文物考古研究所、舒城县文物管理所：《安徽舒城县河口春秋墓》,《文物》1990 年第 6 期,第 58—66 页。
⑪　安徽省文物工作队、繁昌县文化馆：《安徽繁昌出土一批春秋青铜器》,《文物》1982 年第 12 期,第 47—50 页；
安徽大学、安徽省文物考古研究所：《皖南商周青铜器》,文物出版社,2006 年。
⑫　河南省文物研究所等：《浙川下寺春秋楚墓》,文物出版社,1991 年。
⑬　河南省文物研究所等：《浙川下寺春秋楚墓》,文物出版社,1991 年。
⑭　安徽省文物管理委员会、安徽省博物馆：《寿县蔡侯墓出土遗物》,科学出版社,1956 年。
⑮　浙江省文物管理委员会等：《绍兴 306 号战国墓发掘简报》,《文物》1984 年第 1 期,第 10—26 页。

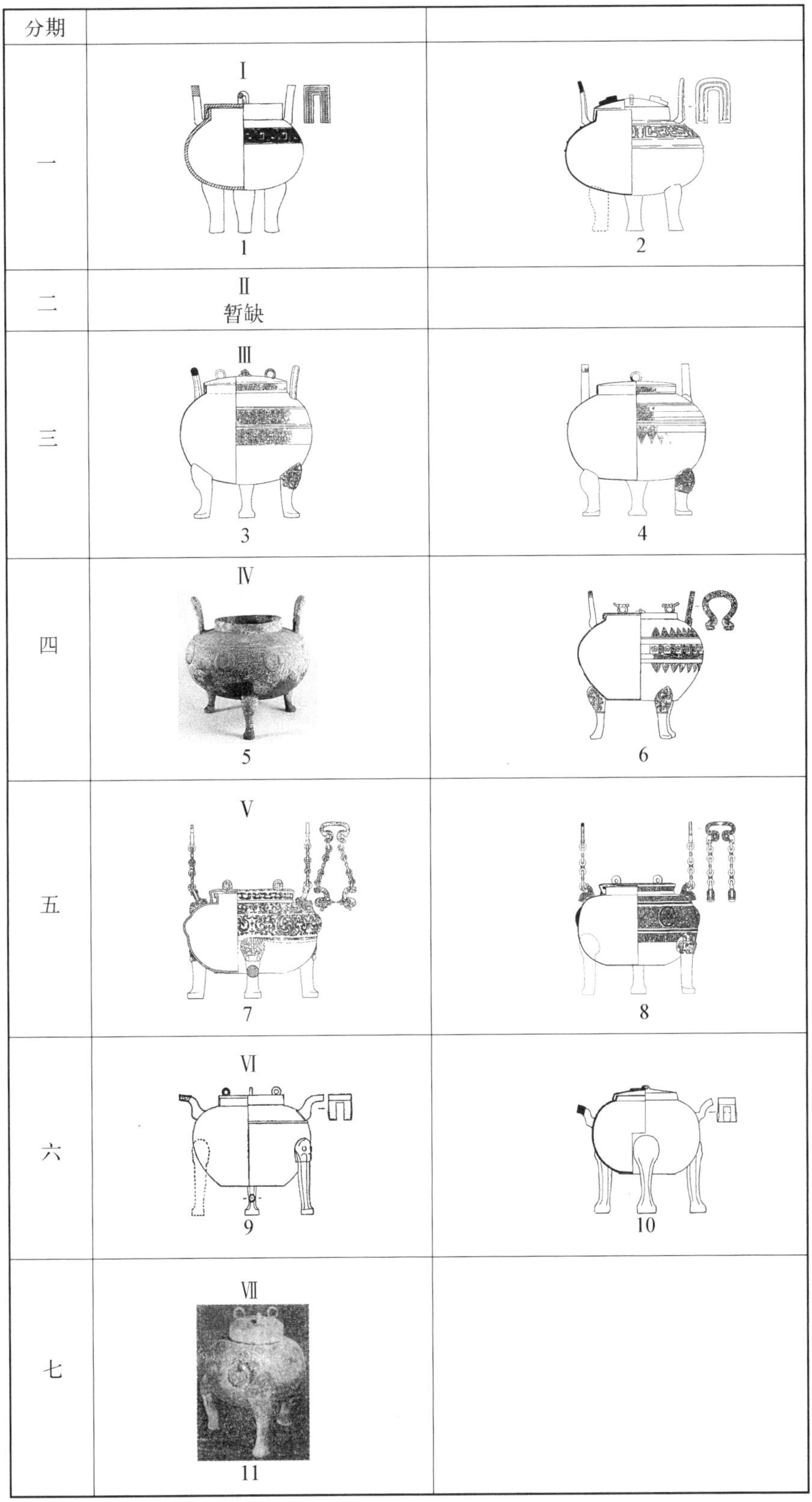

分期		
一	I 1	 2
二	II 暂缺	
三	III 3	 4
四	IV 5	 6
五	V 7	 8
六	VI 9	 10
七	VII 11	

图 1.5.9　铜汤鼎谱系图

1. 舒城河口 1988M1：8　2. 繁昌汤家山 1979M：3　3. 淅川下寺 1978M2：56　4. 淅川下寺 1978M3：4　5. 寿县西门内 1955M：6　6. 绍兴坡塘狮子山 1981M306：采 3　7. 随州擂鼓墩 1978M1：C185　8. 随州擂鼓墩 1981M2：70　9. 荆门包山 1986M2：390　10. 江陵望山 1965M1：44　11. 丰台贾家花园 1977M

Ⅴ式　双耳外翻，套接提链，盖顶平，平底，多棱形蹄足较高，接于腹中下部，纹饰繁缛。标本：随州擂鼓墩 1978M1：C185（图 1.5.9,7）、①随州擂鼓墩 1981M2：70（图 1.5.9,8）。②

Ⅵ式　双耳外翻更甚，或套接提链，盖鼎隆起，平底，多棱形高蹄足，接于腹中部，纹饰简化或素面。标本：荆门包山 1986M2：390（图 1.5.9,9）、③江陵望山 1965M1：44（图 1.5.9,10）。④

Ⅶ式　铺首衔环耳，多为棱形高蹄足接于腹中部。标本：丰台贾家花园 1977M（图 1.5.9,11）。⑤

七、铜鉴的型式分析

根据腹部特征和体量大小的不同，东周时期的铜鉴可以分为二型：

A 型　深腹，体量较大。根据腹部形态的不同，分为两个亚型：

Aa 型　圆形腹。根据口、颈、底部形态的不同，分为七式：

Ⅰ式　暂缺。

Ⅱ式　敛口，斜折沿，束颈内敛，平底，兽首耳。标本：海阳嘴子前 1994M4：73（图 1.5.10,1）。⑥

Ⅲ式　直口，折沿近平，束颈较直，平底，或着矮圈足，兽首耳。标本：新郑祭祀坑 1997T615K6：31（图 1.5.10,2）、⑦淅川下寺 1978M2：50（图 1.5.10,3）。⑧

Ⅳ式　直口或敞口，平折沿，束颈变高，平底，或着圈足，兽首耳。标本：太原金胜村 1994M673 吴王夫差鉴（图 1.5.10,4）、⑨侯马上马 1973M5218：4（图 1.5.10,5）。⑩

Ⅴ式　直口或敞口，折沿，底较小，下腹斜收较急，圈足变高，兽首耳，或作铺首衔环耳。标本：太原金胜村 1988M251：630（图 1.5.10,6）、⑪潞城潞河 1983M7：159（图 1.5.10,7）。⑫

Ⅵ式　直口或敞口，平折沿，底变宽，下腹斜收较缓，高圈足，兽首耳，或作铺首衔环耳。标本：长治分水岭 1959M25：38（图 1.5.10,8）、⑬新绛柳泉 1979M302：20（图

①　湖北省博物馆：《曾侯乙墓》，文物出版社，1989 年。
②　随州市博物馆：《随州擂鼓墩二号墓》，文物出版社，2008 年。
③　湖北省荆沙铁路考古队：《包山楚墓》，文物出版社，1991 年。
④　湖北省文物考古研究所：《江陵望山沙塚楚墓》，文物出版社，1996 年。
⑤　张先得：《北京丰台区出土战国铜器》，《文物》1978 年第 3 期，第 88—90 页。
⑥　烟台市博物馆、海阳博物馆：《海阳嘴子前》，齐鲁书社，2002 年。
⑦　河南省文物考古研究所：《新郑郑国祭祀遗址》，大象出版社，2006 年。
⑧　河南省文物研究所等：《淅川下寺春秋楚墓》，文物出版社，1991 年。
⑨　李建生：《辉县琉璃阁与太原赵卿墓相关问题》，《中国国家博物馆馆刊》2012 年第 2 期，第 6—42 页。
⑩　山西省考古研究所：《上马墓地》，文物出版社，1994 年。
⑪　山西省考古研究所、太原市文物管理委员会：《太原晋国赵卿墓》，文物出版社，1996 年。
⑫　山西省考古研究所、山西省晋东南地区文化局：《山西省潞城潞河战国墓》，《文物》1986 年第 6 期，第 1—19 页。
⑬　山西省文物管理委员会、山西省考古研究所：《山西长治分水岭战国墓第二次发掘》，《考古》1964 年第 3 期，第 111—137 页；山西省考古研究所等：《长治分水岭东周墓地》，文物出版社，2010 年。

1.5.10,9)。①

　　　Ⅶ式　宽平折沿,束颈,平底。标本:寿县朱家集1933M(图1.5.10,10)。②

　　Ab型　方形腹。目前所见数量较少。分为四式:

　　　Ⅰ式　标本:寿县西门内1955M:24.1(图1.5.10,11)。③

　　　Ⅱ式　标本:随州擂鼓墩1978M1:C139(图1.5.10,12)。④

　　　Ⅲ式　标本:枣阳九连墩2002M1:E139(图1.5.10,13)。⑤

　　　Ⅳ式　标本:三门峡上村岭1974M5:3(图1.5.10,14)。⑥

　　B型　浅腹,体量较小。或铸有铭文,自名"盥盘",形制与A型铜鉴相同,本书将其统归为鉴。根据足的有无,分为两个亚型:

　　Ba型　无足。根据口沿形态的不同,分为二式:

　　　Ⅰ式　斜折沿,沿下角较大。标本:靖安水口李家1979M徐王义楚盘(图1.5.10,15)。⑦

　　　Ⅱ式　折沿近平,沿下角较小。标本:邳州九女墩1993M3:34(图1.5.10,16)、⑧绍兴坡塘狮子山1981M306:采5(图1.5.10,17)。⑨

　　Bb型　蹄足。根据口、腹、足部形态的不同,分为五式:

　　　Ⅰ式　暂缺。

　　　Ⅱ式　斜折沿,沿下角较大,平底下着三蹄足。标本:丹徒北山顶1984M:10(图1.5.10,18)。⑩

　　　Ⅲ式　平折沿,沿下角变下,束颈。标本:随州擂鼓墩1978M1:C38(图1.5.10,19)。⑪

　　　Ⅳ式　平折沿,束颈,蹄足接于腹下近部。标本:淮阴高庄1978M1:100、98(图1.5.10,20、21)。⑫

　　　Ⅴ式　标本:罗定背夫山1983M1:62、66(图1.5.10,22、23)。⑬

———————————

　　①　杨富斗等:《新绛柳泉墓地调查、发掘报告》,《晋都新田》,山西人民出版社,1996年,第145—187页。
　　②　安徽省博物馆:《安徽省博物馆藏青铜器》,上海人民美术出版社,1987年;吴长青:《寿县李三孤堆楚国大墓出土铜器的初步研究——以安徽省博物馆藏该墓青铜器为中心》,北京大学硕士学位论文,2005年。
　　③　安徽省文物管理委员会、安徽省博物馆:《寿县蔡侯墓出土遗物》,科学出版社,1956年;安徽省博物馆:《安徽省博物馆藏青铜器》,上海人民美术出版社,1987年。线图采自刘彬徽:《楚系青铜器研究》,湖北教育出版社,1995年,第187页。
　　④　湖北省博物馆:《曾侯乙墓》,文物出版社,1989年。
　　⑤　湖北省博物馆:《九连墩——长江中游的楚国贵族大墓》,文物出版社,2007年;湖北省博物馆、深圳博物馆:《剑舞楚天——湖北出土楚文物展图录》,文物出版社,2010年;山西博物院、湖北省博物馆:《荆楚长歌——九连墩楚墓出土文物精华》,山西省人民出版社,2011年。
　　⑥　河南省博物馆:《河南三门峡市上村岭出土的几件战国铜器》,《文物》1976年第3期,第52—54页。
　　⑦　江西省历史博物馆、靖安县文化馆:《江西靖安出土春秋徐国铜器》,《文物》1980年第8期,第13—15页。
　　⑧　孔令远、陈永清:《江苏邳州市九女墩三号墩的发掘》,《考古》2002年第5期,第19—30页。
　　⑨　浙江省文物管理委员会等:《绍兴306号战国墓发掘简报》,《文物》1984年第1期,第10—26页。
　　⑩　江苏省丹徒考古队:《江苏丹徒北山顶春秋发掘报告》,《东南文化》1988年第3、4期,第13—50页。
　　⑪　湖北省博物馆:《曾侯乙墓》,文物出版社,1989年。
　　⑫　淮阴市博物馆:《淮阴高庄战国墓》,《考古学报》1988年第2期,第189—232页。
　　⑬　广东省博物馆、罗定县文化局:《广东罗定背夫山战国墓》,《考古》1986年第3期,第210—220页。

分期	A 型　深腹，体量较大		B 型　浅腹，体量较小	
	Aa 型　圆形腹	Ab 型　方形腹	Ba 型　无足	Bb 型　蹄足
一	I 暂缺			
二	 II 1			
三	 III 2 3		 I 15	I 暂缺
四	 IV 4 5	 I 11	 II 16 17	 II 18
五	 V 6 7	 II 12		 III 19

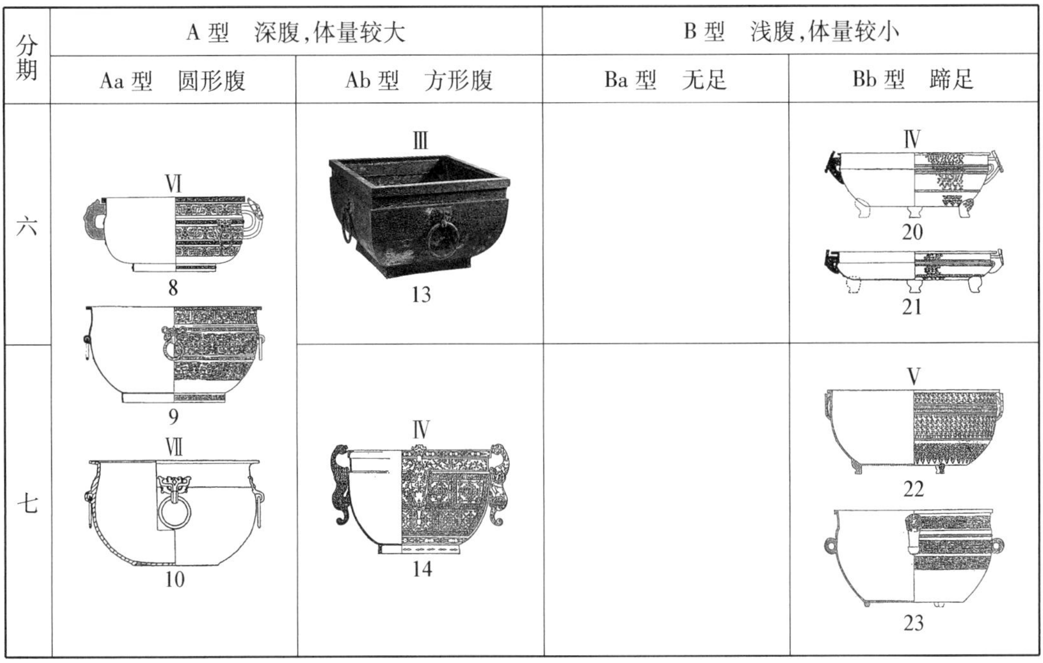

分期	A 型　深腹,体量较大		B 型　浅腹,体量较小	
	Aa 型　圆形腹	Ab 型　方形腹	Ba 型　无足	Bb 型　蹄足
六	Ⅵ 8 9	Ⅲ 13		Ⅳ 20 21
七	Ⅶ 10	Ⅳ 14		Ⅴ 22 23

图 1.5.10　铜鉴谱系图

1. 海阳嘴子前 1994M4：73　2. 新郑祭祀坑 1997T615K6：31　3. 淅川下寺 1978M2：50　4. 太原金胜村 1994M673 吴王夫差鉴　5. 侯马上马 1973M5218：4　6. 太原金胜村 1988M251：630　7. 潞城潞河 1983M7：159　8. 长治分水岭 1959M25：38　9. 新绛柳泉 M302：20　10. 寿县朱家集 1933M　11. 寿县西门内 1955M：24.1　12. 随州擂鼓墩 1978M1：C139　13. 枣阳九连墩 2002M1：E139　14. 三门峡上村岭 1974M5：3　15. 靖安水口李家 1979M 徐王义楚盘　16. 邳州九女墩 1993M3：34　17. 绍兴坡塘狮子山 1981M306：采 5　18. 丹徒北山顶 1984M：10　19. 随州擂鼓墩 1978M1：C38　20. 淮阴高庄 1978M1：100　21. 淮阴高庄 1978M1：98　22. 罗定背夫山 1983M1：62　23. 罗定背夫山 1983M1：66

八、附论　铜盉、铜钘为盥洗器的依据

(一) 本书所谓铜盉为盥洗器的依据

关于铜盉的功能划分,学术界一直存在不同观点,大致可以归纳为以下四种:

1. 酒器(调酒,或兼可温酒、煮酒)

吕大临《考古图》根据《说文·皿部》"盉,调味也",认为盉是调味之器。[①] 王国维认为:"盉之为用,在受尊中之酒与玄酒而和之而注之于爵。"[②] 容庚认为:"盉有三足或四足,盖兼温酒之用也。"[③]郭沫若认为金文盉字从禾者乃象形而兼谐声,如季良父盉铭文中盉字写作 ，"象以手持麦秆以吸酒,则盉之初义殆即如少数民族之咋酒罐耳"。[④] 陈梦家

---

① 吕大临:《考古图》5·20。
② 王国维:《说盉》,《观堂集林》,中华书局,1959 年。
③ 容庚:《商周彝器通考》,上海人民出版社,2008 年,第 295 页。
④ 郭沫若:《长安县张家坡铜器群铭文汇释》,《考古学报》1962 年第 1 期,第 10 页。

认为盉是和"郁"于酒而煮的温酒器,也就是用来煮香草获得其汁液以和酒的器具。① 刘彬徽认为"楚系铜盉"(即本书 B、C、D 型铜盉)的功能"主要是作为酒器用的"。②

2. 酒器兼作水器以及由酒器转化为水器

郭宝钧认为铜盉"是古时和酒温酒的器。有腹用盛,有口用受,有喙用注,有鋬用执,有足用立,且备受火,其形合其用"。③ 他在讨论东周初年及春秋时期的铜器群时又指出:"盉之用,古为温酒之器,这时似亦可以代匜用。第 108 分群、109 分群皆有盘无匜,而各有一盉,似即补匜之缺。"④郭宝钧所谓"代匜用"的铜盉是针对西周晚期和春秋早期的"扁圆四足有流鋬"的铜盉而言,属于本书划分的 A 型铜盉。他又将寿县西门内 1955M 出土的铜方盉(即本书 D 型盉)划归为盛酒器,认为这件铜方盉形制遥承"扁圆四足"铜盉。⑤

张临生也注意到盉可能由酒器转化为水器,认为盉初现时可能就兼具酒器和水器两种功能,到西周中期周人"沃盥之礼"形成过程中,"初时,注水之器一时无着,即以现成的酒器盉暂代","稍后,周人将觥加以改造,成为极佳的注水器",盘、匜成为主要的盥洗器组合,但盉并未因此终止代行水器的功能,也扮演着匜的配角。⑥

张亚初认为:"盉从主要功能讲,是水器和酒器。盉作为一种盛装液体的容器,其功用是多样性的。要讲清盉的用途,必须作一番具体分析,既要考虑到它的型式,又要考虑到它的时代,否则,就很难全面正确地解答这个问题。"⑦

马承源等认为:"青铜盉的出现在商代早期,盛行于商晚期至西周。有自名的盉出现于西周,西周中期盉的别名又称为鎣,也有铭文以盘盉并称成为组合,则盉又担任了匜的角色。很可能,盉本身就是盛玄酒(水)以调和酒味浓淡的,未必是把水和酒放在盉中调和后再注以爵中。因为从盘盉的组合来看,盉主要是盛水的,它与酒器组合,用水以调和酒;它与盘相组合,则起盥沐作用。"⑧可见马承源等先生也认为铜盉兼具酒器和水器两种功能。

张懋镕先生进一步阐述了盉由酒器转化为水器,其功能动态转化的观点。他指出盉一出现时就兼有酒器和水器功能,只是"在商代及西周早期,盉作为水器可能仅在某一时段或某一区域内存在,还远不如它作为酒器而大行于世。所以人们容易忽视盉的兼有功能。到了西周中期,它的容水功能逐渐发挥出来,而同时容酒功能弱化,于是在人们看来

① 陈梦家:《中国铜器概述》,《海外中国铜器图录(第一集)》,商务印书馆,1946 年,第 23 页;陈梦家:《西周铜器断代》,中华书局,2004 年,第 483 页。
② 刘彬徽:《楚系青铜器研究》,湖北教育出版社,1995 年,第 198 页。
③ 郭宝钧:《商周铜器群综合研究》,文物出版社,1981 年,第 151 页。
④ 郭宝钧:《商周铜器群综合研究》,文物出版社,1981 年,第 76 页。
⑤ 郭宝钧:《商周铜器群综合研究》,文物出版社,1981 年,第 89 页。
⑥ 张临生:《说盉与匜——青铜彝器中的水器》,《故宫季刊》1982 年第 17 卷第 1 期,第 25—40 页。
⑦ 张亚初先生认为商周时期盉的用途主要有以下六种:1. 用水把酒冲淡,调和加工成淡水酒(玄酒);2. 用来和"郁"煮酒,调和加工成香酒("郁"鬯);3. 用来盛酒;4. 用来温酒;5. 用来饮酒;6. 用来盛水、温水与注水盥洗。张亚初:《对商周青铜盉的综合研究》,《中国考古学研究——夏鼐先生考古五十年纪念论文集》(二),科学出版社,1986 年,第 49—63 页。
⑧ 马承源主编:《中国青铜器(修订本)》,上海古籍出版社,2003 年,第 242 页。

它转化为一种水器了"。①

3. 水器

唐兰先生在解释陕西岐山董家村窖藏出土的卫盉铭文自名为盘时,指出:"盘、盉都是盥洗用具,铸盘时大都也铸盉,所以就把盘铭铸在盉上。"②

朱凤瀚先生考察了墓葬中盉、盘、匜组合关系,以及青铜器铭文中"盉—匜互称"、"盘—盉连称"的情况,提出:"在商晚期与西周早期,虽其用途尚难以确知,但与水器盘等量同出的例子也已提示盉可能是盥洗用的水器。西周中期至春期早期墓中盉多与盘配套使用,已可确证此种情况下的盉属于盥洗器,作用相当于晚出的匜。盉有较高的三足,即使是在作为盥洗器使用时,可能亦用来温水。"③至于盉是否有酒器的功能,朱凤瀚先生认为目前尚难确证,目前还不能排除盉可能曾一度兼作温酒和调和酒的酒器使用。

需要指出的是,朱凤瀚先生划归为水器的铜盉不包括本书划分的 B 型和 C Ⅱ 式铜盉。

4. 本书划分的 B 型和 C Ⅱ 式铜盉命名为"鐎"、功能为温酒器

容庚先生将本书划分的 B 型铜盉称为"鐎",认为这类铜器形制特征与商、西周时期自名为盉的铜器不类,并援引《玉篇》"鐎,温器有柄也"及其所见"汉代富平侯家温酒鐎"形制与此类铜器相似,"故改称为鐎以别于盉。其用乃以温酒,其时乃战国物也"。④ 朱凤瀚先生将本书划分的 B 型和 C Ⅱ 式铜盉命名为"鐎","独立器类,以区别于通称之盉",将其功能定为酒器。⑤ 李云朋反对容庚和朱凤瀚先生将所谓"鐎"的铜器独立为器类,认为从形制和铭文自名两方面来看,这类铜器应该定名为盉(称为"鐎形盉"),但在功能的判断上他认同容庚、朱凤瀚先生的酒器说,同时又指出这类铜器在山西地区亦充当水器角色。

综合来看,本书划分的 A 型铜盉的功能为水器在学术界已经没有争议,D 型、E 型、F 型也没有太大争议。争议比较大的是本书划分的 B 型铜盉,即容庚、朱凤瀚先生所谓的"鐎"、李云朋所谓的"鐎形盉"。张亚初先生 1986 年在《对商周青铜盉的综合研究》一文中业已指出:"研究商周铜盉形制,很重要的一点,是要正确解决分类问题。有的学者把本来是盉的一种型式的鐎盉从盉中割裂出去,另立一个器类鐎。鐎与盉的分家,对于我们研究盉的形制演变是不利的,对于我们历史地考察鐎与盉的用途也是不利的。近来,由于出土的鐎的铭文自名为盉,鐎应归入盉这个问题已经得到解决。"⑥鉴于目前仍有不少学者坚持将所谓"鐎"(即本书的 B 型铜盉)独立器类定名为"鐎",我们有必要再做论证:

---

① 张懋镕:《夷曰匜研究——兼论商周青铜器功能的转化问题》,《古文字与青铜器论集》(三),科学出版社,2010 年,第 155—163 页。

② 唐兰:《陕西省岐山县董家村新出西周重要铜器铭辞的译文和注释》,《文物》1976 年第 5 期,第 55—59 页。

③ 朱凤瀚:《中国青铜器综论》,上海古籍出版社,2009 年,第 296—297 页。

④ 容庚:《商周彝器通考》,上海人民出版社,2008 年,第 298 页。

⑤ 朱凤瀚:《中国青铜器综论》,上海古籍出版社,2009 年,第 174—176 页。

⑥ 张亚初:《对商周青铜盉的综合研究》,《中国考古学研究——夏鼐先生考古五十年纪念论文集》(二),科学出版社,1986 年,第 60 页。

第一,从铜器自名来看,楚叔之孙途盉、①王盉(《商周集成》14668)、嘉仲盉(《商周集成》14776)、虞令周妝盉(《商周集成》14779)、春成侯盉(《商周集成》14786)等,形制属于容庚和朱凤瀚先生命名的"鐎"、本书划分的 B 型铜盉,均自名为盉。

第二,容庚和朱凤瀚先生将这类铜盉命名为"鐎"的主要依据是《玉篇》云:"鐎,温器有柄也。"铜鐎有柄,但东周时期被容、朱先生定名为"鐎"的铜盉均无柄。目前最早的铜鐎可以追溯到战国晚期,与本书划分的 B 型铜盉共存,从形制渊源来看,有柄的铜鐎是从本书划分的 B 型铜盉分化发展出来的。

根据我们对考古发掘出土的东周时期所有 B 型铜盉在墓葬中的放置位置的统计来看,它们都和铜盘、铜匜、铜浴缶、铜汤鼎等盥洗器放置在一起。从公布的墓葬平面图上可以观察到的至少有以下十三例:

第二期:

(1)铜盉(滕州薛故城尤楼 1978M4:5)与铜盘、铜匜、铜钺等放置在一起;②

第三期:

(2)铜盉(淅川下寺 1979M1:71)与铜盘、铜匜、铜浴缶、铜汤鼎等放置一起;③

(3)铜盉(淅川下寺 1978M3:3)与铜盘、铜匜、铜浴缶、铜汤鼎等放置在一起(图1.5.11);④

(4)铜盉(岳阳凤形嘴 1986M1:8)与铜匜一起并列放置在铜盘之内;⑤

第四期:

(5)铜盉(长治分水岭 1972M269:28)与铜盘(M269:29)放置在一起;⑥

(6)铜盉(长治分水岭 1972M270:18)与铜盘、铜钺等放置在一起,毗邻铜壶;⑦

第六期:

(7)铜盉(江陵天星观 2000M2:37)与铜盘、铜匜、铜浴缶、铜汤鼎放置在东室,铜鼎放置在南室和西室,铜方座簠、铜鬲、铜敦放置在西室;⑧

(8)铜盉(江陵天星观 1978M1:179)与铜盘、铜匜、铜浴缶、铜汤鼎一起放置在北室,铜壶 2 件出自南西室,铜匕 13、铜勺 1、铜斗 1 件出自南西室;⑨

(9)铜盉(襄阳陈坡 2006M10S:74)与铜盘、铜匜、铜浴缶、铜汤鼎、铜匜鼎、铜鉴等放置在南室,铜鼎、铜鬲、铜甗、铜方座簠、铜敦、铜壶、铜尊缶、铜罍、铜尊盘等放置在东室;⑩

①　吴县文物管理委员会:《江苏吴县何山东周墓》,《文物》1984 年第 5 期,第 16—20 页。
②　山东省济宁市文物管理局:《薛国故城勘查和墓葬发掘报告》,《考古学报》1991 年第 4 期,第 449—495 页。
③　河南省文物研究所等:《淅川下寺春秋楚墓》,文物出版社,1991 年。
④　河南省文物研究所等:《淅川下寺春秋楚墓》,文物出版社,1991 年。
⑤　岳阳市文物工作队:《湖南省岳阳县凤形嘴山一号墓发掘简报》,《文物》1993 年第 1 期,第 1—8 页。
⑥　山西省考古研究所:《长治分水岭东周墓地》,文物出版社,2010 年。
⑦　山西省考古研究所:《长治分水岭东周墓地》,文物出版社,2010 年。
⑧　湖北省江陵博物馆:《江陵天星观二号楚墓》,文物出版社,2003 年。
⑨　湖北省荆州地区博物馆:《江陵天星观一号楚墓》,《考古学报》1982 年第 1 期,第 71—116 页。
⑩　湖北省文物考古研究所等:《襄阳陈坡》,科学出版社,2013 年。

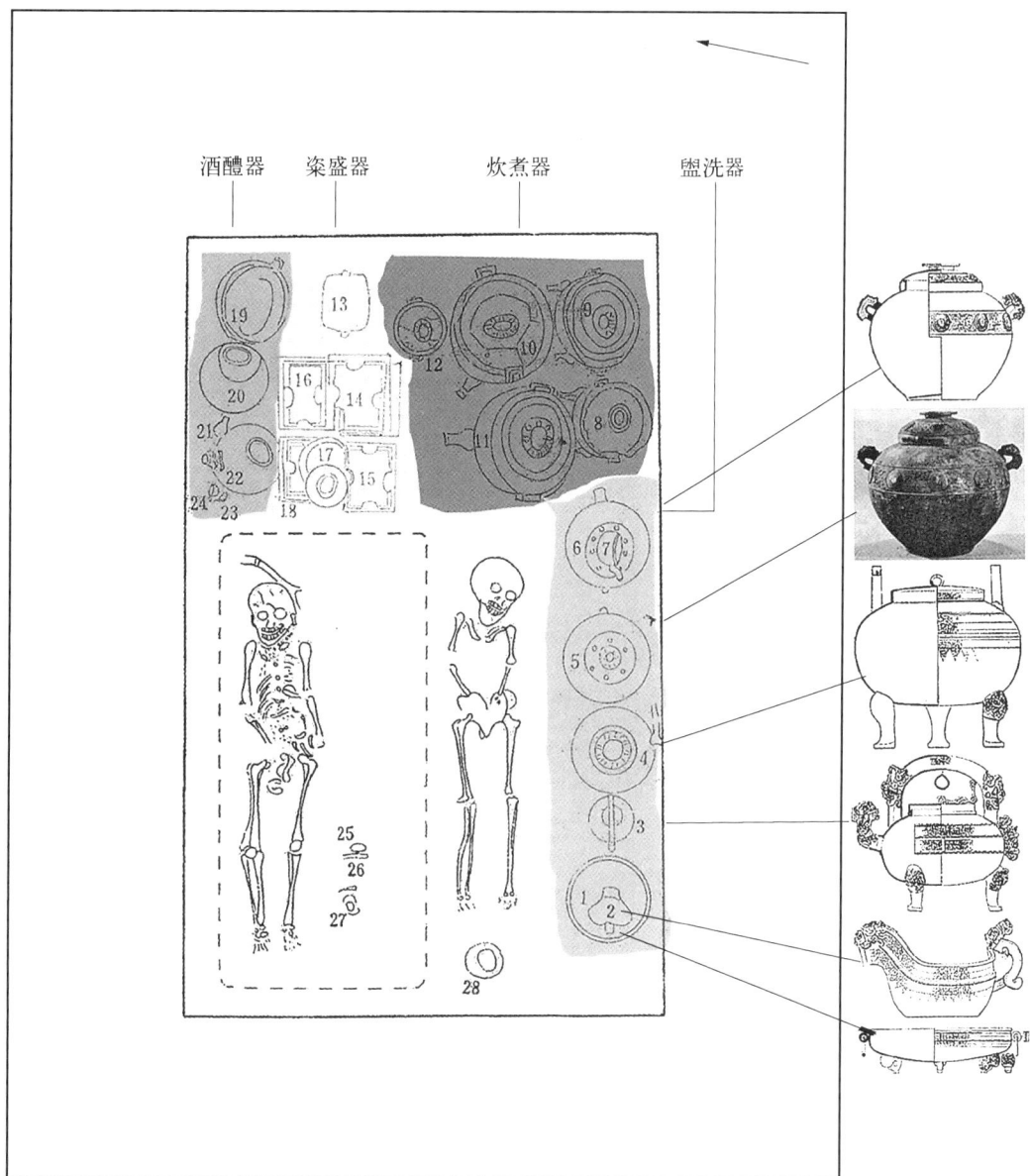

图 1.5.11　淅川下寺 1978M3 铜盉出土位置平面图

1. 铜盘　2. 铜匜　3. 铜盉　4. 铜汤鼎　5、6. 铜浴缶　7. 铜斗　8—12. 铜鼎　13—16、18. 铜簠　17. 铜敦　19. 铜鉴　20、22. 铜尊缶　21. 铜壶　23、24. 铜勺　25. 铜镜　26. 铜削　27、29—51. 玉石、料器（27、29—51 均置于南侧人骨架左右，因太小未绘入图中）

（10）铜盉（荆门左冢 2000M1W：2）和铜浴缶、铜盘等盥洗器具放置在西室，东室主要放置大件铜礼器、漆案、漆俎、漆几等，南室放置车马器类，北室放置漆木器和少量兵器；[①]

[①]　湖北省文物考古研究所等：《荆门左冢楚墓》，文物出版社，2006 年。

（11）铜盉（荆门包山 1986M2：392）与铜汤鼎一起放置在西室；①

（12）铜盉（信阳长台关 1956M1：731）与铜盘、铜匜、铜浴缶等放置在左后室，铜鼎、铜敦、铜壶等放置在前室；②

（13）铜盉（黄冈禹王城曹家岗 1992M5：7）与铜匜、铜盘、铜汤鼎放置在一起。③

（1）、（2）、（3）、（4）虽然还没有分隔成多个椁室，但随葬的铜容器在墓室中基本上按照烹煮器、盛食器、盛酒器、盥洗器等四个门类各自聚合分布，排列井然有序；（7）、（8）、（9）、（10）、（11）、（12）椁室分隔为多个小室，铜盉和其他盥洗器具都被集中放置在一个单独的小室中，充分表明 B 型铜盉应属于盥洗器。

（二）本书所谓铜钘为盥洗器的依据

铜钘是东周时期较为常见、发现数量较多的一种青铜器，但是目前考古学界对它的功能还存在不同认识。1986 年刘翔先生根据铜钘在墓葬中大多与铜盘、铜匜等水器放置在一起，明确将铜钘的功能定为盥洗器。④ 但是近三十年来，这一观点没有得到学术界的认可和重视。

1. 以往的争论和检讨

关于铜钘的功能一直存在比较大的争论和分歧，可以概括为以下四种不同观点：

其一，食器。张亚初先生根据"钘"所从"和"字的字义，推测铜钘是"和羹之器，其功用为调和"。⑤

其二，盥洗器。刘翔先生根据铜钘在墓葬中大多与铜盘、铜匜等盥洗器放置在一起，否定盛酒器或饮酒器等说法，认为铜钘是一种挹水的器物，属于盥洗器。⑥

其三，盥洗器兼作酒器。郭宝钧先生将铜钘定名为"舟"，功能定为盥洗器。⑦ 郭先生同时又认为："通常所谓舟，是指两耳深腹的椭状器。它可以饮酒，也可以注水代匜之用（有时有盘无匜，惟舟在盘中），故同一器形，或称为舟，或称为椭栖，因其本可两用。"⑧

其四，酒器。北宋吕大临《考古图》将收录的铜钘命名为"两耳杯"。⑨ 马承源先生主编的《中国青铜器》将铜钘定名为"椭杯"，功能定为酒器。⑩ 马先生又将蔡太师钘定名为

① 湖北省荆沙铁路考古队：《包山楚墓》，文物出版社，1991 年。
② 河南省文物研究所：《信阳楚墓》，文物出版社，1986 年。
③ 黄冈市博物馆、黄州区博物馆：《湖北黄冈两座中型楚墓》，《考古学报》2000 年第 2 期，第 257—284 页。
④ 刘翔：《说钘》，《江汉考古》1986 年第 2 期，第 91—92 页。
⑤ 张亚初：《对商周青铜盉的综合研究》，《中国考古学研究——夏鼐先生考古五十年纪念论文集》（二），科学出版社，1986 年。
⑥ 刘翔：《说钘》，《江汉考古》1986 年第 2 期，第 91—92 页。
⑦ 郭宝钧：《商周铜器群综合研究》，文物出版社，1981 年。
⑧ 郭宝钧：《商周铜器群综合研究》，文物出版社，1981 年。
⑨ 吕大临、赵九成：《考古图·续考古图·考古图释文》，中华书局，1985 年；吕大临：《泊如斋重修考古图》，北京图书馆出版社，2003 年。
⑩ 马承源主编：《中国青铜器（修订本）》，上海古籍出版社，2003 年。

"铢",功能也定为酒器。① 北宋王黼主编《宣和博古图》、②容庚、③李学勤、④齐耐心⑤等先生将铜铢定名为"卮",引《说文》等汉代文献记载认为是酒器。⑥ 清梁诗正《西清古鉴》将铜铢命名为"舟"或"卮"。⑦ 朱凤瀚、⑧吴伟华⑨等先生认为铜铢有"铢"和"卮"两种名称,"器形及大小均与耳杯相近似,形体亦较小,又多有双环耳,此与作为饮酒器的功用亦相适合,但作为盛水器则容量太小,不太适宜。由上述情况看,似仍应将铢认作饮酒器比较妥当。"

我们把上述观点和论据列为下表:

表 1.5.1　铜铢功能争论意见和依据统计表

论 者	论 点	名 称	论 据
吕大临		两耳杯	形似耳杯
马承源		椭杯·铢	形似耳杯
王 黼		卮	
容 庚		卮	汉代文献记载"卮"是乡饮酒礼器
李学勤	酒器	卮	
齐耐心		卮	
梁诗正		舟·卮	形似耳杯·卮是酒器
朱凤瀚		铢·卮	形似耳杯·卮是酒器
吴伟华		铢·卮	
郭宝钧	酒器兼盥洗器	舟·椭栖	形似耳杯
			墓葬中有时有盘无匜,惟舟在盘中,舟可代匜注水
刘 翔	盥洗器	铢	墓葬中与铜盘、匜等水器放置在一起
张亚初	食器	铢	铢从和,字义调和

从上表不难看出,主张将铜铢的功能定为酒器的观点由来最久且占据绝大多数。这一观点的依据主要有以下两条:其一,铜铢的形制与汉代流行的饮酒器耳杯相似;其二,认为铜铢自名为卮,卮在汉代文献中被记载是饮酒器。关于这两条论据,我们认为:其一,东周时期流行的铜铢与秦汉时期流行的耳杯不存在亲缘关系,二者具有不同的渊源和

---

① 马承源主编:《中国青铜器(修订本)》,上海古籍出版社,2003 年。
② 王黼:《重修宣和博古图》,文渊阁四库全书。
③ 容庚:《商周彝器通考》,上海人民出版社, 2008 年。
④ 李学勤:《释东周器名卮及有关文字》,《文物中的古文明》,商务印书馆,2008 年。
⑤ 齐耐心:《东周青铜卮的整理与研究》,陕西师范大学硕士学位论文,2011 年。
⑥ 《说文》"卮,圜底器,一名觛,所以节饮食";《汉书·高帝纪》注引应劭云"卮,乡饮酒礼器也"。
⑦ 梁诗正:《钦定西清古鉴》,大通书局,1983 年。
⑧ 朱凤瀚:《中国青铜器综论》,上海古籍出版社,2009 年。
⑨ 吴伟华:《山东出土东周铜铢及相关问题研究》,《考古》2012 年第 1 期,第 72—81 页。

演变轨迹,不能因为二者形制上存在相似之处就简单地将它们的功能画等号;其二,青铜器的功能和青铜器的形制、纹饰一样,也会与时俱进、因时而异,在演化过程中被赋予新的功能,发生功能转化,例如铜盉在商代和西周早期主要作为酒器使用、从西周中期开始至战国晚期转化为盥洗器。① 考虑到这一点(青铜器功能可能发生转化),即使铜钫应该定名为卮、汉代文献记载卮是酒器,也不能直接简单地认为它在汉代之前的东周时期也是酒器,应该考虑到它的时代性和出土背景做一番具体分析;其三,从考古背景来看,铜钫确实如刘翔先生观察到的那样,在东周时期墓葬中大多与铜盘、铜匜等盥洗器放置在一起。

　　值得注意的是刘翔先生主张铜钫是水器,郭宝钧先生认为铜钫兼有盥洗器功能,都是从考古背景分析得出的结论:前者根据青铜器在墓葬中的放置位置,后者根据青铜器在墓葬中的组合关系。这两位先生观察问题的角度显然不同于主张酒器、食器的先生们,后者是从古文字学和文献学的角度进行论证。因此我们甚至可以认为盥洗器和酒器、食器等不同观点的争论,实质上似是缘于学者们思考问题角度和学科背景不同。

　　这一争论实质上牵涉到我们在对古代器物进行分类时需要永恒面对的难题:主位分类还是客位分类。

　　2. 从主位分类来看,铜钫是盥洗器

　　考古学家在对古代器物进行分类时,往往有主位分类和客位分类之分。即:分类到底是代表了古代文化本身的分类(主位观点),还是考古学家强加的分类(客位观点)。"所有社会都有一种文化分类或'认知结构'("cognitive structure"),不同的活动(包括那些形成考古遗存的活动)应该反映这个认知结构",考古学家的任务就是"通过对古代人类活动遗留下来的实物遗存进行(再)分类来重现这种古代文化的主位分类"。② 重建主位分类的依据有很多,随葬品在墓葬空间中的放置位置就是其中之一。它代表了古人对随葬器物功能的认知和分类,与文献记载、遗物本身的铭文、墓葬出土遣册等一样,是重建古代器物主位分类系统的重要线索。

　　1986 年刘翔先生从当时公布的、数量不多的材料中敏锐地观察到铜钫在墓葬中大多与铜盘、铜匜等盥洗器放置在一起,据此推断铜钫是盥洗器。这一观点提出之后不断地被地下出土的考古新材料证实。例如:滕州薛故城尤楼 1978M4:4 与铜盘、铜匜、铜盉放置在一起;③郯城大埠二村 2002M1:4、④峄城徐楼 2009M2:21、⑤长清岗辛 1975M:7、⑥临

　　① 张临生:《说盉与匜——青铜彝器中的水器》,《故宫季刊》1982 年第 17 卷第 1 期;张懋镕:《夷曰匜研究——兼论商周青铜器功能的转化问题》,《古文字与青铜器论集》(三),科学出版社,2010 年。
　　② 罗伯特·沙雷尔、温迪·阿什莫尔著,余西云等译:《考古学:发现我们的过去》,上海人民出版社,2009 年。
　　③ 山东省济宁市文物管理局:《薛国故城勘查和墓葬发掘报告》,《考古学报》1991 年第 4 期,第 449—495 页。
　　④ 山东省文物考古研究所等:《郯城县大埠二村遗址发掘报告》,《海岱考古》(四),科学出版社,2011 年。
　　⑤ 枣庄市博物馆等:《山东枣庄徐楼东周墓发掘简报》,《文物》2014 年第 1 期,第 4—27 页。
　　⑥ 山东省博物馆、长清县文化馆:《山东长清岗辛战国墓》,《考古》1980 年第 4 期,第 325—332 页。

淄商王 1992M1：113、①新郑新禹公路 1988M2：5、②侯马上马 1963M15：15、19、③侯马上马 1978M1027：10、④长子羊圈沟 1973M2：6⑤ 等分别与各自墓葬中随葬的铜盘、铜匜放置在一起；登封告成袁窑 1995M2：180 与铜盘、铜盉放置在一起；⑥海阳嘴子前 1994M4：41、⑦长子羊圈沟 1973M1：6⑧ 等与铜匜放置在一起；洛阳西工区 2005M8836：41、⑨侯马牛村古城南 1960M27：7⑩ 等与铜盘放置在一起；沂源西鱼台 2005M38 出土铜钅和与铜盘放置在一起；⑪侯马上马 1973M1004：14、25⑫ 等与铜匜、铜浴缶等放置在一起；淅川下寺 1978M2：54 与铜盘、铜匜、铜浴缶、铜汤鼎放置在一起。⑬

从上举诸例中不难发现，在中原地区考古发掘的墓葬中，铜钅和绝大多数是和铜盘、铜匜等盥洗器放置在一起；在楚国和楚文化分布区，铜钅和与铜盘、铜匜以及铜盉、铜浴缶、铜汤鼎等盥洗器放置在一起；在海岱地区，铜钅和与铜盘、铜匜以及铜盉、铜钅也⑭等盥洗器放置在一起。

上举诸例中特别值得注意的是在淅川下寺 1978M2 中，青铜器的摆放严格地按照烹煮器、盛食器、酒器、盥洗器、乐器等分区放置，井然有序，其中铜钅和被放置在盥洗器区（图 1.5.12）。⑮ 我们认为铜钅和是盥洗器应该可以定论了。

3. 铜钅和可能是古代的"肥皂盒"

从在墓葬中的放置位置来看，铜钅和是和铜盘、铜匜组合在一起相互配合使用的一组盥洗器，三者分别承担不同的使用功能：铜匜自上盥水，铜盘从下承接污水，铜钅和可能是用来盛放洗涤材料的容器，相当于现在的肥皂盒。如果做个类比，它们就像现代生活中盥洗台上的水龙头、盥盆和肥皂盒。

文献记载先秦时期的洗涤材料主要有以下几种：

其一，淘米水。《礼记·玉藻》："日五盥，沐稷而靧粱。"孔颖达疏："沐，沐发也。靧，

---

①　淄博市博物馆、齐故城博物馆：《临淄商王墓地》，齐鲁书社，1997 年。
②　赵清、王文华、刘松根：《河南新郑新禹公路战国墓发掘简报》，《考古》1994 年第 5 期，第 397—404 页。
③　山西省考古研究所：《上马墓地》，文物出版社，1994 年。
④　山西省考古研究所：《上马墓地》，文物出版社，1994 年。
⑤　山西省考古研究所：《山西长子县东周墓》，《考古学报》1984 年第 4 期，第 503—529 页。
⑥　郑州市文物考古研究院、登封市文物管理局：《河南登封告成春秋墓发掘简报》，《文物》2009 年第 9 期，第 21—42 页。
⑦　烟台市博物馆、海阳市博物馆：《海阳嘴子前》，齐鲁书社，2002 年。
⑧　山西省考古研究所：《山西长子县东周墓》，《考古学报》1984 年第 4 期，第 503—529 页。
⑨　洛阳市文物工作队：《洛阳体育场路西东周墓发掘报告》，文物出版社，2011 年。
⑩　山西省考古研究所侯马工作站：《侯马牛村古城南墓葬发掘报告》，《晋都新田》，山西人民出版社，1996 年。
⑪　沂源县博物馆展陈。
⑫　山西省考古研究所：《上马墓地》，文物出版社，1994 年。
⑬　河南省文物研究所等：《淅川下寺春秋楚墓》，文物出版社，1991 年。
⑭　即铜扁壶，自名铜钅也或铜钅和。这种铜扁壶在山东海岱地区往往与铜盘、铜匜等盥洗器放置在一起，被作为盥洗器使用；在山东之外的其他地区常与盛酒器放置在一起，作为盛酒器使用。
⑮　在其他墓葬中也存在与淅川下寺 1978M2 相似的、按照功能的不同分区放置随葬青铜器的现象，可以用图 1.5.11 的形式表现出来，限于篇幅本书暂时仅以下寺 M2 示例。

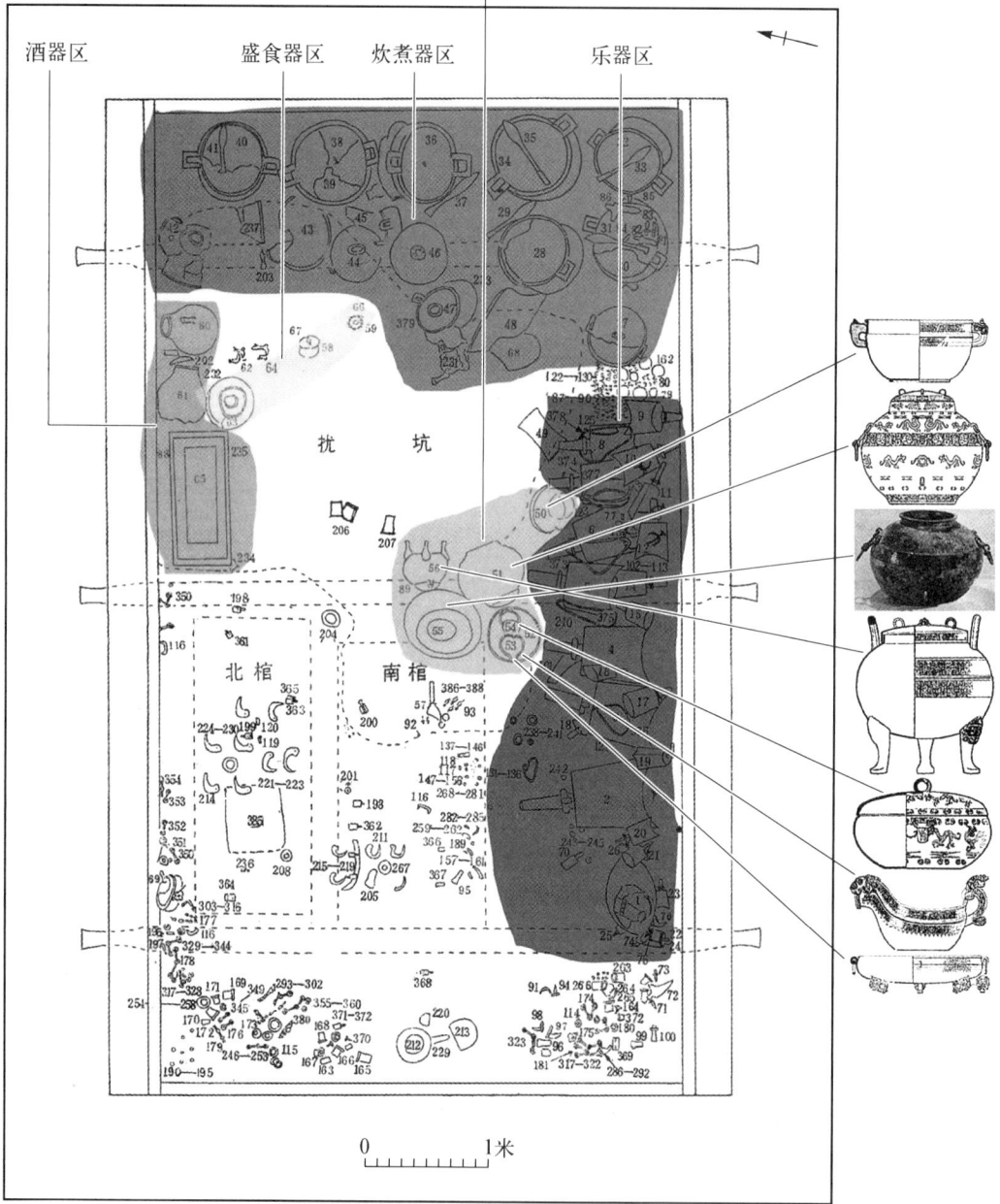

图 1.5.12　淅川下寺1978M2青铜器功能分区平面图

2—26. 甬钟　27、28、30、32、36、38、40、42—44、46—48、56、203、205、231、379. 铜鼎及残片　29、31、33、35、37、39、41、66、67. 铜匕　45. 铜铲　49. 铜俎　50. 铜鉴　51、55. 铜缶　52. 铜盘　53. 铜盘(匜)　54. 铜钾　57. 铜斗　58、59. 铜鬲　60、61. 铜尊缶　62、64. 铜勺　63、232. 铜簠　65. 铜禁　68. 铜盠　69. 铜盆　70. 撞钟杖镈　71、73、75、77、79—81、83、85、87、88、90、91、126—129. 铜矛　72、74、94、82. 铜戟　84、86、89、76. 铜戈　78、124、125、130、263—266、372. 铜镈　92、93、386—388. 铜镞　95、96. 铜锛　97、98. 铜镰　99、100. 铜镬　101—113. 石磬　114、115、239—258. 铜泡　116. 铜棺钉(5件)　117、150—153、259—261、268—281. 玉觿　118、134、135、136、139. 石珠　119. 玛瑙管　120、137. 玉牌　121、122. 骨器　123. 贝　132. 松绿石扣　133、138. 方形穿孔玉饰　140、160. 玉竿帽　141、158、161、282—285. 玉环　142、144、147、149. 玛瑙珠　143. 料管　145. 蚌片　146、267. 玉璧　148. 料珠　154. 玉鱼　155. (2件)　156. 玉虎　157. 方柱状玉饰　159. 管状玉器　162、381. 铜环　163—173. 铜车專　174、180、330—355. 铜马街　175—177、181、286—316、380. 铜马镳　178、179、317—329. 铜衔镳　182、183. 铜环　184—186. 双轴连环器　187、356. 龙形车饰　188、197. 铜箍　190—195、357—360. 兽面状铜泡　196. 铜节约　198—200、361—371. 合页　201. 铜锁　202. 铜簋　204. 铜豆残片(在M2∶51缶下)　206. 铁镬　207. 铁铲　208、236. 人牙　209. 铜甬钟销钉(24件在钟下边)　210、373—378. 钟系　211—230. 金箔　234. 铜盏残片　235. 铜架盖冠残片　262. 蚀花石髓管

洗面也。取稷粱之潘汁,用将洗面沐发,并须滑故也。"《礼记·内则》:"五日则燂汤请浴,三日具沐。其间面垢,燂潘请靧;足垢,燂汤请洗。"孔颖达疏:"潘,芳烦反,淅米汁。"实即淘米水。《史记·外戚世家》记载汉文帝皇后窦氏与其少弟窦广国"决于传舍中,丐沐沐我"。《索隐》云:"丐者,乞也。沐,米潘也。谓后乞潘为弟沐。"栖霞吕家埠1983M2出土的铜铦"内存有谷物朽壳"、①太原金胜村1988M251出土的铜铦内残存的所谓"黍类粮食",②可能就是这种残留物。

其二,草木灰水。草木灰中含有碳酸钾,具有去污能力和杀菌作用,效果与现在常用的强效消毒药烧碱相似,是消毒剂原料。草木灰易于取用,很早时期就被利用。《周礼·考工记》:"涑丝,以涗水沤其丝七日,去地尺暴之。"涗水即"以灰所沛水也"。《礼记·内则》记载:"冠带垢,和灰请漱;衣裳垢,和灰请澣。"还可以在草木灰中添加贝壳灰混合使用。《周礼·考工记》记载:"涑帛,以栏为灰,渥淳其帛,实诸泽器,淫之以蜃。"所谓"蜃"即贝壳灰,化学成分是氧化钙,和草木灰发生化学反应生成强碱氢氧化钾,其水溶液和油脂等污渍发生反应生成钾肥皂,可以容易地被水冲去。

其三,原始肥皂。原始肥皂是一种由动物油脂和植物灰烬混合而成的软膏状物质。古代祭祀时,木材燃烧产生的灰烬类的碱性物质和动物脂肪混合产生了肥皂样的黄色物质,具有去污力,是肥皂的来源之一。在西方肥皂的历史可以追溯到公元前3000年。我国目前还没有发现这种原始肥皂的实物或残留物。

此外,皂角、锯末等也具有去污功能,虽然在先秦文献中还没有发现使用它们作为洗涤材料的记载,但在现实生活中是否使用不可知。

虽然铜铦的具体使用功能是不是古代的"肥皂盒"还有待进一步讨论,但是我们认为从考古背景出发,根据墓葬中随葬青铜器的组合关系以及在墓葬空间中的放置位置,判断铜铦在东周时期是与铜盘、铜匜等配合使用的盥洗器,应该是能够成立的。

青铜器在演变过程中不仅形制和纹饰会发生变化,功能也会发生变化,因时而异,③因此我们在研究古代青铜器的功能时,不能单纯依据晚期材料(包括文献记载)推导早期青铜器的功能,还需要兼顾时代背景和考古学背景。在关注文献和文字材料的同时,还需要关注墓葬中随葬的青铜器的组合关系以及它们在墓葬空间中的放置位置。青铜器的组合关系及其在墓葬空间中的放置位置是古人对青铜器进行"主位分类"的结果,应该作为我们重建古代器物"主位分类"系统的重要线索,其作用和重要性不亚于文献和文字材料。

---

①　栖霞县文物管理所:《山东栖霞县松山吕家埠西周墓》,《考古》1988年第9期,第778—783页。
②　山西省考古研究所、太原市文物管理委员会:《太原晋国赵卿墓》,文物出版社,1996年。
③　张懋镕:《夷曰匜研究——兼论商周青铜器功能的转化问题》,《古文字与青铜器论集》(三),科学出版社,2010年。

第二章　系年——分期断代

在上一章各类青铜器形制分析表中,最左侧一栏是我们根据各类型青铜器式别特征的差异程度做出的分期判断。在本章中,我们将更加详细地阐述分期的依据,并根据标准铜器和标准铜器群的年代推断各期的绝对年代。

第一节　青铜器共时性的考察和编年组的设置

关于分期和断代方法,我们在绪论中已经有比较详细的说明,在此我们对单个铜器群内部青铜器的共时性和编年组的设置等问题予以补充说明:

一、青铜器共时性的考察

在进行分期、断代研究时,我们需要首先挑选具有代表性的典型铜器群,挑选标准中特别重要的一条是铜器群内部包含的青铜器"风格较为一致,期别特征明显"(即面貌较为单纯、相对年代较为一致),尽量不选取那些面貌复杂、早期和晚期铜器错杂的铜器群。

按照考古学的一般基本原则,同一单位包含的遗物的年代大致相同,但有时也包含有早期遗留下来的遗物。青铜器的材质和社会功能等因素使青铜器往往可以流传久远,考古发掘出土的铜器群内部包含的青铜器的年代可以相差甚远。我们进行分期和断代研究时需要对这种情况加以甄别,对青铜器的共时性问题进行细致的考察和分析。

根据我们的观察,青铜器群内部所含青铜器的共时性大致可以分为以下三种情况:

1. 内部所含青铜器属于同一期别;

2. 内部所含青铜器属于相邻的两个期别;

3. 内部所含青铜器属于不相邻的两个或多个期别。

上述三种情况中:

第一种最多,是我们进行分期、断代研究时所要依靠的主要材料。

第二种情况较多,单个铜器群内部包含有相邻的早、晚两期的青铜器(例如滕州薛故城尤楼 1978M2 和 M4、①长治分水岭 1972M269 和 M270、②济南左家洼 1985M1、③陇县边家庄 1986M5、④三门峡上村岭 1991M2001⑤ 等铜器群），旧的因素还在延续、新的因素已经萌芽，共存于同一个铜器群中，这是从早期向晚期过渡时必然要经过的中间环节，是早期和晚期之间"既连续又断裂"的具体表现，是过渡阶段特有的正常现象。这类铜器群对分期、断代研究既有利又有弊：利在体现出相邻的早、晚两期的过渡性，具有中间连锁意义；弊在容易引起年代归早归晚的争议（如果着眼于旧的因素可能将年代定早，反之如果着眼于新的因素则可能将年代定晚）。因此需要谨慎对待。新、旧因素共存虽然是器物发展演变过程中从早期向晚期过渡阶段应有的特征，但是这类具有"中间连锁"意义的铜器群数量不是特别多、存在的时间通常比较短，不能构成分期研究中独立的一期。判断这类铜器群的年代究竟应该归早还是归晚，最好能够依据共存出土的其他材质的器物以及考虑旧、新两种因素所占的比重大小，具体铜器群具体分析。

第三种情况相对较为少见，一般也比较容易甄别出来（例如桐柏月河左庄 1993M1 铜器群中的铜匜、⑥淅川和尚岭 1990M1 铜器群中的克黄鼎、⑦云梦睡虎地 1975M9 铜器群中的铜钟⑧等）。这种情况对分期、断代研究一般不构成重大干扰。

此外，东周青铜器中还存在类似生物进化中的幼态持续和逆向进化现象（例如 Abbb 型铜盘），也需要加以甄别，以避免干扰分期和断代研究。

东周时期还存在收藏和仿制早期青铜器的情况（例如 Bab 型束腰鼎可能就是仿制 BaaⅡ式鼎的产物），⑨进行分期和断代研究时也需要加以甄别，综合形制、纹饰、铭文、工艺、演变和分布规律等因素综合判断。

二、编年组的设置

考虑到以下几个方面的问题，我们采用"青铜器编年组"这种综合分期、断代方法：

---

① 山东省济宁市文物管理局：《薛国故城勘查和墓葬发掘报告》，《考古学报》1991 年第 4 期，第 449—495 页。
② 山西省文物工作委员会晋东南工作组、山西省长治市博物馆：《长治分水岭 269、270 号东周墓》，《考古学报》1974 年第 2 期，第 63—85 页；山西省考古研究所等：《长治分水岭东周墓地》，文物出版社，2010 年。
③ 济南市文化局文物处、历城区文化局：《山东济南市左家洼出土战国青铜器》，《考古》1995 年第 3 期，第 209—213 页。
④ 陕西省考古研究所宝鸡工作站、宝鸡市考古工作队：《陕西陇县边家庄五号春秋墓发掘简报》，《文物》1988 年第 11 期，第 14—23 页。
⑤ 河南省文物考古研究所、三门峡市文物工作队：《三门峡虢国墓（第一卷）》，文物出版社，1999 年。。
⑥ 南阳市文物研究所、桐柏县文管办：《桐柏月河一号春秋墓发掘简报》，《中原文物》1997 年第 4 期，第 8—23 页。
⑦ 河南省文物考古研究所等：《淅川和尚岭与徐家岭楚墓》，大象出版社，2004 年。
⑧ 《云梦睡虎地秦墓》编写组：《云梦睡虎地秦墓》，文物出版社，1981 年。
⑨ 《左传》定公六年记载："（鲁）昭公之难，君将以文之舒鼎，成之昭兆，定之鬶鉴，苟可以纳之，择用一焉。"杜预《集解》云"文之舒鼎"是指"卫文公之鼎"。这段文字记载于鲁定公六年（公元前 504），记载的是公元前 513 年卫灵公（前 534—前 493）准备用其先君卫文公（前 659—前 635）、卫成公（前 634—前 633、前 631—前 600）、卫定公（前 588—前 577）的古物（舒鼎、昭兆定之鬶鉴）送给鲁昭公，求其回鲁国。可见这些古青铜器为当时诸侯国所贵重。

　　首先,绝大多数青铜容器无法"自行把年代表明",[1]截至目前没有任何一类、型、亚型或次亚型的铜容器具有首尾连贯的完整的标准器序列可以作为分期和断代的标尺。在这种情况下,我们将面貌相似的若干个铜器群编为一个编年小组,小组中含有多件不同器类的标准器或者可以与标准器系联的铜器,可以相互参照,相互校正,进行交叉断代,得到的结论比依靠个别或少数器类更加可靠。

　　其次,选择若干个重点区域的典型铜器群编为年代组,进行分期和断代,树立各个重点区域的青铜器演变序列标尺,各个序列标尺之间可以相互参照,相互参证。所谓"重点区域"是指满足以下条件:(1)数量多,器类丰富;(2)演变序列较为完整,阶段特征明显;(3)包含的标准铜器或标准铜器群数量较多。我们选择山西组、豫西豫中组、豫南苏皖鄂组、山东组、陕甘组、豫北京津冀组六个编年组,其他地区的材料可与这六组相互系联,根据共有器类的年代判断其他器类的期别和年代。

　　下文依次对这六组分别进行分期和断代研究,最后再对各期的绝对年代进行综合分析研究。

第二节　　山西组典型铜器群及其
分组、分期和断代

一、典型铜器群

　　按照绪论中所述典型铜器群的选择标准,我们从山西地区出土的青铜器群中选取69个作为典型铜器群,考察典型器类及其型、式在这些典型铜器群中的分布情况,列为下表(表2.2.1,图2.2.10—2.2.76)。

二、分组、分期

　　根据典型器类及其型、式在典型单位中的分布情况,以及式别特征的差异程度、共存其他器物的变化等情况,我们将山西组典型铜器群划分为七个小组(表2.2.1)。

　　分组的理由如下:

　　(一)关于第一组和第二组的分组

　　第一,器类构成有异。

　　烹煮器中,第一组附耳折沿鼎数量较多,第二组数量减少,比重降低;第二组新出现附耳子母口鼎。

　　盛食器中,第一组以簋为主,盆、簠为次;第二组以盆、敦为主,簋的数量减少、比重

---

①　郭沫若:《青铜器时代》,《青铜时代》(《郭沫若全集》历史编1),人民出版社,1982年,第604—605页。

降低。

盥洗器中,盉在第一组占有较大比重,第二组中盉的数量较少、比重降低;第一组中铜铷数量较少,第二组铜铷数量增加,较为普遍。

第二,共有器类的型、式特征有异。

第一组立耳折沿鼎流行 AbⅠ式、BⅠ式,第二组流行 AaⅡ、BⅡ式。

第一组流行 AaaaⅠ式匜,第二组流行 AaaaⅡ式匜。

第三,纹饰特征有异。

第一组流行重环纹、垂鳞纹、波带纹、窃曲纹等纹样;第二组主要流行勾云纹、吐舌蟠螭纹等(图2.2.1)。

第四,共存陶器的面貌存在差异。

与第一组铜器共存的陶鬲为 AaⅠ式、AbⅠ式,与第二组铜器共存的陶鬲为 AaⅡ式、AbⅡ式(图2.2.2)。按照天马—曲村遗址陶鬲形制演变序列,AaⅠ式、AbⅠ式分别早于 AaⅡ式、AbⅡ式。[①]

(二)关于第二组和第三组的分组

第一,器类构成有异。

烹煮器中,第二组以立耳折沿鼎为主,第三组以附耳子母口鼎为主。

盛食器中,第二组以盆、敦为主,第三组主要为敦,盆消失不见。

盥洗器中,第三组的铜铷较第二组更为普遍,数量增多。

第二,共有器类的型、式特征有异。

第二组流行 AaⅡ式附耳子母口鼎,第三组流行 AaⅢ式、AbⅡ式、AcⅡ式。

第二组流行 AaⅡ式敦,第三组流行 AaⅢ式、BbaⅡ式敦。

第二组流行 AaaaⅡ式匜,第三组流行 AbaaⅢ式、AbaaⅣ式匜。

第二组流行 AbbaⅢ式盘,第三组流行 AbbaⅣ式盘。

第二组流行 AbaⅢ式、AbbⅡ式、AbbⅢ式铷,第三组流行 AbbⅣ式铷。

第三,纹饰特征有异。

第二组主要流行勾云纹、吐舌蟠螭纹等;第三组主要流行下图所示的两种蟠螭纹连续排列构成的细密纹饰及勾连吐舌蟠螭纹(图2.2.3)。

第四,共存陶器面貌存在差异。

与第二组铜器共存的陶鬲为 AaⅡ式、AbⅡ式、BⅠ式,与第三组共存的陶鬲为 AaⅢ式、AbⅢ式、BⅡ式、CⅠ式(图2.2.2)。按照天马—曲村遗址陶鬲形制演变序列,AaⅡ式、AbⅡ式、BⅠ式分别早于 AaⅢ式、AbⅢ式、BⅡ式。[②]

---

① 北京大学考古学系商周组、山西省考古研究所:《天马—曲村(1980—1989)》,科学出版社,2000年。
② 北京大学考古学系商周组、山西省考古研究所:《天马—曲村(1980—1989)》,科学出版社,2000年。

表 2.2.1 山西组典型铜

分期	分组	铜器群名称	烹煮器											
			立耳折沿鼎	附耳折沿鼎	附耳子母口鼎	箍口鼎	束腰鼎	细撇足鼎	鬲鼎	鬲	甗	鍑	鑒	釜
一	山西1组	芮城坛道村 1962M1(扰)	AbⅠ2、BⅠ1											
		侯马上马 1973M4078(扰-)	AbⅠ2、BⅠ1											
		曲沃北赵晋侯墓地 1994M102(完整)	AbⅠ3、1?											
		曲沃羊舌 2005M5(未全公布)	AbⅠ1											
		闻喜上郭 1975M1(盗)	AaⅠ1、AbⅠ1											
		闻喜上郭 1974M373(完整)	AbⅠ1								AbⅠ1			
		曲沃北赵晋侯墓地 1994M93(完整)	AbⅠ1	AaⅠ5							AaaaⅠ1			
		侯马上马 1973M1284(完整)	AbⅠ2	AaⅠ1										
		侯马上马 1973M1287(完整)	BⅠ2	AaⅠ1										
		闻喜上郭 1974M51(完整)												
		闻喜上郭 1989M12(完整)		AaⅠ1										
		闻喜上郭 1989M33(完整)												
		闻喜上郭 1974M57(盗)												
二	山西2组	闻喜上郭 1976M4(完整)	AaⅡ1											
		闻喜上郭 1976M7(完整)	BⅡ1											
		闻喜上郭 1976M6(完整)	BⅡ1											
		闻喜上郭 1976M1(完整)									AaaⅡ1			
		临猗程村 1987M1120(完整)		AaⅡ1										
		闻喜上郭 1989M3(完整)												
		闻喜上郭 1989M4(完整)												
三	山西3组	侯马上马 1961M13(完整)		BaⅠ3	AbⅡ4				AbaaⅢ2	AaaaⅢ1	AacⅢ1			
		临猗程村 1987M1072(完整)			AbⅡ2	AbⅡ1				AaaaⅢ1	AabⅢ1			
		侯马上马 1978M1010(完整)			AaⅢ1					AaaaⅡ1				
		临猗程村 1987M0003(完整)			AbⅡ2、AcⅡ1					AaaaⅢ1				
		侯马上马 1978M1006(完整)			AaⅢ1、AbⅡ1									
		侯马上马 1961M5(完整)			AaⅢ2、AbⅡ1									
		临猗程村 1987M0020(完整)			AaⅢ2、AbⅡ1									
		临猗程村 1987M1059(完整)			AaⅢ1、AbⅡ1									
		闻喜上郭 1976M17(完整)			BaⅢ1									

器群型式统计表

盛　食　器						盛　酒　器			盥　洗　器						
铺	盨	簠	簋	盆	敦	壶	尊缶	罍	鉴	盉	匜	盘	铺	浴缶	汤鼎
		A I 5				Aa I 2			A I 1			Aaa I 1			
	Aa I 2									Aaaa I 1		Abaa I 1			
		A I 4、1?				Aa I 1			A I 1	Aaaa I 1	1				
										Aaaa I 1	Aca I 1				
									A I 1			Abaa I 1	Aaa I 1		
		A I 1				Aa I 1				Aaaa I 1		Abaa I 1	Bba I 1		
		A I 7				Aa I 2				1		Abaa I 2			
										Aaaa I 1		Abaa I 1			
										Aaaa I 1		Abaa I 1			
										Aaaa I 1		Abaa I 1			
										Aaaa I 1		Abaa I 1			
			Baa I 1							Abaa I 1					
			Baa I 1										Aaaa II 1		
			D II 1							Aaaa II 1	Aca I 1	Abb II 1			
				Aa II 1			Caa II 1			Aaaa II 1	Abba III 1				
										Aaaa II 1	Abaa I 1	Aba III 1			
				Aa II 1											
			Ca II 1									Aba III 1			
												Abb III 1			
	Bb IV 2			Bba II 4			Ab III 2		Aa III 2	Abaa IV 1	Abba IV 1	Abb IV 2			
				Caaa I 1						Abaa IV 1	Abbb I 1	Abb IV 1			
				Aa III 1						Abaa III 1	Abba IV 1	Abb IV 1			
				Bba II 1						Abaa III 1	Abba IV 1	Abb III 1			
				Aa IV 1						Abaa III 1	Abba IV 1	Abb IV 1			
				Aa III 1						Aaaa IV 1	Ada III 1				
				Aa III 1、Ab III 1									Abb IV 1		
				Aa III 1									Abb IV 1		
				Aa III 1									Abb III 1		

分期	分组	铜器群名称	立耳折沿鼎	附耳折沿鼎	附耳子母口鼎	簠口鼎	束腰鼎	细撇足鼎	鬲鼎	鬲	甗	镬	鏊	釜
四	山西4组	长治分水岭1972M270(完整)	BⅢ5		AbⅡ5									
		长治分水岭1972M269(完整)	AbⅣ5		AbⅢ4					AbabⅣ4	CacⅠ1			
		临猗程村1987M1002(完整)	AbⅣ2		AbⅢ1、AcⅢ2									
		太原金胜1994M674(未全公布)	AbⅣ1	BaⅡ1	AbⅢ7	AcⅢ3								
		临猗程村1987M1001(完整)		BaⅡ2	AcⅢ3						AaaaⅢ1			
		侯马上马1963M15(完整)			AaⅢ1	CbⅠ2					AaaaⅣ1			
		长子羊圈沟1973M2(完整)			AbⅢ1	CbⅠ1								
		定襄中霍村1995M1(扰-)			AbⅢ1	CbⅠ2				BaⅣ1	AaaaⅣ1			
		定襄中霍村1995M2(扰)			AbⅢ1	CbⅠ1					AaaaⅣ1			
		侯马上马1973M2008(完整)			AbⅢ2	Ca1					AaaaⅣ1	AabⅣ1		
		芮城坛道村1962M2(完整)			AbⅢ1	CbⅠ1					AaaaⅣ1			
		侯马上马1981M4090(扰)			AbⅢ2									
		临猗程村1987M1023(完整)			AbⅢ1									
		侯马上马1973M1004(完整)			AcⅢ2	Ca3								
		侯马上马1973M4006(完整)			AcⅢ3									
		侯马上马1963M5218(完整)			AcⅢ1	CbⅠ4				AbaaⅣ2	AaaaⅣ1			
		长子羊圈沟1973M1(完整)			AdⅢ2									
		临猗程村1987M1022(完整)			AbⅢ1、AcⅢ1						AaaaⅣ1			
		运城南相1987M1(完整)			AbⅢ1、AcⅢ2						AaaaⅣ1			
		万荣庙前1962M1(完整)			AbⅢ1、AcⅢ1									
		原平峙峪赵家塄1964M(扰)			AbⅢ1、AdⅢ1、？2						AaaaⅣ2	1		
		太原金胜1994M673(未全公布)												

续表

盛　食　器						盛　酒　器			盥　洗　器						
铺	盨	簠	簋	盆	敦	壶	尊缶	罍	鉴	盉	匜	盘	铚	浴缶	汤鼎
		AbV2			BbaII2	AbIII2		AbbbIV2	BcIII1	1		AbbaIV1	AbcII1		
		AbVI2			BbaII2	AbIV2		AaIV2	AaIV1	BcII1		AbbbII1	AbbIII1		
		BbV2			BbaIII2	AbIV2			AaIV2		AbaaV1	AbbaV1	BbaIV2		
						BaIV2、CbaaIV2、CaaIV1			AaIV2						
		BbIII1			CaaaII2	AbIV2			AaIV2		AbaaV1	AbbaV1	BbaIV2		
					CaaaII2	BaIV2					AbaaV1	AbbbII1	BbaIV2		
					CaaaII3						AbaaV1	AbbaV1	BbaIV1		
					CaaaII2	CbaaIV1、CbcIV1					BaaaIV1	BcaI1?			
					CabaII1	CbaaIV1						BcaI1			
					BbaII2						AbaaIV1	AbbaV1	BbaIV1		
					CaaaII2	BaIV2						AbbbII1			
					CaaaII2						AbaaV1	Afb1	BbaIV1		
					BbaII1						AbaaV1	AabV1	AaacII1		
					CaaaII4						BbcIII1	AbbaV1	BbaIV2	BIV2	
					CaaaII2						AbaaV1	AdbIV1	BbaIV1		
			BbV2		CaaaII2	BaIV2			AaIV2			Afb1			
					CaaaIII1、BabII／BbaIII1	CbbbI2					AbaaV1		AbdI1		
					CaaaII2						AbaaV1	AbbaV1	BbaIV1		
					BbaIII1						AbaaV1	AbbaV1	AbbV1		
					BbaIII1						AbaaV1	AabV1	BbaIV1		
					CaabII1	CbaaIV1									
						BaIV2			AaIV2						

分期	分组	铜器群名称	烹煮器											
			立耳折沿鼎	附耳折沿鼎	附耳子母口鼎	镬口鼎	束腰鼎	细撇足鼎	鬲鼎	鬲	甗	镀	鍪	釜
五	山西5组	太原金胜 1988M251(完整)	AbⅤ5	BaⅢ1	AaⅤ2、AbⅣ5、AdⅣ1	CbⅡ7			BbⅡ6	AbaaⅤ5	AaaaⅤ1、CacⅡ1、DcⅠ1	AacⅤ1、Aae2、Aaf8		
		潞城潞河 1983M7(扰-)	AbⅤ2	BaⅢ1	AbⅣ8					AbaaⅤ2	AaaaⅤ1			
		长治分水岭 1964M126(扰)	1							AbaaⅤ3				
		长子牛家坡 1977M7(完整)			AbⅣ6				BbⅡ1	AbaaⅤ2	AaaaⅤ1			
		侯马下平望 1975M(扰)				CbⅡ2				AbaaⅤ1				
		长治分水岭 1954M11(完整)			AbⅣ2									
		万荣庙前 1961M1(完整)			AbⅣ1									
		侯马牛村南 1960M25(完整)			AbⅣ1									
		潞城潞河 1983M8(完整)			AaⅢ1									
六	山西6组	长治分水岭 1959M25(完整)	AbⅥ1		AbⅤ5					AbaaⅥ3				
		长治分水岭 1954M14(完整)	2		AbⅤ7					AbaaⅥ4				
		长治分水岭 1959M36(盗)			AbⅤ1				BbⅢ1					
		长治分水岭 1954M12(完整)			5							1		
		新绛柳泉 1979M302(盗)												
七	山西7组	侯马虒祁 1996M2129(完整)			AbⅥ1									
		襄汾司马村 1977M(扰)			AbⅥ1								Abb1	
		文水上贤 1981M(扰)			AbⅥ2								Abb1	
		侯马虒祁 1996M2125(完整)											Abb1	

续表

盛食器						盛酒器			盥洗器						
铺	盨	簠	簋	盆	敦	壶	尊缶	罍	鉴	盂	匜	盘	铺	浴缶	汤鼎
2		AcⅧ2			CaaaⅢ8、CacⅠ4	AaⅤ4、CaaⅤ1、DⅤ1		AbbbⅤ2	AaⅤ6		BaaaⅤ1、BbcⅣ1	AbbbⅢ1、BcaⅡ1	BbaⅤ4		
2		BcⅠ2			CaaaⅢ4、CacⅠ2	CbcⅤ1、DⅤ1		AbbbⅥ4	AaⅤ4	BcⅣ1	BaaaⅤ1	1	BbaⅤ1		
					CaaaⅢ3、?1	CbbcⅢ1			AaⅤ2				BbaⅤ1		
1		AcⅧ2		2	CaaaⅢ2、CacbⅠ2、?1	CbbaⅣ2、CbacⅡ1			AaⅤ2	BcⅣ1		BcaⅡ2			
						CbbbⅡ1					AbbⅤ1	AbbbⅢ1	BbaⅤ1		
					BabⅢ2	CbbbⅡ2					BabⅡ1		BbaⅤ1		
					DbbⅠ1	CbbaⅣ2			1						
					CaaaⅢ1										
					AbⅡ1	BaⅣ2					BabⅡ1	AabⅥ1			
					CaaaⅣ2、DbaⅠ2	CbacⅢ2			AaⅥ2		BabⅣ1	1	BbaⅥ1		
									AaⅥ1						
						CbbdⅡ1				BcⅤ1					
		AaⅧ2	Bc1		DcaⅢ2	CbbaⅤ2、CcbⅡ2			AaⅥ3			1	BbaⅥ2		
			BaⅥ1			CbbaⅤ1、CcbⅡ1			AaⅥ3				BbaⅥ1		
						1									
						Ea2									
						CbbdⅡ1									

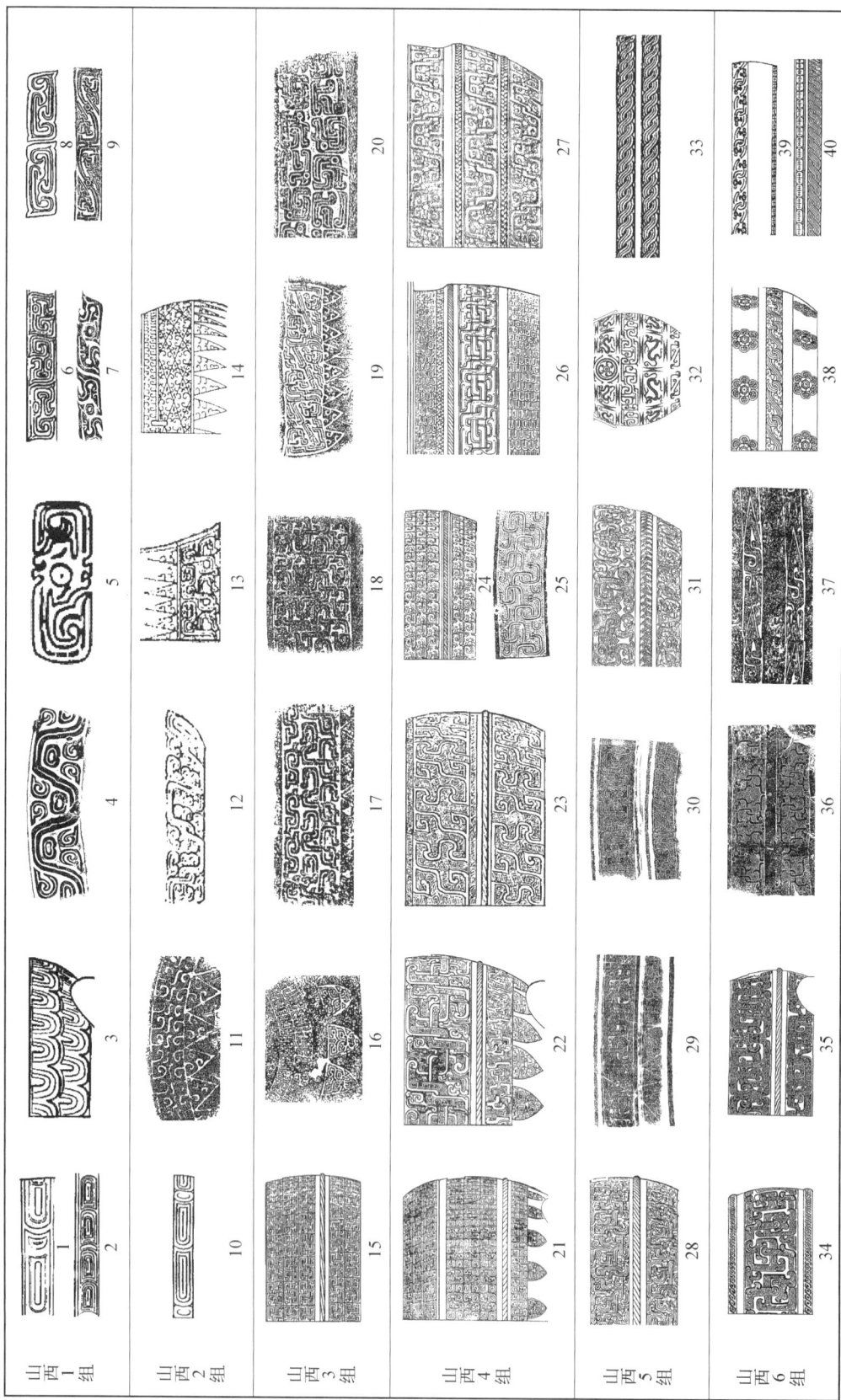

图 2.2.1　山西组典型铜器群流行纹样

1. 曲沃北赵晋侯墓地 1994M93：49　2. 曲沃北赵晋侯墓地 1994M93：44　3. 侯马上马 1978M1284：5　4. 曲沃北赵晋侯墓地 1994M93：37　5. 曲沃北赵晋侯墓地 1994M93：33　6. 侯马M6：4　7. 曲沃北赵晋侯墓地 1994M102：13　8. 曲沃北赵晋侯墓地 1994M102：11　9. 侯马上马 1973M4078：6　10. 闻喜上郭1976M6：11　11. 闻喜上郭1976M7：10　12. 闻喜上郭1976M4：7　13. 闻喜上郭1989M3：1　14. 侯马上马 1973M1072：48　15. 临猗程村1987M1002：7　16. 侯马上马1961M13 铜鼎　17. 侯马上马 1961M13 铜鉴　18. 侯马上马 1961M13 铜鉴　19. 侯马上马 1961M13 铜甬　20. 侯马上马 1961M13 庚儿鼎　21. 侯马上马 1978M1026：7　22. 侯马上马 1978M1026：1　23. 定襄中霍村 1995M2：2　24. 侯马上马 1963M15：16　25. 侯马上马 1978M1026：7　26. 临猗程村1987M1002：19　27. 侯马上马 1973M5218：4　28. 太原金胜村 1988M251：559　29. 太原金胜村 1988M251：587　30. 太原金胜村 1988M251：633　31. 太原金胜村 1988M251：630　32. 太原金胜村 1994M88　33. 太原金胜村 1988M251　34. 长治分水岭 1954M10：1　35. 长治分水岭 1959M25：26　36. 长治分水岭 1954M14：24　37. 长治分水岭 1959M20：1　38. 长治分水岭 1959M36：37　39. 长治分水岭 1959M25：30　40. 长治分水岭 1964M84：4

		陶鬲				陶高领壶
	A型（《曲村》Aa型）					
	Aa型		Ab型	B型（《曲村》B型）	C型（《曲村》Ab型）	
一	I		I 11			I 31 32
二	II 7	8	II 12	I 17		33 34
三	III 9		III 14 15	II 18 19	I 21	

（表中数字：2、5、3、6、4、1、13、18、19、21、31、32、33、34等为器物编号）

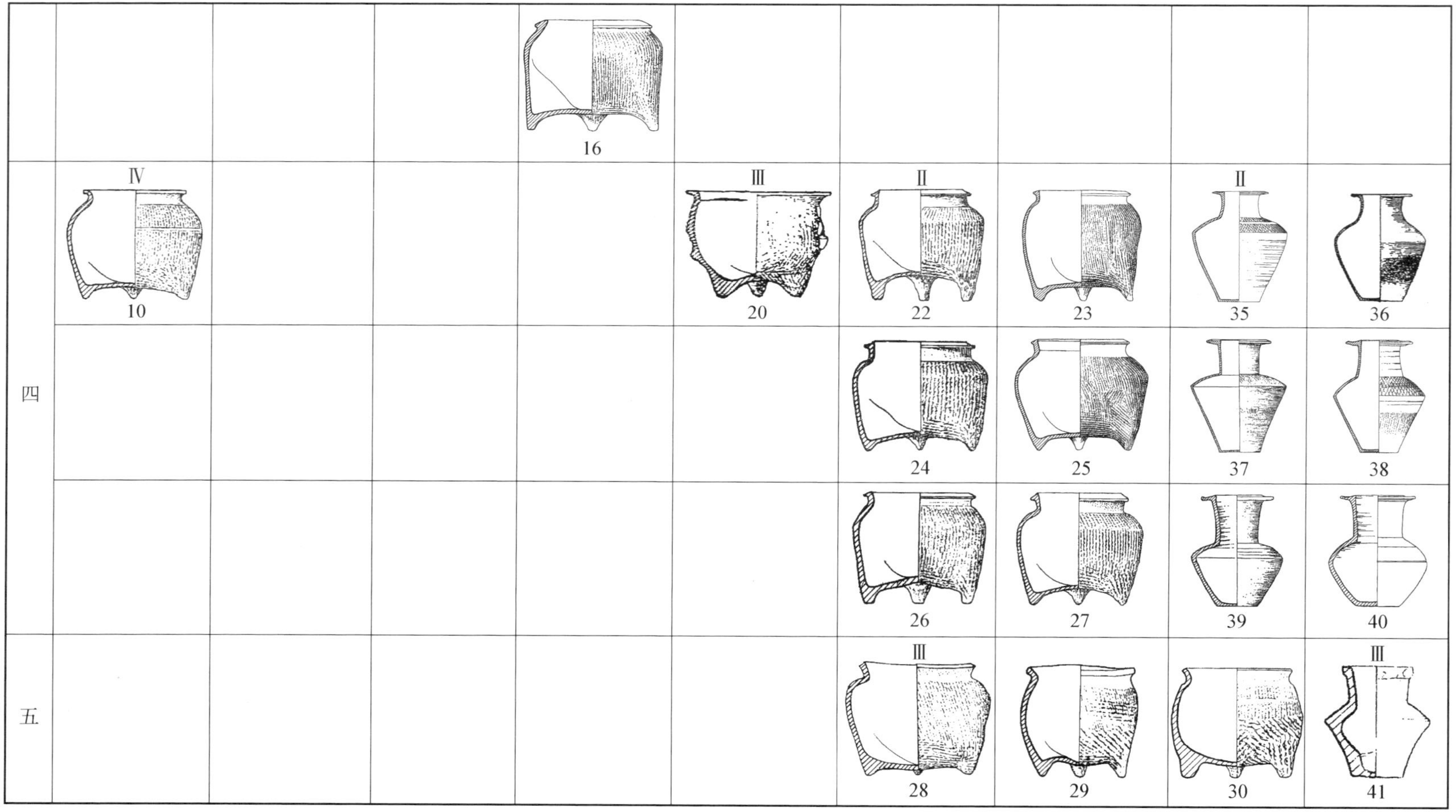

图 2.2.2　山西组典型铜器群共存陶鬲、陶高颈壶型式分析图

1. 侯马上马 1961M14　2. 侯马上马 1973M4078：1　3. 侯马上马 1978M1284：12　4. 闻喜上郭 1974M51：6　5. 闻喜上郭 1989M12：4　6. 闻喜上郭 1989M7：6　7. 闻喜上郭 1976M4：3　8. 临猗程村 1987M1120：3　9. 侯马上马 1961M13　10. 侯马上马 1973M5218：72　11. 曲沃北赵晋侯墓地 1994M102：45　12. 闻喜上郭 1976M1：4　13. 闻喜上郭 1976M7：13　14. 临猗程村 1987M0003：14　15. 闻喜上郭 1976M17：8　16. 临猗程村 1987M1059：14　17. 闻喜上郭 1976M6：10　18. 闻喜上郭 1989M3：3　19. 侯马上马 1978M1010：14　20. 运城南相 1987M1：15　21. 侯马台神东沟 1958M　22. 侯马上马 1978M1011：3　23. 临猗程村 1987M1057：20　24. 侯马上马 1973M4006：13　25. 侯马上马 1973M4006：13　26. 侯马牛村古城南 1960M27：5　27. 侯马上马 1981M4090：11　28. 侯马下平望 1975M　29. 侯马牛村古城南 1960M25：6　30. 侯马牛村古城南 1960M26：2　31. 临猗程村 1987M0003：7　32. 临猗程村 1987M1064：9　33. 临猗程村 1987M1072：16　34. 临猗程村 1987M1072：41　35. 临猗程村 1987M1057：2　36. 运城南相 1987M1：15　37. 侯马上马 1973M4006：1　38. 侯马上马 1973M4006：1　39. 侯马上马 1981M4090：13　40. 侯马牛村古城南 1960M27：1　41. 侯马牛村古城南 1960M26：7

临猗程村1987M1072：48　　　　　侯马上马1961M13铜鼎

图2.2.3　山西三组流行纹样构图单元

（三）关于第三组和第四组的分组

第一，器类构成有异。

烹煮器中，第三组中镱口鼎的数量较少，第四组中镱口鼎数量增加，占有较大比例。

盛酒器中，第三组中罍少见，第四组中罍数量增加。

第二，共有器类的型、式特征有异。

烹煮器中，第三组主要流行 Aa Ⅲ 式、Ab Ⅱ 式、Ac Ⅱ 式附耳子母口鼎，第四组流行 Ab Ⅲ式、Ac Ⅲ 式、Ad Ⅲ 式；第三组流行 A 型镱口鼎，第四组代以 C 型镱口鼎；第三组流行 Aaaa Ⅲ 式甗，第四组代以 Aaaa Ⅳ 式甗。

盛食器中，第三组主要流行 Aa Ⅲ 式、Bba Ⅱ 式、Caaa Ⅰ 式敦，第四组主要流行 Bba Ⅲ 式、Caaa Ⅱ 式。

盛酒器中，第四组和第三组相比，C 型铜壶的数量大大增加，占较大比例。

盥洗器中，第三组流行 Abaa Ⅲ 式、Abaa Ⅳ 式铜匜，第四组代以 Abaa Ⅴ 式，出现少量 B型铜匜；第三组流行 Abba Ⅳ 式铜盘，Abbb Ⅰ 式数量较少，第四组流行 Abba Ⅴ 式、Abbb Ⅱ 式铜盘，出现少量 B 型铜盘；第三组流行 Abb Ⅳ 式铜铘，第四组流行 Bba Ⅳ 式铜铘。

第三，纹饰特征有异（图2.2.1）。

第四，共存陶器面貌存在差异。

与第三组铜器共存的陶器为 Aa Ⅲ 式、Ab Ⅲ 式、B Ⅱ 式、C Ⅰ 式陶鬲和 Ⅰ 式陶高颈壶，与第四期共存的为 Aa Ⅳ 式、B Ⅲ 式、C Ⅱ 式陶鬲和 Ⅱ 式陶高颈壶（图2.2.2）。按照天马—曲村遗址陶器形制演变序列，Aa Ⅲ 式、B Ⅱ 式、C Ⅰ 式陶鬲和 Ⅰ 式陶高颈壶，分别早于 Aa Ⅳ式、B Ⅲ 式、C Ⅱ 式陶鬲和 Ⅱ 式陶高颈壶。[1]

（四）关于第四组和第五组的分组

第一，共有器类的型、式特征有异。

---

[1]　北京大学考古学系商周组、山西省考古研究所：《天马—曲村（1980—1989）》，科学出版社，2000 年。关于陶高颈壶 Ⅰ 式和 Ⅱ 式早晚关系的地层依据：曲村 J6H91：17 属于陶高颈壶 Ⅰ 式，J6H91 开口于 T4 第③层之下，T4③出土有 C Ⅱ 式陶鬲。在山西地区东周墓葬中，C Ⅱ 式陶鬲经常与陶高颈壶 Ⅱ 式共存。

烹煮器中,第四组立耳折沿鼎流行 Ab Ⅳ 式,第五组流行 Ab Ⅴ 式;第四组附耳折沿鼎流行 Ba Ⅱ 式,第五组流行 Ba Ⅲ 式;第四组附耳子母口鼎流行的 Ab Ⅲ 式,第五组代以 Ab Ⅳ 式;第四组流行的 Abaa Ⅳ 式鬲、Aaaa Ⅳ 式甗,至第五组分别被 Abaa Ⅴ 式鬲、Aaaa Ⅴ 式甗取代。

盛食器中,第四组流行 Caaa Ⅱ 式敦,至第五组被 Caaa Ⅲ 式取代;第五组新出现 Dbb 型敦。

盛酒器中,C 型铜壶从第四组开始占有重要比例,在第五组则占据主要地位。

盥洗器中,第四组出现 Bc Ⅲ 式盉,第五组代以 Bc Ⅳ 式盉;第四组流行 Abaa Ⅴ 式铜匜,开始出现少量 B 型铜匜,而第五组 A 型铜匜数量锐减,流行 B 型铜匜;第四组主要流行 A 型铜盘,B 型铜盘数量较少,第五组 B 型铜盘已经占据重要地位,第四组流行的 Abbb Ⅱ 式铜盘至第五组代以 Abbb Ⅲ 式铜盘,第四组出现的 Bca Ⅰ 式铜盘至第五组代以 Bca Ⅱ 式;第四组流行的 Bba Ⅳ 式铜钘至第五组被 Bba Ⅴ 式铜钘取代;第四组流行 Aa Ⅳ 式鉴,第五组则流行 Aa Ⅴ 式鉴。

第二,纹饰特征有异(图 2.2.1)。

第三,共存陶器面貌存在差异。

与第四组铜器共存的陶鬲主要为 C Ⅱ 式,制作较为精致,纹饰规整,裆部较高;与第五组共存的陶鬲主要为 C Ⅲ 式,制作粗糙,裆变低矮。与第四组铜器共存的陶高颈壶主要为 Ⅱ 式,制作精致,宽沿,直颈较高;与第五组铜器共存的为 Ⅲ 式陶高颈壶,制作粗糙(图 2.2.2)。

第四,共存铜车軎的形制和纹饰特征有异。与第四组典型铜器群共存的铜车軎短,大多数装饰散虺纹,少数饰以蟠螭纹;与第五组典型铜器群共存的铜车軎除少数延续第四组形制和风格外,多数变长,饰以云纹、贝纹、绳索纹、蟠螭纹等(图 2.2.4)。

(五) 关于第五组和第六组的分组

第一,共有器类的型、式特征有异。

烹煮器中,第五组流行 Ab Ⅴ 式立耳折沿鼎,第六组流行 Ab Ⅵ 式;第五组流行 Ab Ⅳ 式附耳子母口鼎,第六组流行 Ab Ⅴ 式;第五组流行 Bb Ⅱ 式鬲鼎,第六组流行 Bb Ⅲ 式;第五组流行 Abaa Ⅴ 式鬲,第六组流行 Abaa Ⅵ 式鬲。

盛食器中,第五组流行的 Caaa Ⅲ 敦至第六组代以 Caaa Ⅳ 式。

盛酒器中,C 型壶在第六组成为最主要的类型,第五组流行的 Cbba Ⅳ 式壶至第六组被 Cbba Ⅴ 式代替。

盥洗器中,第五组流行 Bc Ⅳ 式盉,第六组代以 Bc Ⅴ 式;第五组流行 Bba Ⅴ 式铜钘,第六组流行 Bba Ⅵ 式铜钘;第五组流行的 Aa Ⅴ 式鉴至第六组被 Aa Ⅵ 式取代。

第二,纹饰特征有异(图 2.2.1)。

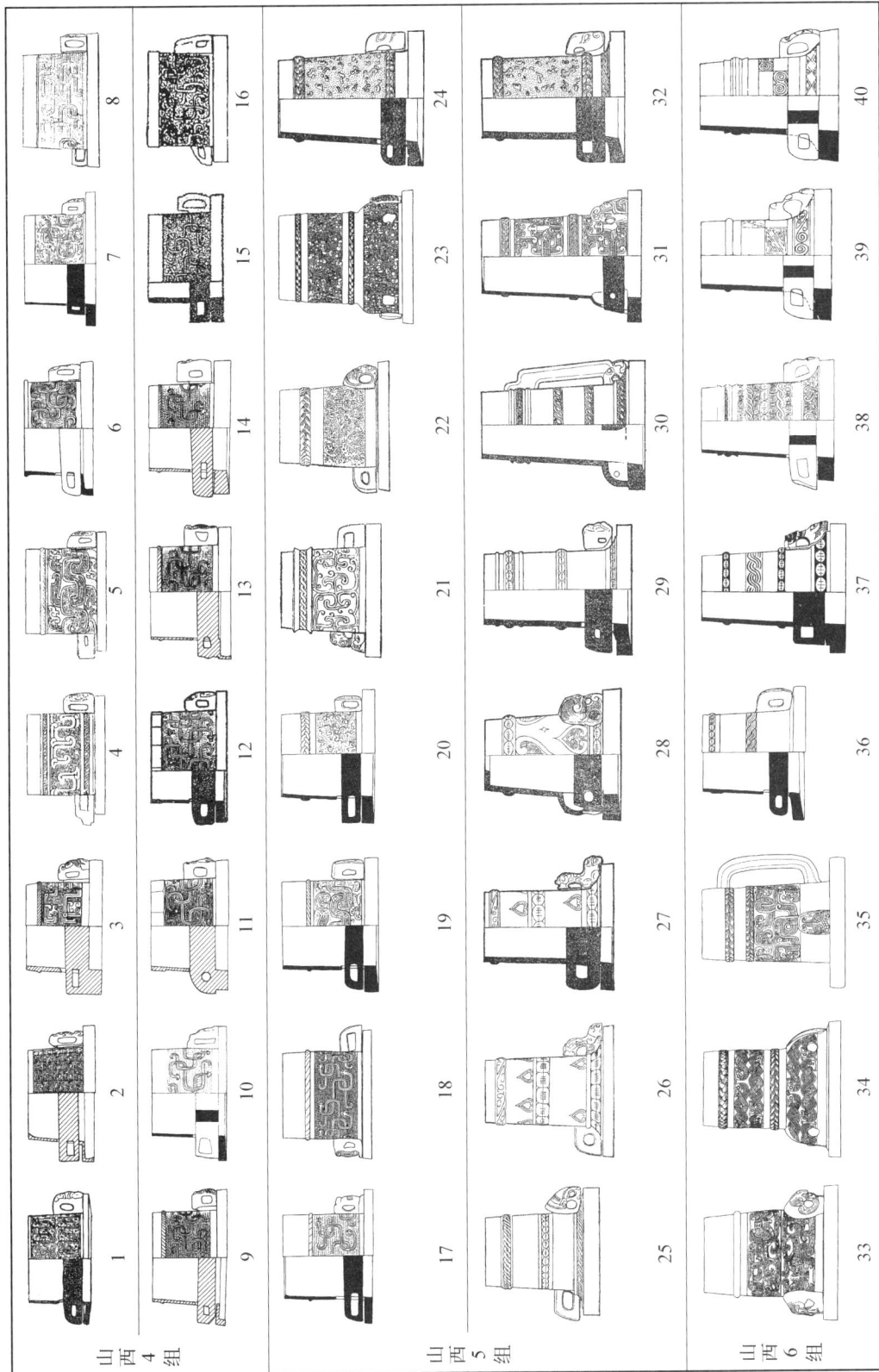

图 2.2.4　山西组典型铜器群共存铜车軎形制和纹饰

1. 侯马上马 1963M15：22　2. 临猗程村 1987M1023：11　3. 临猗程村 1987M1062：12　4,5. 芮城坛道村 1962M2：20,19　6. 侯马牛村古城南 1960M27：12　7. 万荣庙前 1958M1：12　8. 原平练家岗 1974M　9. 临猗程村 1987M1022：36　10. 侯马牛村古城南 1960M6：6　11. 临猗程村 1987M1024：5　12. 侯马上马 1973M4006：19　13. 临猗程村 1987M1056：22　14. 临猗程村 1987M1001：51　15. 闻喜邱家庄 1979M13：24　16. 运城南相 1987M1：8　17~20,23. 长治分水岭 1964M126：343,432,346,69,398　21,22,25,26. 长子牛家坡 1977M7：36·37,32·33,38·39,34·45　24,27~32. 太原金胜村 1988M251：16~1,57,146,58,258,99,101　33,34. 长治分水岭 1954M14：28~4,28~1　35,36. 长治分水岭 1964M84：77~1,78~1　37. 长治分水岭 1959M26：21　38~40. 新绛柳泉 1979M302：36,37,38

（六）关于第六组和第七组的分组

第一, 器类构成有异。

烹煮器中, 与第六组相比, 第七组新出现铜鉴, 不见立耳折沿鼎、鬲鼎、鬲等。

盛食器中, 第六组的簋、敦至第七组消失不见。

盥洗器中, 第六组的盂、匜、盘、铲至第七组消失不见。

第二, 共有器类的型、式特征有异。

烹煮器中, 第六组流行 Ab Ⅴ 式附耳子母口鼎, 第七组流行 Ab Ⅵ 式。

盛酒器中, 第七组新出现 Ea 型壶; 第六组 Cbbd Ⅰ 式壶至第七组代以 Cbbd Ⅱ 式。

第三, 纹饰特征有异, 第七组多素面(图 2.2.1)。

三、断代

我们使用内证、外证两方面的材料来推断各期的绝对年代。

（一）山西一组年代的判断

本组典型铜器群包含可以自明年代的标准器或标准铜器群:

曲沃北赵晋侯墓地 1994M102、M93 被认为是晋文侯(前 780—前 746)夫妇墓。[1] 也有学者认为 M93 墓主为殇叔(前 783—前 779),[2]或晋哀侯(前 717—前 709)夫妇墓。[3]学界一般公认这两座墓葬出土铜器群可以作为两周之际的标准铜器群。

本组流行的 Aa Ⅰ 式附耳折沿鼎存在标准器, 即晋姜鼎(《集成》02826)。根据铭文内容中可知晋姜鼎的作者者为晋文侯夫人晋姜, 作器时晋文侯已经去世, 年代上限不早于晋文侯卒年(前 746)。李学勤先生将晋姜鼎和戎生编钟的历日进行排比, 将晋姜鼎的年代推定为晋昭侯六年(前 740)。[4]

本组流行的 Aa Ⅰ 式壶、A Ⅰ 式盂、Aaaa Ⅰ 式匜等, 形制特征与西周末的眉县杨家村 2003JC 铜器群[5]相似, 上限或早至西周晚期晚段。

本组典型铜器群在器类构成、型式特征、纹饰特征等方面, 与豫西豫中二组相似, 后者的年代下限不晚于公元前 655 年(或前 680, 详见第三节), 可作为判断本组年代下限的参考。

---

① 北京大学考古学系、山西省考古研究所:《天马——曲村遗址北赵晋侯墓地第五次发掘》,《文物》1995 年第 7 期, 第 4—39 页。

② 吉琨璋先生认为 M93 墓主为殇叔, 但 M102 所出土的陶鬲明显进入春秋, 下葬时间晚于 M93。吉琨璋:《曲沃羊舌晋侯墓地 1 号墓墓主初论——兼论北赵晋侯墓地 93 号墓主》,《中国文物报》2006 年 9 月 29 日, 第 7 版;山西省考古研究所、曲沃县文物局:《山西曲沃羊舌晋侯墓地发掘简报》,《文物》2009 年第 1 期, 第 4—14 页。

③ 王恩田:《西周制度与侯墓地复原——兼论曲沃羊舌墓地族属》,《中国历史文物》2007 年第 4 期, 第 26—35 页。

④ 李学勤:《戎生编钟论释》,《保利藏金》, 岭南美术出版社, 1999 年(后收入李学勤:《重写学术史》, 河北教育出版社, 2002 年, 第 323—332 页)。

⑤ 陕西省考古研究院等:《吉金铸华章——宝鸡眉县杨家村单氏青铜器窖藏》, 文物出版社, 2008 年。

（二）山西二组年代的判断

本组典型铜器群包含的可以自明年代的标准器少。但是本组典型铜器群的器类构成、型式特征、纹饰特征与豫西豫中二组相似，年代应相近。

（三）山西三组年代的判断

本组典型铜器群包含可以自明年代的标准器，或可与标准器系联判断年代：

本组侯马上马 1961M13 出土的庚儿鼎铸有铭文，据考证年代在公元前 572—前 542 年。① 与庚儿鼎共存出土的 BbⅣ式簠与该型式的标准器叶县旧县 2002M4：118（前 581—前 547）、②淅川下寺 1978M1：45 薳子倗簠（不晚于前 548）③等形制相同，年代相当，与庚儿鼎的年代也相近。

本组临猗程村 1987M1072 出土的 AbⅡ式箍口鼎（临猗程村 1987M1072：48）与该型式的标准器 1978M2：43 薳子倗鼎（不晚于前 548）④形制相同，年代应相近。

此外，本组流行的 AⅢ式敦与归父敦（《集成》04640）形制相同，后者年代为公元前 599—前 591 年；⑤AaaaⅢ式甗与该型式的标准器楚灵王领甗（前 541—前 529）⑥形制相同，年代应相近。

（四）山西四组年代的判断

本组典型铜器群包含较多可以自明年代的标准器：

太原金胜村 1994M673 出土的 AaⅣ式鉴为吴王夫差鉴，绝对年代为公元前 495—前 473 年，与智君子鉴（《集成》10288，图 2.2.5）、⑦寿县西门内 1955M：23.1 吴王光鉴（前 514—前 496）⑧形制相同；与之共存的、本组流行的 BaⅣ式壶，与该型式的标准器赵孟庎

---

① 张颔、张万钟：《庚儿鼎解》，《考古》1963 年第 5 期，第 270—272 页。

② 平顶山市文物管理局、叶县文化局：《河南叶县旧县四号春秋墓发掘简报》，《文物》2007 年第 9 期，第 4—37 页。

③ 河南省文物研究所等：《淅川下寺春秋楚墓》，文物出版社，1991 年。

④ 河南省文物研究所等：《淅川下寺春秋楚墓》，文物出版社，1991 年。

⑤ 王恩田：《跋唐且新出归父敦》，《文物春秋》1990 年第 2 期，第 64—66 页；李家浩：《鲁归父敦小考》，《文史》第 26 辑，中华书局，1986 年，第 12 页。

⑥ 刘雨、严志斌：《近出殷周金文集录二编》，中华书局，2010 年；严志斌：《楚王领探讨》，《考古》2011 年第 8 期，第 87—96 页。

⑦ 智君子鉴 1938 年出土于河南辉县，现藏美国华盛顿弗利尔美术馆和明尼阿波利斯艺术研究院各一件（John Alexander Pope, Rutherford John Gettens, James Cahill, Noel Barnard, *The Freer Chinese Bronzes*, Volume I, Smithsonian Institution, 1967）。1973 年芭芭拉·凯瑟对两件智君子鉴进行测试，推断二鉴出自同一套模范，产地为山西侯马（Barbara Keyser, "A Technical Study of two Late Chou Bronze Chien", *Bulletin of the American Institute for Conservation of Historic and Artistic Works*, 1973. "Décor Replication in two Late Chou Bronze Chien", *Art Orientalis*, Volume 1997）。智君子鉴内壁有"智君子之弄鉴"铭文，据唐兰先生考证，作器者为春秋晚期晋国执政卿智伯瑶（前 475—前 453），智君子鉴的年代应该就在这段时间范围内（唐兰：《智君子鉴考》，《辅仁学志》1938 年第 7 卷第 1、2 期，第 101 页）。智君子鉴线图可见李夏廷、李劭轩：《晋国青铜艺术图鉴》，文物出版社，2009 年，第 52 页。

⑧ 安徽省文物管理委员会、安徽省博物馆：《寿县蔡侯墓出土遗物》，科学出版社，1956 年；安徽省博物馆：《安徽省博物馆藏青铜器》，上海人民美术出版社，1987 年。

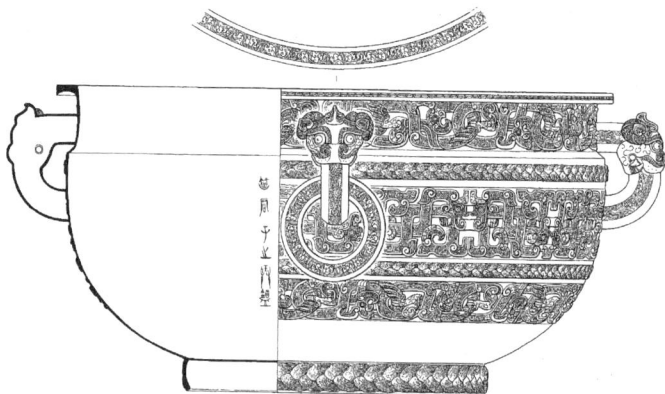

图 2.2.5　智君子鉴

壶(《集成》09678—09679,前 482)①形制相同。

　　原平峙峪赵家堍 1964M 铜器群与吴王光剑(前 514—前 496)共存。

　　本组侯马上马 1973M1004 出土的 BⅣ式浴缶与该型式的标准器寿县西门内 1955M：22 蔡昭侯申缶(前 518—前 491)②相似。

　　本组侯马上马 1963M5218、临猗程村 1987M1002 等出土的 BbⅤ式簠,与该型式的标准器寿县西门内 1955M：11.1 蔡侯申簠(前 518—前 491)③相似。

　　太原金胜村 1994M674 出土的 CaaⅣ式壶与该型式的标准器寿县西门内 1955M：18 蔡昭侯申壶(前 514—前 496)④相似。

---

　　①　赵孟庎壶壶盖外缘有铭文"遇邗王于黄池为赵孟介邗王之赐金以为祠器"(《集成》09678—09679)。关于此壶的作者者和国别归属问题,学术界主要有以下三种不同观点：其一,唐兰、杨树达、马承源、李学勤、曹锦炎、王文清、谢尧亭、张崇宁、吴毅强等先生认为是赵孟庎所作,称为"赵孟庎壶",属于晋国铜器;其二,容庚、陈梦家、闻一多、吴聿明、叶文宪等先生认为是禺邗王所作,称为"禺邗王壶",属于吴国铜器;其三,刘节先生认为是邗王作器,认为"以器之形制及文字观之,当在攻吴王夫差鉴之前,其时邗国尚未并于吴也",属于邗国铜器。本书赞同第一种观点。赵孟庎壶壶铭文记载的事件正是著名的黄池之会(前 482),"禺邗王"应该是指吴王夫差,壶的制作年代应在公元前 482 年或稍后不久。唐兰：《赵孟庎壶跋》,《考古社刊》1936 年第 6 期,第 325 页(后收入故宫博物院编：《唐兰先生金文论集》,紫禁城出版社,1995 年,第 43—44 页);杨树达：《积微居金文说》(增订本),中华书局,1997 年,第 170—171 页;马承源主编：《商周青铜器铭文选》(四),文物出版社,1990 年,第 588—589 页;李学勤：《东周与秦代文明》,上海人民出版社,2007 年,第 30 页;曹锦炎：《跋古越阁新藏之州句剑铭文》,《吴越历史与考古论丛》,文物出版社,2007 年,第 82—85 页;王文清：《"禺邗王壶"铭辨》,《东南文化》1991 年第 1 期,第 160—161 页;谢尧亭：《谈赵孟庎壶与黄池之会》,《文物季刊》1995 年第 2 期,第 55—57 页;张崇宁：《对"🦌"字以及赵孟称谓之认识》,《华夏考古》1994 年第 1 期,第 111—112 页;吴毅强：《赵孟庎壶新研》,《考古与文物》2010 年第 1 期,第 63—68 页;容庚：《商周彝器通考》,哈佛燕京学社,1941 年,第 61 页(上海人民出版社重印本,2008 年,第 45 页);陈梦家：《禺邗王壶考释》,《燕京学报》1937 年第 21 期,第 207—229 页;闻一多：《禺邗王壶跋》,《古典新义》,上海开明书店,1948 年,第 609—610 页(后收入《闻一多全集》第二册,1956 年,第 609 页);吴聿明：《禺邗王壶铭再辨》,《东南文化》1992 年第 1 期,第 196—197 页;叶文宪：《吴国历史与吴文化探秘》,文物出版社,2007 年,第 175 页;刘节：《说攻吴与邗》,《禺贡》1937 年第 7 卷第 1、2、3 期合刊,第 119—121 页(后收入《古史考存》,人民出版社,1958 年,第 153—155 页)。

　　②　安徽省文物管理委员会、安徽省博物馆：《寿县蔡侯墓出土遗物》,科学出版社,1956 年;安徽省博物馆：《安徽省博物馆藏青铜器》,上海人民美术出版社,1987 年。

　　③　安徽省文物管理委员会、安徽省博物馆：《寿县蔡侯墓出土遗物》,科学出版社,1956 年;安徽省博物馆：《安徽省博物馆藏青铜器》,上海人民美术出版社,1987 年。

　　④　安徽省文物管理委员会、安徽省博物馆：《寿县蔡侯墓出土遗物》,科学出版社,1956 年;安徽省博物馆：《安徽省博物馆藏青铜器》,上海人民美术出版社,1987 年。

本组流行的 Bba Ⅲ 式敦存在标准器宋右师延敦(前 477—前 469,图 2.2.6)。①

此外,与山西四组典型铜器群共存的 C Ⅱ 式陶鬲与侯马盟誓遗址 K239 出土的陶鬲(图 2.2.7)形制相同,年代应相近。后者年代可根据与之共存的盟书的年代判断,绝对年代为公元前 497—前 489 年②或公元前 470 年前后、③前 490—前 458 年。④

图 2.2.6　宋右师延敦　　　　图 2.2.7　侯马盟誓遗址 K239 出土陶鬲

与山西四组典型铜器群共存的散虺纹铜车軎与寿县西门内 1955M:50.1、⑤随州擂鼓墩 1978M1:N.112⑥ 相同(图 2.2.4),前者绝对年代为公元前 518—前 491 年,后者绝对年代为公元前 433 年前后。

本组定襄中霍村 1995M1、沁水河西村 1991M⑦ 等出土 Ba Ⅳ 式铜鬲鼎与北京故宫博物院收藏的 269 号鼎形制相同(图 2.2.8),后者铸有"君子之弄鬲"铭文,⑧与智君子鉴(《集成》10288)或同为智伯瑶(前 475—前 453)所作。

(五) 山西五组年代的判断

本组典型铜器群包含的可以自明年代的标准器少,需与其他组典型铜器群系联来判断年代。

本组典型铜器群中最具有代表性的是太原金胜村 1988M251 铜器群。以往研究中关

---

①　徐俊英:《南阳博物馆藏一件春秋铜敦》,《文物》1991 年第 5 期,第 88—89 页。

②　卫今、晋文:《"侯马盟书"和春秋后期晋国的阶级斗争》,《文物》1975 年第 5 期,第 1—26 页;张颔等:《侯马盟书》(增订本),山西古籍出版社,2006 年。

③　李学勤先生认为侯马盟书"第 105 坑以外的盟书,年代要略晚一些,从第 16 坑的历朔看,当在公元前 470 年前后"。李学勤:《东周与秦代文明》,上海人民出版社,2007 年,第 35 页。

④　谢尧亭:《侯马盟书的年代及相关问题》,《山西省考古学会论文集》(三),山西古籍出版社,2000 年,第 311—315 页。

⑤　安徽省文物管理委员会、安徽省博物馆:《寿县蔡侯墓出土遗物》,科学出版社,1956 年;安徽省博物馆:《安徽省博物馆藏青铜器》,上海人民美术出版社,1987 年。

⑥　湖北省博物馆:《曾侯乙墓》,文物出版社,1989 年。

⑦　李继红:《沁水县出土的春秋战国铜器》,《山西省考古学会论文集》(三),山西古籍出版社,2000 年,第 288—294 页。

⑧　故宫博物院:《故宫青铜器》269,故宫出版社,2012 年,第 270 页。

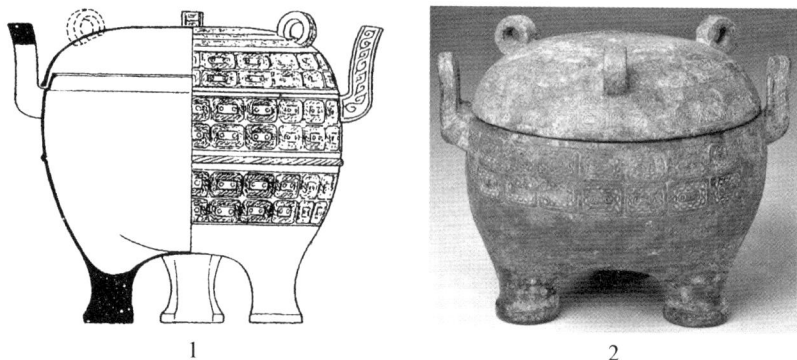

图 2.2.8　山西组 BaⅣ式铜鬲鼎与故宫藏"君子之弄鬲"鼎
1. 沁水河西村 1991M：02　2.《故宫青铜器》269

于该墓墓主和年代的争议较大，或认为墓主是赵简子赵鞅（卒于前 475，[①]或认为卒于公元前 458[②]），年代定为春秋晚期；[③]或认为墓主是赵简子之子赵襄子赵毋卹（前 475—前 426），[④]年代定为战国早期。[⑤]　关于赵简子和赵襄子的年代，另有赵简子卒于公元前 458 年、赵襄子公元前 458—前 426 年在位的说法。[⑥]

　　在太原金胜村 1988M251 缺乏能够明确指证墓主身份的铭文材料的情况下，从铜器形制本身分析来确定墓葬的年代才应该是首先需要解决的问题。该墓随葬铜器种类多、数量大，其中变化速率较快、可资系联的标准器较多、演变序列较清晰、年代指示意义较强的有以下几件（图 2.2.9）：

　　① 山西省考古研究所、太原市文物管理委员会：《太原晋国赵卿墓》，文物出版社，1996 年；李建生：《辉县琉璃阁与太原赵卿墓相关问题》，《中国国家博物馆馆刊》2012 年第 2 期，第 6—42 页。
　　② 陶正刚：《赵氏戈铭考释》，《文物》1995 年第 2 期，第 64—68 页；陶正刚：《太原晋国赵卿墓概述》，《中国文物世界》2000 年第 184 期，第 34—53 页。
　　③ 姑射：《太原金胜村 251 号墓墓主及年代》，《北方文物》1992 年第 1 期，第 26—29 页；白国红：《太原金胜村赵简子墓所见春秋晚期礼制变革》，《中国历史文物》2006 年第 3 期，第 45—51 页；杨建军：《三晋东周铜器墓初论》，《中原文物》2005 年第 3 期，第 33—46 页；侯毅：《再论太原金胜村 251 号大墓年代与墓主问题》，《辽海文物学刊》1992 年第 1 期，第 107—110 页；山西省考古研究所：《万荣庙前东周墓葬发掘收获》，《三晋考古》（一），山西人民出版社，1994 年，第 218—250 页；渠川福：《关于太原晋国赵卿墓的若干问题》，《山西省考古学会论文集》（三），山西古籍出版社，2000 年，第 321—324 页；白国红：《从乐悬制度的演变看春秋晚期新的礼制规范的形成——以太原金胜村赵卿墓为切入点》，《文物春秋》2006 年第 4 期，第 18—20 页。渠川福先生 2000 年文认为墓主为赵简子（卒于公元前 475）。
　　④ 渠川福：《太原金胜村大墓年代的推定》，《文物》1989 年第 9 期，第 87—90 页；张崇宁：《太原金胜村 251 号墓主探讨》，《中国历史文物》2005 年第 1 期，第 64—68 页。渠川福先生 1989 年文认为"绝对年代大约在公元前 475—前 425 年"。
　　⑤ 高崇文将太原金胜村 1988M251 定为战国早期晚段至战国中期早段（前 430—前 350）偏早阶段。高崇文：《试论晋南地区东周铜器墓的分期与年代》，《文博》1992 年第 4 期，第 17—33 页。
　　⑥ 赵简子卒年有二说，《史记·赵世家》："晋出公十七年（前 458），简子卒，太子毋卹代立，是为襄子。"而《正义》："《左传》云'哀公二十年（前 475）简子死，襄子嗣立'。"《史记·六国年表》有"（前 464）知伯谓简子，欲废太子襄子，襄子怨知伯"的记载，说明在公元前 464 年赵简子未卒，赵襄子未即位。《左传》哀公二十年的有关记载可能有误。《史记·赵世家》云："赵襄子立三十三年（前 425）卒。"陶正刚：《赵氏戈铭考释》，《文物》1995 年第 2 期，第 64—68 页；平势隆郎：《新编史记东周年表》，东京大学东洋文化研究所报告，1995 年。

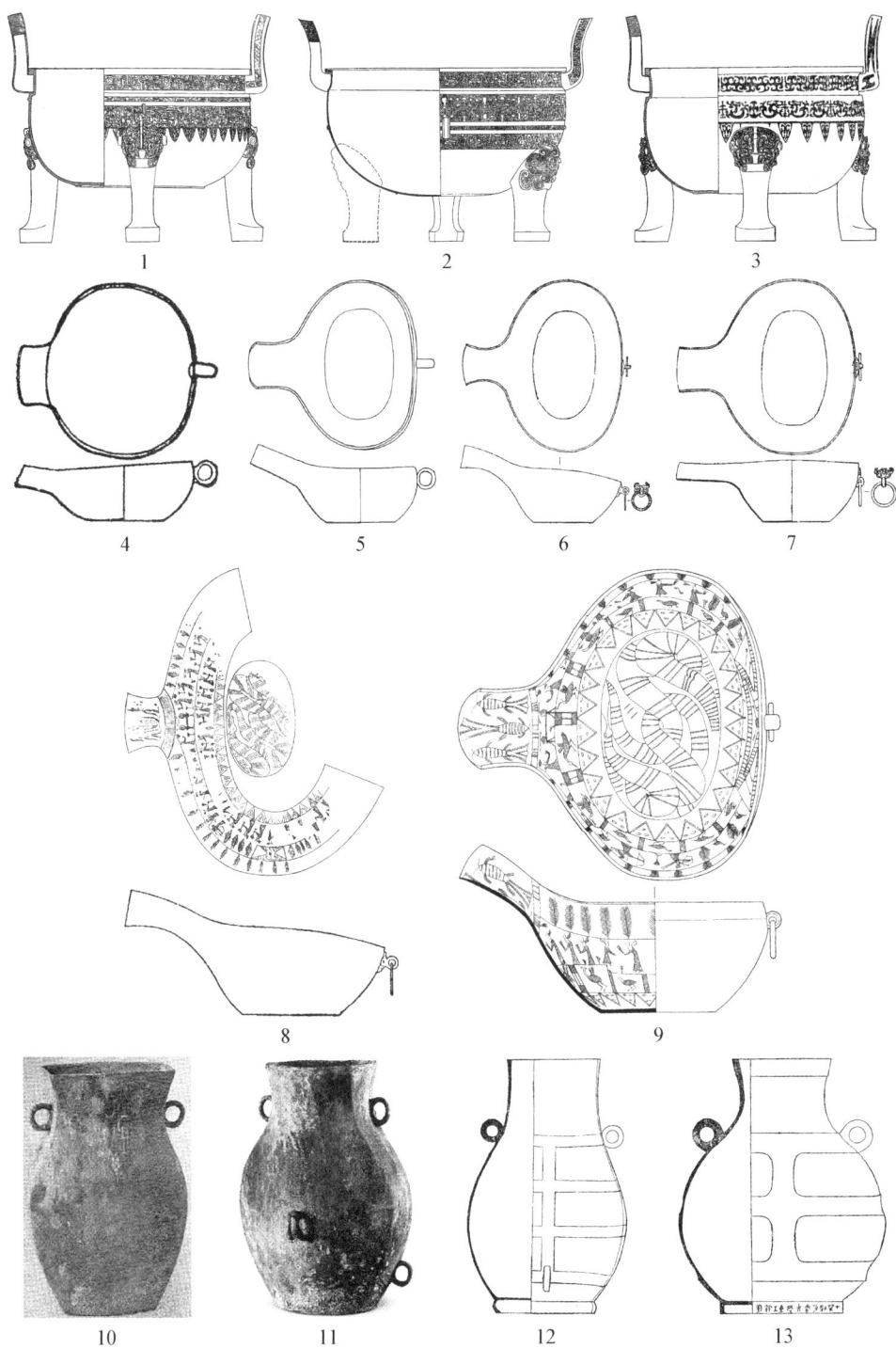

图 2.2.9　太原金胜村 1988M251 出土青铜器年代比较

1. 随州擂鼓墩 1978M1：C96　2. 太原金胜村 1988M251：541　3. 随州擂鼓墩 1978M1：C97　4. 襄樊余岗团山 1988M1：3　5. 随州义地岗 2011M6：3　6、8. 太原金胜村 1988M251：540　7. 平山三汲 1974M1DK：32　9. 余岗楚墓 2004M173：4　10. 寿县西门内 1955：18　11. 太原金胜村 1994M674　12. 太原金胜村 1988M251：625　13. 平山三汲 1974M1DK：15

铜附耳折沿鼎：太原金胜村 1988M251：541 与随州擂鼓墩 1978M1：C96、C97① 形制相似,后二者年代在公元前 433 年前后(详见本章第四节)。

铜匜：太原金胜村 1988M251：540 介于豫南苏皖鄂四组襄樊余岗团山 1988M1：3② 和河北 6 组平山三汲 1974M1DK：32③ 之间,与豫南苏皖鄂五组随州义地岗 2011M6：3④ 和余岗楚墓 2004M173：4⑤ 形制相同。

铜壶：太原金胜村 1988M251：625 颈部较长,底着矮圈足,介于豫南苏皖鄂四组寿县西门内 1955M：18 蔡昭侯申壶(前 518—前 491)、⑥山西四组太原金胜村 1994M674⑦ 和河北六组平山三汲 1974M1DK：15⑧ 之间。

综上可知,太原金胜村 1988M251 的年代与随州擂鼓墩 1978M1 曾侯乙墓铜器群年代相当,约在公元前 433 年。

此外,本组万荣庙前 1961M1 的年代为公元前 430—前 420 年。⑨ 本组 CbbaⅣ式壶、BcaⅡ式盘与豫南苏皖鄂五组流行的同型式壶、盘相同,年代应相当。

（六）山西六组年代的判断

本组铜器群所含自明年代的标准器少,需通过与其他组典型铜器群系联来决定年代：

本组流行的 AbⅤ式鼎与标准铜器群平山三汲 1974M1 中山王䜣(前 327—前 313)墓⑩出土铜鼎形制相同。

此外,本组典型铜器群共存的陶器(长治分水岭 1959M35、侯马下平望 1977M1002)与平山三汲 1974M1 中山王䜣墓陶器群形制相同。

（七）山西七组年代的判断

本组典型铜器群包含的可以自明年代的标准器少,需与其他组典型铜器群系联来判断年代。本组典型铜器群的器类构成、形制特征等方面,与豫西豫中七组、豫南苏皖鄂七组相同,年代应相当。

───────────────

① 湖北省博物馆：《曾侯乙墓》,文物出版社,1989 年。
② 襄樊市博物馆：《湖北襄阳团山东周墓》,《考古》1991 年第 9 期,第 781—802 页。
③ 河北省文物研究所：《䜣墓——战国中山国国王之墓》,文物出版社,1995 年。
④ 湖北省文物考古研究所、随州市博物馆：《湖北随州义地岗曾公子去疾墓发掘简报》,《江汉考古》2012 年第 3 期,第 3—26 页。
⑤ 襄阳市文物考古研究所：《余岗楚墓》,科学出版社,2011 年。
⑥ 安徽省文物管理委员会、安徽省博物馆：《寿县蔡侯墓出土遗物》,科学出版社,1956 年;安徽省博物馆：《安徽省博物馆藏青铜器》,上海人民美术出版社,1987 年。
⑦ 李建生：《辉县琉璃阁与太原赵卿墓相关问题》,《中国国家博物馆馆刊》2012 年第 2 期,第 6—42 页。
⑧ 河北省文物研究所：《䜣墓——战国中山国国王之墓》,文物出版社,1995 年。
⑨ 山西省考古研究所侯马工作站：《新绛柳泉墓地调查、发掘报告》,《晋都新田》,山西人民出版社,1996 年,第 185 页。
⑩ 河北省文物研究所：《䜣墓——战国中山国国王之墓》,文物出版社,1995 年。

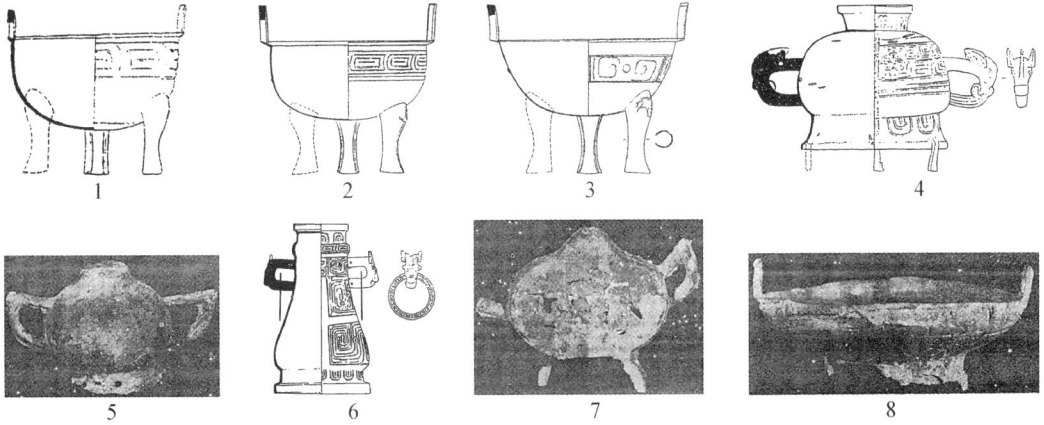

图 2.2.10　芮城坛道村 1962M1 铜器群

1—3. 铜鼎(M1：2、1、3)　4、5. 铜簋(M1：4、5)　6. 铜壶(M1：6)　7. 铜盉(M1：7)　8. 铜盘(M1：8)

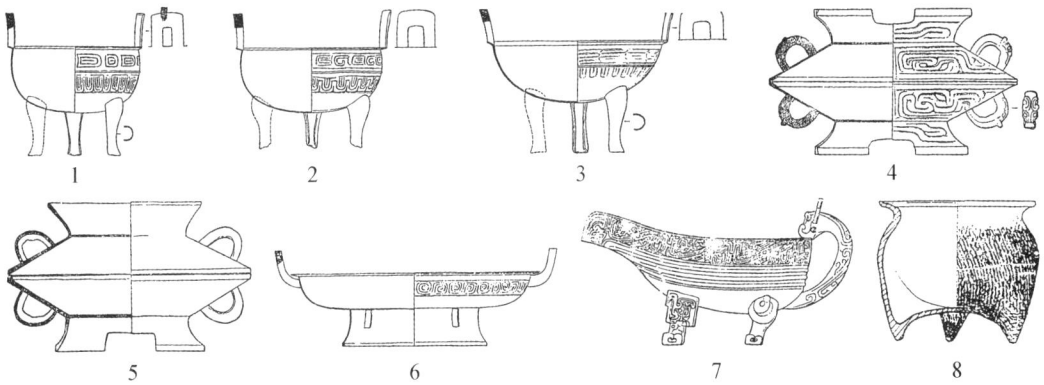

图 2.2.11　侯马上马 1973M4078 铜器群

1—3. 铜鼎(M4078：8、9、11)　4、5. 铜簋(M4078：12、10)　6. 铜盘(M4078：5)　7. 铜匜(M4078：6)
8. 陶鬲(M4078：1)

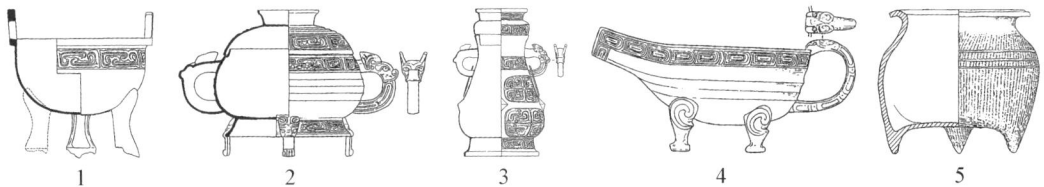

图 2.2.12　曲沃北赵 1994M102 铜器群

1. 铜鼎(M102：1)　2. 铜簋(M102：17)　3. 铜壶(M102：22)　4. 铜匜(M102：14)　5. 陶鬲(M102：45)

图 2.2.13　曲沃羊舌 2005M5 铜器群

1. 铜鼎　2. 铜盘　3. 铜匜

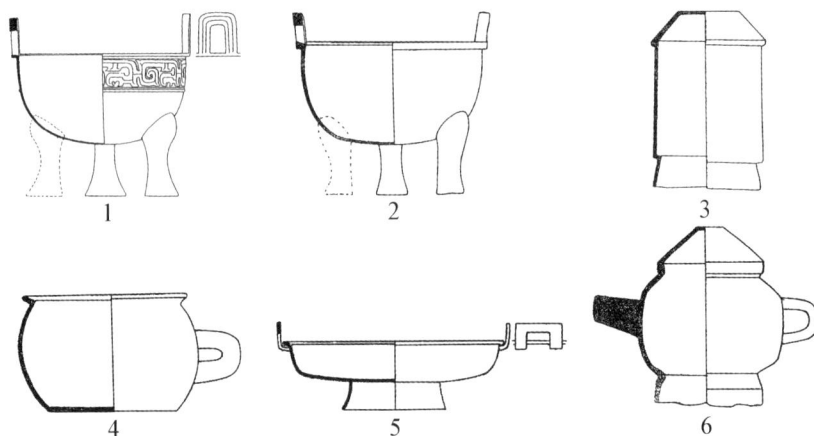

图 2.2.14　闻喜上郭 1975M1 铜器群

1、2. 铜鼎（M1∶27、28）　3. 铜甗（M1∶32）　4. 铜铺（M1∶31）　5. 铜盘（M1∶26）　6. 铜盉（M1∶29）

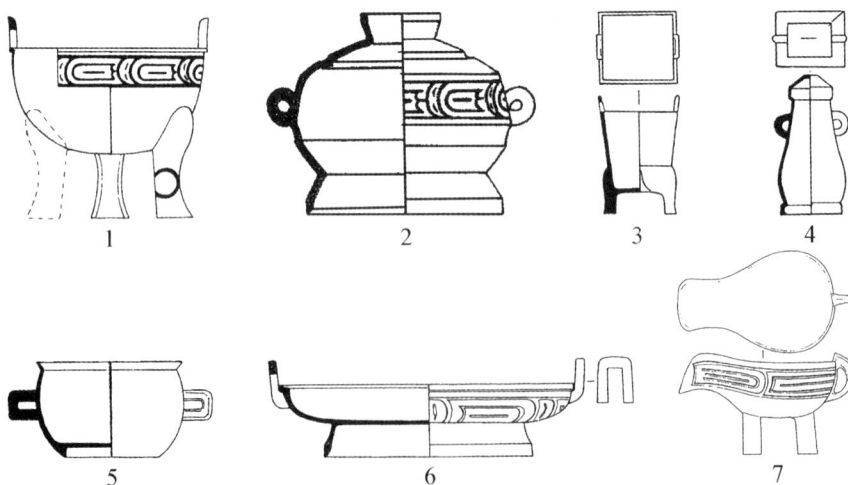

图 2.2.15　闻喜上郭 1974M373 铜器群

1. 铜鼎（M373∶9）　2. 铜簋（M373∶11）　3. 铜甗（M373∶43）　4. 铜壶（M373∶10）　5. 铜铺（M373∶12）　6. 铜盘（M373∶7）　7. 铜匜（M373∶8）

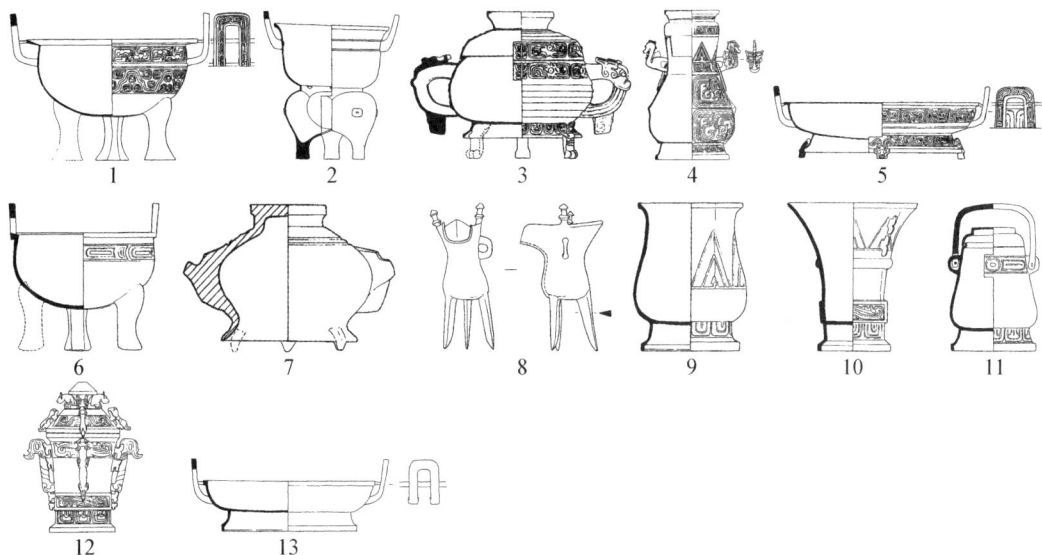

图 2.2.16　曲沃北赵 1994M93 铜器群

1、6. 铜鼎（M93：37、49）　2. 铜甗（M93：32）　3、7. 铜簋（M93：33、50）　4. 铜壶（M93：31）　5、13. 铜盘
（M93：44、46）　8. 铜爵（M93：47）　9. 铜觯（M93：48）　10. 铜尊（M93：52）　11. 铜卣（M93：53）　12. 铜彝
（M93：51）

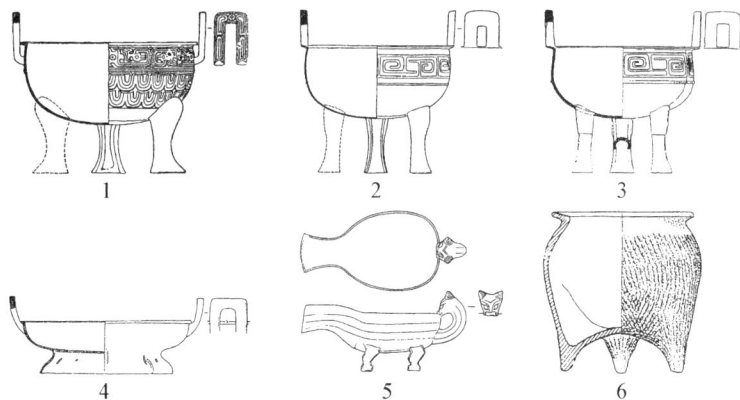

图 2.2.17　侯马上马 1978M1284 铜器群

1—3. 铜鼎（M1284：5、1、2）　4. 铜盘（M1284：19）　5. 铜匜（M1284：3）　6. 陶鬲（M1284：12）

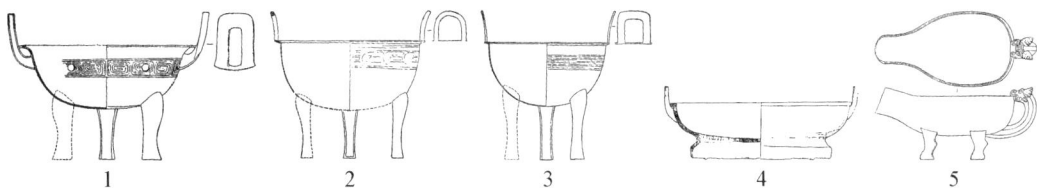

图 2.2.18　侯马上马 1973M1287 铜器群

1—3. 铜鼎（M1287：7、41、39）　4. 铜盘（M1287：42）　5. 铜匜（M1287：6）

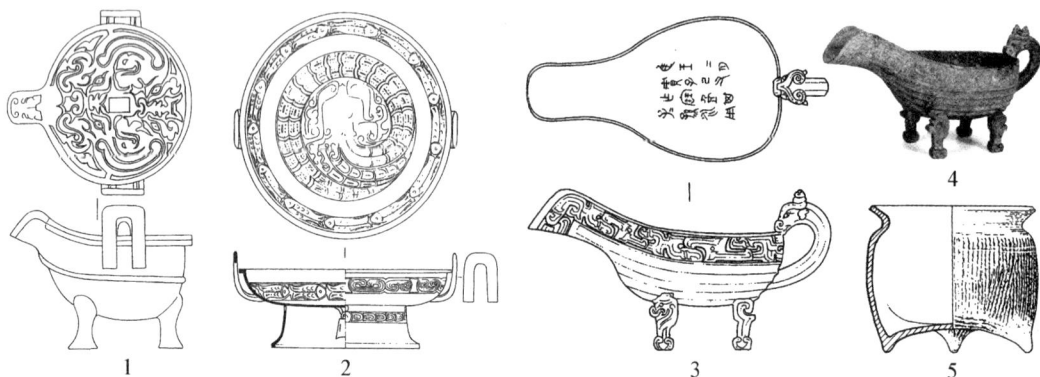

图 2.2.19　闻喜上郭 1974M51 铜器群

1. 铜匜鼎(M51：2)　2. 铜盘(M51：3)　3、4. 铜匜(M51：1)　5. 陶鬲(M51：6)

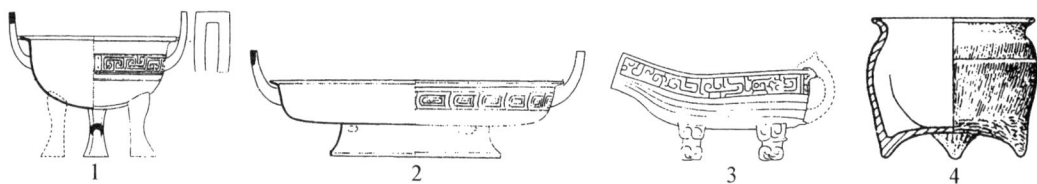

图 2.2.20　闻喜上郎 1989M12 铜器群

1. 铜鼎(M12：1)　2. 铜盘(M12：2)　3. 铜匜(M12：3)　4. 陶鬲(M12：4)

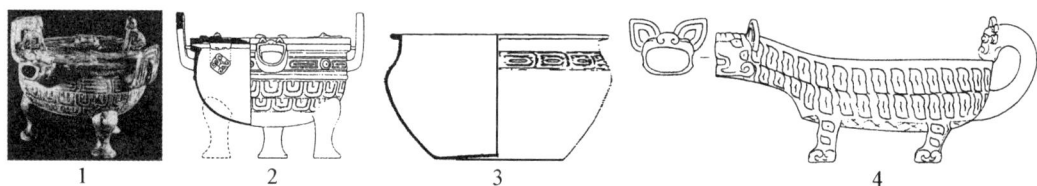

图 2.2.21　闻喜上郭 1989M33 铜器群

1、2. 铜鼎(M33：1)　3. 铜盆(M33：12)　4. 铜匜(M33：2)

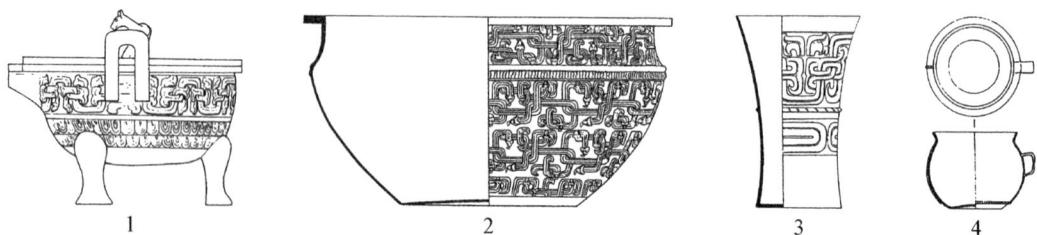

图 2.2.22　闻喜上郭 1974M57 铜器群

1. 铜鼎(M57：10)　2. 铜盆(M57：7)　3. 铜瓠(M57：17)　4. 铜铆(M57：18)

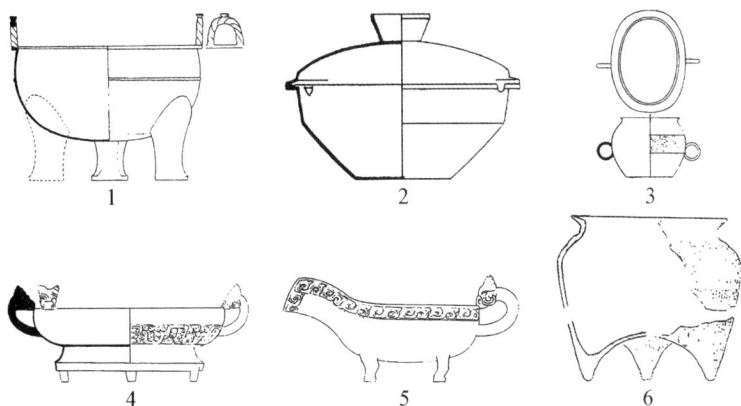

图 2.2.23 闻喜上郭 1976M4 铜器群

1. 铜鼎(M4∶5) 2. 铜敦(M4∶7·8) 3. 铜钟(M4∶2) 4. 铜盘(M4∶7) 5. 铜匜(M4∶6) 6. 陶鬲(M4∶3)

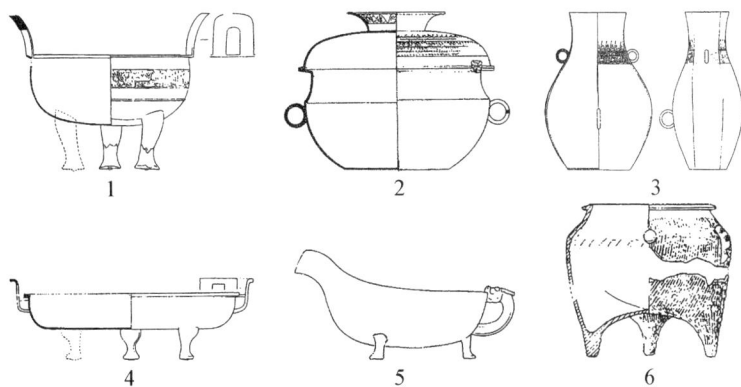

图 2.2.24 闻喜上郭 1976M7 铜器群

1. 铜鼎(M7∶11) 2. 铜敦(M7∶8) 3. 铜壶(M7∶10) 4. 铜盘(M7∶9) 5. 铜匜(M7∶12) 6. 陶鬲(M7∶13)

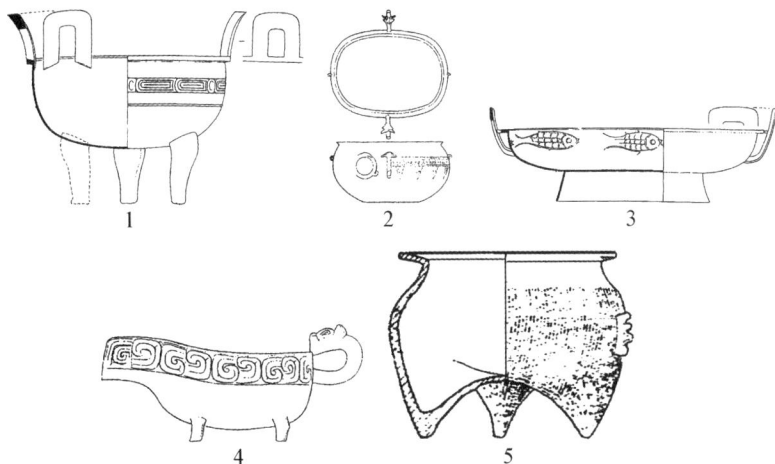

图 2.2.25 闻喜上郭 1976M6 铜器群

1. 铜鼎(M6∶11) 2. 铜钟(M6∶4) 3. 铜盘(M6∶9) 4. 铜匜(M6∶12) 5. 陶鬲(M6∶10)

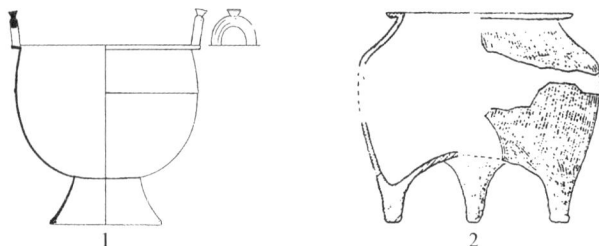

图 2.2.26　闻喜上郭 1976M1 铜器群

1. 铜鍑（M1：3）　2. 陶鬲（M1：4）

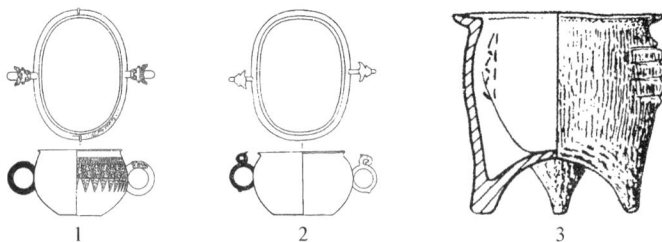

图 2.2.27　闻喜上郭 1989M3、M4 铜器群

1、2. 铜钘（M3：1、M4：3）　3. 陶鬲（M3：3）

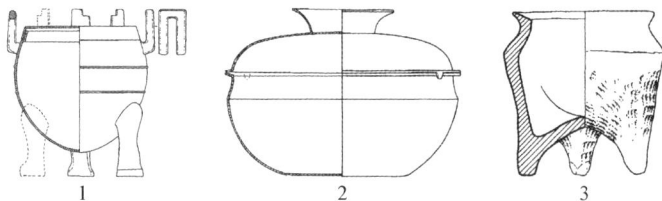

图 2.2.28　临猗程村 1987M1120 铜器群

1. 铜鼎（M1120：1）　2. 铜敦（M1120：2）　3. 陶鬲（M1120：3）

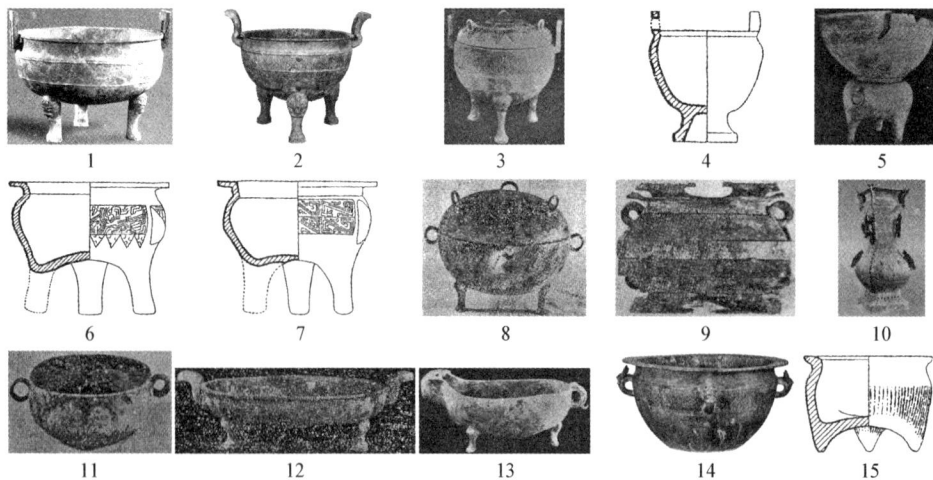

图 2.2.29　侯马上马 1961M13 铜器群

1—3. 铜鼎　4. 铜鍑　5. 铜甗　6、7. 铜鬲　8. 铜敦　9. 铜簠　10. 铜壶　11. 铜钘　12. 铜盘　13. 铜匜　14. 铜鉴　15. 陶鬲

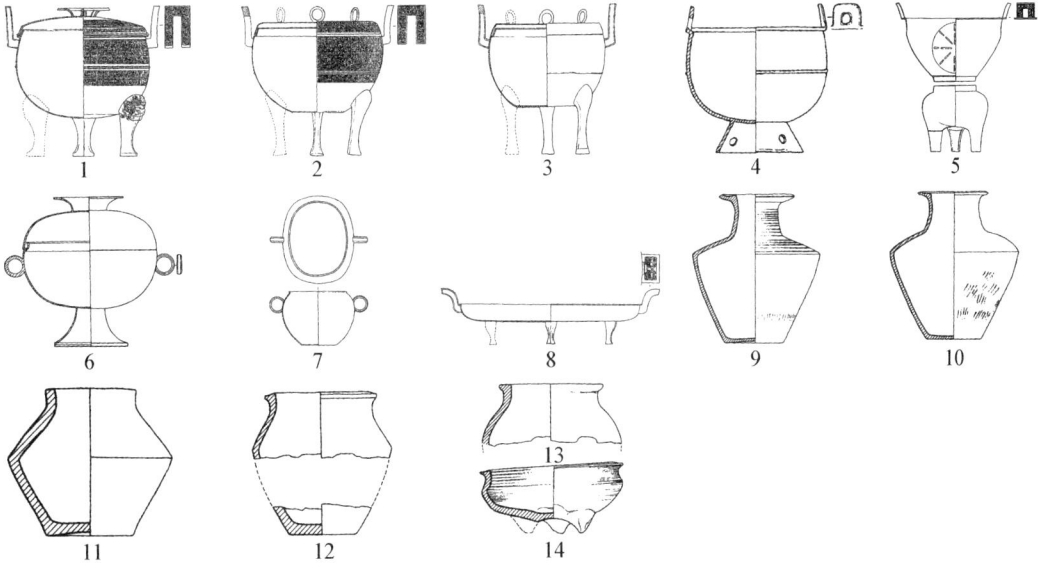

图 2.2.30   临猗程村 1987M1072 铜器群

1—3. 铜鼎(M1072：48、38、46) 4. 铜鍑(M1072：69) 5. 铜甗(M1072：36·37) 6. 铜敦(M1072：47)
7. 铜铺(M1072：70) 8. 铜盘(M1072：50) 9—13. 陶罐(M1072：16、41、17、30、68) 14. 陶鼎(M1072：62)

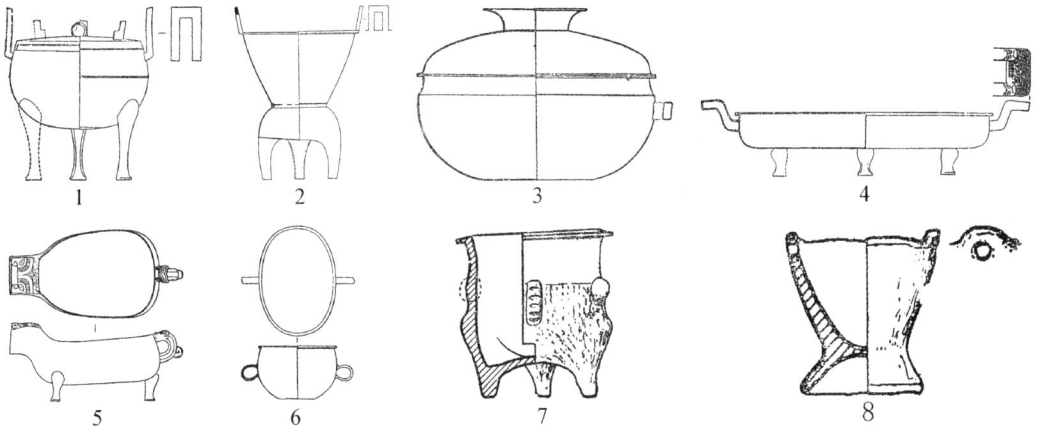

图 2.2.31   侯马上马 1978M1010 铜器群

1. 铜鼎(M1010：10) 2. 铜甗(M1010：17) 3. 铜敦(M1010：18) 4. 铜盘(M1010：20) 5. 铜匜
(M1010：19) 6. 铜铺(M1010：11) 7. 陶鬲(M1010：14) 8. 陶鍑(M1010：17)

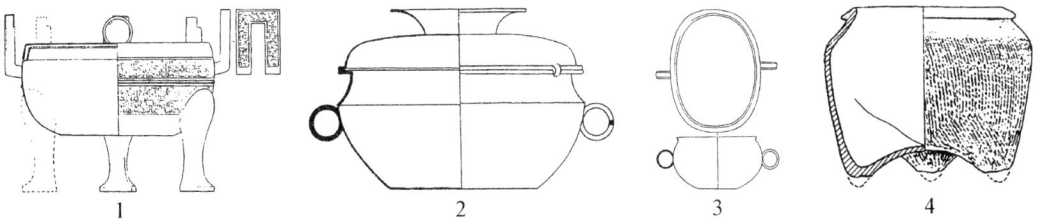

图 2.2.32   闻喜上郭 1975M17 铜器群

1. 铜鼎(M17：6) 2. 铜敦(M17：7) 3. 铜铺(M17：5) 4. 陶鬲(M17：8)

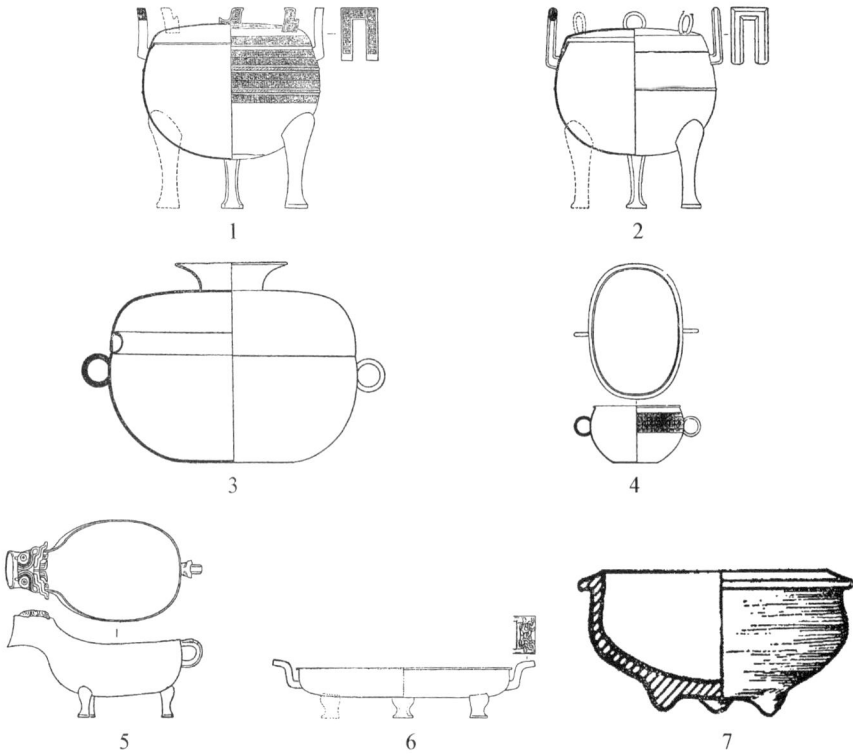

图 2.2.33　侯马上马 1978M1006 铜器群

1、2. 铜鼎（M1006：5、1）　3. 铜敦（M1006：7）　4. 铜錍（M1006：3）　5. 铜匜
（M1006：4）　6. 铜盘（M1006：2）　7. 陶鼎（M1006：21）

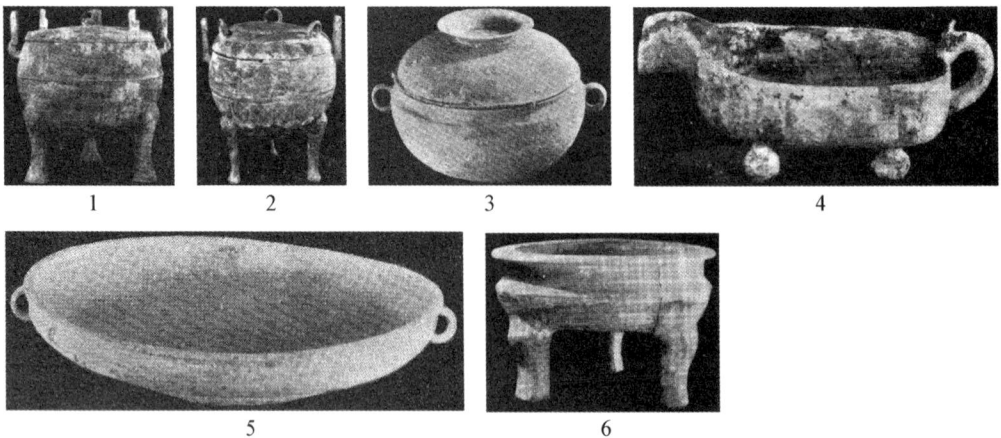

图 2.2.34　侯马上马 1961M5 铜器群

1、2. 铜鼎　3. 铜敦　4. 铜匜　5. 铜盘　6. 陶鼎

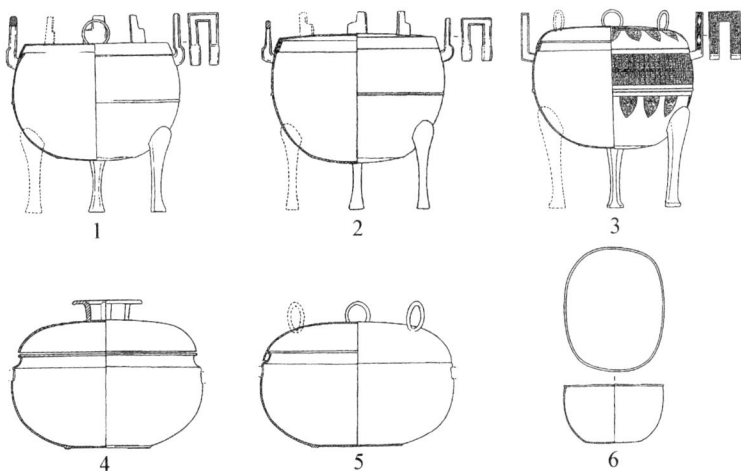

图 2.2.35　临猗程村 1987M0020 铜器群

1—3. 铜鼎（M0020：1、3、2）　4、5. 铜敦（M0020：5、4）　6. 铜铆（M0020：6）

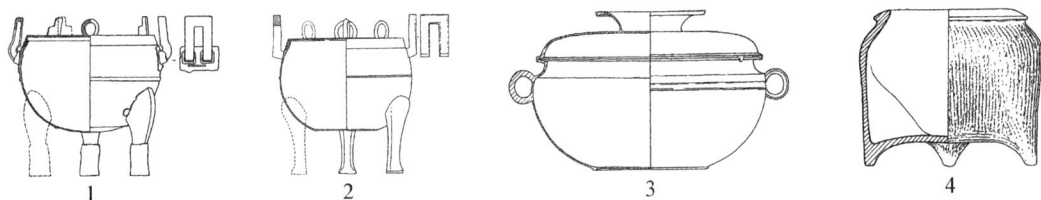

图 2.2.36　临猗程村 1987M1059 铜器群

1、2. 铜鼎（M1059：12、13）　3. 铜敦（M1059：10）　4. 陶鬲（M1059：14）

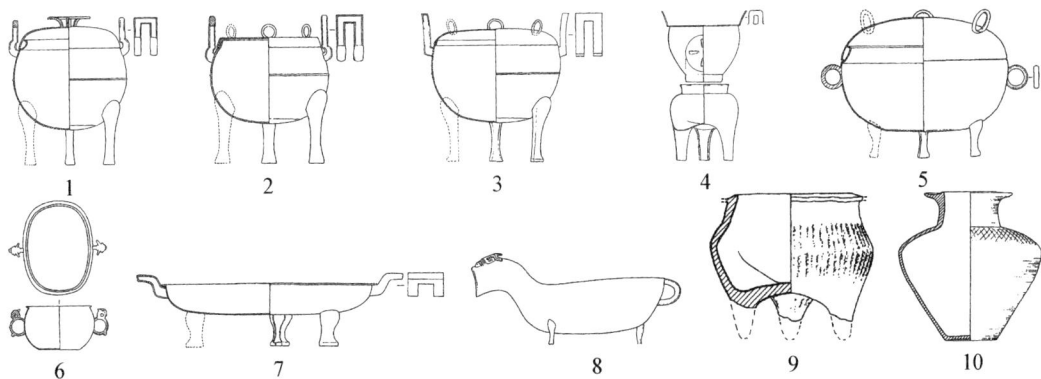

图 2.2.37　临猗程村 1987M0003 铜器群

1—3. 铜鼎（M0003：18、12、13）　4. 铜甗（M0003：9+17）　5. 铜敦（M0003：11）　6. 铜铆（M0003：16）

7. 铜盘（M0003：10）　8. 铜匜（M0003：15）　9. 陶鬲（M0003：14）　10. 陶壶（M0003：7）

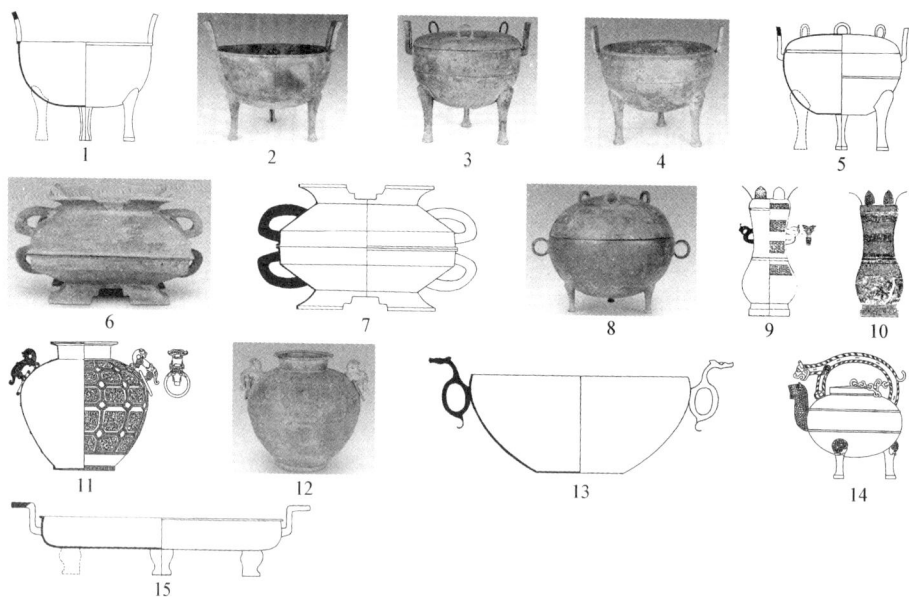

图 2.2.38　长治分水岭 1972M270 铜器群

1—5. 铜鼎(M270：5、10、1、5[①]、8)　6、7. 铜簠(M270：11、12)　8. 铜敦(M270：19)　9、10. 铜壶(M270：15、16)　11、12. 铜罍(M270：13、14)　13. 铜钫(M270：17)　14. 铜盉(M270：18)　15. 铜盘(M270：20)

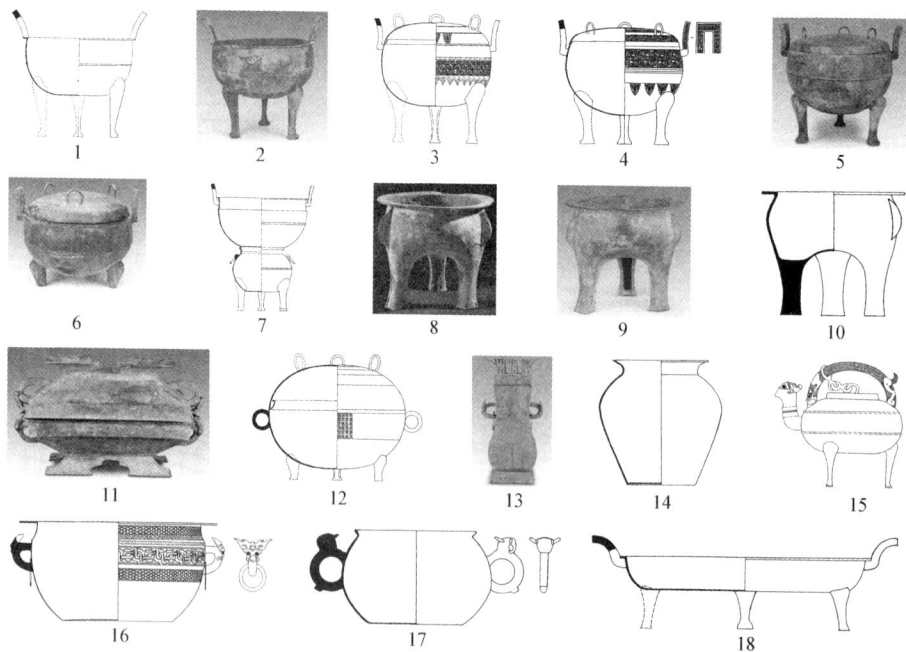

图 2.2.39　长治分水岭 1972M269 铜器群

1—6. 铜鼎(M269：1、2、3、8、6 - 1、5)　7. 铜甗(M269：30・31)　8—10. 铜鬲(M269：63、65、67)　11. 铜簠(M269：32)　12. 铜敦(M269：60)　13. 铜壶(M269：34)　14. 铜罍(M269：36)　15. 铜盉(M269：28)　16. 铜鉴(M269：33)　17. 铜钫(M269：62)　18. 铜盘(M269：29)

————————

① 发掘报告中有两个铜鼎重号,均编为 5 号。

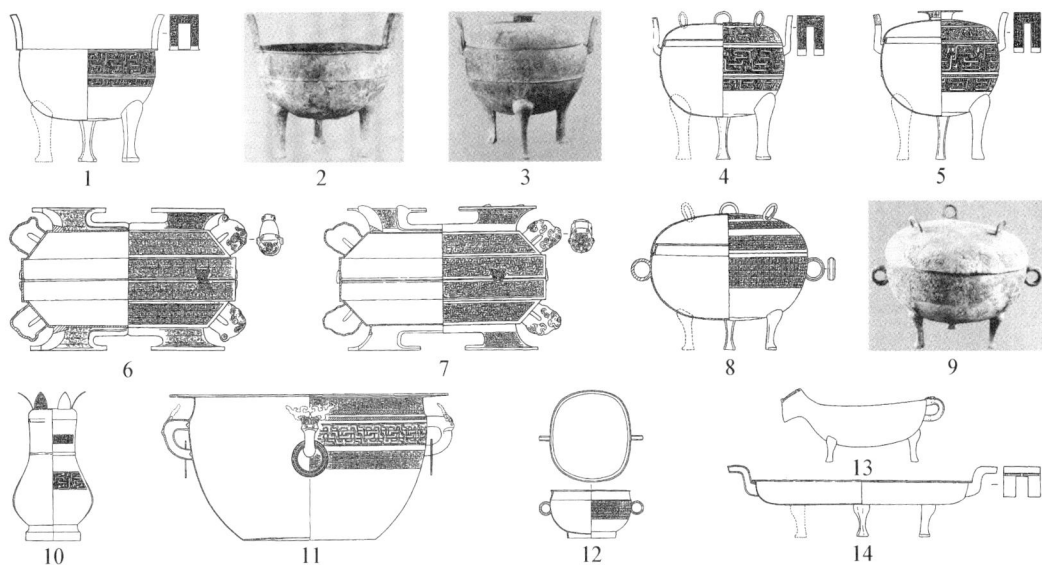

图 2.2.40 临猗程村 1987M1002 铜器群

1—5. 铜鼎（M1002：8、7、9、25、26） 6、7. 铜簠（M1002：21、40） 8、9. 铜敦（M1002：1、2） 10. 铜壶（M1002：22） 11. 铜鉴（M1002：19） 12. 铜钾（M1002：5） 13. 铜匜（M1002：3） 14. 铜盘（M1002：4）

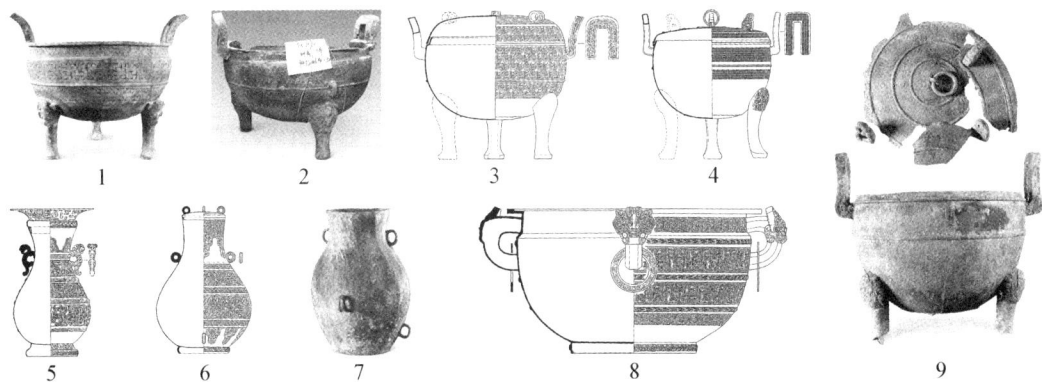

图 2.2.41 太原金胜村 1994M674 铜器群

1—4、9. 铜鼎 5—7. 铜壶 8. 铜鉴

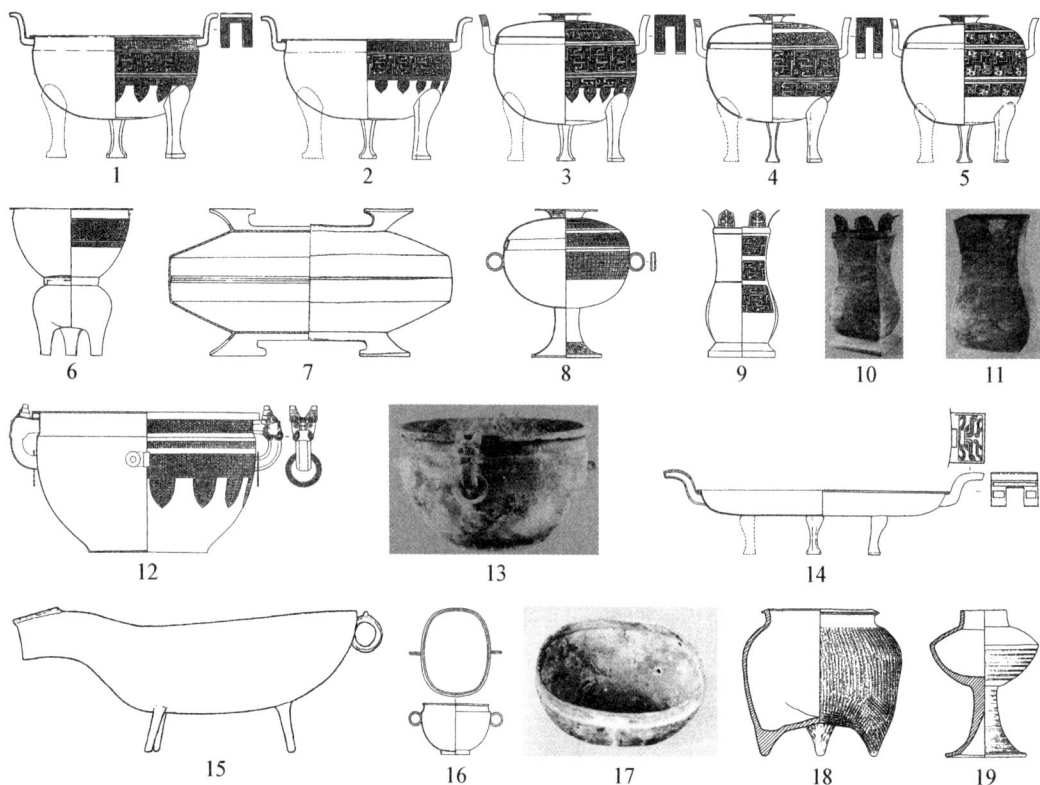

图 2.2.42　临猗程村 1987M1001 铜器群

1—5. 铜鼎（M1001：1、6、2、32、33）　6. 铜甗（M1001：19·20）　7. 铜簠（M1001：21）　8. 铜敦（M1001：7）　9·10、11. 铜壶（M1001：5、4）　12、13. 铜鉴（M1001：9、91）　14. 铜盘（M1001：3）　15. 铜匜（M1001：128）　16、17. 铜铏（M1001：126、127）　18. 陶鬲（M1001：59）　19. 陶壶（M1001：60）

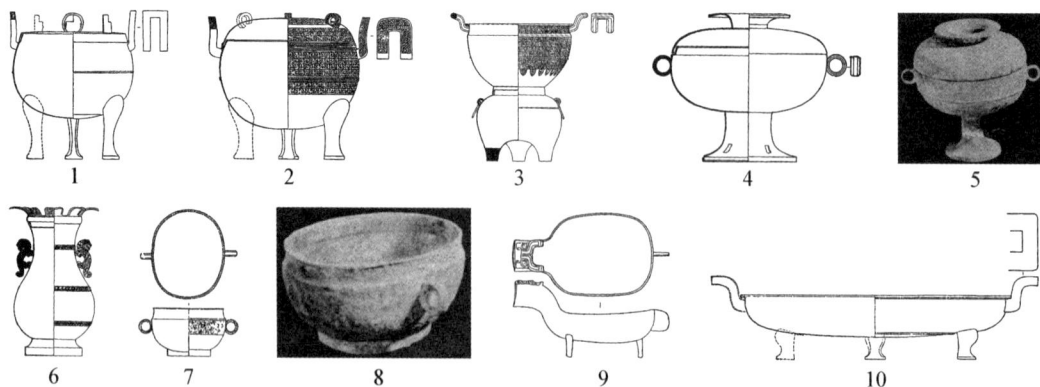

图 2.2.43　侯马上马 1963M15 铜器群

1、2. 铜鼎（M15：29、16）　3. 铜甗（M15：13）　4、5. 铜敦（M15：10、11）　6. 铜壶（M15：7）　7、8. 铜铏（M15：15、19）　9. 铜匜（M15：14）　10. 铜盘（M15：9）

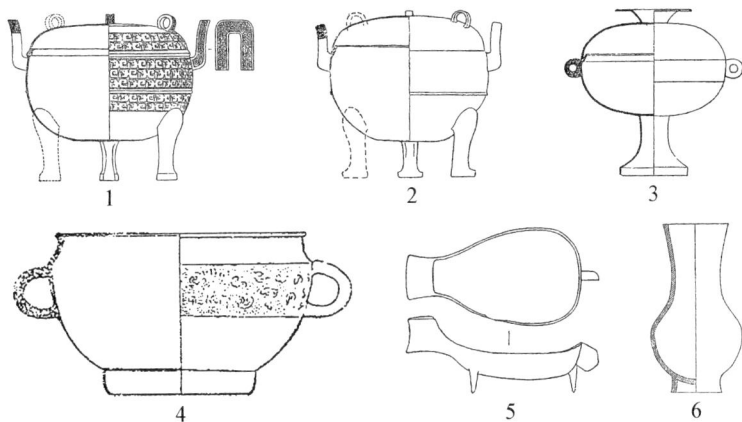

图 2.2.44　长子羊圈沟 1973M2 铜器群

1、2. 铜鼎(M2：2、1)　3. 铜敦(M2：3)　4. 铜钫(M2：6)　5. 铜匜(M2：5)　6. 陶壶(M2：8)

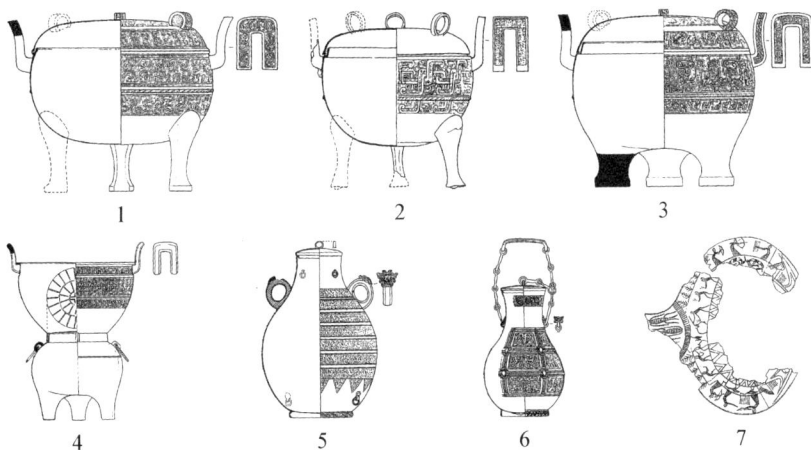

图 2.2.45　定襄中霍村 1995M1 铜器群

1—3. 铜鼎(M1：7、8、9)　4. 铜甗(M1：12)　5、6. 铜壶(M1：6、11)　7. 铜匜(M1：14)

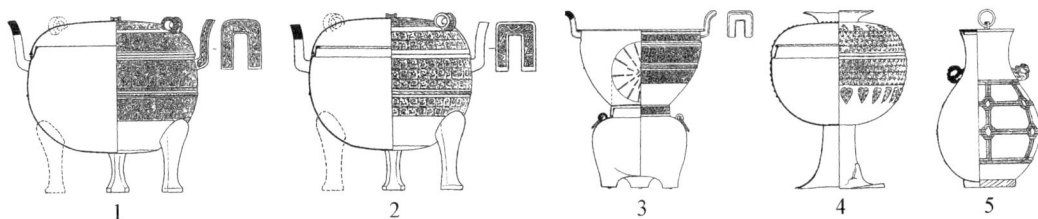

图 2.2.46　定襄中霍村 1995M2 铜器群

1、2. 铜鼎(M2：2、3)　3. 铜甗(M2：6·4)　4. 铜敦(M2：1)　5. 铜壶(M2：8)

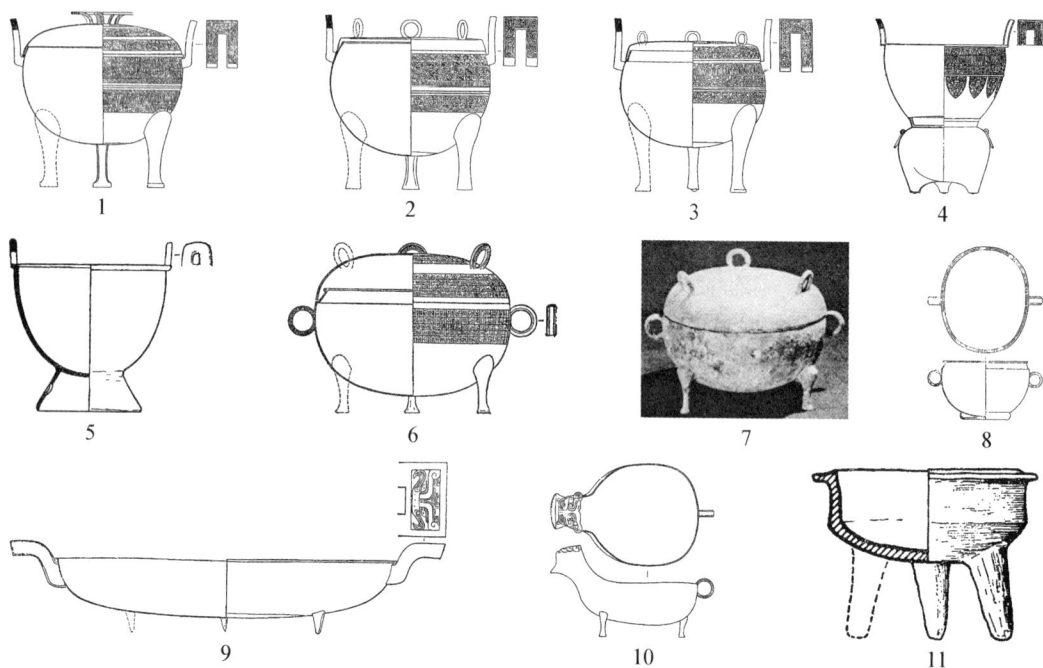

图 2.2.47　侯马上马 1973M2008 铜器群

1—3. 铜鼎（M2008：14、25、26）　4. 铜甗（M2008：10·11）　5. 铜鍑（M2008：45）　6、7. 铜敦（M2008：13、18）　8. 铜铷（M2008：27）　9. 铜盘（M2008：15）　10. 铜匜（M2008：12）　11. 陶鼎（M2008：8）

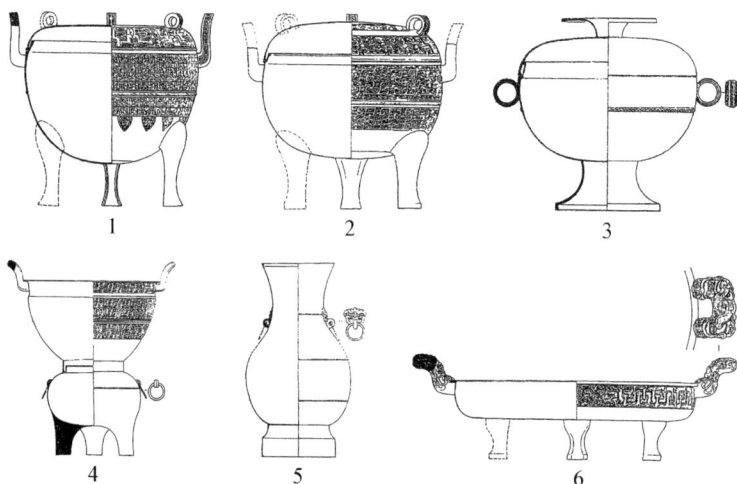

图 2.2.48　芮城坛道村 1962M2 铜器群

1、2. 铜鼎（M2：1、2）　3. 铜敦（M2：6）　4. 铜甗（M2：4）　5. 铜壶（M2：5）　6. 铜盘（M2：3）

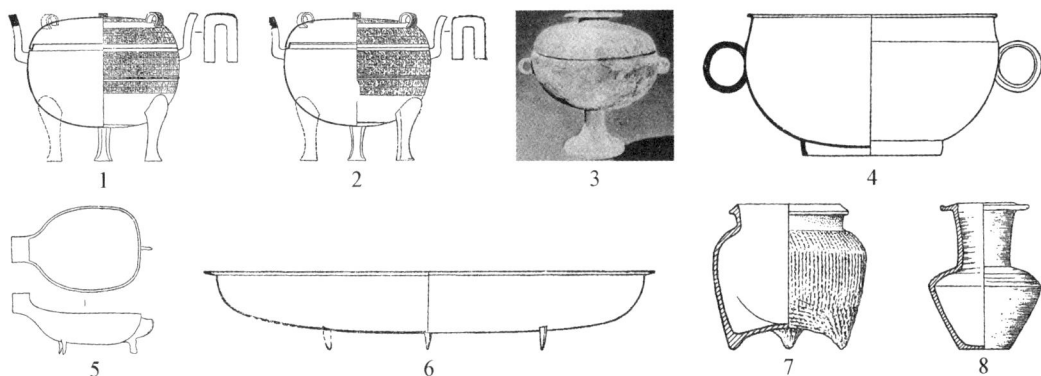

图 2.2.49　侯马上马 1981M4090 铜器群

　　1、2. 铜鼎(M4090：9、10)　3. 铜敦(M4090：23)　4. 铜钿(M4090：22)　5. 铜匜(M4090：21)　6. 铜盘
(M4090：25)　7. 陶鬲(M4090：11)　8. 陶壶(M4090：13)

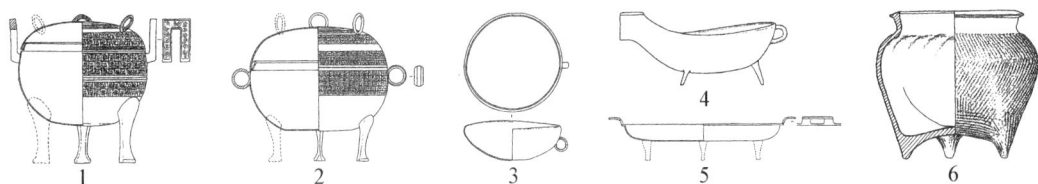

图 2.2.50　临猗程村 1987M1023 铜器群

　　1. 铜鼎(M1023：2)　2. 铜敦(M1023：5)　3. 铜钿(M1023：4)　4. 铜匜(M1023：3)　5. 铜盘(M1023：
1)　6. 陶鬲(M1023：6)

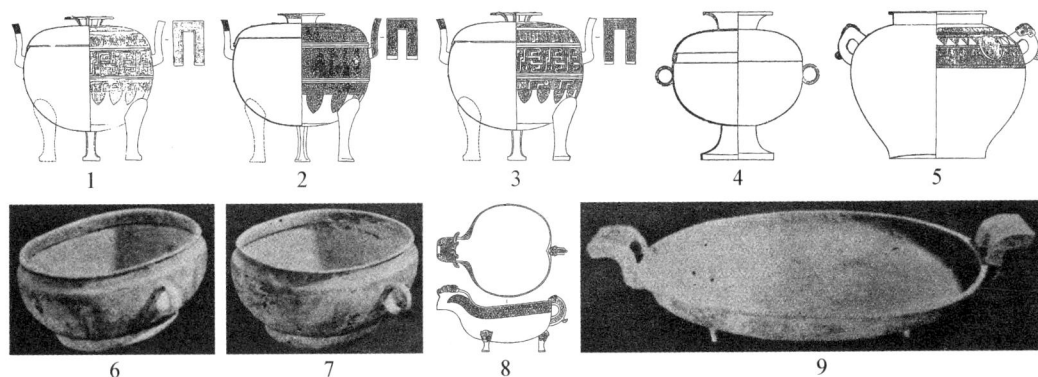

图 2.2.51　侯马上马 1973M1004 铜器群

　　1—3. 铜鼎(M1004：2、18、22)　4. 铜敦(M1004：19)　5. 铜浴缶(M1004：11)　6、7. 铜钿(M1004：14、
25)　8. 铜匜(M1004：12)　9. 铜盘(M1004：16)

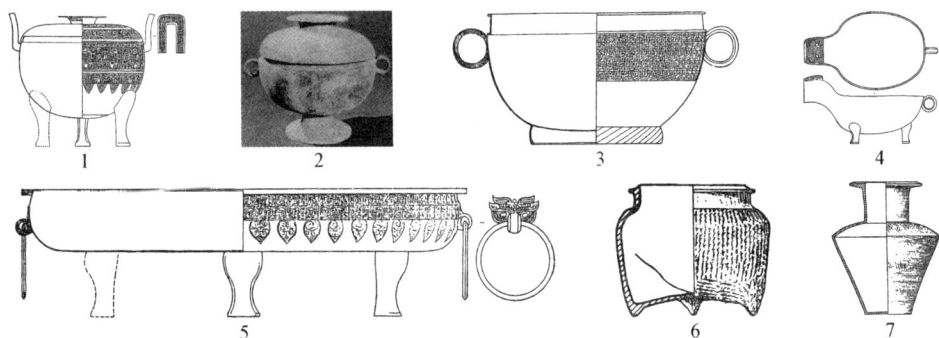

图 2.2.52　侯马上马 1973M4006 铜器群

1. 铜鼎（M4006：5）　2. 铜敦（M4006：9）　3. 铜铫（M4006：7）　4. 铜匜（M4006：8）　5. 铜盘
（M4006：6）　6. 陶鬲（M4006：13）　7. 陶壶（M4006：1）

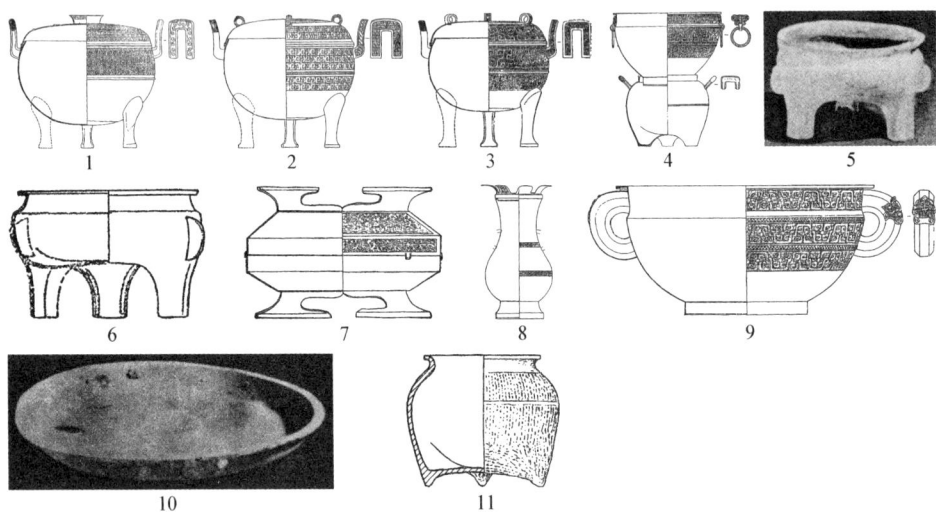

图 2.2.53　侯马上马 1973M5218 铜器群

1—3. 铜鼎（M5218：2、5、13）　4. 铜甗（M5218：11）　5、6. 铜鬲（M5218：25、24）　7. 铜簠（M5218：
8）　8. 铜壶（M5218：1）　9. 铜鉴（M5218：4）　10. 铜盘（M5218：3）　11. 陶鬲（M5218：72）

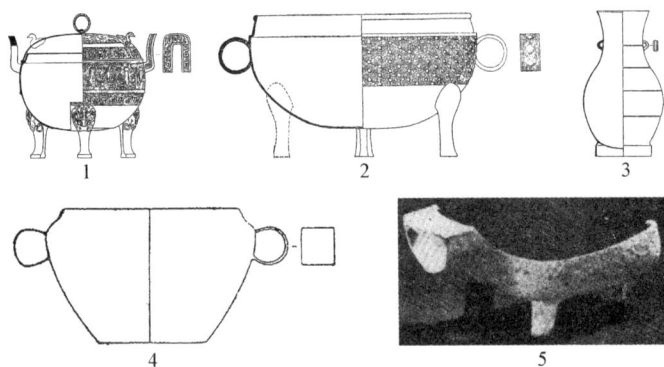

图 2.2.54　长子羊圈沟 1973M1 铜器群

1. 铜鼎（M1：3）　2. 铜敦（M1：5）　3. 铜壶（M1：1）　4. 铜铫（M1：6）　5. 铜匜（M1：7）

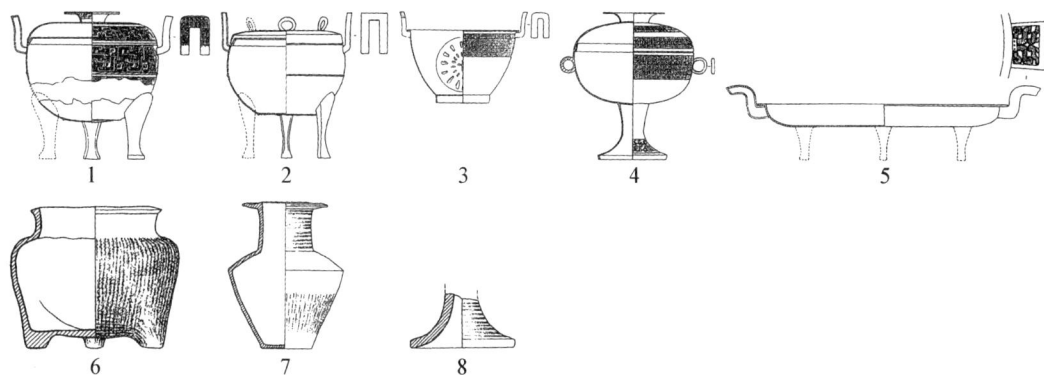

图 2.2.55　临猗程村 1987M1022 铜器群

1、2. 铜鼎（M1022：3、10）　3. 铜甗（M1022：8）　4. 铜敦（M1022：11）　5. 铜盘（M1022：7）　6. 陶鬲（M1022：12）　7. 陶壶（M1022：13）　8. 陶豆（M1022：14）

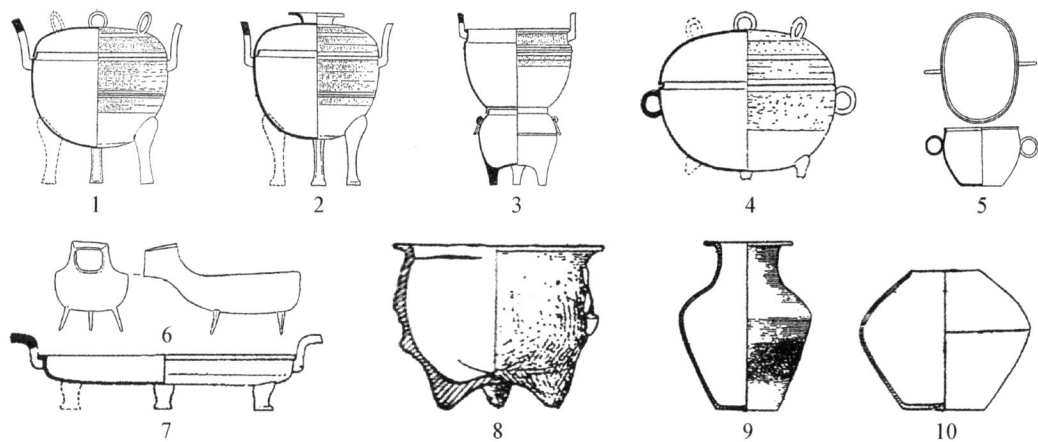

图 2.2.56　运城南相 1987M1 铜器群

1、2. 铜鼎（M1：1、2）　3. 铜甗（M1：3）　4. 铜敦（M1：7）　5. 铜钵（M1：6）　6. 铜匜（M1：5）　7. 铜盘（M1：4）　8. 陶鬲（M1：17）　9. 陶壶（M1：15）　10. 陶罐（M1：16）

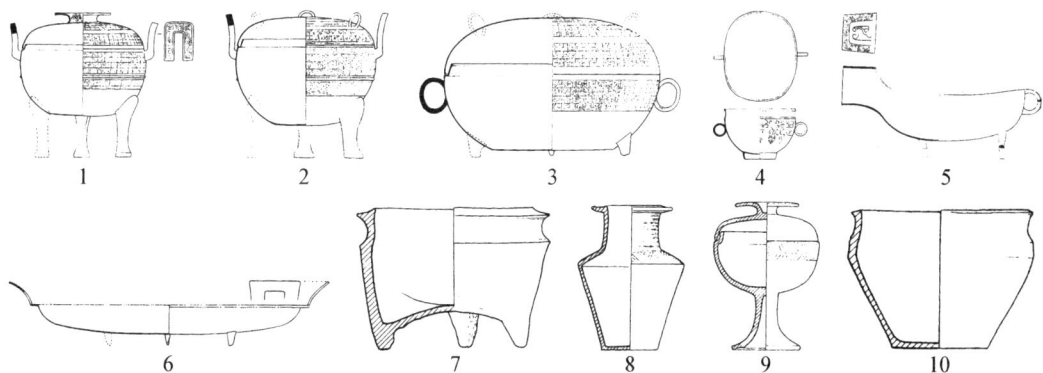

图 2.2.57　万荣庙前 1962M1 铜器群

1、2. 铜鼎（M1：2、3）　3. 铜敦（M1：12）　4. 铜钵（M1：14）　5. 铜匜（M1：4）　6. 铜盘（M1：6）　7. 陶鬲（M1：1）　8. 陶壶（M1：7）　9. 陶豆（M1：13）　10. 陶盆（M1：10）

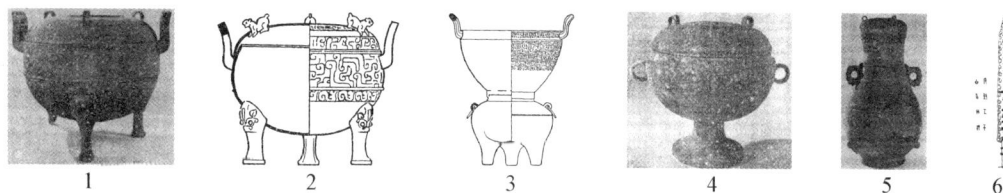

图 2.2.58　原平峙峪赵家坴 1964M 铜器群

1、2. 铜鼎　3. 铜甗　4. 铜敦　5. 铜壶　6. 吴王光铜剑

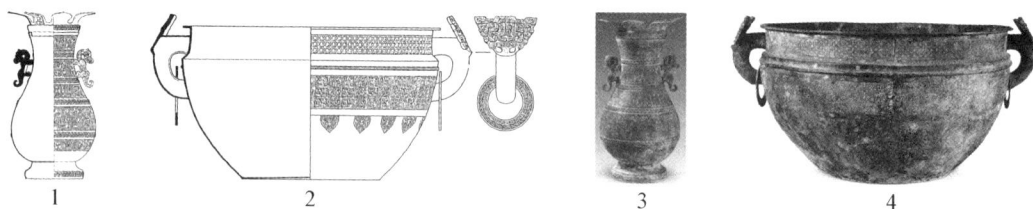

图 2.2.59　太原金胜村 1994M673 铜器群

1·3. 铜壶　2·4. 吴王夫差铜鉴

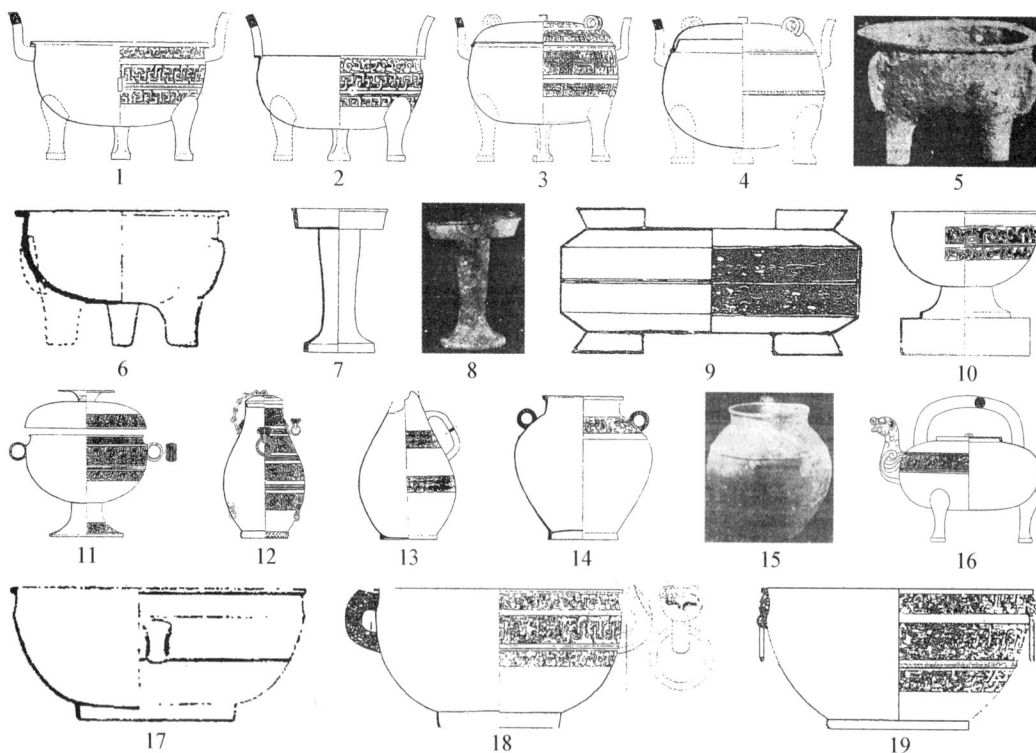

图 2.2.60　潞城潞河 1983M7 铜器群

1—4. 铜鼎（M7：1、2、35、152）　5、6. 铜鬲（M7：112、111）　7、8. 铜铺（M7：90、173）　9. 铜簠（M7：158）
10、11. 铜敦（M7：163、108）　12、13. 铜壶（M7：149、72）　14、15. 铜罍（M7：73、92）　16. 铜盉（M7：160）
17. 铜铏（M7：105）　18、19. 铜鉴（M7：104、159）

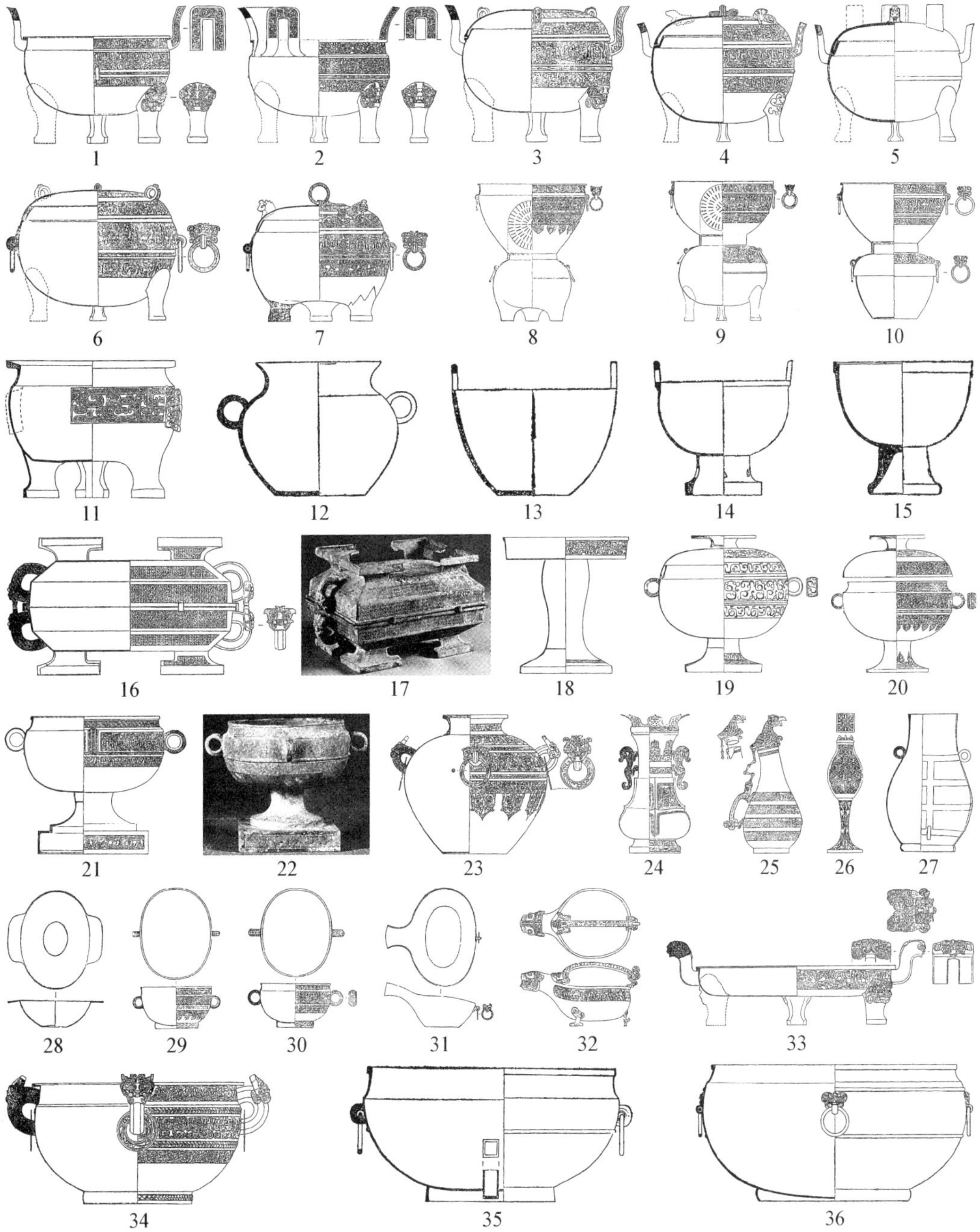

图 2.2.61 太原金胜村 1988M251 铜器群

1—7. 铜鼎（M251∶541、587、633、559、589、616、611） 8—10. 铜甗（M251∶620、532、535·588） 11. 铜鬲（M251∶558） 12. 铜罐（M251∶557） 13—15. 铜鍑（M251∶61、46、260） 16、17. 铜簠（M251∶537、543） 18. 铜铺（M251∶552） 19—22. 铜敦（M251∶576、570、554、572） 23. 铜罍（M251∶534） 24—27. 铜壶（M251∶579、599、561、625） 28. 铜耳杯（M251∶623） 29、30. 铜钭（M251∶533、563） 31、32. 铜匜（M251∶540、614） 33. 铜盘（M251∶538） 34—36. 铜鉴（M251∶630、622、531）

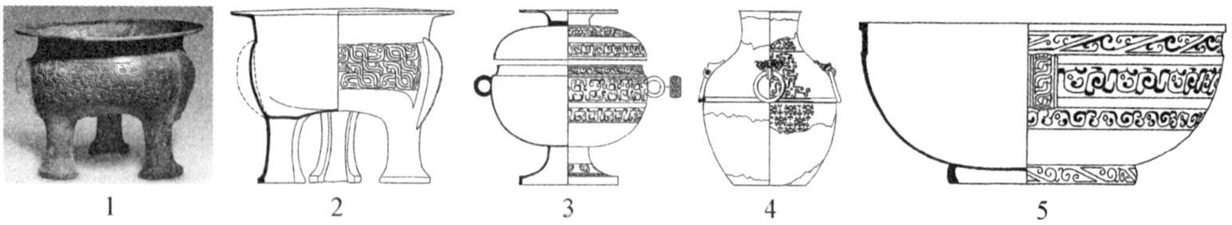

图 2.2.62　长治分水岭 1964M126 铜器群

1、2. 铜鬲(M126：204、205)　3. 铜敦(M126：277)　4. 铜壶(M126：128)　5. 铜铆(M126：240)

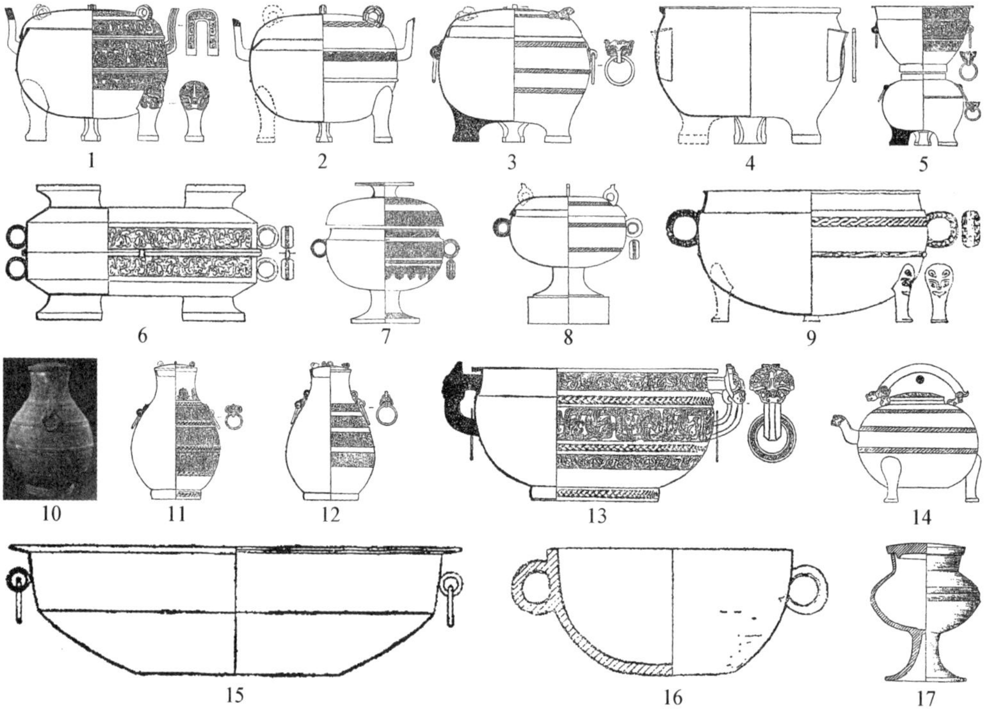

图 2.2.63　长子牛家坡 1977M7 铜器群

1—3. 铜鼎(M7：2、89、10)　4. 铜鬲(M7：67)　5. 铜甗(M7：11・12)　6. 铜簠(M7：9)　7—9. 铜敦(M7：63、14、66)　10・11、12. 铜壶(M7：6、8)　13. 铜鉴(M7：16)　14. 铜盉(M7：22)　15. 铜盘(M7：17)　16. 漆木铆(M7：18)　17. 陶壶(M7：20)

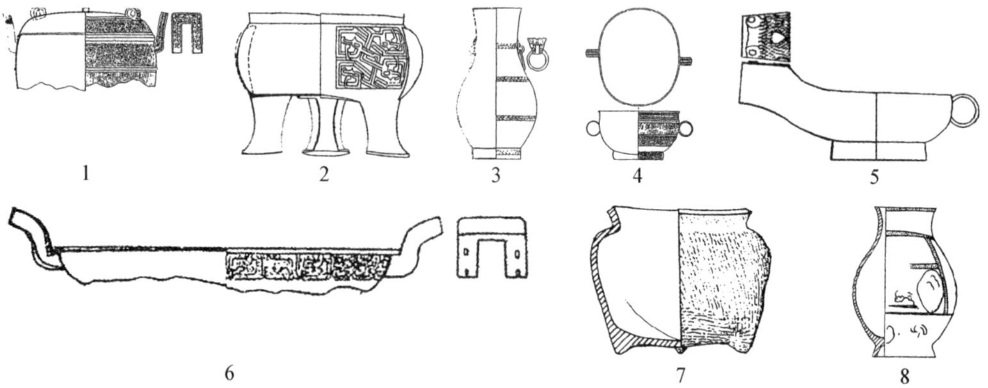

图 2.2.64　侯马下平望 1975M 铜器群

1. 铜鼎　2. 铜鬲　3. 铜壶　4. 铜铆　5. 铜匜　6. 铜盘　7. 陶鬲　8. 陶壶

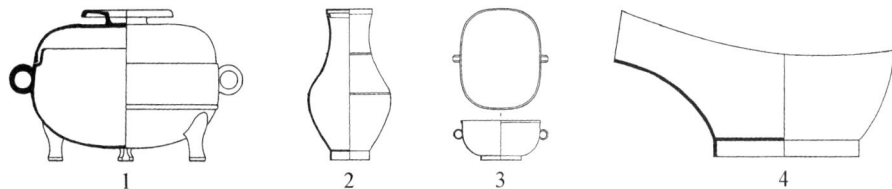

图 2.2.65 长治分水岭 1954M11 铜器群

1. 铜敦(M11:4) 2. 铜壶(M11:5) 3. 铜铘(M11:8) 4. 铜匜(M11:7)

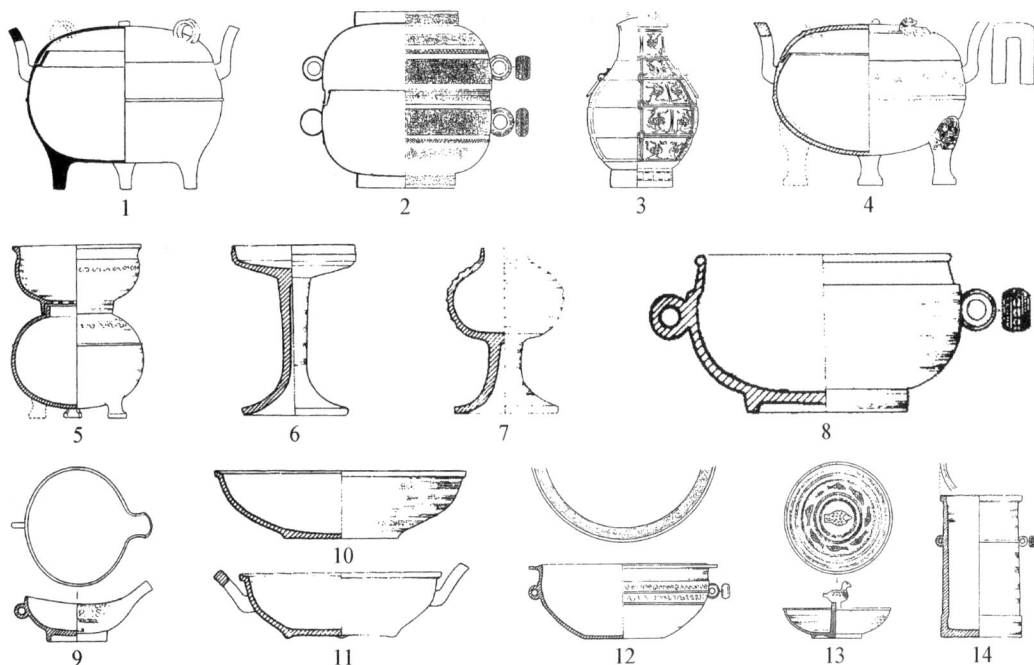

图 2.2.66 万荣庙前 1961M1 铜器群

1. 铜鼎(M1:38) 2. 铜敦(M1:42) 3. 铜壶(M1:32) 4. 陶鼎(M1:33) 5. 陶甗(M1:28・29)
6. 陶铺(M1:53) 7. 陶壶(M1:40) 8. 陶铘(M1:48) 9. 陶匜(M1:50) 10、11、13. 陶盘(M1:57-1、
57-2、47) 12. 陶鉴(M1:31) 14. 陶筒形器(M1:30)

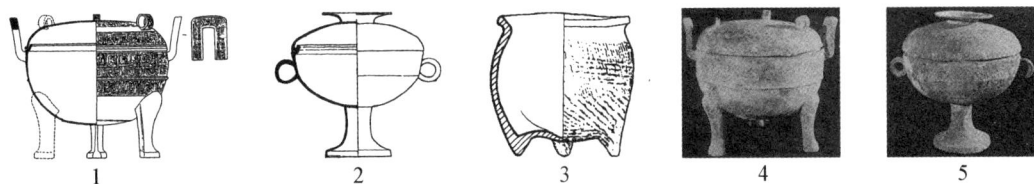

图 2.2.67 侯马牛村古城南 1960M25 铜器群

1・4. 铜鼎(M25:2) 2・5. 铜敦(M25:1) 3. 陶鬲(M25:6)

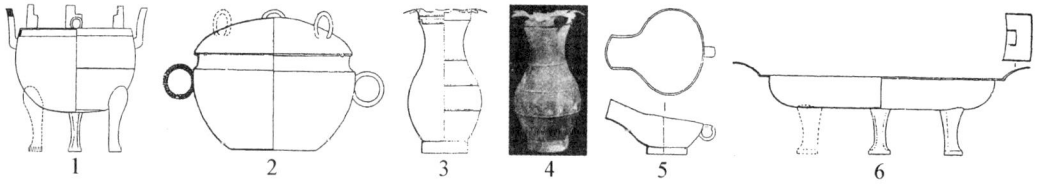

图 2.2.68　潞城潞河 1983M8 铜器群

1. 铜鼎（M8：1）　2. 铜敦（M8：2）　3、4. 铜壶（M8：3、4）　5. 铜匜（M8：6）　6. 铜盘（M8：5）

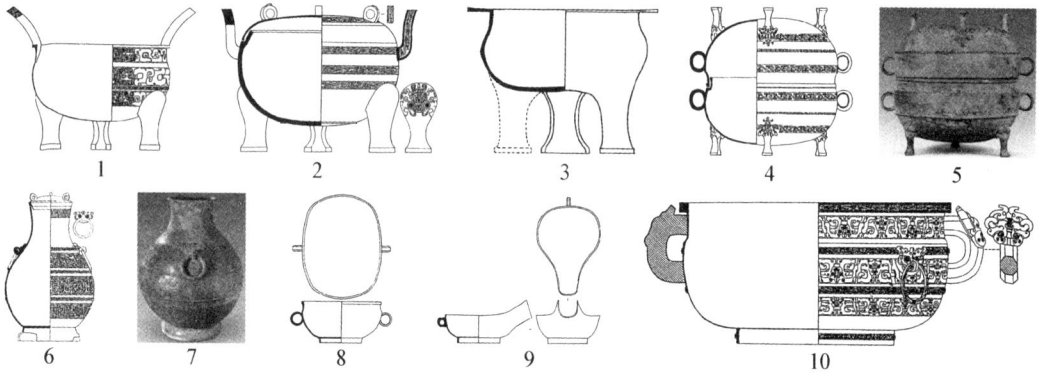

图 2.2.69　长治分水岭 1959M25 铜器群

1、2. 铜鼎（M25：32、37）　3. 铜鬲（M25：44）　4、5. 铜敦（M25：30、31）　6、7. 铜壶（M25：26、27）　8. 铜
钟（M25：41）　9. 铜匜（M25：42）　10. 铜鉴（M25：38）

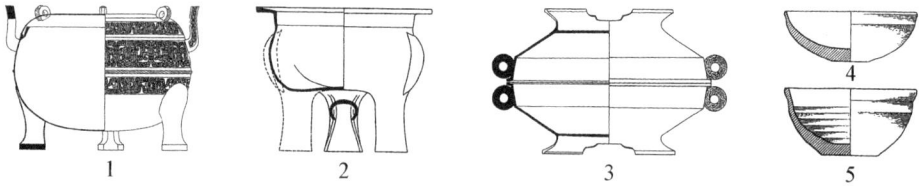

图 2.2.70　长治分水岭 1954M14 铜器群

1. 铜鼎（M14：24）　2. 铜鬲（M14：26-1）　3. 铜簠　4、5. 陶碗（M14：6-4、6-2）

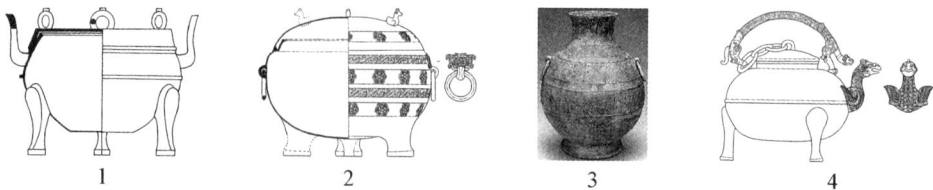

图 2.2.71　长治分水岭 1959M36 铜器群

1、2. 铜鼎（M36：1、2）　3. 铜壶（M36：4）　4. 铜盉（M36：3）

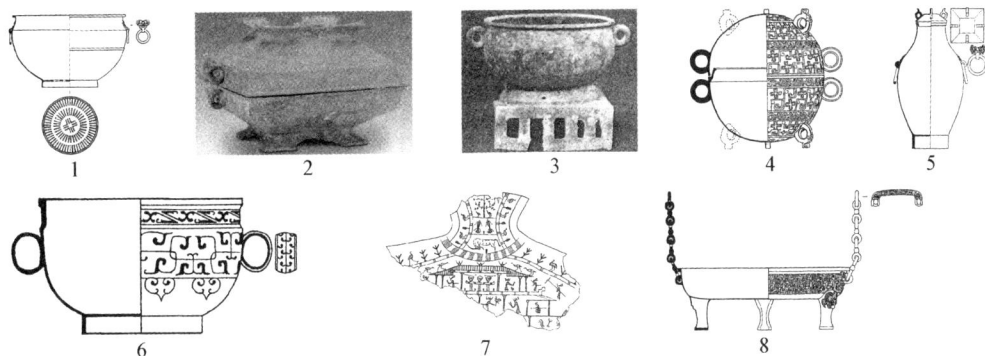

图 2.2.72　长治分水岭 1954M12 铜器群

1. 铜甗甑部(M12：5)　2. 铜簋(M12：28)　3、4. 铜敦(M12：?①、6－2)　5. 铜壶(M12：37)
6. 铜钾(M12：15)　7. 铜匜(M12：?)　8. 铜盘(M12：22)

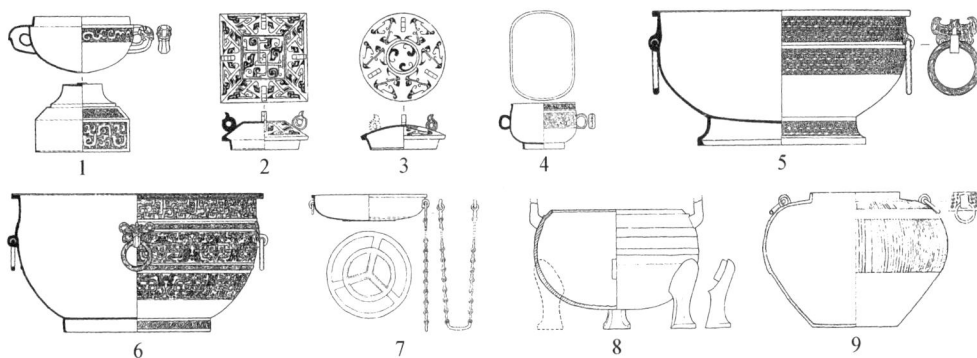

图 2.2.73　新绛柳泉 1979M302 铜器群

1. 铜敦(M302：14)　2、3. 铜壶(M302：15、16)　4. 铜钾(M302：17)　5、6. 铜鉴(M302：19、20)
7. 铜盘(M302：18)　8. 陶鼎(M302：1)　9. 瓷罐(M302：13)

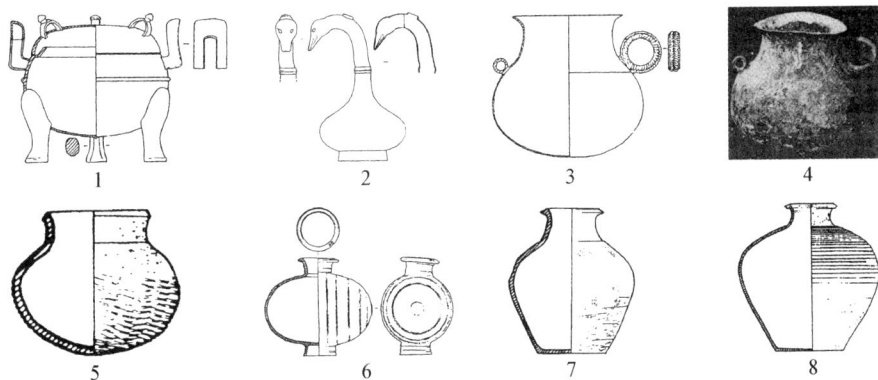

图 2.2.74　侯马虒祁 1996M2125、M2129 铜器群

1. 铜鼎(M2129：8)　2. 铜壶(M2129：5)　3·4. 铜鉴(M2125：1)　5. 陶釜(M2129：9)
6. 陶壶(M2129：7)　7、8. 陶罐(M2129：10、11)

① "?"为简报未编号。

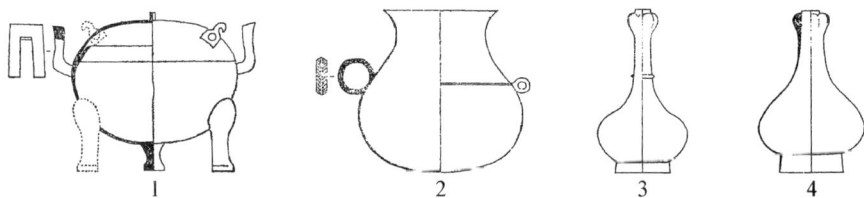

图 2.2.75　襄汾司马村 1977M 铜器群

1. 铜鼎　2. 铜鉴　3、4. 铜壶

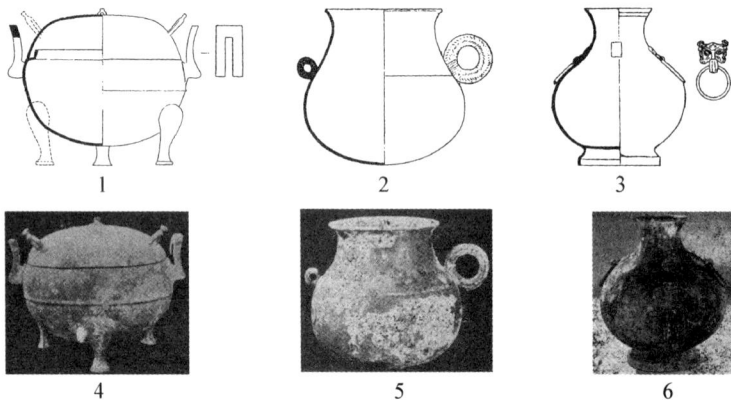

图 2.2.76　文水上贤 1981M 铜器群

1・4. 铜鼎　2・5. 铜鉴　3・6. 铜壶

第三节　豫西豫中组典型铜器群
及其分组、分期和断代

　　豫中豫西组主要包括河南洛阳、三门峡、郑州、平顶山、周口等地出土的典型铜器群。这些铜器群既存在相似之处,也存在一定差异。若着重差异性,可以进一步区分为豫西(洛阳、三门峡)、豫中(郑州、平顶山、周口等)两个小组。为便于达到分期断代的目的,我们暂不做区分,将豫西、豫中合为一组。

一、典型铜器群

　　按照典型铜器群的选择标准,我们从豫西豫中地区出土的青铜器群中选取 112 个作为典型铜器群,考察典型器类及其型、式在这些典型铜器群中的分布情况,列为表 2.3.1。

二、分组、分期

　　在前文形制分析的基础上,主要根据典型器类及其主要型式在典型单位中的分布情况,以及式别特征的差异程度、共存器物的变化等,我们将豫西豫中组典型铜器群划分为七个小组(表 2.3.1,图 2.3.4—2.3.108)。

分组的理由如下：

（一）关于第一组和第二组的分组

第一，器类构成有异。

烹煮器中，第一组附耳折沿鼎数量较多，第二组数量减少；第二组新出现附耳子母口鼎；第一组鬲、甗数量较多，第二组鬲、甗数量锐减。

盛食器中，第一组以簋为主，簠、铺数量较多，其次为盨、盆；第二组以敦、簋为主，簋数量锐减，未见铺、盨。

盥洗器中，第一组流行盉、盘或匜、盘组合，第二组流行匜、盘组合，基本不见盉；第一组少见铺，第二组常见铺。

第二，共有器类的型、式特征有异。

第一组流行 Aa Ⅰ 式、Ab Ⅰ 式、B Ⅰ 式立耳折沿鼎，第二组流行 Aa Ⅱ 式、Ab Ⅱ 式、B Ⅱ 式立耳折沿鼎。

第一组流行 Ab Ⅰ 式甗，第二组甗数量减少，新出现 C 型甗。

第一组流行 Aa Ⅰ 式、Aa Ⅱ 式簋，第二组流行 Aa Ⅲ 式、Aa Ⅳ 式簋。

第一组流行 Ab Ⅰ 式壶，第二组流行 Ab Ⅱ 式壶，新出现 C 型壶。

第一组流行 Aa Ⅰ 式罍，第二组流行 Aa Ⅱ 式罍。

第一组流行 Aaaa Ⅰ 式匜，第二组流行 Aaaa Ⅲ 式和 Abaa Ⅲ 式匜，新出现 B 型匜。

第一组流行 Abaa Ⅰ 式盘，第二组流行 Abaa Ⅱ 式、Abba Ⅲ 式盘；第一组 Aaa Ⅰ 式盘至第二组代以 Aaa Ⅱ 式盘。

第三，纹饰特征有异。

第一组流行重环纹、垂鳞纹、波带纹、窃曲纹等纹样；第二组主要流行勾云纹、三角形几何纹、吐舌蟠螭纹等（图 2.3.1）。

（二）关于第二组和第三组的分组

第一，器类构成有异。

烹煮器中，第二组附耳子母口鼎数量较少，在鼎类中所占比重小，第三组附耳子母口鼎数量增加，占有较大比重；第三组新出现箍口鼎、束腰鼎，前者数量较多。

盥洗器中，第三组新出现浴缶、汤鼎、鉴。

第二，共有器类的型、式特征有异。

第二组流行 Aa Ⅱ 式、Ab Ⅱ 式、B Ⅱ 式立耳折沿鼎，第三组流行 Aa Ⅲ 式、Ab Ⅲ 式、B Ⅲ 式立耳折沿鼎。

第二组流行 Aa Ⅲ 式、Aa Ⅳ 式簋，第三组流行 Aa Ⅴ 式、Ab Ⅴ 式、Ac Ⅴ 式、Bb Ⅲ 式簋，其中 B 型簋为第三组新出现的器类。

第二组流行 Aa Ⅱ 式、Baa Ⅰ 敦，第三组流行 Aa Ⅲ 式、Baa Ⅱ 式敦。

表 2.3.1　豫西豫中组典型

分期	分组	名　称	烹　煮　器											
			立耳折沿鼎	附耳折沿鼎	附耳子母口鼎	箍口鼎	束腰鼎	细撇足鼎	高鼎	鬲	甗	甂	鍪	釜
一	豫西豫中1组	三门峡上村岭 1956M1052(完整)	AbⅠ7							AbaaⅠ6	AbⅠ1			
		三门峡上村岭 1957M1810(完整)	AaⅠ5							AbaaⅠ4	AbⅠ1			
		三门峡上村岭 1990M2006(完整)	AbⅠ3							AbaaⅠ4	AbⅠ1			
		三门峡上村岭 1990M2001(完整)	AaⅠ3	AaⅠ7						AbaaⅠ8	AbⅠ1			
		登封告成袁窑 1995M3(扰-)	AaⅠ1	AaⅠ4							AbⅠ1			
		洛阳西工区 2008C1M9934(盗)	BⅠ2	AaⅠ1						AbaaⅠ2	AbⅠ1			
		洛阳西工区 2008C1M9950(完整)		AaⅠ4、AbcⅠ1						AbaaⅠ4	AbⅠ1			
		三门峡上村岭 1991M2012(盗)	AaⅠ9	AaⅠ2						AbaaⅠ8	AbⅠ1			
		三门峡上村岭 1957M1820(完整)	AbⅠ3							AbaaⅠ2	AbⅠ1			
		三门峡上村岭 1957M1706(完整)	AbⅠ5							AbaaⅠ4				
		三门峡上村岭 1991M2011(完整)	AaⅠ8、BⅠ1							AbaaⅠ8	AbⅠ1			
		三门峡上村岭 1957M1602(盗)	AbⅠ3							AaaⅠ2				
		三门峡上村岭 1990M2010(完整)	AbⅠ5								AbⅠ1			
		新郑唐户 1976M9(完整)	AaⅠ3											
		洛阳西工区 2005M8781(完整)	AbⅠ1、BⅠ1											
		三门峡上村岭 1992M2013(完整)	AaⅠ1、AbⅠ1、BⅠ1											
		平顶山滍阳岭 1989M8(完整)	AbⅠ1、BⅠ3、CⅠ1								AbⅠ1			
		郏县太仆乡 1953M(扰)	AbⅠ2、CⅠ1	AaⅠ2							AbⅠ1			
		三门峡上村岭 1990M2008(盗)								AbaaⅠ2				
		洛阳体育场路 2002C1M10122(盗)		AaⅠ1						AbaaⅠ2				

铜器群型式统计表

盛 食 器						盛 酒 器			盥 洗 器						
铺	盨	簠	簋	盆	敦	壶	尊缶	罍	鉴	盂	匜	盘	铜	浴缶	汤鼎
1			A Ⅰ6			Aa Ⅰ2				A Ⅰ1		Abaa Ⅰ1			
1			A Ⅰ4			Aa Ⅰ2				A Ⅰ1		Abaa Ⅰ1			
	A Ⅰ2	Aa Ⅰ1				Bb Ⅰ2				A Ⅰ1		Abaa Ⅰ1			
2	A Ⅰ4	Aa Ⅰ2	A Ⅰ9			Aa Ⅰ2、Ba Ⅰ2				A Ⅰ3		Abaa Ⅰ4			
			A Ⅰ4	Cb Ⅰ1		Aa Ⅰ2、Caa Ⅰ1				A Ⅰ1		Abaa Ⅰ1			
1			A Ⅰ4			Ab Ⅰ2				A Ⅰ2		Aaa Ⅰ1、Abaa Ⅰ1			
2			A Ⅰ4			Aa Ⅰ2				A Ⅰ2		Abaa Ⅰ2			
2		Aa Ⅰ2	A Ⅰ10			Aa Ⅰ2				A Ⅰ6	Aaaa Ⅰ1	Abaa Ⅰ7			
1		Aa Ⅰ2	A Ⅰ4			Aa Ⅰ2		Aa Ⅰ1			Aaaa Ⅰ1	Abaa Ⅰ1			
1			A Ⅰ4			Aa Ⅰ2					Aaaa Ⅰ1	Abaa Ⅰ1			
1			A Ⅰ8	A Ⅰ1		Aa Ⅰ2、Ba Ⅰ2					Aaaa Ⅰ1	Abaa Ⅰ1			
			A Ⅰ4								Aaaa Ⅰ1	Abaa Ⅰ1			
			A Ⅰ4			Aa Ⅰ2					Aaaa Ⅰ1	Abaa Ⅰ1			
			A Ⅰ4								Aaaa Ⅰ1	Abaa Ⅰ1			
		Aa Ⅱ2									Aaaa Ⅰ1	Abaa Ⅰ1			
		Aa Ⅰ2									Aaaa Ⅰ1	Abaa Ⅰ1			
			A Ⅰ5			Aa Ⅰ2				F1	Aaaa Ⅰ1	Abaa Ⅰ2			
		Aa Ⅰ2、Aa Ⅱ2	A Ⅰ4	Ca Ⅰ1		Aa Ⅰ2、Caa Ⅰ1		Aa Ⅰ2			Aaaa Ⅰ1	Abaa Ⅰ1			
		Aa Ⅰ1	A Ⅰ2			Aa Ⅰ3					Aaaa Ⅰ1	Aaa Ⅰ1、Abaa Ⅰ1			

分期	分组	名　称	烹　煮　器											
			立耳折沿鼎	附耳折沿鼎	附耳子母口鼎	箍口鼎	束腰鼎	细撒足鼎	鬲鼎	鬲	甗	鍑	鑒	釜
二	豫西豫中2组	登封告成袁窑 1995M2(盗)		Aa I 1										
		登封告成袁窑 1995M1(盗)	Ab II 1、B I 1、? 1	Aa I 4							Ab I 1			
		洛阳西工区 2005M8836(完整)	Ab II 6		A1						Caa II 1			
		新郑兴弘花园 2003M42(完整)	Ab II 1											
		洛阳西工区 2005M8832(完整)	Aa II 5、B I 1		Ad I 1、Ba II 1									
		洛阳中州路 1954M2415(完整)	B II 1											
		新郑兴弘花园 2003M121(完整)	B II 1											
		洛阳西工区 2005M8834(完整)	B II 1											
		新郑热电厂 2003M1(完整)	B II 1											
		新郑唐户 1976M1(盗)												
		新郑兴弘花园 2003M100(完整)												
		洛阳西工区 2005M8750(完整)												
		商水朱集 1975M(扰)												
三	豫西豫中3组	荥阳官庄 2010M6(完整)	Ab III 1											
		新郑祭祀坑 1997T605K2(完整)	Ab III 9						Abaa III 9					
		新郑祭祀坑 1997T605K3(完整)	Ab III 9						Abaa III 9					
		洛阳西工区 2005M8833(完整)	Ab II 2		Ab I 1									
		洛阳西工区 1998C1M6112(完整)	Aa III 2		Ab II 1									
		陕县后川 1957M2056(完整)	Ab III 1		Ab II 1									
		新郑李家楼 1923M(扰)	Ab III 6	Ba I 9	Ab II 7				Abaa I 9	Ab I 1				
		洛阳西工区 2005M8821(完整)	B III 1	Ba I 1										
		洛阳西工区 1991C1M3427(完整)		Aa III 2、Ba I 1	Ab II 2									
		洛阳西工区 2005M8835(完整)		Aa II 2										
		洛阳中州路 1954M6(完整)		Aa III 1										
		洛阳西工区 2001C1M7258(完整)	B III 1											
		洛阳西工区 2001JM32(完整)	B III 1		Aa III 2									

续表

盛　食　器						盛　酒　器			盥　洗　器						
铺	盨	簋	簠	盆	敦	壶	尊缶	罍	鉴	盉	匜	盘	铲	浴缶	汤鼎
		AaⅢ2							AⅠ1			AbaaⅡ1	AaabⅡ1		
		AaⅢ1	AⅠ2	CaⅠ2		AaⅠ2						AaaⅡ1			
		AaⅣ1					AbⅡ2、CaaⅡ1	AaⅡ3			1	AbbaⅢ1	AbbⅢ1		
					AaⅡ1								AbbⅢ1		
		AaⅣ4			AaⅡ1		AbⅡ2、CbaaⅡ1	AaⅡ2			AaaaⅢ1、AbaaⅢ1、BaaaⅠ1	AbcⅡ1	AabⅢ1		
					AaⅡ1						AaaaⅢ1	AbaaⅡ1	AabⅠ1		
					AaⅡ1								AbbⅢ1		
					Ba\b1						AbaaⅢ1	AbbaⅢ1	AbbⅢ1		
					AaⅡ1							AbbaⅢ1	AbbⅢ2		
					AaⅡ1								AbbⅢ1		
					BaaⅠ1								AbbⅢ1		
		AaⅢ3	BaⅠ2、BaⅡ2												
					1								AbbⅣ1		
1			AⅢ8			AaⅢ2、BaⅡ1		AaⅢ1							
1			AⅢ8			AaⅢ2、BaⅢ1		AaⅢ1							
		AbⅢ2				AbⅢ1	AbⅢ2	AbbaⅡ2			AbaaⅣ1	AbbbⅠ1	AbbⅢ1		
		AcⅢ2				AbⅣ1	AbⅢ2				AbaaⅢ1	AbbaⅣ1	AbbⅣ1		
						Aa\b1					AaaaⅣ1	1	AbbⅤ1		
		BbⅣ6	AⅠ8			A1、BaaⅡ2	AaⅢ4、BaⅡ2	AaⅢ1	2		AbaaⅣ2、BaaaⅡ2	AbbaⅣ2、AeⅠ1	AbbⅣ3、CbbaⅡ2		
		AbⅤ2	BaaⅡ1			AaⅡ2					AⅢ1	Abb1	AbbⅢ1		
		AbⅤ2	B1			AaⅢ2		AaⅢ1			AbaaⅣ1	AbbbⅠ1	AbbⅢ1		
		AaⅤ2				AaⅡ2					AbaaⅣ1	AbbaⅣ1	AbbⅢ1		
						AaⅢ1					AbaaⅣ1	AbbaⅣ1	AbbⅢ1		
						AbⅠ1					AbaaⅣ1	AbbbⅣ1	AbbⅣ1		
		AcⅢ2				AbⅣ1		AaⅢ2			AbaaⅣ1	AbbaⅢ1	AbbⅢ1		

分期	分组	名　称	烹　煮　器											
			立耳折沿鼎	附耳折沿鼎	附耳子母口鼎	箍口鼎	束腰鼎	细撇足鼎	禹鼎	禹	甗	镬	鏊	釜
三	豫西豫中3组	洛阳西工区 2005M8830(完整)	BⅢ1		AaⅢ1、BaⅠ1	AdⅡ1								
		陕县后川 1957M2061(完整)			AaⅢ1									
		洛阳西工区 1981C1M4(完整)			AbⅡ1									
		洛阳西工区 2005M8759(完整)			AbⅡ1									
		尉氏河东周村 1971M(扰)			AaⅢ1	AⅡ1、BaⅠ1					2			
		新郑西亚斯 2003M247(盗)				BaⅠ1								
		叶县旧县 2002M4(盗)				AⅡ2	BaaⅢ7				CbⅢ1			
		荥阳官庄 2010M24(完整)				AbⅡ1								
		新郑兴弘花园 2003M35(完整)				AbⅡ1								
		新郑大高庄 1993M10(盗)									CadⅡ1			
四	豫西豫中4组	洛阳西工区 1991C1M3498(完整)	AbⅣ2		AbⅢ1、A1	CbⅠ1								
		洛阳西工区 1975M60(完整)	AbⅣ3		AcⅢ2									
		洛阳王城广场 2002M37(完整)	BⅣ1		AbⅢ1									
		洛阳中州路 1954M2729(完整)	BⅣ1		AbⅢ1									
		新郑铁岭 2011M1404(完整)		AbaⅣ1										
		新郑李家村 1979M1(扰)		AbaⅣ1										
		洛阳西工区 2001C1M7039(完整)			AbⅢ2									
		洛阳西工区 2001C1M7226(完整)			AbⅢ1									
		洛阳西工区 2001C1M7256(完整)			AbⅢ1									
		新郑铁岭 2011M1405(完整)			AbⅢ1						CaaⅣ1			
		洛阳西工区 2005M8829(盗)			AbⅢ1									
		洛阳凯旋路南 1997LM470(完整)			AbⅢ1									
		洛阳中州路 1954M4(完整)			AbⅢ3									
		三门峡人民银行 2002M28(完整)			AbⅢ1									
		洛阳中州路北 1998LM535(完整)			AcⅢ1									
		新郑新禹公路 1987M1(扰)			AcⅢ1									
		洛阳琉璃厂 1966M439(完整)			AaⅣ1									
		平顶山滍阳岭 1992M301(完整)			AbⅢ1、AcⅢ1、AcⅣ1									
		新郑铁岭 2009M429(完整)			BbⅠ1									
		洛阳王城广场 2002M7(扰)				BbⅠ1								

续表

盛食器						盛酒器			盥洗器						
铺	盨	簠	簋	盆	敦	壶	尊缶	罍	鉴	盉	匜	盘	铜	浴缶	汤鼎
		AbV2			AbII1	AbIII2		AbaII1			AbaaIV1		Cbc1	BIII1	
					AaII1						AbaaIII1	AcbIII1	AbbIV1		
					AbII1						AbaaIV1	AbbbI1	AbcI1		
					BbaII1						AbaaIV1	AbbaIV1	CbbI1		
		BbIV2			AaII1、BaaII3	CabIII1					AbaaIV2、BaaaIII1、？1	AbbaIV1、？1	AbbIV2、CbbaII1		
		1									AbaaIV1	AeII1			
		BbIV1	2		BaaII1	AaIII1								BIII1	III1
					BaaII1								AbaII1		
					BaaII1								AbbIII1		
						CabIII1									
2		AaVI2			CabaII1	AbIV2		AbaIV2			AbaaV1	AbbbII1	BbaIV1		
1						CaaII1					AbaaV1	AbbbII1	AbbV2		
					CabaII2	CbacI1					AbaaV1	AbbbII1	BbaIV1		
					CabaII2			AaV2			AbaaV1	AbbaV1	BbaIV1		
					BaaIII1						AbaaV1	AbbaV1	CbbII1		
					DaaI1						AbaaV1	AbbaV1	CbbII1		
					CabaII2			AaIV2			AbaaV1	AbbbII1	AbbV1		
					CabaII2			AaV2			AbaaV1	AbbbII1	BbaIV1		
					AbIII1						AbaaV1	AbbbII1	AbbIV1		
					BaaIII1	CabIV1					AbaaV1	AeIII1	CbbaI1		
					BbaIII2			AaV2			1	AbbbII1	AbbIV1		
					CabaII1								BaIV1		
		AaVI2			BbaIII1			AbaIII2			AaaaV1	1	1		
					CaaaII2	BaIV1、CbbbI1					AbaaV1	AbbaV1			
					CabaII1						AbaaIII1	AbbbII1	AbbIV1		
					BaaIII1						AbaaIV1	AbbaV1	CbbII1		
					CabaII1								CbbbII1		
		BbV2			BbaIII1						BbaIV1	AbbbII1		BaIV2	
					BaaIII1						AbaaV1	AeIII1	AbbIV1		
					CaaaI2	CbbaIII1									

分期	分组	名称	烹煮器											
			立耳折沿鼎	附耳折沿鼎	附耳子母口鼎	箍口鼎	束腰鼎	细撇足鼎	鬲鼎	鬲	甗	镬	鉴	釜
五	豫西豫中5组	新郑新禹公路 1988M13(盗)		AbaⅤ1										
		新郑新禹公路 1988M2(完整)		AbbⅤ1										
		新郑烟厂 1963M(扰)		AbbⅤ1										
		新郑郑韩路 2004M6(完整)		AbcⅤ1										
		新郑铁岭 2009M458(完整)		AbcⅤ1										
		三门峡西苑小区 2003M1(完整)			AbⅣ3									
		陕县后川 1957M2121(完整)			AbⅣ3									
		洛阳中州路 1954M2717(完整)			AbⅣ3					BaⅤ2	AaaaⅤ1			
		陕县后川 1957M2041(完整)			AbⅣ5					2	AaaaⅤ1			
		陕县后川 1957M2124(完整)			AbⅣ2						AaaaⅤ1			
		洛阳西工区 1981M131(完整)			AbⅣ3、AdⅣ2									
		洛阳西工区 1984C1M2547(完整)			AbⅣ1、AdⅣ1									
		洛阳西工区 2004C1M8371(盗)			AbⅣ1、AdⅣ1、CaⅠ1						AaaaⅤ1			
		洛阳西宫 1950M(扰)			AdⅣ1				BbⅡ1					
		陕县后川 1957M2149(完整)			AdⅣ3									
		陕县后川 1957M2125(完整)			AbⅣ1	AdⅣ1								
		新郑铁岭 2009M550(完整)				AdⅣ1								
		平顶山滍阳岭 1994M10(盗)			DbⅡ1	AcⅢ3、AcⅤ1								
六	豫西豫中6组	陕县后川 1957M2040(完整)	AbⅥ5	AbⅤ5					BbⅢ7	AbabⅥ3	AaaaⅥ1			
		陕县后川 1957M2048(完整)		AbⅤ2						1				
		洛阳西工区 1996C1M5269(盗)		AdⅤ2					BbⅢ3					
		上蔡砖瓦厂 1979M(扰)			DaⅢ2									
		叶县旧县 1985M1(盗)		BaⅣ1	DaⅢ1、DbⅢ1		BaaⅦ2							
		洛阳西工区 1992C1M3750(完整)				CbⅢ2			BbⅢ1					
		三门峡盆景园 1993M8(完整)							BbⅢ1					
		陕县后川 1957M2144(完整)							BbⅢ3					

续表

| | 盛 食 器 | | | | | 盛 酒 器 | | | 盥 洗 器 | | | | | | |
铺	盨	簠	簋	盆	敦	壶	尊缶	罍	鉴	盂	匜	盘	铺	浴缶	汤鼎
					BaaⅣ1						AbaaⅥ1	AabⅦ1	CbbⅢ1		
					BaaⅣ1						AbaaⅥ1	Abb1	CbbⅢ1		
					BaaⅣ2							AbbaⅥ1			
					BaaⅣ1						AbaaⅥ1	AeⅣ1	CbbaⅢ1		
					BaaⅣ1								CbbaⅢ1		
					CaaaⅢ2	CbbbⅡ2					1	AbbaⅥ1			
					CaaaⅢ2	CbbbⅡ2					BaaaⅤ1	AbbbⅣ1			
					CaaaⅢ4	CbbaⅣ4、CbacⅡ1					BabⅡ2	AdbⅣ1	BbaⅤ1		
			2		Caa\Cab2、Cac2、? 2	CbbaⅣ2			2		1	AbbbⅣ1	BbaⅤ1		
					C2						1	1	BbaⅤ1		
					CaaaⅢ4	CbbaⅣ4						1			
					CabaⅢ2	C1					1				
						CbbbⅡ2									
						CbbaⅣ2									
					CaaaⅢ2	2					1	AbbaⅣ1	1		
					CaaaⅢ2	CbbbⅡ2							1		
					BaaⅣ1						AbaaⅥ1	AeⅣ1	CbbaⅢ1		
					DaaⅢ2、AcⅢ2		AaⅤ2				BaaaⅤ1	1		BbaⅣ1	
2	AdⅥ2				CaaaⅣ4、CacaⅡ4、DbbⅡ2	AaⅥ2、BaⅣ2、CbacⅡ1			AaⅥ4		AbbⅥ1、AbdⅢ1	AbbbⅣ1、BcaⅢ1	BbaⅥ2		
					CaaaⅣ2	1			1		BaaaⅦ1	1	BbaⅥ1		
						CbbaⅤ1、CcbⅡ2				BcⅤ2	BaabⅠ1				
					DabⅢ1	CbbaⅤ2									
						CbbaⅤ2									
					DbbⅡ1	CbbcⅠ2		AbaⅥ1			BaaaⅧ1	Abb1			
					CaaaⅣ2	CbbbⅢ2					BaaaⅧ1				
					CaaaⅣ2	CbbbⅡ2					BaaaⅦ1	BcaⅢ1			

分期	分组	名 称	烹 煮 器											
			立耳折沿鼎	附耳折沿鼎	附耳子母口鼎	箍口鼎	束腰鼎	细撇足鼎	鬲鼎	鬲	甗	鍑	鑑	釜
七	豫西豫中7组	洛阳道北 1993IM540(盗)			DaⅣ1									
		陕县后川 1957M3411(完整)			DbⅣ1								AabⅥ1	
		陕县后川 1957M2011(完整)			AbⅣ1、AbⅤ1						DbaⅣ1		Abb1	
		洛阳西工区 1983C1M203(完整)			AbⅥ2									
		扶沟古城 1974 采铜鼎(采)			AbⅥ1									
		陕县后川 1957M3401(完整)			AdⅥ2						DcⅢ1			
		宜阳秦王寨 1980 采铜鑑(采)											AabⅥ1	
		洛阳新安人徒山 1978 采铜鑑(采)											Abb1	
		三门峡上村岭 1974M5(扰)												
		陕县后川 1957M3410(完整)											Abb1	1

盛　食　器						盛　酒　器			盥　洗　器						
铺	盨	簋	簠	盆	敦	壶	尊缶	罍	鉴	盉	匜	盘	铻	浴缶	汤鼎
												BcbⅣ1			
						CbbdⅡ1									
						CbbaⅥ2									
					CaaaⅣ2	CbacⅢ1									
					E1	CbbdⅡ1、CcbⅢ1						1			
						CaaⅧ1		C1	AbⅣ1						
						Ea1						BcbⅣ1			

第二组流行 AbⅡ式壶,第三组流行 AbⅢ式、AaⅢ式壶。

第二组流行 AaaaⅢ式、AbaaⅢ式匜,第三组流行 AbaaⅣ式匜,新出现少量 B 型匜。

第二组流行 AbbaⅢ式盘,第三组流行 AbbaⅣ式盘,新出现 Ae 型盘。

第二组流行 AbbⅢ式铺,第三组流行 AbbⅣ式铺,新出现 CbⅠ式铺。

第三组,纹饰特征有异(图 2.3.1)。

(三) 关于第三组和第四组的分组

第一,器类构成有异。

烹煮器中,第三组附耳折沿鼎数量较多,占有一定比例,第四组数量锐减;第四组新出现鬲鼎。

盛食器中,第三组簠数量较多,第四组簠数量较少。

第二,共有器类的型、式特征有异。

第三组流行 AaⅢ式、AbⅢ式、BⅢ式立耳折沿鼎,第四组流行 AaⅣ式、AbⅣ式、BⅣ式立耳折沿鼎。

第三组流行 AaⅢ式、BaⅠ式附耳折沿鼎,第四组仅在新郑地区流行 AbaⅣ式附耳折沿鼎。

第三组流行 AaⅢ式、AbⅡ式附耳子母口鼎,第四组流行 AbⅢ式、AcⅢ式附耳子母口鼎。

第三组流行 AbⅡ式箍口鼎,第四组流行 AbⅢ式、AcⅢ式、AcⅣ式箍口鼎。

第三组流行 AaⅤ式、AbⅤ式、AcⅢ式、BbⅢ式簋,第四组流行 AaⅥ式、BbⅣ式簋。

第三组敦以 A 型、B 型为主,流行 AaⅢ式、BaaⅡ式敦;第四组敦以 B 型、C 型为主,流行 BaaⅢ式、CabaⅡ式敦,新出现 Daa 型敦。

第三组壶以 A 型、B 型为主,流行 AaⅢ式、AbⅢ式、BaⅢ式壶,第四组壶以 C 型为主,同时存在 AbⅣ式、BaⅣ壶。

第三组流行 AaⅢ式、AbaⅡ式罍,第四组流行 AaⅣ式、AaⅤ式、AbaⅢ式罍。

第三组流行 AbaaⅣ式匜,第四组流行 AbaaⅤ式匜。

第三组流行 AbbaⅣ式、AbbbⅠ式盘,第四组流行 AbbaⅤ式、AbbbⅡ式盘;第三组出现的 AeⅠ式、AeⅡ式盘,至第四组代以 AeⅢ式盘。

第三组流行 AbbⅢ式、AbbⅣ式、CbⅠ式铺,第四组流行 AbbⅣ式、AbbⅤ式、CbⅡ式铺。

第三,纹饰特征有异(图 2.3.1)。

(四) 关于第四组和第五组的分组

第一,器类构成有异。

烹煮器中,第四组立耳折沿鼎数量尚比较多,第五组罕见;第四组甗罕见,第五组数量增加。

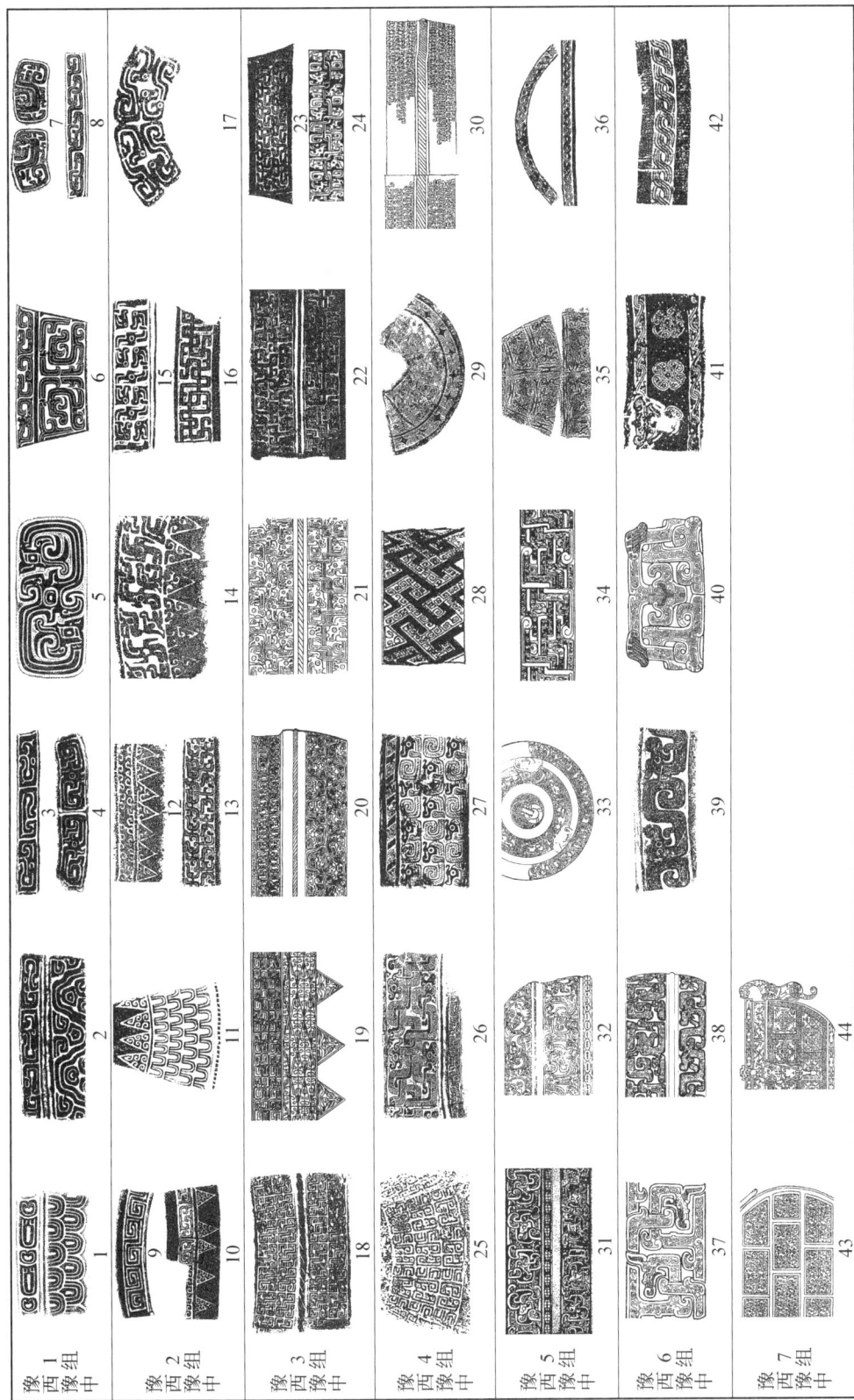

图 2.3.1　豫西豫中组典型铜器群流行纹样

1、5. 三门峡上村岭 1990M2006：59,55　2—4、6—8. 三门峡上村岭 1991M2011：171,85,63,166,63,82　9. 洛阳西工区 2005M8834：1　10、11、13、15—17. 洛阳西工区 2005M8832：11,15,3,5,1,5　12、14. 洛阳中州路 1954M2415：8,7　18. 洛阳西工区 2005M8821：17,5　21、22. 新郑祭祀坑 1996T602K15：9,3　23. 洛阳西工区 2005M8833：7　24. 新郑西亚斯 2003M247：4,5　25. 洛阳中州路 1954M4：40　26、29. 洛阳中州路北 1998M535：3,1　27. 洛阳王城厂场 2002M7：1　28. 洛阳凯旋路南 1997M467：13　30. 新郑铁岭 2009M429：1　31、35、36. 洛阳西工区 1981M131：30,28,34A　32、33. 洛阳西工区 1984C1M2547　34. 新郑郑韩路 2004M6：1　37、40. 陕县后川 1957M2040：284,276　38. 洛阳市西工区 1992C1M3750：10,11　41. 洛阳西工区 1996C1M5269：53　43、44. 三门峡上村岭 1974M5：5,3

　　盛食器中,第四组簠尚较多,第五组数量锐减。

　　盛酒器中,第四组罍数量较多,第五组罕见。

　　第二,共有器类的型、式特征有异。

　　第四组新郑地区流行的 Aba IV 式附耳折沿鼎,至第五组代以 Aba V 式。

　　第四组流行 Ab III 式、Ac III 式附耳子母口鼎,第五组流行 Ab IV 式、Ad IV 式,新出现 Ca 型、Db 型附耳子母口鼎。

　　第四组 Bb I 式鬲鼎,至第五组代以 Bb II 式。

　　第四组流行 Baa III 式、Caba II 式敦,第五组流行 Baa IV 式、Caaa III 式;第四组出现的 Daa I 式敦,至第五组代以 Daa II 式。

　　第四组流行 Abaa V 式匜,第五组代以 Abaa VI 式匜;第四组 B 型匜数量较少,第五组 B 型匜数量和比重增加。

　　第四组流行 Abbb II 式、Ae III 式盘,第五组代以 Abbb IV 式、Ae IV 式盘。

　　第四组流行 Abb V 式、Bba IV 式、Cbb II 式铺,第五组流行 Bba V 式、Cbb III 式铺。

　　第三,纹饰特征有异(图 2.3.1)。

　　第四,共存陶器面貌存在差异。

　　第四组共存陶鬲圆鼓腹,无肩,矮裆,裆底至腹最大径以下饰绳纹,腹最大径以上饰弦纹,绳纹一般不施及上腹;第五组共存陶鬲肩部鼓出,耸肩,裆更加低矮,裆底至肩部饰绳纹,肩上饰弦纹(图 2.3.2)。

(五)关于第五组和第六组的分组

　　第一,器类构成有异。

　　烹煮器中,第五组以附耳子母口鼎为主,附耳折沿鼎、镬口鼎、鬲鼎为次,第六组鬲鼎数量增加,附耳折沿鼎和镬口鼎减少。

　　第二,共有器类的型、式特征有异。

　　第五组附耳子母口鼎流行 Ab IV 式、Ad IV 式,第六组流行 Ab V 式、Ad V 式、Da III 式、Db III 式。

　　第五组鬲鼎流行 Bb II 式,第六组流行 Bb III 式。

　　第五组流行 Aaaa V 式瓿,第六组代以 Aaaa VI 式。

　　第五组敦以 B 型、C 型为主,流行 Baa IV 式、Caaa III 式敦,第六组敦以 C 型、D 型为主,流行 Caaa IV 式、Dbb II 式、Dab III 式敦。

　　第五组流行 Cbba IV 式壶,第六组流行 Cbba V 式壶。

　　第五组流行的匜中,A 型、B 型比例相若,流行 Abaa VI 式、Baaa V 式匜,第六组 A 型匜数量锐减,以 B 型为主,流行 Baaa VII 式、Baaa VIII 式匜。

　　第五组以 A 型盘为主,第六组流行 B 型盘。

　　第五组流行 Bba V 式、Cbb III 式铺,第六组铺数量减少,流行 Bba VI 式。

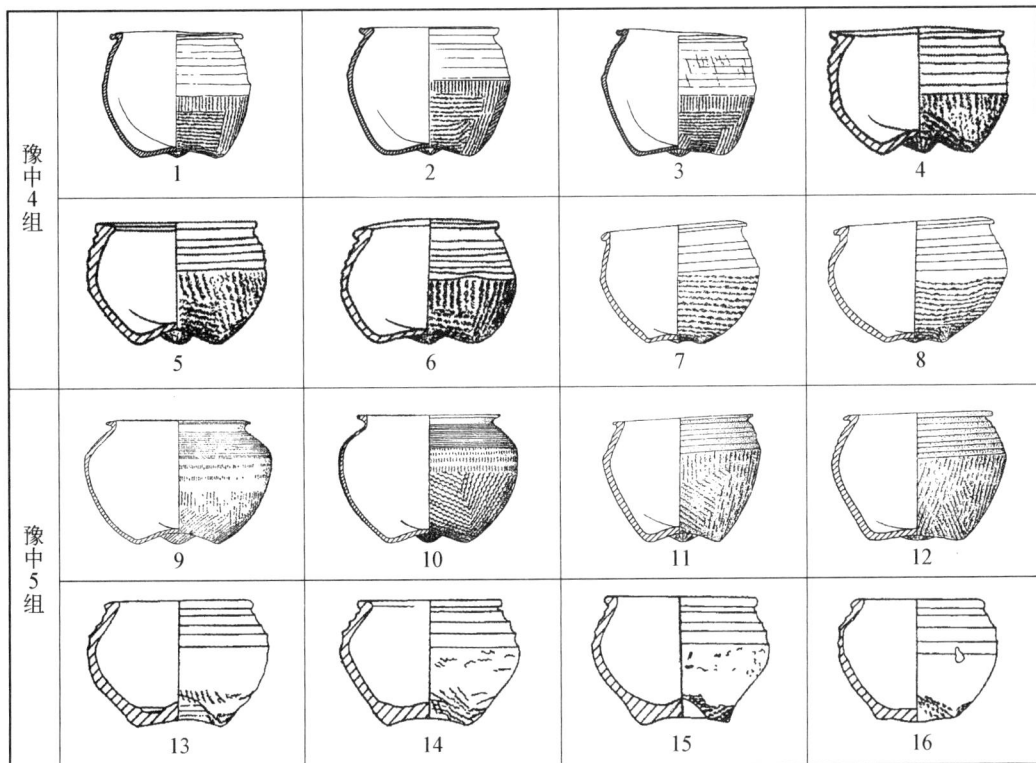

图 2.3.2　豫中第四、五组典型铜器群共存陶鬲形制比较

1. 新郑铁岭 2011M1405：19　2. 新郑铁岭 2011M1405：26　3. 新郑铁岭 2011M1405：21　4. 新郑铁岭 2011M1404：1　5. 新郑铁岭 2011M1404：18　6. 新郑铁岭 2011M1404：17　7. 新郑铁岭 2009M429：15　8. 新郑铁岭 2009M429：13　9. 新郑新禹公路 1988M13：1　10. 新郑新禹公路 1988M2：11　11. 新郑郑韩路 2004M6：13　12. 新郑郑韩路 2004M6：10　13. 新郑铁岭 2009M550：8　14. 新郑铁岭 2009M550：10　15. 新郑铁岭 2009M550：13　16. 新郑铁岭 2009M550：28

第三,纹饰特征有异(图 2.3.1)。

（六）关于第六组和第七组的分组

第一,器类构成有异。

烹煮器中,第六组鬲鼎数量较多,第七组不见;第六组无鍪,第七组新出现鍪,数量较多。

盛食器中,第六组以敦为主,数量较多,第七组盛食器种类、数量锐减。

盥洗器中,第六组匜、盘较常见,铋数量少,第七组不见匜、铋。

第二,共有器类的型、式特征有异。

第六组流行 AbⅤ式、AdⅤ式、DaⅢ、DbⅢ式附耳子母口鼎,第七组流行 AbⅥ式、AdⅥ、DaⅣ式、DbⅣ式附耳子母口鼎。

第六组流行 A 型瓿,第七组流行 D 型瓿。

第六组流行 CbacⅡ式、CbbcⅠ式、CbbaⅤ式、CcbⅡ式壶,至第七期分别代以 CbacⅢ式、CbbcⅡ式、CbbaⅥ式、CcbⅢ式。

三、断代

(一)豫西豫中一组年代的判断

本组典型铜器群包含多个可以自明年代范围的标准铜器群。例如:

三门峡上村岭虢国墓地的年代下限不晚于公元前 655 年晋灭虢之年,墓葬中出土铜器的年代下限不晚于公元前 655 年。三门峡上村岭虢国墓地的年代上限则因对西虢东迁年代认识不同而存在争议:或主张西周晚期宣王或幽王时期,或主张平王东迁之年,或主张晋文侯杀携王(前 760)以后。[①] 无论持哪一种观点,都不妨碍上村岭墓地出土的部分铜器的年代可能上溯至西周晚期。因为三门峡上村岭虢国墓地的始迄年代、墓地出土遗物的年代、三门峡虢国的始迄年代三者之间并不是完全对应关系,后者年代只能为前二者提供限定和参考条件。上村岭墓地出土铜器的年代还需依据铜器自身的形制特征和纹饰特征来判断。

与虢国类似但情况稍好些的是郑国。根据文献记载,郑国东迁至今新郑始于郑桓公三十三年(前 774),这有助于推断有关墓葬的年代上限。登封告成袁窑 1995M3 出土 5 件铜鼎,其中 4 件附耳折沿鼎形制相同、大小递减,铜鼎蹄足内侧凹槽内存有红色范土,其中 M3∶5 制作粗糙,范缝明显,为明器,另外 2 件铸有铭文"郑伯公子㡠耳乍盂鼎,其万年眉寿无疆,子㡠孙㡠永宝用"(M3∶181)、"郑罘叔之子登乍鼎,子㡠孙㡠永宝用享"(M3∶6),[②]作器者是郑伯公子子耳和郑罘叔之子登,应是东迁之后的郑国贵族,铜鼎的年代上限亦当在东迁之后。

洛阳体育场路 2002C1M10122 拥有四条墓道,出土铜鼎和铜鬲上都铸有"王乍鼺彝"铭文。从墓葬规格和铜器铭文判断,M10122 应该是一代周王墓,年代上限不早于周平王(前 770—前 720)。M10122 之西 28 米范围内还分布有两座带南、北两条墓道的中字形大墓,可能为周王夫人墓。发掘者推测 M10122 墓主可能是周平王。[③] 从随葬铜器特征来看,墓主为周平王(前 770—前 720)、周桓王(前 720—前 697)、周庄王(前 697—前 682)或周僖王(前 682—前 677)的可能性都存在。

(二)豫西豫中二组年代的判断

本组典型铜器群包含可以自明年代的标准器:

　　① 王恩田:《"二王并立"与虢国墓地年代上限——兼论一号、九号大墓即虢公忌墓与虢仲林父墓》,《华夏考古》2012 年第 4 期,第 85—91 页。

　　② 郑州市文物考古研究所、登封市文物局:《河南登封告成东周墓地三号墓》,《文物》2006 年第 4 期,第 4—16 页。

　　③ 洛阳市文物工作队:《洛阳体育场路东周墓发掘简报》,《文物》2011 年第 5 期,第 4—11 页。

商水朱集 1975M 原仲簠属于 AaⅢ 式簠，可以推定该型式铜簠的年代。原仲簠铸有铭文"隹正月初吉丁亥，原仲乍沦仲妫嫁媵簠，用祈眉寿，万年无疆，永寿用之"，是原仲嫁女时作的媵器。原仲之卒见于《左传》庄公二十七年（前 667）："秋，公子友如陈，葬原仲。"由此可知原仲簠的绝对年代不晚于公元前 667 年。因是嫁女时所作媵器，应在其卒年之前的十余年所作。我们暂推定为约公元前 680 年。可为这一推断作佐证的是与原仲簠形制和纹饰都几乎相同的上海博物馆和加拿大多伦多皇家安大略博物馆收藏的两件形制相同、铭文相同的陈侯簠。① 这两件陈侯簠器、盖都铸有相同的 26 字铭文："隹正月初吉丁亥，陈侯作王仲妫姒媵簠，用祈眉寿无疆，永寿用之。"可见这两件铜簠是陈侯嫁女于周王时所作的媵器。《史记·陈杞世家》记载："（陈宣公）十七年（前 676），周惠王娶陈女为后。"这两件陈侯簠铭文中的陈侯应该就是陈宣公，簠的年代在公元前 676 年。

与原仲簠共存的还有 4 件铜簠，其中 2 件卷沿簠作器者为噩仲 🐛，沿下角小于周厉王胡簠，但仍较大，装饰的窃曲纹和波带纹属于第一组流行的典型纹饰，虽与原仲簠存在共存关系，但绝对年代可能早于原仲簠；另外 2 件折沿簠铭文漫漶不清，作器者不详，沿下角小于周厉王胡簠和噩仲簠（图 2.3.3），装饰的双头吐舌蟠螭纹虽萌芽于第一组，但在第一组典型铜器群中是数量少、比重极小的新生因素，至第二组才成为流行纹样，也见于原仲簠。通过这种双头吐舌蟠螭纹可以系联三门峡 M2001、M2011、M4078，信阳吴家店杨河 1979M，信阳明港钢厂 1981M，商水朱集 1975M，滕州薛故城 1978M1，洛阳中州路 M2415，

图 2.3.3　原仲簠、陈侯簠、周厉王胡簠、噩仲簠、商水朱集 1975M 折沿簠比较图

1、2. 原仲簠　3. 上博藏陈侯簠　4. 周厉王胡簠　5. 商水朱集 1975M 噩仲簠　6. 商水朱集 1975M 折沿簠

---

① 吴镇烽：《商周青铜器铭文暨图像集成》05937、05938，上海古籍出版社，2012 年。

海阳嘴子前 M4,洛阳西工区 M8832、M8836,光山宝相寺 1983M 等一批第一组和第二组之交的铜器群。而商水朱集 1978M 正处于第一组和第二组的过渡阶段,其年代可以作为第一组和第二组的分界年代,作为第一组的下限、第二组的上限。第二组的下限年代可以由第三组的年代上限和归父敦的年代推求。

(三) 豫西豫中三组年代的判断

本组包含年代明确的标准铜器群和较多可以系联的标准器:

叶县旧县 2002M4 墓主为许灵公(前 591—前 547),①墓中出土的 Bb Ⅳ 式簠与该型式的标准器豫南苏皖鄂三组的䢜子佣簠(?—前 548)②相似、Baa Ⅱ 式敦与该型式的标准器楚共王熊审盏(前 591—前 560)③相似。通过上述型式的铜簠、铜敦等可以系联本组其他铜器群,确定这些铜器群的年代。

本组的新郑李家楼 1923M 出土的一件铜炉盘上铸有铭文,器主为王子婴次,王国维考证王子婴次即楚公子婴齐,亦即楚令尹子重,系楚穆王(前 626—前 613)之子、楚庄王(前 613—前 591)之弟,楚共王时为令尹,卒于公元前 570 年。王国维推测:"子重之器何以出于新郑,盖鄢陵之役(注:前 575)楚师宵遁,故遗是器于郑地。……新郑郑墓当葬于鲁成十六年鄢陵战役后,乃成公以下之坟矣。"④李学勤先生将该墓定为郑成公(前 585—前 571)墓。⑤ 从铜器年代特征来看,墓主为郑襄公(前 605—前 587)、郑悼公(前 587—前 585)、郑成公(前 585—前 571)、郑釐公(前 571—前 566)或郑简公(前 566—前 530)的可能性都存在。

此外,洛阳西工区 1991C1M3427 出土的 Ba Ⅰ 式附耳折沿鼎与该型式的标准器淅川下寺 1978M2:44⑥ 形制相同。本组流行的 Aa Ⅲ 式、Ab Ⅱ 式附耳子母口鼎与山西三组的同型式鼎形制相同,年代亦应相近。

(四) 豫西豫中四组年代的判断

本组包含的可以自明年代的标准器少,但多数型、式存在标准器或可与其他地区铜器组系联来判断年代:

本组的洛阳王城广场 2002M7 出土的 Cbba Ⅲ 式壶与该型式的标准器庚壶(《集成

　① 平顶山市文物管理局、叶县文化局:《河南叶县旧县四号春秋墓发掘简报》,《文物》2007 年第 9 期,第 4—37 页。
　② 李零:《"楚叔之孙佣"究竟是谁——河南淅川下寺二号之墓主和年代问题的讨论》,《中原文物》1981 年第 4 期,第 36—37 页;李零:《再论淅川下寺楚墓》,《文物》1996 年第 1 期,第 47—60 页。
　③ 李学勤:《楚王盦审盏及有关问题》,《中国文物报》1990 年 5 月 31 日,第 3 版;王人聪:《楚王盦审盏盂馀释》,《江汉考古》1992 年第 2 期,第 65—68 页。
　④ 王国维:《王子婴次炉跋》,《观堂集林》卷十八,中华书局,1959 年,第 899—901 页。
　⑤ 李学勤:《东周与秦代文明》,文物出版社,1984 年,第 67—69 页。
　⑥ 河南省文物研究所等:《淅川下寺春秋楚墓》,文物出版社,1991 年。

09733》,年代约相当于齐景公时期[前547—前490])[1]相似,年代应相近。

本组流行的BbaⅢ式敦与该型式的标准器宋右师延敦(前477—前469)[2]相似,年代应相近。

本组流行的AbⅢ式、AcⅢ式附耳子母口鼎与山西四组的同型式鼎形制相同,年代应相近。

（五）豫西豫中五组年代的判断

本组包含标准铜器少。

附耳子母口鼎、鬲鼎、甗等器类形制与山西五组相同。

洛阳西工区1981M131、洛阳西宫1950M、洛阳中州路1954M2717等出土的CbbaⅣ壶可与豫南苏皖鄂五组系联来确定年代。

（六）豫西豫中六组年代的判断

与山西六组面貌相同,年代亦当相近。

（七）豫西豫中七组年代的判断

与豫南苏皖鄂七组面貌相同,年代亦当相近。

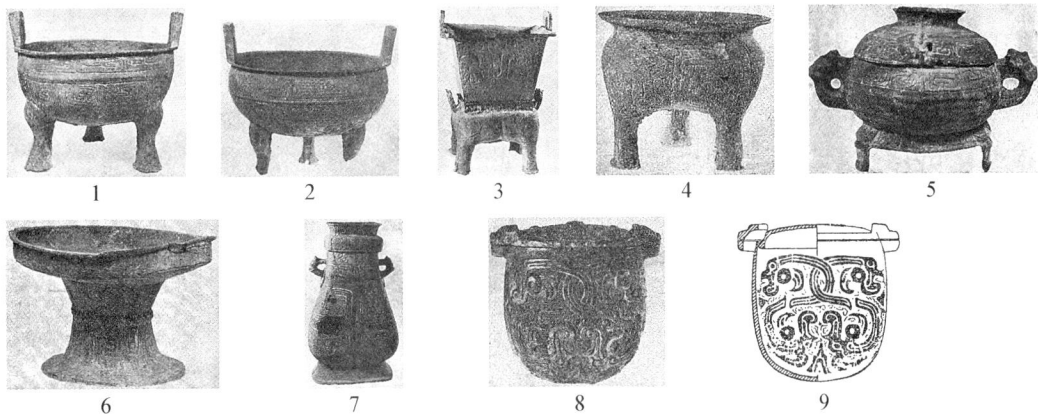

图2.3.4　三门峡上村岭1956M1052铜器群

1、2. 铜鼎(M1052:148、139)　3. 铜甗(M1052:162)　4. 铜鬲(M1052:173)　5. 铜簋(M1052:150)
6. 铜铺(M1052:138)　7. 铜壶(M1052:161)　8·9. 铜盒(M1052:46)

---

① 容庚《通考》、杨树达《积微居金文说》、郭沫若《两周金文辞大系图录考释》、马承源《商周青铜器铭文选》定为齐灵公时器(前581—前554)。张光远借助X光透视释读出更多铭文,定为齐庄公时器(前553—前548)。庚壶铭文言器主庚"献于灵公之所……于灵公之廷……献于庄公之所",庚历仕齐灵公、齐庄公,铭文记载的事件发生在齐灵公和齐庄公时期,但铸造此壶时已是齐景公时期(前547—前490)。容庚:《商周彝器通考》,哈佛燕京学社,1941年,第60页;杨树达:《积微居金文说》(增订本),中华书局,1997年,第159—160页;郭沫若:《两周金文辞大系图录考释》,(《郭沫若全集》考古编第八卷),科学出版社,2002年,第442—444页;马承源主编:《商周青铜器铭文选》(四),文物出版社,1990年,第547—549页;张光远:《春秋晚期齐庄公时庚壶考》,《故宫季刊》1982年第16卷第3期,第83—106页。

② 徐俊英:《南阳博物馆藏一件春秋铜敦》,《文物》1991年第5期,第88—89页。

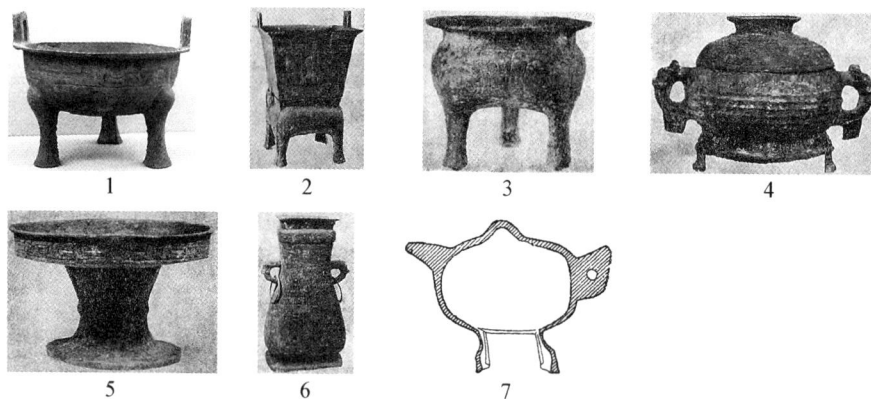

图 2.3.5　三门峡上村岭 1957M1810 铜器群

1. 铜鼎（M1810∶3）　2. 铜甗（M1810∶27）　3. 铜鬲（M1810∶8）　4. 铜簋（M1810∶6）
5. 铜铺（M1810∶19）　6. 铜壶（M1810∶23）　7. 铜盉（M1810∶16）

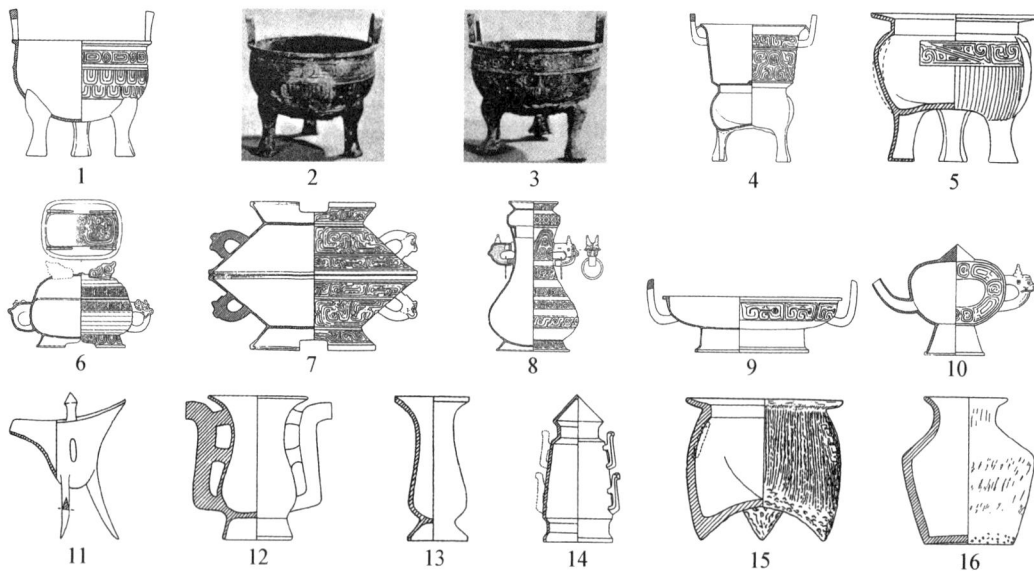

图 2.3.6　三门峡上村岭 1990M2006 铜器群

1—3. 铜鼎（M2006∶59、54、60）　4. 铜甗（M2006∶57）　5. 铜鬲（M2006∶51）　6. 铜盨（M2006∶55）
7. 铜簋（M2006∶64）　8. 铜壶（M2006∶53）　9. 铜盘（M2006∶58）　10. 铜盉（M2006∶36）　11. 铜爵
（M2006∶49）　12、13. 铜觯（M2006∶47、48）　14. 铜彝（M2006∶50）　15. 陶鬲（M2006∶67）　16. 陶罐
（M2006∶46）

1　　　　2　　　　3　　　　4

5　　　　6　　　　7　　　　8

9　　　　10　　　　11　　　　12

13　　　　14　　　　15　　　　16

17　　　　18　　　　19　　　　20

21　　　　22　　　　23　　　　24

25　　　　26　　　　27　　　　28

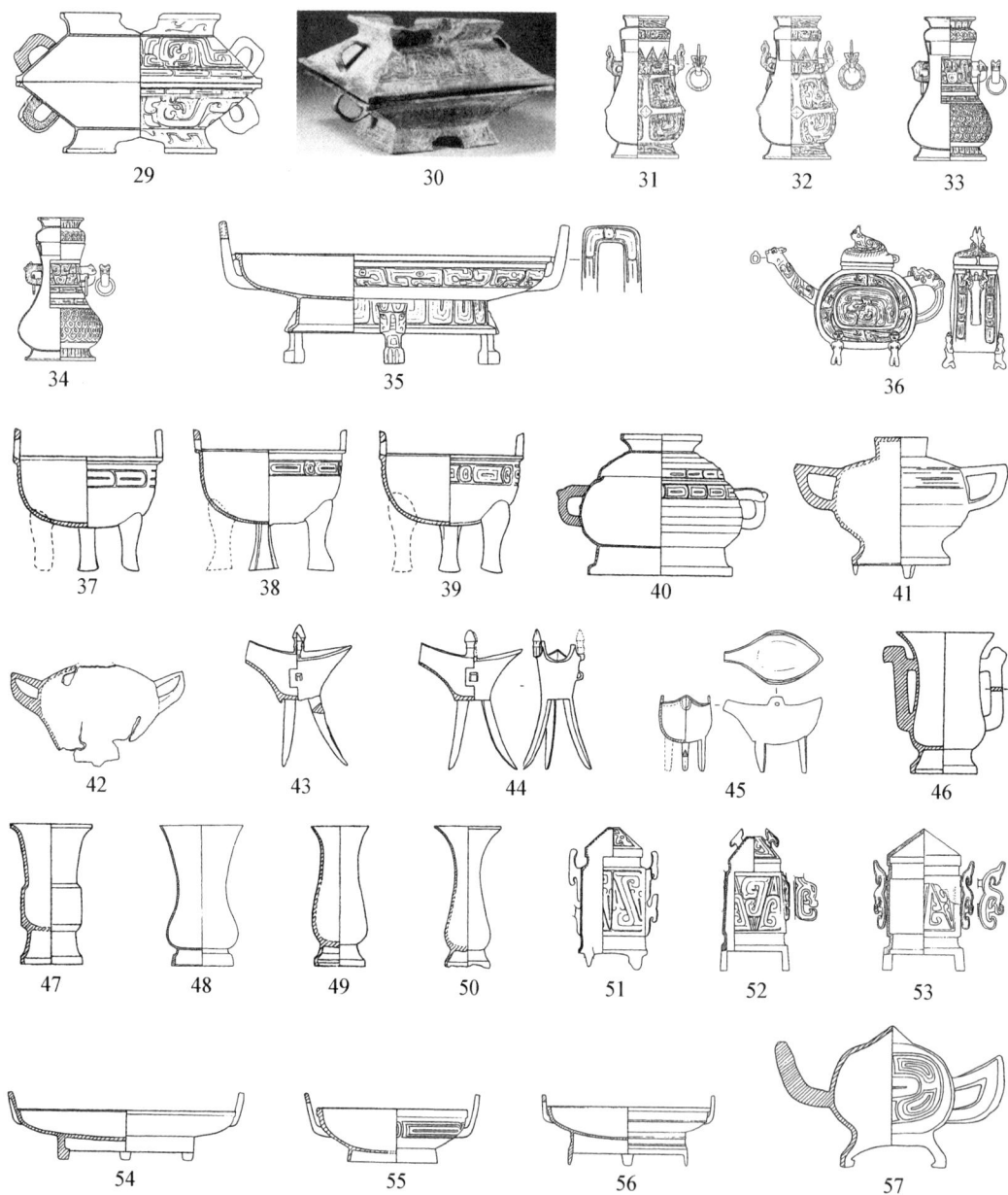

图 2.3.7　三门峡上村岭 1990M2001 铜器群

1—7、37—39. 铜鼎（M2001：66、71、72、82、83、106、390、126、130、150）　8. 铜甗（M2001：65）　9—16. 铜鬲（M2001：68、69、70、73、74、85、110、116）　17—22、40—42. 铜簋（M2001：67、75、86、94、95、146、121、125、134）22—26. 铜盨（M2001：79、81、91、97）　27、28. 铜豆（M2001：105、148）　29、30. 铜簠（M2001：78、77）　31—34. 铜壶（M2001：90、92、80、89）　35、54—56. 铜盘（M2001：99、107、109、149）　36、57. 铜盉（M2001：96、117）43—45. 铜爵（M2001：118、151、119）　46—48. 铜尊（M2001：108、120、131）　49、50. 铜觯（M2001：132、145）51—53. 铜彝（M2001：111、387、133）

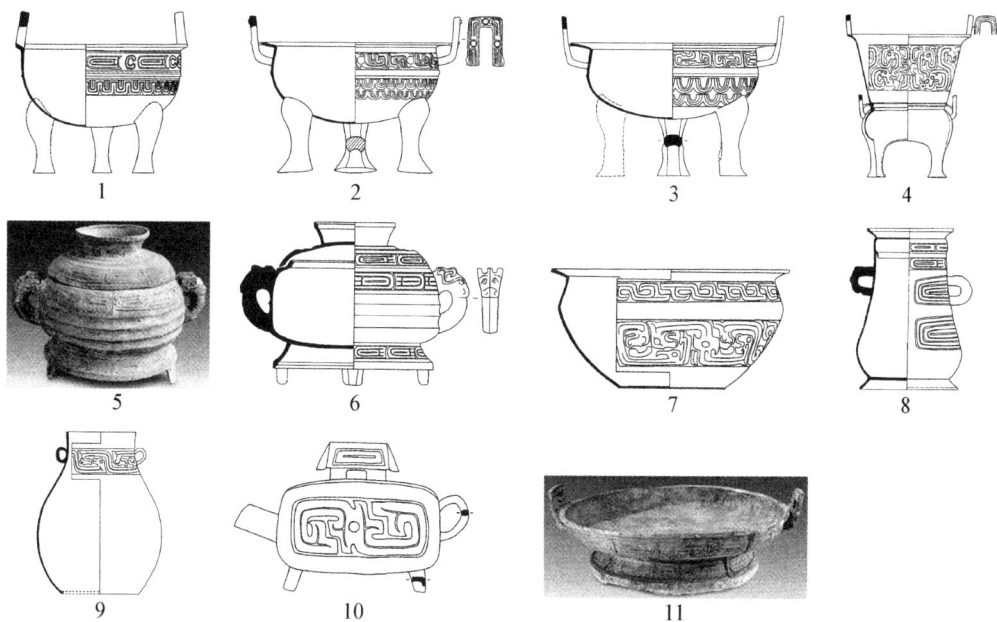

图 2.3.8 登封告成袁窑 1995M3 铜器群

1—3. 铜鼎（M3∶7、181、6） 4. 铜甗（M3∶450·256） 5、6. 铜簋（M3∶54、180） 7. 铜盆（M3∶257）
8、9. 铜壶（M3∶4、3） 10. 铜盉（M3∶53） 11. 铜盘（M3∶1）

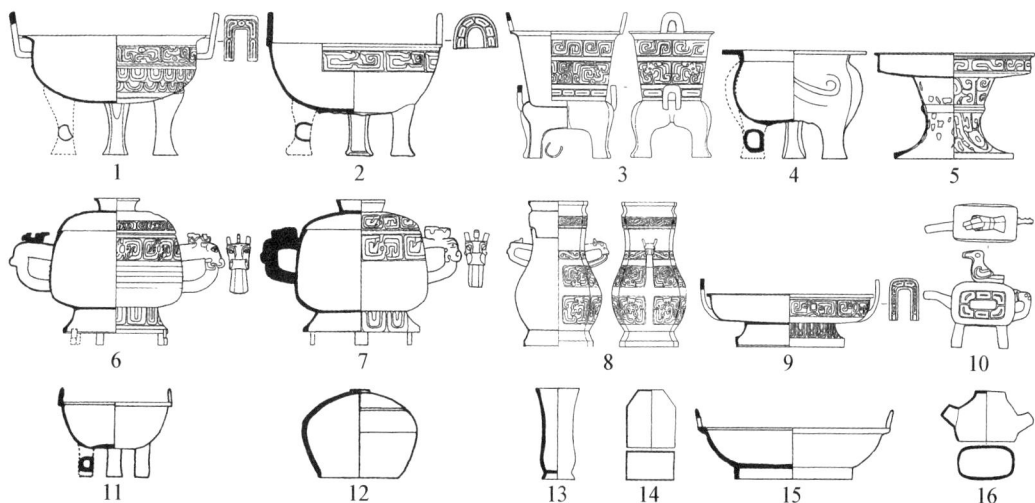

图 2.3.9 洛阳西工区 2008C1M9934 铜器群

1、2、11. 铜鼎（M9934∶26、24、36） 3. 铜甗（M9934∶31） 4. 铜鬲（M9934∶25） 5. 铜铺（M9934∶7）
6、7、12. 铜簋（M9934∶42、29、39） 8. 铜壶（M9934∶28） 9、15. 铜盘（M9934∶16、37） 10、16. 铜盉（M9934∶
32、41） 13. 铜觯（M9934∶38） 14. 铜彝（M9934∶40）

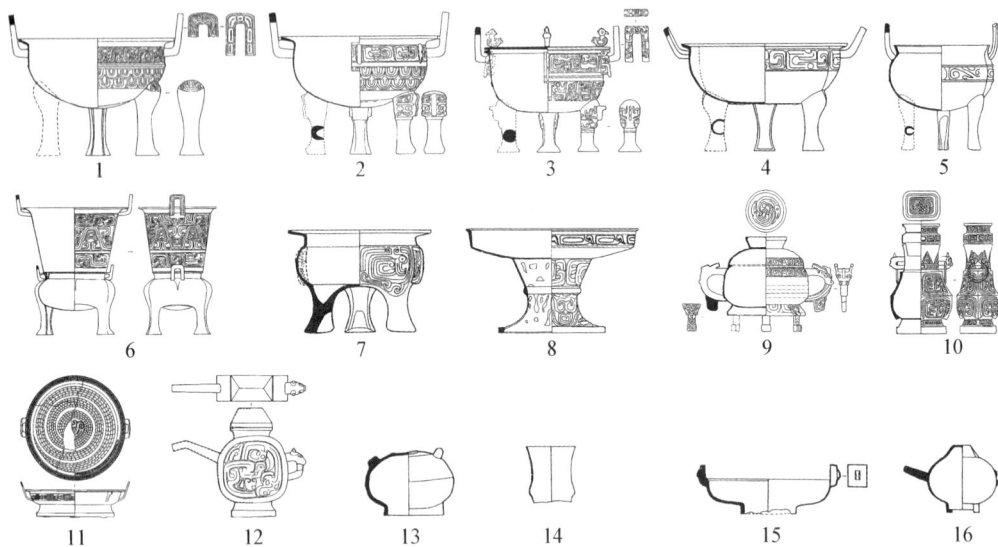

图 2.3.10　洛阳西工区 2008C1M9950 铜器群

　　1—5. 铜鼎（M9950：19、21、24、28、30）　6. 铜甗（M9950：25）　7. 铜鬲（M9950：47）　8. 铜铺（M9950：26）　9、13. 铜簋（M9950：18、34）　10. 铜壶（M9950：44）　11、15. 铜盘（M9950：43、48）　12、16. 铜盉（M9950：52、22）　14. 铜觯（M9950：49）

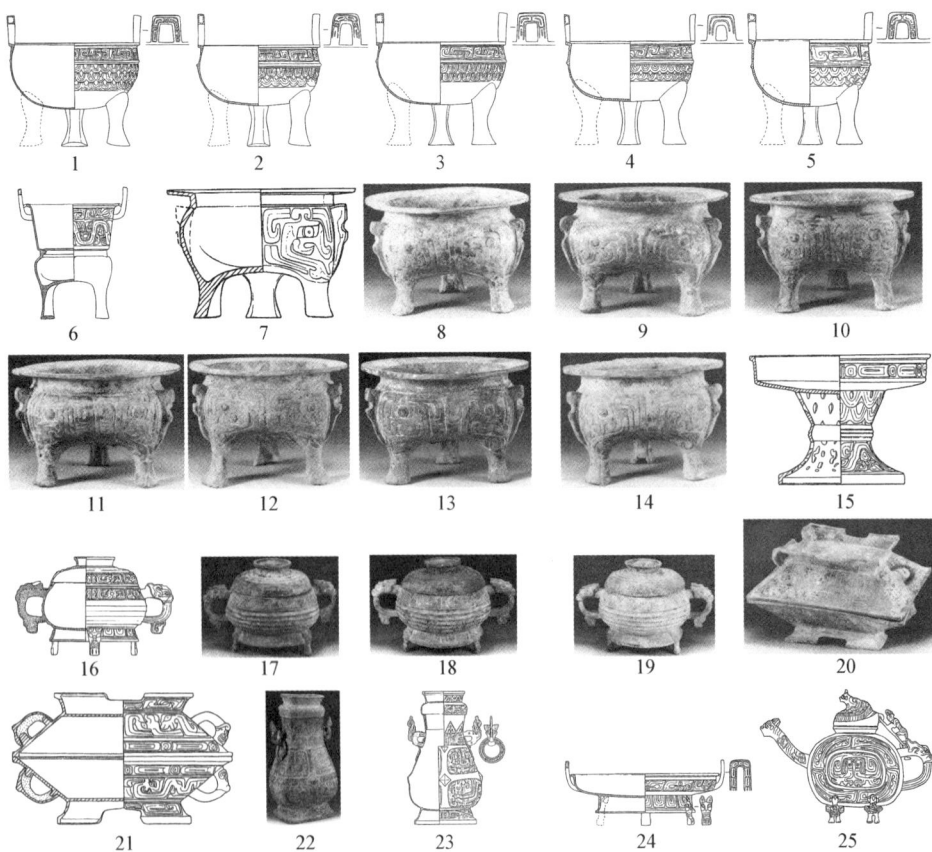

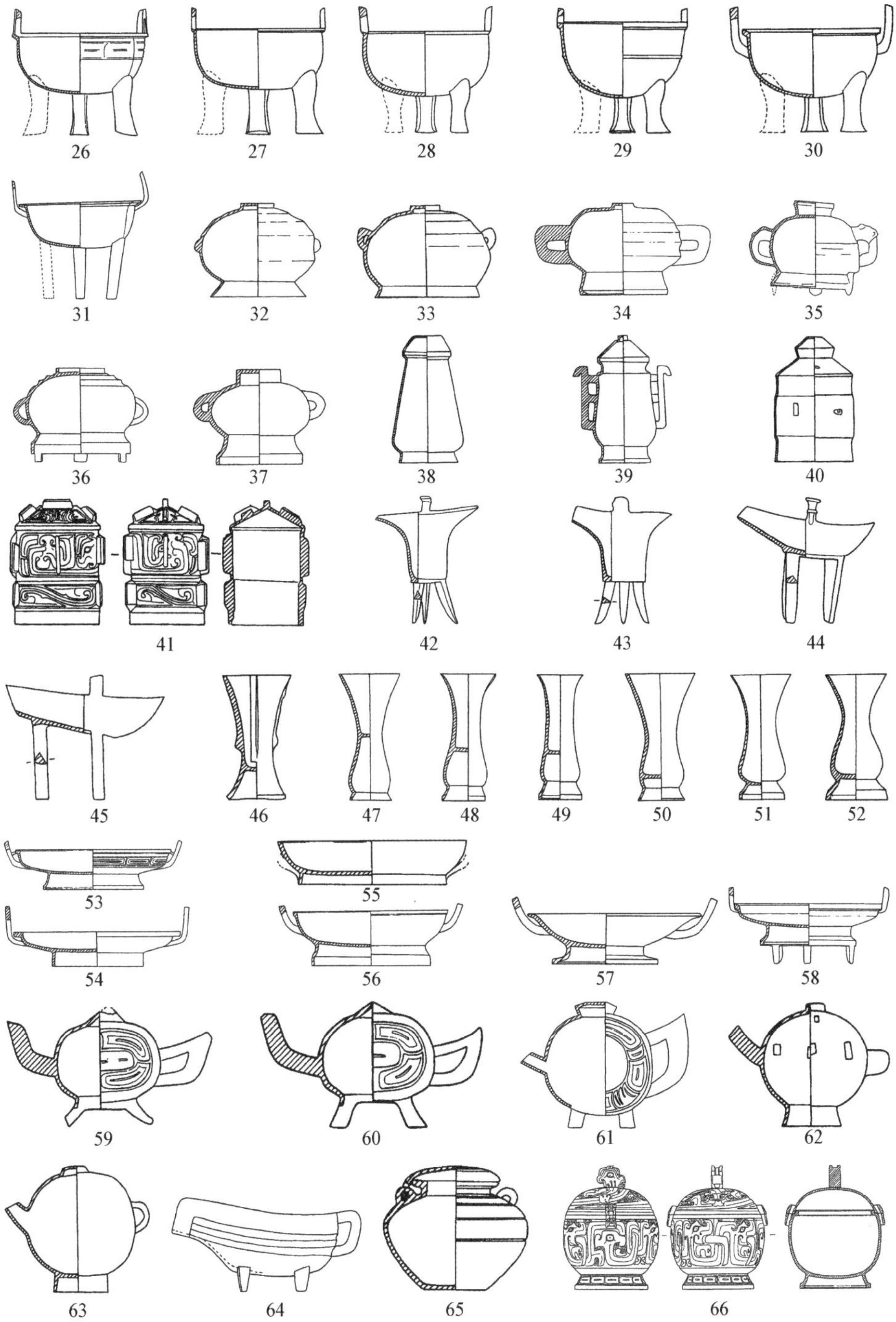

图 2.3.11　三门峡上村岭 1991M2012 铜器群

1—5、26—31. 铜鼎（M2012：1、2、9、26、33、10、66、69、38、20、81）　6. 铜甗（M2012：15）　7—14. 铜鬲
（M2012：68、18、42、43、44、45、79、80）　15. 铜铺（M2012：13）　16—19、32—37. 铜簋（M2012：7·46、3·39、11·
83、17·19、36、40、24、41、70、71）　20、21. 铜簠（M2012：35·67、14·78）　22、23、38、39. 铜壶（M2012：16、25、72、
28）　24、53—58. 铜盘（M2012：37、12、59、58、29、65、63）　25、59—63. 铜盉（M2012：34、5、57、47、84、27）　40、
41. 铜彝（M2012：56、8）　42—45. 铜爵（M2012：21、74、75、23）　46. 铜觚（M2012：82）　47—52. 铜觯（M2012：
22、31、55、54、73、60）　64. 铜匜（M2012：6）　65、66. 铜罐（M2012：91、92）

图 2.3.12　三门峡上村岭 1957M1706 铜器群

1. 铜鼎（M1706：105）　2. 铜鬲（M1706：101）　3. 铜簋（M1706：99）　4. 铜壶（M1706：108）　5. 铜盘（M1706：74）　6. 铜匜（M1706：70）

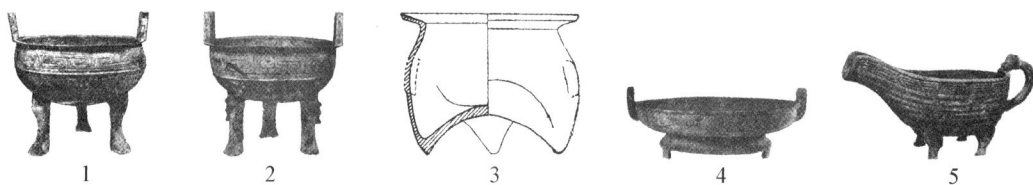

图 2.3.13　三门峡上村岭 1957M1602 铜器群

1、2. 铜鼎（M1602：147、148）　3. 铜鬲（M1602：151）　4. 铜盘（M1602：149）　5. 铜匜（M1602：150）

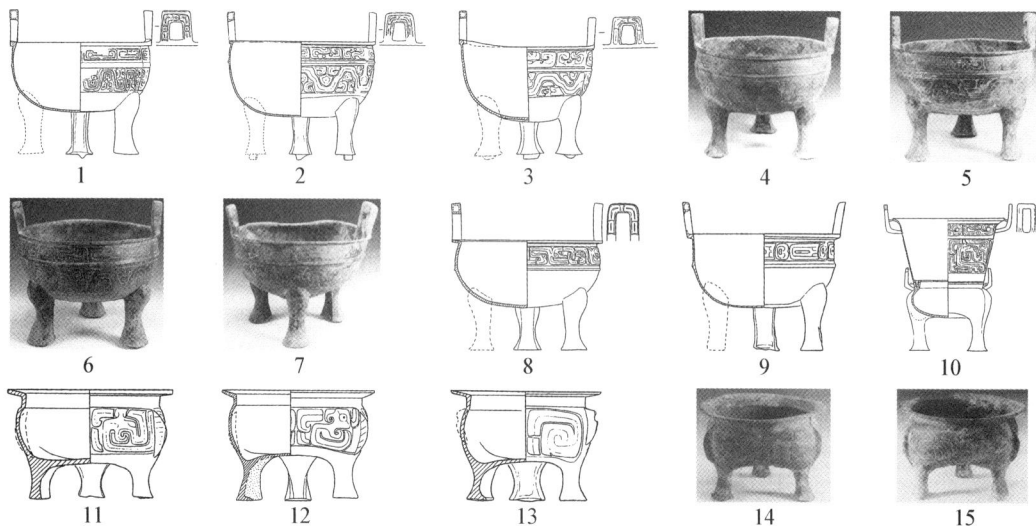

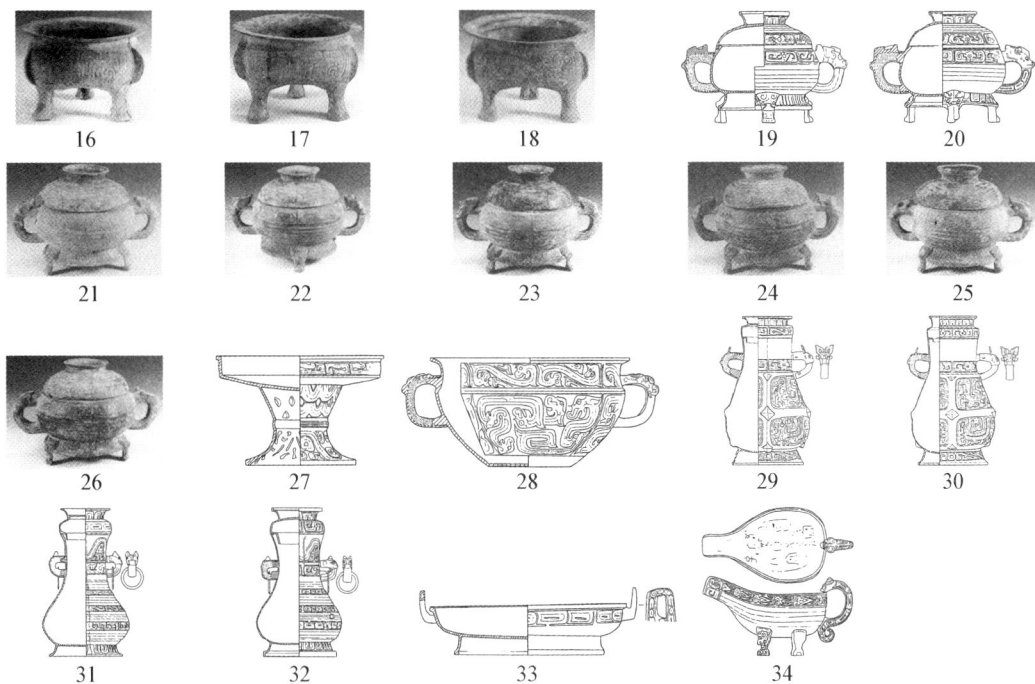

图 2.3.14　三门峡上村岭 1991M2011 铜器群

　　1—9. 铜鼎（M2011：85、171、284、77、79、182、342、82、87）　10. 铜甗（M2011：166）　11—18. 铜鬲（M2011：40、173、340、81、88、174、283、341）　19—26. 铜簋（M2011：86、325、42、74、76、184、324、343）　27. 铜铺（M2011：170）　28. 铜盆（M2011：330）　29—32. 铜壶（M2011：63、64、62、215）　33. 铜盘（M2011：44）　34. 铜匜（M2011：165）

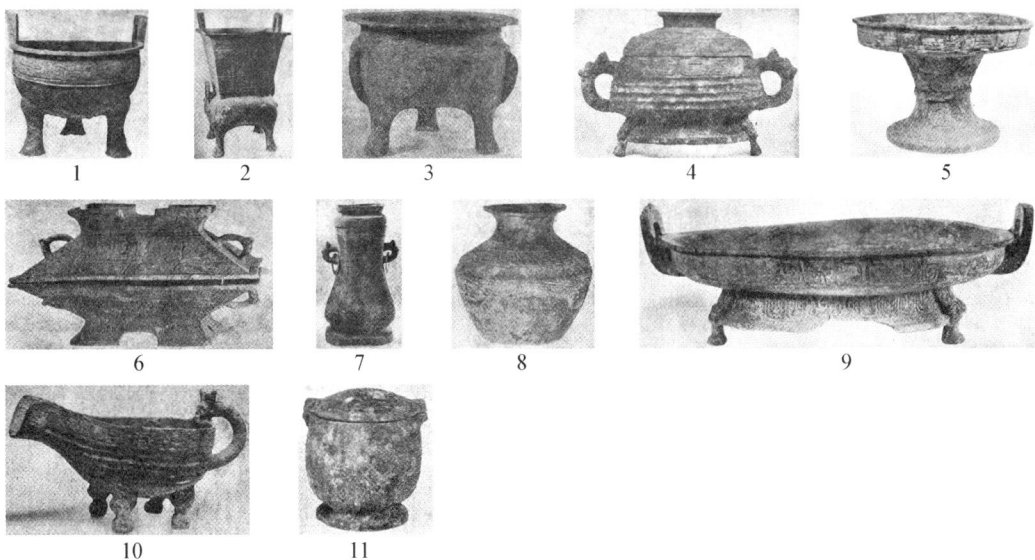

图 2.3.15　三门峡上村岭 1957M1820 铜器群

　　1. 铜鼎（M1820：10）　2. 铜甗（M1820：16）　3. 铜鬲（M1820：17）　4. 铜簋（M1820：8）　5. 铜铺（M1820：23）　6. 铜簠（M1820：12）　7. 铜壶（M1820：19）　8. 铜罍（M1820：26）　9. 铜盘（M1820：24）　10. 铜匜（M1820：25）　11. 铜罐（M1820：27）

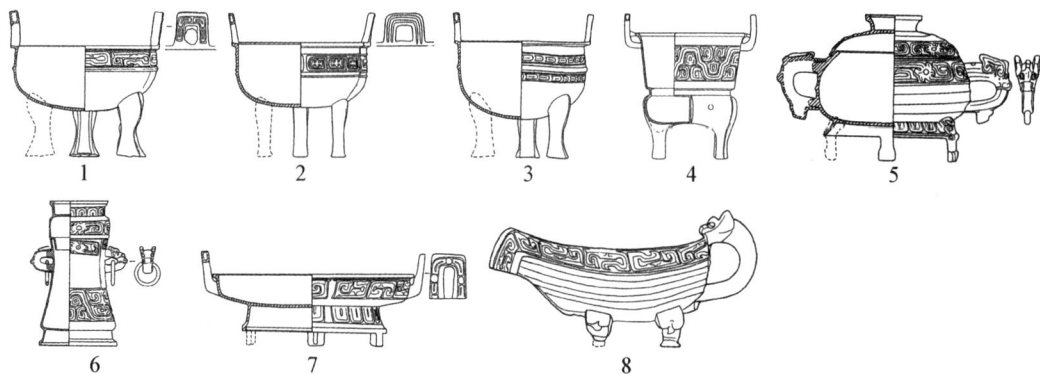

图 2.3.16　三门峡上村岭 1990M2010 铜器群

1—3. 铜鼎（M2010∶46、22、29）　4. 铜甗（M2010∶28）　5. 铜簋（M2010∶25）　6. 铜壶（M2010∶117）
7. 铜盘（M2010∶21）　8. 铜匜（M2010∶50）

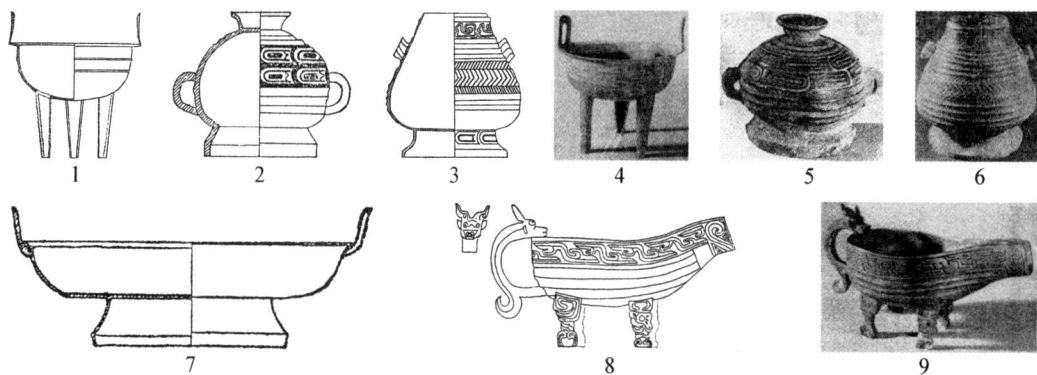

图 2.3.17　新郑唐户 1976M9 铜器群

1·4. 铜鼎（M9∶6）　2·5. 铜簋（M9∶8）　3·6. 铜卣（M9∶3）　7. 铜盘（M9∶?[①]）　8·9. 铜匜（M9∶2）

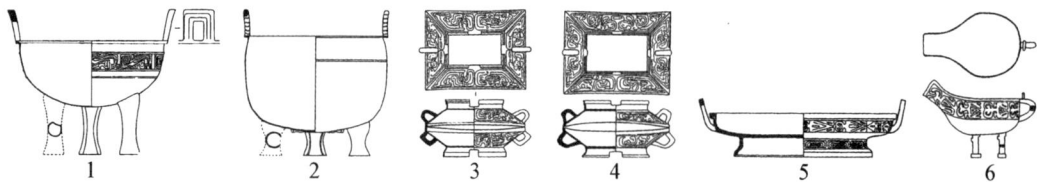

图 2.3.18　洛阳西工区 2005M8781 铜器群

1、2. 铜鼎（M8781∶4、3）　3、4. 铜簋（M8781∶7、8）　5. 铜盘（M8781∶6）　6. 铜匜（M8781∶5）

----

① "?"为简报未编号。

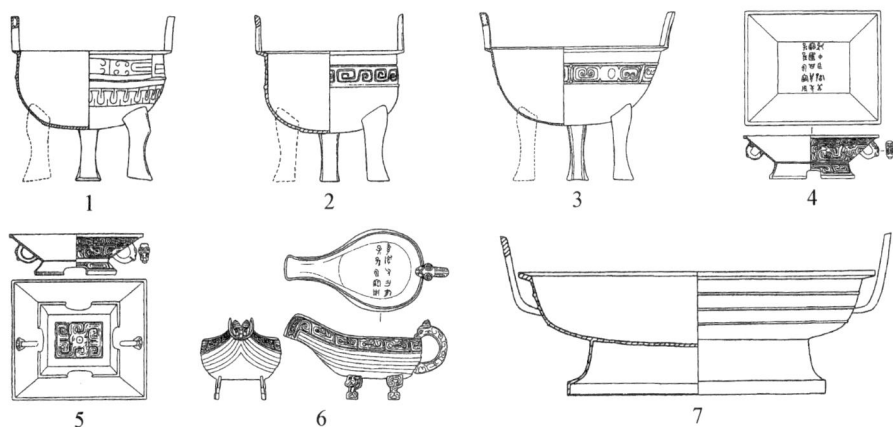

图 2.3.19　三门峡上村岭 1992M2013 铜器群

1—3. 铜鼎（M2013：3、1、4）　4、5. 铜簋（M2013：2、5）　6. 铜匜（M2013：18）　7. 铜盘（M2013：6）

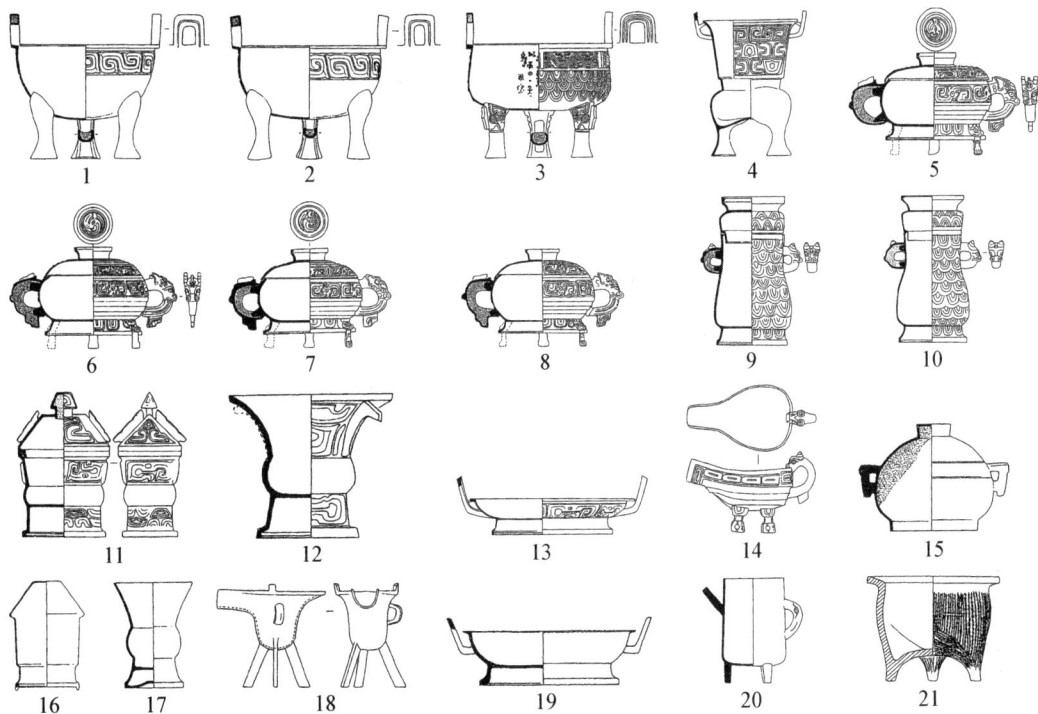

图 2.3.20　平顶山滍阳岭 1989M8 铜器群

1—3. 铜鼎（M8：4、7、33）　4. 铜甗（M8：36）　5—8、15. 铜簋（M8：1、3、38、10、35）　9、10. 铜壶（M8：9、16）　11、16. 铜彝（M8：6、34）　12、17. 铜尊（M8：19、12）　13、19. 铜盘（M8：2、14）　14. 铜匜（M8：13）　18. 铜爵（M8：11）　20. 铜盉（M8：37）　21. 陶鬲（M8：81）

图 2.3.21　郏县太仆 1953M 铜器群

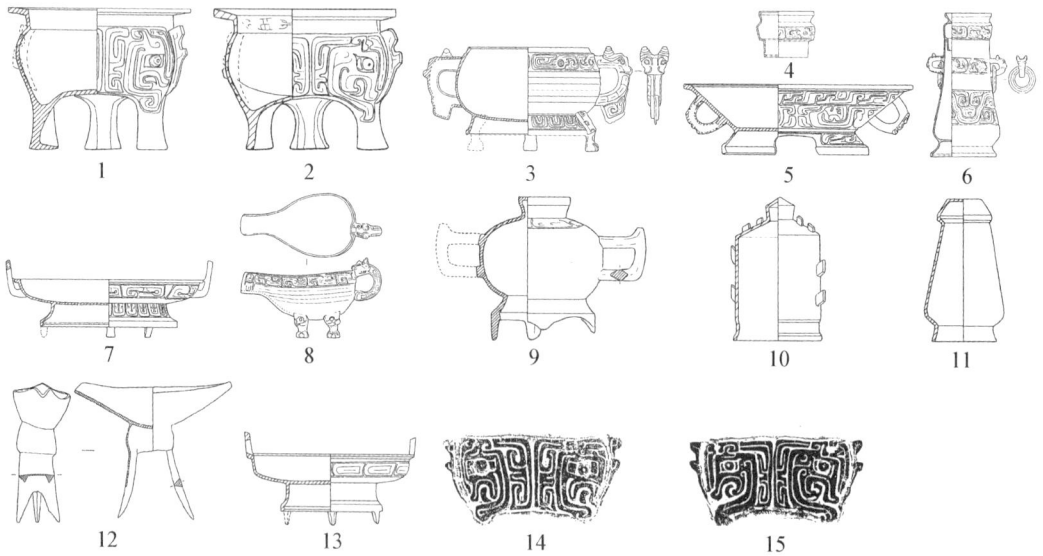

图 2.3.22　三门峡上村岭 1990M2008 铜器群

　　1·14、2·15. 铜鬲（M2008：13、SG049）　3、9. 铜簋（M2008：8、7）　4、6、11. 铜壶（M2008：16、12+47、15）
5. 铜簠（M2008：41）　7、13. 铜盘（M2008：SG060、9）　8. 铜匜（M2008：42）　10. 铜觯（M2008：14）　12. 铜
爵（M2008：11）

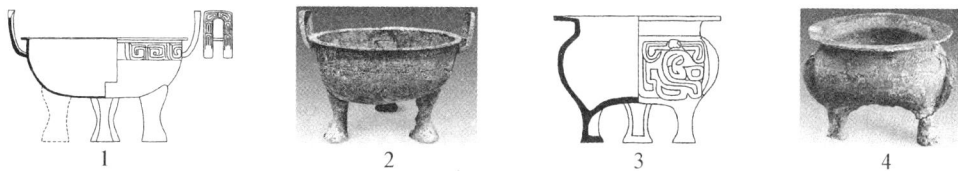

图 2.3.23　洛阳体育场路 2002C1M10122 铜器群

1・2. 铜鼎(M10122∶76)　3・4. 铜鬲(M10122∶96)

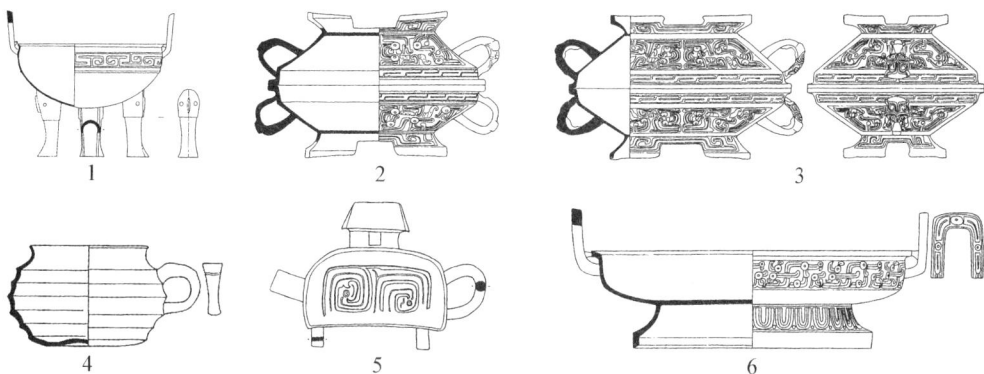

图 2.3.24　登封告成袁窑 1995M2 铜器群

1. 铜鼎(M2∶175)　2、3. 铜簋(M2∶177、178)　4. 铜铍(M2∶180)　5. 铜盉(M2∶179)　6. 铜盘(M2∶176)

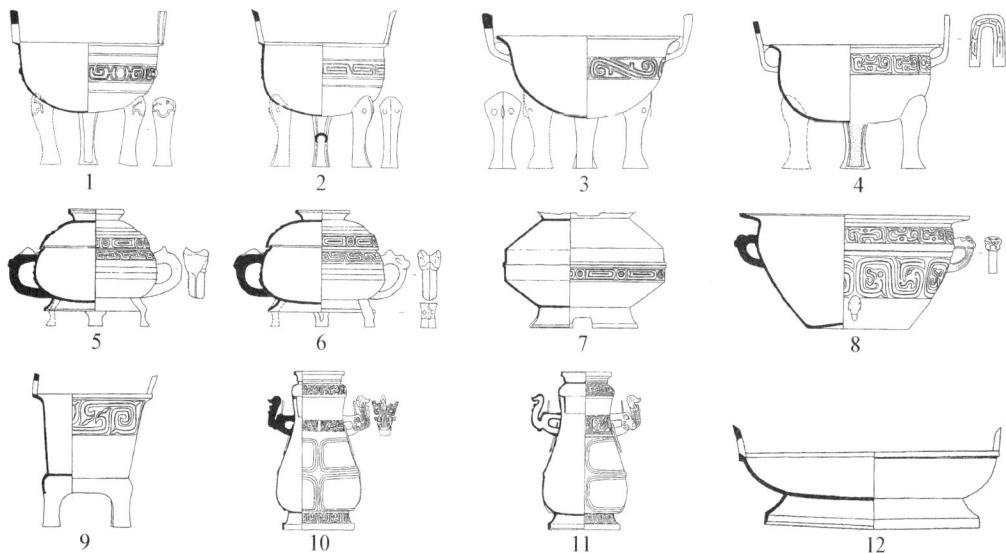

图 2.3.25　登封告成袁窑 1995M1 铜器群

1—4. 铜鼎(M1∶132、135、133、130)　5、6. 铜簋(M1∶137、138)　7. 铜簠(M1∶143)　8. 铜盆(M1∶139)　9. 铜甗(M1∶158)　10、11. 铜壶(M1∶142、141)　12. 铜盘(M1∶160)

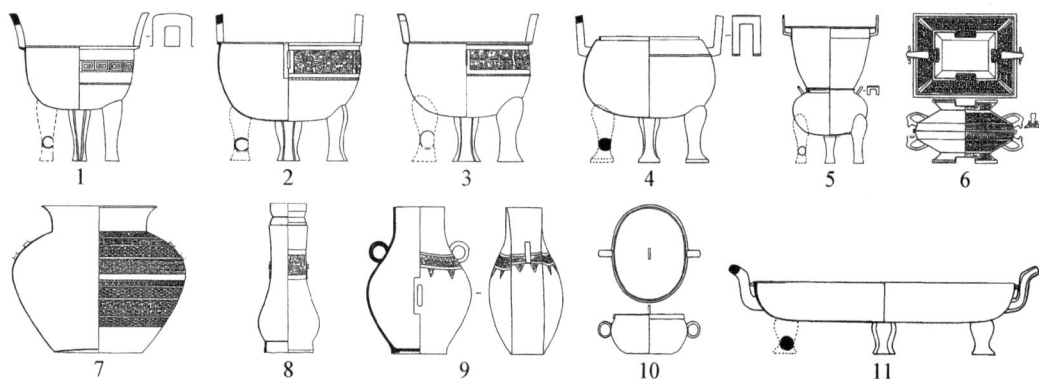

图 2.3.26　洛阳西工区 2005M8836 铜器群

1—4. 铜鼎（M8836：54、51、46、61）　5. 铜甗（M8836：47・53）　6. 铜簠（M8836：44）　7. 铜盨（M8836：43）　8、9. 铜壶（M8836：59、42）　10. 铜铺（M8836：41）　11. 铜盘（M8836：62）

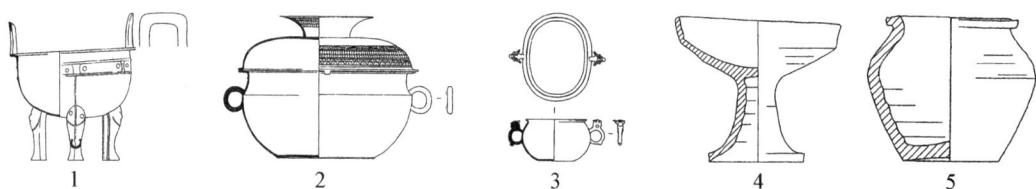

图 2.3.27　新郑兴弘花园 2003M42 铜器群

1. 铜鼎（M42：1）　2. 铜敦（M42：3）　3. 铜铺（M42：2）　4. 陶豆（M42：6）　5. 陶罐（M42：4）

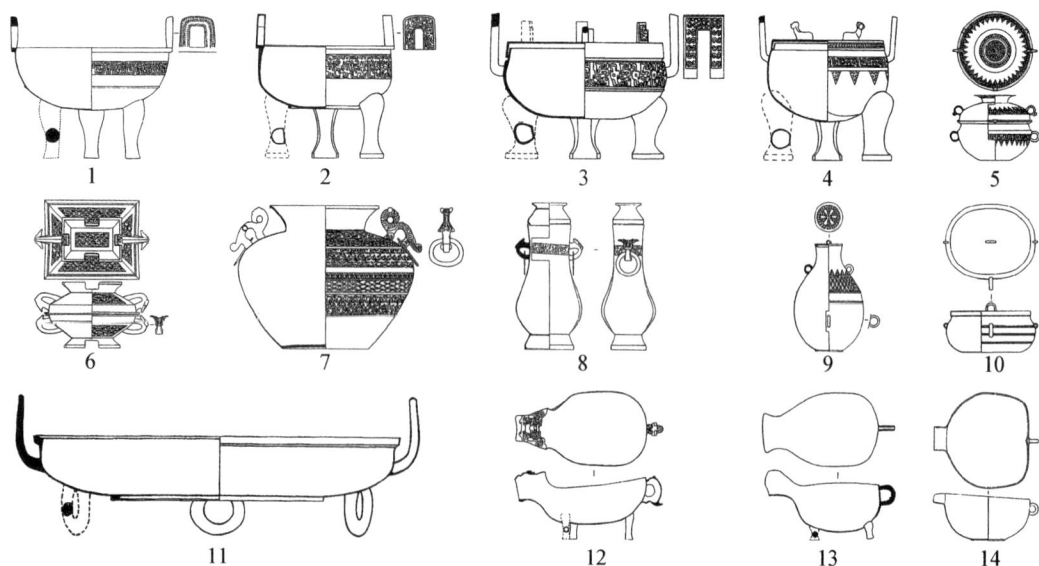

图 2.3.28　洛阳西工区 2005M8832 铜器群

1—4. 铜鼎（M8832：1、3、5、11）　5. 铜敦（M8832：13）　6. 铜簠（M8832：18）　7. 铜盨（M8832：7）　8、9. 铜壶（M8832：3、15）　10. 铜铺（M8832：26）　11. 铜盘（M8832：17）　12—14. 铜匜（M8832：25、12、39）

图 2.3.29　洛阳中州路 1954M2415 铜器群

1. 铜鼎（M2415：4）　2. 铜敦（M2415：7）　3. 铜𬭤（M2415：5）　4. 铜盘（M2415：9）　5. 铜匜（M2415：8）

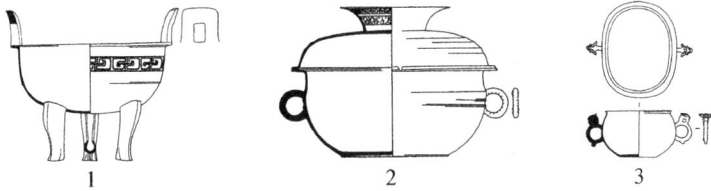

图 2.3.30　新郑兴弘花园 2003M121 铜器群

1. 铜鼎（M121：1）　2. 铜敦（M121：2）　3. 铜𬭤（M121：3）

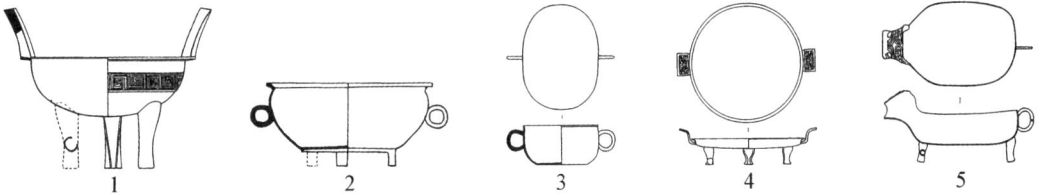

图 2.3.31　洛阳西工区 2005M8834 铜器群

1. 铜鼎（M8834：1）　2. 铜敦（M8834：5）　3. 铜𬭤（M8834：4）　4. 铜盘（M8834：2）　5. 铜匜（M8834：3）

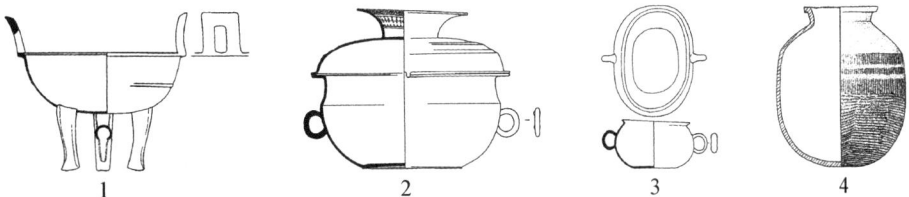

图 2.3.32　新郑热电厂 2003M1、兴弘花园 2003M100 铜器群

1. 铜鼎（M1：2）　2. 铜敦（M100：1）　3. 铜𬭤（M100：2）　4. 陶瓮（M1：1）

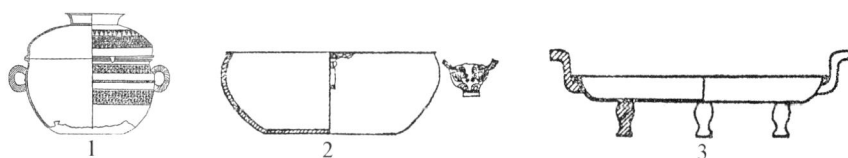

图 2.3.33　新郑唐户 1976M1 铜器群

1. 铜敦(M1：5)　2. 铜铺(M1：4)　3. 铜盘(M1：2)

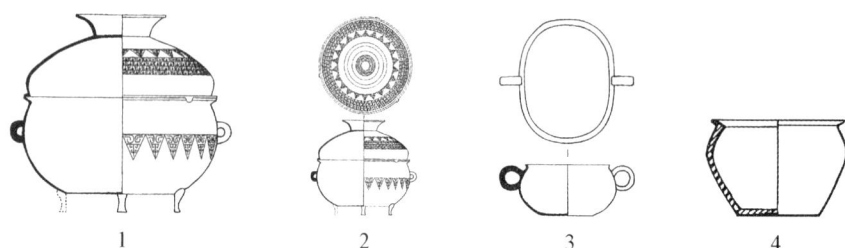

图 2.3.34　洛阳西工区 2005M8750 铜器群

1·2. 铜敦(M8750：1)　3. 铜铺(M8750：2)　4. 陶盆(M8750：3)

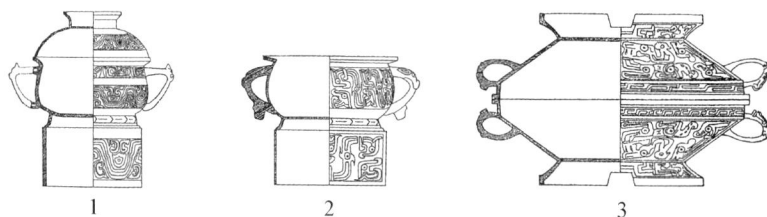

图 2.3.35　商水朱集 1975M 铜器群

1. 噩仲簋(窃曲纹簋)　2. 蟠螭纹簋　3. 原仲簋

图 2.3.36　荥阳官庄 2016M6 铜器群

1. 铜鼎(M6：1)　2. 铜敦盖(M6：3)　3. 铜铺(M6：3)　4. 陶罐(M6：1)

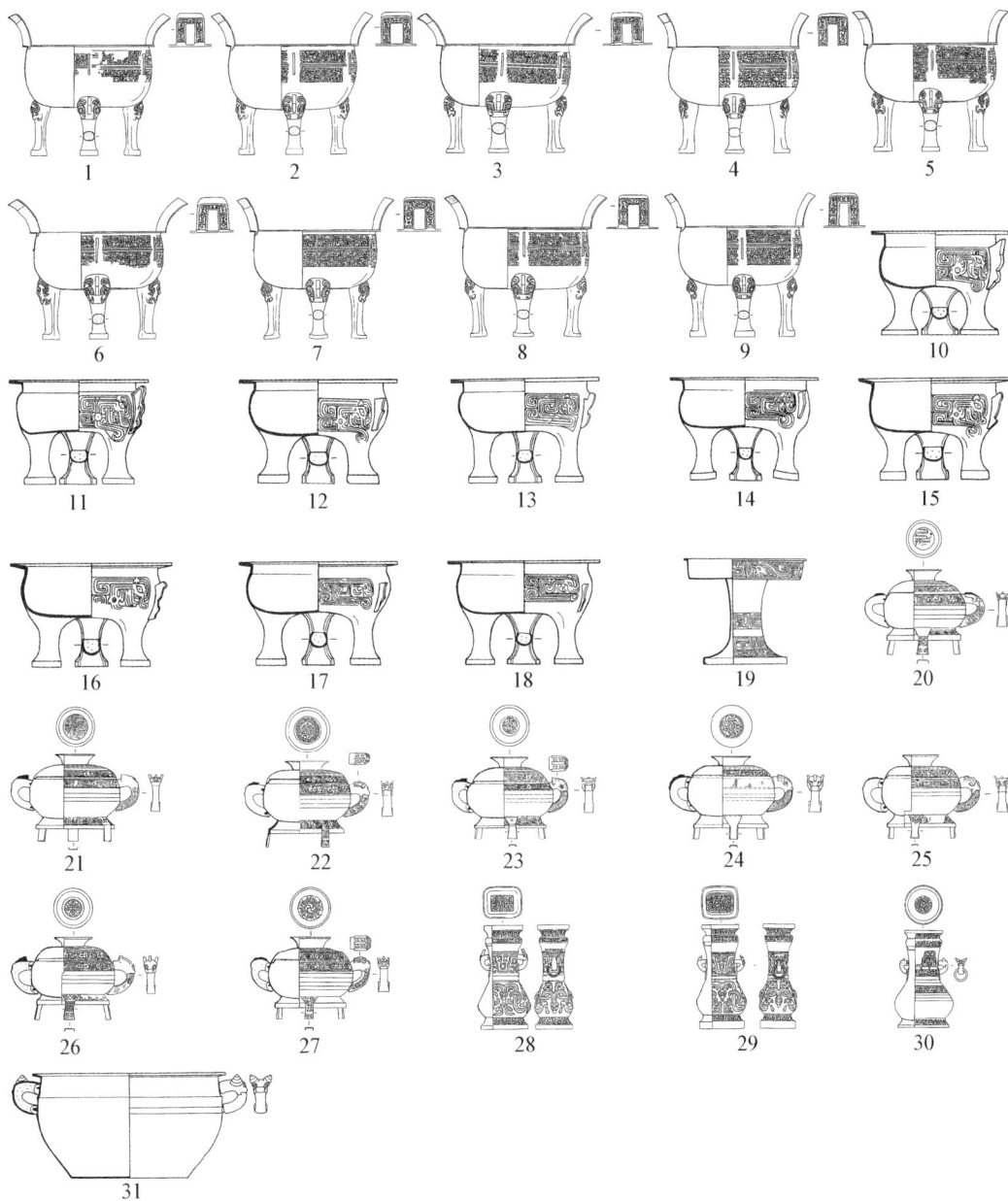

图 2.3.37 新郑祭祀坑 1997T605K2 铜器群

1—9. 铜鼎（K2：1-9） 10—18. 铜鬲（K2：18-26） 19. 铜铺（K2：30） 20—27. 铜簠（K2：10-17）
28—30. 铜壶（K2：27、28、29） 31. 铜鉴（K2：31）

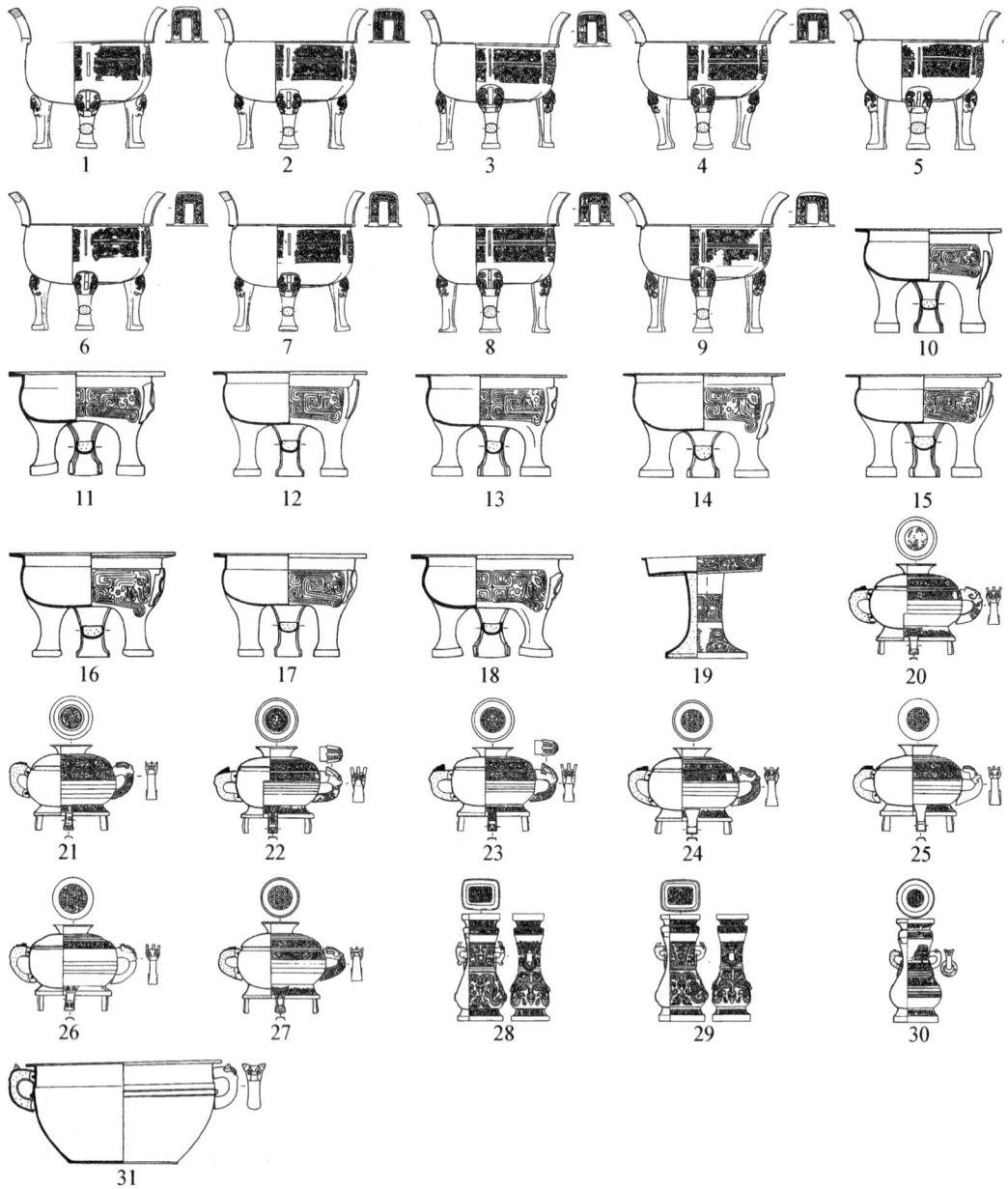

图 2.3.38　新郑祭祀坑 1997T605K3 铜器群

1—9. 铜鼎（K3∶1-9）　10—18. 铜鬲（K3∶18-26）　19. 铜铺（K3∶30）　20—27. 铜簠（K3∶10-17）
28—30. 铜壶（K3∶27、28、29）　31. 铜鉴（K3∶31）

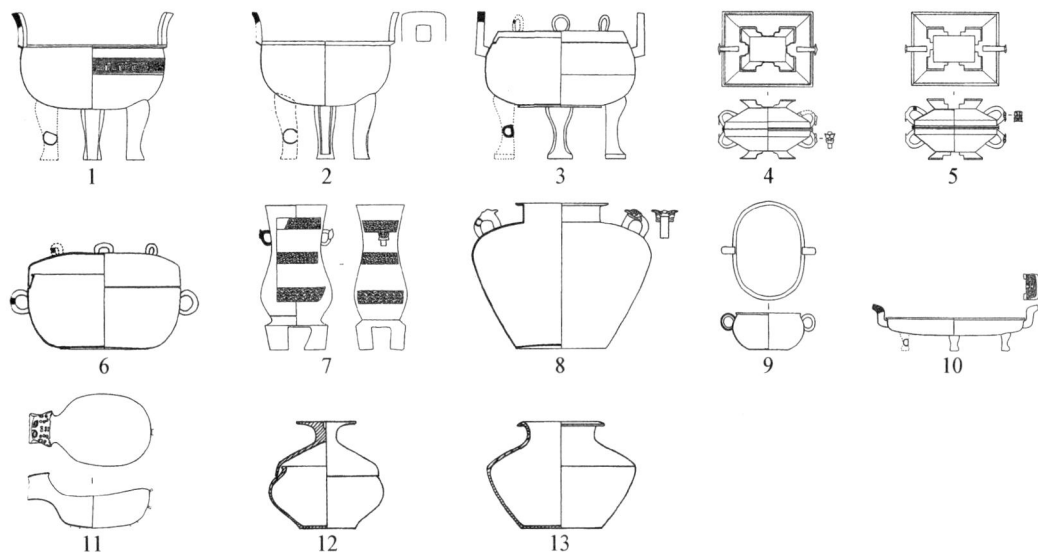

图 2.3.39　洛阳西工区 2005M8833 铜器群

1—3. 铜鼎（M8833：21、10、6）　4、5. 铜簠（M8833：18、19）　6. 铜敦（M8833：20）　7. 铜壶（M8833：7）
8. 铜罍（M8833：3）　9. 铜钵（M8833：23）　10. 铜盘（M8833：13）　11. 铜匜（M8833：15）　12、13. 陶罐
（M8833：12、9）

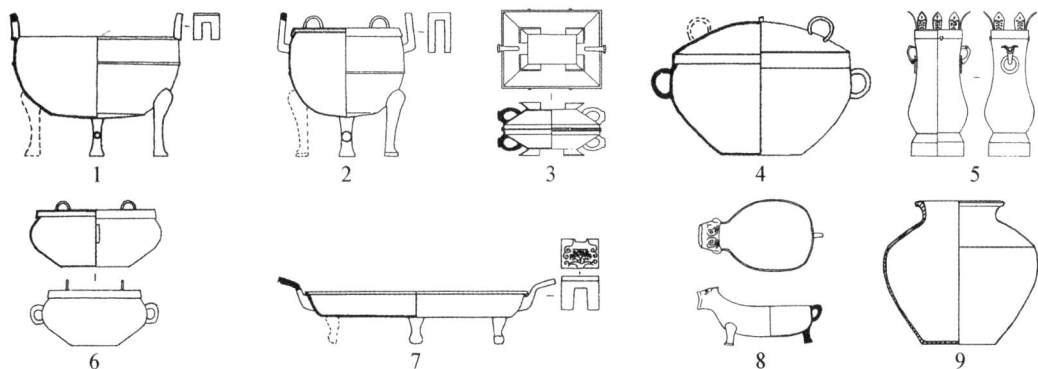

图 2.3.40　洛阳西工区 1998C1M6112 铜器群

1、2. 铜鼎（M6112：5、12）　3. 铜簠（M6112：18）　4. 铜敦（M6112：20）　5. 铜壶（M6112：16）　6. 铜钵
（M6112：7）　7. 铜盘（M6112：14）　8. 铜匜（M6112：15）　9. 陶罐（M6112：3）

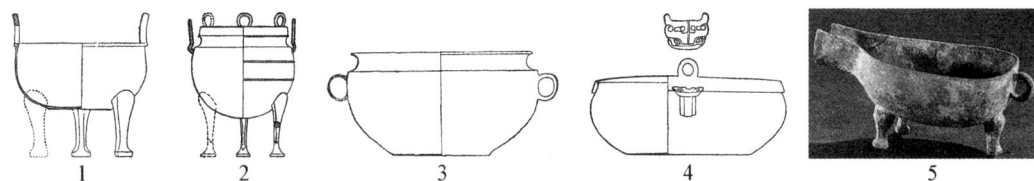

图 2.3.41　陕县后川 1957M2056 铜器群

1、2. 铜鼎（M2056：4、3）　3. 铜敦（M2056：6）　4. 铜钵（M2056：7）　5. 铜匜（M2056：10）

1　　2　　3　　4　　5

6　　7　　8　　9　　10

11　　12　　13　　14　　15

16　　17　　18　　19　　20

21　　22　　23　　24　　25

26　　27　　28　　29　　30

31　　32　　33　　34　　35

36　　37　　38　　39　　40　　41　　42　　43

图 2.3.42　新郑李家楼 1923M 铜器群

1—17. 铜鼎　18—25. 铜鬲　26. 铜甗　27—34. 铜簠　35. 铜簋　36. 铜敦　37—42. 铜壶　43. 铜罍　44—48. 铜钫　49—51. 铜盘　52—54. 铜匜　55. 铜虎子　56. 铜鉴　57. 王子婴次炉

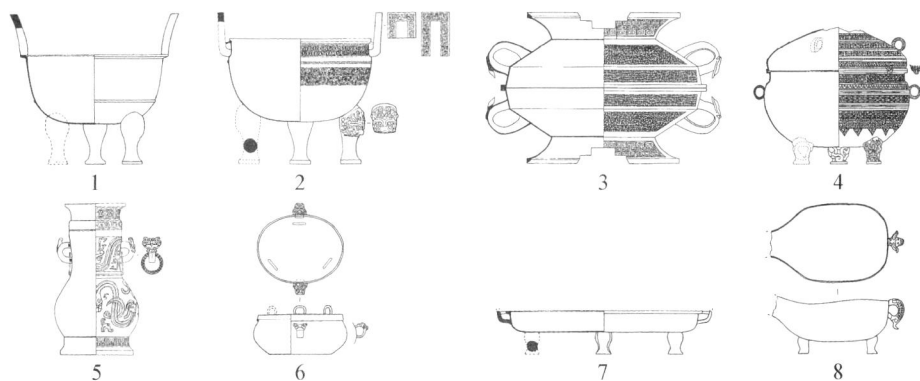

图 2.3.43　洛阳西工区 2005M8821 铜器群

1、2. 铜鼎（M8821∶6、5）　3. 铜簠（M8821∶18）　4. 铜敦（M8821∶17）　5. 铜壶（M8821∶14）　6. 铜钫（M8821∶4）　7. 铜盘（M8821∶7）　8. 铜匜（M8821∶16）

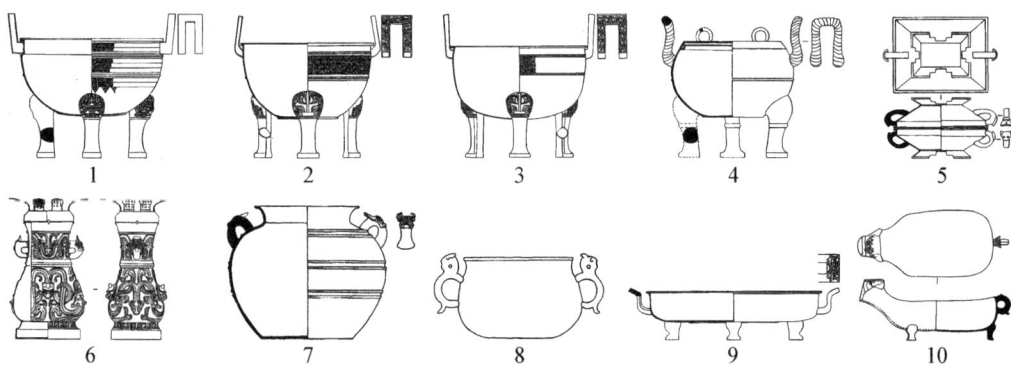

图 2.3.44　洛阳西工区 1991C1M3427 铜器群

1—4. 铜鼎(M3427：18、16、17、23)　5. 铜簠(M3427：21)　6. 铜壶(M3427：24)　7. 铜罍(M3427：26)　8. 铜钟(M3427：14)　9. 铜盘(M3427：15)　10. 铜匜(M3427：13)

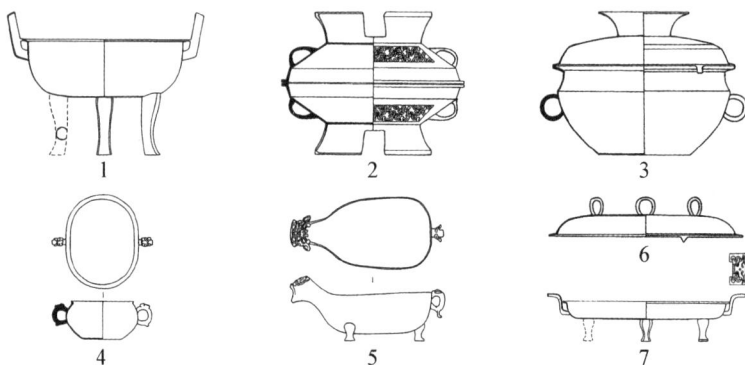

图 2.3.45　洛阳西工区 2005M8835 铜器群

1. 铜鼎(M8835：1)　2. 铜簠(M8835：9)　3、6. 铜敦(M8835：6、7)
4. 铜钟(M8835：4)　5. 铜匜(M8835：3)　7. 铜盘(M8835：5)

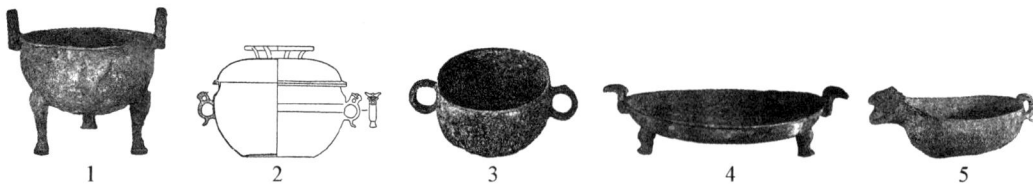

图 2.3.46　洛阳中州路 1954M6 铜器群

1. 铜鼎(M6：22)　2. 铜敦(M6：21)　3. 铜钟(M6：19)　4. 铜盘(M6：13)　5. 铜匜(M6：18)

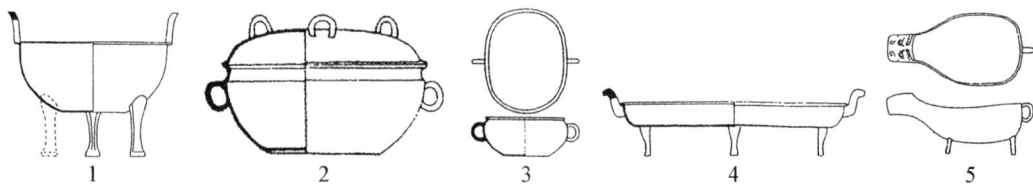

图 2.3.47　洛阳西工区 2001C1M7258 铜器群

1. 铜鼎(M7258：4)　2. 铜敦(M7258：6)　3. 铜钟(M7258：9)　4. 铜盘(M7258：7)　5. 铜匜(M7258：5)

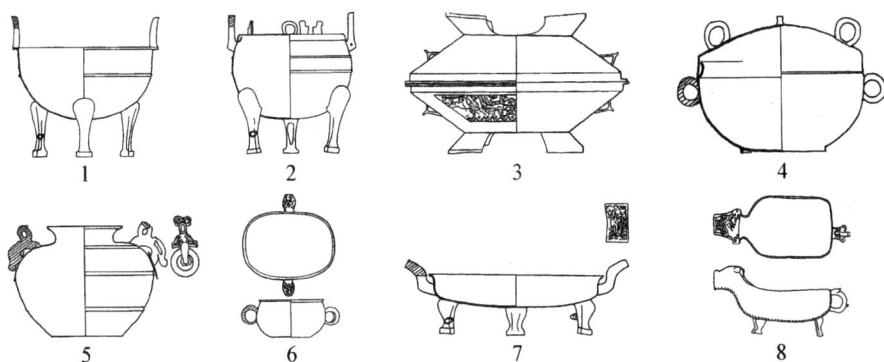

图2.3.48　洛阳西工区2001JM32铜器群

1—2. 铜鼎（M32：5、7）　3. 铜簠（M32：6）　4. 铜敦（M32：8）　5. 铜罍（M32：9）　6. 铜钾（M32：1）　7. 铜盘（M32：24）　8. 铜匜（M32：12）

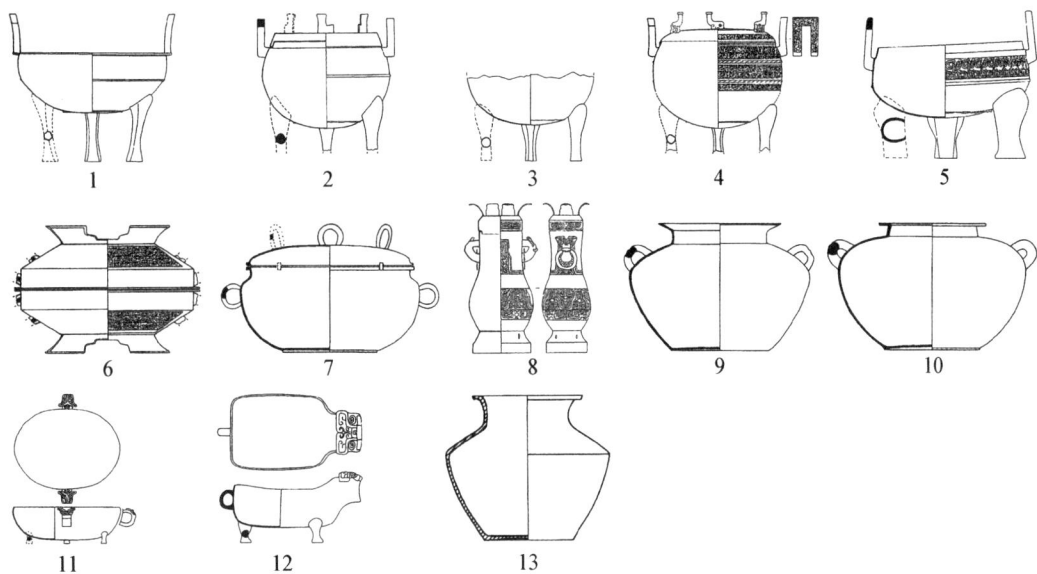

图2.3.49　洛阳西工区2005M8830铜器群

1—5. 铜鼎（M8830：8、14、21、20、4）　6. 铜簠（M8830：12）　7. 铜敦（M8830：5）　8. 铜壶（M8830：11）　9. 铜罍（M8830：18）　10. 铜浴缶（M8830：10）　11. 铜钾（M8830：6）　12. 铜匜（M8830：7）　13. 陶罐（M8830：9）

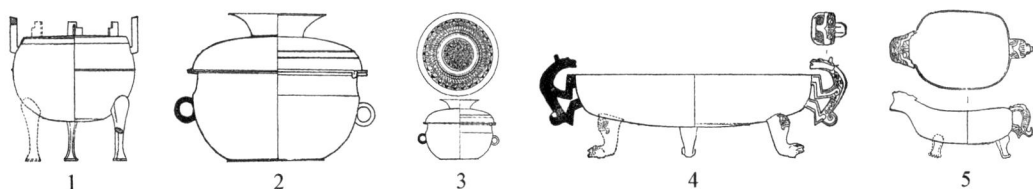

图2.3.50　陕县后川1957M2061铜器群

1. 铜鼎（M2061：2）　2·3. 铜敦（M2061：5）　4. 铜盘（M2061：3）　5. 铜匜（M2061：4）

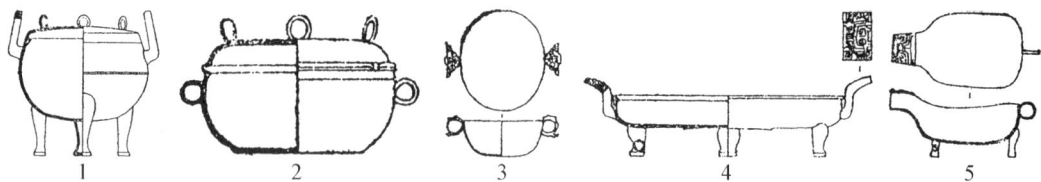

图 2.3.51　　洛阳西工区 1981C1M4 铜器群

1. 铜鼎(M4：1)　2. 铜敦(M4：2)　3. 铜钫(M4：4)　4. 铜盘(M4：5)　5. 铜匜(M4：3)

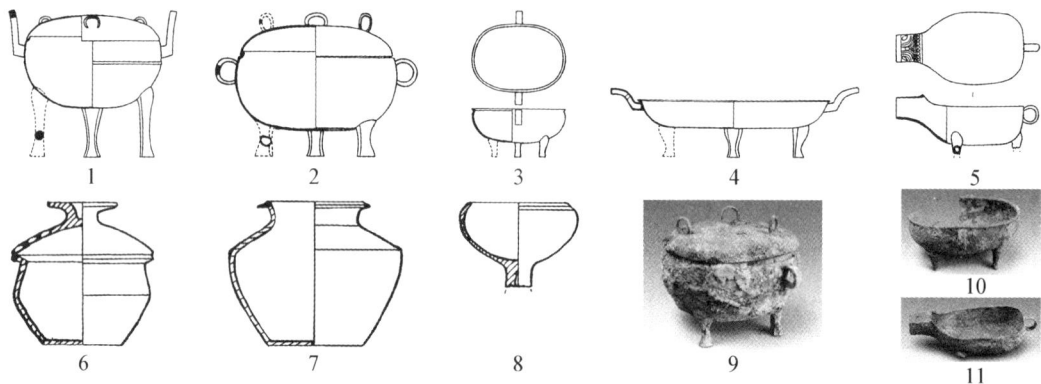

图 2.3.52　　洛阳西工区 2005M8759 铜器群

1. 铜鼎(M8759：4)　2·9. 铜敦(M8759：5)　3·10. 铜钫(M8759：8)　4. 铜盘(M8759：6)　5·11. 铜匜(M8759：7)　6. 陶盆(M8759：1)　7. 陶罐(M8759：3)　8. 陶豆(M8759：2)

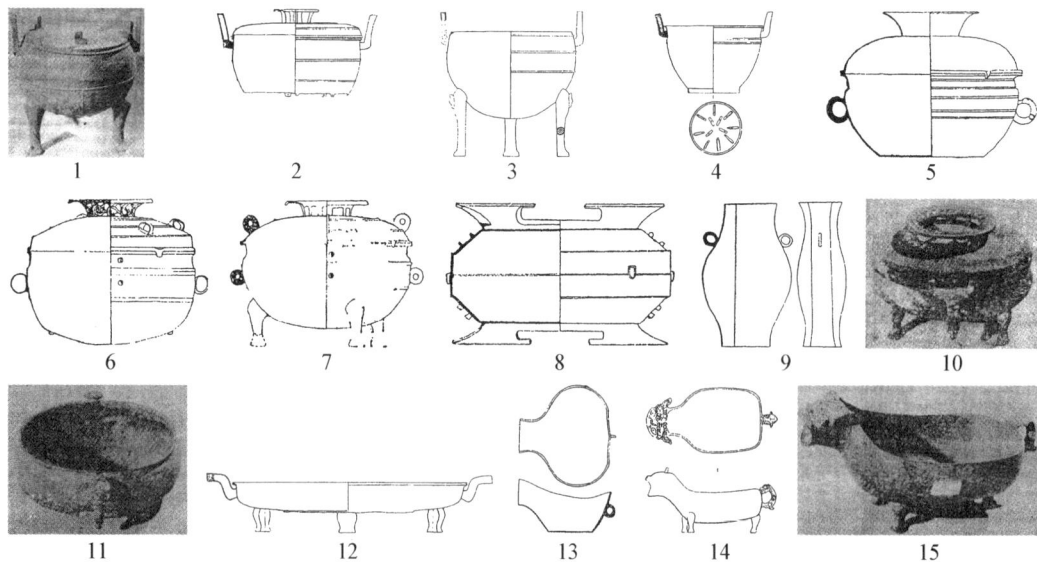

图 2.3.53　　尉氏河东周村 1971M 铜器群

1—3. 铜鼎(M：15、25、231)　4. 铜甗(M：29)　5—7. 铜敦(M：16、26、28)　8. 铜簠(M：?①)　9. 铜壶(M：21)　10、11. 铜钫(M：?②)　12. 铜盘(M：18)　13—15. 铜匜(M：30、24、22)

①、②　"?"为简报未编号。

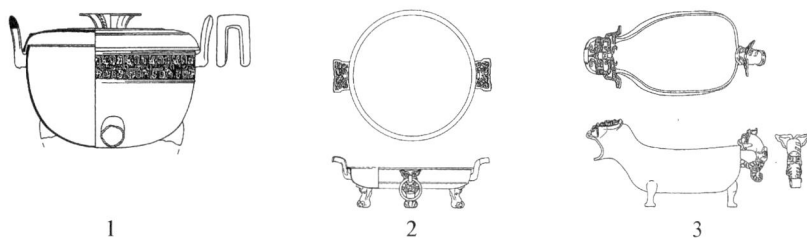

图 2.3.54　新郑西亚斯 2003M247 铜器群

1. 铜鼎(M247：4+5)　2. 铜盘(M247：7)　3. 铜匜(M247：6)

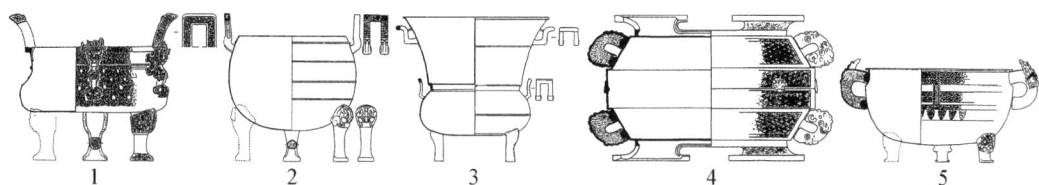

图 2.3.55　叶县旧县 2002M4 铜器群

1、2. 铜鼎(M4：0182、0184)　3. 铜甂(M4：0187)　4. 铜簠(M4：118)　5. 铜敦(M4：0186)

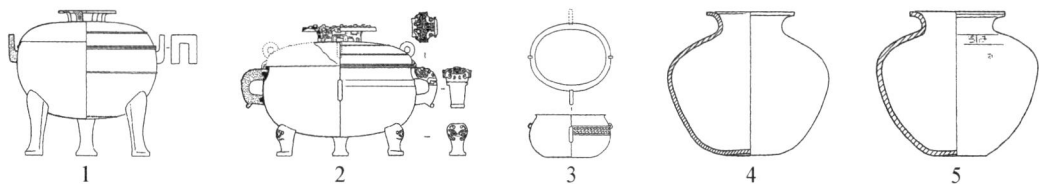

图 2.3.56　荥阳官庄 2010M24 铜器群

1. 铜鼎(M24：3)　2. 铜敦(M24：4)　3. 铜铇(M24：2)　4、5. 陶罐(M24：1、5)

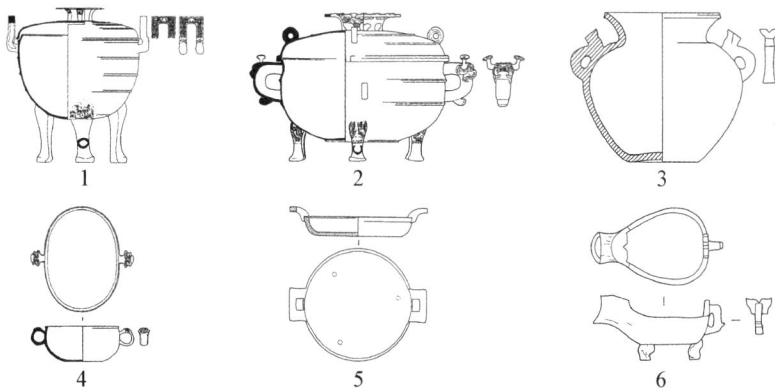

图 2.3.57　新郑兴弘花园 2003M35 铜器群

1. 铜鼎(M35：3)　2. 铜敦(M35：6)　3. 陶罍(M35：1)　4. 铜铇(M35：5)
5. 陶盘(M35：7)　6. 陶匜(M35：4)

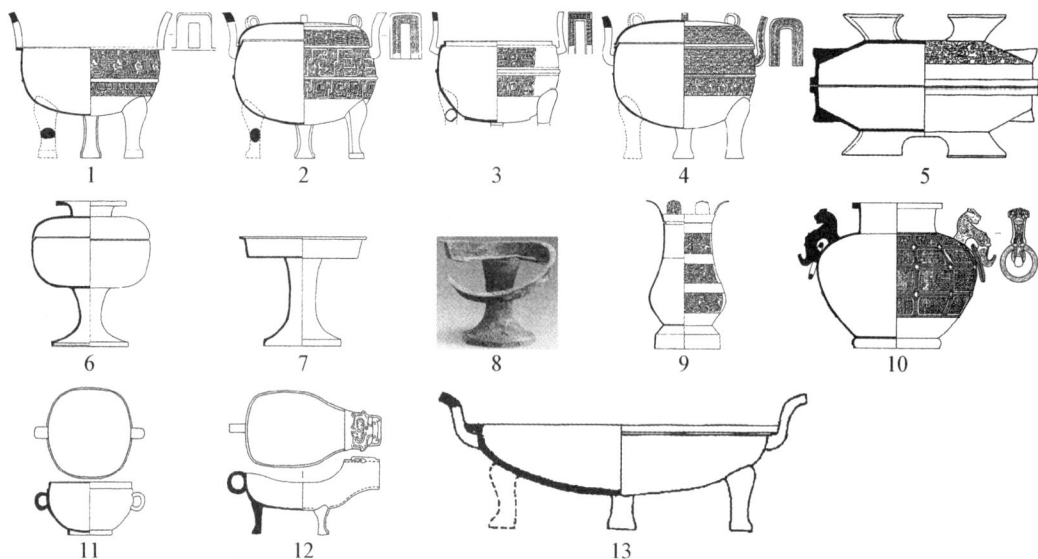

图 2.3.58　洛阳西工区 1991C1M3498 铜器群

1—4. 铜鼎(M3498：8、11、10、12)　5. 铜簠(M3498：13)　6. 铜敦(M3498：15)　7、8. 铜铺(M3498：16、18)　9. 铜壶(M3498：2)　10. 铜罍(M3498：5)　11. 铜铲(M3498：4)　12. 铜匜(M3498：6)　13. 铜盘(M3498：17)

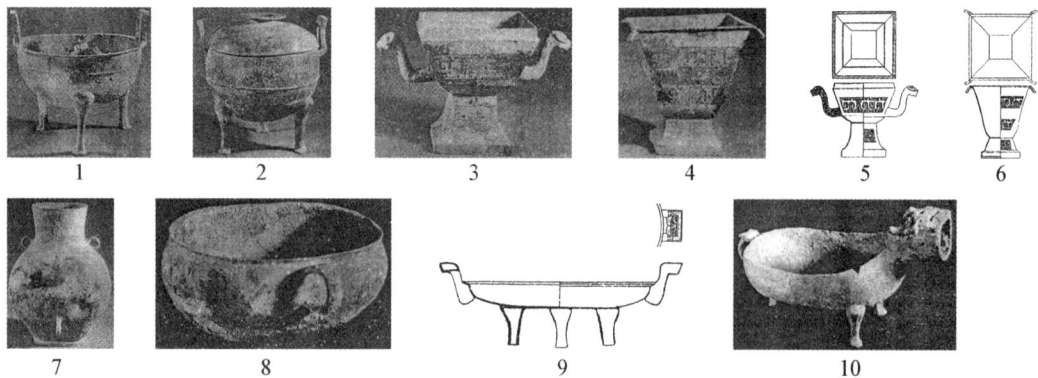

图 2.3.59　洛阳西工区 1975M60 铜器群

1、2. 铜鼎(M60：12、7)　3·5、4·6. 铜簠(M60：13、23)　7. 铜壶(M60：22)　8. 铜铲(M60：10)　9. 铜盘(M60：2)　10. 铜匜(M60：28)

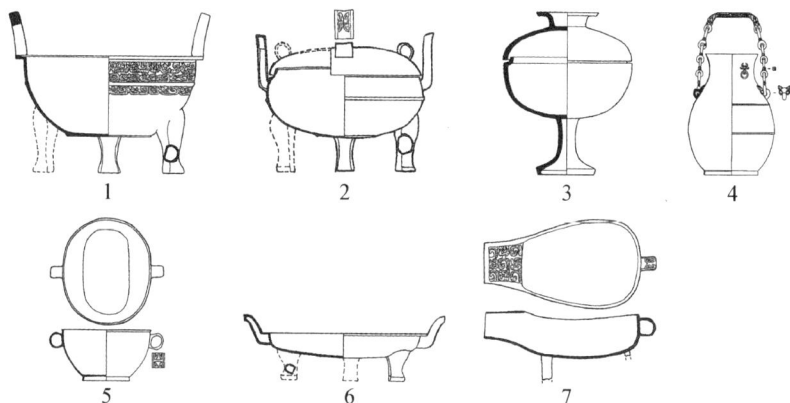

图 2.3.60　洛阳王城广场 2002M37 铜器群

1、2. 铜鼎(M37∶23、28-1)　3. 铜敦(M37∶32)　4. 铜壶(M37∶30)　5. 铜铺
(M37∶36)　6. 铜盘(M37∶25)　7. 铜匜(M37∶33)

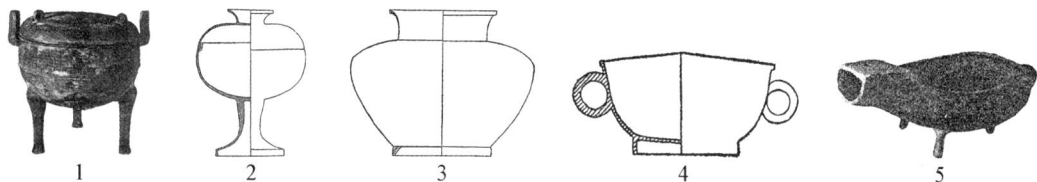

图 2.3.61　洛阳中州路 1954M2729 铜器群

1. 铜鼎(M2729∶35)　2. 铜敦(M2729∶31)　3. 铜罍(M2729∶28)　4. 铜铺(M2729∶23)　5. 铜匜(M2729∶26)

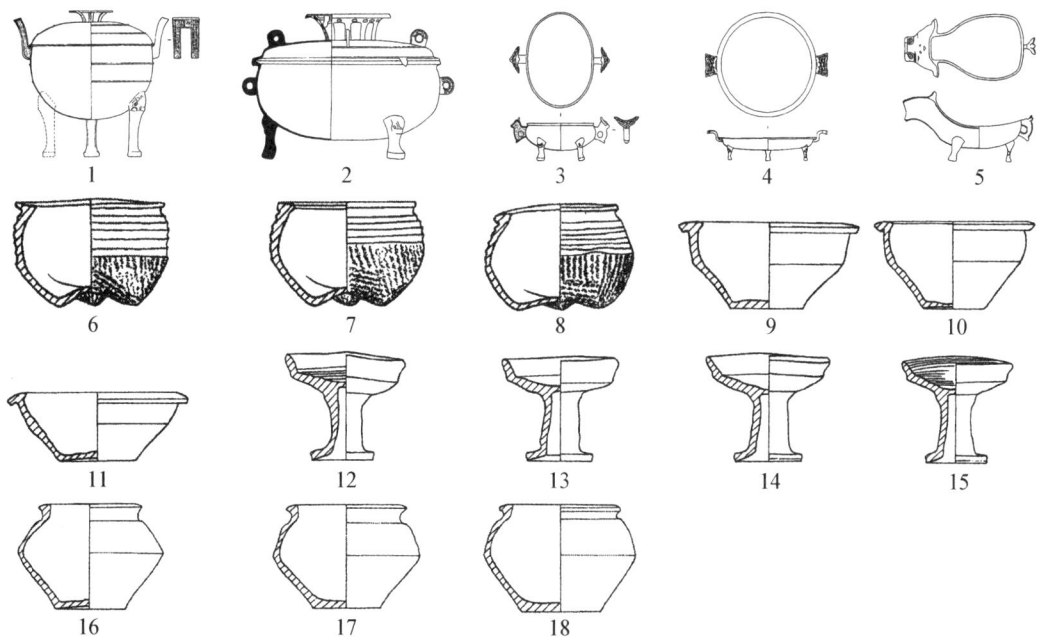

图 2.3.62　新郑铁岭 2001M1404 铜器群

1. 铜鼎(M1404∶11)　2. 铜敦(M1404∶13)　3. 铜铺(M1404∶16)　4. 铜盘(M1404∶14)　5. 铜匜
(M1404∶15)　6—8. 陶鬲(M1404∶1、18、17)　9—11. 陶盆(M1404∶3、2、5)　12—15. 陶豆(M1404∶6、9、10、
12)　16—18. 陶罐(M1404∶7、8、14)

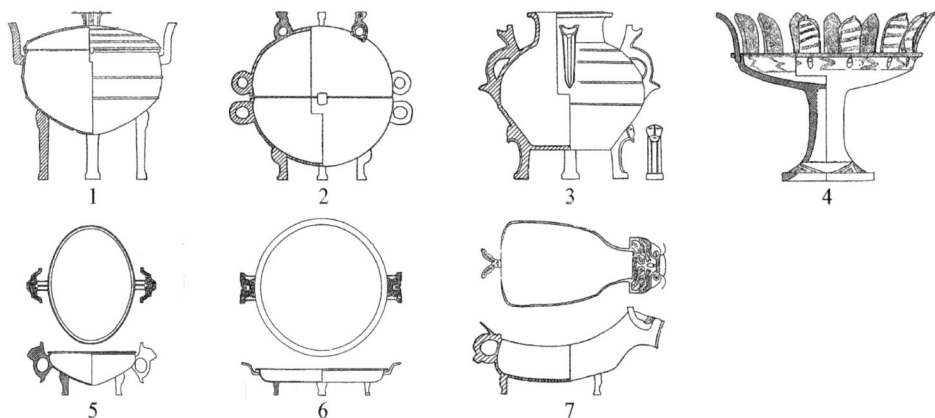

图 2.3.63　新郑李家村 1979M1 铜器群

1. 铜鼎(M1：6)　2. 铜敦(M1：5)　3. 陶壘(M1：7)　4. 陶铺(M1：8)　5. 铜铊(M1：4)
6. 铜盘(M1：2)　7. 铜匜(M1：3)

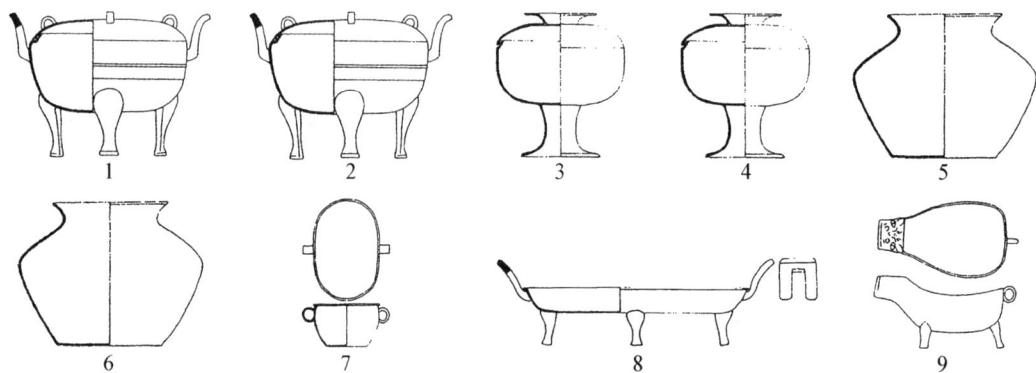

图 2.3.64　洛阳西工区 2001C1M7039 铜器群

1、2. 铜鼎(M7039：4、5)　3、4. 铜敦(M7039：1、10)　5、6. 铜壘(M7039：2、3)　7. 铜铊(M7039：11)
8. 铜盘(M7039：12)　9. 铜匜(M7039：9)

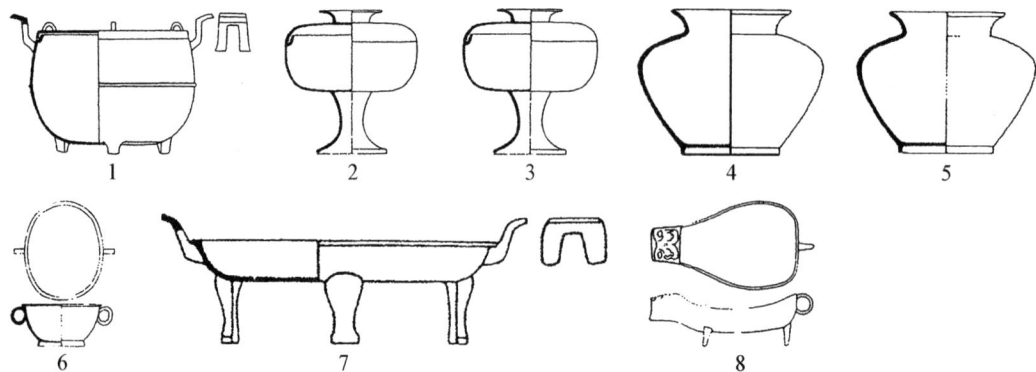

图 2.3.65　洛阳西工区 2001C1M7226 铜器群

1. 铜鼎(M7226：3)　2、3. 铜敦(M7226：4、5)　4、5. 铜壘(M7226：1、2)　6. 铜铊(M7226：24)　7. 铜盘
(M7226：6)　8. 铜匜(M7226：25)

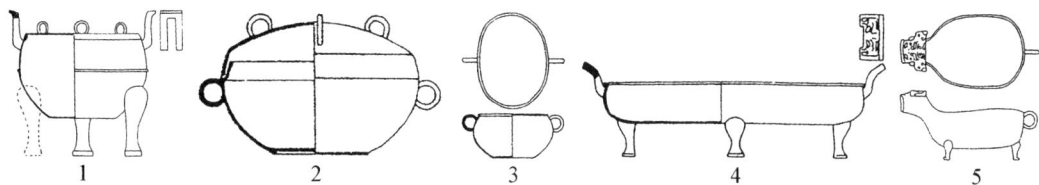

图 2.3.66　洛阳西工区 2001C1M7256 铜器群

1. 铜鼎(M7256：1)　2. 铜敦(M7256：2)　3. 铜钾(M7256：5)　4. 铜盘(M7256：4)　5. 铜匜(M7256：3)

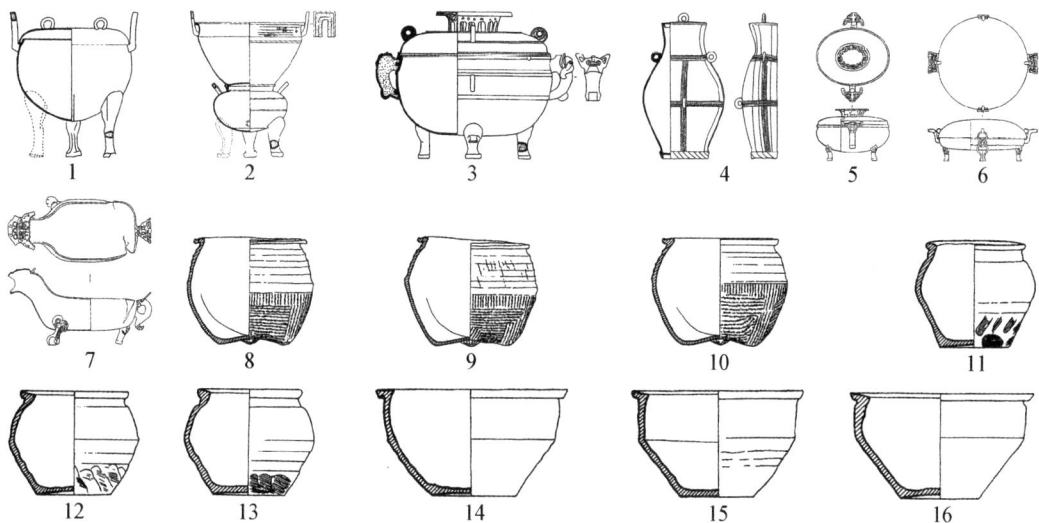

图 2.3.67　新郑铁岭 2001M1405 铜器群

1. 铜鼎(M1405：1)　2. 铜甗(M1405：4)　3. 铜敦(M1405：6)　4. 铜壶(M1405：2)　5. 铜钾(M1405：3)　6. 铜盘(M1405：7)　7. 铜匜(M1405：8)　8—10. 陶鬲(M1405：19、21、26)　11—13. 陶罐(M1405：18、22、25)　14—16. 陶盆(M1405：23、27、30)

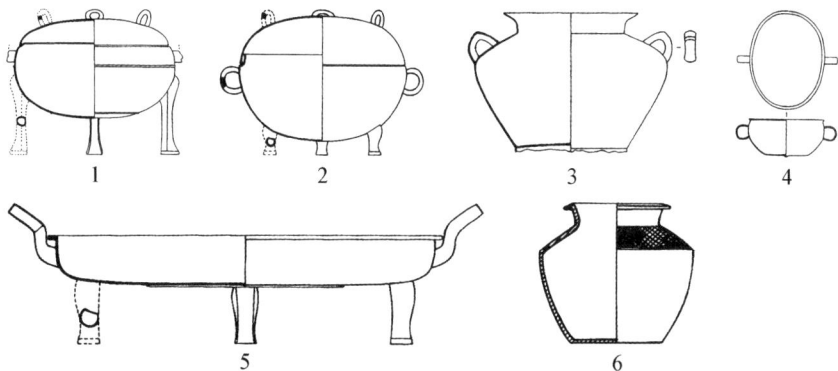

图 2.3.68　洛阳西工区 2005M8829 铜器群

1. 铜鼎(M8829：8)　2. 铜敦(M8829：7)　3. 铜罍(M8829：11)　4. 铜钾(M8829：10)　5. 铜盘(M8829：6)　6. 陶罐(M8829：4)

图 2.3.69　洛阳凯旋路南 1997LM470 铜器群

1. 铜鼎(M470：10)　2. 铜敦(M470：15)　3. 铜铧(M470：12)　4. 陶盘(M470：14)　5. 陶罐(M470：16)

图 2.3.70　洛阳中州路 1954M4 铜器群

1. 铜鼎(M4：40)　2. 铜簠(M4：18)　3. 铜敦(M4：21)　4. 铜罍(M4：36)　5. 铜匜(M4：39)

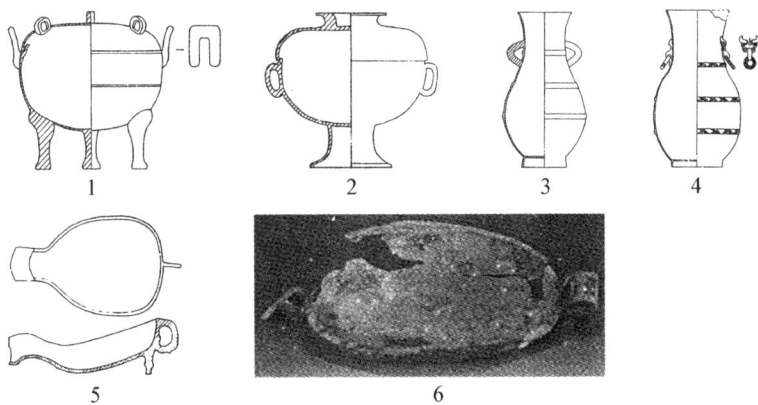

图 2.3.71　三门峡人民银行 2002M28 铜器群

1. 铜鼎(M28：1)　2. 铜敦(M28：2)　3、4. 铜壶(M28：3、4)　5. 铜匜(M28：7)　6. 铜盘(M28：6)

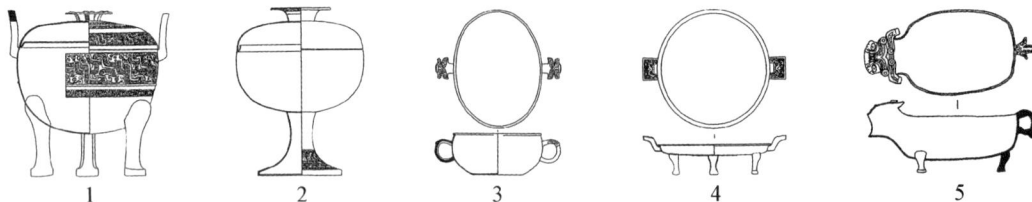

图 2.3.72　洛阳中州路北 1998LM535 铜器群

1. 铜鼎(M535：3)　2. 铜敦(M535：1)　3. 铜铧(M535：4)　4. 铜盘(M535：5)　5. 铜匜(M535：2)

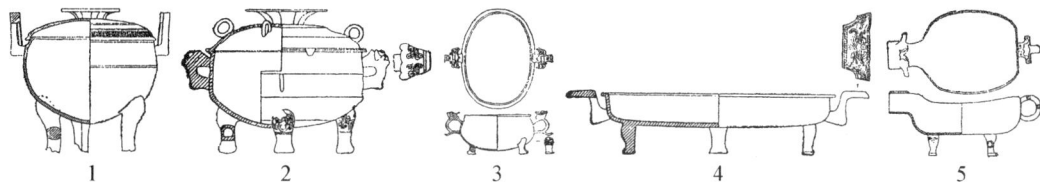

图 2.3.73　新郑新禹公路 1987M1 铜器群

1. 铜鼎(M1∶1)　2. 铜敦(M1∶2)　3. 铜铍(M1∶3)　4. 铜盘(M1∶4)　5. 铜匜(M1∶5)

图 2.3.74　洛阳琉璃厂 1966M439 铜器群

1. 铜鼎(M439∶1)　2. 铜敦(M439∶5)　3. 铜铍(M439∶5)

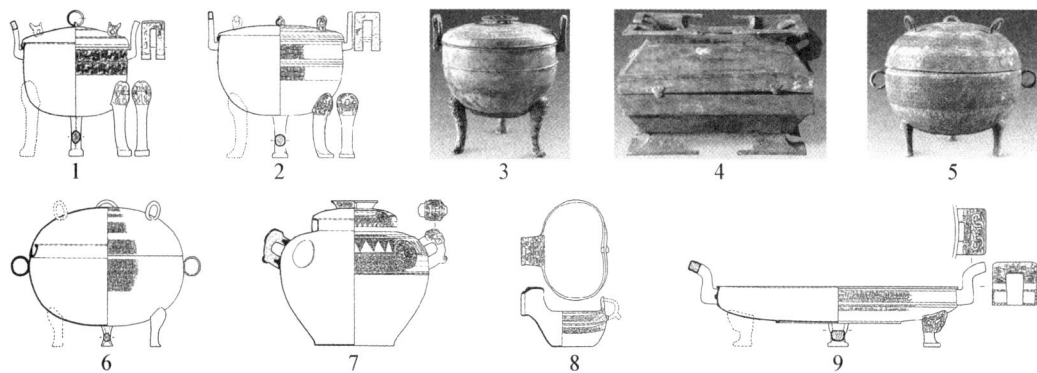

图 2.3.75　平顶山滍阳岭 1992M301 铜器群

1—3. 铜鼎(M301∶10、11、12)　4. 铜簠(M301∶8)　5·6. 铜敦(M301∶9)　7. 铜浴缶(M301∶5)　8. 铜匜(M301∶13)　9. 铜盘(M301∶14)

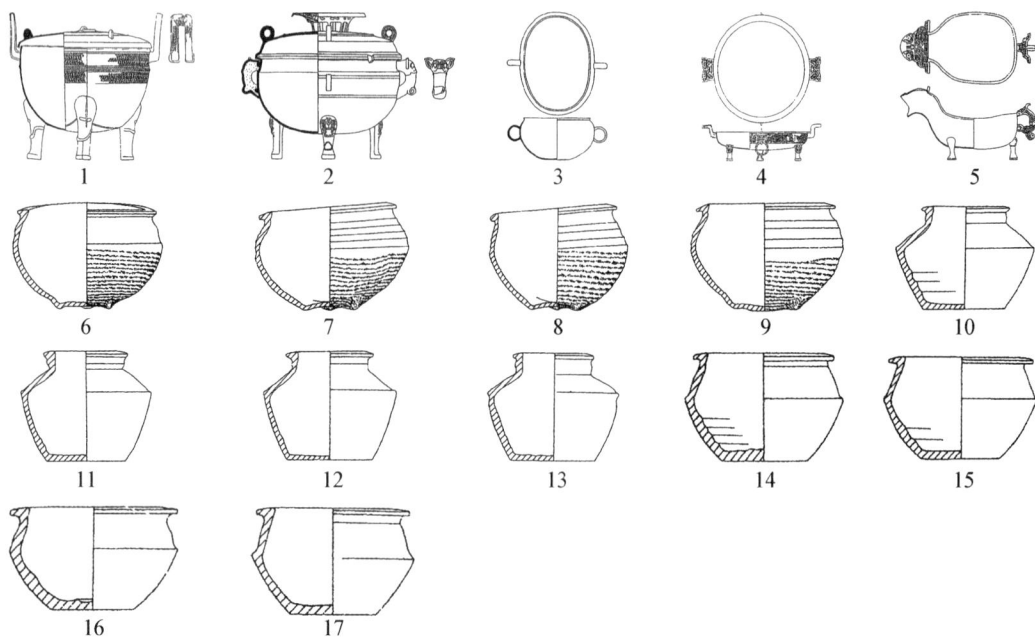

图 2.3.76　新郑铁岭 2009M429 铜器群

1. 铜鼎(M429：1)　2. 铜敦(M429：5)　3. 铜铺(M429：3)　4. 铜盘(M429：4)　5. 铜匜(M429：2)
6—9. 陶鬲(M429：9、13、15、24)　10—13. 陶罐(M429：7、8、11、12)　14—17. 陶盂(M429：10、14、16、25)

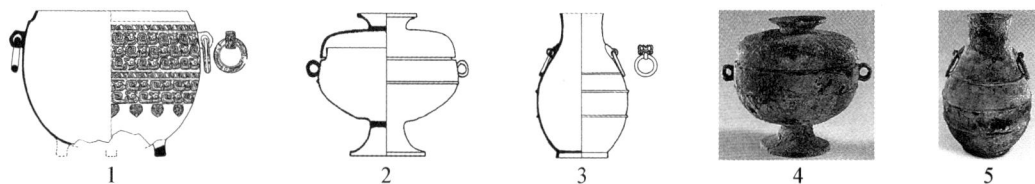

图 2.3.77　洛阳王城广场 2002M7 铜器群

1. 铜鼎(M7：1)　2·4. 铜敦(M7：4)　3·5. 铜壶(M7：2)

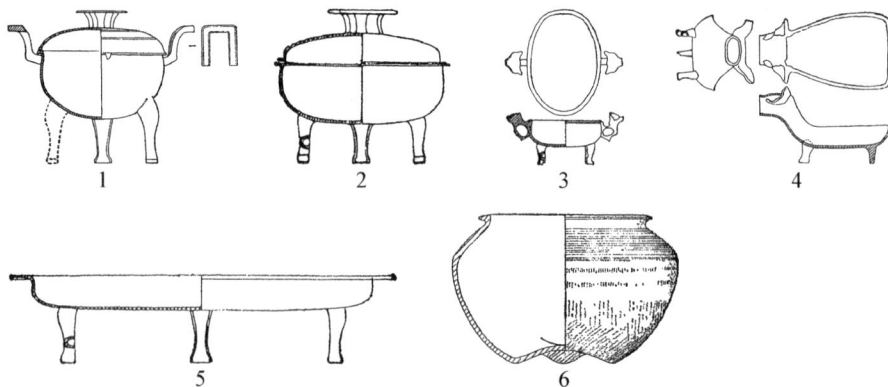

图 2.3.78　新郑新禹公路 1988M13 铜器群

1. 铜鼎(M13：2)　2. 铜敦(M13：7)　3. 铜铺(M13：5)　4. 铜匜(M13：3)　5. 铜盘
(M13：6)　6. 陶鬲(M13：1)

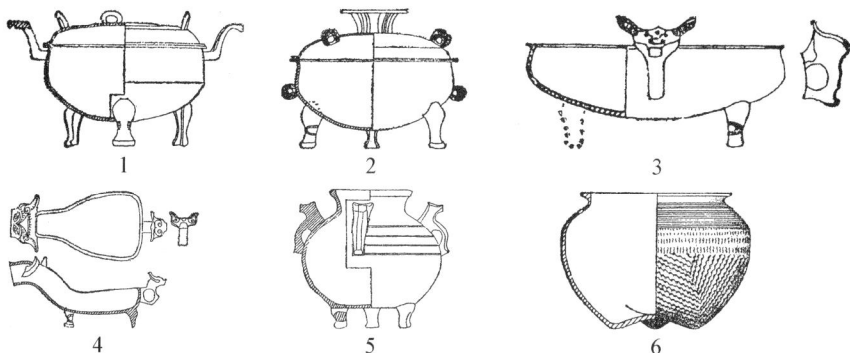

图 2.3.79 新郑新禹公路 1988M2 铜器群

1. 铜鼎(M2：1) 2. 铜敦(M2：2) 3. 铜铺(M2：5) 4. 铜匜(M2：3) 5. 陶罍(M2：7) 6. 陶鬲(M2：11)

图 2.3.80 新郑烟厂 1963M 铜器群

1. 铜鼎 2. 铜敦 3. 铜盘

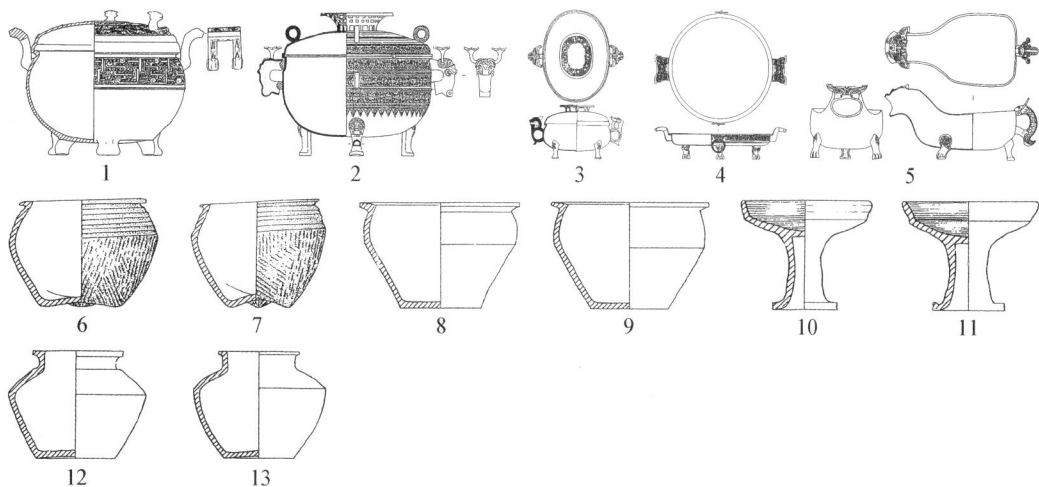

图 2.3.81 新郑郑韩路 2004M6 铜器群

1. 铜鼎(M6：1) 2. 铜敦(M6：2) 3. 铜铺(M6：3) 4. 铜盘(M6：4) 5. 铜匜(M6：5) 6、7. 陶鬲 (M6：10、13) 8、9. 陶盆(M6：11、14) 10、11. 陶豆(M6：15、17) 12、13. 陶罐(M6：9、19)

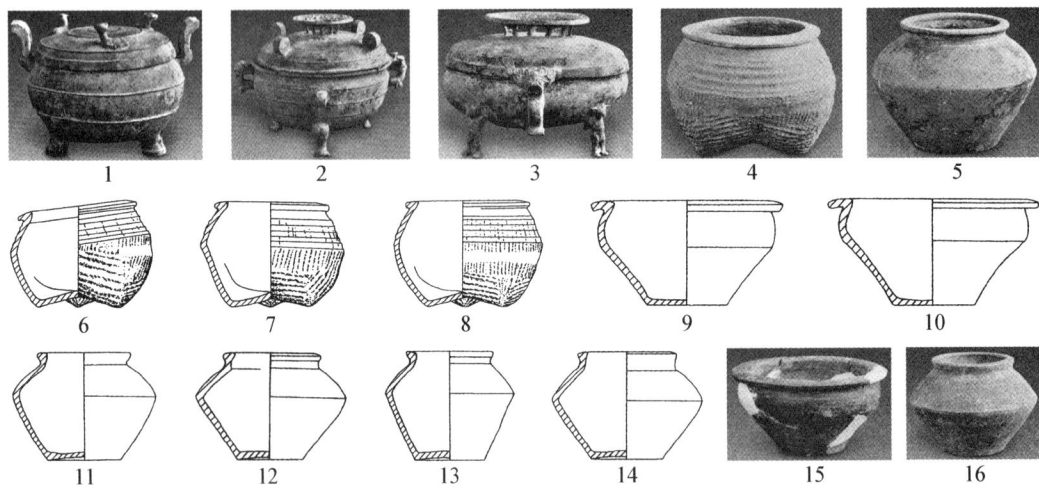

图 2.3.82　新郑铁岭 2009M458 铜器群

　　1. 铜鼎(M458：2)　2. 铜敦(M458：1)　3. 铜钫(M458：3)　4·7、6、8. 陶鬲(M458：13、7、15)　5·12、11、13、14·16. 陶罐(M458：6、5、8、9)　9·15、10. 陶盆(M458：10、14)

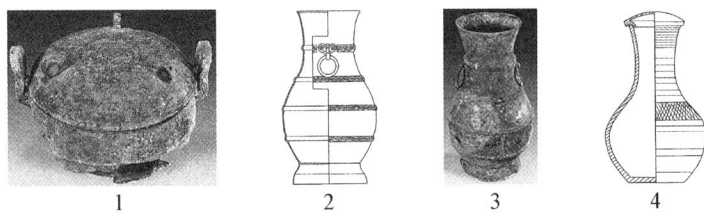

图 2.3.83　三门峡西苑小区 2003M1 铜器群

1. 铜鼎(M1：5)　2·3. 铜壶(M1：14)　4. 陶壶(M1：7)

图 2.3.84　陕县后川 1957M2121 铜器群

1·2. 铜鼎(M2121：7)　3·4. 铜壶(M2121：7)

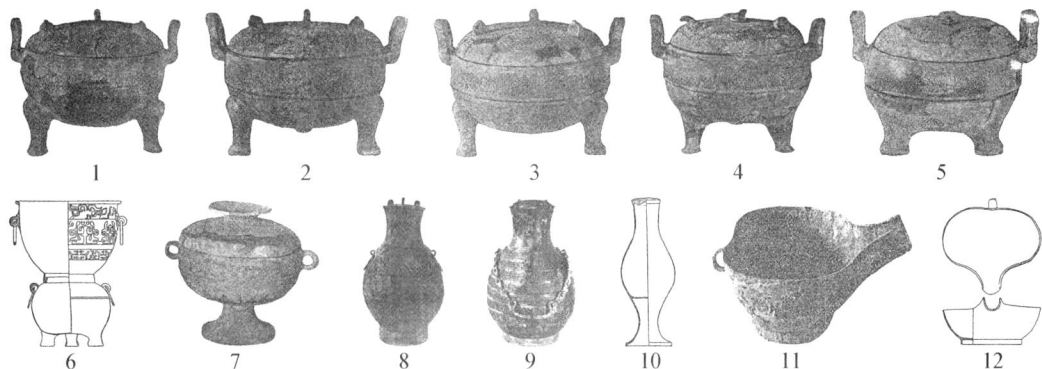

图 2.3.85 洛阳中州路 1954M2717 铜器群

1—5. 铜鼎（M2717：89、98、122、102、123） 6. 铜瓶（M2717：103） 7. 铜敦（M2717：197） 8—10. 铜壶（M2717：93、88、76） 11·12. 铜匜（M2717：194）

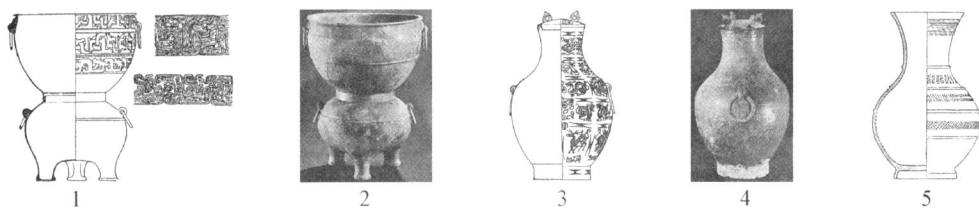

图 2.3.86 陕县后川 1957M2041、M2124 铜器群

1·2. 铜瓶（M2124：46） 3·4. 铜壶（M2041：6） 5. 陶壶（M2041：2）

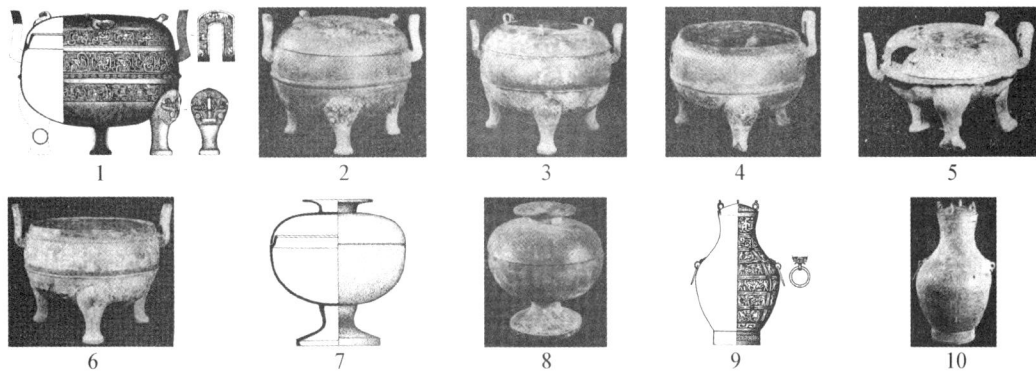

图 2.3.87 洛阳西工区 1981M131 铜器群

1·2、3—6. 铜鼎（M131：30、31、32、33、34A） 7·8. 铜敦（M131：25） 9·10. 铜壶（M131：28）

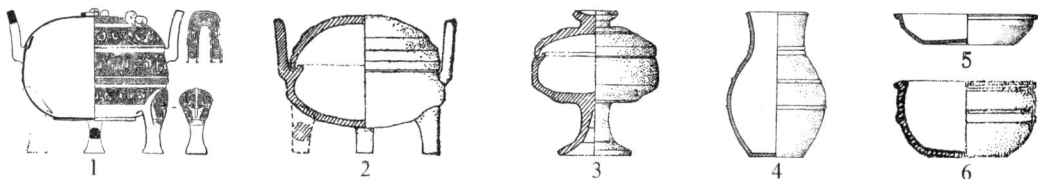

图 2.3.88　洛阳西工区 1984C1M2547 铜器群

　　1. 铜鼎(M2547：?)　2. 陶鼎(M2547：24)　3. 陶敦(M2547：27)　4. 陶壶(M2547：22)　5. 陶盘(M2547：38)　6. 陶碗(M2547：2)

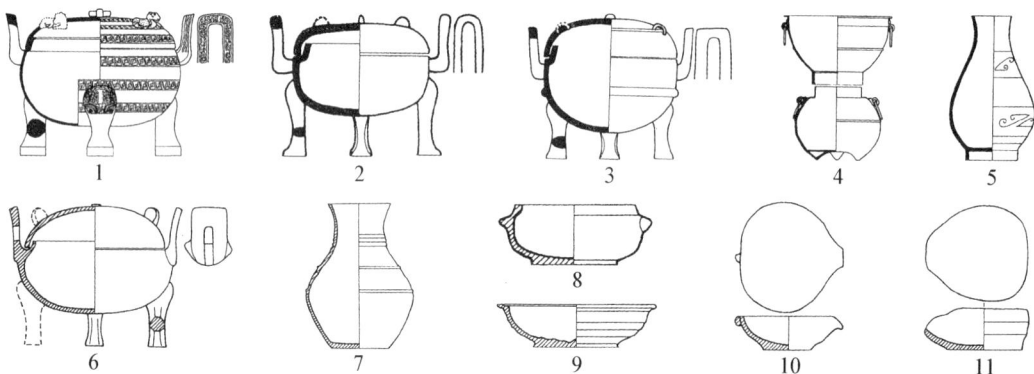

图 2.3.89　洛阳西工区 2004C1M8371 铜器群

　　1—3. 铜鼎(M8371：4、47、48)　4. 铜甗(M8371：2+7)　5. 铜壶(M8371：49-1)　6. 陶鼎(M8371：8)　7. 陶壶(M8371：1)　8. 陶钫(M8371：5)　9. 陶盘(M8371：3)　10、11. 陶匜(M8371：6-1、6-2)

图 2.3.90　洛阳西宫 1950M 铜器群

1、2. 铜鼎　3、4. 铜壶

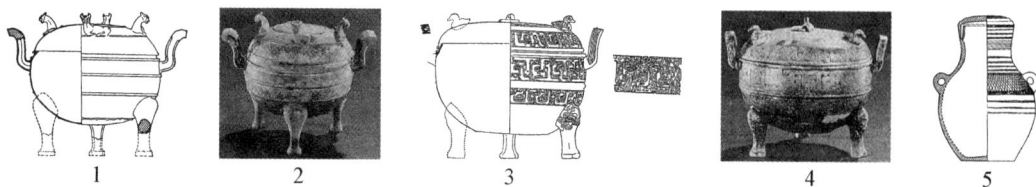

图 2.3.91　陕县后川 1957M2125、M2149 铜器群

1·2、3·4. 铜鼎(M2125：55、M2149：1)　5. 陶壶(M2149：11)

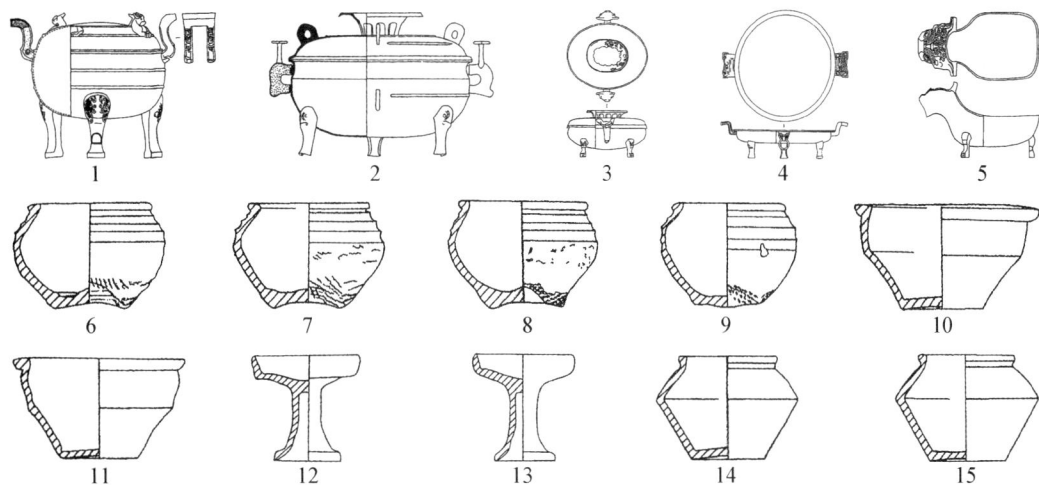

图 2.3.92　新郑铁岭 2009M550 铜器群

　　1. 铜鼎(M550：4)　2. 铜敦(M550：2)　3. 铜铏(M550：3)　4. 铜盘(M550：1)　5. 铜匜(M550：29)
6—9. 陶鬲(M550：8、10、13、28)　10、11. 陶盆(M550：11、12)　12、13. 陶豆(M550：14、15)　14、15. 陶罐
(M550：7、9)

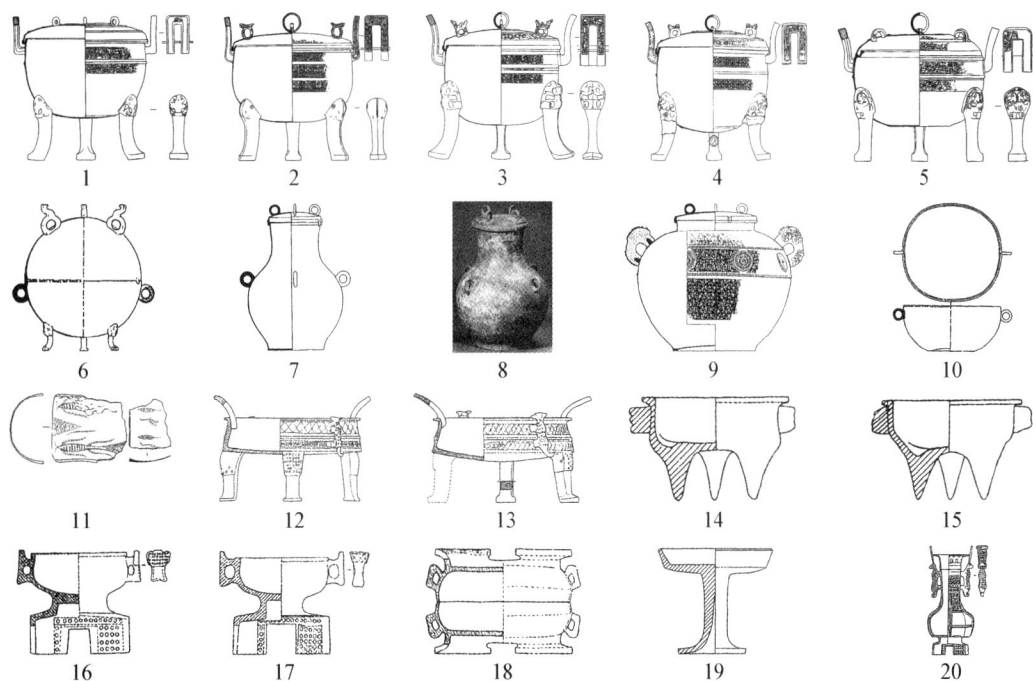

图 2.3.93　平顶山滍阳岭 1994M10 铜器群

　　1—5. 铜鼎(M10：38、39、44、45、18)　6. 铜敦(M10：7)　7、8. 铜尊缶(M10：21、22)　9. 铜浴缶(M10：1)
10. 铜铏(M10：6)　11. 铜匜(M10：51)　12、13. 陶鼎(M10：34、37)　14、15. 陶鬲(M10：8、14)　16、17. 陶
簋(M10：9、10)　18. 陶簠(M10：10)　19. 陶豆(M10：17)　20. 陶壶(M10：19)

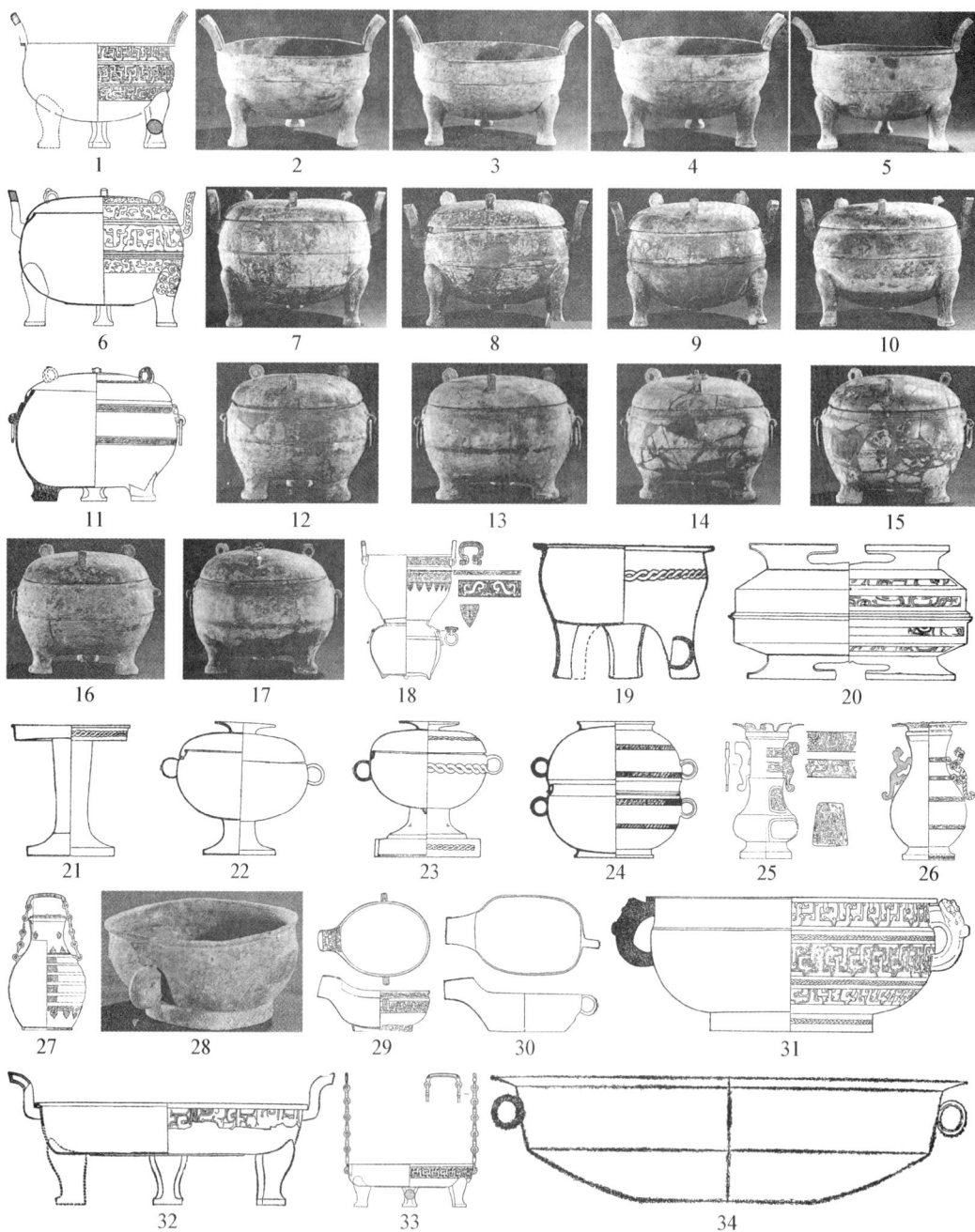

图 2.3.94　陕县后川 1957M2040 铜器群

1—17. 铜鼎（M2040：284、47、62、77、78、276、43、72、73、79、75、35、45、61、63、74、275）　18. 铜甗（M2040：34）
19. 铜鬲（M2040：59）　20. 铜簠（M2040：36）　21. 铜铺（M2040：50）　22—24. 铜敦（M2040：273、57、274）
25—27. 铜壶（M2040：28、31、29）　28. 铜鉶（M2040：460）　29、30. 铜匜（M2040：210、71）　31. 铜鉴
（M2040：64）　32、34. 铜盘（M2040：70、76）　33. 铜炉盘（M2040：80）

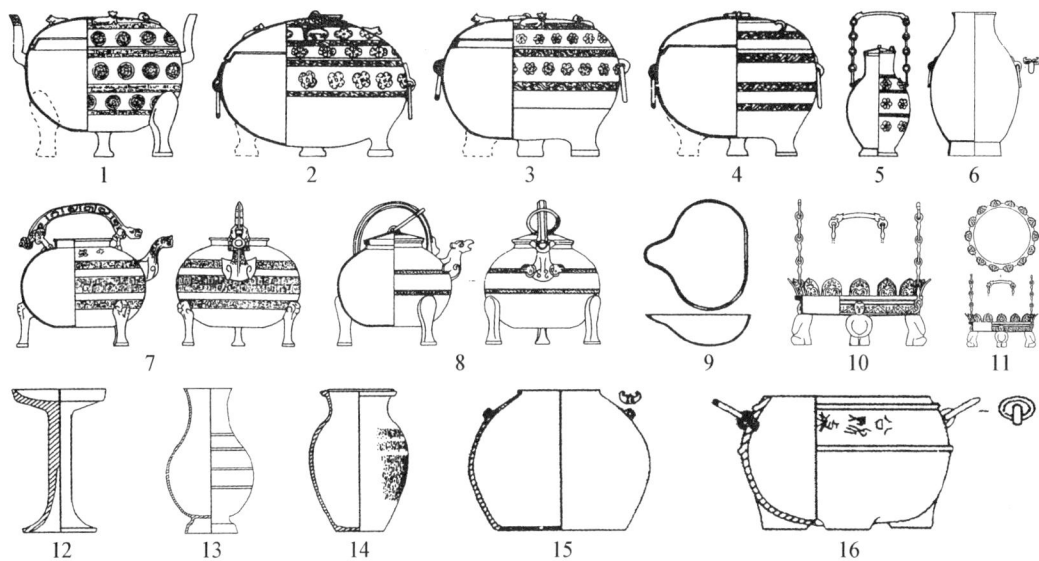

图 2.3.95　洛阳西工区 1996C1M5269 铜器群

1—4. 铜鼎（M5269：1、51、53、52）　5、6. 铜壶（M5269：50、2）　7、8. 铜盉（M5269：5、4）　9. 铜匜（M5269：81）　10 · 11. 铜炉盘（M5269：21）　12. 陶铺（M5269：7）　13. 陶壶（M5269：6）　14. 陶罐（M5269：22）　15. 瓷罍（M5269：83）　16. 玉鼎（M5269：8）

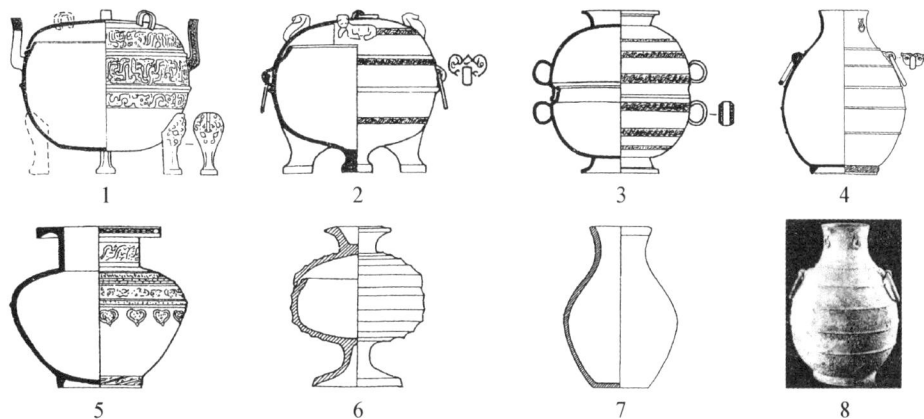

图 2.3.96　洛阳西工区 1992C1M3750 铜器群

1—2. 铜鼎（M3750：7、10）　3. 铜敦（M3750：11）　4 · 8. 铜壶（M3750：3）　5. 铜罍（M3750：8）　6. 陶敦（M3750：13）　7. 陶壶（M3750：5）

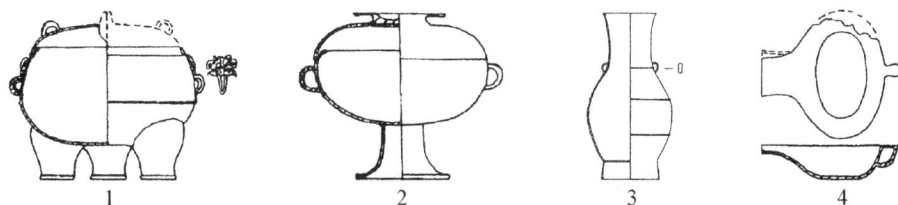

图 2.3.97　三门峡盆景园 1993M8 铜器群

1. 铜鼎（M8：11）　2. 铜敦（M8：9）　3. 铜壶（M8：12）　4. 铜匜（M8：15）

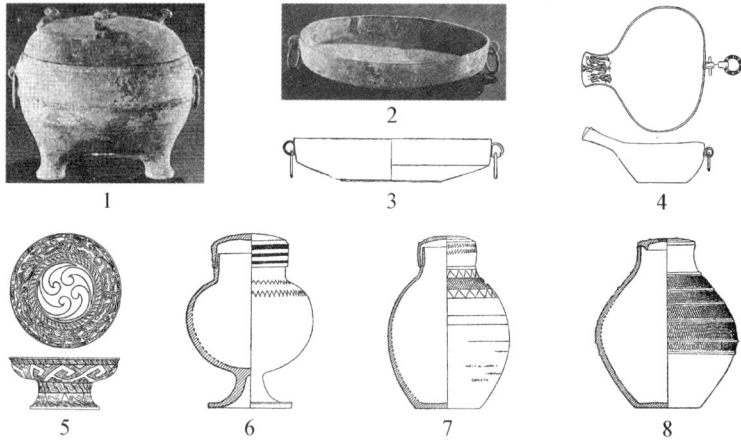

图 2.3.98　陕县后川 1957M2144 铜器群

1. 铜鼎(M2144：27)　2·3. 铜盘(M2144：6)　4. 铜匜(M2144：7)
5. 陶盘(M2144：25)　6—8. 陶壶(M2144：20、23、21)

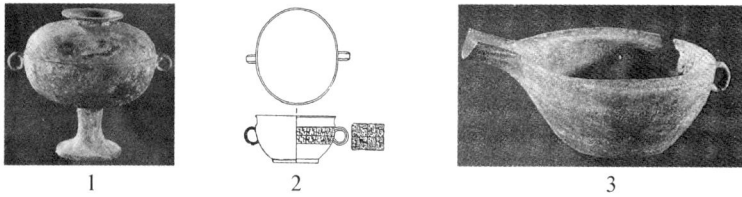

图 2.3.99　陕县后川 1957M2048 铜器群

1. 铜敦(M2048：6)　2. 铜铷(M2048：9)　3. 铜匜(M2048：8)

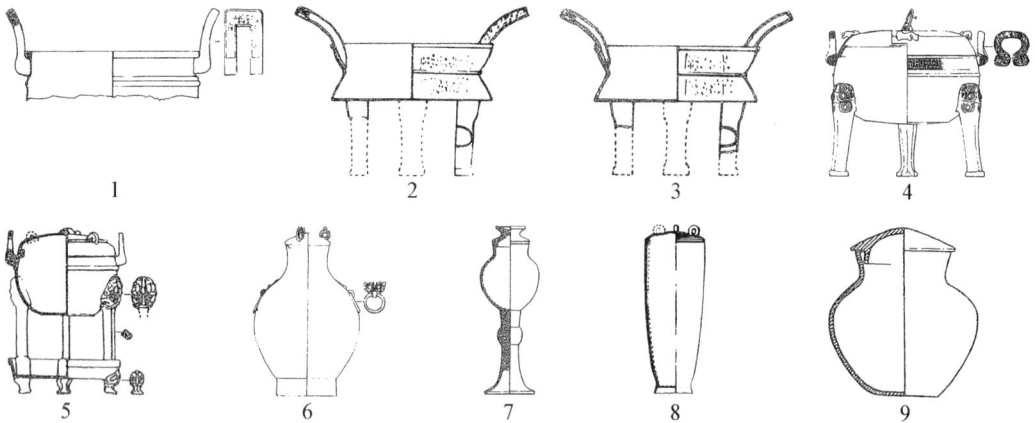

图 2.3.100　叶县旧县 1985M1 铜器群

1—5. 铜鼎(M1：采3、采1、采2、9、10)　6、7. 铜壶(M1：14、11)　8. 铜杯(M1：21)　9. 陶罐(M1：18)

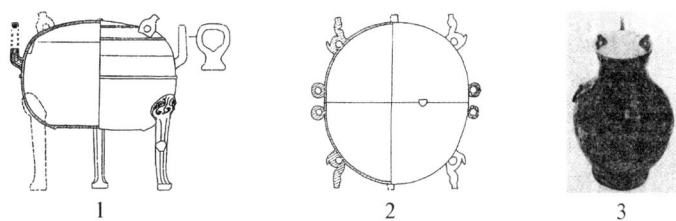

图 2.3.101 上蔡砖瓦厂 1979M 铜器群

1. 铜鼎 2. 铜敦 3. 铜壶

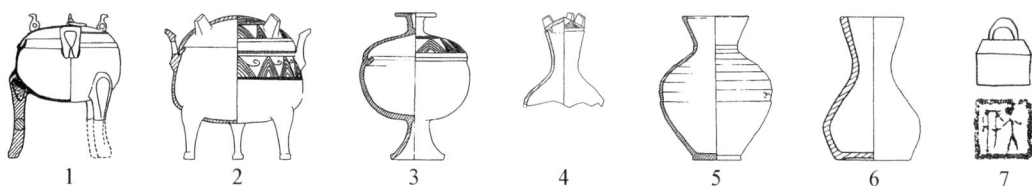

图 2.3.102 洛阳道北 1993IM540 铜器群

1. 铜鼎(M540：16) 2. 陶鼎(M540：23) 3. 陶敦(M540：22) 4—6. 陶壶(M540：19、18、25) 7. 铜印(M540：26)

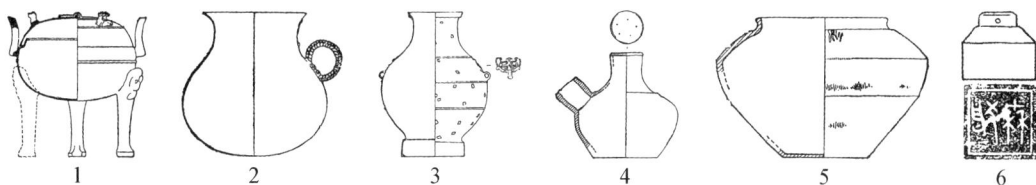

图 2.3.103 陕县后川 1957M3411 铜器群

1. 铜鼎(M3411：5) 2. 铜鉴(M3411：7) 3. 铜壶(M3411：18) 4. 陶壶(M3411：13) 5. 陶罐(M3411：4) 6. 玉印(M3411：20)

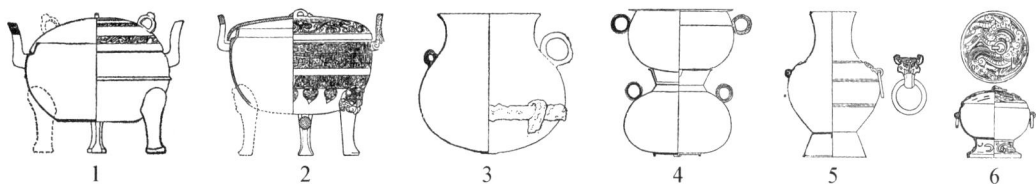

图 2.3.104 陕县后川 1957M2011 铜器群

1、2. 铜鼎(M2011：1、4) 3. 铜鉴(M2011：5) 4. 铜甗(M2011：6) 5. 铜壶(M2011：8) 6. 铜熏炉(M2011：10)

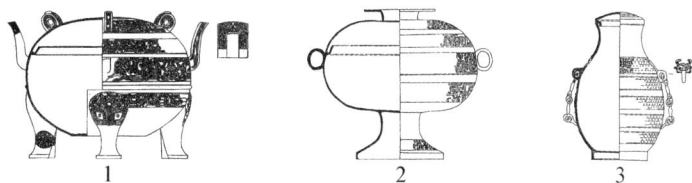

图 2.3.105 洛阳西工区 1983C1M203 铜器群

1. 铜鼎 2. 铜敦 3. 铜壶

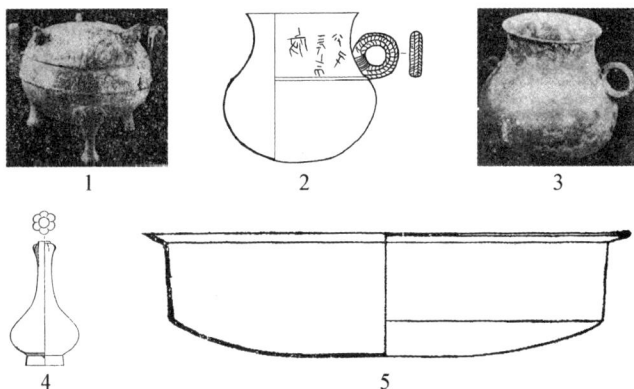

图 2.3.106　扶沟、洛阳、宜阳、陕县等铜器群

1. 铜鼎（扶沟古城 1974 采）　2、3. 铜鎣（宜阳秦王寨 1980 采、洛阳新安人徒山
1978 采）　4. 铜壶（陕县后川 1957M3410：1）　5. 铜盘（陕县后川 1957M3410：21）

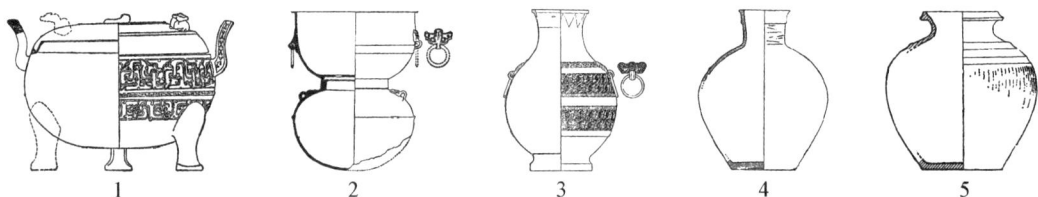

图 2.3.107　陕县后川 1957M3401 铜器群

1. 铜鼎（M3401：14）　2. 铜瓻（M3401：20）　3. 铜壶（M3401：6）　4、5. 陶罐（M3401：7、12）

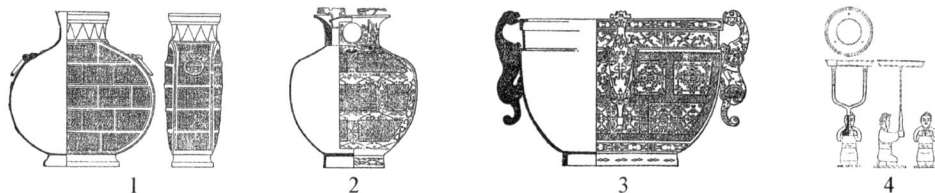

图 2.3.108　三门峡上村岭 1974M5 铜器群

1. 铜壶（M5：5）　2. 铜罍（M5：1）　3. 铜鉴（M5：3）　4. 铜灯（M5：4）

第四节　豫南苏皖鄂组典型铜器群
及其分组、分期和断代

　　豫南苏皖鄂组主要包括河南南阳和信阳、江苏、安徽、湖北等地出土的典型铜器群。它们既存在相似之处，也存在一定的差异，但是共性是主要的，尤其是楚文化形成以后，面貌更趋一致。因此为达到便于分期和断代的目的，我们将它们合为一组。

一、典型铜器群

按照典型铜器群的选择标准,我们从豫南苏皖鄂地区出土青铜器群中选取 184 个作为典型铜器群,考察典型器类及其型、式在这些典型铜器群中的分布情况,列为表 2.4.1。

二、分组、分期

在前文形制分析的基础上,主要根据典型器类及其主要型式在典型单位中的分布情况,以及式别特征的差异程度、共存器物的变化等,我们将豫南苏皖鄂组典型铜器群划分为七个小组(表 2.4.1,图 2.4.3—2.4.184)。

分组的理由如下:

(一) 关于第一组和第二组的分组

第一,器类构成有异。

烹煮器中,第一组以立耳折沿鼎为主,附耳折沿鼎为次,附耳子母口鼎较少,第二组以立耳折沿鼎为主,附耳子母口鼎为次,附耳折沿鼎数量较少,新出现箍口鼎;第一组鬲、甗数量较多,第二组数量锐减。

盛食器中,第一组以簠为主,簋、盆较少,第二组以簠和新出现的敦为主,盆数量增加,簠数量锐减,比重降低。

盥洗器中,第一组铜、浴缶数量少,第二组铜、浴缶数量增多。

第二,共有器类的型、式特征有异。

第一组流行 Aa Ⅰ 式、Ab Ⅰ 式、B Ⅰ 式立耳折沿鼎,第二组流行 Aa Ⅱ 式、Ab Ⅱ 式、B Ⅱ 式立耳折沿鼎。

第一组流行 Aa Ⅰ 式附耳折沿鼎,第二组流行 Aa Ⅱ 式。

第一组流行 Aa Ⅰ 式附耳子母口鼎,第二组流行 Aa Ⅱ 式,新出现 Ad Ⅰ 式。

第一组束腰鼎为 Bb Ⅰ 式,第二组代以 Bb Ⅱ 式。

第一组流行 B Ⅰ 式鬲,第二组流行 B Ⅱ 式鬲。

第一组流行 Ab Ⅰ 式、Aaab Ⅰ 式、Ba Ⅰ 式甗,第二组流行 Aaab Ⅱ 式、Ba Ⅱ 式、Caa Ⅱ 式。

第一组 Aa Ⅱ 式簠,至第二组代以 Aa Ⅲ 式、Aa Ⅳ 式,第二组流行 B 型簠。

第一组流行 Ac Ⅰ 式、Ba Ⅰ 式、Bc Ⅰ 式壶,第二组流行 Ac Ⅱ 式、Ba Ⅱ 式、Bc Ⅱ 式壶。

第一组流行 Ba Ⅰ 式罍,第二组流行 Ba Ⅱ 式罍。

第一组流行 Ba Ⅰ 式、C Ⅰ 式盏,第二组流行 Ba Ⅱ 式、C Ⅱ 式盏。

第一组流行 Aaaa Ⅰ 式匜,第二组流行 Aaaa Ⅱ 式和 Baaa Ⅱ 式匜。

第一组流行 Abaa Ⅰ 式盘,第二组流行 Abaa Ⅱ 式和 Adb Ⅱ 式盘。

第一组流行 A 型浴缶,第二组流行 B 型浴缶。

第三,纹饰特征有异。

表2.4.1　豫南苏皖鄂组典型

分期	分组	名　　称	烹　煮　器											
			立耳折沿鼎	附耳折沿鼎	附耳子母口鼎	箍口鼎	束腰鼎	细撇足鼎	鬲鼎	鬲	甗	簠	鉴	釜
一	豫南苏皖鄂1组	广水吴店 1987M1(完整)	AbⅠ2							BⅠ2	AbⅠ1			
		桐柏月河左庄 2001M4(完整)	AbⅠ2							BⅠ2				
		桐柏月河左庄 1964M(扰)	AaⅠ1											
		信阳明港钢厂 1981M(扰)	AaⅠ4							BⅠ2				
		信阳吴家店杨河 1979M(扰)	AaⅠ2											
		随州安居桃花坡 1979M1(扰)	AbⅠ2							AaaⅠ4				
		随州贯庄 1978M(扰)	AaⅠ2							AaaⅠ1、BⅠ3	AbⅠ1			
		随州熊家老湾 1972M(扰)	AbⅠ3								AbⅠ1			
		寿县肖严湖 1975M(扰)	AbⅠ1											
		桐柏钟鼓堂 1975M(扰)	AaⅠ1、AbⅠ1	AaⅠ1						BⅠ2				
		新野小西关 1974M(扰)		AaⅠ3						AbaaⅠ4	AbⅠ1			
		京山苏家垅 1966M(扰)		AaⅠ9						BⅠ9	AbⅠ1			
		随州义地岗八角楼 1979M(扰)		AaⅠ2										
		应城孙堰村 1991M1(扰)		AaⅠ2						BⅠ1				
		枣阳段营 1972M(扰)		AaⅠ3										
		枣阳郭家庙 1983M02(扰)		AaⅠ1										
		枣阳郭家庙 2002M17(盗)		AaⅠ3						BⅠ1				
		枣阳郭家庙 2002M1(扰-)		AaⅠ1										
		繁昌汤家山 1979M(扰)	BⅠ3								商1①			
		宣城孙埠正兴 1981M(扰)	BⅠ1				BaⅠ1			BⅠ1				
		浦口林场长山子 1977M(扰)	BⅠ1							Abbb2、BⅠ1				
		铜陵谢垅 1989JC(完整)	BⅠ1		AaⅠ1						AaabⅠ1、BaⅠ1			
		舒城河口 1988M1(扰)			AaⅠ2						BaⅠ1			
		舒城龙舒凤凰嘴 1959M(扰)			AaⅠ2					BⅠ3	BaⅠ1			
		潜山梅城黄岭 1993M(扰)								BⅠ4	AaabⅠ1、BaⅠ1			
		随州万店周家岗 1976M(扰)					BbⅠ2			BⅠ2				
		罗山高店 1972M(扰)												

————————

① "商1"表示商代的铜甗1件。

铜器群型式统计表

盛　食　器						盛　酒　器			盥　洗　器						
铺	盨	簠	簋	盆	敦	壶	尊缶	罍	鉴	盉	匜	盘	铫	浴缶	汤鼎
			AⅠ2			BaⅠ2					AaaaⅠ1	AbaaⅠ1			
								BaⅠ2			AaaaⅠ1	AbaaⅠ1			
								BaⅠ1			AaaaⅠ1	AbaaⅠ1			
						BaⅠ2、BcⅠ1					BaaaⅠ1	AbbaⅠ1			
											AaaaⅠ1	AbaaⅠ1			
			AⅠ4			BaⅠ1					AbaaⅠ1	AcaⅠ1			
			AⅠ2			BaⅠ2					AaaaⅠ1	AbaaⅠ1			
			AⅠ2			F1					AaaaⅠ1	AbaaⅠ1			
			AⅠ1								AaaaⅠ1			AbⅠ2	
			Db4			AcⅠ2					AaaaⅠ1	AbaaⅠ1			
			AⅠ4	AⅠ1		BaⅠ2					AaaaⅠ1	AbaaⅠ1			
2			AⅠ7			AaⅠ2			CⅠ1		AaaaⅠ1	AbaaⅠ1			
						DⅠ1						AbaaⅠ1			
			DaⅠ2			BcⅠ1									
			AⅠ4			BaⅠ2									
			AⅠ2					AaⅠ1			AaaaⅠ1	AbaaⅠ1			
						BaⅠ2							AaabⅠ1		
		AaⅡ2				AaⅠ2					AaaaⅠ1	1			
			EⅠ1						CⅠ1			AbaaⅠ1			Ⅰ1
											AaabⅠ1				
			AⅠ1									AddⅠ1		AbⅠ2	Ⅰ1
												AdaⅠ1、2	Aa3		
									BaⅠ1						
			AⅠ2			BaⅠ2					AaaaⅠ1	AbaaⅠ1			
						BbⅠ1					AaaaⅠ1	AbaaⅠ1			

分期	分组	名　　称	烹煮器 立耳折沿鼎	附耳折沿鼎	附耳子母口鼎	箍口鼎	束腰鼎	细撇足鼎	鬲鼎	鬲	甗	甎	镬	鉴	釜
二	豫南苏皖鄂2组	信阳明港段段湾 1978M(扰)	Ab I 2								Abaa I 2				
		新野小西关 1971M(扰)	A I 1								Aaaa I 1				
		信阳平桥西 1978M1(扰)	Ab II 1								B I 2				
		信阳平桥西 1986M5(扰)	Aa II 1								B II 1				
		信阳平桥西 1978M2(扰)	Ab II 2												
		信阳平桥西 1981M3(扰)	Aa II 1												
		光山宝相寺 1983M(扰)	Aa II 1、Ab II 3								B II 2	Bb II 1			
		谷城新店 1977M(扰)	B II 3			Aa I 2									
		南阳烟草专卖局 1993M2(完整)	B II 1												
		固始万营山 1980M1(扰)	B II 1												
		潢川刘砦 1978M(扰)	B II 1												
		怀宁金拱人形 1982M(扰)	B II 2									Ba II 1			
		南阳西关煤场 1974M(扰)	B II 2	Aa I 1											
		襄阳王坡 2001M55(完整)		Aa II 5											
		枝江百里洲王家岗 1969M(扰)		Aa I 3											
		南阳李八庙 2004M1(扰)			Aa II 2						Aaab II 1				
		淅川下寺 1979M7(完整)			Aa II 2										
		南阳西关 1988M1(完整)			Aa II 1										
		随州义地岗季氏梁 1979M(扰)			Aa II 1							Caa II 1			
		襄阳沈岗 2009M1022(完整)			Aa II 2										
		钟祥文集黄土坡 1988M35(完整)			Aa II 1										
		罗山高店 1979M(扰)			Ad I 2										
		淅川下寺 1979M8(盗)				Ab I 1									
		钟祥文集黄土坡 1988M31(完整)				Ab I 1									
		随州刘家崖 1980M1(盗)					Bb II 2				Abab II 4				
		潢川上油岗磨盘山 1975M(扰)													
		汉川西正街尾 1974M(扰)									B II 2	Ba II 1			

续表

盛食器						盛酒器			鉴洗器						
铺	盨	簠	簋	盆	敦	壶	尊缶	罍	鉴	盉	匜	盘	铋	浴缶	汤鼎
				AⅡ1		AcⅡ2						AbaaⅡ1			
	BbⅡ2			CaⅡ1							AaaaⅠ1	AbaaⅡ1			
				CaⅡ1		BaⅡ1					AaaaⅠ1	AbaaⅡ1			
					AaⅡ1	BcⅡ1									
	BbⅢ2					BcⅡ2					AaaaⅡ1	AbaaⅡ1			
						BcⅡ1							AabⅡ1		
			DcⅡ4			AcⅡ4		BaⅡ5		EⅡ1	AaaaⅡ2	AbaaⅡ2			
			AaⅣ4			BaⅡ2						AdbⅡ1	CaⅠ1	BⅡ2	
					AaⅡ1										
					AaⅡ1										
			AⅠ1			AcⅡ1						AbaaⅠ1		BⅡ1	
											AaaaⅡ1			AbⅡ1	
	BaⅢ2					BbⅡ2									
			AⅡ6			BaⅡ2					AaaaⅡ1	AbaaⅡ1			
	BbⅡ2					AcⅡ1					AbaaⅠ1	AbaaⅡ1			
					AaⅡ1						BaaaⅡ1	AdbⅡ1		BbaⅡ1	
	BbⅢ2				BaaⅠ1						BbcⅠ1	AbbaⅡ1		BaⅡ2	
	BbⅢ1								BaⅡ1			AbbaⅡ1			
	AaⅢ2														
	AdⅠ2				BdⅠ1						BaaaⅠ1	AbaaⅡ1		BaⅡ2	
					BaaⅡ2			AbbaⅠ2							
				CaⅡ1		BcⅡ1					AaaaⅡ1	AcaⅠ1	AbbⅡ1		
	AdⅡ1、BbⅡ3									CⅡ1	BaaaⅡ1			BaⅡ1	
					BaaⅠ2						BaaaⅡ1	AdbⅡ1			
					BaⅡ2										
				CaⅡ1		有		BaⅡ1		CⅡ1		有			
			EⅡ1										AⅢ1		

分期	分组	名　　称	烹　煮　器											
			立耳折沿鼎	附耳折沿鼎	附耳子母口鼎	箍口鼎	束腰鼎	细撇足鼎	高鼎	鬲	甗	镬	鉴	釜
三	豫南苏皖鄂3组	桐柏月河左庄 1993M1(完整)	BⅡ2											
		当阳赵家塝 1978M8(完整)	BⅡ1			AbⅡ1								
		蚌埠双墩 2006M1(完整)	BⅢ3			AbⅡ2					CabⅠ1			
		淅川下寺 1978M1(完整)	AbⅡ1	BbaⅠ4		AbⅡ4、AcⅡ1	BaaⅢ2			AbaaⅠ1、CⅠ1				
		当阳赵家湖 1974M(扰)				AbⅡ2								
		郧县肖家河 2006M4(完整)		BbaⅠ2										
		固始万营山 1983M2(扰)		BbaⅠ2										
		淅川下寺 1977M36(扰)		BbaⅠ2										
		当阳金家山 1975M9(完整)		BbaⅠ2										
		淅川下寺 1978M3(完整)		BbaⅠ2		AbⅡ2、BaⅠ1								
		淅川下寺 1978M2(扰)		BbaⅠ6		AbⅡ5	BaaⅢ7			AbaaⅢ2				
		南阳八一路 2008M38(完整)		AbaⅢ2		AbⅡ3								
		南阳万家园 2005M181(盗)			AbⅡ1	AaⅡ1、AbⅡ1								
		淅川下寺 1979M4(完整)				AbⅡ1								
		宜城蒋湾母牛山 1989M1(扰)				AbⅡ2								
		江陵岳山 1970M(扰)				AbⅡ1								
		郧县肖家河 2001M1(扰)				AbⅡ1								
		襄阳山湾 1972M15(完整)				AbⅡ2								
		六安九里沟 1991M1(扰)				AbⅡ1								
		随州义地岗季氏梁 1980M(扰)				AbⅡ2								
		当阳金家山 1984M247(完整)				AbⅡ1								
		襄阳余岗 2004M237(完整)				BaⅠ1								
		襄阳余岗 2004M279(完整)				AbⅡ1								
四	豫南苏皖鄂4组	邳州九女墩 1993M3(完整)			AbⅢ3						AabⅠ1			
		丹徒北山顶 1984M(盗)			AcⅢ1、DaⅠ1	AcⅡ1								
		固始侯古堆 1978M1(盗)			AbⅢ3、AdⅢ3	AcⅣ3								
		六合程桥 1968M2(扰)			DaⅠ2									

续表

盛　食　器						盛　酒　器			盥　洗　器						
铺	盨	簠	簋	盆	敦	壶	尊缶	罍	鉴	盂	匜	盘	铺	浴缸	汤鼎
				BabⅢ1		AaⅢ2					AaaaⅠ1	AdcⅢ1		BaⅡ2	
			AⅢ2		BaaⅡ1								AbcⅠ1		
		BbⅣ4	DaⅢ2					AbbbⅡ2		BaⅡ1	BaaaⅢ1、BbaⅢ1	AdbⅢ1			
		BbⅣ2	AⅢ1		BaaⅡ1	AaⅢ2	AbⅠ2			BaⅢ1	BbaⅢ1	AdbⅢ1		BaⅢ2	Ⅲ1
		BbⅣ1									BbaⅢ1	AdbⅢ1		BaⅢ1	
		BbⅣ2			BaaⅡ1						BbaⅢ1	AdcⅢ1		BaⅢ2	
		BbⅣ1			BaaⅡ1						BbaⅢ1	AdcⅢ1		BaⅢ1	
		BbⅣ2									BbaⅢ1	AdcⅢ1		BaⅢ2	
			AⅢ2		BaaⅡ1								AbcⅠ1		
		AeⅣ1、BbⅣ3			BaaⅡ1	CbabⅠ1		AaⅢ2	AaⅢ1	BaⅡ1	BbaⅢ1	AdcⅢ1	AaacⅠ1	BaⅡ2	Ⅲ1
1		BbⅣ1	AⅢ2	AⅢ1、BaaⅢ1	BaaⅡ1	1		AaⅢ2	AaⅢ1		BbaⅢ1	AdcⅢ1	AbbⅣ1	BbaⅢ2	Ⅲ1
		BbⅣ4			BaaⅡ1			AcⅠ2			BbaⅢ1	AdbⅢ1		BaⅡ2	Ⅲ1
		BbⅣ2			BaaⅡ1						BbaⅢ1	AdcⅢ1		BaⅢ1	
		BbⅣ1									BbaⅢ1	AdcⅢ1		BaⅢ1	
		BbⅣ2			BaaⅡ1						BbaⅢ1	AdcⅢ1		BaⅢ1	
		AdⅢ1									AbaaⅡ1	AdaⅢ1		BaⅢ1	
					BaaⅡ1	CabⅢ1					BbaⅢ1	AbcⅢ1			
					BaaⅡ1						1	AdcⅢ1		BaⅢ1	
					BaaⅡ1									BaⅢ1	
					BaaⅡ1										
					BaaⅡ1								AbcⅠ1		
					AaⅡ1								AbcⅠ1		
					BaaⅡ1								AbcⅠ1		
					CabaⅡ5	CbaaⅣ1		1	BaⅡ5	BaⅣ2				CaⅠ1	Ⅳ1
							AbⅡ2		BbⅡ1						
		BbⅤ2			AcⅡ1、CcaⅠ1					BaⅣ1	BbaⅣ1	AdcⅣ1		BaⅣ3	
											BaaaⅣ1				

分期	分组	名　称	烹　煮　器											
			立耳折沿鼎	附耳折沿鼎	附耳子母口鼎	箍口鼎	束腰鼎	细撇足鼎	鬲鼎	鬲	甗	鍑	鏊	釜
四	豫南苏皖鄂4组	凤阳卞庄 2007M1(盗)				AcⅢ2					CabⅡ1			
		随州义地岗 1994M1(完整)				AcⅢ1					CabⅡ1			
		随州义地岗 1994M2(完整)				AcⅢ1								
		郧县肖家河 1990M(扰)				AcⅢ2								
		枝江姚家港 1985M14(完整)				AcⅢ2								
		襄阳余岗 2004M180(完整)				AcⅢ1								
		襄阳余岗 2004M214(完整)				AcⅢ1								
		襄阳山湾 1972M33(完整)				AcⅢ2								
		襄阳余岗 2004M175(完整)				AcⅢ1								
		吴县枫桥何山 1980M(扰)				AbⅡ3		BaⅣ2						
		钟祥文集黄土坡 1988M3(完整)				AⅡ1、AbⅢ1								
		襄阳余岗 2004M215(完整)				AbⅢ2								
		麻城李家湾 1993M14(完整)				BaⅡ1								
		潢川隆古高稻场 1966M2(扰)				BaⅡ2、BbⅠ1								
		寿县西门内 1955M(扰)	BbaⅡ1		1	BbⅠ9	BaaⅣ7	AbabⅣ8						
		襄樊团山 1988M1(完整)				BbⅠ2								
		淅川下寺 1979M11(完整)				BbⅠ3								
		淅川下寺 1979M10(完整)				BbⅠ4								
		襄阳山湾 1972M14(完整)				BbⅠ1								
		襄阳山湾 1972M23(完整)				BbⅠ1								
		六合程桥 1988M3(扰)				BbⅠ2					Da1			
		苏州虎丘 1975M(扰)				BbⅠ2								
		随州义地岗 1994M3(完整)				BbⅠ1								
		麻城李家湾 1993M16(完整)				BbⅠ1								
		麻城李家湾 1993M42(完整)				BbⅠ1								
		丹徒谏壁粮山 1979M1(扰)				BbⅠ1		AaⅣ2			Da1			
		六安九里沟 1991M2(扰)				BbⅠ1								
		舒城九里墩 1980M(盗)												
		潢川隆古高稻场 1966M1(扰)												
		丹徒谏壁王家山 1985M(扰)						AaⅣ1						
		六合程桥 1964M1(扰)						AaⅣ1						
		苏州新苏丝织厂 1977JC(扰)						AaⅣ2						
		邳州刘林 1958M(扰)												

续表

盛食器						盛酒器			盥洗器						
铺	盨	簠	簋	盆	敦	壶	尊缶	罍	鉴	盉	匜	盘	铷	浴缶	汤鼎
		BbⅤ1	DcⅣ1	BabⅣ1				AbbaⅣ1		BaⅣ1	BbaⅣ1	AcbⅣ1			
		BbⅤ1				AaⅣ1					BaaaⅣ1	AbbbⅡ1			
		BbⅤ1				AaⅣ1					BaaaⅣ1	AbbbⅡ1			
		BbⅤ2					AbⅡ2				BaaaⅣ1	1			
		BbⅤ2									BbaⅣ1	AdcⅣ1		BaⅣ1	
		BbⅤ1					AaⅣ1								
		BbⅤ1					AaⅣ1								
		BbⅤ1			DaⅠ1						BaaaⅣ1	AdbⅣ1		BaⅣ1	
					DabⅠ1		AaⅣ1								
		BbⅤ2								BaⅣ1	BbaⅣ1	AddⅣ1		BaⅣ1	
		BbⅣ1					AaⅡ1		AaⅣ1		BbaⅣ1	AdbⅣ1		BaⅣ1	
		BbⅤ1			DaaⅠ1		AbⅡ1								
					DaaⅠ1		CbaaⅣ1				BbaⅣ1	AdcⅣ1			
		BbⅤ1			BaaⅢ1		AbⅡ1						AbcⅡ2		
2		BbⅤ4	BaⅣ8		DacⅠ2、CbbⅡ2	AaⅣ2、CaaⅣ1	AaⅣ3、BⅡ2		AaⅣ2、AbⅠ2	BaⅣ1、D1	BbaⅣ1	AcaⅣ2、AdaⅣ2、Afb1、BcbⅡ2		BaⅣ2	Ⅳ1
		BbⅤ2				AaⅣ2					BaaaⅣ1	AddⅣ1			
		BbⅤ2			1	AaⅣ2					1	Ad1		BaⅣ1	
		BbⅤ2			DaaⅠ1		AbⅡ2				BbaⅣ1	AdcⅣ1		BaⅣ2	
		BbⅤ1									BaaaⅣ1	AdcⅣ1		BaⅣ1	
		BbⅤ1									BaaaⅣ1	AddⅣ1		BⅣ1	
		BbⅤ1									BbaⅢ1	AdcⅣ1	AbbⅤ1		
					CbaⅠ1		AbⅡ1			BaⅣ1	BaaaⅣ1	AddⅣ1			
					Cc1		CbaaⅣ1				BaaaⅣ1	AddⅣ1			
					DabⅠ1		AbⅡ1								
							AbⅣ1							BaⅣ1	
														CaⅠ1	
					DaaⅠ1										
		BbⅤ2			DaaⅠ1					BaⅣ1					
		BbⅤ1									BaaaⅣ1	AdbⅣ1	AbbⅤ1	BaⅣ1	
					AcⅡ1					BaⅣ1	BaaaⅣ1	AddⅣ1			
							AaⅣ1				BaaaⅣ1				
												AbdⅠ1			
		BbⅤ2				AaⅣ2					AbcⅣ1				

分期	分组	名称	烹煮器											
			立耳折沿鼎	附耳折沿鼎	附耳子母口鼎	箍口鼎	束腰鼎	细撇足鼎	鬲鼎	鬲	甗	镬	鉴	釜
五	豫南苏皖鄂5组	淅川和尚岭1990M1(盗)			AbⅢ2	BbⅡ2	BaaⅡ2							
		随州擂鼓墩1978M1(盗-)		BaⅢ2	AbⅣ1、AdⅣ5、DaⅡ2	AcⅤ1	BaaⅤ9				AbabⅤ9、DⅠ1	AabⅡ1		
		随州擂鼓墩1981M2(盗)		BaⅢ1	DbⅡ6		BaaⅤ9				DⅠ1、EⅠ9	AabⅡ1		
		淅川和尚岭1990M2(盗-)		BbbⅢ2	AbⅣ1	AcⅤ3、BbⅡ1								
		郧县肖家河2006M5(完整)				AcⅤ1、BbⅡ1								
		郧县肖家河2006M6(完整)				BbⅡ2								
		随州义地岗1976M(扰)				BbⅡ1								
		襄阳余岗2004M173(完整)				BbⅠ1								
		淅川徐家岭2006M11(盗)			DbⅡ5									
		淅川徐家岭1990M9(盗)				AcⅤ1	BabⅠ3				AbabⅤ3			
		随州义地岗2011M6(完整)				AcⅤ2					CabⅢ1			
		六安城西窑厂1991M2(扰)				AcⅤ2								
		当阳杨家山1978M6(完整)				AcⅤ1								
		襄阳余岗2004M289(完整)				AcⅤ1								
		六合和仁1973M(扰)						AaⅤ1						
六	豫南苏皖鄂6组	江陵天星观2000M2(盗)		AaⅥ1	DbⅢ1、DⅢ5	AcⅥ1	BaaⅥ5				AbaaⅥ5			
		荆门包山1986M2(完整)		AaⅥ1、BaⅣ1	DaⅢ7、DbⅢ6	AcⅥ1	BaaⅥ2					AabⅢ1		
		随州擂鼓墩1978M33(扰)				AcⅥ2								
		淅川徐家岭1991M10(盗-)		BaⅣ1	DbⅢ5		BabⅢ5				CⅣ5			
		淅川徐家岭1990M1(盗)		BbbⅣ1	DaⅢ1、DbⅡ1、DbⅢ2									
		黄冈禹王城曹家岗1992M5(完整)			DaⅢ4									
		江陵马山联山林场1984M2(完整)			DaⅢ2									
		江陵望山1965M2(盗)			DaⅢ5									

续表

铺	盨	簋	簠	盆	敦	壶	尊缶	罍	鉴	盉	匜	盘	铻	浴缶	汤鼎
		1													
2		BbⅥ4	BaV8		AbV2、CaabⅢ1、DacⅡ5、EⅠ2	BaV2、CbabⅢ2	Ad2、BⅢ2		AbⅡ2、BbⅢ2		BacⅣ1、BbbⅡ1、Bbdb1	AbbaⅥ1		BaV4	V1
2		BbⅦ4	BaV8	EⅡ1	CcaⅠ1	AbV2、CbbaⅣ2	AaV2、BⅢ2				BabⅢ1	BaaⅠ1		BaV2	V1
		BbⅥ2			DabⅠ1	CbbaⅣ2					BaaaⅥ1	AddV1		BaV1	
		BbⅥ2					AaV2				BaaaV1	BcaⅡ1		BaV1	
		BbⅥ2					AbⅢ2				BaaaV1	BcaⅡ1		BbaV1	
					BbbⅡ1										
					DabⅡ1						BaaaV1				
		BbⅥ3				CbbaⅣ2								BaV1	
		BbⅥ1		EⅠ1		CbbaⅣ2			AaV1		1	1		BaⅣ2	
		BbⅥ2				AaV2					BaaaV1			BaV1	
					DabⅡ2						BaaaV1	AddV1			
					DaaⅡ2							1			
					AcⅢ1										
											BaaaV1				
5			BaⅥ5		DabⅢ2				BaⅥ1		BaaaⅦ1、BbcV1	BcaⅠ1、BcbⅢ1		BbbⅡ1	Ⅵ1
		BbⅧ2			DabⅢ2、EⅡ?	CbbaV2	AbⅣ2	BⅠ2、AbbaⅥ4	AaⅥ2	Bb1	BaaaⅧ1、BbbⅢ2	BcaⅢ1、BcbⅢ3		BaⅥ2	Ⅵ1
		BcⅡ2					AaⅥ2							BbbⅡ1	Ⅵ1
2		BbⅥ2	BaⅠ4		CcaⅡ2、DabⅢ2	BaⅥ2、CbbaⅣ2	AbⅣ2		AaⅥ2		BaaaⅧ1	Bb1、Afa1		BbbⅢ1、Bbc1	
		BbⅧ2			DabⅢ2		AaⅥ2				1	B1		BbaⅥ1	
					AbⅥ2、DabⅢ2	CbbaV2、CbbaⅥ2				Bb1	BaaaⅦ1	BcaⅢ1			Ⅵ1
					DabⅢ2	CbbaV2					BaaaⅦ1	BcaⅢ1			
					DabⅢ4	CbbaV4	AbⅣ1				BaaaⅦ2	BcaⅢ2			

分期	分组	名　　称	烹　煮　器											
			立耳折沿鼎	附耳折沿鼎	附耳子母口鼎	箍口鼎	束腰鼎	细撇足鼎	鬲鼎	鬲	甗	镦	鍪	釜
六	豫南苏皖鄂6组	荆门左冢 2000M3(完整)			DaⅢ2									
		天门彭家山 2007M1(盗)			DaⅢ4									
		天门彭家山 2007M7(扰)			DaⅢ2									
		天门彭家山 2007M8(扰)			DaⅢ3									
		六安城北 1991M(扰)			DaⅢ1									
		江陵荆州砖瓦厂 1976M1(扰)			DbⅢ2									
		江陵九店 1981M250(完整)			DbⅢ4									
		淅川徐家岭 1990M6(扰一)			DbⅢ3									
		襄樊邓城贾庄 1997M1(扰)			DbⅢ2									
		固始白狮子地 1980M1(扰)			DbⅢ2									
		荆门左冢 2000M1(盗)			DⅢ4									
		江陵九店 1981M620(完整)			DⅢ2									
		江陵车垱 1992M1(完整)			DⅢ2									
		淮阴高庄 1978M1(盗)						DbⅡ11			AabⅢ1			
		荆门罗坡岗 1996M51(完整)						DbⅡ1						
		天门彭家山 2007M11(完整)						DbⅡ1						
		江陵望山 1965M1(完整)												
		江陵天星观 1978M1(盗)												
七	豫南苏皖鄂7组	蚌埠东八里 1955M(扰)			DaⅣ2									
		六安白鹭洲 2011M585(完整)			DaⅣ4									
		潜山梅城公山岗 1998M61(完整)			DaⅣ2									
		宜城雷家坡 1982M13(完整)			DaⅣ1									
		六安白鹭洲 2011M566(完整)			DbⅣ4					CacⅣ1、DcⅢ1				
		舒城秦家桥 1978M1(扰)			DbⅣ2									
		寿县朱家集 1933M(盗)	BaⅤ		DbⅣ	BaaⅦ				AbabⅦ	CabⅤ			
		南阳拆迁办 2000M208(完整)			DbⅣ1								AabⅥ1	
		苏州真山 1992D1M1(扰)			DbⅣ4									

续表

盛　食　器						盛　酒　器			盥　洗　器						
铺	盨	簠	簋	盆	敦	壶	尊缶	罍	鉴	盉	匜	盘	鉰	浴缶	汤鼎
						Cbba Ⅴ2					Baaa Ⅶ1	Bca Ⅲ1			
					Dab Ⅲ1	Cbba Ⅳ2				Ba Ⅵ1	Baaa Ⅴ1	Bca Ⅱ1			
						Cbba Ⅴ2					Baab Ⅰ1				
					Dab Ⅲ1	Cbba Ⅴ2					Baab Ⅰ1				
					Dab Ⅲ1						Baab Ⅰ1	Bca Ⅲ1			
					Ab Ⅶ2	Cbba Ⅴ2					Baaa Ⅶ1	Bca Ⅲ1			
					Ab Ⅶ1、Ac Ⅳ1、Dab Ⅲ2	Cbba Ⅴ2				Bb1	Baaa Ⅶ1	Bca Ⅲ1			
					Dab Ⅲ2	Cbba Ⅴ2						Bca Ⅲ1			
					Ac Ⅴ1、Dab Ⅲ1	Cbba Ⅴ2					Baaa Ⅶ1	Bca Ⅱ1			
						Cbba Ⅴ2					Baaa Ⅷ2				
					E Ⅱ1	1				Bb1	Baaa Ⅶ1	Bca Ⅲ2		Bba Ⅵ1	
					Ac Ⅳ1	Cbba Ⅴ2					Baaa Ⅶ1	Bca Ⅲ1			
					Dab Ⅲ1	Cbba Ⅴ2					Baaa Ⅶ1	Bca Ⅲ2			
									Bb Ⅳ14	Ba Ⅵ1、Bb1	Baaa Ⅶ7	Add Ⅵ7、Adb Ⅵ1		Cb2	
					Dab Ⅲ1	Cbba Ⅴ1									
					Dab Ⅲ1	Cbba Ⅴ1									
					Dab Ⅲ2	Cbba Ⅴ4	Ab Ⅳ2			Bb1	Baaa Ⅶ2	Bca Ⅱ2		Bba Ⅵ1	Ⅵ1
						2				Bb1	Baaa Ⅶ1	Bca Ⅲ1		Bba Ⅵ1	Ⅵ1
					Ab Ⅶ1	Cbba Ⅵ2									
					Ab Ⅶ2			Abba Ⅶ1			Baaa Ⅸ1	Bca Ⅳ1			
						Cbba Ⅵ2					Baaa Ⅸ1	Bcb Ⅳ1			
						Cbba Ⅵ1					Baaa Ⅸ1	1			
					Ac Ⅳ1	Cbba Ⅵ2					Baaa Ⅸ2	Bca Ⅲ1、Bcb Ⅲ2			
						Cbba Ⅵ2					Baaa Ⅸ1	Bca Ⅳ1			
		Bc Ⅲ	Ba Ⅵ		Bbb Ⅳ、Cb	Caa Ⅶ、Cbba Ⅴ、Cbba Ⅵ	Aa Ⅶ、Ab Ⅳ		Aa Ⅶ		Bba Ⅶ			Ba Ⅶ	
					Eb1										
										1					

分期	分组	名　称	烹　煮　器										
			立耳折沿鼎	附耳折沿鼎	附耳子母口鼎	箍口鼎	束腰鼎	细撇足鼎	鬲鼎	鬲	甗	鍑	鉴	釜
七	豫南苏皖鄂7组	云梦睡虎地 1975M3(完整)			DⅣ1									
		襄阳王坡 2001M73(完整)			AbⅥ1、DbⅣ1									
		南阳拆迁办 2000M76(完整)			AbⅥ2								Abb1	
		淅川马川 1981M(完整)			AbⅥ1						1		Abb1	
		泌阳大曹庄 1988M5(扰)			AbⅥ2									
		泌阳官庄 1978M3(完整)			AbⅥ2								Abb2	
		六安开发区 2007M99(完整)			AbⅥ2									
		江陵扬家山 1990M135(完整)			AbⅥ2						CabⅥ1			
		铜山翟山 2001M3(扰)			AbⅥ1									
		荆门子陵岗 1987M64(完整)			AbⅥ1									
		宜城雷家坡 1976M3(完整)			AbⅥ2								AabⅥ1	
		云梦睡虎地 1975M11(完整)			AbⅥ2								Abb1	
		襄阳王坡 2001M134(完整)			AbⅥ2			DbⅢ1						
		天长苏桥 2003M(扰)			DaⅣ4、DbⅣ2			DbⅢ1						
		江陵雨台山 1975M480(完整)						DbⅢ1						
		襄樊郑家山 1990M17(完整)						DbⅢ1						
		潜山梅城公山岗 1998M24(完整)						DbⅢ1						
		宜城雷家坡 1976M6(扰)						DbⅢ1						
		云梦睡虎地 1975M9(完整)											Abb1	
		荆门子陵岗 1996M201(完整)											Abb1、AbaⅢ1	
		随州环城砖瓦厂 1981M(扰)											Abb1	

续表

盛　食　器						盛　酒　器			鉴　洗　器						
铺	盨	簠	簋	盆	敦	壶	尊缶	罍	鉴	盉	匜	盘	铷	浴缶	汤鼎
					EⅡ5	CbbaⅥ1						BcbⅣ1			
						CcbⅢ2									
					Eb1										
					Ea2							BcbⅢ2			
					CbbaⅥ1、CcbⅢ1、Ea2							BcbⅣ1、? 1			
			EⅡ1		CbbaⅥ1、CbbdⅡ1、Ea2						BaaaⅨ7	BcbⅣ2			
						CbbaⅥ2						BcbⅣ1			
						CcbⅢ2、Ea1						BcbⅣ1			
						CbbaⅥ1、CaaⅦ1									
						CbabⅤ1	AbbbⅦ1								
						CbbaⅥ1、Ea1									
						CcbⅢ2					BaaaⅨ1				
						CbbaⅥ1、CcbⅢ2									
					AbⅦ2、EⅡ3	CbbaⅥ2					BaaaⅧ1	BcaⅣ1、BcbⅢ1			
					EⅡ1	CbabⅤ1									
						CbbaⅥ1	1?				BaaaⅨ1	1			
						CbbaⅥ2									
						Ea2									
						Ea1					BaabⅡ1		AbcⅠ1		
						Ea1、Eb1						BcaⅣ1			
						CaaⅦ1									

第一组流行重环纹、垂鳞纹、波带纹、窃曲纹等纹样;第二组主要流行勾云纹、三角几何纹、吐舌蟠螭纹等(图 2.4.1)

（二）关于第二组和第三组的分期

第一,器类构成有异。

烹煮器中,第二组以立耳折沿鼎为主,附耳子母口鼎为辅,附耳折沿鼎数量较少,第三组以箍口鼎为主,附耳折沿鼎为辅,立耳折沿鼎、附耳子母口鼎数量少;第二组鬲、甗数量尚较多,第三组鬲、甗数量减少。

盛食器中,第二组以簠、敦为主,第三组仍以簠、敦为主,但敦的数量和比重增加。

盛酒器中,第三组新出现尊缶。

盥洗器中,第三组浴缶的数量和比重均较第二组大幅增加,汤鼎的数量也较第二组增加。

第二,共有器类的型、式特征有异。

第二组流行 A Ⅱ 式、B Ⅱ 式立耳折沿鼎,第三组代以 B Ⅲ 式。

第二组流行 Aa Ⅰ 式、Aa Ⅱ 式附耳折沿鼎,第三组流行 Bba Ⅰ 式。

第二组流行 Aa Ⅰ 式、Ab Ⅰ 式箍口鼎,第三组流行 Aa Ⅱ 式、Ab Ⅱ 式。

第二组 A 型簠和 B 型簠比重大致相同,流行 Bb Ⅱ 式、Bb Ⅲ 式簠,第三组绝大多数为 B 型簠,流行 Bb Ⅳ 式。

第二组流行 Aa Ⅱ 式、Baa Ⅰ 式敦,第三组流行 Baa Ⅱ 式。

第二组流行 A 型、B 型壶,第三组新出现 C 型壶。

第二组流行 Ba Ⅱ 式、C Ⅱ 式盉,第三组流行 Ba Ⅲ 式盉。

第二组以 A 型匜为主,B 型匜其次,第三组绝大多数为 B 型匜,流行 Bba Ⅲ 式匜。

第二组流行 Abaa Ⅱ 式、Adb Ⅱ 式盘,第三组流行 Adb Ⅲ 式、Adc Ⅲ 式盘。

第二组流行 Ba Ⅱ 式浴缶,第三组流行 Ba Ⅲ 式。

第三,纹饰特征有异(图 2.4.1)。

（三）关于第三组和第四组的分组

第一,共有器类的型、式特征有异。

第三组流行 Ab Ⅱ 式、Ba Ⅰ 式箍口鼎,第四组流行 Ab Ⅲ 式、Ba Ⅱ 式、Ac Ⅲ 式、Bb Ⅰ 式箍口鼎。

第三组流行 Baa Ⅲ 式束腰鼎,至第四组代以 Baa Ⅳ 式。

第三组流行 Bb Ⅳ 式簠,第四组流行 Bb Ⅴ 式簠。

第三组流行 Baa Ⅱ 式敦,第四组流行 Daa Ⅰ 式敦。

第三组流行 Aa Ⅲ 式壶,第四组流行 Aa Ⅳ 式、Cbaa Ⅳ 式壶。

第三组流行 Aa Ⅲ 式、Ab Ⅰ 式尊缶,第四组流行 Aa Ⅳ 式、Ab Ⅱ 式尊缶。

第三组流行 AaⅢ式鉴,第四组流行 AaⅣ式鉴。

第三组流行 BaⅢ式盉,第四组流行 BaⅣ式盉。

第三组流行 BbaⅢ式匜,第四组流行 BbaⅣ式、BaaaⅣ式匜。

第三组流行 AdbⅢ式、AdcⅢ式盘,第四组流行 AdbⅣ式、AdcⅣ式盘,新出现 B 型盘。

第三组流行 AbcⅠ式、AbbⅣ式铺,第四组流行 AbcⅡ式、AbbⅤ式铺。

第三组流行 BaⅢ式浴缶,第四组流行 BaⅣ式浴缶。

第三组流行Ⅲ式汤鼎,第四组流行Ⅳ式汤鼎。

第二,纹饰特征有异(图 2.4.1)。

第三,第三组的蚌埠双墩 2006M1 为钟离君柏之墓,第四组的凤阳卞庄 2007M1 为钟离君柏之季子康墓,铜器特征与墓主世代顺序契合。

（四）关于第四组和第五组的分组

第一,器类构成有异。

盥洗器中,第四组有铺,第五组不见铺。

第二,共有器类的型、式特征有异。

第四组流行 AbⅢ式、AdⅢ式、DaⅠ式附耳子母口鼎,第五组流行 AbⅣ式、AdⅣ式、DaⅡ式,新出现 DbⅡ式。

第四组流行 AcⅢ式、AcⅣ式、BbⅠ式箍口鼎,第五组流行 AcⅤ式、BbⅡ式。

第四组流行 BaaⅣ式束腰鼎,第五组代以 BaaⅤ式。

第四组流行 AbabⅣ式鬲,第五组代以 AbabⅤ式。

第四组流行 CabⅡ式、Da 式Ⅰ式甗,第五组流行 CabⅢ式、AabⅡ式。

第四组流行 BbⅤ式簠,第五组流行 BbⅥ式簠。

第四组流行 AaⅣ式、CbaaⅣ式壶,第五组流行 AaⅤ式、CbbaⅣ式壶。

第四组流行 AaⅣ式、AbⅠ式、BⅡ式鉴,第五组流行 AaⅤ式、AbⅡ式、BⅢ式鉴。

第四组流行 BaaaⅣ式、BbaⅣ式匜,第五组流行 BaaaⅤ式匜。

第四组流行 A 型盘,第五组流行 B 型盘,第四组的 AddⅠ式盘至第五组代以 AddⅡ式盘。

第四组流行 BaⅣ式浴缶,第五组流行 BaⅤ式浴缶。

第四组流行Ⅳ式汤鼎,至第五期代以Ⅴ式汤鼎。

第三,纹饰特征有异(图 2.4.1)。

（五）关于第五组和第六组的分组

第一,器类构成有异。

烹煮器中,第五组以箍口鼎为主,附耳子母口鼎、附耳折沿鼎为次,第六组以附耳子母口鼎为主,附耳折沿鼎、箍口鼎为次。

盛食器中,第五组以簠、敦为主,第六组以敦为主,簠的数量较少。

第二,共有器类的型、式特征有异。

第五组流行 Ba Ⅲ 式、Bbb Ⅲ 式附耳折沿鼎,第六组流行 Aa Ⅳ 式、Ba Ⅳ 式、Bbb Ⅳ 式。

第五组流行 Ab Ⅳ 式、Da Ⅱ 式、Db Ⅱ 式附耳子母口鼎,第六组流行 Da Ⅲ 式、Db Ⅲ 式。

第五组流行 Ac Ⅴ 式箍口鼎,第六组流行 Ac Ⅵ 式。

第五组流行 Dab Ⅱ 式敦,第六组流行 Dab Ⅲ 式。

第五组流行 Bb Ⅵ 式簠,第六组流行 Bb Ⅷ 式。

第五组流行 Cbba Ⅳ 式壶,第六组流行 Cbba Ⅴ 式。

第五组流行 Aa Ⅴ 式、Ab Ⅲ 式尊缶,第六组流行 Aa Ⅵ 式、Ab Ⅳ 式。

第五组流行 Baaa Ⅴ 式匜,第六组流行 Baaa Ⅶ 式、Baaa Ⅷ 式、Baab Ⅰ 式匜。

第五组流行 Bca Ⅱ 式盘,第六组流行 Bca Ⅲ 式。

第五组流行 Ⅴ 式汤鼎,第六组流行 Ⅵ 式汤鼎。

第三,纹饰特征有异(图2.4.1)。

(六) 关于第六组和第七组的分组

第一,器类构成有异。

烹煮器中,第六组附耳折沿鼎、箍口鼎数量较少,第七组更少;第七组新出现鉴。

盛食器中,第六组簠、簠数量较少,第七组数量更少;第七组新出现 E Ⅱ 式盆。

盥洗器中,第六组数量较多的盉、浴缶、汤鼎至第七组数量锐减。

第二,共有器类的型、式特征有异。

第六组流行 Da Ⅲ 式、Db Ⅲ 式附耳子母口鼎,第七组流行 Da Ⅳ 式、Db Ⅳ 式、Ab Ⅵ 式。

第六组流行 Db Ⅱ 式细撇足鼎,第七组流行 Db Ⅲ 式。

第六组流行 Aab Ⅲ 式瓿,第七组流行 C 型和 Dc Ⅲ 式瓿。

第六组流行 Cbba Ⅴ 式壶,第七组流行 Cbba Ⅵ 式、E 型壶。

第六组流行 Baaa Ⅶ 式、Baaa Ⅷ 式匜,第七组流行 Baaa Ⅸ 式匜。

第六组流行 Bca Ⅲ 式、Bcb Ⅲ 式盘,第七组流行 Bca Ⅳ 式、Bcb Ⅳ 式。

第三,纹饰特征有异(图2.4.1)。

三、断代

(一) 豫南苏皖鄂一组年代的判断

本组典型铜器群包含可以自明年代的标准器少。但本组典型铜器群的器类构成、型式特征、纹饰特征与山西一组、豫西豫中一组相同,年代相当。

(二) 豫南苏皖鄂二组年代的判断

本组典型铜器群包含可以自明年代范围的标准铜器群:

图 2.4.1 豫南苏皖鄂组典型铜器器群流行纹样

1. 随州安居桃花坡 1979M2　2. 枣阳郭家庙 2002GM17：3　3. 枣阳郭家庙 2002GM6：1　4. 枣阳赵湖 1983M：4　5. 枣阳赵湖 1983M　6. 广水吴店 1987M1：1　7. 随州贯庄 1978M 铜匜　8. 枣阳郭家庙 2002GM17：11　9. 信阳平桥西 1978M1：10　10. 信阳平桥西 1978M2：56　11. 枣阳赵湖 2009M1022：1　12. 麻城李家湾 1993M44：1　13. 襄阳沈岗 2009M1022：5　14. 襄阳沈岗 2009M1022：29　15. 淅川下寺 1978M3：12　22. 淅川下寺 1978M2：51　23. 麻城李家湾 1993M1：1　24. 襄阳余岗 2004M215：2　25. 襄樊余岗团山 1988M1：1　26. 郧县肖家河乔家院 2006M4：11　19. 郧县肖家河乔家院 2006M4：8　20. 襄阳余岗 2004M175：1　27. 襄阳余岗 2004M215：4　28. 随州义地岗 1994M3：20　29. 随州义地岗 2011M6：5　30. 随州义地岗 2011M6：10　31. 随州义地岗 2011M2：53　32. 随州擂鼓墩 1981M1：C96　34. 随州擂鼓墩 1978M1：C97　36. 淅川徐家岭 1990M1：1　37. 随州义地岗 1991M10：46　38. 江陵天星观 2000M2：35　40. 江陵九店 1981M250：2　41. 江陵2011M6：6　35. 随州擂鼓墩 1978M1：15　33. 随州义地岗 2011M6：15　33. 随州擂鼓墩 1981M729：3　39. 江陵九店 1981M729：3　39. 淅川徐家岭 1990M1：37　45. 江陵雨台山 1975M480：2　46. 荆门子陵岗 1987M63：3　47. 六安白鹭洲 2011M585：28　九店 1981M250：19　42. 荆门子陵岗 1987M63：3　43. 宜昌葛洲坝 1971M1：2　44. 宜昌葛洲坝 1971M1：2　45. 江陵雨台山 1975M480：2

　　光山宝相寺 1983M 为黄君孟夫妇合葬墓,内置两具椁(G1、G2),其中 G1 随葬的 14 件铜器中有 10 件铸有"黄君孟自乍行器"铭文;G2 随葬的 22 件铜器中有 14 件铸有"黄子乍黄夫人孟姬"。《左传》记载黄国于公元前 648 年灭于楚,①因此光山宝相寺 1983M 铜器群的年代下限应在公元前 648 年之前。

　　前文已经说明,三门峡上村岭墓地出土虢国铜器群的年代下限在公元前 655 年虢灭于晋之前。光山宝相寺 1983M 铜器群与三门峡上村岭墓地出土的虢国铜器群的年代下限虽然较为接近,但迄今公布的三门峡上村岭虢国铜器的形制和纹饰特征与光山宝相寺 1983M 铜器群存在显著差异。究其原因,这种差异或因空间不同,各具地域特色所致;或因时代不同,各具时代特征而成。联系相同或相邻地区、时代的相关铜器群材料分析可知,二者之间的差异缘于年代不同:目前所见三门峡上村岭虢国墓地出土铜器年代下限约在公元前 680 年,光宝相寺 1983M 铜器群年代上限约在公元前 680 年之后、下限在公元前 648 年之前。

　　(三) 豫南苏皖鄂三组年代的判断

　　本组包含较多年代明确的标准铜器和标准铜器群:

　　淅川下寺 1978M1、M2、M3 出土数十件王子午(令尹子庚)、楚叔之孙佣(子冯)的铜器,包括:BaⅠ式附耳折沿鼎、AbⅡ式箍口鼎、BaⅠ式箍口鼎、BaaⅢ式束腰鼎、AⅢ式簋、BbⅣ式簠、AaⅢ式尊缶、AbⅠ式尊缶、AdbⅢ式盘、BbaⅢ式匜、BbaⅢ式浴缶、Ⅲ式汤鼎等。据《左传》记载,王子午(令尹子庚)为楚庄王(前 613—前 591)之子,楚共王(前 591—前 560)时为司马,楚康王二年(前 558)为令尹,卒于楚康王八年(前 552);楚叔之孙佣(子冯)即《左传》中记载的蒍子冯,卒于楚康王十二年(前 548)。② 据此,上述型式铜器的年代下限不晚于公元前 548 年,可以作为标准器。

　　本组的蚌埠双墩 2006M1 为钟离君柏之墓,随葬多件钟离君柏作的铜器。《左传》昭公二十四年(前 518)记载吴灭钟离,钟离君柏墓铜器群的年代应早于公元前 518 年。另外该墓出土两件徐王容居戈,《礼记·檀弓下》记载容居作为徐国使者于公元前 573 年赴邾吊邾定公之丧,之后继位为徐王。③ 可见钟离君柏铜器群的年代应在公元前 573—前 518 年之间。

　　本组流行的 BaaⅡ式敦与标准器楚共王熊审盏(前 591—前 560)④形制相同。

　　(四) 豫南苏皖鄂四组年代的判断

　　本组包含较多可以自明年代的标准器和标准铜器群:

　　寿县西门内 1955M 出土的青铜容器多有铭文可以确定作器者,进而确定铜器年代。

　　① 《左传》僖公十二年:"黄人恃诸侯之睦于齐也,不共楚职,曰:自郢及我九百里,焉能害我? 夏,楚灭黄。"
　　② 李零:《"楚叔之孙佣"究竟是谁——河南淅川下寺二号墓之墓主和年代问题的讨论》,《中原文物》1981 年第 4 期,第 36—37 页;李零:《再论淅川下寺楚墓》,《文物》1996 年第 1 期,第 47—60 页。
　　③ 孔令远、李艳华、阚绪杭:《徐王容居戈铭文考释》,《文物》2013 年第 3 期,第 77—79 页。
　　④ 李学勤:《楚王酓审盏及有关问题》,《中国文物报》1990 年 5 月 31 日,第 3 版;王人聪:《楚王酓审盏盂徐释》,《江汉考古》1992 年第 2 期,第 65—68 页。

其中作器者为蔡昭侯申（前 519—前 491）的包括：Ba Ⅱ 式附耳折沿鼎、Bb Ⅰ 式箍口鼎、Baa Ⅳ 式束腰鼎、Ba Ⅳ 式簋、Bb Ⅴ 式簠、Caa Ⅳ 式壶、Aa Ⅳ 式壶、Aa Ⅳ 式尊缶、B Ⅱ 式尊缶、Ab Ⅰ 式鉴、Ada Ⅳ 式盘、Bba Ⅳ 式匜、Ba Ⅳ 式浴缶等；作器者为吴王光（前 515—前 496）的有 Aa Ⅳ 式鉴。上述型式铜器年代明确，可以作为标准器系联相关铜器群的年代。

　　与寿县西门内 1955M 蔡昭侯铜器群年代相近的标准铜器群还有所谓"竞之定铜器群"，或称"救秦戎铜器群"，年代在楚昭王二十五年（前 491）前后。[①]

　　此外，本组流行的 Bb Ⅴ 式铜簠在舒城九里墩 1980M 中与蔡成侯朔（前 491—前 473）之戈共存、Aa Ⅳ 式鉴与吴王夫差（前 496—前 473）鉴（《集成》10294、10295、《新收》1476—1477）形制相同、B Ⅳ 式浴缶还存在标准器蔡侯朱缶（前 522—前 521）[②]等，年代与寿县西门内 1955M 蔡昭侯铜器群相近。

　　固始侯古墩 1978M1 出土的两件铜簠刻有铭文："有殷天乙唐孙宋公縊作其妹勾敔夫人季子媵簠"，作器者为宋景公（前 517—前 469），形制与蔡昭侯申簠相同，也属于 Bb Ⅴ 式簠标准器。此外，该墓出土的铜盉属于本组流行的 Ba Ⅳ 式盉，形制和纹饰与标准器吴王夫差（前 496—前 473）盉（《新收》1475）相同。该墓出土的铜盘、铜匜、铜浴缶等也与寿县西门内 1955M 出土的同类器物相近。但是，该墓出土的 Ac Ⅳ 式箍口鼎、Ab Ⅲ 式和 Ad Ⅲ 式附耳子母口鼎表现出稍晚于寿县西门内 1955M、更接近随州擂鼓墩 1978M1 和太原金胜 1988M251 同类型器的特征（图 2.4.2），说明固始侯古墩 1978M1 在年代上介于第四组寿县西门内 1955M 铜器群和第五组随州擂鼓墩 1978M1 铜器群之间，可以作为本组晚段的代表。寿县西门内 1955M 铜器群可以作为本组早段的代表。本组的年代下限由第五组的年代上限推求。

　　（五）豫南苏皖鄂五组年代的判断

　　本组包含年代明确的标准铜器群：

　　随州擂鼓墩 1978M1 墓主为曾侯乙，出土青铜容器上绝大多数有"曾侯乙作持用终"七字铭文，个别为"曾侯乙作持"五字铭文。椁室中室出土的铜镈钟上有"隹王五十又六祀，返自西阳，楚王酓章作曾侯乙宗彝，奠之于西阳，其永持用享"铭文。铭文纪年为楚惠王五十六年（前 433），曾侯乙铜器群的年代约在此前不久。《曾侯乙墓》报告云"据骨架鉴定，曾侯乙死年约四十二至四十五岁"，[③]假定曾侯乙二十岁即位就预做这批"曾侯乙作持用终"铜器，年代上限不早于公元前 455 年。随州擂鼓墩 1978M1 铜器群可以作为本组早段的标准铜器群。

---

　　①　陈全方、陈馨：《澳门惊现一批楚青铜器》，《收藏》2007 年第 11 期，第 94—97 页；王辉：《也说崇源新获楚青铜器群的时代》，《收藏》2007 年第 11 期，第 97—99 页；张光裕：《新见楚式青铜器器铭试释》，《文物》2008 年第 1 期，第 73—84 页；吴镇烽：《竞之定铜器群考》，《江汉考古》2008 年第 1 期，第 82—89 页；李学勤：《论"景之定"及有关史事》，《文物》2008 年第 2 期，第 56—58 页；黄凤春：《新见器群铭文中的"竞之定"及相关问题》，《江汉考古》2008 年第 2 期，第 74—79 页；董珊：《救秦戎铜器群的解释》，《江汉考古》2012 年第 3 期，第 87—94 页。
　　②　仲卿：《襄阳专区发现的两件铜器》，《文物》1962 年第 11 期，第 64—65 页。
　　③　湖北省博物馆：《曾侯乙墓》，文物出版社，1989 年，第 461 页。

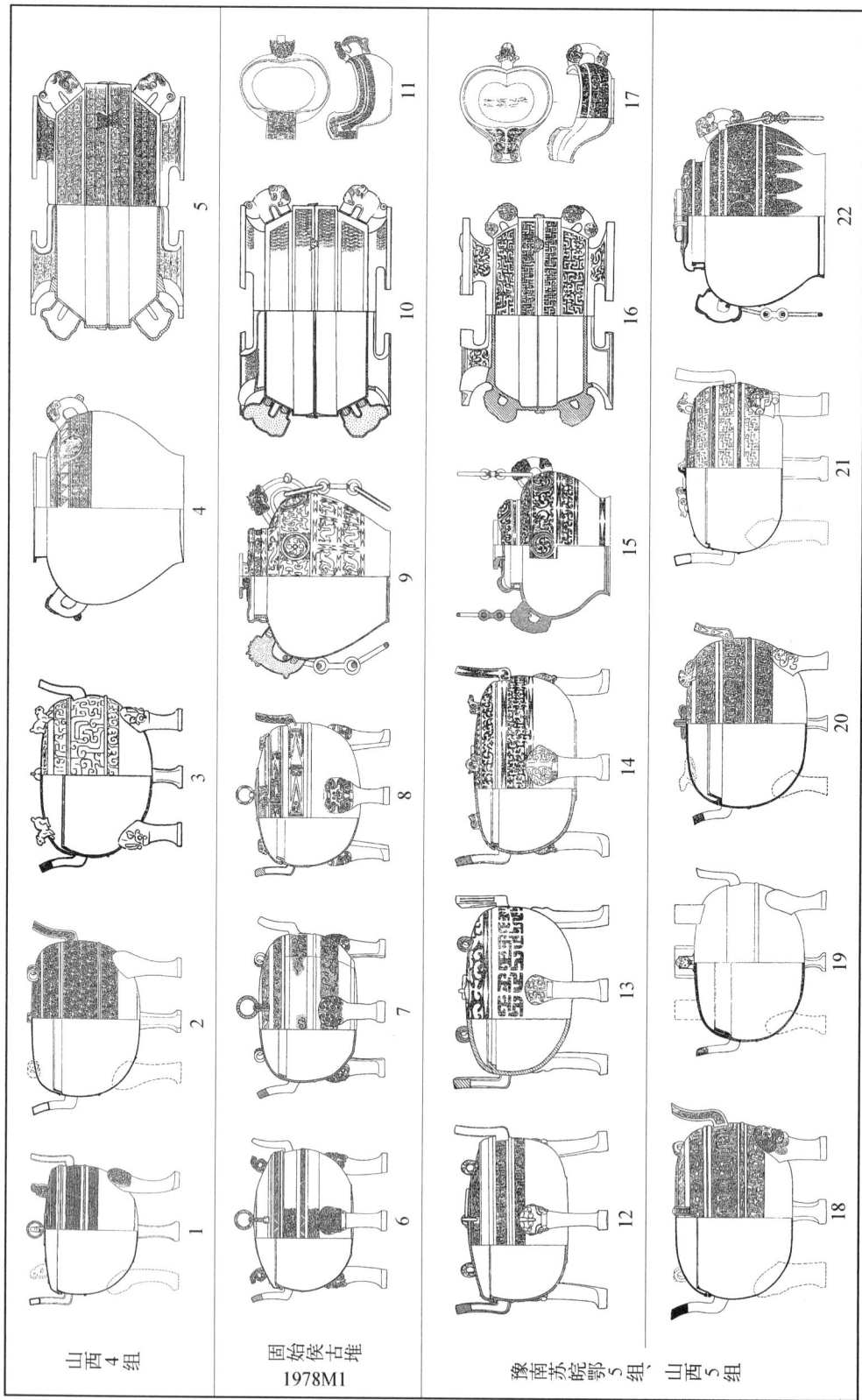

图 2.4.2　固始侯古堆 1978M1 与随州擂鼓墩 1978M1、太原金胜村 1988M251 等铜器群比较图

1. 太原金胜村 1994M674　2. 太原金胜村 1994M674　3. 原平峙峪赵家坨 1964M　4. 侯马上马 1973M1004：11　5. 临猗程村 1987M1002：21　6—11. 固始侯古堆
1978M1：53、48、52、35、37—1、5　12—17. 随州擂鼓墩 1978M1：C102、C103、C98、C189、C123、C147　18—20. 太原金胜村 1988M251：633、589、559　21、22. 随州擂鼓墩
1981M2：55、77

随州擂鼓墩 1981M2 是稍晚于随州擂鼓墩 1978M1 曾侯乙的下一代曾侯之墓,铜器面貌介于随州擂鼓墩 1978M1 铜器群和第六组典型铜器群江陵望山 1965M1 铜器群之间,可以作为本组晚段的典型铜器群。

本组的年代下限可由第六组的年代上限推求。

（六）豫南苏皖鄂六组年代的判断

本组包含较多年代明确的标准铜器群:

江陵天星观 1978M1 西室出土约 4500 字卜筮记录和遣策竹简,卜筮记录中,轪腜志、复丑、义怿等十余人分四个年份为墓主邸𦊆君番勒贞,其中贞人轪腜志也见于江陵望山 1965M1 竹简卜筮记录中为该墓墓主邵固贞,可证明二墓年代相近。江陵天星观 1978M1 卜筮记录中有三条简文记有"秦客公孙鞅问王于菽郢之岁"。公孙鞅自秦孝公元年（前361）入秦,秦孝公二十二年（前340）封于商邑称为商君,卒于秦孝公二十四年（前338）。《史记·楚世家》记载:"三十年（前340）,秦封卫鞅于商,南侵楚。"因此这三条简文的年代应该在公元前 361—前 338 年之间。由此可以确定江陵天星观 1978M1 的年代上限应晚于公元前 361 年。该墓盗洞内出土的陶鬲、陶高颈壶、陶釜的年代可证明该墓的年代下限应该早于公元前 279 年秦攻占楚郢都。

江陵望山 1965M1 出土的竹简所见卜筮祭祷辞中,"邵固"出现的次数最多,达 14 次,其中 10 处是"为邵固贞"、3 处是"为邵固口"、1 处是"为邵固与祷",墓主可能就是邵固。简文还记载墓主邵固祭祷东大王、圣王、邵王等先王,即史书记载的楚王、楚声王（前410—前405）和楚悼王（前405—前385）,由此可知邵固为楚国王族,活动年代不早于楚肃王（前385—前375）时期。联系江陵天星观 1978M1 来看,将江陵望山 1965M1 的年代定为楚威王（前346—前326）或楚怀王（前326—前296）前期是比较合适的。[1] 刘彬徽先生根据竹简将江陵望山 1965M1 下葬年代定为公元前 332 年。[2]

同理,根据墓葬中出土的竹简纪年材料,荆门包山 1986M2 的下葬年代被定为公元前 316 年,[3]与上述江陵天星观 1978M1、江陵望山 1965M1 年代接近,通过它们可以系联本组其他铜器群确定其年代。

综上,本组的年代上限,亦即第五组的年代下限可以定为公元前 370 年;本组的年代下限,亦即第七组的年代上限可以定为公元前 280 年。

（七）豫南苏皖鄂七组年代的判断

本组包含年代明确的标准铜器群:

　　① 陈振裕:《略论九座楚墓的年代》,《考古》1981 年第 4 期;陈振裕:《望山一号墓的年代与墓主》,《中国考古学会第一次年会论文集》,文物出版社,1980 年,第 229—236 页。
　　② 刘彬徽:《从包山楚简纪时材料论及楚国纪年与楚历》,《包山楚墓》附录二一,第 533—547 页。
　　③ 刘彬徽:《从包山楚简纪时材料论及楚国纪年与楚历》,《包山楚墓》附录二一,第 533—547 页。

云梦睡虎地 1975M7 椁室门楣上阴刻"五十一年曲阳士五邦",可知墓葬下葬年代为秦昭王五十一年(前 256);①云梦睡虎地 1975M11 的墓主喜卒于秦始皇三十年(前 217);②随州环城砖瓦厂 1981M 出土的 Caa Ⅶ式壶颈部刻有"四斗大半斗,卅六年邦工师工室口"铭文,年代为秦昭王三十六年(前 271)或秦始皇三十六年(前 211)。③ 本组铜器群形制和纹饰特征与西汉早期流行的铜器相似,年代下限可延至西汉初期甚至西汉前期。

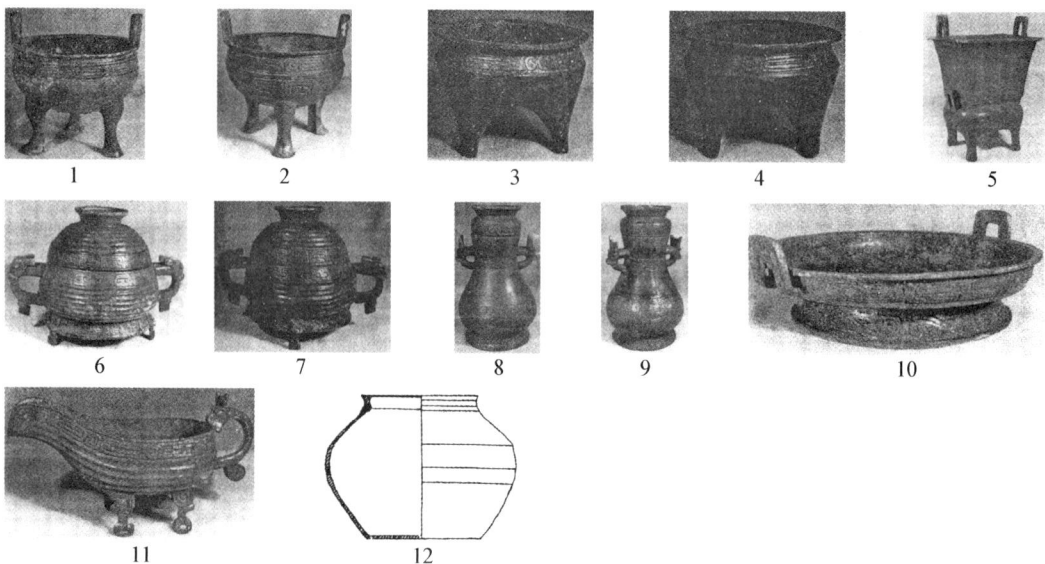

图 2.4.3　广水吴店 1987M1 铜器群

1、2. 铜鼎(M1:8、9)　3、4. 铜鬲(M1:6、7)　5. 铜甑(M1:1)　6、7. 铜簠(M1:4、5)　8、9. 铜壶(M1:10、11)　10. 铜盘(M1:3)　11. 铜匜(M1:2)　12. 陶罐(M1:13)

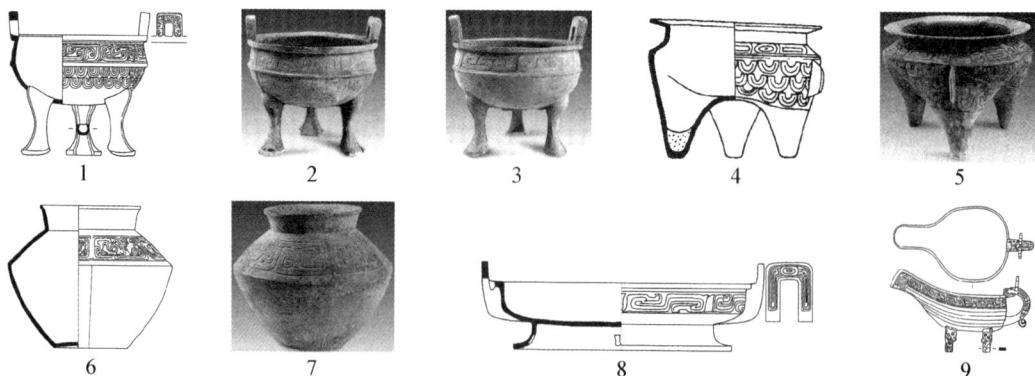

图 2.4.4　桐柏月河左庄 2001M4 铜器群

1・2、3. 铜鼎(M4:6、7)　4、5. 铜鬲(M4:4、2)　6、7. 铜罍(M4:1、8)　8. 铜盘(M4:9)　9. 铜匜(M4:10)

---

① 《云梦睡虎地秦墓》编写组:《云梦睡虎地秦墓》,文物出版社,1981 年。
② 《云梦睡虎地秦墓》编写组:《云梦睡虎地秦墓》,文物出版社,1981 年。
③ 左得田:《湖北随州市发现秦国铜器》,《文物》1986 年第 4 期,第 21—22 页。

图 2.4.5　桐柏月河左庄 1964M 铜器群

1. 铜鼎　2. 铜罍　3. 铜盘　4. 铜匜

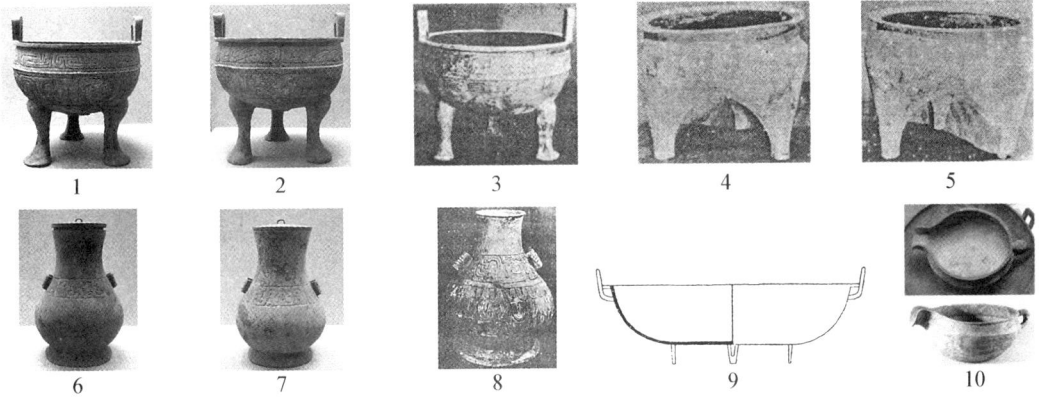

图 2.4.6　信阳明港钢厂 1981M 铜器群

1—3. 铜鼎　4、5. 铜鬲　6—8. 铜壶　9. 铜盘　10. 铜匜

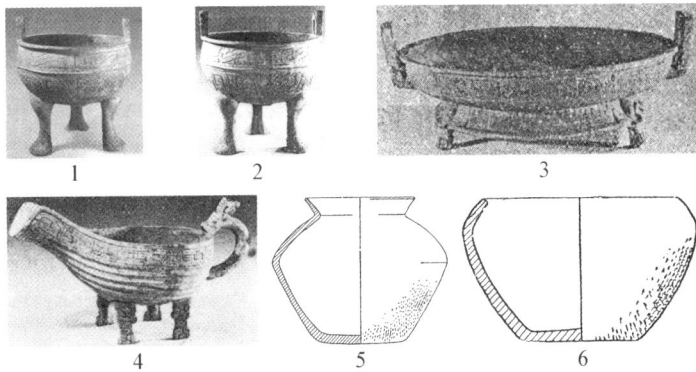

图 2.4.7　信阳吴家店杨河 1979M 铜器群

1、2. 铜鼎　3. 铜盘　4. 铜匜　5. 陶罐　6. 陶钵

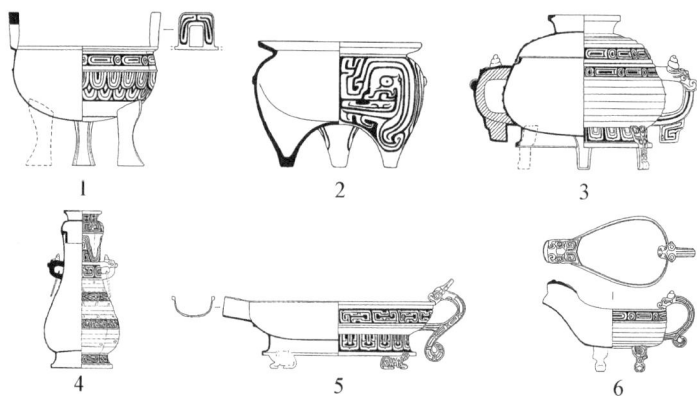

图 2.4.8　随州安居桃花坡 1979M1 铜器群

1. 铜鼎　2. 铜鬲　3. 铜簋　4. 铜壶　5. 铜盘　6. 铜匜

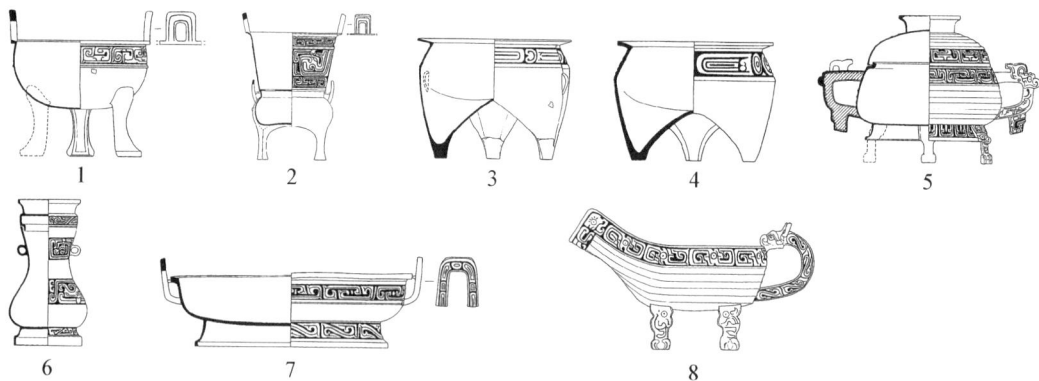

图 2.4.9　随州贯庄 1978M 铜器群

1. 铜鼎　2. 铜甗　3、4. 铜鬲　5. 铜簋　6. 铜壶　7. 铜盘　8. 铜匜

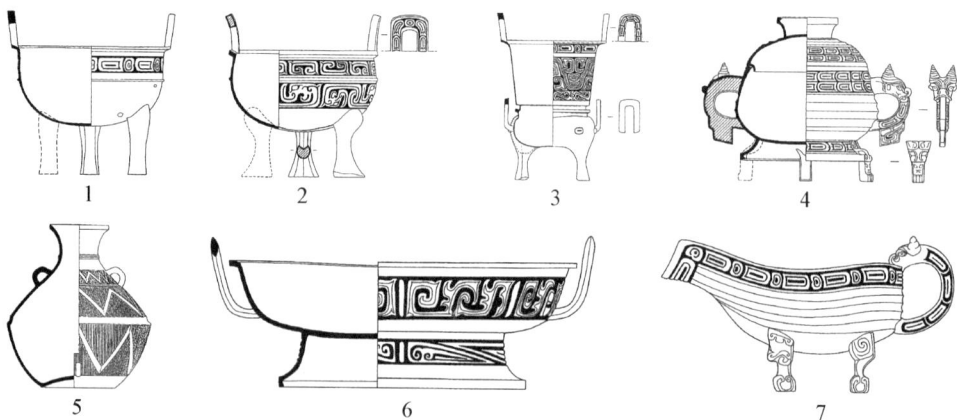

图 2.4.10　随州熊家老湾 1972M 铜器群

1、2. 铜鼎　3. 铜甗　4. 铜簋　5. 铜壶　6. 铜盘　7. 铜匜

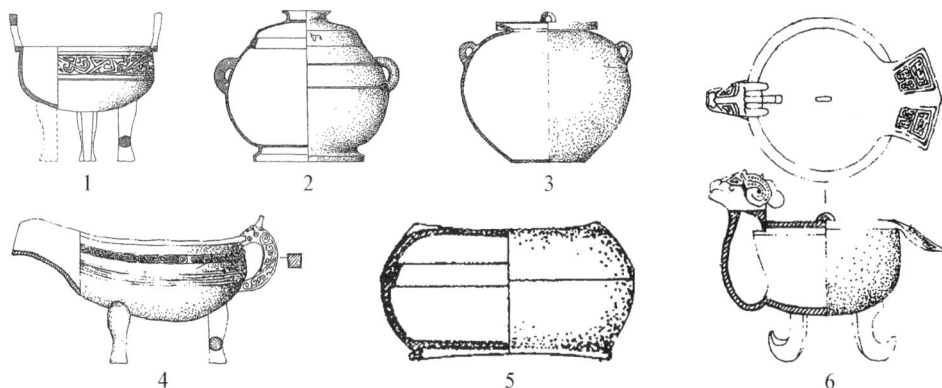

图 2.4.11　寿县肖严湖 1975M 铜器群

1、6. 铜鼎　2. 铜簋　3. 铜浴缶　4. 铜匜　5. 铜盒

图 2.4.12　桐柏钟鼓堂 1975M 铜器群

1—3. 铜鼎　4. 铜鬲　5. 铜簋　6. 铜壶　7. 铜盘　8. 铜匜

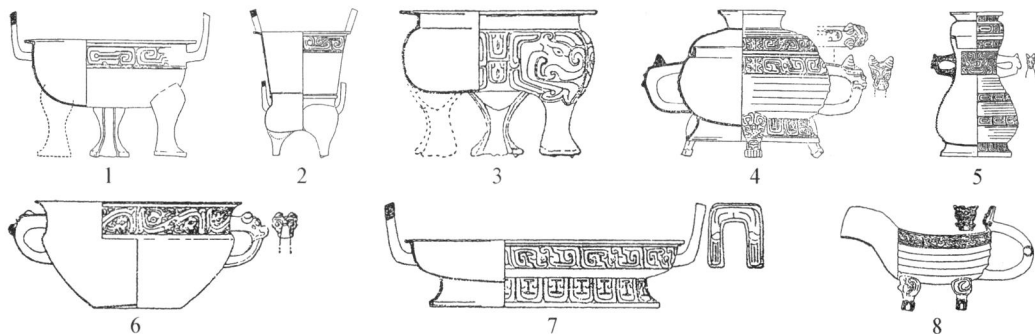

图 2.4.13　新野小西关 1974M 铜器群

1. 铜鼎　2. 铜甗　3. 铜鬲　4. 铜簋　5. 铜壶　6. 铜盆　7. 铜盘　8. 铜匜

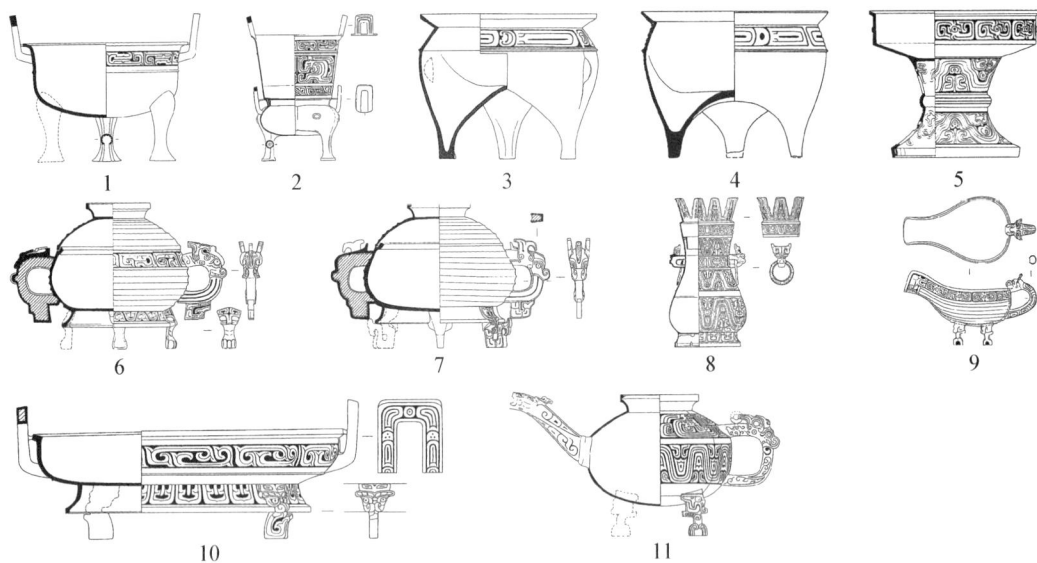

图 2.4.14　京山苏家垅 1969M 铜器群

1. 铜鼎　2. 铜甗　3、4. 铜鬲　5. 铜铺　6、7. 铜簋　8. 曾仲斿父壶　9. 铜匜　10. 铜盘　11. 铜盉

图 2.4.15　随州义地岗八角楼 1979M 铜器群

1、2. 铜鼎　3. 铜壶　4. 铜盘

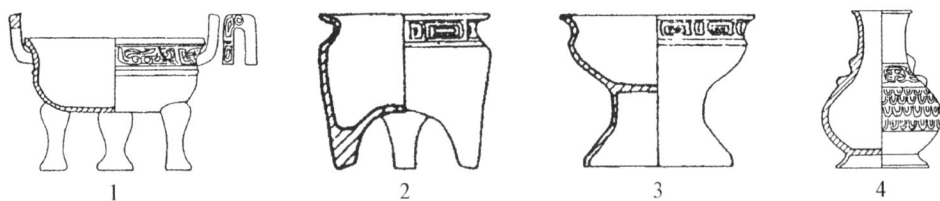

图 2.4.16　应城孙堰村 1991M1 铜器群

1. 铜鼎（M1：1）　2. 铜鬲（M1：3）　3. 铜簋（M1：4）　4. 铜壶（M1：2）

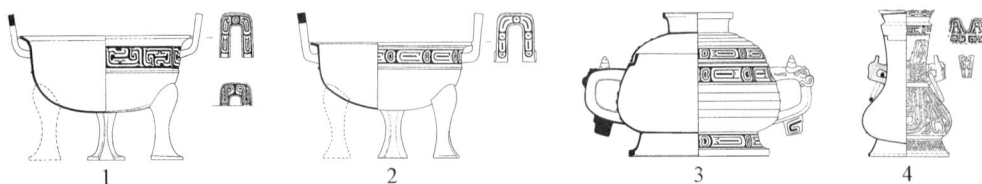

图 2.4.17　枣阳段营 1972M 铜器群

1、2. 铜鼎　3. 铜簋　4. 铜壶

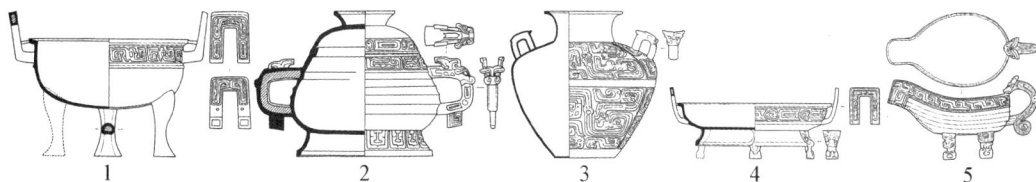

图 2.4.18 枣阳郭家庙 1983M02 铜器群

1. 铜鼎（M02：01） 2. 铜簋（M02：02） 3. 铜罍（M02：04） 4. 铜盘（M02：05） 5. 铜匜（M02：06）

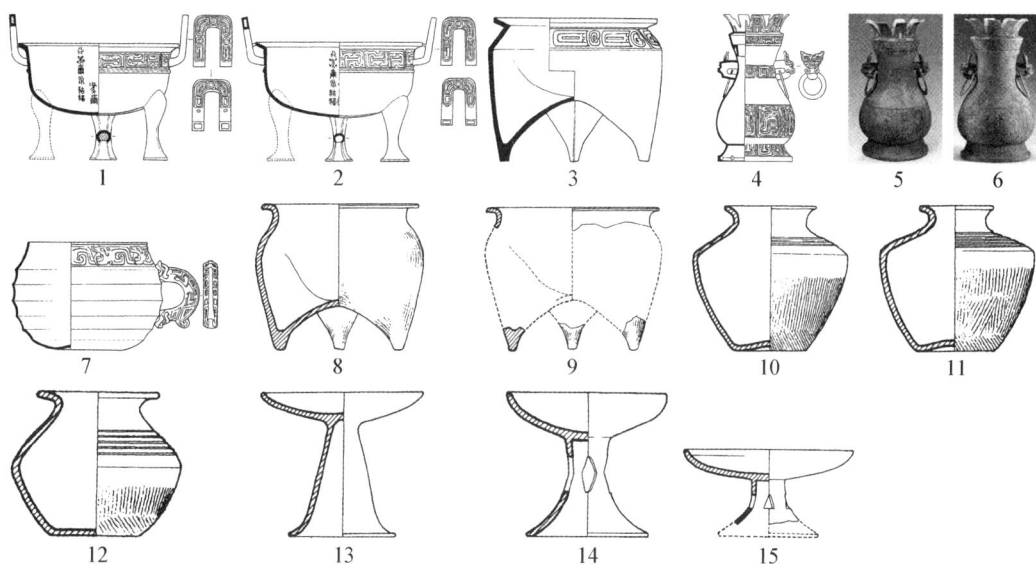

图 2.4.19 枣阳郭家庙 2002GM17 铜器群

1、2. 铜鼎（M17：1、2） 3. 铜鬲（M17：3） 4·5、6. 铜壶（M17：4、5） 7. 铜铺（M17：11） 8、9. 陶鬲（M17：37、42） 10—12. 陶罐（M17：6、8、13） 13—15. 陶豆（M17：28、35、40）

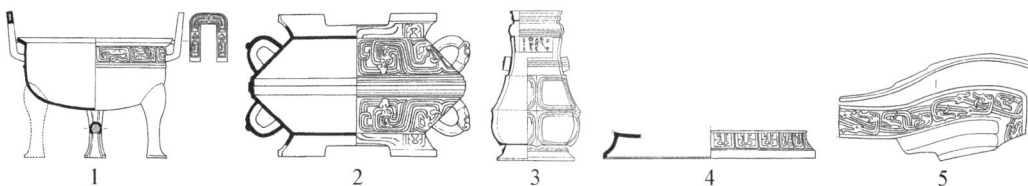

图 2.4.20 枣阳郭家庙 2002GM1 铜器群

1. 铜鼎（M1：05） 2. 铜簋（M1：06） 3. 铜壶（M1：08） 4. 铜盘（M1：010） 5. 铜匜（M1：011）

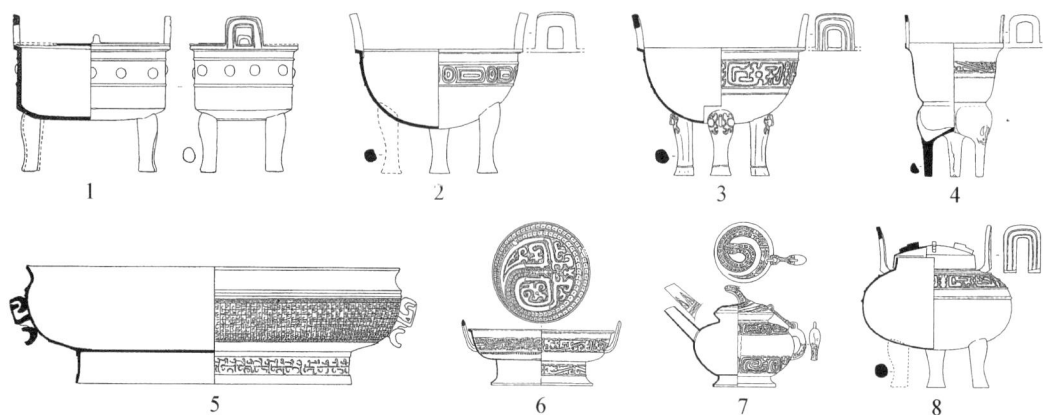

图 2.4.21　繁昌汤家山 1979M 铜器群

1—3、8. 铜鼎(M：1、6、4、3)　4. 铜甗(M：8)　5. 铜簠(M：9)　6. 铜盘(M：10)　7. 铜盉(M：7)

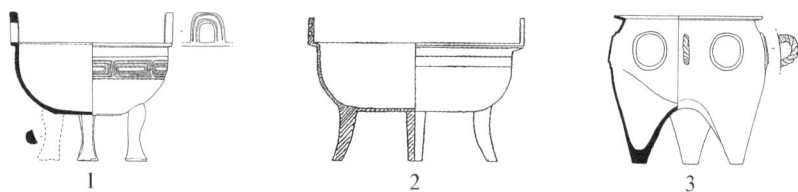

图 2.4.22　宣城孙埠正兴 1981M 铜器群

1、2. 铜鼎　3. 铜鬲

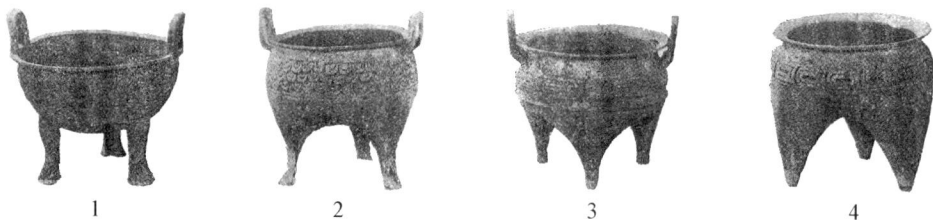

图 2.4.23　浦口林场 1977M 铜器群

1. 铜鼎　2—4. 铜鬲

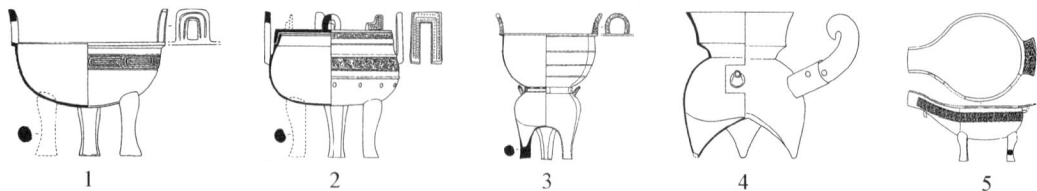

图 2.4.24　铜陵谢垅 1989JC 铜器群

1、2. 铜鼎(JC：2、3)　3、4. 铜甗(JC：1、4)　5. 铜匜(JC：5)

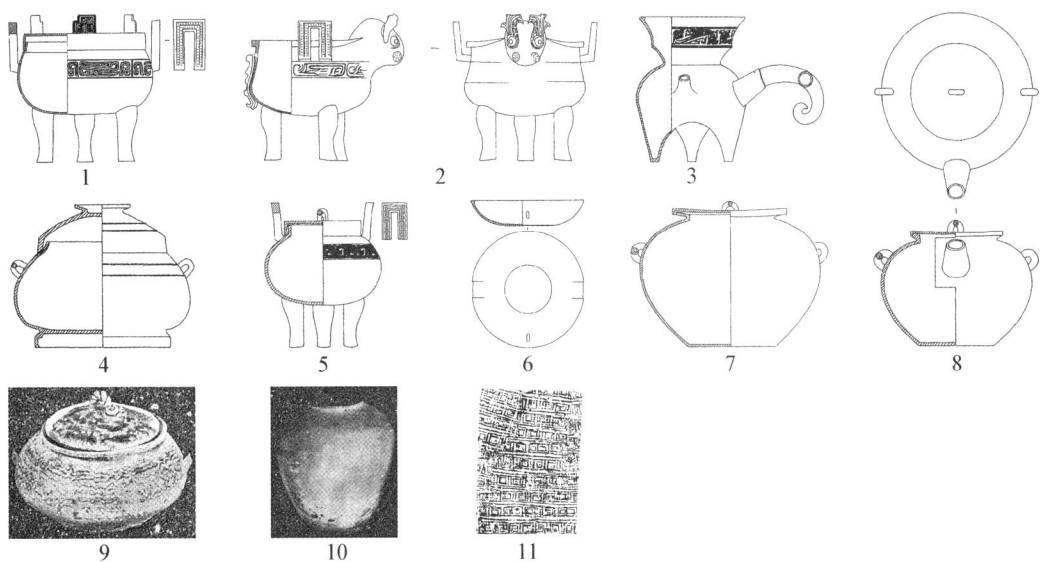

图 2.4.25 舒城河口 1988M1 铜器群

1、2、5. 铜鼎(M1：1、11、8) 3. 铜甗(M1：6) 4. 铜簋(M1：3) 6. 铜盘(M1：7) 7. 铜浴缶(M1：4) 8. 铜盉(M1：10) 9. 瓷罐(M1：9) 10・11. 硬陶罐(M1：5)

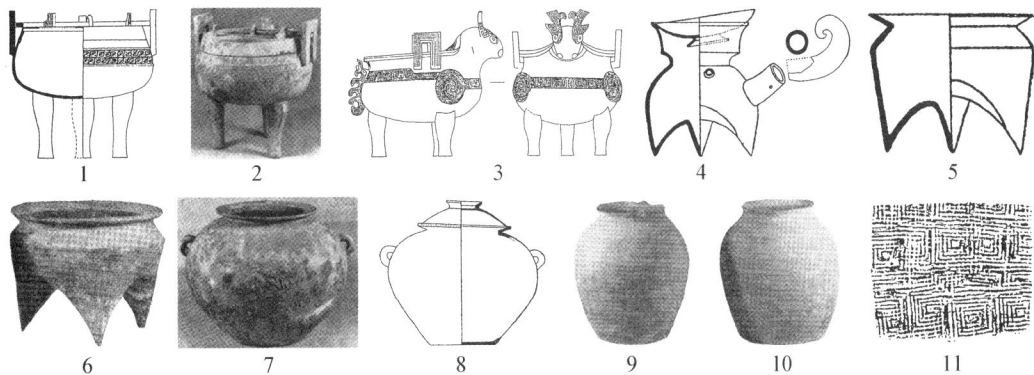

图 2.4.26 舒城龙舒凤凰嘴 1959M 铜器群

1—3. 铜鼎 4. 铜甗 5、6. 铜鬲 7・8. 铜浴缶 9、10・11. 硬陶罐

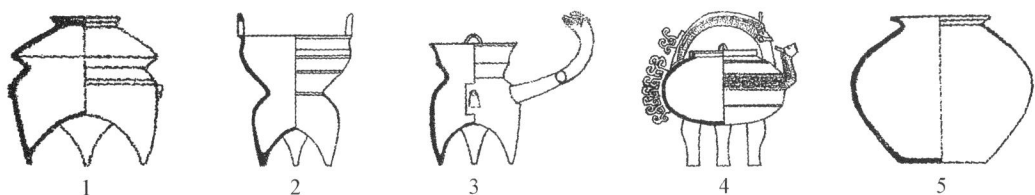

图 2.4.27 潜山梅城黄岭 1993M 铜器群

1. 铜鬲(M：3) 2、3. 铜甗(M：7、2) 4. 铜盉(M：8) 5. 陶罐(M：1)

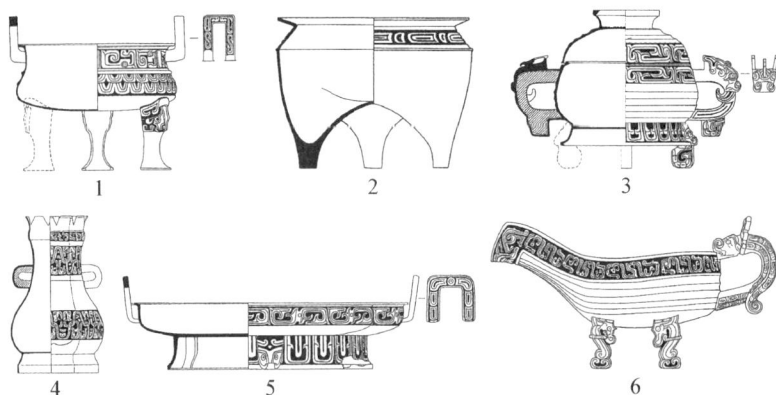

图 2.4.28　随州万店周家岗 1976M 铜器群
1. 铜鼎　2. 铜鬲　3. 铜簠　4. 铜壶　5. 铜盘　6. 铜匜

图 2.4.29　罗山高店 1972M 铜器群
1. 铜壶　2. 铜盘　3. 铜匜

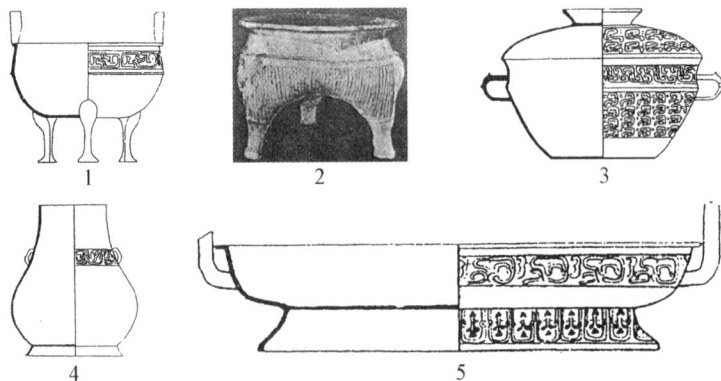

图 2.4.30　信阳明港段湾 1978M 铜器群
1. 铜鼎　2. 铜鬲　3. 铜盆　4. 铜壶　5. 铜盘

图 2.4.31 新野小西关 1971M 铜器群

1. 铜鼎(M：28) 2. 铜甗(M：6) 3. 铜盆(M：3) 4、5. 铜簠(M：1、2) 6. 铜盘(M：4) 7. 铜匜(M：5)

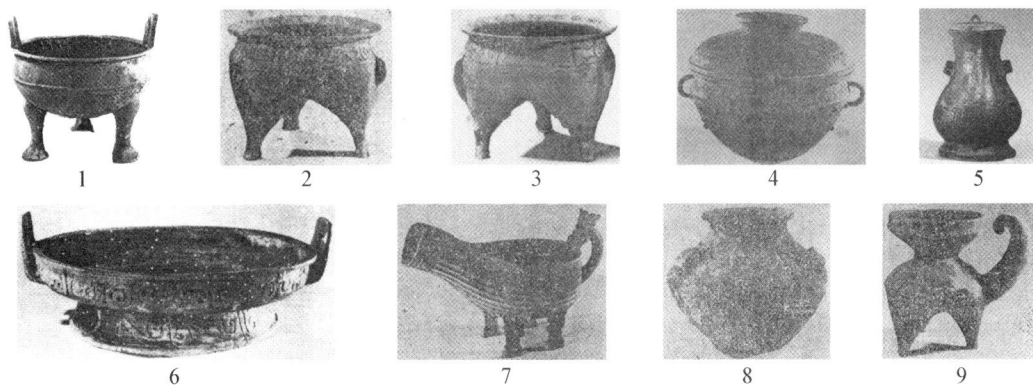

图 2.4.32 信阳平桥西 1978M1 铜器群

1. 铜鼎(M1：4) 2、3. 铜鬲(M1：7、8) 4. 铜盆(M1：10) 5. 铜壶(M1：5) 6. 铜盘(M1：14) 7. 铜匜(M1：13) 8. 陶罐(M1：6) 9. 陶甗(M1：11)

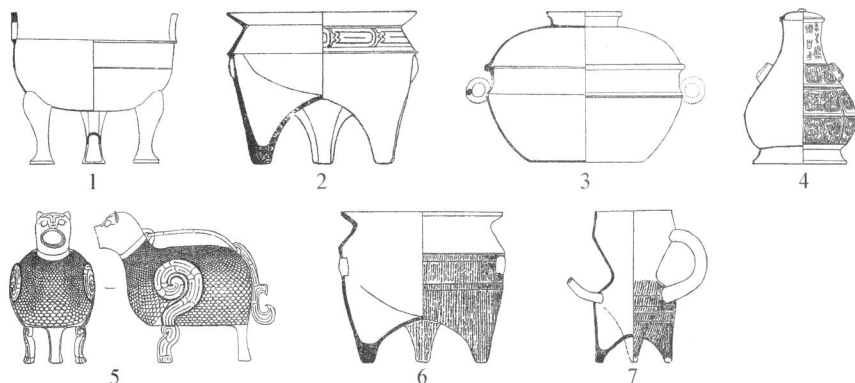

图 2.4.33 信阳平桥西 1986M5 铜器群

1. 铜鼎 2. 铜鬲 3. 铜敦 4. 铜壶 5. 铜牺尊 6. 陶鬲 7. 陶甗

图 2.4.34　信阳平桥西 1978M2 铜器群

1. 铜鼎(M2：3)　2. 铜簠(M2：5)　3、4. 铜壶(M2：1、6)　5. 铜盘(M2：7)　6. 铜匜(M2：8)

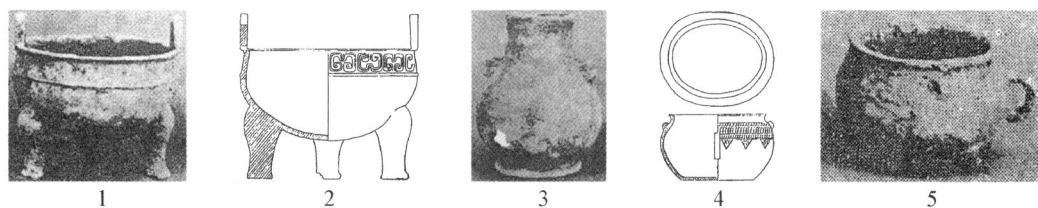

图 2.4.35　信阳平桥西 1981M3 铜器群

1·2. 铜鼎(M3：9)　3. 铜壶(M3：10)　4·5. 铜铺(M3：11)

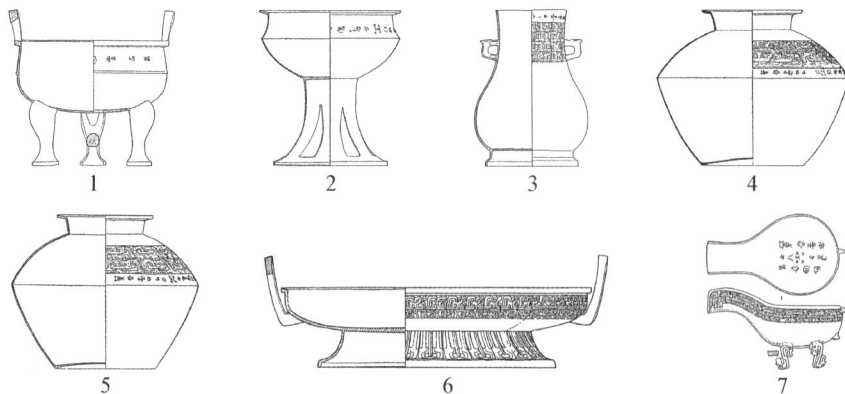

图 2.4.36-1　光山宝相寺 1983MG1 铜器群

1. 铜鼎(MG1：A1)　2. 铜簠(MG1：A3)　3. 铜壶(MG1：A5)　4、5. 铜罍(MG1：A8、A9)　6. 铜盘(MG1：A9)　7. 铜匜(MG1：A10)

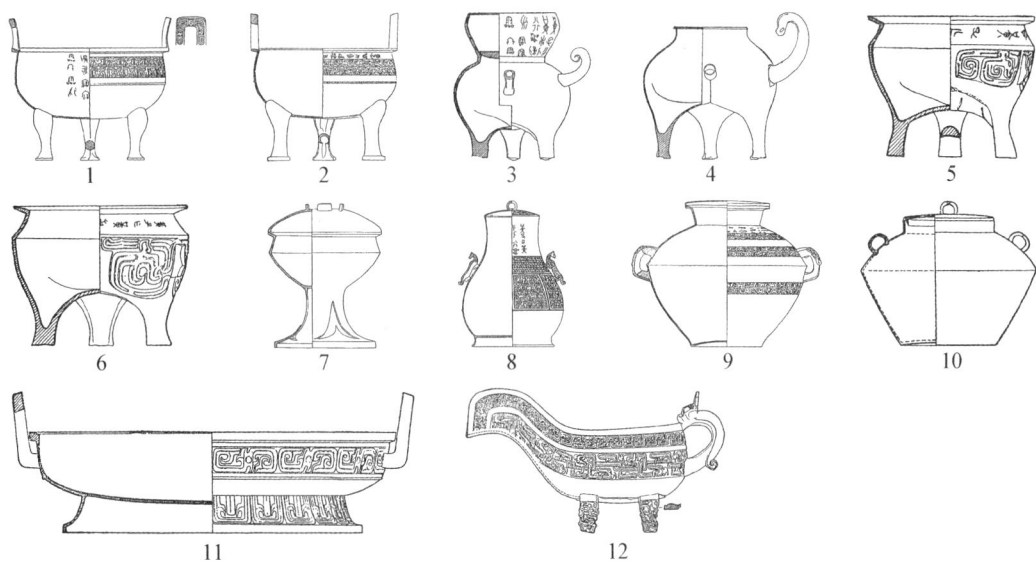

图 2.4.36 - 2　光山宝相寺 1983MG2 铜器群

1、2. 铜鼎（MG2∶A2、A1）　3. 铜甗（MG2∶A6）　4. 铜盉（MG2∶A7）　5、6. 铜鬲（MG2∶A4、A5）　7. 铜簋（MG2∶A8）　8. 铜壶（MG2∶A14）　9、10. 铜罍（MG2∶A10、A3）　11. 铜盘（MG2∶A12）　12. 铜匜（MG2∶A13）

图 2.4.37　谷城新店 1977M 铜器群

1、2. 铜鼎　3. 铜簋　4. 铜壶　5. 铜浴缶　6. 铜铺　7. 铜盘

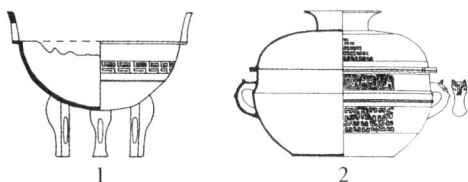

图 2.4.38　南阳烟草局 1993M2 铜器群

1. 铜鼎（M2∶1）　2. 铜敦（M2∶2）

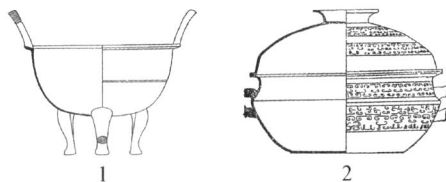

图 2.4.39　固始万营山 1980M1 铜器群

1. 铜鼎　2. 铜敦

图 2.4.40　潢川刘砦 1978M 铜器群

1. 铜鼎　2. 铜簋　3·4. 铜壶　5. 铜浴缶　6. 铜盘

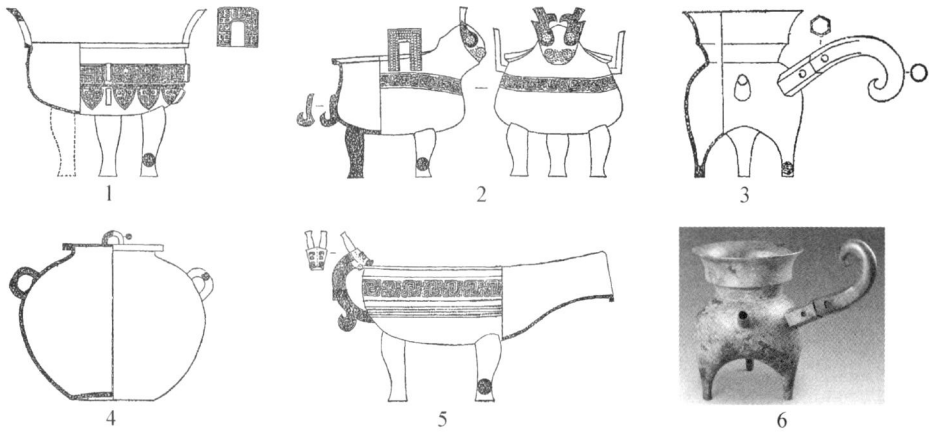

图 2.4.41　怀宁金拱人形 1982M 铜器群

1、2. 铜鼎　3·6. 铜甗　4. 铜浴缶　5. 铜匜

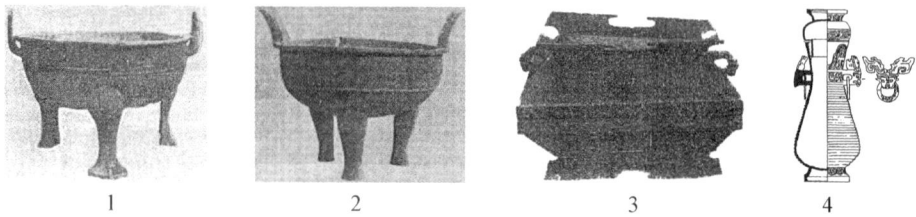

图 2.4.42　南阳西关煤场 1974M 铜器群

1、2. 铜鼎　3. 铜簋　4. 铜壶

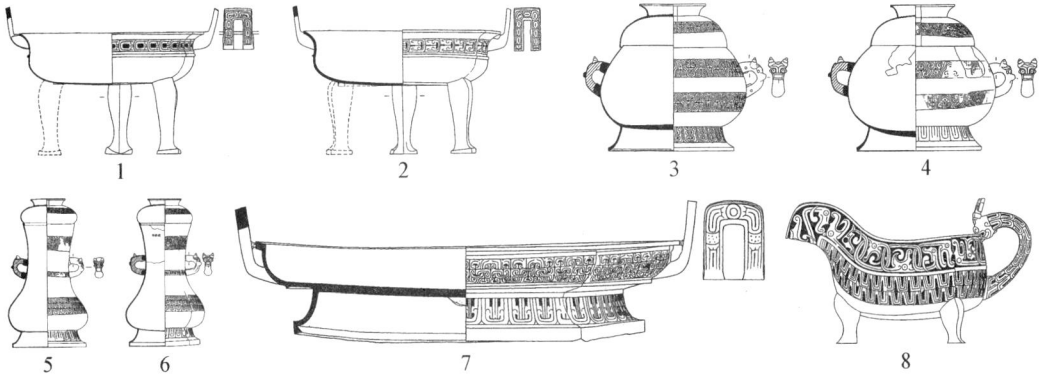

图 2.4.43　襄阳王坡 2001M55 铜器群

1、2. 铜鼎(M55：14、15)　3、4. 铜簋(M55：22、23)　5、6. 铜壶(M55：20、21)　7. 铜盘(M55：10)　8. 铜匜(M55：11)

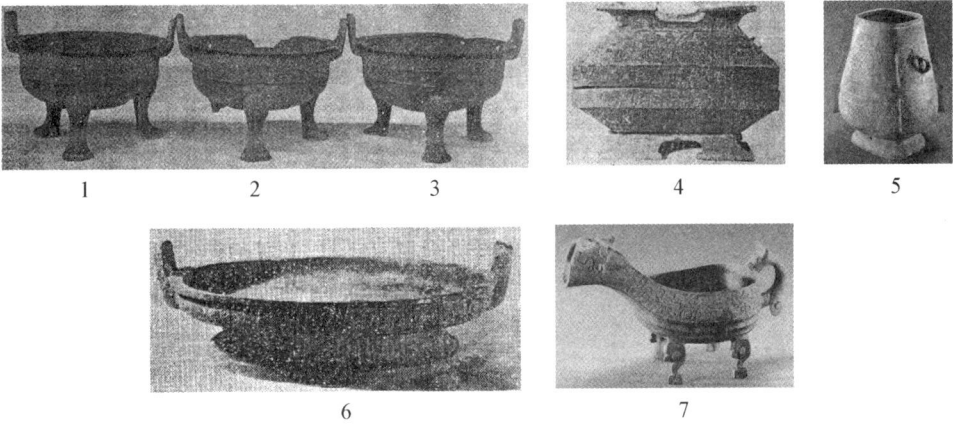

图 2.4.44　枝江百里洲 1969M 铜器群

1—3. 铜鼎　4. 铜簋　5. 铜壶　6. 铜盘　7. 铜匜

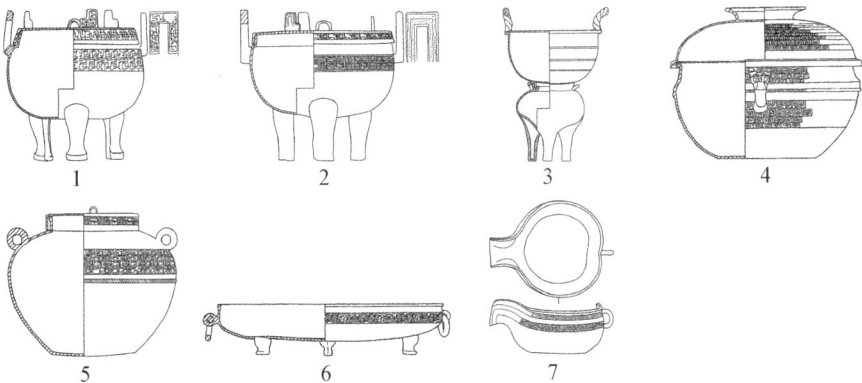

图 2.4.45　南阳李八庙 2004M1 铜器群

1、2. 铜鼎(M1：1、2)　3. 铜甗(M1：3)　4. 铜敦(M1：5)　5. 铜浴缶(M1：4)　6. 铜盘(M1：6)　7. 铜匜(M1：7)

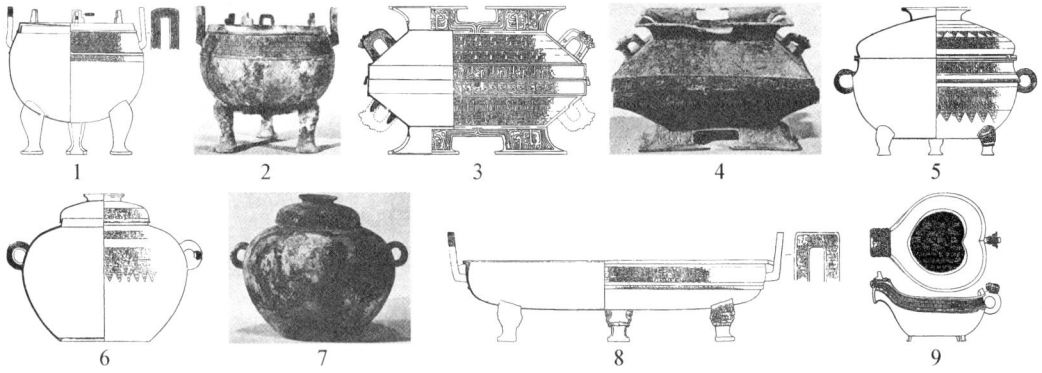

图 2.4.46　淅川下寺 1979M7 铜器群

　　1、2. 铜鼎（M7：6、7）　3、4. 铜簋（M7：9、10）　5. 铜敦（M7：8）　6、7. 铜浴缶（M7：3、4）　8. 铜盘
（M7：2）　9. 铜匜（M7：1）

图 2.4.47　南阳西关 1988M1 铜器群

1. 铜鼎　2. 铜簋　3. 铜盉　4. 铜盘

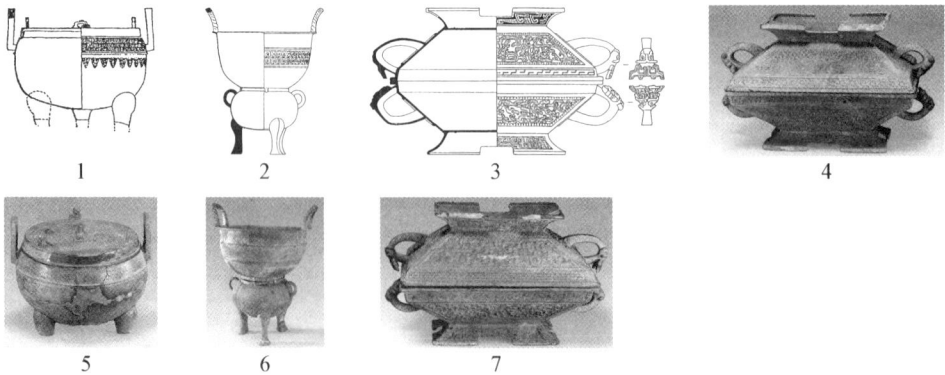

图 2.4.48　随州义地岗季氏梁 1979M 铜器群

1·5. 铜鼎　2·6. 铜甗　3·7、4. 铜簋（甲、乙）

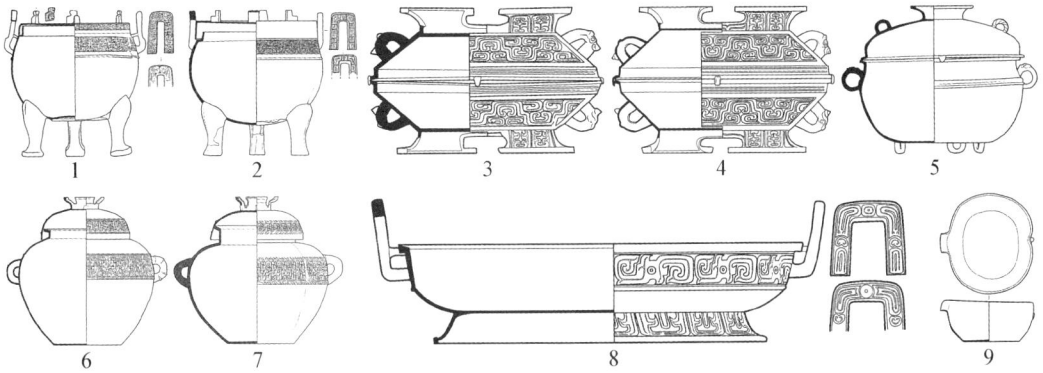

图 2.4.49 襄阳沈岗 2009M1022 铜器群

1、2. 铜鼎（M1022：1、2） 3、4. 铜簠（M1022：3、4） 5. 铜敦（M1022：7） 6、7. 铜浴缶（M1022：5、6）
8. 铜盘（M1022：8） 9. 铜匜（M1022：9）

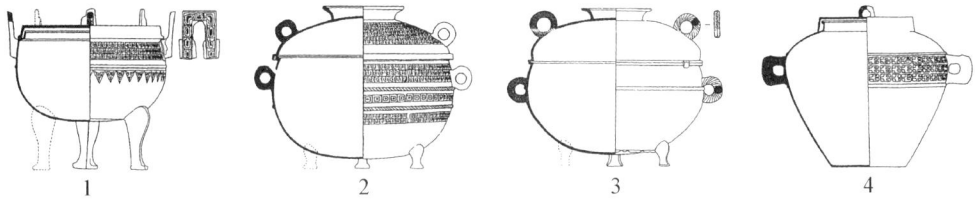

图 2.4.50 钟祥黄土坡 1988M35 铜器群

1. 铜鼎（M35：7） 2、3. 铜敦（M35：8、9） 4. 铜浴缶（M35：10）

图 2.4.51 罗山高店 1979M 铜器群

1. 铜鼎 2. 铜盆 3. 铜壶 4·5. 铜钾 6. 铜盘 7. 铜匜

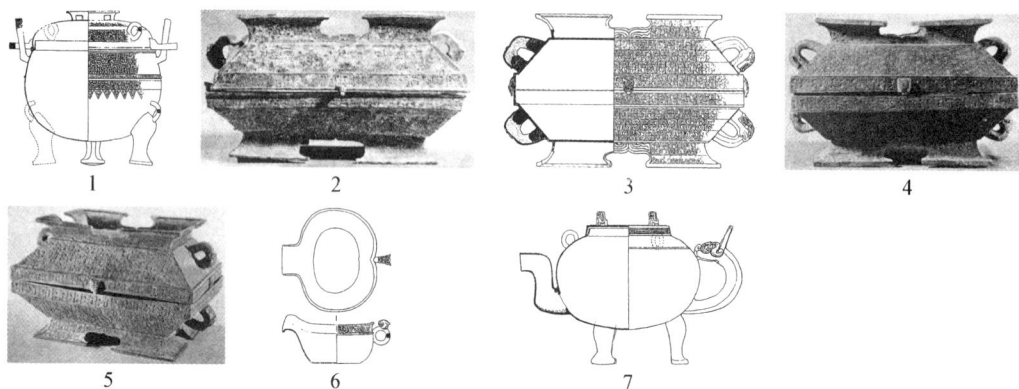

图 2.4.52　淅川下寺 1979M8 铜器群

1. 铜鼎（M8：8）　2—5. 铜簠（M8：1、4、2、3）　6. 铜匜（M8：5）　7. 铜盉（M8：6）

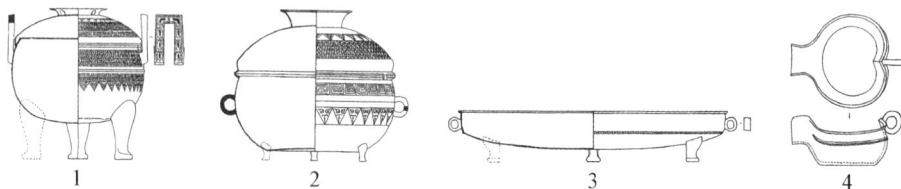

图 2.4.53　钟祥黄土坡 1988M31 铜器群

1. 铜鼎（M31：1）　2. 铜敦（M31：4）　3. 铜盘（M31：3）　4. 铜匜（M31：2）

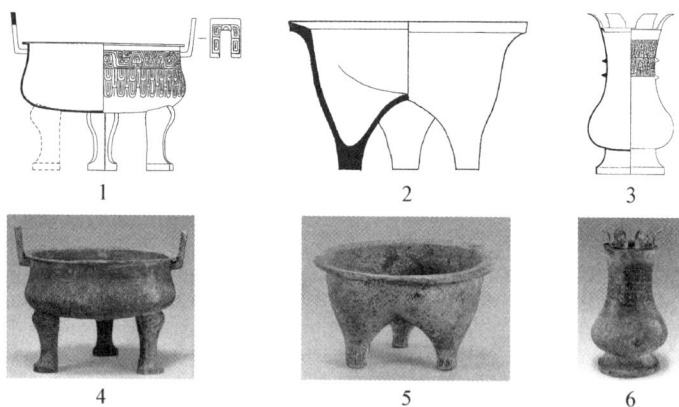

图 2.4.54　随州刘家崖 1980M1 铜器群

1 · 4. 铜鼎　2 · 5. 铜鬲　3 · 6. 铜壶

图 2.4.55　潢川上油岗磨盘山 1975M 铜器群

1. 铜盆　2. 铜罍　3. 铜盉

图 2.4.56　汉川西正街尾 1974M 铜器群

1. 铜鬲　2. 铜甗　3. 铜簠　4. 铜钟

图 2.4.57　桐柏月河左庄 1993M1 铜器群

1. 铜鼎(M1：8)　2. 铜盆(M1：410)　3. 铜壶(M1：1)　4. 铜浴缶(M1：11)　5. 铜匜(M1：1)　6. 铜盘(M1：10)

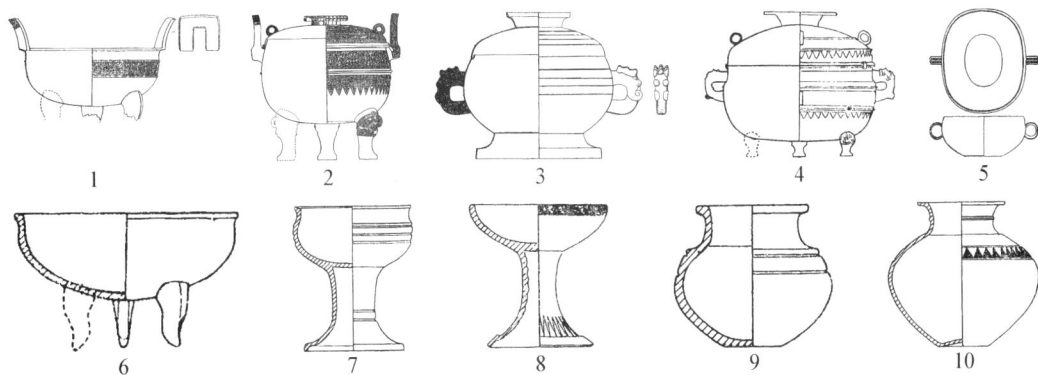

图 2.4.58　当阳赵家塝 1978M8 铜器群

1、2. 铜鼎(M8：14、2)　3. 锡簠(M8：13)　4. 铜敦(M8：15)　5. 铜钟(M8：18)　6. 陶鼎(M8：4)
7. 陶簠(M8：10)　8. 陶豆(M8：21)　9、10. 陶罐(M8：28、1)

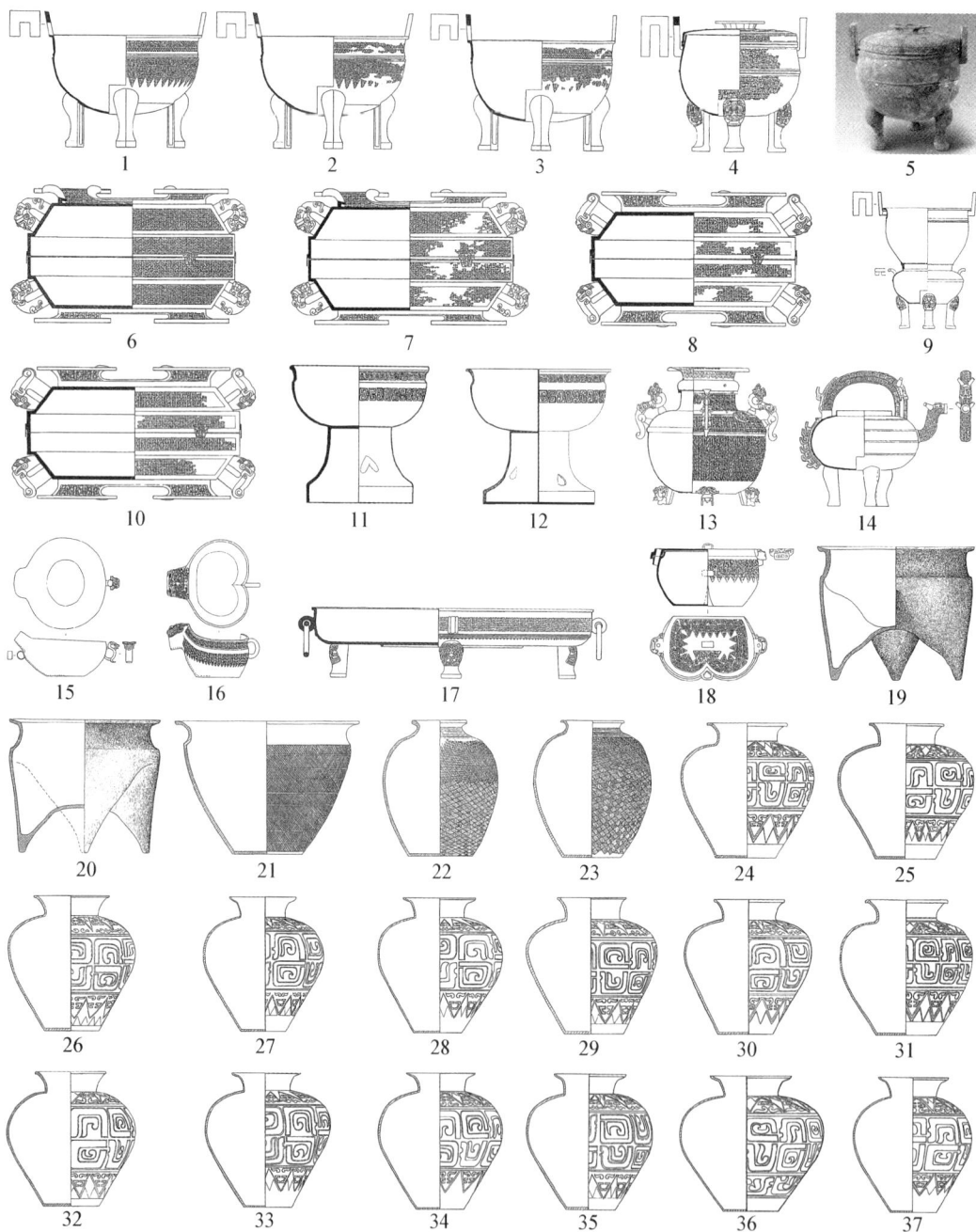

图 2.4.59　蚌埠双墩 2006M1 铜器群

1—5. 铜鼎（M1：113、294、293、359、356）　6—8、10. 铜簠（M1：376、377、432、433）　9. 铜甗（M1：32）　11、12. 铜簋（M1：285、286）　13. 铜罍（M1：398）　14. 铜盉（M1：20）　15、16. 铜匜（M1：282、281）　17. 铜盘（M1：283）　18. 铜盒（M1：19）　19、20. 陶鬲（M1：427、428）　21. 硬陶盆（M1：34）　22、23. 硬陶罐（M1：26、33）　24—37. 彩绘陶罐（M1：401－410、412－415）

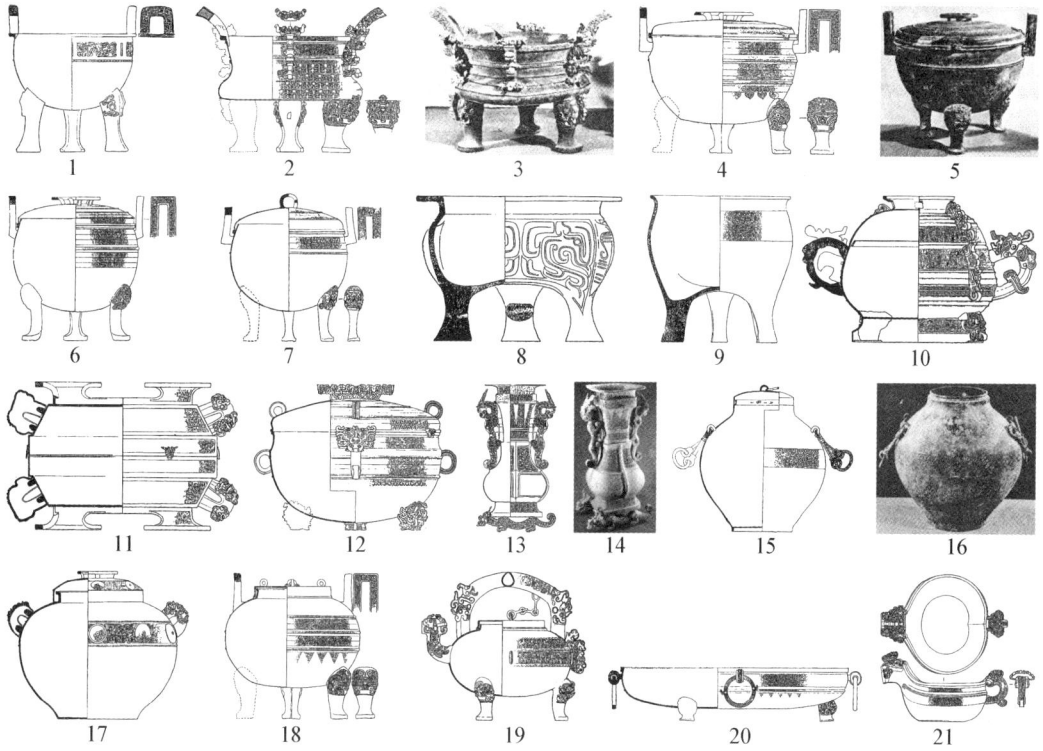

图 2.4.60　淅川下寺 1978M1 铜器群

1—7、18. 铜鼎（M1：18、55、41、62、65、67、58、70）　8、9. 铜鬲（M1：42、59）　10. 铜簠（M1：47）　11. 铜簠（M1：45）　12. 铜敦（M1：48）　13、14. 铜壶（M1：49、50）　15、16. 铜尊缶（M1：51、54）　17. 铜浴缶（M1：72）　19. 铜盂（M1：71）　20. 铜盘（M1：69）　21. 铜匜（M1：68）

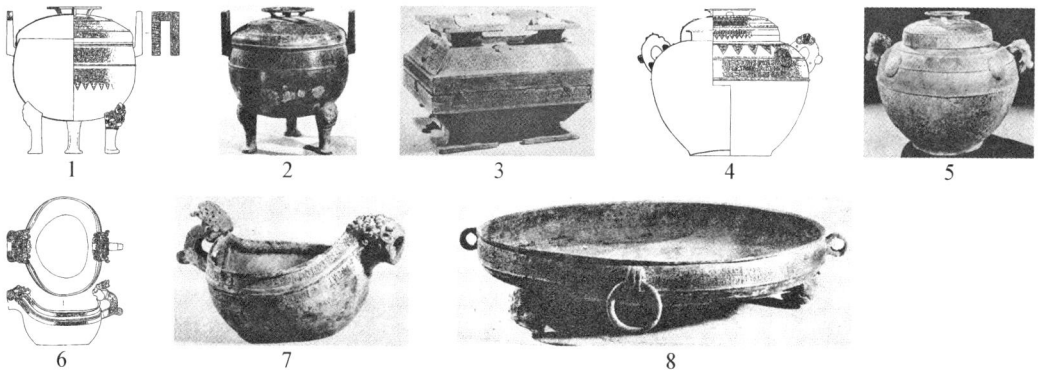

图 2.4.61　淅川下寺 1979M4 铜器群

1・2. 铜鼎（M4：1）　3. 铜簠（M4：5）　4・5. 铜浴缶（M4：4）　6・7. 铜匜（M4：2）　8. 铜盘（M4：3）

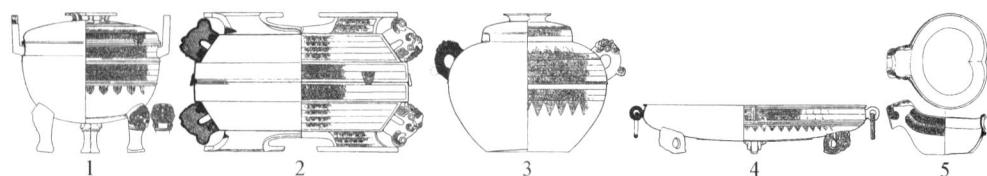

图 2.4.62　淅川下寺 1977M36 铜器群

1. 铜鼎（M36∶2）　2. 铜簠（M36∶5）　3. 铜浴缶（M36∶3）　4. 铜盘（M36∶7）　5. 铜匜（M36∶8）

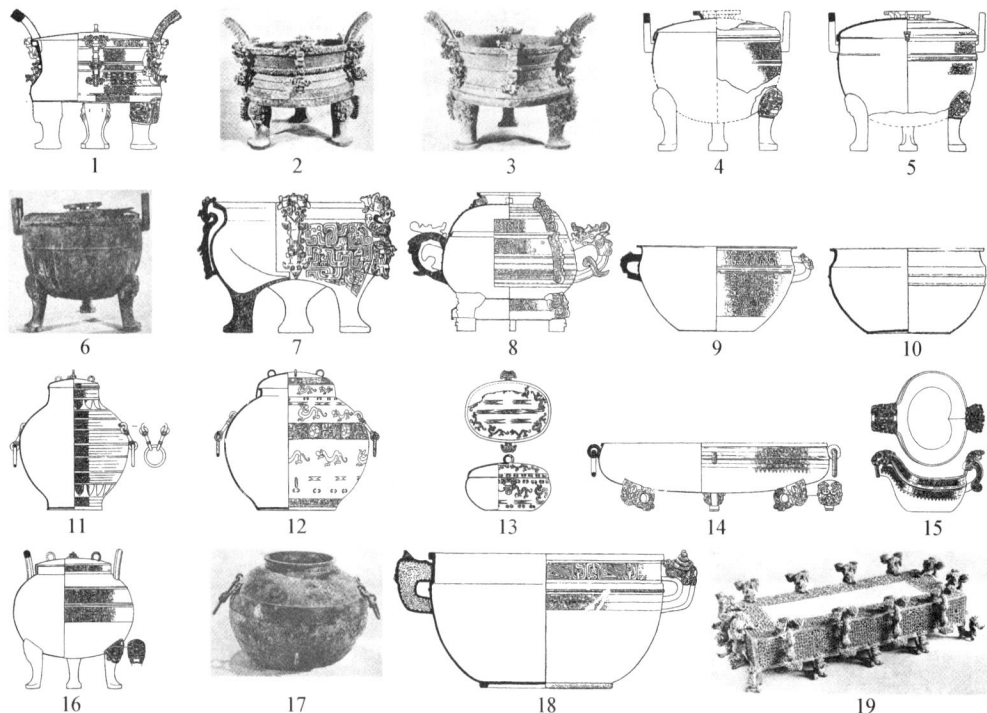

图 2.4.63　淅川下寺 1978M2 铜器群

1—6、16. 铜鼎（M2∶38、32、36、43、44、27、56）　7. 铜鬲（M2∶59）　8. 铜簠（M2∶63）　9、10. 铜盆（M2∶68、69）　11. 铜尊缶（M2∶60）　12、17. 铜浴缶（M2∶51、55）　13. 铜钿（M2∶54）　14. 铜盘（M2∶52）　15. 铜匜（M2∶53）　18. 铜鉴（M2∶50）　19. 铜禁（M2∶65）

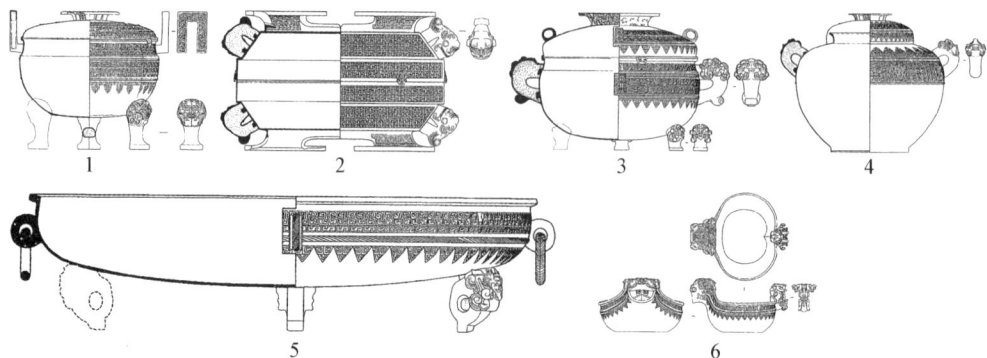

图 2.4.64　郧县肖家河 2006M4 铜器群

1. 铜鼎（M4∶1）　2. 铜簠（M4∶8）　3. 铜敦（M4∶10）　4. 铜浴缶（M4∶11）　5. 铜盘（M4∶7）　6. 铜匜（M4∶6）

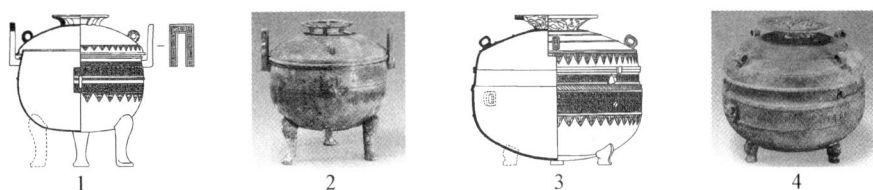

图 2.4.65　随州义地岗季氏梁 1980M 铜器群

1·2. 铜鼎　3·4. 铜敦

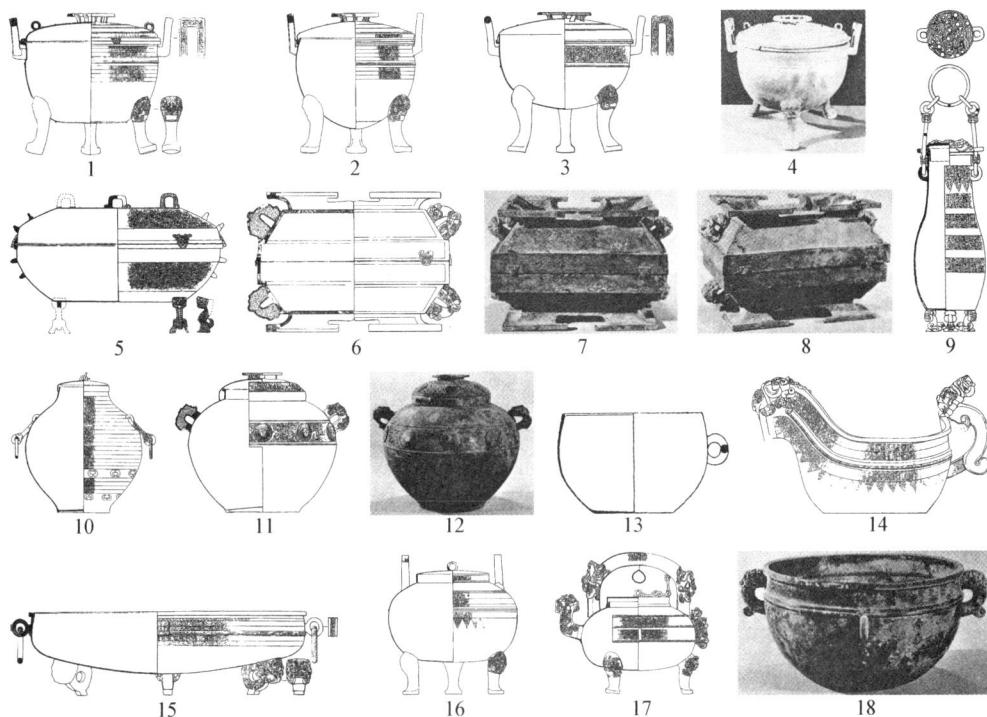

图 2.4.66　淅川下寺 1978M3 铜器群

1—4、16. 铜鼎（M3∶10、9、12、11、4）　5—8. 铜簠（M3∶13、14、15、18）　9. 铜壶（M3∶21）　10. 铜尊缶（M3∶20）　11、12. 铜浴缶（M3∶6、5）　13. 铜铲（M3∶28）　14. 铜匜（M3∶2）　15. 铜盘（M3∶1）　17. 铜盉（M3∶3）　18. 铜鉴（M3∶19）

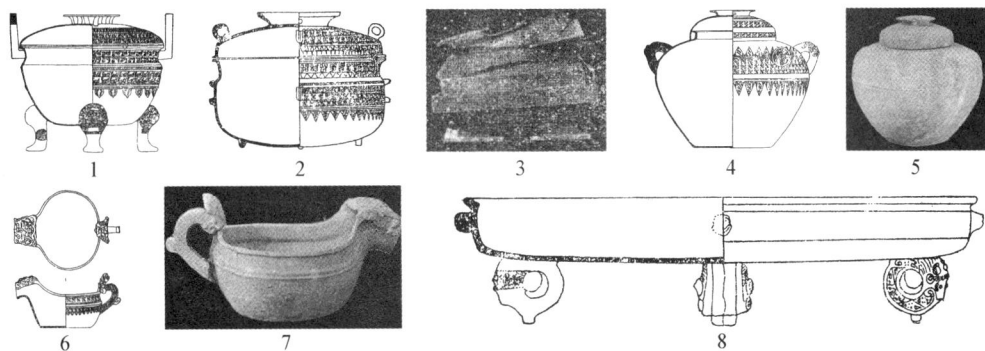

图 2.4.67　固始万营山 1983M2 铜器群

1. 铜鼎　2. 铜敦　3. 铜簠　4·5. 铜浴缶　6·7. 铜匜　8. 铜盘

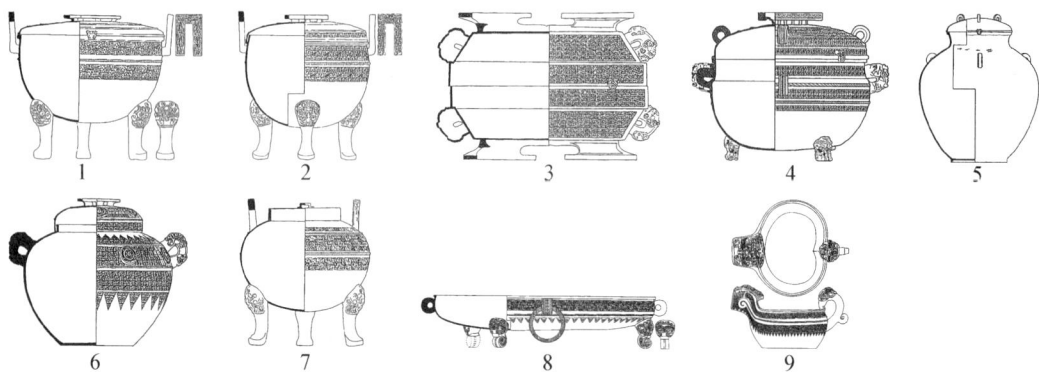

图 2.4.68　南阳八一路 2008M38 铜器群

1、2、7. 铜鼎（M38：41、43、58）　3. 铜簠（M38：45）　4. 铜敦（M38：49）　5. 铜尊缶（M38：51）　6. 铜浴缶（M38：57）　8. 铜盘（M38：52）　9. 铜匜（M38：53）

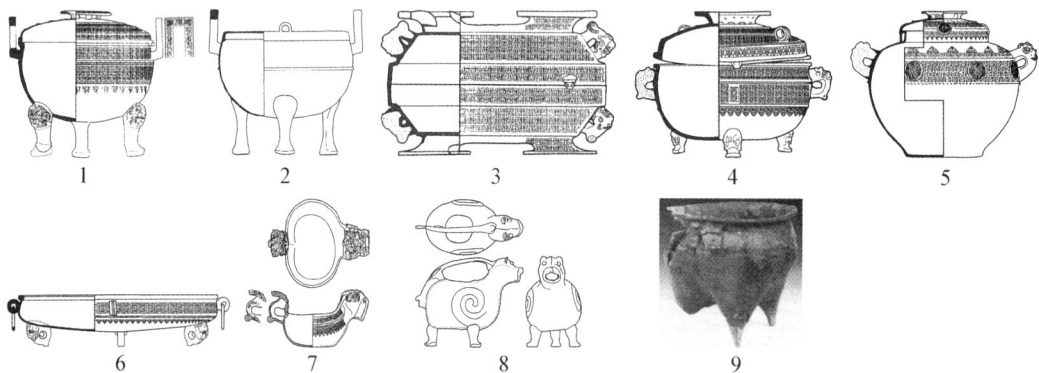

图 2.4.69　南阳万家园 2005M181 铜器群

1、2. 铜鼎（M181：5、6）　3. 铜簠（M181：3）　4. 铜敦（M181：12）　5. 铜浴缶（M181：13）　6. 铜盘（M181：9）　7. 铜匜（M181：11）　8. 铜牲尊（M181：15）　9. 陶鬲（M181：14）

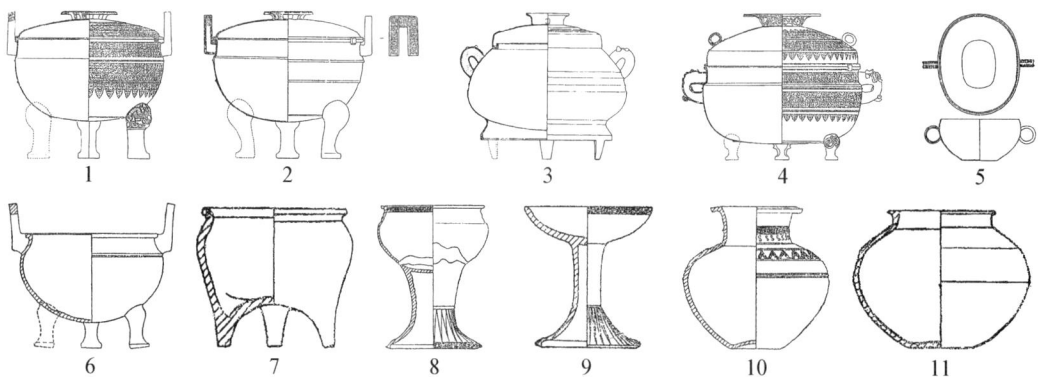

图 2.4.70　当阳金家山 1975M9 铜器群

1、2. 铜鼎（M9：9、10）　3. 铜簠（M9：17）　4. 铜敦（M9：11）　5. 铜铺（M9：6）　6. 陶鼎（M9：12）
7. 陶鬲（M9：25）　8. 陶簠（M9：13）　9. 陶豆（M9：5）　10、11. 陶罐（M9：22、23）

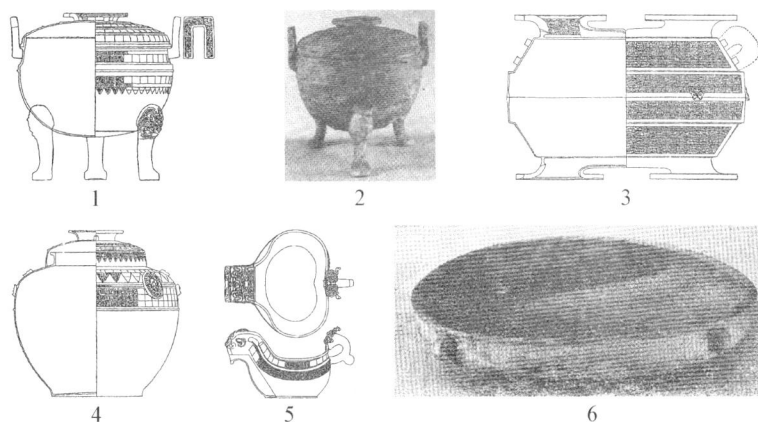

图 2.4.71 当阳赵家湖 1974M 铜器群

1、2. 铜鼎 3. 铜簠 4. 铜浴缶 5. 铜匜 6. 铜盘

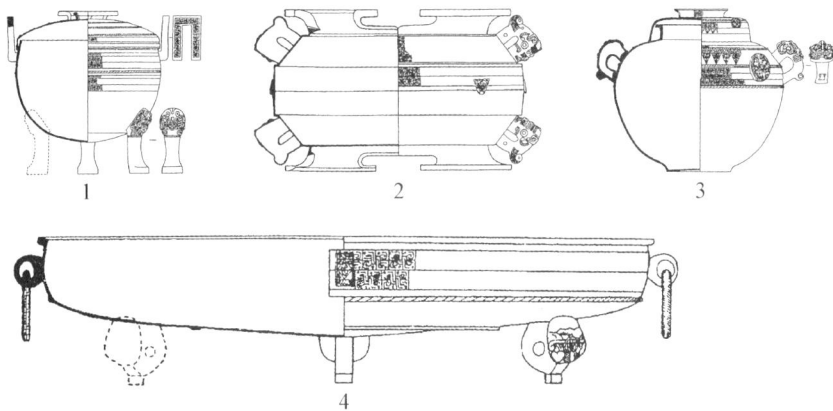

图 2.4.72 宜城蒋湾母牛山 1989M1 铜器群

1. 铜鼎(M1：1) 2. 铜簠(M1：3) 3. 铜浴缶(M1：5) 4. 铜盘(M1：6)

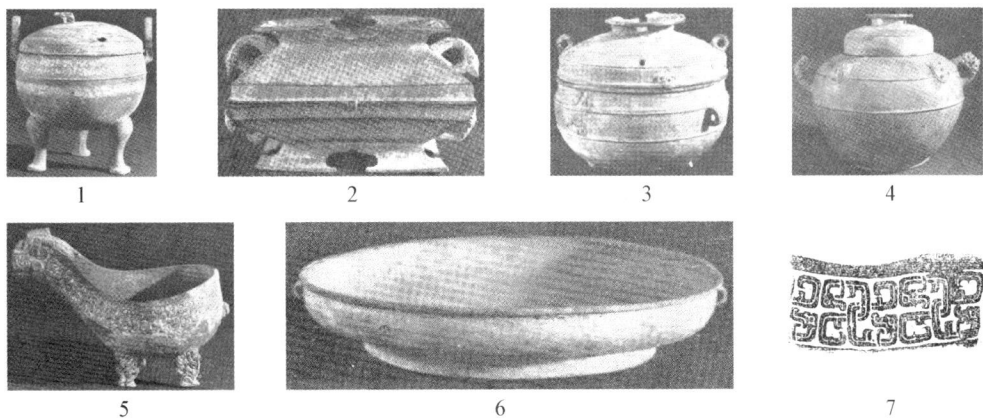

图 2.4.73 江陵岳山 1970M 铜器群

1. 铜鼎 2. 铜簠 3. 铜敦 4. 铜浴缶 5·7. 铜匜 6. 铜盘

图 2.4.74　襄阳山湾 1972M15 铜器群

1. 铜鼎（M15：1）　2. 铜敦（M15：2）　3. 铜浴缶（M15：3）　4. 铜盘（M15：4）

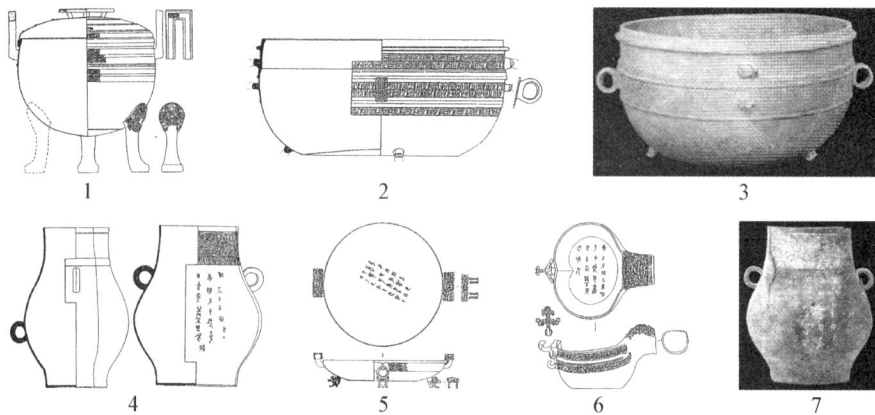

图 2.4.75　郧县肖家河 2001M1 铜器群

1. 铜鼎（M1：1）　2·3. 铜敦（M1：3）　4·7. 铜壶（M1：2）　5. 铜盘（M1：4）　6. 铜匜（M1：5）

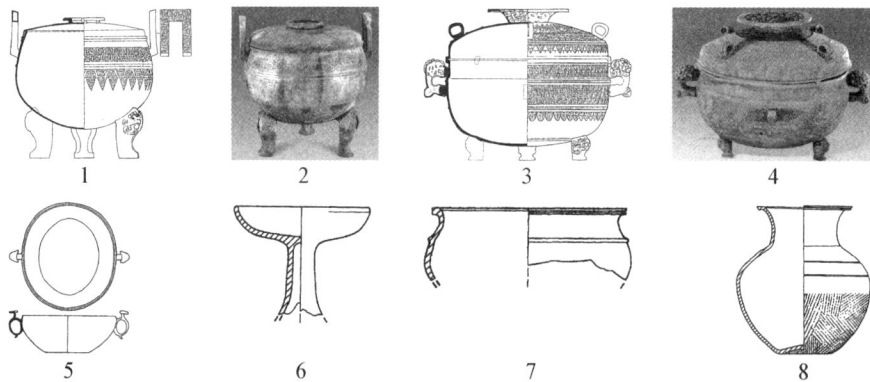

图 2.4.76　襄阳余岗 2004M279 铜器群

1·2. 铜鼎（M279：5）　3·4. 铜敦（M279：6）　5. 铜钫（M279：7）　6. 陶豆（M279：4）
7. 陶盆（M279：2）　8. 陶罐（M279：1）

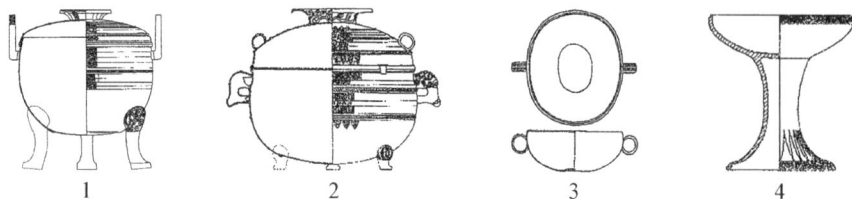

图 2.4.77　当阳金家山 1984M247 铜器群

1. 铜鼎（M247：1）　2. 铜敦（M247：4）　3. 铜钫（M247：2）　4. 陶豆（M247：6）

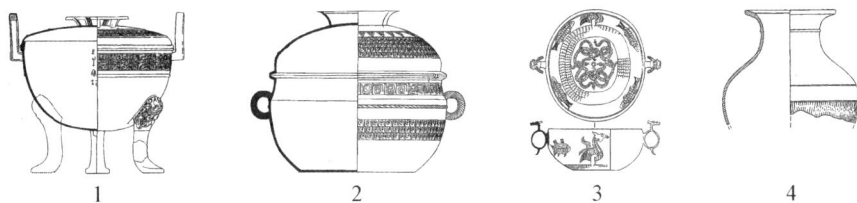

图 2.4.78　襄阳余岗 2004M237 铜器群

1. 铜鼎(M237∶2)　2. 铜敦(M237∶1)　3. 铜钫(M237∶4)　4. 陶罐(M237∶3)

图 2.4.79　六安九里沟 1991M1 铜器群

1. 铜鼎　2. 铜敦　3. 铜浴缶

图 2.4.80　邳州九女墩 1993M3 铜器群

1、2. 铜鼎(M3∶35、41)　3. 铜敦(M3∶54)　4. 铜尊(M3∶79)　5. 铜壶(M3∶64)　6·7. 铜鉴(M3∶34)
8. 陶鬲(M3∶73)　9. 陶罐(M3∶94)　10—12. 硬陶罐(M3∶71、68、40)

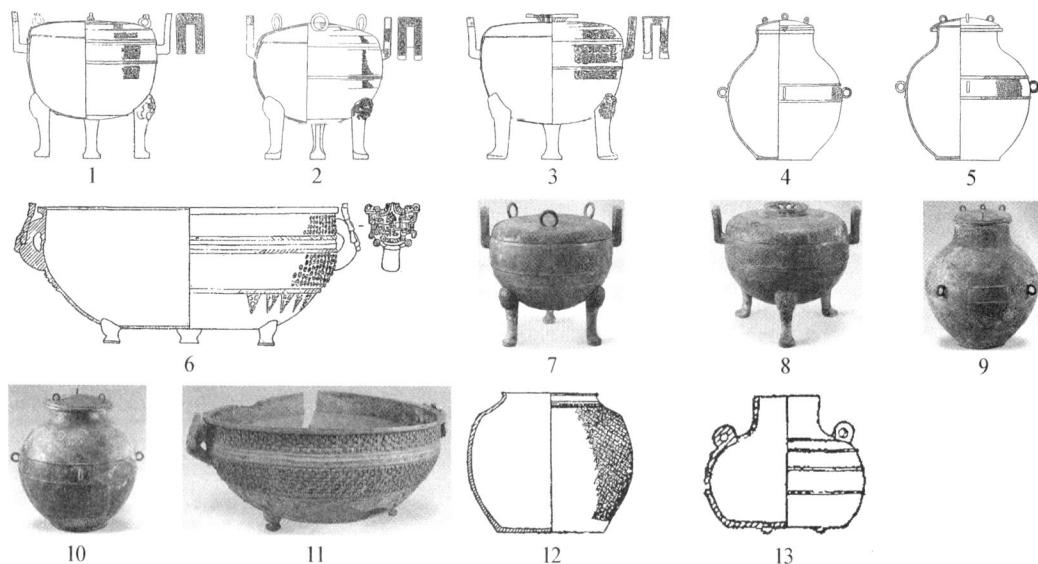

图 2.4.81 丹徒北山顶 1984M 铜器群

1、2·7、3·8. 铜鼎（M：4、5、20） 4·9、5·10. 铜尊缶（M：6、7） 6·11. 铜鉴（M：10） 12. 硬陶罐（M：3） 13. 陶壶（M：1）

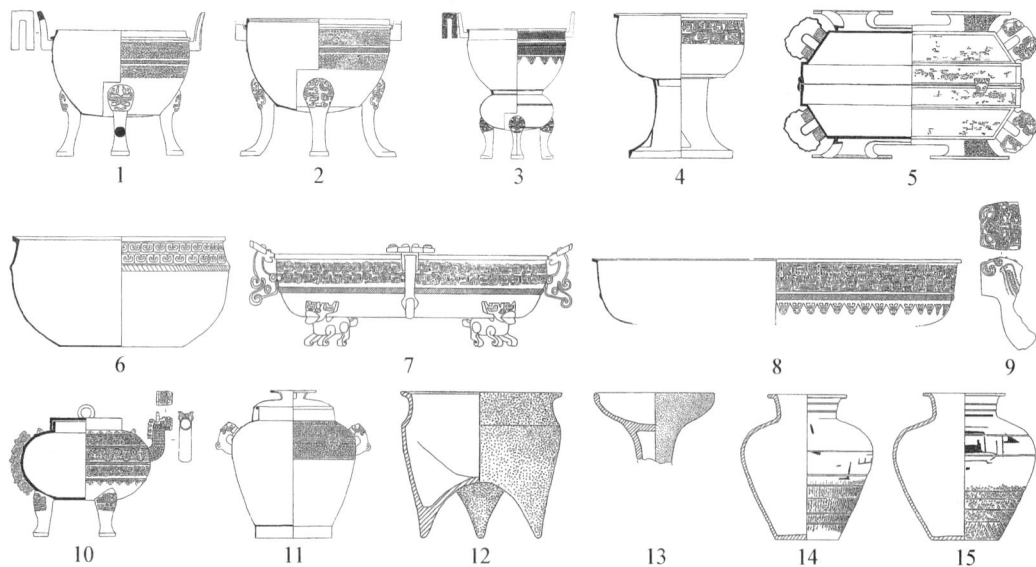

图 2.4.82 凤阳卞庄 2007M1 铜器群

1、2. 铜鼎（M1：15、16） 3. 铜甗（M1：17） 4. 铜簋（M1：18） 5. 铜簠（M1：22） 6. 铜盆（M1：24）
7、8. 铜盘（M1：19、25） 9. 铜匜（M1：21） 10. 铜盉（M1：20） 11. 铜浴缶（M1：23） 12. 陶鬲（M1：80）
13. 陶豆（M1：81） 14、15. 陶罐（M1：82、83）

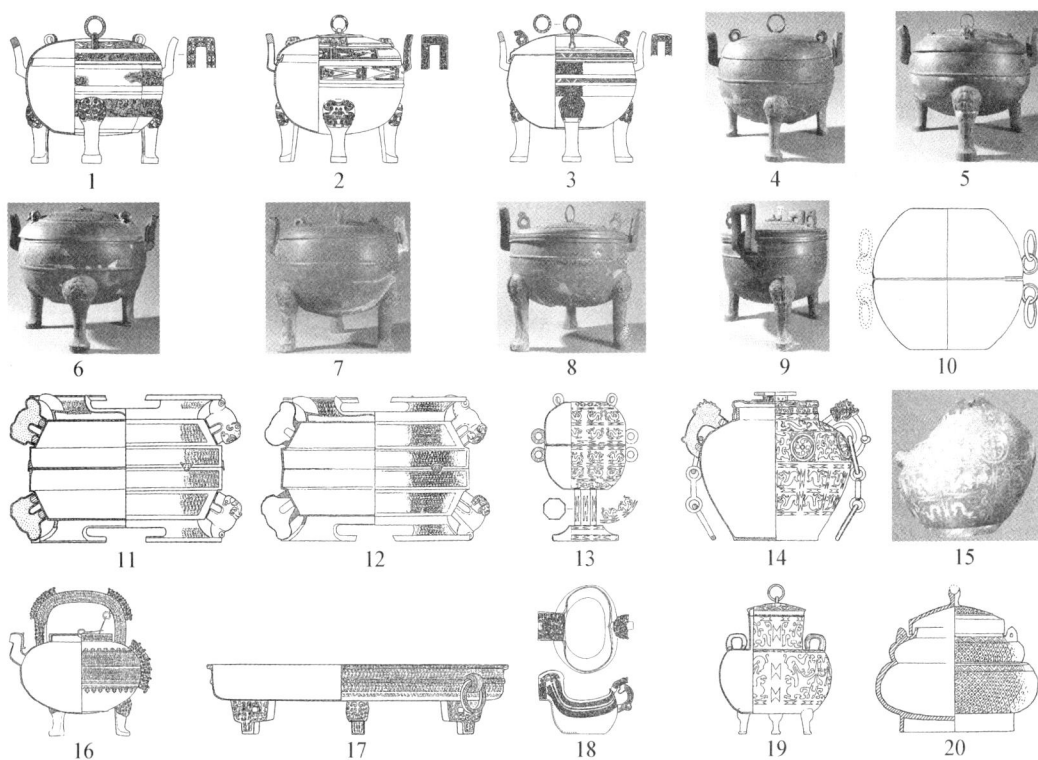

图 2.4.83-1　固始侯古堆 1978M1 铜器群

1—9. 铜鼎（M1：P48、P52、P53、P47、P45、P50、P49、P46、P51）　10、13. 铜敦（M1：P39、P36）　11、12. 铜簠（M1：P37-1、P37-2）　14、15. 铜浴缶（M1：P35、P34）　16. 铜盉（M1：P44）　17. 铜盘（M1：P43）　18. 铜匜（M1：P5）　19. 铜壶（M1：P7）　20. 铜盒（M1：P3）

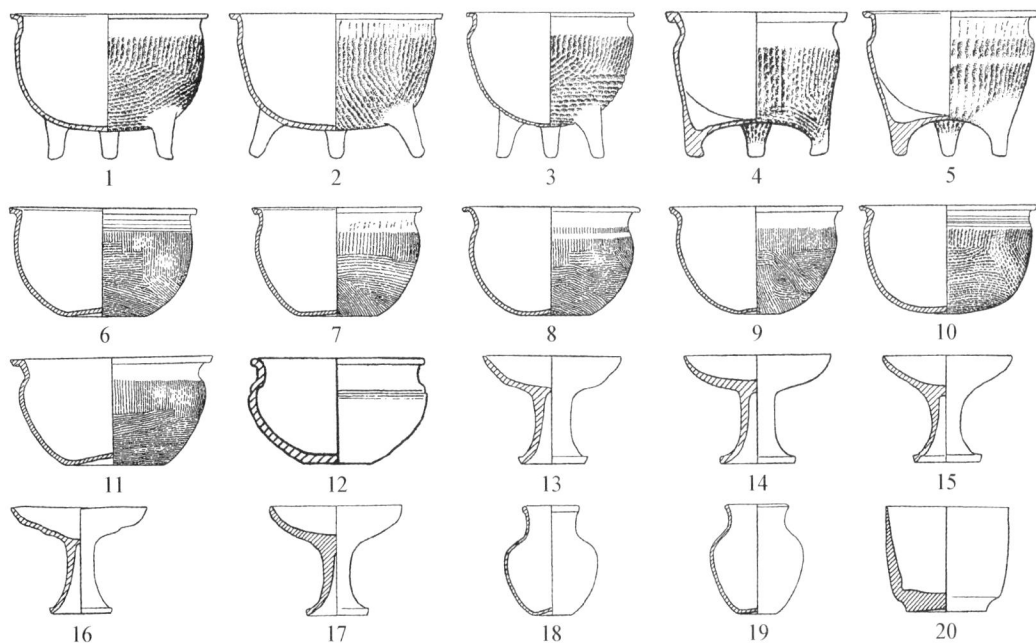

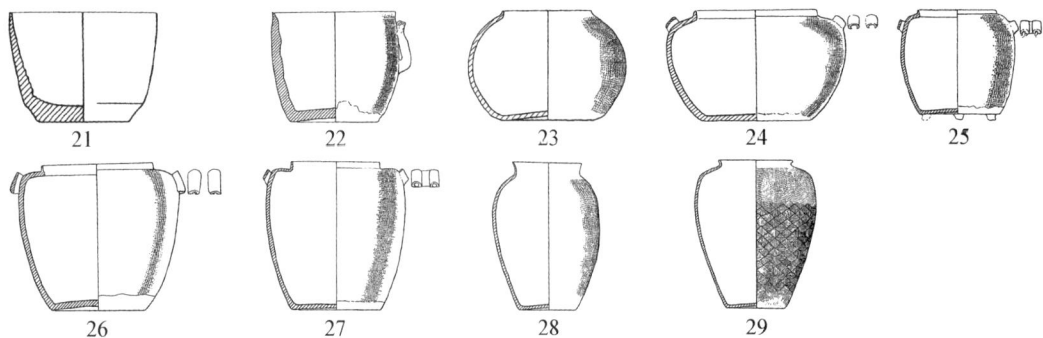

图 2.4.83 - 2　固始侯古堆 1978M1 铜器群

　　1—3. 陶鼎(M1：23、25、27)　　4、5. 陶鬲(M1：22、26)　　6—12. 陶盆(M1：17 - 19、30、31、33、21)
13—17. 陶豆(M1：54 - 57、59)　18、19. 陶壶(M1：15、28)　20、21. 瓷杯(M1：12、13)　22. 硬陶杯(M1：14)
23—29. 硬陶罐(M1：11、4、1、G1 - 1、G6 - 2、P123、P124)

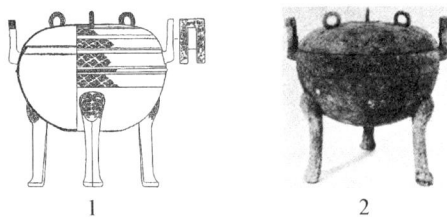

图 2.4.84　六合程桥 1968M2 铜器群
1·2. 铜鼎

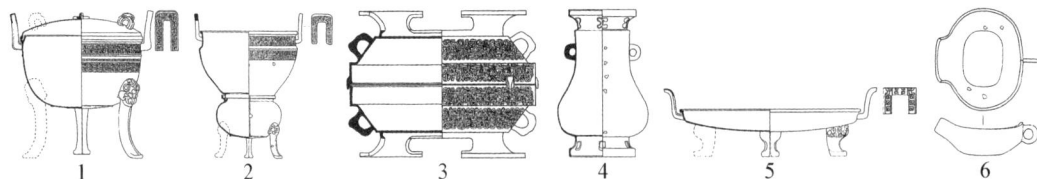

图 2.4.85　随州义地岗 1994M1 铜器群

　　1. 铜鼎(M1：6)　2. 铜甗(M1：3)　3. 铜簠(M1：8)　4. 铜壶(M1：9)　5. 铜盘(M1：2)　6. 铜匜(M1：1)

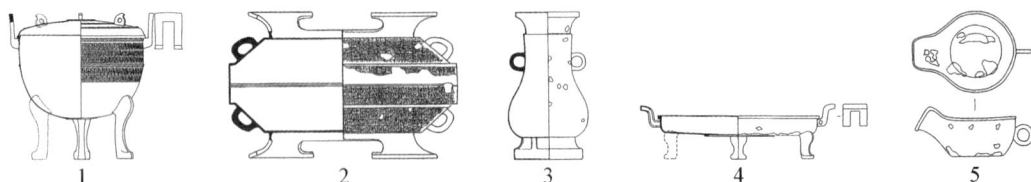

图 2.4.86　随州义地岗 1994M2 铜器群

　　1. 铜鼎(M2：4)　2. 铜簠(M2：7)　3. 铜壶(M2：8)　4. 铜盘(M2：3)　5. 铜匜(M2：1)

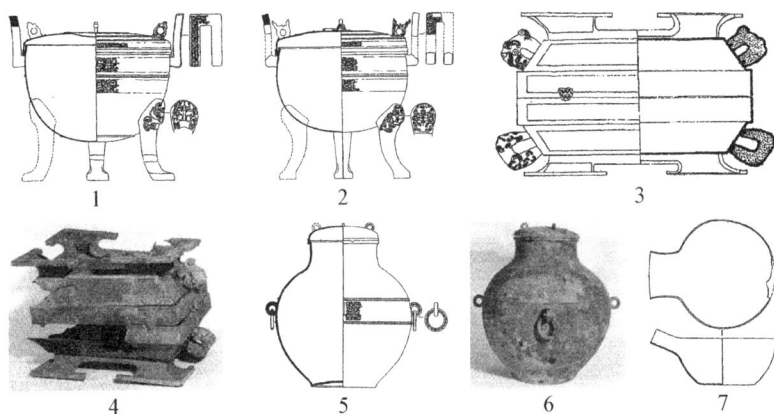

图 2.4.87 郧县肖家河 1990M 铜器群

1、2. 铜鼎(M：2、1) 3、4. 铜簠(M：4,5) 5·6. 铜尊缶(M：3) 7. 铜匜(M：6)

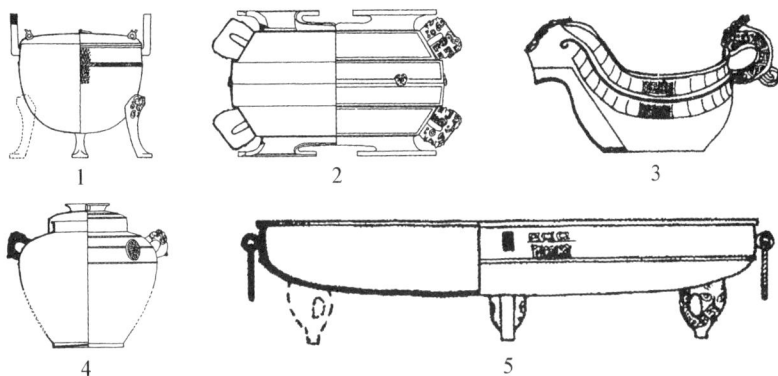

图 2.4.88 枝江姚家港 1985M14 铜器群

1. 铜鼎(M14：2) 2. 铜簠(M14：7) 3. 铜匜(M14：4) 4. 铜浴缶(M14：1) 5. 铜盘(M14：5)

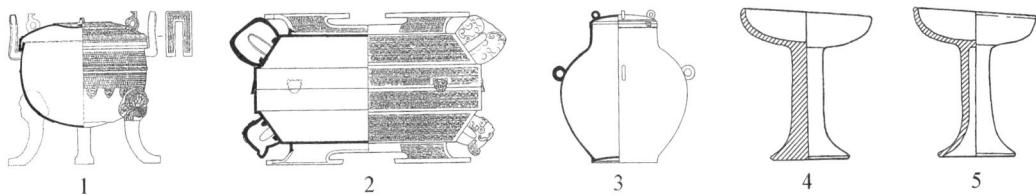

图 2.4.89 襄阳余岗 2004M180 铜器群

1. 铜鼎(M180：2) 2. 铜簠(M180：1) 3. 铜尊缶(M180：3) 4,5. 陶豆(M180：4,8)

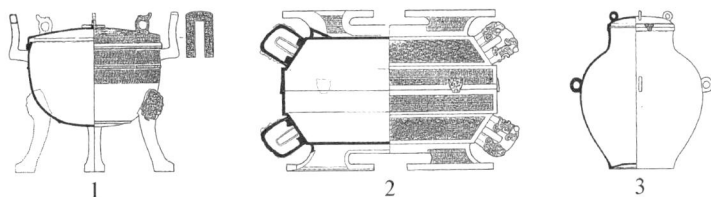

图 2.4.90 襄阳余岗 2004M214 铜器群

1. 铜鼎(M214：2) 2. 铜簠(M214：1) 3. 铜尊缶(M214：3)

图 2.4.91　襄阳山湾 1972M33 铜器群

1、2. 铜鼎(M33 : 1、2)　3. 铜簠(M33 : 4)　4. 铜敦(M33 : 8)　5. 铜浴缶(M33 : 3)　6. 铜
匜(M33 : 6)　7. 铜盘(M33 : 5)

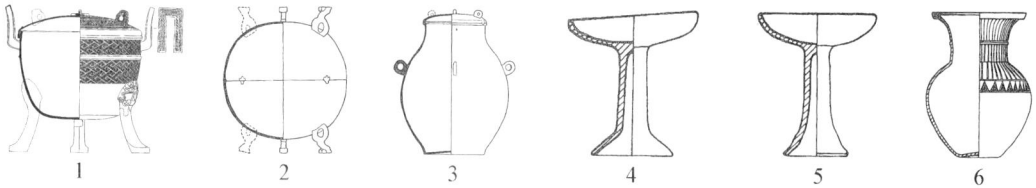

图 2.4.92　襄阳余岗 2004M175 铜器群

1. 铜鼎(M175 : 1)　2. 铜敦(M175 : 2)　3. 铜尊缶(M175 : 3)　4、5. 陶豆(M175 : 8、9)　6. 陶罐(M175 : 6)

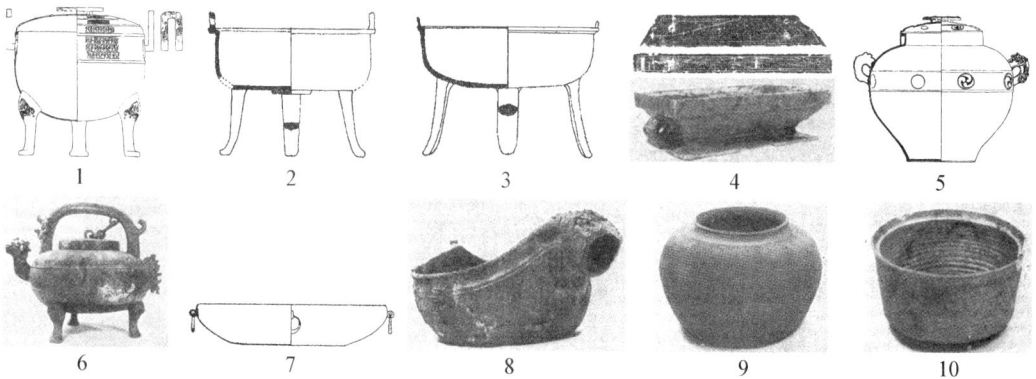

图 2.4.93　吴县枫桥何山 1980M 铜器群

1—3. 铜鼎　4. 铜簠　5. 铜浴缶　6. 铜盉　7. 铜盘　8. 铜匜　9. 硬陶罐　10. 瓷盅

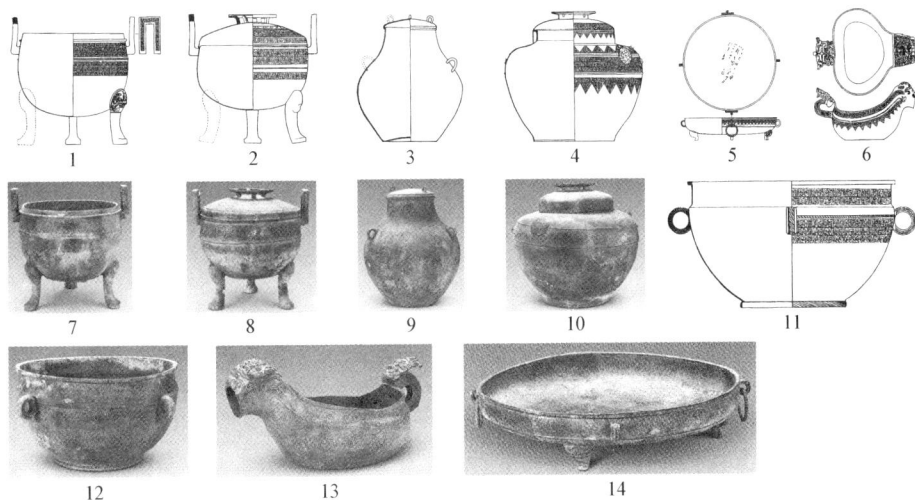

图 2.4.94　钟祥文集黄土坡 1988M3 铜器群

1·7、2·8. 铜鼎（M3：1、2）　3·9. 铜尊缶（M3：4）　4·10. 铜浴缶（M3：6）　5·14. 铜盘
（M3：8）　6·13. 铜匜（M3：9）　11·12. 铜鉴（M3：7）

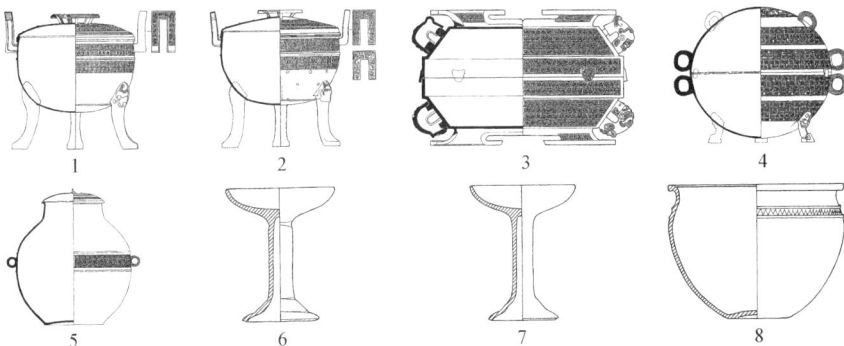

图 2.4.95　襄阳余岗 2004M215 铜器群

1、2. 铜鼎（M215：1、2）　3. 铜簠（M215：5）　4. 铜敦（M215：4）　5. 铜尊缶（M215：
3）　6、7. 陶豆（M215：7、9）　8. 陶盆（M215：6）

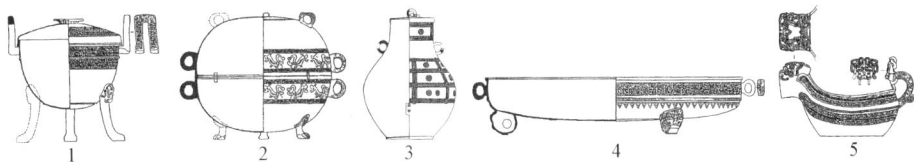

图 2.4.96　麻城李家湾 1993M14 铜器群

1. 铜鼎（M14：1）　2. 铜敦（M14：2）　3. 铜壶（M14：3）　4. 铜盘（M14：6）　5. 铜匜（M14：7）

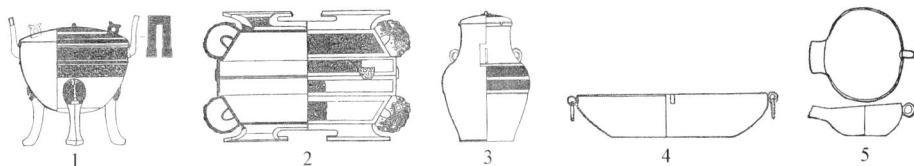

图 2.4.97　襄阳余岗团山 1988M1 铜器群

1. 铜鼎（M1：1）　2. 铜簠（M1：4）　3. 铜尊缶（M1：7）　4. 铜盘（M1：2）　5. 铜匜（M1：3）

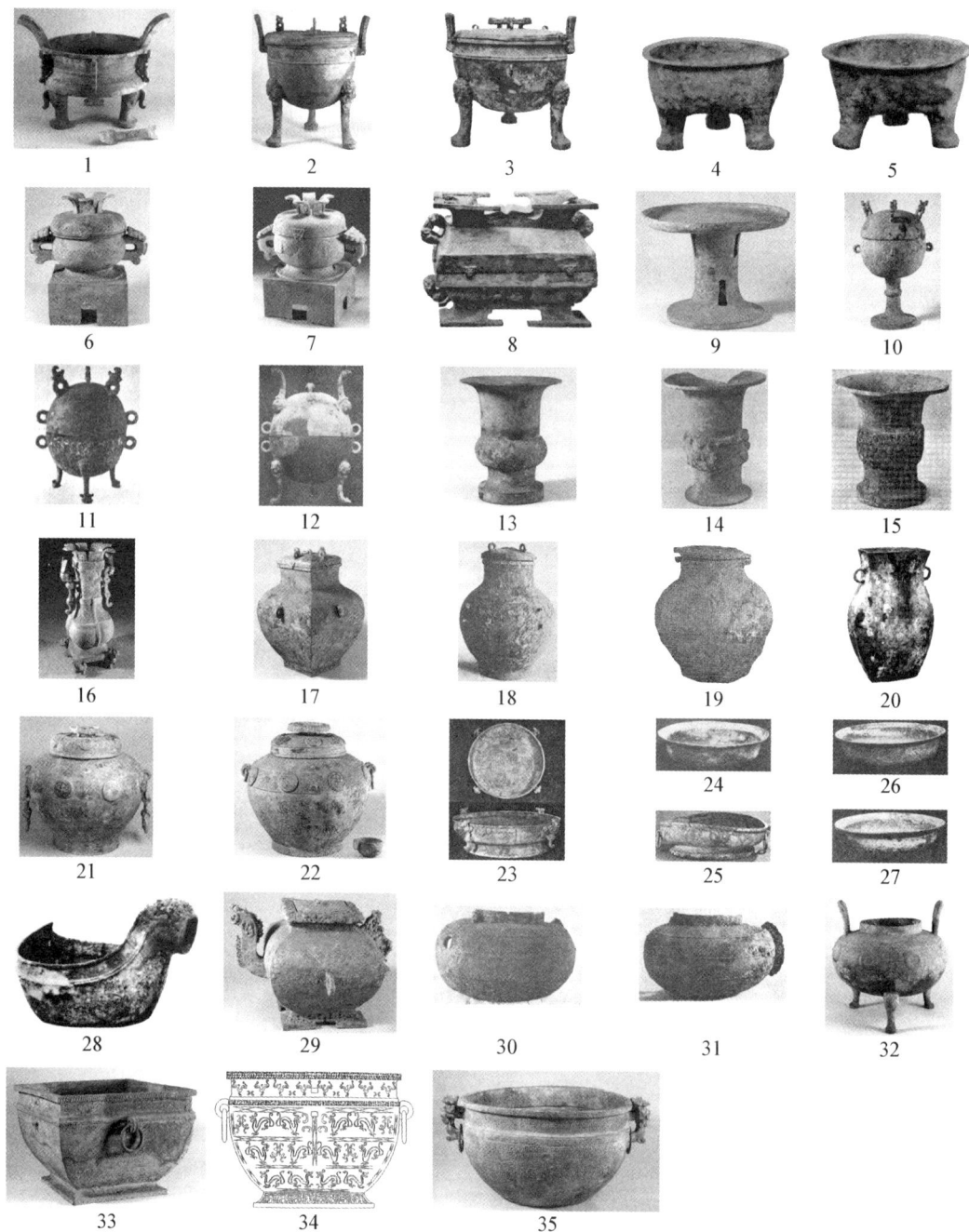

图 2.4.98　寿县西门内 1955M 铜器群

1—3、32. 铜鼎(M：2.1、3.1、1、6)　4、5. 铜鬲(M：5.1、5.2)　6、7. 铜簋(M：10.1、10.2)　8. 铜簠(M：11.1)　9. 铜铺(M：14.1)　10—12. 铜敦(M：13.1、12.1、12.2)　13—15. 铜尊(M：16.2、16.1、16.3)　16. 铜壶(M：15.1)　17—19. 铜尊缶(M：20.1、19.1、77)　20. 铜壶(M：18)　21、22. 铜浴缶(M：21、22)　23—27. 铜盘(M：25.1、26.1、25.2、26.2、26.3)　28. 铜匜(M：27)　29、30·31. 铜盉(M：17、89)　33·34、35. 铜鉴(M：24.1、23.1)

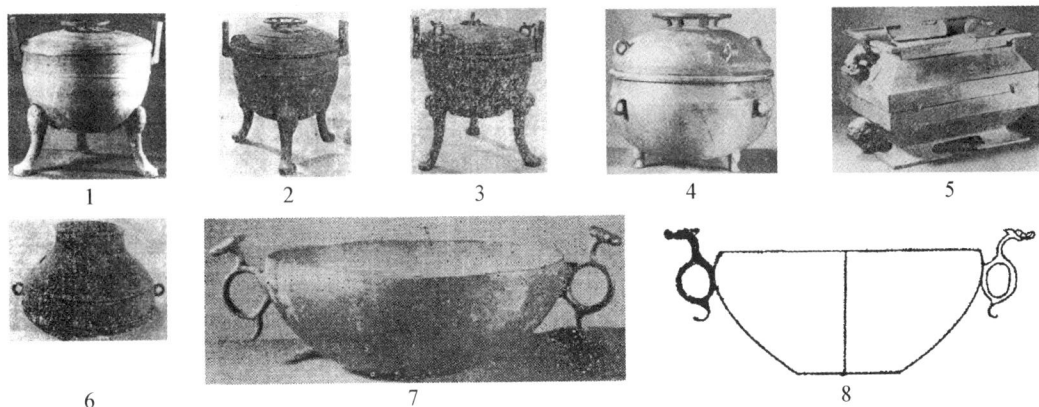

图 2.4.99　潢川隆古高稻场 1966M2 铜器群

1—3. 铜鼎　4. 铜敦　5. 铜簠　6. 铜尊缶　7·8. 铜钟

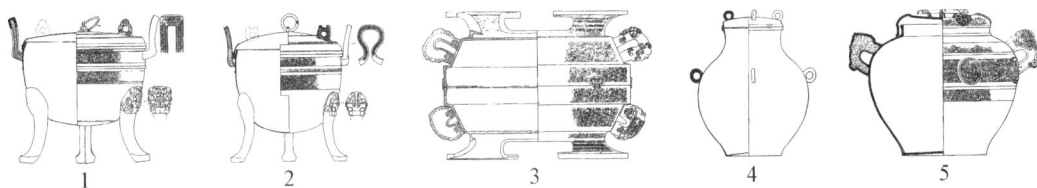

图 2.4.100　淅川下寺 1979M11 铜器群

1、2. 铜鼎（M11∶3、5）　3. 铜簠（M11∶9）　4. 铜尊缶（M11∶1）　5. 铜浴缶（M11∶8）

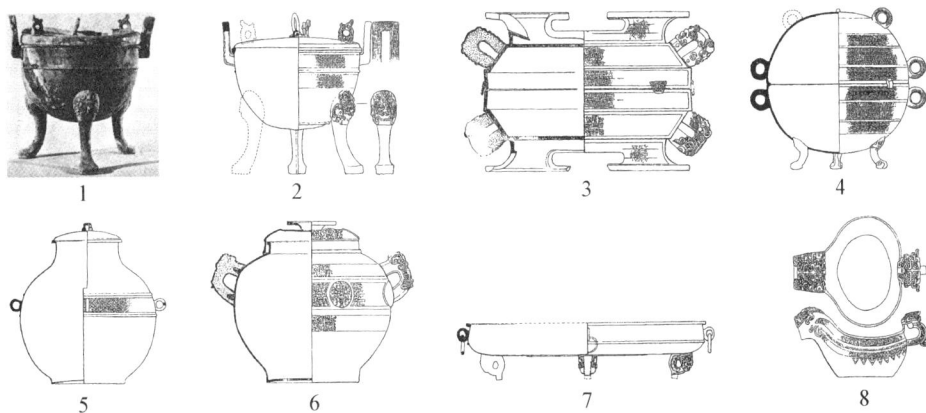

图 2.4.101　淅川下寺 1979M10 铜器群

1、2. 铜鼎（M10∶50、48）　3. 铜簠（M10∶44）　4. 铜敦（M10∶46）　5. 铜尊缶（M10∶47）
6. 铜浴缶（M10∶39）　7. 铜盘（M10∶41）　8. 铜匜（M10∶40）

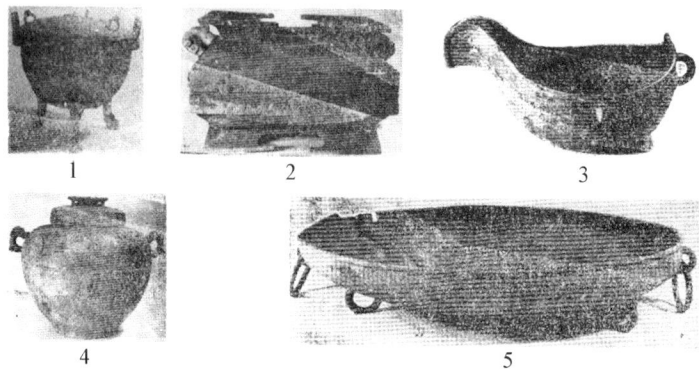

图 2.4.102　襄阳山湾 1972M14 铜器群

1. 铜鼎(M14：1)　2. 铜簠(M14：2)　3. 铜匜(M14：4)　4. 铜浴缶(M14：3)　5. 铜盘(M14：5)

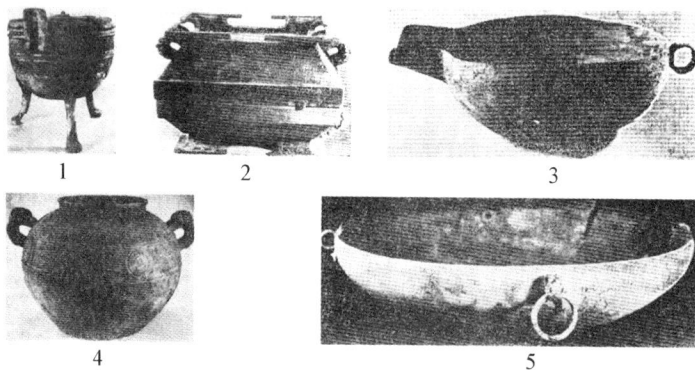

图 2.4.103　襄阳山湾 1972M23 铜器群

1. 铜鼎(M23：1)　2. 铜簠(M23：2)　3. 铜匜(M23：5)　4. 铜浴缶(M23：3)　5. 铜盘(M23：4)

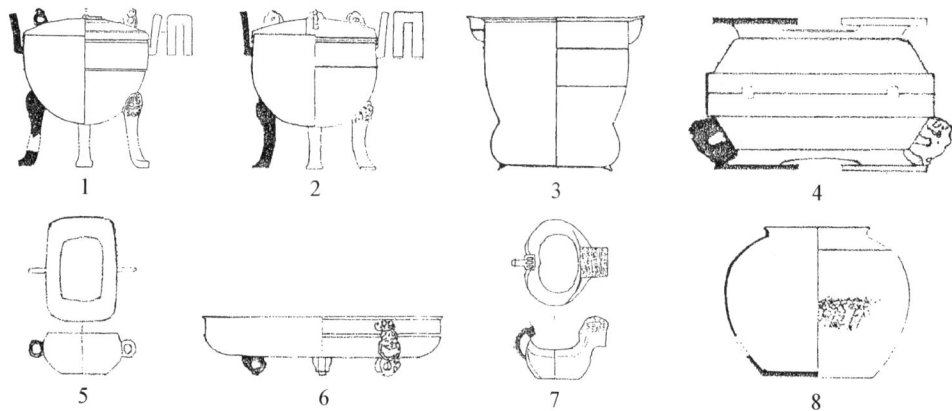

图 2.4.104　六合程桥 1988M3 铜器群

1、2. 铜鼎(M3：1、2)　3. 铜瓹(M3：3)　4. 铜簠(M3：5)　5. 铜钶(M3：7)　6. 铜盘(M3：4)
7. 铜匜(M3：6)　8. 硬陶罐(M3：12)

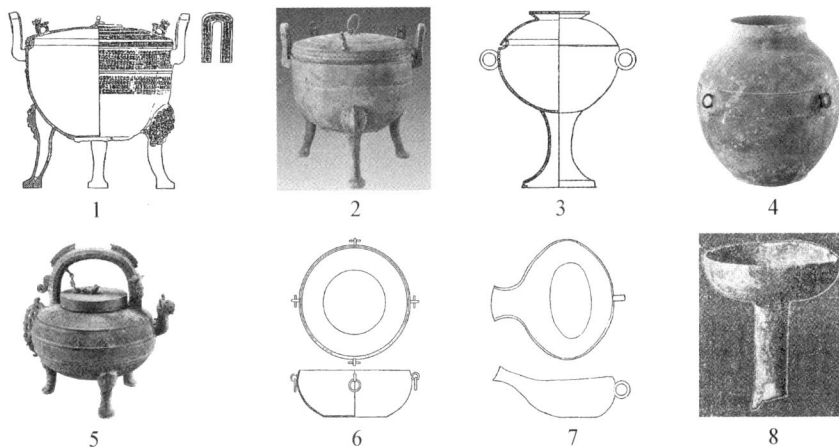

图 2.4.105 苏州虎丘 1975M 铜器群

1·2. 铜鼎 3. 铜敦 4. 铜尊缶 5. 铜盉 6. 铜盘 7. 铜匜 8. 陶豆

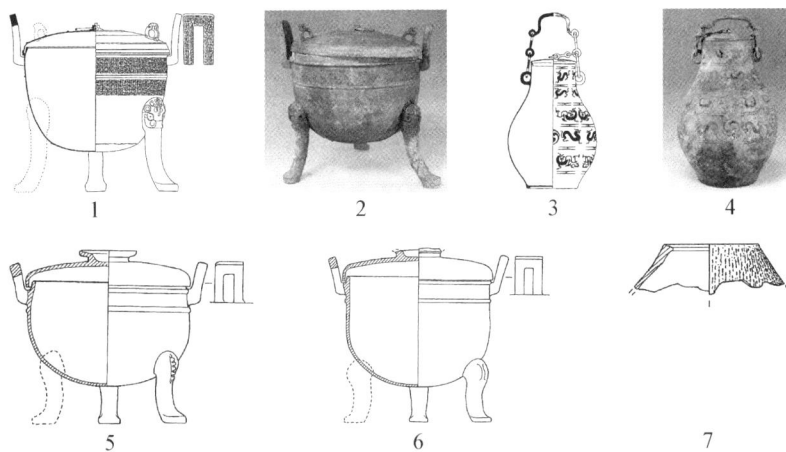

图 2.4.106 随州义地岗 1994M3 铜器群

1·2. 铜鼎（M3：19） 3·4. 铜壶（M3：20） 5、6. 陶鼎（M3：21、23） 7. 陶罐（M3：24）

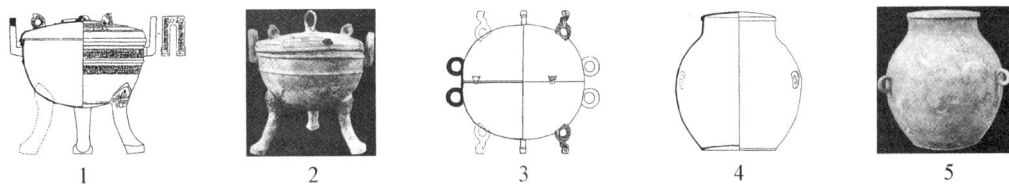

图 2.4.107 麻城李家湾 1993M16 铜器群

1·2. 铜鼎（M16：1） 3. 铜敦（M16：2） 4·5. 铜尊缶（M16：3）

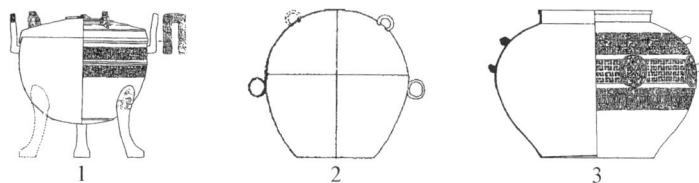

图 2.4.108　麻城李家湾 1993M42 铜器群

1. 铜鼎（M42∶4）　2. 铜敦（M42∶7）　3. 铜浴缶（M42∶6）

图 2.4.109　丹徒谏壁粮山 1979M1 铜器群

1—3. 铜鼎（M1∶1、2、3）　4·5. 铜瓿（M1∶4）　6. 铜浴缶（M1∶5）

图 2.4.110　六安九里沟 1991M2、凤阳大东关 1991M1 铜器群

1. 铜鼎（M2）　2、3. 铜敦（M2、M1∶28）

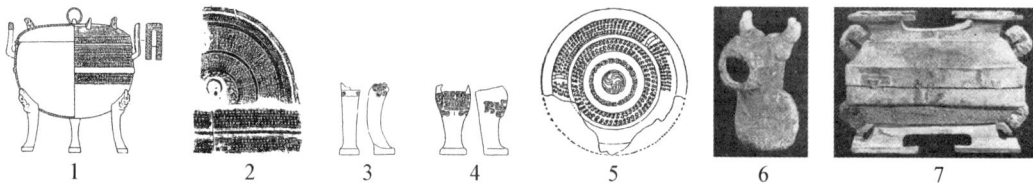

图 2.4.111　青阳龙岗 1995M1、舒城九里墩 1980M 铜器群

1·2、3、4、5. 铜鼎（青阳 M1∶10、舒城 M∶13、舒城 M∶40、舒城 M∶11）　6. 铜盉（舒城 M∶102）　7. 铜簠（舒城 M∶60）

图 2.4.112　潢川隆古高稻场 1966M1 铜器群

1. 铜簠　2. 铜浴缶　3. 铜铍　4. 铜匜　5. 铜盘

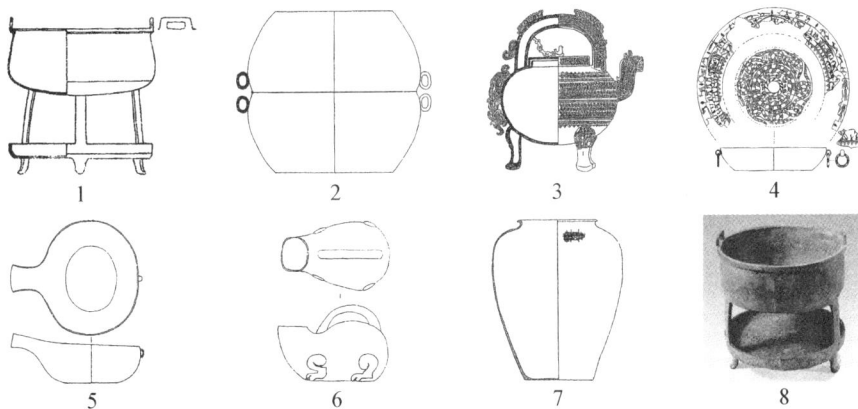

图 2.4.113　丹徒谏壁王家山 1985M 铜器群

1·8. 铜鼎(M：49)　2. 铜敦(M：采 52)　3. 铜盉(M：48)　4. 铜盘(M：36)　5. 铜匜(M：采 51)　6. 铜牺尊(M：采 1)　7. 硬陶罐(M：56)

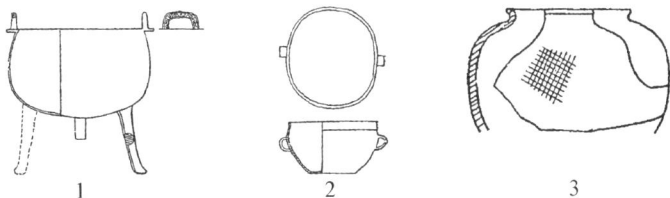

图 2.4.114　苏州新苏丝织厂 1977JC 铜器群

1. 铜鼎　2. 铜铍　3. 陶罐

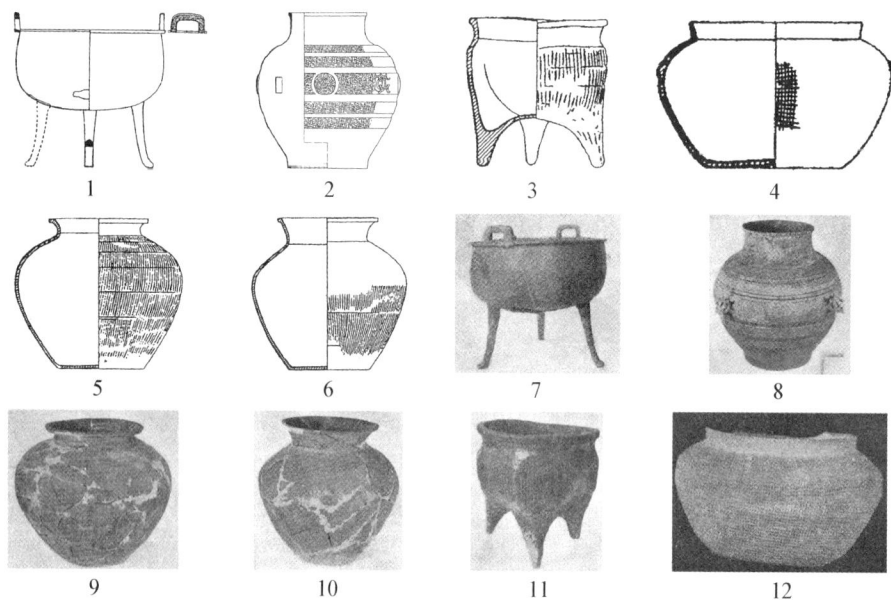

图 2.4.115　六合程桥 1964M1 铜器群

1・7. 铜鼎(M1：66)　2・8. 铜尊缶(M1：67)　3・11. 陶鬲(M1：68)　4・12. 硬陶罐
(M1：51)　5・9、6・10. 陶罐(M1：63、69)

图 2.4.116　邳州刘林 1958M 铜器群

1. 铜簠　2. 铜壶　3. 铜匜　4. 铜镂空罐

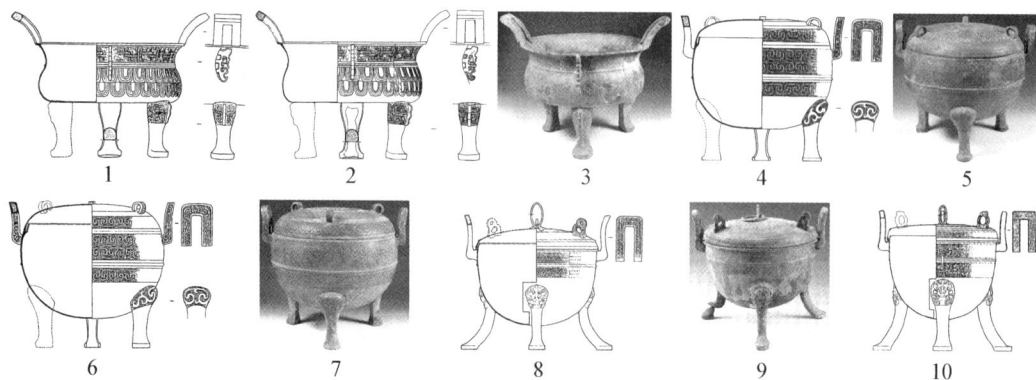

图 2.4.117　淅川和尚岭 1990M1 铜器群

1、2・3、4・5、6・7、8・9、10. 铜鼎(M1：2、3、4、5、9、11)

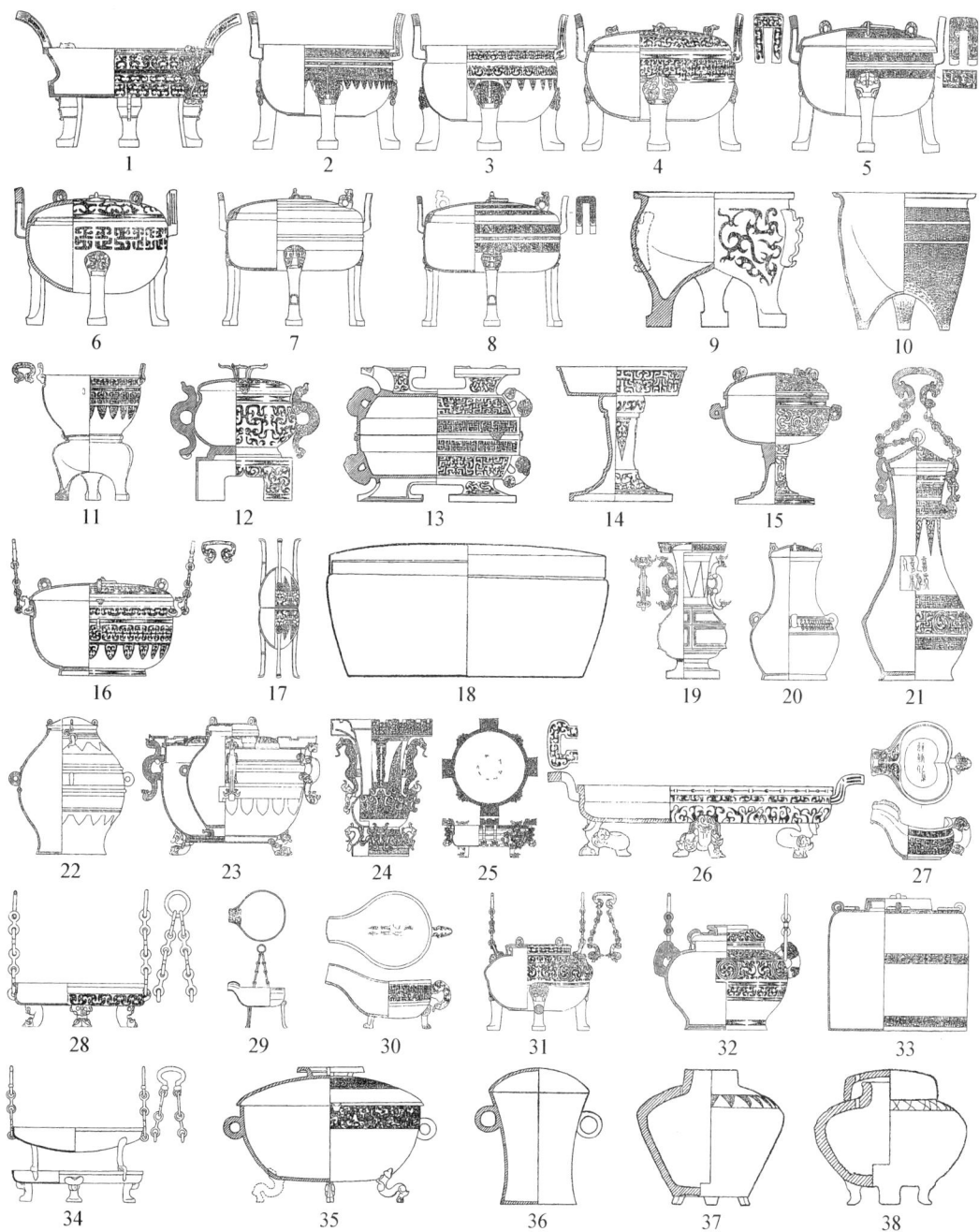

图 2.4.118 随州擂鼓墩 1978M1 铜器群

1—8、31. 铜鼎（M1：C89、C96、C97、C98、C102、C103、C235、C236、C185） 9—10. 铜鬲（M1：C163、C126）
11. 铜甗（M1：C165） 12. 铜簋（M1：C109） 13. 铜簠（M1：C123） 14. 铜铺（M1：C196） 15—17. 铜敦
（M1：C194、C128、C121） 18. 铜盒（M1：C237） 19、21. 铜壶（M1：C132、C182） 20、22. 铜尊缶（M1：C192、
N5） 23. 铜方鉴缶（M1：C139） 24. 铜尊（M1：C38） 25. 铜鉴（M1：C38） 26、28. 铜盘（M1：C148、C166）
27、29、30. 铜匜（M1：C147、C142、C190） 32、33. 铜浴缶（M1：C189、C229） 34. 铜炉盘（M1：C197） 35. 金敦
（M1：E2） 36. 金瓢（M1：E34） 37、38. 陶罐（M1：EC8－1、WC12－3）

1　　　　　2　　　　　3　　　　　4

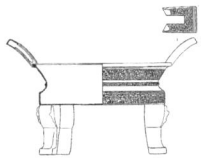
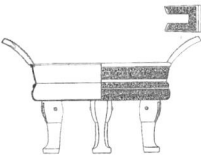
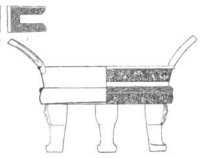
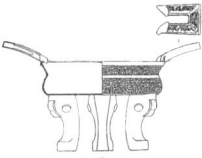

5　　　　6　　　　7　　　　8　　　　9

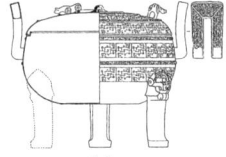

10　　　　11　　　　12　　　　13　　　　14

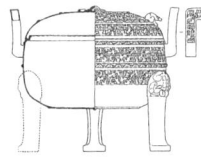
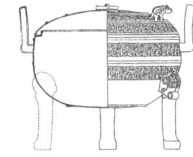
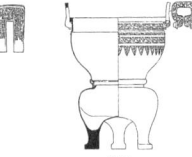
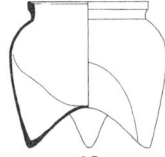
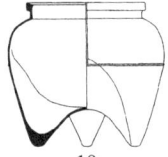

15　　　　16　　　　17　　　　18　　　　19

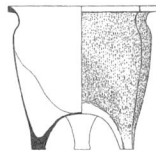

20　　　21　　　22　　　23　　　24　　　25

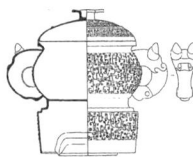
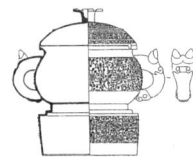
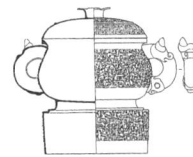
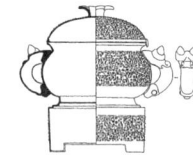
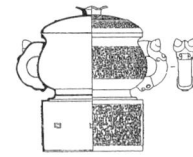

26　　　　27　　　　28　　　　29　　　　30

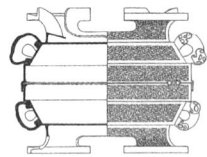
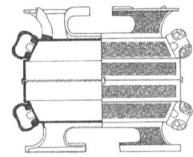

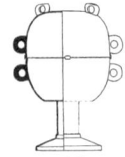

31　　　　32　　　　33　　　　34　　　35　　　36

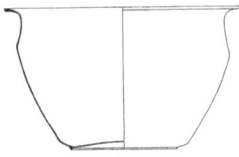

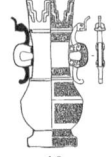

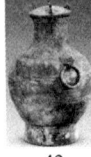

37　　　　38　　　39　　　40　　41　　42　　　43

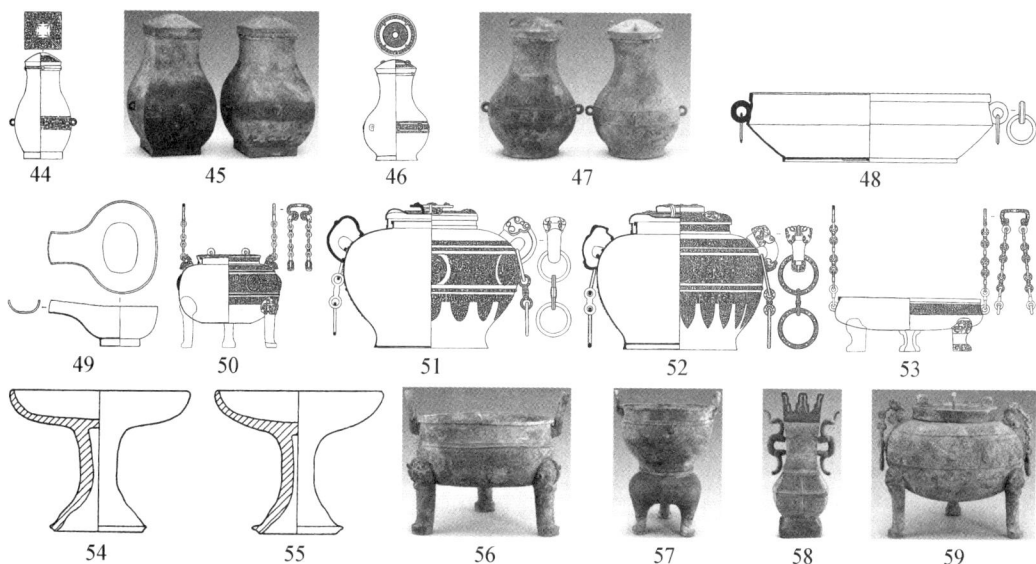

图 2.4.119　随州擂鼓墩 1981M2 铜器群

1—9、10·56、11—16、50·59. 铜鼎（M2：59、58、65、66、60、61、62、64、63、32、54、56、68、55、69、71、70）　17·
57. 铜甗（M2：53）　18—22. 铜鬲（M2：19、29、26、28、78）　23—30. 铜簠（M2：41、44、43、39、40、42、45、46）
31—34. 铜簠（M2：48、49、50、51）　35·36. 铜敦（M2：38）　37. 铜盆（M2：11）　38、39. 铜铺（M2：12、15）
40、41·58、42、43. 铜壶（M2：4、5、8、52）　44—47. 铜尊缶（M2：6、7·6、13、13·14）　48. 铜盘（M2：75）　49.
铜匜（M2：74）　51、52. 铜浴缶（M2：76、77）　53. 铜炉盘（M2：72）　54、55. 陶豆（M2：17、22）

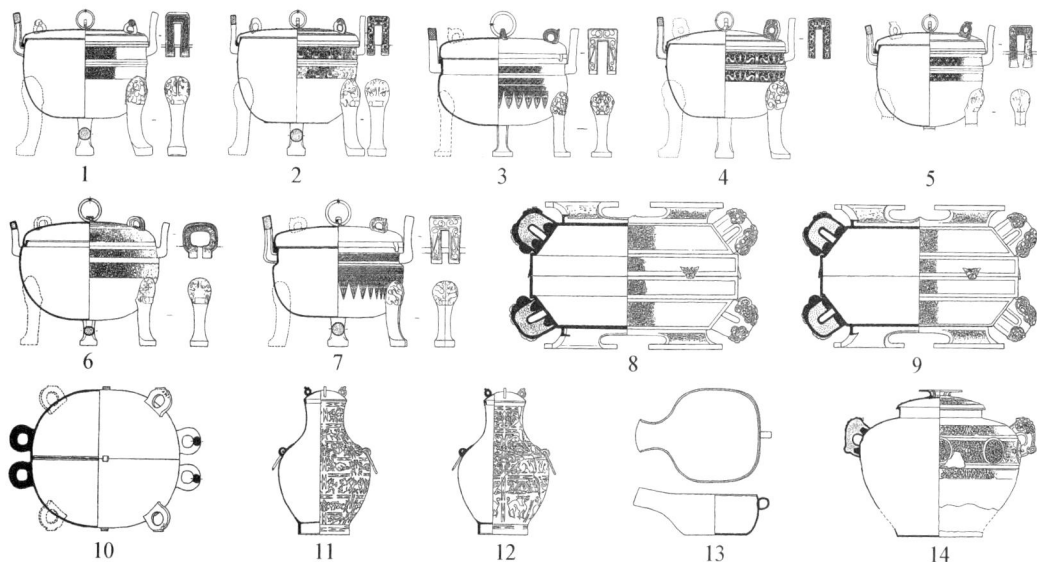

图 2.4.120　淅川和尚岭 1990M2 铜器群

1—7. 铜鼎（M2：28、29、31、32、33、34、35）　8、9. 铜簠（M2：23、24）　10. 铜敦（M2：28）　11、12. 铜壶
（M2：26、27）　13. 铜匜（M2：67）　14. 铜浴缶（M2：85）

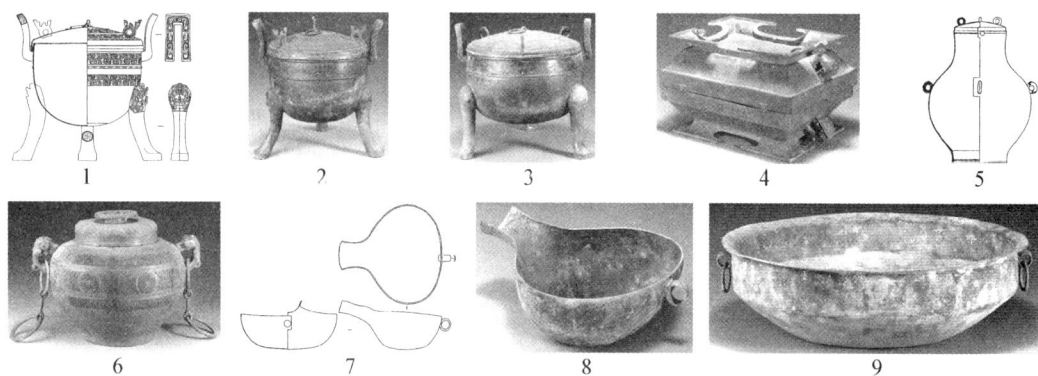

图 2.4.121　郧县肖家河 2006M5 铜器群

　　1·2、3. 铜鼎(M5:5、6)　4. 铜簠(M5:8)　5. 铜尊缶(M5:10)　6. 铜浴缶(M5:2)　7·8. 铜匜(M5:15)　9. 铜盘(M5:14)

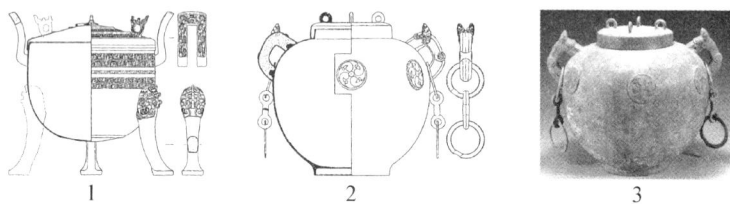

图 2.4.122　郧县肖家河 2006M6 铜器群

　　1. 铜鼎(M6:7)　2·3. 铜浴缶(M6:10)

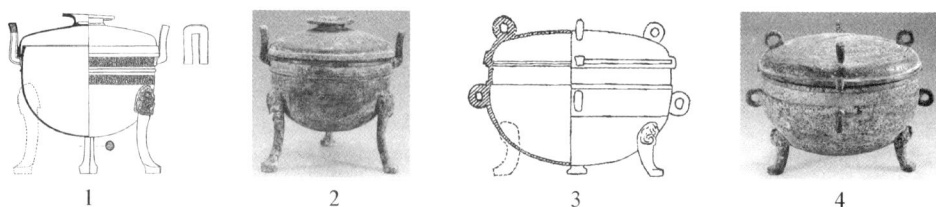

图 2.4.123　随州义地岗 1976M 铜器群

　　1·2. 铜鼎　3·4. 铜敦

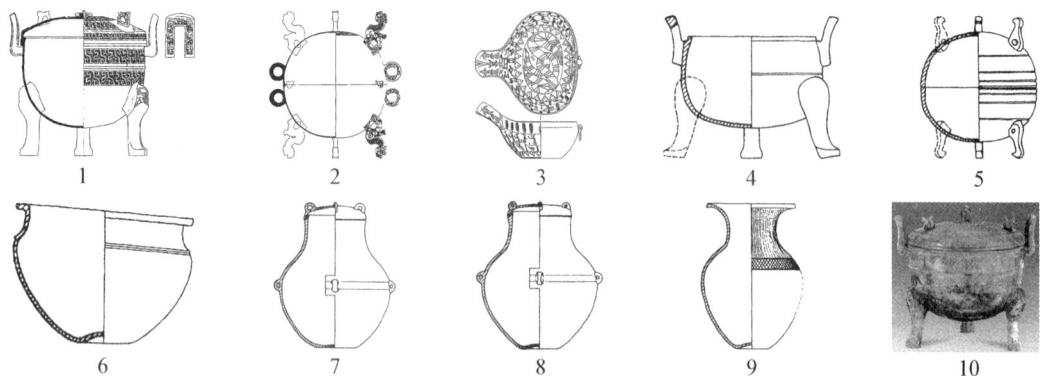

图 2.4.124　襄阳余岗 2004M173 铜器群

　　1·10. 铜鼎(M173:5)　2. 铜敦(M173:6)　3. 铜匜(M173:4)　4. 陶鼎(M173:8)　5. 陶敦(M173:15)　6. 陶盆(M173:2)　7、8. 陶尊缶(M173:7、9)　9. 陶壶(M173:11)

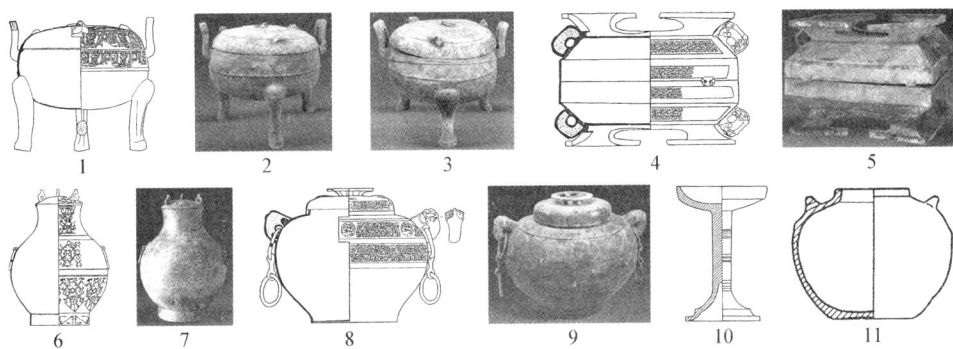

图 2.4.125　淅川徐家岭 2006M11 铜器群

　　1、2、3. 铜鼎（M1：14、18）　　4·5. 铜簠（M11：123）　　6·7. 铜壶（M11：22）　　8·9. 铜浴缶（M11：10）　　10. 陶豆（M11：104）　　11. 陶罐（M11：33）

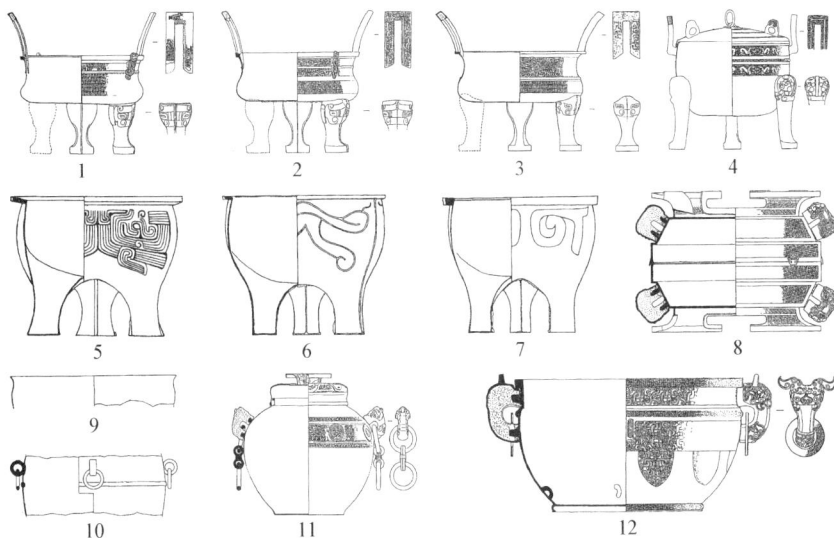

图 2.4.126　淅川徐家岭 1990M9 铜器群

　　1—4. 铜鼎（M9：9、11、18、21）　　5—7. 铜鬲（M9：7、8、10）　　8. 铜簠（M9：15）
　　9. 铜盆（M9：143）　　10. 铜壶（M9：142）　　11. 铜浴缶（M9：41）　　12. 铜鉴（M9：26）

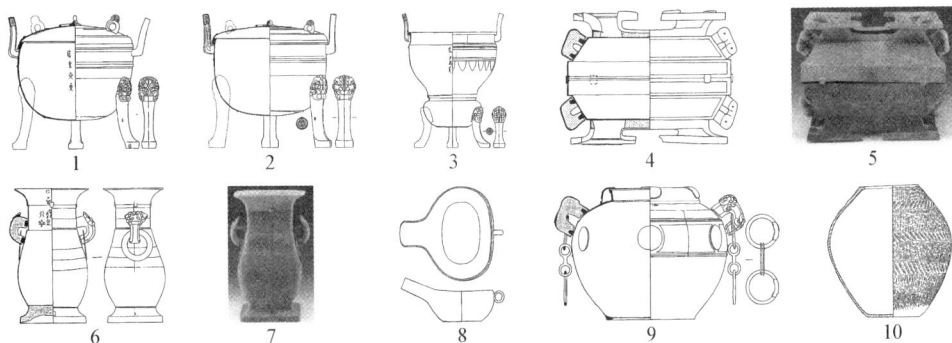

图 2.4.127　随州义地岗 2011M6 铜器群

　　1、2. 铜鼎（M6：9、10）　　3. 铜甗（M6：6）　　4、5. 铜簠（M6：13、11）　　6、7. 铜壶（M6：15、16）
　　8. 铜匜（M6：3）　　9. 铜浴缶（M6：5）　　10. 陶罐（M6：2）

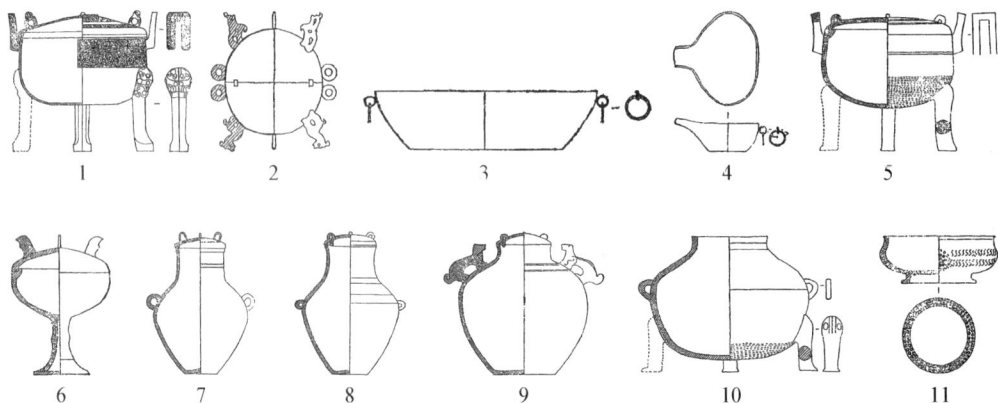

图 2.4.128　六安城西窑厂 1991M2 铜器群

1. 铜鼎　2. 铜敦　3. 铜盘　4. 铜匜　5、10. 陶鼎　6. 陶敦　7、8. 陶尊缶　9. 陶罍　11. 硬陶罐

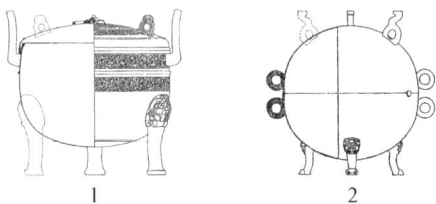

图 2.4.129　当阳杨家山 1978M6 铜器群

1. 铜鼎（M6：1）　2. 铜敦（M6：2）

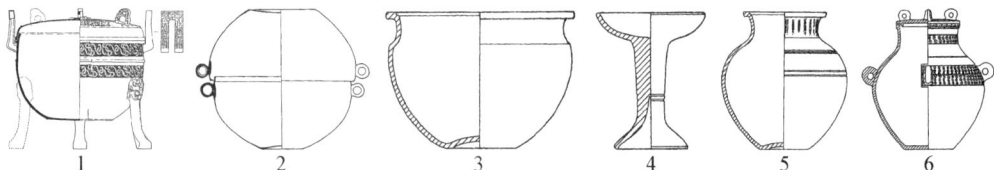

图 2.4.130　襄阳余岗 2004M289 铜器群

1. 铜鼎（M289：1）　2. 铜敦（M289：2）　3. 陶盆（M289：3）　4. 陶豆（M289：9）　5. 陶罐（M289：5）　6. 陶尊缶（M289：4）

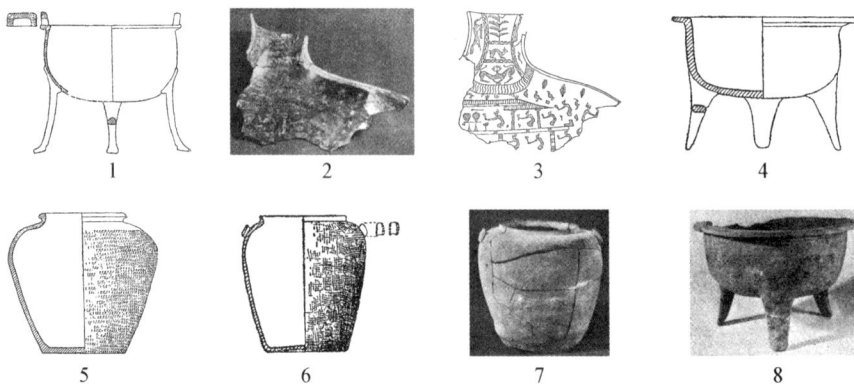

图 2.4.131　六合和仁 1973M 铜器群

1. 铜鼎　2·3. 铜匜　4·8. 陶鼎　5—7. 硬陶罐

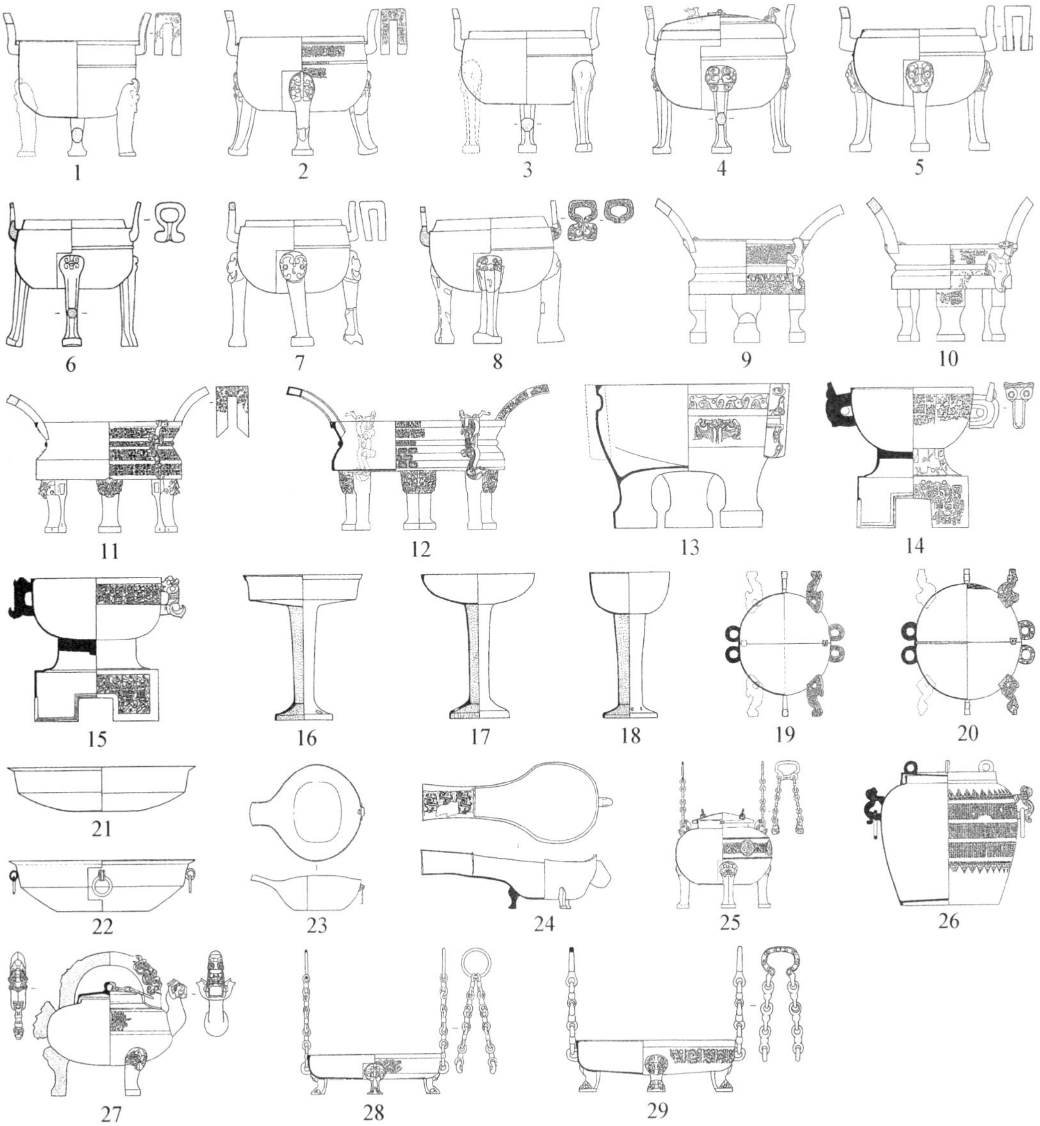

图 2.4.132 江陵天星观 2000M2 铜器群

1—12、25. 铜鼎（M2：1、3、8、9、84、100、119、120、98、127、115、128、18） 13. 铜鬲（M2：118） 14、15. 铜簠
（M2：88、160） 160. 铜铺（M2：91） 17—20. 铜敦（M2：87、125、124、163） 21、22. 铜盘（M2：39、20）
23、24. 铜匜（M2：21、36） 26. 铜浴缶（M2：35） 27. 铜盉（M2：37） 28、29. 铜炉盘（M2：32、116）

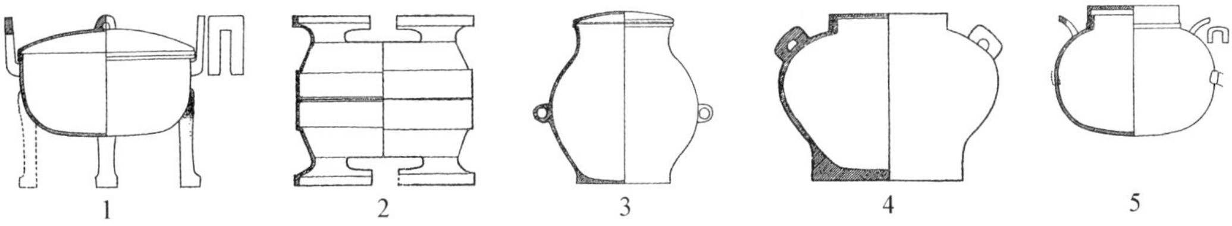

图 2.4.133 随州擂鼓墩 1978M33 铜器群

1、5. 铜鼎（M33：1、8） 2. 铜簠（M33：2） 3. 铜尊缶（M33：5） 4. 铜浴缶（M33：4）

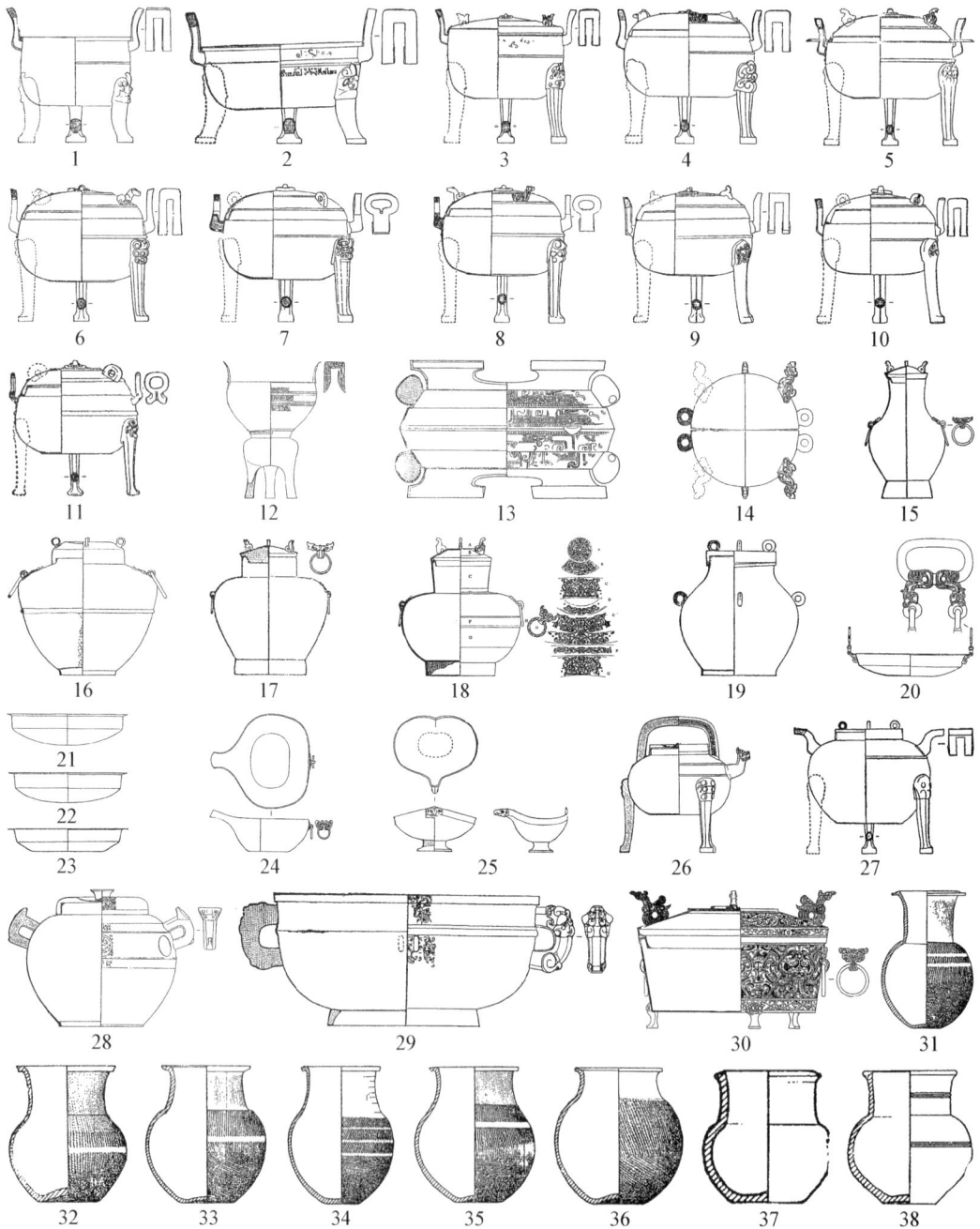

图 2.4.134　荆门包山 1986M2 铜器群

1—11、27. 铜鼎（M2：124、146、83、105、106、127、132、140、150、152、173、390）　12. 铜甂（M2：77）　13. 铜簠（M2：169）　14. 铜敦（M2：175）　15. 铜壶（M2：154）　16—18. 铜罍（M2：426、129、179）　19. 铜尊缶（M2：93）　20—23. 铜盘（M2：82、128、388、389）　24、25. 铜匜（M2：125、89）　26. 铜盉（M2：392）　28. 铜浴缶（M2：289）　29. 铜鉴（M2：119）　30. 铜樽（M2：167）　31—38. 陶罐（M2：15、14、69、74、76、107、13、75）

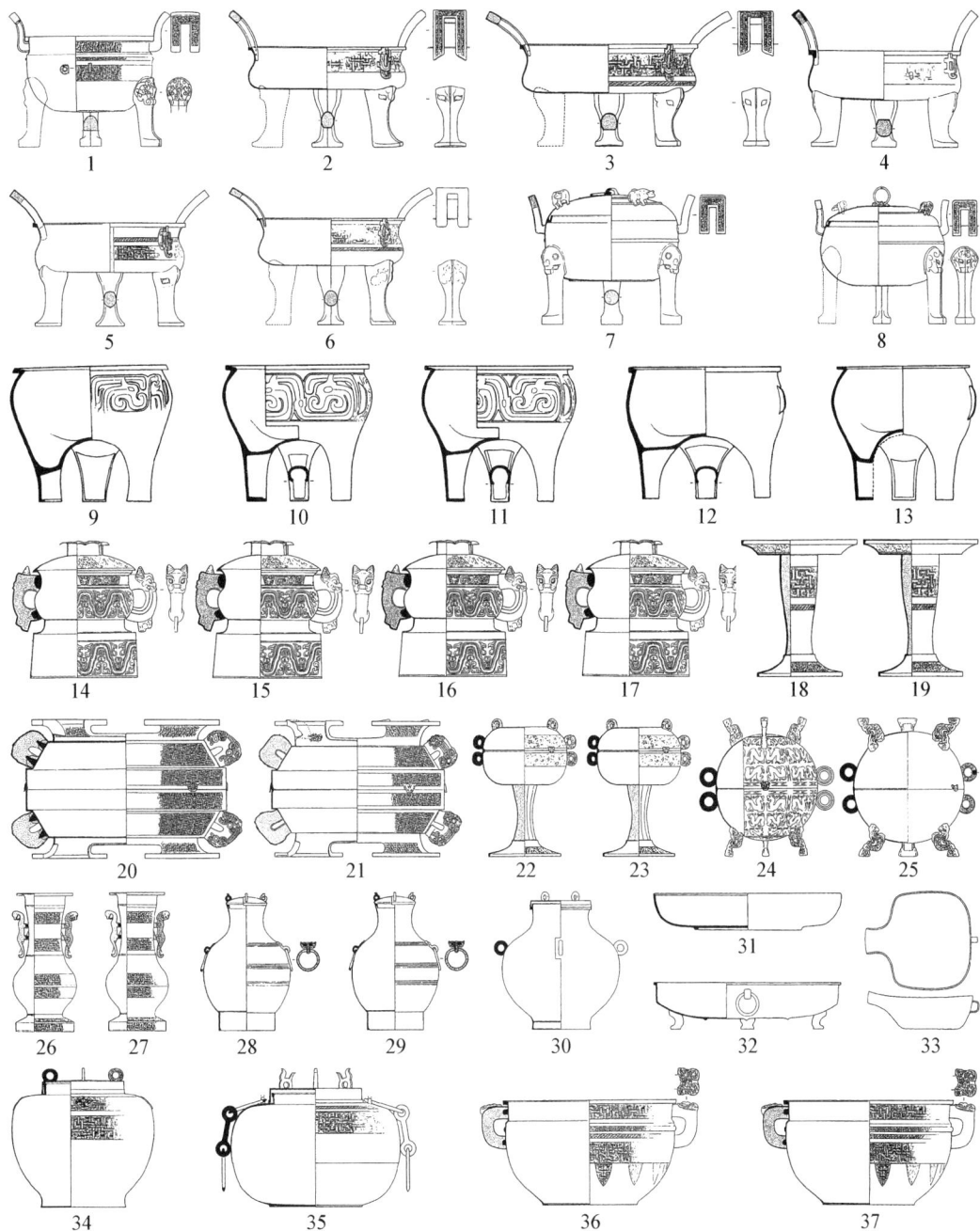

图 2.4.135　淅川徐家岭 1991M10 铜器群

1—8. 铜鼎（M10：46、42、43、44、53、45、50、55）　　9—13. 铜鬲（M10：25、26、27、28、29）　14—17. 铜簠（M10：81、82、83、84）　18、19. 铜铺（M10：75、76）　20、21. 铜簠（M10：79、80）　22—25. 铜敦（M10：77、78、73、74）　26—29. 铜壶（M10：62、73、71、72）　30. 铜尊缶（M10：130）　31、32. 铜盘（M10：254、129）　33. 铜匜（M10：128）　34、35. 铜浴缶（M10：136、70）　36、37. 铜鉴（M10：68、69）

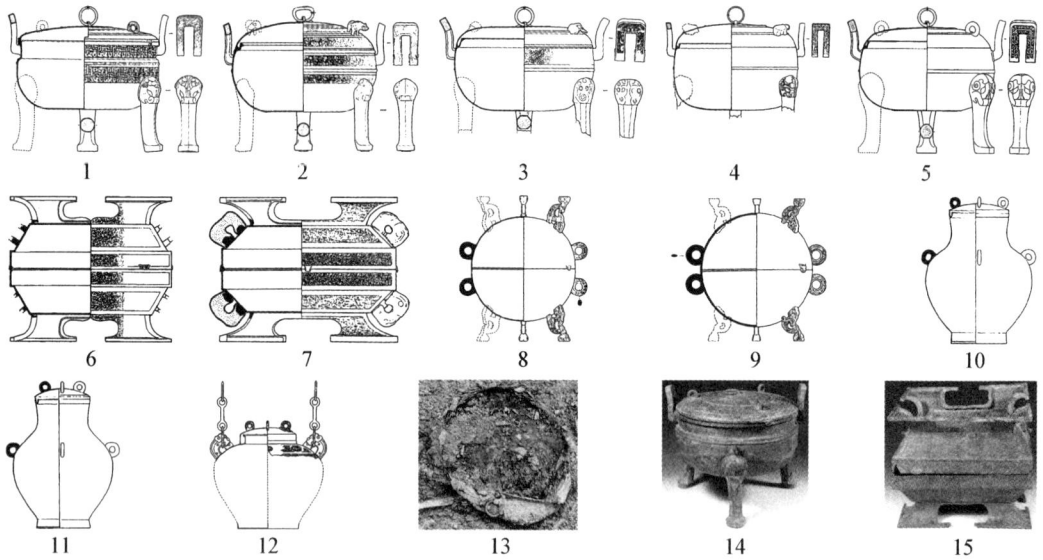

图 2.4.136　　淅川徐家岭 1990M1 铜器群

1・14、2—5. 铜鼎（M1：1、2、3、4、5）　6・15、7. 铜簠（M1：8、9）　8、9. 铜敦（M1：6、7）　10、11. 铜尊缶（M1：10、11）　12. 铜浴缶（M1：42）　13. 铜盘（M1：43）

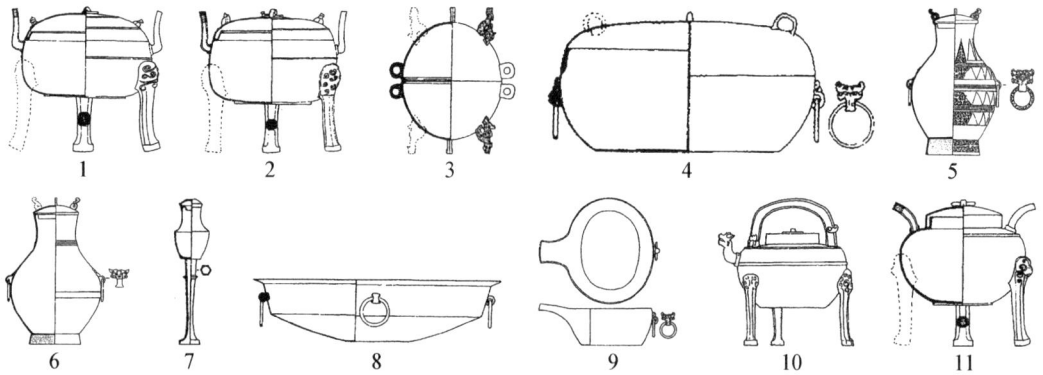

图 2.4.137　　黄冈禹王城曹家岗 1992M5 铜器群

1、2、11. 铜鼎（M5：29、43、5）　3、4. 铜敦（M5：19、33）　5—7. 铜壶（M5：6、52、46）　8. 铜盘（M5：3）　9. 铜匜（M5：60）　10. 铜盉（M5：7）

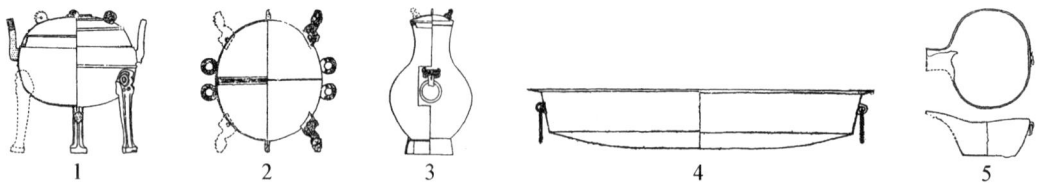

图 2.4.138　　江陵马山联山林场 1984M2 铜器群

1. 铜鼎（M2：8）　2. 铜敦（M2：5）　3. 铜壶（M2：7）　4. 铜盘（M2：3）　5. 铜匜（M2：9）

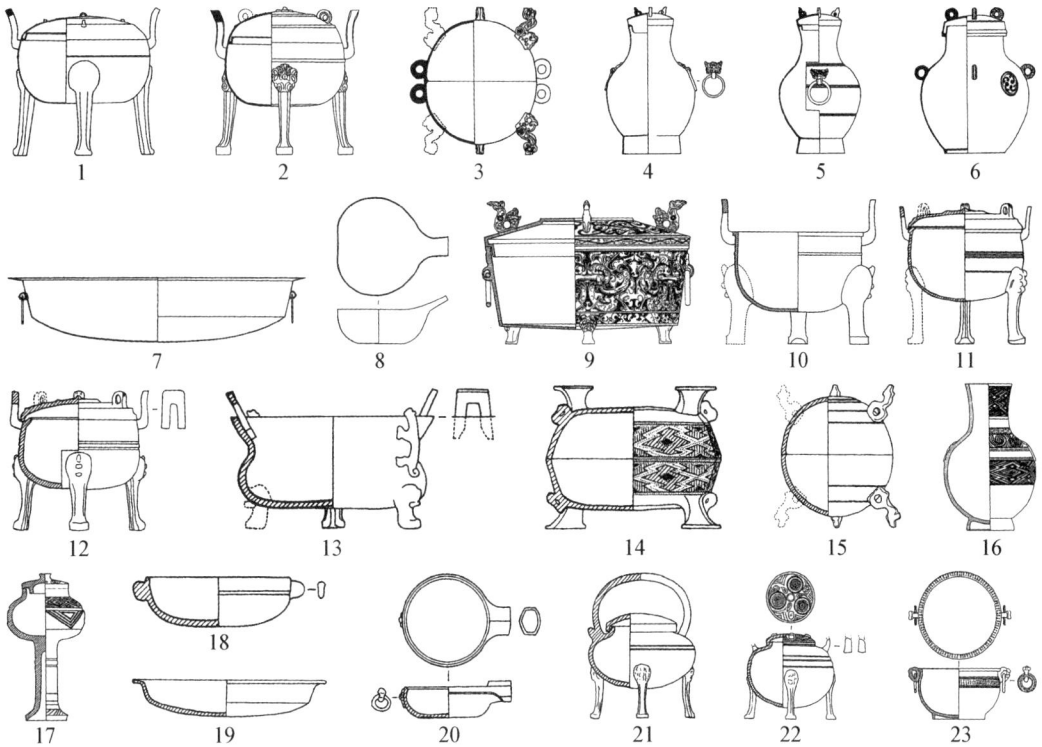

图 2.4.139　江陵望山 1965M2 铜器群

1、2. 铜鼎(M2：81、92)　3. 铜敦(M2：98)　4、5. 铜壶(M2：30、41)　6. 铜尊缶(M2：90)　7. 铜盘(M2：77)　8. 铜匜(M2：74)　9. 铜樽(M2：111)　10—13、22. 陶鼎(M2：122、173、107、153、124)　14. 陶簠(M2：172)　15. 陶敦(M2：175)　16、17. 陶壶(M2：80、129)　18. 陶铲(M2：180)　19. 陶盘(M2：154)　20. 陶匜(M2：4)　21. 陶盉(M2：171)　23. 陶鉴(M2：162)

图 2.4.140　荆门左冢 2000M3 铜器群

1. 铜鼎(M3：12)　2、3. 铜壶(M3：7、24)　4. 铜盘(M3：1)　5. 铜匜(M3：9)

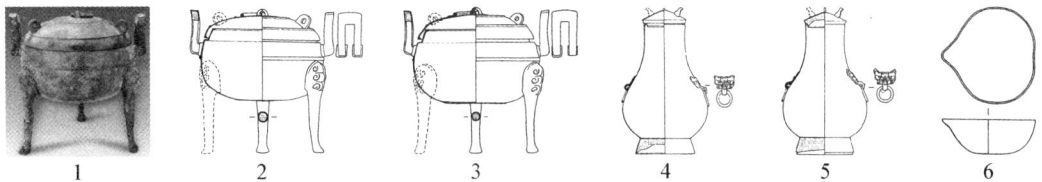

图 2.4.141　天门彭家山 2007M7 铜器群

1·2、3. 铜鼎(M7：3、4)　4、5. 铜壶(M7：5、6)　6. 铜匜(M7：1)

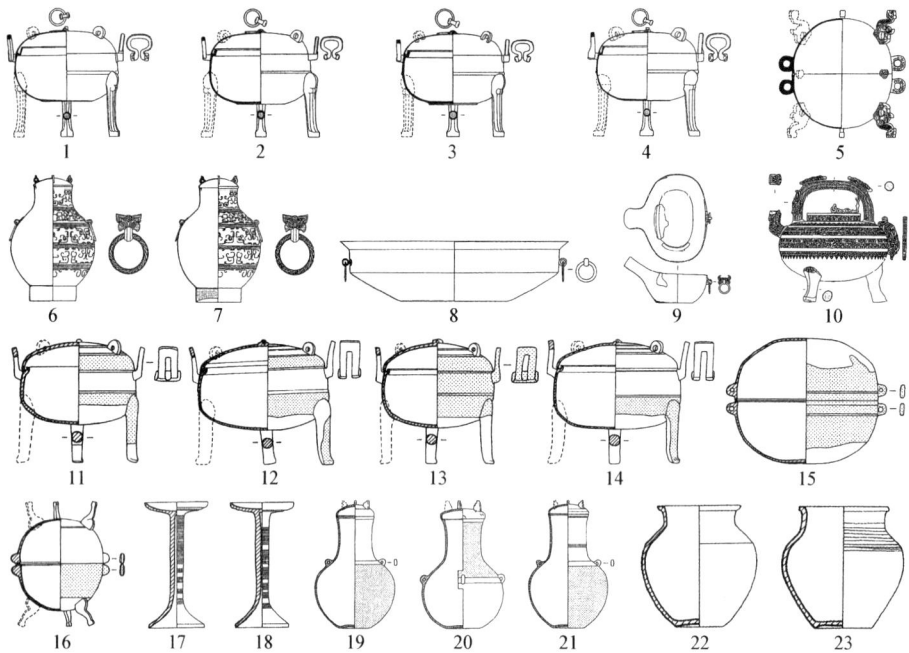

图 2.4.142　天门彭家山 2007M1 铜器群

1—4. 铜鼎（M1：26、28、29、30）　5. 铜敦（M1：20）　6、7. 铜壶（M1：5、6）　8. 铜盘（M1：47）
9. 铜匜（M1：46）　10. 铜盉（M1：38）　11—14. 陶鼎（M1：32、33、37、39）　15、16. 陶敦（M1：36、11）
17、18. 陶铺（M1：18、21）　19—21. 陶壶（M1：1、19、34）　22、23. 陶罐（M1：8、17）

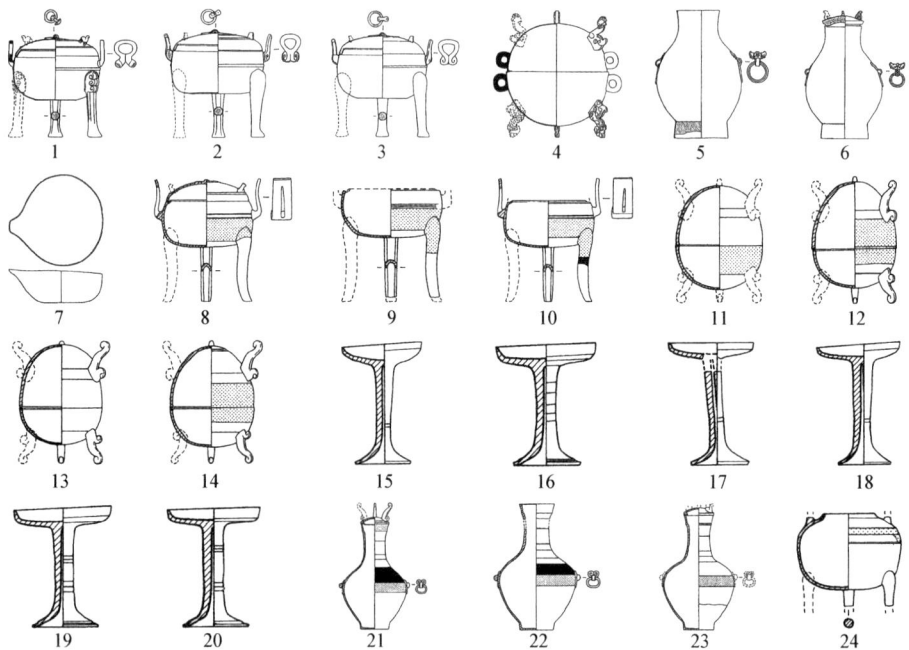

图 2.4.143　天门彭家山 2007M8 铜器群

1—3. 铜鼎（M8：11、13、14）　4. 铜敦（M8：5）　5、6. 铜壶（M8：30、33）　7. 铜匜（M8：29）
8—10、24. 陶鼎（M8：20、21、22、34）　11—14. 陶敦（M8：15、16、17、18）　15—20. 陶铺（M8：
6、7、8、9、10、12）　21—23. 陶壶（M8：23、28、32）

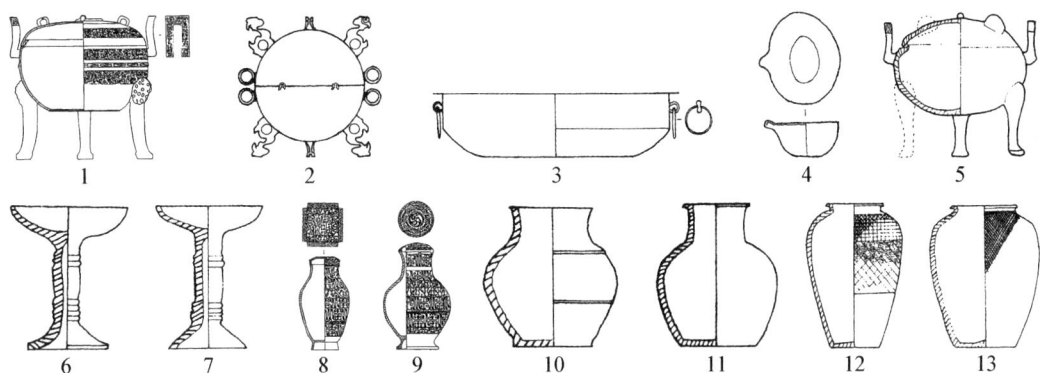

图 2.4.144　六安城北 1991M 铜器群

1. 铜鼎　2. 铜敦　3. 铜盘　4. 铜匜　5. 陶鼎　6、7. 陶铺　8、9. 陶壶　10、11. 陶罐　12、13. 硬陶罐

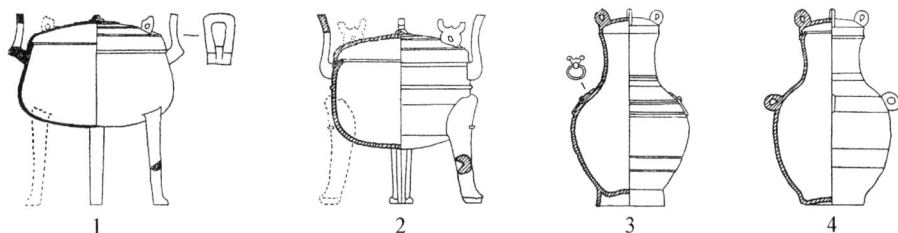

图 2.4.145　江陵荆州砖瓦厂 1982M2 铜器群

1. 铜鼎　2. 陶鼎　3. 陶壶　4. 陶尊缶

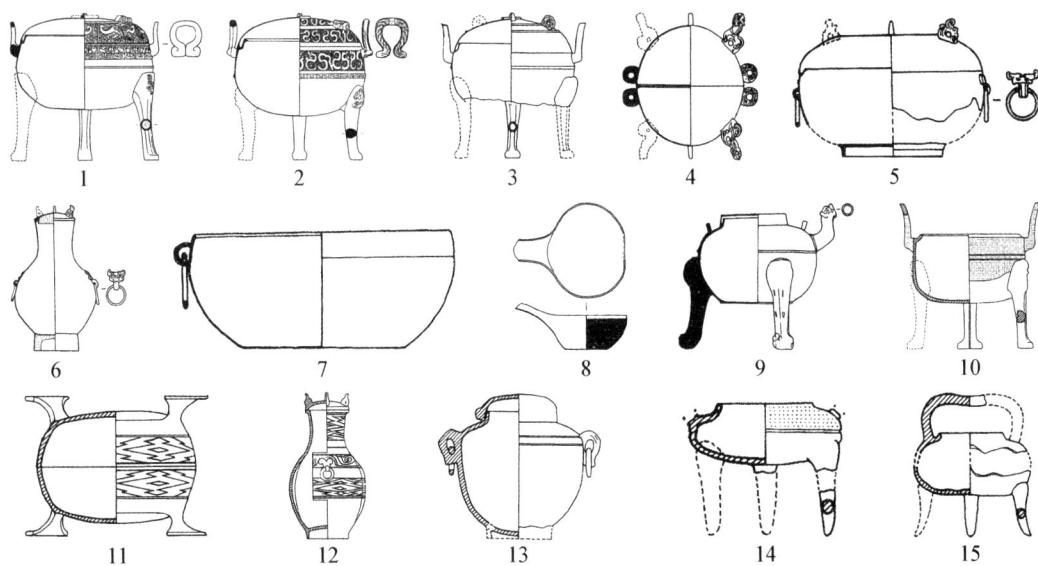

图 2.4.146　江陵九店 1981M250 铜器群

1—3. 铜鼎（M250：2、19、20）　4、5. 铜敦（M250：4、6）　6. 铜壶（M250：23）　7. 铜钾（M250：21）　8. 铜匜（M250：14）　9. 铜盉（M250：5）　10、14. 陶鼎（M250：18、8）　11. 陶簠（M250：17）　12. 陶壶（M250：24）　13. 陶罍（M250：1）　15. 陶盉（M250：15）

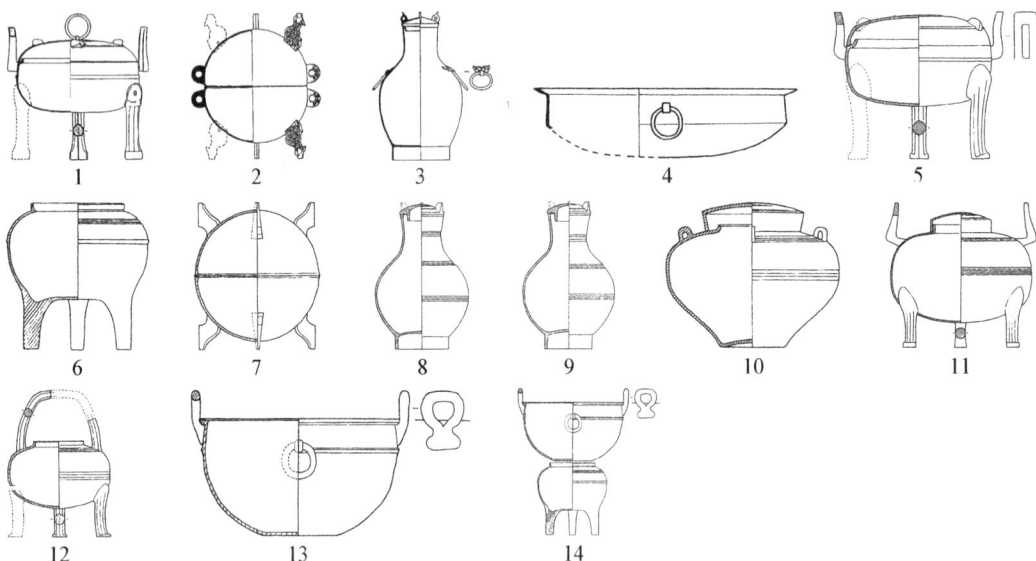

图 2.4.147　淅川徐家岭 1990M6 铜器群

1. 铜鼎（M6：8）　2. 铜敦（M6：10）　3. 铜壶（M6：9）　4. 铜盘（M6：16）　5、11. 陶鼎（M6：1、13）
6. 陶鬲（M6：19）　7. 陶敦（M6：6）　8、9. 陶壶（M6：4、5）　10. 陶浴缶（M6：18）　12. 陶盂（M6：14）
13. 陶鉴（M6：37）　14. 陶甒（M6：37、19）

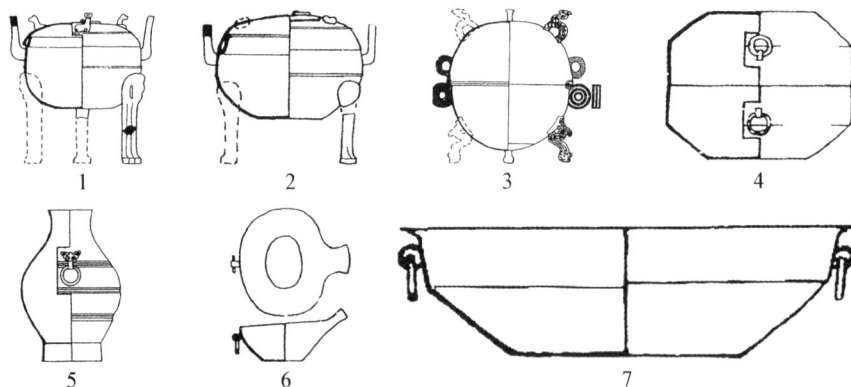

图 2.4.148　襄樊邓城贾庄 1997M1 铜器群

1、2. 铜鼎（M1：24、25）　3、4. 铜敦（M119、22）　5. 铜壶（M1：17）　6. 铜匜（M1：21）　7. 铜盘（M1：20）

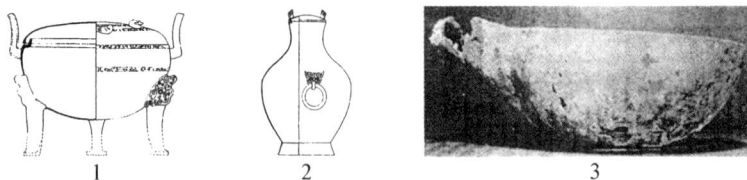

图 2.4.149　固始白狮子地 1980M1 铜器群

1. 铜鼎　2. 铜壶　3. 铜匜

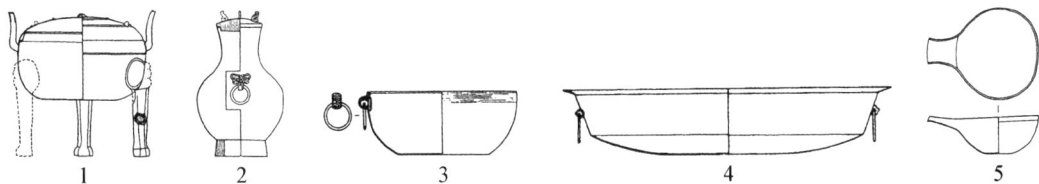

图 2.4.150　江陵九店 1981M620 铜器群

1. 铜鼎(M620：14)　2. 铜壶(M620：5)　3. 铜铆(M620：17)　4. 铜盘(M620：6)　5. 铜匜(M620：16)

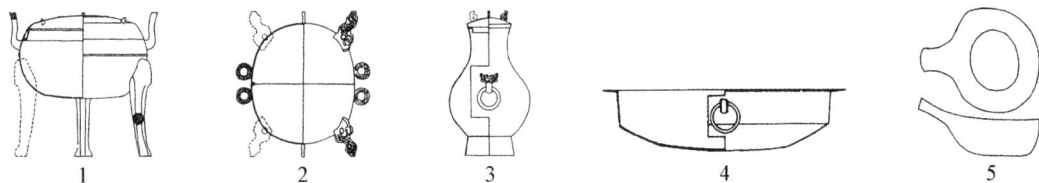

图 2.4.151　江陵车挡 1992M1 铜器群

1. 铜鼎(M1：11)　2. 铜敦(M1：7)　3. 铜壶(M1：1)　4. 铜盘(M1：2)　5. 铜匜(M1：3)

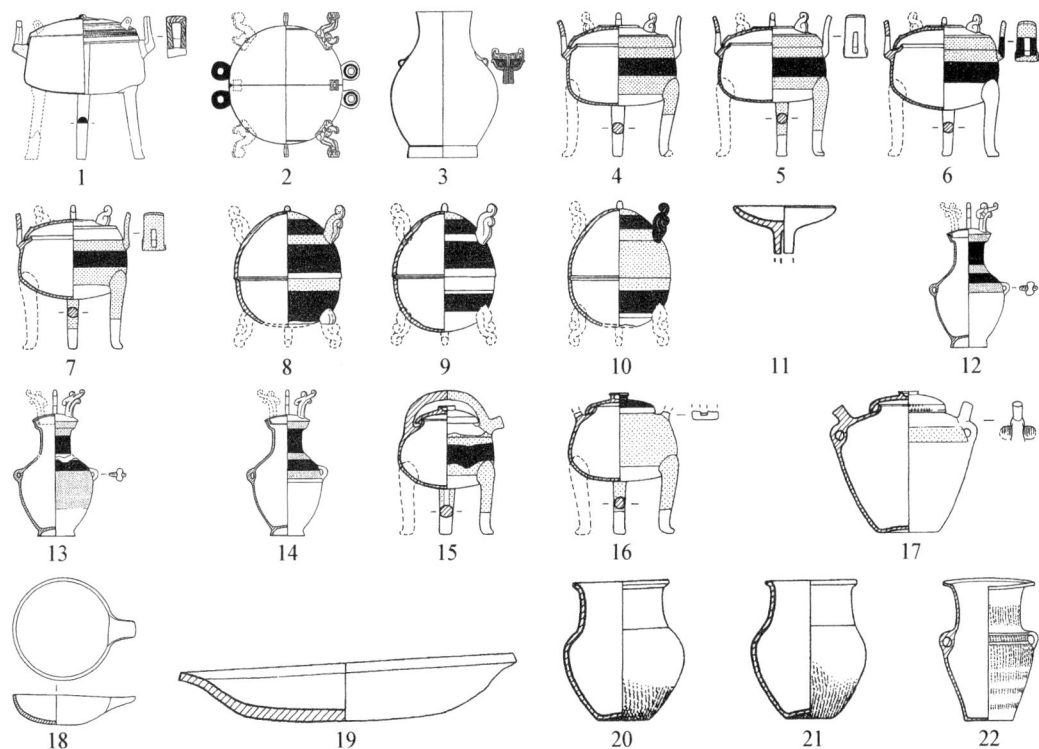

图 2.4.152　天门彭家山 2007M11 铜器群

1. 铜鼎(M11：25)　2. 铜敦(M11：13)　3. 铜壶(M11：6)　4—7、16. 陶鼎(M11：18、19、21、23、20)
8—10. 陶敦(M11：9、10、12)　11. 陶铺(M11：29)　12—14. 陶壶(M11：2、3、5)　15. 陶盉(M11：24)
17. 陶罍(M11：7)　18. 陶匜(M11：30)　19. 陶盘(M11：28)　20—22. 陶罐(M11：15、16、8)

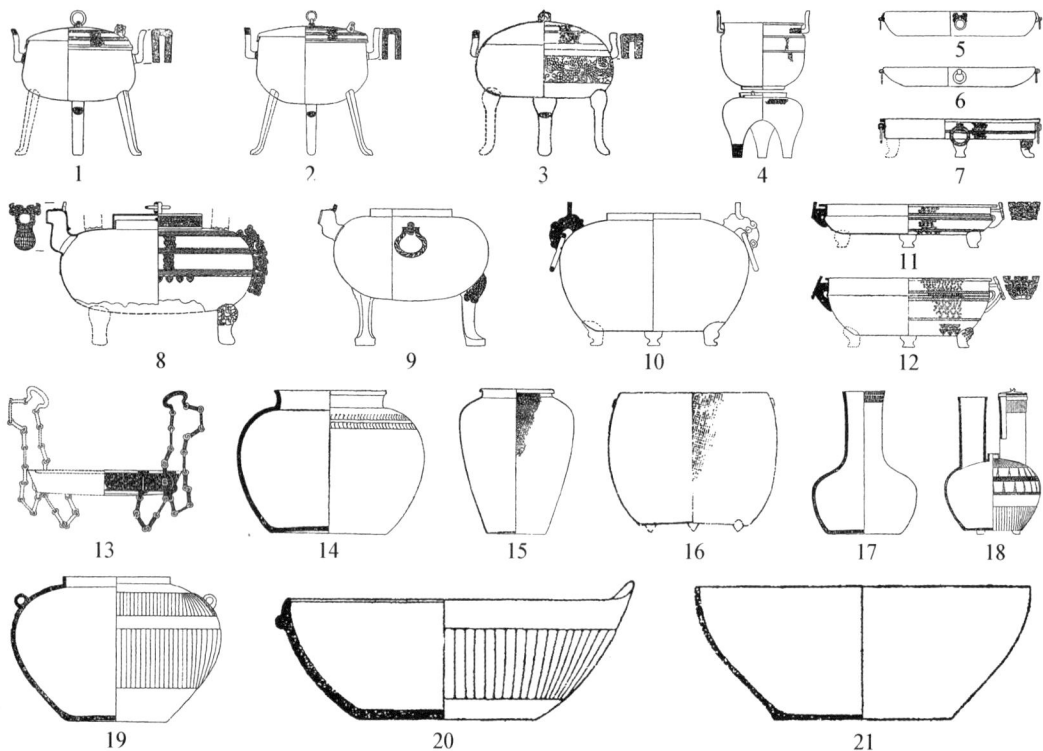

图 2.4.153　淮阴高庄 1978M1 铜器群

1—3. 铜鼎(M1∶103、104、124)　4. 铜甗(M1∶115+123)　5—7. 铜盘(M1∶3、27、96)　8、9. 铜盉(M1∶94、111)　10. 铜浴缶(M1∶112)　11、12. 铜鉴(M1∶98、100)　13. 铜炉盘(M1∶0159)　14—16. 陶罐(M1∶122、117、28)　17. 陶壶(M1∶0152)　18. 瓷熏炉(M1∶18)　19. 瓷罍(M1∶0151)　20. 瓷匜(M1∶19)　21. 瓷碗(M1∶20)

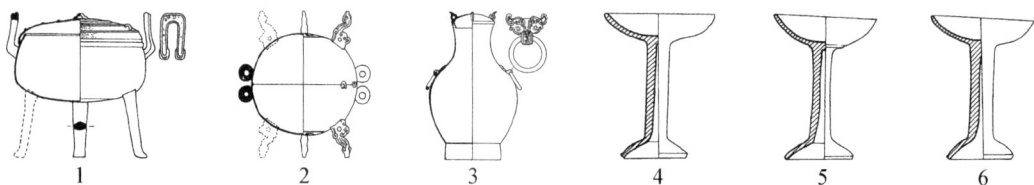

图 2.4.154　荆门罗坡岗 1996M51 铜器群

1. 铜鼎(M51∶2)　2. 铜敦(M51∶3)　3. 铜壶(M51∶1)　4—6. 陶铺(M51∶4、5、6)

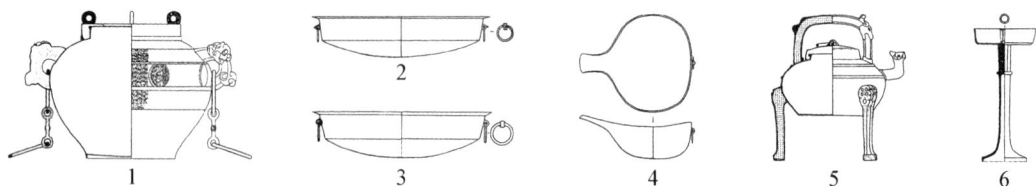

图 2.4.155　荆门左冢 2000M1 铜器群

1. 铜浴缶(M1∶W1)　2、3. 铜盘(M1∶N3、W3)　4. 铜匜(M1∶N4)　5. 铜盉(M1∶W2)　6. 铜灯(M1∶N5)

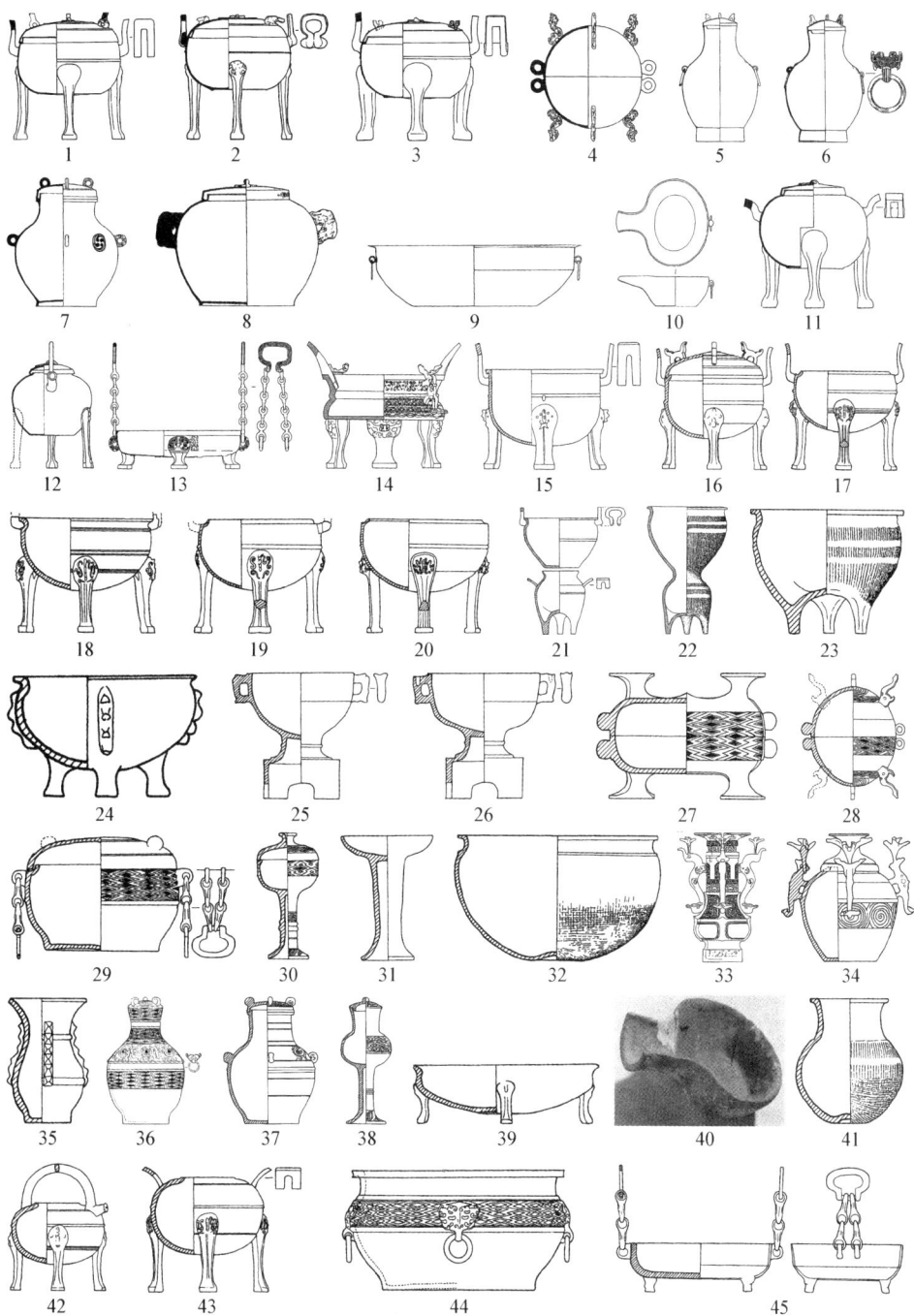

图 2.4.156　江陵望山 1965M1 铜器群

1—3、11. 铜鼎（M1：35、36、37、44）　4. 铜敦（M1：31）　5、6. 铜壶（M1：27、28）　7. 铜尊缶（M1：29）　8. 铜浴缶（M1：25）　9. 铜盘（M1：49）　10. 铜匜（M1：51）　12. 铜盉（M1：41）　13. 铜炉盘（M1：57）　14—20、43. 陶鼎（M1：65、98、82、114、59、99、105、136）　21、22. 陶鬲（M1：151、42）　23、24. 陶鬶（M1：138、190）　25、26. 陶簠（M1：96、160）　27. 陶簠（M1：155）　28—30. 陶敦（M1：137、112、134）　31. 陶铺（M1：152）　32. 陶盆（M1：69）　33、36、38. 陶壶（M1：5、85、133）　34. 陶壘（M1：90）　35. 陶尊（M1：125）　37. 陶尊缶（M1：61）　39. 陶盘（M1：192）　40. 陶匜（M1：118）　41. 陶罐（M1：40）　42. 陶盉（M1：135）　44. 陶鉴（M1：74）　45. 陶炉盘（M1：132）

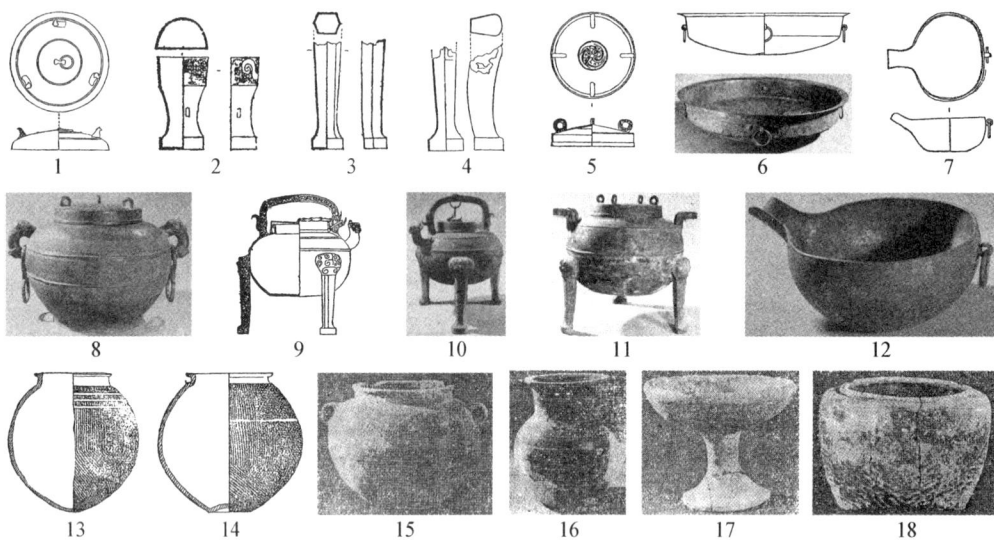

图 2.4.157　江陵天星观 1978M1 铜器群

1—4、11. 铜鼎(M1：71、10、59、60、178)　5. 铜尊缶(M1：67)　6. 铜盘(M1：170)　7·12. 铜匜(M1：171)　8. 铜浴缶(M1：184)　9·10. 铜盉(M1：179)　13—16. 陶罐(M1：172、173、037、02)　17. 陶铺(M1：03)　18. 陶鬲(M1：011)

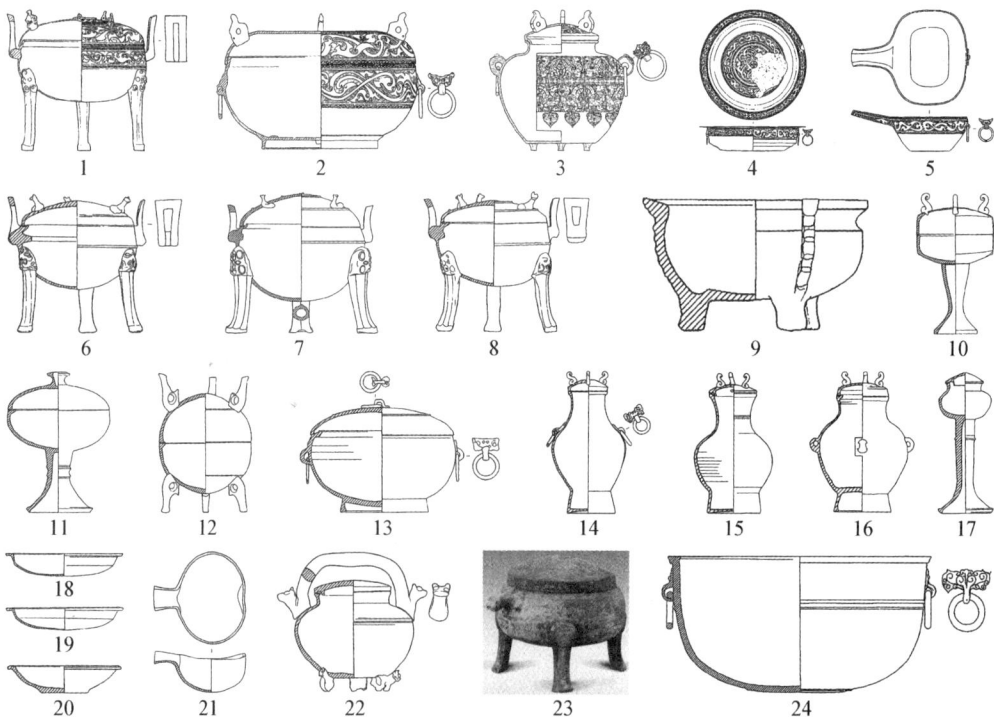

图 2.4.158　六安白鹭洲 2011M585 铜器群

1. 铜鼎(M585：6)　2. 铜敦(M585：33)　3. 铜罍(M585：28)　4. 铜盘(M585：35)　5. 铜匜(M585：32)　6—8、23. 陶鼎(M585：58、71、78、69)　9. 陶鬲(M585：101)　10—13. 陶敦(M585：53、65、75、64)　14、15、17. 陶壶(M585：60、66、96)　16. 陶尊缶(M585：50)　18—20. 陶盘(M585：100、102、90)　21. 陶匜(M585：103)　22. 陶盉(M585：68)　24. 陶鉴(M585：61)

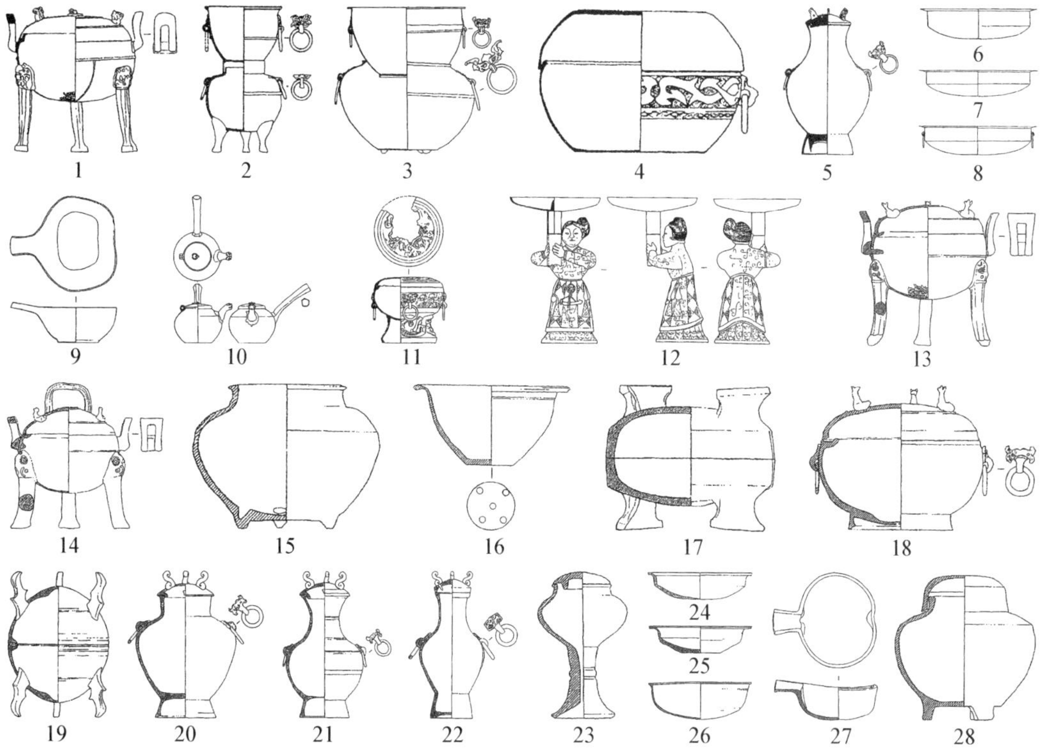

图2.4.159 六安白鹭洲 2011M566 铜器群

1. 铜鼎(M566:87) 2、3. 铜瓶(M566:101、84) 4. 铜敦(M566:108) 5. 铜壶(M566:96) 6—8. 铜盘(M566:73、74、75) 9. 铜匜(M566:95) 10. 铜镶壶(M566:98) 11. 铜熏炉(M566:12) 12. 铜灯(M566:1) 13、14. 陶鼎(M566:25、38) 15. 陶鬲(M566:27) 16. 陶瓶(M566:47) 17. 陶簠(M566:7) 18、19. 陶敦(M566:14、13) 20. 陶罍(M566:19) 21—23. 陶壶(M566:20、33、48) 24—26. 陶盘(M566:15、35、17) 27. 陶匜(M566:39) 28. 陶罐(M566:28)

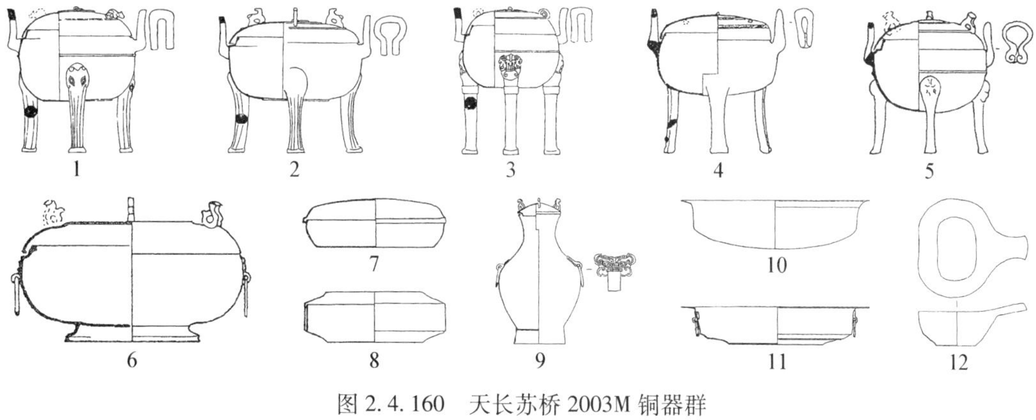

图2.4.160 天长苏桥 2003M 铜器群

1—5. 铜鼎(M:1、2、3、6、7) 6—8. 铜敦(M:14、18、20) 9. 铜壶(M:9) 10、11. 铜盘(M:10、15) 12. 铜匜(M:12)

图 2.4.161　蚌埠东八里 1955M 铜器群

1. 铜鼎　2. 铜敦

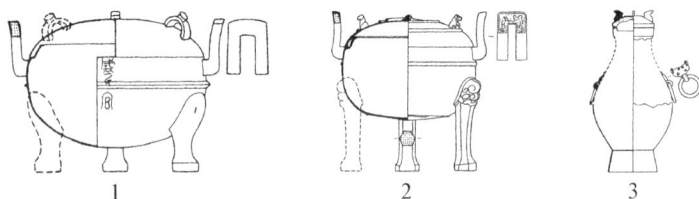

图 2.4.162　襄阳王坡 2001M73 铜器群

1、2. 铜鼎（M73：2、3）　3. 铜壶（M73：5）

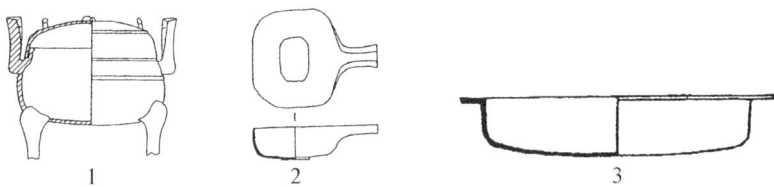

图 2.4.163　潜山梅城公山岗 1998M61 铜器群

1. 铜鼎（M61：6）　2. 铜匜（M61：10）　3. 铜盘（M61：11）

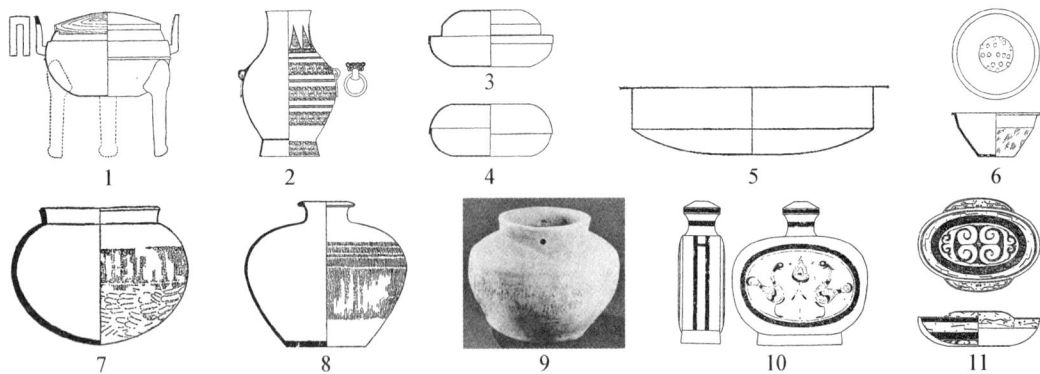

图 2.4.164　云梦睡虎地 1975M3 铜器群

1. 铜鼎（M3：4）　2. 铜壶（M3：3）　3、4. 铜敦（M3：9、37）　5. 铜盘（M3：5）　6. 陶甑（M3：2）　7. 陶釜（M3：7）　8、9. 陶罐（M3：13、24）　10. 漆壶（M3：19）　11. 漆耳杯（M3：16）

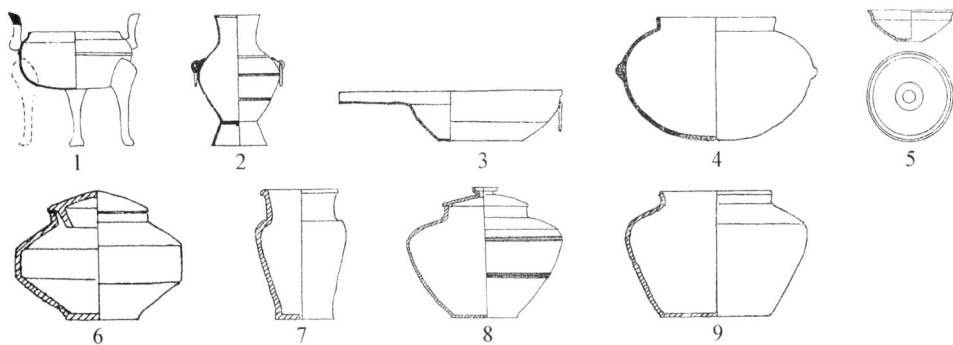

图 2.4.165 宜城雷家坡 1982M13 铜器群

1. 铜鼎 2. 铜壶 3. 铜匜 4. 铁釜 5. 陶甑 6—9. 陶罐

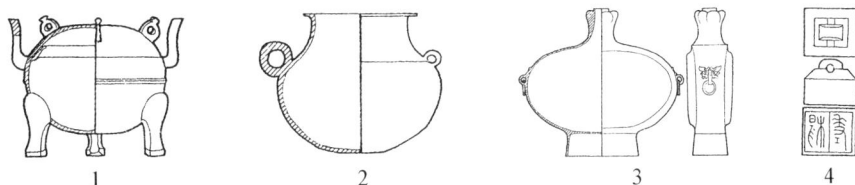

图 2.4.166 南阳拆迁办 2000M76 铜器群

1. 铜鼎(M76：10) 2. 铜鍪(M76：9) 3. 铜壶(M76：8) 4. 玉印(M76：4)

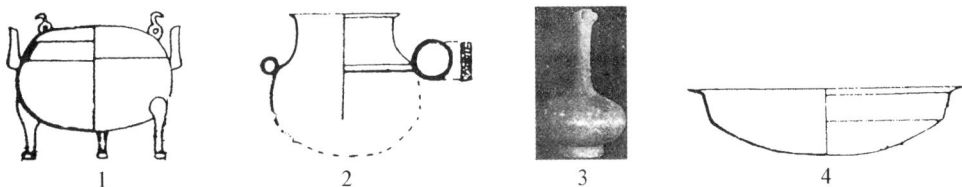

图 2.4.167 淅川马川 1981M 铜器群

1. 铜鼎 2. 铜鍪 3. 铜壶 4. 铜盘

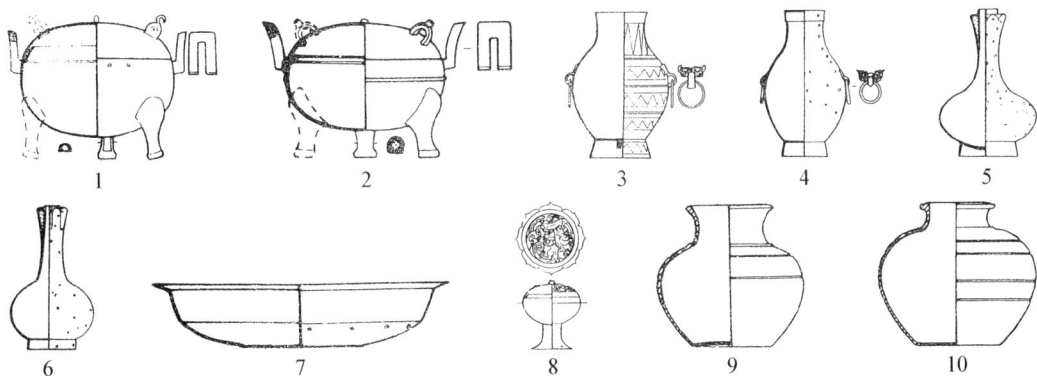

图 2.4.168 泌阳大曹庄 1988M5 铜器群

1、2. 铜鼎(M5：19、3) 3—6. 铜壶(M5：21、1、17、2) 7. 铜盘(M5：4) 8. 铜熏炉(M5：5) 9、10. 陶罐(M5：23、24)

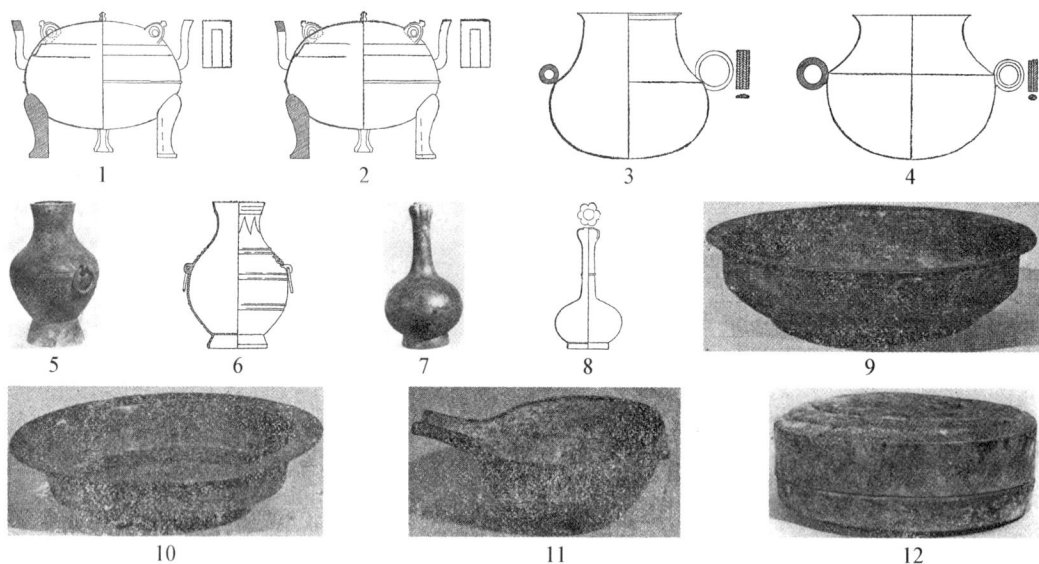

图 2.4.169　泌阳官庄 1978M3 铜器群

1、2. 铜鼎（M3：8、12）　3、4. 铜鉴（M3：7、11）　5—8. 铜壶（M3：5、13、1、6）　9、10. 铜盘（M3：19、18）
11. 铜匜（M3：33）　12. 铜盒（M3：35）

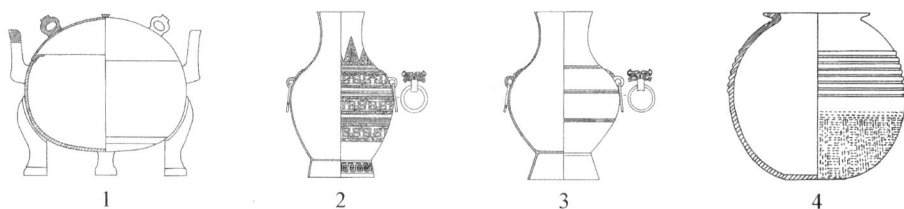

图 2.4.170　六安开发区 2007M99 铜器群

1. 铜鼎（M99：5）　2、3. 铜壶（M99：1、2）　4. 陶罐（M99：21）

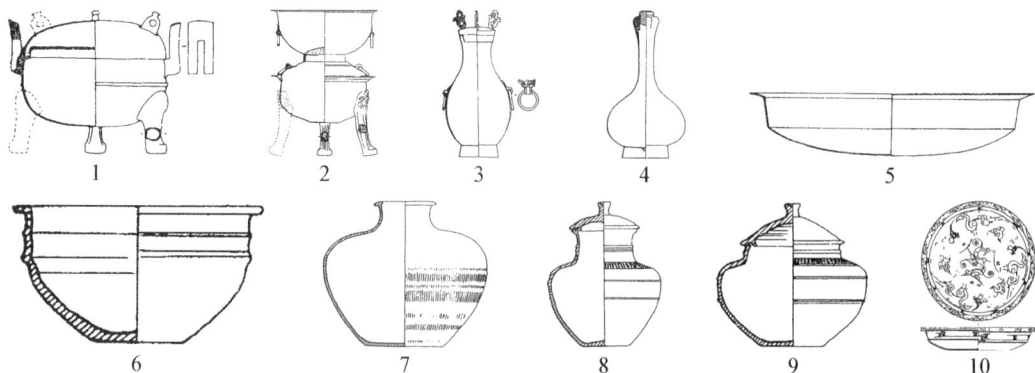

图 2.4.171　江陵扬家山 1990M135 铜器群

1. 铜鼎（M135：1）　2. 铜瓯（M135：45+51）　3、4. 铜壶（M135：74、73）　5. 铜盘（M135：72）　6. 陶盆
（M135：47）　7—9. 陶罐（M135：78、29、43）　10. 漆盘（M135：81）

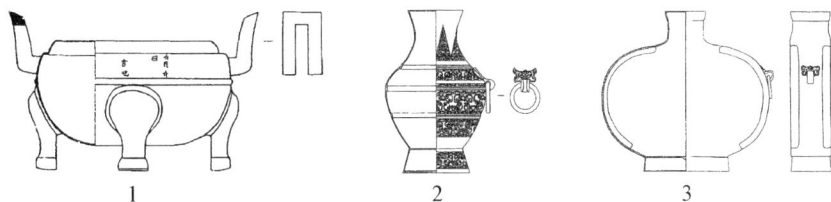

图 2.4.172　铜山翟山 2001M3 铜器群

1. 铜鼎(M3∶1)　　2、3. 铜壶(M3∶2、3)

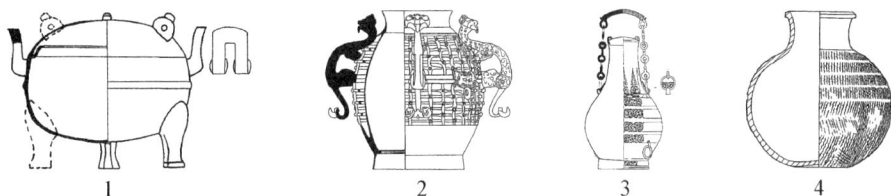

图 2.4.173　荆门子陵岗 1987M64 铜器群

1. 铜鼎(M64∶4)　2. 铜罍(M64∶2)　3. 铜壶(M64∶3)　4. 陶罐(M64∶5)

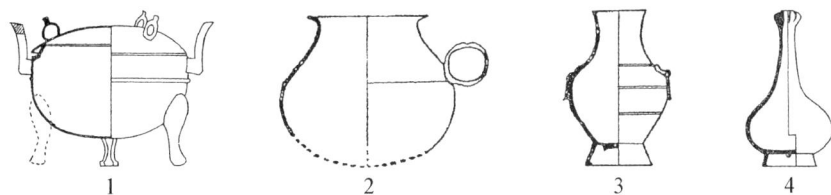

图 2.4.174　宜城雷家坡 1976M3 铜器群

1. 铜鼎(M3∶1)　2. 铜鍪(M3∶8)　3、4. 铜壶(M3∶7、2)

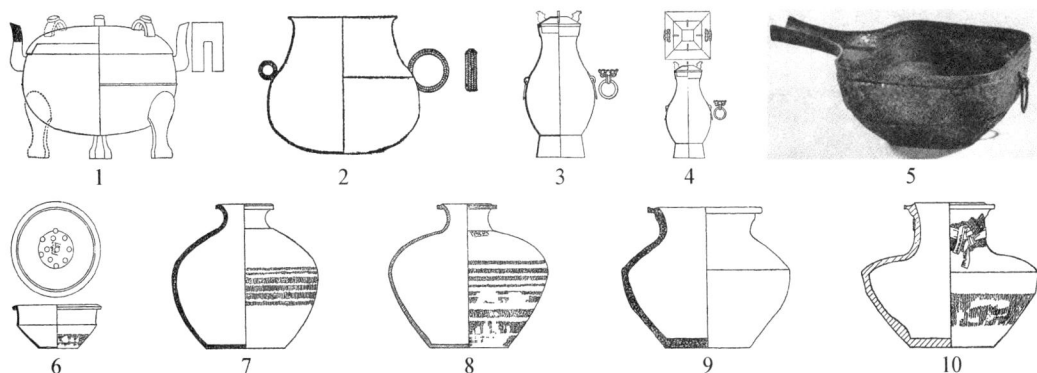

图 2.4.175　云梦睡虎地 1975M11 铜器群

1. 铜鼎(M11∶54)　2. 铜鍪(M11∶39)　3·4. 铜壶(M11∶45)　5. 铜匜(M11∶12)　6. 陶甑(M11∶30)

7—10. 陶罐(M11∶8、41、32、33)

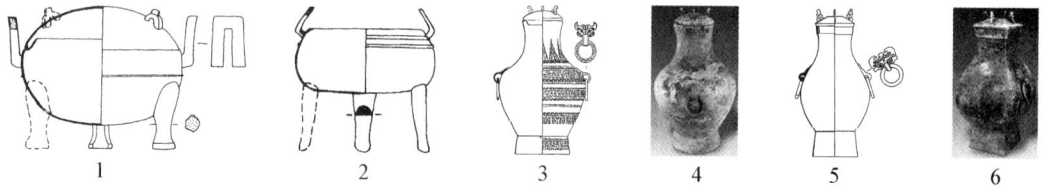

图 2.4.176　襄阳王坡 2001M134 铜器群

1、2. 铜鼎（M134：8、6）　3·4、5·6. 铜壶（M134：3、4）

图 2.4.177　襄樊郑家山 1990M17 铜器群

1、2. 铜鼎（M17：4、6）　3. 铜壶（M17：8）　4. 铜匜（M17：2）　5. 铜镶壶（M17：3）　6. 铜盘（M17：1）

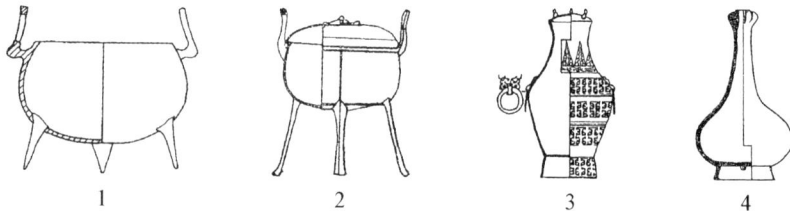

图 2.4.178　潜山梅城公山岗 1998M24、宜城雷家坡 1976M6 铜器群

1、2. 铜鼎（M24：1、M6：1）　3、4. 铜壶（M24：2、M6：2）

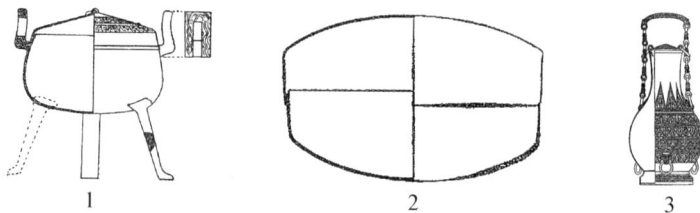

图 2.4.179　江陵雨台山 1975M480 铜器群

1. 铜鼎（M480：6）　2. 铜敦（M480：16）　3. 铜壶（M480：2）

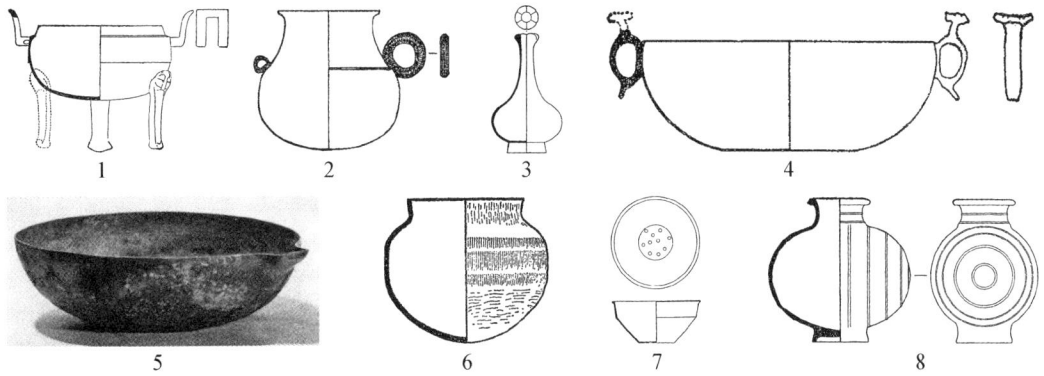

图 2.4.180 云梦睡虎地 1975M9 铜器群

1. 铁鼎（M9：47） 2. 铜鉴（M9：46） 3. 铜壶（M9：30） 4. 铜铀（M9：25） 5. 铜匜（M9：54） 6. 陶釜（M9：56） 7. 陶甑（M9：55） 8. 陶壶（M9：18）

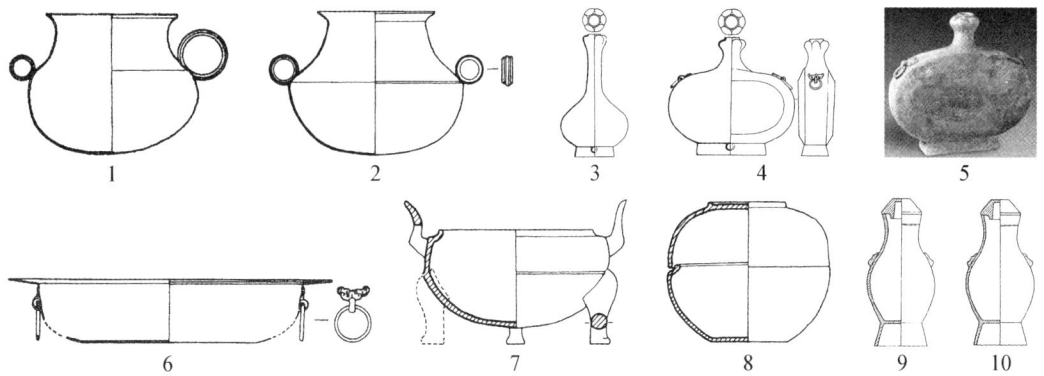

图 2.4.181 荆门子陵岗 1996M201 铜器群

1、2. 铜鉴（M201：4、8） 3、4・5. 铜壶（M201：5、7） 6. 铜盘（M201：6） 7. 陶鼎（M201：13） 8. 陶盒（M201：10） 9、10. 陶壶（M201：11、12）

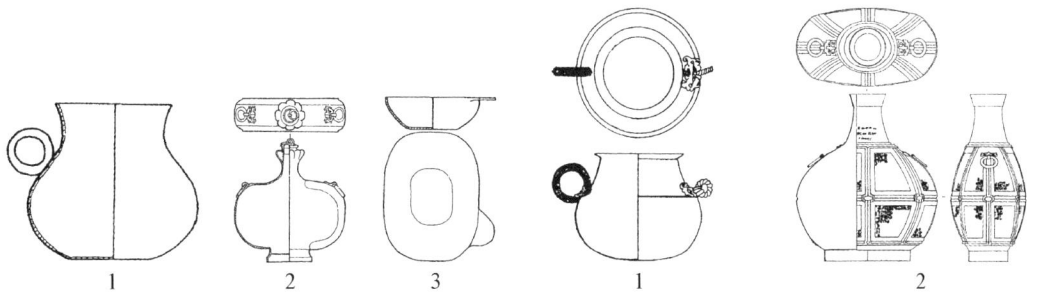

图 2.4.182 南阳拆迁办 2000M208 铜器群

1. 铜鉴（M208：8） 2. 铜壶（M208：11）
3. 铜耳杯（M208：9）

图 2.4.183 随州环城砖瓦厂 1981M 铜器群

1. 铜鉴 2. 铜壶

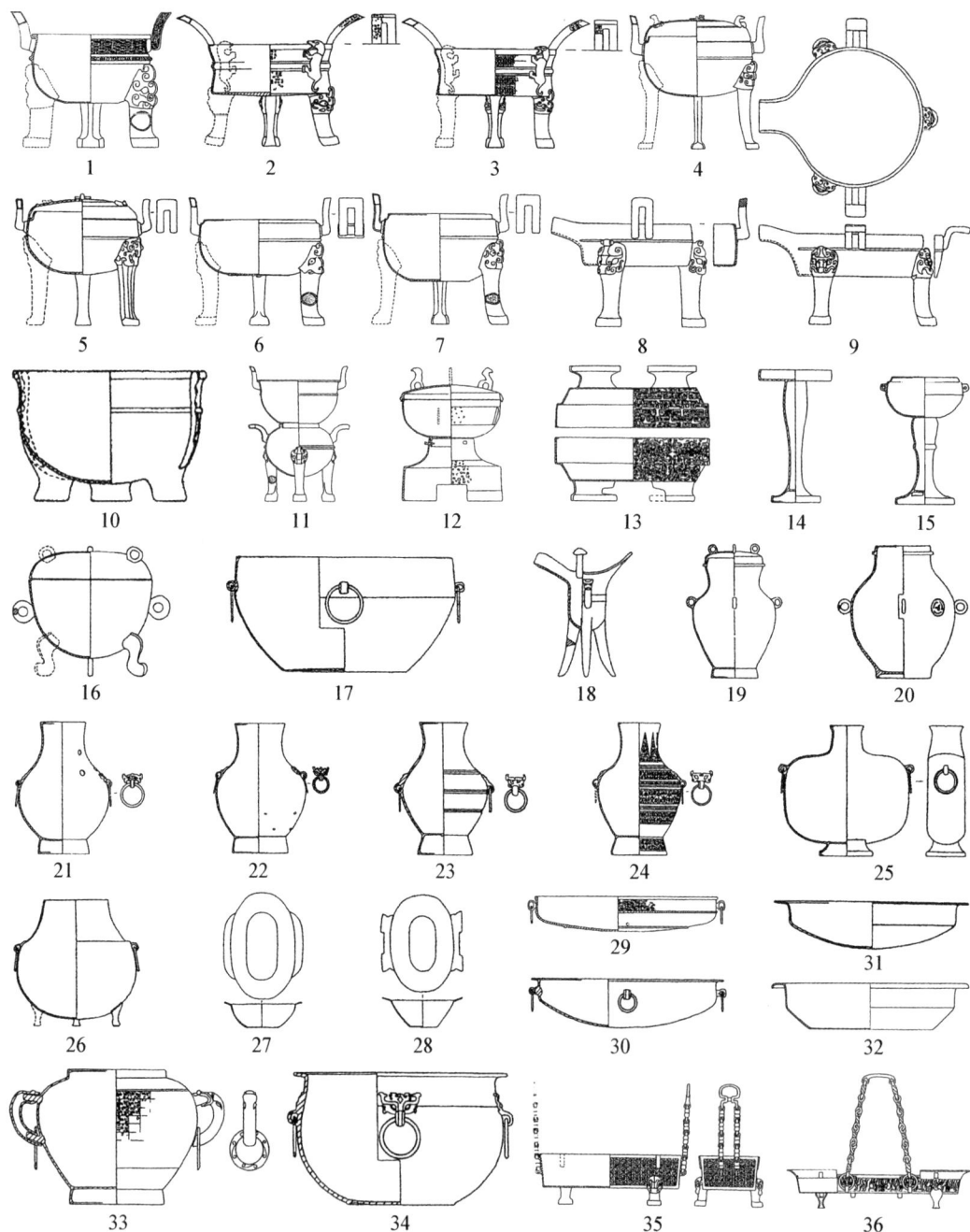

图 2.4.184　寿县朱家集 1933M 铜器群

1—9. 铜鼎　10. 铜鬲　11. 铜甗　12. 铜簋　13. 铜簠　14. 铜铺　15—16. 铜敦　17. 铜镐　18. 铜爵　19—20. 铜尊缶　21—25. 铜壶　26. 铜鉎镂　27—28. 铜耳杯　29—32. 铜盘　33. 铜浴缶　34. 铜鉴　35—36. 铜炉盘

第五节　山东组典型铜器群及其
分组、分期和断代

一、典型铜器群

按照绪论中所述典型铜器群的选择标准,我们从山东地区出土青铜器群中选取 71 个作为典型铜器群,考察典型器类及其型、式在这些典型铜器群中的分布情况,列为表 2.5.1。

二、分组、分期

在前文形制分析的基础上,主要根据典型器类及其主要型式在典型单位中的分布情况,以及式别特征的差异程度、共存器物的变化等,我们将山东组典型铜器群划分为七个小组(表 2.5.1,图 2.5.4—2.5.75)。

分组的理由如下:

（一）关于第一组和第二组的分组

第一,器类构成有异。

烹煮器中,第一组 A 型束腰鼎至第二组不见;第一组目前甗较少,第二组数量增加。

盛食器中,第一组以簠、簋为主,盨、盆为辅,第二组以敦、簋为主,盆、簠为辅,不见盨。

盛酒器中,第一组罍较多,第二组数量减少。

盥洗器中,第一组钟数量较多,第二组数量更多;第一组不见鉴,第二组新出现鉴。

第二,共有器类的型、式特征有异。

第一组流行 Aa Ⅰ 式、Ab Ⅰ 式、B Ⅰ 式立耳折沿鼎,第二组流行 Ab Ⅱ 式、B Ⅱ 式。

第一组流行 Aa Ⅰ 式附耳子母口鼎,至第二组代以 Aa Ⅱ 式,新出现 Ad Ⅰ 式。

第一组流行 Abaa Ⅰ 式、B Ⅰ 式鬲,第二组流行 Abaa Ⅱ 式、B Ⅱ 式鬲。

第一组甗较少,第二组甗数量增加,流行 Aaaa Ⅱ 式甗。

第一组流行 Aa Ⅰ 式簋,第二组代以 Aa Ⅲ 式簋。

第一组流行 A Ⅰ 式簠,第二组流行 A Ⅱ 式簠。

第一组流行 Ca Ⅰ 式盆,至第二组代以 Ca Ⅱ 式。

第一组流行 Aa Ⅰ 式、Ba Ⅰ 式、Caa Ⅰ 式壶,第二组流行 Aa Ⅱ 式、Ba Ⅱ 式、Caa Ⅱ 式壶。

第一组流行 Aaaa Ⅰ 式、Aaab Ⅰ 式、Abaa Ⅰ 式匜,第二组流行 Aaab Ⅱ 式、Abaa Ⅱ 式、Abaa Ⅲ 式匜。

第一组流行 Abaa Ⅰ 式盘,第二组流行 Abaa Ⅱ 式盘,第一组 Abab Ⅰ 式盘至第二组代以 Abab Ⅱ 式、Abab Ⅲ 式盘。

表 2.5.1　山东组典型铜

分期	分组	名　　称	烹　煮　器											
			立耳折沿鼎	附耳折沿鼎	附耳子母口鼎	箍口鼎	束腰鼎	细撇足鼎	鬲鼎	鬲	甗	鍑	鉴	釜
一	山东1组	曲阜鲁故城 1977M30(完整)	AbⅠ1											
		曲阜鲁故城 1977M48(完整)	AbⅠ3								CaaⅠ1			
		曲阜鲁故城 1977M49(完整)	AbⅠ1											
		泰安城前 1982M(扰)	AaⅠ3											
		滕州后荆沟 1980M1(扰)	AaⅠ1、AbⅠ1							BⅠ2				
		日照崮河崖 1976M1(扰)	AaⅠ2	AbbⅠ2						AbaaⅠ4				
		临朐泉头 1981M 乙(扰)	AaⅠ1	AaⅠ1			A1			AbaaⅠ2				
		临朐泉头 1977M 甲(扰)	AaⅠ1、BⅠ1							AbaaⅠ5				
		安丘东古庙 1994M(扰)	BⅠ5							BⅠ2				
		临淄东古城 1984M1(扰)	3											
		枣庄东江 2002M3(完整)	BⅠ1				A3			AbaaⅠ2				
		平邑蔡庄 1976M(扰)	BⅠ2							BⅠ1				
		沂水黄山铺东河北 1982M(扰)	BⅠ1							BⅠ1				
		长清仙人台 1995M6(完整)	BⅠ14	AaⅠ1										
		邹城七家峪 1965M(扰)	2	AaⅠ1	AⅠ2					AbaaⅠ4				
		肥城小王庄 1963M(扰)		AaⅠ1						AbaaⅠ2				
		枣庄东江 2002M2(完整)					A4			AbaaⅠ4				
		招远曲城 1958M(扰)									1			
二	山东2组	海阳嘴子前 1978M1(扰)	AbⅡ1		AaⅡ1									
		海阳嘴子前 1985M2(扰)	BⅡ1											
		海阳嘴子前 2000M6(扰)	BⅡ1											
		栖霞吕家埠 1982M1(扰)	BⅡ1											
		栖霞吕家埠 1983M2(扰)	BⅡ1											
		郯城大埠二村 2002M1(扰-)	BⅡ2							BⅡ1				
		临淄刘家新村 2011M28(完整)	BⅡ3							AaaaⅡ1				
		海阳嘴子前 1994M4(扰)	BⅡ6		AdⅠ1					AaaaⅡ1				

器群型式统计表

盛食器						盛酒器			盥洗器						
铺	盨	簠	簋	盆	敦	壶	尊缶	罍	鉴	盉	匜	盘	铏	浴缶	汤鼎
	A I 1					Cbc I 1					Aaaa I 1	Aaa I 1			
	A I 2	Aa I 1	A I 2			Cbc I 1					Aaaa I 2	Abaa I 1、Abab I 1			
			A I 2								Aaaa I 1	Aaa I 1			
		Aa I 2				Caa I 1									
		Aa I 2	A I 2					Ba I 2			Aaaa I 1	Aca I 1			
				Ca I 2		Cbc I 2					Abaa I 1	Abaa I 1			
		Aa I 2									Aaaa I 1	Abaa I 1			
											Aaaa I 1	Abaa I 1	Aaaa II 1		
						Caa I 1		Aa I 4			Aaab I 1	Abaa I 1	Ba I 1		
			A I 2			Caa I 1					Aaaa I 1	Abaa I 1	Aab I 1		
		Aa I 4				Bb I 2					D1	Aca I 1		Ba I 2	
		Ba II 4									Aaaa I 1、Aaab I 1	Abaa I 1			
													Aaaa II 1		
2			A I 8			Aa I 2、Ba I 2、Caa I 1					Aaab I 1	Abaa I 1			
		Aa I 4						Aa I 2			Abaa I 1	Abaa I 1			
		Ae II 2				Aa I 2					Abaa I 1	Abaa I 1			
		Aa I 4				Ba I 2	Aa I 1				Aaaa I 1	Abaa I 1			
				Ca I 1								Ada I 1			
			Dd II 2		Aa II 1	Cab II 1						Abab II 1	Abb IV 1		
					A1							Aab II 1			
					A1							Abb III 1			
											Baaa III 1	Abb II 1		Bba II \ Ba II 1	
												Aaaa III 1			
				Ca II 1		D II 1					Aaab II 1	Acb II 1	Abb IV 1		
			A II 4		A1	Bb II 2					Abaa III 1	Abaa II 1	Aaaa IV 1		
					Aa II 2	Ab II 2			Aa II 1		Abaa III 1	Abba III 1	Aba II 1		

分期	分组	名称	烹煮器											
			立耳折沿鼎	附耳折沿鼎	附耳子母口鼎	箍口鼎	束腰鼎	细撇足鼎	鬲鼎	鬲	甗	镂	鏊	釜
二	山东2组	滕州薛故城尤楼 1978M1(完整)	BⅡ7							AbaaⅡ6				
		沂水刘家店子 1978M1(未完全公布)	BⅡ12、CⅡ2	AaⅠ2						BⅡ9	AaaaⅡ1、BaⅡ1			
		蓬莱辛旺集 1976M6(盗)		AaⅠ1						BⅡ1	AaaaⅡ1			
		曲阜鲁故城 1977M202(盗)												
三	山东3组	滕州薛故城尤楼 1978M2(完整)			AaⅡ1、BaⅢ7					AaaⅡ6				
		滕州薛故城尤楼 1978M4(完整)			AaⅡ3、BaⅢ7					6				
		峄城徐楼 2009M1(扰)			BaⅢ3									
		峄城徐楼 2009M2(扰-)	BⅢ1		AaⅢ1			AaⅢ1						
		淄博磁村 1977M01(扰)			BbⅢ1									
		淄博磁村 1977M02(扰)			BbⅢ1									
		临朐杨善 1963M(扰)	5		BbⅢ2									
		长清仙人台 1995M5(完整)			BbⅢ3						CaaⅢ1			
		滕州薛故城尤楼 1978M9(完整)				AbⅡ1								
		滕州北辛 1999M1(扰)				AbⅡ2								
四	山东4组	阳谷景阳岗 1979M(扰)												
		青州杨姑桥 1972M2(扰)			AbⅢ1									
		肥城王庄东焦 1993M(扰)			AbⅢ1									
		新泰周家庄 2003M2(完整)			AbⅢ2						CaaⅣ1			
		莱芜戴鱼池 1984M(盗)			BbⅣ2									
		滕州庄里西 1990M8(完整)				AaⅢ1								
		滕州薛故城尤楼 1978M6(完整)				AbⅡ1								
		莒南大店老龙腰 1975M1(盗)				AcⅢ2								
		临沂凤凰岭 1982M(盗)	AbⅣ1								CabⅡ1			

续表

盛食器						盛酒器			盥洗器						
铺	盨	簠	簋	盆	敦	壶	尊缶	罍	鉴	盉	匜	盘	铜	浴缶	汤鼎
		AaⅢ2	AⅡ6			BaⅡ2、CaaⅡ1					AbaaⅡ1	AbabⅢ1	AbaⅠ1		
7				CaⅡ2		BaⅡ6					AaabⅡ1、AbaaⅡ1	AbaaⅡ1	AaaaⅢ2	AbⅡ3	
						CaaⅡ1									
					AaⅡ1						AaaaⅠ1	AbaⅠ1	AbbⅡ1		
		AaⅢ2	AⅡ6			BaⅡ2、CbaaⅡ1					AbabⅠ1	AbbaⅣ1	AbbⅢ1		
		AbⅣ2	AⅡ6			BaⅡ2、CbaaⅡ1			1	BcⅠ1	AbabⅠ1	AbbaⅡ2	1		
		AbⅤ4			AaⅢ2						AbabⅠ1	AbbaⅣ1	AbcⅠ1		
											AbcⅢ1	AbbaⅣ1	AaaaⅤ1		
					AbⅡ1								AbbⅣ1		
					AbⅡ1								Bbb1		
		有			A1、Bcb1	BbⅢ2、CbaⅣ1							1		
					AbⅡ1、BbaⅡ1	CbaaⅢ1						AdaⅢ1	CaⅡ1、CbaaⅡ2		
					CbaⅠ2						A1	AbcⅣ1			
					CbbⅠ2									Ba\BbaⅢ2	
					CbⅡ1	CaaⅣ1							CbabⅢ1		
					A1、CbbⅡ1								CbbⅠ1		
					CbaⅡ1	CbaaⅣ1					BaaaⅣ1		AbdⅠ1		
					CbaⅡ2、CbbⅡ2	CbaaⅣ1					BaaaⅣ1	AdaⅣ1	AbdⅠ2		
					CaaⅡ2								AbdⅠ1		
					CbaⅡ2						BaaaⅣ1	AdaⅣ1	AbdⅠ2		
					CbaⅠ2								AbcⅡ1		
					AbⅢ3	CbaaⅣ1						BaaⅠ1	AbdⅡ1		
		BbⅤ2		BabⅣ1	AcⅠ1、AcⅡ2、A3	CbaaⅣ1				BcⅢ1		AdaⅣ1	AbbⅤ2	BbaⅡ3	

分期	分组	名　称	烹　煮　器											
			立耳折沿鼎	附耳折沿鼎	附耳子母口鼎	箍口鼎	束腰鼎	细撇足鼎	鬲鼎	鬲	甗	𬭚	鑑	釜
五	山东5组	济南左家洼1985M1(扰)			AbⅢ2、BbⅤ1									
		邹平大省村1979M3(扰)			AbⅣ1									
		崂山夏庄安乐1974M(扰)			AbⅣ1									
		平度东岳石1960M16(完整)			AbⅣ1									
		临淄相家庄1996M6(盗)			BbⅤ1				Ca1、Cb1					
		淄博磁村1977M03(扰)			CaⅠ1									
		临淄东夏庄1984M6P13X22(盗)												
		长岛王沟1973M1(扰)												
六	山东6组	临淄姚王凤凰塚1956M(扰)			BbⅥ8									
		临淄东夏庄1985M5(盗)			BbⅥ1、CaⅡ1									
		临淄国家村2004M4(盗)			CaⅡ2									
		长清岗辛1975M(盗)			CaⅡ4									
		诸城臧家庄1970M(盗)			CaⅡ5									
		章丘女郎山1990M1(盗)			CaⅡ5									
		临淄辛店2010M2(盗)			CaⅡ7、Cb1						AabⅢ1			
		阳信城关西北1988M(扰)			Cb2									
		长岛王沟1973M10(完整)												
		威海量具厂1978M3(扰)												
七	山东7组	济南千佛山1972M(扰)			CaⅢ2									
		临淄赵家徐姚2001M1(扰)			CaⅢ2				Cb1					
		临淄商王1992M2(完整)			AbⅥ2									
		临淄商王1992M1(完整)			AbⅥ5									
		曲阜鲁故城1977M58(完整)						DbⅢ1						
		安丘葛布口1965M(扰)												

续表

盛食器						盛酒器			盥洗器						
铺	盨	簠	簋	盆	敦	壶	尊缶	罍	鉴	盉	匜	盘	铙	浴缶	汤鼎
					CbbⅢ3、DcaⅠ1、Bcb1	CbaaⅤ1						BaaⅠ1	AbbⅣ1		
					CbbⅢ1	CbaaⅤ1						BaaⅠ1	AbdⅡ1		
					CbbⅢ2	CbaaⅤ1						BabⅠ1	AbdⅡ1		
					DcaⅡ2	Cb1					1	BaaⅠ1	AbdⅡ1		
3					DcaⅡ2、CbbⅢ2	CbadⅠ1		AbbaⅤ1			BaaaⅥ2	BcaⅡ2	AbcⅢ3		
					Bcb1、CabaⅢ1							1			
											BaaaⅥ1		AbcⅢ1		
					C2、DcaⅡ1	CbaaⅤ1							AbdⅡ1		
6			有			CbbaⅤ2									
3					DcaⅢ2、CbbⅣ2	CbaaⅥ2		AbbaⅥ2				BabⅡ2	AbcⅣ2		
					DcaⅢ2			AbbaⅥ2			BacⅤ1	BcaⅢ1			
					CabaⅣ4	CbbaⅤ2							AbdⅢ1		
					CbbⅣ5	CbbaⅤ2、CbadⅡ1						1			
4					CbbⅣ6、DcaⅢ2	CbbaⅤ4、CbaaⅥ1						BaaⅡ2	AbcⅣ4		
1					CbbⅣ4、DcaⅢ4、DcbⅡ2	CbbaⅤ4、CbaaⅥ2			BaⅥ1		BaaaⅧ1	2	AbcⅣ1		
					C2、DcaⅢ4	CbbaⅤ2、CbaaⅥ1					1	1	AbcⅣ1	BbbⅡ1	
					CbbⅣ2、DcaⅠ2	CbbaⅤ2			1				AbcⅣ1		
					DcaⅢ1						BaaaⅦ1				
						CbbaⅥ2						BcaⅢ1			
					CbaⅤ2、EⅡ5	CbbaⅥ1					BaaaⅦ1、BaabⅠ5	BcaⅣ1	AbcⅣ1		
												BcbⅢ1、BcbⅣ1			
					AbⅥ12	CbbdⅡ4、Ea1		AbbaⅦ4			BaaaⅧ2、BbbⅢ1	BcbⅢ1	AbcⅣ1、AbdⅣ1		
						CbbaⅥ2			BcⅤ1		1	1			
						Cb1		AbbaⅦ1			BaaaⅨ1	2		Cb1	

第一组流行 AaaaⅡ式、AabⅠ式铺,第二组流行 AaaaⅢ式、AaaaⅣ式、AbbⅡ式、AbbⅣ式铺。

第三,纹饰特征有异。

第一组流行重环纹、垂鳞纹、波带纹、窃曲纹等纹样;第二组主要流行三角形几何纹、勾云纹、吐舌蟠螭纹等。

（二）关于第二组和第三组的分组

第一,器类构成有异。

烹煮器中,第二组以立耳折沿鼎为主,附耳折沿鼎、附耳子母口鼎数量少,第三组以附耳子母口鼎为主,立耳折沿鼎、附耳折沿鼎数量减少,新出现箍口鼎。

第二,共有器类的型、式特征有异。

第二组流行 AaⅡ式、AdⅠ式附耳子母口鼎,第三组仍存在 AaⅡ式附耳子母口鼎,流行 BbⅢ式。

第二组流行 A 型敦,第三组新出现 B 型、C 型敦。

（三）关于第三组和第四组的分组

共有器类的型、式特征有异。

第三组流行 AaⅡ式、BbⅢ式附耳子母口鼎,第四组流行 AbⅢ式、BbⅣ式。

第三组流行 AbⅡ式箍口鼎,第四组代以 AaⅢ式、AcⅢ式。

第三组流行 BaaⅢ式甗,至第四组代以 BaaⅣ式、BabⅡ式。

第三组流行 A 型敦,其次为 B 型、C 型敦,第四组流行 C 型敦,其次为 A 型敦。

第三组流行 B 型、C 型壶,第四组主要流行 C 型壶。

第三组流行 A 型匜,第四组流行 B 型匜。

第三组流行 AbbaⅣ式、AdaⅢ式盘,第四组流行 AdaⅣ式盘。

第三组的铺型式较多,第四组流行 AbdⅠ式铺。

（四）关于第四组和第五组的分组

共有器类的型、式特征有异。

第四组流行 AbⅢ式、BbⅣ式附耳子母口鼎,第五组流行 AbⅣ式、BbⅤ式,新出现 CaⅠ式附耳子母口鼎。

第四组流行 C 型敦,其次为 A 型,第五组流行 C 型、D 型敦。

第四组流行 CbaaⅣ式壶,第五组流行 CbaaⅤ式壶。

第四组流行 BaaaⅣ式匜,第五组流行 BaaaⅥ式匜。

第四组流行 AdaⅣ式盘,第五组流行 BaaⅠ式盘。

第四组流行 AbdⅠ式铺,第五组流行 AbdⅡ式铺。

（五）关于第五组和第六组的分组

共有器类的型、式特征有异。

第五组流行 Ab Ⅳ 式、Bb Ⅴ 式附耳子母口鼎,第六组流行 Ca Ⅱ 式、Bb Ⅵ 式。

第五组流行 Cbb Ⅲ 式、Dca Ⅱ 式敦,第六组流行 Cbb Ⅳ 式、Dca Ⅲ 式敦。

第五组流行 Cbaa Ⅴ 式壶,第六组流行 Cbaa Ⅵ 式、Cbba Ⅴ 式壶。

第五组 Abba Ⅴ 式罍,至第六组代以 Abba Ⅵ 式罍。

第五组流行 Baaa Ⅵ 式匜,第六组代以 Baaa Ⅶ 式、Baaa Ⅷ 式匜。

第五组流行 Baa Ⅰ 式、Bab Ⅰ 式、Bca Ⅱ 式盘,至第六组分别被代以 Baa Ⅱ 式、Bab Ⅱ 式、Bca Ⅲ 式盘。

第五组流行 Abc Ⅲ 式、Abd Ⅱ 式铺,第六组流行 Abc Ⅳ 式、Abd Ⅲ 式铺。

（六）关于第六组和第七组的分组

第一,器类构成有异。

烹煮器中,第七组新出现细撇足鼎。

第二,共有器类的型、式特征有异。

第六组流行 Ca Ⅱ 式、Bb Ⅵ 式附耳子母口鼎,第七组流行 Ca Ⅲ 式、Ab Ⅵ 式。

第六组流行 Cbaa Ⅵ 式、Cbba Ⅴ 式壶,第七组流行 Cbba Ⅵ 式壶。

第六组流行 Abba Ⅵ 罍,第七组代以 Abba Ⅶ 式。

三、断代

（一）山东一组年代的判断

本组典型铜器群包含的可以自明年代的标准器少。但除少数具有地域特色的器类外,本组典型铜器群与山西一组、豫西豫中一组、豫南苏皖鄂一组典型铜器群面貌基本相同,年代相当,部分铜器与陕西宝鸡眉县杨家村 2003JC 铜器群[①]形制、纹饰特征相近,年代上限可能早至西周晚期偏晚阶段(图 2.5.1)。

（二）山东二组年代的判断

本组典型铜器群包含的可以自明年代的标准器少。但本组典型铜器群滕州薛故城尤楼 1978M1、海阳嘴子前 1994M4 等,与豫西豫中二组典型铜器群在器类构成、形制特征、纹饰特征等方面基本相同,年代亦应接近。

---

① 陕西省考古研究院等:《吉金铸华章——宝鸡眉县杨家村单氏青铜器窖藏》,文物出版社,2008 年。

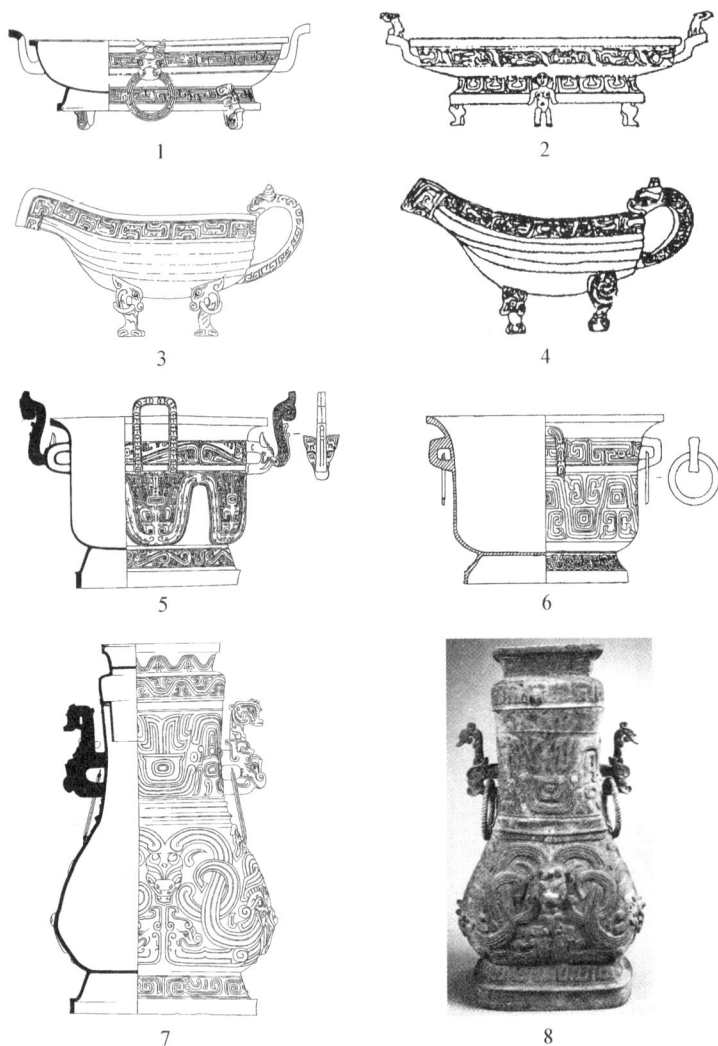

图 2.5.1　山东一组典型铜器群与眉县杨家村 2003JC 铜器比较图

1. 眉县杨家村 2003JC：9 逨盘　2. 曲阜鲁故城 1977M48：8　3. 眉县杨家村 2003JC：17
叔五父匜　4. 曲阜鲁故城 1977M48：4　5. 眉县杨家村 2003JC：11　6. 长清仙人台
1995M6：B32　7. 眉县杨家村 2003JC：19 单五父方壶乙　8. 长清仙人台 1995M6：B31

（三）山东三组年代的判断

本组典型铜器群包含可以自明年代的标准器：

峄城徐楼 2009M1 铜器群中的 BaⅢ式附耳子母口鼎等铜器铸有铭文,为宋公圞嫁女时铸造的媵器。李学勤先生考证宋公圞即宋共公(《左传》记载名固,《史记·宋世家》记载名瑕)。[1]　宋共公在位时间为公元前 589—前 576 年,可以作为判断该铜器群绝对年代的参考。

---

[1]　李学勤:《枣庄徐楼村宋公鼎与费国》,《史学月刊》2012 年第 1 期,第 128—129 页;王恩田:《枣庄峄城宋公鼎与滕公鼎》,《管子学刊》2013 年第 1 期,第 101—102 页。

临朐杨善1963M出土的公子土折壶颈部刻有"公孙窑立事岁,饭者月公子土折乍子中姜 之般壶,用祈眉寿万年,永保其身,子_二孙_二永保用之"的铭文。据考证,公孙窑即齐景公时期的公孙灶,公元前545年上台执政,卒于公元前539年。因此该壶的年代应在公元前545—前539年之间。① 该壶颈部较长,底部着圈足,属于本书划分的CbaaⅣ式,主要流行于第四组,其年代可以作为第三组和第四组分界的参考。

此外,本组AbⅡ式簠口鼎、AbbaⅣ式盘、AbbⅡ式敦等,可以分别与豫南苏皖鄂三组、豫西豫中三组系联。

滕州薛故城尤楼1978M2和M4铜器群保存较多第二组因素,同时兼有第三组新因素(图2.5.2)。

（四）山东四组年代的判断

本组典型铜器群包含的可以自明年代的标准器少。但是本组流行的AbⅢ式附耳子母口鼎、AcⅢ式簠口鼎、CbaaⅣ式壶、BbⅤ式簋、BaaaⅣ式匜、AbdⅠ式铺等可以与山西四组、豫南苏皖鄂四组系联,年代相近(图2.5.3)。

（五）山东五组年代的判断

本组典型铜器群包含的可以自明年代的标准器少。济南左家洼1985M1铜器群中的AbⅢ式附耳子母口鼎、BcbⅠ式敦、AbbⅣ式铺等,属于第四组流行的典型型式,但是CbbⅢ式敦、CbaaⅤ式壶等则显示出晚于第四组的特征(图2.5.3)。本组流行的CbaaⅤ式壶、BaaaⅥ式匜等,可以与豫南苏皖鄂五组系联,年代相当。

（六）山东六组年代的判断

本组典型铜器群包含的可以自明年代的标准器少。诸城臧家庄1970M出土的莒公孙潮子钟、镈铭文云:"陈蚁立事岁,十月己丑,莒公孙潮子造器。"据王恩田先生研究,陈蚁即陈举,是田齐宗室,因直言敢谏被齐闵王所杀。② 齐闵王在位时间为公元前319—前280年,可以作为判断诸城臧家庄1970M铜器群年代的参考。

此外,本组流行的CbbaⅤ式壶、BaaaⅦ式匜、BaaaⅧ式匜、AbbaⅥ式罍等,可以与豫南苏皖鄂六组系联,年代接近。

（七）山东七组年代的判断

本组典型铜器群包含的可以自明年代的标准器少。但本组AbⅥ式附耳子母口鼎、DbⅢ式细撇足鼎、AbⅥ式敦、CbbaⅥ式壶、BaaaⅧ式匜、BaaaⅨ式匜等,可以与豫南苏皖鄂七组、豫西豫中七组系联,年代相当。

---

① 齐文涛:《概述近年来山东出土的商周青铜器》,《文物》1972年第5期,第3—18页。
② 王恩田:《东周齐国铜器的分期与年代》,《中国考古学会第九次年会论文集》,文物出版社,1997年,第293—294页。

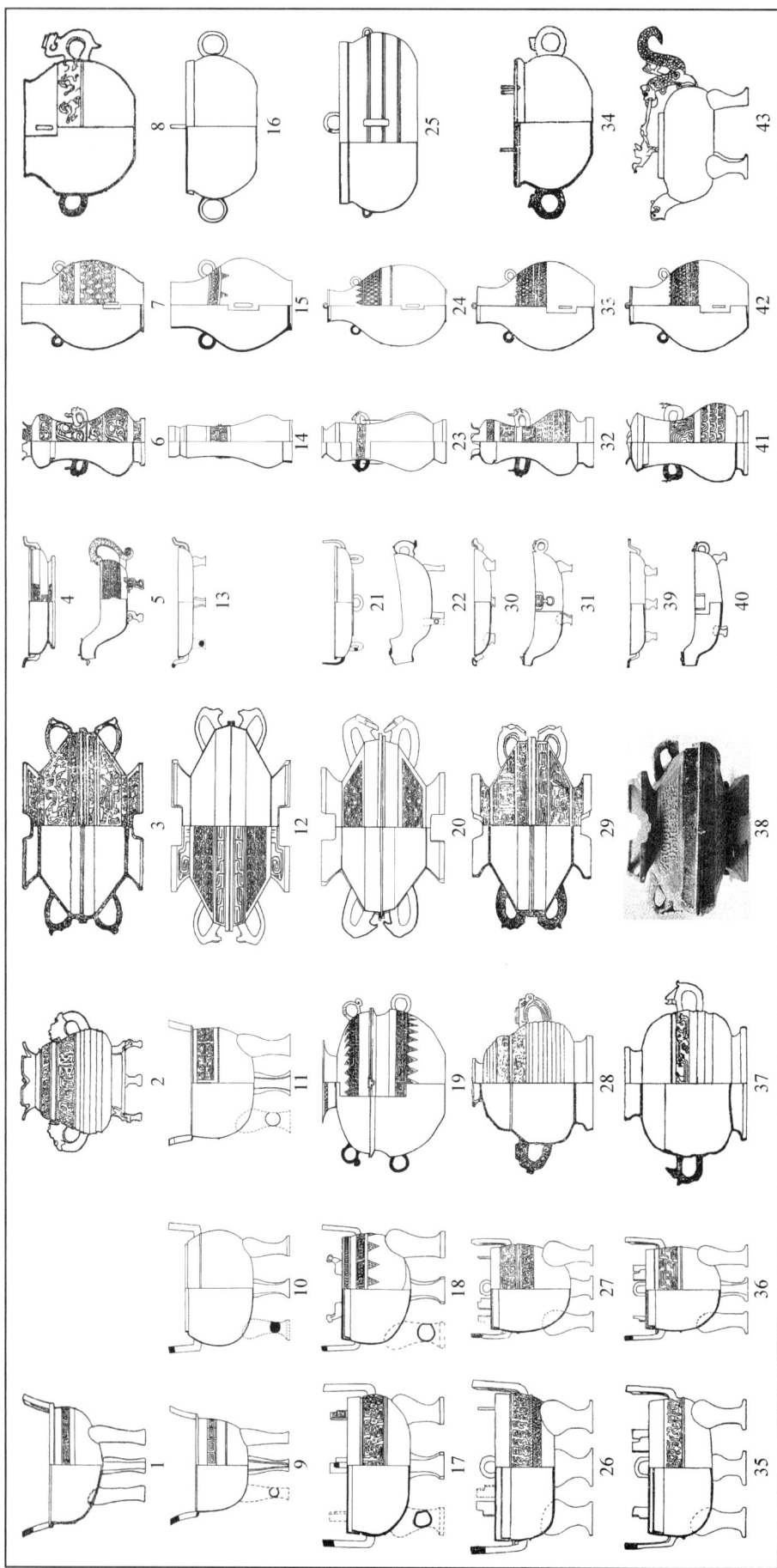

图 2.5.2 滕州薛故城尤楼 1978M2、M4 铜器群群年代比较图

1—8. 滕州薛故城尤楼 1978M1：62,67,76,56,57,52,63,1 9—16. 洛阳西工区 2005M8836：54,61,46,44,62,59,42,41 17—25. 洛阳西工区 2005M8832：5,11,13,18, 17,25,2,15,26 26—34. 滕州薛故城尤楼 1978M2：104,105,108,118,120,121,123,124,79 35—43. 滕州薛故城尤楼 1978M4：30,12,20,1,3,7,34,6,5

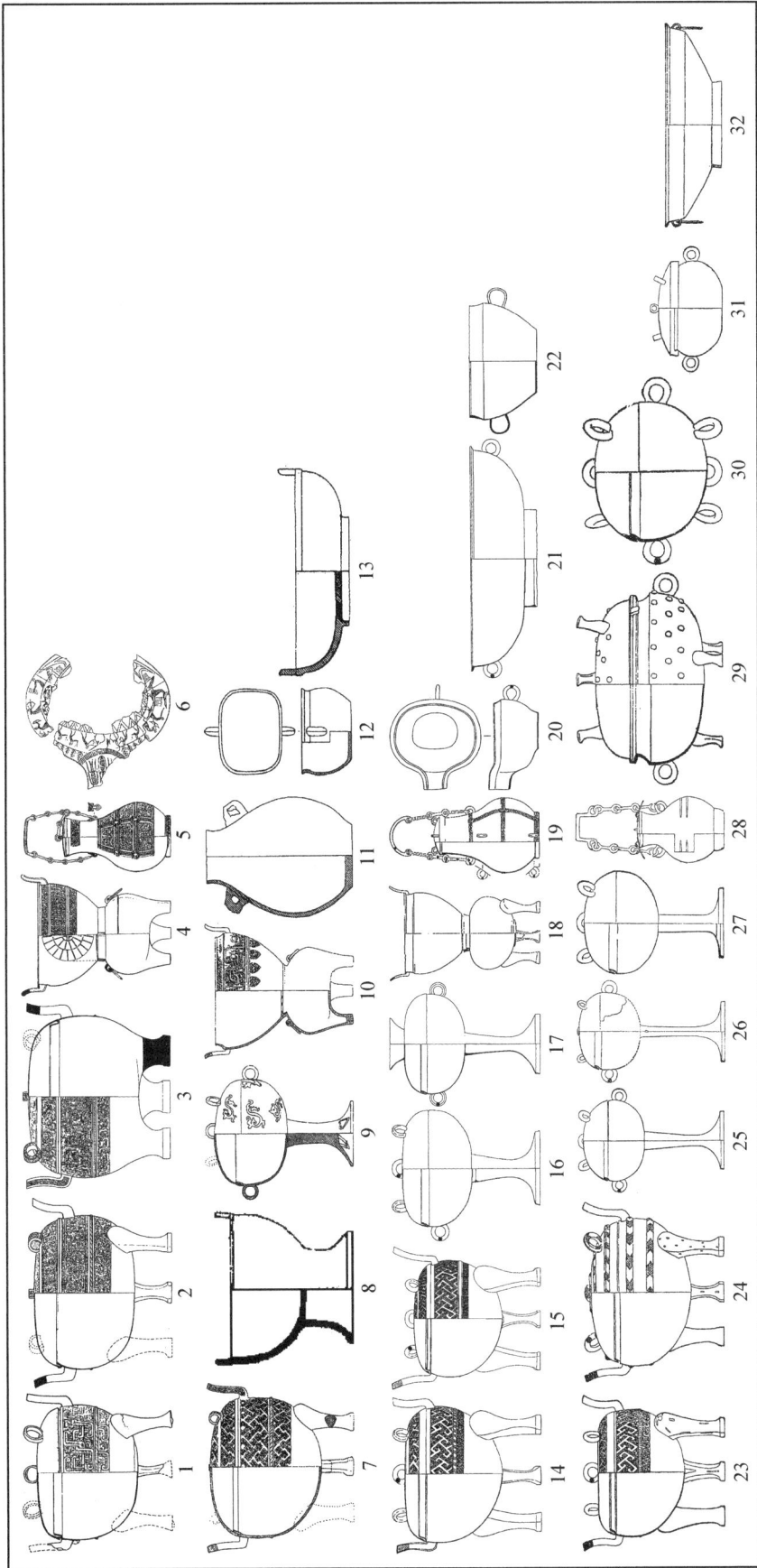

图 2.5.3 山东四组典型铜器群年代比较图

1—6. 定襄中霍村 1995M1：8、7、9、12、11、14 7—13. 新乐中同村 1980M2：3、6、7、1・2、9、8、5 14—22. 新泰周家庄 2003M2：34・48、1、47、59、40、2、39、41、62 23—32. 济南左家洼
1985M1：2、3、4、5、6、7、8、9、10、11

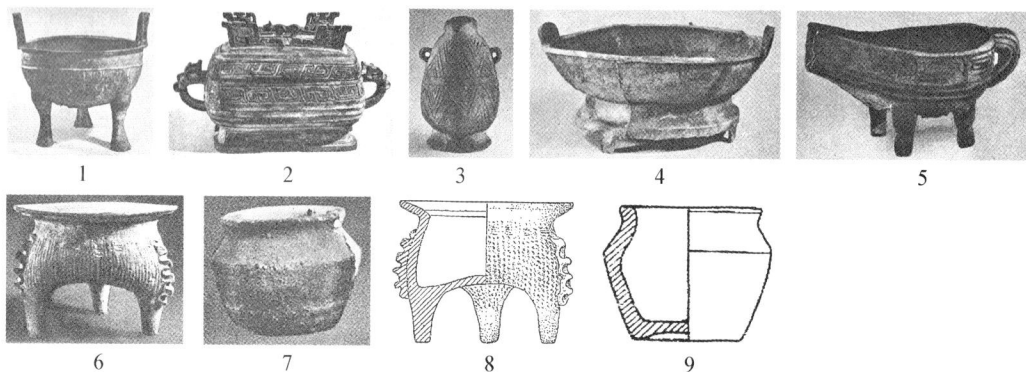

图 2.5.4　曲阜鲁故城 1977M30 铜器群

　　1. 铜鼎（M30：1）　2. 铜盨（M30：2）　3. 铜壶（M30：32）　4. 铜盘（M30：3）　5. 铜匜（M30：4）
6·8. 陶鬲（M30：67）　7·9. 陶罐（M30：59）

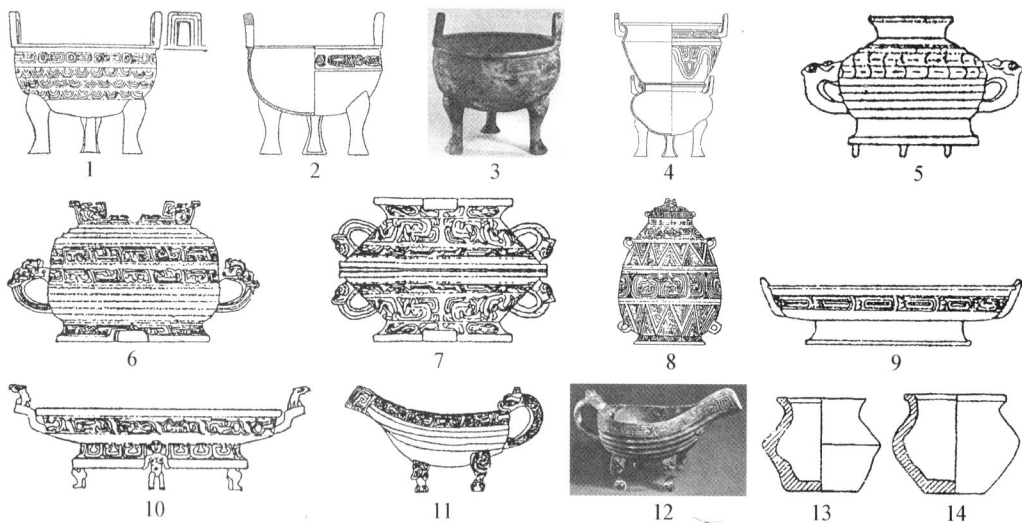

图 2.5.5　曲阜鲁故城 1977M48 铜器群

　　1—3. 铜鼎（M48：23、18、3）　4. 铜甗（M48：15）　5. 铜簋（M48：9）　6. 铜盨（M48：2）　7. 铜簠（M48：28）　8. 铜壶（M48：16）　9、10. 铜盘（M48：5、8）　11、12. 铜匜（M48：4、11）　13、14. 陶罐（M48：13、31）

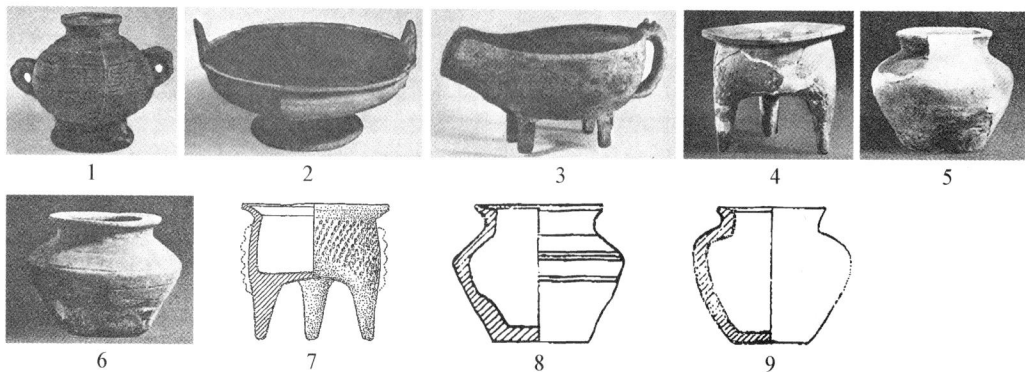

图 2.5.6　曲阜鲁故城 1977M49 铜器群

1. 铜簋（M49：2）　2. 铜盘（M49：3）　3. 铜匜（M49：5）　4·7. 陶鬲（M49：11）　5·9、6·8. 陶罐（M49：21、10）

图 2.5.7　泰安城前 1982M 铜器群

1. 铜鼎　2. 铜簠　3. 铜壶

图 2.5.8　滕州后荆沟 1980M1 铜器群

1、2. 铜鼎（M1∶9、10）　3. 铜鬲（M1∶11）　4. 铜簋（M1∶1）　5. 铜簠（M1∶5）　6. 铜罐（M1∶7）　7. 铜盘（M1∶3）　8. 铜匜（M1∶4）

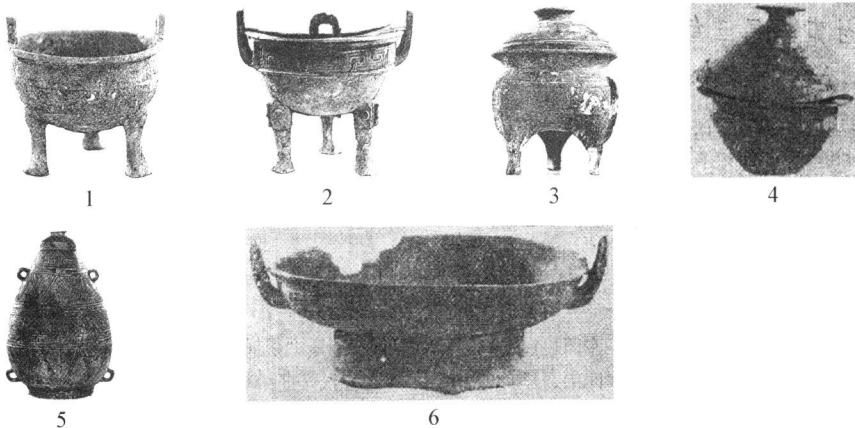

图 2.5.9　日照崮河崖 1976M1 铜器群

1、2. 铜鼎（M1∶5、3）　3. 铜鬲（M1∶7）　4. 铜盆（M1∶11）　5. 铜壶（M1∶1）　6. 铜盘（M1∶13）

图 2.5.10　临朐泉头 1981M 乙铜器群

1—3. 铜鼎(M乙：3、2、1)　4. 铜鬲(M乙：4)　5. 铜簠(M乙：8)　6. 铜盘(M乙：6)　7. 铜匜(M乙：7)　8. 铜罐(M乙：10)

图 2.5.11　临朐泉头 1977M 甲铜器群

1、2. 铜鼎(M甲：1、2)　3. 铜鬲(M甲：3)　4. 铜铺(M甲：10)　5. 铜盘(M甲：8)　6. 铜匜(M甲：9)

图 2.5.12　安丘东古庙 1994M 铜器群

1—3. 铜鼎　4. 铜鬲　5. 铜罍　6. 铜壶　7. 铜瓠　9. 铜铺　9. 铜盘　10. 铜匜　11. 陶罐

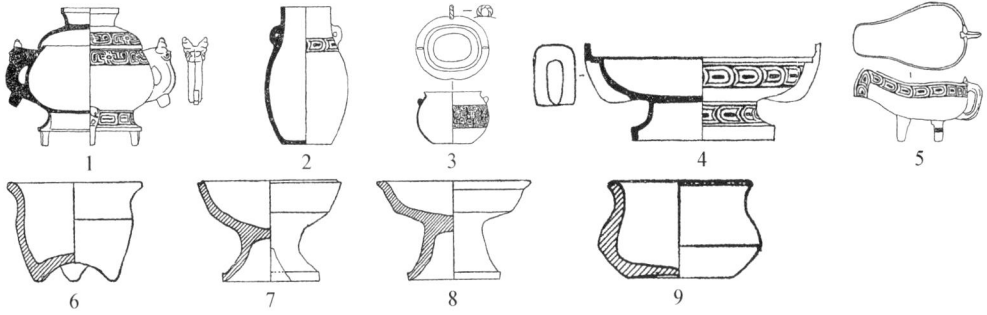

图 2.5.13　临淄齐故城 1984M1 铜器群

1. 铜簋（M1∶4）　2. 铜壶（M1∶8）　3. 铜铇（M1∶9）　4. 铜盘（M1∶7）　5. 铜匜（M1∶6）　6. 陶鬲（M1∶15）　7、8. 陶豆（M1∶16、17）　9. 陶罐（M1∶14）

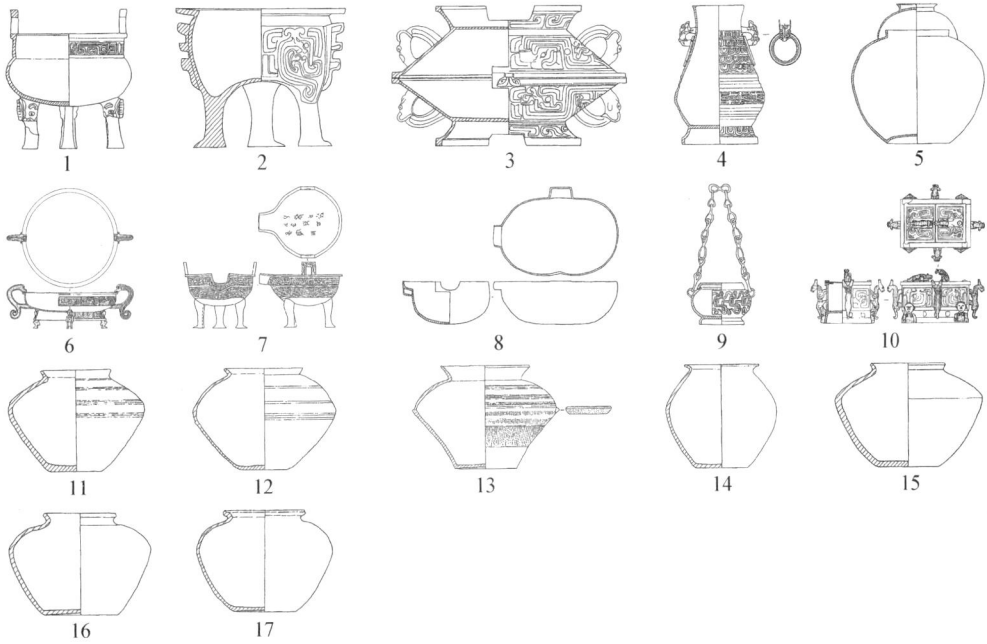

图 2.5.14　枣庄东江 2002M3 铜器群

1、7. 铜鼎（M3∶6、19）　2. 铜鬲（M3∶8）　3. 铜簋（M3∶11）　4. 铜壶（M3∶2）　5. 铜浴缶（M3∶3）　6. 铜盘（M3∶18）　8. 铜铇（M3∶10）　9. 铜罐（M3∶16）　10. 铜盒（M3∶15）　11—17. 陶罐（M3∶20、25、24、21、23、22、26）

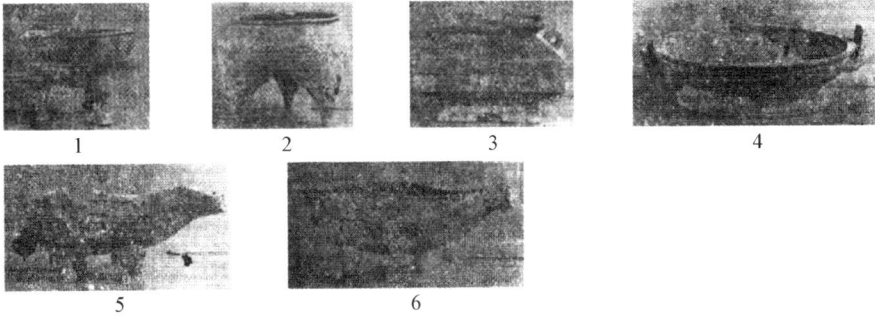

图 2.5.15　平邑蔡庄 1976M 铜器群

1. 铜鼎　2. 铜鬲　3. 铜簋　4. 铜盘　5、6. 铜匜

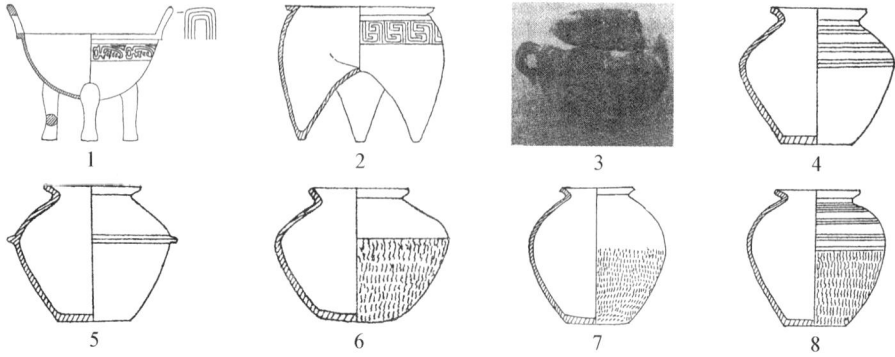

图 2.5.16　沂水黄山铺东河北 1982M 铜器群

1. 铜鼎　2. 铜鬲　3. 铜铅　4—8. 陶罐

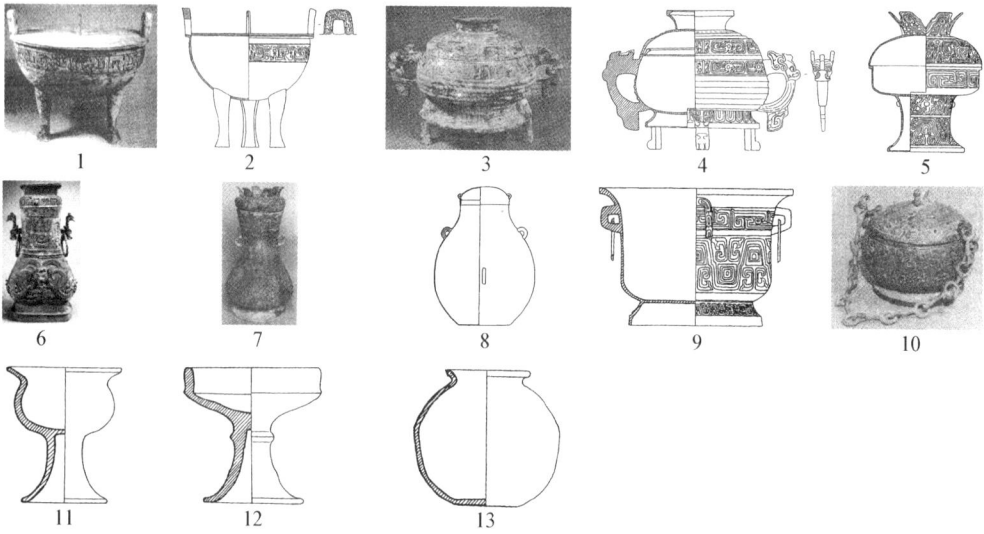

图 2.5.17　长清仙人台 1995M6 铜器群

1、2. 铜鼎（M6：B1、B3）　3、4. 铜簋（M6：B24、B37）　5. 铜铺（M6：B8）　6—8. 铜壶（M6：B31、B29、B12）
9. 铜盂（M6：B32）　10. 铜罐（M6：B38）　11. 陶簋（M6：B45）　12. 陶豆（M6：B47）　13. 陶罐（M6：B42）

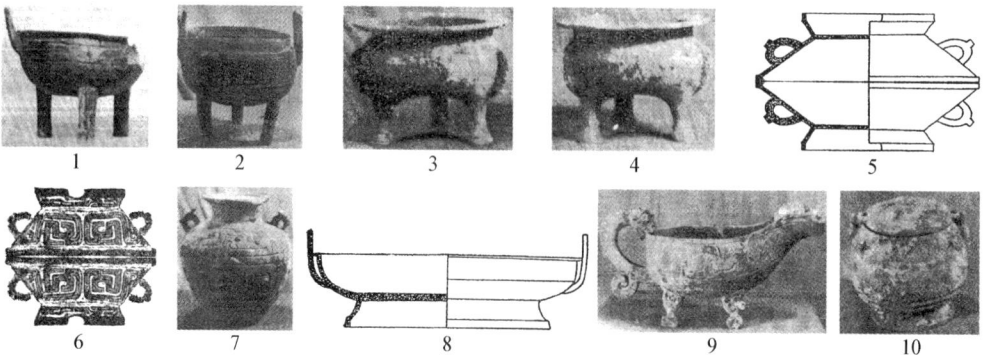

图 2.5.18　邹城七家峪 1965M 铜器群

1、2. 铜鼎　3、4. 铜鬲　5、6. 铜簋　7. 铜罍　8. 铜盘　9. 铜匜　10. 铜罐

图 2.5.19　肥城小王庄 1963M 铜器群

1. 铜鬲　2. 铜簋　3. 铜壶　4. 铜盘　5. 铜匜

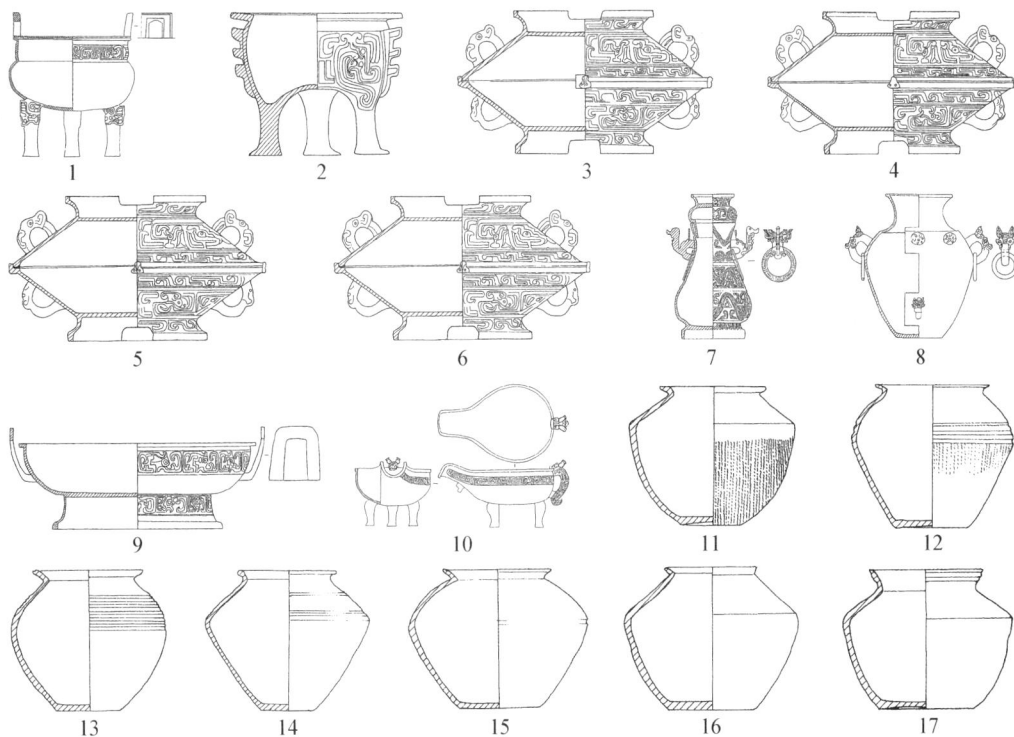

图 2.5.20　枣庄东江 2002M2 铜器群

1. 铜鼎（M2：4）　2. 铜鬲（M2：10）　3—6. 铜簋（M2：11、12、13、14）　7. 铜壶（M2：1）　8. 铜罍（M2：17）　9. 铜盘（M2：16）　10. 铜匜（M2：15）　11—17. 陶罐（M2：23、26、28、24、27、31、22）

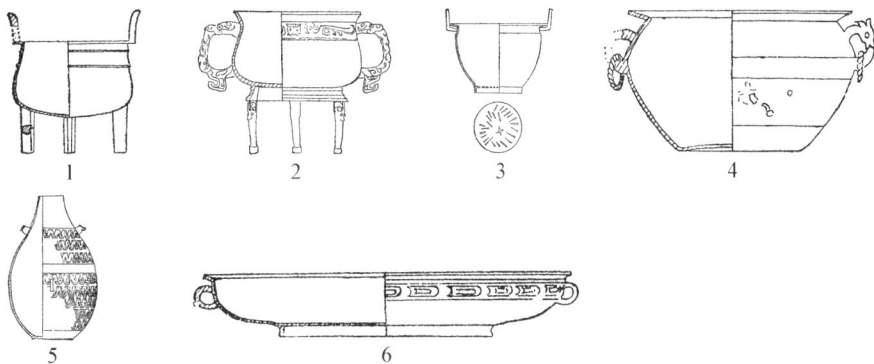

图 2.5.21　招远曲城 1958M 铜器群

1. 铜鼎　2. 铜簋　3. 铜甗　4. 铜盆　5. 铜壶　6. 铜盘

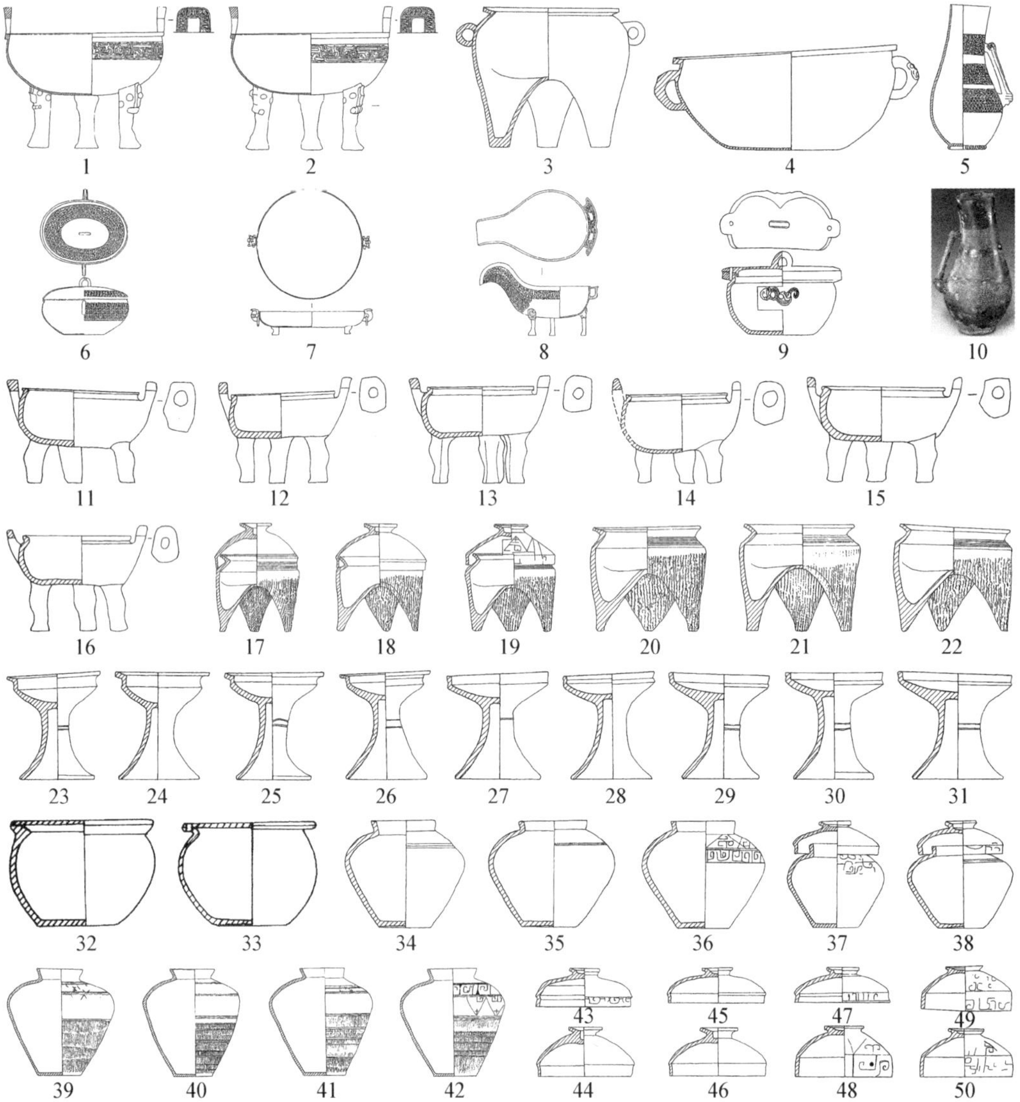

图 2.5.22　郯城大埠二村 2002M1 铜器群

1、2. 铜鼎（M1：1、3）　3. 铜鬲（M1：2）　4. 铜敦（M1：12）　5·10. 铜壶（M1：13）　6. 铜铺（M1：4）
7. 铜盘（M1：15）　8. 铜匜（M1：14）　9. 铜盒（M1：11）　11—16. 陶鼎（M1：24—28、30）　17—22. 陶鬲
（M1：31、40、43、35、39、42）　23—26. 陶簋（M1：37、49、64、66）　27—31. 陶豆（M1：48、52、57、65、67）　32—
42. 陶罐（M1：17、18、22、72、71、33、60、50、55、58、61）　43—50. 陶器盖（M1：32、34、36、44、70、56、73、62）

图 2.5.23　蓬莱辛旺集 1976M6 铜器群

1. 铜甗　2. 铜鬲　3. 铜壶

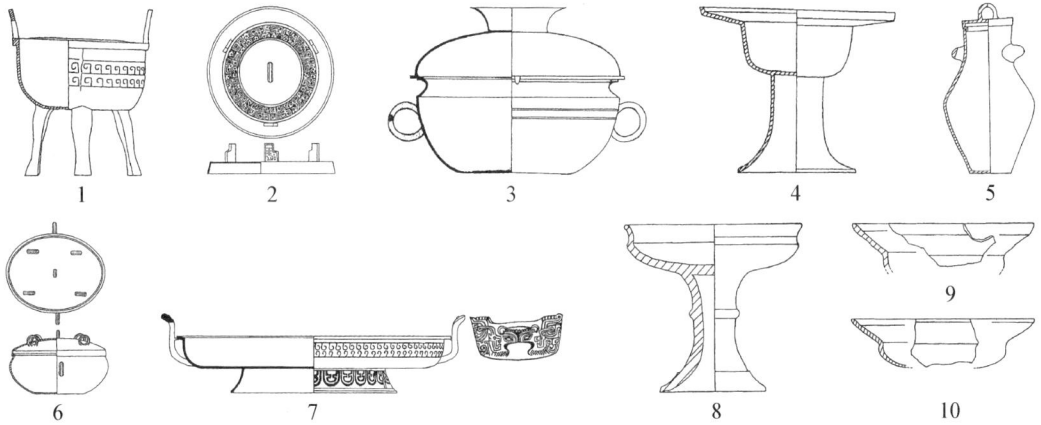

图 2.5.24 海阳嘴子前 1978M1 铜器群

1、2. 铜鼎(M1∶61、65) 3. 铜敦(M1∶63) 4. 铜簋(M1∶54) 5. 铜壶(M1∶57) 6. 铜铷(M1∶62)
7. 铜盘(M1∶64) 8. 陶豆(M1∶20) 9、10. 陶簋(M1∶12、19)

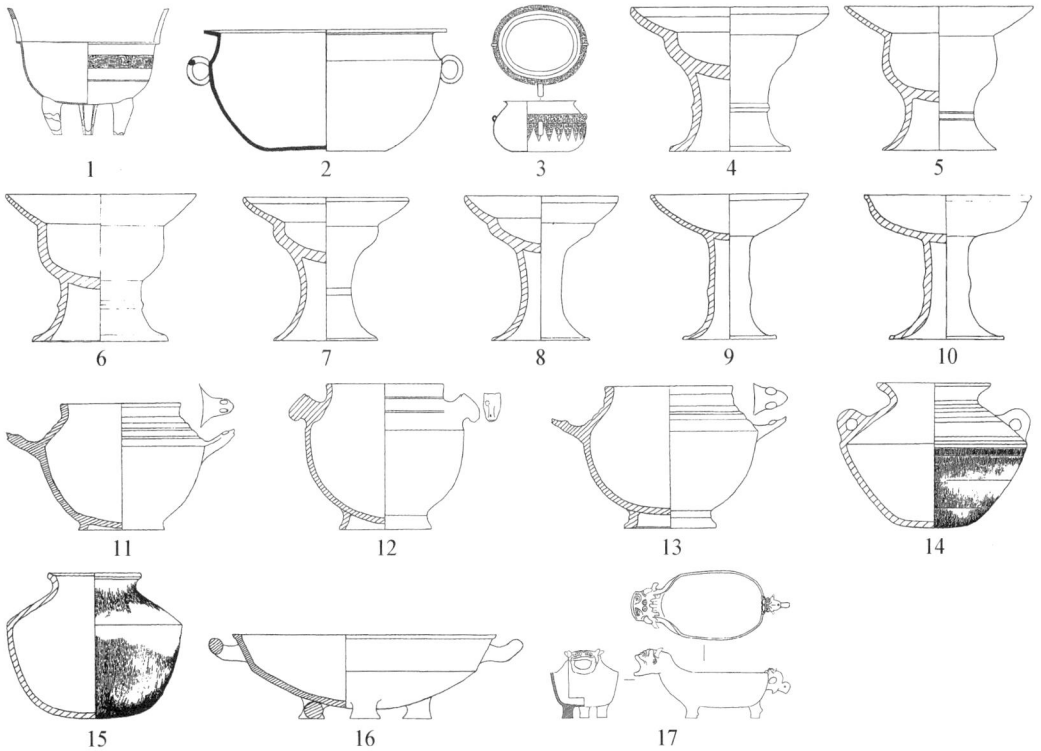

图 2.5.25 海阳嘴子前 1985M2 铜器群

1. 铜鼎(M2∶12) 2. 铜敦(M2∶30) 3. 铜铷(M2∶20) 4—8. 陶簋(M2∶29、15、14、11、8) 9—10. 陶
豆(M2∶13、2) 11—15. 陶罐(M2∶1、4、5、6、16) 16. 陶盘(M2∶10) 17. 陶匜(M2∶9)

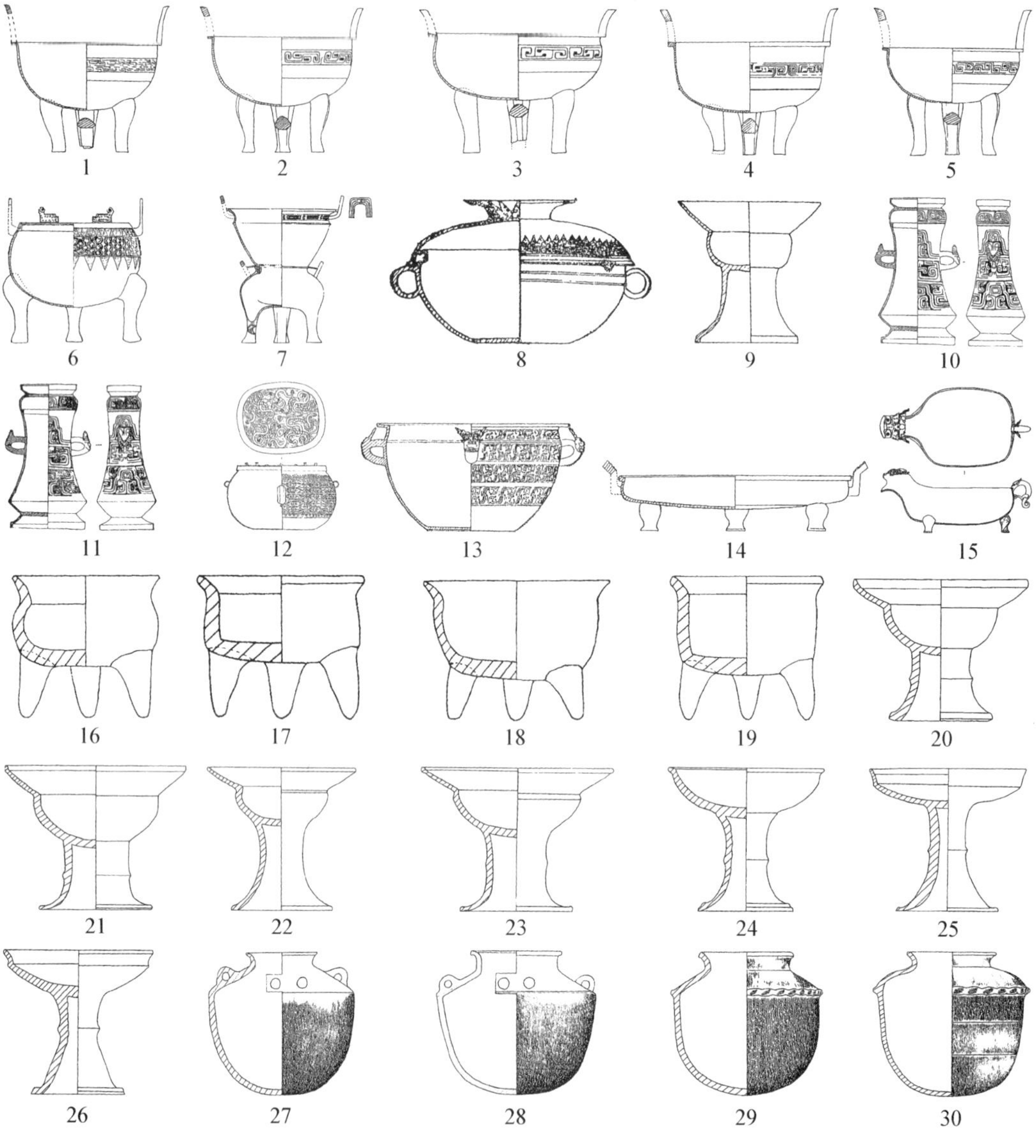

图 2.5.26 海阳嘴子前 1994M4 铜器群

1—6. 铜鼎(M4：70、71、86、72、94、90) 7. 铜瓹(M4：87) 8. 铜敦(M4：78) 9. 铜簋(M4：80)
10、11. 铜壶(M4：91、92) 12. 铜鉌(M4：132) 13. 铜鉴(M4：73) 14. 铜盘(M4：95) 15. 铜匜(M4：
133) 16—19. 陶鼎(M4：161、207、159、237) 20—23. 陶簋(M4：111、125、191、204) 24—26. 陶豆(M4：143、
140、211) 27—30. 陶罐(M4：139、195、98、223)

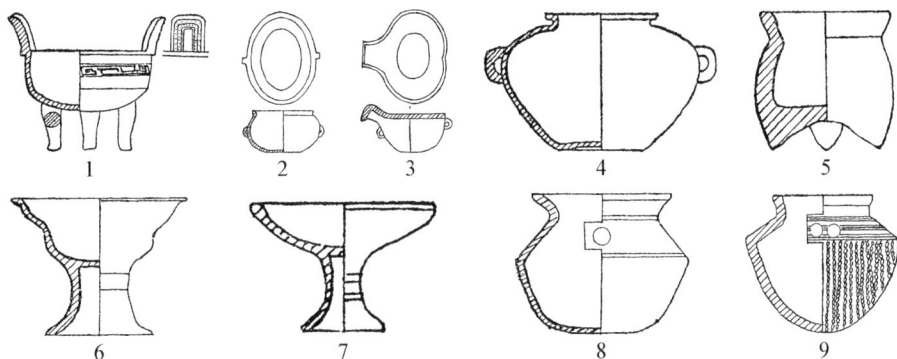

图 2.5.27 栖霞吕家埠 1982M1 铜器群

1. 铜鼎 2. 铜铫 3. 铜匜 4. 铜浴缶 5. 陶鬲 6. 陶簋 7. 陶豆 8、9. 陶罐

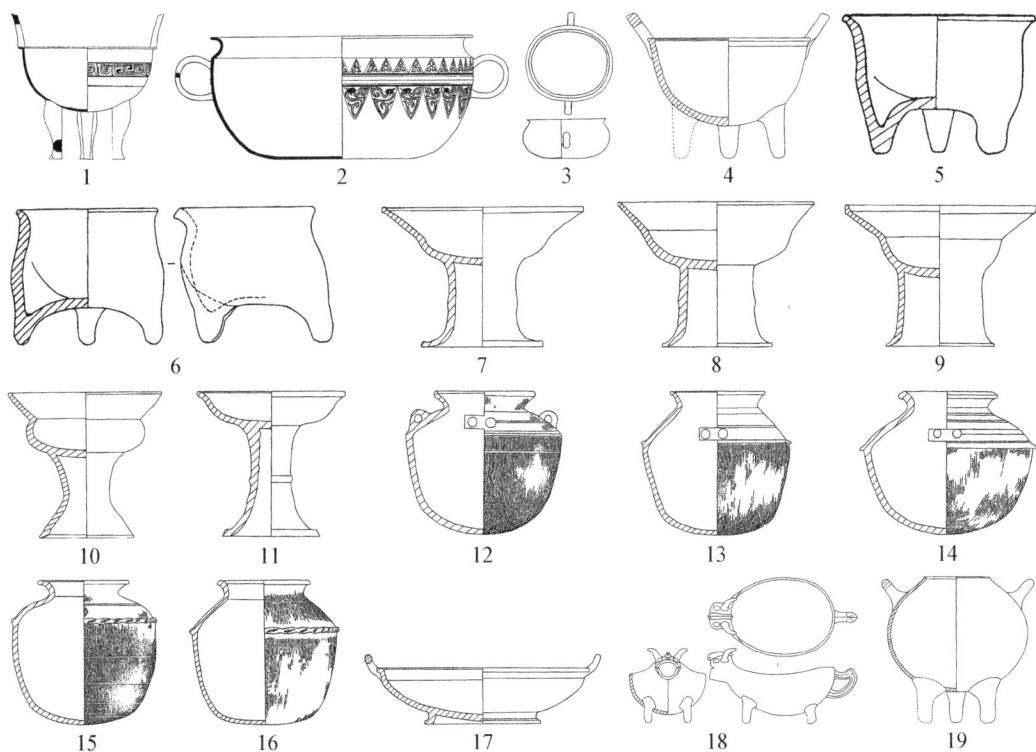

图 2.5.28 海阳嘴子前 2000M6 铜器群

1. 铜鼎(M6：2) 2. 铜敦(M6：3) 3. 铜铫(M6：4) 4、19. 陶鼎(M6：52、60) 5、6. 陶鬲(M6：39、23) 7—10. 陶簋(M6：9、12、98、42) 11. 陶豆(M6：1) 12—16. 陶罐(M6：22、105、120、27、35) 17. 陶盘(M6：74) 18. 陶匜(M6：24)

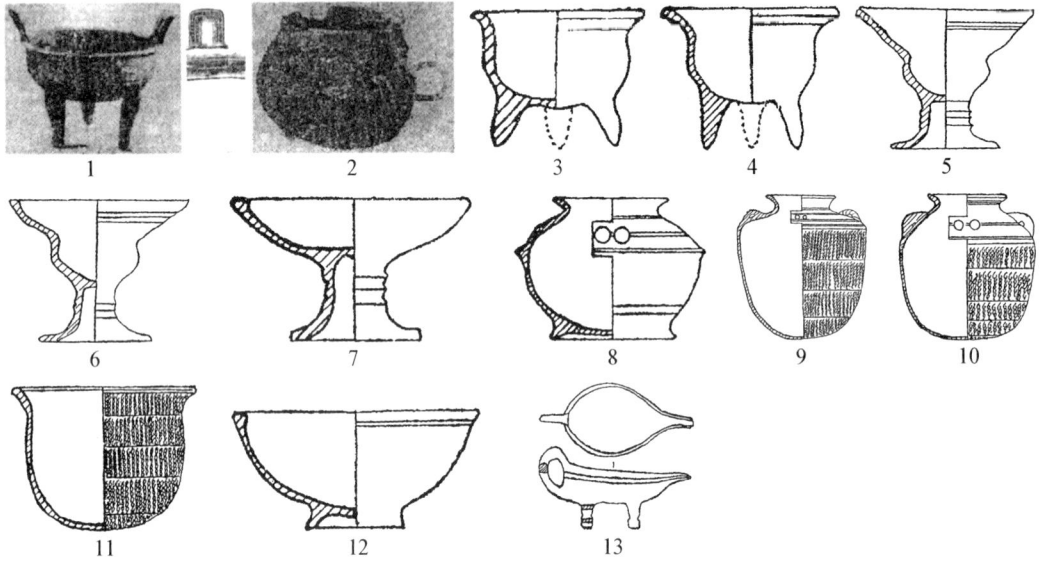

图 2.5.29　栖霞吕家埠 1983M2 铜器群

1. 铜鼎　2. 铜钾　3、4. 陶鼎　5、6. 陶簋　7. 陶豆　8—10. 陶罐　11. 陶盆　12. 陶碗　13. 陶匜

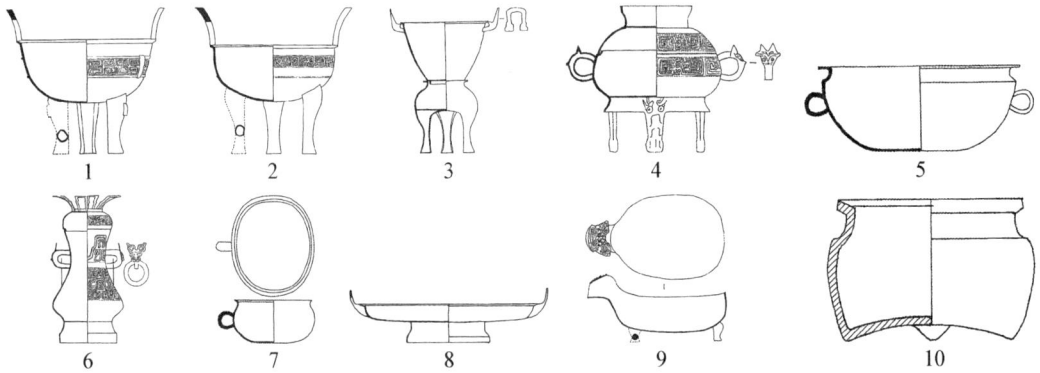

图 2.5.30　临淄刘家新村 2011M28 铜器群

1、2. 铜鼎（M28：3、4）　3. 铜瓶（M28：9）　4. 铜簋（M28：27）　5. 铜敦（M28：30）　6. 铜壶（M28：28）
7. 铜钾（M28：31）　8. 铜盘（M28：26）　9. 铜匜（M28：29）　10. 陶鬲（M28：32）

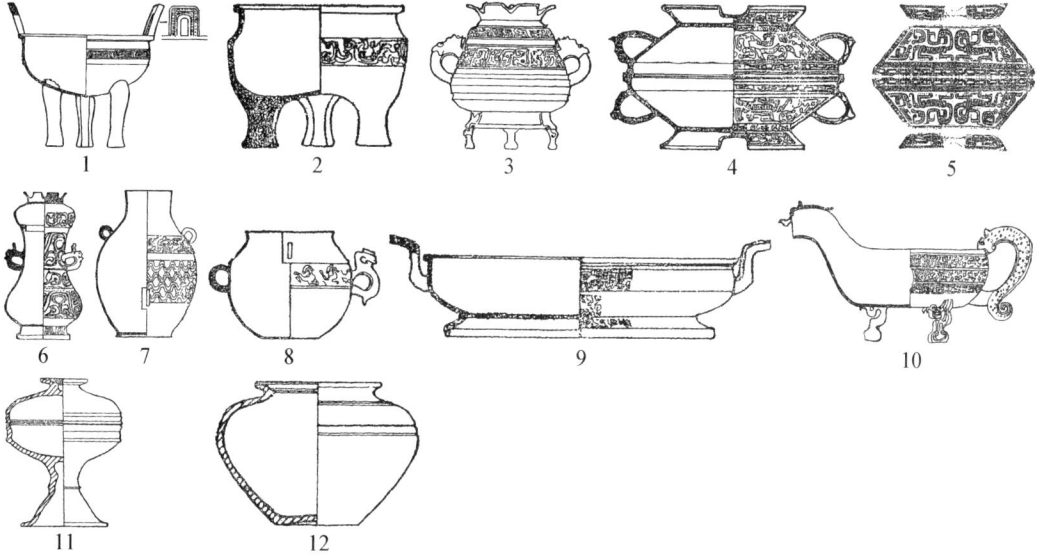

图 2.5.31　滕州薛故城 1978M1 铜器群

1. 铜鼎(M1：62)　2. 铜鬲(M1：70)　3. 铜簋(M1：67)　4、5. 铜簠(M1：76、77)　6、7. 铜壶(M1：52、63)　8. 铜钾(M1：1)　9. 铜盘(M1：56)　10. 铜匜(M1：57)　11. 陶豆(M1：82)　12. 陶罐(M1：86)

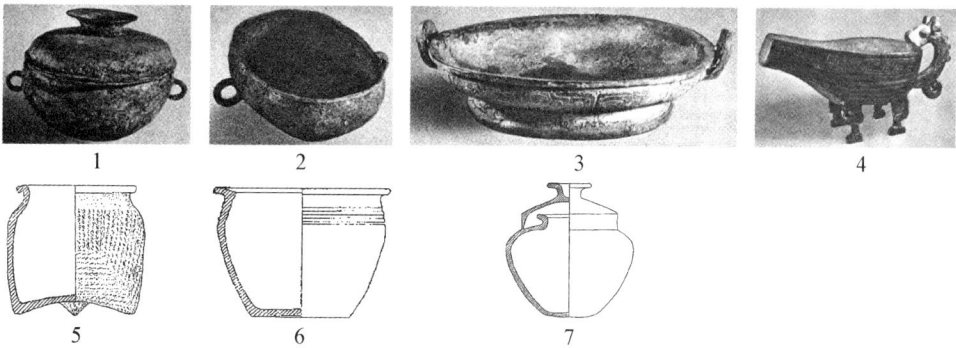

图 2.5.32　曲阜鲁故城 1977M202 铜器群

1. 铜敦(M202：7)　2. 铜钾(M202：4)　3. 铜盘(M202：5)　4. 铜匜(M202：6)　5. 陶鬲(M202：1)　6. 陶盆(M202：2)　7. 陶罐(M202：3)

图 2.5.33　沂水刘家店子 1978M1 铜器群

　　1—3. 铜鼎（M1：1、3、14）　4. 铜鬲（M1：45）　5、6. 铜甗（M1：? [1]、32）　7、8. 铜盆（M1：40、41）　9. 铜簠（M1：25）　10. 铜壶（M1：33）　11、12. 铜浴缶（M1：52、5）　13・17. 铜钫（M1：99）　14. 铜罐（M1：102）　15. 铜匜（M1：98）　16. 铜盘（M1：98）

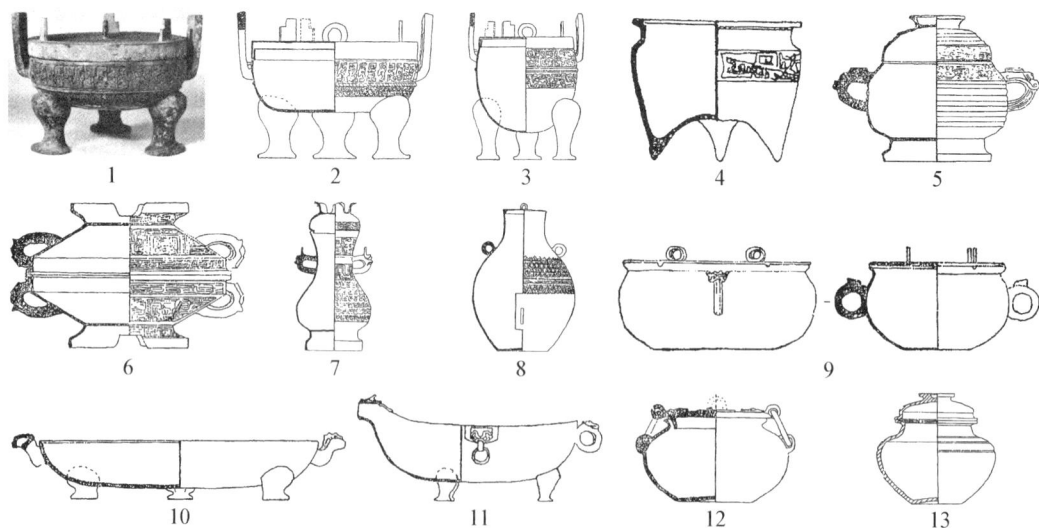

图 2.5.34　滕州薛故城 1978M2 铜器群

　　1—3. 铜鼎（M2：103、104、105）　4. 铜鬲（M2：114）　5. 铜簋（M2：108）　6. 铜簠（M2：118）　7、8. 铜壶（M2：123、124）　9. 铜钫（M2：79）　10. 铜盘（M2：120）　11. 铜匜（M2：121）　12. 铜罐（M2：20）　13. 陶罐（M2：128）

　　① "?"表示简报无编号。

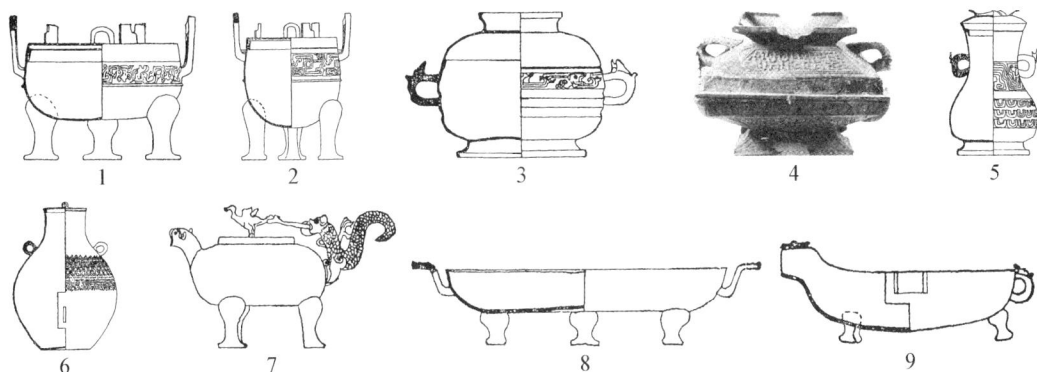

图 2.5.35　滕州薛故城 1978M4 铜器群

　　1、2. 铜鼎(M4：30、12)　3. 铜簠(M4：20)　4. 铜簠(M4：1)　5、6. 铜壶(M4：34、6)　7. 铜盉(M4：5)
8. 铜盘(M4：8)　9. 铜匜(M4：7)

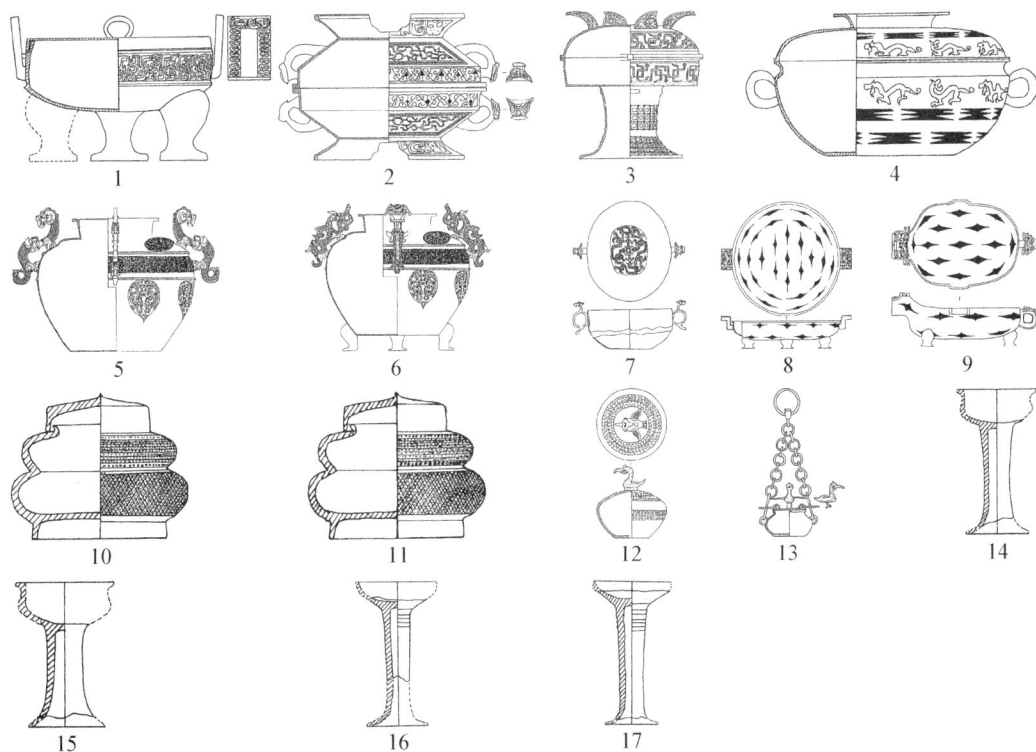

图 2.5.36　峄城徐楼 2009M1 铜器群

　　1. 铜鼎(M1：39)　2. 铜簠(M1：7)　3. 铜铺(M1：24)　4. 铜敦(M1：44)　5、6. 铜罍(M1：20、19)
7. 铜钟(M1：11)　8. 铜盘(M1：5)　9. 铜匜(M1：38)　10、11. 铜盒(M1：1、2)　12、13. 铜罐(M1：4、3)
14、15. 陶簋(M1：27、34)　16、17. 陶豆(M1：25、26)

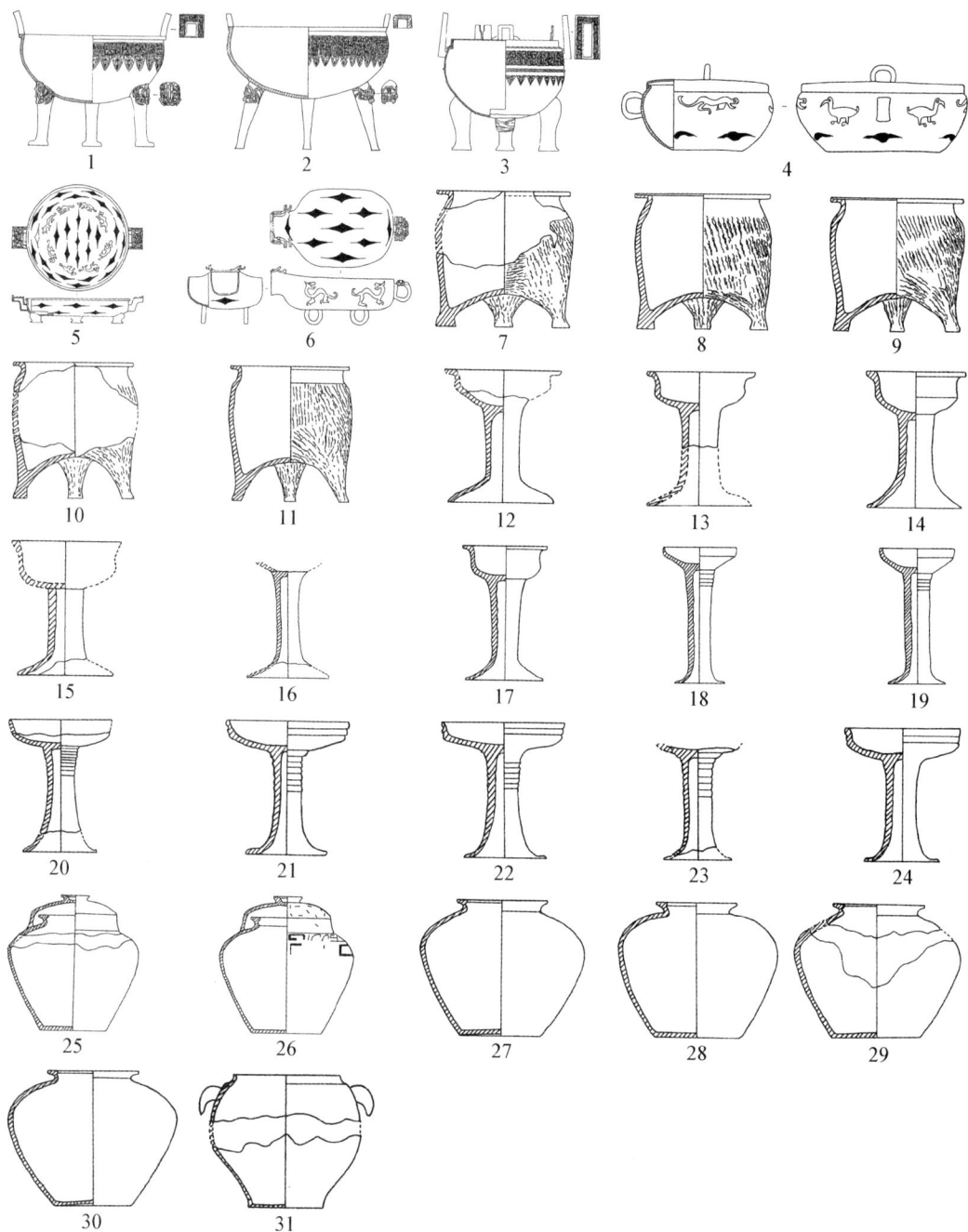

图 2.5.37　峄城徐楼 2009M2 铜器群

　　1—3. 铜鼎(M2：25、24、26)　4. 铜铺(M2：21)　5. 铜盘(M2：22)　6. 铜匜(M2：20)　7—11. 陶鬲(M2：43、69、70、77、78)　12—17. 陶簋(M2：13、27、41、54、73、74)　18—24. 陶豆(M2：12、37、38、42、46、47、76)　25—31. 陶罐(M2：75、81、15、72、80、82、48)

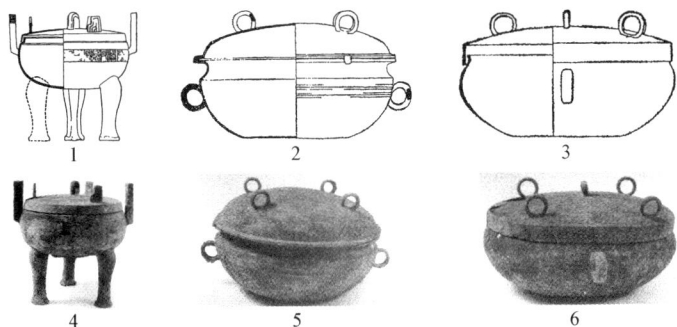

图 2.5.38　淄博磁村 1977M01 铜器群

1·4. 铜鼎(M01∶1)　2·5. 铜敦(M01∶2)　3·6. 铜钫(M01∶3)

图 2.5.39　淄博磁村 1977M02 铜器群

1. 铜鼎(M02∶1)　2. 铜敦(M02∶2)　3. 铜钫(M02∶3)

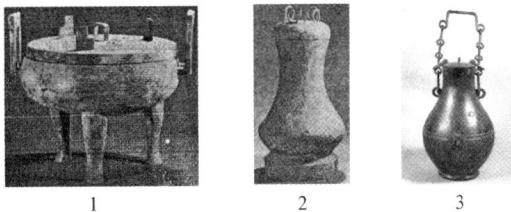

图 2.5.40　临朐杨善 1963M 铜器群

1. 铜鼎　2、3. 铜壶

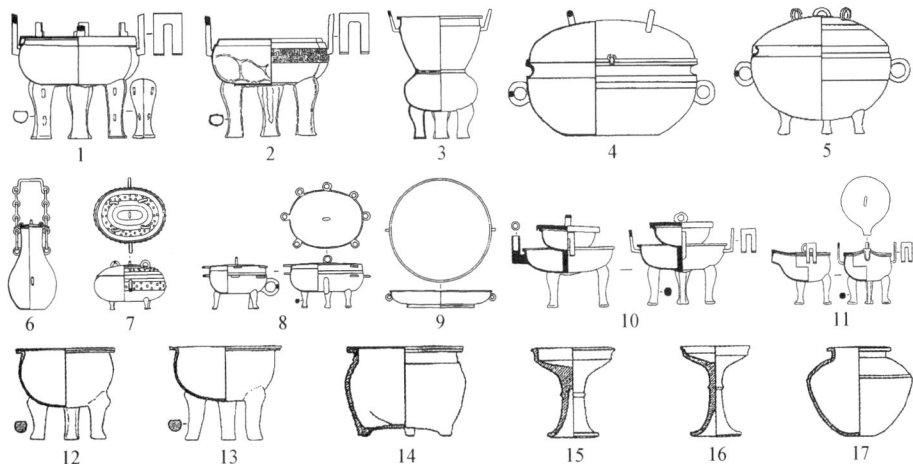

图 2.5.41　长清仙人台 1995M5 铜器群

1、2、10、11. 铜鼎(M5∶72、76、86、85)　3. 铜甗(M5∶80)　4、5. 铜敦(M5∶79、49)　6. 铜壶(M5∶48)　7、8. 铜钫(M5∶75、84)　9. 铜盘(M5∶46)　12、13. 陶鼎(M5∶03、06)　14. 陶鬲(M5∶04)　15、16. 陶豆(M5∶013、010)　17. 陶罐(M5∶012)

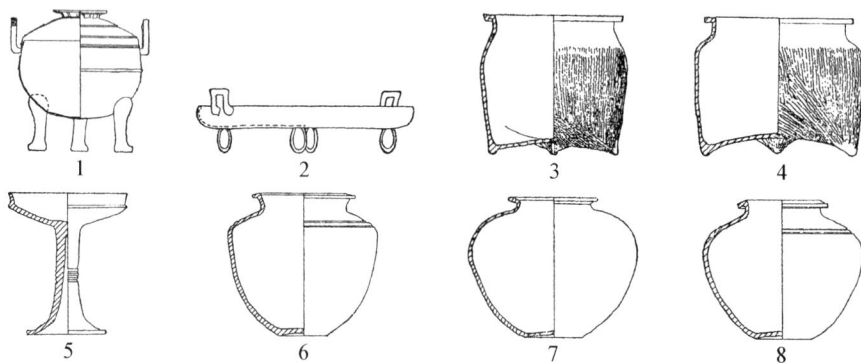

图 2.5.42　滕州薛故城 1978M9 铜器群

1. 铜鼎(M9：7)　2. 铜盘(M9：3)　3、4. 陶鬲(M9：14、15)　5. 陶豆(M9：12)　6—8. 陶罐(M9：2、9、10)

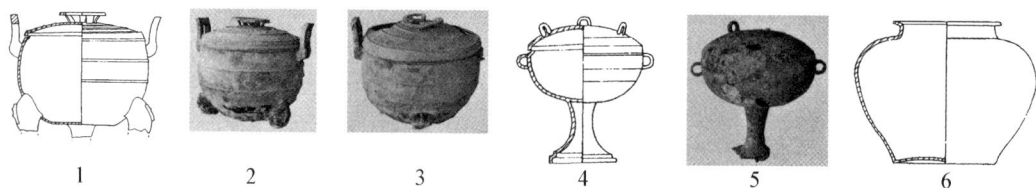

图 2.5.43　滕州北辛 1999M1 铜器群

1·2、3. 铜鼎(M1：1、2)　4、5. 铜敦(M1：4、5)　6. 铜浴缶(M1：3)

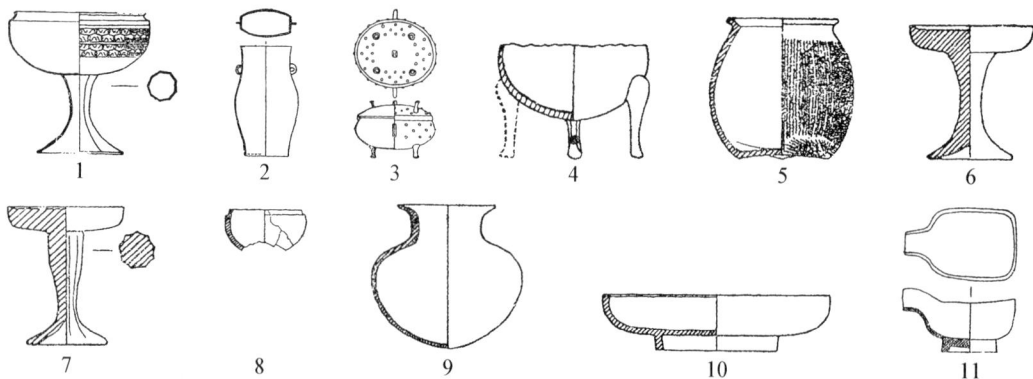

图 2.5.44　阳谷景阳岗 1979M 铜器群

1. 铜敦　2. 铜壶　3. 铜钟　4. 陶鼎　5. 陶鬲　6、7. 陶铺　8. 陶敦　9. 陶罐　10. 陶盘　11. 陶匜

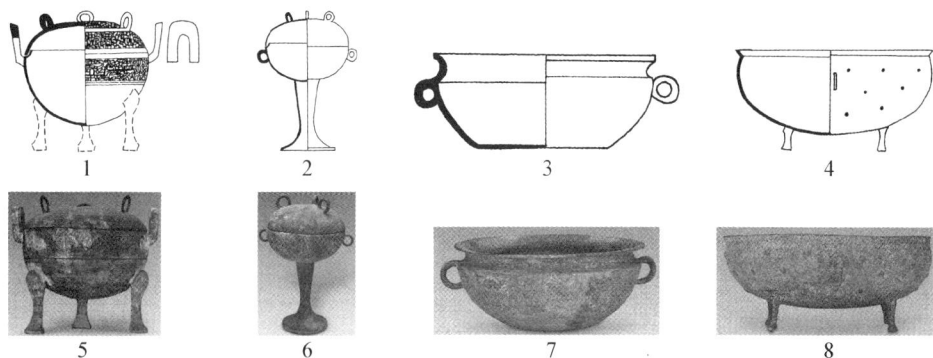

图 2.5.45 青州杨姑桥 1972M2 铜器群

1·5. 铜鼎 2·6、3·7. 铜敦 4·8. 铜铷

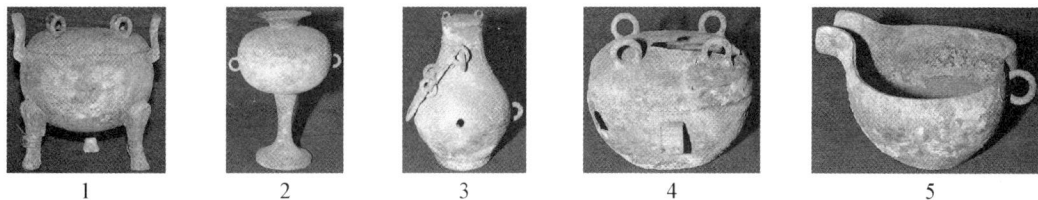

图 2.5.46 肥城王庄东焦 1993M 铜器群

1. 铜鼎 2. 铜敦 3. 铜壶 4. 铜铷 5. 铜匜

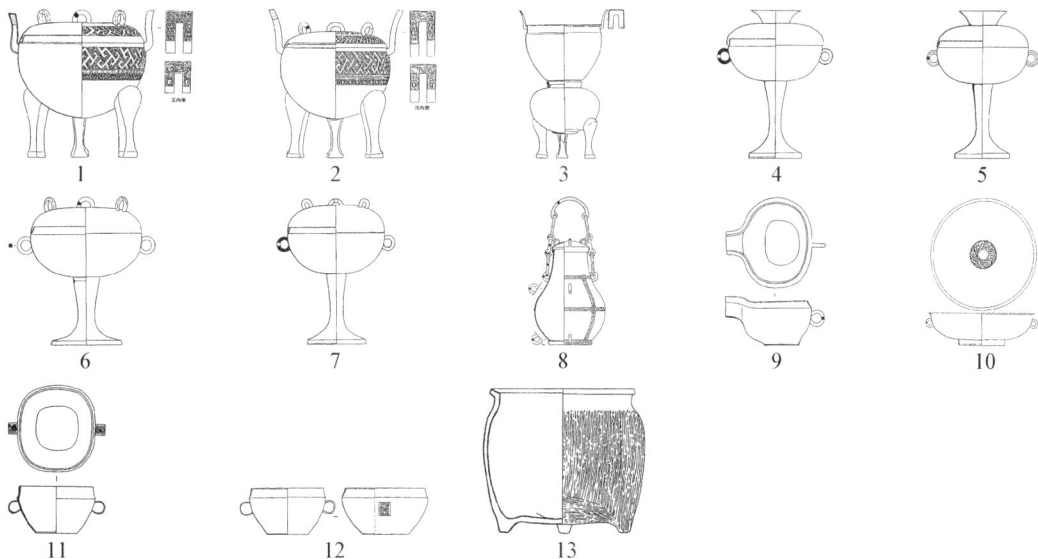

图 2.5.47 新泰周家庄 2003M2 铜器群

1、2. 铜鼎（M2：1、34·48） 3. 铜甗（M2：40） 4—7. 铜敦（M2：45+46、59、16、47） 8. 铜壶（M2：2）
9. 铜匜（M2：39） 10. 铜盘（M2：41） 11、12. 铜铷（M2：62、61） 13. 陶鬲（M2：68）

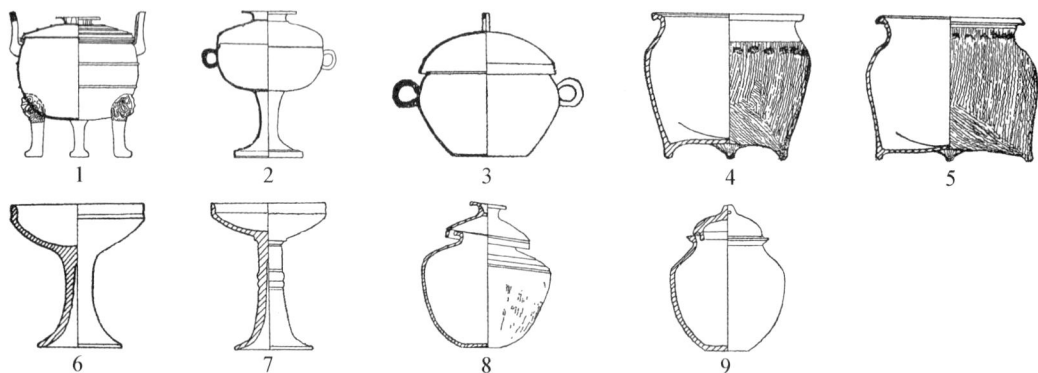

图 2.5.48　滕州薛故城 1978M6 铜器群

　　1. 铜鼎（M6：1）　2. 铜敦（M6：3）　3. 铜铺（M6：2）　4、5. 陶鬲（M6：7、13）　6、7. 陶豆（M6：11、9）
8、9. 陶罐（M6：5、10）

图 2.5.49　滕州庄里西 1990M8 铜器群

　　1. 铜鼎（M8：1）　2. 铜敦（M8：2）　3. 铜铺（M8：4）　4. 铜盘（M8：7）　5. 铜匜（M8：6）

图 2.5.50　莒南大店老龙腰 1975M1 铜器群

　　1. 铜鼎（M1：12）　2. 铜敦（M1：15）　3. 铜壶（M1：14）　4. 铜铺（M1：19）　5. 铜盘（M1：18）　6. 陶鼎
（M1：41）　7. 陶甗（M1：61）　8. 陶豆（M1：62）　9. 陶敦（M1：49）　10—12. 陶罐（M1：54、60、63）

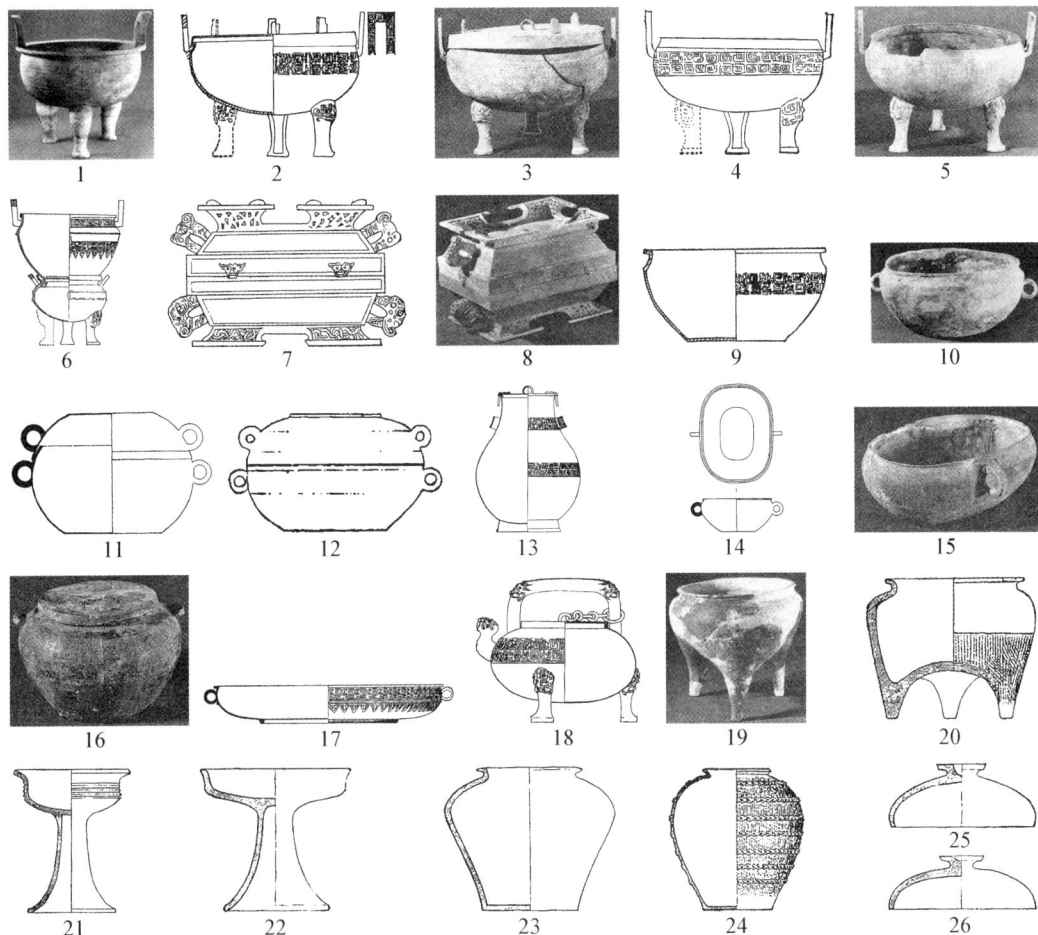

图 2.5.51　临沂凤凰岭 1982M 铜器群

1—5. 铜鼎（M：坑 1、4、12、3、6）　6. 铜甗（M：坑 9）　7、8. 铜簠（M：坑 5、10）　9. 铜盆（M：坑 11）　10—12. 铜敦（M：殉 4 足下 1、坑 42、坑 40）　13. 铜壶（M：殉 4 足下 15）　14、15. 铜铔（M：坑 35、殉 4 足下 4）　16. 铜浴缶（M：殉 4 足下 6）　17. 铜盘（M：殉 4 足下 14）　18. 铜盉（M：殉 4 足下 8）　19、20. 陶鬲（M：前室 9、7）　21. 陶簋（M：前室 37）　22. 陶豆（M：前室 40）　23、24. 陶罐（M：前室 28、15）　25、26. 陶器盖（M：前室 43、45）

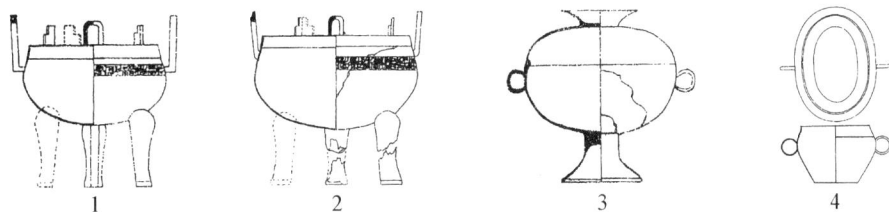

图 2.5.52　莱芜戴鱼池 1984M 铜器群

1、2. 铜鼎　3. 铜敦　4. 铜铔

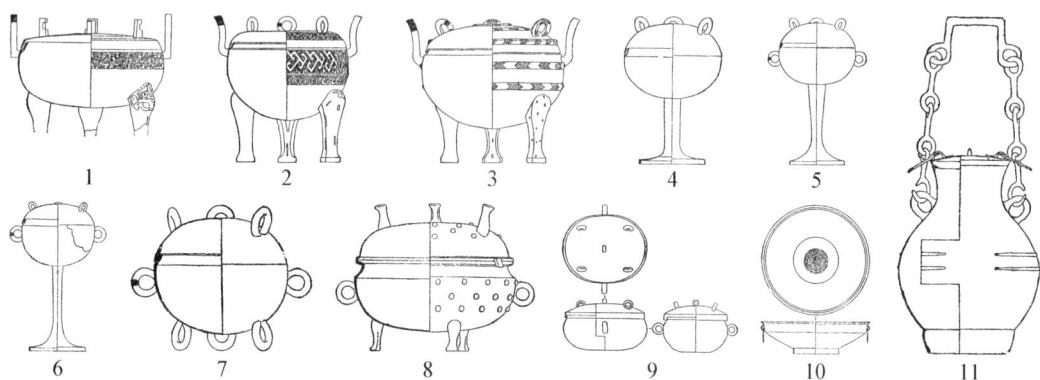

图 2.5.53　济南左家洼 1985M1 铜器群

1—3. 铜鼎(M1：1、2、3)　4—8. 铜敦(M1：6、4、5、9、8)　9. 铜铷(M1：10)　10. 铜盘(M1：11)　11. 铜壶(M1：7)

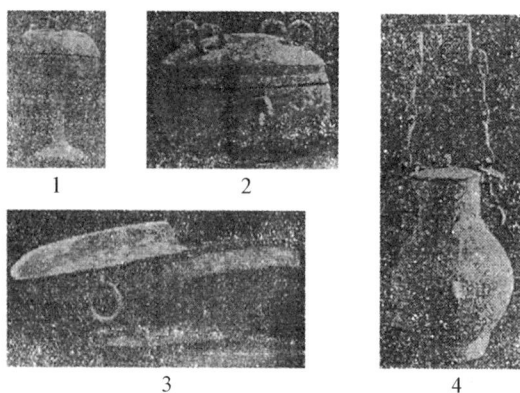

图 2.5.54　邹平大省村 1979M3 铜器群

1. 铜敦(M3：2)　2. 铜铷(M3：1)　3. 铜盘(M3：3)　4. 铜壶(M3：6)

图 2.5.55　崂山夏庄安乐 1974M 铜器群

1. 铜鼎　2. 铜敦　3. 铜壶　4. 铜铷　5. 铜盘

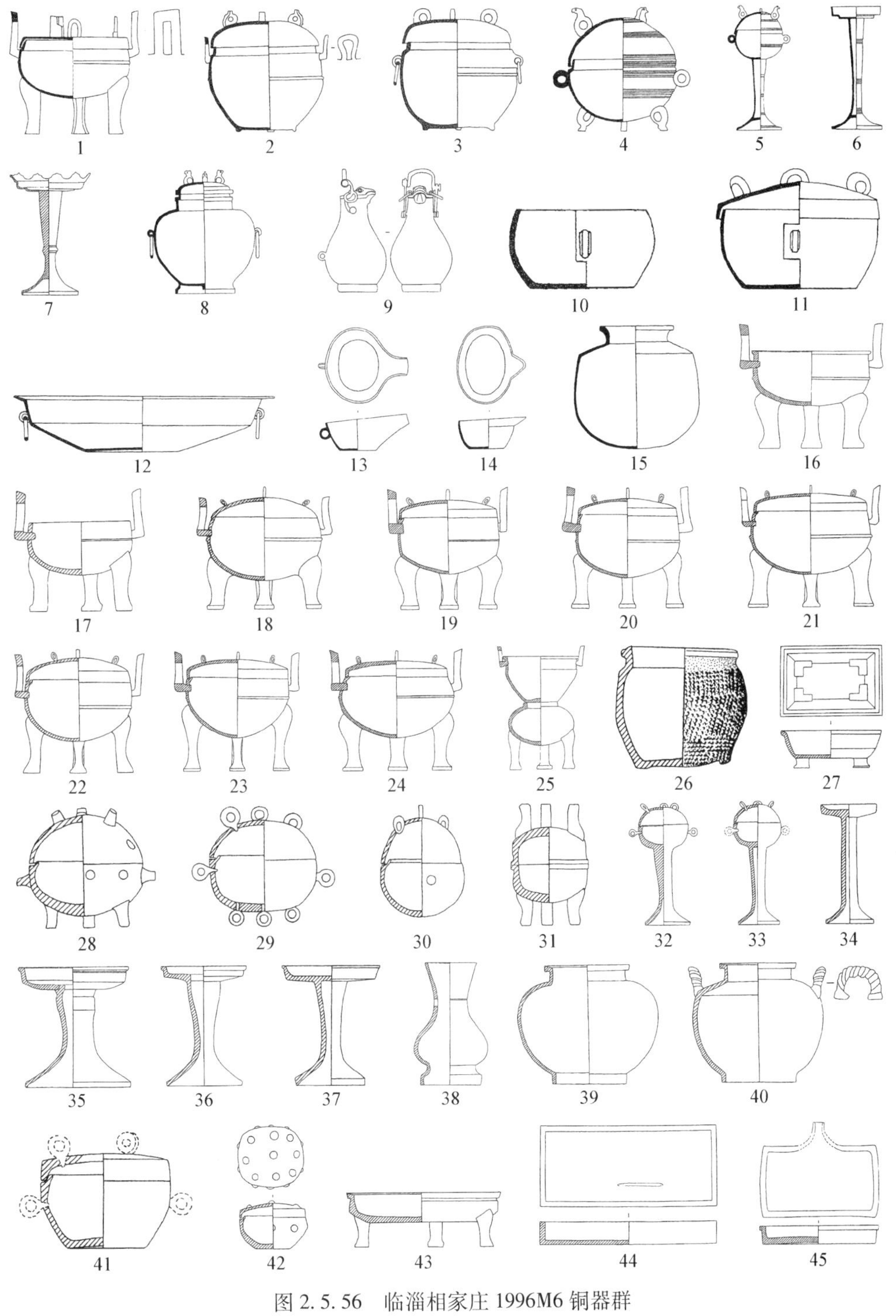

图 2.5.56　临淄相家庄 1996M6 铜器群

1—3. 铜鼎（M6X：11、17、22）　4、5. 铜敦（M6X：26、7）　6、7. 铜铺（M6X：15、24）　8. 铜罍（M6X：18）　9. 铜壶（M6X：12）　10、11. 铜钠（M6X：13、5）　12. 铜盘（M6X：8）　13、14. 铜匜（M6X：10、4）　15. 铜罐（M6X：16）　16—24. 陶鼎（M6：23、27、9、15、25、34、41、43、59）　25. 陶甗（M6：2、30）　26. 陶鬲（M6：1）　27. 陶簠（M6：50）　28—33. 陶敦（M6：4、7、40、47、5、6）　34—37. 陶铺（M6：12、46、8、22）　38. 陶壶（M6：20）　39、40. 陶罍（M6：14、32）　41、42. 陶钠（M6：22、39）　43、44. 陶盘（M6：42、63）　45. 陶匜（M6：16）

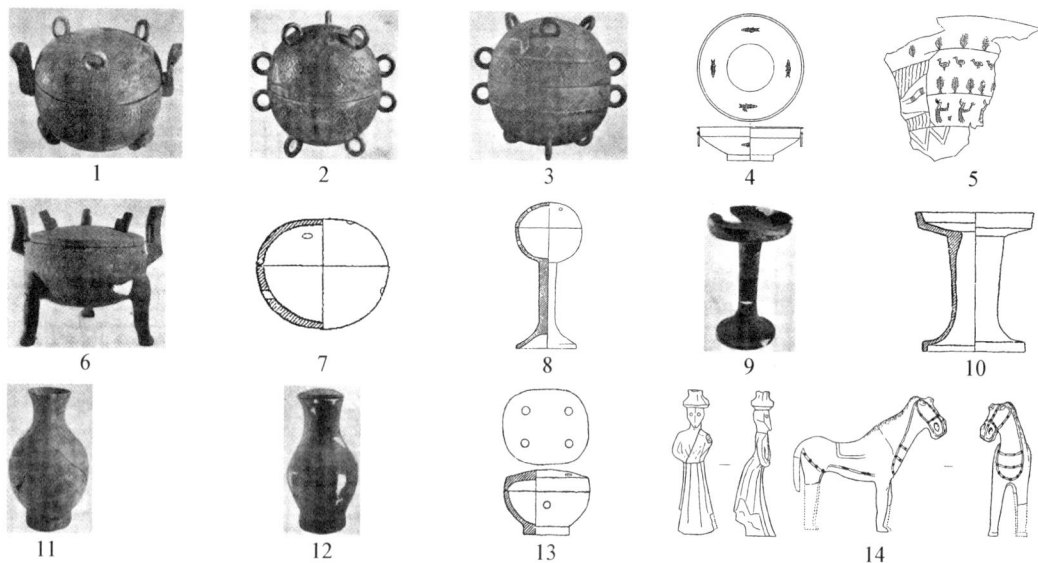

图 2.5.57　平度东岳石 1960M16 铜器群

1. 铜鼎(M16：25)　2、3. 铜敦(M16：23、24)　4. 铜盘(M16：35A)　5. 铜匜(M16：60)　6. 陶鼎(M16：41)　7、8. 陶敦(M16：32、37)　9、10. 陶铺(M16：43、29)　11、12. 陶壶(M16：26、36)　13. 陶铷(M16：45)　14. 陶俑(M16：52A、54)

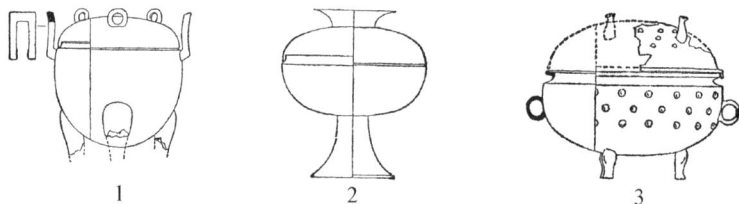

图 2.5.58　淄博磁村 1977M03 铜器群

1. 铜鼎(M03：1)　2、3. 铜敦(M03：4、2)

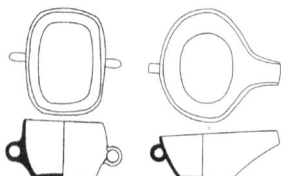

图 2.5.59　临淄东夏庄 1984M6 铜器群

1·2. 铜铷(M6P13X22：1)　3. 铜匜(M6P13X22：2)

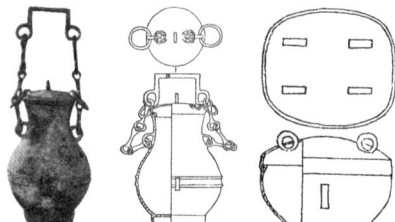

图 2.5.60　长岛王沟 1973M1 铜器群

1·2. 铜壶(M1：3)　3. 铜铷(M1：4)

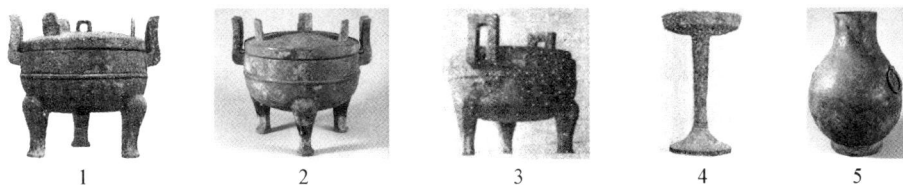

图 2.5.61　临淄姚王村凤凰塚 1956M 铜器群

1—3. 铜鼎　4. 铜铺　5. 铜壶

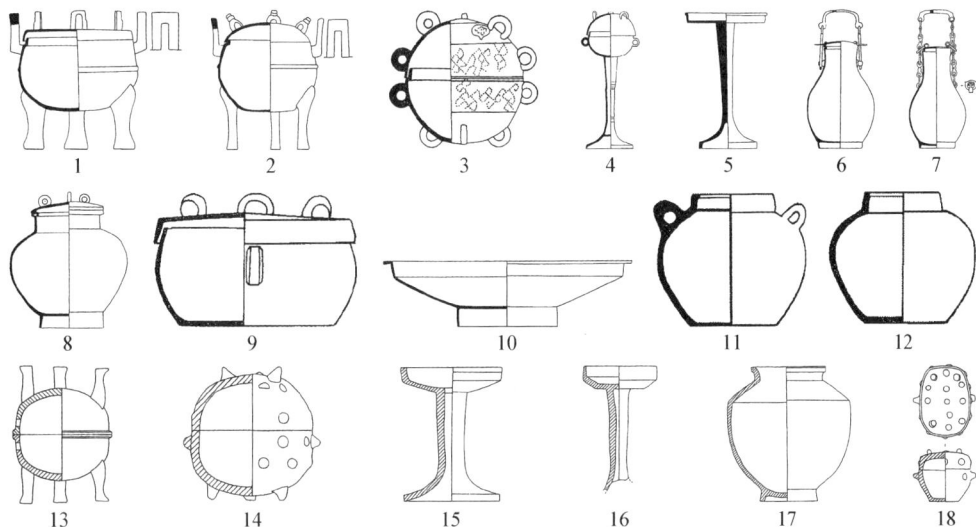

图 2.5.62　临淄东夏庄 1985M5 铜器群

1、2. 铜鼎(M5：86、84)　3、4. 铜敦(M5：94、93)　5. 铜铺(M5：89)　6、7. 铜壶(M5：107、114)

8. 铜罍(M5：98)　9. 铜钫(M5：105)　10. 铜盘(M5：88)　11、12. 铜罐(M5：113、104)　13、14. 陶敦
(M5：8、44)　15、16. 陶铺(M5：26、22)　17. 陶罍(M5：12)　18. 陶钫(M5：47)

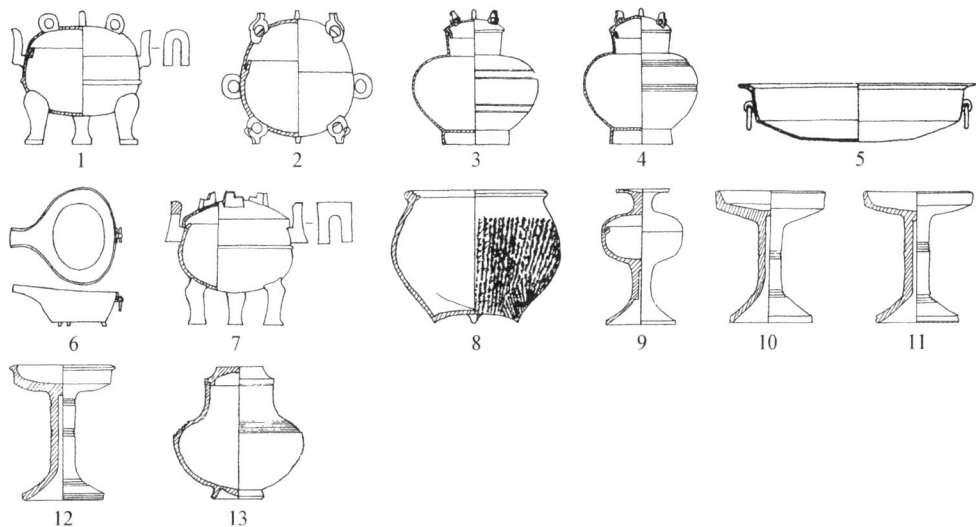

图 2.5.63　临淄国家村 2004M4 铜器群

1. 铜鼎(M4：18)　2. 铜敦(M4：20)　3、4. 铜罍(M4：23、24)　5. 铜盘(M4：17)　6. 铜匜(M4：15)
7. 陶鼎(M4：9)　8. 陶鬲(M4：14)　9. 陶敦(M4：7)　10—12. 陶铺(M4：1、3、13)　13. 陶壶(M4：6)

图 2.5.64　长清岗辛 1975M 铜器群

1. 铜鼎　2. 铜敦　3. 铜壶　4. 铜铺

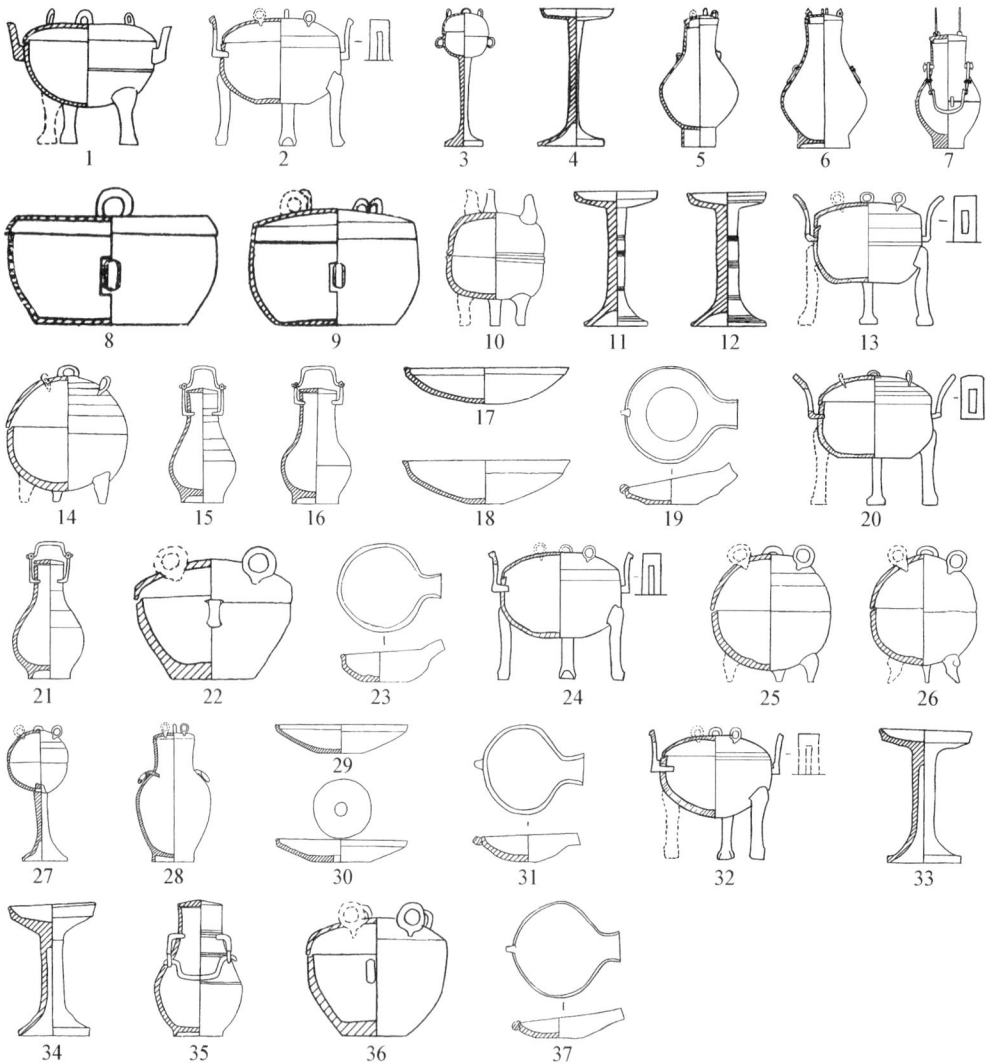

图 2.5.65　章丘女郎山 1990M1 铜器群

1、2. 铜鼎（M1∶48、58）　3. 铜敦（M1∶39）　4. 铜铺（M1∶72）　5—7. 铜壶（M1∶70、83、64）　8、9. 铜铺
（M1∶37、38）　10. 陶敦（M1∶11）　11、12. 陶铺（M1∶2、3）　13—14. 陶鼎、敦（M1P1∶1、5）　15—19. 陶壶、盘、
匜（M1P2∶3、4、5、6、6①）　20—23. 陶鼎、壶、铺、匜（M1P3∶1、8、11、10）　24—31. 陶鼎、敦、壶、盘、匜（M1P4∶2、
6、7、12、1、14、3）　32—37. 陶鼎、铺、壶、铺、匜（M1P5∶1、4、5、7、8、16）

―――――――――

①　原简报重号，两个器物均编为"6"。

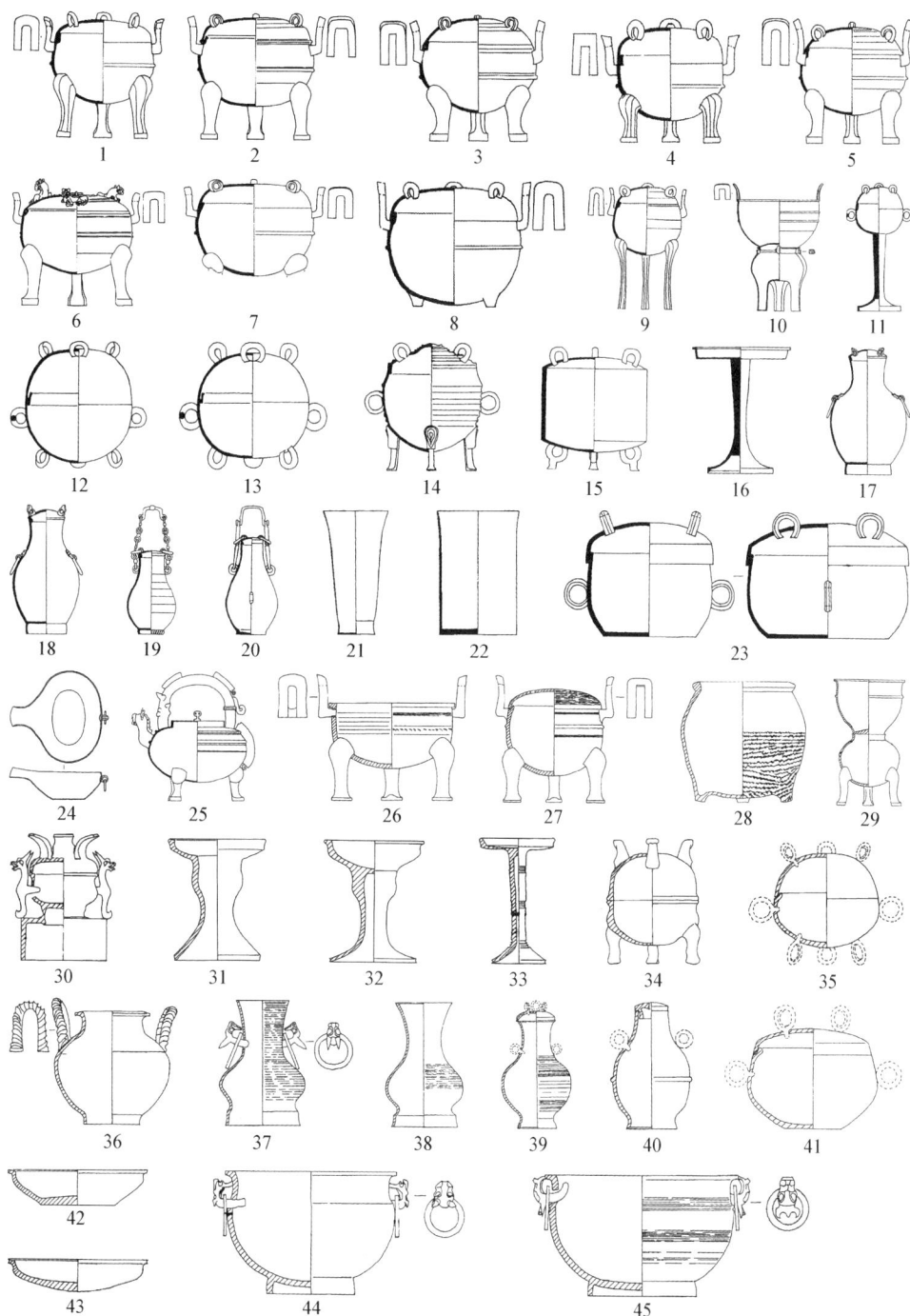

图 2.5.66　临淄辛店 2010M2 铜器群

1—9. 铜鼎（M2Q：5、7、8、9、10、11、13、1、4）　10. 铜甗（M2Q：3）　11—14. 铜敦（M2Q：23、31、32、40）
15. 铜盒（M2Q：39）　16. 铜铺（M2Q：35）　17—20. 铜壶（M2Q：17、12、26、36）　21. 铜觯（M2Q：30）　22. 铜杯
（M2Q：29）　23. 铜钟（M2Q：20）　24. 铜匜（M2Q：18）　25. 铜盉（M2Q：27）　26、27. 陶鼎（M2：8、5）　28. 陶
鬲（M2：48）　29. 陶甗（M2：3）　30—32. 陶簋（M2：42、27、39）　33. 陶铺（M2：29）　34、35. 陶敦（M2：20、46）
36. 陶罍（M2：49）　37—40. 陶壶（M2：50、51、28、23）　41. 陶钟（M2：52）　42、43. 陶盘（M2：24、40）
44、45. 陶鉴（M2：11、9）

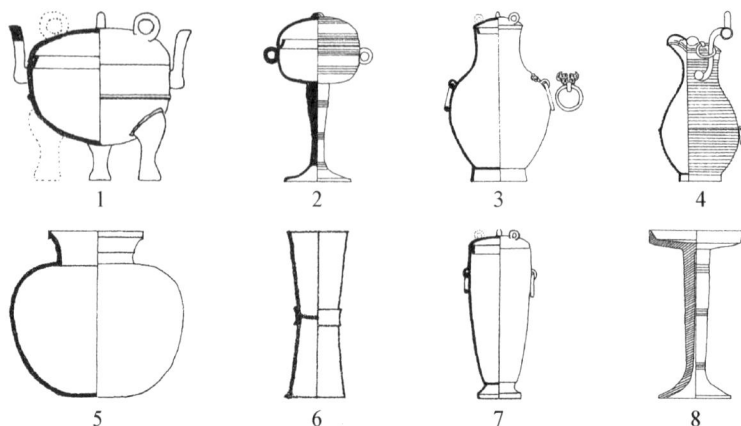

图 2.5.67　诸城臧家庄 1970M 铜器群

1. 铜鼎　2. 铜敦　3、4. 铜壶　5. 铜罐　6. 铜瓿　7. 铜杯　8. 陶铺

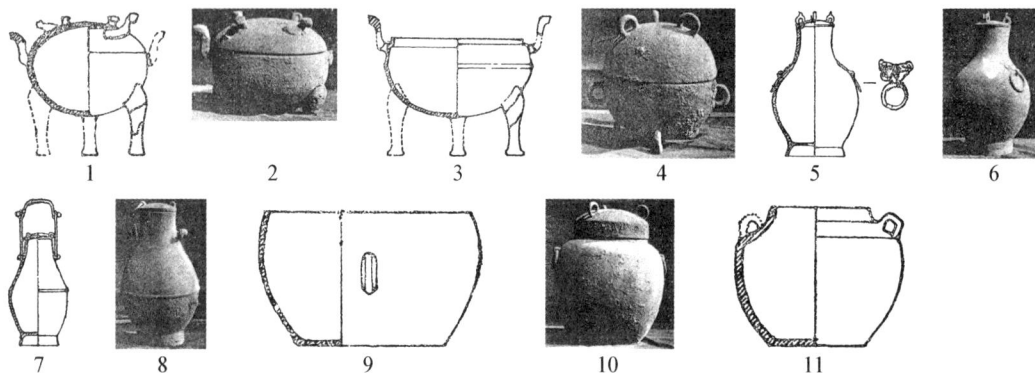

图 2.5.68　阳信城关西北 1988M 铜器群

1·2、3. 铜鼎（M：16、15）　4. 铜敦（M：24）　5·6、7·8. 铜壶（M：20、22）　9. 铜钫（M2：28）　10. 铜浴缶（M：27）　11. 铜罐（M：29）

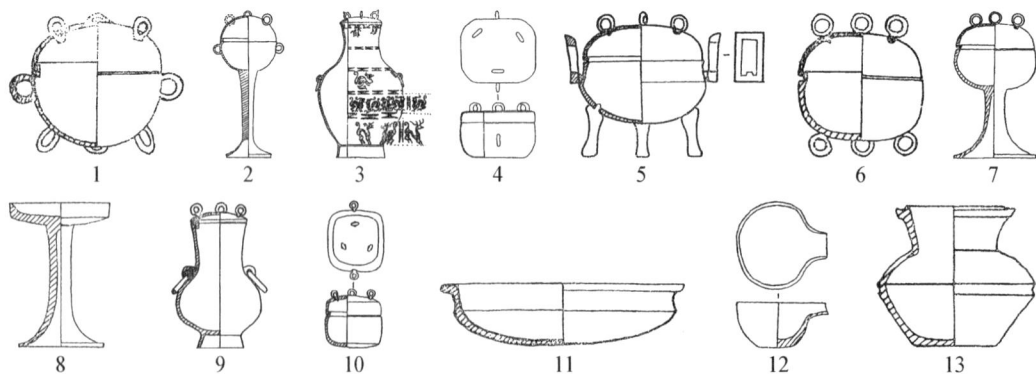

图 2.5.69　长岛王沟 1973M10 铜器群

1、2. 铜敦（M10：46、31-1）　3. 铜壶（M10：29）　4. 铜钫（M10：28）　5. 陶鼎（M10：37）　6、7. 陶敦（M10：53、41）　8. 陶铺（M10：57）　9. 陶壶（M10：38）　10. 陶钫（M10：51）　11. 陶盘（M10：52）　12. 陶匜（M10：60）　13. 陶罐（M10：44）

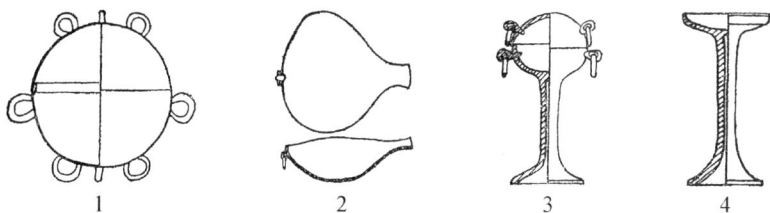

图 2.5.70　威海量具厂 1978M3 铜器群

1. 铜敦（M3∶2）　2. 铜匜（M3∶1）　3. 陶敦（M3∶9）　4. 陶铺（M3∶11）

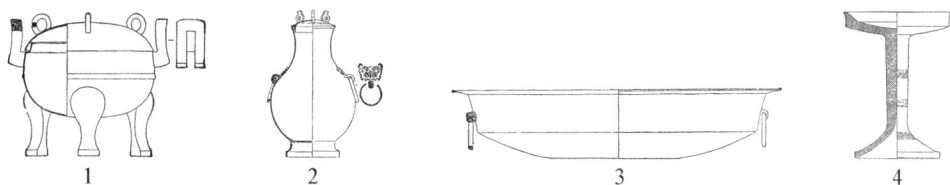

图 2.5.71　济南千佛山 1972M 铜器群

1. 铜鼎（M∶018）　2. 铜壶（M∶019）　3. 铜盘（M∶020）　4. 陶铺（M∶029）

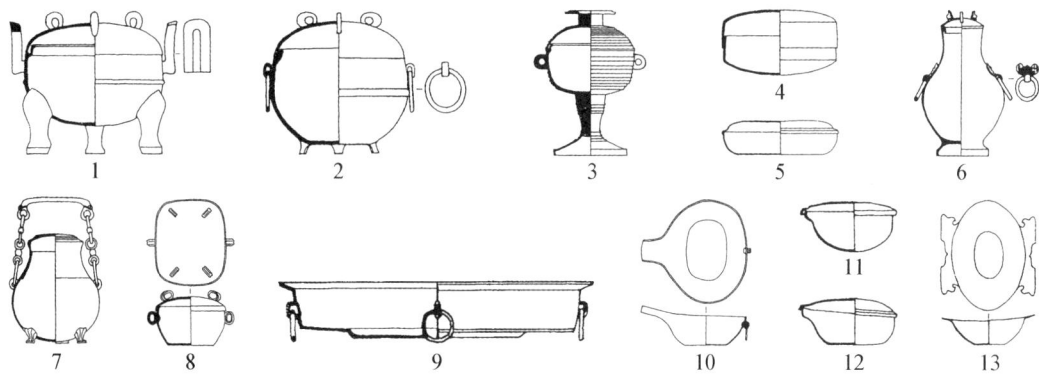

图 2.5.72　临淄赵家徐姚 2001M1 铜器群

1、2. 铜鼎（M1∶9、10）　3—5. 铜敦（M1∶11、4、6）　6. 铜壶（M1∶13）　7. 铜鍂镂（M1∶5）　8. 铜铆（M1∶2）　9. 铜盘（M1∶1）　10—12. 铜匜（M1∶3、21 - 5、21 - 1）　13. 铜耳杯（M1∶22 - 1）

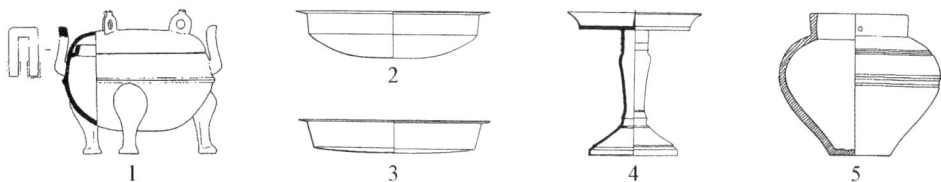

图 2.5.73　临淄商王 1992M2 铜器群

1. 铜鼎（M2∶53）　2、3. 铜盘（M2∶54、56 - 1）　4. 铜灯（M2∶57）　5. 陶罐（M2∶25）

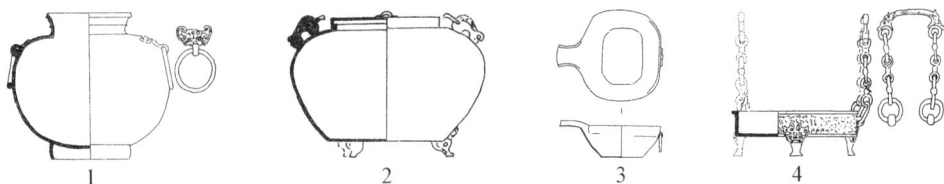

图 2.5.74　安丘葛布口 1965M 铜器群

1. 铜罍　2. 铜浴缶　3. 铜匜　4. 铜炉盘

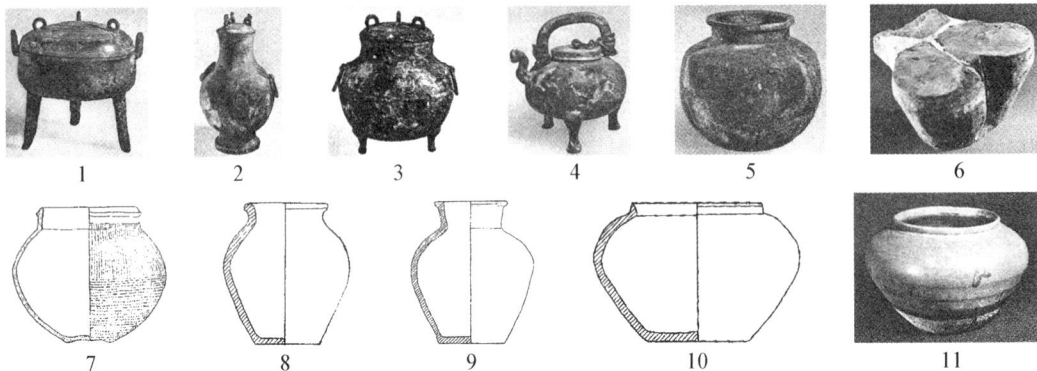

图 2.5.75　曲阜鲁故城 1977M58 铜器群

1. 铜鼎（M58：95）　2. 铜壶（M58：108）　3. 铜鍂镂（M58：100）　4. 铜盉（M58：98）　5. 铜罐（M58：99）

6. 陶范（M58：84）　7. 陶鬲（M58：110）　8，9. 陶罐（M58：87、89）　10·11. 瓷罐（M58：105）

第六节　陕甘组典型铜器群及其
分组、分期和断代

一、典型铜器群

按照绪论中所述典型铜器群的选择标准，我们从陕西、甘肃出土的青铜器群中选取 58 个作为典型铜器群，考察典型器类及其型、式在这些典型铜器群中的分布情况，列为表 2.6.1。

二、分组、分期

在前文形制分析的基础上，主要根据典型器类及其主要型式在典型单位中的分布情况，以及式别特征的差异程度、共存器物的变化等，我们将陕甘组典型铜器群划分为七个小组（表 2.6.1，图 2.6.2—2.6.58）。

分组的理由如下：

（一）关于第一组和第二组的分组

第一，器类构成有异。

烹煮器中,第一组附耳折沿鼎数量较多,第二组及其以后各组均无;第二组新出现附耳子母口鼎;第一组鬲数量较多,第二组无鬲。

盛食器中,第一组有簠,第二组及其以后各组均无。

盥洗器中,第一组以盉、盘组合为主,匜、盘组合为次;第二组盉、盘组合降为次要地位,匜、盘组合数量增加上升成为主流。

第二,共有器类的型、式特征有异。

第一组流行 Aa Ⅰ 式、Ab Ⅰ 式、D Ⅰ 式立耳折沿鼎,第二组流行 Aa Ⅱ 式、Ab Ⅱ 式、D Ⅱ 式立耳折沿鼎。

第一组流行 Ab Ⅰ 式瓹,第二组流行 Ab Ⅱ 式瓹。

第一组流行 A Ⅰ 式簋,第二组流行 A Ⅱ 式、C Ⅰ 式簋。

第一组流行 Ca Ⅰ 式盆,第二组流行 Cb Ⅱ 式盆。

第一组流行 Aa Ⅰ 式壶,第二组流行 Aa Ⅱ 、Cbaa Ⅱ 式壶。

第一组流行 A Ⅰ 式盉,第二组流行 A Ⅱ 式盉。

第一组流行 Aaaa Ⅰ 式匜,第二组流行 Aaaa Ⅱ 式、Baaa Ⅲ 式匜。

第一组流行 Abaa Ⅰ 式盘,第二组流行 Abaa Ⅱ 式盘。

第三,纹饰特征有异。

第一组流行垂鳞纹、重环纹、波带纹、窃曲纹等西周晚期延续下来的传统纹饰,占主要地位(图 2.6.1,1—13、15—17),同时亦有少量结构简单、较为清新的吐舌蟠螭纹,占次要地位(图 2.6.1,14、18—23);第二组则流行结构复杂、十分繁缛的吐舌蟠螭纹(图 2.6.1,33—39)。在第一组和第二组铜器群中,第一组中的陇县边家庄 1986M5 铜器群明显处在从第一组向第二组转变的过渡阶段:其一,其青铜器的形制还保留着第一组较早阶段的特征,早于第二组中的陇县边家庄 1979M1;其二,其纹饰面貌兼有西周晚期以来的传统纹样,同时开始发生变化即装饰较多吐舌蟠螭纹,但所饰吐舌蟠螭纹的结构又不如第二组中的陇县边家庄 1979M1 复杂、也不似陇县边家庄 1979M1 几乎全部装饰结构复杂的吐舌蟠螭纹。因此可以将陇县边家庄 1986M5 铜器群作为第一组偏晚阶段的典型铜器群,将陇县边家庄 1979M1 作为第二组偏早阶段的典型铜器群。

（二）关于第二组和第三组的分组

第一,器类构成有异。

盛食器中,第二组有盨,第三组及其以后各组均无盨。

盥洗器中,第二组尚有一定数量的盉构成盉、盘组合,第三组不见盉。

第二,共有器类的型、式特征有异。

第二组流行 Aa Ⅱ 式、Ab Ⅱ 式、D Ⅱ 式立耳折沿鼎,第三组流行 Aa Ⅲ 式、D Ⅲ 式立耳折沿鼎。

第二组流行 Ab Ⅱ 式瓹,第三组流行 Ab Ⅲ 式瓹。

表2.6.1 陕甘组典型铜

分期	分组	名称	立耳折沿鼎	附耳折沿鼎	附耳子母口鼎	箍口鼎	束腰鼎	细撇足鼎	鬲鼎	鬲	甗	镄	鏊	釜
一	陕甘1组	韩城梁带村2005M19(完整)	Aa I 3、C I 1						Abaa I 4	Ab I 1				
		韩城梁带村2005M26(完整)		Aa I 5					Abaa I 5	Ab I 1	Aaa I 1			
		韩城梁带村2005M27(完整)		Aa I 7						Ab I 1				
		韩城梁带村2007M28(完整)		Aa I 5					Abaa I 4	Ab I 1				
		韩城梁带村2007M502(完整)	Ab I 3											
		宝鸡姜城堡1967M(完整)	D I 3											
		宝鸡南阳1998M1(扰)	D I 3											
		户县南关1974M1(扰)	D I 5											
		户县南关1982M1(扰)	D I 7											
		户县宋村1974M3(完整)	D I 5							Ab I 1				
		灵台景家庄1978M1(完整)	D I 3							Ab I 1				
		陇县边家庄1986M5(完整)	Aa I 5							Ab I 1				
二	陕甘2组	陇县边家庄1979M1(完整)	Aa II 6							Ab I 1				
		宝鸡洪塬2003M1(扰)	Ab II 1、D II 2							Ab I 1				
		宝鸡阳平秦家沟1963M1(完整)	D II 3											
		宝鸡阳平秦家沟1963M2(完整)	D II 3											
		凤翔八旗屯1976BM27(完整)	Ab II 3							Ab I 1				
		礼县圆顶山1998M1(盗-)	Ab II 5		Aa II 1									
		礼县圆顶山1998M2(盗-)	D II 4		Aa II 1									
		礼县圆顶山2000M4(盗-)	D II 5							Ab II 1				
		宝鸡福临堡1959M1(完整)	D II 3							Ab II 1				
三	陕甘3组	长武上孟村1978M27(完整)	D III 1							Ab III 1				
		凤翔三岔村砖厂1999M1(扰)	D III 1							Ab III 1				
		凤翔孙家南头2003M126(完整)	D III 5							Ab III 1				
		凤翔孙家南头2003M160(完整)	D III 2		Ba III 1					Ab III 1				
		凤翔孙家南头2003M191(完整)	Aa III 1、D III 5							Ab III 1				
		凤翔铁炉村2001M1(扰)	D III 1							Ab III 1				
		礼县大堡子山2006M25(完整)	Aa III 1、D III 2							Ab III 1				

器群型式统计表

铺	錞	簠	簋	盆	敦	壶	尊缶	罍	鉴	盏	匜	盘	铲	浴缶	汤鼎
			A I 4	Ca I 1		Aa I 2				A I 1		Abaa I 1			
		Aa I 2	A I 4	Ca I 2		Aa I 2				A I 1		Aca I 1	Aaaa II 1		
			A I 7	Ca I 1		Aa I 2				A I 1					
			A I 4			Aa I 2				A I 1		Abaa I 1			
			A I 2							A I 1		Abaa I 1			
			A I 2			Aa I 2				A I 1		Abaa I 1			
			A I 2			Ab I 2					Aaaa I 1	Aaa I 1			
			A I 4			Aa I 2					Aaaa I 1	Abaa I 1			
			A I 6			Aa I 2					Aaaa I 1	Abaa I 1			
			A I 4			Aa I 2					Aaaa I 1	Abaa I 1			
			A I 4			Aa I 2				A I 1		Abaa I 1			
			A I 4			Aa II 2				A II 1		Abaa II 1			
			C I 4			Aa II 2					Aaaa II 1	Abaa II 1			
			C I 4			Aa II 2					1	Abba I 1			
				Cb II 1											
			A II 2			Aa II 2、Cbaa II 1				A II 1	Baaa III 1	Abaa II 1	Aba II 1		
	B II 1		A II 6			Aa II 2、Cbaa II 1				A II 1	Baaa III 1	Abaa II 1			
	B II 1		A II 4			Aa II 2									
			A II 2	Cb II 1		Aa II 2					Aaaa III 1	Abaa II 1			
			A III 4	Cb III 1		Aa III 2					Aaaa III 1	Abaa II 1			
				Ca III 1											
			C II 4	Cb III 1		Aa III 2					Aaaa III 1	Abaa II 1			
				Cb III 1											
				Cb III 1											

分期	分组	名　　称	立耳折沿鼎	附耳折沿鼎	附耳子母口鼎	箍口鼎	束腰鼎	细撇足鼎	高鼎	高	甗	镂	鉴	釜
四	陕甘4组	凤翔高王寺1977JC(窖藏)				BbⅠ3					AaaaⅣ1			
		凤翔高庄1977M10(完整)	DⅣ3								AbⅣ1			
		凤翔上郭店砖厂2001M1(扰)			AdⅢ1									
五	陕甘5组	长安客省庄1955M202(完整)	DⅤ2								AbⅤ1			
		凤翔马家庄砖厂1990M1(扰)									AaaaⅤ1			
		眉县水泥厂1993M(扰)	DⅤ1											
		武功赵家来1981M1(完整)	DⅤ3											
		咸阳任家咀1990M56(完整)	DⅤ2			CbⅡ1					AbⅤ1			
六	陕甘6组	大荔朝邑北寨子1974M107(完整)			AbⅤ1									
		凤翔八旗屯西沟道1983M26(完整)	DⅥ2		AbⅤ1						AbⅥ1			
		凤翔邓家崖1988M4(扰)	DⅥ1											
		凤翔邓家崖1988M7(扰)	DⅥ1								AaaaⅤ1			
		秦安王洼2009M1(盗)												
		西安北郊交校1998IIM24(完整)											AabⅤ1	
		咸阳任家咀1990M230(完整)	DⅥ1								AaaaⅥ1			
		咸阳任家嘴1984M(扰)			AⅤ1				BaⅥ2、BbⅢ1		AaaaⅣ1、AaaaⅥ1			
		咸阳塔儿坡1995M32350(完整)			AbⅥ1									
七	陕甘7组	大荔朝邑北寨子1974M203(完整)			AbⅥ1									Ⅲ1
		凤翔八旗屯1981M14(完整)	DⅦ1								AaaaⅥ1			
		凤翔高庄1977M16(盗)			AbⅥ1									
		凤翔高庄1977M46(完整)									DcⅢ1			
		凤翔高庄1979M1(完整)			AbⅤ1								AabⅥ1	
		临潼上焦村1976M18(完整)									DcⅢ1		Abb1	
		平凉庙庄1974M6(盗)						BbⅢ1						
		西安尤家庄1996M20(完整)			AbⅥ4									
		西安尤家庄壹号公寓1998M36(完整)			AbⅥ1								B1	
		咸阳塔儿坡1966M(扰)			AbⅥ9									
		旬邑转角1979M(扰)			AbⅥ1、AdⅥ1									Ⅲ1
		张家川马家塬2006M1(盗)			AbⅥ1									
		张家川马家塬2010M19(完整)			AbⅥ1						Aac1			

续表

铺	盨	簠	簋	盆	敦	壶	尊缶	罍	鉴	盃	匜	盘	铊	浴缶	汤鼎
					CaaaⅡ1、DaaⅠ2	CbbbⅠ2				BcⅢ1	BaaaⅣ1	AdbⅣ1			
				Bb1		AaⅣ2							AbbⅤ1、BbaⅣ1		
			CⅣ2	Bb2		AbⅤ2					1	1			
			CⅣ1			1									
				Bb1											
						CbbaⅤ1									
			CⅤ2		Gc2	AbⅥ2					Aac1	C1		BbaⅥ1	
			CⅤ1		Gc1						Aac1	C1			
						CbbaⅤ1					BaaaⅦ1	BcbⅢ1			
					Gc1							C1			
						CaaⅦ1、Cb1、CbbcⅣ1									
						CbbdⅡ1									
						CbbaⅥ1									
					Gc1						Aac1	C1			
						CcbⅢ1									
					Gc1	Ea1									
						CbbdⅡ1、Ea1					BaabⅡ6				
						CbbaⅥ2					BaabⅠ1	1			
												BcbⅣ2			
						CbabⅤ1									
				2		CbbdⅡ1、CcbⅢ3、CcaⅢ1、Eb1									
					AbⅥ1	CbbdⅡ1、Ea2									
						CbbaⅥ1									

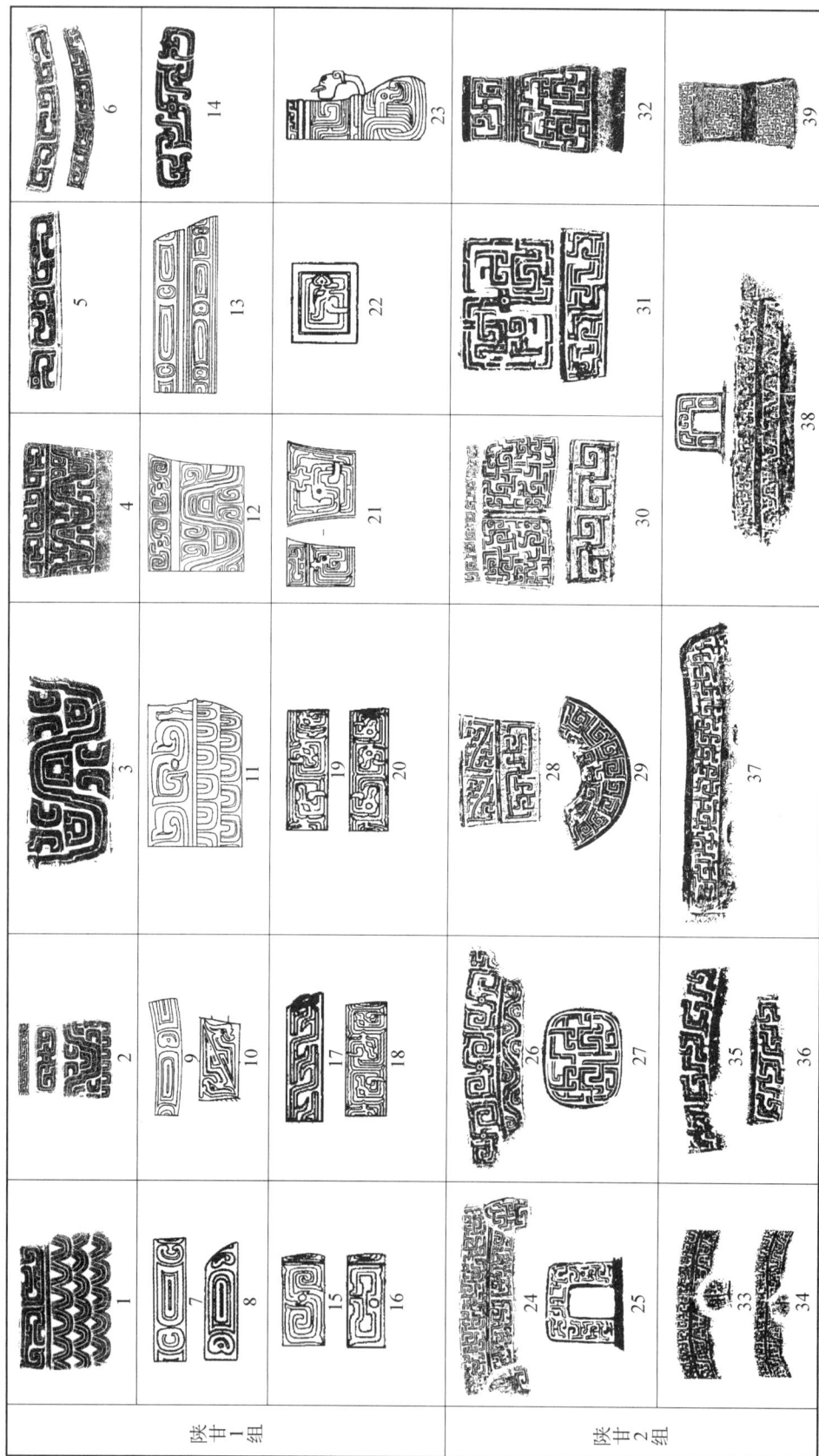

图 2.6.1 陕甘组典型铜器群流行纹样

1. 韩城梁带村 2005M19：186　2. 韩城梁带村 2005M19：192　3. 韩城梁带村 2005M19：261　4. 韩城梁带村 2005M27：1006　5. 韩城梁带村 2005M27：1022　6. 韩城梁带村 2005M27：1007　7. 宝鸡南阳 1998M1：2　8. 宝鸡南阳 1998M1：9　10. 宝鸡南阳 1998M1：6　11. 韩城梁带村 2005M26：143　12. 韩城梁带村 2005M26：156　13. 韩城梁带村 2005M26：154　14. 韩城梁带村 2005M26：261　15. 陇县边家庄 1986M5：5　17. 陇县边家庄 1986M5：9　18. 陇县边家庄 1986M5：1　19. 陇县边家庄 1986M5：2　20. 陇县边家庄 1986M5：3　21. 陇县边家庄 1986M5：12　22. 陇县边家庄 1986M5：10　23. 陇县边家庄 1986M5：10　24. 陇县边家庄 1979M1：1　25. 陇县边家庄 1979M1：1　26. 陇县边家庄 1979M1：2　27. 陇县边家庄 1979M1：12　28. 陇县边家庄 1979M1：11　29. 陇县边家庄 1979M1：7　30. 宝鸡洪塬 2003M1：3　36. 宝鸡洪塬 2003M1：4　37. 宝鸡洪塬 2003M2　38. 宝鸡阳平秦家沟 1963M1　39. 宝鸡阳平秦家沟 1963M1
31. 宝鸡洪塬 2003M1：2　35. 宝鸡洪塬 2003M1：1　33. 宝鸡阳平秦家沟 1963M3　34. 宝鸡阳平秦家沟 1963M2　32. 宝鸡洪塬 2003M1：3

陕甘 1 组

陕甘 2 组

第二组流行 CbⅡ式盆,第三组流行 CbⅢ式盆。

第二组流行 AaⅡ、CbaaⅡ式壶,第三组流行 AaⅢ式壶。

第二组流行 AaaaⅡ式、BaaaⅢ式匜,第三组流行 AaaaⅢ式匜。

(三) 关于第三、四、五组的分组

第四组目前发现的铜器群数量少,有待今后考古新发现充实,但它与前后两组的区别十分明显。下文以凤翔高庄 1977M10 铜器群作为第四组的代表进行比较。

共有器类的型、式特征有异:

第三组流行 AaⅢ式、DⅢ式立耳折沿鼎,第五组流行 DⅤ式立耳折沿鼎,第四组则是 DⅣ式立耳折沿鼎。

第三组流行 AbⅢ式甗,第五组是 AbⅤ式甗,第四组则是 AbⅣ式甗。

第三组流行 AaⅢ式壶,第五组是 AbⅤ式壶,第四组则是 AaⅣ式壶。

(四) 关于第五组和第六组的分组

第一,器类构成有异。

烹煮器中,第五组以立耳折沿鼎为主,无附耳子母口鼎、鬲鼎,第六组以立耳折沿鼎和附耳子母口鼎为主,附耳子母口鼎的数量激增,鬲鼎较多;第六组新出现鋬。

第二,共有器类的型、式特征有异。

第五组流行 DⅤ式立耳折沿鼎,第六组流行 DⅥ式立耳折沿鼎。

第五组流行 AbⅤ式、AaaaⅤ式甗,第六组流行 AbⅥ式、AaaaⅥ式甗。

第五组流行 CⅣ式簋,第六组流行 CⅤ式簋。

第五组流行 Bb 型盆,第六组流行 Gc 型盆。

第五组流行 A 型壶,第六组大量流行 C 型壶。

(五) 关于第六组和第七组的分组

第一,器类构成有异。

烹煮器中,第六组以立耳折沿鼎和附耳子母口鼎为主,第七组以附耳子母口鼎为主,立耳折沿鼎数量剧减。

第二,共有器类的型、式特征有异。

第六组流行 DⅥ式立耳折沿鼎,第七组立耳折沿鼎数量剧减,且其型式属 DⅦ式。

第六组流行 AbⅤ式附耳子母口鼎,第七组流行 AbⅥ式附耳子母口鼎。

第六组流行 A 型甗,第七组流行 D 型和 A 型甗,D 型甗的比重明显增加。

三、断代

本组包含的可以自明年代的标准器少,但是可以通过本组中包含的一些变化较快、特

征明显的器类与邻近的山西组、豫西豫中组、豫南苏皖鄂组相系联来判断年代。

（一）陕甘一组年代的判断

本组典型铜器群中包含的韩城梁带村 2007M502、M28、2005M19、M26、M27 等铜器群为芮国青铜器，其器类构成、型式特征、纹饰风格等与山西一组、豫西豫中一组、豫南苏皖鄂一组等相同，年代应相当；本组中的宝鸡姜城堡 1967M、南阳村 1998M1、灵台景家庄 1978M1、陇县边家庄 1986M5 等铜器群属秦国青铜器，其鼎的形制开始形成自身区域特征，但是簋、壶、盘、匜的形制和流行的纹饰风格仍与邻近的山西一组、豫西豫中一组、豫南苏皖鄂一组相同，年代亦应相当。前文分组时已经指出，本组中的陇县边家庄 1986M5 铜器群（图 2.6.13）处在陕甘一组向陕甘二组过渡阶段（形制保持陕甘一组传统、纹饰兼具陕甘一组传统纹样和陕甘二组流行的吐舌蟠螭纹），年代处在第一组偏晚阶段；其在青铜器发展演变史上所处的地位与三门峡上村岭 1991M2011 铜器群相似，均是"新旧因素共存"，处在从第一组向第二组过渡阶段。

（二）陕甘二组年代的判断

本组典型铜器群均出自关陇地区的秦墓，区域特征充分发展起来，尤其是其相互勾连、繁缛复杂的吐舌蟠螭纹十分发达；同时本组也包含若干来自东方邻近地区的青铜器，对外交往和开放水平较高，通过它们可以系联判断年代。例如：本组典型铜器群中包含的 AaⅡ式附耳子母口鼎、AaⅡ式壶、CbaaⅡ式壶、BaaaⅢ式匜、AbaⅡ式铺等，流行于山西二组、豫西豫中二组、豫南苏皖鄂二组、山东二组。由此可以判断本组的年代应与山西二组、豫西豫中二组、豫南苏皖鄂二组、山东二组相当。

（三）陕甘三组年代的判断

本组典型铜器群均属秦国，区域特征进一步发展，与区域外邻近地区的交流较上一组明显减少，保守性和内向化十分明显。本组典型铜器群中包含的 BaⅢ式附耳子母口鼎凤翔孙家南头 2003M160：7（图 2.6.26，1）与山西三组的闻喜上郭 1976M17：6（图 1.2.3，23）和山东三组的标准铜器群峄城徐楼 2009M1：39（1.2.3，22）相似，年代应与之相当。

（四）陕甘四组年代的判断

本组典型铜器群中区域特征继续发展，同时又包含较多来自东方邻近地区的青铜器。其中 AdⅢ式附耳子母口鼎、AaaaⅣ式甗、CaaaⅡ式敦、AbbⅤ式铺、BcⅢ式盂等流行于山西四组；BbⅠ式箍口鼎、DaaⅠ式敦、AdbⅣ式盘、BaaaⅣ式匜等流行于豫南苏皖鄂四组。因此，本组的年代应与山西四组、豫南苏皖鄂四组相当。

（五）陕甘五组年代的判断

本组典型铜器群中包含的 CbⅡ式箍口鼎、AaaaⅤ式甗流行于山西五组。本组的年代应与山西五组相当。

（六）陕甘六组年代的判断

本组典型铜器群中包含的 Ab Ⅴ 式附耳子母口鼎流行于山西六组、豫西豫中六组，Cbba Ⅴ 式壶、Baaa Ⅶ 式匜、Bcb Ⅲ 式盘流行于豫南苏皖鄂六组。因此，本组的年代应与山西六组、豫西豫中六组、豫南苏皖鄂六组相当。

此外，本组典型铜器群咸阳塔儿坡 1995M32350 中出土的陶罐 M32350：3（图 2.6.46，3）与咸阳塔儿坡 1995M27063：9 陶罐（图 2.6.58，5）相似，后者与一件十九年商鞅造铜镈共存（图 2.6.58，7—9），年代为秦孝公十九年即公元前 343 年，可作为判断本组年代的参考。①

（七）陕甘七组年代的判断

本组典型铜器群与山西七组、豫西豫中七组、豫南苏皖鄂七组相似，年代应相当。

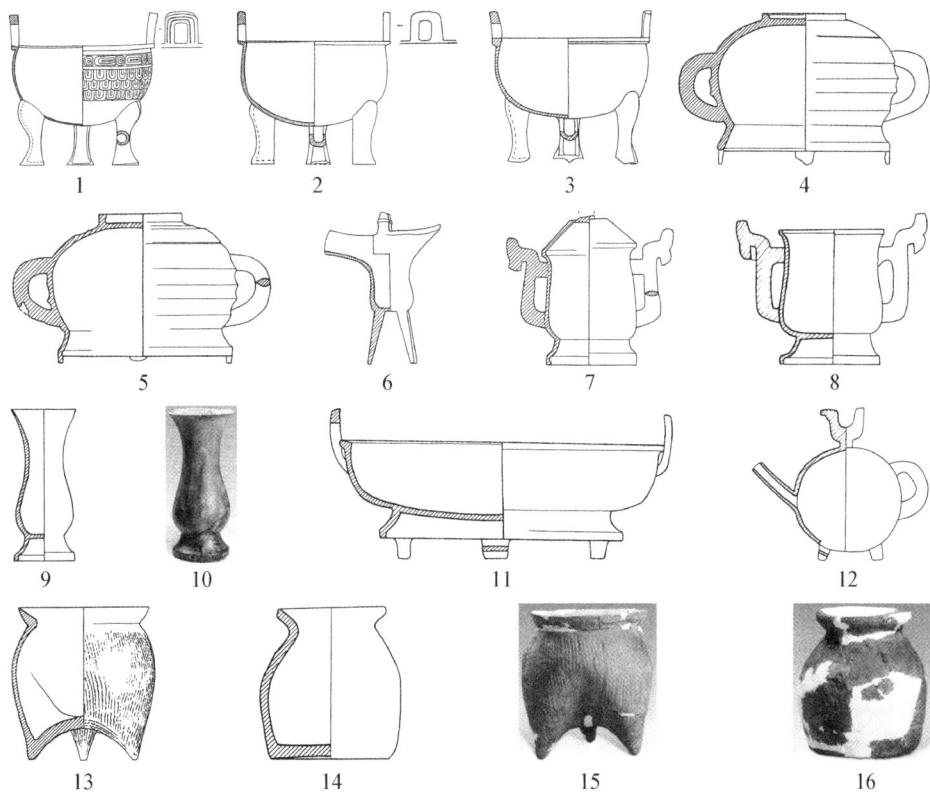

图 2.6.2　韩城梁带村 2007M502 铜器群

1—3. 铜鼎（M502：96、95、97）　4、5. 铜簋（M502：91、98）　6. 铜爵（M502：124）　7、8. 铜彝（M502：100、101）　9、10. 铜觯（M502：97、99）　11. 铜盘（M502：94）　12. 铜盉（M502：121）　13·15. 陶鬲（M502：159）　14·16. 陶罐（M502：158）

———————————

① 咸阳市文物考古研究所：《咸阳石油钢管钢绳厂秦墓清理简报》，《考古与文物》1996 年第 5 期，第 1—8 页。

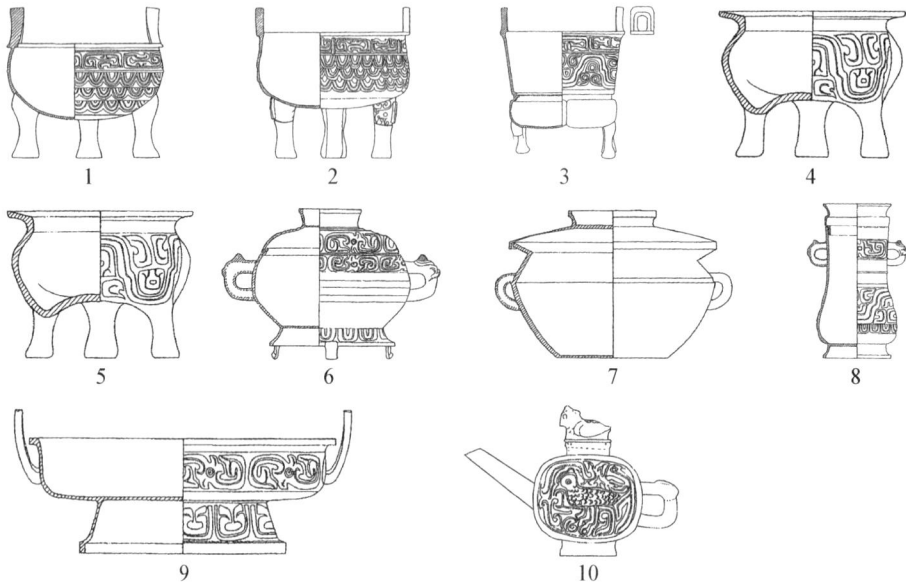

图 2.6.3　韩城梁带村 2005M19 铜器群

　　1、2. 铜鼎（M19：186、187）　3. 铜甗（M19：196）　4、5. 铜鬲（M19：260、261）　6. 铜簋
（M19：190）　7. 铜盆（M19：197）　8. 铜壶（M19：192）　9. 铜盘（M19：194）　10. 铜盉
（M19：195）

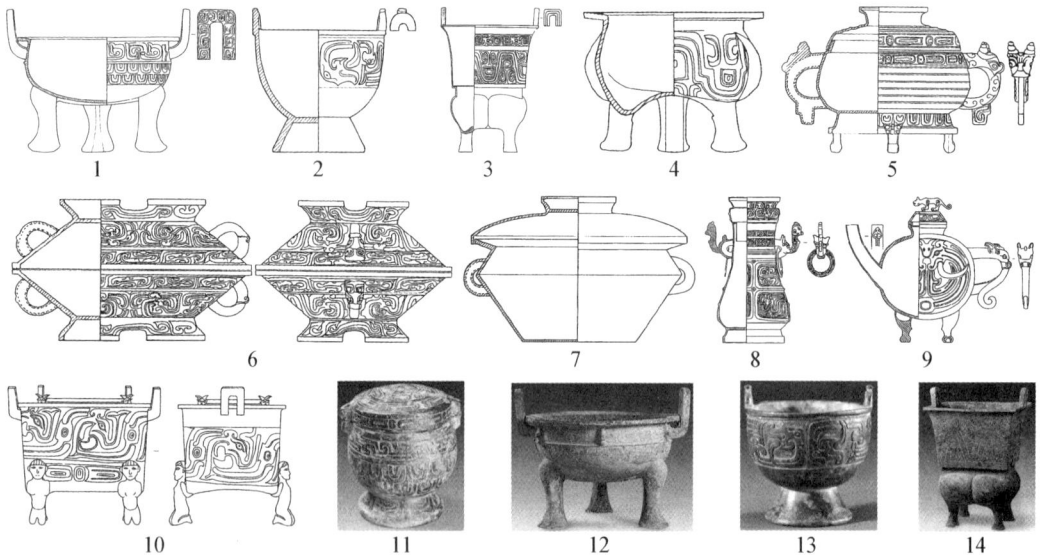

图 2.6.4　韩城梁带村 2005M26 铜器群

　　1·12. 铜鼎（M26：143）　2·13. 铜簋（M26：261）　3·14. 铜甗（M26：156）　4. 铜鬲（M26：150）
5. 铜簠（M26：154）　6. 铜簠（M26：159）　7. 铜盆（M26：160）　8. 铜壶（M26：141）　9. 铜盉（M26：157）
10. 铜盒（M26：136）　11. 铜罐（M26：137）

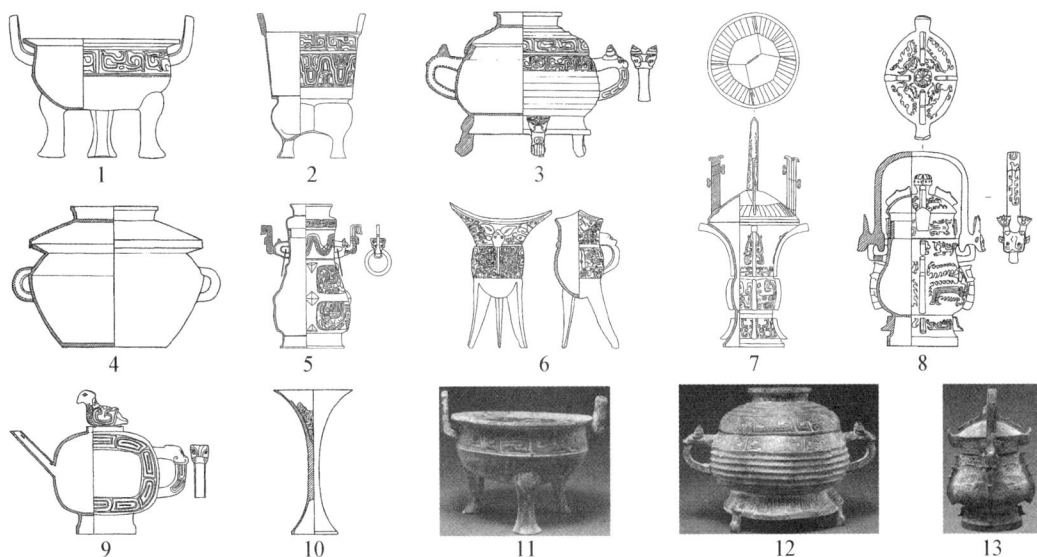

图 2.6.5　韩城梁带村 2005M27 铜器群

1·11.铜鼎（M27：1006）　2.铜甗（M27：1022）　3·12.铜簋（M27：1007）　4.铜盆（M27：1018）
5.铜壶（M27：1001）　6.铜角（M27：1020）　7.铜尊（M27：1014）　8·13.铜卣（M27：1021）　9.铜盉
（M27：1005）　10.铜觚（M27：1019）

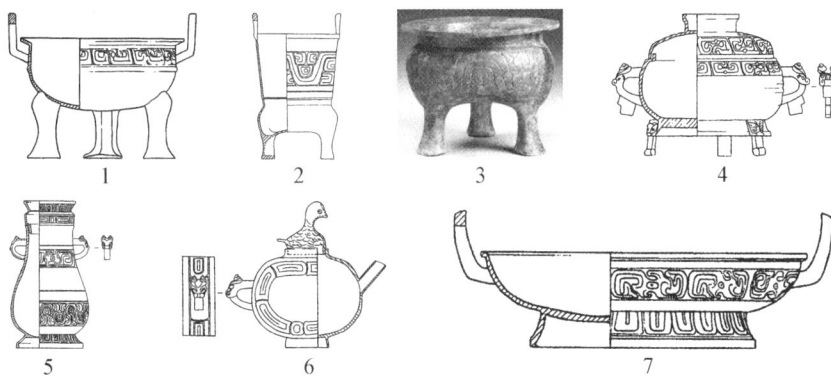

图 2.6.6　韩城梁带村 2007M28 铜器群

1.铜鼎（M28：88）　2.铜甗（M28：80）　3.铜鬲（M28：89）　4.铜簋（M28：83）
5.铜壶（M28：79）　6.铜盉（M28：72）　7.铜盘（M28：73）

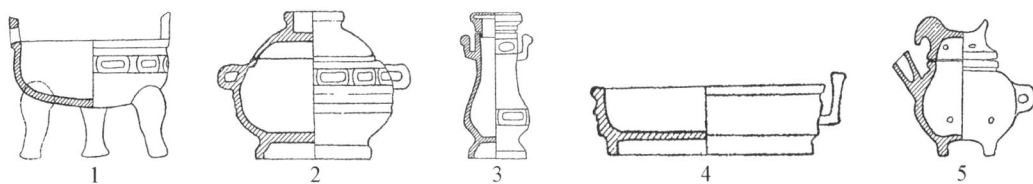

图 2.6.7　宝鸡姜城堡 1967M 铜器群

1.铜鼎　2.铜簋　3.铜壶　4.铜盘　5.铜盉

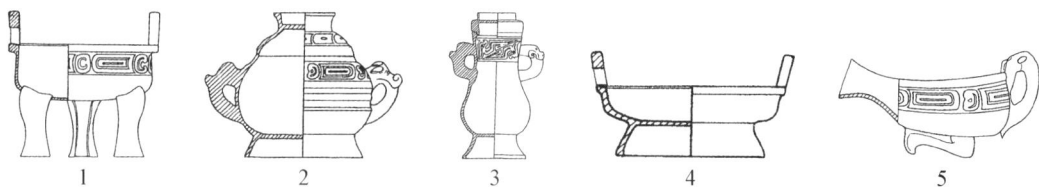

图 2.6.8　宝鸡南阳村 1998M1 铜器群

1. 铜鼎(M1∶2)　2. 铜簋(M1∶4)　3. 铜壶(M1∶6)　4. 铜盘(M1∶8)　5. 铜匜(M1∶9)

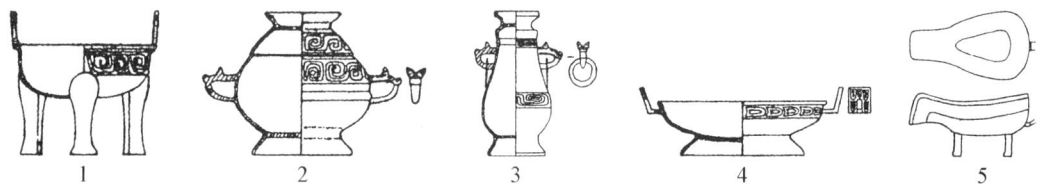

图 2.6.9　户县南关 1974M1 铜器群

1. 铜鼎(M1∶044)　2. 铜簋(M1∶049)　3. 铜壶(M1∶053)　4. 铜盘(M1∶055)　5. 铜匜(M1∶056)

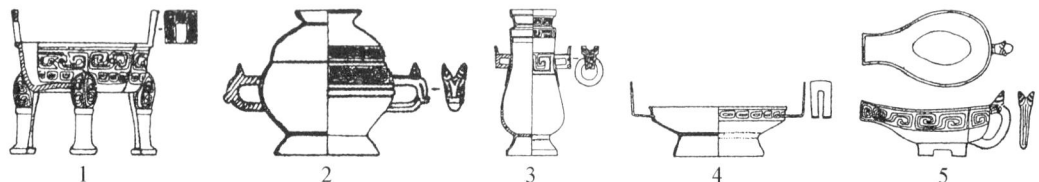

图 2.6.10　户县南关 1982M1 铜器群

1. 铜鼎(M1∶001)　2. 铜簋(M1∶010)　3. 铜壶(M1∶008)　4. 铜盘(M1∶016)　5. 铜匜(M1∶017)

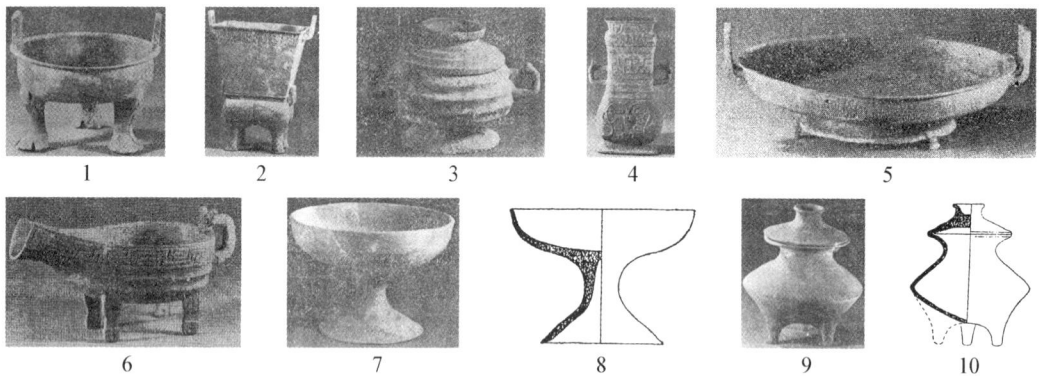

图 2.6.11　户县宋村 1974M3 铜器群

1. 铜鼎　2. 铜甗　3. 铜簋　4. 铜壶　5. 铜盘　6. 铜匜　7·8. 陶豆　9·10. 陶罐

图 2.6.12　灵台景家庄 1978M1 铜器群

1—3. 铜鼎(M1∶6、7、8)　4. 铜甗(M1∶5)　5. 陶豆(M1∶1)　6. 陶罐(M1∶4)

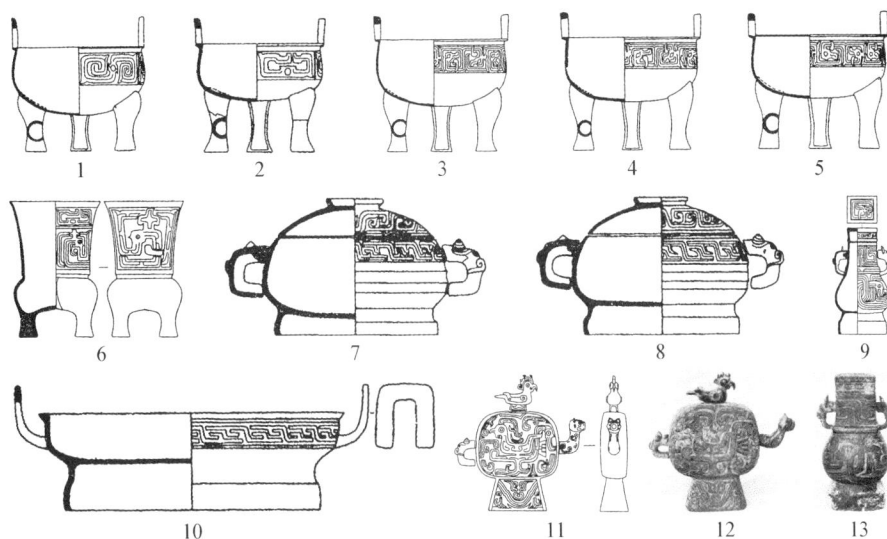

图 2.6.13 陇县边家庄 1986M5 铜器群

1—5. 铜鼎（M5：4、5、1、2、3） 6. 铜甗（M5：12） 7、8. 铜簋（M5：6、9） 9·13. 铜壶（M5：10） 10. 铜盘（M5：14） 11·12. 铜盉（M5：13）

图 2.6.14 凤翔八旗屯 1976BM27 铜器群

1—3. 铜鼎（M27：1、2、3） 4. 铜甗（M27：4） 5. 铜盆（M27：5）

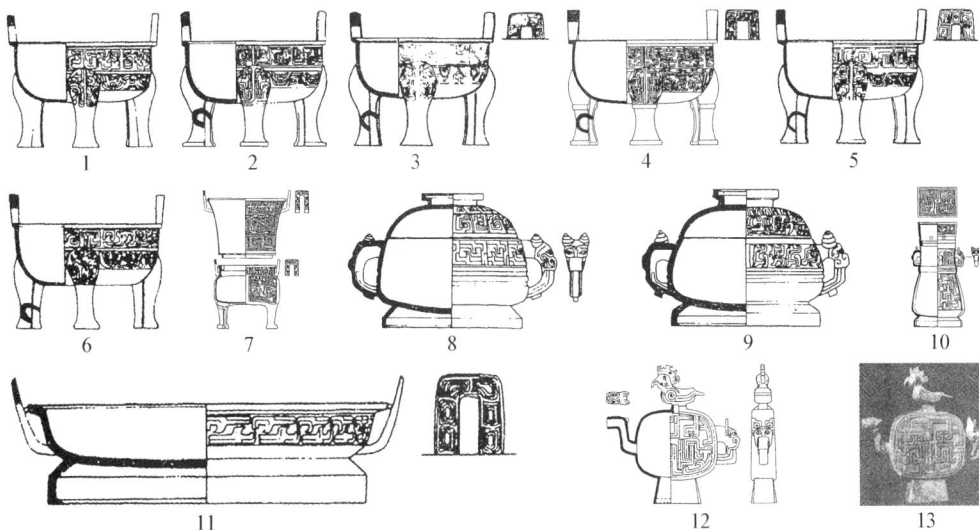

图 2.6.15 陇县边家庄 1979M1 铜器群

1—6. 铜鼎（M1：5、3、4、1、2、6） 7. 铜甗（M1：11） 8、9. 铜簋（M1：7、8） 10. 铜壶（M1：14） 11. 铜盘（M1：13） 12·13. 铜盉（M1：12）

图 2.6.16　宝鸡福临堡 1959M1 铜器群

1、2. 铜鼎(M1：6、9)　3. 铜甗(M1：5)　4. 铜簋(M1：3)　5. 铜盆(M1：2)　6. 铜壶(M1：7)　7. 铜盘（M1：12)　8. 铜匜(M1：11)　9. 陶罐(M1：13)

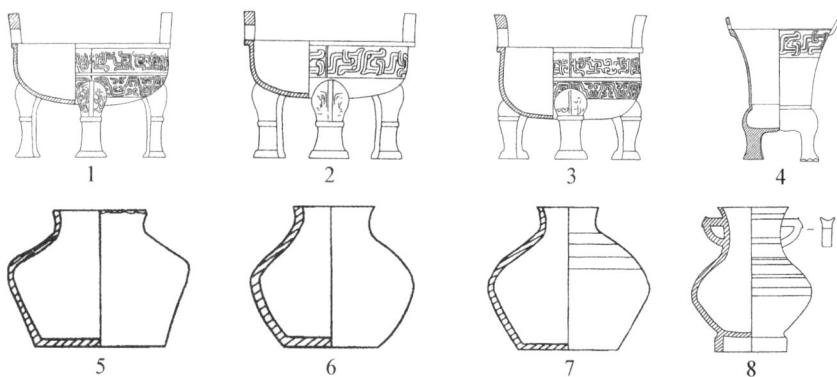

图 2.6.17　宝鸡洪塬 2003M1 铜器群

1—3. 铜鼎(M1：1、3、2)　4. 铜甗(M1：4)　5—7. 陶罐(M1：8、7、6)　8. 陶壶(M1：9)

图 2.6.18　宝鸡阳平秦家沟 1963M1 铜器群

1. 铜鼎　2. 铜簋　3. 铜壶　4. 铜盘　5. 铜匜　6. 陶罐

图 2.6.19 宝鸡阳平秦家沟 1963M2 铜器群

1. 铜鼎 2. 铜簋 3. 铜壶 4. 铜盘 5. 铜匜

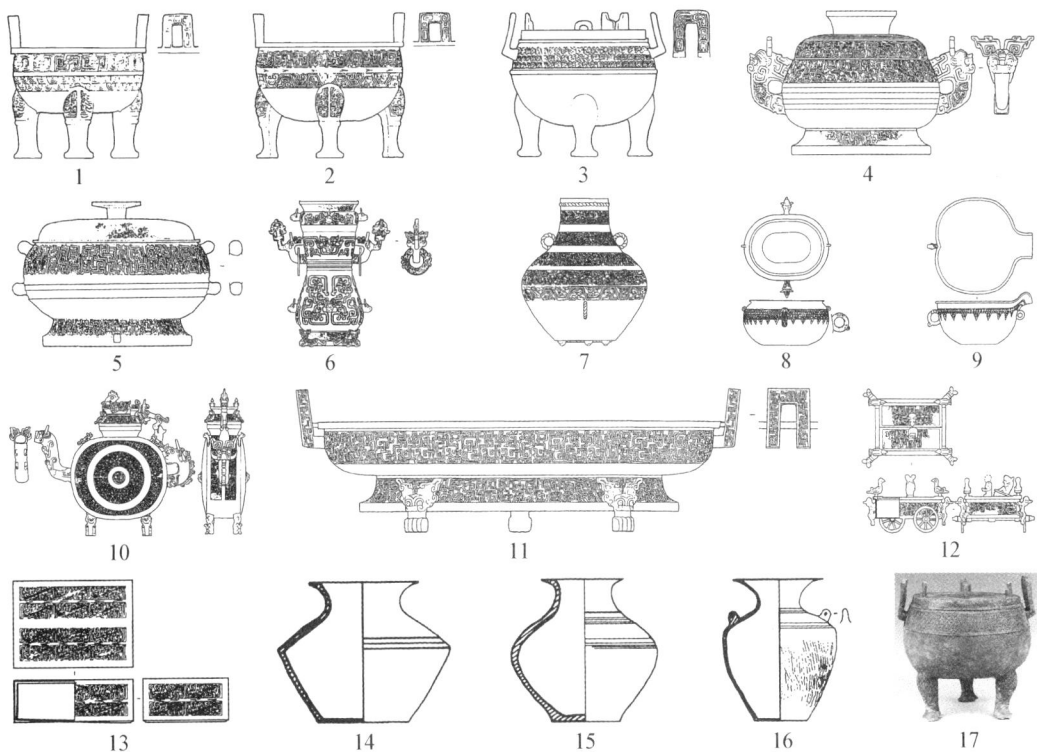

图 2.6.20 礼县圆顶山 1998M1 铜器群

1、2、3·17. 铜鼎(M1:12、25、11) 4、5. 铜簋(M1:17、19) 6、7. 铜壶(M1:8、24) 8. 铜钟(M1:15) 9. 铜匜(M1:14) 10. 铜盉(M1:21) 11. 铜盘(M1:22) 12、13. 铜盒(M1:9、10) 14—16. 陶罐(M1:35、36、33)

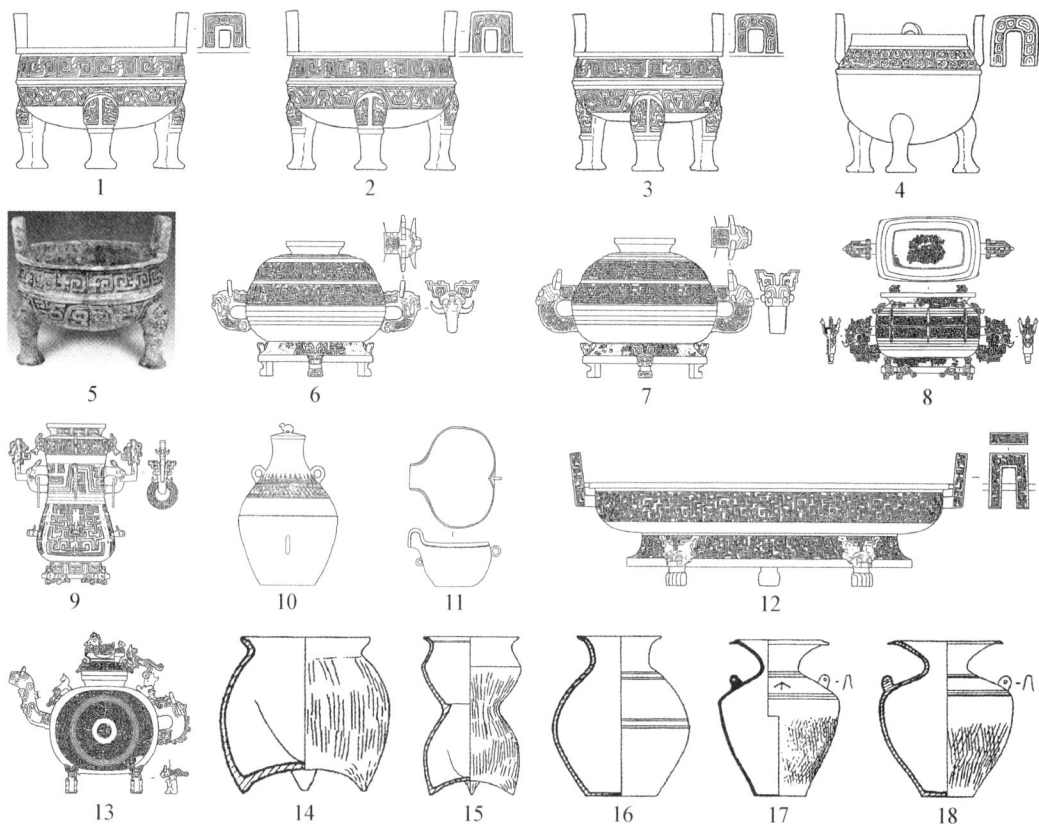

图 2.6.21　礼县圆顶山 1998M2 铜器群

1—5. 铜鼎（M2：25、26、28、38、36）　6、7. 铜簋（M2：32、33）　8. 铜盨（M2：35）　9、10. 铜壶（M2：20、37）
11. 铜匜（M2：27）　12. 铜盘（M2：41）　13. 铜盉（M2：39）　14. 陶鬲（M2：42）　15. 陶甗（M2：24）
16—18. 陶罐（M2：40、22、45）

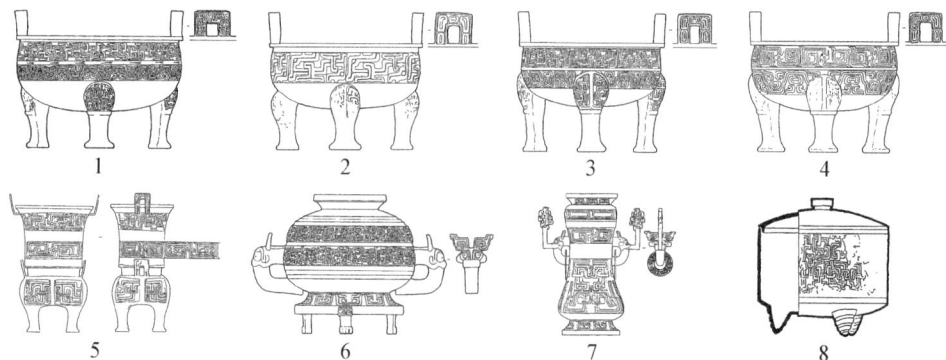

图 2.6.22　礼县圆顶山 2000M4 铜器群

1—4. 铜鼎（M4：1、2、3、5）　5. 铜甗（M4：12）　6. 铜簋（M4：6）　7. 铜壶（M4：10）　8. 铜盒（M4：14）

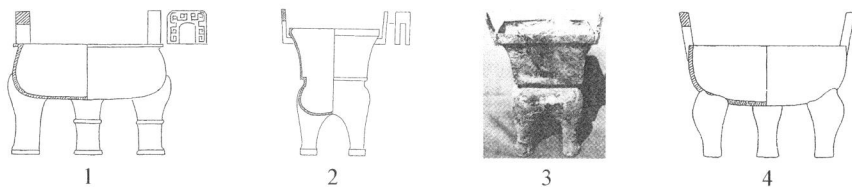

图 2.6.23　长武上孟村 1978M27 铜器群

1. 铜鼎　2·3. 铜甗　4. 陶鼎

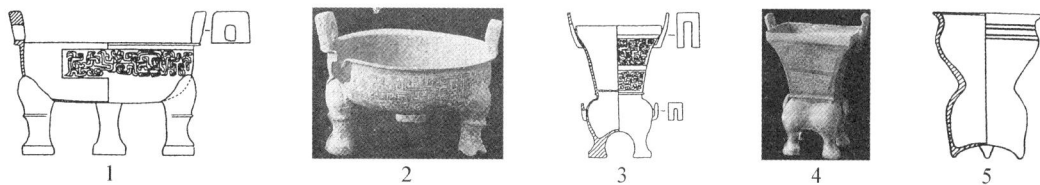

图 2.6.24　凤翔三岔村砖厂 1999M1 铜器群

1·2. 铜鼎（M1∶2）　3·4. 铜甗（M1∶1）　5. 陶甗（M1∶3）

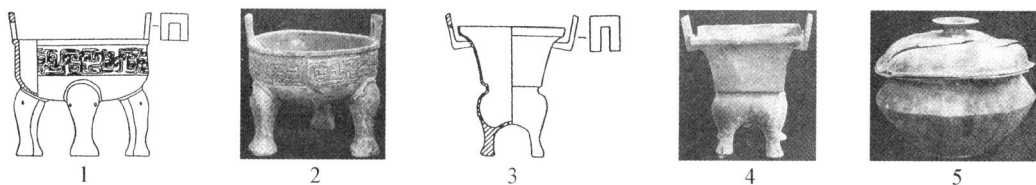

图 2.6.25　凤翔铁炉村 2001M1 铜器群

1·2. 铜鼎（M1∶1）　3·4. 铜甗（M1∶2）　5. 铜盆（M1∶5）

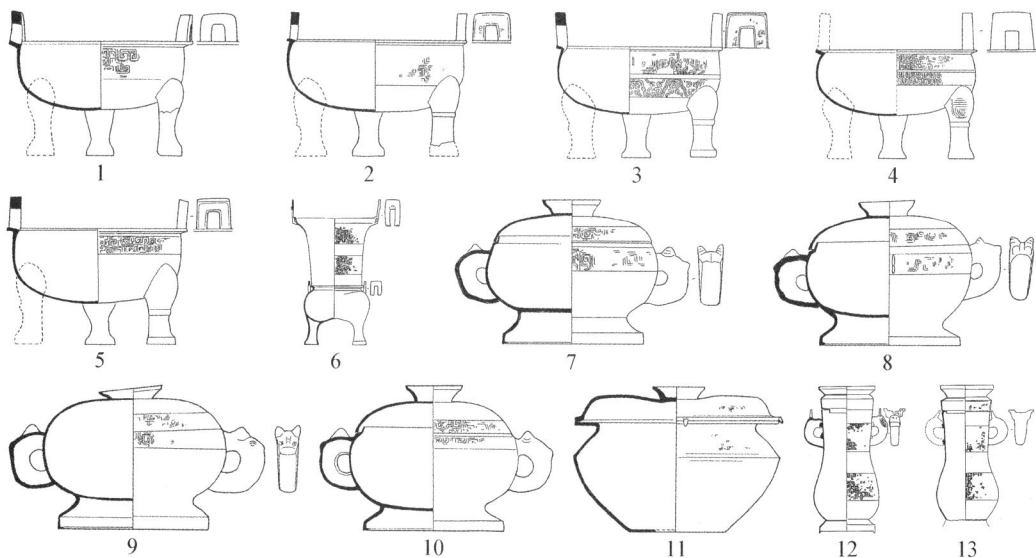

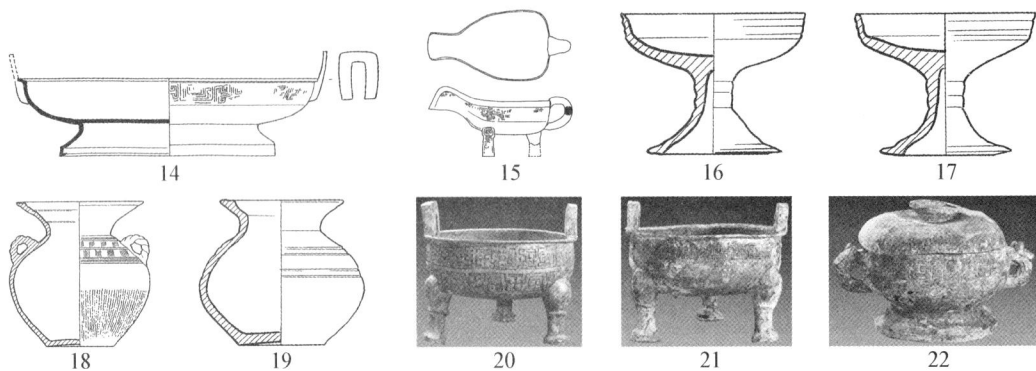

图 2.6.26　凤翔孙家南头 2003M126 铜器群

　　1、2、3·20、4、5、21. 铜鼎(M126：17、19、22、27、28)　6. 铜甗(M126：20)　7、8、9·22、10. 铜簋(M126：15、16、21、14)　11. 铜盆(M126：18)　12、13. 铜壶(M126：25、26)　14. 铜盘(M126：23)　15. 铜匜(M126：24)　16、17. 陶豆(M126：11、29)　18、19. 陶罐(M126：12、30)

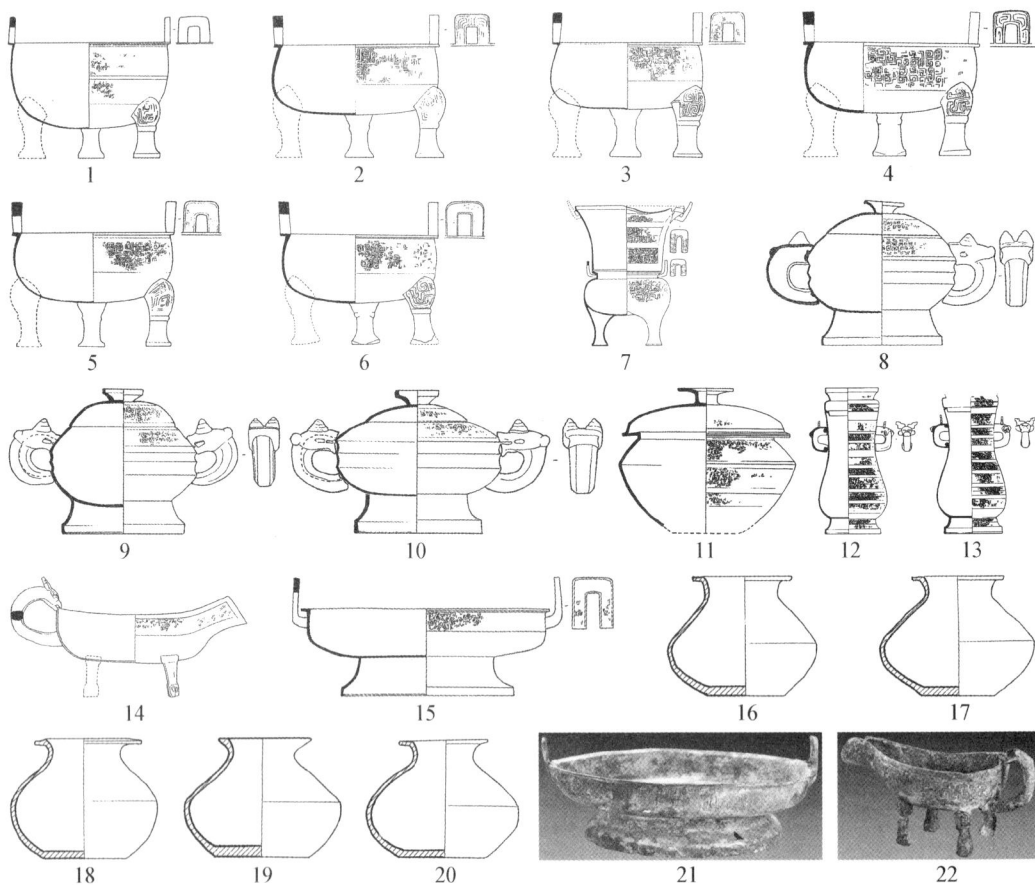

图 2.6.27　凤翔孙家南头 2003M191 铜器群

　　1—6. 铜鼎(M191：5、4、6、7、8、9)　7. 铜甗(M191：13)　8—10. 铜簋(M191：10、11、12)　11. 铜盆(M191：14)　12、13. 铜壶(M191：1、2)　14·22. 铜匜(M191：16)　15·21. 铜盘(M191：15)　16—20. 陶罐(M191：17、18、19、20、21)

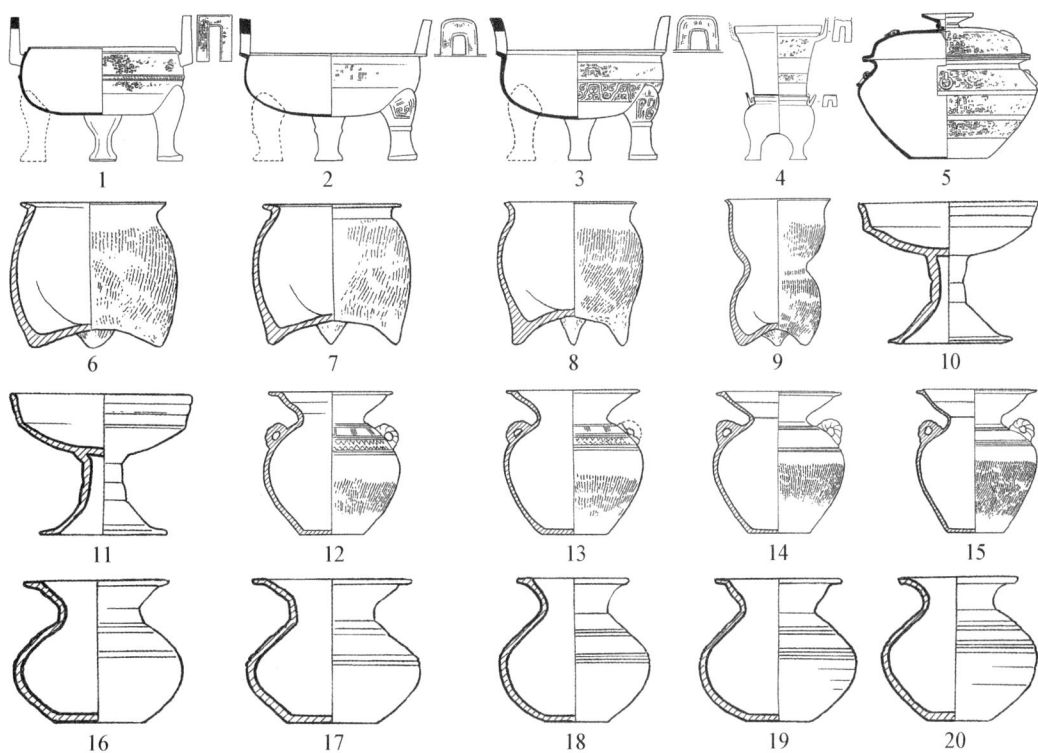

图 2.6.28　凤翔孙家南头 2003M160 铜器群

1—3. 铜鼎（M160：7、8、9）　4. 铜甋（M160：11）　5. 铜盆（M160：10）　6—8. 陶鬲（M160：16、18、6）　9. 陶甋（M160：17）　10、11. 陶豆（M160：12、13）　12—20. 陶罐（M160：3、4、19、5、14、20、15、47、48）

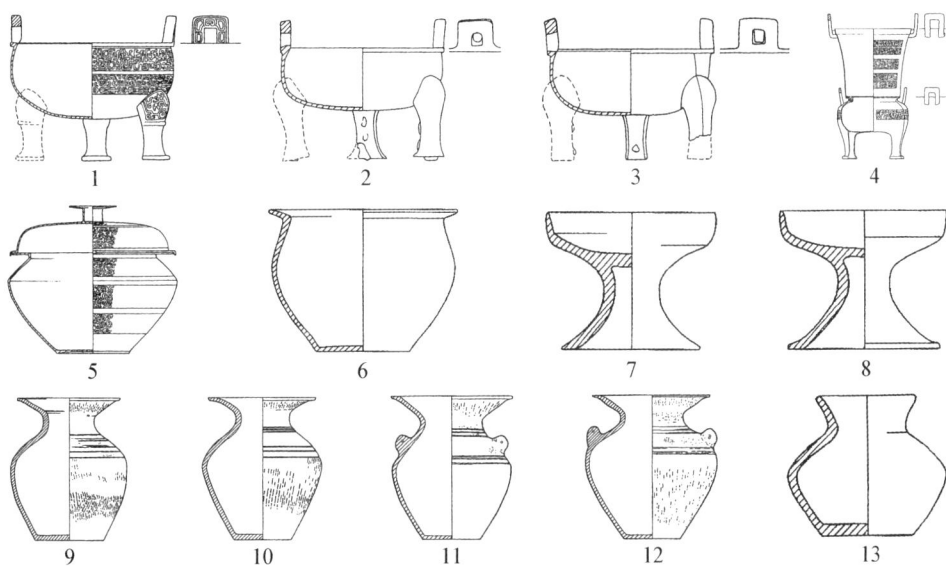

图 2.6.29　礼县大堡子山 2006IM25 铜器群

1—3. 铜鼎（M25：148、147、149）　4. 铜甋（M25：141）　5. 铜盆（M25：150）　6. 陶盆（M25：146）　7、8. 陶豆（M25：152、153）　9—13. 陶罐（M25：143、144、145、142、151）

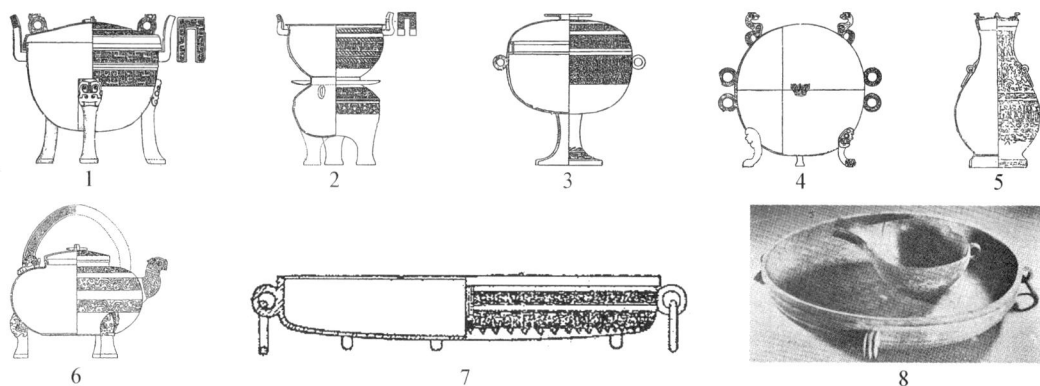

图 2.6.30　凤翔高王寺 1977JC 铜器群

1. 铜鼎　2. 铜甗　3、4. 铜敦　5. 铜壶　6. 铜盉　7. 铜盘　8. 铜盘·匜

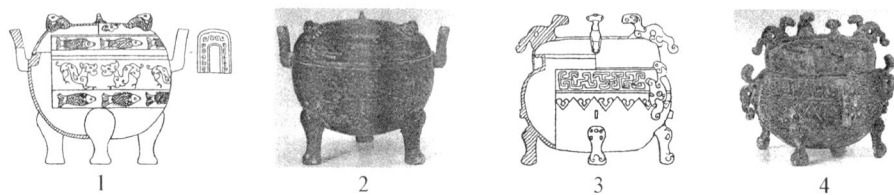

图 2.6.31　凤翔上郭店砖厂 2001M1 铜器群

1·2. 铜鼎(M1∶5)　3·4. 铜罐(M1∶4)

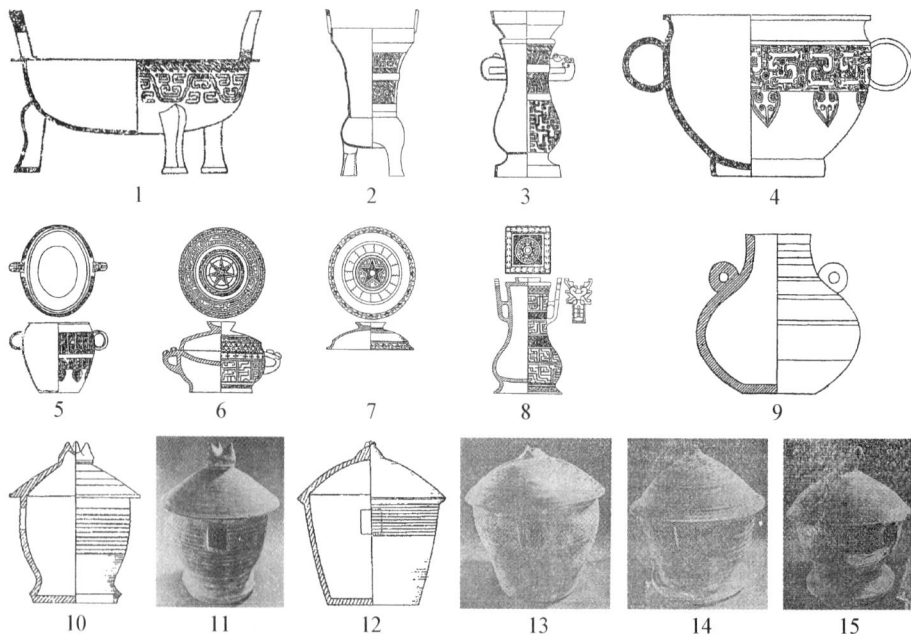

图 2.6.32　凤翔高庄 1977M10 铜器群

1. 铜鼎(M10∶3)　2. 铜甗(M10∶6)　3. 铜壶(M10∶10)　4、5. 铜钫(M10∶14、18)　6,7. 陶簋(M10∶12、16)　8、9. 陶壶(M10∶8、51)　10·11·12·13、14、15. 陶囷(M10∶2、26、5、52)

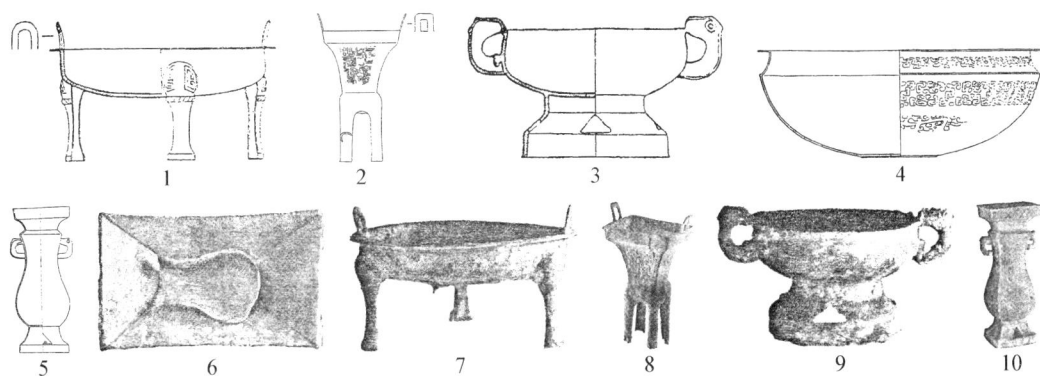

图 2.6.33　长安客省庄 1955M202 铜器群

　　1·7. 铜鼎（M202：6）　2·8. 铜甗（M202：1）　3·9. 铜簋（M202：8）　4. 铜盆（M202：9）　5·10. 铜壶（M202：2）　6. 铜盘、匜（M202：24、25）

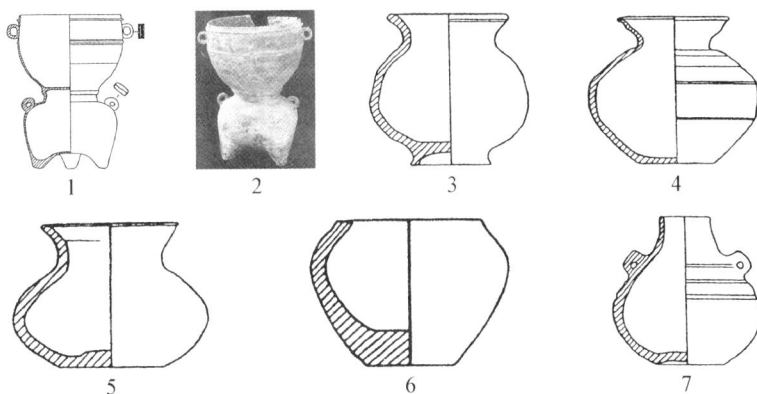

图 2.6.34　凤翔马家庄砖厂 1990M1 铜器群

1·2. 铜甗（M1：1）　3—6. 陶罐（M1：2、3、4、6）　7. 陶壶（M1：5）

图 2.6.35　眉县水泥厂 1993M 铜器群

1. 铜鼎　2. 铜簋

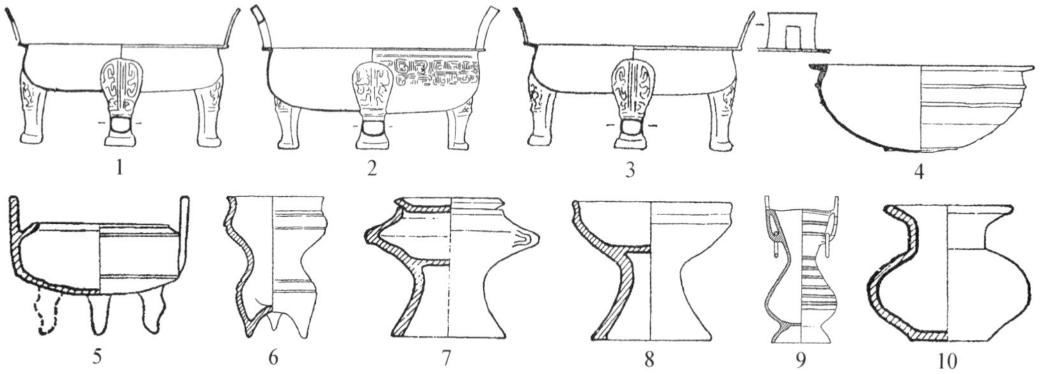

图 2.6.36　武功赵家来 1981M1 铜器群

1—3. 铜鼎(M1：14、15、18)　4. 铜盆(M1：13)　5. 陶鼎(M1：5)　6. 陶甗(M117)　7、8. 陶簋(M1：8、16)　9. 陶壶(M1：10)　10. 陶罐(M1：9)

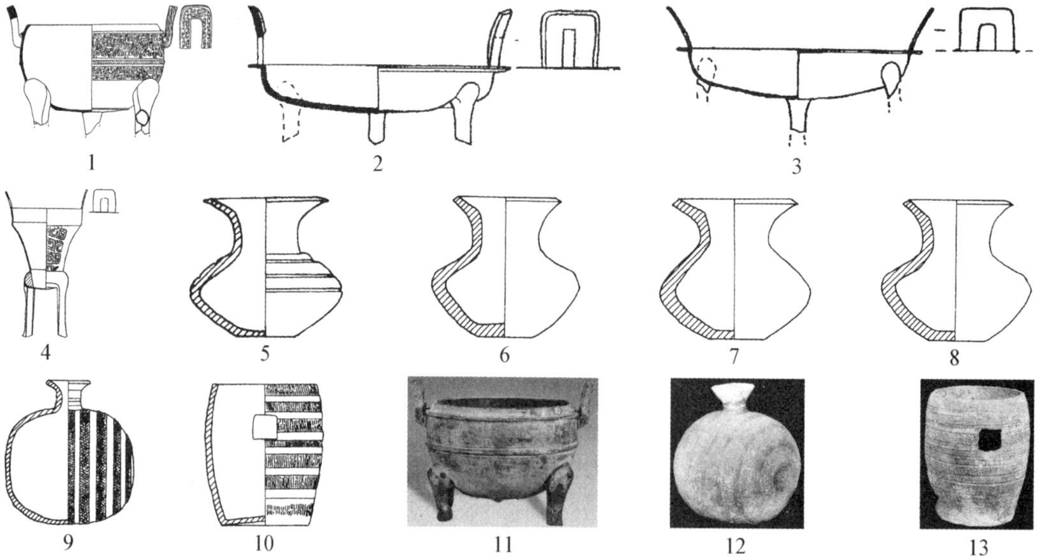

图 2.6.37　咸阳任家咀 1990M56 铜器群

1·11、2、3. 铜鼎(M56：2、4、24)　4. 铜甗(M56：3)　5—8. 陶罐(M56：1、29、30、31)　9·12. 陶壶(M56：8)　10·13. 陶囷(M56：7)

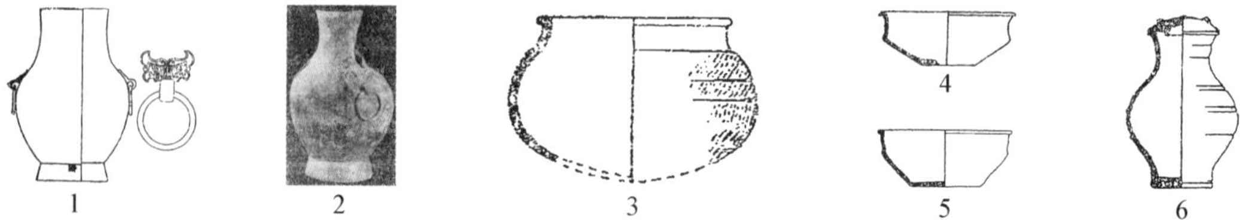

图 2.6.38　大荔朝邑北寨子 1974M107 铜器群

1·2. 铜壶(M107：2)　3. 陶釜(M107：3)　4. 陶甑(M107：4)　5. 陶盆(M107：5)　6. 陶壶(M107：6)

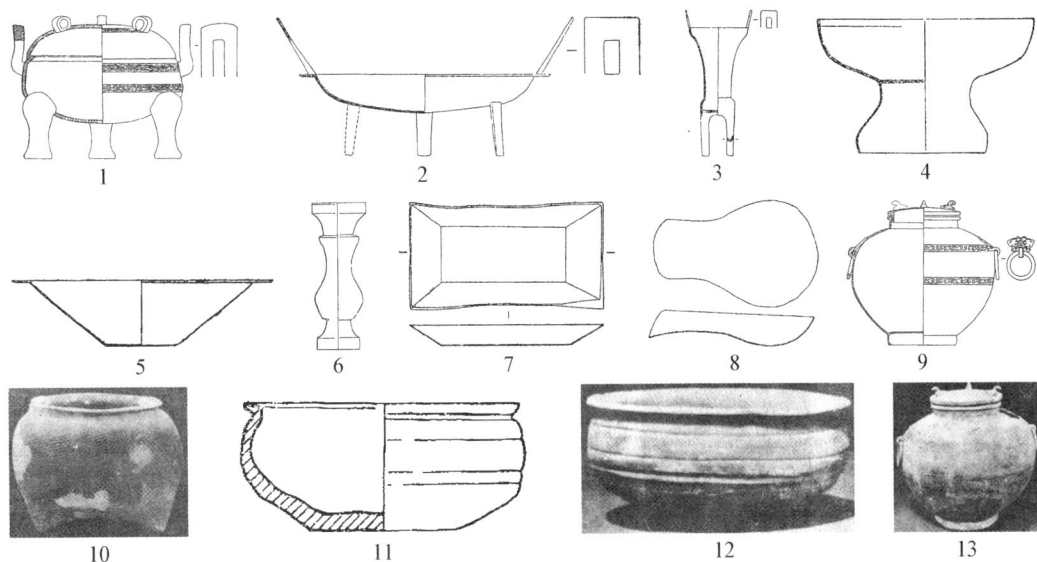

图 2.6.39 凤翔八旗屯西沟道 1983M26 铜器群

1、2. 铜鼎(M26:19、30) 3. 铜甗(M26:27) 4. 铜簋(M26:26) 5. 铜盆(M26:28) 6. 铜壶(M26:25) 7. 铜盘(M26:29) 8. 铜匜(M26:21) 9·13. 铜浴缶(M26:11) 10. 陶鬲(M26:1) 11、12. 陶盂(M26:32、18)

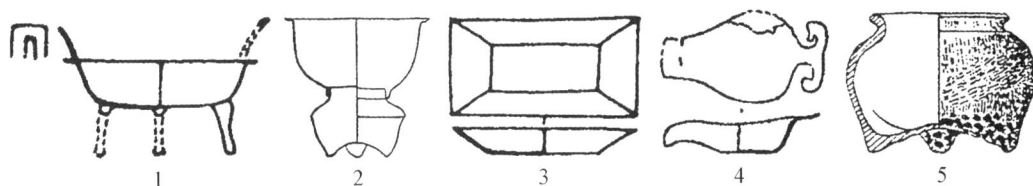

图 2.6.40 凤翔邓家崖 1988M7 铜器群

1. 铜鼎(M7:3) 2. 铜甗(M7:5) 3. 铜盘(M7:2) 4. 铜匜(M7:4) 5. 陶鬲(M7:1)

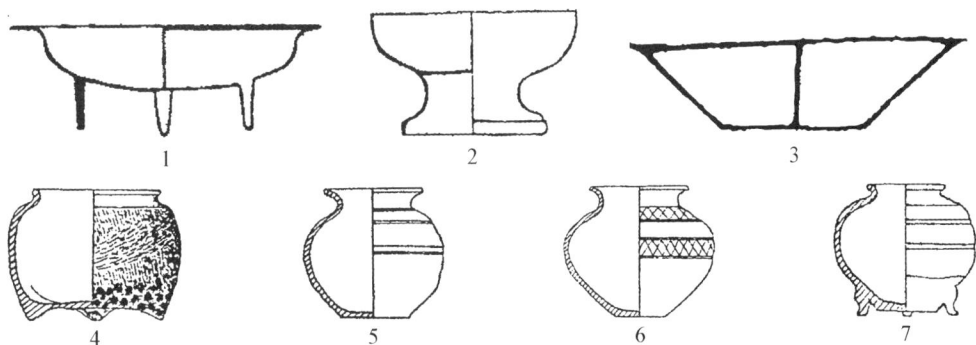

图 2.6.41 凤翔邓家崖 1988M4 铜器群

1. 铜鼎(M4:8) 2. 铜簋(M4:9) 3. 铜盆(M4:18) 4. 陶鬲(M4:2) 5—7. 陶罐(M4:3、5、4)

图 2.6.42　秦安王洼 2009M1 铜器群

1. 铜壶(M1：43)　2. 陶鬲(M1：44)　3. 陶罐(M1：45)

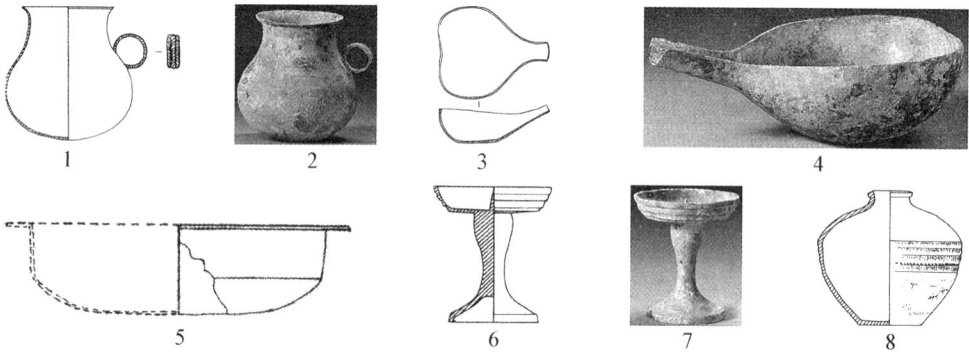

图 2.6.43　西安北郊交校 1998IIM24 铜器群

1·2. 铜鍪(M24：5)　3·4. 铜匜(M24：7)　5. 铜盘(M24：3)　6·7. 铜灯(M24：6)　8. 陶罐(M24：2)

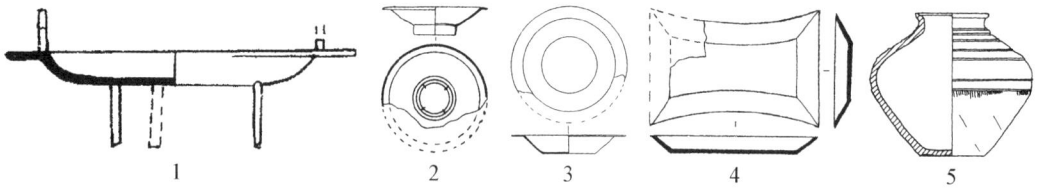

图 2.6.44　咸阳任家咀 1990M230 铜器群

1. 铜鼎(M230：7)　2. 铜甑(M230：6)　3. 铜盆(M230：8)　4. 铜盘(M230：5)　5. 陶罐(M230：9)

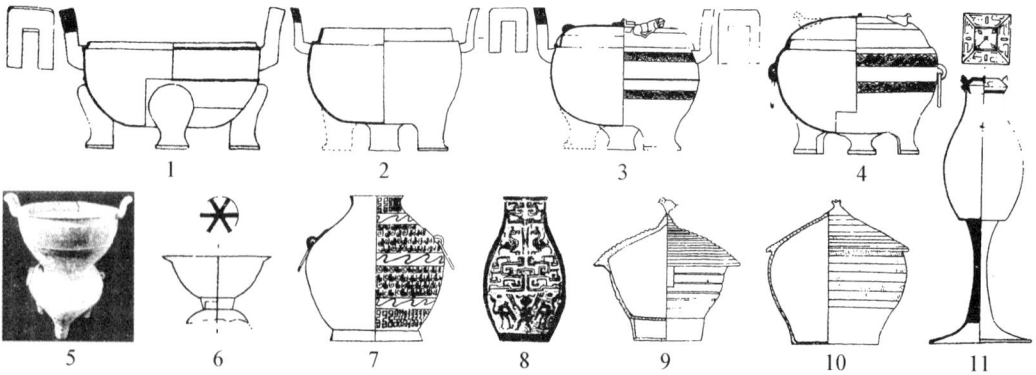

图 2.6.45　咸阳任家嘴 1984M 铜器群

1—4. 铜鼎(M：14、12、13、15)　5、6. 铜瓿(M：17、21)　7、8·11. 铜壶(M：20、18)　9、10. 陶囷(M：2、4)

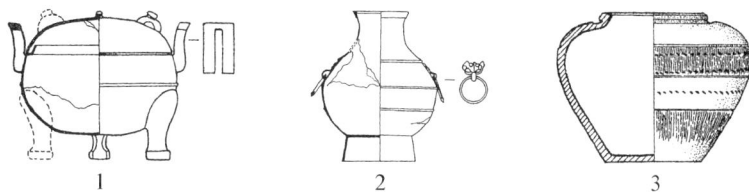

图 2.6.46　咸阳塔儿坡 1995M32350 铜器群

1. 铜鼎(M32350：5)　2. 铜壶(M32350：6)　3. 陶罐(M32350：3)

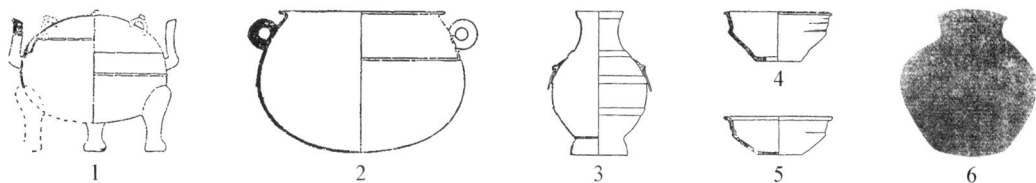

图 2.6.47　大荔朝邑北寨子 1974M203 铜器群

1. 铜鼎(M203：2)　2. 铜釜(M203：5)　3. 铜壶(M203：1)　4. 陶瓿(M203：3)　5. 陶盆(M203：4)
6. 陶罐(M203：6)

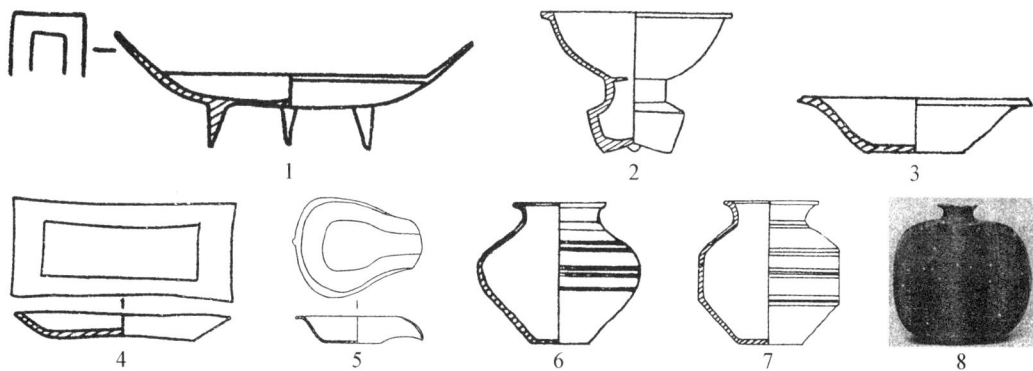

图 2.6.48　凤翔八旗屯 1981M14 铜器群

1. 铜鼎(M14：11)　2. 铜瓿(M14：9)　3. 铜盆(M14：10)　4. 铜盘(M14：13)　5. 铜匜(M14：12)
6、7. 陶罐(M14：3、4)　8. 陶壶(M14：1)

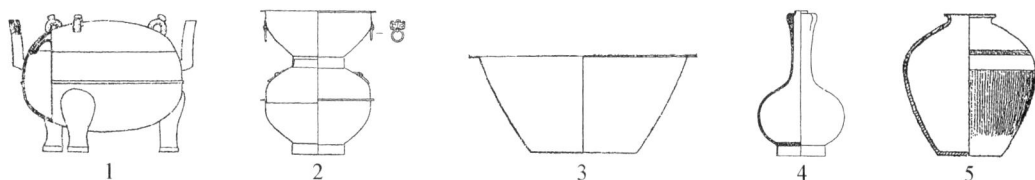

图 2.6.49　凤翔高庄 1977M16、M46 铜器群

1. 铜鼎(M16：6)　2. 铜瓿(M46：10)　3. 铜盆(M46：9)　4. 铜壶(M46：11)　5. 陶罐(M16：5)

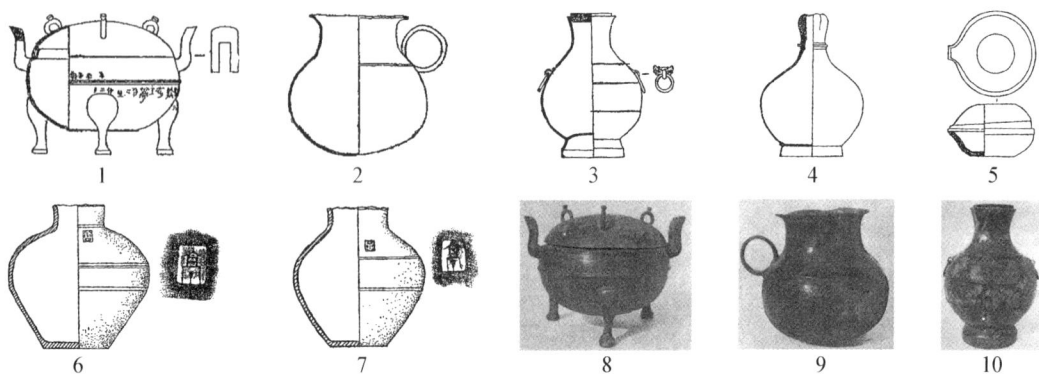

图 2.6.50　凤翔高庄 1979M1 铜器群

1 · 8. 铜鼎(M1∶7)　2 · 9. 铜鍪(M1∶8)　3 · 10、4. 铜壶(M1∶9、10)　5. 铜匜(M1∶13)　6、7. 陶罐(M1∶4、5)

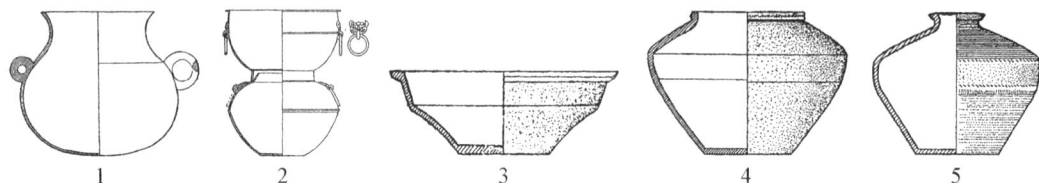

图 2.6.51　临潼上焦村 1976M18 铜器群

1. 铜鍪(M18∶38C)　2. 铜瓴(M18∶38A)　3. 陶盆(M18∶02)　4、5. 陶罐(M18∶03、04)

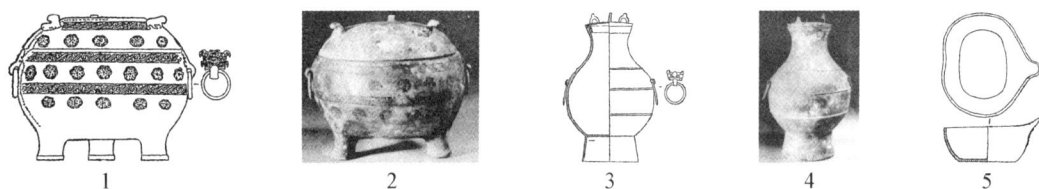

图 2.6.52　平凉庙庄 1974M6 铜器群

1 · 2. 铜鼎(M6∶1)　3 · 4. 铜壶(M6∶3)　5. 铜匜(M6∶4)

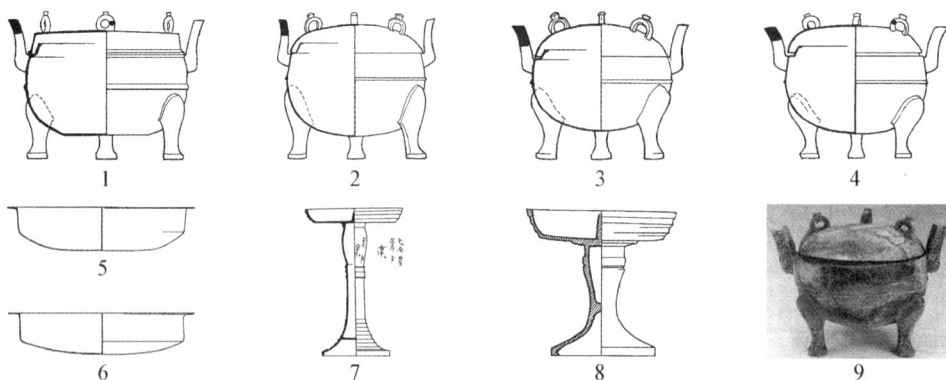

图 2.6.53　西安尤家庄 1996M20 铜器群

1—3、4 · 9. 铜鼎(M20∶1、4、16、17)　5、6. 铜盘(M20∶18、24)　7、8. 铜灯(M20∶10、15)

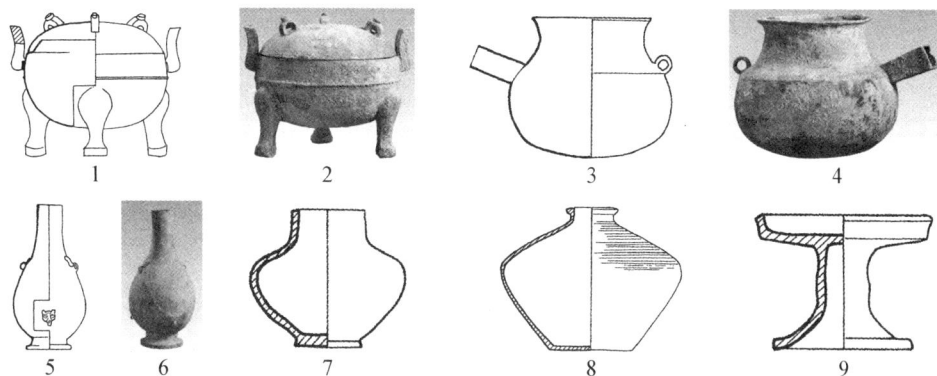

图 2.6.54　西安尤家庄壹号公寓 1998M36 铜器群

1・2. 铜鼎(M36：2)　3・4. 铜鍪(M36：3)　5・6. 铜壶(M36：1)　7、8. 陶罐(M36：8－1、5)
9. 陶灯(M36：4)

图 2.6.55　旬邑转角 1979M 铜器群

1・2、3. 铜鼎　4. 铜釜　5・6. 铜敦　7、8. 铜壶　9. 铜鐎壶

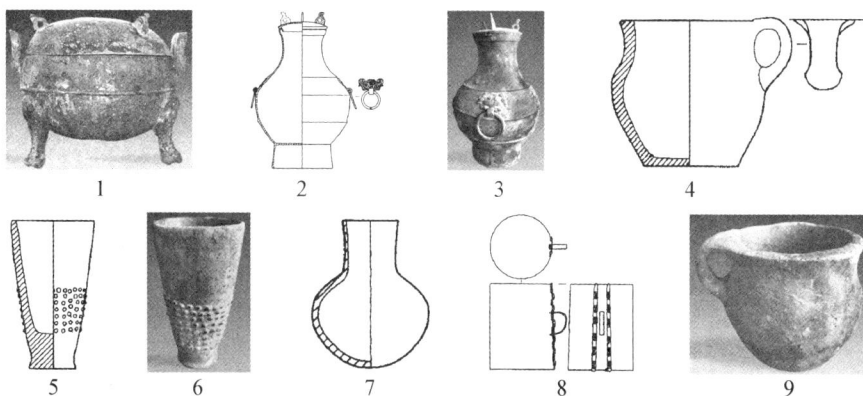

图 2.6.56　张家川马家塬 2006M1 铜器群

1. 铜鼎(M1：6)　2・3. 铜壶(M1：1)　4・9. 陶罐(M1：5)　5・6. 釉陶杯(M1：4)
7. 锡壶(M1：12)　8. 银杯(M1：3)

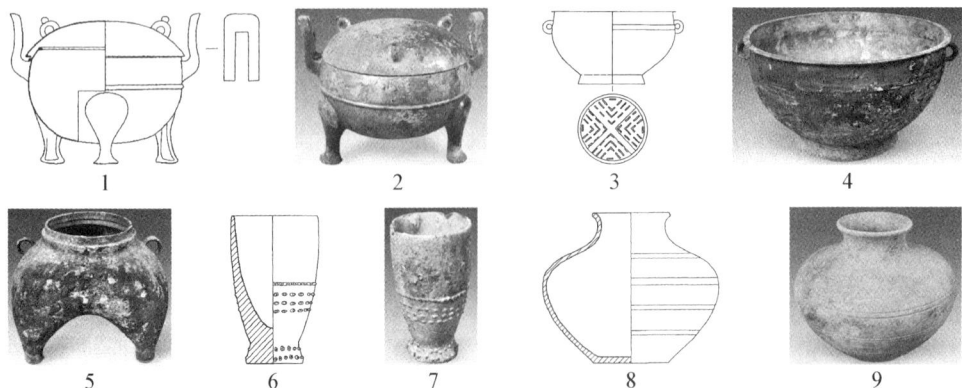

图 2.6.57　张家川马家塬 2010M19 铜器群

　　1·2. 铜鼎（M19MS：3）　3·4. 铜甑（M19MS：1）　5. 铜鬲（M19MS：2）　6·7. 釉陶杯
（M19MS：6）　8·9. 陶罐（M19MS：4）

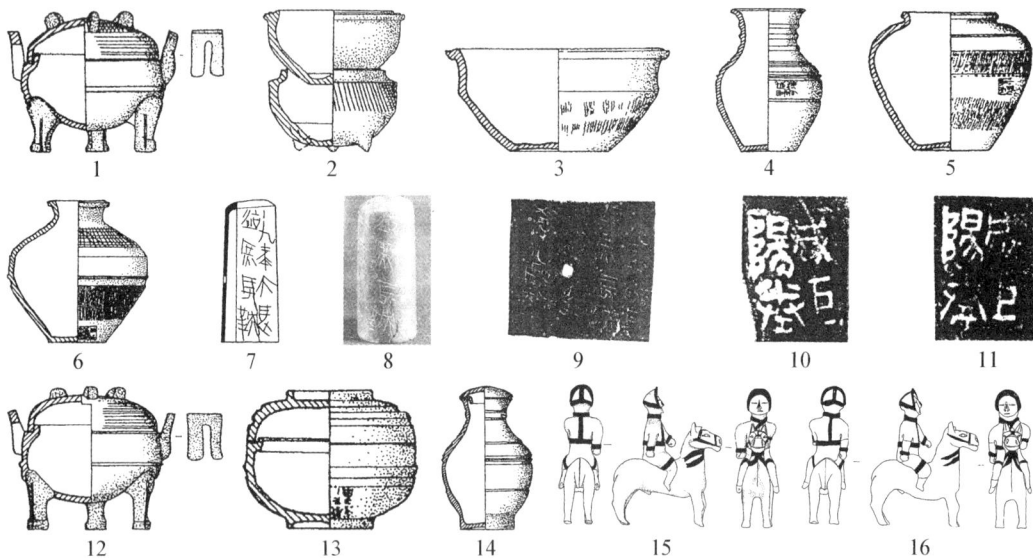

图 2.6.58　咸阳塔儿坡 1995M27063、M28057 铜器群

　　1、12. 陶鼎（M27063：12、M28057：4）　2. 陶瓺（M27063：18）　3. 陶盆（M27063：8）　4、14. 陶壶
（M27063：14、M28057：1）　5、6. 陶罐（M27063：9,6）　7—9. 十九年商鞅铜镈（M27063：15）　10、11. 陶盒陶
文（M27063：13、M28057：3）　13. 陶盒（M28057：2）　15、16. 陶俑（M28057：5,6）

第七节　豫北京津冀组典型铜器群
及其分组、分期和断代

一、典型铜器群

　　按照绪论中所述典型铜器群的选择标准，我们从太行山东麓地区的河南北部、河北、

北京、天津等地出土的青铜器群中选取 54 个作为典型铜器群,考察典型器类及其型、式在这些典型铜器群中的分布情况,列为表 2.7.1。

二、分组、分期

在前文形制分析的基础上,主要根据典型器类及其主要型式在典型单位中的分布情况,以及式别特征的差异程度、共存器物的变化等,我们将豫北京津冀组典型铜器群划分为七个小组(表 2.7.1,图 2.7.1—2.7.45)。

分组的理由如下:

(一) 关于第一组和第二组的分组

第一,器类构成有异。

烹煮器中,第一组以鼎为主,第二组以镀为主;第一组有甗,第二组未见甗。

盛食器中,第一组以簋、簠为主,第二组以敦为主。

酒器中,第一组以壶为主,第二组以罍、壶为主,罍的数量和比例增加。

盥洗器中,第一组无铍,第二组铍的数量较多。

第二,共有器类的型、式特征有异。

第一组流行 Aa I 式壶,第二组流行 C 型壶。

第一组流行 Aaaa I 式匜,第二组流行 Aaaa II 式、Aaaa III 式匜。

(二) 关于第二组和第三组的分组

第一,器类构成有异。

烹煮器中,第二组以镀为主,第三组以附耳子母口鼎为主,未见镀。

盥洗器中,第二组无浴缶,第三组新出现浴缶。

第二,共有器类的型、式特征有异。

第二组流行 A 型敦,第三组新出现 B 型、C 型敦。

第二组流行 Abb III 式铍,第三组流行 Abb IV 式铍。

(三) 关于第三组和第四组的分组

第一,器类构成有异。

烹煮器中,第三组以附耳子母口鼎为主,第四组仍以附耳子母口鼎为主,但同时甗较常见,曾在第二组中流行、第三组中尚未见到的镀在第四组中复出且数量较多。

盛食器中,第三组以敦为主,第四组仍以敦为主,但同时第一组中流行、第二组和第三组中尚未见到的簠、簋在第四组中再次出现。

第二,共有器类的型、式特征有异。

第三组流行 Ac II 式附耳子母口鼎,第四组流行 Ac III 式、Ab III 式、Bca 型和 Bcb 型附耳

表 2.7.1　豫北京津冀组典型

分期	分组	名称	立耳折沿鼎	附耳折沿鼎	附耳子母口鼎	籇口鼎	束腰鼎	细撇足鼎	高鼎	牲首鼎	方鼎	鬲	甗	簋	鉴
一	豫北京津冀1组	安阳王古道 2004M1(完整)		Aa I 1											
		安阳王古道 2004M2(完整)	Ab I 2										Ab I 1		
二	豫北京津冀2组	延庆玉皇庙 1986M2(完整)	B I 1												
		延庆玉皇庙 1986M18(完整)											Abb I 1		
		延庆玉皇庙 1986M250(完整)											Abc II 1		
		行唐李家庄 1962M(扰)		Aa II 1?									Abc II 1		
		怀来甘子堡 1981M7(扰)													
		怀来甘子堡 1981M8(扰)											Abb II 1		
		怀来甘子堡 1981M16(扰)													
		平山三汲访驾庄 1977M8004(完整)	B II 1												
		怀来甘子堡 1957M(扰)													
		易县 1958 采铜敦(采)													
		易县燕下都郎井村 1966 采铜盘：0173 (采)													
		易县燕下都郎井村 1966 采铜匜：0633 (采)													
三	豫北京津冀3组	辉县琉璃阁 1951M130(完整)		Ac II 2											
		怀来甘子堡 1981M1(扰)	Ba I 1										1		
		怀来甘子堡 1981M2(扰)		Ac II 1、1											
		怀来甘子堡 1981M5(扰)													
四	豫北京津冀4组	辉县琉璃阁 1936M 甲(扰)	Ba II 6	Ab III 10、Ac III 2					Abaa IV 5			Cad II 1	Aadb III 8		
		辉县琉璃阁 1936M 乙(扰)	B III 4	Aa III 6					Abaa III 5			Aaab II 1			
		邯郸百家村 1957M57(完整)		Ab III 3									Aaaa IV 1		
		邯郸邯钢 1989M(扰)		Ab III 2									Aaaa IV 1		
		灵寿西岔头 1984M(扰)		Ab III 2											
		平山三汲穆家庄 1977M8101(扰)		Ab III 1											
		满城采石厂 1971M(扰)		Ac III 1									Cad II 1		
		曲阳大赵邱 1998M(扰)		Ab\Ac III 1									Cad II 1		
		三河大唐迥 1978M1(扰)		Bca1											

铜器群型式统计表

釜	铺	盨	簠	簋	盆	敦	壶	尊缶	罍	鉴	盉	匜	盘	钫	浴缶	汤鼎
				AⅠ2			AaⅠ2						AaaaⅠ1	AaaⅠ1		
		AbⅠ1		AⅠ2			AaⅠ2						AaaaⅠ1			
						AaⅡ1			AaⅡ1			AaaaⅢ1	AbabⅣ1	AbbⅢ1、Cbc2		
						AaⅢ1			AaⅠ1					AabⅡ1		
									AaⅠ1					AbbⅢ1		
							CbaaⅡ1、DⅡ1									
							CaaⅡ1									
													AbbaⅢ1	AbbⅢ1		
									AaⅡ1			AaaaⅡ1				
						A1										
												AcbⅡ1				
												AaaaⅡ1				
						AbⅡ2								AbbⅣ1		
						CaaaⅠ1			AbbbⅡ1			AaaaⅡ1	AbaaⅡ1	AbbⅣ1		
						Bca1	CbaaⅢ1		AaⅡ2				AbaaⅢ1	AbbⅣ1		
						AbⅡ1										BⅢ1
	1	AbⅥ4		Bb6		A2、BbaⅢ2、BdⅢ1	AaⅢ2、CbcⅢ1、DⅣ1		AbbbⅣ2	AaⅣ1				AbbⅤ1		
	1	AbⅤ2、BbⅤ2		AⅢ4		AaⅡ2	AaⅢ2		AbbbⅣ2	AaⅣ1		1	AdaⅣ1	AbbⅤ2		
						CaaaⅡ2	CbbbⅠ2					BaaaⅣ1	AbdⅤ1	BbaⅣ1		
												BabⅠ1	AbbaⅤ1			
						CaaaⅡ1						Bbda1	AcaⅣ1	BbaⅣ1	BbaⅤ1	
						CaaaⅡ1	CbacⅠ1、CbbcⅠ1						BcaⅠ1			
														Cbda1		
						CaaaⅡ1	CbacⅠ1						Bbc1			
						CbaⅡ1							Bbc1			

分期	分组	名　称	立耳折沿鼎	附耳折沿鼎	附耳子母口鼎	箍口鼎	束腰鼎	细撇足鼎	鬲鼎	牲首鼎	方鼎	鬲	甗	簠	鉴
四	豫北京津冀4组	怀来北辛堡1964M1(扰)			Bcb1									AadaⅢ1	
		顺义龙湾屯1982M(扰)			Bcb1										
		唐山贾各庄1952M18(完整)			AbⅢ1										
		唐县北城子1970M1(扰)			AbⅢ1								CadⅡ1		
		唐县北城子1970M2(扰)			AbⅢ1、Bcb1								AaaaⅣ1	AbbⅣ1	
		唐县钓鱼台1966M(扰)			AbⅢ1、AcⅢ1									AbbⅣ1	
		新乐中同村1980M2(完整)			AbⅢ1								AaaaⅣ1	AacⅣ1	
		邢台南大汪1958M1(完整)			AbⅢ1、AcⅢ2								AaaaⅣ1		
		易县燕下都1964M31(扰)			Bca1										
五	豫北京津冀5组	辉县三位营1973M(扰)			AbⅣ3								1		
		邯郸百家村1957M3(完整)							BaⅤ1						
		平山三汲穆家庄1977M8102(扰)		1					BaⅣ1						
		平山三汲访驾庄1977M8006(盗)											CadⅢ1		
		通州中赵甫1981M(扰)			AbⅣ1、AdⅣ1										
		涞水永乐1955M(扰)													
		迁西大黑汀1989M1(扰)			AdⅢ1										
		唐山贾各庄1952M16(完整)													
		滦平虎什哈炮台1979M6(完整)													
六	豫北京津冀6组	辉县赵固1951M1(扰)			AbⅤ1、AdⅤ1				BaⅥ1、BbⅢ1					DcⅡ1	
		平山三汲1974M1(盗)			AbⅤ15								AbaaⅦ4	DcⅡ1	
		平山三汲穆家庄1974M6(盗)			AbⅤ9、AdⅤ5								AbaaⅦ4	CacⅢ2	

续表

釜	铺	盨	簠	簋	盆	敦	壶	尊缶	罍	鉴	盉	匜	盘	铺	浴缶	汤鼎
						CbcⅣ1、CbbⅡ2				AaⅣ2						
						CbaⅡ1								Bbc1		
						CbaⅡ1	CbaaⅣ1					Bbda1	AbabⅤ1	Bbc1		
						CbaⅡ1	CbaaⅣ1					Bbda1	AcaⅣ1			
						CbaⅡ1	CabⅡ1			AbaⅣ1		BbbⅠ1		Bbc1		
						BbaⅢ1				AbaⅢ1		AbaaⅣ1		AbbⅢ1		
						CbbⅡ1	CbcⅣ1						AaaⅣ1	AbbⅤ1		
						CaaaⅡ2	AaⅣ2							1		
						CbaⅡ1								CbdbⅠ1		
						C2	2			AaⅤ2		BaaaⅤ2		1		
						DbaⅠ1										
						CbbⅡ1、Bcb2	CbaaⅤ1					1		AbbⅤ1		
						Cbc1、DcaⅡ1						BaaaⅤ1		CbdbⅡ1		
						CbbⅢ1、DcaⅡ1	CbacⅡ1					B1				
						Cbc1、DcaⅡ1						B1		AbdⅡ1		
						DcaⅡ1										
						DcaⅡ1										
						DbaⅡ2	CbacⅡ2						BcaⅡ1	1		
	2		BcⅡ2			CacaⅡ2、EⅡ8	AbⅥ1、CaaⅥ2、CaaⅦ2、CbaaⅥ4、CbbaⅥ2、CbbdⅡ4、CcbⅢ2				BcⅤ3	BaaaⅧ1	BcaⅢ1			
	2		BcⅡ2			AbⅥ1、CacⅡ2、EⅡ6	CbbdⅡ4、CbaaⅥ1、CaaⅥ2				BcⅤ4	BaaaⅧ2	BcaⅢ1			

分期	分组	名　　称	立耳折沿鼎	附耳折沿鼎	附耳子母口鼎	箍口鼎	束腰鼎	细撇足鼎	鬲鼎	牲首鼎	方鼎	鬲	甗	簠	盨
七	豫北京津冀7组	元氏杨家寨 1989M(扰)			AbⅥ1										
		丰台贾家花园 1977M(扰)			AbⅥ2										
		宣化万字会 2009M15(完整)													
		容城南阳 1981 采铜鼎(采)			AbⅥ2										
		涞水永乐 1955 采铜壶(采)													
		北京拣选宜阳右仓敦(采)													

釜	铺	盨	簠	簋	盆	敦	壶	尊缶	罍	鉴	盂	匜	盘	铺	浴缶	汤鼎
							Ccb Ⅲ 1									Ⅶ 1
							Cbab Ⅴ 1、Cbbd Ⅱ 1									
							Cbac Ⅳ 1									
						Dbb Ⅲ 1										

子母口鼎。Bca 型和 Bcb 型附耳子母口鼎是本地区新出现的特色形式。

第三组流行 Ab Ⅱ式、Caaa Ⅰ式敦,第四组流行 Caaa Ⅱ式、Cba Ⅱ式敦。

第三组流行 A 型匜,第四组流行 B 型匜。

第三组流行 Abb Ⅳ式铺,第四组流行 Abb Ⅴ式、Bba Ⅳ式、Bbc 型铺。

（四）关于第四组和第五组的分组

第一,器类构成有异。

烹煮器中第四组以附耳子母口鼎为主,未见鬲鼎,第五组仍以附耳子母口鼎为主,同时出现鬲鼎;第四组中镀数量较多,第五组尚未见镀。

酒器中,第四组有罍,第五组未见罍。

第二,共有器类的型、式特征有异。

第四组流行 Ab Ⅲ式、Ac Ⅲ式、Bca 型和 Bcb 型附耳子母口鼎,第五组流行 Ab Ⅳ式、Ad 型附耳子母口鼎。

第四组流行 C 型敦,未见 D 型敦,第五组仍见 C 型敦,但同时流行 D 型敦。

第四组 Aa Ⅳ式鉴,至第五组代以 Aa Ⅴ式鉴。

第四组流行 Baaa Ⅳ式、Bbda 型匜,第五组流行 Baaa Ⅴ式匜。

（五）关于第五组和第六组的分组

第一,器类构成有异。

盛食器中,第五组未见簠,第六组有簠。

盥洗器中,第五组未见盉,第六组有盉;第五组铺数量较多,第六组少见。

第二,共有器类的型、式特征有异。

第五组流行 Ab Ⅳ式、Ad Ⅲ式、Ad Ⅳ式附耳子母口鼎,第六组流行 Ab Ⅴ式、Ad Ⅴ式附耳子母口鼎。

第五组流行 Baaa Ⅴ式匜,第六组流行 Baaa Ⅷ式匜。

（六）关于第六组和第七组的分组

目前发现的第七组铜器群数量尚嫌欠缺,可资与第六组进行对比的材料还薄弱,但是两组铜器群共有器类的型、式特征差异较为明显:第六组流行 Ab Ⅴ式、Ad Ⅴ式附耳子母口鼎,第七组流行 Ab Ⅵ式附耳子母口鼎。

三、断代

本组中包含的可以自明年代的标准器少,但是本组与邻近的豫西豫中组、山西组、山东组存在密切的交流和联系,深受后三组影响,可以通过后三组的系联来判断本组的年代。

（一）豫北京津冀一组年代的判断

本组典型铜器群的器类构成、型式特征、纹饰特征与豫西豫中一组、山西一组、山东一组相同，年代相当。

（二）豫北京津冀二组年代的判断

本组典型铜器群中流行的 AaⅡ式罍、AaaaⅡ式匜、AbbⅢ式铏、AabⅡ式铏也流行于豫西豫中二组和山东二组。本组中的 BⅡ式立耳折沿鼎、AaⅡ式敦与豫西豫中二组、山西二组、山东二组中流行的 BⅡ式立耳折沿鼎、AaⅡ式敦完全相同。因此本组的年代应与豫西豫中二组、山西二组、山东二组相当。

（三）豫北京津冀三组年代的判断

本组典型铜器群中流行的 AcⅡ式附耳子母口鼎也主要流行于山西三组、豫西豫中三组。本组中的 AbⅡ式敦也流行于豫西豫中三组、山东三组、山西三组。本组中流行的 AbbⅣ式铏也流行于豫西豫中三组、山东三组。本组中的 BaⅠ式附耳折沿鼎（怀来甘子堡 1981M1：1，图 2.7.11，1·8）主要流行于豫南苏皖鄂三组，与淅川下寺 1977M36：2（图 2.4.62,1）、当阳金家山 1975M9：9（图 2.4.70,1）等相同，也与豫西豫中三组中的洛阳西工区 1991C1M3427：18（图 2.3.44,1）相同。本组中的铜罍（怀来甘子堡 1981M1：12，图 2.7.11，4·11）与山东三组中峄城徐楼 2009M1：20（图 2.5.36,5）、豫南苏皖鄂三组中蚌埠双墩 2006M1：398（图 2.4.59,13）相似。因此本组的年代应与豫西豫中三组、山西三组、山东三组相当。

（四）豫北京津冀四组年代的判断

本组典型铜器群在器类构成和型式特征方面与山西四组高度相似，其中流行的 AbⅢ式附耳子母口鼎、AcⅢ式附耳子母口鼎、AaaaⅣ式甗、CaaaⅡ式敦、CbaaⅣ式壶、CbacⅠ式壶等亦流行于山西四组。因此本组的年代应与山西四组相当。

（五）豫北京津冀五组年代的判断

本组典型铜器群中的 AbⅣ式附耳子母口鼎、AdⅣ式附耳子母口鼎、BaⅤ式鬲鼎等也流行于山西五组。本组中流行的 DcaⅡ式敦也流行于山东五组。本组中的 BaaaⅤ式匜主要流行于豫南苏皖鄂五组。因此本组的年代应与山西五组、山东五组、豫南苏皖鄂五组相当。

（六）豫北京津冀六组年代的判断

本组包含可以自明年代的标准器群。平山三汲穆家庄 1974M6 墓主为中山成公，[1]卒

---

① 河北省文物研究所：《战国中山国灵寿城——1975~1993 年考古发掘报告》，文物出版社，2005 年。

于公元前 328 年。① 平山三汲 1974M1 墓主为中山王𰯼,公元前 327—前 313 年在位,该墓
铜器群中的中山王𰯼鼎、中山王𰯼方壶、中山胤𡢃蚉圆壶的铭文记述了燕王子哙因禅让王
位于子之导致内乱招致身死国亡和中山参加伐燕一事,②《史记·燕召公世家》《战国
策·燕策一》《竹书纪年》等文献记载此事发生在公元前 314 年。

（七）豫北京津冀七组年代的判断

本组典型铜器群中流行的 Ab Ⅵ 式附耳子母口鼎也流行于山西七组、豫西豫中七组、
山东七组,其年代亦应相当。

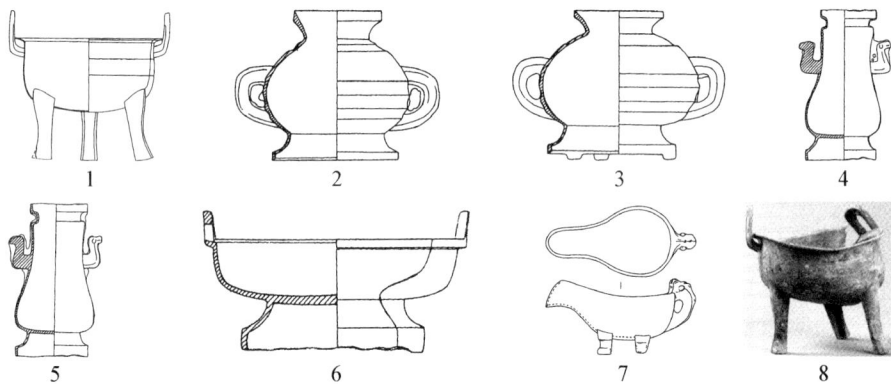

图 2.7.1　安阳王古道 2004M1 铜器群

1·8. 铜鼎（M1：31）　2、3. 铜簋（M1：36、37）　4、5. 铜壶（M1：29、30）　6. 铜盘（M1：32）　7. 铜匜（M1：33）

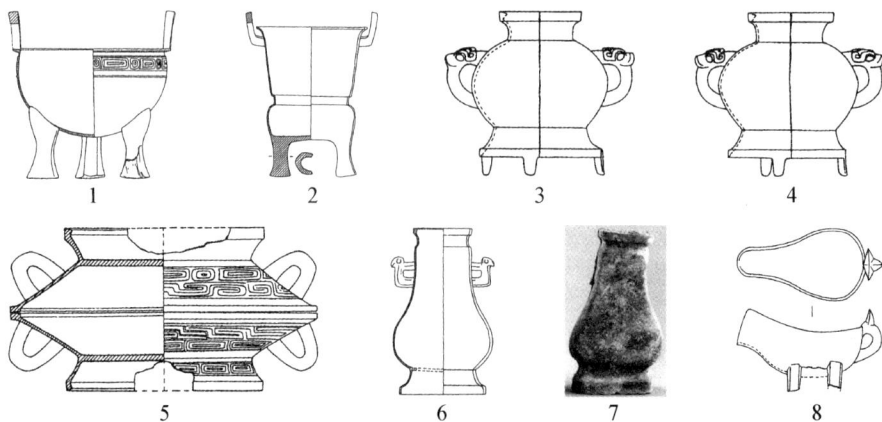

图 2.7.2　安阳王古道 2004M2 铜器群

1. 铜鼎（M2：13）　2. 铜甗（M2：7）　3、4. 铜簋（M2：11、12）　5. 铜簠（M2：15）
6、7. 铜壶（M2：17、34）　8. 铜匜（M2：23）

①　河北省文物研究所：《𰯼墓——战国中山国国王之墓》,文物出版社,1995 年。
②　河北省文物研究所：《𰯼墓——战国中山国国王之墓》,文物出版社,1995 年。

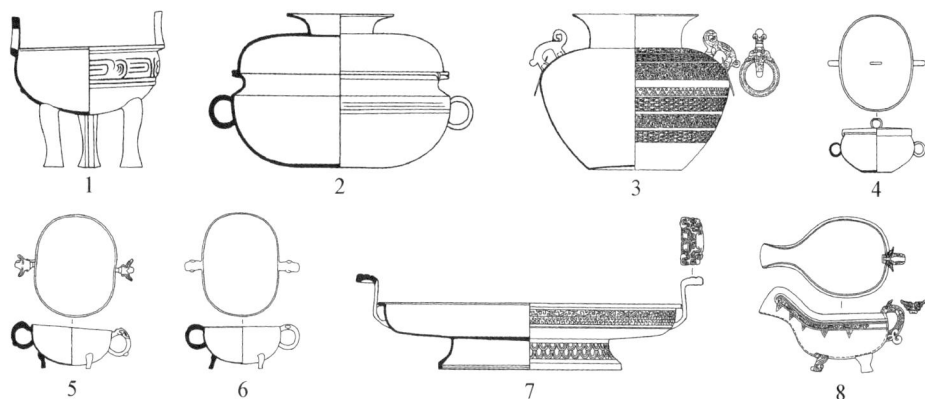

图 2.7.3　延庆玉皇庙 1986M2 铜器群

1. 铜鼎（M2：1）　2. 铜敦（M2：2）　3. 铜罍（M2：5）　4—6. 铜铊（M2：9、10、11）　7. 铜盘（M2：7）　8. 铜匜（M2：8）

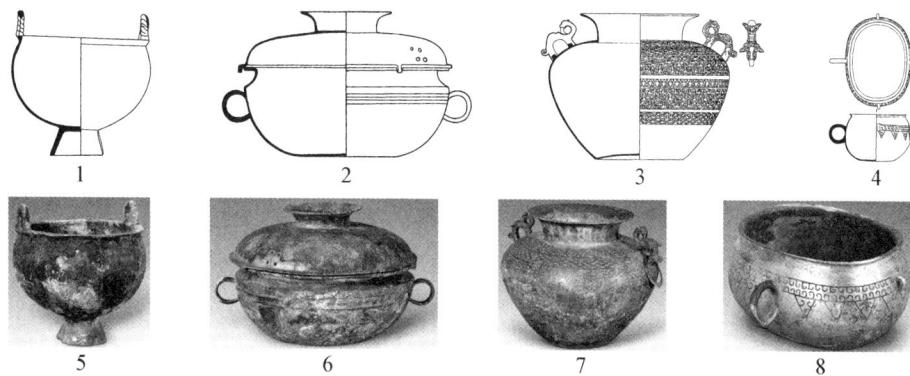

图 2.7.4　延庆玉皇庙 1986M18 铜器群

1·5. 铜鍑（M18：1）　2·6. 铜敦（M18：2）　3·7. 铜罍（M18：3）　4·8. 铜铊（M18：4）

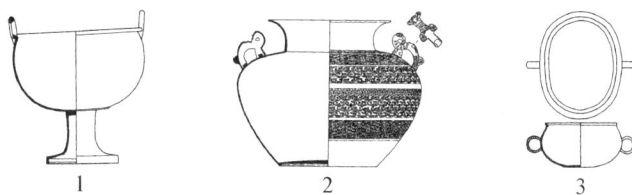

图 2.7.5　延庆玉皇庙 1986M250 铜器群

1. 铜鍑（M250：1）　2. 铜罍（M250：2）　3. 铜铊（M250：3）

图 2.7.6　行唐李家庄 1962M 铜器群

1. 铜鍑　2、3. 铜壶

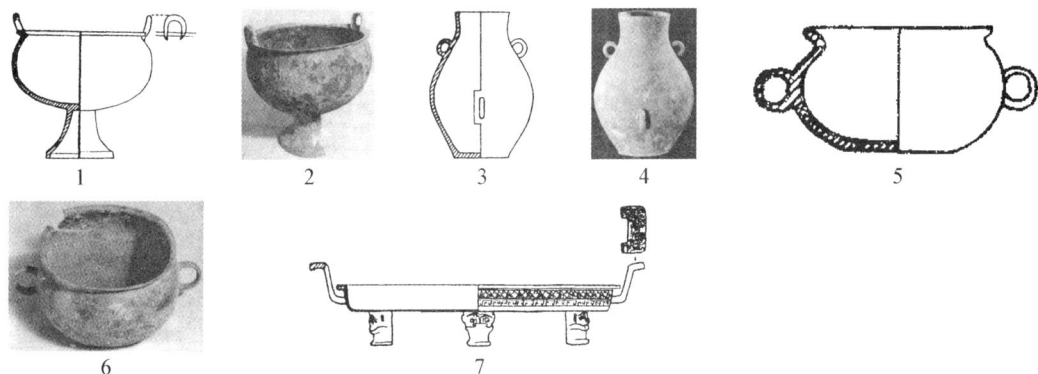

图 2.7.7　怀来甘子堡 1981M7、M8、M16 铜器群

1 · 2. 铜鍑（M8：1）　3 · 4. 铜壶（M7：2）　5 · 6. 铜铷（M16：3）　7. 铜盘（M16：1）

图 2.7.8　平山三汲访驾庄 1977M8004、怀来甘子堡 1957M 铜器群

1. 铜鼎（M8004：15）　2. 铜罍（甘子堡 1957M）　3. 铜匜（甘子堡 1957M）

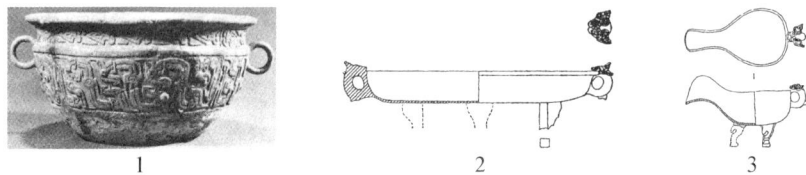

图 2.7.9　易县采铜器

1. 铜敦（1958 采）　2. 铜盘（燕下都郎井 1966 采 0173）　3. 铜匜（燕下都郎井 1966 采 0633）

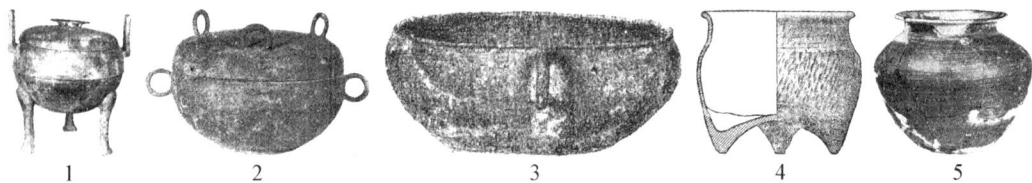

图 2.7.10　耀县琉璃阁 1951M130 铜器群

1. 铜鼎（M130：1）　2. 铜敦（M130：3）　3. 铜铷（M130：5）　4. 陶鬲（M130：7）　5. 陶罐（M130：21）

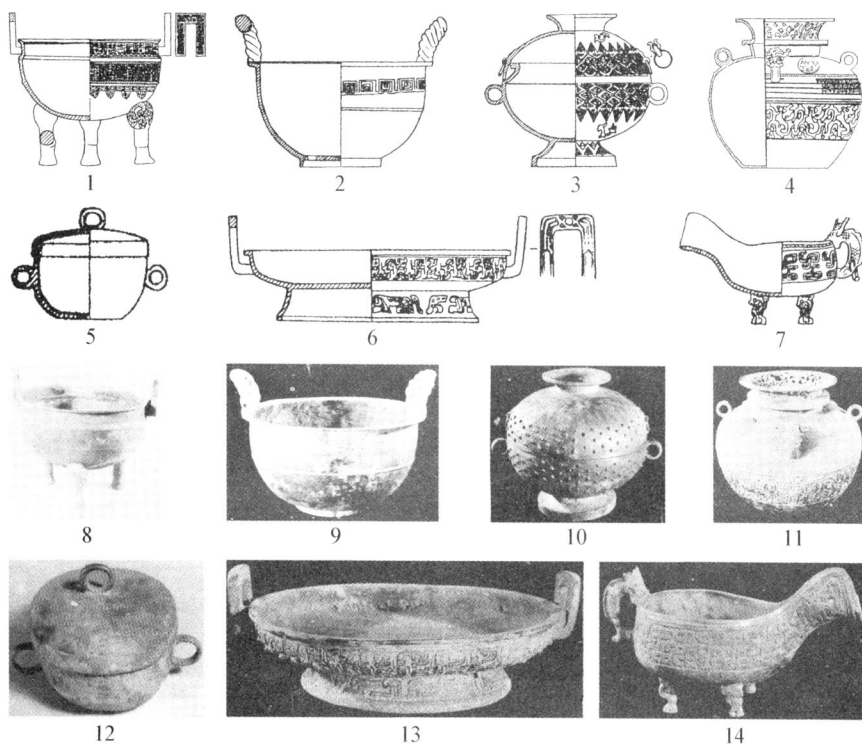

图 2.7.11　怀来甘子堡 1981M1 铜器群

1·8. 铜鼎(M1∶1)　2·9. 铜甑(M1∶3)　3·10. 铜敦(M1∶4)　4·11. 铜罍(M1∶12)　5·12. 铜铺(M1∶7)　6·13. 铜盘(M1∶5)　7·14. 铜匜(M1∶6)

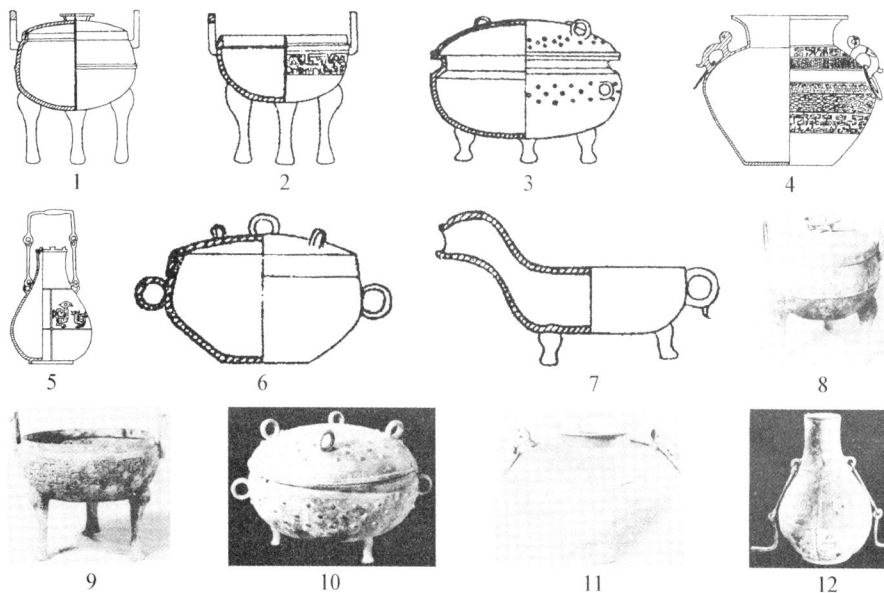

图 2.7.12　怀来甘子堡 1981M2 铜器群

1·8、2·9. 铜鼎(M2∶8、3)　3·10. 铜敦(M2∶6)　4·11. 铜罍(M2∶9)　5·12. 铜壶(M2∶7)　6. 铜铺(M2∶5)　7. 铜匜(M2∶4)

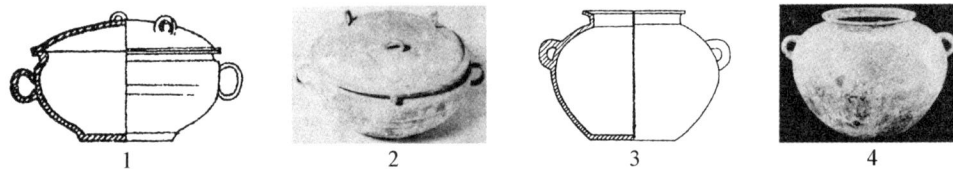

图 2.7.13　怀来甘子堡 1981M5 铜器群

1・2. 铜敦(M5∶1)　3・4. 铜浴缶(M5∶2)

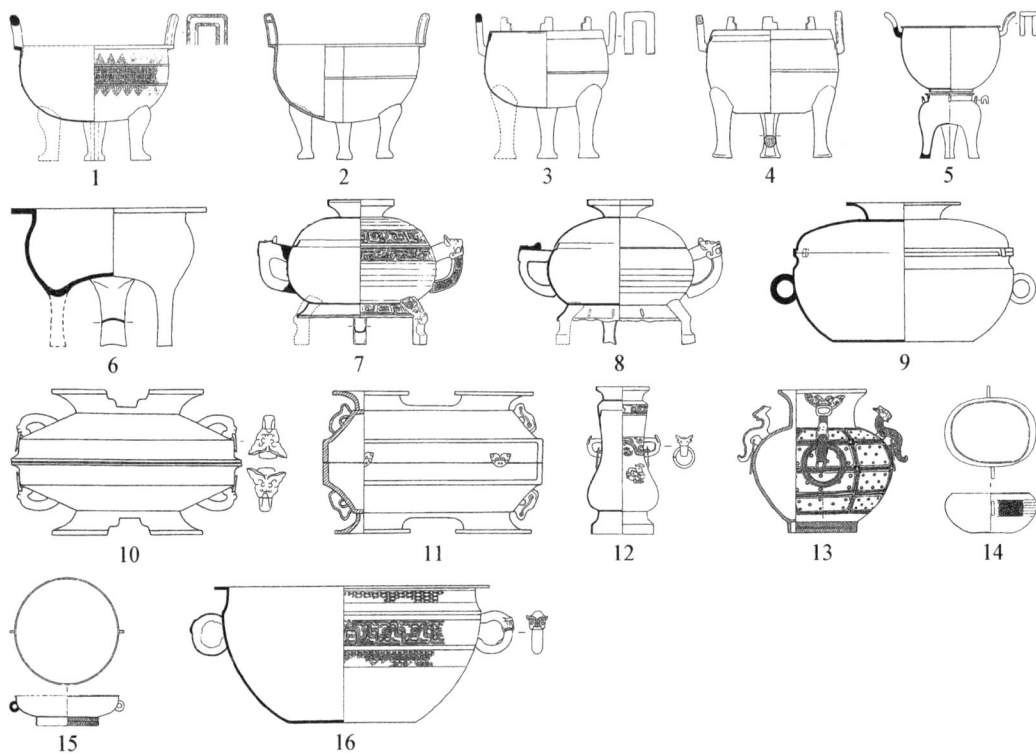

图 2.7.14　辉县琉璃阁 1936M 乙铜器群

1—4. 铜鼎　5. 铜甗　6. 铜鬲　7、8. 铜簠　9. 铜敦　10、11. 铜簠　12. 铜壶　13. 铜罍　14. 铜钟
15. 铜盘　16. 铜鉴

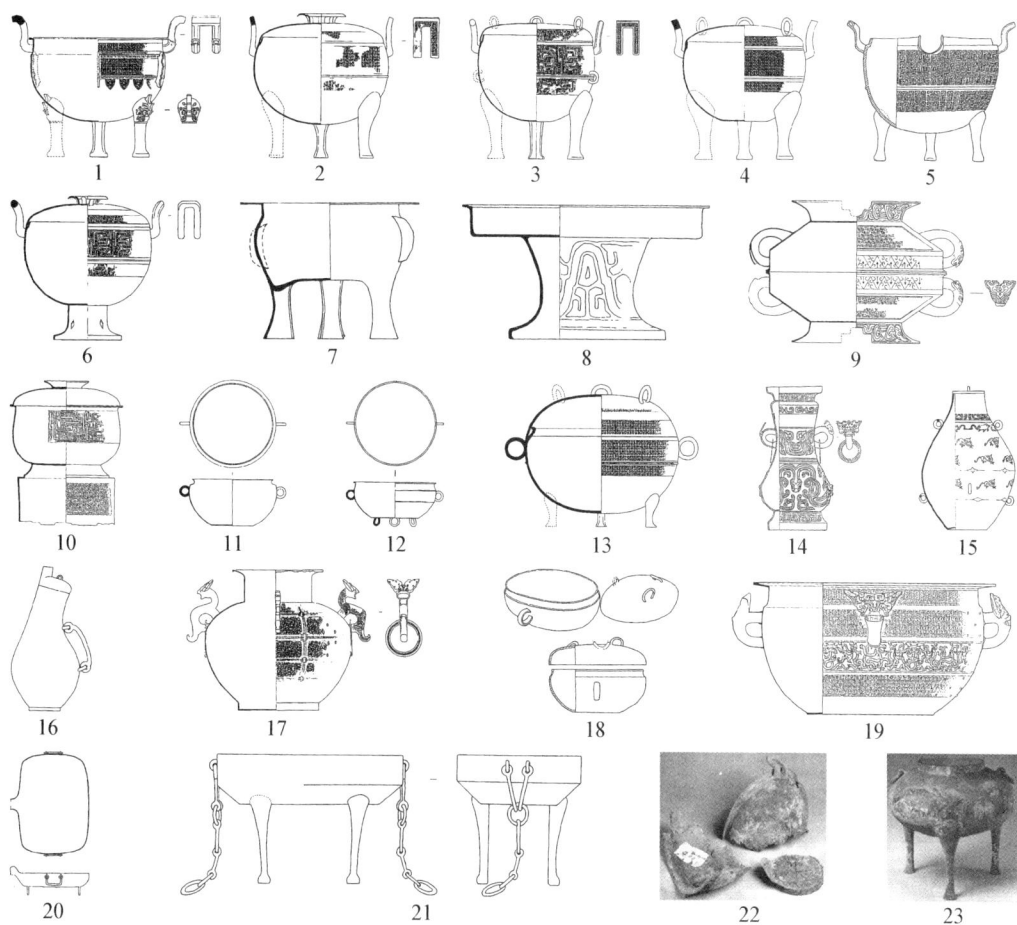

图 2.7.15　耀县琉璃阁 1936M 甲铜器群

1—5. 铜鼎　6. 铜鍑　7. 铜鬲　8. 铜铺　9. 铜簠　10. 铜簋　11—13. 铜敦　14—16. 铜壶　17. 铜罍　18. 铜钫　19. 铜鉴　20. 铜匜　21. 铜炉盘　22+23. 铜甗

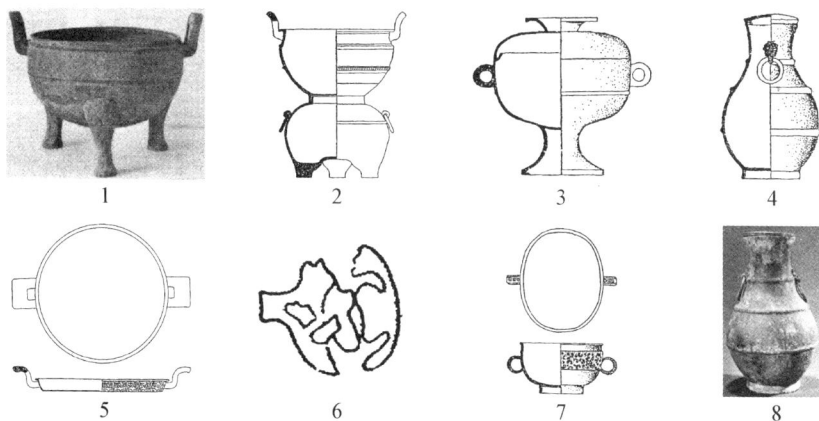

图 2.7.16　邯郸百家村 1957M57 铜器群

1. 铜鼎（M57：2）　2. 铜甗（M57：1）　3. 铜敦（M57：5）　4·8. 铜壶（M57：8）
5. 铜盘（M57：43）　6. 铜匜（M57：25）　7. 铜钫（M57：26）

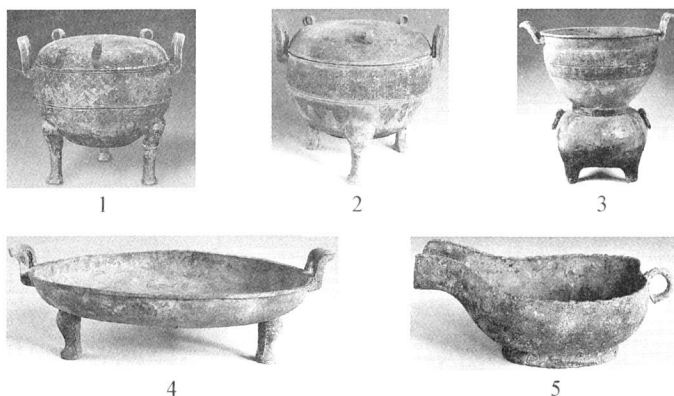

图 2.7.17　邯郸邯钢 1989M 铜器群

1、2. 铜鼎　3. 铜甗　4. 铜盘　5. 铜匜

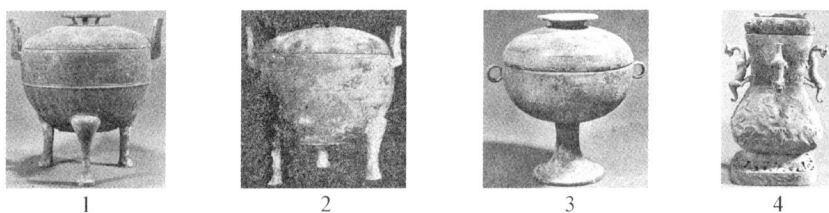

图 2.7.18　邢台南大汪 1958M1 铜器群

1、2. 铜鼎　3. 铜敦　4. 铜壶

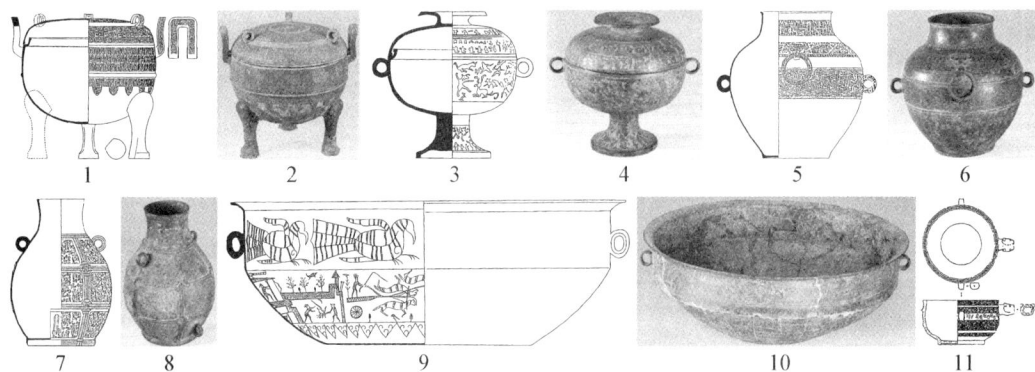

图 2.7.19　平山三汲 1977M8101 铜器群

1・2. 铜鼎（M8101：1）　3・4. 铜敦（M8101：2）　5・6、7・8. 铜壶（M8101：5、3）　9・10. 铜盘（M8101：4）　11. 陶盆（M8101：22）

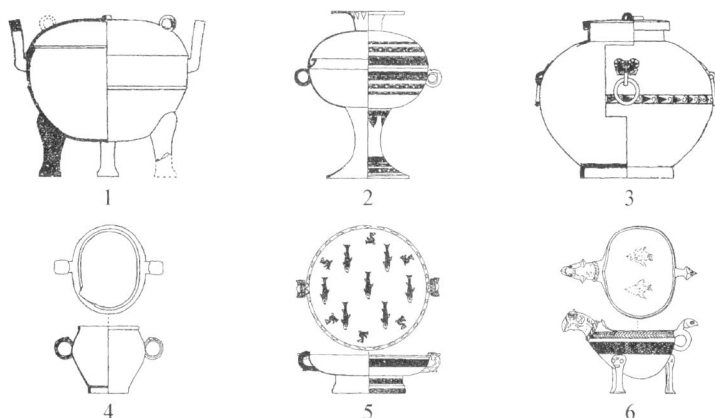

图 2.7.20　灵寿西岔头 1984M 铜器群

1. 铜鼎（M∶7）　2. 铜敦（M∶9）　3. 铜罍（M∶10）　4. 铜钫（M∶13）　5. 铜盘（M∶11）　6. 铜匜（M∶12）

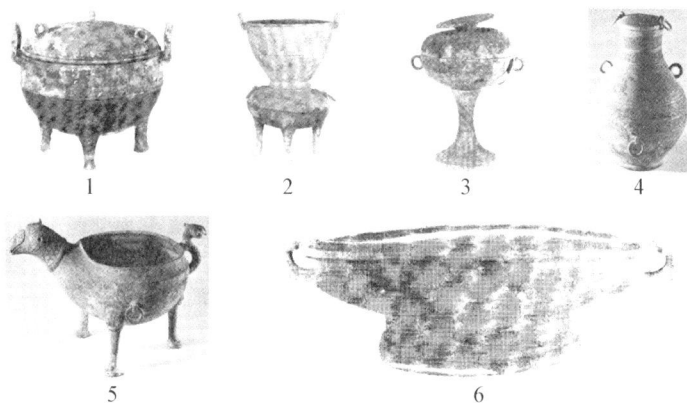

图 2.7.21　唐县北城子 1970M1 铜器群

1. 铜鼎　2. 铜瓺　3. 铜敦　4. 铜壶　5. 铜匜　6. 铜盘

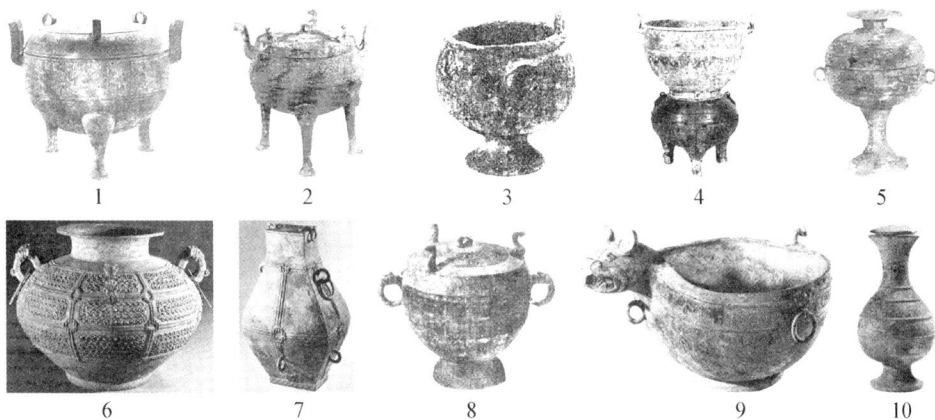

图 2.7.22　唐县北城子 1970M2 铜器群

1、2. 铜鼎　3. 铜镤　4. 铜瓺　5. 铜敦　6. 铜罍　7. 铜壶　8. 铜钫　9. 铜匜　10. 陶壶

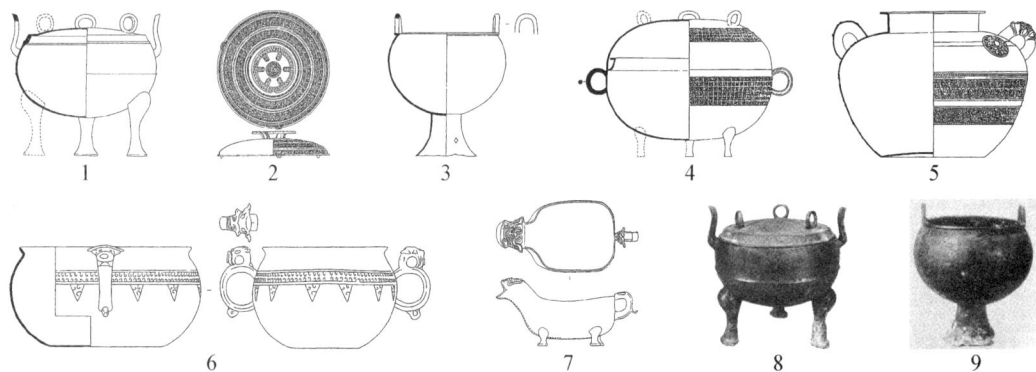

图 2.7.23　唐县钓鱼台 1966M 铜器群

1·8、2. 铜鼎　3·9. 铜𫓧　4. 铜敦　5. 铜浴缶　6. 铜钫　7. 铜匜

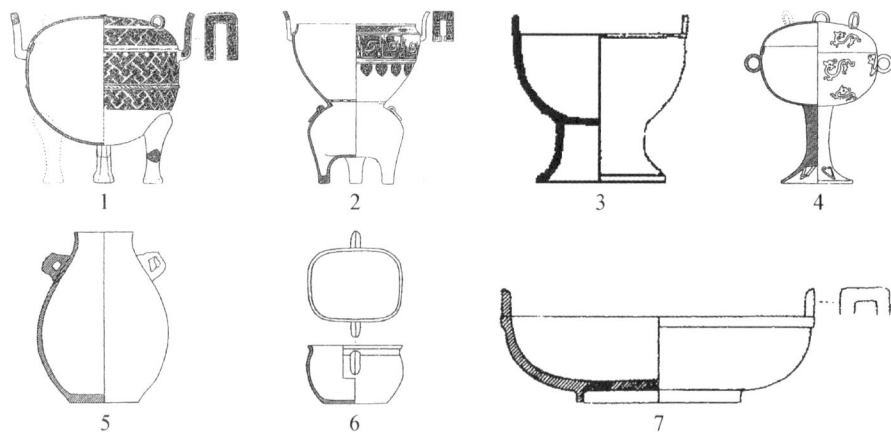

图 2.7.24　新乐中同村 1980M2 铜器群

1. 铜鼎（M2：3）　2. 铜甗（M2：1·2）　3. 铜𫓧（M2：6）　4. 铜敦（M2：7）　5. 铜壶
（M2：9）　6. 铜钫（M2：8）　7. 铜盘（M2：5）

图 2.7.25　曲阳大赵邱 1998M 铜器群

1. 铜鼎　2. 铜甗　3. 铜敦　4. 铜壶　5. 铜钫

图 2.7.26 满城采石厂1971M铜器群

1. 铜鼎 2. 铜甗 3. 铜钫

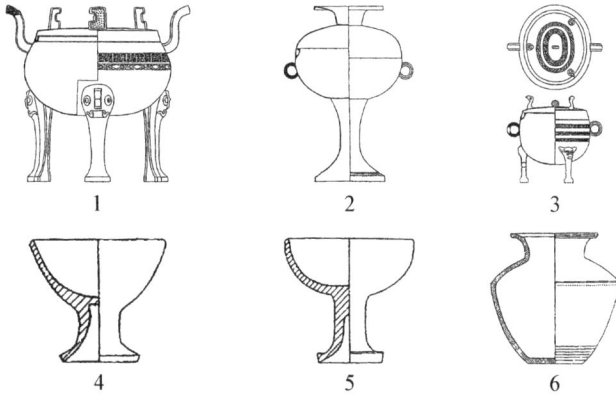

图 2.7.27 易县燕下都1964M31铜器群

1. 铜鼎（M31：1） 2. 铜敦（M31：3） 3. 铜钫（M31：2） 4、5. 陶豆（M31：6、7） 6. 陶罐（M31：5）

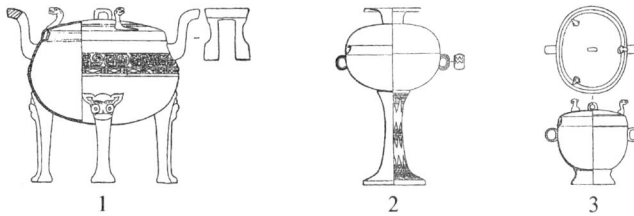

图 2.7.28 顺义龙湾屯1982M铜器群

1. 铜鼎 2. 铜敦 3. 铜钫

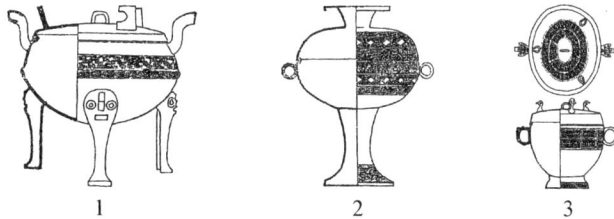

图 2.7.29 三河大唐迥1978M1铜器群

1. 铜鼎 2. 铜敦 3. 铜钫

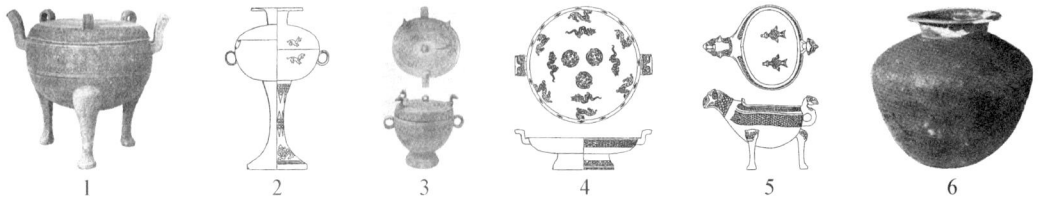

图 2.7.30　唐山贾各庄 1952M18 铜器群

1. 铜鼎（M18：7）　2. 铜敦（M18：8）　3. 铜钫（M18：3）　4. 铜盘（M18：5）　5. 铜匜（M18：4）　6. 陶罐（M18：1）

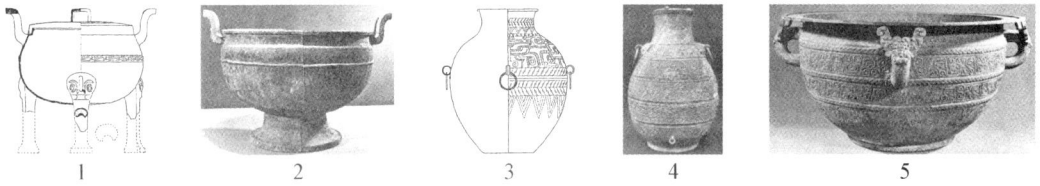

图 2.7.31　怀来北辛堡 1964M1 铜器群

1. 铜鼎（M1：85）　2. 铜𬭼（M1：86）　3、4. 铜壶（M1：88、87）　5. 铜鉴（M1：91）

图 2.7.32　耀县三位营 1973M 铜器群

1. 铜鼎　2. 铜敦　3. 铜壶　4. 铜鉴

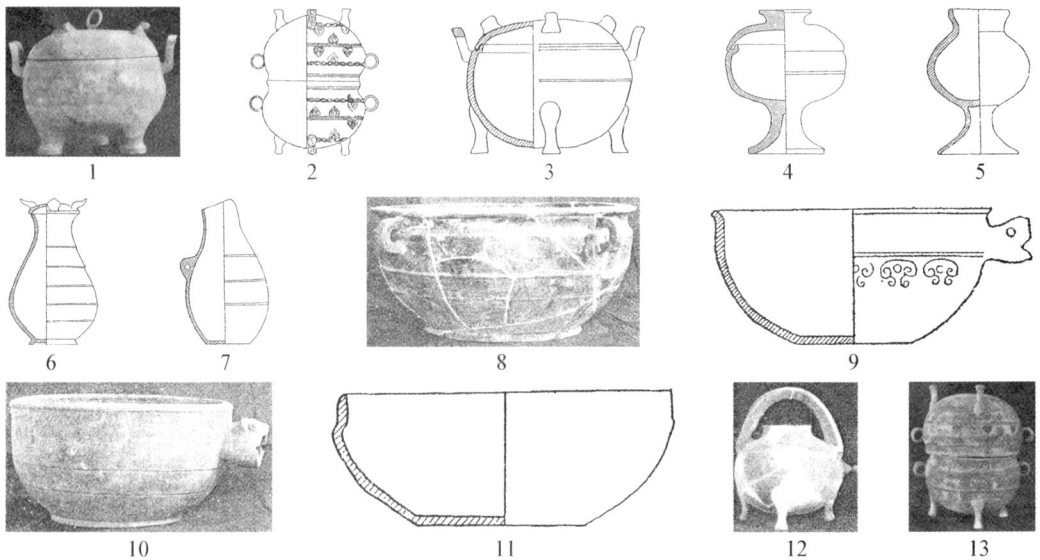

图 2.7.33　邯郸百家村 1957M3 铜器群

1. 铜鼎（M3：73）　2·13. 铜敦（M3：16）　3. 陶鼎（M3：1）　4. 陶敦（M3：4）　5—7. 陶壶（M3：10、9、80）　8. 陶鉴（M3：11）　9、10. 陶盆（M3：81、14）　11. 陶碗（M3：84）　12. 陶盉（M3：79）

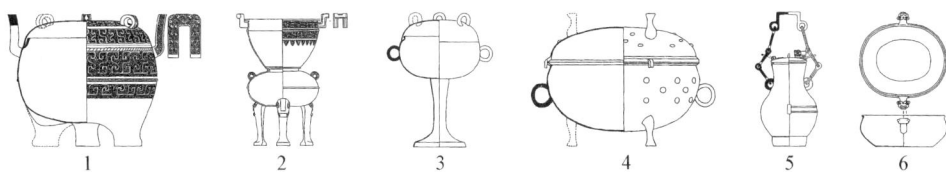

图 2.7.34　平山三汲访驾庄 1977M8006、8102 铜器群

1. 铜鼎（M8102：1）　2. 铜瓺（M8006：1）　3、4. 铜敦（M8102：3、7）　5. 铜壶（M8102：4）　6. 铜铍（M8102：6）

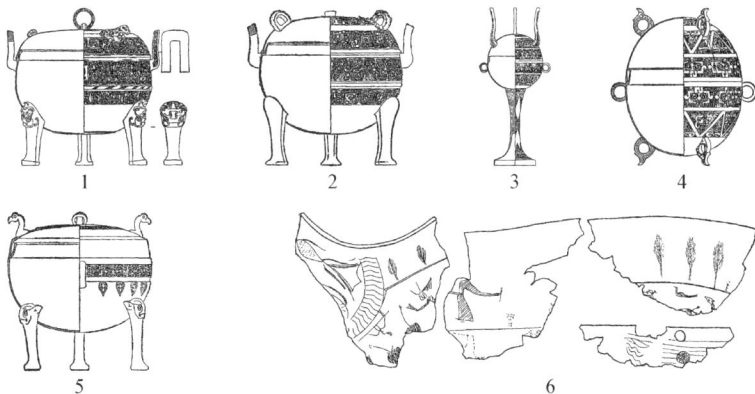

图 2.7.35　通州中赵甫 1981M 铜器群

1、2. 铜鼎（M：3、4）　3、4. 铜敦（M：1、2）　5. 铜铍（M：5）　6. 铜匜（M：6）

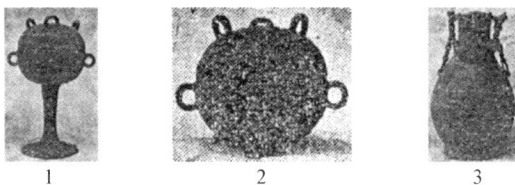

图 2.7.36　涞水永乐 1955M 铜器群

1、2. 铜敦　2. 铜壶

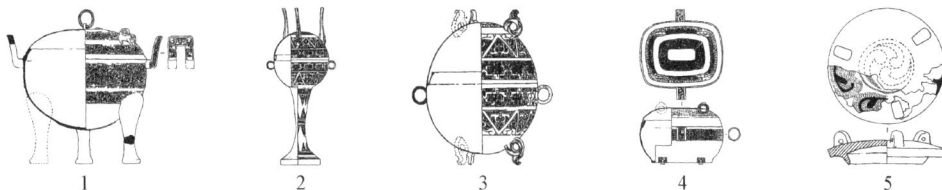

图 2.7.37　迁西大黑汀 1989M1 铜器群

1. 铜鼎（M1：1）　2、3. 铜敦（M1：2、4）　4. 铜铍（M1：3）　5. 陶壶（M1：20）

图 2.7.38　唐山贾各庄 1952M16 铜器群

1. 铜敦（M16：3）　2. 陶鼎（M16：2）　3、4. 陶罐（M16：4、6）

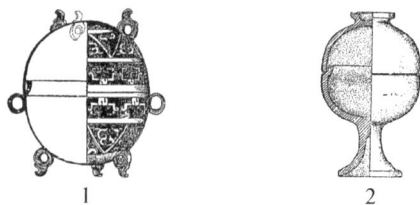

图 2.7.39 滦平虎什哈炮台山 1979M6 铜器群
1. 铜敦 2. 陶敦

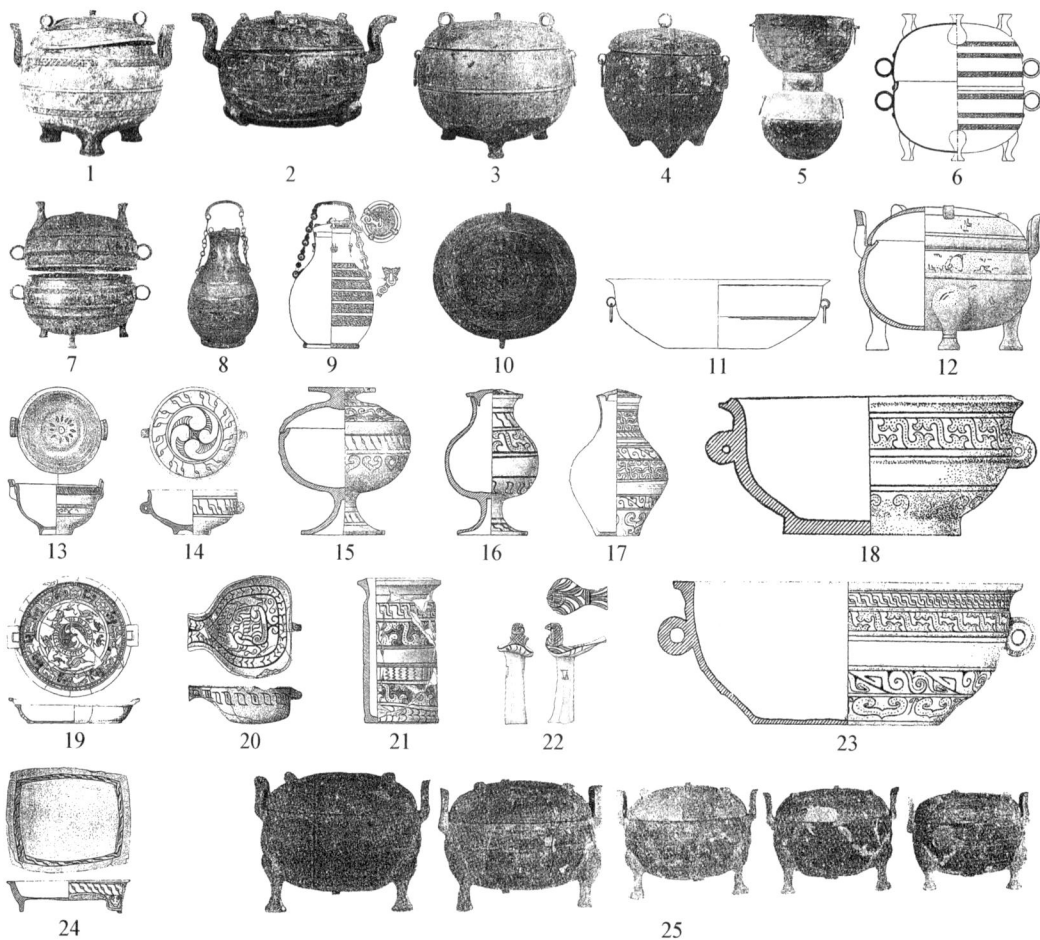

图 2.7.40 耀县赵固 1951M1 铜器群

1—4. 铜鼎（M1：6、8、7、2) 5. 铜瓵(M1：10+11) 6、7. 铜敦(M1：3、4) 8、9. 铜壶(M1：1、5) 10. 铜铺(M1：25) 11. 铜盘(M1：73) 12、25. 陶鼎(M1：87、87・77・76・75・74) 13. 陶瓵(M1：70) 14、15. 陶敦(M1：67、105) 16、17. 陶壶(M1：91、65) 18. 陶铺(M1：65－2) 19. 陶盘(M1：103－1) 20. 陶匜(M1：103－2) 21. 陶筒形器(M1：66) 22. 陶鸟(M1：66－2) 23. 陶鉴(M1：72－1) 24. 陶炉盘(M1：72－2)

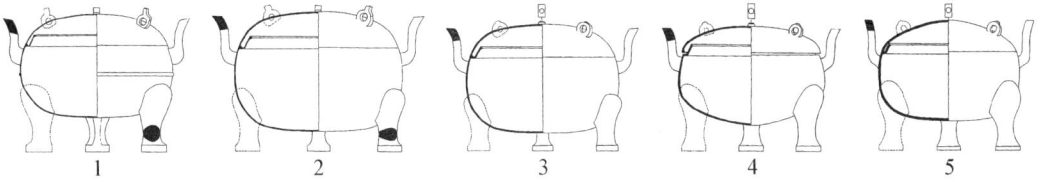

1　　　　　2　　　　　3　　　　　4　　　　　5

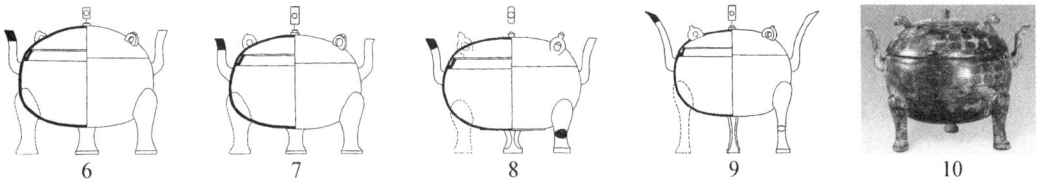

6　　　　　7　　　　　8　　　　　9　　　　　10

11　　　　　12　　　　　13　　　　　14　　　　　15

16　　　　　17　　　　　18　　　　　19　　　　　20

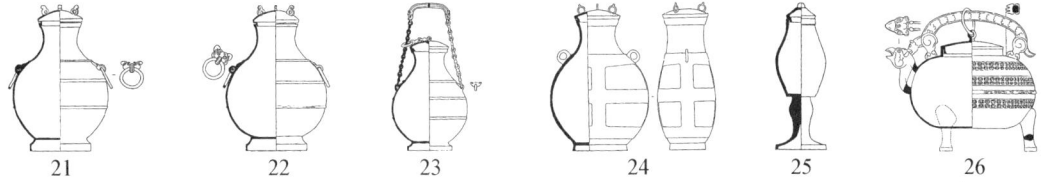

21　　　　　22　　　　　23　　　　　24　　　　　25　　　　　26

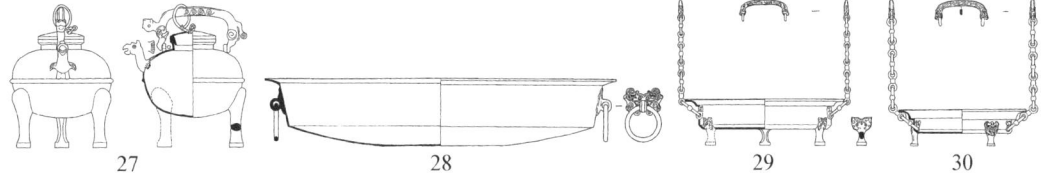

27　　　　　28　　　　　29　　　　　30

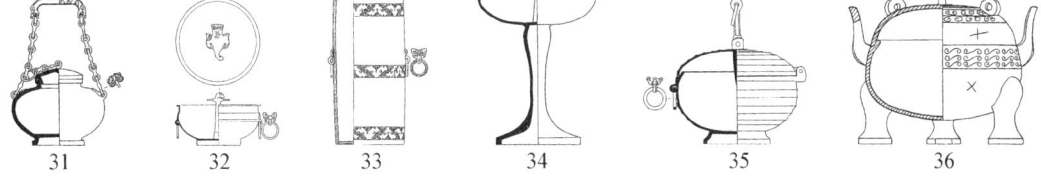

31　　　32　　　33　　　34　　　35　　　36

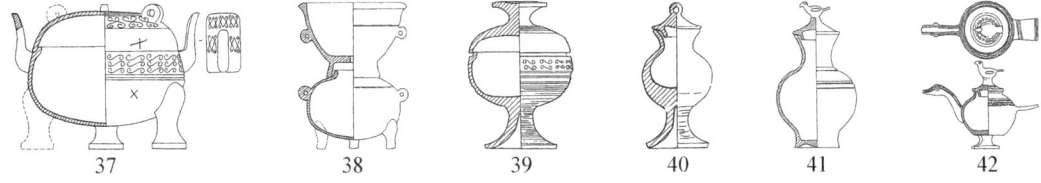

37　　　　　38　　　　　39　　　　　40　　　　　41　　　　　42

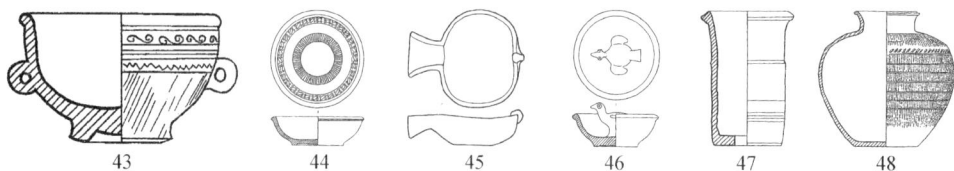

图 2.7.41　平山三汲穆家庄 1974M6 铜器群

1—13. 铜鼎(M6：56、57、58、59、60、61、62、63、64、66、67、68、69)　14、15. 铜甗(M6：86、87)　16、17. 铜鬲(M6：88、89)　18. 铜铺(M6：72)　19. 铜簠(M6：119)　20. 铜敦(M6：70)　21—25. 铜壶(M6：74、77、78、79、81)　26、27. 铜盉(M6：92、93)　28. 铜盘(M6：83)　29、30. 铜炉盘(M6：98、99)　31. 铜罐(M6：96)　32. 铜鸟柱盘(M6：121)　33. 铜筒形器(M6：122)　34、35. 铜灯(M6：114、97)　36、37. 陶鼎(M6：33、34)　38. 陶甗(M6：48)　39. 陶敦(M6：37)　40、41. 陶壶(M6：52、41)　42. 陶鸭尊(M6：55)　43. 陶钵(M6：50)　44. 陶盘(M6：45)　45. 陶匜(M6：47)　46. 陶鸟柱盘(M6：54)　47. 陶筒形器(M6：53)　48. 陶罐(M6：174)

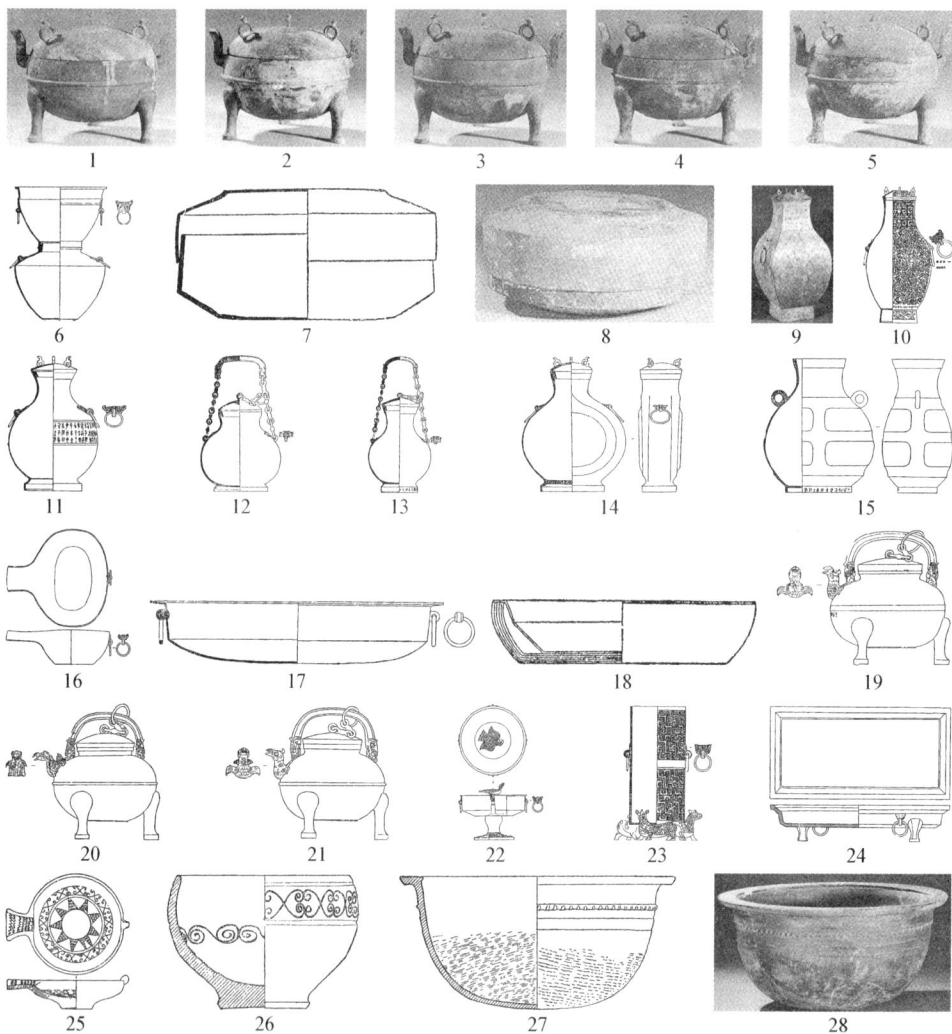

图 2.7.42－1　平山三汲 1974M1 铜器群

1—5. 铜鼎(M1DK：1、2、3、4、5)　6. 铜甗(M1DK：19)　7、8. 铜敦(M1DK：25、26)　9—15. 铜壶(M1DK：10、11、6、9、8、13、15)　16. 铜匜(M1DK：32)　17、18. 铜盘(M1DK：46、29+31)　19—21. 铜盉(M1DK：16、17、18)　22. 铜鸟柱盘(M1DK：21)　23. 铜筒形器(M1DK：20)　24. 铜炉盘(M1DK：64)　25. 陶匜(M1DK：67)　26. 陶碗(M1DK：68)　27·28. 陶盆(M1DK：66)

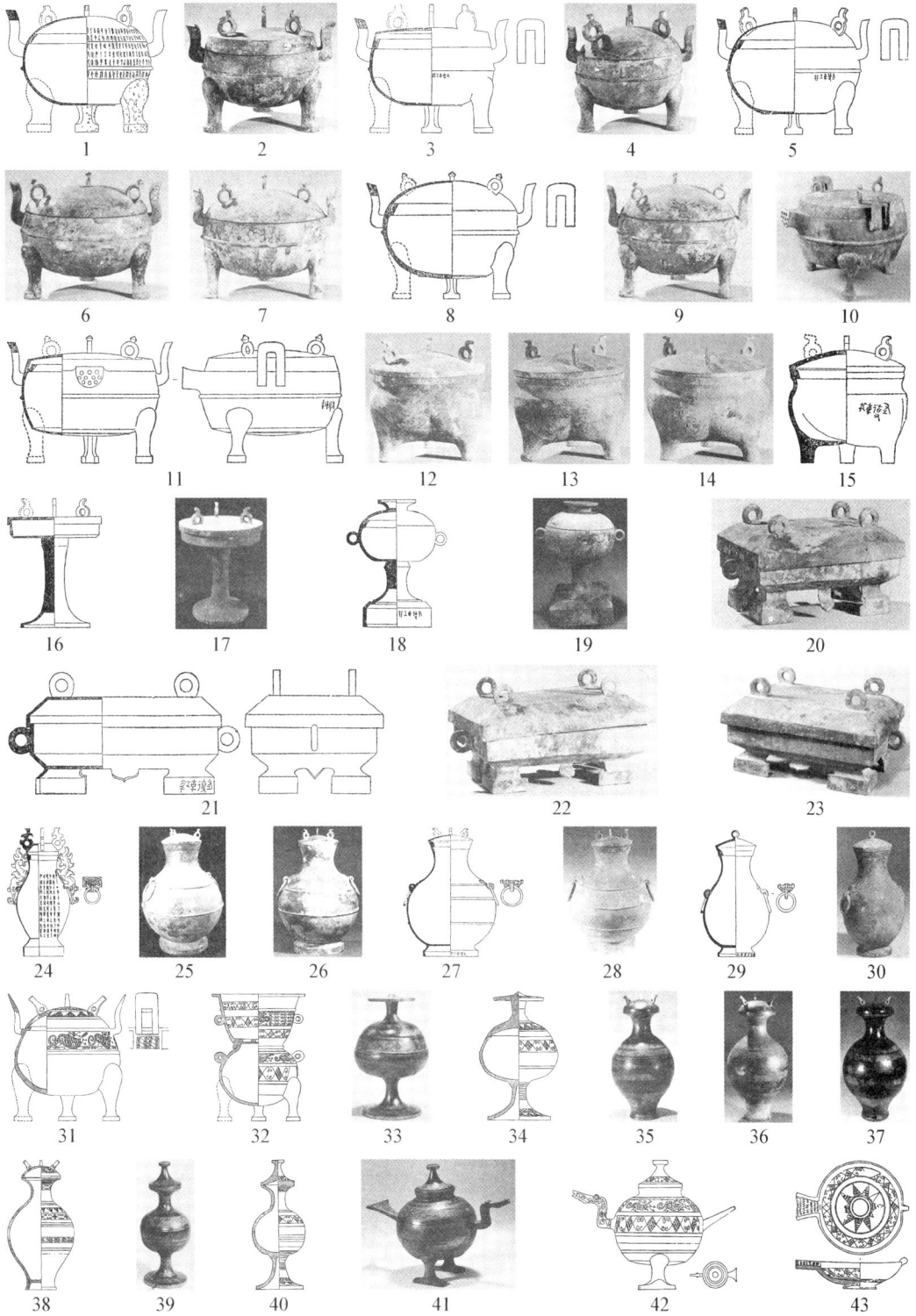

1　　2　　3　　4　　5

6　　7　　8　　9　　10

11　　12　　13　　14　　15

16　　17　　18　　19　　20

21　　22　　23

24　　25　　26　　27　　28　　29　　30

31　　32　　33　　34　　35　　36　　37

38　　39　　40　　41　　42　　43

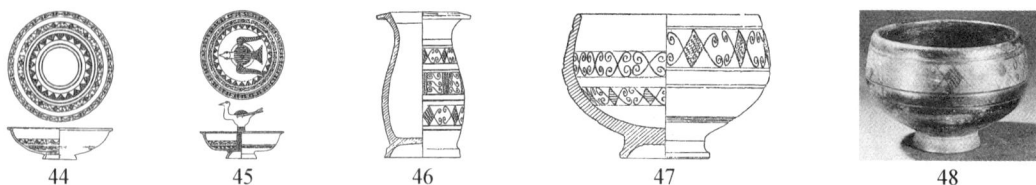

图 2.7.42 - 2　平山三汲 1974M1 铜器群

1—10·11. 铜鼎(M1XK：1、2、3、4、5、6、7、8、9、10)　12—15. 铜鬲(M1XK：26、27、28、29)　16、17. 铜铺
(M1XK：11、12)　18、19. 铜敦(M1XK：13、14)　20—23. 铜簋(M1XK：22、23、24、25)　24—30. 铜壶(M1XK：
15、16、17、18、19、20、21)　31. 陶鼎(M1XK：70)　32. 陶甗(M1XK：88)　33、34. 陶敦(M1XK：74、76)　35—
40. 陶壶(M1XK：78、79、80、81、82、83)　41、42. 陶尊(M1XK：84、87)　43. 陶匜(M1XK：93)　44、45. 陶盘
(M1XK：90、91)　46. 陶筒形器(M1XK：92)　47、48. 陶碗(M1XK：85、86)

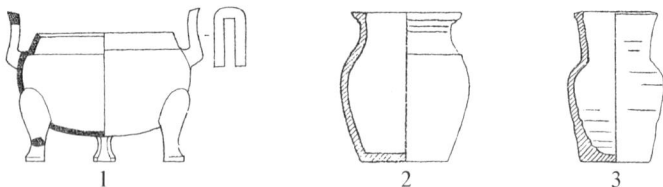

图 2.7.43　元氏杨家寨 1989M 铜器群

1. 铜鼎　2. 陶罐　3. 陶壶

图 2.7.44　丰台贾家花园 1977M 铜器群

1、3. 铜鼎　2. 铜壶　4. 铜灯

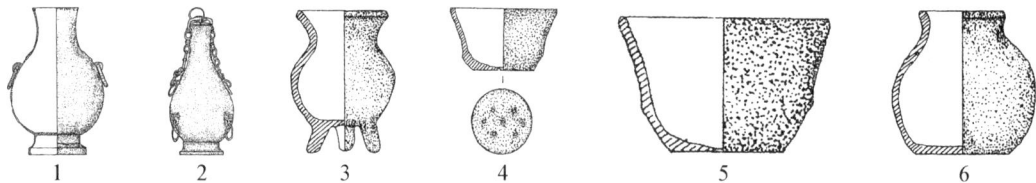

图 2.7.45　宣化万字会 2009M15 铜器群

1、2. 铜壶(M15：1、2)　3. 陶鼎(M15：11)　4. 陶甑(M15：3)　5. 陶碗(M15：4)　6. 陶罐(M15：9)

第八节　东周青铜容器综合分期和断代

一、综合分期的可行性和必要性

以往对东周青铜器的分期和断代研究多是按照不同区域分别进行,各区域之间的分

期体系和年代框架参差不齐,缺乏相互对照。我们认为东周青铜器的分期和断代研究可以而且应该综合进行:

从本章第二至第七节对山西组、豫西豫中组、豫南苏皖鄂组、山东组、陕甘组、豫北京津冀组六个编年组的典型铜器群进行的分期和断代研究来看,上述地区东周时期青铜器发展演变的节奏和变化的速率基本一致。以上述六个编年组分期和断代研究结果作为标尺来判断相邻的辽宁、四川、重庆、湖南、广西、广东等地出土东周青铜器的分期和年代,能够发现它们的节奏和速率也基本一致。东周时期各地区和国别之间在政治、军事、经济、文化等方面互动和交流十分频繁,各国和各地区青铜器制造工业之间既相互竞争、又相互学习借鉴,既有青铜器实物形式的交流,也存在青铜器设计理念层面的交流。这些因素可能是各地区青铜器演变节奏和变化速率能够保持基本一致的内在原因。

另外,从东周青铜器分期和断代研究的现实情况来看,湖北、安徽等地出土的楚国和楚文化系统的东周青铜器,得益于年代清楚的标准铜器和标准铜器群数量多、从早到晚的年代序列完整,率先获得了比较翔实可靠的分期、断代成果。相比之下,其他地区东周青铜器的分期断代研究因为标准器和标准器群数量少、年代序列不够完整,还存在很多争论和需要细化的地方,例如我们在绪论中列举的关于太原金胜村 1988M251 铜器群年代的争议。如果放在一起进行综合研究,利用楚文化系青铜器分期、断代的成果作为标尺,能够帮助其他地区青铜器的分期和断代研究。

因此,从上述两方面而言,对东周青铜容器进行综合分期、断代研究既是可行也是必要的。

二、各期的绝对年代

综合各个编年组分期、断代研究结果,我们将东周时期青铜容器分为七期,各期相对的历史分期和绝对年代如下:

第一期,春秋初期,约相当于公元前 770 年—前 680 年;[1]

第二期,春秋早期,约相当于公元前 680 年—前 600 年;

第三期,春秋中期,约相当于公元前 600 年—前 530 年;

---

[1]　《史记·周本纪》记载:"(周)釐王三年,齐桓公始霸。"《史记·齐太公世家》记载:"(齐桓公)七年,诸侯会桓公于甄,而桓公于是始霸焉。"《晋世家》记载:"晋侯(缗)二十八年,齐桓公始霸。"《楚世家》记载:"(楚文王)十一年,齐桓公始霸,楚亦始大。"《史记·秦本纪》记载:"(秦武公)十九年,晋曲沃始为诸侯。齐桓公伯于郓。"《管蔡世家》记载:"(曹)庄公二十三年,齐桓公始霸。"周釐王三年为公元前 679 年,齐桓公七年为公元前 679 年,晋侯缗二十八年为公元前 679 年,楚文王十一年为公元前 679 年,秦武公十九年为公元前 679 年,曹庄公二十三年为公元前 679 年。可见大约从公元前 680 年开始,历史真正地进入《周本纪》所谓"周室衰微,诸侯强并弱,齐、楚、秦、晋始大,政由方伯"、孔子所谓"礼乐征伐自诸侯出"、钱穆《国史大纲》所谓"霸政时期"。因此,我们可以将公元前 680 年作为划分春秋时期历史的一个界点。司马迁:《史记·周本纪》,中华书局,2010 年,第 149 页;钱穆:《国史大纲》,商务印书馆,1996 年,第 52 页。

　　第四期,春秋晚期,约相当于公元前 530 年—前 453 年;①

　　第五期,战国早期,约相当于公元前 453 年—前 370 年;②

　　第六期,战国中期,约相当于公元前 370 年—前 280 年;

　　第七期,战国晚期至秦代、楚汉时期,约相当于公元前 280 年—前 202 年。

---

　　① 关于春秋和战国的年代,刘绪先生指出:"众所周知,战国之所以不同于春秋是因它以七雄鼎立的局面为主要特征,而七雄中的齐、楚、秦、燕在春秋时就已存在,显然,战国的出现关键在于三晋分立态势的形成。这种态势是实际的,而不是名誉的。"因此以公元前 453 年赵、魏、韩三家分晋作为划分春秋和战国的标志较为合适。刘绪:《晋与晋文化的年代问题》,《文物季刊》1993 年第 4 期,第 85 页。

　　② 《史记·楚世家》记载:"(楚)宣王六年,周天子贺秦献公。秦始复强,而三晋益大,魏惠王、齐威王尤强。"楚宣王六年为公元前 370 年,于此列国征战进入一新局面。

路国权 著

北京大学中国考古学研究中心稽古系列丛书之三

東周青銅容器譜系研究 下册

上海古籍出版社

第三章 分域——空间分布
和文化属性

在第一章型式分类和第二章分期断代研究的基础上,我们将各地出土的东周青铜器登记为附表一至附表十三。以之为基础,本章探讨东周青铜器的空间分布和文化属性。

第一节 空间分布统计方法和
文化属性划分方法

一、空间分布统计方法

我们根据附表一至附表十三登记的分期和型、式信息,统计各类、型、亚型、或次亚型、次次亚型青铜器在各个时期的空间分布范围和数量,制作统计表和空间分布图。空间分布图的制图方法采用点图法,将已知的同类不同型的青铜器的分布地点用方形、圆形、三角形……等不同的符号绘制在地图上。铜器分布地点以铜器群命名的行政区为单位。

二、文化属性划分方法

研究东周时期青铜器,国别是难以回避的一个问题,经常要判断青铜器属于哪个国别。对于没有铭文和铭文不足以自明国别的青铜器,只能根据出土地点进行推断。但是东周时期尤其是春秋时期,诸侯国众多,许多诸侯国的地望和疆域范围史籍未能详细记载,已有记载中也不乏舛误,还有不少史籍失载的小诸侯国。因此单纯依据出土地点判断青铜器的国别并不能每每奏效。[1] 而且,东周时期青铜器的生产和流通情况复杂,"甲国之制不必恒在甲国,固也,亦不必器者曾至乙国而乙国之人始能得其器也。盖其变易迁流,不可纪极,据出土之地以定器之何属,可以论其常,而不可以论其变。如器出一地,必

---

[1] 《史记·陈杞世家》记载:"周武王时,侯伯尚千余人。及幽、厉之后,诸侯力攻相并。江、黄、胡、沈之属,不可胜数。"据陈槃先生统计,顾栋高《春秋大事表》收录春秋方国209国,其中真正可说是春秋时期的有156国,陈槃先生又从其他古籍中考订出不见于顾表的春秋方国57国,阙疑者19国。陈槃:《不见于春秋大事表之春秋方国稿》,上海古籍出版社,2009年。

求一事以实之,斯不免于凿矣"。① 从春秋经传中相关记载来看,春秋时期各诸侯国之间青铜器的流通非常复杂,一件青铜器有时流转于多个诸侯国之间(详见本节附录)。

因此,在没有充分证据可以判断青铜器的国别时,我们不妨判断它属于哪一种文化系统,求其文化属性。我们所说的"文化系统"包括不同的国别,以其中居于主导地位的国别或国族命名,例如楚文化系统、晋文化系统、齐文化系统、徐舒文化系统②等。东周时期小诸侯国虽然数量众多,但是多依附或受影响于毗邻的大诸侯国,独立性较弱。司马迁在《史记·陈杞世家》中曾言"杞小微,其事不足称述"、"滕、薛、邹,夏、殷、周之间封也,小,不足齿列,弗论也"。至于本书的研究,能够确定国别时则言明国别,并判断其文化系统;不能确定国别时则阙如,仅判断其文化系统。

我们对东周青铜器文化属性的划分是以器类为纲,在型式分类的基础上,统计各类、型、式的空间分布范围和分布格局,划分它们在不同时期的集中分布区、边缘分布区和离散分布区,然后与文献记载的东周列国领域、族群居地、影响区域进行对比分析,划定各类、型、式的文化属性。这种划分方法建立在对大量数据进行统计分析的基础上,能够最大限度地排除"甲国之制不必恒在甲国"等情况的干扰。

关于东周列国领域和族群居地,主要根据先秦文献记载、考古发现和后人研究成果,③以顾栋高《春秋大事表·春秋列国疆域表》、④谭其骧主编《中国历史地图集(第一册)》、⑤后晓荣《战国政区地理》⑥为主要参考。

三、附论　春秋经传中所见获取他国青铜容器事例汇编

《春秋经》和《左传》中记载有诸侯国之间青铜容器流通的事例。按照年代早晚可汇编如下:

1. 桓公二年,《经》云:"取郜大鼎于宋。戊申,纳于大庙。"《左传》:"(宋华督)以郜大鼎赂公,齐、陈、郑皆有赂,故遂相宋公。夏四月,取郜大鼎于宋。戊申,纳于大庙,非礼也。"杜预《集解》:"郜国所造器也,故系名于郜。济阴城武县东南有北郜城。"臧哀伯称郜鼎一类器曰"赂器"。

---

① 杨树达:《积微居金文说(增订本)》,中华书局,1997 年,第 157 页。
② 本书所谓的楚文化、晋文化、秦文化、徐舒文化等,是指作为考古学文化的楚文化、晋文化、秦文化、徐舒文化等文化中的青铜器文化。
③ 陈槃:《不见于春秋大事表之春秋方国稿》,上海古籍出版社,2009 年;陈槃:《春秋大事表列国爵姓及存灭表譔异》,上海古籍出版社,2009 年;钟凤年:《战国地理杂考》,《齐鲁学报》1941 年第 2 期,第 53—62 页;雁侠:《先秦赵国疆域变化》,《郑州大学学报》1991 年第 1 期,第 53—62 页;陈伟:《楚东国历史地理研究》,武汉大学出版社,1992 年;徐少华:《周代南土历史地理与文化》,武汉大学出版社,1994 年;李晓杰:《战国时期魏国疆域变迁考》,《历史地理(十九)》,上海人民出版社,2003 年,第 74—88 页;李晓杰:《战国时期赵国疆域变迁考》,《九州(三)》,商务印书馆,2003 年,第 147—171 页;李晓杰:《战国时期韩国疆域变迁考》,《中国史研究》2001 年第 3 期,第 15—25 页;李晓杰:《战国时期齐国疆域变迁考》,《史林》2008 年第 4 期,第 98—103 页;吴良宝:《〈战国时期韩国疆域变迁考〉补正》,《中国史研究》2003 年第 3 期,第 169—172 页。
④ 顾栋高:《春秋大事表》,中华书局,1993 年。
⑤ 谭其骧主编:《中国历史地图集(第一册)》,中国地图出版社,1982 年。
⑥ 后晓荣:《战国政区地理》,文物出版社,2013 年。

2. 庄公六年："冬,齐人来归卫宝。"

3. 庄公二十一年："郑伯之享王也,王以后之鞶鉴予之。虢公请器,王予之爵。郑伯由是始恶于王。"

4. 成公二年："晋师从齐师,入自丘舆,击马陉。齐侯使宾媚人赂以纪甗、玉磬与地。"

5. 襄公六年："陈无宇献莱宗器于襄宫。晏弱围棠,十一月丙辰,而灭之。迁莱于郳。"《集解》："襄宫,齐襄公庙。"

6. 襄公十九年："公享晋六卿于蒲圃,赐之三命之服。军尉、司马、司空、舆尉、候奄,皆受一命之服。贿荀偃束锦,加璧,乘马,先吴寿梦之鼎。"杜预《集解》："寿梦,吴子乘也,献鼎于鲁,因以为名。"

7. 襄公二十二年,郑："寡君尽其土实,重之以宗器,以受齐盟。"

8. 襄公二十五年："晋侯济自泮,会于夷仪,伐齐,以报朝歌之役。齐人……赂晋侯以宗器,乐器。自六正、五吏、三十帅……皆有赂。"

9. 襄公二十五年："六月,郑子展、子产帅车七百乘伐陈,宵突陈城,遂入之。……陈侯使司马桓子赂以宗器。"

10. 昭公七年："燕人行成,曰:敝邑知罪,敢不听命? 先君之敝器,请以谢罪。……二月戊午,盟于濡上。燕人归燕姬,赂以瑶瓮、玉椟、斝耳。"

11. 昭公七年："晋侯有间,赐子产莒之二方鼎。"杜预《集解》："方鼎,莒所贡。"

12. 昭公十五年："樽以鲁壶。"杜预《集解》："鲁壶,鲁所献壶樽。"又,王曰："伯氏,诸侯皆有以镇抚王室,晋独无有,何也?"《集解》："荐彝器于王。"

13. 昭公十六年："二月丙申,齐师至于蒲隧。徐人行成。徐子及郯人、莒人会齐侯,盟于蒲隧,赂以甲父之鼎。"杜预《集解》："甲父,古国名,高平昌邑县东南有甲父亭。徐人得甲父鼎以赂齐。"

14. 昭公二十三年："楚大子建之母在郹,召吴人而启之。冬十月甲申,吴大子诸樊入郹,取楚夫人与其宝器以归。"

15. 定公六年："(鲁)昭公之难,君将以文之舒鼎,成之昭兆,定之鞶鉴,苟可以纳之,择用一焉。"杜预《集解》："卫文公之鼎。"

上述事例可统计为下表:

表 3.1.1　春秋经传中所见获取他国青铜容器事例统计表

《左传》纪年	公元前	原属国	入藏国①		器类
			经手国	收藏国	
桓公二年	710	郜	宋	鲁	鼎
庄公六年	688	卫	齐	鲁	宝器

① "入藏国"分为"经手国"和"收藏国"。"经手国"亦曾短暂收藏,表格中所列为春秋经传中记载的经手国,不排除还曾被其他诸侯国经手、短暂收藏过的可能性;表格中所列"收藏国"为春秋经传中所见收藏国,不排除继续流转至其他诸侯国的可能性,因此可能并非实际的最终收藏。

续表

| 《左传》纪年 | 公元前 | 原属国 | 入藏国 | | 器类 |
			经手国	收藏国	
庄公二十一年	673	周王室		虢	爵
成公二年	589	纪	齐	晋	甗
襄公六年	567	莱		齐	宗器
襄公十九年	554	吴	鲁	晋	鼎
襄公二十二年	551	郑		晋等同盟	宗器
襄公二十五年	548	齐		晋	宗器、乐器
襄公二十五年	548	陈		郑	宗器
昭公七年	535	北燕		齐	宝器
昭公七年	535	莒	晋	郑	方鼎
昭公十五年	527	鲁		周王室	壶
昭公十六年	526	甲父	徐	齐	鼎
昭公二十三年	519	楚		吴	宝器
定公六年	504	卫		晋	鼎

第二节　烹煮器的空间分布格局和文化属性

一、铜鼎的空间分布和文化属性

（一）立耳折沿鼎

立耳折沿鼎目前发现数量较多,空间分布范围较广,各型立耳折沿鼎具有不同的分布格局、文化属性和国族属性(表3.2.1,图3.2.1—图3.2.7)。

A型立耳折沿鼎和B型立耳折沿鼎是具有密切亲缘关系的两个分支亚型,形制特征继承西周晚期同型铜鼎的特征,在文化属性可划归为周文化系统。其分布范围主要集中在周文化控制较强或受周文化影响较深的地区,数量的多寡和变化也反映出周文化控制力和影响力的变化:第一期和第二期数量最多,分布范围也最广,核心分布区为河南、山西、山东等地,边缘分布区为安徽、江苏、湖北、湖南、陕西等地;第三期之后数量锐减,分布范围急剧收缩,集中在河南洛阳、新郑、山西南部等地,属于周王室和郑国、晋国等秉持周文化传统较深的姬姓诸侯国领域。

表3.2.1 立耳折沿温鼎空间分布统计表

分期	型式	总计	河南	山西	北京、河北、内蒙	山东	安徽	湖北	湖南	江苏、浙江	江西	广西、广东	陕西	甘肃	重庆	四川
一	AaⅠ式	95	61（三门峡49，登封1，新郑3，桐柏2，信阳6）	1（闻喜1）		17（邹城1，滕州1，泰安3，长清2，临朐2，莒县5，日照3）		8（随州4，枣阳3，谷城1）					8（陇县5，韩城3）			
一	AaⅡ式	1						1（谷城1）								
一	AbⅠ式	125	61（洛阳1，三门峡47，新郑1，郏县2，平顶山1，桐柏5，信阳2，安阳2）	14（芮城2，闻喜3，曲沃5，侯马4）	1（宁城1）	22（曲阜5，枣庄1，长清3，淄博1，莱芜1，昌乐1，沂源3，五莲1，日照1，蓬莱1）	5（宿州1，寿县1，铜陵1，南陵2）	16（襄阳1，枣阳4，随州8，广水2，武汉1）		1（溧阳1）			5（韩城3，永寿1，麟游1）			
一	BⅠ式	91	13（洛阳3，三门峡9，平顶山1）	5（芮城1，闻喜1，侯马3）	1（延庆1）	43（枣庄1，长清18，平邑2，临沂4，沂水11，安丘5，日照1，临朐1）	19（繁昌4，肥西2，宣城6，铜陵1，南陵1，芜湖4，当涂1）			5（灌云3，浦口1，高淳1）			5（宝鸡5）			
一	CⅠ式	11	7（三门峡5，郏县1，平顶山1）			1（安丘1）		1（随州1）		1（江宁1）			1（韩城1）			
一	DⅠ式	33											30（户县17，麟游1，宝鸡12）	3（灵台3）		
二	AaⅡ式	16	8（洛阳5，信阳2，光山1）	1（闻喜1）									7（凤翔1，陇县6）			
二	AbⅡ式	34	16（洛阳8，登封1，新郑1，南阳1，信阳3，光山1）			2（日照1，海阳1）	4（铜陵2，南陵1，郎溪1）	3（随州1，枝江1，武穴1）					4（凤翔3，宝鸡1）	5（礼县5）		
二	BⅡ式	91	12（洛阳3，新郑2，南阳3，桐柏2，潢川1，固始1）	2（闻喜2）	1（平山1）	36（曲阜1，滕州7，费县1，临淄3，沂水12，郯城2，海阳2，栖霞2）	9（肥西1，桐城1，怀宁2，铜陵2，贵池2，南陵1）	4（谷城3，当阳1）	19（湘潭4，衡阳14，衡东1）	6（高淳3，江宁1，溧水1，丹阳1）		1（恭城1）	1（凤翔1）			

分期	型式	总计	河南	山西	北京、河北、内蒙	山东	安徽	湖北	湖南	江苏、浙江	江西	广西、广东	陕西	甘肃	重庆	四川
二	CⅡ式	3				2(沂水2)	1(繁昌1)									
	DⅡ式	26											17(凤翔3，宝鸡14)	9（礼县9）		
三	AaⅢ式	4	2(洛阳2)										1(凤翔1)	1（礼县1）		
	AbⅢ式	55	53(陕县1、新郑51)	2(长治2)												
	BⅢ式	21	12(洛阳7，辉县5)	5(长治5)		1(峄城1)	3(蚌埠3)									
	DⅢ式	23											17（凤翔16，长武1）	6（礼县6）		
四	AbⅣ式	16	5(洛阳5)	8（临猗2、长治5、太原1）		1(临沂1)					2（樟树2）					
	BⅣ式	4	3(洛阳3)	1(临猗1)												
	DⅣ式	3											3(凤翔3)			
五	AbⅤ式	7		7（太原5、潞城2）												
	DⅤ式	8											8（长安2，咸阳2，武功3，眉县1）			
六	AbⅥ式	8	5(陕县5)	2（长治1、忻州1）		1(安丘1)										
	DⅥ式	5											5（咸阳1，凤翔4）			
七	DⅦ式	5					1(铜陵1)						4(凤翔4)			

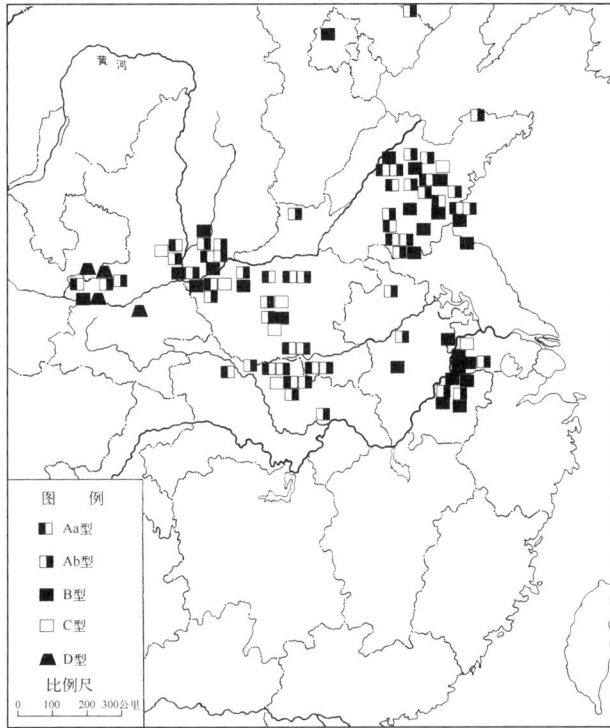

图 3.2.1　立耳折沿鼎分布图(第一期)

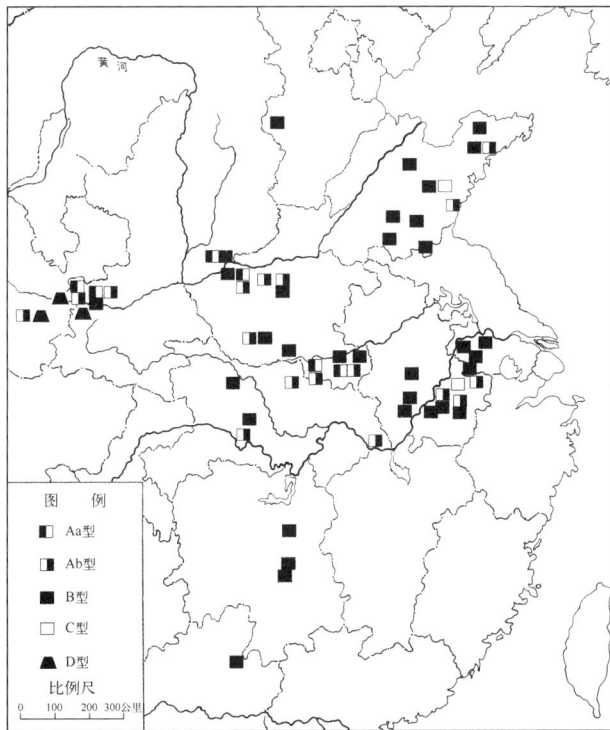

图 3.2.2　立耳折沿鼎分布图(第二期)

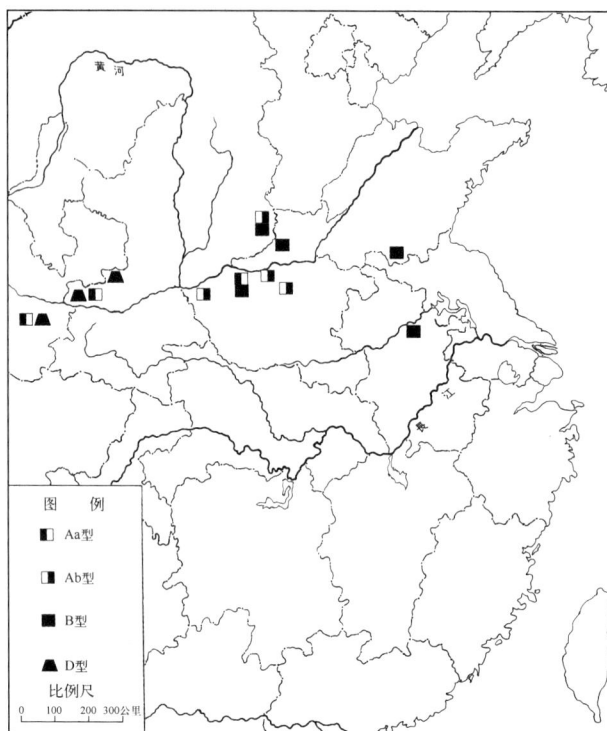

图 3.2.3　立耳折沿鼎分布图(第三期)

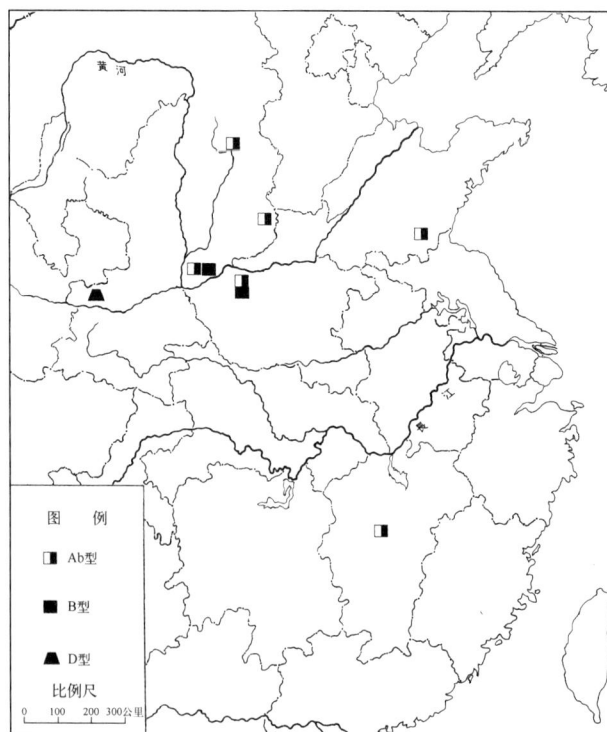

图 3.2.4　立耳折沿鼎分布图(第四期)

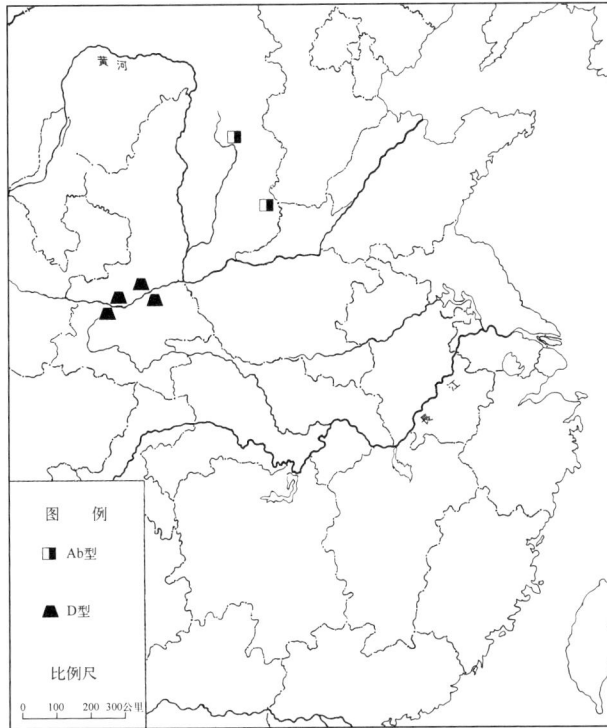

图 3.2.5 立耳折沿鼎分布图(第五期)

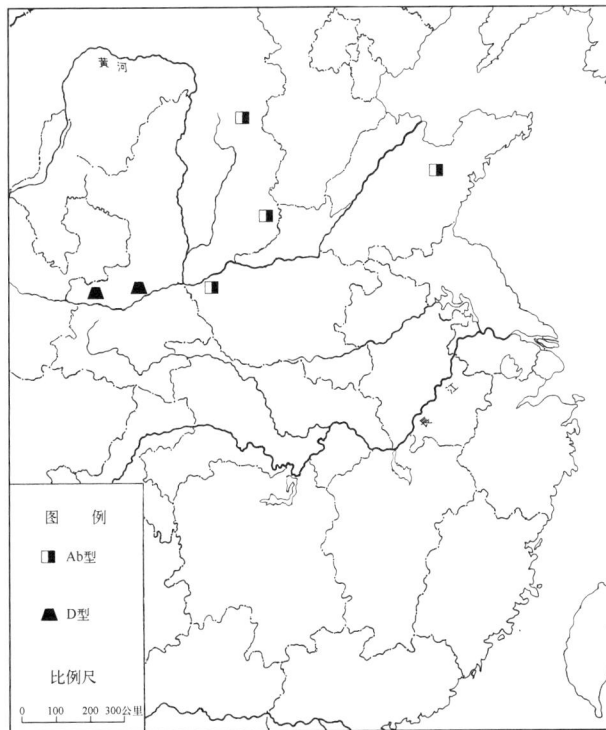

图 3.2.6 立耳折沿鼎分布图(第六期)

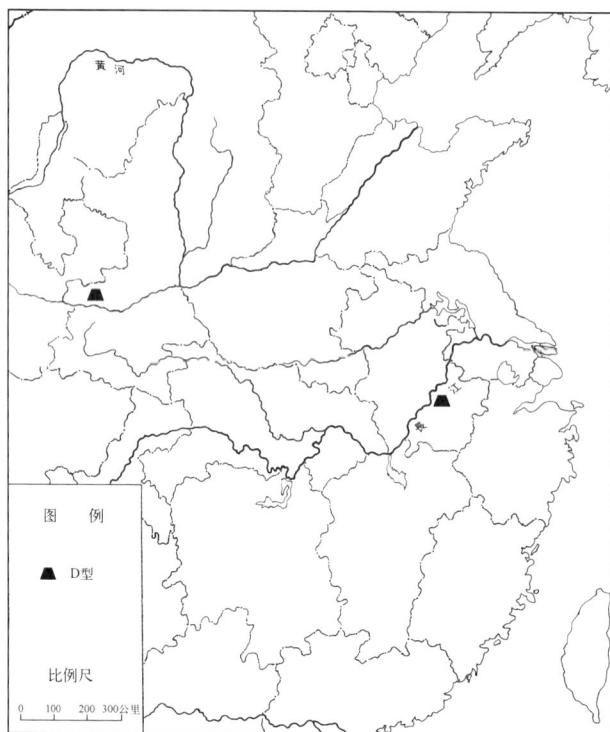

图 3.2.7　立耳折沿鼎分布图(第七期)

C 型立耳折沿鼎形制特征也继承自西周晚期同型铜鼎的形制传统,文化属性也属于周文化系统,与 A 型和 B 型立耳折沿鼎相比数量少,主要出土于高等级贵族墓葬中,第三期之后消失不见。

D 型铜鼎从形制特征来看应该是从 Aa 型铜鼎分化出来,惟腹部较浅,第一期至第七期其核心分布区都位于陕西关中和甘肃东部陇山东西两侧地区,属于秦国领域,因此其文化属性属于秦文化系统(但源头在周文化系统)。

（二）附耳卷·折沿鼎

附耳卷·折沿鼎目前发现数量较多,空间分布范围较广,各型附耳卷·折沿鼎具有不同的分布格局、文化属性和国族属性(表 3.2.2,图 3.2.8—图 3.2.14)。

A 型卷·折沿鼎形制特征继承西周晚期同型铜鼎的形制传统,总起来看其文化属性属于周文化系统,其分布范围主要集中在周文化控制较强或受周文化影响较深的地区,数量的多寡和变化也反映出周文化控制力和影响力的变化:第一期数量最多,分布范围最广,核心分布区为河南、山西、山东、湖北、陕西等地,边缘分布区为安徽、甘肃等地;第二期之后数量锐减,分布范围急剧收缩,集中在河南洛阳、新郑、山西等地,属于周王室和郑国、晋国等秉持周文化传统较甚的姬姓诸侯国领域,尤其是在郑国延续时间最长并且发展出具有郑国特色的 Aba Ⅳ式、Aba 型 Ⅴ式、Abb 型 Ⅴ式、Abc 型 Ⅴ式附耳卷·折沿鼎,目前仅

表 3.2.2　附耳卷·折沿鼎空间分布统计表

分期	型式	总计	河南	山西	河北	北京	山东	安徽	湖北	湖南	江苏、浙江	江西	广西、广东	陕西	甘肃	重庆	四川
一	Aa I 式	99	33(洛阳3、三门峡13、登封1、郑县2、南阳1、新野3、桐柏1、安阳1)	8(闻喜1、曲沃5、侯马2)			7(邹城1、长清1、临朐1、沂水1、昌乐2、蓬莱1)	1(青阳1)	28(襄阳1、宜城1、枣阳9、随州2、京山9、应城2、安陆1、枝江3)					18(韩城18)	4(天水4)		
	Abb I 式	2					2(日照2)										
	Abc I 式	1	1(洛阳1)														
二	Aa I 式	5	2(罗山2)								3(丹阳3)						
	Aa II 式	8	2(洛阳2)						6(襄阳5、当阳1)								
	Aa III 式	4	3(洛阳3)				1(日照1)										
	Aba III 式	2	2(南阳2)														
三	Ba I 式	17	11(洛阳2、新郑9)	3(侯马3)	1(怀来1)				1(当阳1)				1(恭城1)				
	Bba I 式	25	16(淅川14、固始2)						7(郧县2、襄阳1、钟祥2、当阳2)	2(岳阳2)							
四	Aa IV 式	1		1(新绛1)													
	Aba IV 式	2	2(新郑2)														
	Ba II 式	9	6(辉县6)	3(临猗2、太原1)													
	Bba II 式	1						1(寿县1)									

分期	型式	总计	空间分布区域														
			河南	山西	河北	北京	山东	安徽	湖北	湖南	江苏、浙江	江西	广西、广东	陕西	甘肃	重庆	四川
五	AbaⅤ式	1	1(新郑1)														
	AbbⅤ式	2	2(新郑2)														
	AbcⅤ式	2	2(新郑2)														
	BaⅢ式	5		2(潞城1,太原1)					3(随州3)								
	BbbⅢ式	3	2(淅川2)						1(随州1)								
六	AaⅥ式	2							2(荆门1、江陵1)								
	BaⅣ式	4	2(叶县1,淅川1)						2(枣阳1,荆门1)								
	BbbⅣ式	1	1(淅川1)														
七	BaⅤ式	2						1(寿县1)									1(成都1)

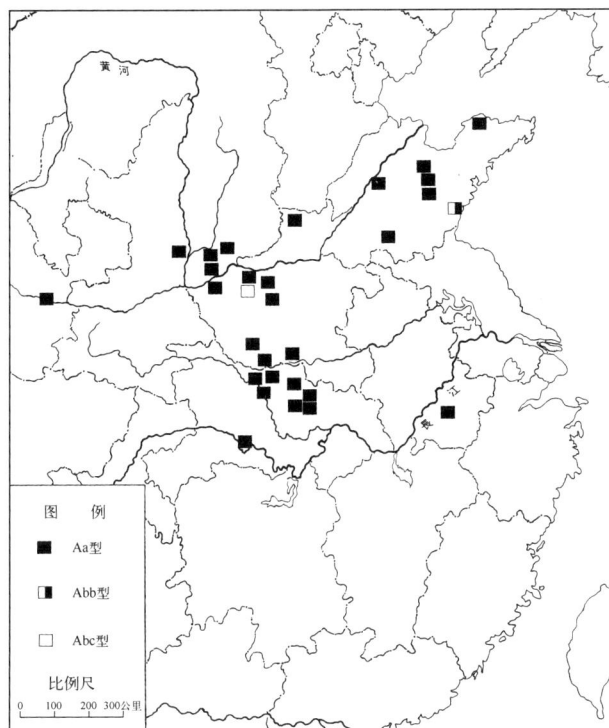

图 3.2.8　附耳卷·折沿鼎分布图（第一期）

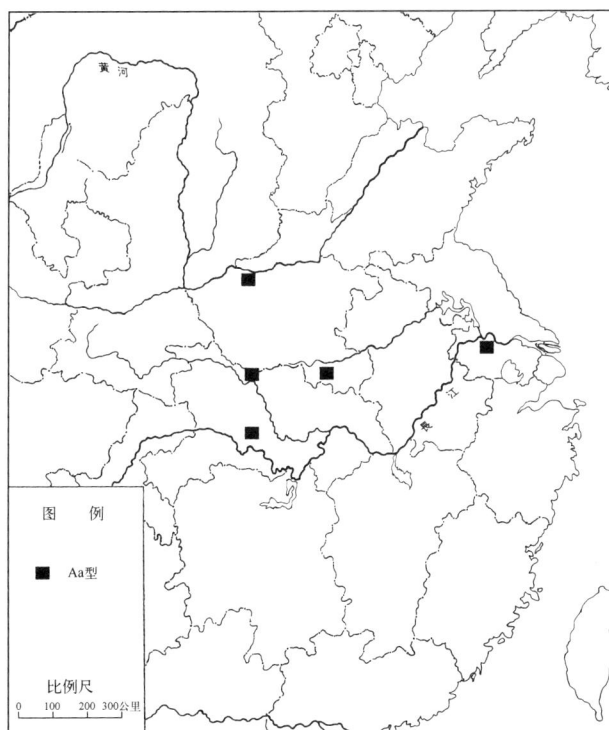

图 3.2.9　附耳卷·折沿鼎分布图（第二期）

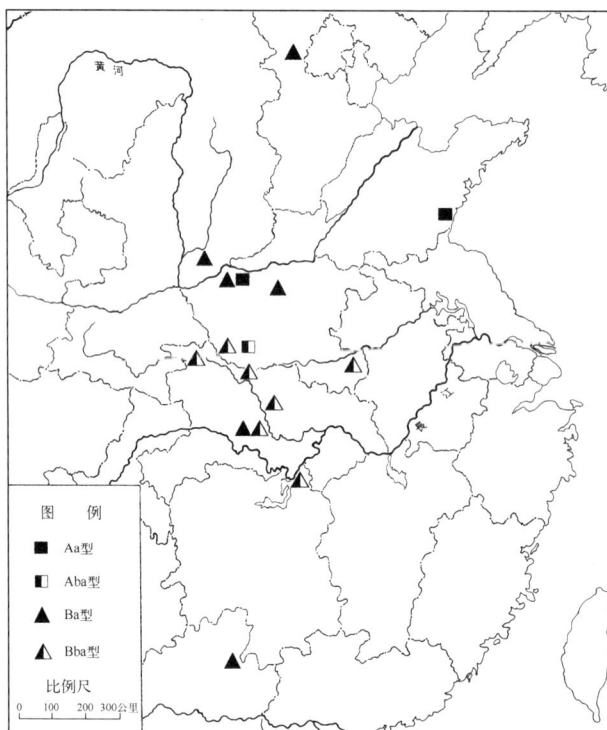

图 3.2.10　附耳卷·折沿鼎分布图(第三期)

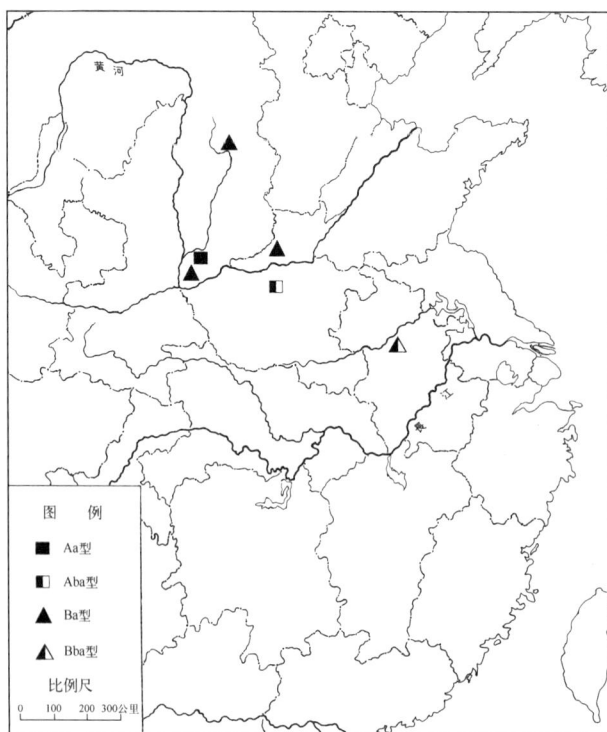

图 3.2.11　附耳卷·折沿鼎分布图(第四期)

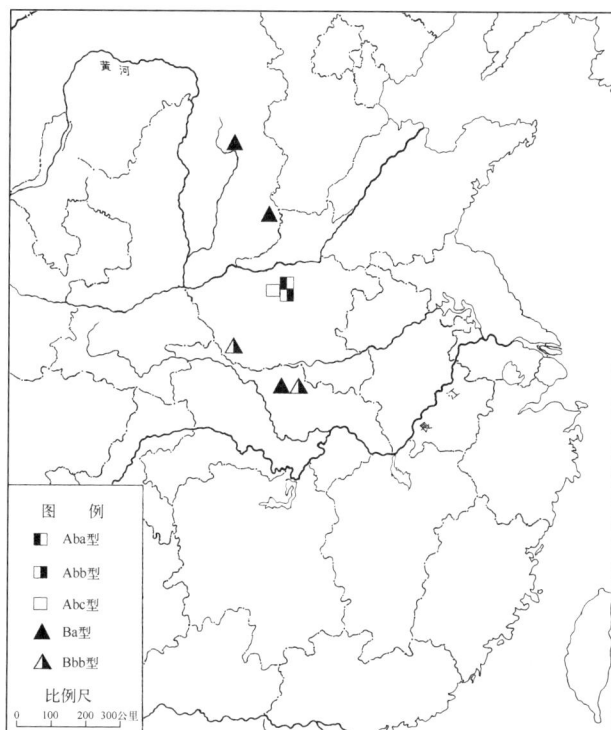

图 3.2.12　附耳卷·折沿鼎分布图(第五期)

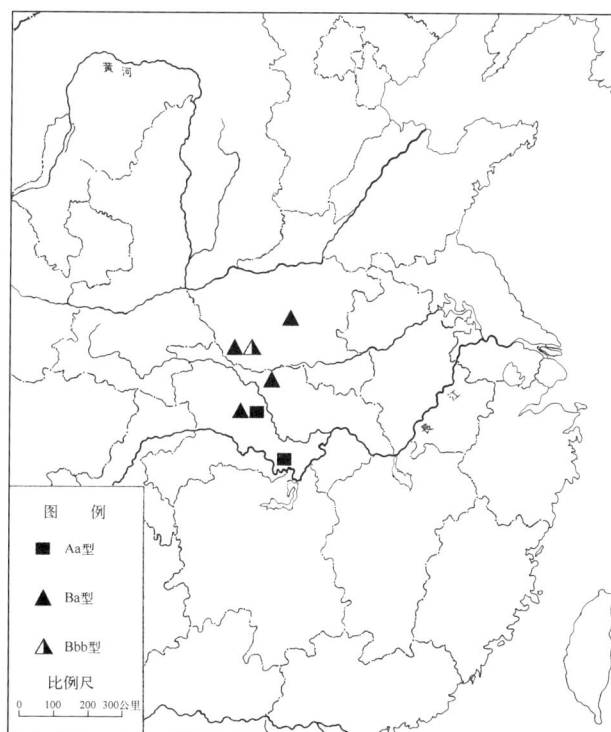

图 3.2.13　附耳卷·折沿鼎分布图(第六期)

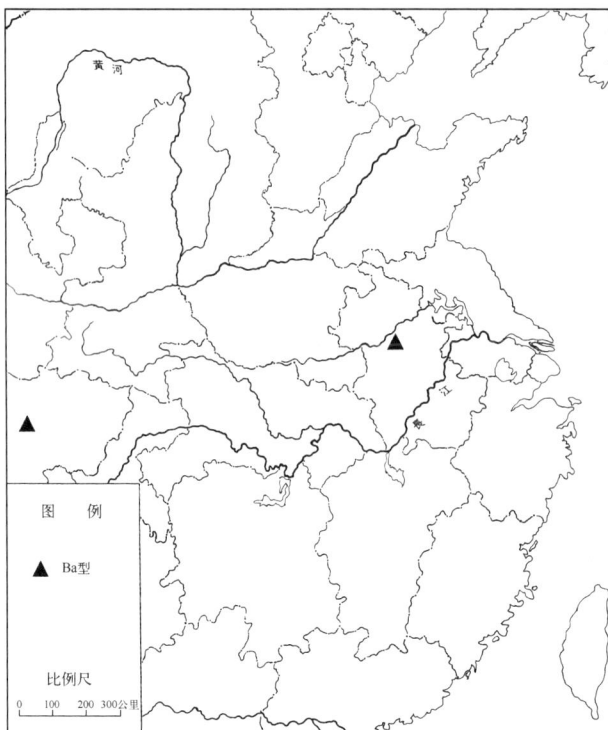

图 3.2.14　附耳卷·折沿鼎分布图(第七期)

分布在郑国都城新郑地区,可以划为郑文化系统(指周文化系统下的地域亚文化系统)。Aa Ⅵ式附耳卷·折沿鼎与 Ba 型Ⅳ式附耳卷·折沿鼎具有较密切的亲缘关系,目前主要发现于第六期楚文化系统高等级贵族墓葬中。

B 型附耳卷·折沿鼎可能是从 A 型附耳卷·折沿鼎中分化发展出来(区别在于 B 型束颈),目前所见最早出现于第三期,从第三期至第六期其核心分布区都集中在河南南部和湖北汉水流域,属于楚国领域,边缘分布区位于河南新郑及洛阳、山西南部、湖南、广西等地楚文化影响的边缘地区,因此其文化属性属于楚文化系统(但源头在周文化系统)。

(三) 附耳子母口鼎

附耳子母口鼎目前发现数量多,空间分布范围广,各型附耳子母口鼎具有不同的分布格局、文化属性和国族属性(表 3.2.3,图 3.2.15—图 3.2.21)。

A 型附耳子母口鼎是目前所见同类铜鼎中年代较早的,从第一期至第七期其形制、分布范围和文化属性发生过较大变化:第一期盖的形制多为曲尺形钮平顶盖(Aa 型),核心分布区可以分为安徽南部皖江流域和山东西南部泗水流域两个区域(两个区域之间的分布空白可能与目前该地区考古工作较少、资料较为缺乏有关),分别属于群舒和鲁、邾、徐等国领域,总体来看属于徐舒文化系统。第二期仍以曲尺形钮平顶盖为主(Aa 型),新出现捉手钮隆顶盖(Ac型),可能受到这一时期齐、楚争夺对江淮地区徐舒等国族的控制权

表 3.2.3　附耳母子口鼎空间分布统计表

分期	型式	总计	河南	山西	北京、河北、内蒙、辽宁	山东	安徽	湖北	湖南	江苏、浙江	江西	广西、广东	陕西	甘肃	重庆	四川
一	Aa I 式	20				12(邹城 2、枣庄 8、肥城 2)	8(舒城 4、望江 2、铜陵 1、郎溪 1)									
二	Aa II 式	21	5(南阳 3、淅川 2)	1(临猗 1)		7(滕州 4、邹平 1、莒县 1、海阳 1)		5(襄阳 2、随州 2、钟祥 1)						2(礼县 2)		1(茂县 1)
	Ab I 式	1	1(洛阳 1)													
	Ac I 式	1	1(南阳 1)													
	Ad I 式	5	3(洛阳 1、罗山 2)			2(临沂 1、海阳 1)										
	Ba II 式	10	2(洛阳 2)			8(滕州 7、临淄 1)										
三	Aa III 式	25	11(洛阳 3、陕县 1、尉氏 1、辉县 5、淇县 1)	12(临猗 3、侯马 8、潞城 1)	1(易县 1)	1(峄城 1)										
	Ab II 式	35	8(洛阳 5、陕县 1、南阳 1、淇县 1)	27(临猗 7、侯马 13、长治 5、洪洞 1、忻州 1)												
	Ac II 式	7	2(辉县 2)	4(临猗 3、侯马 1)	1(怀来 1)											
	Ba III 式	13		2(闻喜 2)		10(滕州 7、峄城 3)							1(凤翔 1)			
	Bb III 式	8				8(长清 3、淄博 3、临朐 2)										

分期	型式	总计	河南	山西	北京、河北、内蒙、辽宁	山东	安徽	湖北	湖南	江苏、浙江	江西	广西、广东	陕西	甘肃	重庆	四川
	AaⅣ式	5	3(洛阳3)		2(涉县2)											
	AbⅢ式	141	34(洛阳15,三门峡1,新郑1,淅川2,固始3,辉县10,淇县2)	55(芮城1,运城1,临猗8,万荣1,闻喜2,侯马13,沁水1,长子14,长治14,屯留1,交口1,太原7,原平1,定襄2,浑源1)	25(邯郸5,邢台1,平山2,新乐3,唐县7,行唐3,易县2,唐山1)	24(曲阜1,新泰19,肥城1,济南2,青州1)				3(邳州3)						
四	AcⅢ式	42	8(洛阳5,新郑1,辉县2)	25(运城3,临猗14,万荣1,侯马7)	5(邢台2,唐县1,行唐1,满城1)	2(莱芜1,临淄1)				1(丹徒1)			1(凤翔1)			
	AdⅢ式	9	3(固始3)	3(长子2,原平1)	2(迁西1,凉城1)								1(凤翔1)			
	BbⅣ式	7			1(易县1)	6(莱芜2,新泰2,安丘1,莒县1①)										
	Bca型	3			3(易县1,三河2)											
	Bcb型	5			5(唐县2,怀来1,唐山1,顺义1)											
	DaⅠ式	3								3(六合2,丹徒1)						

① 苏兆庆：《古营遗珍》，人民美术出版社，2007年。尚未完全公布，数量不详，暂计一件。

分期	型式	总计	河南	山西	北京、河北、内蒙、辽宁	山东	安徽	湖北	湖南	江苏、浙江	江西	广西、广东	陕西	甘肃	重庆	四川
	AaV式	2		2(太原2)												
	AbIV式	63	28(洛阳9、三门峡3、陕县11、辉县3、淅川2)	27(万荣1、侯马1、长子6、长治6、潞城8、柳林1、太原5)	1(通州1)	3(平度1、邹平1、崂山1)		3(襄阳2、随州1)					1(洛南1)			
五	AdIV式	15	8(洛阳5、陕县3)	1(太原1)	1(通州1)			5(随州5)								
	BbV式	2				2(济南1、临淄1)										
	CaI式	3	1(洛阳1)			2(邹城1、淄博1)										
	DaII式	2						2(随州2)								
	DbII式	15	7(平顶山1、淅川6)					7(襄阳1、随州6)								1(绵竹1)
	AbV式	83	31(洛阳12、陕县13、辉县5)	20(长治19、中阳1)	27(平山25、易县1、凌源1)			1(当阳1)					4(大荔1、凤翔2、洛南1)			
六	AdV式	10	4(洛阳2、汲县1、辉县1)		5(平山5)			1(枣阳1)								
	BbVI式	9				9(临淄9)										
	CaII式	24				24(长清4、章丘5、临淄10、诸城5)										
	Cb型	4				4(临淄1、安丘1、阳信2)										

分期	型式	总计	空间分布区域													
			河南	山西	北京、河北、内蒙、辽宁	山东	安徽	湖北	湖南	江苏、浙江	江西	广西、广东	陕西	甘肃	重庆	四川
六	DaⅢ式	149	9(叶县1,南阳4,淅川1,上蔡2,淮阳1)		1(谷城1)		1(六安1)	115(襄阳6,枣阳5,随州16,广水2,荆门2,沙洋3,钟祥2,天门9,当阳1,荆州2,沙市1,江陵55,巴东1,麻城2,黄冈8)	16(临澧1,慈利2,益阳1,长沙12)				2(山阳2)		5(巫山1,奉节1,云阳1,万县1,忠县1)	
六	DbⅢ式	73	12(叶县1,淅川9,固始2)				2(寿县2)	49(襄阳6,枣阳14,丹江口2,荆门7,江陵18,鄂城2)	4(慈利1,长沙3)						1(巫山1)	5(新都5)
七	AbⅥ式	107	13(洛阳3,南阳2,淅川1,泌阳3,扶沟4,新蔡2)	8(侯马1,襄汾1,洪洞3,文水2,榆次1)	5(元氏1,谷城1,丰台2)	7(临淄7)	4(六安2,巢湖2)	28(襄阳14,宜城9,荆门1,云梦2,江陵2)	2(溆浦2)	1(铜山1)		1(罗定1)	27(大荔1,临潼7,西安12,咸阳1,武功1,凤翔2,旬邑1,延川2)	3(平凉1,张家川2)	5(巫山3,云阳1,涪陵1)	3(青川1,成都2)
七	AdⅥ式	4	2(陕县2)				1(淮南1)						1(旬邑1)			
七	CaⅢ式	4				4(济南2,临淄2)										

分期	型式	总计	河南	山西	北京、河北、内蒙、辽宁	山东	安徽	湖北	湖南	江苏、浙江	江西	广西、广东	陕西	甘肃	重庆	四川
						空 间 分 布 区 域										
七	DaIV式	30	1(洛阳1)				12(蚌埠2、天长4、六安4、潜山2)	5(襄阳1、宜城1、江陵2、宜昌1)	10(桃源2、常德1、益阳3、长沙4)	1（句容1)			1(延川1)			
	DbIV式	33	2(陕县1、南阳1)				12(六安4、潜山2、舒城4、天长2、寿县①)	6(襄阳3、宜昌1、黄冈2)	7(临澧1、长沙6)	6(武进2、苏州4)						
	DIV式	3						3(襄阳1、云梦2)								

---

① 寿县朱家集1933M铜器群材料尚未完全公布，数量不详。

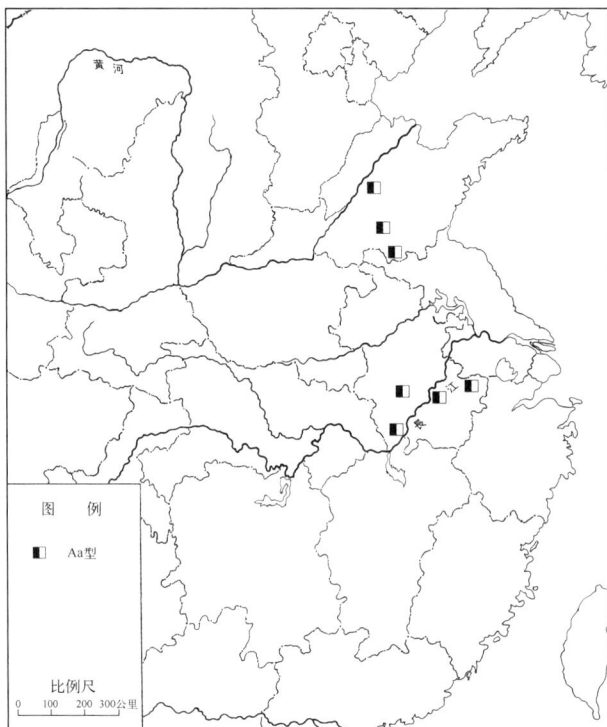

图 3.2.15　附耳子母口鼎分布图(第一期)

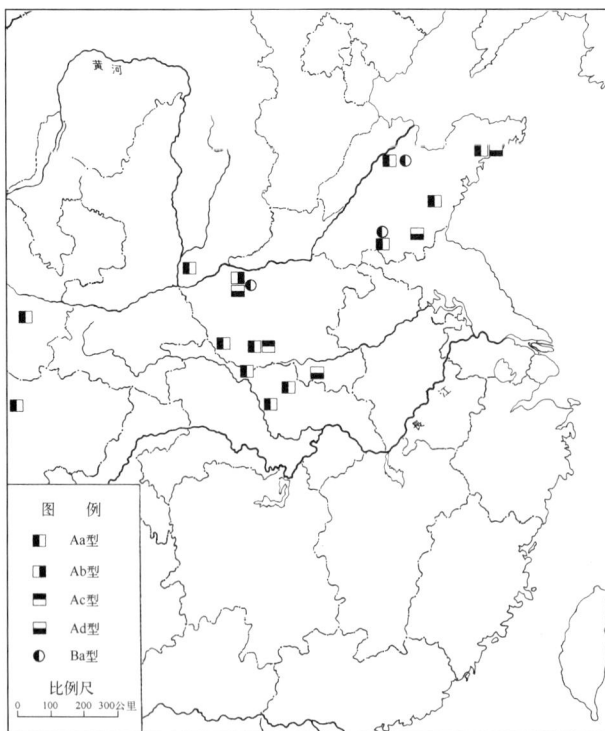

图 3.2.16　附耳子母口鼎分布图(第二期)

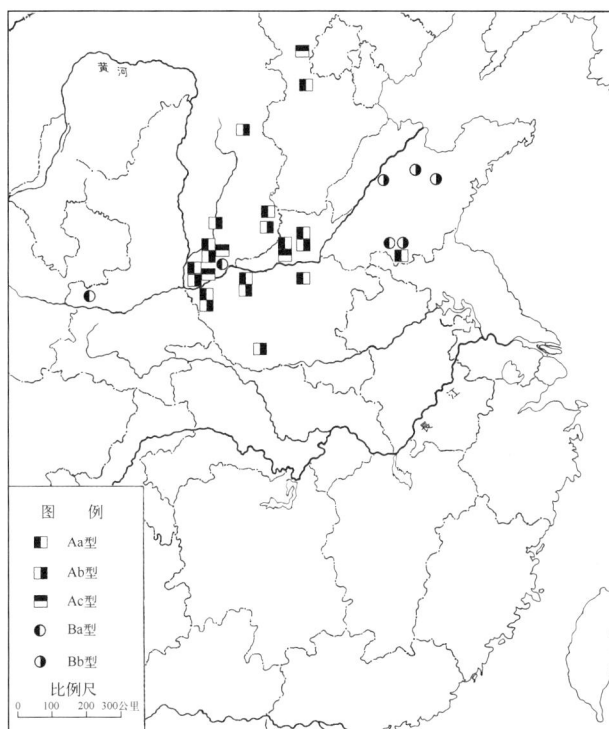

图 3.2.17　附耳子母口鼎分布图（第三期）

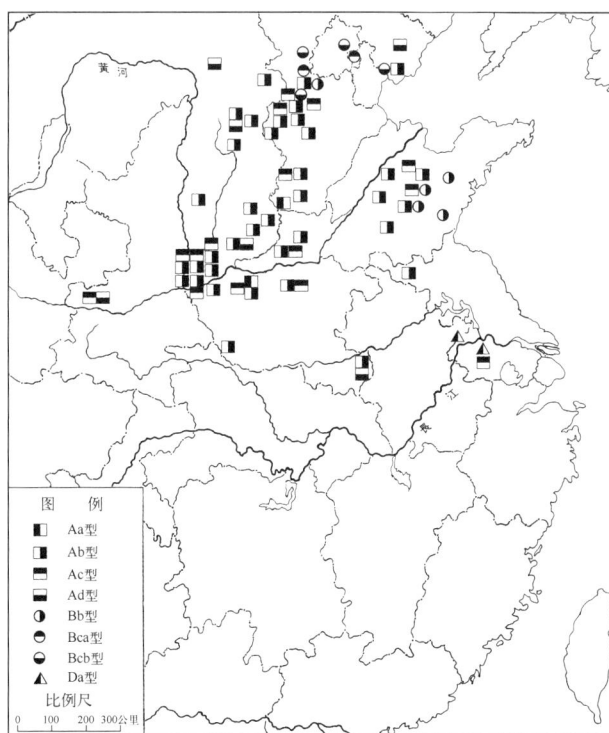

图 3.2.18　附耳子母口鼎分布图（第四期）

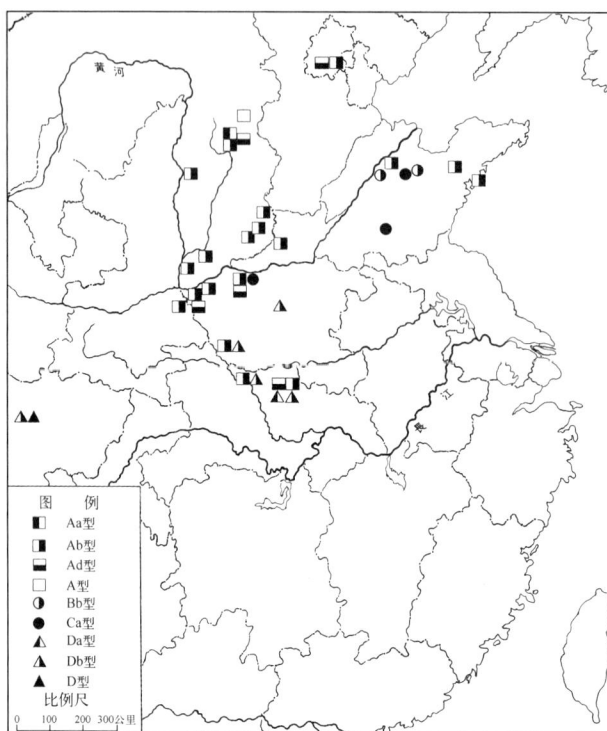

图 3.2.19　附耳子母口鼎分布图(第五期)

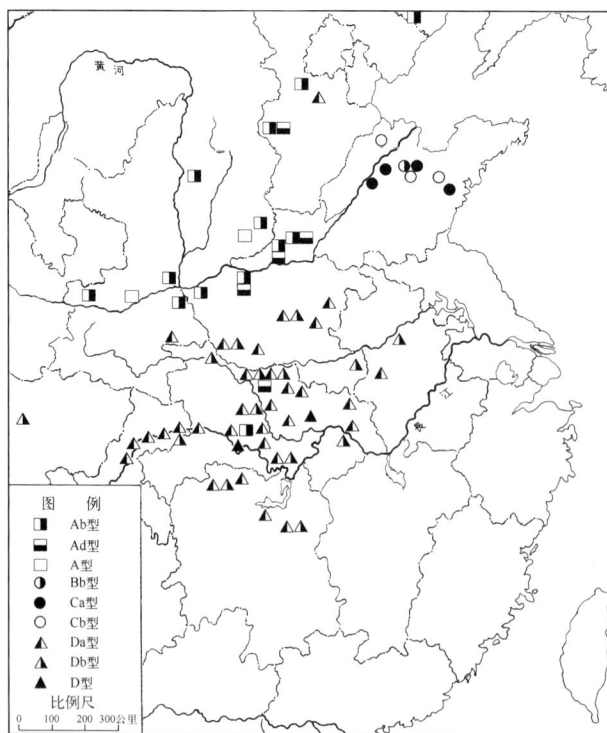

图 3.2.20　附耳子母口鼎分布图(第六期)

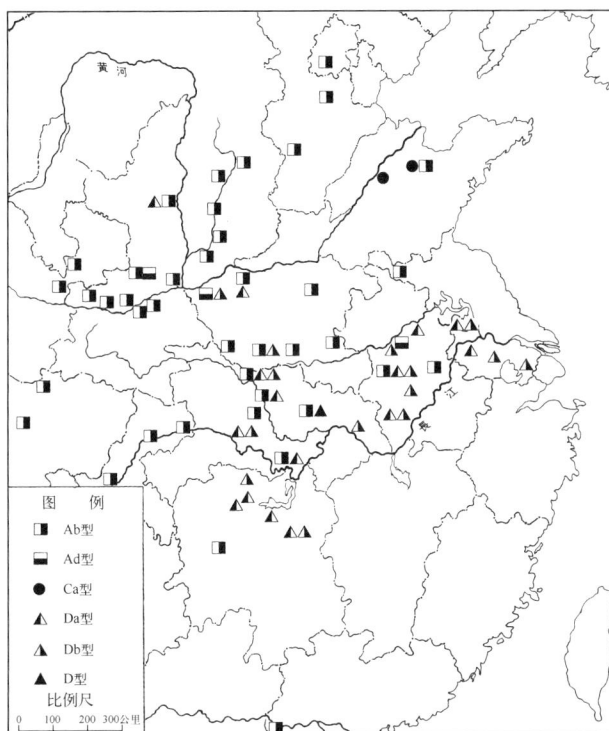

图 3.2.21　附耳子母口鼎分布图(第七期)

的影响,其核心分布区向东、西两个方向转移,向东转移到山东南部和胶东半岛地区,属于齐国影响下的东夷古国地区,沿袭本地第一期旧有传统;向西转移至河南南部和湖北北部的淮河上游与汉水流域,属于楚国领域和楚势力影响范围,可能是楚人东进经略江淮地区的过程中受徐舒文化影响所致;边缘分布区位于河南洛阳、山西临猗,分别属于周王室和晋国领域,离散分布区有甘肃礼县、四川茂县,前者属于秦国领域,后者或属于西羌族裔,边缘分布区和离散分布区都是受核心区影响所波及。第三期以环钮浅隆顶盖(Ab 型)和曲尺形浅隆顶盖(Aa 型)为主,核心分布区向北移动,转移到晋南和豫北、豫西、豫中地区,被晋国接受而成为晋国青铜器文化系统中最重要的组成部分,边缘分布区位于河南南部、河北北部,分别属于楚国和燕国领域,受晋文化影响。第四期以环钮隆顶盖(Ab 型)为主,捉手钮隆顶盖(Ac 型)数量和比重增加,曲尺形钮隆顶盖(Aa 型)数量和比重降低,核心分布区位于晋南、晋中、河北、豫西、豫中地区,属于晋国和周王室领域,文化属性属于晋文化系统,边缘分布区扩展至河南南部和山东中部,分别属于楚国和齐国、鲁国领域,离散分布区位于陕西宝鸡和江苏等地,属于秦国和吴国领域,均受晋文化影响。第五期以环钮隆顶盖(Ab 型)为主,其次为兽钮隆顶盖(Ad 型),曲尺形钮隆顶盖(Aa 型)数量减少、捉手钮隆顶盖(Ac 型)消失不见,核心分布区位于晋南、晋中、豫北、豫西地区,属于三晋和周王室领域,文化属性属于晋文化系统,边缘分布区位于冀北、豫南、鄂北、山东半岛地区,分别属于燕、楚、齐国领域,受晋文化影响。第六期以环钮隆顶盖(Ab 型)为主,核心分布区仍位于山西、河北、豫北、豫西地区,属于三晋和周王室领域,边缘分布区位于陕西关中、辽宁西部地区,属于秦国和燕国领域,受三晋文化影响。第七期以环钮隆顶盖(Ab 型)为主,数量较多,分布范围较第六期急剧扩展,核心分布区位于陕西关中、山西等地,属于秦国和三晋领域,乃秦人学习三晋文化且将其融入秦文化系统之中,并随秦人东征、秦文化向东扩展而分布至秦人征服地区,在湖北、安徽等地与 D 型附耳子母口鼎呈错杂交融式分布格局。A 型附耳子母口鼎核心分布区和文化属性的变迁历程可概括如下(表 3.2.4):

表 3.2.4　A 型附耳子母口鼎核心分布区和文化属性变迁统计表

分期	核心分布区	分布类型	文化属性
一	安徽南部、山东南部	区域性	徐舒系
二	豫南鄂北、山东半岛	区域性	楚系徐舒裔
三	晋南、豫北、豫西	区域性	晋系楚裔
四	山西、河北、豫北、豫西	区域性	晋系
五	山西、豫北、豫西	区域性	晋系
六	山西、河北、豫北、豫西、陕西	区域性	晋系、秦系晋裔
七	陕西、山西	广域性	秦系晋裔

Ba 型附耳子母口鼎目前最早见于第二期,可能是从 Aa 型铜鼎分化而来,目前发现的数量不多:第二期主要分布在山东滕州及临淄、河南洛阳等地,分别属于滕国、齐国、周王室领域;第三期核心分布区位于山东西南部(滕州、枣庄),离散分布区有山西南部(闻喜)、陕西关中(凤翔)等地,分别属于晋国和秦国领域;第四期之后 Ba 型附耳子母口鼎消失不见。从目前发现来看,Ba 型附耳子母口鼎的核心分布区位于山东西南部的枣庄、滕州及其周边地区;另外,目前所见带有铭文的 Ba 型附耳子母口鼎[1]均属于宋国公族铜器,而宋国的核心区域商丘—彭城一带也正与枣庄、滕州毗邻,可见 Ba 型附耳子母口鼎是这一地区的特色。

Bb 型附耳子母口鼎与 Ba 型附耳子母口鼎具有密切的亲缘关系,目前最早见于第三期,核心分布区位于山东北部,属于齐国领域,文化属性属于齐文化系统;第四期主要分布区位于山东中部和半岛地区,属于齐国领域,河北北部也有发现,属于燕国领域,受齐文化影响;第五期至第六期的核心分布区都位于山东北部,属于齐国领域。从第三期至第六期的分布格局来看,Bb 型附耳子母口鼎的核心分布区都位于齐国都城临淄及其周边地区,因此其文化属性属于齐文化系统(源于第一期徐舒系 Aa 型附耳子

---

① 目前所见有:宋庄公之孙🗌亥鼎(《集成》02588;郭沫若:《两周金文辞大系图录考释》,《郭沫若全集》考古编第八卷,科学出版社,2002 年,第 394 页)、宋公圞鼎(李学勤:《枣庄徐楼村宋公鼎与费国》,《史学月刊》2012 年第 1 期,第 128—129 页)王恩田:《枣庄峄城宋公鼎与郳公鼎》,《管子学刊》2013 年第 1 期,第 101—102 页)。

母口鼎)。

Bc 型附耳子母口鼎目前仅见于第四期,分布于河北北部和北京地区,属于燕国领域,文化属性属于燕文化系统,但其源自 Bb 型附耳子母口鼎(与 BbⅣ式具有密切的亲缘关系),受齐文化影响。

C 型附耳子母口鼎目前最早见于第五期,从第五期至第六期其核心分布区都位于山东北部,属于齐国领域,文化属性属于齐文化系统,边缘分布区位于山东南部和半岛地区,属于齐国领域或势力影响范围,受核心区影响。

D 型附耳子母口鼎目前最早见于第四期,发现数量少,从形制特征推测可能是受 Ab 型附耳子母口鼎影响,惟腹部较浅、蹄足较高,从第五期之后与 Ab 型附耳子母口鼎的区别越来越明显,形制特征和分布地域也与 Ab 型附耳子母口鼎迥异:第四期目前发现数量少,分布于江苏六合,属于吴文化分布区;第五期核心分布区位于豫南和湖北,属于楚国领域,文化属性属于楚文化系统,边缘分布区位于四川,属于蜀国领域,受核心区的楚文化影响;第六期核心分布区扩展至豫南、湖北、湖南、重庆、安徽等地,属于楚国领域,边缘分布区波及四川、冀北等地,属于蜀国、燕国领域,受楚文化影响;第七期核心分布区位于湖北、湖南、安徽、江苏等地,属于楚国领域,较之第六期,其核心分布范围的西部收缩、东部扩展,与第七期秦人拔郢、楚都东迁的历史形势正相契合。从第四期至第六期的分布格局来看,D 型附耳子母口鼎属于楚文化系统,但其源自晋文化系统的 Ab 型附耳子母口鼎。

(四) 箍口鼎

箍口鼎目前发现数量较多,空间分布范围较广,各型箍口鼎具有不同的分布格局、文化属性和国族属性(表 3.2.5,图 3.2.22—3.2.27):

A 型箍口鼎和 B 型箍口鼎是形制相近、具有密切亲缘关系的两个分支型,其分布格局和文化属性、国族属性也基本相同:第二期,A 型箍口鼎核心分布区位于豫西南和鄂北汉水流域,属于楚国领域和势力范围,文化属性可以划归为楚文化系统;第三期,A 型箍口鼎和 B 型箍口鼎的核心分布区较第二期向外扩张,位于豫西南和湖北汉水流域、江汉之间地区,属于楚国统治核心区,边缘分布区位于豫中豫西、晋南、鲁南、安徽、江苏等地,属于郑国、周王室、晋国、鲁国、钟离国、吴国等国的领域,离散分布区有四川成都等地,属于古蜀国领域,边缘分布区和离散分布区都是受核心分布区楚文化影响,反映了这一时期楚文化对周边地区的强势影响;第四期,A 型箍口鼎和 B 型箍口鼎的核心分布区继续向外扩张,位于豫西南、豫东南和湖北汉水流域、江汉淮汉之间地区以及湖南等地,属于楚国领域,边缘分布区位于豫中、鲁南、安徽、江苏、浙江、江西等地,属于郑、周王室、鲁、钟离、吴、越等国的领域,离散分布区位于四川,属于古蜀国领域,边缘分布区和离散分布区都是受核心分布区的楚文化影响,反映了自第三期至第四期楚文化对周边地区持续的强势影响;从第五期开始,A型箍口鼎和B型箍口鼎的数量开始减少,分布范围较之前收缩,核心分布区

表 3.2.5　箍口鼎空间分布统计表

分期	型式	总计	河南	山西	河北	北京	山东	安徽	湖北	湖南	江苏、浙江	江西	广西、广东	陕西	甘肃	重庆	四川
一	Aa I 式	2							2（谷城 2）	1（长沙 1）							
二	Ab I 式	2	1（淅川 1）						1（钟祥 1）								
二	Aa II 式	1	1（南阳 1）														
三	Ab II 式	56	29（荥阳 1、新郑 8、南阳 5、西峡 1、淅川 14）	1（临猗 1）			4（滕州 4）	3（蚌埠 2、六安 1）	16（襄阳 3、郧县 1、宜城 2、随州 7、江陵 1、公安 1）		3（吴县 3）						1（成都 1）
三	Ac II 式	2	1（淅川 1）								1（丹徒 1）						
三	Ad II 式	1	1（洛阳 1）														
三	Ba I 式	7	3（新郑 1、尉氏 1、淅川 1）						4（襄阳 2、随州 1、安陆 1）								
三	Aa III 式	1					1（滕州 1）										
四	Ab III 式	13	1（平顶山 1）						10（襄阳 5、荆门 1、钟祥 1、当阳 1、荆州 1、麻城 1）	2（澧县 1、湘乡 1）	5（邳州 3、绍兴 2）						
四	Ac III 式	32	4（平顶山 4）	3（太原 3）			2（莒南 2）	6（凤阳 2、青阳 3、泾县 1）	15（郧县 2、襄阳 8、随州 2、当阳 1、枝江 2）	1（益阳 1）							1（成都 1）
四	Ac IV 式	4	4（平顶山 1、固始 3）														
四	Ba II 式	6	2（潢川 2）						4（襄阳 2、安陆 1、麻城 1）			1（萍乡 1）					
四	Bb I 式	48	9（新郑 1、淅川 7、潢川 1）				1（郯城 1）	10（寿县 9、六安 1）	20（襄阳 12、宜城 1、随州 2、武汉 1、麻城 4）		5（六合 2、丹徒 1、苏州 2）			3（凤翔 3）			

分期	型式	总计	空间分布区域														
---	---	---	河南	山西	河北	北京	山东	安徽	湖北	湖南	江苏、浙江	江西	广西、广东	陕西	甘肃	重庆	四川
四	Ca型	5		5(侯马5)													
	CbI式	14	1(洛阳1)	13(芮城1,万荣1、侯马6,长子1、定襄3,忻州1)													
	AbIV式	2							2(当阳2)								
	AcV式	14	5(平顶山1,淅川4)					2(六安2)	7(郧县1,襄阳1,随州4,当阳1)								
五	AdIV式	2	2(陕县1,新郑1)														
	BbII式	7	3(淅川3)						4(郧县3,随州1)								
	CbII式	10		9(侯马2,太原7)													
六	AcVI式	8	2(淅川2)						6(枣阳2,随州2,荆门1,江陵1)					1(咸阳1)			
	CbIII式	2	2(洛阳2)														
七	AcVII	1						1(寿县1)									

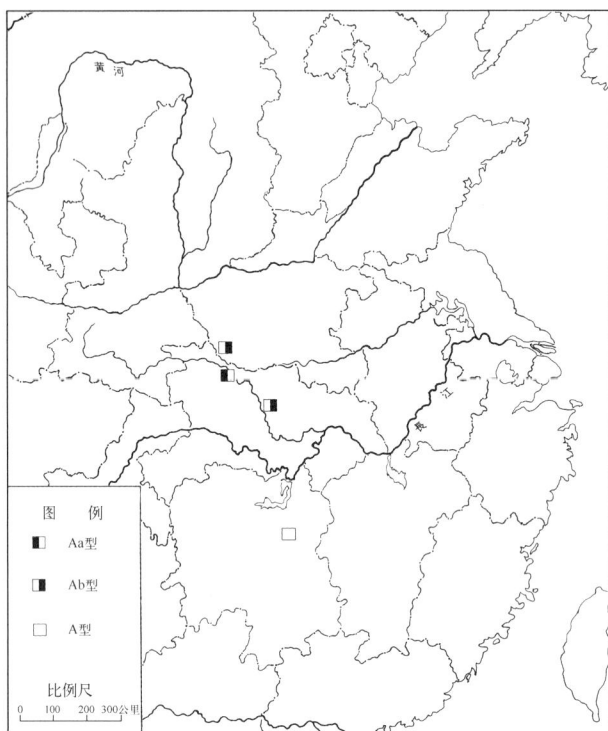

图 3.2.22　箍口鼎分布图(第二期)

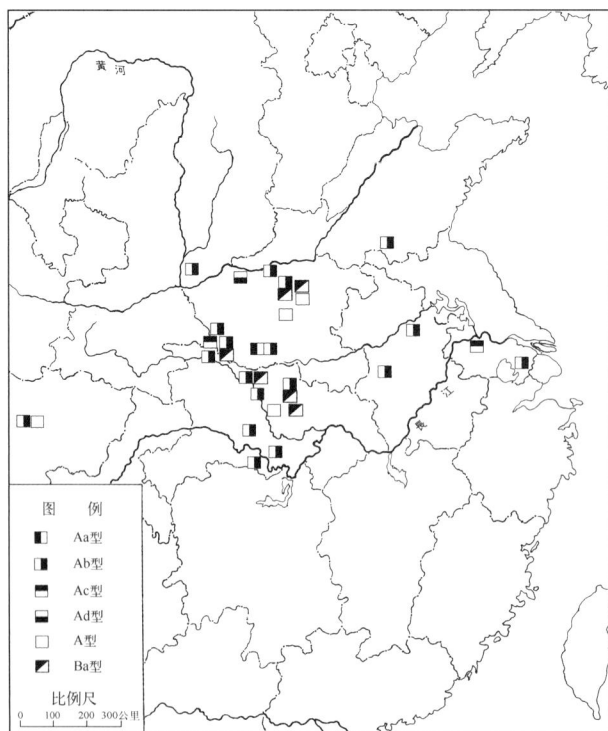

图 3.2.23　箍口鼎分布图(第三期)

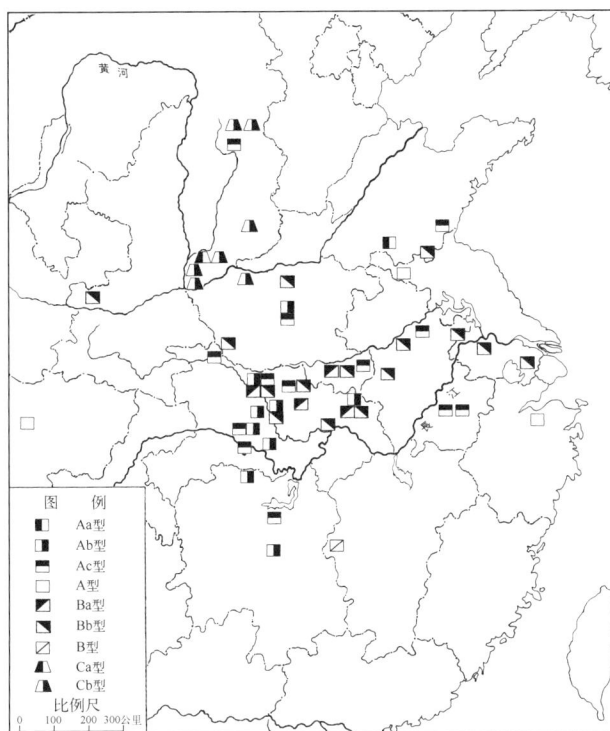

图 3.2.24　敛口鼎分布图(第四期)

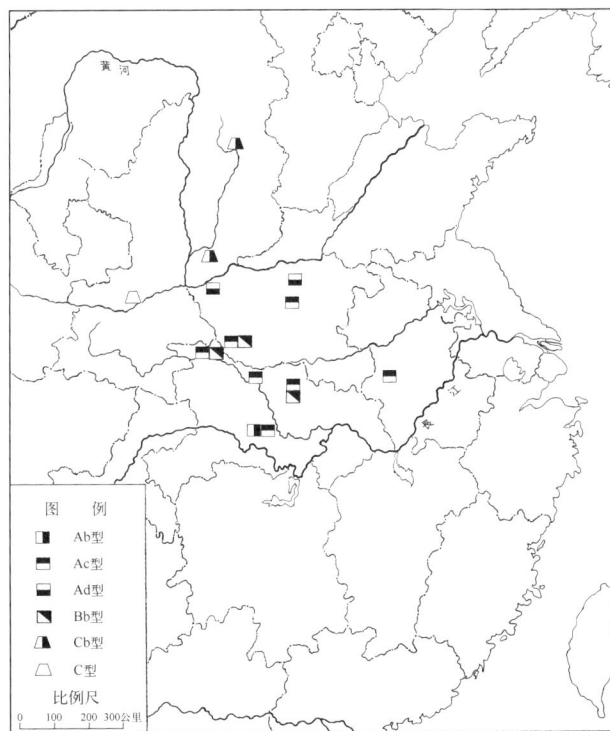

图 3.2.25　敛口鼎分布图(第五期)

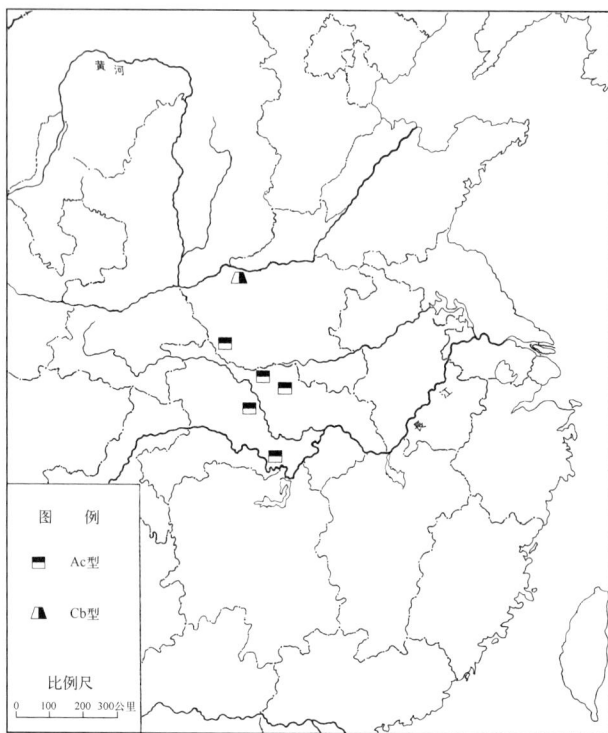

图 3.2.26　箍口鼎分布图(第六期)

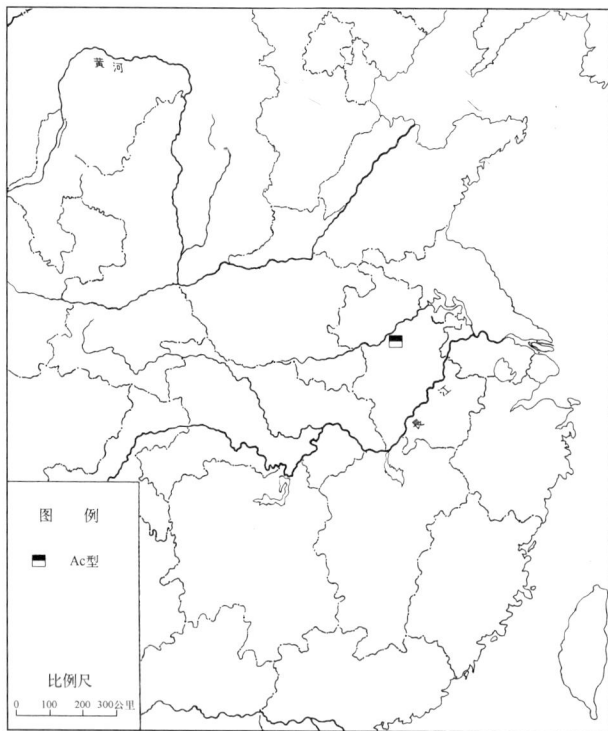

图 3.2.27　箍口鼎分布图(第七期)

位于豫西南和鄂北汉水流域、江汉之间地区,属于楚国统治核心区,边缘分布区位于豫中,属于郑国领域,从第三期开始一直受到楚文化的强烈影响;第六期时,B 型箍口鼎消失不见,A 型箍口鼎数量变少,核心分布区与第五期相同,仍位于豫西南和鄂北汉水流域、江汉之间地区,属于楚国统治核心区,不见于边缘分布区,从第三期至第五期一直作为 A 型箍口鼎传统边缘分布区的豫中新郑地区,在此期之初郑国已灭亡于韩国,未见 A 型箍口鼎;第七期时,A 型箍口鼎目前仅发现出自安徽寿县朱家集 1933M 楚王墓,属于此时的楚国核心区。因此概括来看,从第二期至第七期,A 型箍口鼎和 B 型箍口鼎的核心分布区始终位于楚国统治的核心区域,文化属性属于楚文化系统,其分布范围的变化和分布格局的演变反映了楚国势力的变化和楚文化对周边文化的影响。

C 型箍口鼎目前最早见于第四期,最晚见于第六期,在此期间其核心分布区一直位于晋南和晋中地区,属于晋和三晋领域,文化属性属于晋文化系统,边缘分布区位于河南洛阳地区,属于周王室领域,受晋文化影响。从渊源上来看,C 型箍口鼎可能是晋人学习楚文化系统 A 型和 B 型箍口鼎的箍口作法,在晋文化系统 A 型附耳子母口鼎的形制基础上添加箍口改造出来的产品,文化属性属于晋系楚裔。

(五)束腰垂腹鼎

束腰垂腹鼎目前发现数量较多,分布范围较广,各型束腰垂腹鼎具有不同的分布格局、文化属性和国族属性(表 3.2.6,图 3.2.28):

表 3.2.6 束腰垂腹鼎空间分布统计表

分期	型式	总计	空间分布区域											
			山西	河北、北京	山东	河南	安徽	湖北	湖南	江苏、浙江	江西	广西、广东	陕西、甘肃	四川、重庆
一	A 型	8			枣庄 7、临朐 1									
	Bb I 式	2						随州 2						
二	Baa II 式	2				淅川 2								
	Bb II 式	5						随州 5						
三	Baa III 式	16				叶县 7、淅川 9								
四	Baa IV 式	7					寿县 7	随州①						
五	Baa V 式	18						随州 18						
	Bab I 式	3				淅川 3								

① 随州义地岗 2012M33 铜器群材料尚未完全公布,数量不详。

续表

分期	型 式	总计	空间分布区域											
			山西	河北、北京	山东	河南	安徽	湖北	湖南	江苏、浙江	江西	广西、广东	陕西、甘肃	四川、重庆
六	BaaⅥ式	12						枣阳5、荆门2、江陵5						
	BaaⅦ式	2				叶县2								
	BabⅡ式	4				淅川4								
	BabⅢ式	5				淅川5								
七	BaaⅦ式						寿县①							

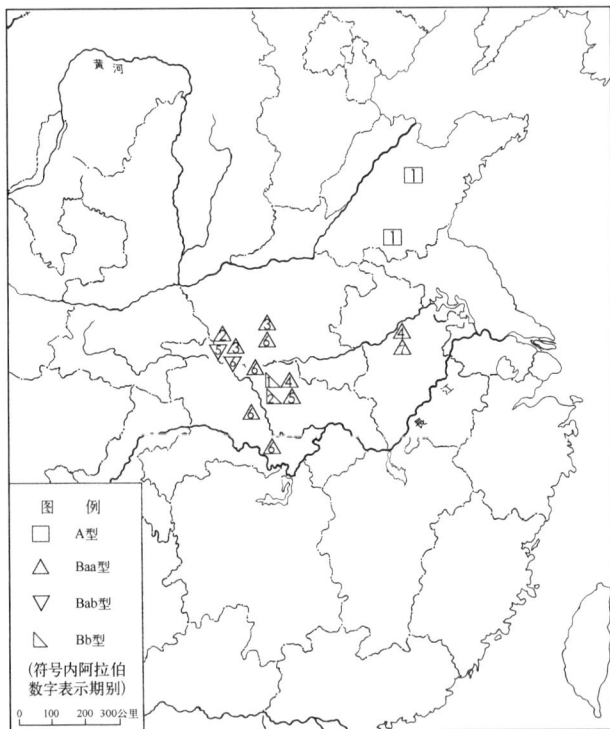

图 3.2.28　束腰垂腹鼎分布图

　　A 型束腰垂腹鼎形制特征继承了西周晚期同型铜鼎的形制传统,文化属性属于周文化系统,第一期时主要分布在山东南部和半岛地区,第二期之后消失不见。

　　Ba 型束腰垂腹鼎和 Bb 型束腰垂腹鼎是具有密切亲缘关系的两个分支亚型。Ba 型目前最早见于第二期,从第二期至第六期核心分布区一直位于豫西南和湖北汉水流域,属

————————

　　① 寿县朱家集 1933M 铜器群材料尚未完全公布,数量不详。

于楚国领域和势力范围,包括许、曾、蔡等受楚文化影响较深的诸侯国,文化属性属于楚文化系统。关于其渊源,推测可能是接受 A 型束腰垂腹鼎和 Bb 型束腰垂腹鼎影响的产物,起源地可能在豫南、鄂北淮汉间区域。

Bb 型束腰垂腹鼎目前仅见于第一期和第二期,集中分布在湖北随州地区,属于曾国统治核心区域,文化属性可以暂定为曾文化系统。

（六）鬲鼎

鬲鼎目前发现数量较多,空间分布范围较广,各型鬲鼎具有不同的分布格局、文化属性和国族属性:

A 型鬲鼎目前发现的数量少,主要分布在豫西地区,属于虢国,其形制继承了西周晚期同型铜鼎的传统,文化属性属于周文化系统。

B 型鬲鼎目前第一期发现的数量少,分布于安徽,属于群舒领域;第二期至第三期目前尚未发现;第四期至第五期,核心分布区位于山西、河北、豫北、豫西地区,属于晋国和周王室领域,文化属性属于晋文化系统;第六期核心分布区仍位于山西、河北、豫北及豫西地区,边缘分布区扩展至陕西关中的西部等秦国领域,是秦人获取或学习三晋文化系统 B 型鬲鼎的产物。

C 型鬲鼎目前最早见于第五期,延续至第六期,核心分布区位于山东临淄齐国都城区域,文化属性属于齐文化系统。

（七）细撇足鼎

细撇足鼎目前发现数量较多,空间分布范围较广,各型细撇足鼎具有不同的分布格局、文化属性和国族属性(表 3.2.7,图 3.2.29—3.2.35)。

A 型细撇足鼎和 B 型细撇足鼎是具有密切亲缘关系的两个分支型,分布格局基本相同,可以一并论述:第一期,A 型的材料尚缺乏,B 型分布在安徽皖南地区,属于吴国统治核心区[①]边缘的越族领域;第二期,A 型和 B 型的核心分布区有两处,一处仍位于安徽皖南地区,属于吴国统治核心区边缘的越族领域,另一处位于湖南湘江流域,属于越族领域;第三期,A 型和 B 型的核心分布区与第二期相同,边缘分布区为广西东北部,都属于越族领域,惟此时楚文化已经扩展至洞庭湖周边地区;第四期,A 型和 B 型的核心分布区可分为两处,一处位于从湖南湘江流域经江西北部、皖南至江苏南部的长江中下游南岸地区,属于越族和吴国领域,与楚文化分布区的南缘毗邻,另一处位于广西东北部和广东西北部珠江流域,属于越族腹地,离散分布区位于四川成都,属于古蜀国领域;第五期,A 型和 B型的分布格局基本延续第四期的分布格局,核心分布区范围收缩,位于湖南湘江流域,江

---

① 目前发现的西周时期至春秋晚期的吴国王室贵族墓葬都位于江苏镇江丹徒谏壁至大港沿江地带,文献记载春秋晚期吴国都城位于今江苏省苏州市,可以确定吴国统治核心区域大约为江东至太湖间地区,即今天的江苏南部地区。

表 3.2.7 细橄足鼎空间分布统计表

分期	型式	总计	河南	山西	河北	北京	山东	安徽	湖北	湖南	江苏、浙江	江西	广西、广东	陕西	甘肃	重庆	四川
一	Ba Ⅰ式	1						1(宣城1)									
	E Ⅰ式	1											1(乐昌1)				
二	Aa Ⅱ式	3						3(铜陵2、青阳1)									
	Ab Ⅱ式	2						1(铜陵1)		1(湘潭1)							
	Ba Ⅱ式	1								1(桃江1)							
	E Ⅱ式	1								1(衡南1)							
三	Aa Ⅲ式	6					1(峄城1)	1(铜陵1)		1(湘乡1)			3(恭城3)				
	Ab Ⅲ式	3								3(桃江1、长沙1、湘乡1)							
	Ba Ⅲ式	1						1(铜陵1)									
	Bb Ⅱ式	2								2(桃江2)							
四	Aa Ⅳ式	12						1(歙县1)			6(六合1、丹徒3、苏州2)		4(四会2、德庆1、贺州1)				1(成都1)
	Ab Ⅳ式	4								3(桃江3)			1(清远1)				
	Ba Ⅳ式	8								3(桃江3)	2(吴县2)	2(靖安2)	1(清远1)				
	Bb Ⅲ式	6								6(桃江3、湘乡3)							
	Da Ⅰ式	1											1(贺州1)				
	E Ⅲ式	3											3(宾阳1、贺州1、四会1)				
五	Aa Ⅴ式	2									1(六合1)		1(广宁1)				
	Ba Ⅴ式	1															1(成都1)

分期	型式	总计	空间分布区域														
			河南	山西	河北	北京	山东	安徽	湖北	湖南	江苏、浙江	江西	广西、广东	陕西	甘肃	重庆	四川
	BbⅣ式	1															1（绵竹1）
五	BcⅠ式	3								3（湘乡3）							
	CⅠ式	3											3（肇庆2、乐昌1）				
	DbⅠ式	3								1（桃江1）		1（瑞昌1）					1（绵竹1）
	EⅡ	1								1（益阳1）							
	BaⅥ式	2										1（瑞昌1）	1（四会1）				
	BbⅤ式	2	2（洛阳2）														
	BcⅡ式	1								1（桃江1）							
	CⅡ式	7											7（平乐7）				
	DaⅢ式	2									1（长兴1）		1（岑溪1）				
六	DbⅡ式	41						1（繁昌1）	13（襄阳1、宜城1、荆门2、钟祥1、天门1、当阳2、江陵3、鄂城2、1）	10（津市2、汨罗1、益阳4、长沙2、资兴1）	11（淮阴11）	3（高安3）				3（云阳2、涪陵1）	
	EⅢ式	1										1（高安1）					
	EⅣ式	3											3（揭阳2、四会1）				
七	AaⅦ式	1											1（罗定1）				
	BaⅦ式	6											6（广宁2、平乐2、岑溪2）				

分期	型式	总计	空间分布区域														
			河南	山西	河北	北京	山东	安徽	湖北	湖南	江苏、浙江	江西	广西、广东	陕西	甘肃	重庆	四川
	Bc Ⅲ式	1								1(湘乡1)							
	C Ⅲ式	1									1(武进1)						
七	Db Ⅲ式	90		1(侯马1)			2(曲阜1,济南1)	5(淮南2、天长1、安庆1、潜山1)	6(襄阳2、宜城1、荆门1、江陵2)	61(临澧2、汨罗2、浏阳3、长沙4、益阳3、桃江2、衡阳2、耒阳2、永州2、郴州1、平江1、资兴37)	1(句容1)	3(上高3)	10(肇庆1、封开1、广宁2、乐昌3、平乐3)	1(安康1)			
	E Ⅳ式	1											1(罗定1)				

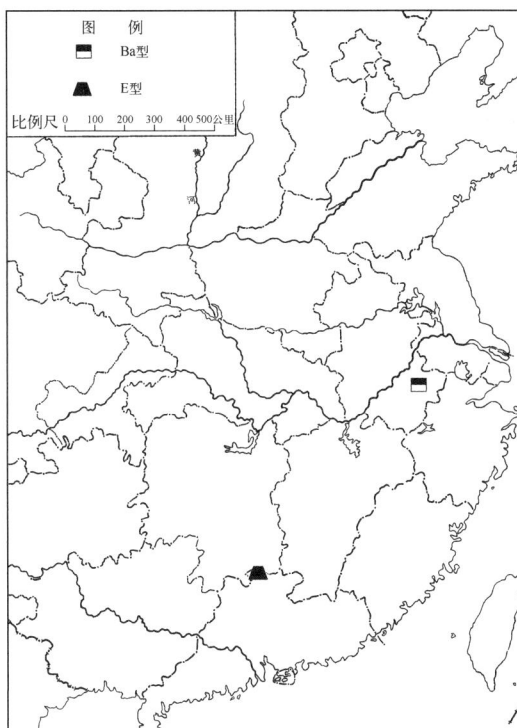

图 3.2.29 细撇足鼎分布图（第一期）

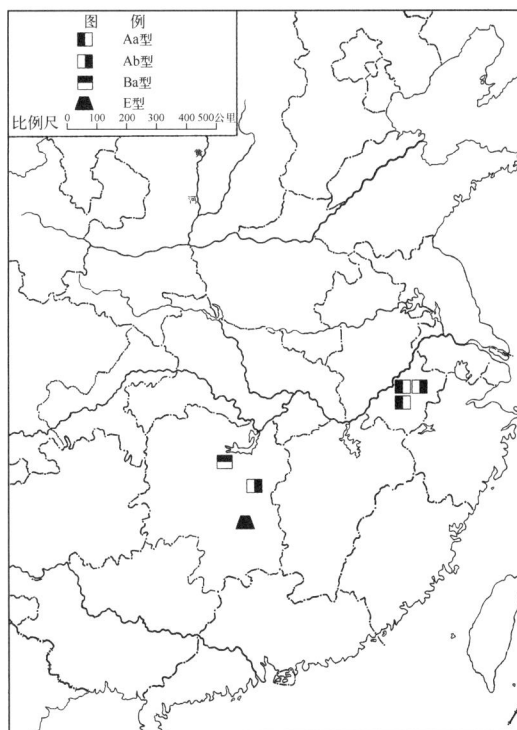

图 3.2.30 细撇足鼎分布图（第二期）

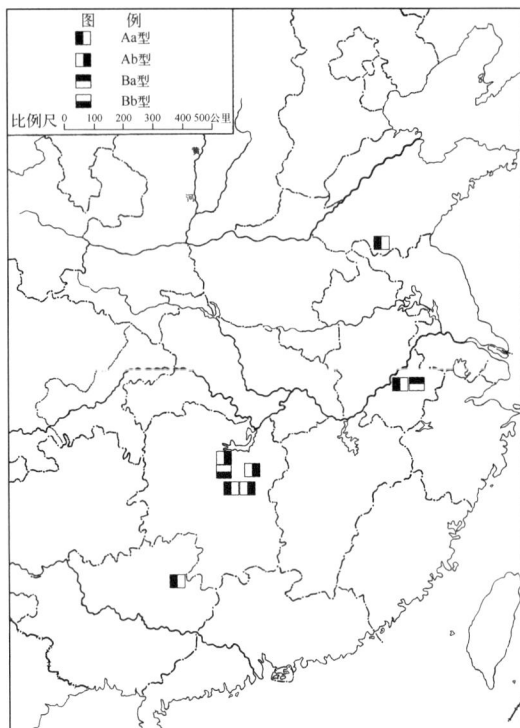

图 3.2.31 细撇足鼎分布图(第三期)

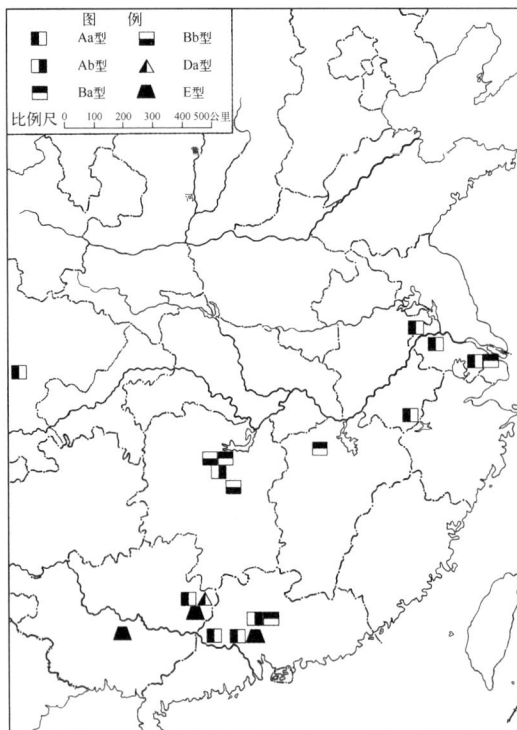

图 3.2.32 细撇足鼎分布图(第四期)

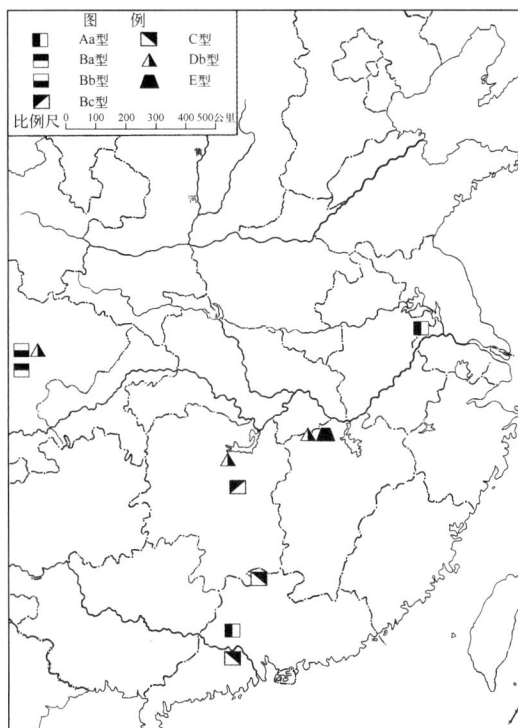

图 3.2.33　细撇足鼎分布图(第五期)

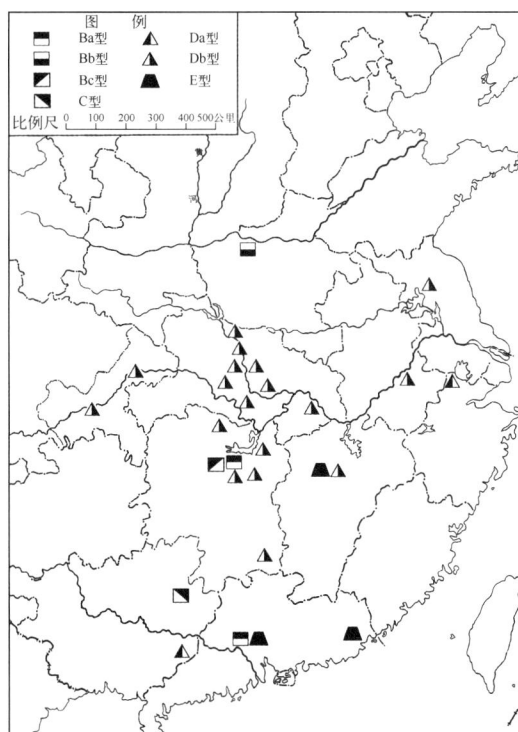

图 3.2.34　细撇足鼎分布图(第六期)

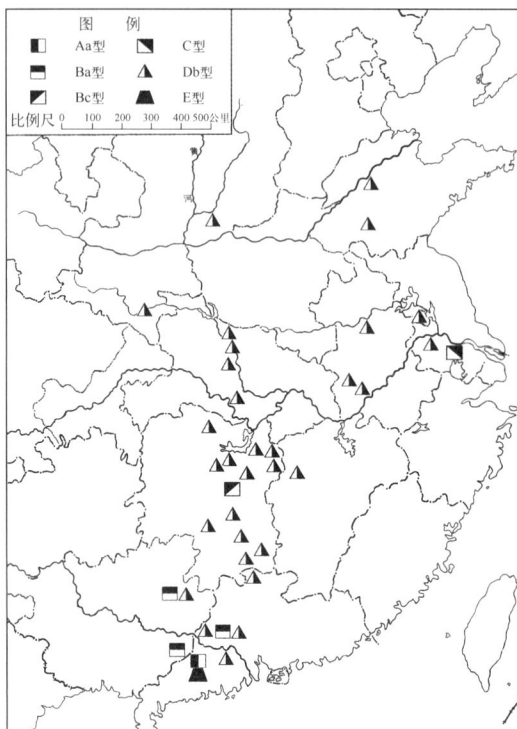

图 3.2.35　细撇足鼎分布图（第七期）

苏南部地区目前发现的数量较少,作为离散分布区的四川成都地区此期发现的数量较上期有所增加;第六期至第七期,A 型和 B 型的核心分布区位于湖南湘江流域和广东西北部珠江流域,属于越族领域,第六期的零散分布区有河南洛阳,属于周王室领域,从形制特征来看属于模仿制作的产物。从第一期至第七期的分布格局来看,A 型和 B 型细撇足鼎的文化属性属于越族文化系统,第四期时曾被吴国贵族接受,成为吴文化中的越裔因素。

　　C 型细撇足鼎目前发现的数量少,仅 11 件:第五期 3 件,分布于广东乐昌和肇庆,属于越族领域,文化属性属于越族文化系统;第六期 7 件,分布于广西平乐,属于越族领域,文化属性属于越族文化系统;第七期 1 件,分布于江苏武进,属于楚国领域,文化属性属于楚系越裔因素。

　　Da 型细撇足鼎目前发现的数量少,仅 3 件(第四期广西贺州 1 件,第六期广西岑溪和浙江长兴各 1 件),都分布于越族领域内,文化属性属于越族文化系统。

　　Db 型细撇足鼎目前发现的数量较多,最早见于第五期,从第五期至第七期数量逐渐增加,分布空间逐渐扩大:第五期,目前发现 3 件,分别分布于江西瑞昌、湖南桃江和四川绵竹,前二者属于楚国统治下的越族聚居地,墓葬形制属于越族典型的狭长型竖穴土坑墓,[①]墓主人属于越族裔贵族,后者属于古蜀国领域,墓葬形制为蜀国贵族传统的船棺葬,

----

　　①　益阳市文物管理处:《湖南桃江腰子仑春秋墓》,《考古学报》2003 年第 4 期,第 511—544 页。

随葬品中不乏楚文化系统铜容器和蜀文化系统独具特色的铜容器,①因此其文化属性应属于楚文化系统中的越族裔因素;第六期时,目前发现 41 件,核心分布区位于湖北汉水流域和江汉之间地区、湖南北部洞庭湖周边地区,属于楚国统治核心区,边缘分布区位于湖南南部、江西北部、皖南、江苏、重庆等地,属于楚国统治边缘区;第七期,目前发现 90 件,核心分布区随着楚国政治中心和势力范围的转移较上期略有变化,位于湖南、安徽、湖北、广东等地,离散分布区位于晋南、鲁北等地,受楚文化影响波及。从第五期至第七期的分布格局来看,Db 型细撇足鼎的文化属性属于楚系越族裔因素。至于其形制来源,应是在保持 AaⅣ式细撇足鼎的腹部和足部形态特征的基础上,镶嵌附耳子母口鼎的附耳、子母口特征或者箍口鼎的附耳、箍口特征而形成的。

E 型细撇足鼎目前发现数量少,共 11 件(第一期广东乐昌 1 件,第二期湖南衡南 1 件,第四期广东四会、广西贺州及宾阳各 1 件,第五期江西瑞昌 1 件,第六期江西高安 1、广东四会 1 及揭阳 2 件,第七期广东罗定 1 件),都分布于越族领域,从早至晚呈现出自南向北传播的格局,文化属性属于越族文化系统。

除了铜质细撇足鼎之外,在浙江北部、②江苏南部、③安徽南部、④江西等地第五、第六期越国贵族或楚国统治下的越族裔贵族墓葬中,经常发现随葬有陶或瓷质细撇足鼎,类型包括本书划分的 A 型、B 型、C 型、D 型、E 型细撇足鼎。尤其以浙江绍兴地区出土数量最多,分布最密集。在浙江德清等地发现有烧造瓷质细撇足鼎的窑址。⑤ 这些陶或瓷质细撇足鼎与同时期的铜质细撇足鼎形制相近,核心分布区域属于越国统治中心区域,罕见于其他地区,表明其文化属性属于越族文化系统。惟第六期之后,逐渐被楚文化吸收,融入楚文化之中,成为楚文化系统中的越裔成分。至于其被楚文化吸收的方式,目前来看,大致有以下两种:一种是楚人主动吸收,并结合自身传统改造创新,例如 Db 型细撇足鼎的箍口作风,流行于楚文化核心区;另外一种是通过归顺楚国统治的越裔族群保存自身传统,在墓葬随葬品组合或墓葬形制、葬俗特征等方面,既部分地保存自身传统特色,又吸收楚国统治核心区域的典型楚国贵族墓葬的某些特征。

① 王有鹏:《四川绵竹县船棺墓》,《文物》1987 年第 10 期,第 22—33 页。
② 浙江省文物管理委员会:《绍兴漓渚的汉墓》,《考古学报》1957 年第 1 期,第 133—140 页;绍兴县文物管理委员会:《绍兴凤凰山木椁墓》,《考古》1976 年第 6 期,第 392—394 页;沈作霖:《绍兴出土的春秋战国文物》,《考古》1979 年第 5 期,第 479—480 页;余杭县文物管理委员会:《浙江省余杭崇贤战国墓》,《东南文化》1989 年第 6 期,第 121—125 页;周燕儿、符杏华:《浙江绍兴县出土一批原始青瓷器》,《江西文物》1990 年第 1 期,第 56—57 页;绍兴市文物管理处:《浙江绍兴市发现的印纹硬陶和原始青瓷器》,《考古》1996 年第 4 期,第 29—35 页;绍兴县文物保护管理所:《浙江绍兴凤凰山战国墓木椁墓》,《文物》2002 年第 2 期,第 31—37 页;刘荣华:《湖州云巢龙湾出土的战国原始瓷》,《文物》2003 年第 12 期,第 77—80 页;周燕儿、蔡晓黎:《绍兴出土的印纹硬陶和原始青瓷器》,《东方博物》(14),浙江大学出版社,2005 年,第 66—69 页;王晓红:《上虞董村牛山战国墓清理》,《东方博物》(36),浙江大学出版社,2010 年,第 87—93 页。
③ 南京博物院等:《鸿山越墓发掘报告》,文物出版社,2007 年。
④ 安徽省文物考古研究所等:《安徽当涂陶庄战国土墩墓发掘简报》,《文物》2013 年第 10 期,第 23—35 页。
⑤ 浙江省文物考古研究所、德清县博物馆:《浙江德清亭子桥战国窑址发掘简报》,《文物》2009 年第 12 期,第 4—24 页;浙江省文物考古研究所、德清县博物馆:《德清亭子桥——战国原始瓷窑址发掘报告》,文物出版社,2011 年。

从第四期开始,四川成都地区古蜀国贵族墓葬中出现细撇足铜鼎,第五期时数量进一步增加,从形制特征来看无法确认为本地铸造,可能是通过某种方式得自核心分布区;但第六期至第七期时,出现一定数量的陶质细撇足鼎,则可能是部分越族裔人群迁徙至此的反映。[①]

因此可见,细撇足鼎形制源流和分布格局的演变,可以比较准确地反映越族文化系统与楚文化系统的历时演变和互动关系,及其背后人群的相互关系。

二、铜鬲的空间分布和文化属性

铜鬲目前发现数量多,空间分布范围广,各型铜鬲具有不同的分布格局、文化属性和国族属性(表 3.2.8,图 3.2.36—3.2.42)。

A 型铜鬲形制特征继承西周晚期同型铜鬲形制传统,文化属性属于周文化系统,其分布格局的演变反映了周文化控制力和影响力的变迁:第一期时,A 型铜鬲(以 Abaa 型数量最多)分布范围最广,核心分布区位于河南、山东、陕西东部等地,为周王室和虢、郑、鲁、齐、芮等诸侯国的领域,边缘分布区位于江苏南部、河北北部等地;第二期时,A 型铜鬲目前发现的数量较少,分布范围收缩,分布于山东南部和湖北随州等地;第三期时,A 型铜鬲的核心分布区位于豫中、豫北和晋南地区,属于郑国、晋国领域;第四期时,A 型铜鬲的核心分布区位于晋南和豫北地区,属于晋国统治核心区,在安徽寿县蔡昭侯墓等保持周文化传统较深的姬姓诸侯国的高等级贵族墓葬中也有发现;第五期时,A 型铜鬲的核心分布区位于晋南和晋中地区,属于三晋领域,在湖北随州曾侯墓中也有发现;第六期时,A 型铜鬲的核心分布区位于豫西、晋南和冀中中区,属于三晋、周王室和中山国领域。从第一至第六期的分格局来看,第一期 A 型铜鬲数量最多、分布空间最广,从第二期开始数量逐渐减少,分布空间收缩,主要分布在晋(或三晋)、郑、蔡、曾等保持周文化传统较深的姬姓封国领域,以及歆慕学习周文化的楚、中山等诸侯国的高等级贵族墓葬中。

B 型铜鬲目前仅发现于第一期和第二期:第一期时数量较多,核心分布区位于汉淮、江淮间地区和沂沭河流域,尤其以汉淮之间的湖北和河南南部、沂沭河流域的山东东南部发现数量最多,江淮之间的安徽北部和江苏北部地区属于黄泛区,目前发现数量较少;第二期,B 型铜鬲数量减少,目前来看主要分布在河南东南部淮河上游地区和山东半岛地区。从第一期和第二期的分布格局来看,B 型铜鬲主要分布于淮河流域,大致呈现出沿沂水—淮河一线密集分布的态势,其核心分布区在西周晚期金文记载中属于淮夷领域,《左传》记载为徐、舒和东夷古国领域。我们以一条直线将春秋早期齐国都城临淄、鲁国都城曲阜和曾国都邑枣阳连起来可以发现,B 型铜鬲和 A 型铜鬲分别集中分布在这条线的东、西两侧,二者显然属于不同的两种文化系统。

---

① 四川省文管会、大邑县文化馆:《四川大邑五龙战国巴蜀墓葬》,《文物》1985 年第 5 期,第 29—40 页;成都市文物考古工作队:《四川成都市北郊战国东汉及宋代墓葬发掘简报》,《考古》2001 年第 5 期,第 27—39 页。

表 3.2.8　铜冒空间分布统计表

分期	型式	总计	河南	山西	河北	北京	山东	安徽	湖北	湖南	江苏、浙江	江西	广西、广东	陕西	甘肃	重庆	四川
一	Aaa I 式	10	2(三门峡 2)				3(枣庄 1、五莲 1、龙口 1)		5(随州 5)								
一	Aab I 式	1	1(三门峡 1)														
一	Abaa I 式	117	71(洛阳 8、三门峡 56、新郑 3、淅川 1、新野 1、信阳 2)		1(怀来 1)		31(邹城 4、枣庄 14、肥城 2、临朐 7、日照 4)		1(随州 1)					13(韩城 13)			
一	Abba 型	1									1(江宁 1)						
一	Abbb 型	2									2(南京 2)						
一	B I 式	48	8(桐柏 4、信阳 4)				15(滕州 2、枣庄 1、平邑 1、安丘 3、莒县 1、沂水 3、临沂 2)	4(宿州 1、舒城 1、潜山 1、宣城 1)	20(枣阳 1、随州 7、广水 2、京山 9、应城 1)		1(南京 1)						
二	Aaa II 式	6					6(滕州 6)										
二	Abaa II 式	7					6(滕州 6)			1(岳阳 1)							
二	Abab II 式	4							4(随州 4)								
二	B II 式	17	3(信阳 1、光山 2)				12(郯城 1、沂水 10、蓬莱 1)		2(汉川 2)								

分期	型式	总计	河南	山西	河北	北京	山东	安徽	湖北	湖南	江苏,浙江	江西	广西,广东	陕西	甘肃	重庆	四川
三	Aac Ⅲ式	1		1(临猗1)													
	Abaa Ⅲ式	55	52(新郑45,淅川2,辉县5)	3(临猗1,侯马2)													
	C Ⅰ式	1	1(淅川1)														
四	Abaa Ⅳ式	12	5(辉县5)	7(万荣3,侯马4)													
	Abab Ⅳ式	12		4(长治4)				8(寿县8)									
	Abaa Ⅴ式	14	1(汲县1)	13(侯马1,长子2,长治3,潞城2,太原5)													
五	Abab Ⅴ式	12	3(淅川3)						9(随州9)								
	D型	2							2(随州2)								
	E型	9							9(随州9)								
	Abaa Ⅵ式	13	1(洛阳1)	7(长治7)					5(江陵5)								
六	Abaa Ⅶ式	8			8(平山8)												
	Abab Ⅵ式	3	3(陕县3)						枣阳①								
	C Ⅳ式	5	5(淅川5)						枣阳②								
	Abab Ⅶ式							寿县③									
七	F型	4													4(庆阳1,张家川3)		

① 枣阳九连墩2002M1铜器群材料尚未完全公布,数量不详。
② 枣阳九连墩2002M1铜器群材料尚未完全公布,数量不详。
③ 寿县朱家集1933M铜器群材料尚未完全公布,数量不详。

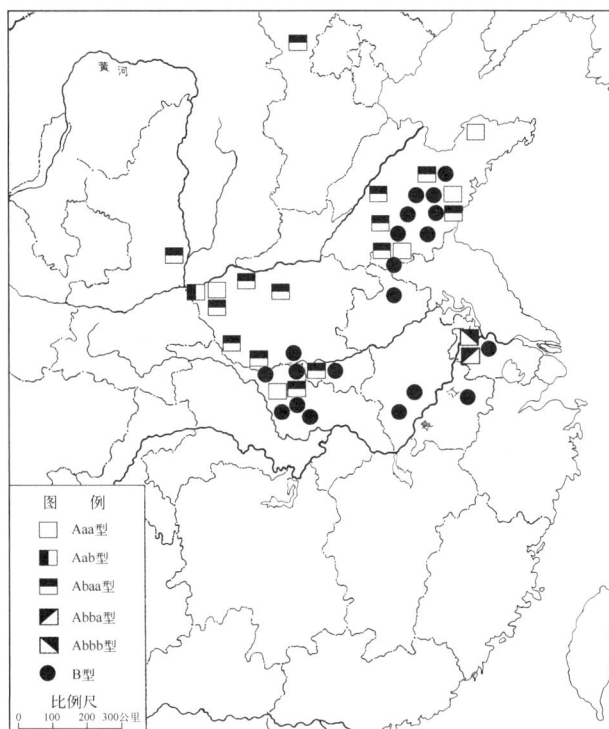

图 3.2.36　铜鬲分布图(第一期)

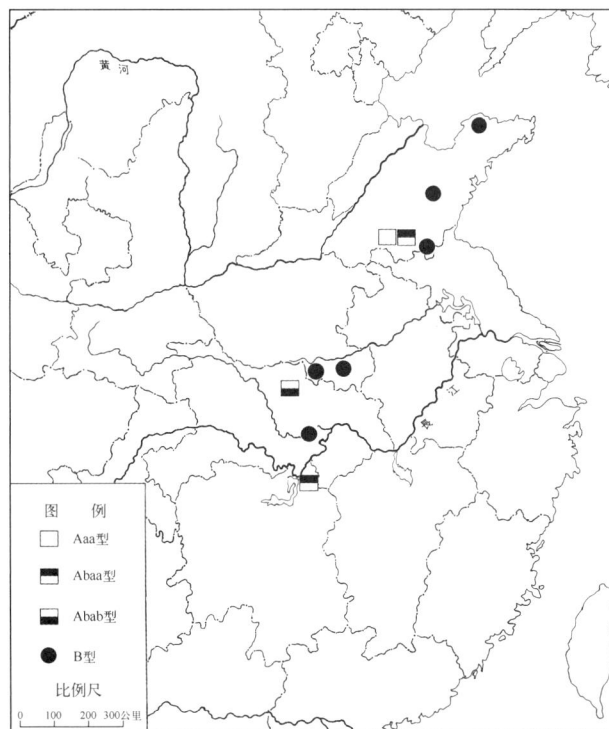

图 3.2.37　铜鬲分布图(第二期)

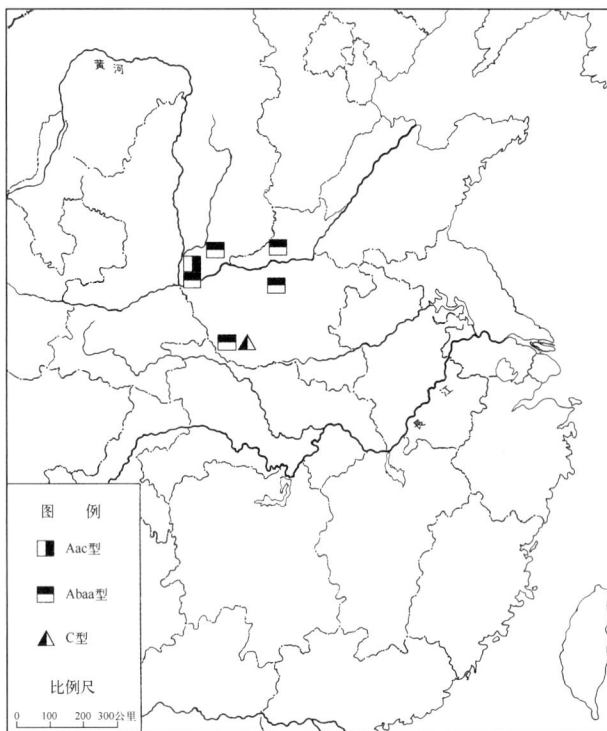

图 3.2.38　铜鬲分布图(第三期)

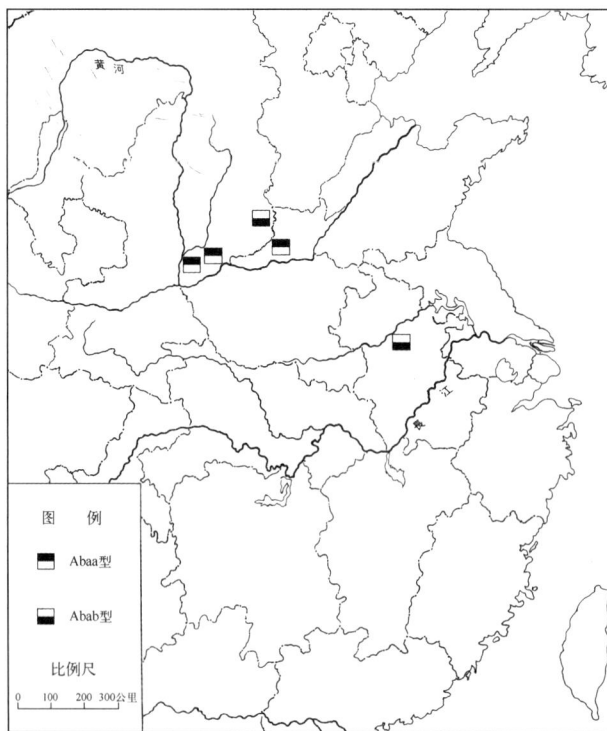

图 3.2.39　铜鬲分布图(第四期)

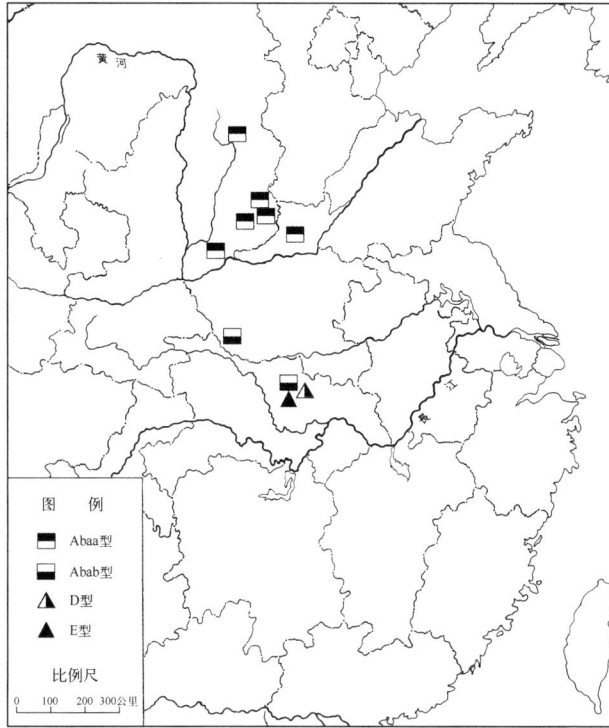

图 3.2.40 铜鬲分布图（第五期）

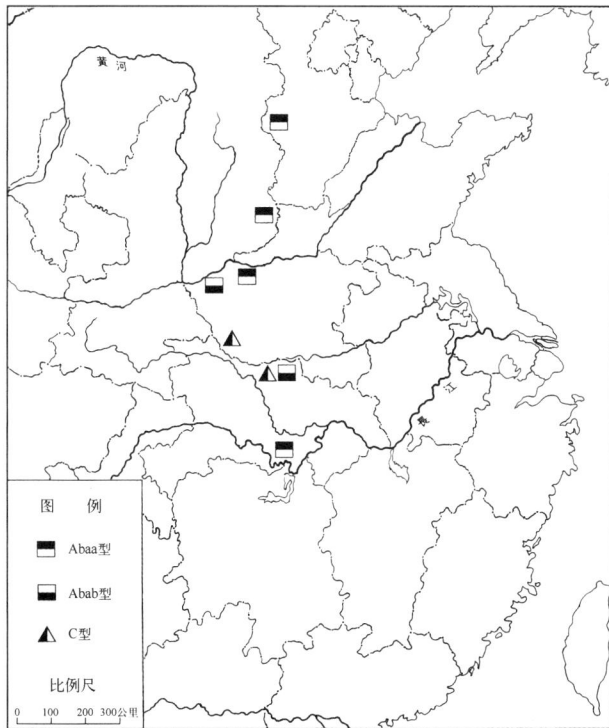

图 3.2.41 铜鬲分布图（第六期）

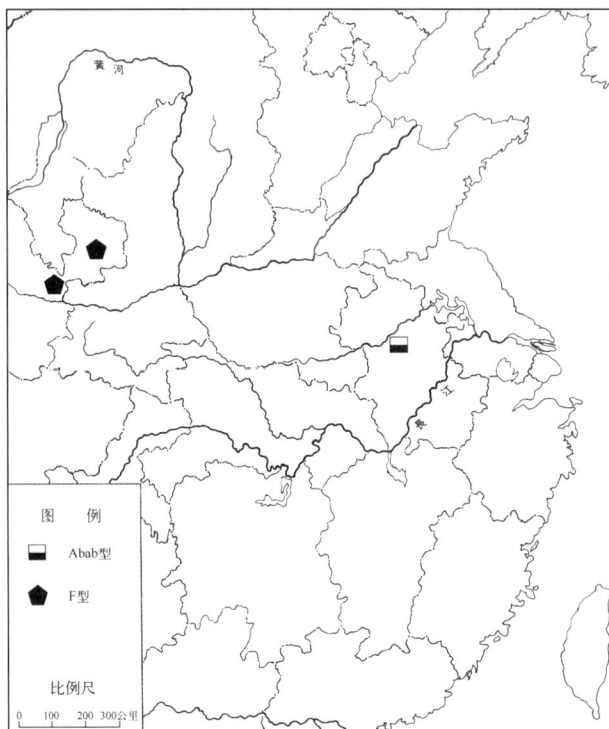

图 3.2.42　铜鬲分布图(第七期)

　　C 型、D 型、E 型铜鬲目前发现数量少,仅分布于楚国领域,形制特征模仿楚文化陶鬲传统,属于楚文化系统。

　　F 型铜鬲目前发现数量少,都发现于位于秦国领域、陇山东西两侧的西戎裔贵族墓葬中,形制特征模仿同时期的陶铲足鬲,属于秦系西戎裔文化。

三、铜甗的空间分布和文化属性

　　铜甗目前发现数量较多,空间分布范围较广,各型铜甗具有不同的分布格局、文化属性和国族属性(表 3.2.9,图 3.2.43—图 3.2.49)。

　　Aaaa 型的祖型可以追溯到商代,商和西周时期 Aaaa 型都是铜甗的主流型式,占据绝大多数,至西周晚期 Ab 型铜甗开始显著增加;至东周时期,Aaaa 型铜甗主要流行于楚方城以北的中原北方地区,尤其是晋和三晋地区,春秋中期至战国中期晋系墓葬中出土的铜甗绝大多数都是 Aaaa 型。另外值得注意的是,从春秋初期以来秦墓中一直随葬 Ab 型铜甗,但是至迟战国早期秦墓中开始随葬器壁较薄、制作粗糙、模仿三晋产品的 Aaaa 型铜甗。

　　Aaab 型显然是从 Aaaa 型分化出来产生的一种地方类型,存在的时间和空间都很有限,目前发现的七件都属于春秋初期至春秋早期,其中春秋初期的三件全部出自皖南的铜陵市,春秋早期的四件中分别出自安徽铜陵、河南南阳李八庙春秋早期楚墓、湖南衡阳黄

表 3.2.9　铜甗空间分布统计表

分期	型式	总计	甘肃	陕西	河南	山西	河北	山东	安徽	湖北	湖南	江苏	浙江	四川	重庆
一	Aaaa I式	1				1(曲沃1)									
一	Aaab I式	4							4(潜山1,铜陵3)						
一	Ab I式	31	1(灵台1)	6(韩城4,户县1,陇县1)	19(洛阳3,三门峡11,登封1,郏县1,平顶山1,新野1,安阳1)	1(闻喜1)				4(随州2,广水1,京山1)					
一	Ba I式	10							10(舒城3,庐江2,潜山1,铜陵1,繁昌1,南陵1,芜湖1)						
一	Bb I式	3							3(舒城1,肥西1,铜陵1)						
一	Caa I式	1						1(曲阜1)							
二	Aaaa II式	1			1(新野1)										
二	Aaab II式	6		3(宝鸡1,凤翔2)	1(南阳1)			5(临淄1,沂水1,海阳1,烟台1,蓬莱1)	1(铜陵1)		1(衡阳1)				
二	Ab II式	3	1(礼县1)	2(宝鸡1,陇县1)	1(南阳1)										
二	Ba II式	7			1(登封1)			1(沂水1)	4(六安1,怀宁1,铜陵2)	1(汉川1)	1(衡南1)				
二	Bb II式	2			1(光山1)				1(铜城1)						
二	Caa II式	2			1(洛阳1)					1(随州1)					

分期	型式	总计	甘肃	陕西	河南	山西	河北	山东	安徽	湖北	湖南	江苏	浙江	四川	重庆
三	Aaaa II式	1				1(侯马1)									
	Aaaa III式	4				4(临猗3,侯马1)									
	Ab I式	2	1(礼县1)		1(新郑1)										
	Ab III式	7	1(礼县1)	6(长武1,凤翔5)											
	Caa III式	1						1(长清1)							
	Cab I式	1							1(蚌埠1)						
	Cae III式	1										1(丹徒1)			
	Cb III式	1			1(叶县1)										
四	Aaaa III式	1				1(临猗1)									
	Aaaa IV式	25		1(凤翔1)	1(辉县1)	14(芮城1,运城1,临猗3,侯马3,原平3,定襄3)	8(邯郸2,邢台1,新乐2,唐县1,行唐2)		1(青阳1)						
	Aaab II式	1			1(辉县1)										
	Aab I式	2										1(邳州1)	1(绍兴1)		
	Ab IV式	1		1(凤翔1)											
	Bb III式	1											1(绍兴1)		
	Caa IV式	3			1(新郑1)			2(新泰2)							
	Cab II式	4						1(临沂1)	1(凤阳1)	2(随州2)					
	Cac I式	1				1(长治1)									

分期	型式	总计	甘肃	陕西	河南	山西	河北	山东	安徽	湖北	湖南	江苏	浙江	四川	重庆
四	Cad I 式	1					1(满城1)								
	Cad II 式	6			2(辉县 1,新郑 1)		4(灵寿 1,唐县 1,行唐 1,曲阳 1)								
	Da 型	2										2(六合 1,丹徒 1)			
	Dba I 式	3		3(凤翔 3)										3(成都 3)	
	Aaaa V 式	11			4(洛阳 2,陕县 2)	4(长子 1,潞城 1,太原 2)									
	Aab II 式	2								2(随州 2)					
	Ab V 式	2		2(长安 1,咸阳 1)											
五	Cab III 式	1								1(随州 1)					
	Cac II 式	1				1(太原 1)									
	Cad III 式	1					1(平山 1)								
	Dba II 式	1												1(绵竹 1)	
	Dc I 式	1				1(太原 1)									
	Aaaa IV 式	1		1(咸阳 1)											
	Aaaa VI 式	5		2(咸阳 2)	2(陕县 1,汲县 1)										1(涪陵 1)
六	Aab III 式	12			4(洛阳 4)			1(临淄 1)		4(襄阳 1,荆门 1,大冶 1)		1(淮阴 1)		2(新都 2)	

分期	型式	总计	甘肃	陕西	河南	山西	河北	山东	安徽	湖北	湖南	江苏	浙江	四川	重庆
六	AbⅥ式	1		1(凤翔1)											
	Aac 型	1	1(张家川1)												
	CacⅢ式	2					2(平山2)								
	DbaⅢ式	3												3(什邡1、新都2)	
	DbaⅣ式	4												2(成都1、什邡1)	2(涪陵2)
	DcⅡ式	2			1(辉县1)		1(平山1)								
七	AaaaⅥ式	2	1(张家川1)	1(凤翔1)											
	Aac 型	2	2(张家川2)												
	CabⅤ式	1							1(寿县1)						
	CabⅥ式	1								1(江陵1)					
	CacⅣ式	2		1(西安1)					1(六安1)					1(成都1)	
	DbaⅣ式	19			1(陕县1)									8(成都3、大邑1、峨眉1、犍为3)	9(涪陵8、万州1)
	Dbb 型	1												1(荥经1)	
	DcⅢ式	5		2(临潼1,凤翔1)	1(陕县1)				1(六安1、寿县1)						

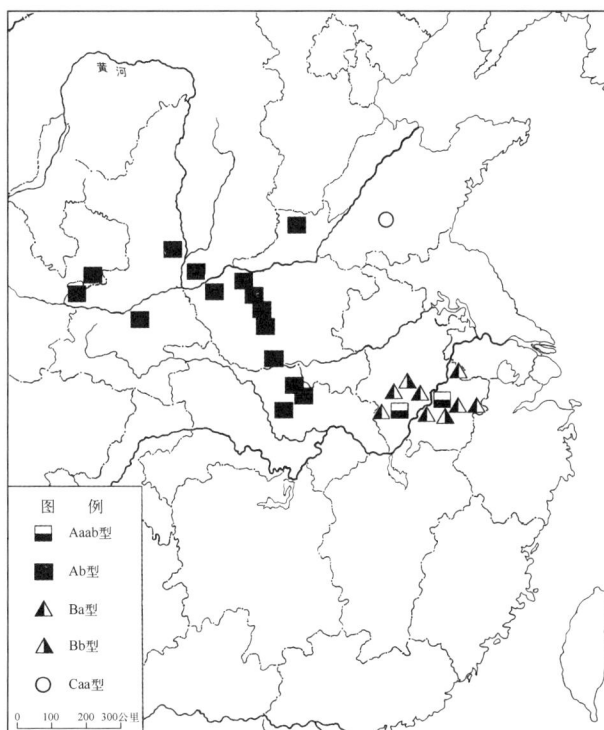

图 3.2.43　铜甗分布图(第一期)

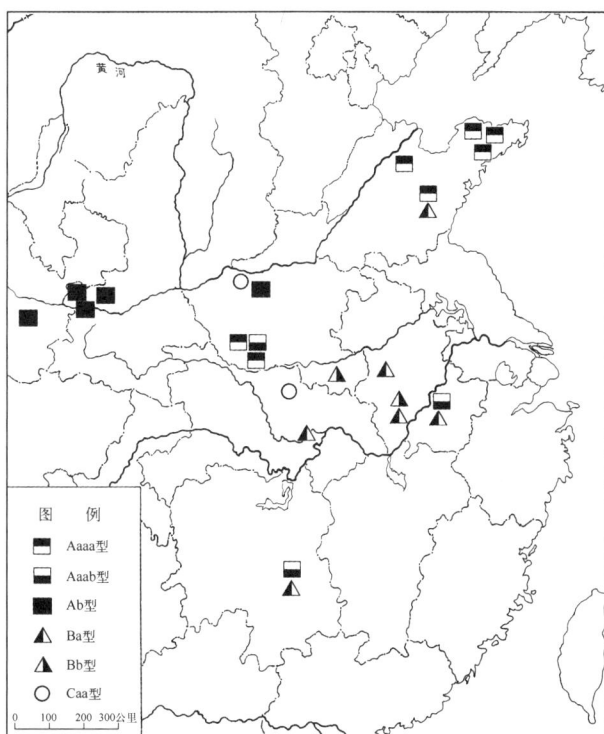

图 3.2.44　铜甗分布图(第二期)

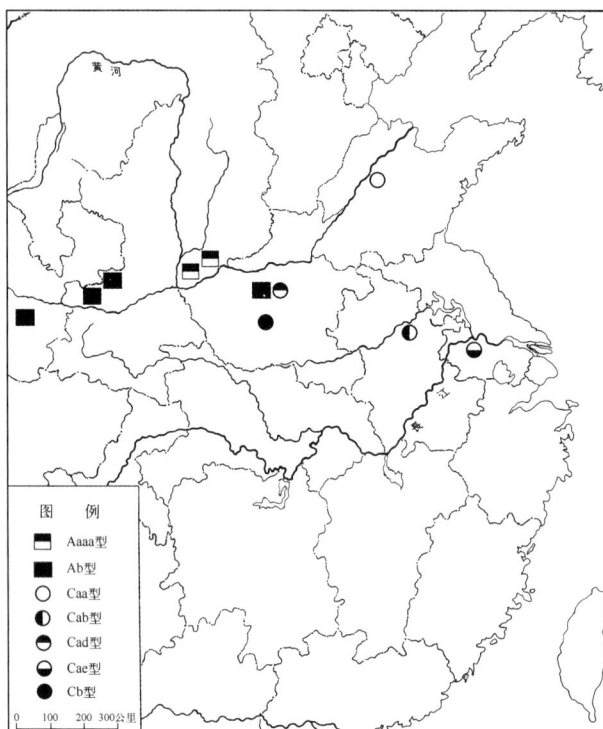

图 3.2.45　铜瓿分布图(第三期)

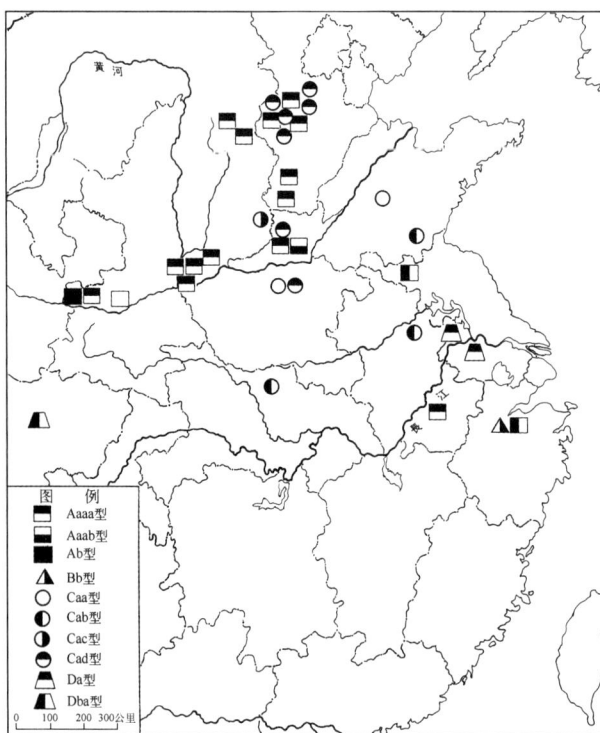

图 3.2.46　铜瓿分布图(第四期)

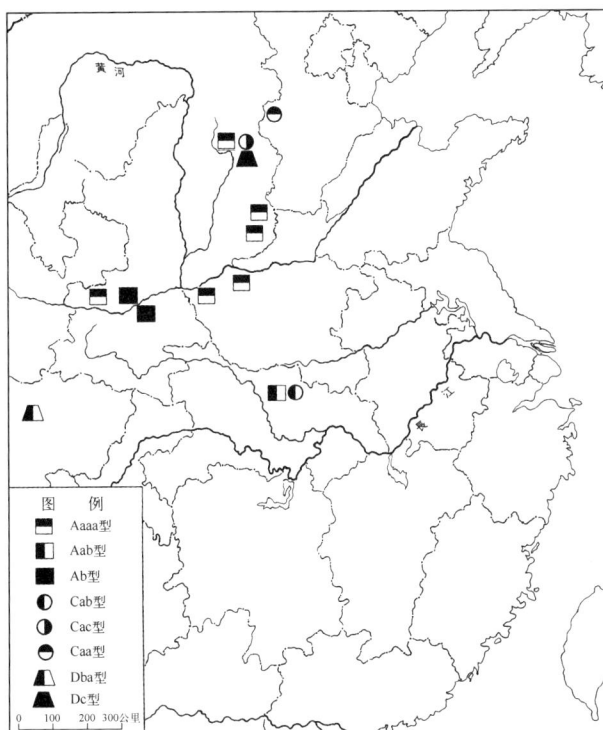

图 3.2.47　铜甗分布图(第五期)

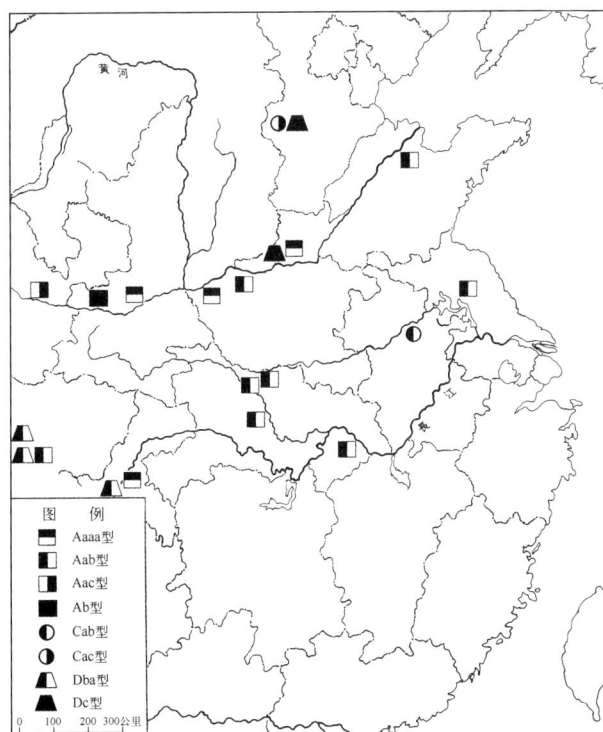

图 3.2.48　铜甗分布图(第六期)

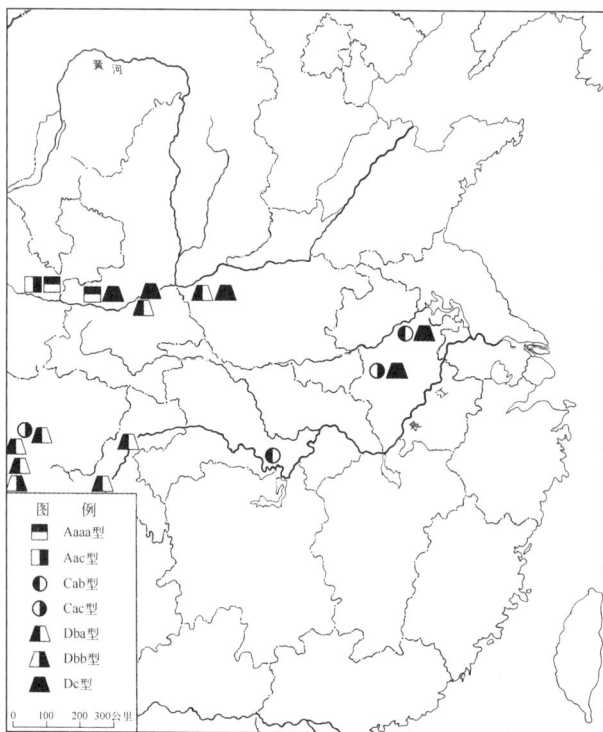

图 3.2.49　铜瓺分布图(第七期)

泥岭春秋早期越人墓、河南辉县琉璃阁春秋晚期晋墓。Aaab 型应该是在 Aaaa 型影响下产生的一种皖南地方类型,河南南阳及辉县、湖南衡阳出土的三件可能是由于战争、婚姻等因素从皖南地区获得的。

Aab 型是模仿 Aaaa 型的早期特征产生的一种"返祖型"(或曰"复古型")铜瓺,目前发现的十六件全部出自高等级贵族墓葬,国别有越、徐、曾、楚、蜀、周、齐等,尤其以楚国方城以南的南方地区出现年代较早、数量也占多数。

Aac 型共出土三件,出自甘肃张家川马家塬战国中晚期西戎贵族墓,其鬲部模仿西戎特色的陶铲足鬲,①别具一格。

Ab 型的祖型可以追溯到西周早期,至西周晚期数量增加,至春秋初期更成为周王室及各诸侯国普遍流行的型式,分布范围覆盖北方中原地区和汉阳诸姬所在的南方江汉地区,但是春秋早期之后,Ab 型的分布范围日益收缩,主要分布在关陇地区的秦墓中,列国之中只有秦国将 Ab 型延续下来,发展出 Ab 型 Ⅱ—Ⅵ式,成为春秋早期之后秦墓青铜礼器组合区别于关东地区的一个特色。反观崤函以东列国,只有河南登封告成袁窑春秋早期郑墓和新郑李家楼春秋中期郑公大墓分别出土一件 Ab Ⅰ 式,应是早期遗物被葬入晚期墓中。

---

① 赵化成:《甘肃东部秦和羌戎文化的考古学探索》,《考古类型学的理论与实践》,文物出版社,1989 年。

　　B 型又被称为流甗、①甗（鬲）形盉、②曲柄盉③等,考虑到它有甑,还是应该归为甗。B
型的祖型可以追溯到西周时期分布在安徽江淮地区和皖南、赣北沿江地区的陶质 B 型甗。
东周时期 B 型铜甗主要盛行于春秋初期和春秋早期群舒所在的安徽江淮南部地区和皖南
沿江地区,是群舒文化的典型因素;春秋中期以后,随着群舒族群消散在楚、吴江淮争霸战
争中,B 型铜甗基本消失不见(目前仅绍兴 M306 春秋晚期墓出土一件)。春秋早期山东
沂水刘家店子、河南光山宝相寺、湖北汉川西正街、湖南衡南胡家港等地出土的 B 型铜甗
可能是在与群舒的战争、婚姻等交流和互动中获得的。

　　Ca 型分为五个分支,最早出现的是 Caa 型,从两周之际至春秋晚期目前共出土七件,
分布在鲁、周、曾、邾、齐等国,海岱地区的齐、鲁、邾三国独占五件,出现年代也最早,可能
是从海岱地区起源。

　　至春秋中晚期,从 Caa 型中陆续分化发产生 Cab、Cac、Cad 等型,各自占据一定的空间
分布范围(图 3.2.50),其中 Cab 型分布在楚文化影响下的江淮和江汉地区;Cac 型分布在
晋(赵、韩)及其影响下的中山,至战国晚期也见于少数楚墓和秦墓中;Cad 型主要分布在
春秋晚期至战国早期的燕和中山(此外仅在晋和郑分别出土一件)。Cae 型目前仅在丹徒

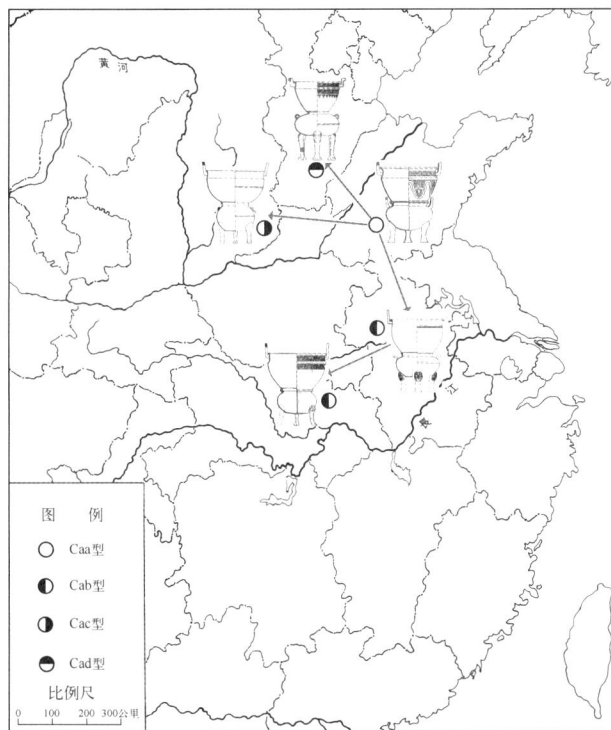

图 3.2.50　Ca 型铜甗分化示意图

　　①　马今洪:《流甗的研究》,《文博》1996 年第 5 期。
　　②　郑小炉:《试论青铜甗(鬲)形盉》,《南方文物》2003 年第 3 期;毛颖:《南方青铜盉研究》,《东南文化》2004
年第 4 期。
　　③　张爱冰:《也谈曲柄盉的年代及其相关问题》,《文物》2014 年第 3 期。

青龙山 1987M1 春秋中期吴墓中出土一件,它耳部的特征很可能是延续了 AaabⅡ式不断外侈的演化趋势。

Cb 型目前仅在叶县旧县 2002M4 许灵公墓出土一件。

Da 型仅有六合程桥 1988M3:3 和丹徒谏壁粮山 1979M1:4 两件,都是春秋晚期,前者为吴墓,后者可能是越墓。①

Dba 型,春秋晚期至战国中期总共出土十一件,全部位于成都及北邻的什邡和绵竹蜀国腹心地区;战国晚期(或公元前 316 年秦灭蜀后),Dba 型的分布范围扩展到整个四川盆地和峡江地区,使用者多是秦统治下的巴蜀遗民,此外秦国腹地今陕西西安和河南陕县分别出土一件。

Dbb 型仅耳部不同于 Dba 型,应该是从 Dba 型变异出来的一个分支,目前仅出土荥经同心 1985M21:A68 一件,墓主是秦国统治下的蜀人后裔。

Dc 型,目前最早的一件出自太原金胜村 M251 战国早期赵墓,战国中期辉县赵固M1951M1 魏墓和平山三汲 1974M1 中山王墓各出一件,至战国晚期秦墓、楚墓中均有出土。Dc 型的产生,一种可能是北方工匠以西南地区流行的 Dba 型为底本、将器耳改成北方流行的铺兽衔环耳,产生的一种变异类型;另一种可能是受 Dba 型无足作风影响,直接去掉 Cac 型铜甗的三足。无论哪一种可能性,Dc 型都是受 Dba 型影响产生的。

需要进一步阐释的是 Da 型和 Db 型归为同一型的原因。Da 型分布于东南吴越地区,Db 型分布于西南巴蜀地区,相隔悬远,但是从二者可能的祖型来看,二者在源头上就具有密切的亲缘关系:Da 型较早的祖型可能是江西都昌小张家 1998M2:2(图 3.2.51,7),②Db 型较早的一个祖型可能是江西婺源茅坦庄 2004G1:43③(图 3.2.51,8),与之形制相似的陶甗广泛分布在江西湖口下石钟山、④九江神墩、⑤都昌小张家、⑥婺源茅坦庄、⑦万年斋山、⑧南昌莲塘、⑨鹰潭角山、⑩抚州豺狗包、⑪樟树吴城、⑫萍乡禁山下⑬和湖南岳阳温家

①　张敏:《吴越贵族墓葬的甄别研究》,《文物》2010 年第 1 期。
②　江西省文物考古研究所、江西省都昌县博物馆:《江西都昌小张家商代遗址发掘简报》,《南方文物》1999 年第 3 期。
③　江西省文物考古研究所、江西婺源县博物馆:《江西婺源县茅坦庄遗址商代文化遗存发掘简报》,《南方文物》2006 年第 1 期。
④　刘诗中、杨赤宇:《江西湖口下石钟山发现商周时代遗址》,《考古》1987 年第 12 期。
⑤　李家和、刘诗中、曹柯平:《江西九江神墩遗址发掘简报》,《江汉考古》1987 年第 4 期。
⑥　江西省文物考古研究所、江西省都昌县博物馆:《江西都昌小张家商代遗址发掘简报》,《南方文物》1999 年第 3 期。
⑦　江西省文物考古研究所、江西婺源县博物馆:《江西婺源县茅坦庄遗址商代文化遗存发掘简报》,《南方文物》2006 年第 1 期。
⑧　李家和等:《江西万年类型商文化遗址调查》,《东南文化》1989 年第 4、5 期。
⑨　陈柏泉、胡义慈:《南昌莲塘新石器遗址调查》,《考古》1963 年第 1 期。
⑩　李家和等:《江西鹰潭角山窑址试掘简报》,《华夏考古》1990 年第 1 期。
⑪　李家和等:《江西抚州市西郊商代遗址调查》,《考古》1990 年第 2 期。
⑫　江西省文物考古研究所等:《江西樟树吴城商代遗址第八次发掘简报》,《南方文物》1995 年第 1 期。
⑬　王上海、余江安:《江西萍乡市禁山下遗址的发掘》,《考古》2000 年第 12 期。

山、①对门山②等商代遗址（图3.2.51），苏州越溪张墓村1987年也曾采集到一件陶甗。③
这些商代陶甗与苏南地区的Da型铜甗、与四川和重庆等地战国中晚期墓葬中出土的Dba
型铜甗和陶甗（什邡城关1988M59：4④）形制很相似，但年代或空间上还有较多缺环，这
种"异世同调"现象暂时无法准确解答。⑤　但是可以补充的一点是，成都百花潭1965M10
与丹徒谏壁粮山1979M1和六合程桥1988M3随葬相同型式的铜箍口鼎（图3.2.52，1、2、

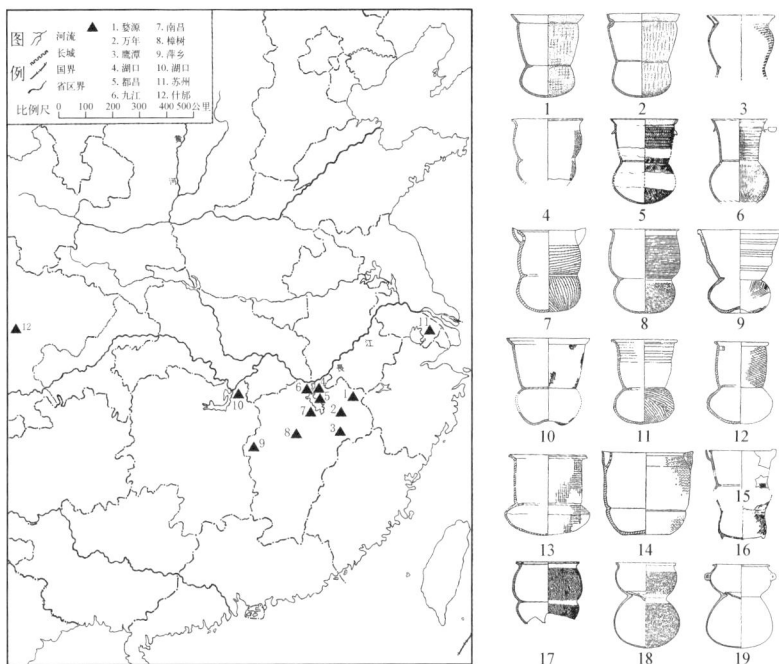

图3.2.51　江西、湖南等地出土的早期陶甗与战国时期巴蜀地区的陶甗

1、2. 南昌莲塘上山西1963采　3. 九江神墩1985T10②A：56　4. 九江神墩1985J1：2　5. 岳阳
温家山1994K12：52　6. 岳阳对门山1988H1②：23　7. 都昌小张家1998M2：2　8. 婺源茅坦庄
2004G1：43　9. 鹰潭角山1983T1童：58　10. 萍乡禁山下1998G1：2　11—14. 樟树吴城1993HT8
③：2、H4：3、H1：1，筑卫城1974T14②：14　15. 万年斋山1983采　16. 九江神墩1985T2②B：
55　17. 苏州越溪张墓村1987采：3　18、19. 什邡城关1988M59：4、M21：13

①　张迎冰：《湖南岳阳温家山商时期坑状遗迹发掘简报》，《江汉考古》2005年第1期。

②　郭胜斌、罗仁林：《岳阳县对门山商代遗址发掘报告》，《湖南考古辑刊》1994年第6期。

③　吴县文物管理委员会：《江苏吴县越溪张墓村遗址调查》，《考古》1989年第2期。

④　四川省文物考古研究院等：《什邡城关战国秦汉墓地》，文物出版社，2006年。

⑤　如果二者之间的缺环无法填补，一种可能的解释或许是商代的陶甗由于某种原因在春期晚期被重新发现并
被时人模仿铸造铜甗。春秋时期年代久远的"古物"被重新发现、收藏、随葬甚至仿造的例子还不鲜见，例如：韩城梁
带村2005M26的红山文化玉猪龙（《文物》2008年第1期）、桐柏月河左庄1993M1的二里头时代玉璋（《中原文物》
1997年第4期）、繁昌汤家山1979M的商代铜甗（《文物》1982年第12期）、新都马家1980M周初风格的铜罍（《文物》
1981年第6期）、韩城梁带村2005M27的铜卣很可能是一件仿古作品（《考古与文物》2007年第6期）。郭沫若在《两
周金文辞大系》中曾指出"徐多古器"，春秋中期的徐王义楚觯还有一些商代晚期铜觯的特征，如果考虑到春秋和战国
时期吴越地区流行的扁鼓腹筒形铜尊，整个东南地区似都有一些崇尚古器的风气。此外，从成都三洞桥1983M1（《文
物》1989年第5期）、茂县牟托1992K3（《文物》1994年第3期）、新都马家1980M等随葬的具有周初风格的铜罍来看，
西南地区似也有相似风气。在这种背景下我们再考虑Da型和Db型铜甗在春秋晚期的出现及其与商代陶甗的"异世
同调"现象，似乎不再突兀。

3），成都石人小区 1994M9 与丹徒谏壁粮山 1979M1 随葬相同型式的"越式鼎"（图
3.2.52,4、5、6），说明春秋晚期吴越地区与巴蜀地区存在着比较密切的直接或间接交流，
这或许可以舒缓一下我们将东南地区的 Da 型和西南地区的 Db 型划为同一型带来的某
种突兀感。

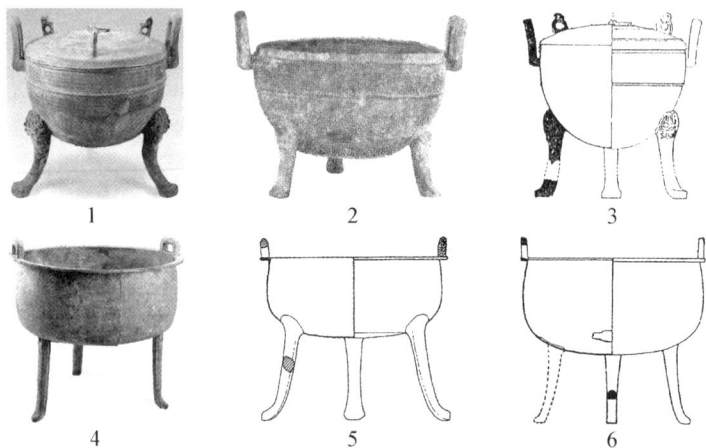

图 3.2.52　丹徒谏壁粮山 1979M1 等墓出土的铜鼎

1. 丹徒谏壁粮山 1979M1：1　2. 成都百花潭 1965M10　3. 六合程桥 1988M3：1　4. 丹
徒谏壁粮山 1979M1：2　5. 成都石人小区 1994M9：2　6. 六合程桥 1964M1：66

四、铜鍑的空间分布和文化属性

铜鍑是欧亚大陆草原地区早期游牧民族广泛使用的一种器物。[①] 铜鍑目前发现数量
较多,空间分布范围较广,各型铜鍑具有不同的分布格局、文化属性和国族属性（表
3.2.10,图 3.2.53—3.2.57）。

Aa 型铜鍑和 Ab 型铜鍑是具有密切亲缘关系的两个分支亚型,但在分布格局上存在
着较大区别:第一期至第三期,Aa 型铜鍑主要分布在太行山以西的甘肃陇西、陕西关中
和山西南部地区,属于秦、晋等国领域,杂有戎、狄等部族;Ab 型铜鍑主要分布在太行山以
东的冀中、冀北和北京地区,属于鲜虞（白狄,战国时期成为中山国）和山戎等部族居地;
第四期时,Aa 型铜鍑的分布范围扩散至太行山以东的冀中、冀北和豫北地区,而 Ab 型铜
鍑的分布范围扩散至太行山以西的晋中、晋南和陕北地区,Aa 型和 Ab 型铜鍑在上述诸地

---

① 高浜秀:《中国の鍑》,《草原考古通信》1994 年第 4 期,第 2—9 页;刘莉:《铜鍑考》,《考古与文物》1987 年第
3 期,第 60—65 页;冯恩学:《中国境内的北方系东区青铜釜研究》,《青果集——吉林大学考古专业成立二十周年考古
论文集》,知识出版社,1993 年,第 318—328 页;王博:《亚欧草原所见青铜鍑及其研究》,《新疆师范大学学报（哲学社
会科学版）》1994 年第 4 期,第 26—34 页;郭物:《青铜鍑在欧亚大陆的初传》,《欧亚学刊（第一辑）》,中华书局,1999
年,第 122—150 页;滕铭予:《中国北方地区两周时期铜鍑的再探讨——兼论秦文化中所见铜鍑》,《边疆考古研究（第
1 辑）》,科学出版社,2002 年,第 34—54 页;郭物:《鍑中乾坤——青铜鍑与草原文明》,上海社会科学院出版社,2003
年;李朝远:《新见秦式青铜鍑研究》,《文物》2004 年第 1 期,第 83—92 页;郭物:《第二群青铜（铁）鍑研究》,《考古学
报》2007 年第 1 期,第 61—96 页。

表 3.2.10　铜镞空间分布统计表

分期	型式	总计	河南	山西	内蒙古	河北	北京	山东	安徽	湖北	湖南	江苏、浙江	江西	广西、广东	陕西	甘肃	重庆	四川
一	Aaa I 式	3													3（韩城 1，凤翔 1，宝鸡 1）			
	Aab I 式	1														1（礼县 1）		
	Abb I 式	1					1（延庆 1）											
二	Aaa II 式	1		1（闻喜 1）														
	Aab II 式	1													1（凤翔 1）			
	Abb II 式	1				1（怀来 1）												
	Abc II 式	2				1（行唐 1）	1（延庆 1）											
三	Aab III 式	3		3（临猗 3）														
	Aac III 式	1		1（侯马 1）														
	Abb III 式	1				1（顺平 1）												
	Aab IV 式	1		1（侯马 1）														
	Aac IV 式	1				1（新乐 1）												
	Aada III 式	1				1（怀来 1）												
	Aadb III 式	8	8（辉县 8）															
四	Aba IV 式	1													1（靖边 1）			
	Abb IV 式	3				2（唐县 2）									1（神木 1）			
	Abc IV 式	1		1（原平 1）														
	Abd 型	1		1（沁水 1）														
	Ba III 式	2													2（绥德 1，志丹 1）			
	Bb III 式	4		3（原平 2，浑源 1）	1（准格尔 1）													
五	Aac V 式	1		1（太原 1）														
	Aae 型	2		2（太原 2）														
	Aaf 型	8		8（太原 8）														
六																		
七																		

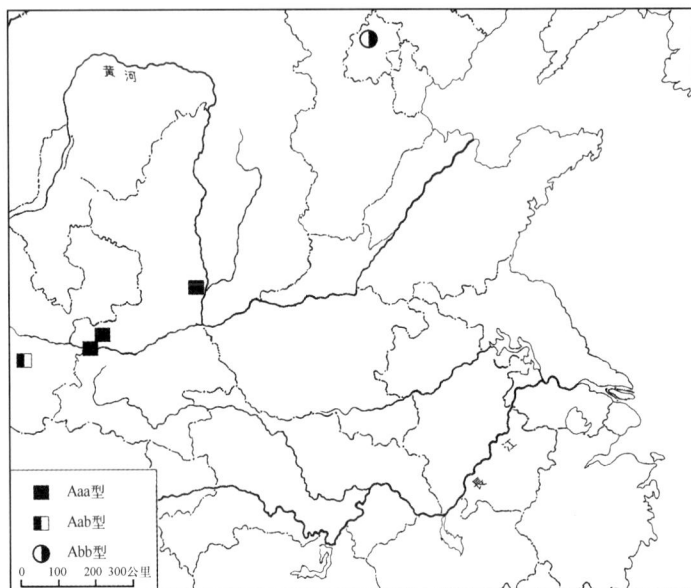

图 3.2.53　铜镦分布图(第一期)

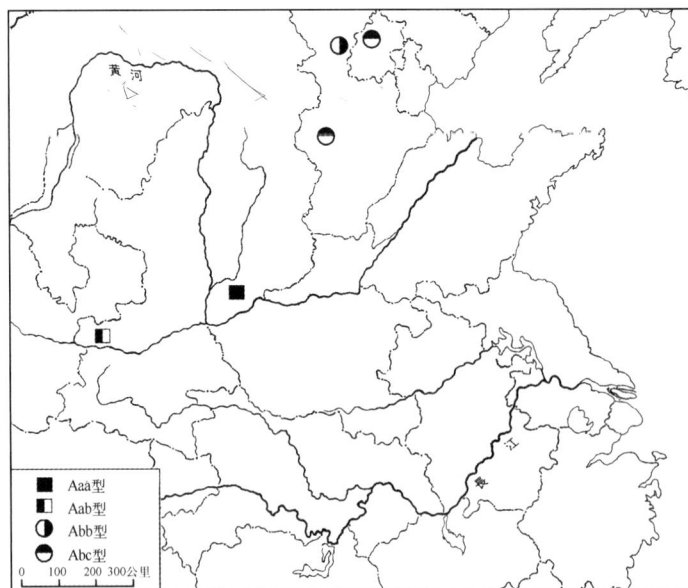

图 3.2.54　铜镦分布图(第二期)

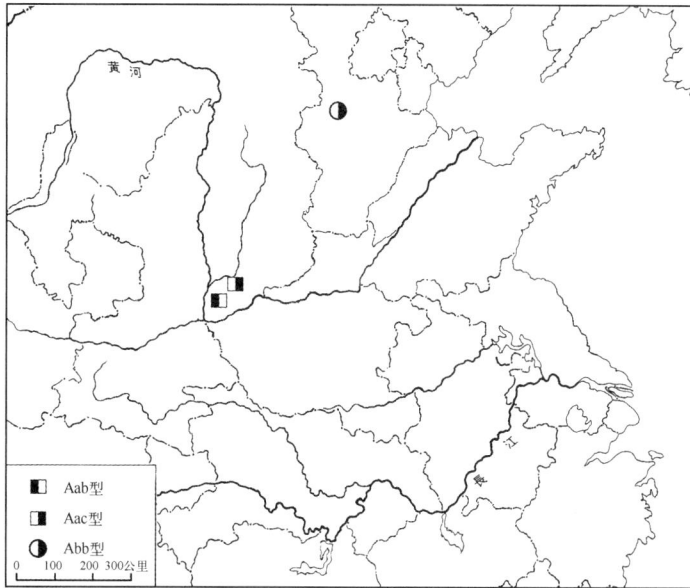

图 3.2.55 铜镂分布图(第三期)

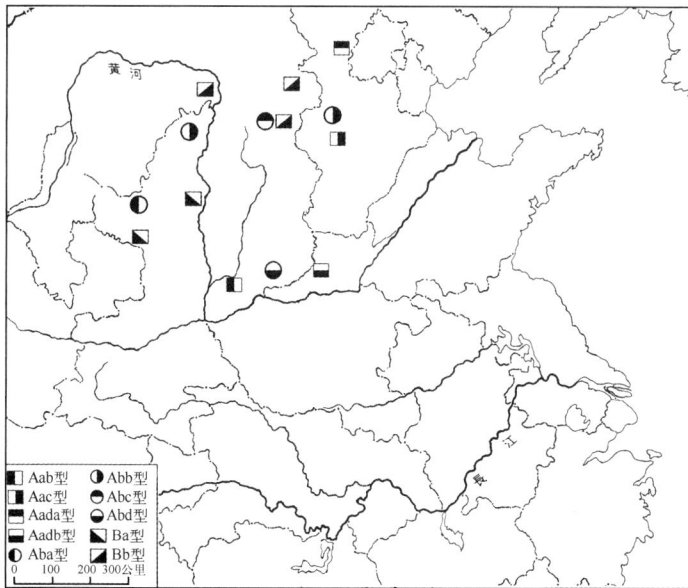

图 3.2.56 铜镂分布图(第四期)

图 3.2.57　铜镀分布图(第五期)

区呈现共存的分布格局,这些地区属于晋及其周边戎、狄部族居地;第五期 Aa 型铜镀目前仅见于晋中太原地区。

关于铜镀的文化属性和国族属性,从分布格局来看(就本书研究时空范围而言),铜镀主要分布在甘肃陇西、陕西、山西、河北、北京等地,属于文献记载的戎、狄部族居地及与戎、狄邻处的秦、晋、燕等诸侯国领域,在中原地区和南方地区罕见;从出土背景方面来看,例如墓葬多积石为棺椁、多殉牲、随葬金丝耳环和动物形牌饰等埋葬习俗均不同于周文化系统,属于戎狄文化系统。

铜镀虽然属于戎狄文化系统,但也通过各种方式与秦、晋等周文化系统下的亚文化系统双向交流:(1)采用中原周文化、晋文化系统青铜器纹饰,例如韩城梁带村 2005M26:261、①凤翔东社 1982 采、②BbⅢ式镀等。(2)采用中原周文化系统方形附耳形式,例如Aab 型、Aac 型等。(3)腹部呈椭方形,例如 B 型。(4)葬入非戎狄裔墓葬中,例如韩城梁带村 2005M26,③墓主为芮桓公或其夫人中姜墓;侯马上马 1961M13,④墓主为殷商裔晋国

---

① 陕西省考古研究所等:《陕西韩城梁带村遗址 M26 发掘简报》,《文物》2008 年第 1 期,第 4—21 页;孙秉君、蔡庆良:《芮国金玉选粹——陕西韩城春秋宝藏》,三秦出版社,2007 年;上海博物馆、陕西省考古研究院:《金玉华年——陕西韩城出土周代芮国文物珍品》,上海书画出版社,2012 年。

② 陕西省雍城考古队:《一九八二年凤翔雍城秦汉遗址调查简报》,《考古与文物》1984 年第 2 期,第 23—31 页。

③ 陕西省考古研究所等:《陕西韩城梁带村遗址 M26 发掘简报》,《文物》2008 年第 1 期,第 4—21 页;孙秉君、蔡庆良:《芮国金玉选粹——陕西韩城春秋宝藏》,三秦出版社,2007 年;上海博物馆、陕西省考古研究院:《金玉华年——陕西韩城出土周代芮国文物珍品》,上海书画出版社,2012 年。

④ 侯马上马 1961M13 墓底中部设有腰坑,因此其墓主属于殷商裔。山西省文物管理委员会侯马工作站:《山西侯马上马村东周墓葬》,《考古》1963 年第 5 期,第 229—245 页。

贵族。(5)乳突耳,闻喜上郭1976M4:5铜鼎使用乳突耳形式。[1]

Aa型铜镆和Ab型铜镆更早的起源地和分化的时间目前还属未知。目前所见年代最早的铜镆为西周晚期,陕西岐山王家村和北京延庆西拨子1975JC各出土一件,[2]均为敞口,乳突耳,形制特征早于本书划分的AaaⅠ式铜镆,年代定为西周晚期较为合适。限于目前发现材料少,铜镆的起源地目前还不能完全确认。从分布格局的演变来判断,我们推测Aa型铜镆和Ab型铜镆可能源于一个共同的祖型——敞口、深圜腹、乳突耳、矮圈足,最初起源地可能位于晋陕高原地区,后来随着狄人分化,赤狄、白狄东迁,[3]分化为Aa型和Ab型两个分支亚型,另有支系向西、北欧亚草原腹地方向迁徙。

五、铜鍪的空间分布和文化属性

铜鍪目前发现数量较多,空间分布范围较广,各型铜鍪具有不同的分布格局、文化属性和国族属性(表3.2.11,图3.2.58—图3.2.62)。

Aa型和Ab型铜鍪是具有密切亲缘关系的两个分支亚型,后者是从前者分化发展出来的。目前所见最早的铜鍪为Aa型,年代属于第三期,数量较少,分布于陕南和四川盆地,属于巴国和蜀国领域,文化属性属于巴蜀文化系统;第四期和第五期,数量有所增加,分布于陕南、四川和重庆,仍属于巴国和蜀国领域;第六期,数量进一步增加,仍集中分布于四川和重庆地区,向北扩散至陕西关中地区,可能是公元前316年秦灭巴蜀之后传播到秦国核心区;第七期,铜鍪数量进一步增加,同时分布范围伴随秦军东进的步伐向东方急剧扩展,从传统的集中分布区四川和重庆地区扩散至陕西关中、山西、河南、湖北等地。此时铜鍪被秦文化吸收、融合,成为秦文化中的巴蜀裔因素,其融合方式可能既有原巴、蜀裔族群被纳入秦国统治成为"新秦人"和秦军的一部分,也有可能是其他族裔背景的秦人接受了铜鍪作为烹煮器具。

B型铜鍪是从A型铜鍪分化发展而来,目前发现数量少,仅见1件,分布在陕西西安,属于秦代。

六、铜釜的空间分布和文化属性

铜釜目前发现数量较多,目前最早见于第五期,集中分布在四川盆地和重庆地区,属于巴国和蜀国领域,文化属性属于巴蜀文化系统;第六期和第七期铜釜仍集中分布在四川和重庆地区,公元前316年秦灭巴蜀后,铜釜仍作为巴蜀遗民、巴蜀裔新秦人的烹煮器具延续下来。

---

① 山西省考古研究所:《1976年闻喜上郭村周代墓葬清理记》,《三晋考古(一)》,山西人民出版社,1994年,第123—138页。
② 北京市文物管理处:《北京市延庆县西拨子村窖藏铜器》,《考古》1979年第3期,第227—230页。
③ 蒙文通:《周秦少数民族研究》,龙门联合书局,1958年。

表3.2.11　铜釜空间分布统计表

分期	型式	总计	河南	山西	河北	北京	山东	安徽	湖北	湖南	江苏、浙江	江西	广西、广东	陕西	甘肃	重庆	四川
一																	
二																	
三	Aaa I 式	1															1（成都1）
三	Aab I 式	2												1（汉中1）			1（成都1）
三	Aaa II 式	1															1（成都1）
四	Aaa III 式	2															2（成都2）
四	Aab II 式	7												1（汉中1）		1（万州1）	5（成都4,宝兴1）
四	Aab III 式	7														4（开县4）	3（荥经1,成都2）
五	Aab IV 式	17														4（开县4）	13（成都4,什邡5,绵竹1,宝兴1,芦山1,荥经1）
五	Aba I 式	1															1（绵竹1）
六	Aab V 式	60												1（西安1）		21（涪陵6,云阳12,开县1,万州2）	38（成都1,新都3,什邡12,峨眉5,犍为4,荥经6,宝兴2,广元1,茂县1,昭化1）
六	Aba II 式	5														2（涪陵2）	3（新都2,荥经1）
六	Aaa VI 式	1														1（涪陵1）	
七	Aab VI 式	54	3（陕县1,宜阳1,南阳1）						5（襄阳3,宜城1,云梦1）					5（西安3,凤翔2）		16（涪陵8,万州2,云阳3,开县3）	25（成都4,青川1,什邡6,彭州1,荥经3,犍为4,宝兴2,大邑1,芦山1,昭化1）
七	Aba III 式	6							3（襄阳1,荆门2）							2（涪陵1,云阳1）	1（荥经1）
七	Abb 型	34	7（洛阳1,陕县2,淅川1,南阳1,泌阳2）	3（侯马1,襄汾1,文水1）					8（襄阳2,随州1,荆门1,云梦3,阳新1）					7（临潼2,西安2,咸阳2,凤翔1）			9（成都6,宝兴1,茂县1,芦山1）
七	B 型	1												1（西安1）			

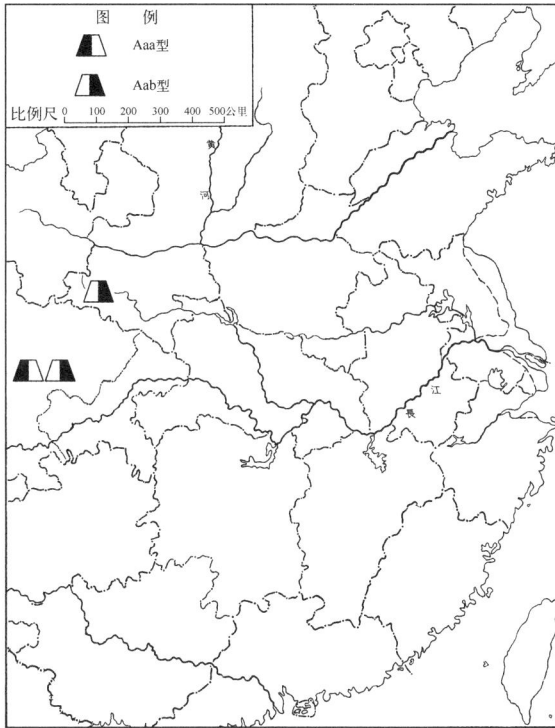

图 3.2.58　铜錞分布图(第三期)

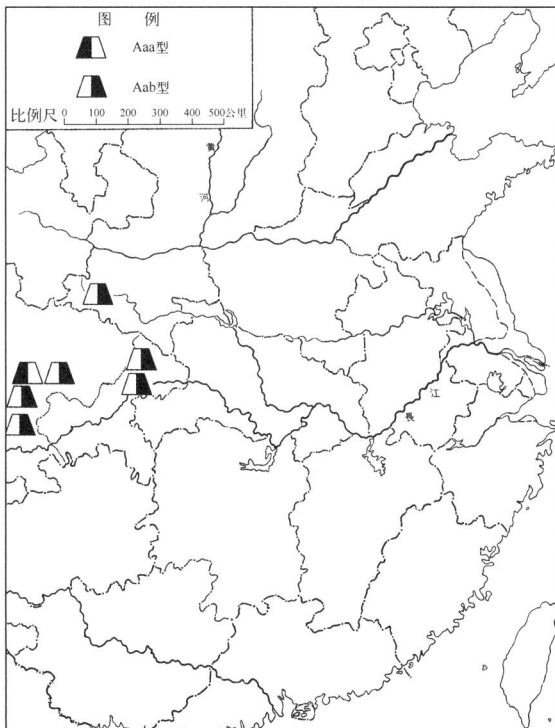

图 3.2.59　铜錞分布图(第四期)

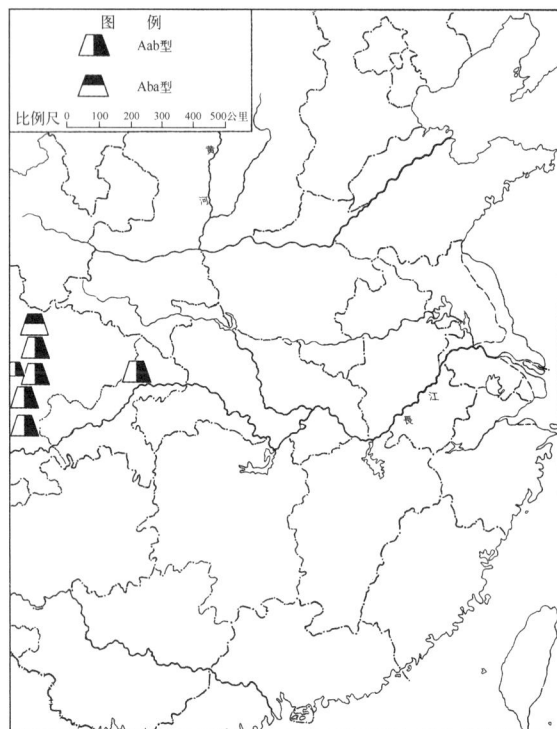

图 3.2.60　铜鍪分布图(第五期)

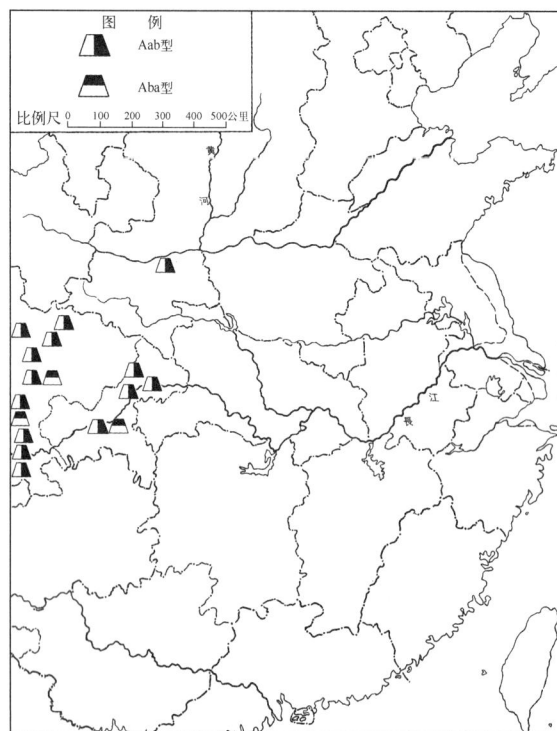

图 3.2.61　铜鍪分布图(第六期)

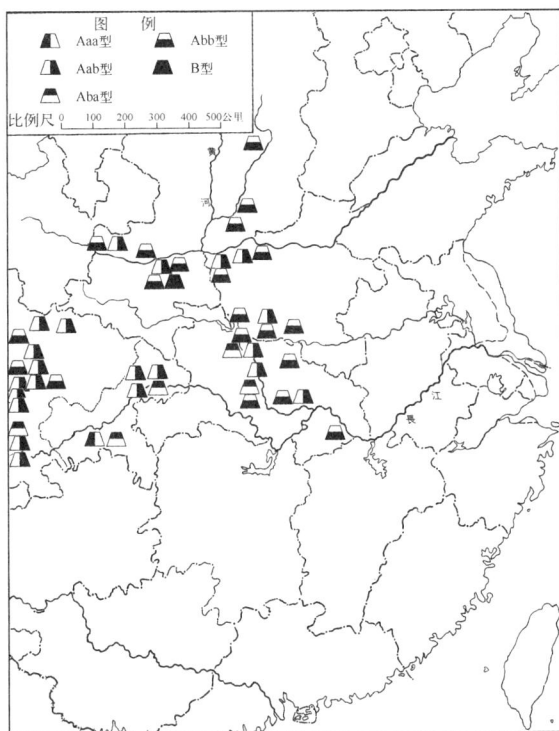

图 3.2.62　铜鍪分布图(第七期)

第三节　盛食器的空间分布格局和文化属性

一、铜簠的空间分布和文化属性

铜簠目前发现数量较多,空间分布范围广阔,各型铜簠具有不同的分布格局、文化属性和国族属性(表 3.3.1,图 3.3.1—图 3.3.6)。考察它们的分布格局有利于判断它们的文化属性,揭示背后的文化历史过程。

A 型铜簠在继承西周晚期周文化系统同型铜簠基本形制特征的基础上,陆续分化发展出不同的分支亚型(表现为足部形态特征的多样化),文化属性属于周文化系统,其数量和分布空间范围的变化反映出周王朝对地方诸侯控制力和周文化影响力的消长过程:第一期时,A 型铜簠数量最多,集中分布区在陕西关中、晋南、河南、鄂北和山东西部地区;第二期时,A 型铜簠数量减少,主要分布在河南、鄂北、山东西南部;第三期时,A 型铜簠数量进一步较少,主要分布在河南、山西南部和山东西南部等地;第四期至第六期,A 型铜簠数量锐减,较为罕见,少数几件出自山西、河南北部几座高级贵族墓中。

B 型铜簠可能是在 A 型铜簠的基础上稍加改造变化而来,但它的分布格局和文化属性有很大差异:第一期,数量较少,目前仅发现6件,其中4件分布于山东平邑,2件分布

表 3.3.1　铜簠空间分布统计表

分期	型式	总计	北方（楚方城以北）					南方（楚方城以南）					
			陕西	山西	河北	山东	河南	河南	湖北	安徽	湖南	江苏	四川
一	Aa Ⅰ 式	53	韩城 2	侯马 2		曲阜 1、邹城 8、滕州 6、枣庄 8、泰安 4、长清 4、临朐 2	三门峡 14、郏县 2						
	Aa Ⅱ 式	10				枣庄 2	洛阳 2、郏县 2		枣阳 4				
	Ab Ⅰ 式	1					安阳 1						
	Ae Ⅱ 式	2				肥城 2							
	Ba Ⅱ 式	4				平邑 4							
	Bb Ⅰ 式	2							谷城 2				
二	Aa Ⅲ 式	18				滕州 4	登封 3、商水 3、淮阳 1		宜城 1、随州 2、安陆 2	利辛 2			
	Aa Ⅳ 式	12					洛阳 5	南阳 2	谷城 4、安陆 1				
	Ab Ⅲ 式	2					洛阳 2						
	Ab Ⅳ 式	2				滕州 2							
	Ac Ⅲ 式	4					洛阳 4						
	Ad Ⅰ 式	2		临猗 1				淅川 1					
	Ad Ⅱ 式	1		临猗 2					襄阳 2				
	Ba Ⅲ 式	4						南阳 2、罗山 2					
	Bb Ⅱ 式	7						淅川 3、新野 2	枝江 2				
	Bb Ⅲ 式	6						淅川 2、南阳 1、信阳 2					
三	Aa Ⅴ 式	4					洛阳 2						
	Ab Ⅴ 式	14		长治 2		峄城 4	洛阳 6、辉县 2						
	Ad Ⅲ 式	1							江陵 1				
	Ae Ⅳ 式	1						淅川 1					
	Bb Ⅳ 式	44		侯马 2			新郑 6、尉氏 2、叶县 1、辉县 2	南阳 6、淅川 10、西峡 3、固始 1	郧县 2、宜城 2、钟祥 3、当阳 1	蚌埠 4	岳阳 1		

分期	型式	总计	北方（楚方城以北）					南方（楚方城以南）					
			陕西	山西	河北	山东	河南	河南	湖北	安徽	湖南	江苏	四川
四	AaⅥ式	4					洛阳 4						
	AbⅥ式	6		长治 2			辉县 4						
	BbⅤ式	62		侯马 2、临猗 2		临沂 2	平顶山 2	南阳 3、淅川 4、潢川 2、固始 2	郧县 2、襄阳 12、枣阳 1、随州 10、麻城 1、枝江 2、松滋 1	寿县 4、凤阳 1、舒城 2	益阳 1	邳县 2、六合 1、吴县 2	成都 1
	AcⅦ式	2		太原 2									
	AcⅧ式	2		长子 2									
五	BbⅥ式	20						淅川 8	郧县 4、随州 6、当阳 2				
	BbⅦ式	4							随州 4				
	BcⅠ式	2		潞城 2									
	AaⅧ式	2		长治 2									
	AbⅧ式	2		长治 2									
六	AdⅥ式	3					陕县 2、汲县 1						
	BaⅦ式	4					洛阳 4						
	BbⅧ式	4						淅川 2	荆门 2、枣阳①				
	BcⅡ式	6			平山 4				随州 2				
七	BcⅢ式	1								寿县 1			
总计		318	2	25	4	53		127	78	12	2	5	1

① 枣阳九连墩 2002M1、M2 铜器群材料尚未完全公布，数量不详。

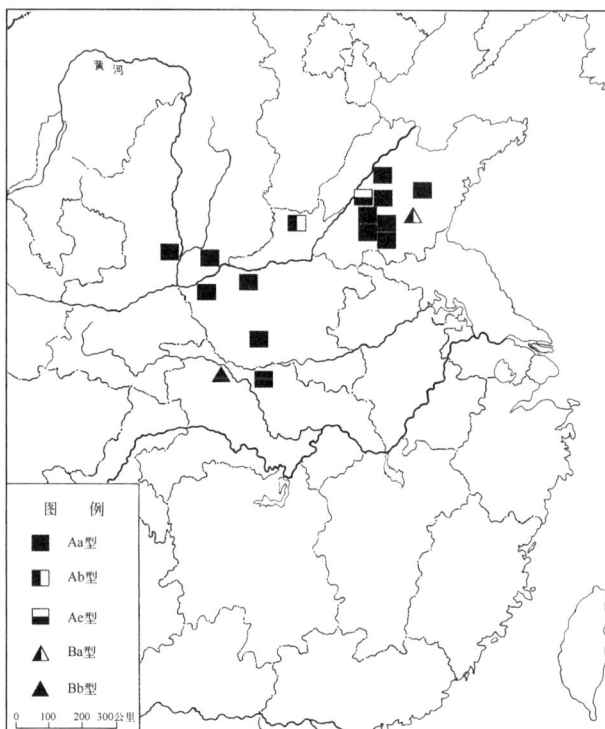

图 3.3.1　铜簠分布图(第一期)

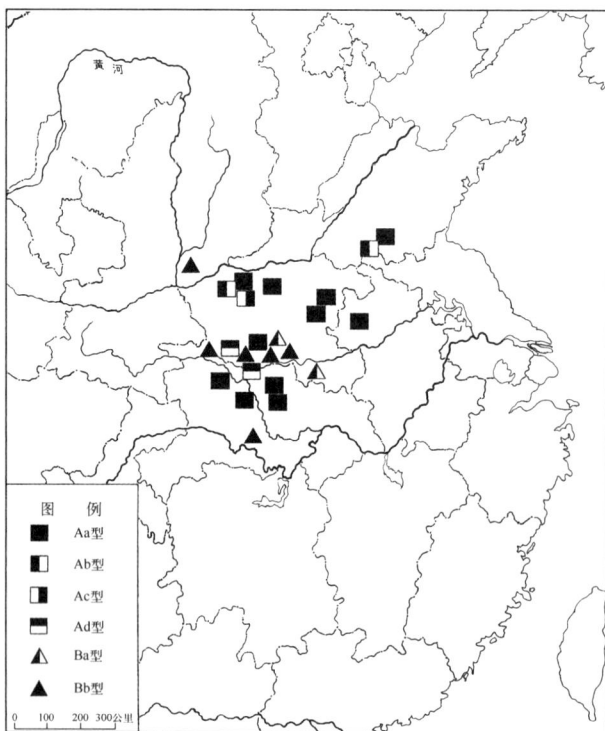

图 3.3.2　铜簠分布图(第二期)

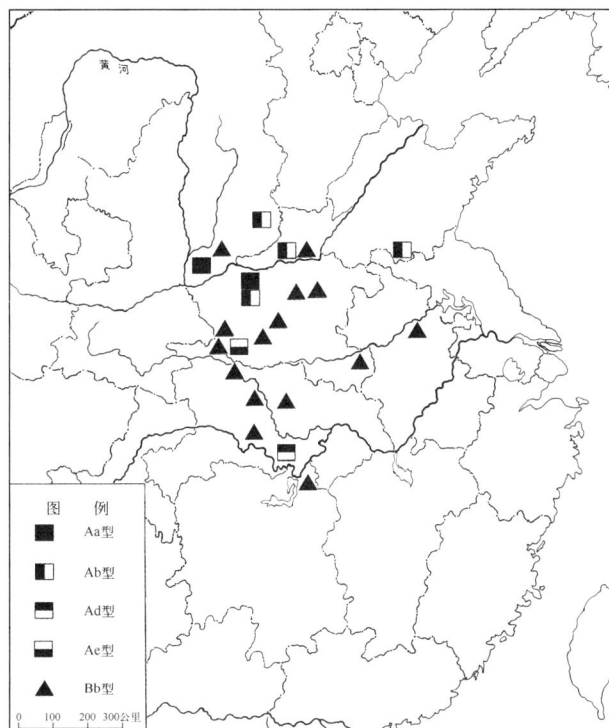

图 3.3.3 铜簠分布图(第三期)

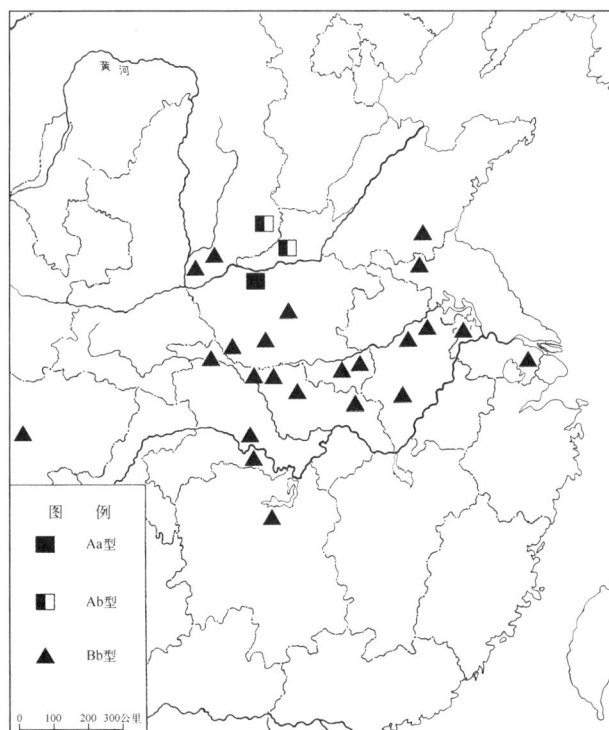

图 3.3.4 铜簠分布图(第四期)

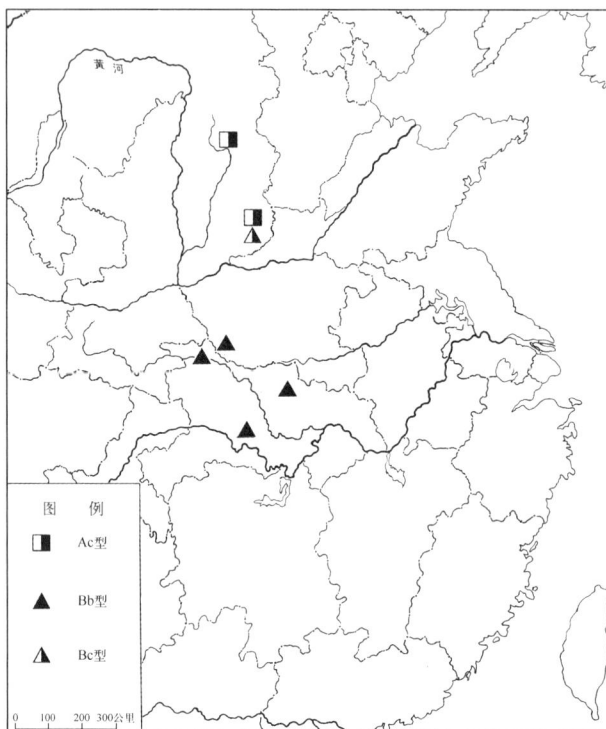

图 3.3.5　铜簠分布图(第五期)

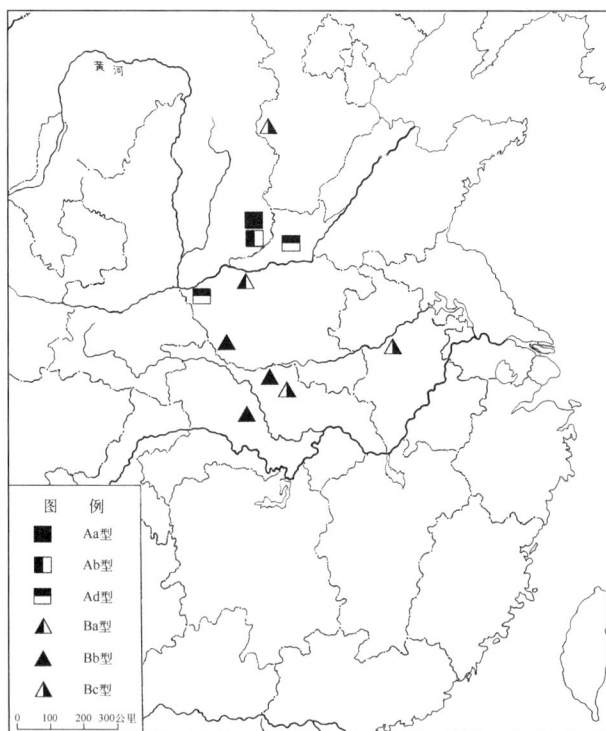

图 3.3.6　铜簠分布图(第六、七期)

在湖北谷城;第二期,数量增加,集中分布于豫南地区,属于楚文化控制区(晋南地区出土的一件铜簋年代属于第二期,但出自第四期墓葬中,暂可搁置不论);第三期,数量激增,分布空间由豫南向北、南、东三个方向扩展,集中分布于豫中、豫南和汉水流域,外缘影响到晋南、豫北、湘北和淮河下游地区;第四期时,数量继续大幅增加,分布范围在第三期的基础上进一步向外扩展,向东到苏南、向北到鲁南、向西到四川中部地区;第五期,数量开始减少,分布范围收缩,仍集中分布在豫南和湖北汉水流域,晋南地区有少量发现;第六期,数量较少,集中分布区仍在豫南和湖北汉水流域,豫中和冀中地区少数高等级贵族墓葬中有少量发现;第七期,数量更少,目前仅见于安徽寿县朱家集楚王墓中。由此可见,从第二期开始,B型铜簋的集中分布区始终位于楚文化核心区,第三期和第四期时其分布范围伴随楚国的对外扩张而向外拓展,因此其文化属性属于楚文化系统。

总结来看,A型铜簋延续西周晚期传统形制,第一期和第二期时数量尚多,分布范围尚较广,表明此时周文化对地方诸侯尚保持较强的影响力,但从第三期开始A型铜簋数量锐减,分布范围收缩,主要分布在周文化控制较强或保持周文化传统较深的周王室、晋和三晋地区;与此形成鲜明对照的是,从第二期开始B型铜簋成为楚文化因素之一,第三期、第四期伴随楚文化的扩张分布空间急剧向外拓展,影响至周、郑、晋、吴等地,第五期和第六期时,在楚地铜簋衰减的背景下,三晋和中山等国部分高级贵族墓葬中仍然出土有B型铜簋。A、B两型铜簋分布格局的演变和此消彼长的态势明确地反映了东周时期周文化和楚文化影响力此消彼长的历史过程和互动关系。

二、铜簠的空间分布和文化属性

铜簠目前发现数量较多,空间分布范围广阔,各型铜簠具有不同的分布格局、文化属性和国族属性(表3.3.2,图3.3.7—图3.3.12)。

A型铜簠继承西周晚期同型铜簠基本形制特征,文化属性属于周文化系统,其分布范围主要集中在周文化影响较深的地区,数量多寡和分布范围的变化反映出周王室对诸侯控制力和周文化影响力的变迁:第一期数量最多,分布范围十分广阔,核心分布区位于陕西关中、山西南部、河南、山东、鄂北、安徽北部等地,呈连续性、广域式分布格局;第二期之后,数量锐减,分布范围大幅收缩,局限在周王室和秦、郑、楚、齐、薛等保持周文化传统较深的诸侯国领域的高等级贵族墓葬中,呈间断性、局域式分布格局。

Ba型铜簠继承西周晚期同型铜簠基本形制特征,文化属性属于周文化系统。和西周时期同型铜簠一样,东周时期Ba型铜簠也主要出土于高等级贵族墓葬中,[①]所属国别有噩、陈、蔡、曾、齐、楚等国,是一部分高等级贵族保持周文化传统较深的反映。一般而言,高等级贵族阶层中既容易产生开风气之先的革新者,同时也存在秉持旧文化传统较深的保守者,甚至有时保守和革新两种思潮同时存在于一个个体身上。

---

① 　张懋镕:《西周方座簋研究》,《古文字与青铜器论集》,科学出版社,2002年,第88—97页;张懋镕:《再论西周方座簋》,《古文字与青铜器论集》,科学出版社,2002年,第98—111页。

表 3.3.2　铜簋空间分布统计表

分期	型式	总计	河南	山西	河北	北京	山东	安徽	湖北	湖南	江苏、浙江	江西	广西、广东	陕西	甘肃	重庆	四川
一	A I 式	265	124(三门峡 79、洛阳 8、新郑 13、郑县 4、平顶山 5、新野 4、潢川 1、安阳 4)	19(芮城 5、闻喜 3、曲沃 11)			27(曲阜 10、滕州 2、长清 12、历城 1、临淄 2)	4(界首 1、肥西 1、寿县 1、舒城 1)	48(襄阳 4、枣阳 12、随州 19、广水 2、京山 11)					43(韩城 21、户县 14、宝鸡 4、陇县 4)			
	Ba I 式	10	6(淅川 4、商水 2)				4(临淄 4)										
	Da I 式	2							2(应城 2)								
	Db 型	5	4(桐柏 4)					1(宿州 1)									
	E I 式	5						1(繁昌 1)			4(无锡 2、武进 1、丹阳 1)						
二	A II 式	46					22(滕州 18、临淄 4)		6(襄阳 6)					6(宝鸡 2、陇县 4)	12(礼县 12)		
	Ba II 式	3	2(商水 2)											1(临潼 1)			
	C I 式	8												8(宝鸡 8)			
	Dc II 式	4	4(光山 4)														
	Dd II 式	2					2(海阳 2)										
	E II 式	6						1(凤阳 1)	1(汉川 1)		4(丹阳 4)						
三	A III 式	55	39(新郑 32、淅川 3、辉县 4)						12(随州 4、当阳 8)					4(凤翔 4)			
	C II 式	4												4(凤翔 4)			
	Da III 式	2						2(蚌埠 2)									

分期	型式	总计	河南	山西	河北	北京	山东	安徽	湖北	湖南	江苏、浙江	江西	广西、广东	陕西	甘肃	重庆	四川
四	BaⅣ式	8						8(寿县8)									
	Bb型	6	6(辉县6)														
	DaⅣ式	1									1(绍兴1)						
	DcⅣ式	1					1(临淄1)	1(凤阳1)									
五	BaⅤ式	17							16(随州16)								
	CⅣ式	3												3(长安2、眉县1)			
	AⅥ式	4	4(洛阳4)														
六	BaⅥ式	10		1(柳泉1)					9(枣阳4、江陵5)								
	Bc型	3		3(长治3)													
	CⅤ式	3												3(凤翔3)			
	DaⅥ式	6														6(涪陵6)	
七	BaⅦ式	2						寿县2①									

① 寿县朱家集 1933M 铜器群材料尚未完全公布，数量不详。

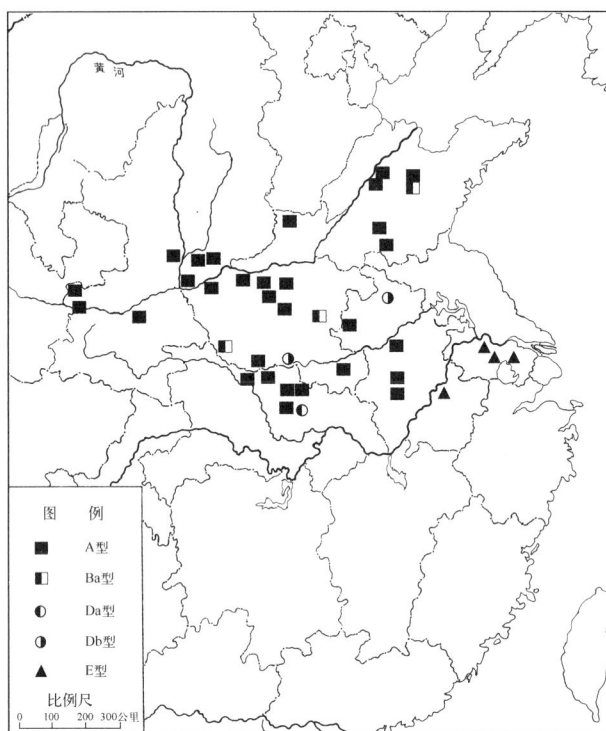

图 3.3.7　铜簋分布图(第一期)

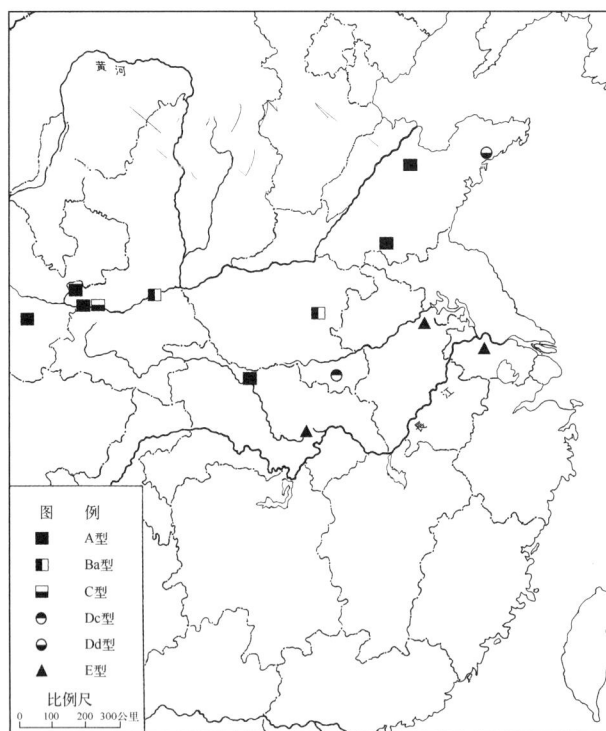

图 3.3.8　铜簋分布图(第二期)

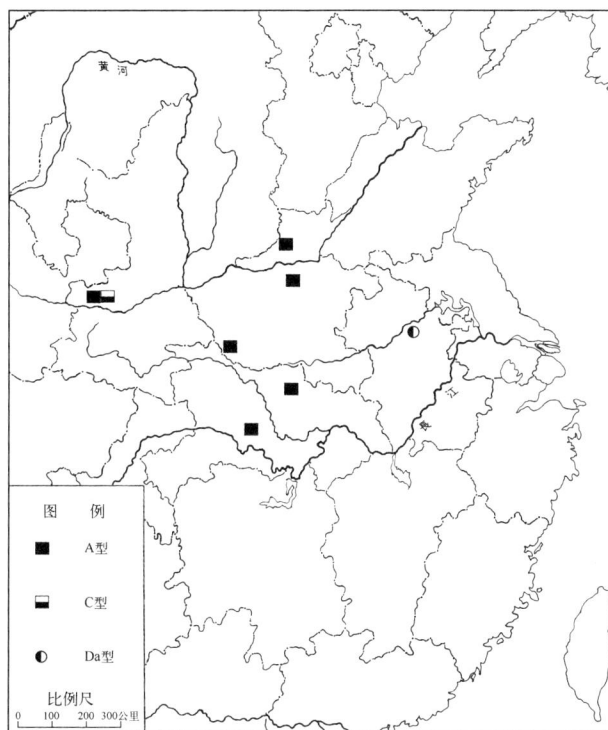

图 3.3.9　铜簠分布图(第三期)

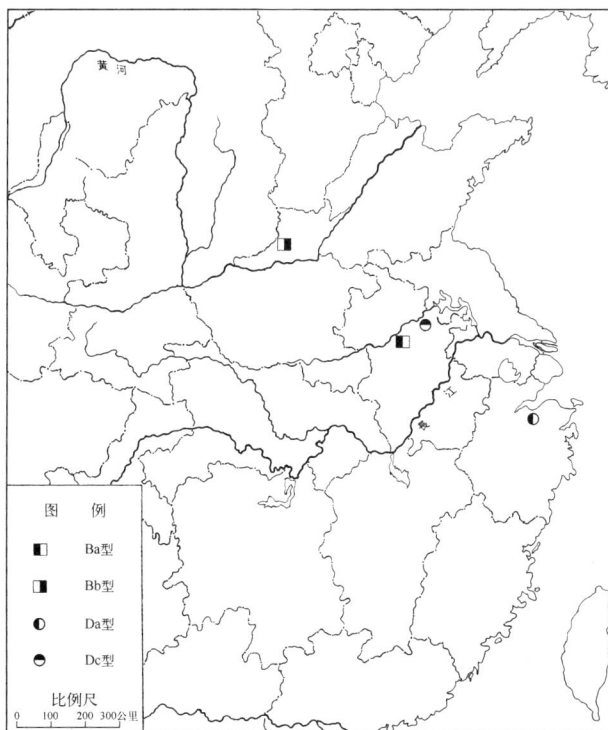

图 3.3.10　铜簠分布图(第四期)

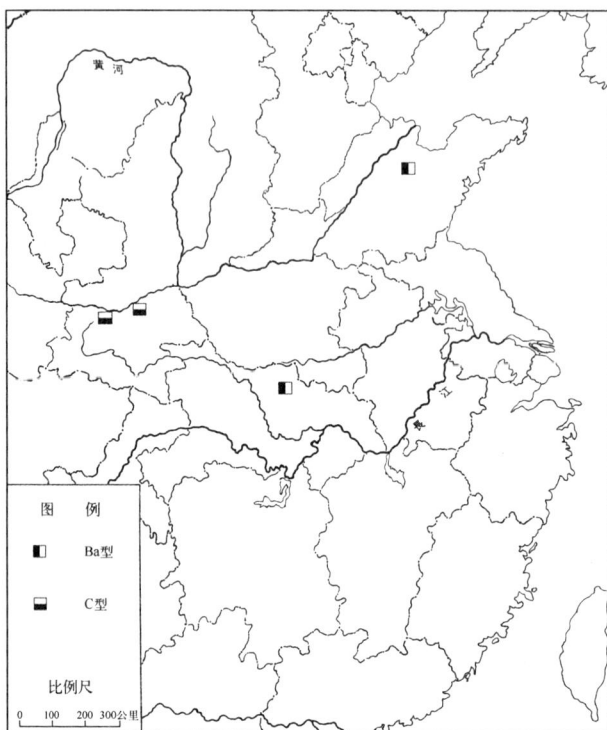

图 3.3.11　铜簠分布图(第五期)

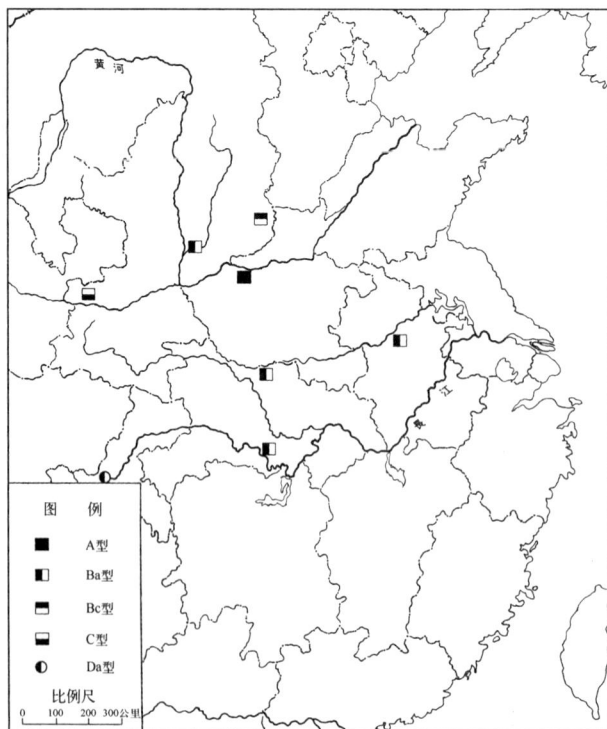

图 3.3.12　铜簠分布图(第六、七期)

Bb 型铜簋和 Bc 型铜簋是从 Ba 型铜簋分化发展而来,属于三晋文化系统。

C 型铜簋是从 A 型铜簋分化发展而来,见于第二期至第六期,分布于陕西凤翔、宝鸡、眉县、长安等地,属于秦国统治核心区,文化属性属于秦文化系统。

D 型铜簋可以分为四个亲缘关系密切的分支亚型,目前发现的数量虽然不多,但分布范围较广,牵涉国别较多,出自黄、齐、钟离、越等国墓葬中。从整体分布格局同时参照形制相同的陶簋分布情况来看,D 型铜簋主要分布在临淄—曲阜—枣阳连线以东的淮河流域地区,文化属性似可划归徐舒和淮夷文化系统。

E 型铜簋继承西周晚期同型铜簋的基本形制特征,分布范围也与西周时期基本相同,目前见于第一期和第二期,主要分布在江淮地区和长江下游的江苏南部及皖南地区,文化属性属于徐舒和吴文化系统。

三、铜盆的空间分布和文化属性

铜盆目前发现数量较多,空间分布范围较广,各型铜盆具有不同的分布格局、文化属性和国族属性(表 3.3.3,图 3.3.13—图 3.3.18)。

A 型铜盆继承西周晚期同型铜盆的形制特征,文化属性属于周文化系统,东周时期数量不多:第一期,发现 3 件,分布在虢国、邓国(河南三门峡 2、河南新野 1);第二期,发现 1 件,分布在河南信阳(国别不详);第三期,发现 1 件,分布在楚国(河南淅川)。另外 1 件年代属于第三期,但出自安徽铜陵第七期窖藏中。①

Baa 型铜盆可能是从 A 型铜盆分化发展出来,东周时期数量不多:第一期,发现 2 件,分布在晋国(山西闻喜);第二期,暂未发现;第三期,发现 1 件,分布在楚国(河南淅川);第四期,发现 1 件,分布在越族居地(广东清远)。

Bab 型铜盆可能也是从 A 型铜盆分化发展而来,东周时期数量不多,主要分布在淮河流域保守周文化旧制的小诸侯国的高等级贵族墓葬中:第三期,发现 1 件,分布在养国(河南桐柏);第四期,发现 2 件,分布在郫国和钟离国(山东临沂、安徽凤阳)。

Bb 型铜盆可能是从 Ba 型铜盆分化发展出来,目前发现 3 件,都属于第四期,分布在秦国领域(陕西长安 2 件、凤翔 1 件)。

C 型铜盆分为两个形制特征相近、亲缘关系密切的分支亚型,分别继承西周晚期同型铜盆的形制特征,文化属性属于周文化系统,东周时期主要分布在保留周文化传统较深的诸侯国地区。其中 Ca 型铜盆发现数量较多,共 20 件:第一期,发现 10 件,分布在郑(河南登封 2、郏县 1 件)、芮(陕西韩城 4 件)、莒(山东日照 2 件)、纪(山东招远 1 件)等诸侯国地区;第二期,发现 10 件,其中 8 件集中分布在淮河流域的小诸侯国(新野 1、信阳 1、潢川 1、罗山 1、凤阳 1、临沂 2、郯城 1 件),另外 2 件分布在晋国和楚国(山西闻喜 1 件、湖北当阳 1 件);第三期,仅发现 1 件,分布在秦国(陕西凤翔)。Cb 型铜盆目前共发现 13 件,

---

① 本件铜盆暂标注在图 3.3.15 铜盆分布图(第三期)中,特此说明。

表 3.3.3　铜盆空间分布统计表

分期	型式	总计	河南	山西	河北	北京	山东	安徽	湖北	湖南	江苏、浙江	江西	广西、广东	陕西	甘肃	重庆	四川
一	AⅠ式	3	3（三门峡 2、新野 1）														
一	BaaⅠ式	2		2（闻喜 2）													
一	CaⅠ式	10	3（登封 2、郏县 1）				3（日照 2、招远 1）							4（韩城 4）			
一	CbⅠ式	2	1（登封 1）	1（闻喜 1）													
一	Fa型	1					1（莒县 1）										
二	AⅡ式	1	1（信阳 1）														
二	CaⅡ式	10	4（新野 1、信阳 1、潢川 1、罗山 1）	1（闻喜 1）			3（沂水 2、郯城 1）	1（凤阳 1）									
二	CbⅡ式	4											1（罗定 1）	3（宝鸡 1、凤翔 2）			
二	DⅡ式	1		1（闻喜 1）													
三	AⅢ式	1	1（淅川 1）														
三	BaaⅢ式	1	1（淅川 1）														
三	BabⅢ式	1	1（桐柏 1）														
三	CaⅢ式	1												1（凤翔 1）			
三	CbⅢ式	7					1（临沂 1）							5（凤翔 5）			
四	BaaⅣ式	1						1（凤阳 1）					1（清远 1）				
四	BabⅣ式	2													2（礼县 2）		
四	Bb型	3												3（长安 2、凤翔 1）			
四	EⅠ式	1	1（淅川 1）														

分期	型式	总计	空间分布区域														
			河南	山西	河北	北京	山东	安徽	湖北	湖南	江苏、浙江	江西	广西、广东	陕西	甘肃	重庆	四川
五	Bb型	1												1(武功1)			
	EII式	1							1(随州1)								
	Ga型	6															6(新都5,什邡1)
六	Fb型	1	1(洛阳1)														
	Gb型	1	1(洛阳1)														
	Gc型	6												6(咸阳1,凤翔5)			
七	AIII式	1						1(铜陵1)									

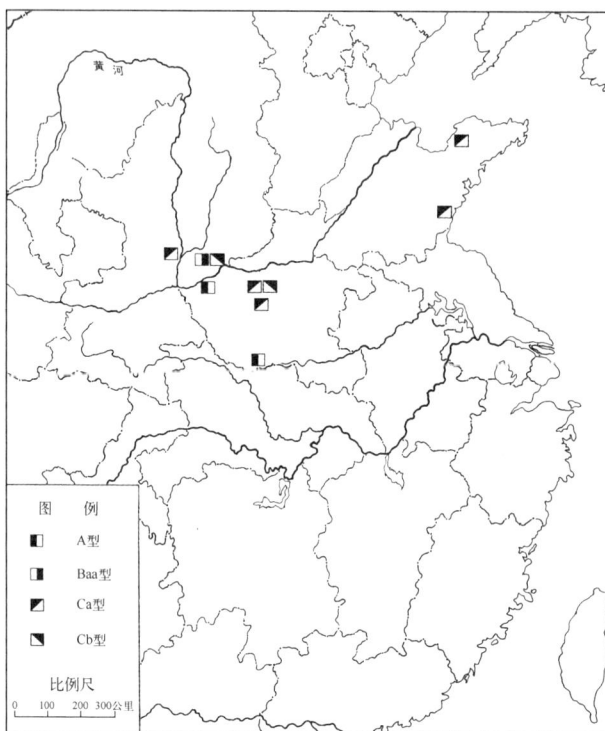

图 3.3.13　铜盆分布图(第一期)

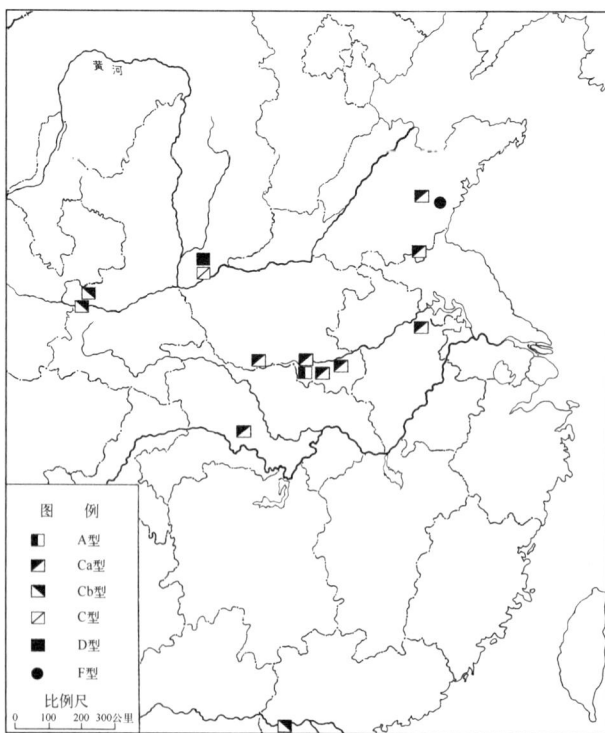

图 3.3.14　铜盆分布图(第二期)

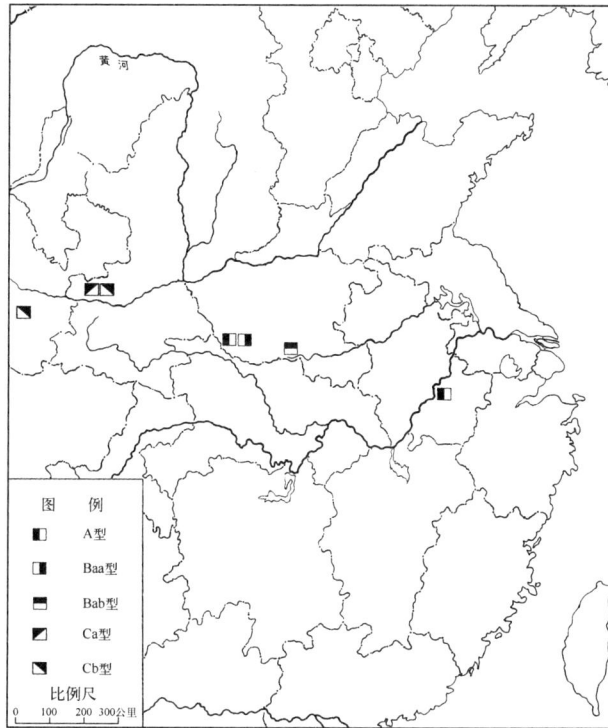

图 3.3.15　铜盆分布图(第三期)

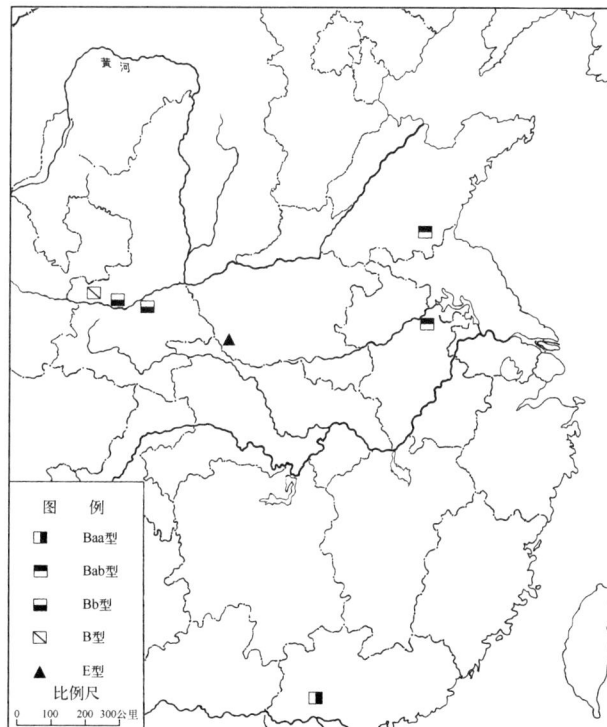

图 3.3.16　铜盆分布图(第四期)

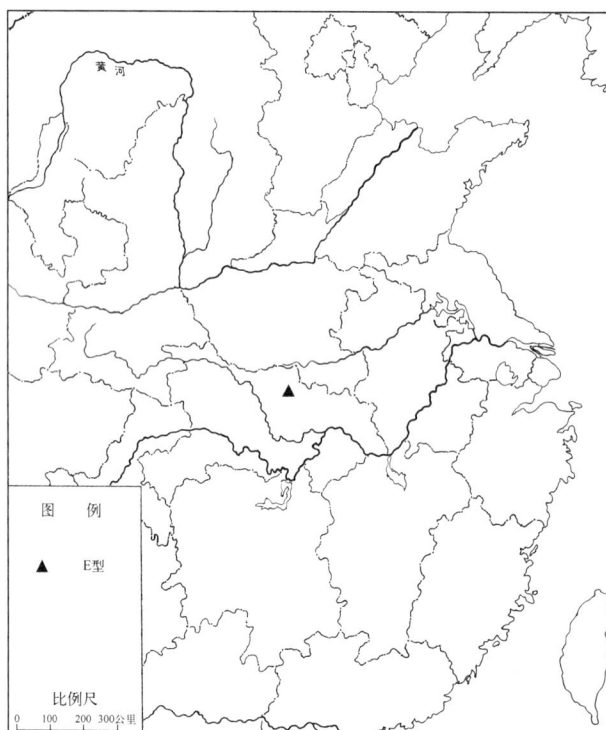

图 3.3.17　铜盆分布图(第五期)

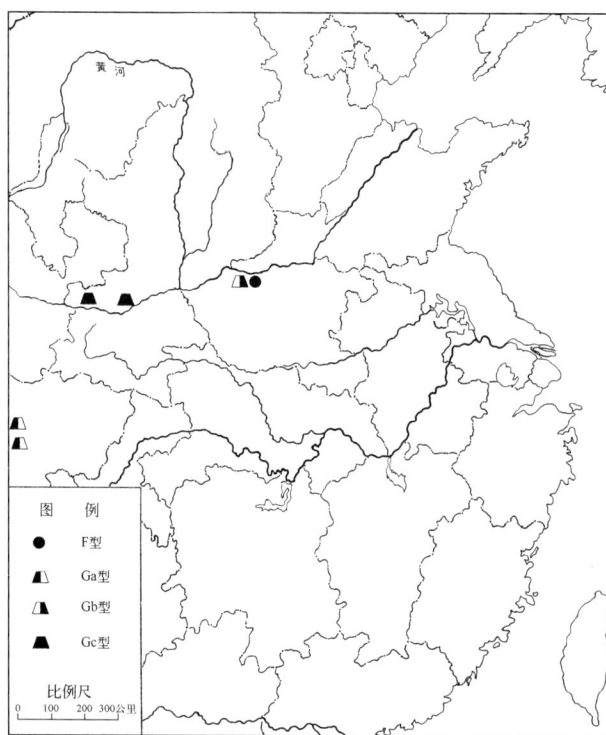

图 3.3.18　铜盆分布图(第六期)

略少于 Ca 型,其中第一期,发现 2 件,分布在郑国和晋国(河南登封 1 件、山西闻喜 1 件);第二期,发现 4 件,其中 3 件分布在秦国(凤翔 2、宝鸡 1 件),1 件分布在越族居地(广东罗定);第三期,发现 7 件,全部分布在秦国(陕西凤翔 5 件、甘肃礼县 2 件)。

D 型铜盆目前仅发现 1 件(闻喜上郭 1976M4∶7、8),分布在晋国,形制较为特殊,可能是从 Ca 型铜盆分化发展而来。

E 型铜盆目前仅发现 2 件,分布在楚国和楚的附庸国曾国,形制特征模仿西周时期 A 型铜盆的形制。

Fa 型铜盆继承西周晚期同型铜盆的形制特征,目前仅发现 1 件,分布在山东莒县莒国地区。Fb 型铜盆模仿 Fa 型铜盆的形制特征,目前仅发现 1 件,分布在河南洛阳周王室地区。

G 型铜盆分为三个形制特征相近、具有密切亲缘关系的分支亚型,其中 Ga 型铜盆出现较早,目前发现数量不多(6 件),集中分布在蜀国地区(成都 5 件、什邡 1 件),属于蜀文化系统;Gb 型铜盆目前仅发现 1 件,分布在河南洛阳周王室地区;Gc 型铜盆目前 6 件,集中分布在秦国关中地区(凤翔 5 件、咸阳 1 件)。Gb 型铜盆和 Gc 型铜盆可能源自 Ga 型铜盆。

四、铜敦的空间分布和文化属性

铜敦目前发现数量多,空间分布范围广,各型铜敦具有不同的分布格局、文化属性和国族属性(表 3.3.4,图 3.3.19—图 3.3.24)。

A 型铜敦分为三个形制特征相近、具有密切亲缘关系的分支亚型。其中:

Aa 型铜敦与 A 型、B 型、C 型铜盆具有比较密切的亲缘关系,可能是从后三者分化出来。Aa 型铜敦主要见于第二期至第四期,数量较多:第二期时,目前发现 28 件,分布范围较广,集中分布在河南、山西南部、山东、湖北北部等地,边缘分布区可达北京、湖南中部等地;第三期,目前发现 15 件,其中 9 件集中分布在山西南部晋国地区,另外 6 件分布在河南洛阳周王室及新郑郑国都城、山东枣庄峄城滥国和河北唐县、北京延庆等北戎活动区域;第四期,目前仅发现 1 件,分布在山西沁水,属于晋国领域。

Ab 型铜敦可能是从 Aa 型铜敦分化发展而来:第二期,目前发现 1 件,分布在河南洛阳周王室地区;第三期,目前发现 21 件,其中 5 件分布在河南洛阳周王室,7 件分布在晋国(山西临猗 1 件、运城 1 件、潞城 1 件;河南辉县 2 件、淇县 2 件),4 件分布在齐(山东临淄 3 件、长清 1 件),3 件分布在莒国(山东莒南),2 件分布在河北怀来山戎活动区域;第四期,目前发现 4 件,其中 2 件分布在河南洛阳周王室,1 件分布在晋国(山西运城),1 件分布在楚国(湖北麻城);第五期,目前发现 2 件,分布在曾国(湖北随州);第六期,目前发现 21 件,其中 16 件分布在楚国(河南信阳 2 件;湖北襄阳 4 件、江陵 4 件、黄冈 2 件、荆门 1 件;湖南津市 2 件、重庆涪陵 1 件),4 件分布在河南洛阳周王室,1 件分布在中山国(河北平山 1);第七期,目前发现 23 件,其中 10 件分布在楚国(六安 2 件、蚌埠 1 件、天长 2 件、益阳 1 件、溆浦 1 件、长沙 1 件、常德 1 件、云阳 1 件),12 件分布在齐国(山东临淄),1 件分布在秦(陕西旬邑)。

表 3.3.4　铜敦空间分布统计表

分期	型式	总计	河南	山西	河北	北京	山东	安徽	湖北	湖南	江苏、浙江	江西	广西、广东	陕西	甘肃	重庆	四川
一	Aa II 式	28	15（洛阳3、陕县1、新郑4、尉氏1、南阳2、信阳1、固始1、辉县2）	4（侯马2、临猗1、闻喜1）		1（延庆1）	4（曲阜1、海阳3）			2（衡南1、岳阳1）							
二	Ab I 式	1	1（洛阳1）														
	A 型	5					5（邹平1、临淄1、沂水1、海阳2）										
	Baa I 式	4	2（洛阳1、淅川1）						2（钟祥2）								
	Ba\b 型	1	1（洛阳1）														
	Bba I 式	1	1（洛阳1）														
	Bd I 式	1							1（襄阳1）								
	Be 型	1							1（襄阳1）								
三	Aa III 式	13	2（洛阳1、新郑1）	7（临猗3、侯马3、闻喜1）	1（唐县1）	1（延庆1）	2（峄城2）										
	Aa IV 式	2		2（侯马1、临猗1）	2（怀来2）												
	Ab II 式	13	5（洛阳3、辉县2）	2（运城1、潞城1）			4（长清1、淄博3）										
	Ab III 式	8	4（洛阳2、淇县2）	1（临猗1）			3（莒南3）										
	Ac I 式	1					1（沂水1）										
	A 型	1	1（新郑1）														

分期	型式	总计	空间分布区域														
			河南	山西	河北	北京	山东	安徽	湖北	湖南	江苏、浙江	江西	广西、广东	陕西	甘肃	重庆	四川
三	Aa Ⅰ Ab 型	1	1（陕县1）														
	Baa Ⅱ 式	36	15（洛阳1、荥阳1、新郑3、尉氏3、叶县1、南阳2、淅川3、固始1）					1（六安1）	16（郧县2、襄阳3、随州1、钟祥3、当阳1、江陵1、公安1）	1（岳阳1）				1（安康1）			2（茂县2）
	Bab Ⅰ 式	2		1（临猗1）			1（泰安1）										
	Bba Ⅱ 式	14	1（洛阳1）	12（临猗9、侯马1、长治2）			1（长清1）										
	Bca 型	1			1（怀来1）												
	B 型	2	1（洛阳1）	1（临猗1）													
	Caaa Ⅰ 式	6	2（洛阳2）	2（临猗1、新绛1）	1（怀来1）				1（襄阳1）								
	Caa Ⅰ 式	3			1（唐县1）		2（莱芜2）										
	Cba Ⅰ 式	5					4（滕州4）				1（苏州1）						
	Cbb Ⅰ 式	2					2（滕州2）										
	C 型	1									1（邳州1）						
	Aa Ⅴ 式	1		1（沁水1）													
	Ab Ⅳ 式	4	2（洛阳2）	1（运城1）					1（麻城1）								
四	Ac Ⅰ 式	3					2（临沂1、莒县1①）									1（万州1）	

① 苏兆庆：《古莒遗珍》，人民美术出版社，2007年。尚未完全公布，数量不详，暂计一件。

分期	型式	总计	河南	山西	河北	北京	山东	安徽	湖北	湖南	江苏、浙江	江西	广西、广东	陕西	甘肃	重庆	四川
四	Ac Ⅱ式	4	1(固始1)				2(临沂2)				1(丹徒1)						
	A型	3	2(辉县2)	1(临猗1)													
	Baa Ⅰ式	6															6(茂县6)
	Baa Ⅲ式	5	5(新郑4,潢川1)														
	Bab\Bba型	1	1(洛阳1)														
	Bab Ⅱ\Bba Ⅲ式	1		1(长子1)													
	Bba Ⅲ式	36	12(洛阳7、平顶山1,淇县2,辉县2)	20(临猗9,侯马4,万荣3,长治2,运城1,交口1)	1(唐县1)		2(潍坊1、新泰1)	1(凤阳1)									
	Bbb Ⅰ式	1							1(宜城1)								
	Bcb型	8			2(平山2)		6(济南1、临淄1、淄博1、临朐1、胶南1、新泰1)										
	Bd Ⅲ式	1	1(辉县1)														
	Caaa Ⅱ式	64	6(洛阳4、三门峡2)	47(芮城2、临猗6、万荣1,新绛1,闻喜2、侯马20,长治6、长子3、定襄2、原平2、屯留1、襄源1、泽源1)	9(邯郸2、邢台2,平山1、灵寿1,行唐1、定县1、曲阳1、丰宁1)		1(邹城1)							1(凤翔1)			
	Caab Ⅱ式	3	1(辉县1)	1(原平1)	2(涉县2)												

分期	型式	总计	河南	山西	河北	北京	山东	安徽	湖北	湖南	江苏、浙江	江西	广西、广东	陕西	甘肃	重庆	四川
	Caa II 式	3			1（涿鹿1）		2（莱芜2）										
	Ca II 式	1		1（准格尔1）													
	Caba II 式	27	17（洛阳17）	1（定襄1）			4（曲阜2，新泰2）				5（邳州5）						
	Cabb II 式	2		2（沁水2）													
	Cba II 式	39			14（新乐1，灵寿3，唐县2，易县唐1，三河2，唐山1）	1（顺义1）	24（滕州2，新泰21，肥城1）										
	Cbb II 式	35		1（定襄1）	2（平山1，新乐1）		30（滕州1，新泰28，青州1）	2（寿县2）									
四	Cb II 式	2					2（阳谷1，临淄1）										
	Cca I 式	1	1（固始1）														
	Cc 型	1							1（随州1）								
	C 型	5		1（浑源1）	4（邢台2，平山1，唐山1）												
	Daa I 式	18	2（新郑1，淅川1）					2（六安1，舒城1）	8（襄阳7，麻城1）	3（湘乡2，澧县1）				2（凤翔2）			1（成都1）
	Dab I 式	6	2（南阳1，淅川1）						3（襄阳2，麻城1）								1（成都1）

分期	型式	总计	空间分布区域 河南	山西	河北	北京	山东	安徽	湖北	湖南	江苏、浙江	江西	广西、广东	陕西	甘肃	重庆	四川
四	Dac I式	2						2(寿县 2)									
	Da I式	5							3(谷城 1、襄阳 1、当阳 1)								2(成都 1、茂县 1)
	Dca I式	7					7(济南 1、新泰 2、莱芜 2、长岛 2)										
	Ab V式	2							2(随州 2)								
	Ac III式	3	2(平顶山 2)						1(襄阳 1)								
	Baa IV式	7	7(新郑 7)														
	Bab III式	2		2(长治 2)													
	Bbb II式	1							1(随州 1)								
	Caaa III式	46	16(洛阳 8、陕县 6、三门峡 2)	27(侯马 1、长子 3、长治 9、潞城 4、柳林 2、太原 8)			2(泰安 2)										1(绵竹 1)
五	Caab III式	2	2(陕县 2)														
	Caa\Cab型	2							1(随州 1)								1(绵竹 1)
	Caba III式	4	2(洛阳 2)				1(淄博 1)			1(湘乡 1)							
	Cac I式	8	2(陕县 2)	6(潞城 2、太原 4)													
	Cacb I式	2		2(长子 2)													
	Cba III式	2					2(长岛 2)										

分期	型式	总计	河南	山西	河北	北京	山东	安徽	湖北	湖南	江苏、浙江	江西	广西、广东	陕西	甘肃	重庆	四川
	Cbb III式	9			1(涞水1)		8(邹平1,济南3,临淄2,崂山2)										
	Cbc型	2			1(迁西1)	1(通州1)											
	Cca I式	2							2(随州2)								
	C型	1															1(成都1)
	Daa II式	7							5(当阳2,襄阳3)	1(益阳1)							1(成都1)
	Dab II式	12						2(六安2)	2(襄阳2)	1(长沙1)							7(成都2,什邡1,绵竹3,荥经1)
五	Dac II式	5							5(随州5)								
	Da II式	1															1(成都1)
	Dba I式	3		2(长治2)	1(邯郸1)												
	Dbb I式	1		1(万荣1)													
	Dca II式	18			5(涞水1,赤城1,滦平1,唐山1,迁西1)	1(通州1)	12(临淄4,昌乐2,临朐2,平度2,长岛2)										
	Dcb I式	3					3(临淄1,莱芜2)										
	E I式	2							2(随州2)								

分期	型式	总计	空间分布区域														
			河南	山西	河北	北京	山东	安徽	湖北	湖南	江苏、浙江	江西	广西、广东	陕西	甘肃	重庆	四川
	AbⅥ式	15	6（洛阳4，信阳2）		1（平山1）				5（襄阳2，黄冈1，江陵2）	2（津市2）						1（涪陵1）	
	AbⅦ式	6							6（襄阳2，荆门3，枣阳①）								
	AcⅣ式	9						1（六安1）	7（襄阳2，江陵4，荆州1）								1（宝兴1）
	AcⅤ式	1							1（襄阳1）								
六	CaaaⅣ式	24	17（洛阳2，三门峡2，陕县12，汲县1）	5（长治3，长子2）										2（洛南2）			
	CaabⅣ式	2			2（平山2）												
	CaaⅣ式	2							2（枣阳2）								
	CabaⅣ式	4					4（长清4）										
	CacⅡ式	2			2（平山2）												
	CacaⅡ式	7	5（陕县4，汲县1）														2（新都2）
	CbbⅣ式	21					21（章丘6，临淄6，诸城5，平度2，长岛2）										

① 枣阳九连墩2002M1，M2铜器群材料尚未完全公布，数量不详。

分期	型式	总计	空间分布区域														
			河南	山西	河北	北京	山东	安徽	湖北	湖南	江苏、浙江	江西	广西、广东	陕西	甘肃	重庆	四川
	Cbd I 式	1	1（新蔡）														
	Cbd II 式	1							1（江陵 1，枣阳①）								
	Cca II 式	4	2（淅川 2）						2（枣阳 2）								
	Ccb 型	2							2（江陵 2）								
	C 型	7		6（长治 6）						1（长沙 1）							
	Daa III 式	3	2（平顶山 2）							1（益阳 1）							
六	Dab III 式	69	7（淅川 6，上蔡 1）					2（六安 1，贵池 1）	49（襄阳 2，荆门 4，随州 1，天门 3，麻城 1，当阳 3，江陵 26，沙洋 2，荆州 2，丹江口 1，鄂城 1，黄冈 2，巴东 1，枣阳②）	6（长沙 6）						2（巫山 1，云阳 1）	3（新都 1，峨眉 1）
	Dba II 式	2	2（辉县 2）														
	Dbb II 式	5	3（洛阳 1，陕县 2）	2（长治 2）													
	Dca III 式	19		2（长治 2）			17（章丘 2，临淄 8，烟台 2，威海 1，阳信 4）										
	Dcb II 式	2					2（临淄 2）										
	E II 式	27			14（平山 14）		6（临淄 6）	3（天长 3）	3（荆门 1，江陵 2）							1（涪陵 1）	

① 枣阳九连墩 2002M1、M2 铜器群材料尚未完全公布，数量不详。

② 枣阳九连墩 2002M1、M2 铜器群材料尚未完全公布，数量不详。

分期	型式	总计	空间分布区域														
			河南	山西	河北	北京	山东	安徽	湖北	湖南	江苏、浙江	江西	广西、广东	陕西	甘肃	重庆	四川
七	AbVI式	18					12(临淄12)			4(益阳1、溆浦1、长沙1、常德1)				1(旬邑1)		1(云阳1)	
	AbVII式	5						5(六安2、蚌埠1、天长2)									
	BbbIV式							寿县①									
	CbaV式	2					2(临淄2)										
	Cb型							寿县②									
	C型	2												2(凤翔2)			
	DbbIII式	1				1(北京1)											
	DcaIII式	1													1(张家川1)		
	DcbIII式	2													2(张家川2)		
	EII式	6	1(陕县1)						5(云梦5)								

① 寿县朱家集1933M铜器群材料尚未完全公布，数量不详。
② 寿县朱家集1933M铜器群材料尚未完全公布，数量不详。

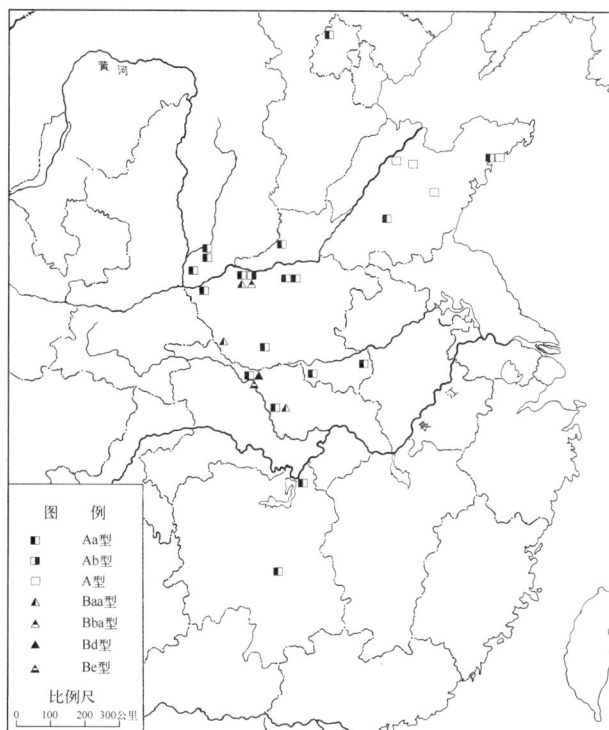

图 3.3.19　铜敦分布图(第二期)

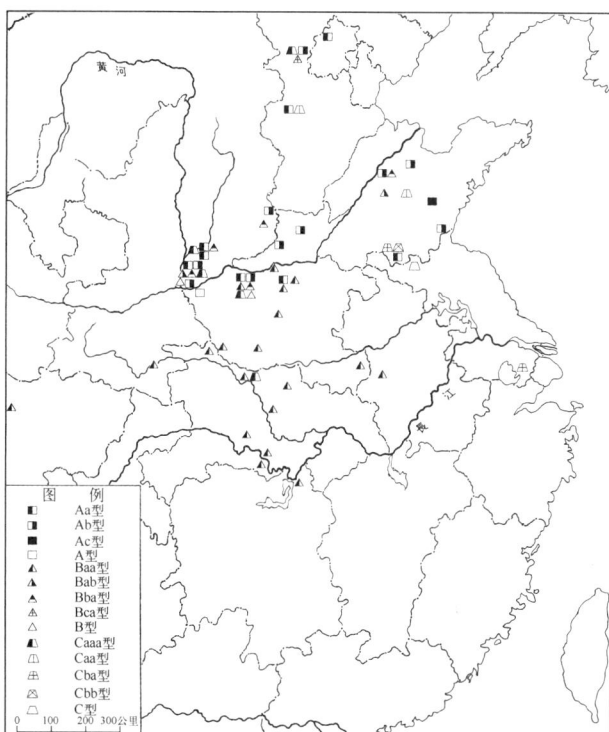

图 3.3.20　铜敦分布图(第三期)

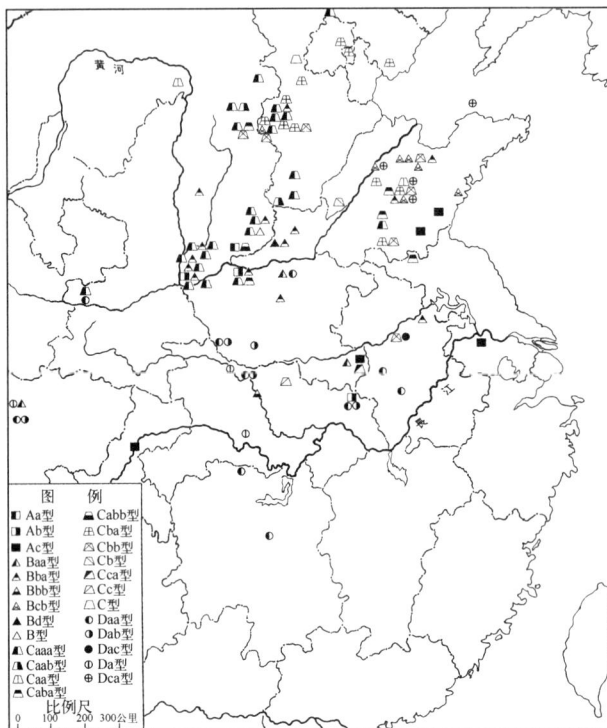

图 3.3.21　铜敦分布图(第四期)

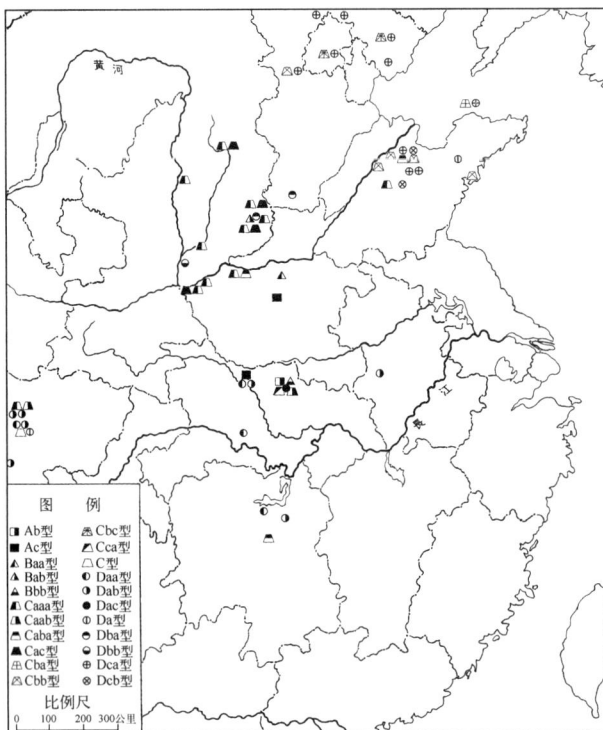

图 3.3.22　铜敦分布图(第五期)

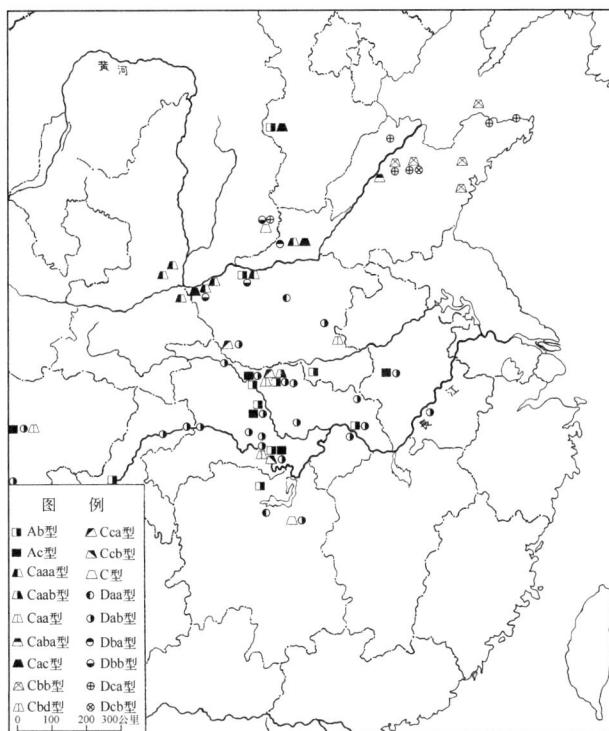

图 3.3.23　铜敦分布图(第六期)

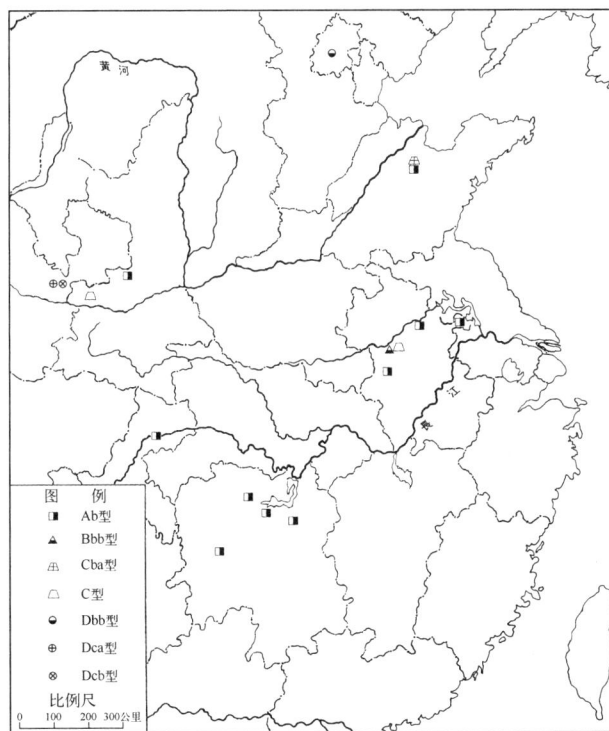

图 3.3.24　铜敦分布图(第七期)

Ac 型铜敦目前发现数量少,最早见于第三期,出自山东沂水纪王崮;第四期时,目前发现 7 件,其中 3 件出自郯国(山东临沂),1 件出自莒国(山东莒县①),1 件出自吴国(江苏丹徒),1 件出自巴国(重庆万州),另外 1 件出自河南固始楚国墓葬(墓主属于徐裔或吴裔);第五期,目前发现 3 件,分布在楚国(河南平顶山 2 件、湖北襄阳 1 件);第六期,目前发现 10 件,其中 9 件分布在楚国(湖北襄阳 3 件、江陵 4 件、荆州 1 件;安徽六安 1 件),1 件分布在蜀(四川宝兴)。

B 型铜敦分为五个形制特征相近、亲缘关系密切的分支亚型。其中:

Ba 型铜敦分为两个分支次亚型:

Baa 型铜敦数量较多:第二期时,目前发现 5 件,其中 2 件分布在河南洛阳周王室地区,3 件分布在楚国和楚文化区(河南淅川 1 件、湖北钟祥 2 件);第三期,数量增加,分布范围扩大,目前发现 36 件,其中 1 件分布在河南洛阳周王室,33 件分布在楚国和楚文化影响下的郑国、许国等诸侯国地区,另外 2 件分布在四川茂县;第四期,数量减少,分布范围收缩,目前发现 11 件,其中 4 件分布在郑国都城河南新郑,1 件分布在楚国(河南潢川),此外饶有趣味的是在四川茂县出土 6 件形制特征属于第二期的 Baa I 式铜敦;第五期,目前发现 7 件,全部分布在郑国都城河南新郑。综合来看,从第二期至第五期,Baa 型铜敦集中分布在河南洛阳—新郑以南地区,尤其是楚国和受楚文化影响较深的地区,第三期核心分布区为楚国统治核心区域,第四期至第五期数量锐减,在楚国统治核心区域趋于消失不见,而在郑国都城河南新郑地区却延续下来并有较多发现。

Bab 型铜敦来源于 Baa I 式铜敦,与 Baa II—IV 式铜敦在足部特征上表现出细微差异,器腹和足部特征与 Bba 型相同。Bab 型铜敦数量少,主要分布在洛阳—新郑以北晋国和晋文化影响地区:第三期,目前发现 2 件,分布在山西临猗和山东泰安,分别属于晋国和鲁国;第四期,目前尚未发现;第五期,目前发现 2 件,分布在三晋之韩国(山西长治)。

Bb 型铜敦分为两个分支次亚型:

Bba 型铜敦数量较多:第二期时,目前发现 1 件,分布在河南洛阳周王室地区;第三期时,数量增加,目前发现 14 件,其中 12 件集中分布在晋国(山西侯马 9 件、临猗 1 件、长治 2 件),1 件分布在河南洛阳周王室,1 件分布在齐(山东长清);第四期时,数量更多,目前发现 36 件,分布范围扩大,其中 25 件集中分布在晋国(山西临猗 9 件、侯马 4 件、长治 3 件、万荣 2 件、运城 1 件、交口 1 件;河南淇县 2 件、辉县 2 件;河北唐县 1 件),7 件分布在河南洛阳周王室,2 件分布在齐国(山东潍坊 1 件、新泰 1 件),另外 2 件分布在楚国(河南平顶山)和楚国控制下的钟离国(安徽凤阳 1 件)。

Bbb 型铜敦可能是模仿 Bba 型铜敦或受 Bba 型铜敦影响的产物,盖部环钮特征模仿 Bba 型或受 Bba 型影响,器腹和足部特征则与 Baa 型相同。Bbb 型铜敦数量少,集中分布在洛阳—新郑以南的楚国和楚国控制的附庸国地区:第四期,目前发现 1 件,分布在湖北

---

① 苏兆庆:《古莒遗珍》,人民美术出版社,2007 年。尚未完全公布,数量不详,暂计一件。

宜城;第五期,目前发现 1 件,分布在曾国都城湖北随州;第六期目前暂未发现;第七期时,目前发现数量暂不详,出自安徽寿县朱家集楚王墓。

Bc 型铜敦数量少,分为两个分支次亚型,其中:

Bca 型铜敦目前仅发现 1 件,分布在河北怀来,可能来自齐国地区。

Bcb 型铜敦目前发现 8 件,属于第四期,其中 6 件分布在齐国(山东临淄 1 件、淄博 1 件、济南 1 件、临朐 1 件、胶南 1 件、新泰 1 件),2 件分布在河北平山中山国地区。

Bd 型铜敦是从 Baa I 式铜敦分化而来,差异仅表现在足部形态特征不同。Bd 型铜敦目前发现的数量少:第二期,目前发现 1 件,分布在湖北襄阳,属于楚国;第三期,目前暂未发现;第四期,目前发现 1 件,分布在河南辉县,属于晋国。

Be 型铜敦也是从 Baa I 式铜敦分化而来,差异表现在足部形态特征不同,足部兼具 Baa I 式和 Bd I 式特征。Be 型铜敦目前仅发现 1 件,分布在湖北襄阳,铭文自名器主为邓子敢。

C 型铜敦分为三个形制特征相近、亲缘关系密切的分支亚型:

Ca 型铜敦分为三个形制特征相近、亲缘关系密切的分支次亚型,其中:

Caa 型铜敦分为两个形制特征相近、亲缘关系密切的分支次次亚型:

Caaa 型铜敦数量较多:第三期时,目前发现 6 件,其中 2 件分布在晋国(山西临猗 1 件、新绛 1 件),2 件分布在河南洛阳周王室,1 件分布在河北怀来山戎地区,1 件分布在楚国(湖北襄阳);第四期时,数量增加,目前发现 64 件,其中 58 件集中分布在晋国和受晋国影响的中山、燕、代等国(山西、河北、河南三门峡),4 件分布在河南洛阳周王室,另外 2 件分布在邾国(山东邹城)和秦国(陕西凤翔);第五期时,目前发现 46 件,其中 35 件集中分布在三晋(山西;河南陕县、三门峡),8 件分布在周王室,2 件分布在鲁国(山东泰安),1 件分布在蜀国(四川绵竹);第六期时,目前发现 24 件,其中 22 件集中分布在三晋(山西;河南三门峡、陕县、汲县;陕西洛南),另外 2 件分布在周王室地区。

Caab 型可能是从 Caaa 型铜敦分化发展而来,但数量较 Caaa 型铜敦少:第四期时,目前发现 3 件,分布在晋国(山西原平 1 件、河北涉县 2 件);第五期时,目前发现 2 件,分布在楚国附庸曾国(湖北随州)和蜀国(四川绵竹);第六期时,目前发现 2 件,分布在楚国(湖北枣阳)。

Cab 型铜敦可能是从 Caa 型铜敦分化发展而来,主要集中分布在河南洛阳周王室地区。Cab 型铜敦分为两个形制特征相近、亲缘关系密切的分支次次亚型,其中:

Caba 型铜敦数量较多:第四期时,目前发现 27 件,其中 17 件集中分布在河南洛阳周王室,2 件分布在鲁国(山东曲阜),2 件分布在齐国(山东新泰),5 件分布在徐国(江苏邳州),1 件分布在晋或代国(山西定襄);第五期时,目前发现 4 件,其中 2 件分布在河南洛阳周王室,另外 2 件分布在齐国(山东临淄)和楚国(湖南湘乡)。

Cabb 型铜敦数量少,目前仅发现 2 件,属于第四期,分布在晋国。

Cac 型铜敦是从 Caa 型铜敦分化发展而来,在底部添加方座。Cac 型铜敦目前发现的数量不多,分布范围与 Caa 型相似,主要分布在三晋和受三晋影响的中山等国:第五期时,目前发现 10 件,分布在赵、魏、韩等三晋地区;第六期时,目前发现 9 件,其中 5 件分布在三晋(河南陕县 4 件、汲县 1 件),4 件分布在中山国(河北平山)。

Cb 型铜敦可能是从 Ca 型铜敦分化发展而来,分为四个形制特征相近、亲缘关系密切的分支次亚型,其中:

Cba 型数量较多:第三期时,目前发现 5 件,其中 4 件集中分布在薛国(山东滕州),1 件分布在吴国(江苏苏州);第四期时,目前发现 39 件,其中 24 件分布在齐、薛(山东新泰 21 件、肥城 1 件、滕州 1 件),15 件分布在燕和中山(河北 14、北京 1 件);第五期时,目前发现 2 件,分布在齐国(山东长岛);第六期时,目前暂未发现;第七期时,目前发现 2 件,分布在齐国(山东临淄)。

Cbb 型数量也较多:第三期时,目前发现 2 件,分布在薛国(山东滕州);第四期时,目前发现 35 件,其中 30 件分布在齐、薛(山东新泰 28 件、青州 1 件、滕州 1 件),3 件分布在中山、晋、代等国(河北平山 1、新乐 1;山西定襄 1 件),2 件分布在蔡国(安徽寿县);第五期时,目前发现 9 件,其中 8 件集中分布在齐国(山东临淄 2 件、济南 3 件、邹平 1 件、崂山 2 件),1 件分布在燕国(河北涞水);第六期时,目前发现 21 件,集中分布在齐国(山东临淄 6 件、章丘 6 件、诸城 5 件、平度 2 件、长岛 2 件)。

Cbc 型铜敦是从 Cba 型或 Cbb 型铜敦分化发展而来,目前发现 2 件,属于第五期,分布在燕国(北京通州 1、河北迁西 1 件)。在河北易县燕下都出土有相同形制的陶敦。[①]

Cbd 型铜敦可能是从 Cba 型或 Cbb 型铜敦分化发展而来,见于第六期和第七期,集中分布在楚国。

Cc 型铜敦目前发现数量不多,集中分布在楚国和楚国影响地区:第四期时,目前发现 2 件,分布在楚国和楚国附庸曾国(河南固始、湖北随州);第五期时,目前发现 2 件,分布在楚国附庸曾国(湖北随州);第六期时,目前发现 6 件,都分布在楚国(河南淅川 2 件;湖北枣阳 2 件、江陵 2 件)。

D 型铜敦分为三个形制特征相近、亲缘关系密切的分支亚型,其中:

Da 型铜敦集中分布在楚国和楚文化区,分为三个形制特征相近、亲缘关系密切的分支次亚型:

Daa 型铜敦可能是从北方晋国等地流行的 Bba 型铜敦分化发展而来,或受 Bba 型铜敦影响在其基础上加以改造而来。Daa 型铜敦数量多,分布范围遍布楚国和楚国楚文化影响地区:第四期时,目前发现 18 件,其中 14 件分布在楚国(河南淅川 1 件;湖北襄阳 7 件、麻城 1 件;安徽六安 1 件、舒城 1 件),1 件分布在郑国(河南新郑),2 件分布在秦国(陕西凤翔),1 件分布在蜀国(四川成都);第五期时,目前发现 7 件,其中 6 件分布在楚国(湖北襄阳 3 件、当阳 2 件;湖南益阳 1 件),1 件分布在蜀国(四川成都);第六期时,目前

<hr/>

①　河北省文化局文物工作队:《河北易县燕下都第十六号墓发掘》,《考古学报》1965 年第 2 期,第 79—102 页;河北省文物研究所:《燕下都》,文物出版社,1996 年,第 755—767 页。

发现 3 件,分布在楚国(河南平顶山 2 件、湖南益阳 1 件)。

Dab 型铜敦可能是从 Daa 型铜敦分化发展而来,区别在于一为蹄足、一为环足。从目前出土情况来看,从第四期至第六期 Daa 型铜敦数量递减,而 Dab 型数量递增:第四期,目前发现 6 件,其中 5 件分布在楚国(河南淅川 1 件、南阳 1 件;湖北襄阳 2 件、麻城 1件),1 件分布在蜀国(四川成都);第五期,目前发现 12 件,其中 5 件分布在楚国(湖北襄阳 2 件;安徽六安 2 件;湖南长沙 1 件),7 件分布在受楚国楚文化影响的蜀国(四川);第六期,目前发现 69 件,其中 66 件分布在楚国(湖北 49 件;安徽 2 件;河南淅川 6 件、上蔡 1件;湖南长沙 6 件;重庆巫山 1 件、云阳 1 件),3 件分布在蜀国(四川新都 2 件、峨眉1 件)。

Dac 型可能也是从 Daa 型分化发展而来,数量较少,目前共发现 7 件,其中:第四期时,目前发现 2 件,分布在楚国影响下的蔡国(安徽寿县);第五期时,目前发现 5 件,分布在楚国附庸曾国(湖北随州)。

Db 型主要分布在三晋地区及其周边,分为两个形制特征相近、具有密切亲缘关系的分支次亚型,其中:

Dba 型可能是在三晋地区本来流行的 Bba 型基础上、受南方楚国地区 Da 型铜敦器和盖对称设计理念影响,保留 Bba 型铜敦器身形制、同时将盖也改造成与器身相同的形制而成。Dba 型铜敦目前发现数量不多,共 5 件,其中:第五期时,目前发现 3 件,分布在三晋之韩、赵两国(山西长治 2 件、河北邯郸 1 件);第六期时,目前发现 2 件,分布在三晋之魏国(河南辉县)。

Dbb 型铜敦可能是从 Dba 型铜敦分化发展而来,或在 Ab V 式铜敦基础上,受 Dba 型铜敦或南方楚国地区 Da 型铜敦器、盖对称设计理念影响,将器盖改造成与器身相同的形制而来。Dbb 型铜敦目前发现数量也不多,共 7 件,其中:第五期 1 件,分布在三晋之魏(山西万荣);第六期 5 件,其中 4 件分布在三晋之韩、魏两国(山西长治 2 件、河南陕县 2件),另外 1 件分布在周王室地区(河南洛阳);第七期 1 件,拣选自北京。

Dc 型铜敦主要分布在齐国,并影响到燕国,分为两个形制特征相近、具有密切亲缘关系的分支次亚型,其中:

Dca 型可能是从 Bba Ⅲ 式分化发展而来,在后者基础上将蹄足改造为环足。Dca 型铜敦数量较多,其中:第四期,目前发现 7 件,分布在齐国(山东济南 1 件、新泰 2 件、莱芜 2件、长岛 2 件);第五期,目前发现 18 件,其中 12 件分布在齐国(山东临淄 4 件、昌乐 2 件、临朐 2 件、平度 2 件、长岛 2 件),6 件分布在燕国(北京通州 1 件;河北涞水 1 件、赤城 1件、滦平 1 件、唐山 1 件、迁西 1 件);第六期,目前发现 19 件,其中 17 件分布在齐国(山东临淄 8 件、章丘 2 件、烟台 2 件、威海 1 件、阳信 4 件),2 件分布在三晋之韩国(山西长治);第七期,目前发现 1 件,分布在秦国(甘肃张家川),可能是秦统一过程中劫掠自齐或燕。

Dcb 型可能是从 Dca 型分化发展而来,数量较少,目前共发现 7 件,其中:第五期 3

件,分布在齐国(山东临淄 1 件、莱芜 2 件);第六期 2 件,分布在齐国(山东临淄);第七期 2 件,分布在秦国(甘肃张家川),可能自齐国流传至秦。

E 型铜敦或可称为铜盒,可能是从 Ac 型铜敦分化发展而来,或仿制漆木盒。E 型铜敦主要发现于第六期和第七期,分布在楚、齐、中山等国和秦国较高等级贵族墓葬中。

第四节　盛酒器的空间分布格局和文化属性

一、铜壶的空间分布和文化属性

铜壶目前发现数量多,空间分布范围广,各型铜壶具有不同的分布格局、文化属性和国族属性(表 3.4.1,图 3.4.1—图 3.4.7)。

Aa 型铜壶继承西周晚期同型铜壶的形制特征,文化属性属于周文化系统,其数量和分布范围的变化反映出周王朝对诸侯控制力和周文化对地方影响力的变迁:第一期,数量最多,目前发现 80 件,分布在陕西关中、山西南部、河南、山东、湖北北部等地,呈广域、连续性分布态势;第二期,数量减少,分布范围大幅收缩,目前发现 16 件,其中 14 件集中分布在甘肃东部礼县和陕西关中西部宝鸡地区,属于秦国领域,另外 2 件分布在河南洛阳周王室地区;第三期,目前发现 23 件,分布在周王室(河南洛阳 2 件)和郑(河南新郑 12 件)、秦(陕西凤翔 4 件)、楚(河南淅川 2 件)、许(河南叶县 1 件)、养(河南桐柏 2 件)等国,其中 18 件分布在北方地区;第四期,目前发现 22 件,分布在秦(陕西凤翔 2 件)、晋(河北邢台 4 件、河南辉县 4 件)、蔡(安徽寿县 4 件)、曾(湖北随州 6 件)、吴(江苏邳州 2 件)等国;第五期,目前发现 8 件,分布在曾国(湖北随州 4 件)和三晋之赵国(山西太原 4 件);第六期,Aa 型铜壶发现 2 件,分布在三晋之韩国(河南陕县 2 件)。

Ab 型铜壶与 Aa 型铜壶形态特征相近,惟腹部稍有差异,可能是从 Aa 型分化发展出来的姊妹型,亲缘关系密切。与 Aa 型铜壶相比,Ab 型铜壶数量较少:第一期,目前发现 4 件,分布在周王室(河南洛阳 2 件)和秦国(陕西宝鸡 2 件);第二期,目前发现 6 件,分布在周王室(河南洛阳 4 件)和齐国(山东海阳 2 件);第三期,目前发现 10 件,分布在周王室(河南洛阳 6 件)和晋国(山西侯马 2 件、长治 2 件);第四期,目前发现 9 件,分布在周王室(河南洛阳 2 件)和晋国(山西临猗 4 件、万荣 1 件、长治 2 件);第五期,目前发现 4 件,分布在曾国(湖北随州 2 件)和秦国(陕西长安 2 件);第六期,目前发现 5 件,分布在楚国(湖北襄阳 2 件)、秦国(陕西凤翔 2 件)和中山国(河北平山 1 件)。

Ac 型铜壶形制特征与 Aa 型相似,惟器体较矮,略显宽胖,可能是从 Aa 型分化发展而来的一种地域分支亚型,目前共发现 10 件,其中 9 件集中分布在河南东南部淮河上游地区的非姬姓诸侯国:第一期,目前发现 2 件,分布在河南桐柏;第二期,目前发现 8 件,其中 7 件分布在河南东南部淮河上游地区(信阳 2 件、光山 4 件、潢川 1 件),另外 1 件分布在湖北枝江。

表 3.4.1 铜壶空间分布统计表

分期	型式	总计	河南	山西	河北	北京	山东	安徽	湖北	湖南	江苏、浙江	江西	广西、广东	陕西	甘肃	重庆	四川
	Aa I 式	80	41（洛阳 2、三门峡 25、登封 4、郑 2、平顶山 2、安阳 2）	6（芮城 2、闻喜 1、侯马 3）			8（枣庄 4、肥城 2、长清 2）		5（枣阳 2、宜城 1、京山 2）					20（韩城县 8、户县 6、麟游 2、宝鸡 2、陇县 2）			
	Ab I 式	4	2（洛阳 2）											2（宝鸡 2）			
	Ac I 式	2	2（桐柏 2）														
	Ba I 式	34	10（三门峡 4、新野 2、桐柏 2、信阳 2）				9（枣庄 5、长清 2、莒县 2）		13（枣阳 6、随州 5、广水 2）		1（长兴 1）			1（宝鸡 1）			
	Bb I 式	7	3（三门峡 2、罗山 1）				2（枣庄 2）		2（谷城 2）								
	Bc I 式	2	1（信阳 1）						1（应城 1）								
	Caa I 式	7	2（登封 1、郏县 1）				5（滕州 1、长安 1、临淄 1、安丘 1）										
	Cbaa I 式	3			1（灵寿 1）		2（五莲 1、莱阳 1）										
	Cbc I 式	4					4（曲阜 2、日照 2）										
	D I 式	1							1（随州 1）								
	F 型	2					1（莱阳 1）		1（随州 1）								

分期	型式	总计	河南	山西	河北	北京	山东	安徽	湖北	湖南	江苏、浙江	江西	广西、广东	陕西	甘肃	重庆	四川
二	Aa II式	16	2（洛阳2）											8（宝鸡6、陇县2）	6（礼县6）		
	Ab II式	6	4（洛阳4）				2（海阳2）										
	Ac II式	8	7（信阳2、光山4、潢川1）						1（枝江1）								
	Ba II式	19	1（信阳1）				12（滕州6、沂水6）		6（谷城2、襄阳2、随州2）								
	Bb II式	6	4（南阳2、罗山2）				2（临淄2）										
	Bc II式	5	5（信阳4、罗山1）														
	Caa II式	6	2（洛阳2）	1（闻喜1）	1（怀来1）		2（滕州1、蓬莱1）										
	Cab II式	2			1（唐县1）		1（海阳1）										
	Cbaa II式	8	1（洛阳1）		2（行唐1、灵寿1）		3（滕州2、莒南1）								2（礼县2）		
	D II式	3			1（行唐1）		2（莒县1、郯城1）										
三	Aa III式	23	19（洛阳2、新郑12、叶县1、淅川2、桐柏2）											4（凤翔4）			
	Ab III式	10	6（洛阳6）	4（侯马2、长治2）													

分期	型式	总计	空间分布区域														
			河南	山西	河北	北京	山东	安徽	湖北	湖南	江苏、浙江	江西	广西、广东	陕西	甘肃	重庆	四川
三	Ba Ⅲ式	6	6（新郑 6）														
	Bb Ⅲ式	2					2（临朐 2）										
	Cab Ⅲ式	3	2（新郑 1、尉氏 1）						1（郧县 1）								
	Cbaa Ⅲ式	2	1（淅川 1）		1（怀来 1）												
	Cbab Ⅰ式	1					1（长清 1）										
	D Ⅲ型	1					1（沂水 1）										
四	Aa Ⅲ式	4	4（辉县 4）														
	Aa Ⅳ式	18			4（邢台 4）			4（寿县 4）	6（随州 6）		2（邳州 2）			2（凤翔 2）			1（成都 1）
	Ab Ⅳ式	9	2（洛阳 2）	7（临猗 4、万荣 1、长治 2）													
	Ba Ⅳ式	16	3（三门峡 1、陕县 2）	12（芮城 2、侯马 4、原平 2、潞城 2、太原 4）													
	Caa Ⅳ式	3	1（新郑 1）	1（太原 1）			1（阳谷 1）										
	Cab Ⅳ式	1						1（寿县 1）									
	Cbaa Ⅳ式	29		8（万荣 1、大原 2、定襄 2、原平 2、泽源 1）	7（平山 1、唐县 1、行唐 2、唐山 2）		11（肥城 1、新泰 3、莱芜 6、临朐 1、临沂 1、莒南 1）		2（随州 1、麻城 1）		1（邳州 1）						
	Cbac Ⅰ式	3	1（洛阳 1）		2（平山 1、曲阳 1）												
	Cbba Ⅲ式	4	1（洛阳 1）	2（屯留 2）													1（成都 1）

分期	型式	总计	空间分布区域														
			河南	山西	河北	北京	山东	安徽	湖北	湖南	江苏、浙江	江西	广西、广东	陕西	甘肃	重庆	四川
四	Cbbb I 式	7	1(三门峡 1)	1(长子 1)	2(邯郸 2)									2(凤翔 2)			1(成都 1)
	Cbbc I 式	3	2(洛阳 2)		1(平山 1)												
	Cbbc II 式	2			2(怀来 2)												
	Cbc III 式	1	1(辉县 1)														
	Cbc IV 式	3		1(定襄 1)	2(新乐 1,怀来 1)												
	D IV 式	3	1(辉县 1)		1(灵寿 1)		1(莒县 1①)										
	Aa V 式	8		4(太原 4)					4(随州 4)								
	Ab V 式	4							2(随州 2)					2(长安 2)			
	Ba V 式	2							2(随州 2)								
	Caa V 式	1		1(太原 1)													
	Cbaa V 式	6			1(平山 1)		5(济南 1,邹平 1,临淄 1,崂山 1,长岛 1)										
五	Cbab III 式	3							2(随州 2)								1(绵竹 1)
	Cbac II 式	6	4(洛阳 1,陕县 1,辉县 2)	1(长子 1)	1(涞水 1)												
	Cbad I 式	1					1(临淄 1)										
	Cba 型	1					1(长岛 1)										
	Cbba IV 式	41	20(洛阳 10,陕县 2,淅川 8)	6(万荣 2,襄汾 1,长子 2,太原 1)	3(新乐 2,容城 1)				8(襄阳 2,随州 2,天门 2,巴东 2)	3(长沙 2,湘乡 1)							1(成都 1)

① 苏兆庆：《古莒遗珍》，人民美术出版社，2007年。尚未完全公布，数量不详，暂计一件。

分期	型式	总计	河南	山西	河北	北京	山东	安徽	湖北	湖南	江苏、浙江	江西	广西、广东	陕西	甘肃	重庆	四川
	Cbbb Ⅱ式	17	12（洛阳2、三门峡2、陕县8）	5（侯马1、长治4）													
	Cbbc Ⅲ式	1		1（长治1）													
	Chc Ⅴ式	2		1（潞城1）													1（绵竹1）
五	Cb型	1					1（平度1）										
	Ccb Ⅰ式	1															1（绵竹1）
	C型	1	1（洛阳1）														
	DⅤ式	2		2（潞城1、太原1）													
	AaⅥ式	2	2（陕县2）						枣阳①								
	AbⅥ式	5			1（平山1）				2（襄阳2）					2（凤翔2）			
	BaⅣ式	2							枣阳②								
	BaⅥ式	2	2（淅川2）														
六	CaaⅥ式	6	1（汲县1）	1（太原1）	4（平山4）												
	CaaⅦ式	3			2（平山2）									1（咸阳1）			
	CbaaⅥ式	13	1（洛阳1）		5（平山5）		7（章丘1、临淄4、阳信1、诸城1）										

① 枣阳九连墩 2002M1、M2 铜器群材料尚未完全公布，数量不详。
② 枣阳九连墩 2002M1、M2 铜器群材料尚未完全公布，数量不详。

分期	型式	总计	空间分布区域														
			河南	山西	河北	北京	山东	安徽	湖北	湖南	江苏、浙江	江西	广西、广东	陕西	甘肃	重庆	四川
	Cbac Ⅲ式	4	2(洛阳1,汲县1)	2(长治2)													
	Cbad Ⅱ式	2					1(安丘1)		1(枣阳1)								
	Cba 型	1					1(平度1)										
六	Cbba Ⅴ式	194	27(洛阳13,叶县2,淅川2,上蔡2,南阳2,固始2,汲县4)	6(新绛1,长治2,长子2,中阳1)		2(天坛2)	17(长清2,章丘4,临淄5,阳信2,诸城2,长岛2)		113(江陵68,黄冈2,丹江口4,当阳3,鄂城2,广水2,荆门12,荆州4,麻城2,随州2,沙洋2,天门5,襄阳2,钟祥2,松滋1)	10(汨罗2,长沙2,龙山1)				3(山阳2,大荔1)	2(秦安2)	8(云阳4,巫山1,涪陵1,奉节1)	6(新都5,成都1)
	Cbba Ⅵ式	2			2(平山2)												
	Cbbb Ⅲ式	4	4(三门峡2,陕县2)														
	Cbbc Ⅳ式	1												1(咸阳1)			
	Cbbd Ⅰ式	2	2(洛阳2)														
	Cbbd Ⅱ式	9		1(长治1)	8(平山8)												
	Cb 型	3	2(洛阳2)											1(咸阳1)			
	Ccb Ⅱ式	7	2(洛阳2)	5(新绛1,长治4)					枣阳①								

① 枣阳九连墩2002M1,M2随器群材料尚未完全公布,数量不详。

分期	型式	总计	空间分布区域														
			河南	山西	河北	北京	山东	安徽	湖北	湖南	江苏、浙江	江西	广西、广东	陕西	甘肃	重庆	四川
六	DVI式	2	1（汲县1）											1（绥德1）			
	H型	1							1（枣阳1）								
	CaaVII式	4	1（三门峡1）					寿县①	1（随州1）		1（铜山1）				1（庆阳1）		
	CbabV式	17			1（宣化1）		5（曲阜5）		6（江陵2、荆门1、宜昌1、宜城1）	2（益阳1、长沙1）			1（肇庆1）	1（西安1）			1（成都1）
	CbacIV式	1			1（涞水1）												
	CbbaV式							寿县②									
七	CbbaVI式	79	5（陕县2、灵宝1、泌阳2）				5（曲阜2、济南2、临淄1）	18（六安2、天长2、蚌埠2、潜山5、舒城3、淮南2、寿县③）	15（黄冈4、沙市1、宜城2、襄阳3、荆门2、襄阳1、云梦1、宜都1）	13（益阳6、长沙5、桃源2）	3（铜山1、武进2）			8（大荔1、西安1、咸阳1、武功5）	6（平凉2、张家川4）	6（涪陵4、巫山2）	
	CbbbIII式	1														1（涪陵1）	
	CbbdII式	13	3（陕县2、泌阳1）	1（文水1）	1（宣化1）		4（临淄4）							4（咸阳2、旬邑1、凤翔1）			
	Cb型	1					1（安丘1）										

① 寿县朱家集 1933M 铜器群材料尚未完全公布，数量不详。
② 寿县朱家集 1933M 铜器群材料尚未完全公布，数量不详。
③ 寿县朱家集 1933M 铜器群材料尚未完全公布，数量不详。

分期	型式	总计	河南	山西	河北	北京	山东	安徽	湖北	湖南	江苏、浙江	江西	广西、广东	陕西	甘肃	重庆	四川
	Cca Ⅲ式	2								1(益阳1)				1(咸阳1)			
	Ccb Ⅲ式	37	2(陕县1、泌阳1)	1(侯马1)	2(平山2)	1(丰台1)		1(巢湖1)	18(襄阳13、江陵2、云梦2、当阳1)	1(常德1)				6(咸阳3、凤翔2、安康1)		2(巫山1、云阳1)	3(成都3)
七	Ea型	34	7(陕县1、浙川2、泌阳4)	2(襄汾2)			1(临淄1)		15(襄阳5、宜城4、荆门2、云梦1、江陵2)					8(临潼县1、乾县1、凤翔2、宝鸡2、旬邑2)			
	Eb型	6	2(南阳2)						2(襄阳1、荆门1)	1(汨罗1)				1(咸阳1)		1(涪陵1)	
	E型	1												1(延川1)			
	G型	1													1(张家川1)		

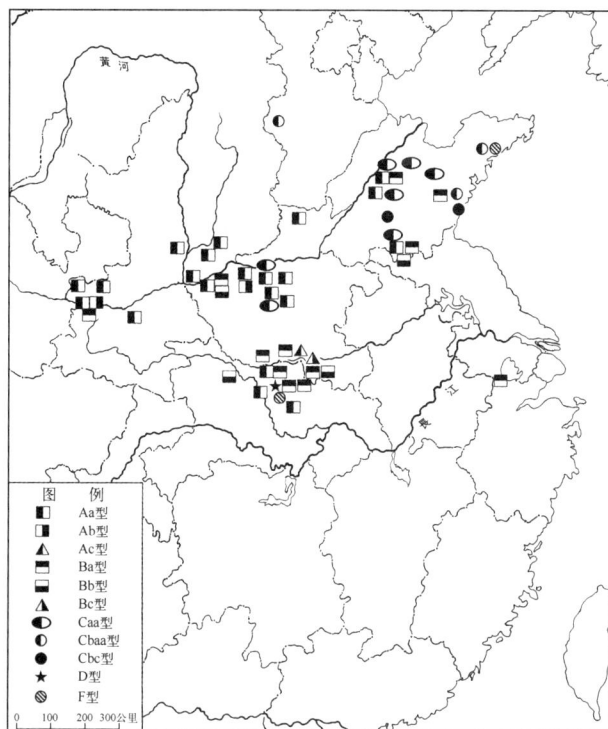

图 3.4.1　铜壶分布图(第一期)

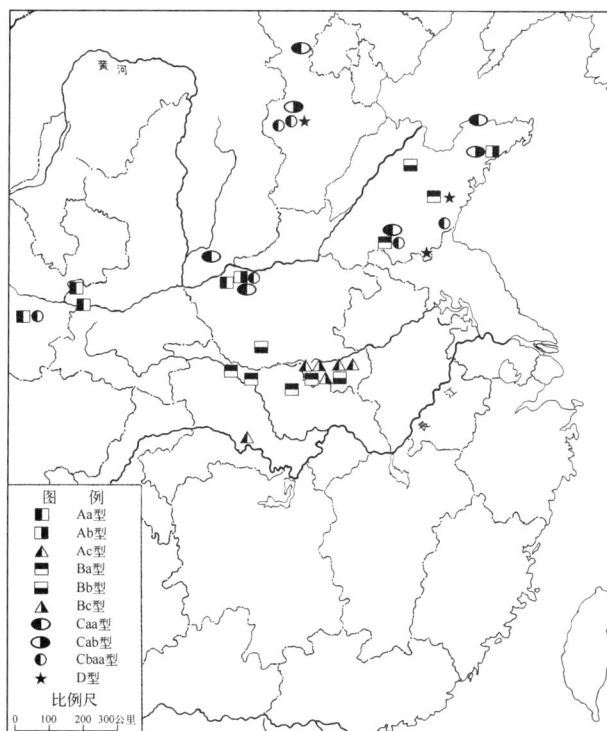

图 3.4.2　铜壶分布图(第二期)

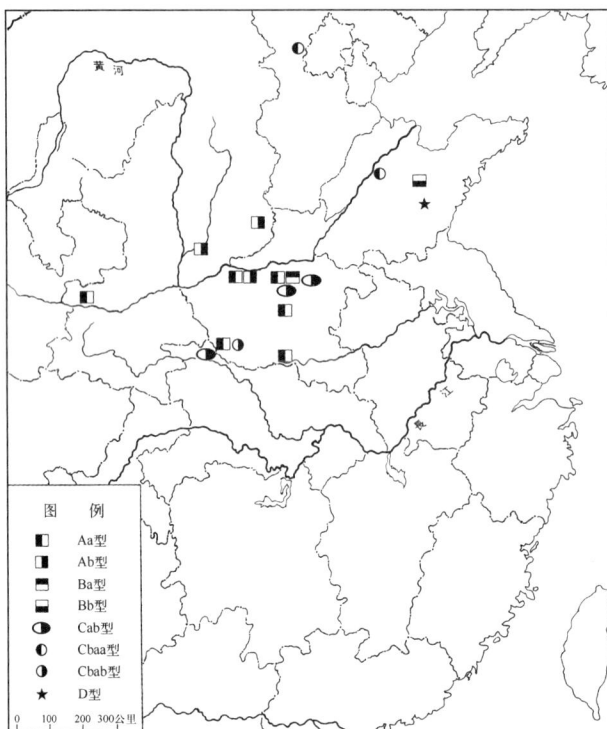

图 3.4.3　铜壶分布图(第三期)

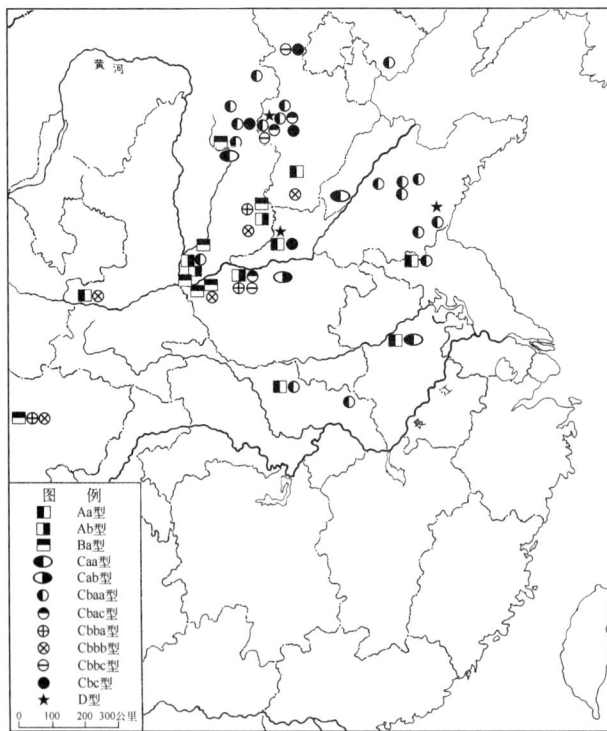

图 3.4.4　铜壶分布图(第四期)

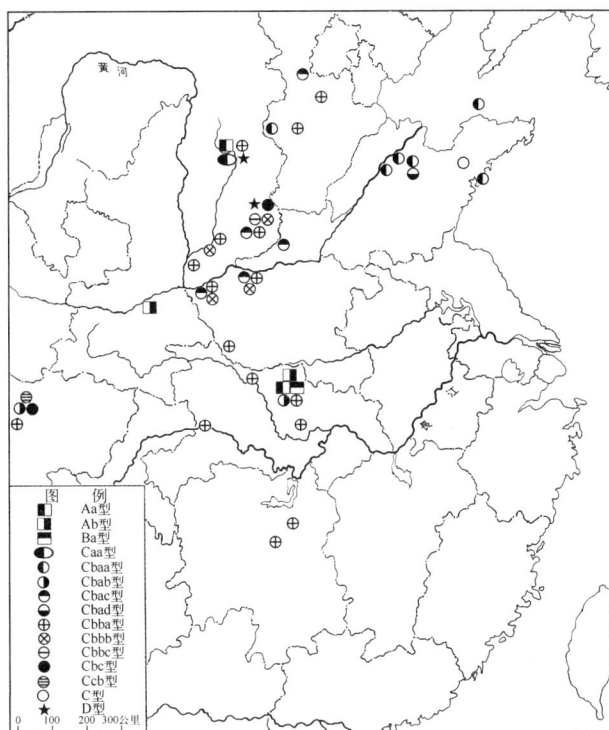

图 3.4.5　铜壶分布图(第五期)

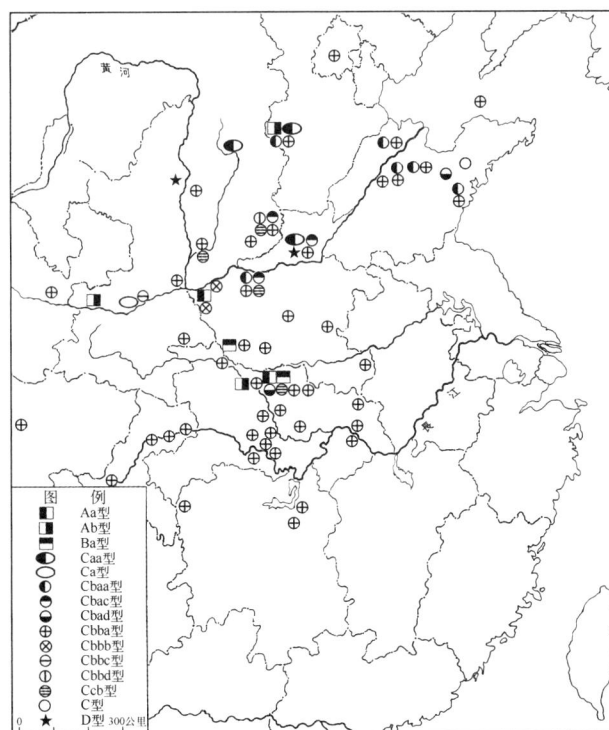

图 3.4.6　铜壶分布图(第六期)

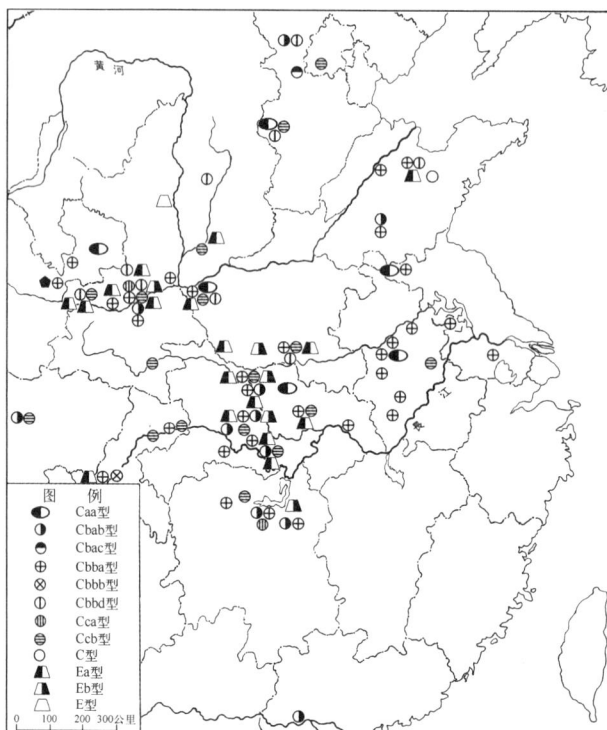

图 3.4.7　铜壶分布图(第七期)

　　Ba 型铜壶继承西周晚期同型铜壶的形制特征,文化属性属于周文化系统,数量和分布格局的演变与 Aa 型铜壶基本一致,反映周王朝对诸侯控制力和周文化对地方影响力的衰退过程:第一期,数量较多(34 件),分布在河南、山东、湖北北部、陕西关中等地;第二期,数量减少(19 件),分布范围与第一期相似,但分布密度降低;第三期,目前发现 6 件,集中分布在河南新郑郑国都城;第四期,目前发现 16 件,其中 15 件集中分布在山西南部和河南西部,属于晋国领域,另外 1 件分布在四川成都蜀国领域;第五期,目前发现 2 件,分布在湖北随州楚国的附庸国曾国的领域;第六期,目前发现 2 件,分布在河南淅川楚国领域。

　　Bb 型铜壶与 Ba 型铜壶形态特征十分接近,惟腹部稍有差异,可能是从 Ba 型分化发展而来的姊妹型,亲缘关系十分密切。与 Ba 型相比,Bb 型延续时间较短,仅见于第一、二、三期,数量也较少,主要分布在河南和山东:第一期,目前发现 7 件,分布在虢国(河南三门峡 2 件)、鄤国(河南罗山 1 件)和小邾国(山东枣庄 2 件)以及湖北谷城(2 件);第二期,目前发现 6 件,分布在申(河南南阳 2 件)和齐(山东临淄 2 件),另有 2 件出自河南罗山高店;第三期,目前发现 2 件,分布在齐国(山东临朐)。

　　Bc 型铜壶形制特征与 Ba 型铜壶相似,惟器体较矮,较胖,可能是从 Ba 型分化发展出来的一种地域分支亚型,目前共发现 7 件,其中 6 件集中分布在河南东南部淮河上游地区的非姬姓诸侯国:第一期,目前发现 2 件,分布在河南信阳和湖北应城;第二期,目前发现

5件,全部分布在河南东南部淮河上游地区(信阳4件、罗山1件)。

C型铜壶分为三个亲缘关系十分密切的分支亚型,其中Cc型是从Cb型(Cbba型)分化发展而来,出现时间最晚;Ca型和Cb型出现时间可能大致相同,可能在西周晚期。从目前考古材料来看,CaaⅠ式铜壶和CbaaⅠ式铜壶的年代上限都有可能上溯至西周晚期;此外,从形制特征来看,内蒙古宁城小黑石沟M8501∶5①铜壶的年代可能早于本书划分的CbaaⅠ式铜壶,与之共存的铜方座簋与周厉王胡簋和曲沃北赵晋侯墓地1993M64∶109铜簋②相似,年代可以确定在西周晚期。唯宁城小黑石沟M8501∶5铜壶并非宁城本地起源,应是来自中原地区,具体地点不详,推测可能来自山东地区,因为Ca型和Cb型铜壶在早期阶段主要分布在山东地区:

Ca型铜壶腹部扁宽,分为两个形制特征相近、亲缘关系密切的分支次亚型。其中:

Caa型铜壶出现年代早,延续时间长,数量亦较多:第一期,目前发现7件,其中5件分布在薛、鲁、邾、齐等山东海岱地区诸侯国(滕州1件、泰安1件、长清1件、临淄1件、安丘1件),另外2件分布在郑国(登封1件、郏县1件);第二期,目前发现6件,分布在山东滕州、蓬莱,河南洛阳,山西闻喜,河北怀来等地,分别属于薛国、纪国、周王室、晋国、山戎;第三期,目前尚未发现;第四期,目前发现3件,分布山东阳谷、安徽寿县、山西太原,分别属于齐、蔡、晋等国;第五期,目前仅发现1件,分布在山西太原,属于赵国;第六期,目前发现9件,分布在中山国(平山6件)、赵国(太原1件)、魏国(汲县1件)、秦国(咸阳1件);第七期,发现不少于5件,其中4件出自河南三门峡、湖北随州、江苏铜山、甘肃庆阳等地秦墓中,另外至少1件出自安徽寿县朱家集楚王墓。

Cab型铜壶是从Caa型分化发展而来,目前仅见于第二期至第四期,数量较少:第二期,目前发现2件,分布在山东海阳和河北唐县;第三期,目前发现3件,其中2件分布在郑国(新郑1件、尉氏1件),1件分布在楚(湖北郧县);第四期,目前发现1件,分布在郑国(新郑1件)。

Cba型铜壶分为三个形制特征相近、亲缘关系密切的分支次次亚型。其中:

Cbaa型铜壶出现年代较早:第一期,目前发现3件,其中2件分布在山东胶东半岛(五莲1件、莱阳1件),另外1件分布在河北灵寿;第二期,目前发现8件,其中2件分布在薛国(山东滕州),1件分布在莒国(山东莒南1件),1件分布在周王室(河南洛阳1件),2件分布在河北行唐和灵寿,另外2件分布在秦国(甘肃礼县2件);第三期,目前发现2件,分布在齐国(山东长清1件)和河北怀来;第四期,目前发现29件,分布范围较之前扩大,其中26件集中分布在北方黄河流域的山西、河北、山东等地,属于晋、中山、齐、鲁、莒等国,另外2件分布在楚国及其附庸国曾国(湖北麻城1件、随州1件),1件分布在

　　①　内蒙古自治区文物考古研究所、宁城县辽中京博物馆:《小黑石沟——夏家店上层文化遗址发掘报告》,科学出版社,2009年。
　　②　山西省考古研究所、北京大学考古学系:《天马——曲村遗址北赵晋侯墓地第四次发掘》,《文物》1994年第8期,第4—21页。

江苏邳州徐国;第五期,目前发现6件,其中5件集中分布在齐国(山东济南1件、邹平1件、临淄1件、崂山1件、长岛1件),1件分布在河北平山中山国;第六期,目前发现13件,其中7件集中分布在齐国(山东章丘1件、临淄4件、阳信1件、诸城1件),5件分布在河北平山中山国,1件分布在河南洛阳周王室。

Cbab型铜壶是从Cbaa型铜壶分化发展而来,主要分布在楚文化区,是模仿Cbaa型铜壶的产物,第七期之前数量少,与Cbaa型铜壶形制差异较大,第七期CbabV式铜壶与CbaaVI式铜壶形制区别变小,类似生物进化中的"趋同进化":第三期,目前仅发现1件,分布在楚国(河南淅川);第四期目前尚未发现;第五期,目前发现3件,其中2件分布在楚国附庸国曾国(湖北随州2件),1件分布在蜀国(四川绵竹1件);第六期目前尚未发现该型铜壶;第七期,目前发现17件,其中13件集中分布在楚国(湖北江陵6件、荆门1件、宜昌2件、宜城1件;湖南益阳1件、长沙1件;山东曲阜5件),2件分布在秦(陕西西安1件、四川成都1件),另外2件分布在河北宣化、广东肇庆。

Cbac型铜壶也是从Cbaa型铜壶分化发展而来,主要分布在北方晋(三晋)、燕、周王室等地区:第四期,目前发现3件,分布在河北平山、曲阳以及河南洛阳;第五期,目前发现6件,分布在河南洛阳、陕县、辉县,山西长子,河北涞水;第六期,目前发现4件,分布在河南洛阳、汲县,山西长治;第七期,目前发现1件,出自河北涞水。

Cbb型铜壶分为四个形制特征相近、具有密切亲缘关系的分支次次亚型。其中:

Cbba型铜壶数量较多,分布范围较广:第四期,目前发现4件,其中2件分布在晋国(山西屯留2件),1件分布在河南洛阳周王室,1件分布在蜀国(四川成都);第五期,数量增加,分布范围扩大,目前发现41件,其中11件分布在三晋和中山、燕国(河南陕县2件;山西万荣2件、襄汾1件、长子2件、太原1件;河北新乐2件、容城1件),10件分布在河南洛阳周王室,19件分布在楚国及其附庸国曾国(河南淅川8件;湖北襄阳2件、随州2件、天门2件、巴东2件;湖南长沙2件、湘乡1件),1件分布在蜀国(四川成都);第六期,数量更多,分布范围更广,目前发现196件,其中143件分布在楚国,13件分布在河南洛阳周王室,10件分布在赵国、魏国,17件分布在齐国,3件分布在秦国,6件分布在四川,2件分布在中山国,2件分布在燕国;第七期,目前发现79件,分布范围与第六期大致相同,其中54件分布在楚国。

Cbbb型铜壶:第四期,目前发现7件,其中4件分布在晋国(山西长子1件;河北邯郸2件;河南三门峡1件),2件分布在秦国(陕西凤翔2件),1件分布在蜀国(四川成都1件);第五期,目前发现17件,其中15件分布在三晋,2件分布在河南洛阳周王室;第六期,目前发现4件,分布在魏国;第七期,目前发现1件,分布在重庆涪陵,属于秦。

Cbbc型铜壶目前发现数量少:第四期,目前发现5件,其中2件分布在河南洛阳周王室,2件分布在河北怀来,1件分布在河北平山;第五期,目前发现1件,分布在山西长治韩国;第六期,目前发现1件,分布在陕西咸阳秦国。

Cbbd型铜壶数量较少:第六期,目前发现11件,其中偏早阶段2件,分布在河南洛阳周王室,偏晚阶段 9 件,分布在中山国(河北平山 8 件)和韩国(山西长治 1 件);第七期,目前发现 13 件,分布在秦、燕、齐等国。

Cbc 型铜壶数量少:第一期,目前发现 4 件,分布在鲁国和莒国(山东曲阜 2 件、日照 2 件);第二、三期目前尚未发现;第四期,目前发现 4 件,分布在晋、燕、代等国(河南辉县 1 件;山西定襄 1 件;河北新乐 1 件、怀来 1 件);第五期,目前发现 2 件,分布在三晋之赵国(山西潞城)和蜀国(四川绵竹)。

Cc 型铜壶分为两个分支次亚型,其中:

Cca 型铜壶目前仅发现 2 件,属于第七期,1 件出自湖南益阳楚墓,1 件出自秦都咸阳。

Ccb 型铜壶:第五期,目前仅发现 1 件,分布在蜀国(四川绵竹);第六期,目前发现 7 件,其中 5 件分布在韩国、魏国(山西长治 4 件、新绛 1 件),2 件分布在河南洛阳周王室;第七期,数量增加,分布范围扩大,目前发现 37 件,分布在三晋、楚、秦等国。

D 型铜壶继承自西周时期同型铜壶的形制特征,[①]东周时期数量不多,分布略显零散:第一期,目前发现 1 件,分布在曾国(湖北随州);第二期,目前发现 3 件,其中 2 件分布在山东东南部的莒国和郯国(山东莒县 1 件、郯城 1 件),另外 1 件分布在河北行唐;第三期,目前发现 1 件,分布在山东沂水;第四期,目前发现 3 件,分布在山东莒县、河南辉县、河北灵寿;第五期,目前发现 2 件,分布在三晋之赵国(山西潞城 1 件、太原 1 件);第六期,目前发现 2 件,分布在魏国和秦国(河南汲县 1 件、陕西绥德 1 件)。

E 型铜壶目前仅见于第七期,出自秦国和秦统一后的秦代墓葬中。

F 型、G 型、H 型铜壶目前发现数量少。

二、铜尊缶的空间分布和文化属性

铜尊缶目前发现数量较多,空间分布范围较广,各型铜尊缶具有大致相同的分布格局、文化属性和国族属性(表 3.4.2,图 3.4.8—3.4.11)。

目前发现的年代最早的铜尊缶为钟祥文集黄土坡 1988M3:4,[②]虽然出自第四期偏早阶段的墓葬中,但是从形制特征来判断,其年代要早于同墓出土的其他铜器。从形制特征演变规律判断,将其年代定为第二期较为合适。第三期铜尊缶数量增加(7 件),集中分布于河南西南部地区,属于楚国领域和楚文化核心区,文化属性属于楚文化系统;第四期铜尊缶数量大幅增加(34 件),分布范围伴随楚国和楚文化的对外扩张而大为扩展,集中分布区位于河南南部和江汉、江淮地区,零散分布于四川、山西等地;第五期、第六期铜尊缶数量减少(分别为 17 件和 21 件),集中分布区位于河南南部和湖北江汉地区,属于楚国

———————

①　目前考古发现最早的 D 型铜壶(瓠壶)出自湖南新宁飞仙桥 1990M,年代为西周早期。邵阳市文物管理处、新宁县文管所:《湖南省新宁发现商至周初青铜器》,《文物》1997 年第 10 期,第 86 页。

②　荆州博物馆、钟祥市博物馆:《湖北钟祥黄土坡东周秦代墓发掘报告》,《考古学报》2009 年第 2 期,第 247—294 页。

表 3.4.2　铜尊缶空间分布统计表

分期	型式	总计	河南	山西	河北	北京	山东	安徽	湖北	湖南	江苏、浙江	江西	广西、广东	陕西	甘肃	重庆	四川
一																	
二	Aa II 式	1							1（钟祥 1）								
三	Aa III 式	4	4（淅川 4）														
	Ab I 式	2	2（淅川 2）														
	Ac I 式	1	1（南阳 1）														
四	Aa IV 式	19	2（淅川 2）					3（寿县 3）	8（襄阳 5、随州 1、麻城 2）	2（益阳 1、澧县 1）	2（邳州 1、六合 1）						2（成都 2）
	Ab II 式	12	3（淅川 2、潢川 1）						5（郧县 2、襄阳 1、麻城 2）	1（湘乡 1）	3（丹徒 2、苏州 1）						
	Ac II 式	1		1（原平 1）													
	B II 式	2						2（寿县 2）									
五	Aa V 式	7	2（平顶山 2）						4（郧县 2、随州 2）								1（新都 1）
	Ab III 式	4							2（郧县 2）								2（简阳 1、绵竹 1）
	Ad 型	2							2（随州 2）								
	B III 式	4							4（随州 4）								
六	Aa VI 式	6	2（淅川 2）						3（随州 2、枣阳 1）								1（成都 1）
	Ab IV 式	15	2（淅川 2）						9（枣阳 2、荆门 2、当阳 2、江陵 3）				1（罗定 1）			2（涪陵 2）	2（峨眉 2）
七	Aa VII 式	3						寿县 ①						1（临潼 1）			1（荥经 1）
	Ab IV 式							寿县 ②									

① 寿县未家集 1933M 铜器群材料尚未完全公布，数量不详。
② 寿县未家集 1933M 铜器群材料尚未完全公布，数量不详。

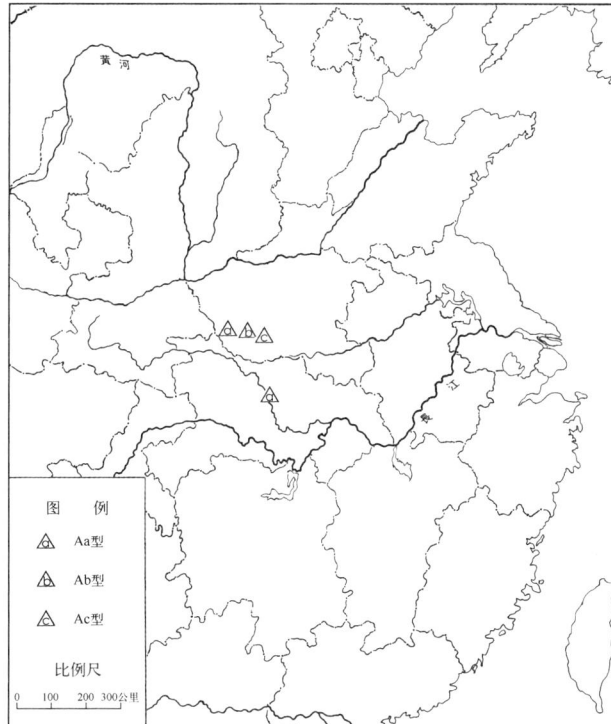

图 3.4.8　铜尊缶分布图(第二、三期)

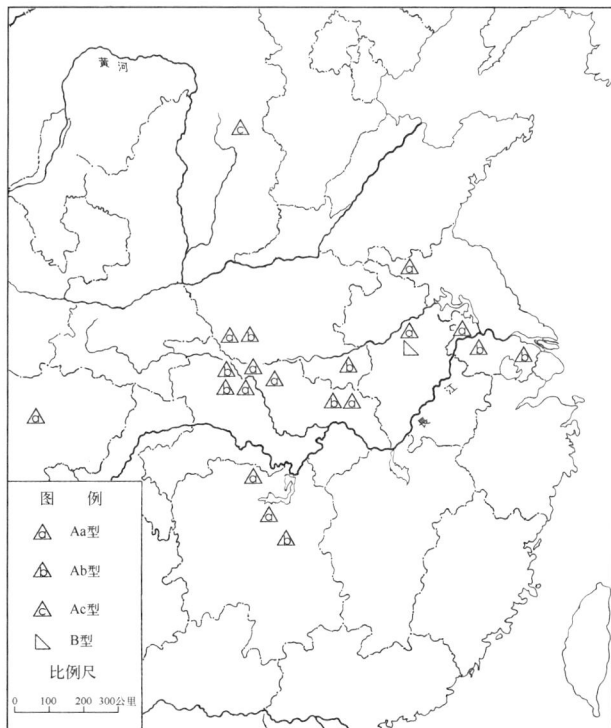

图 3.4.9　铜尊缶分布图(第四期)

图 3.4.10　铜尊缶分布图(第五期)

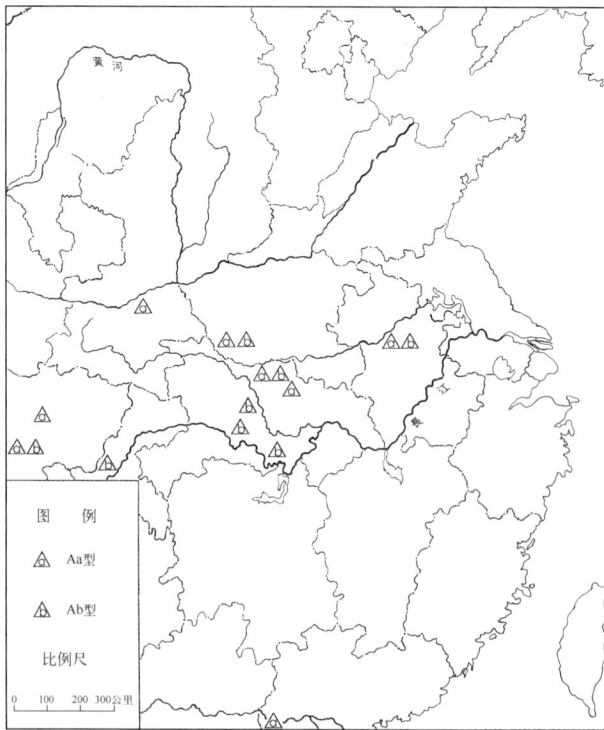

图 3.4.11　铜尊缶分布图(第六、七期)

核心区,此外在受楚文化影响较大的蜀国领域四川盆地分布亦较为集中;第七期目前发现的数量较少(不少于5件),呈散点状分布于安徽、广东、山西、四川等地。

总结来看,铜尊缶主要分布在楚文化核心区的高等级贵族墓葬中,分布范围伴随楚国和楚文化的扩张而拓展,影响到晋、蔡、曾、吴、越、蜀等国。至于铜尊缶的来源,可能和Cbaa型铜壶同源,或是从CbaaI式铜壶分化而来。其历史背景可能是楚人沿淮河一线东向扩展经过江淮地区的过程中,受淮河下游和山东海岱地区流行的CbaaI式或II式铜壶影响而来。

三、铜罍的空间分布和文化属性

铜罍目前发现数量较多,空间分布范围较广,各型铜罍具有不同的分布格局、文化属性和国族属性(表3.4.3,图3.4.12—图3.4.18)。

Aa型铜罍继承西周晚期同型铜罍的形制特征,文化属性属于周文化系统。第一期,数量较多,目前发现17件,分布在河南中西部、山东和湖北北部等地,属于保持周文化传统较深的虢、郑、邿、莒、曾等诸侯国领域;第二期,数量较少,目前发现13件,其中5件分布在河南洛阳周王室领域,1件分布在山东莒县莒国领域,1件分布在山东龙口纪国领域,另外6件分布在河北怀来和北京延庆山戎领域,可能是得自黄河流域诸侯国;第三期,目前发现5件,其中4件分布在河南洛阳周王室领域,1件分布在河南新郑郑国都城;第四期,数量大幅增加,目前发现16件,其中14件集中分布在河南洛阳周王室领域,2件分布在山西长治晋国领域。综合来看,自第一期至第四期,Aa型铜罍分布范围日趋收缩,反映了周王室和周文化对地方诸侯影响力的衰减。与此同时,Aa型铜罍在周王室所在的河南洛阳地区延续时间最长,分布数量也最多,应是周王都地区保守旧制的反映。

Aba型铜罍可能是从Aa型铜罍分化发展而来,目前最早见于第三期,集中分布在河南洛阳周王室领域,文化属性应属于周文化系统:第三期,目前仅发现1件,分布在河南洛阳周王室领域;第四期,目前发现6件,其中4件集中分布在河南洛阳周王室领域;2件分布在河北唐县;第五期目前尚未发现;第六期,目前仅发现1件,分布在河南洛阳周王室领域。

Abb型铜罍可能是从Aba型铜罍分化发展而来,可以分为两个形制特征相近、亲缘关系密切的分支次次亚型。其中:

Abba型铜罍目前最早见于第二期,发现2件,分布在楚国(湖北钟祥);第三期,目前发现2件,分布在周王室领域(河南洛阳);第四期,目前发现4件,其中2件分布在晋国(山西万荣),1件分布在蔡国(安徽寿县),1件分布在钟离国(安徽凤阳);第五期,目前发现1件,分布在齐国(山东临淄);第六期,目前发现13件,其中8件集中分布在楚国(湖北襄阳2件、荆门4件、江陵2件),4件分布在齐国(山东临淄),1件分布在周王室(河南洛阳);第七期,目前发现8件,其中5件分布在齐国(临淄4件、安丘1件),1件分布在楚国(安徽六安1件),另外2件分布在越族居地(广东肇庆)。综合来看,Abba型铜罍第二期至第四期的材料尚嫌缺乏,只能从形制渊源和目前发现推断,其早期的分布重心可能位于周王室和晋国等中原地区,第五期至第七期时转移至楚国和齐国。

表 3.4.3 铜罍空间分布统计表

分期	型式	总计	河南	山西	河北	北京	山东	安徽	湖北	湖南	江苏、浙江	江西	广西、广东	陕西	甘肃	重庆	四川
一	Aa I 式	17	4(三门峡 1、郏县 2、郾城 1)				10(邹城 2、枣庄 1、沂水 2、临沂 1、安丘 4)		3(枣阳 3)								
	Ba I 式	5	3(桐柏 3)				2(滕州 2)										
	Aa II 式	13	5(洛阳 5)		3(怀来 3)	3(延庆 3)	2(莒县 1、龙口 1)										
	Abba I 式	2							2(钟祥 2)								
二	Ba II 式	6	6(光山 5、潢川 1)														
	Da 型	1						1(桐城 1)									
	Db 型	1															1(茂县 1)
	Aa III 式	5	5(洛阳 4、新郑 1)														
三	Aba II 式	1	1(洛阳 1)														
	Abba II 式	2	2(洛阳 2)														
	Abbb II 式	5			1(怀来 1)		2(峄城 2)	2(蚌埠 2)									
	Da 型	1															1(成都 1)
	Db 型	1															1(茂县 1)
四	Aa IV 式	8	6(洛阳 6)	2(长治 2)													
	Aa V 式	8	8(洛阳 8)														
	Aba III 式	3	2(洛阳 2)		1(唐县 1)												
	Aba IV 式	3	2(洛阳 2)		1(唐县 1)												
	Abba III 式	2		2(万荣 2)													

分期	型式	总计	河南	山西	河北	北京	山东	安徽	湖北	湖南	江苏、浙江	江西	广西、广东	陕西	甘肃	重庆	四川
四	AbbaⅣ式	2						2(寿县1,凤阳1)									
	AbbbⅣ式	6	4(辉县4)	2(长治2)													
五	AbbaⅤ式	1					1(临淄1)										
	AbbbⅤ式	2		2(太原2)													
	AbbbⅥ式	5		5(潞城4,太原1)													
六	AbaⅥ式	1	1(洛阳1)														
	AbbaⅥ式	13	1(洛阳1)				4(临淄4)		6(襄阳2,荆门4,江陵2)								
	Bb型	3							3(荆门2,随州1)								
七	Da型	5															5(新都5)
	AbbaⅦ式	8					5(临淄4,安丘1)	1(六安1)					2(肇庆2)				
	AbbbⅦ式	1							1(荆门1)								
	C型	1	1(三门峡1)														

空间分布区域

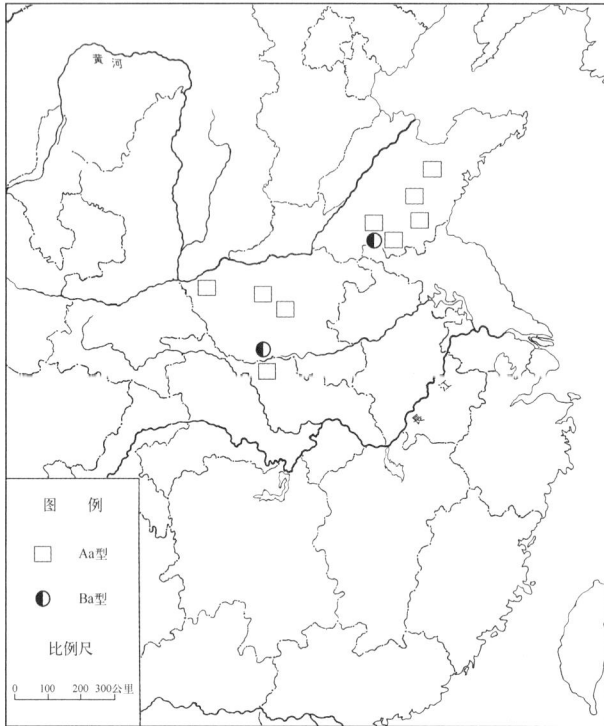

图 3.4.12　铜罍分布图(第一期)

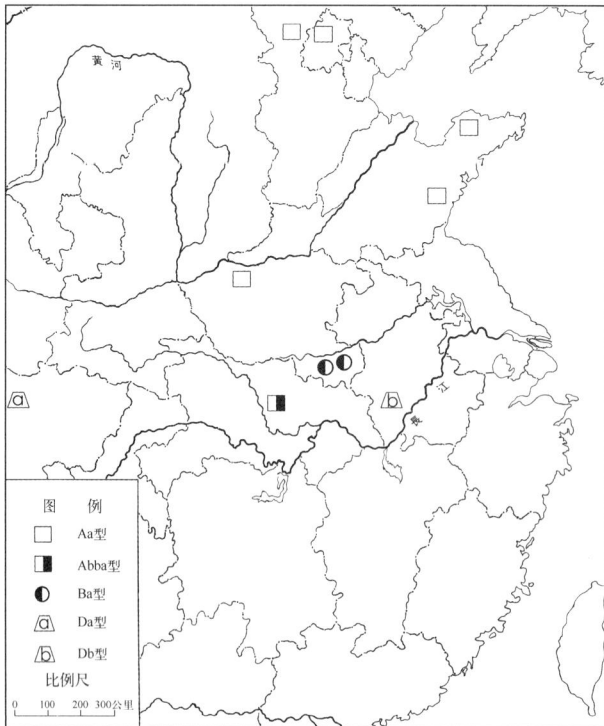

图 3.4.13　铜罍分布图(第二期)

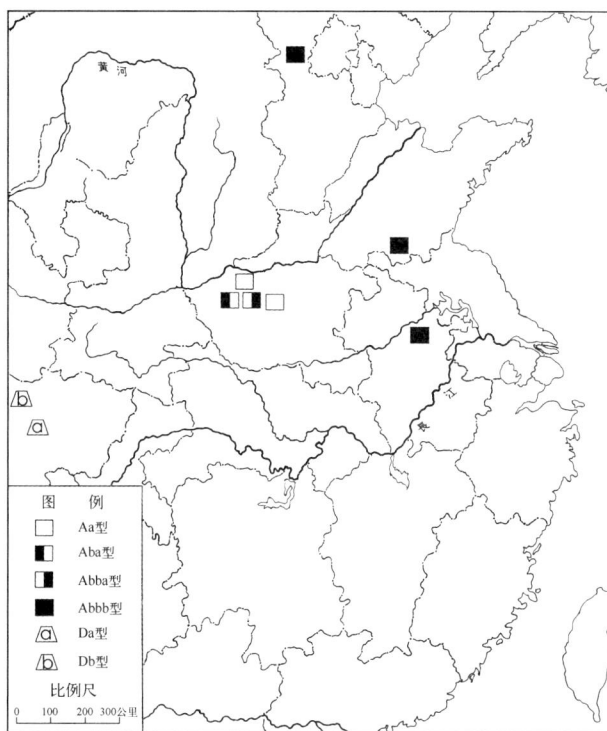

图 3.4.14　铜罍分布图(第三期)

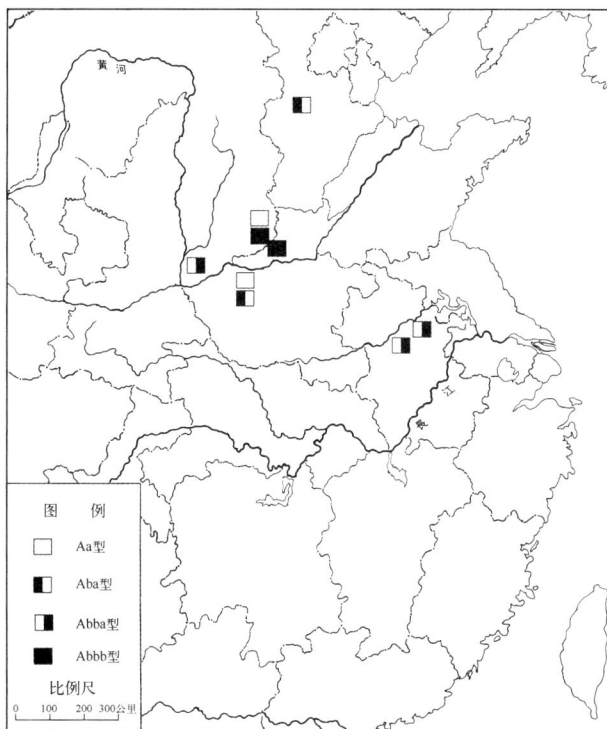

图 3.4.15　铜罍分布图(第四期)

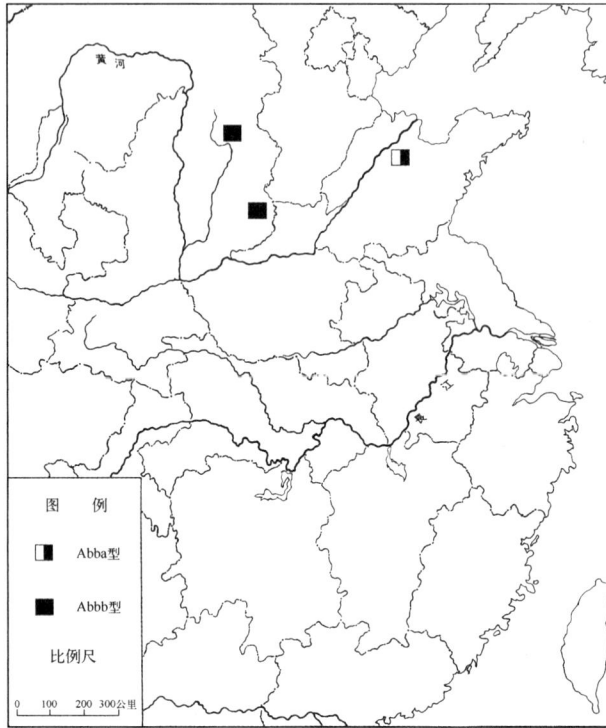

图 3.4.16　铜罍分布图(第五期)

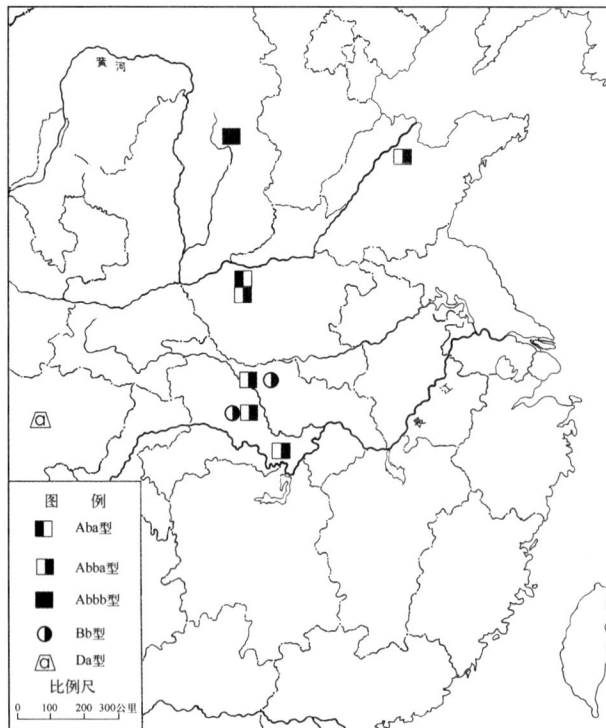

图 3.4.17　铜罍分布图(第六期)

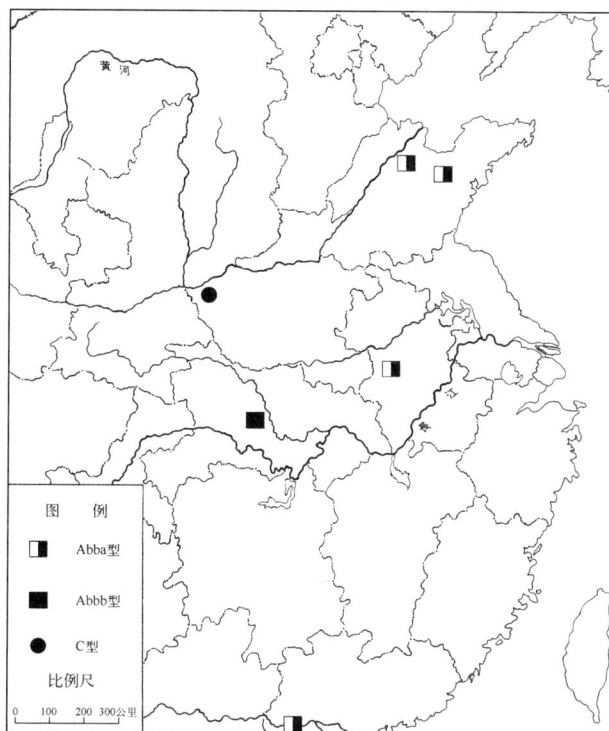

图 3.4.18　铜罍分布图(第七期)

Abbb 型铜罍目前最早见于第三期,发现 5 件,其中 4 件出自淮河下游的钟离国(安徽蚌埠 2 件)和滥国(山东峄城 2 件),1 件出自河北怀来;第四期,发现 6 件,分布在晋国(河南辉县 4 件、山西长治 2 件);第五期,发现 7 件,分布在赵国(山西太原 3 件、潞城 4 件);第七期,发现 1 件,分布在楚国(湖北荆门)。综合来看,Abbb 型铜罍主要集中分布在晋国和赵国。

Ba 型铜罍目前共发现 11 件,集中分布在河南东南部淮河上游的诸侯国地区:第一期,目前发现 5 件,分布在河南桐柏(3 件)和山东滕州(2 件);第二期,发现 6 件,分布在河南光山和潢川。

Bb 型铜罍目前发现数量少,仅发现 3 件,分布在楚国和楚的附庸国曾国。

C 型铜罍目前仅发现 1 件,出自河南三门峡上村岭 1974M5 秦墓中。从形制渊源来讲,C 型铜罍源于 Abba 型铜罍。

D 型铜罍形制特征模仿西周早期同型铜罍的形制和纹饰特征,主要分布在四川等周文化分布的边缘地区。所谓“礼失求诸野”,文化中心地区的“传统”、“旧制”在边缘地区得以延续和再现。

第五节　盥洗器的空间分布格局和文化属性

一、铜盉的空间分布和文化属性

铜盉目前发现数量较多,空间分布范围较广,各型铜盉具有不同的分布格局、文化属性和国族属性(表3.5.1,图3.5.1—图3.5.6)。

A型铜盉继承西周晚期同型铜盉的形制特征,文化属性属于周文化系统,其分布范围主要集中在周王朝控制较强或受周文化影响较深的地区,数量多寡和分布范围的变化反映出周王朝控制力和周文化影响力的变迁:A型铜盉目前见于第一期和第二期,第一期数量多(32件),集中分布在河南中西部、山西南部、陕西关中和山东西南等地,属于周王室和虢、郑、晋、秦、芮、小邾国等诸侯国领域;第二期数量剧减(3件),分布范围收缩,集中分布在陇山东西两侧的陕西关中西部和甘肃陇西地区,属于秦国领域。

B型铜盉分为三个具有密切亲缘关系的分支亚型,分别具有不同的分布格局和文化属性、国族属性。其中:

Ba型出现年代最早,见于第一期,目前仅发现1件,出自安徽潜山梅城黄岭1993M,属于群舒领域,墓葬形制特征和共存的其他随葬品的特征表明墓主属于群舒族群,因此其文化属性属于群舒文化系统;第二期,Ba型铜盉发现数量较多(4件),分布在安徽皖南和淮河下游(安徽蚌埠)以及河南南阳,前二者属于群舒领域,延续第一期传统,后者属于楚文化影响范围,可能是楚人征服群舒地区时Ba型铜盉被楚人接受,成为楚文化系统中的群舒裔文化因素;第三期,目前发现3件,分布于河南淅川和湖南岳阳,均属于楚国领域;第四期,数量增多,目前发现12件,集中分布在江淮卜游地区,属于楚、蔡、吴、越、钟离、徐等国领域(传世Ba型铜盉中还见有吴王夫差盉),可能是受楚文化辐射影响,也有可能是延续本地区第二期旧有传统,此外还零散分布在岭南广西、广东等地,应是从集中分布区传播至此;第五期,目前发现3件,分布于湖南长沙、浙江安吉和广东罗定,分别属于楚国、越国和越族领域;第六期,目前发现5件,分布于湖北江汉地区和江苏淮阴、山东临淄、陕西西安等地,分别属于楚国、越国、齐国和秦国统治核心区;第七期,目前仅在安徽寿县朱家集1933M楚王墓中发现1件。

Bb型铜盉的形制与Ba型基本相同,可能是从后者分化发展出来。Bb型铜盉目前仅见于第六期,共发现8件,其中7件集中分布在湖北江汉地区,属于楚国领域,另外1件分布在江苏淮阴,属于越国领域。因此,Bb型铜盉的文化属性应该属于楚文化系统,江苏淮阴越国墓中出土的Bb型铜盉可能来自楚国地区。

Bc型铜盉的形制也与Ba型基本相同,可能是从后者分化发展而来。Bc型目前最早见于第二期,仅发现1件,出自山东滕州薛国墓葬;第三期,目前亦仅见1件,出自山西长治晋国墓葬;第四期,目前发现3件,散布于山西长治、山东临沂、陕西凤翔等地,分别属于

表 3.5.1　铜盉空间分布统计表

分期	型式	总计	河南	山西	河北	北京	山东	安徽	湖北	湖南	江苏、浙江	江西	广西、广东	陕西	甘肃	重庆	四川
一	A I 式	32	20（三门峡14，洛阳4，登封2）	3（芮城1，闻喜1，曲沃1）			1（枣庄1）							8（韩城5，麟游1，宝鸡1，陇县1）			
一	Ba I 式	1						1（潜山1）									
一	C I 式	2						1（繁昌1）	1（京山1）								
一	E I 式	1						1（六安1）									
一	F 型	1	1（平顶山1）														
二	A II 式	3												1（陇县1）	2（礼县2）		
二	Ba II 式	4	1（南阳1）					3（蚌埠1，铜陵1，繁昌1）									
二	Bc I 式	1					1（滕州1）										
二	C II 式	2	2（淅川1，潢川1）														
二	E II 式	1	1（光山1）														
三	Ba III 式	3	2（淅川2）							1（岳阳1）							
三	Bc II 式	1		1（长治1）													
四	Ba IV 式	12	1（固始1）					3（寿县1，凤阳1，舒城1）			6（邳州2，丹徒1，苏州1，吴县1，绍兴1）		2（四会县1，贺县1）				
四	Bc III 式	3		1（长治1）				1（寿县1）						1（凤翔1）			
四	D 型	1					1（临沂1）										

续表

分期	型式	总计	空间分布区域														
			河南	山西	河北	北京	山东	安徽	湖北	湖南	江苏、浙江	江西	广西、广东	陕西	甘肃	重庆	四川
五	Ba V式	3								1(长沙1)	1(安吉1)		1(罗定1)				
	Bc IV式	2		2(长子1、潞城1)													
	Ba VI式	5					1(临淄1)		2(天门1、江陵1)		1(淮阴1)			1(西安1)			
六	Bb型	8							7(荆门2、江陵3、黄冈2、枣阳①)		1(淮阴1)						
	Bc V式	10	2(洛阳2)	1(长治1)	7(平山7)												
	Ba VI式	1						1(寿县1)									
七	Bc V式	5					1(曲阜1)							3(咸阳1、安康1、米脂1)			1(成都1)

① 枣阳九连墩 2002M1、M2 铜器群材料尚未完全公布,数量不详。

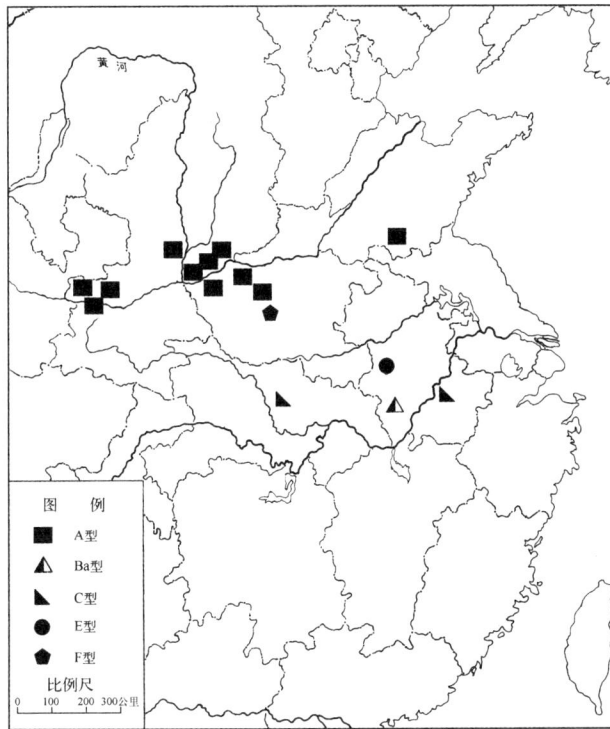

图 3.5.1 铜盉分布图(第一期)

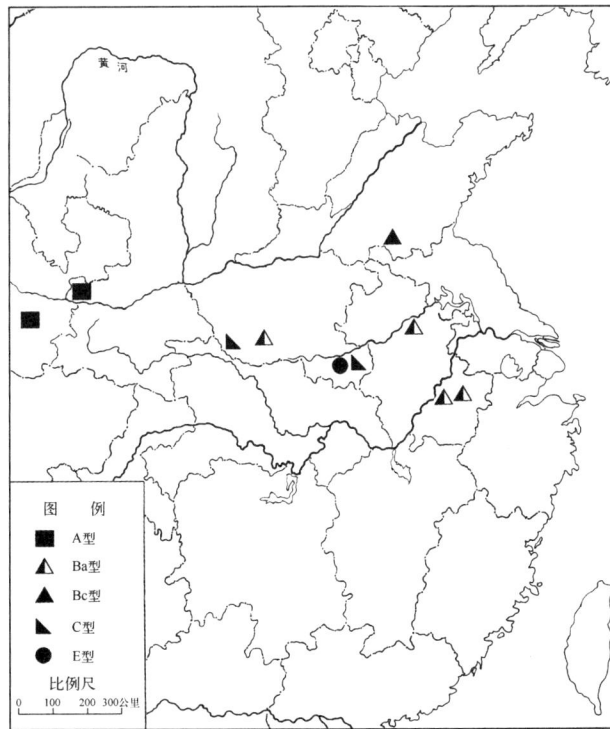

图 3.5.2 铜盉分布图(第二期)

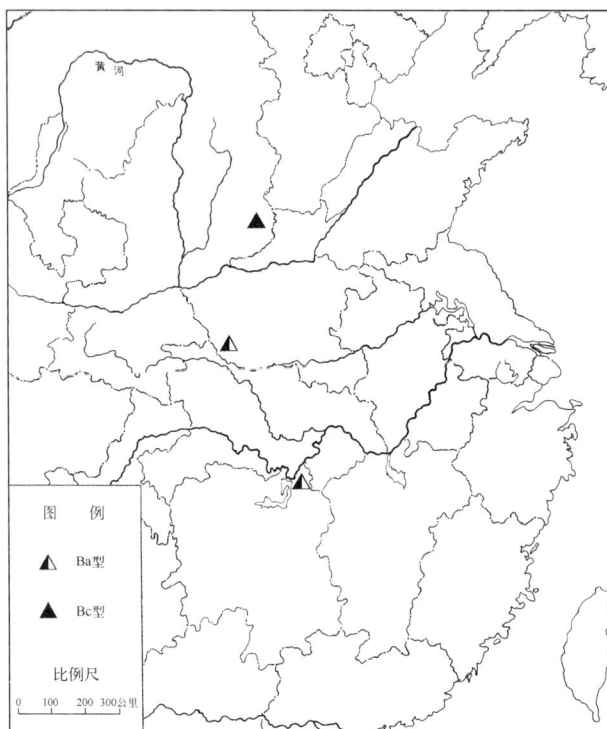

图 3.5.3　铜盉分布图(第三期)

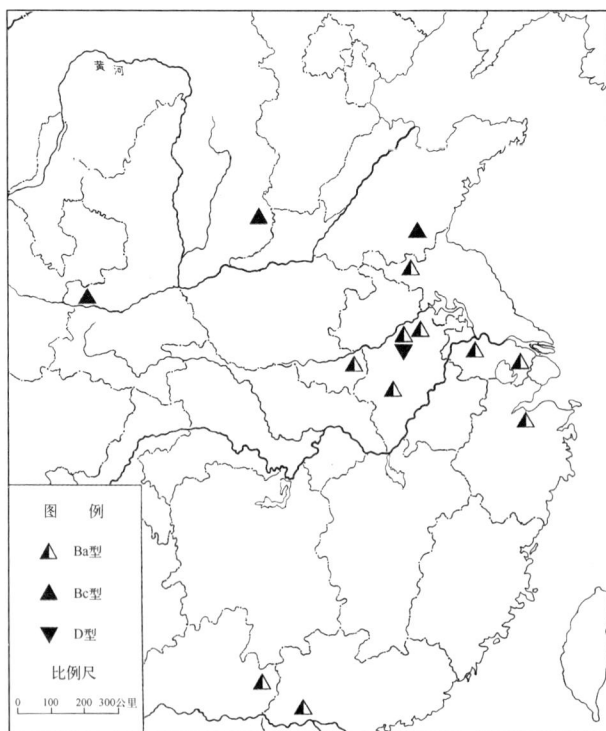

图 3.5.4　铜盉分布图(第四期)

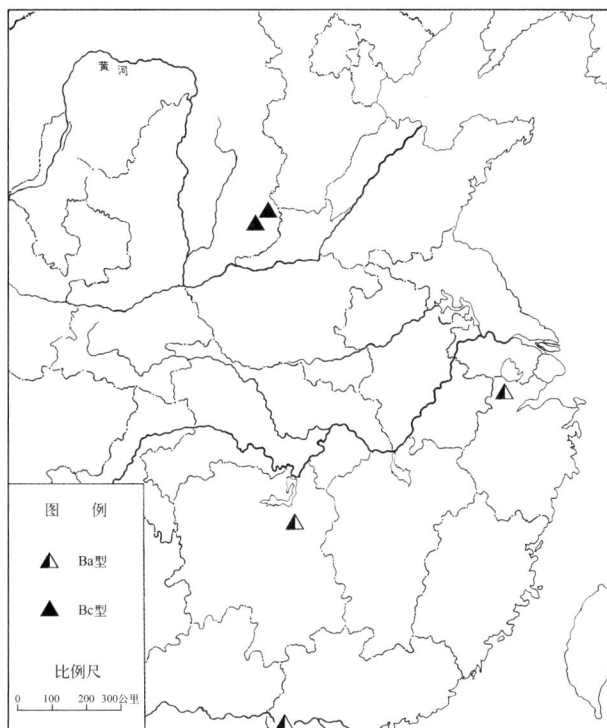

图 3.5.5　铜盉分布图(第五期)

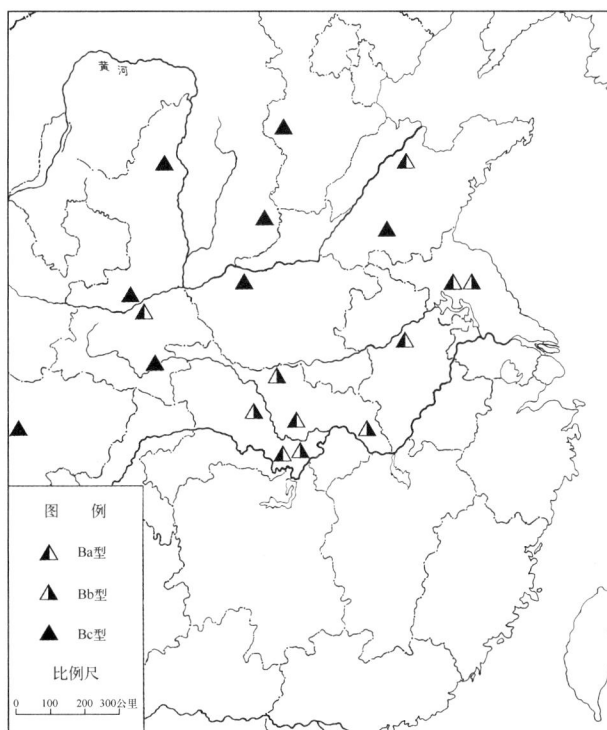

图 3.5.6　铜盉分布图(第六、七期)

晋、莒、秦国领域;第五期,目前仅见 2 件,分布在山西东南部长子、潞城等地,属于三晋(韩、赵)领域;第六期,数量较多,目前共发现 10 件,其中 7 件出自河北平山中山国墓葬,2件出自河南洛阳周王室领域,另有 1 件出自山西长治韩国墓葬;第七期,目前发现 5 件,其中 4 件出自秦国领域,1 件出自楚国领域(山东曲阜)。

从分布格局来看,Ba 型和 Bb 型铜盉主要分布在淮河以南的南方江、淮、汉流域,Bc型铜盉主要分布在淮河以北的北方黄、淮流域,区别十分明显。

C 型铜盉继承西周晚期同型铜盉形制特征,[①]文化属性属于周文化系统。东周时期 C型铜盉流行时间较短,数量较少:第一期,目前发现 2 件,分布在湖北京山和安徽繁昌,分别属于曾国和群舒领域;第二期,目前发现 2 件,分布在河南淅川和潢川,分别属于楚国和黄国墓葬。

D 型铜盉目前仅见 1 件,出自安徽寿县蔡昭侯墓中,器主为蔡昭侯,属于蔡国铜器。从基本形制特征来看,D 型铜盉与 C 型铜盉具有比较密切的亲缘关系。

E 型铜盉与 B 型铜甗下部形态特征相似,分布格局和文化属性也与之相同,属于江淮地区群舒文化系统。

F 型铜盉目前仅发现 1 件,出自河南平顶山应国墓葬。

二、铜匜的空间分布和文化属性

铜匜目前发现数量多,空间分布范围广,各型铜匜具有不同的分布格局、文化属性和国族属性(表 3.5.2,图 3.5.7—图 3.5.13)。

Aaaa 型延续西周晚期铜匜的形制,是春秋初期北方各诸侯国普遍流行的形制,分布范围向南达到汉水和淮河流域;从春秋早期开始数量逐渐减少,分布范围收缩,局限在豫西、晋南,春秋中期之后在北方地区被 Abaa 型取代,变得罕见。

Aaab 型年代可以追溯到西周晚期至两周之际,春秋初期至春秋早期共发现十三件,分布在大别山以东、泰沂山脉以南、黄山天目山以北的江淮地区,从形制来看,Aaab 型与Aaaa 型整体上很相似,应该是受 Aaaa 型影响产生的一种区域特色类型,应是活动在这里的淮夷、徐、舒、吴、越的遗存。

Aaac 型仅出土一件,出自陕西凤翔战国早期秦墓。

Aab 型出土四件,两件出自河南淇县晋墓,一件出自河北易县燕墓,一件出自山东新泰齐墓,都属于春秋晚期。

Aac 型出土四件,两件出自陕西凤翔战国中期秦墓,两件出自陕西凤翔和咸阳战国晚期秦墓,可见 Aac 型是秦文化特色的一种形制。

Abaa 型在西周晚期就已经出现,但是数量少,从西周晚期至春秋初期北方和南方流行的都是 Aaaa 型,从春秋早期开始 Abaa 型数量增加,在北方流行开来,到春秋中、晚期取

---

① 西周时期同型铜盉或自名为鎜,朱凤瀚先生认为"'鎜'是西周中晚期对盉的一种异称"。朱凤瀚:《中国青铜器综论》,上海古籍出版社,2009 年,第 298 页。

表 3.5.2　铜匜空间分布统计表

分期	型式	总计	空间分布区域														
			河南	山西	河北	北京	山东	安徽	湖北	湖南	江苏浙江	江西	广西广东	陕西	甘肃	重庆	四川
一	Aaaa I 式	79	36（三门峡15,洛阳1,新郑1,郏县1,平顶山1,泌阳2,新野1,信阳1,桐柏5,罗山4,确山1,永城1,安阳2）	9（闻喜4,侯马3,曲沃2）			19（曲阜5,滕州1,枣庄3,邾邑1,长清1,临淄1,青州1,昌乐2,莒县1,临朐2,日照1）	1（寿县1）	9（枣阳3,随州4,广水1,京山1）					4（户县3,宝鸡1）	1（天水1）		
	Aaab I 式	10					3（邹城1,安丘1,平邑1）	6（宿州1,铜陵1,繁昌1,当涂1,芜湖2）			1（江宁1）						
	Abaa I 式	6	1（信阳1）	1（闻喜1）			4（邹城1,肥城1,临沂1,日照1）		1（随州1）								
	Baaa I 式	1															
	C I 式	2						1（铜陵1）			1（武进1）						
	D 型	1				1（延庆1）	1（枣庄1）										
二	Aaaa II 式	15	5（三门峡1,信阳1,光山2,罗山1）	3（闻喜3）	3（易县1,怀来2）		2（临淄1,昌乐1）	1（怀宁1）	1（襄阳1）					1（宝鸡1）			
	Aaaa III 式	6	2（洛阳2）											3（凤翔2,宝鸡1）			
	Aaab II 式	3					3（沂水1,日照1,郯城1）										

分期	型式	总计	空间分布区域														
			河南	山西	河北	北京	山东	安徽	湖北	湖南	江苏、浙江	江西	广西、广东	陕西	甘肃	重庆	四川
Ⅱ	Abaa Ⅱ式	8					6（滕州 1,秦安 2,莱芜 1,沂水 1,栖霞 1）		2（江陵 1,枝江 1）								
	Abaa Ⅲ式	12	5（洛阳 4,陕县 1）	3（临猗 1,侯马 2）	1（怀来 1）		3（邹平 1,临淄 1,海阳 1）										
	Baaa Ⅰ式	2	1（洛阳 1）						1（襄阳 1）								
	Baaa Ⅱ式	5	3（南阳 1,浙川 1,罗山 1）						2（枣阳 1,钟祥 1）								
	Baaa Ⅲ式	4					2（曲阜 1,栖霞 1）								2（礼县 2）		
	Bbc Ⅰ式	1	1（浙川 1）														
	C Ⅱ式	1									1（溧水 1）						
Ⅲ	Aaaa Ⅳ式	3	1（陕县 1）	2（临猗 1）													
	Abaa Ⅳ式	28	19（洛阳 13,新郑 4,尉氏 2）	7（临猗 2,侯马 5）	2（唐县 1,怀来 1）												
	Abab Ⅰ式	1					1（滕州 1）										
	Abab Ⅱ式	2					2（滕州 1,峄城 1）										
	Abc Ⅲ式	1					1（峄城 1）										
	Baaa Ⅲ式	5	3（新郑 2,尉氏 1）				1（滕州 1）	1（蚌埠 1）									
	Bba Ⅲ式	19	10（南阳 2,西峡 1,浙川 6,固始 1）					1（蚌埠 1）	6（郧县 2,襄阳 1,宜城 1,当阳 2）		2（盱眙 1,六合 1）						
	Bbc Ⅱ式	1								1（岳阳 1）							

分期	型式	总计	河南	山西	河北	北京	山东	安徽	湖北	湖南	江苏、浙江	江西	广西、广东	陕西	甘肃	重庆	四川
四	AaaaV式	1	1(洛阳1)														
	Aab型	4	2(淇县2)		1(易县1)		1(新泰1)										
	AbaaV式	36	14(洛阳10、三门峡1、新郑3)	21(临猗11、万荣1、侯马5、新绛1、长子2、长治1)			1(新泰1)										
	AbcIV式	2	1(洛阳1)								1(邳州1)						
	AbdI式	1		1(闻喜1)													
	BaaaIV式	27	1(潢川1)	1(定襄1)	1(邯郸1)		8(滕州1、薪泰5、肥城1、莱芜1)		9(郧县1、襄阳5、随州3)	1(澧县1)	4(六合2、丹徒1、苏州1)			1(凤翔1)			1(成都1)
	BabI式	2	1(淇县1)		1(邯郸1)												
	BadIII式	1	1(辉县1)														
	BbaIV式	12	3(平顶山1、淅川1、固始1)		1(行唐1)			2(寿县1、凤阳1)	5(襄阳1、随州1、钟祥1、麻城1、枝江1)		1(吴县1)						
	BbbI式	1			1(唐县1)												
	BbcIII式	1		1(侯马1)													
	Bbda型	4			4(灵寿1、行唐1、唐县1、唐山1)												

分期	型式	总计	河南	山西	河北	北京	山东	安徽	湖北	湖南	江苏、浙江	江西	广西、广东	陕西	甘肃	重庆	四川
五	Aaac 型	1												1(凤翔1)			
	AbaaⅥ式	5	5(新郑5)														
	AbbⅤ式	1		1(侯马1)													
	BaaaⅤ式	17	4(陕县1、辉县2、平顶山1)	2(潞城1、太原1)		1(通州1)		1(六安1)	6(郧县2、襄阳1、随阳1、当阳1、天门1)		1(六合1)						2(新都2)
	BaaaⅥ式	6	1(淅川1)				5(临淄5)										
	BabⅡ式	3	1(洛阳1)	2(长治1、潞城1)													
	BabⅢ式	1							1(随州1)								
	BacⅣ式	1							1(随州1)								
	BbbⅡ式	1							1(随州1)								
	BbcⅣ式	1		1(太原1)					1(随州1)								
	Bbdb型	1							1(随州1)								
	B型	2			2(涞水1、迁西1)												
六	AaaaⅦ式	2	2(陕县2)											2(凤翔2)			
	Aac型	2	1(陕县1)														
	AbbⅥ式	1	1(陕县1)														
	AbdⅢ式	1	1(陕县1)														
	BaaaⅦ式	54	8(洛阳4、陕县3、汲县1)				2(临淄1、威海1)		29(丹江口1、襄阳1、枣阳①2、广水1、荆门1、钟祥1、荆州4、江陵15、云梦1、松滋1、黄冈1)	4(长沙1、常德2、临澧1)	7(淮阴7)			2(西安1、洛南1)		1(巫山1)	1(芦山1)

① 枣阳九连墩 2002M1、M2 铜器群材料尚未完全公布，数量不详。

分期	型式	总计	空间分布区域														
			河南	山西	河北	北京	山东	安徽	湖北	湖南	江苏、浙江	江西	广西、广东	陕西	甘肃	重庆	四川
	Baaa Ⅷ式	31	6(洛阳1、三门峡1、淅川2、固始2)		3(平山3)		4(临淄4)	2(六安1、天长1)	13(襄阳5、荆门2、天门2、江陵4)	2(长沙2)						1(万州1)	
	Baab Ⅰ式	13	1(洛阳1)				5(临淄5)	1(六安1)	4(襄阳1、天门1、沙洋2)	1(武陵1)					1(平凉1)		
六	Bab Ⅳ式	1		1(长治1)			1(临淄1)										
	Bac Ⅴ式	1					1(临淄1)										
	Bad Ⅴ式	2		2(长治2)													
	Bba Ⅵ式	1							1(襄阳1)								
	Bbb Ⅲ式	3					1(临淄1)		2(荆门2)								
	Bbc Ⅴ式	1							1(江陵1)								
	Aac 型	2												2(咸阳1、凤翔1)			
七	Baaa Ⅸ式	23	7(泌阳7)				1(安丘1)	6(六安3、潜山1、舒城2)	4(襄阳2、宜城1、云梦1)	4(桃源1、溆浦1、益阳1、浏阳1)	1(无锡1)						
	Baab Ⅱ式	21							6(襄阳5、云梦1)	1(常德1)				7(凤翔6、陇县1)	1(张家川1)	1(万州1)	5(成都4、荥经1)
	Bba Ⅶ式	1						1(寿县1)									

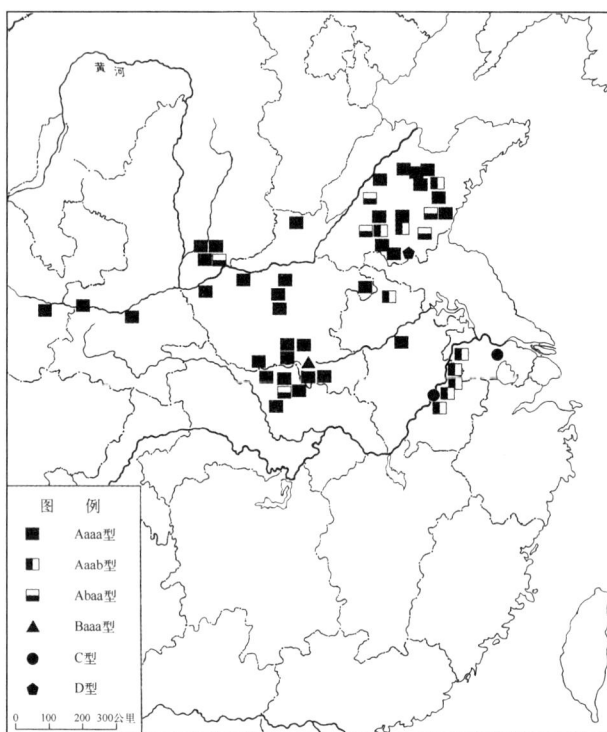

图 3.5.7　铜匜分布图(第一期)

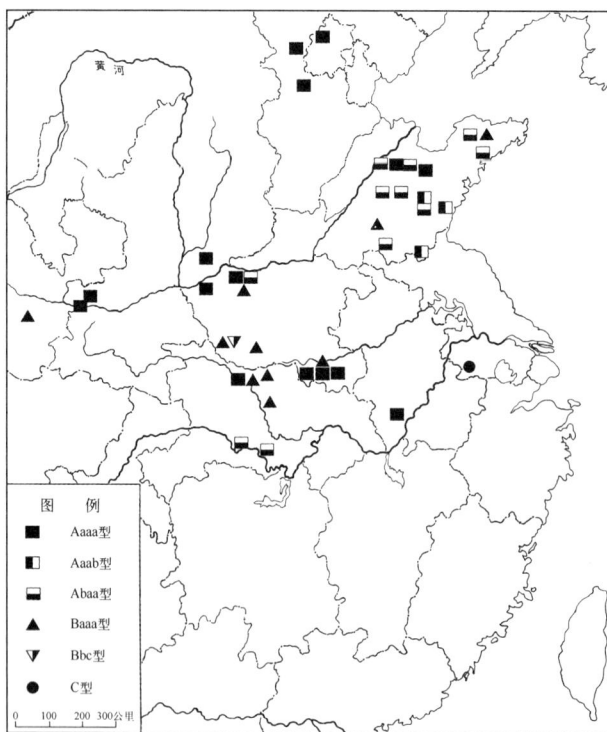

图 3.5.8　铜匜分布图(第二期)

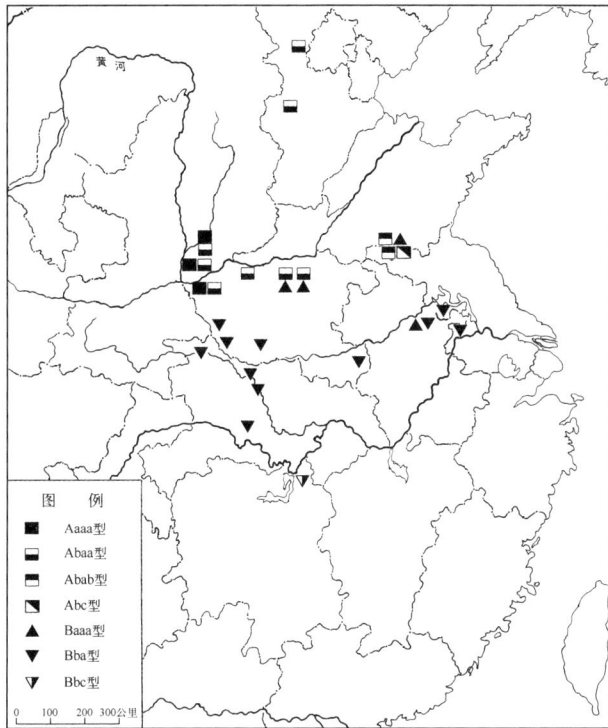

图 3.5.9 铜匜分布图(第三期)

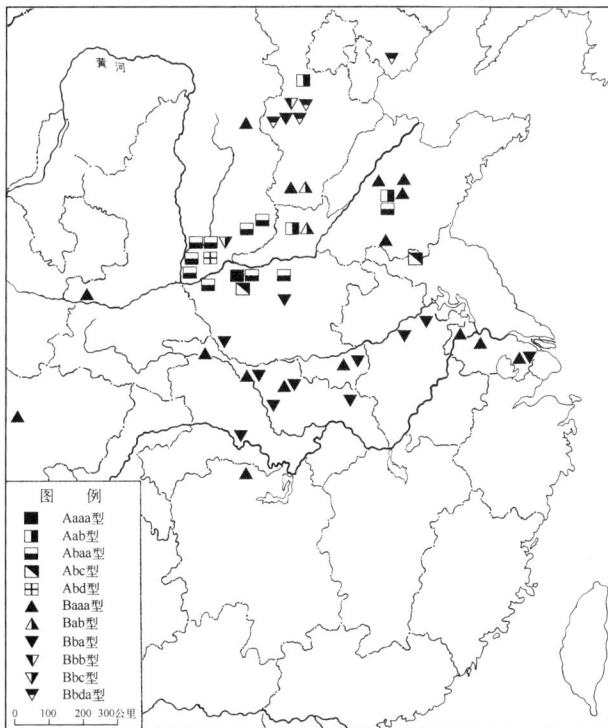

图 3.5.10 铜匜分布图(第四期)

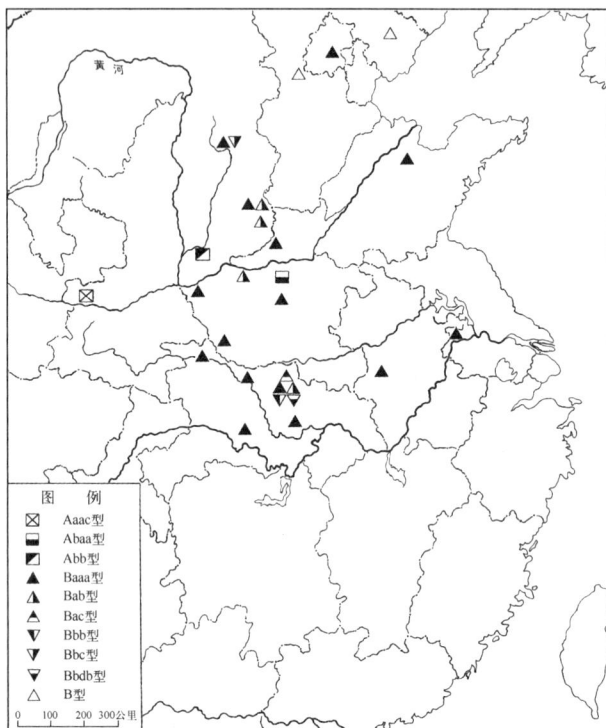

图 3.5.11 铜匜分布图(第五期)

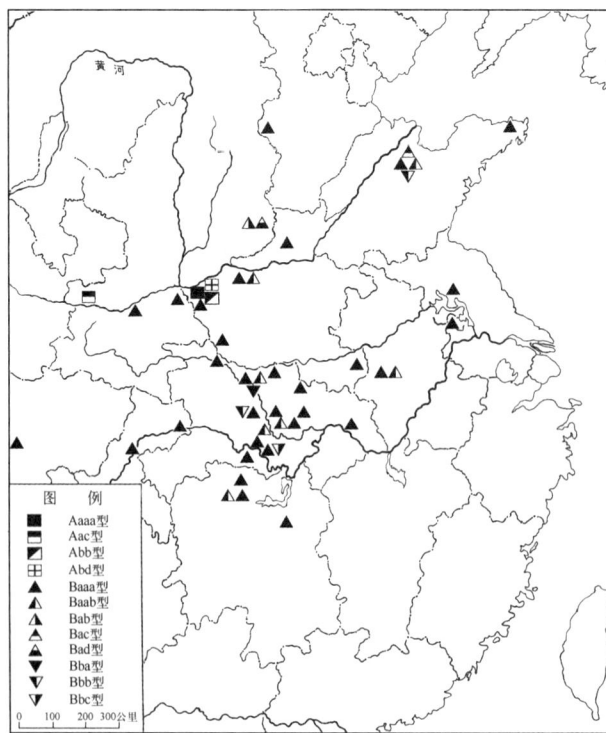

图 3.5.12 铜匜分布图(第六期)

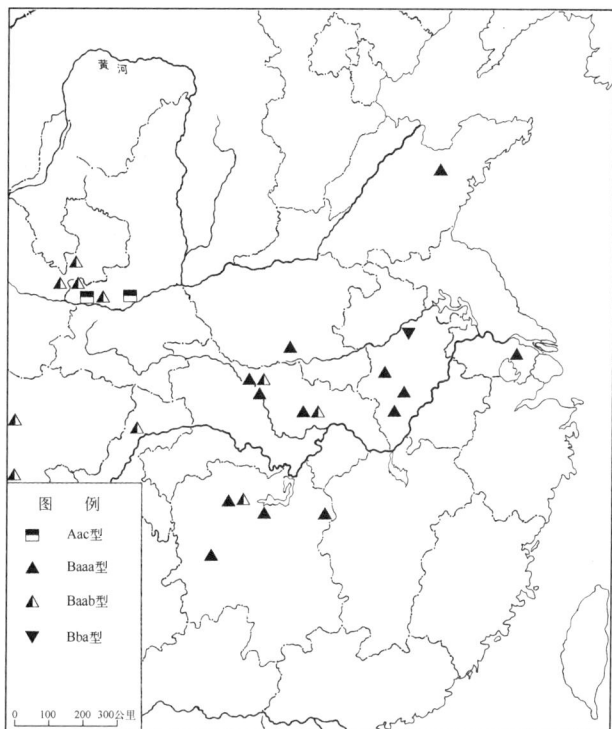

图 3.5.13　铜匜分布图(第七期)

代了 Aaaa 型在北方的主流地位,但到战国早期 Abaa 型也已式微,被南方发展起来的 B 型取代。

Abab 型出土三件,两件出自山东滕州春秋中期薛国墓,一件出自山东峄城春秋中期滥国墓,都集中在山东鲁西南一带,滕州曾出土的逄叔匜、河北易县出土的齐侯匜[①]也都属于这种形制,可能是山东地区的一种特色。

Abb 型数量少,除《美集录》著录的一件年代较早(属于春秋早期)外,考古发现的两件年代都较晚,一件出自山西侯马战国早期魏墓,一件出自河南陕县战国中期魏墓。

Abc 型出土三件,分别出自山东峄城春秋中期滥国墓、河南洛阳春秋晚期周墓、江苏邳州春秋晚期徐或吴墓。

Abd 型出土两件,一件出自山西闻喜春秋晚期晋墓,一件出自河南陕县战国中期魏墓。

Baaa 型最早出现在春秋初期淮河上游,从春秋早期开始被楚人接受成为楚文化中的一种特色因素,并伴随楚国和楚文化的对外扩张与交流传播到周边地区,在北方逐渐取代了传统的 A 型。

Baab 型出现在战国中、晚期,分布范围与同时期的 Baaa 型相近,主要分布在楚国,影响波及到周王室和齐、秦等诸侯国。

---

①　吴镇烽:《商周青铜器铭文暨图像集成》,上海古籍出版社,2012 年。

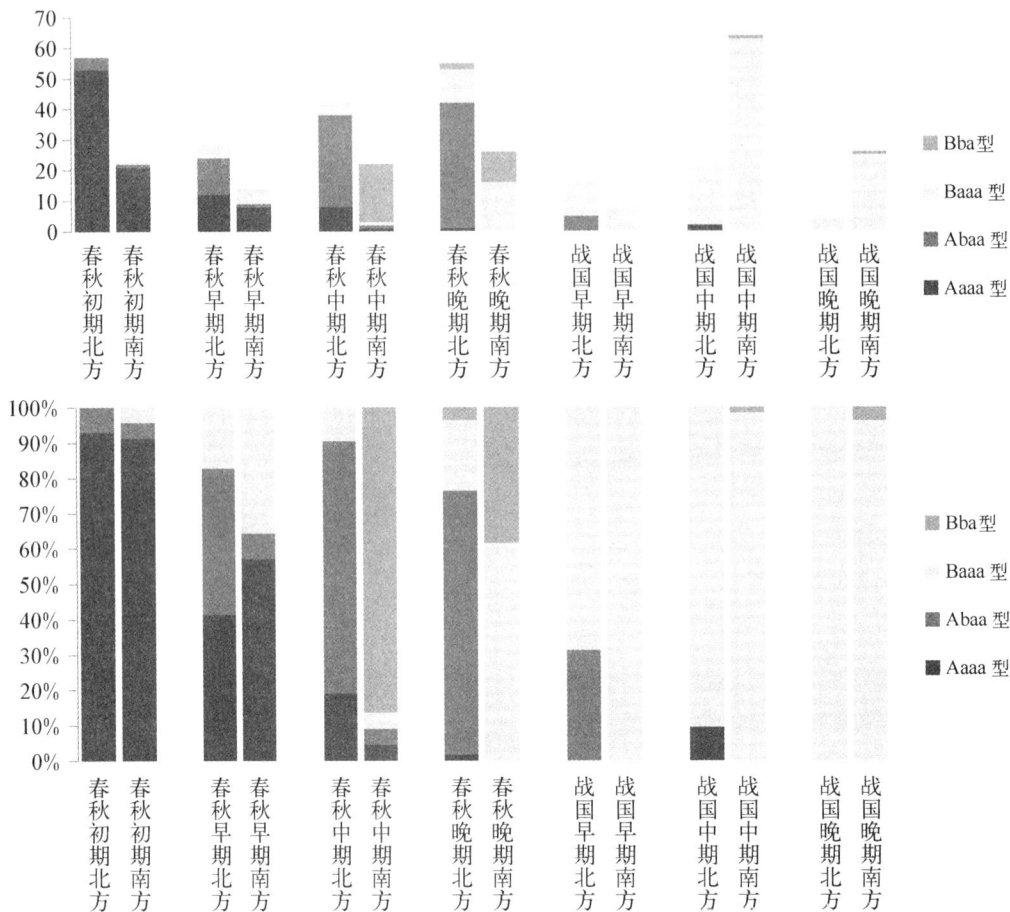

Bab 型出土七件,其中春秋晚期两件,出自河南淇县和河北邯郸晋墓;战国早期四件,出自河南洛阳周墓、山西长治和潞城韩墓、湖北随州曾墓;战国中期一件,出自山西长治韩墓。可见 Bab 型铜匜主要分布在北方三晋地区,可能是三晋在南方流行的 Baaa 型的基础上添加圈足改造而成的一种地方类型。

Bac 型是在 Baaa 型的基础上添加蹄足发展出来的一种新形制,也是从 Baaa 型分化出来。Bac 型仅出土两件,一件出自战国早期湖北随州曾侯乙墓,一件出自山东临淄战国中期齐墓。

Bad 型也是从 Baaa 型分化出来的,在 Baaa 型的基础上添加了环足。Bad 型出土三件,一件出自河南辉县琉璃阁春秋晚期晋墓,两件出自山西长治分水岭战国中期韩墓。

Bba 型目前最早出现在春秋中期,但从春秋早期就已出现 BbcⅠ式来看,Bba 型的年代应该能够追溯到春秋早期甚至春秋初期。目前出土的三十三件 Bba 型铜匜中绝大多数出自春秋中、晚期楚国核心区域江汉地区的楚墓,少数出自受楚文化影响的蔡、吴、钟离等国墓葬。可见 Bba 型是非常典型的一种楚系形制。

Bbb 型是在 Bba 型基础上添加圈足创造出来的。Bbb 型仅出土五件,其中春秋晚期一件,出自河北唐县;战国早期一件,出自湖北随州曾侯乙墓;战国中期三件,两件出自湖北荆门楚墓、一件出自山东临淄齐墓。五件之中三件出自南方楚地。

Bbc 型是在 Bba 型基础上添加蹄足分化出来的。Bbc 型也出土五件:春秋早期一件,出自河南淅川楚墓;春秋中期一件,出自湖南岳阳楚墓;春秋晚期一件,出自山西侯马晋墓;战国早期一件,出自山西太原赵墓;战国中期一件,出自湖北江陵楚墓。五件之中三件出自南方楚墓。

Bbda 型共发现四件,出自河北灵寿、行唐、唐县、唐山等地春秋晚期燕和中山国墓葬。从形制来看,Bbda 型应该是在 Bbc 型的基础上将楚地流行的兽首流改造成本地特色的鸟首流而来,成为具有当地特色的一种区域类型。

Bbdb 型是在 Bba V 式的基础上附加瘦高的蹄足而来,目前仅发现一件,出自湖北随州曾侯乙墓。

C 型数量少,目前共发现三件,其中春秋初期两件,一件采集自安徽铜陵,一件出自江苏武进淹城遗址;春秋早期一件,出自江苏溧水吴墓。三件之中两件出自的吴国,可能是吴人的遗存。

综合来看,A 型、B 型数量最多,占据绝大多数,其中又以 Aaaa 型、Abaa 型、Baaa 型、Bba 型为主体,其他类型都是从它们分化出来的分支。A 型延续了西周中晚期周人铜匜的传统形制,春秋时期流行于楚方城以北的北方地区(Aaab 型集中在春秋初期和春秋早期的皖南和江东地区),在春秋初期和春秋早期一度向南分布到淮河和汉水流域汉阳诸姬地区,进入战国之后被南方兴起的 B 型取代,仅见于极少数高级贵族墓中。与 A 型由盛而衰的发展趋势相呼应并形成鲜明对照的是 B 型由南向北的勃兴和扩张,B 型最早出现在春秋初期淮河上游,春秋早期开始被楚人接受,伴随楚文化的扩张分布范围扩展到整个淮河流域和汉水与长江中下游,并向方城以北的北方地区渗透,挤占 A 型的分布范围,最终几乎完全取代了 A 型,以致北方齐、韩、魏、赵、燕、秦等国的陶匜也都是 B 型纵长腹的形制。北方周文化系统的 A 型和南方楚文化系统的 B 型铜匜兴替演变的过程正反映了东周时期"楚盛周衰,控霸南土"、进逼中原①的局势和周文化与楚文化此消彼长的互动关系。

三、铜盘的空间分布和文化属性

铜盘目前发现数量多,分布范围广,各型、亚型、甚至次亚型铜盘具有不同的分布格局、文化属性和国族属性(表 3.5.3,图 3.5.14—图 3.5.20)。

Aaa 型铜盘继承西周晚期同型铜盘的形制特征,文化属性属于周文化系统。第一期,数量较多,目前发现 9 件,分布在河南西部和北部、山西南部、山东曲阜和莒县、陕西宝鸡等地,属于保持周文化传统较深的周王室和虢、卫、芮、鲁等姬姓诸侯国和莒、秦等非姬姓

---

① 《水经·汝水注》。

表 3.5.3　铜盘空间分布统计表

分期	型式	总计	河南	山西	河北	北京	山东	安徽	湖北	湖南	江苏、浙江	江西	广西、广东	陕西	甘肃	重庆	四川
一	Aaa I 式	9	4(洛阳1、三门峡2、安阳1)	1(芮城1)			3(曲阜2、莒县1)							1(宝鸡1)			
一	Abaa I 式	114	58(洛阳4、三门峡38、登封1、新郑1、郑县1、平顶山2、泌阳1、桐柏4、新野1、信阳3、罗山1、潢川1)	10(闻喜5、曲沃2、侯马3)			22(曲阜2、邹城2、枣庄4、肥城1、长清1、临淄1、昌乐1、青州1、临朐2、安丘1、临沂2、平邑1、日照1)	2(繁昌1、青阳1)	13(襄阳2、枣阳3、随州5、广山1、京山1、枝江1)					8(韩城3、户县3、宝鸡1、陇县1)	1(天水1)		
一	Abab I 式	1					1(曲阜1)										
一	Abba I 式	1	1(信阳1)														
一	Aca I 式	6		2(曲沃1、闻喜1)			2(滕州1、枣庄1)		1(随州1)					1(韩城1)			
一	Ada I 式	2					1(招远1)	1(舒城1)									
一	Add I 式	1						1(舒城1)									
二	Aaa II 式	1	1(登封1)														
二	Abaa II 式	25	9(洛阳1、登封1、淮阳1、信阳1、新野1、光山2、罗山1)		1(怀来1)		4(济南1、邹平1、临淄1、沂水1)	1(六安1)	2(襄阳1、枝江1)					6(凤翔3、宝鸡2、陇县1)	2(礼县2)		
二	Abab II 式	1					1(海阳1)										
二	Abab III 式	1					1(滕州1)										

分期	型式	总计	河南	山西	河北	北京	山东	安徽	湖北	湖南	江苏、浙江	江西	广西、广东	陕西	甘肃	重庆	四川
二	Abba II式	4	2(南阳1、淅川1)				1(泰安1)							1(宝鸡1)			
	Abba III式	6	3(洛阳2、新郑1)	1(闻喜1)	1(怀来1)		1(海阳1)										
	Abc II式	1	1(洛阳1)														
	Aca II式	1	1(罗山1)														
	Acb II式	2			1(易县1)		1(郯城1)										
	Adb II式	3	1(南阳1)						2(谷城1、钟祥1)								
	Ae I式	2	1(新郑1)							1(岳阳1)							
三	Aab IV式	1		1(临猗1)													
	Abab IV式	1				1(延庆1)											
	Abba III式	1	1(洛阳1)														
	Abba IV式	24	10(洛阳5、陕县1、新郑3、蔚氏1)	8(临猗1、侯马6、长治1)			6(滕州3、峄城2、临淄1)										
	Abbb I式	6	5(洛阳4、淇县1)	1(临猗1)													
	Abc III式	1							1(郧县1)								
	Abc IV式	2	1(洛阳1)				1(滕州1)										
	Acb III式	1	1(陕县1)														
	Ada III式	4		1(侯马1)			2(长清1、沂水1)		1(江陵1)								

分期	型式	总计	河南	山西	河北	北京	山东	安徽	湖北	湖南	江苏、浙江	江西	广西、广东	陕西	甘肃	重庆	四川
三	Adb III式	4	2(淅川1,南阳1)					1(蚌埠1)	1(当阳1)								
	Adb\Adc III式	2	2(淅川1,西峡1)														
	Adc III式	11	7(淅川4,南阳1,桐柏1,固始1)						4(郧县1,襄阳1,宜城1,当阳1)								
	Ae II式	1	1(新郑1)														
四	Aaa IV式	1			1(新乐1)												
	Aab V式	3		3(临猗2,万荣1)													
	Abab V式	1			1(唐山1)												
	Abba V式	21	7(洛阳4,三门峡1,新郑2)	13(运城1,临猗6,侯马3,新绛1,闻喜1,长子1)	1(邯郸1)												
	Abbb II式	16	10(洛阳8,平顶山1,淇县1)	4(芮城1,临猗1,侯马1,长治1)					2(随州2)								
	Abc V式	1	1(洛阳1)														
	Abd V式	1			1(邯郸1)												
	Aca IV式	5		1(浑源1)	2(灵寿1,唐县1)			2(寿县2)									

续表

分期	型式	总计	分布区域														
			河南	山西	河北	北京	山东	安徽	湖北	湖南	江苏、浙江	江西	广西、广东	陕西	甘肃	重庆	四川
四	AcbIV式	1						1（凤阳1）									
	AdaIV式	16	3（辉县1,淇县2）				11（滕州1,新泰8,莱芜1,临沂1）	2（寿县2）									
	AdbIV式	7	2（洛阳1,潢川1）	2（侯马2）					2（襄阳1,钟祥1）					1（凤翔1）			
	AdcIV式	8	2（淅川1,固始1）	1（侯马1）					4（襄阳2,麻城1,枝江1）		1（六合1）						
	AddIV式	12					1（新泰1）		6（襄阳3,随州3）	1（益阳1）	3（丹徒1,苏州1,吴县1）						1（成都1）
	AeⅢ式	2	2（新郑2）														
	Afb型	3		2（侯马2）				1（寿县1）									
	BaaI式	4					4（新泰3,莒南1）										
	BcaI式	3		2（定襄2）	1（平山1）												
	BcbI式	2						2（寿县2）									
	AabⅥ式	1		1（潞城1）													
五	AabⅦ式	1	1（新郑1）														
	AbbaⅥ式	3	2（三门峡1,新郑1）						1（随州1）								

分期	型式	总计	河南	山西	河北	北京	山东	安徽	湖北	湖南	江苏、浙江	江西	广西、广东	陕西	甘肃	重庆	四川
五	Abbb Ⅲ式	2		2(侯马1,太原1)													
	Add Ⅴ式	5	1(淅川1)					1(六安1)					2(广宁2)				1(成都1)
	Ae Ⅳ式	2	2(新郑2)														
	Afa 式	1	1(淅川1)														
	Baa Ⅰ式	4					3(济南1,邹平1,平度1)		1(随州1)								
	Bab Ⅰ式	1					1(崂山1)										
	Bca Ⅱ式	17	1(辉县1)	3(长子2,太原1)			2(临淄2)		7(襄阳1,郧县2,天门1,江陵3)								4(新都2,宝兴1,简阳1)
	Bcb Ⅱ式	1															1(什邡1)
六	Abaa Ⅰ式	1							1(枣阳1)								
	Abbb Ⅳ式	5	5(陕县4,洛阳1)														
	Abbb Ⅴ式	1	1(汲县1)														
	Adb Ⅵ式	3							1(襄阳1)		1(淮阴1)		1(揭阳1)				
	Adc Ⅵ式	2							1(襄阳1)				1(广宁1)				
	Add Ⅵ式	8							1(江陵1)		7(淮阴7)						
	Baa Ⅱ式	2					2(章丘2)										
	Bab Ⅱ式	2					2(临淄2)										

续表

分期	型式	总计	河南	山西	河北	北京	山东	安徽	湖北	湖南	江苏、浙江	江西	广西、广东	陕西	甘肃	重庆	四川
	Bb型	1	1(淅川1)														
六	BcaⅢ式	50	4(洛阳1、陕县2、淅川1)		2(平山2)		2(济南1、临淄1)	2(六安2)	31(襄阳3、枣阳①荆门7、江陵16荆州3、麻城1、黄冈1)	5(长沙3、常德2)							4(宝兴2、荥经1、昭觉1)
	BcbⅢ式	27	2(洛阳2)				3(临淄3)	3(六安2、天长1)	12(襄阳1、荆门5广水1江陵4沙洋1)					1(西安1)	1(张家川1)	3(涪陵3)	2(茂县2)
	C型	4												4(咸阳1、凤翔3)			
七	BaaⅢ式	1					1(曲阜1)										
	BcaⅣ式	15					1(临淄1)	5(六安2、舒城2、天长1寿县②)	1(荆门1)	4(常德1、桃源1、溆浦1、永州1)			1(平乐1)				
	BcbⅢ式	2	2(淅川2)														
	BcbⅣ式	15	5(洛阳1、陕县1、泌阳3)				1(临淄1)	2(六安1、潜山1、寿县③)	3(襄阳1、江陵1、云梦1)			1(奉新1)		2(西安2)			1(宝兴1)
	C型	1												1(凤翔1)			

① 枣阳九连墩 2002M1、M2 铜器群材料尚未完全公布，数量不详。
② 寿县朱家集 1933M 铜器群材料料尚未完全公布，数量不详。
③ 寿县朱家集 1933M 铜器群材料料尚未完全公布，数量不详。

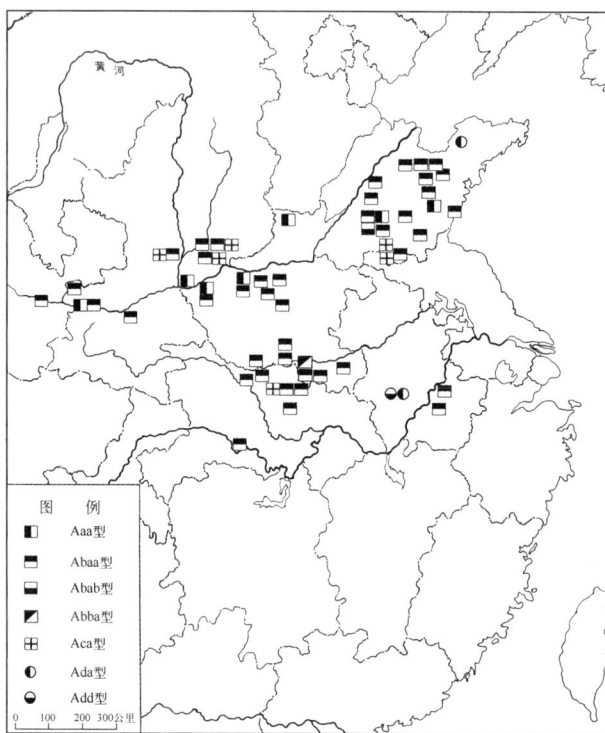

图 3.5.14　铜盘分布图(第一期)

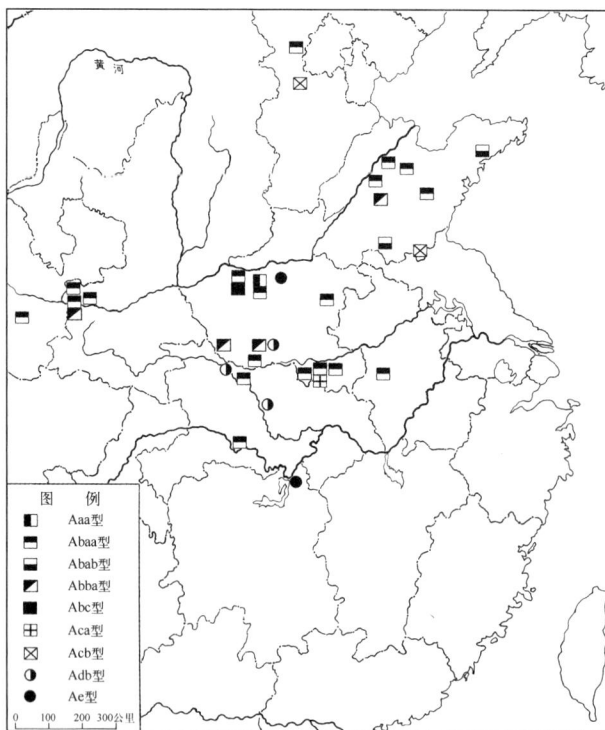

图 3.5.15　铜盘分布图(第二期)

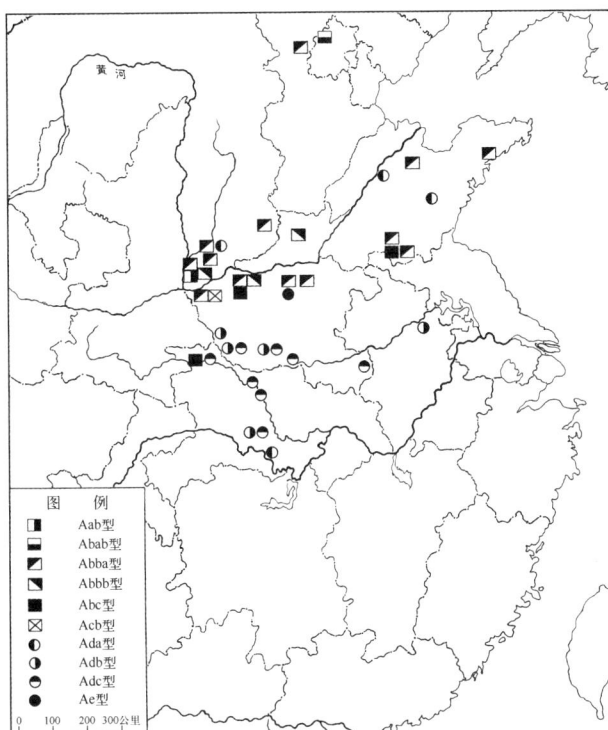

图 3.5.16 铜盘分布图(第三期)

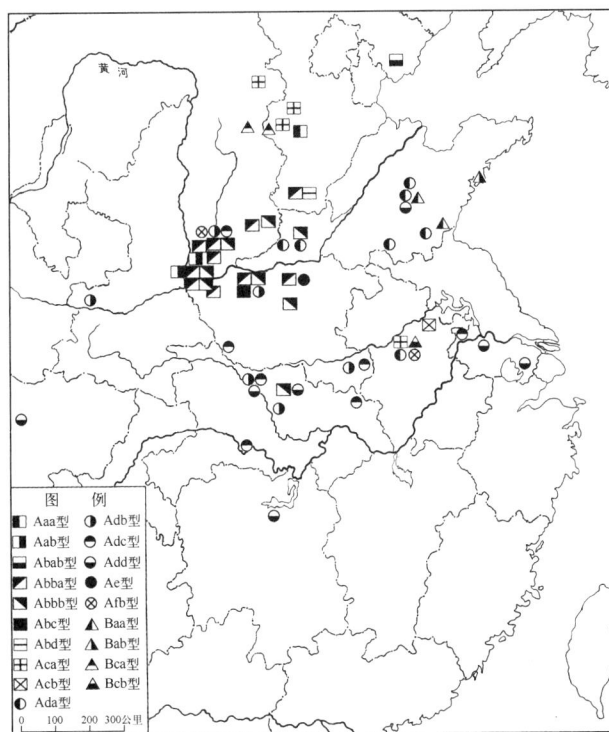

图 3.5.17 铜盘分布图(第四期)

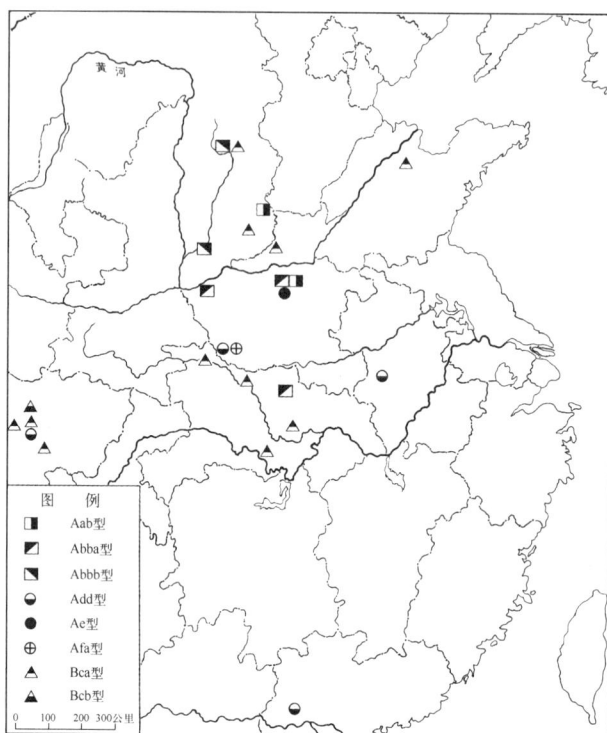

图 3.5.18　铜盘分布图(第五期)

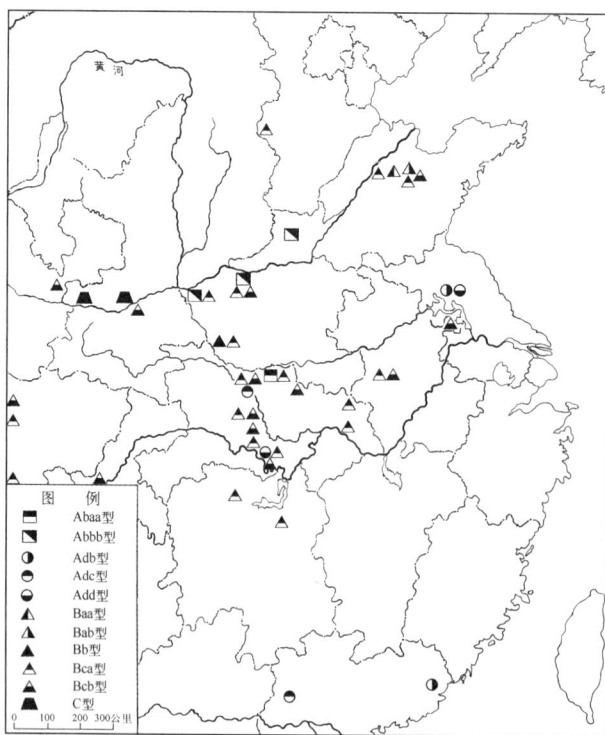

图 3.5.19　铜盘分布图(第六期)

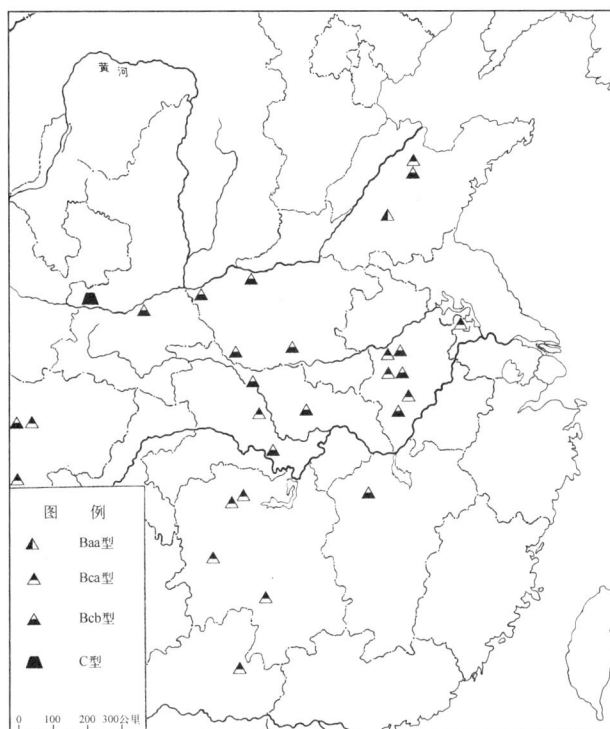

图 3.5.20　铜盘分布图（第七期）

诸侯国领域；第二期，数量减少，目前仅发现 1 件，分布于郑国都城河南新郑地区；第三期，目前暂未发现；第四期，目前仅发现 1 件，出自河北新乐中同村 1980M2，虽然墓葬形制和随葬青铜容器组合与山西等地晋国墓葬相同，但是同墓出土的金丝耳环、金坠饰和铜镘等器物，暗示墓主人可能属于晋国中山（或称鲜虞）裔。中山国前身为鲜虞白狄，乃周人同姓姬姓，追慕周文化传统旧制。

Aab 型铜盘可能是融合 Aaa 型铜盘耳、腹部特征和 Abb 型铜盘蹄足特征而产生的新型式。Aab 型铜盘目前最早见于第三期，发现 1 件，出自山西临猗，属于晋国领域；第四期，目前发现 3 件，分布在山西临猗和万荣，属于晋国领域；第五期，发现 2 件，分布在山西潞城和河南新郑，分别属于赵国和郑国领域。由此可见，Aab 型铜盘主要分布在晋或三晋地区，因此其文化属性属于晋文化系统。

Aba 型铜盘分为两个形制特征相近、亲缘关系密切的分支次次亚型，形制特征均继承西周晚期同型铜盘形制特征，文化属性属于周文化系统。其中，Abaa 型铜盘数量较多，分布范围广：第一期，数量最多，目前发现 114 件，分布范围广，密集分布在河南、山东、山西南部、陕西关中、湖北北部等地；第二期，分布范围与第一期基本相同，惟数量减少（25件），分布密度降低；第六期，枣阳九连墩 2002M1 出土一件 Abaa I 式铜盘，年代属于第一期，显然应该是墓主收藏的早期古物埋葬在晚期墓葬中。与 Abaa 型铜盘相比，Abab 型铜盘数量少，分布较为零散：第一期，目前仅发现 1 件，出自鲁国都城山东曲阜；第二期，目前发现 2 件,出自山东海阳和滕州,分别属于齐国和薛国领域;第三期,目前仅发现 1 件,出自北京延庆山戎墓葬,可能来自山东地区;第四期,目前仅发现 1 件,出自河北唐山,属于燕国墓葬。

Abb 型铜盘也可分为两个形制特征相近、亲缘关系密切的分支次次亚型。其中,Abba型铜盘出现年代较早,分布重心从河南南部逐渐向北迁移:第一期,目前仅发现 1 件,出自河南信阳,属于周文化系统诸侯国领域(国别不详);第二期,数量增加,目前发现 10 件,其中偏早阶段(AbbaⅡ式)4 件,分布重心位于河南南部(2 件出自河南淅川和南阳,分别属于楚国领域和楚文化影响区;1 件出自陕西宝鸡,属于秦国领域;1 件采自山东泰安,国别不详),偏晚阶段(AbbaⅢ式)6 件,分布重心由河南南部向北移动到河南中西部地区(1件出自河南新郑郑国都城,2 件出自河南洛阳周王室地区,此外山西闻喜、山东海阳、河北怀来各出土 1 件,分别属于晋国、齐国、燕国领域);第三期,数量继续增加,目前发现 25件,其中 19 件集中分布在河南中西部和山西南部地区,属于周王室和郑、晋国领域,3 件出自山东滕州薛国,2 件出自山东枣庄峄城滥国,1 件出自山东临淄齐国都城;第四期,目前发现 21 件,其中 20 件集中分布在河南中西部和山西南部,属于周王室和郑、晋国领域,另外 1 件出自河北邯郸,亦属于晋国领域;第五期,数量急剧减少,目前仅发现 3 件,分布在河南三门峡、新郑、湖北随州,分别属于韩、郑、曾国领域。

Abbb 型铜盘可能是从 AbbaⅢ式分化发展而来,耳部持续保持外翻不甚的状态,走上与 AbbaⅢ—Ⅵ式铜盘不同的演变道路。① 从分布格局来看,Abbb 型铜盘集中分布在豫西、豫北、晋南地区,属于周王室和三晋领域:第三期,目前发现 6 件,集中分布在河南洛阳周王室领域(4 件)和晋南、豫北晋国领域;第四期,目前发现 16 件,其中 14 件集中分布在河南洛阳周王室(8 件)和晋南、豫北晋国领域(5 件),1 件出自河南平顶山楚国墓葬,2件出自湖北随州曾国墓葬;第五期,目前发现 2 件,分布于山西侯马和太原,属于三晋魏、赵领域;第六期,目前发现 6 件,分布于河南豫西和豫北地区,属于周王室和三晋韩、魏领域。

Abc 型铜盘可能是融合 Abba 型铜盘耳、腹部特征和 Adc 型铜盘环足特征而产生的新型式。Abc 型铜盘目前发现的数量很少:第二期发现 1 件,出自河南洛阳周王室领域;第三期发现 3 件,散布在河南洛阳、湖北郧县、山东滕州等周王室、楚、薛国领域;第四期发现1 件,出自河南洛阳周王室领域。

Abd 型铜盘目前仅见 1 件,出自河北邯郸百家村 1957M57,属于晋国墓葬。

Ac 型铜盘可分为两个形制特征相近、亲缘关系密切的分支次亚型。其中,Aca 型铜盘继承西周晚期同型铜盘形制特征,文化属性属于周文化系统,东周时期数量不多,主要分布于周文化影响地区或保持周文化传统较深的诸侯国:第一期,目前共发现 6 件,散布在陕西韩城、山西南部、山东西南部、湖北随州等地,属于周文化系统下的芮、晋、薛、小邾、

---

① 这类现象类似社会生物学上的"幼态持续"(Neoteny)。

曾等诸侯国;第二期,目前仅发现 1 件,分布于河南罗山,属于奚国铜器;第三期目前暂未发现;第四期,目前发现 5 件,分布在中山(河北灵寿、唐县)、代(山西浑源)、蔡(安徽寿县)等诸侯国地区。Acb 型铜盘应是从 Aca 型铜盘分化发展而来,目前发现的数量更少,分布更为零散:第二期,目前发现 2 件,分别出自河北易县燕国墓葬和山东郯城郯国墓葬;第三期,目前仅发现 1 件,出自河南陕县晋国墓葬;第四期,目前仅发现 1 件,出自安徽凤阳钟离国墓葬。

Ad 型铜盘分为四个形制特征相近、具有密切亲缘关系的分支次亚型,其中:

Ada 型铜盘出现年代较早:第一期,目前发现 2 件,分布在山东招远和安徽舒城,分别属于纪国和群舒领域;第二期,暂未发现;第三期,目前发现 4 件,分布在山东长清和沂水、山西侯马、湖北江陵,分别属于齐、莒、晋、楚等诸侯国领域;第四期,发现 16 件,其中 11 件分布在山东地区,属于齐、莒、薛等国领域,3 件分布在豫北地区,属于晋国领域,2 件分布在安徽寿县,属于蔡国领域。从分布格局来看,Ada 型铜盘在山东海岱地区出现时间最早、分布数量最多、演变序列最为完整,可能是从山东海岱地区影响至群舒地区和晋、楚、蔡等国。因为第一期较少、第二期材料尚缺乏,也不能排除 Ada 型铜盘由群舒地区影响至山东海岱地区的可能性。

Adb 型铜盘可能是从 Ada 型分化发展而来,目前最早见于第二期,在楚国领域和楚文化分布区出现时间最早、分布数量最多、演变序列最为完整:第二期,目前发现数量少(3件),集中分布在河南南部和湖北北部汉水流域,属于楚文化影响区;第三期,目前发现 4件,仍集中分布在河南南部和湖北汉水流域,属于楚国文化核心区,此外在受楚文化强烈影响的安徽蚌埠钟离国墓葬中出土 1 件;第四期,目前发现 7 件,其中 3 件分布在属于楚国领域的湖北襄阳及钟祥、河南潢川,1 件分布在河南洛阳周王室领域,2 件分布在晋国领域山西侯马,1 件分布在秦国都城陕西凤翔;第五期,材料暂缺;第六期,目前发现 3 件,分布于湖北襄阳、江苏淮阴、广东揭阳,分别属于楚国、越国领域和越人活动区域。因此,Adb 型铜盘的文化属性属于楚文化系统,影响到越人,其来源可能是从海岱地区和群舒地区的 Ada 型铜盘分化发展而来,历史背景可能与楚人沿淮东进与齐、徐、群舒争霸江淮有关。

Adc 型铜盘可能是从 Ada 型或 Adb 型铜盘分化发展而来,目前最早见于第三期,主要分布在楚国领域:第三期,目前发现 11 件,集中分布在河南南部和湖北江汉流域等楚国核心区域;第四期,目前发现 8 件,其中 6 件集中分布在河南南部和湖北江汉流域等楚国核心区域,另外 2 件分布在晋国领域山西侯马和吴国领域江苏六合;第五期,材料暂缺;第六期,目前发现 2 件,1 件出自楚国领域湖北襄阳,1 件出自越人活动领域(广东广宁)。因此,Adc 型铜盘的文化属性属于楚文化系统,其来源和背景可能与 Adb 型铜盘相同。

Add 型铜盘主要分布在江淮地区,可能是从 Ada 型分化发展而来,目前最早见于第一期,第二、三期目前尚未发现:第四期,目前发现 12 件,其中 7 件分布在楚国和楚的附庸国曾国(湖北襄阳 3 件、随州 3 件,湖南益阳 1 件),3 件分布在吴国领域(江苏丹徒 1 件、苏州 1 件、吴县 1 件),1 件分布在齐国领域山东新泰,1 件分布在蜀国领域四川成都;第五期,目前发现 5 件,其中 2 件分布在楚国领域(河南淅川 1 件、安徽六安 1 件),2 件分布在越族居地广东广宁,1 件分布在蜀国领域四川成都;第六期,目前发现 8 件,其中 7 件出自越国墓葬江苏淮阴高庄 1978M1,1 件出自楚国都城湖北江陵。由此可见,Add 型铜盘文化属性属于楚文化系统,主要分布在江淮地区楚国领域以及受到楚文化强烈影响的曾国、吴国、越国、蜀国和岭南越族地区。

Ae 型铜盘形制特征融合了 Abba 型和 Adb 型铜盘的特征,目前发现的数量虽然不多,但是文化属性和国别属性十分鲜明:第二期,目前发现 2 件,分布在郑国都城河南新郑和楚国领域湖南岳阳;第三期,目前仅发现 1 件,分布在郑国都城河南新郑;第四期,目前发现 2 件,分布在郑国都城河南新郑;第五期,目前发现 2 件,分布在郑国都城河南新郑。由此可见,自第二期至第五期,Ae 型铜盘主要集中分布在郑国都城河南新郑地区,文化属性属于郑文化系统。前文已述,第二期偏晚阶段之后,Abba 型铜盘的分布重心转移到河南中西部和山西南部的周王室和郑、晋国领域,而 Adb 型铜盘集中分布在河南南部和湖北北部汉水流域楚国领域,从地理位置上看,郑国都城新郑恰好处于 Abba 型铜盘和 Adb 型铜盘分布区的交接地带,而在政治上郑国处于晋、楚两个大国交替影响之下,在这种背景下在新郑融合产生 Ae 型铜盘自然是水到渠成。

Af 型铜盘目前发现数量很少,共 4 件,其中:Afa 型 1 件,出自河南淅川楚国墓葬;Afb 型 3 件,出自山西侯马晋国墓葬和安徽寿县蔡国墓葬。

B 型铜盘分为三个形制特征相近、具有密切亲缘关系的分支亚型,其中 Ba 型和 Bc 型又各分为两个分支次亚型。但是总起来看,它们关系十分密切,可能起源于一个共同的祖型,分支发展而来。其中:

Baa 型铜盘目前最早见于第四期:第四期,目前发现 4 件,其中 3 件分布在齐国(山东新泰 3 件),1 件出自莒国(山东莒南 1 件);第五期,目前发现 4 件,其中 3 件分布在齐国(山东济南 1 件、邹平 1 件、平度 1 件),1 件分布在楚的附庸国曾国;第六期,目前发现 2 件,都分布在齐国(山东章丘 2 件);第七期,目前仅发现 1 件,分布在山东曲阜,属于楚国领域。综合来看,自第四期至第七期,Baa 型铜盘目前共发现 8 件,按出土地域计,其中 7 件分布在山东海岱地区、1 件分布在湖北随州;按国别计,其中 5 件分布在齐国、1 件分布在莒国、1 件分布在曾国、1 件分布在楚国。

Bab 型铜盘目前最早见于第五期:第五期,目前仅发现 1 件,分布在山东崂山,属于齐国领域;第六期,目前发现 2 件,分布在齐国都城山东临淄。

综合来看,Ba 型铜盘目前共发现 11 件,其中 10 件分布在山东海岱地区、8 件分布在齐国,因此其文化属性可以划归为齐文化系统。至于其来源,因为早期阶段的材料尚较缺乏,只能根据现有材料推测 Bca 型铜盘可能是从 AdaⅣ式铜盘分化发展而来。

Bb 型铜盘目前仅发现一件,出自河南淅川楚墓。

Bca 型铜盘目前最早见于第四期,发现 3 件,其中 2 件分布在山西定襄、1 件分布在河北平山,属于鲜虞中山等白狄族群活动区域;第五期,数量增加,分布范围扩大,目前发现

17 件,其中 7 件分布在楚国领域、4 件分布在赵国领域、4 件分布在蜀国地区;第六期,数量更多,分布范围进一步扩大,目前发现 50 件,其中 39 件集中分布在楚国领域(湖北 31 件、湖南 5 件、安徽六安 2 件、河南淅川 1 件)、2 件分布在韩国(陕县 2 件)、2 件分布在齐国(济南 1 件、临淄 1 件)、2 件分布在中山国(平山 2 件)、1 件分布在周王室(洛阳 1 件)、4 件分布在四川等地;第七期,目前发现 15 件,其中 10 件集中分布在楚国领域(湖北 1 件、湖南 4 件、安徽 5 件)、3 件分布在秦国(四川 3 件)、1 件分布在齐国(临淄 1 件)、1 件分布在越族居地(广东平乐 1 件)。

Bcb 型铜盘目前最早也见于第四期,发现 2 件,分布在安徽寿县蔡国都城;第五期,目前仅发现 1 件,分布在蜀国领域四川什邡;第六期,数量增加,分布范围扩大,目前发现 27 件,其中 15 件分布在楚国领域(湖北 12 件、安徽 3 件)、2 件分布在周王室(河南洛阳 2 件)、3 件分布在齐国(山东临淄 3 件)、2 件分布在秦国(陕西西安 1 件、甘肃张家川 1 件)、5 件分布在巴蜀(重庆涪陵 3 件、四川茂县 2 件)地区;第七期,目前发现 17 件,分布范围和第六期相当。

综合来看,自第五期至第七期,Bc 型铜盘主要集中分布在楚国领域,边缘分布区扩展至北方秦、晋、齐及西方巴、蜀、南方越族居地,因此可将其文化属性划归为楚文化系统。需要解释的是 Bc 型(尤其是 Bca 型)铜盘第四期的分布格局,为什么目前发现的属于第四期的 3 件 Bca 型铜盘全部分布在鲜虞中山等白狄族群活动区域,却不见于楚国领域?原因可能如下:以材料较为充分的定襄中霍村 1995M1 为例,该墓随葬铜器的来源较为复杂,铜鼎、铜甗、铜敦等与晋国地区流行的同型铜器相同,属于晋文化系统,可能来自晋国;出土的铜匜(定襄中霍村 1995M1∶14)为 BaaaⅣ式铜匜,与楚国和由楚国传播至齐国的同型铜匜相同,属于楚文化系统,可能来自楚国或齐国。[①] 根据目前材料显示,Baaa 型铜匜自第二期开始就主要流行于楚文化分布区,Baaa 型铜匜和 Bca 型铜盘的组合是楚国地区第五期至第七期发现数量最多、最为流行的盥洗器组合形式。因此我们推测定襄中霍村 1995M1 随葬的 Bca 型铜盘和 Baaa 型铜匜一样,可能也来自楚国或齐国。从形制特征来看,BcaⅠ式铜盘与BaaⅠ式铜盘基本相同,区别仅在于前者有圈足、后者为平底,因此二者可能具有同源关系。Bc 型铜盘可能是从 Ba 型或直接从 AdaⅣ式铜盘分化发展而来。

C 型铜盘目前发现 5 件,分布在陕西凤翔和咸阳,属于秦国领域,文化属性属于秦文化系统。

四、铜钘的空间分布和文化属性

在型式分类和分期断代的基础上,考察铜钘的分布格局及其历时性变化(图 3.5.21 至图 3.5.28[②]),有利于判断各型式的文化属性,揭示背后的历史现象。

---

① 第四期时,齐国地区受楚国影响,流行 BaaaⅣ式铜匜,详见上文铜匜部分。
② 春秋早期蔡国位于河南上蔡,因此在图 3.5.23 中将蔡太史钘标注在河南上蔡;限于图幅,图 3.5.23 未标注甘肃张掖 Aba 型,图 3.5.25 未标注辽宁喀左 Bbc 型。

表 3.5.4　铜铙各型、式共时性和历时性空间分布及同期占比统计表

年代(同期总数)	型 式	数量	同期占比(%)	山东	河南	山西	河北、北京、辽宁	陕西、甘肃	湖北、湖南	安徽、江苏、浙江
西周晚期(2)	Aaaa 型	2	100	莒县1,莒南1						
春秋初期(13)	Aaaa 型	8	61.5	临朐1,临沂1,沂水1,淄博1		闻喜3		韩城1		
	Aaab 型	1	7.7						枣阳1	
	Aab 型	2	15.4	沂水1,临淄1						
	Ba 型	1	7.7	安丘1						
	Bba 型	1	7.7			闻喜1				
春秋早期(71)	Aaaa 型	10	14.08	临淄1,蓬莱2,栖霞1,五莲1,沂水2				凤翔1		凤阳2
	Aaab 型	1	1.408		登封1					
	Aab 型	9	12.68	莒南1,海阳1,临朐1,五莲1	洛阳2,信阳1		延庆2			
	Aba 型	8	11.27	海阳1,曲阜1,滕州1		闻喜2		礼县1,张掖1	湘潭1	
	Abb 型	35	49.3	长岛1,海阳2,栖霞2,曲阜2,日照1,泰安2,滕城1,枣庄1,滕州1,邹平2	罗山1,洛阳3,新郑5,上蔡1	闻喜2,新绛1	怀来1,延庆4	横山1	麻城1	
	Ac 型	2	2.82	曲阜1,日照1						
	A 型	1	1.408	汉川1						
	Ca 型	2	2.82	滕州1					合城1	
	Cba 型	1	1.408	菁州1						
	Cbc 型	2	2.82			侯马1	延庆2			
春秋中期(77)	Aaaa 型	4	5.2	峄城1,沂水2						
	Aaac 型	1	1.3		淅川1					

续表

年代（同期总数）	型式	数量	同期占比(%)	山东	河南	山西	河北、北京、辽宁	陕西、甘肃	湖北、湖南	安徽、江苏、浙江
春秋中期（77）	Aba 型	1	1.3		荥阳1					
	Abb 型	52	67.5	临朐1、寿光1、滕州2、邹平1、沂水1	辉县1、洛阳13、陕县2、尉氏2、淅川1、新郑4、荥阳1	侯马7、临猗5、闻喜2	延庆1、怀来2		襄阳2、当阳2	
	Abc 型	10	13	峄城1	洛阳1	侯马1			襄阳2、当阳5	
	Bbb 型	1	1.3	淄博1						
	Ca 型	1	1.3	长清1						
	Cbaa 型	2	2.6	长清2						
	Cbba 型	3	3.9		新郑2、尉氏1					
	Cbb 型	1	1.3		洛阳1					
	Cbc 型	1	1.3		洛阳1					
	Aaac 型	1	0.56			临猗1				
春秋晚期（179）	Abb 型	33	18.4	莒南2、临沂2、新泰1	洛阳8、新郑1、辉县3、潢川1	长治1、侯马1、临猗4、万荣2、运城1	新乐1、行唐1、唐县1	凤翔1		六合1、绍兴1
	Ab 型	1	0.56		洛阳1					
	Abc 型	11	6.1	滕州1	洛阳1、郑州1、潢川2	长治1、侯马1、临猗1			襄阳3	
	Abd 型	62	34.6	泰安4、新泰43、莱芜1、肥城1、曲阜4、泗水1、滕州3、莒南1	淇县1	长子1	涿鹿1			苏州1
	A 型	1	0.56			交口1				
	Ba 型	1	0.56		洛阳1					

年代（同期总数）	型 式	数量	同期占比(%)	山东	河南	山西	河北、北京、辽宁	陕西、甘肃	湖北、湖南	安徽、江苏、浙江
春秋晚期(179)	Bba 型	38	21.2		洛阳 5	侯马 12、临猗 9、长子 1、屯留 1、万荣 1、闻喜 1、新绛 2、原平 2	邯郸 1、灵寿 1、涉县 1	凤翔 1		
	Bbc 型	10	5.6				曲阳 1、容城 1、三河 1、唐县 2、易县 1、阳原 1、顺义 1、喀左 1			
	Cbab 型	7	3.9	新泰 4、阳谷 1、沂水 1、淄川 1						
	Cba 型	2	1.1	新泰 1	新郑 1		北京 1			
	Cbba 型	1	0.56		洛阳 1					
	Cbbb 型	1	0.56							
	Cbb 型	4	2.2	临淄 1	新郑 3					
	Cbc 型	1	0.56		洛阳 1					
	Cbda 型	1	0.56				满城 1			
	Cbdb 型	3	1.67				易县 1、阳原 1、唐山 1			
	D 型	1	0.56	临淄 1						
战国早期(38)	Aaac 型	1	2.6						荆州 1	
	Abb 型	3	8	济南 1			平山 1		当阳 1	
	Abc 型	7	18.4	临淄 7						
	Abd 型	7	18.4	邹城 1、长岛 1、莱芜 1、崂山 1、平度 1、邹平 1			正定 1			

年代（同期总数）	型 式	数量	同期占比(%)	山东	河南	山西	河北、北京、辽宁	陕西、甘肃	湖北、湖南	安徽、江苏、浙江
战国早期(38)	Bba 型	13	34.2		陕县 2、洛阳 1	侯马 1、潞城 1、太原 4、长治 4				
	Cbba 型	3	8		新郑 3					
	Cbb 型	2	5.3		新郑 2					
	Cbdb 型	2	5.3				三河 1、通州 1			
战国中期(24)	Abc 型	11	45.8	临淄 4、章丘 4、阳信 1、长岛 2						
	Abd 型	5	20.8	长清 1、临淄 1	洛阳 3					
	Bba 型	8	33.3		陕县 4	长治 3、新郑 1				
战国晚期至秦汉(5)	Abc 型	4	80	临淄 3					云梦 1	
	Abd 型	1	20	临淄 1						
总　计		409								

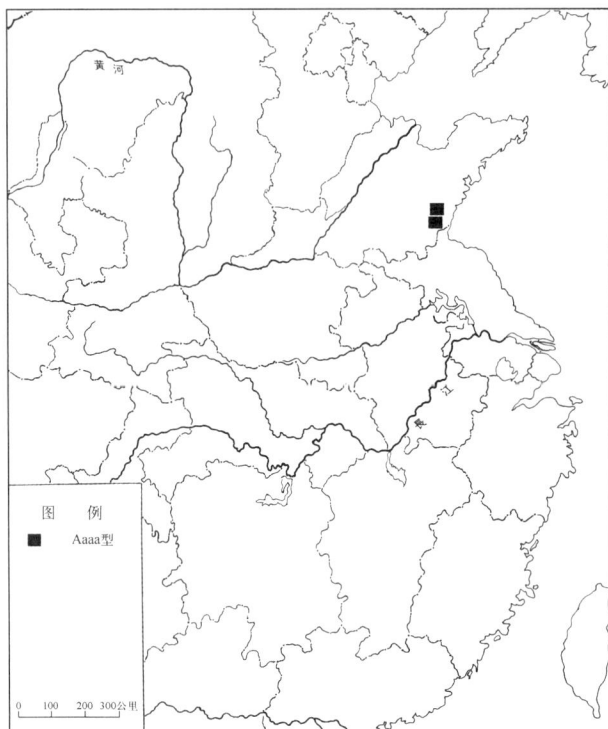

图 3.5.21　铜铷分布图(西周晚期)

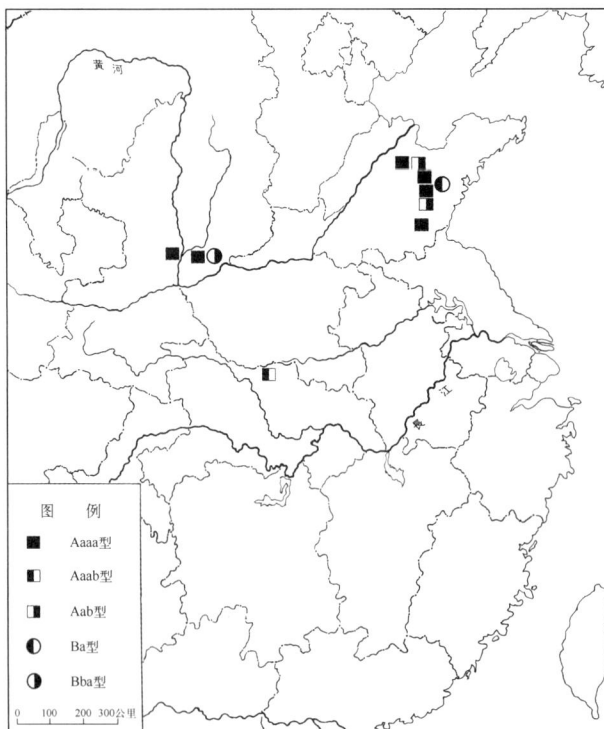

图 3.5.22　铜铷分布图(第一期)

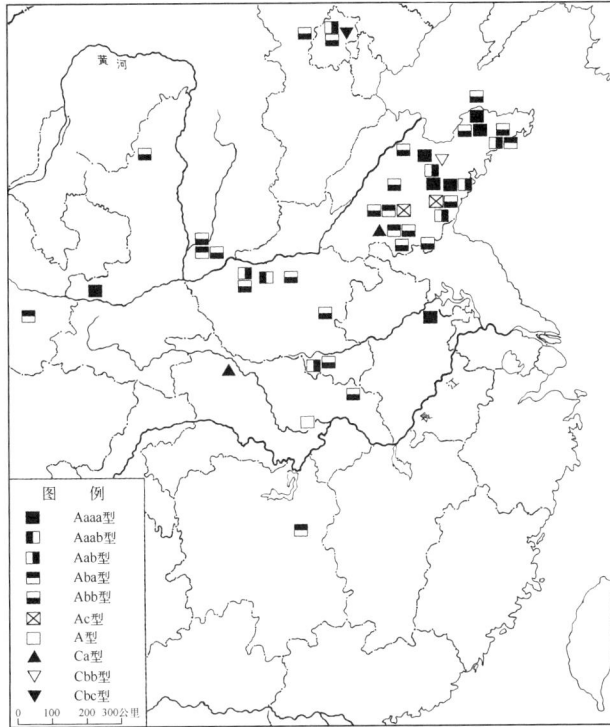

图 3.5.23　铜铇分布图(第二期)

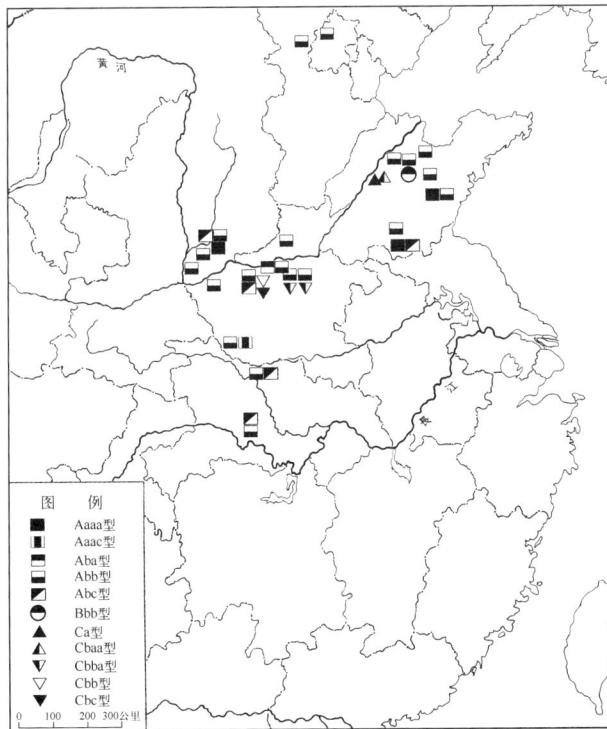

图 3.5.24　铜铇分布图(第三期)

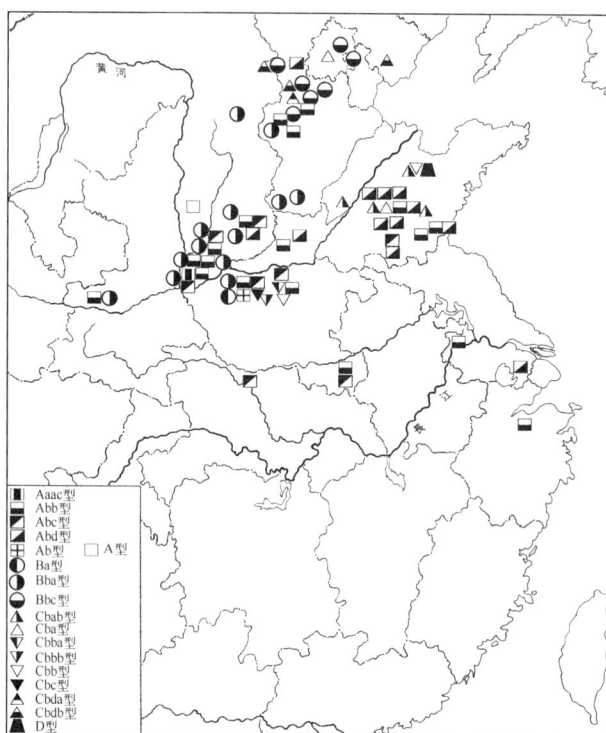

图 3.5.25　铜铺分布图(第四期)

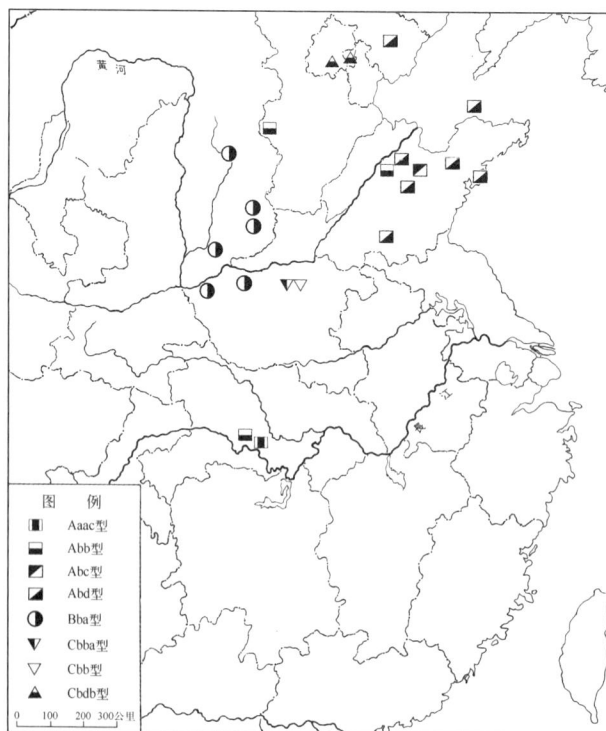

图 3.5.26　铜铺分布图(第五期)

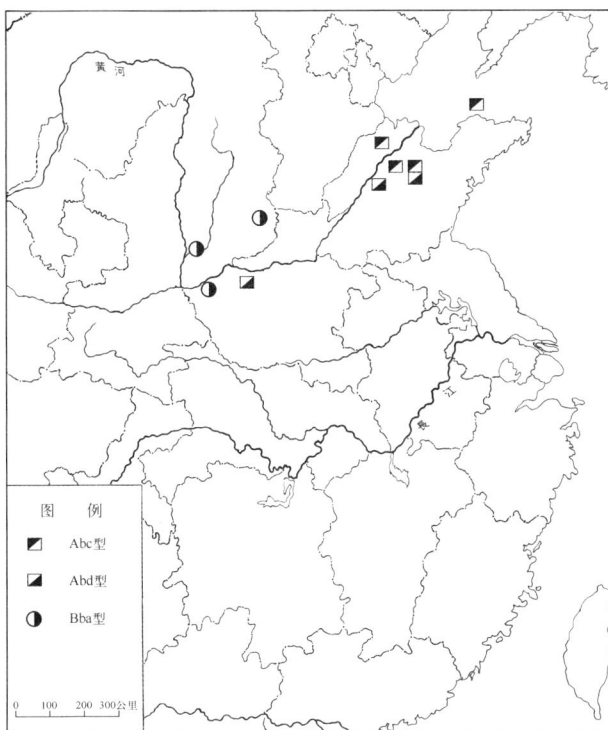

图 3.5.27　铜铲分布图(第六期)

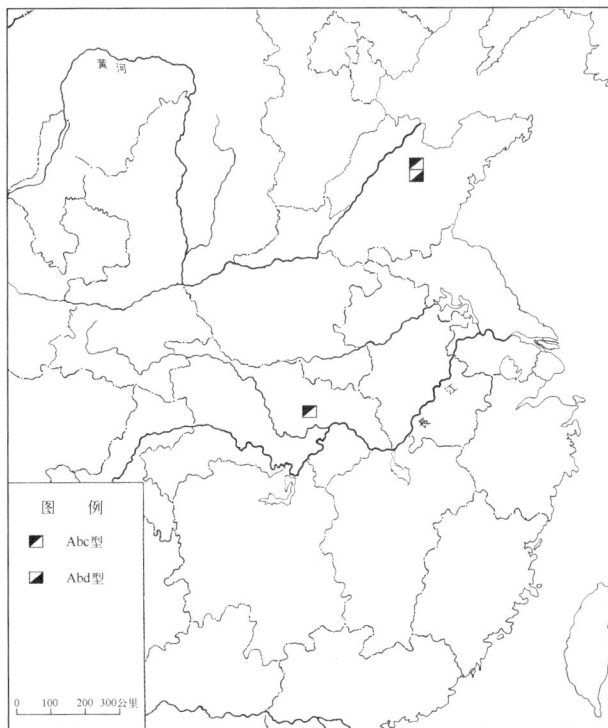

图 3.5.28　铜铲分布图(第七期)

Aaaa 型共发现二十四件,最早的两件出现在西周晚期沂沭河流域莒国墓葬中;春秋初期分布范围扩大,由莒向北传播到齐,沂沭河—淄河流域的莒齐两地共出土四件,溯古济水向西至河汾地区的晋国出土三件、芮国出土一件;春秋早期十件,其中七件出自沂沭河—淄河及其以东的齐莒等国,两件出自淮河中游安徽凤阳钟离国墓,一件出自陕西凤翔秦墓;春秋中期四件,一件出自泗水流域山东峄城滥国国君夫人墓,两件出自山东沂水纪王崮,一件出自山西侯马晋墓。二十五件之中沂沭河—淄河流域莒齐两地年代最早、数量最多、分布最为集中,应该是起源地。

Aaab 型是在模仿 Aaaa 型的基础上将腹壁作成瓦棱形产生的一种新形制。Aaab 型共出土两件,其中一件出自湖北枣阳郭家庙春秋初期曾国墓,一件出自河南登封春秋早期郑墓。

Aaac 型可能是模仿 Aaaa 型早期"无沿、深腹、口腹部俯视呈近圆形、单耳"特征而产生的一种"返祖"型,它与同时期其他型式流行的卷沿、浅腹、口腹部俯视呈长椭圆形、双耳等作法迥异。Aaac 型目前发现三件,其中春秋中期一件,出自河南淅川楚墓;春秋晚期一件,出自山西临猗晋墓;战国早中期一件,出自湖北荆州楚墓。三件中两件出自楚国。Aaac 型对 Abc 型的出现可能产生了直接影响。

Aab 型是在 Aaaa 型基础上添加两个圆钮创造出来的。Aab 型共出土十一件,其中:春秋初期两件,出自齐、莒;春秋早期九件,四件出自齐、莒,两件出自河南洛阳周墓,另三件出自河南信阳樊国墓和北京延庆山戎墓。十一件之中六件出自齐、莒,出现年代也最早,可能是从齐、莒地区起源。

Ab 型分为四个分支,最早出现的是 Aba 型,可能是在 Aab 型基础上添加一个耳分化出来的一种新形制,Aba 型仅出土九件,其中:春秋早期八件,六件出自山东曲阜鲁墓、滕州薛侯墓、海阳齐墓、甘肃礼县秦墓、张掖西戎墓、湖南湘潭越人墓,另外两件出自山西闻喜晋墓;春秋中期一件,出自河南荥阳郑墓。从形制看九件之中山东滕州薛侯墓出土的年代最早,可能早至春秋初期,但是 Aba 型存在时间较短且集中在春秋早期,分布空间却十分广阔,从春秋初期至春秋早期呈现一种"爆发性"突然扩展,尔后又消失不见,被后起的 Abb 型等取代。

至春秋早、中、晚期,从 Aba 型中陆续分化出 Abb、Abc、Abd 等型,分别占据一定的时间和空间分布范围,其中:Abb 型可能是在 Aba 型的基础上简化掉肩部的圆钮分化出来的一种新形制。这种新形制目前最早出现在春秋早期,迅速取代了先前 Aaaa 型的主流地位,数量高达三十五件,占同期总数的 47.3%,分布空间与 Aaaa 型既有交叉又进一步拓展,分布重心仍位于东方以齐、莒为中心的海岱地区,更广布中原河洛地区的周和郑、汾河下游晋、西部陕西北部狄、北方燕山地带山戎、南方江淮地区蔡和楚等国族,空间范围十分广阔;春秋中期 Abb 型发展至巅峰,同期所占比例高达 67.5%,分布范围与上一期相近同,唯分布重心转移到中原河洛地区的周、郑和山西南部河汾地区的晋国(这可能与山东地区此期墓葬发掘尚少有关);春秋晚期 Abb 型的分布范围较上一期略有扩大,西部陕西凤翔秦墓、南方江苏六合吴墓各出土一件,但是总体数量和同期占比急剧下降,在山东海岱地区被新兴的 Abd 型、在山西南部河汾地区被晋国特色的 Bba 型、在郑国被郑国特色的 Cbb 型取代;至战国早期 Abb 型仅出土三件,分别出自山东济南齐墓、河北平山中山国墓、湖北当阳楚墓,都是晚期墓葬中出土的早期遗物,至此 Abb 型发展至尾声。

Abc 型可能是在 Abb 型的基础上受到 Aaac 型的影响将口沿改为无沿而产生的一种新形制,是一种兼具 Abb 型和 Aaac 型部分特征的一种新形制。Abc 型出土四十三件,其中:春秋中期十件,七件出自湖北襄阳和当阳楚墓,三件出自山西侯马晋墓、河南洛阳周墓和山东峄城滥国墓;春秋晚期十一件,五件出自湖北襄阳和河南潢川楚墓,三件出自山西南部晋墓,三件出自河南郑州郑墓、洛阳周墓与山东滕州薛国墓;战国早期七件,出自山东临淄齐墓;战国中期十一件,出自山东临淄等地的齐墓;战国晚期四件,三件出自山东临淄齐墓、一件出自湖北云梦秦墓(春秋中期的遗物葬入战国晚期秦墓)。从春秋中期至春秋晚期,Abc 型的分布重心在南方楚国,楚墓出土的 Abc 型占同期 Abc 型出土总数的一半以上;但是从战国早期至战国晚期,Abc 型几乎全部出自山东齐墓,楚国兴起的这种新形制竟在战国时期成功地反哺到齐国。

Abd 型可能是在 Abb 型或 Abc Ⅱ式基础上将口部改造成子母口创造出来的。Abd 型共出土七十五件,其中:春秋晚期六十二件,四十九件出自山东新泰等地的齐墓、五件出自山曲阜和泗水鲁墓、一件出自山东莒南莒墓、两件出自河南淇县和山西长子晋墓、一件出自河北涿鹿燕墓、一件出自江苏苏州吴墓;战国早期七件,五件出自山东邹平等地的齐墓、一件出自山东邹城邾墓、一件出自河北迁西燕墓;战国中期五件,两件出自山东临淄和长清齐墓、三件出自河南洛阳周墓;战国晚期一件,出自山东临淄商王齐墓。七十五件之中海岱地区出土六十四件,占比高达85%,其中更有五十七件出自齐墓,占总数的四分之三,是齐国特色的一种地域类型,周、晋、燕、吴等地所出皆是受其影响。

Ac 型可能是在 Aaaa 型的基础上蜕化掉单耳分化出来的新形制。Ac 型数量少,仅发现两件,都属于春秋早期,一件出自山东曲阜鲁国,一件采自日照赵家庄。

Ba 型是在 Aaaa 型基础上添加圈足创造出来的。Ba 型仅出土两件,一件出自山东安丘春秋初期莒国墓,一件出自河南洛阳春秋晚期周墓。

Bba 型可能是在 Ba 型基础上添加一个耳创造出来的一种新形制。Bba 型是晋文化特色的一种地域类型,最早出现的一件出自山西闻喜春秋初期晋墓,但同期占比很小,一直持续到春秋早中期,此时晋与东方海岱地区和中原地区一样流行的都是 Abb 型;但是到春秋晚期至战国中期 Bba 型发展成为极具晋文化特色的一种地域类型,集中分布在山西、豫西、冀中等晋和三晋地区,向外影响到周边的河南洛阳周王室和西部的秦国。春秋晚期至战国中期 Bba 型共出土五十九件,其中五十二件出自晋和三晋,占比高达88.1%;六件出自河南洛阳周墓,占 10.2%;另外一件出自陕西凤翔春秋晚期秦墓。

Bbb 型目前仅发现一件,出自山东淄博春秋中期齐墓,可能是受晋文化特色的 Bba 型圈足做法影响,在春秋中期齐国流行的 Abb Ⅳ式的基础上在底部附加镂空的高圈足创造出来的,去掉圈足后其盖和腹部特征与 Abb Ⅳ 式无异。

Bbc 型是从晋文化特色的 Bba 型分化出来的一种地域类型,形制上,它在 Bba 型的基础上将矮圈足改造成高圈足并附加鸟兽钮盖;地域上,十件 Bbc 型都出自河北易县等地春秋晚期燕国墓葬。因此 Bbc 型应该是受晋文化 Bba 型影响产生的燕文化特色的地域类型。

Ca 型是在 Aaaa 型基础上添加蹄足分化出来的。Ca 型数量少,目前共发现三件,其中春秋早期两件,一件出自山东滕州薛墓,一件出自湖北谷城楚墓;春秋中期一件,出自山东长清齐墓。三件之中两件出自山东海岱地区。

Cb 型分为四个分支,最早出现的可能是 Cba 型。Cba 是在 Ca 型基础上添加一个耳并在盖和腹壁装饰乳钉分化出来的一种新形制。Cba 型出土十二件,其中:春秋早期一件,出自山东青州,失盖;春秋中期两件,出自山东长清齐墓,都是环钮盖的 Cbaa 型;春秋晚期九件,八件出自山东新泰等地齐墓、一件拣选自北京,山东齐墓出土的七件都是蹄足钮盖的 Cbab 型。十二件 Cba 型之中十一件出自齐国,可见 Cba 型也是齐国特色的一种地域类型

至春秋中、晚期,从 Cba 型陆续分化出 Cbb、Cbc、Cbd 等型,分别占据一定的空间分布范围。其中:Cbb 型可能是在 Cba 型的基础上简化掉乳钉或进一步将盖钮改成捉手盖分化出来的新形制,是郑国特色的一种地域类型,春秋中期至战国早期共出土十五件,其中十二件出自郑国,占比高达 80%;二件出自洛阳周墓,占 13.3%,其中之一即为著名的哀成叔之铏;另外一件采自山东临淄齐国都城。

Cbc 型仅出土四件,其中:春秋早期两件,出自北京延庆山戎墓;春秋中期、春秋晚期各一件,均出自河南洛阳周墓。

Cbd 型是燕文化特色的一种地域类型,可能是在保持燕文化特色的 Bbc 型盖和腹部特征的基础上、受到齐文化 Cba 型或郑国 Cbb 型蹄足作风的影响,将 Bbc 型的高圈足改造成高蹄足创造出来的一种新形制。Cbd 型仅出土六件,其中:春秋晚期四件,出自河北易县等地的燕墓;战国早期两件,出自河北三河和北京通州燕墓。六件全部出自燕国。

D 型目前仅发现一件,出自山东临淄齐国都城,其盖和腹部形制与 Abd Ⅰ 式相近同,唯底部附加人形足,可能是工匠或赞助者一次特殊的艺术创作尝试。

以上所论可以概括为以下几点:

1. 铜铏在以沂沭河—淄河流域的莒、齐为重心的海岱地区出现时间最早、延续时间最长、数量最多、形制种类丰富,海岱地区是铜铏的起源地和最主要的流行区域。

2. 铜铏至迟在春秋初期(前 770—前 680)已向北传播到淄河流域的齐国,并从莒、齐等东方海岱地区向西传播到河汾地区的晋国和芮国、向南传播到汉淮地区的曾国,但是,铜铏大规模地遍布东方海岱地区、进入中原河洛地区和山西河汾地区、并波及南方江淮地区和北方京冀及西北陕甘地区是在春秋早期(前 680—前 600)。这种由点及线突然爆发至面的分布态势(图 3.5.21 至 3.5.23),可能与公元前 680—前 643 年齐桓公的霸

业活动有关联,很可能是来自东方海岱地区的齐桓公在创建霸业的过程中将海岱地区莒齐起源的铜铍大规模地"推介"到中原地区(齐定周盟郑)、河汾地区(齐晋交好①)、江淮地区(齐盟江黄道柏、盟楚于召陵、齐桓公七子皆奔楚楚尽以为上大夫)和京冀地区(存邢救卫救燕、北伐戎狄)。《左传》僖公七年记载"夫诸侯之会,其德邢礼义,无国不记",自春秋早期借齐桓公"九合诸侯,一匡天下"的霸业,源自东方海岱地区的铜铍才开始成为中原地区和河汾地区贵族墓葬中随葬铜礼器组合的标准配置之一,在西周以来形成的传统组合中加入新的东方因素,构成铜鼎、敦(簠)、壶(罍)、铍、盘、匜组合。这一时间节点是以往研究中没有注意到的。这种新的组合形式主要流行在北方齐、晋、周、郑、鲁、燕和海岱地区等齐、晋北方联盟下的诸国,秦、楚、吴、越墓葬中虽然也偶见随葬铜铍,但是数量不多、所占比例不高,说明这几国并没有完全接受这种新的组合形式或所受影响并不强烈。京冀地区和陕甘地区戎狄墓葬中基本不见上述组合,它们随葬的铜铍可能是南下劫掠的。

3. 春秋初期和春秋早期各地普遍流行使用 A 型平底铍,尤其是春秋早期 Abb 型分布最广,表现出较强的"统一性"。但是从春秋中晚期开始,A 型平底铍的数量减少、主要分布范围收缩回东方海岱地区,各地之间的"差异性"开始显现出来:海岱地区齐、莒等国仍然主要流行使用 A 型平底铍,其次是 Cba 型乳钉纹蹄足铍,B 型圈足铍虽然在春秋初期就已在本地区出现但是数量极少,Abd 型、Cba 型、Abc 型Ⅲ—Ⅳ式是富有齐国特色的地域类型;晋和三晋地区流行使用 Bba 型圈足铍,并影响到周王室地区;郑国流行使用 Cbb 型蹄足铍;燕国流行使用 Bbc 型圈足铍和 Cdb 型高蹄足铍;楚国墓葬中虽然并不十分流行使用铜铍,但是在春秋中期楚国墓葬中新出现一种模仿铜铍早期形态(无沿、深腹、单耳)的"复古"型(或者称为"返祖"型)铜铍(Aaac 型),并且在 Aaac 型和同期流行的 AbbⅣ式的共同影响下产生一种兼具二者特征的新形制即 Abc 型,Aac 型在春秋中期主要分布在楚国,也影响到北方周、晋和东方海岱地区,最终在战国时期反而成为齐国特色的一种地域类型。

4. 铜铍自西周晚期出现,至战国晚期和秦汉时期基本消失不见,前后延续六百七十余年,其中春秋早期至春秋晚期是发展演变的高峰期,出土数量最多,分布范围也最广,但是铜铍的主要分布范围始终局限在东部、中原和北方地区,没有对西方的秦国和南方的楚国产生深刻影响,这可能是它在秦汉时期基本消失不见的重要原因。

五、铜浴缶的空间分布和文化属性

铜浴缶的空间分布范围较广,不同时期具有不同的分布特点,考察它们的分布格局有利于探讨它们的文化属性,揭示背后的文化历史过程(表 3.5.5,图 3.5.29—图 3.5.35)。

---

① 《左传》庄公二十八年(前 666 年):"晋献公娶于贾,无子。烝于齐姜,生秦穆夫人及大子申生。"《左传》僖公九年(前 651 年):"齐侯以诸侯之师伐晋,及高梁而还,讨晋乱也。……齐隰朋帅师会秦师,纳晋惠公。"《左传》僖公十二年(前 648 年):"齐侯使管夷吾平戎于王,使隰朋平戎于晋。"

表 3.5.5　铜洛缶空间分布统计表

分期	型式	合计	河南	山西	河北	山东	安徽	湖北	湖南	江苏	浙江	广西、广东	陕西	四川、重庆
一	Aa 型	3					舒城 3							
	Ab Ⅰ 式	6				沂水 1	舒城 2、庐江 1、寿县 2							
	Ba Ⅰ 式	2				枣庄 2								
二	Ab Ⅱ 式	4				沂水 3	怀宁 1							
	Ba Ⅱ 式	5	淅川 3					襄阳 2						
	Bba Ⅱ 式	1	南阳 1											
	B Ⅱ 式	4	潢川 1			栖霞 1		谷城 2						
	Bbc 型	1								盱徙 1				
三	Ba Ⅲ 式	25	淅川 7、南阳 3、桐柏 2、固始 1		怀来 1		六安 1	郧县 2、襄阳 1、宜城 1、钟祥 2、当阳 1、江陵 1、公安 1	湘乡 1					
	Bba Ⅲ 式	2	淅川 2											
	B Ⅲ 式	7	叶县 1、洛阳 1		怀来 1	滕州 2				邳州 1		清远 1		
	Ba Ⅳ 式	24	平顶山 2、淅川 3、潢川 1、固始 3				寿县 3、肥东 1	襄阳 5、随州 2、钟祥 1、麻城 1、枝江 1		吴县 1				
四	Bba Ⅱ 式	3				临沂 3								
	Bba Ⅲ 式	2				莒南 2								
	Bba Ⅴ 式	1			灵寿 1									
	B Ⅳ 式	5		侯马 2				襄阳 1、宜城 1				贺县 1		
	Ca Ⅰ 式	3								邳州 1、丹徙 1	绍兴 1			
	？	1										清远 1		

分期	型式	合计	河南	山西	河北	山东	安徽	湖北	湖南	江苏	浙江	广西、广东	陕西	四川、重庆
五	BaⅣ式	2	淅川2											
	BaⅤ式	11						郧县1,随州7,当阳1						
	BbaⅣ式	1	平顶山1											
	BbaⅤ式	1						郧县1						
	B型	1							长沙1					
六	BaⅣ式	1						襄阳1						
	BaⅥ式	4	淅川1,信阳1					荆门2						新都2
	BbaⅥ式	7						郧门1,江陵2,襄阳1					凤翔1	
	BbbⅡ式	2				阳信1		江陵1						
	BbbⅢ式	3	淅川2					随州1						
	Bbc型	2	淅川1					枣阳1						
	CaⅢ式	1	新野1											
	Cb型	2								淮阴2				
	C型	1						钟祥1						
七	BaⅦ式	8				泰安6	寿县1							成都1
	CaⅣ式	1				安丘1								
	Cb型	1												涪陵1
总 计		148	42	2	3	21	15	46	2	7	1	3	1	4

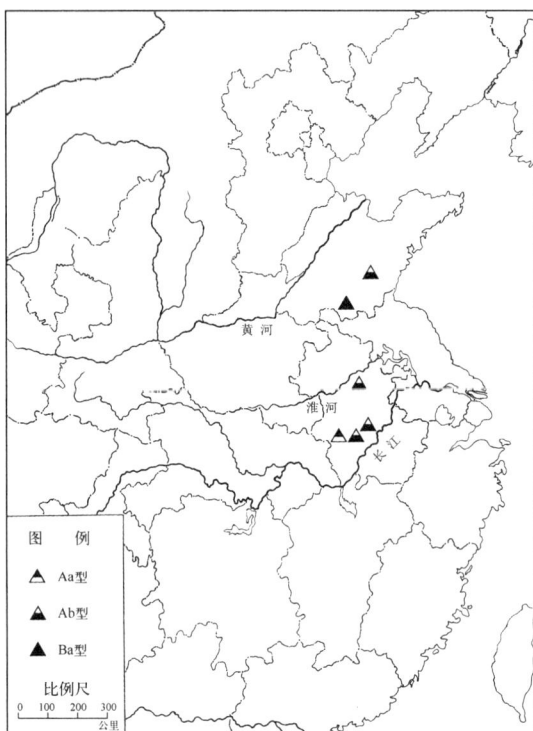

图 3.5.29　铜浴缶分布图(第一期)

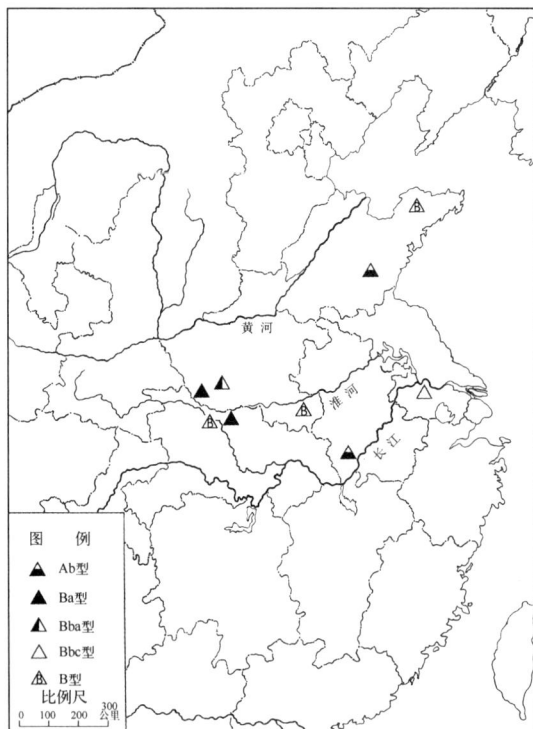

图 3.5.30　铜浴缶分布图(第二期)

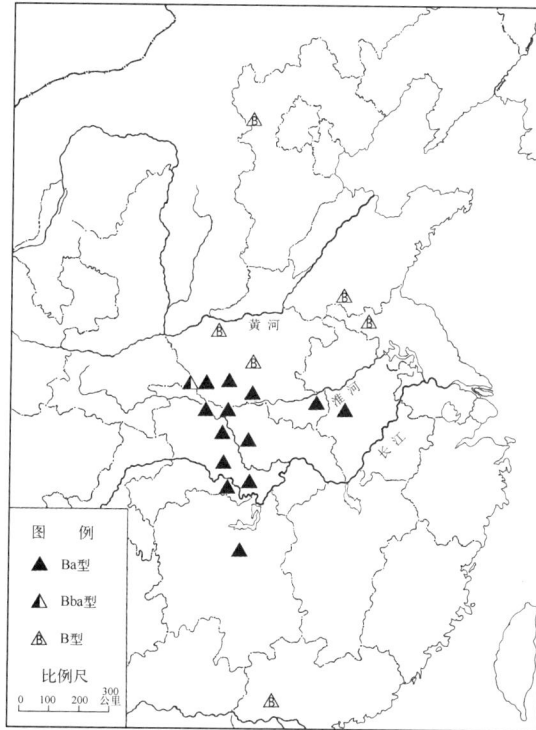

图 3.5.31　铜浴缶分布图(第三期)

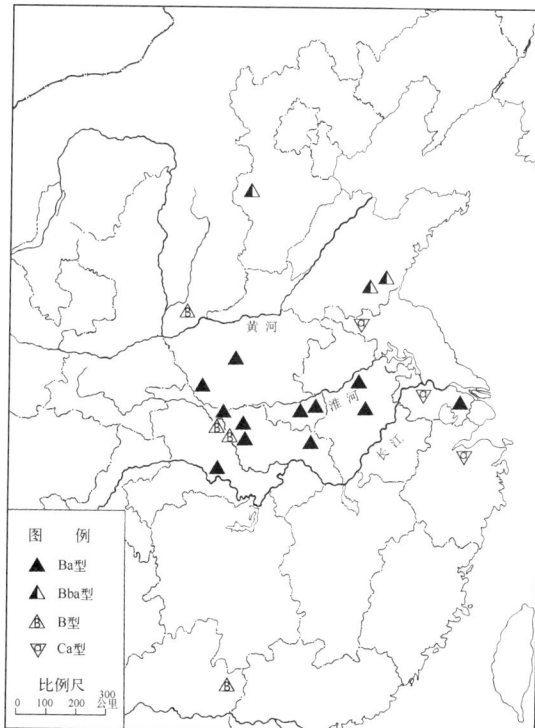

图 3.5.32　铜浴缶分布图(第四期)

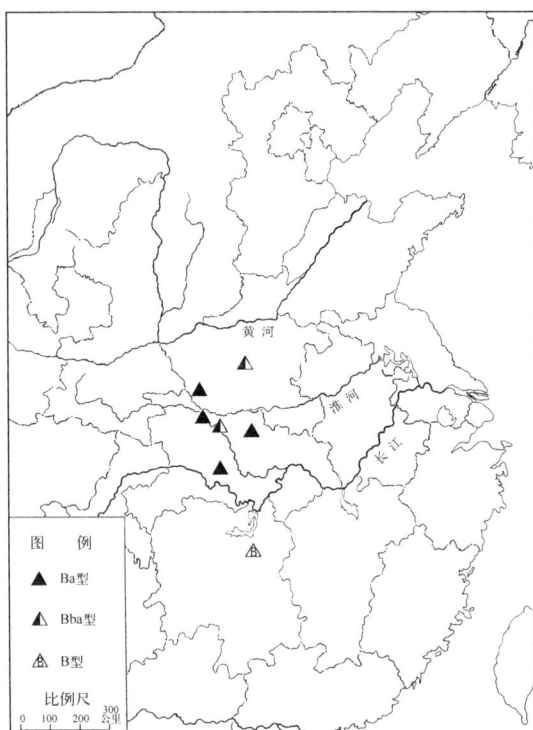

图 3.5.33　铜浴缶分布图(第五期)

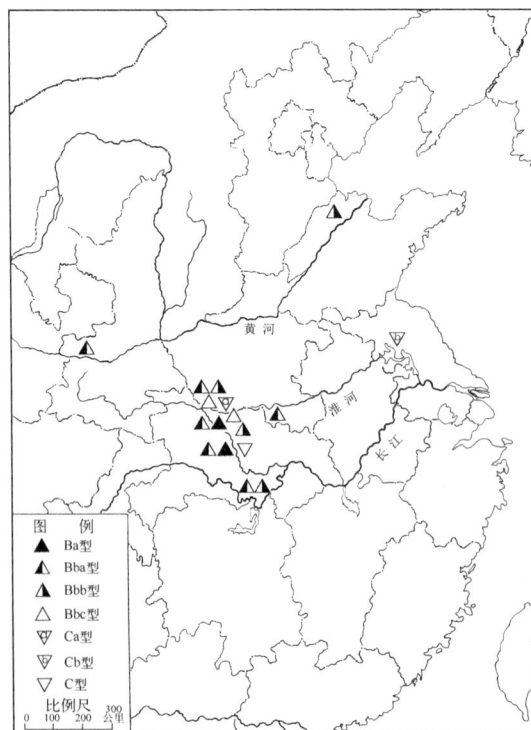

图 3.5.34　铜浴缶分布图(第六期)

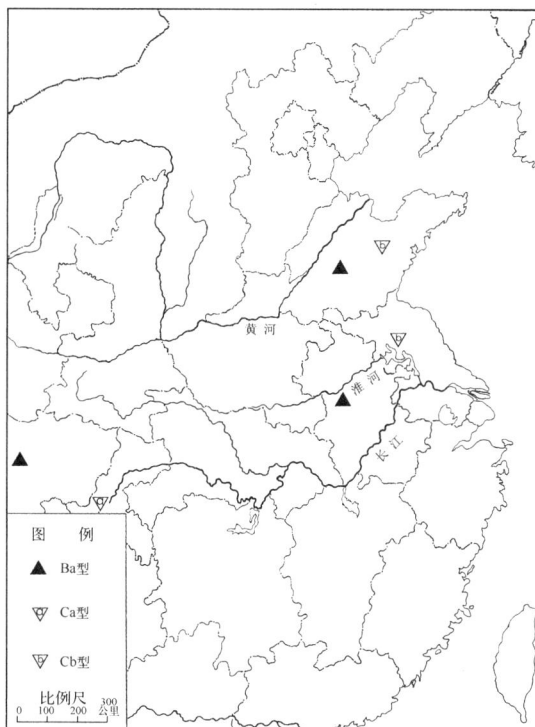

图 3.5.35　铜浴缶分布图(第七期)

　　A 型铜浴缶目前最早见于两周之际至春秋初期,数量较多,发现九件,八件集中分布在安徽江淮之间的舒城、庐江、寿县,另外一件出自淮河支流沂水流经的山东沂水县;春秋早期发现四件,一件出自安徽江淮间南部的怀宁县,三件出自山东沂水。春秋早期之后未再见到 A 型铜浴缶。这十三件 A 型铜浴缶中,Aa 型占三件,Ab 型十件,分布地域没有明显的区别。总体来看,整个 A 型浴缶都集中分布在江淮地区,尤其是舒城、庐江、怀宁、寿县所在的安徽江淮地区,仅舒城就出土了五件。文献记载春秋中期以前这里是群舒分布的区域,[①]可见 A 型浴缶应是群舒的遗留,文化属性属于群舒文化系统。李零称它为"舒式缶",是比较妥适的。

　　B 型铜浴缶中能够区分亚型的共一百零七件,其中 Ba 型八十二件、Bba 型十八件,占绝大多数,我们先讨论它们。

　　目前发现最早的 Ba I 式铜浴缶出自枣庄东江 M3,年代可以上溯到两周之际至春秋初期。它腹部的形态与 A 型很相似,显示出比较密切的亲缘关系。从地域来看,位于淮河支流泗水东畔的东江 M3 也处在淮河流域,属于广义上的江淮地区,这些都表明它们的文化属性应是一致的。但是此后,从 Ba II 式开始,Ba 型浴缶的分布范围和文化属性发生了比较明显的转变,集中分布区域转移到楚国核心区所在的江汉平原和南阳

---

　　①　毛颖、张敏:《长江下游的徐舒与吴越》,湖北教育出版社,2005 年。

盆地,成为楚文化系统中的一种重要因素:春秋早期数量较少,发现五件,出自河南淅川和湖北襄阳楚墓中;春秋中期数量激增至二十五件,分布范围由豫西南和鄂北向南、北、东三个方向扩展,集中分布区在豫南和江汉平原等楚国核心地区,分布的边缘影响到湖南湘乡、河北怀来等地;春秋晚期数量和分布范围与中期基本一致,集中分布区仍在楚国中心区域,向北拓展至河南中部平顶山,东部江苏吴县吴国地区也出土一件,可能来自楚地;战国早期数量开始减少,分布范围收缩,集中分布在豫西南和江汉平原楚国腹地;战国中期数量减少,集中分布在江汉平原,四川新都出土两件;战国晚期数量较少,发现八件,其中一件出自楚幽王墓,六件出自山东泰安,报告推测可能是楚国灰鲁后祭祀泰山的遗留,可见秦师入郢致使楚国东迁后,Ba 型浴缶的集中分布区也随之由江汉平原转移到淮河下游地区;另一件出自成都羊子山 M172 秦墓,应是灭楚时得自楚地。

Bba 型与 Ba 型是关系紧密的姊妹型,演变规律和进程完全一致,数量较 Ba 型少,分布范围主要集中在豫西南和江汉平原楚国核心区域。

Bbb 型从形制上看可能是在 Bba 型的基础上对腹部加以改造分化出来的,数量很少,目前发现五件,其中四件出自湖北江陵及随州、河南淅川等楚国核心地区战国中期的大型楚墓,属于楚文化系统;另外一件出自山东阳信战国中期齐墓。

Bbc 型数量更少,目前发现三件,最早的一件可以早到春秋早期,出自长江下游的江苏丹阳,另外两件晚至战国中期,出自淅川和襄阳的楚墓中,虽然暗示后二者可能源于前者,但是中间的年代跨度大,缺环较多,还只能作为一种推测。

C 型浴缶数量目前发现的还比较少,其中 Ca 型发现五件,年代最早的三件属于春秋晚期,分布在江苏邳州、丹徒、浙江绍兴等吴越地区;一件属于战国中期,分布在河南新野,其时其地属于楚国;另外一件属于战国晚期,出自重庆涪陵小田溪 M9,墓主可能是秦统治下的巴裔。Cb 型目前发现三件,较早的二件出淮阴高庄战国中期越国墓葬,另外一件属于战国晚期,出自山东安丘齐国墓葬。总体来看年代最早的几件 Ca 型和 Cb 型浴缶都与江淮下游地区的越国有关。

总结来看,目前发现的年代最早的铜浴缶可以追溯至两周之际至春秋初期的江淮地区。A 型铜浴缶在春秋初期和春秋早期集中分布在以安徽舒城为重心、文献记载群舒所在的江淮区域,文化属性属于群舒文化系统。源于江淮地区的 Ba 型浴缶在春秋早期中段约公元前 650 年前后随着楚国东进江淮用兵群舒,被引入到楚文化系统中,成为楚文化中的群舒裔文化因素,而后伴随楚文化的对外扩张影响到周边地区。从铜浴缶的谱系和源流来看,楚文化在形成过程中吸收了江淮地区的文化因素,这对于准确揭示楚文化的形成过程具有重要意义。

六、铜汤鼎的空间分布和文化属性

铜汤鼎目前发现数量较多,空间分布范围较广(表 3.5.6,图 3.5.36)。

表 3.5.6 铜汤鼎空间分布统计表

分期	型式	总计	空间 分 布 区 域									
			河南	山西	河北、北京	山东	安徽	湖北、湖南	江苏、浙江	江西	广东、广西	陕西、甘肃	四川、重庆
一	I 式	4					4(舒城1、繁昌1、青阳1、铜陵1)						
二													
三	III 式	5	5（叶县1、淅川3、南阳1）										
四	IV 式	4					2（寿县1、六安1）		2（邳州1、绍兴1）				
五	V 式	2						2（随州2）					
六	VI 式	6						6(随州1、荆门1、江陵3、黄冈1)					
七	VII 式	2			1（丰台1）		1（寿县1）						

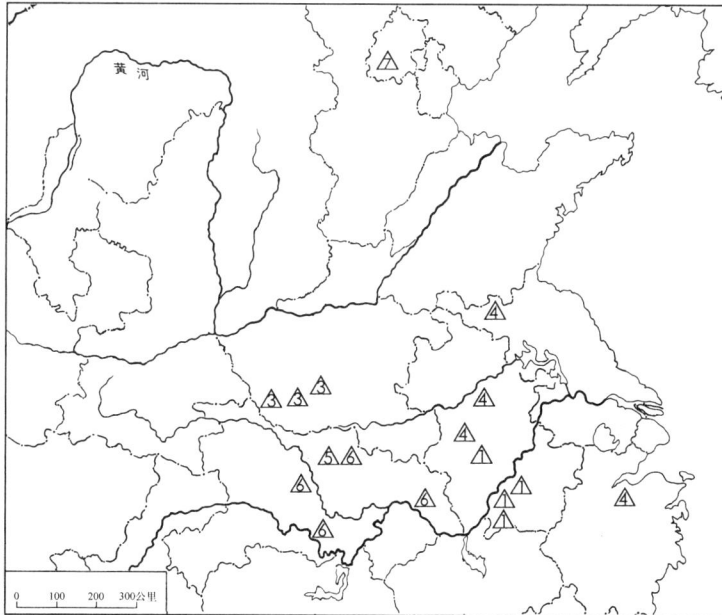

图 3.5.36 铜汤鼎分布图

（三角号内阿拉伯数字表示期别）

第一期,目前发现 4 件,集中分布在安徽皖南地区,属于群舒领域,文化属性属于群舒文化系统;第二期,目前暂未发现;第三期,目前发现 5 件,集中分布在河南南部地区,属于楚国领域或楚文化影响范围内的许国等小诸侯国,文化属性属于楚文化系统中的群舒裔文化因素;第四期,目前发现 4 件,分布于楚国领域和楚文化影响下的蔡国、越国等诸侯国地区,文化属性属于楚文化系统;第五期,目前发现 2 件,分布于楚国的附庸国和楚文化影响下的曾国地区;第六期,目前发现 6 件,集中分布于楚文化核心区域;第七期,目前发现 2 件,分布于安徽和北京丰台,分别属于楚国和燕国领域,后者推测当时得自或仿制楚国的铜汤鼎,文化属性也属于楚文化系统。总结而言,铜汤鼎最早起源于春期初期(或可上溯至西周晚期)安徽皖南群舒地区,至春秋早期随着楚国东进江淮地区征服群舒,群舒地区的铜汤鼎被引入楚文化系统,成为楚文化中的群舒裔因素,而后随着楚国和楚文化的对外扩张,影响到许国、蔡国、曾国、越国、燕国等诸侯国。

七、铜鉴的空间分布和文化属性

铜鉴目前发现数量较多,空间分布范围较广,各型铜鉴具有不同的分布格局、文化属性和国族属性(表 3.5.7,图 3.5.37—图 3.5.42)。

Aa 型和 Ab 型是具有密切亲缘关系的两个分支亚型,后者起源于前者,前者则可能来源于铜盆。[1] Aa 型铜鉴目前最早见于第二期,数量少(2 件),都分布在山东地区,属于齐国和鲁国领域;第三期数量增加(10 件),集中分布在山西南部、河南中部新郑和西南部淅川等地,分别属于晋、郑和楚国领域;第四期数量进一步增加(23 件),集中分布在山西中南部和河南北部,属于晋国领域,此外还分布于河北怀来、安徽寿县、湖北钟祥和江西樟树等地,分别属于燕、蔡、楚等国领域,此外传世或出土有多件吴王光鉴、吴王夫差鉴;第五期数量较第四期略少(17 件),集中分布在晋中南和豫北地区,属于三晋领域,此外还分布在河南淅川等楚国领域;第六期数量增加(32 件),集中分布在晋南、豫北、豫西地区和豫南、鄂北地区,分别属于三晋和楚国领域,此外还分布在四川新都等蜀国领域;第七期目前仅发现于安徽寿县朱家集楚王墓中。

Ab 型铜鉴目前发现的数量少(6 件):最早见于第四期(2 件),器主为蔡昭侯申;第五期 2 件,器主为曾侯乙;第六期 1 件,器主为楚国封君;第七期 1 件,出自秦墓。

B 型铜鉴目前所见均为圆体,与 Aa 型铜鉴形制相似,惟体量一般较小,可能来源于 Aa 型铜鉴。江西靖安水口李家 1979M 出土的一件 BaI 式铜鉴自名为盥盘,学者或将此型铜鉴统称为"盥盘"。[2] 但是自名为盥盘的 B 型铜鉴目前仅见一件,尚属孤例,而且铜器中自名为盥盘的例子不少,形制多为盘或匜,与 B 型铜鉴有较大区别。[3] 因此,基于形制特征归类,我们认为称为鉴较为适宜。从分布范围来看,B 型铜鉴主要分布于淮河下游和长江中下游地区的徐、吴、越等国地区和岭南越族居地。在浙江绍兴、江西贵溪等地还出土有相同形制的陶、瓷鉴。[4]

---

　　① 《说文》:"鉴,大盆也。"
　　② 彭适凡:《谈江西靖安徐器的名称问题》,《文物》1983 年第 6 期,第 66—68 页;彭适凡:《谈江西靖安徐器的名称问题》,《江西先秦考古》,江西高校出版社,1992 年,第 160—164 页。
　　③ 陈昭容:《从古文字材料谈古代的盥洗用具及其相关问题》,《中研院历史语言研究所集刊》第七十一本第四分,2000 年,第 857—932 页。
　　④ 李永迪:《谈山彪镇一号墓出土的一件盥盘及其相关问题》,《古今论衡》2000 年第 5 期,第 144—167 页。

表 3.5.7　铜鉴空间分布统计表

分期	型式	总计	河南	山西	河北	北京	山东	安徽	湖北	湖南	江苏、浙江	江西	广西、广东	陕西	甘肃	重庆	四川
一																	
二	Aa Ⅱ 式	2					2（曲阜1、海阳1）										
三	Aa Ⅲ 式	10	6（新郑4、浙川2）	4（临猗2、侯马2）													
	Ba Ⅰ 式	1										1（靖安1）					
四	Aa Ⅳ 式	23	2（辉县2）	14（临猗4、万荣2、侯马2、长治2、太原4）	2（怀来2）			2（寿县2）	1（钟祥1）			2（樟树2）					
	Ab Ⅰ 式	2						2（寿县2）									
	Ba Ⅱ 式	7	1（汲县1）								6（邳州5、绍兴1）						
	Bb Ⅱ 式	2									2（丹徒1、金坛1）						
五	Aa Ⅴ 式	17	3（辉县2、浙川1）	14（长子2、长治2、潞城4、太原6）													
	Ab Ⅱ 式	2							2（随州2）								
	Bb Ⅲ 式	2							2（随州2）								

分期	型式	总计	空间分布区域														
			河南	山西	河北	北京	山东	安徽	湖北	湖南	江苏、浙江	江西	广西、广东	陕西	甘肃	重庆	四川
六	AaⅤ式	1							1(枣阳1)								
	AaⅥ式	31	12(陕县4、汲县6、淅川2)	13(长治10、新绛3)					4(枣阳2、荆门2)								2(新都2)
	AbⅢ式	1							1(枣阳1)								
	BbⅣ式	15								1(湘乡1)	14(淮阴14)						
七	AaⅦ式							寿县①									
	AbⅣ式	1	1(三门峡1)														
	BbⅤ式	3											3（罗定3）				

① 寿县未采集 1933M 铜器群材料尚未完全公布,数量不详。

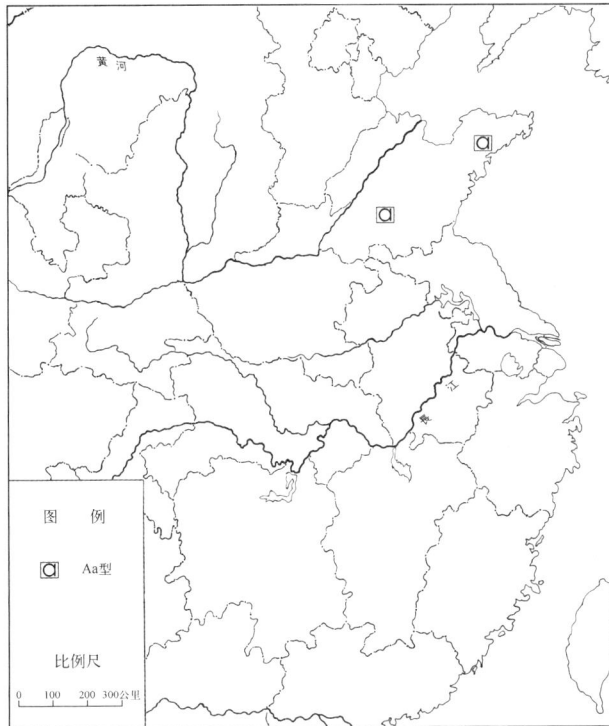

图 3.5.37 铜鉴分布图(第二期)

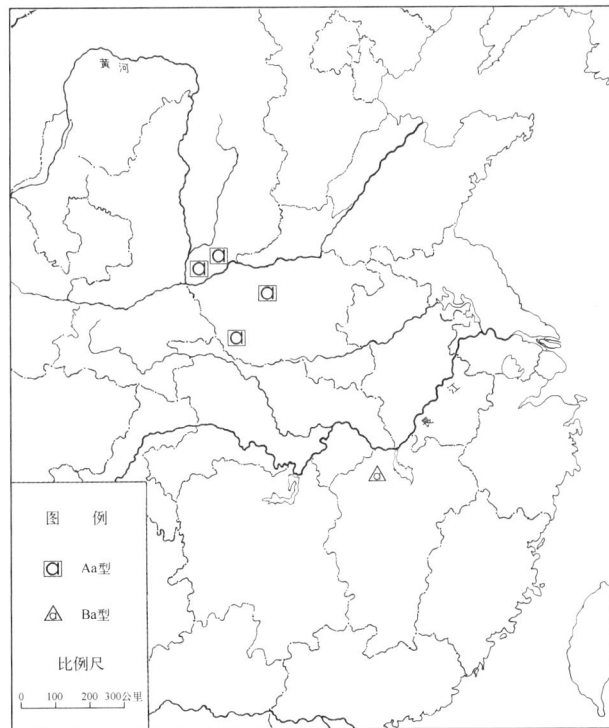

图 3.5.38 铜鉴分布图(第三期)

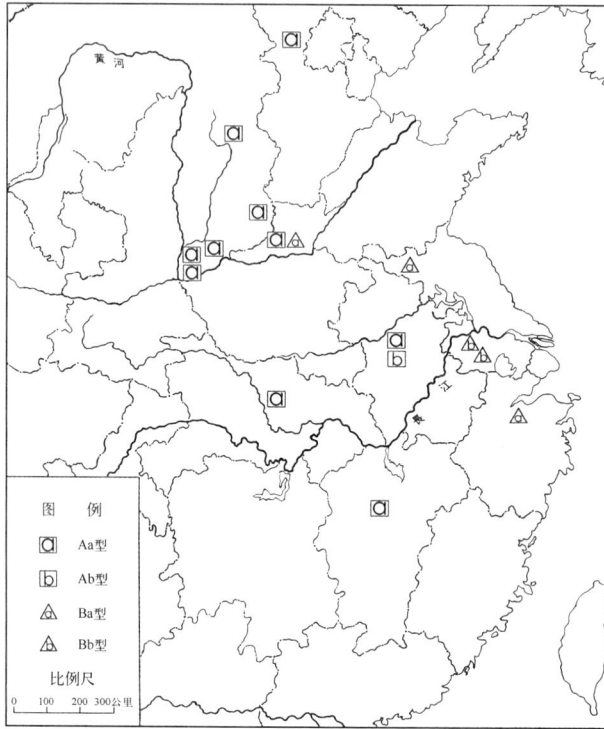

图 3.5.39　铜鉴分布图(第四期)

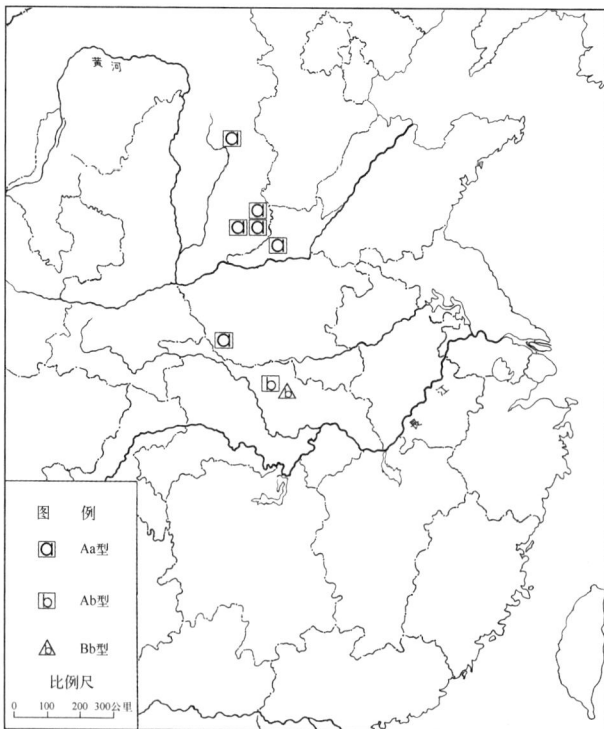

图 3.5.40　铜鉴分布图(第五期)

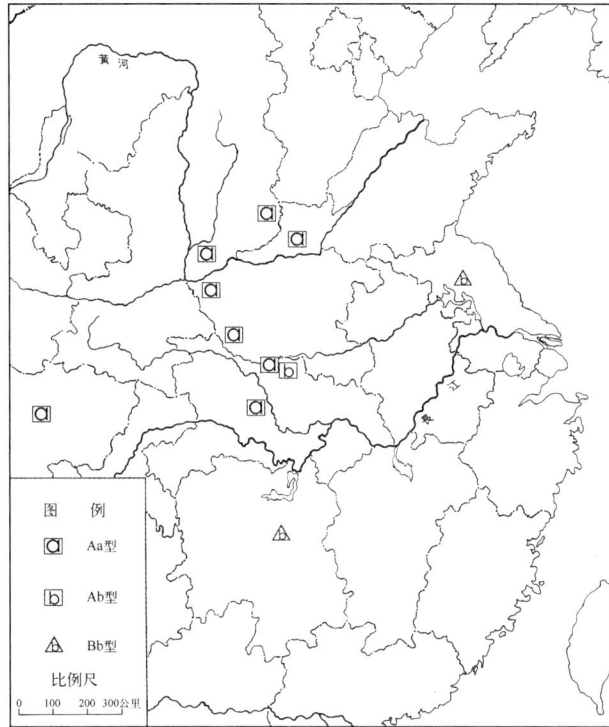

图 3.5.41 铜鉴分布图(第六期)

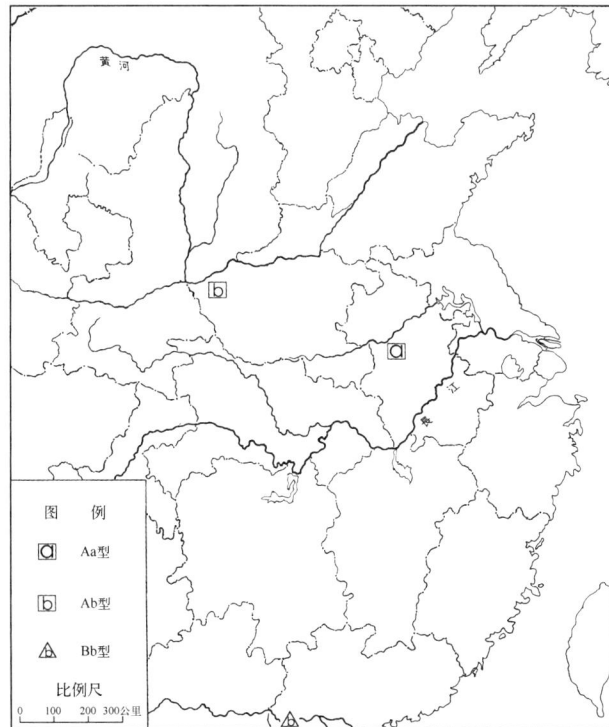

图 3.5.42 铜鉴分布图(第七期)

第四章 结 语

作为整个研究计划的上篇,本书主要通过分类学方法,构建东周时期青铜容器的科学谱系,揭示青铜器谱系中蕴含的历史信息。本书第一章在打破地域观念和界限的情况下,从整体和全局出发,以东周列国疆域范围内出土的青铜容器为研究对象,运用分类学方法统一进行型、式分类,总结各类青铜器的发展演变规律,构建科学的型式分类系统;在此基础上,第二章通过建立数据库的方式梳理各类、型、式青铜器在各个典型铜器群中的分布情况和组合关系,运用考古年代学研究方法进行综合分期和断代研究,探究第一章构建的型式分类系统中各类、型、式的时间坐标;随后,第三章以器类和型为纲,以时间坐标为轴,研究型式分类系统中各类、型、式的空间坐标,梳理它们各阶段的空间分布范围和分布格局,并与文献记载的东周列国和族群的活动区域相互系联和对比,探究型式分类系统中各类、型、式的文化属性和国族属性,上升到对东周社会历史和区域文化系统的研究,从青铜器谱系分析的角度解构东周各国青铜文化的形成过程及区域文化之间的交流和互动关系,初步揭示西周和西汉之间中国古代青铜器文化由相对统一、到裂变、到再次统一的过程和方式。

本书对东周青铜器以及中国古代青铜器和东周社会历史的研究都起到一定的推动和促进作用。本书的主要收获和研究意义可概括如下:

第一,研究视角和研究范式方面,本书在以往传统的以区域为本位的研究范式之外,提供了一种基于全局视野、着眼于整体、以器物谱系为本位的新范式。在研究视野上从全局出发,突破了以往研究中或多或少存在的地方本位主义观念,避免因视野狭窄致使资料占有不全面最终导致结论片面化等问题的发生。我们认为要解决东周青铜容器的谱系问题,必须树立全局视野、整体观念和系统思维方式,着眼于整体和全局,超越以往东周青铜器研究中偏重区域本位的传统范式,自觉地进行旨在建立青铜器科学谱系的分类学研究,从以区域或国别为纲转换到以器物为纲,梳理每类青铜器的发展演变史,理清谱系之后,方能透物见人,上升到社会历史问题的研究。

第二,构建起东周时期青铜容器科学的型式分类系统。本书对青铜器进行型式分析的主要目的不再是解决分期断代问题,而是构建青铜器的科学谱系。我们主张在类型学之上树立分类学观,强化谱系意识,加强谱系研究。分类学和类型学既有本质区别,又有密切联系。分类学旨在研究谱系关系,其中包涵相对年代问题;类型学旨在研究相对年代,应该建立在谱系分析清楚的基础上。以往研究中对青铜器进行型、式分类的目的主要是为解决分期、断代问题,属于机械类型学范式下的研究,缺乏系统思维和谱系观念,在分类标准的选取等方面存在很多不够科学的地方,经常陷入为分类而分类的形而上的机械类型学陷阱中,丧失了型式分类应有的科学性,分类结果没有准确地反映分类对象之间的历史渊源和亲缘关系。我们主张在对青铜器进行型式分类时,应该超越主要为分期断代服务的传统类型学研究范式,从表型分类走向谱系分类,树立系统观念和谱系思维,选择合适的分类标准、合理安排分类对象的性状特征在分类系统中的层级,构建科学的谱系,使型式分类的结果能够反映分类对象之间的亲缘关系和历史渊源。

　　第三,构建起东周时期青铜容器的综合分期和断代体系。本书在更广阔的空间范围、更丰富的青铜器数据统计和更清晰的青铜器谱系研究基础上,从全局和整体出发,注重各区域之间的相互系联和比较,把握其中的相互关联性,对考古发掘出土的所有东周青铜容器进行综合分期断代研究,从整体上更准确地把握东周青铜容器发展演变的阶段特征和区域特征,构建起统一的分期和断代体系。型式分类研究中对青铜器演变规律的准确把握和细致划分使本书的分期和断代较以往更加精细(尤其是将春秋时期划分为四期),对绝对年代的判断也更加精准,分期和断代框架能够与文献史学中东周史的分期和断代体系更好地衔接和对照,可以极大地便利学科之间的对话和交流。

　　第四,系统梳理了东周时期青铜容器的空间分布格局和文化属性。以往青铜器研究中普遍缺乏对青铜器分布地理学的研究,对青铜器的空间分布范围、分布格局和分布规律缺乏关注。东周青铜器分布的空间也是东周列国和族群活动的舞台,对青铜器分布格局及其历时性演变过程和传播路径的研究不仅仅是对青铜器本身的研究,也可以"透物见人",上升到对青铜器背后所代表的人群和国族之间相互交往和互动历史的研究。本书以器类为纲、以时间为轴,对各类、型东周青铜容器的空间分布范围和分布格局进行了历时性统计和分析,并结合历史文献记载的东周列国疆域和族群活动区域进行比较研究,系统梳理各类、型东周青铜容器的文化属性、源流及其反映的区域文化系统之间的相互关系,填补了这方面的学术空白。

　　第五,以器类为纲,从青铜器谱系分析的角度揭示东周各国青铜文化的形成过程及其中间的交流和互动关系。谱系分析是研究考古学文化的一个重要方法,器物谱系背后蕴含着重大历史意义。将青铜器谱系梳理清楚,对其渊源和发展演变过程有了全面系统的把握之后,再回到对区域和部分的研究,能够得到很多新认识,对各个区域文化的形成过程及其之间的相互作用关系以及各个区域在全局中的地位有更加清楚的认识。以东周时期楚国和楚文化系统中流行的青铜容器为例,以往认为属于楚文化特色的铜浴缶和汤鼎,可能来自江淮地区的徐舒文化系统,大约从春秋早期(公元前680—前600年)晚段开始被楚人接受,成为楚文化中的徐舒裔因素;B型铜簠和尊缶,可能来源于山东海岱地区,大约也是从春秋早期晚段开始成为楚文化中的一部分;Cbab型和Cbba型铜壶最早也都溯源到山东海岱地区。可见在楚文化的形成过程中,吸收了许多江淮和海岱地区的文化因素。这与文献记载的公元前656年召陵之盟之后,楚人因北上中原受挫,转而向东经略江淮地区征服徐舒的历史背景相吻合。这对于我们准确揭示楚文化的形成过程、时间、来源、方式以及历史背景等问题,具有重要意义。

　　第六,徐天进先生在讲授中国古代青铜器时曾经指出:"从西周时期青铜器面貌较为一致、东周时期分裂、西汉武帝时期再次统一的中间过程,目前研究得还不够充分,没有完全揭示清楚。这一问题需要放在从考古学上探索汉文化形成过程的大背景中进行考察。"李零先生也指出,以往对东周青铜器和区域文化的研究过于强调"分"的一面,忽视了"合"的一面,忽视了在分歧性因素发展的同时统一性因素也在孕育和生长,对沟通西周和秦汉有负面影响。本书对东周青铜容器发展谱系的梳理和研究,为探索西周和西汉之间中国古代青铜器文化从统一、到裂变、到再统一的过程和路径,为研究西周和西汉之间过渡环节的历史以及从青铜器发展演变的角度梳理从"周制"到"汉制"的嬗变轨迹等历史问题做出了有益的尝试和推动。例如从本书对东周时期铜匜的分类和谱系分析以及楚方城内、外南方和北方 A型、B 型铜匜构成比例的变化来看,春秋初期北方和南方的"统一性"还比较强,都保持着西周以来的周文化传统(都是 A 型占主体);从春期早期开始南、北方走向分裂,"差异性"显现出来,到春秋中期和春秋晚期南、北方"差异性"发展到巅峰(北方延续 A 型占主体、南方 B型发展起来取代了 A 型);但从战国早期开始,南、北方又开始走向新的更大范围的"统一"(南、北方都是 B 型占主体)。这种更大范围的文化上的整合和统一,远在秦始皇军事统一六国之前的战国早期已悄然发端,作为一股暗流为后者奠定了文化基础。这股暗流的源头向上可以一直追溯到春秋初期和春秋早期楚人在南方的经营,由楚发展起来的 B 型尤其是Baaa 型铜匜渐次取代西周以来传统的 A 型铜匜,席卷南方、统一北方,进而成为秦、汉及其以后历史时期铜、铁、陶、漆、瓷等各种材质的匜的主要形制。另外从对东周时期 A 型和 B 型铜盘的型式分类及对其分布格局和文化属性的分析来看,也是从春秋晚期开始 B 型铜盘已经开始"挤占"A 型铜盘的分布空间,开始踏上逐步实现更大范围的"统一"的征程。与此相反,铜铛从春秋晚期开始却分化出更多不同的地域类型,走向"分"的一面。可以说,每一类东周青铜容器都有其自身独特的发展演变的历史过程,不能一概而论。

通过对东周时期青铜容器谱系的研究,我们认为探究西汉时期青铜容器文化的因素构成,需要追溯整个东周时期青铜容器发展演变的过程,才能够得出更加准确地认识。根据本书的研究,我们可以将西汉时期青铜容器的谱系和来源大致揭示如下:

西汉主要青铜容器谱系来源	鼎	Ab Ⅵ式附耳子母口鼎的延续(晋和三晋→秦→汉)
		CⅢ式、DbⅢ式、EⅣ式细撇足鼎的延续(越、楚→秦→汉)
	鎏 甗	Ab 型的延续(巴蜀→秦→汉)
		CaⅣ式的延续(巴蜀→秦→汉)
		CcⅢ式的延续(巴蜀→三晋、中山→秦→汉)
	敦 壶	AbⅦ式的延续(周、晋→楚→秦→汉)
		CaaⅦ式的延续(海岱地区→三晋、楚→秦→汉)
		CbbaⅥ式的延续(海岱地区→周、晋、楚等→秦→汉)
		CbbdⅡ式的延续(海岱地区→周、晋、中山、燕等→秦→汉)
		CcbⅢ式的延续(海岱地区→周、三晋、楚→秦→汉)
		E 型的延续(秦→汉)
	匜 盘	BaaaⅨ式的延续(淮域→楚→秦→汉)
		BcⅣ式的延续(齐、莒→楚→秦→汉)

图 4.1.1　西汉主要青铜容器谱系来源示意图

　　按照最初拟定的研究计划,我们的研究分为上、下两篇:上篇研究青铜器之"理",下篇研究青铜器之"礼"。"理"指物质本身的纹路、层次,即客观事物本身的次序,揭示谱系;"礼",古人藏礼于器,我们试图即器求礼,探究青铜器背后反映的人群和社会结构。本书在为构建东周青铜容器谱系搜集材料和研究的过程中,对东周青铜容器的出土背景信息给予了充分关注,将出土东周青铜容器的墓葬的形制、墓向、墓底面积、墓主性别、头向、葬式、葬俗等信息记录到数据库中,为下篇东周青铜容器背景研究中探讨青铜容器的组合制度、等级制度、性别特征、区域特征和联系等社会历史问题积累了大量材料。

　　作为整个研究计划的上篇,本书的主要工作是"拆分"和"解构",将各地出土的所有东周时期的青铜容器不计地域、不计出土单位、按照器类统一进行型式划分,旨在构建东周青铜容器的形制、时间、空间和国族属性,研究的重点在于"分"和"解构",条分缕析地梳理每一器类自身发展演变和传播扩散的历史(在此过程中我们也颇可瞥见大历史的一些吉光片羽)。在本书谱系研究的基础上,在下篇的研究中我们将更加重视"合"和"重构"的研究,将本书所揭示的各个器类的历史"合"起来,从另外一种视角再做一番全面系统的考察,重构东周各国青铜文化的特征、形成过程和相互关系,进一步详细揭示西周至西汉之间中国青铜器文化由相对统一、到裂变、到再次统一的过程和方式。

附表一　安徽东周

名称	分期	立耳折沿鼎	附耳折沿鼎	附耳子母口鼎	箍口鼎	束腰鼎	细撇足鼎	鬲鼎	牲首鼎	方鼎	鬲	瓿	簠	鉴
当涂县文管所藏铜匜：40(馆藏)①	1													
当涂县文管所藏铜鼎：89(馆藏)②	1	BⅠ1												
繁昌大冲采铜鼎：90(采)③	1	BⅠ1												
繁昌孙村窑上采铜鼎：21(采)④	1	BⅠ1												
繁昌孙村窑上采铜匜：37(采)⑤	1													
繁昌汤家山 1979M(扰)⑥	1	BⅠ3								AⅠ2		商1⑦		
繁昌天保采铜鼎：26(采)⑧	1	BⅠ1												
繁昌新塘采铜瓿：50(采)⑨	1											BaⅠ1		
肥西小八里 1971M(扰)⑩	1	BⅠ2										BbⅠ1		
合肥乌龟岗 1970M(扰)⑪	1					BaⅠ1								

---

① 安徽大学、安徽省文物考古研究所：《皖南商周青铜器》,文物出版社,2006 年,第 68 页。
② 安徽大学、安徽省文物考古研究所：《皖南商周青铜器》,文物出版社,2006 年,第 146—147 页。
③ 安徽大学、安徽省文物考古研究所：《皖南商周青铜器》,文物出版社,2006 年,第 148 页。
④ 安徽大学、安徽省文物考古研究所：《皖南商周青铜器》,文物出版社,2006 年,第 37 页。
⑤ 安徽大学、安徽省文物考古研究所：《皖南商周青铜器》,文物出版社,2006 年,第 62—63 页。
⑥ 安徽省文物工作队、繁昌县文化馆：《安徽繁昌出土一批春秋青铜器》,《文物》1982 年第 12 期,第 47—50 页；安徽大学、安徽省文物考古研究所：《皖南商周青铜器》,文物出版社,2006 年。
⑦ "商 1"表示商代的器物 1 件。
⑧ 安徽大学、安徽省文物考古研究所：《皖南商周青铜器》,文物出版社,2006 年,第 42 页。
⑨ 安徽大学、安徽省文物考古研究所：《皖南商周青铜器》,文物出版社,2006 年,第 83 页。
⑩ 佚名：《肥西、合肥发现西周晚期铜器》,《文物》1972 年第 1 期,第 77 页；安徽省博物馆：《遵循毛主席的指示,做好文物博物馆工作》,《文物》1978 年第 8 期,第 1—11 页。
⑪ 佚名：《肥西、合肥发现西周晚期铜器》,《文物》1972 年第 1 期,第 77 页；安徽省博物馆：《遵循毛主席的指示,做好文物博物馆工作》,《文物》1978 年第 8 期,第 1—11 页。

表

铜器群型式登记表

釜	铺	匜	簠	簋	盆	敦	壶	尊缶	罍	鉴	盂	匜	盘	鉳	浴缶	汤鼎
												AaabⅠ1				
												AaabⅠ1				
			EⅠ1								CⅠ1		AbaaⅠ1			Ⅰ1
			AⅠ1										1	1		

名　称	分期	立耳折沿鼎	附耳折沿鼎	附耳子母口鼎	箍口鼎	束腰鼎	细撇足鼎	鬲鼎	牲首鼎	方鼎	鬲	甊	復	鍪
界首张大桥 2004M(扰)①	1													
郎溪采铜鼎：97(采)②	1			Aa I 1										
庐江岳庙莫庄1988M(扰)③	1								1			Ba I 1		
庐江三塘采铜浴缶(采)④	1													
南陵白云采铜鼎：15(采)⑤	1	B I 1												
南陵采铜鼎：122(采)⑥	1	Ab I 1												
南陵采铜鼎：17(采)⑦	1	Ab I 1												
南陵长山采铜甊：51(采)⑧	1											Ba I 1		
南陵池庙采铜鼎：24(采)⑨	1	B I 1												
南陵千峰山采铜鼎：20(采)⑩	1	B I 1												
南陵西枫采铜鼎：19(采)⑪	1	B I 1												
潜山梅城黄岭 1993M(扰)⑫	1									B I 4		Aaab I 1、Ba I 1		
青阳汪村采铜鼎：91(采)⑬	1		Aa I 1											
青阳汪村采铜盘：60(采)⑭	1													
青阳汪村采铜汤鼎：110(采)⑮	1													
寿县肖严湖 1975M(扰)⑯	1	Ab I 1							1					

① 界首市文物管理所:《界首市张大桥土坑墓出土东周器物》,《文物研究》(15),黄山书社,2007 年,第180—182 页。
② 安徽大学、安徽省文物考古研究所:《皖南商周青铜器》,文物出版社,2006 年,第158—159 页。
③ 马道阔:《安徽省庐江县出土春秋青铜器——兼谈南淮夷文化》,《东南文化》1990 年第12 期,第74—78 页。
④ 安徽大学、安徽省社会科学院、安徽省文物考古研究所:《安徽江淮地区商周青铜器》,文物出版社,2014 年。
⑤ 安徽大学、安徽省文物考古研究所:《皖南商周青铜器》,文物出版社,2006 年,第31 页。
⑥ 安徽大学、安徽省文物考古研究所:《皖南商周青铜器》,文物出版社,2006 年,第196 页。
⑦ 安徽大学、安徽省文物考古研究所:《皖南商周青铜器》,文物出版社,2006 年,第33 页。
⑧ 安徽大学、安徽省文物考古研究所:《皖南商周青铜器》,文物出版社,2006 年,第84—85 页。
⑨ 安徽大学、安徽省文物考古研究所:《皖南商周青铜器》,文物出版社,2006 年,第40 页。
⑩ 安徽大学、安徽省文物考古研究所:《皖南商周青铜器》,文物出版社,2006 年,第36 页。
⑪ 安徽大学、安徽省文物考古研究所:《皖南商周青铜器》,文物出版社,2006 年,第35 页。
⑫ 潜山县文物局:《潜山黄岭春秋墓》,《文物研究》(13),黄山书社,2001 年,第125—127 页。
⑬ 安徽大学、安徽省文物考古研究所:《皖南商周青铜器》,文物出版社,2006 年,第150 页。
⑭ 安徽大学、安徽省文物考古研究所:《皖南商周青铜器》,文物出版社,2006 年,第100 页。
⑮ 安徽大学、安徽省文物考古研究所:《皖南商周青铜器》,文物出版社,2006 年,第180—181 页。
⑯ 寿县博物馆:《寿县肖严湖出土春秋青铜器》,《文物》1990 年第11 期,第65—67 页。

续表

釜	铺	盨	簠	簋	盆	敦	壶	尊缶	罍	鉴	盉	匜	盘	铈	浴缶	汤鼎
				A Ⅰ 1												
															Ab Ⅰ 1	
										Ba Ⅰ 1					
												Abaa Ⅰ 1			
																Ⅰ 1
				A Ⅰ 1							Aaaa Ⅰ 1			Ab Ⅰ 2	

名　称	分期	立耳折沿鼎	附耳折沿鼎	附耳子母口鼎	箍口鼎	束腰鼎	细撇足鼎	鬲鼎	牲首鼎	方鼎	鬲	甗	簠	鍪
舒城河口 1988M1(扰)①	1			Aa I 2					1			Ba I 1		
舒城龙舒凤凰嘴 1959M(扰)②	1			Aa I 2					1		B I 3	Ba I 1		
宿州平山 1987M(扰)③	1	Ab I 1									B I 2			
铜陵朝山采铜鼎:27(采)④	1	B I 1												
铜陵凤凰山采铜鼎:23(采)⑤	1	B I 1												
铜陵金口岭采铜鼎:29(采)⑥	1	B I 1												
铜陵金口岭采铜甗:52(采)⑦	1											Bb I 1		
铜陵市区采铜鼎:92(采)⑧	1	B I 1												
铜陵市区采铜汤鼎:109(采)⑨	1													
铜陵市区扫把沟采铜甗:68(采)⑩	1											Aaab I 1		
铜陵铁湖采铜匜:62(采)⑪	1													
铜陵西湖轮窑厂采铜甗:67(采)⑫	1											Aaab I 1		
铜陵谢垅 1989JC(完整)⑬	1	B I 1		Aa I 1								Aaab I 1、Ba I 1		

①　安徽省文物考古研究所、舒城县文物管理所:《安徽舒城县河口春秋墓》,《文物》1990 年第 6 期,第 58—66 页。
②　安徽省文化局文物工作队:《安徽舒城出土的铜器》,《考古》1964 年第 10 期,第 498—503 页。
③　李国梁:《安徽宿县谢芦村出土周代青铜器》,《文物》1991 年第 11 期,第 92—93 页。
④　安徽大学、安徽省文物考古研究所:《皖南商周青铜器》,文物出版社,2006 年,第 43 页。
⑤　安徽大学、安徽省文物考古研究所:《皖南商周青铜器》,文物出版社,2006 年,第 39 页。
⑥　安徽大学、安徽省文物考古研究所:《皖南商周青铜器》,文物出版社,2006 年,第 46—47 页。
⑦　安徽大学、安徽省文物考古研究所:《皖南商周青铜器》,文物出版社,2006 年,第 86—87 页。
⑧　安徽大学、安徽省文物考古研究所:《皖南商周青铜器》,文物出版社,2006 年,第 151 页。
⑨　安徽大学、安徽省文物考古研究所:《皖南商周青铜器》,文物出版社,2006 年,第 178—179 页。
⑩　安徽大学、安徽省文物考古研究所:《皖南商周青铜器》,文物出版社,2006 年,第 114—115 页。
⑪　安徽大学、安徽省文物考古研究所:《皖南商周青铜器》,文物出版社,2006 年,第 105 页。
⑫　安徽大学、安徽省文物考古研究所:《皖南商周青铜器》,文物出版社,2006 年,第 113 页。
⑬　张国茂:《安徽铜陵谢垅春秋铜器窖藏清理简报》,《东南文化》1990 年第 4 期,第 210—212 页;安徽大学、安徽省文物考古研究所:《皖南商周青铜器》,文物出版社,2006 年。

续表

釜	铺	甗	簠	簋	盆	敦	壶	尊缶	罍	鉴	盉	匜	盘	铺	浴缶	汤鼎
				A Ⅰ1									Add Ⅰ1		Ab Ⅰ2	Ⅰ1
													Ada Ⅰ1、2		Aa3	
				Db1								Aaab Ⅰ1				
																Ⅰ1
											C Ⅰ1					
											Aaab Ⅰ1					

名　称	分期	立耳折沿鼎	附耳折沿鼎	附耳子母口鼎	箍口鼎	束腰鼎	细撇足鼎	鬲鼎	牲首鼎	方鼎	鬲	瓿	镬	鉴
铜陵钟鸣采铜鼎：98(采)①	1	Ab Ⅰ 1												
铜陵钟鸣采铜鼎：99(采)②	1	B Ⅰ 1												
望江竹山1987采铜鼎(采)③	1			Aa Ⅰ 2										
芜湖韩墩采铜鼎：16(采)④	1	B Ⅰ 1												
芜湖韩墩采铜匜：38(采)⑤	1													
芜湖市采铜鼎：108(采)⑥	1								1					
芜湖市采铜瓿：49(采)⑦	1											Ba Ⅰ 1		
芜湖市采铜匜：39(采)⑧	1													
宣城孙埠正兴1981M(扰)⑨	1	B Ⅰ 1					Ba Ⅰ 1	B Ⅰ 1						
庐江盔头采铜瓿(采)⑩	1											Ba Ⅰ 1		
舒城春秋塘采铜瓿(采)⑪	1											Ba Ⅰ 1		
舒城五里采铜瓿(采)⑫	1											Bb Ⅰ 1		
繁昌新塘采铜鼎：106(采)⑬	2	C Ⅱ 1												
繁昌新塘采铜盉：57(采)⑭	2													
肥西金牛长庄1981M(扰)⑮	2	B Ⅱ 1												
贵池墩上乡采铜鼎：104(采)⑯	2	B Ⅱ 1												

①　安徽大学、安徽省文物考古研究所：《皖南商周青铜器》，文物出版社，2006年，第160—161页。
②　安徽大学、安徽省文物考古研究所：《皖南商周青铜器》，文物出版社，2006年，第162—163页。
③　宋康年：《安徽望江出土春秋时代铜鼎》，《考古》1989年第10期，第892页。
④　安徽大学、安徽省文物考古研究所：《皖南商周青铜器》，文物出版社，2006年，第32页。
⑤　安徽大学、安徽省文物考古研究所：《皖南商周青铜器》，文物出版社，2006年，第64—65页。
⑥　安徽大学、安徽省文物考古研究所：《皖南商周青铜器》，文物出版社，2006年，第176—177页。
⑦　安徽大学、安徽省文物考古研究所：《皖南商周青铜器》，文物出版社，2006年，第82页。
⑧　安徽大学、安徽省文物考古研究所：《皖南商周青铜器》，文物出版社，2006年，第66—67页。
⑨　徐之田：《安徽宣州市孙埠出土周代青铜器》，《文物》1991年第8期，第96页；王爱武：《安徽宣城出土的青铜器》，《文物》2007年第2期，第39—40页；安徽大学、安徽省文物考古研究所：《皖南商周青铜器》，文物出版社，2006年。
⑩　安徽大学、安徽省社会科学院、安徽省文物考古研究所：《安徽江淮地区商周青铜器》，文物出版社，2014年。
⑪　安徽大学、安徽省社会科学院、安徽省文物考古研究所：《安徽江淮地区商周青铜器》，文物出版社，2014年。
⑫　安徽大学、安徽省社会科学院、安徽省文物考古研究所：《安徽江淮地区商周青铜器》，文物出版社，2014年。
⑬　安徽大学、安徽省文物考古研究所：《皖南商周青铜器》，文物出版社，2006年，第174页。
⑭　安徽大学、安徽省文物考古研究所：《皖南商周青铜器》，文物出版社，2006年，第94—95页。
⑮　安徽省文物工作队：《安徽肥西县金牛春秋墓》，《考古》1984年第9期，第852页。
⑯　安徽大学、安徽省文物考古研究所：《皖南商周青铜器》，文物出版社，2006年，第171页。

釜	铺	盨	簠	簋	盆	敦	壶	尊缶	罍	鉴	盂	匜	盘	铺	浴缶	汤鼎
												Aaab Ⅰ 1					
											Aaab Ⅰ 1					
											Ba Ⅱ 1					

名称	分期	立耳折沿鼎	附耳折沿鼎	附耳子母口鼎	箍口鼎	束腰鼎	细撇足鼎	鬲鼎	牲首鼎	方鼎	鬲	甗	簠	鉴
贵池墩上乡采铜鼎：105(采)①	2	B Ⅱ 1												
怀宁金拱人形 1982M(扰)②	2	B Ⅱ 2							1			Ba Ⅱ 1		
郎溪采铜鼎：96(采)③	2	Ab Ⅱ 1												
六安毛坦厂走马岗 1989M(扰)④	2											Ba Ⅱ 1		
南陵方家采铜鼎：101(采)⑤	2	Ab Ⅱ 1												
南陵西枫采铜鼎：18(采)⑥	2	B Ⅱ 1												
青阳龙岗 1995M2(扰)⑦	2						Aa Ⅱ 1							
桐城高桥长岗 1994JC(扰)⑧	2	B Ⅱ 1												
铜陵金口岭 1987M2(扰)⑨	2						Aa Ⅱ 1							
铜陵金口岭采铜鼎：123(采)⑩	2						Aa Ⅱ 1							
铜陵龙坝采铜鼎：103(采)⑪	2	Ab Ⅱ 1												
铜陵狮子山采铜鼎：95(采)⑫	2	Ab Ⅱ 1												
铜陵市区采铜鼎：121(采)⑬	2						Ab Ⅱ 1							
铜陵市区采铜盉：58(采)⑭	2													
铜陵铁湖村采铜鼎：94(采)⑮	2	B Ⅱ 1												

① 安徽大学、安徽省文物考古研究所:《皖南商周青铜器》,文物出版社,2006年,第172—173页。
② 怀宁县文物管理所:《安徽怀宁县出土春秋青铜器》,《文物》1983年第11期,第68—71页。
③ 安徽大学、安徽省文物考古研究所:《皖南商周青铜器》,文物出版社,2006年,第157页。
④ 安徽省博物馆、六安县文物管理所:《安徽六安县发现一座春秋时期墓葬》,《考古》1993年第7期,第656—657页。
⑤ 安徽大学、安徽省文物考古研究所:《皖南商周青铜器》,文物出版社,2006年,第166—167页。
⑥ 安徽大学、安徽省文物考古研究所:《皖南商周青铜器》,文物出版社,2006年,第34页。
⑦ 青阳县文物管理所:《安徽青阳县龙岗春秋墓的发掘》,《考古》1998年第2期,第18—24页。
⑧ 江小角:《桐城出土春秋时期青铜器》,《文物》1999年第4期,第89—91页。
⑨ 张国茂:《安徽铜陵市金口岭春秋墓》,《文物研究》(7),黄山书社,1991年,第286—289页。
⑩ 安徽大学、安徽省文物考古研究所:《皖南商周青铜器》,文物出版社,2006年,第197页。
⑪ 安徽大学、安徽省文物考古研究所:《皖南商周青铜器》,文物出版社,2006年,第170页。
⑫ 安徽大学、安徽省文物考古研究所:《皖南商周青铜器》,文物出版社,2006年,第156页。
⑬ 安徽大学、安徽省文物考古研究所:《皖南商周青铜器》,文物出版社,2006年,第194—195页。
⑭ 安徽大学、安徽省文物考古研究所:《皖南商周青铜器》,文物出版社,2006年,第96—98页。
⑮ 安徽大学、安徽省文物考古研究所:《皖南商周青铜器》,文物出版社,2006年,第154—155页。

釜	铺	盨	簠	簋	盆	敦	壶	尊缶	罍	鉴	盉	匜	盘	铷	浴缶	汤鼎
												Aaaa Ⅱ 1			Ab Ⅱ 1	
											E Ⅰ 1		Abaa Ⅱ 1			
									Db1							
											Ba Ⅱ 1					

名称	分期	立耳折沿鼎	附耳折沿鼎	附耳子母口鼎	箍口鼎	束腰鼎	细撇足鼎	鬲鼎	牺首鼎	方鼎	鬲	甗	鍑	鍪
铜陵西湖轮窑厂采铜鼎:100(采)①	2	BⅡ1												
铜陵西湖轮窑厂采铜甗:54(采)②	2											BaⅡ1		
铜陵杨家山采铜甗:69(采)③	2											AaabⅡ1		
铜陵钟鸣乡采铜甗:53(采)④	2											BaⅡ1		
利辛管台子1984JC(窖)⑤	2													
太和胡窑1958采铜盉(采)⑥	2													
凤阳乔涧子2013M2(盗)⑦	2													
蚌埠双墩2006M1(完整)⑧	3	BⅢ3			AbⅡ2							CabⅠ1		
六安九里沟1991M1(扰)⑨	3				AbⅡ1									
铜陵金口岭1990M3(扰)⑩	3						AaⅢ1							
凤阳卞庄2007M1(盗)⑪	4				AcⅢ2							CabⅡ1		
凤阳大东关1991M1(扰)⑫	4													
泾县官庄采铜鼎:107(采)⑬	4				AcⅢ1									
六安九里沟1986采铜鼎(采)⑭	4													

① 安徽大学、安徽省文物考古研究所:《皖南商周青铜器》,文物出版社,2006年,第164—165页。
② 安徽大学、安徽省文物考古研究所:《皖南商周青铜器》,文物出版社,2006年,第89页。
③ 安徽大学、安徽省文物考古研究所:《皖南商周青铜器》,文物出版社,2006年,第116—117页。
④ 安徽大学、安徽省文物考古研究所:《皖南商周青铜器》,文物出版社,2006年,第88页。
⑤ 安徽省文物事业管理局:《安徽馆藏珍宝》,中华书局,2008年,第73页。
⑥ 安徽省文物事业管理局:《安徽馆藏珍宝》,中华书局,2008年,第96页。
⑦ 安徽省文物考古研究所、凤阳县文物管理所:《安徽凤阳乔涧子春秋钟离国贵族墓葬发掘简报》,《江汉考古》2015年第2期,第12—20页。
⑧ 安徽省文物考古研究所、蚌埠市博物馆:《钟离君柏墓》,文物出版社,2013年。
⑨ 方林、方雨瑞:《六安市出土的楚式青铜器》,《文物研究》(12),黄山书社,1999年,第257—259页。
⑩ 张国茂:《安徽铜陵市金口岭春秋墓》,《文物研究》(7),黄山书社,1991年,第286—289页。
⑪ 安徽省文物考古研究所、凤阳县文物管理所:《凤阳大东关与卞庄》,科学出版社,2010年。
⑫ 安徽省文物考古研究所、凤阳县文物管理所:《凤阳大东关与卞庄》,科学出版社,2010年。
⑬ 安徽大学、安徽省文物考古研究所:《皖南商周青铜器》,文物出版社,2006年,第175页。
⑭ 胡仁宜:《六安市九里沟出土的铜簋》,《文物研究》(2),黄山书社,1986年,第39—40页。

釜	铺	盨	簠	簋	盆	敦	壶	尊缶	罍	鉴	盉	匜	盘	铘	浴缶	汤鼎
		AaⅢ2														
		AⅡ1														
			EⅡ1	CaⅡ1										AaaaⅣ2		
		BbⅣ4	DaⅢ2						AbbbⅡ2	BaⅡ1	BaaaⅢ1、BbaⅢ1	AdbⅢ1				
					BaaⅡ1									BaⅢ1		
		BbⅤ1	DcⅣ1	BabⅣ1					AbbaⅣ1	BaⅣ1	BbaⅣ1	AcbⅣ1				
				BbaⅢ1												
														Ⅳ1		

名　称	分期	立耳折沿鼎	附耳折沿鼎	附耳子口鼎	箍口鼎	束腰鼎	细撇足鼎	鬲鼎	牲首鼎	方鼎	鬲	瓿	簠	鉴
六安九里沟1991M2(扰)①	4				BbⅠ1									
青阳龙岗1995M1(完整)②	4				AcⅢ2							AaaaⅣ1		
青阳龙岗采铜鼎:111(采)③	4				AcⅢ1									
寿县北关集1987采铜浴缶(采)④	4													
寿县东津长沟东坡1983采铜壶(采)⑤	4													
寿县西门内1955M(扰)⑥	4		BbaⅡ1	1	BbⅠ9	BaaⅣ7						AbabⅣ8		
舒城九里墩1980M(盗)⑦	4													
歙县采铜鼎:120(采)⑧	4						AaⅣ1							
肥东龙城采铜浴缶(采)⑨	4													
六安城西窑厂1991M2(扰)⑩	5				AcⅤ2									
繁昌三山镇采铜鼎:149(采)⑪	6						DbⅡ1							
贵池檀丰采铜敦:150(采)⑫	6													
八安城北1991M(扰)⑬	6			DaⅢ1										
寿县双桥1984M(盗)⑭	6			DbⅢ2										

---

①　方林、方雨瑞:《六安市出土的楚式青铜器》,《文物研究》(12),黄山书社,1999年,第257—259页。
②　青阳县文物管理所:《安徽青阳县龙岗春秋墓的发掘》,《考古》1998年第2期,第18—24页。
③　安徽大学、安徽省文物考古研究所:《皖南商周青铜器》,文物出版社,2006年,第182—184页。
④　许建强、李宏:《寿县出土一件春秋铜罍》,《文物研究》(6),黄山书社,1990年,第253页。
⑤　许璞、建强:《安徽寿县出土两件铜方壶》,《文物》1988年第2期,第80页。
⑥　安徽省文物管理委员会、安徽省博物馆:《寿县蔡侯墓出土遗物》,科学出版社,1956年;五省出土重要文物展览筹备委员会:《陕西、江苏、热河、安徽、山西五省出土重要文物展览图录》,文物出版社,1958年;安徽省博物馆:《安徽省博物馆藏青铜器》,上海人民美术出版社,1987年;《中国青铜器全集》(7)。
⑦　安徽省文物工作队:《安徽舒城九里墩春秋墓》,《考古学报》1982年第2期,第229—242页。
⑧　安徽大学、安徽省文物考古研究所:《皖南商周青铜器》,文物出版社,2006年,第193页。
⑨　安徽大学、安徽省社会科学院、安徽省文物考古研究所:《安徽江淮地区商周青铜器》,文物出版社,2014年。
⑩　安徽省六安县文物管理所:《安徽六安县城西窑厂2号楚墓》,《考古》1995年第2期,第124—140页。
⑪　安徽大学、安徽省文物考古研究所:《皖南商周青铜器》,文物出版社,2006年,第223页。
⑫　安徽大学、安徽省文物考古研究所:《皖南商周青铜器》,文物出版社,2006年,第224—225页。
⑬　褚金华:《安徽省六安县城北楚墓》,《文物》1993年第1期,第29—39页。
⑭　寿县博物馆:《寿县双桥战国墓调查》,《文物研究》(2),黄山书社,1986年,第11—13页。

釜	铺	甗	簠	簋	盆	敦	壶	尊缶	罍	鉴	盉	匜	盘	铚	浴缶	汤鼎
						Daa Ⅰ1										
															BaⅣ1	
							AaⅣ2									
	2		BbⅤ4	BaⅣ8		Dac Ⅰ2、Cbb Ⅱ2	AaⅣ2、CaaⅣ1	AaⅣ3、B Ⅱ2		AaⅣ2、Ab Ⅰ2	BaⅣ1、D1	BbaⅣ1	AcaⅣ2、AdaⅣ2、Afb1、Bcb Ⅰ2		BaⅣ2	Ⅳ1
			BbⅤ2			Daa Ⅰ1					BaⅣ1					
															BaⅣ1	
						Dab Ⅱ2						BaaaⅤ1	AddⅤ1			
						Dab Ⅲ1										
						Dab Ⅲ1						Baab Ⅰ1	BcaⅢ1			

名 称	分期	立耳折沿鼎	附耳折沿鼎	附耳子母口鼎	箍口鼎	束腰鼎	细撇足鼎	鬲鼎	牲首鼎	方鼎	鬲	甗	簠	鉴
安庆王家山 1987M1(扰)①	7						DbⅢ1							
蚌埠东八里 1955M(扰)②	7			DaⅣ2										
巢湖田埠 2003M(扰)③	7			AbⅥ2										
淮南邱岗 1992 采铜鼎 1 号(采)④	7						DbⅢ1							
淮南邱岗 1992 采铜鼎 2 号(采)⑤	7						DbⅢ1							
淮南邱岗 1992 采铜鼎 3 号(采)⑥	7			AdⅥ1										
淮南邱岗 1992 采铜壶 1 号(采)⑦	7													
淮南邱岗 1992 采铜壶 2 号(采)⑧	7													
六安白鹭洲 2011M566 (完整)⑨	7			DbⅣ4								CacⅣ1、DcⅢ1		
六安白鹭洲 2011M585 (完整)⑩	7			DaⅣ4										
六安城西窑厂 1997M5(扰)⑪	7													

---

①　黄光新:《安庆王家山战国墓出土越王丌北古剑等器物》,《文物》2000 年第 8 期,第 84—88 页。
②　孙百朋:《介绍蚌埠市出土的几件有文字铜器》,《文物参考资料》1957 年第 7 期,第 83—84 页。
③　巢湖市文物管理所:《巢湖市战国墓清理简报》,《文物研究》(14),黄山书社,2005 年,第 234—235 页。
④　徐孝忠:《淮南市出土战国西汉文物》,《文物》1994 年第 12 期,第 42—45 页;徐孝忠:《安徽省淮南市唐山乡出土一批楚文物》,《江汉考古》1996 年第 1 期,第 38—39 页。
⑤　徐孝忠:《淮南市出土战国西汉文物》,《文物》1994 年第 12 期,第 42—45 页;徐孝忠:《安徽省淮南市唐山乡出土一批楚文物》,《江汉考古》1996 年第 1 期,第 38—39 页。
⑥　徐孝忠:《淮南市出土战国西汉文物》,《文物》1994 年第 12 期,第 42—45 页;徐孝忠:《安徽省淮南市唐山乡出土一批楚文物》,《江汉考古》1996 年第 1 期,第 38—39 页。
⑦　徐孝忠:《淮南市出土战国西汉文物》,《文物》1994 年第 12 期,第 42—45 页;徐孝忠:《安徽省淮南市唐山乡出土一批楚文物》,《江汉考古》1996 年第 1 期,第 38—39 页。
⑧　徐孝忠:《淮南市出土战国西汉文物》,《文物》1994 年第 12 期,第 42—45 页;徐孝忠:《安徽省淮南市唐山乡出土一批楚文物》,《江汉考古》1996 年第 1 期,第 38—39 页。
⑨　安徽省文物考古研究所、六安市文物管理局:《安徽六安市白鹭洲战国墓 M566 的发掘》,《考古》2012 年第 5 期,第 29—40 页。
⑩　安徽省文物考古研究所、六安市文物管理局:《安徽六安市白鹭洲战国墓 M585 的发掘》,《考古》2012 年第 11 期,第 23—32 页。
⑪　六安市文物管理所:《安徽六安市城西窑厂 5 号墓清理简报》,《文物》1999 年第 7 期,第 31—38 页。

釜	铺	盨	簠	簋	盆	敦	壶	尊缶	罍	鉴	盉	匜	盘	铏	浴缶	汤鼎
						AbⅧ1	CbbaⅥ2									
							CcbⅢ1									
							CbbaⅥ1									
							CbbaⅥ1									
						AcⅣ1	CbbaⅥ2						BaaaⅨ2	BcaⅢ1、BcbⅢ2		
						AbⅧ2		AbbaⅧ1					BaaaⅨ1	BcaⅣ1		
													BaaaⅧ1	BcaⅣ1		

名称	分期	立折沿鼎	附折耳沿鼎	附耳子母口鼎	箍口鼎	束腰鼎	细撇足鼎	鬲鼎	牲首鼎	方鼎	鬲	瓿	簠	鉴
六安开发区 2007M99（完整）①	7			AbⅥ2										
潜山梅城公山岗 1998M24（完整）②	7						DbⅢ1							
潜山梅城公山岗 1998M61（完整）③	7			DaⅣ2										
潜山梅城公山岗 1998M73（完整）④	7			DbⅣ2										
寿县朱家集 1933M(盗)⑤	7		BaⅤ	DbⅣ		BaaⅦ				AbabⅦ	CabⅤ			
舒城秦家桥 1978M1(扰)⑥	7			DbⅣ2										
舒城秦家桥 1978M2(扰)⑦	7			DbⅣ2										
天长苏桥 2003M(扰)⑧	7			DaⅣ4、DbⅣ2			DbⅢ1							
铜陵新桥凤凰山 1984JC(扰)⑨	7	DⅦ1					BaⅢ1							
寿县五里庙东淝河 1953 采铜瓿(采)⑩	7											DcⅢ1		

① 安徽省文物考古研究所、六安市文物局：《安徽六安战国晚期墓发掘简报》，《文物》2007 年第 11 期，第 37—41 页。

② 安徽省文物考古研究所、潜山县文物管理所：《安徽潜山公山岗战国墓发掘报告》，《考古学报》2002 年第 1 期，第 95—124 页。

③ 安徽省文物考古研究所、潜山县文物管理所：《安徽潜山公山岗战国墓发掘报告》，《考古学报》2002 年第 1 期，第 95—124 页。

④ 安徽省文物考古研究所、潜山县文物管理所：《安徽潜山公山岗战国墓发掘报告》，《考古学报》2002 年第 1 期，第 95—124 页。

⑤ 寿县朱家集 1933M 铜器群材料尚未完全公布，数量不详。安徽省博物馆：《安徽省博物馆藏青铜器》，上海人民美术出版社，1987 年；吴长青：《寿县李三孤堆楚国大墓出土铜器的初步研究——以安徽省博物馆藏该墓青铜器为中心》，北京大学硕士学位论文，2005 年。

⑥ 舒城县文物管理所：《舒城县秦家桥战国楚墓清理简报》，《文物研究》(6)，黄山书社，1990 年，第 135—146 页。

⑦ 舒城县文物管理所：《舒城县秦家桥战国楚墓清理简报》，《文物研究》(6)，黄山书社，1990 年，第 135—146 页。

⑧ 天长市博物馆、天长市文物管理所：《安徽天长出土一批战国青铜器》，《文物》2009 年第 6 期，第 79—86 页。

⑨ 叶波：《铜陵凤凰山发现春秋铜器》，《文物研究》(3)，黄山书社，1988 年，第 84—86 页。

⑩ 尹焕章：《南京博物院十年来的考古工作》，《文物》1959 年第 4 期，第 13—18 页。

釜	铺	盨	簠	簋	盆	敦	壶	尊缶	罍	鉴	盉	匜	盘	铺	浴缶	汤鼎
							CbbaⅥ2						BcbⅣ1			
							CbbaⅥ2									
							CbbaⅥ2					BaaaⅨ1	BcbⅣ1			
							CbbaⅥ1									
		BcⅢ	BaⅥ			BbbⅣ、Cb	CaaⅦ、CbbaⅤ、CbbaⅥ	AaⅦ、AbⅣ		AaⅦ		BbaⅦ			BaⅦ	
							CbbaⅥ2					BaaaⅨ1	BcaⅣ1			
							CbbaⅥ1					BaaaⅨ1	BcaⅣ1			
						AbⅦ2、EⅡ3	CbbaⅥ2					BaaaⅧ1	BcaⅣ1、BcbⅢ1			
					AⅢ1								1			

附表二　北京、河北东

名　称	分期	立耳折沿鼎	附耳折沿鼎	附耳子母口鼎	簠口鼎	束腰鼎	细撇足鼎	鬲鼎	牲首鼎	方鼎	鬲	甗	镶	鍪
怀来甘子堡1981M15(扰)①	1										Abaa Ⅰ 1			
怀来甘子堡1957M(扰)②	2													
怀来甘子堡1981M16(扰)③	2													
怀来甘子堡1981M7(扰)④	2													
怀来甘子堡1981M8(扰)⑤	2												Abb Ⅱ 1	
平山三汲访驾庄 1977M8004 (完整)⑥	2	BⅡ1												
行唐李家庄1962M(扰)⑦	2			? AaⅡ1									AbcⅡ1	
延庆玉皇庙 1986M156 (完整)⑧	2													
延庆玉皇庙 1986M171 (完整)⑨	2													
延庆玉皇庙 1986M174 (完整)⑩	2													
延庆玉皇庙 1986M18 (完整)⑪	2												AbbⅠ1	
延庆玉皇庙1986M2(完整)⑫	2	BⅠ1												
延庆玉皇庙 1986M250 (完整)⑬	2												AbcⅡ1	

①　贺勇、刘建中：《河北怀来甘子堡发现的春秋墓群》，《文物春秋》1993年第2期，第23—40页。
②　河北省博物馆、文物管理处：《河北省出土文物选集》，文物出版社，1980年，第44—45页。
③　贺勇、刘建中：《河北怀来甘子堡发现的春秋墓群》，《文物春秋》1993年第2期，第23—40页。
④　贺勇、刘建中：《河北怀来甘子堡发现的春秋墓群》，《文物春秋》1993年第2期，第23—40页。
⑤　贺勇、刘建中：《河北怀来甘子堡发现的春秋墓群》，《文物春秋》1993年第2期，第23—40页。
⑥　河北省文物研究所：《河北平山三汲古城调查与墓葬发掘》，《考古学集刊》(5)，中国社会科学出版社，1987年，第157—193页。
⑦　河北省文化局文物工作队：《行唐县李家庄发现战国铜器》，《文物》1963年第4期，第55—56页；河北省博物馆、文物管理处：《河北省出土文物选集》，文物出版社，1980年，第88—89页。
⑧　北京市文物研究所：《军都山墓地》，文物出版社，2007年。
⑨　北京市文物研究所：《军都山墓地》，文物出版社，2007年。
⑩　北京市文物研究所：《军都山墓地》，文物出版社，2007年。
⑪　北京市文物研究所：《军都山墓地》，文物出版社，2007年。
⑫　北京市文物研究所：《军都山墓地》，文物出版社，2007年。
⑬　北京市文物研究所：《军都山墓地》，文物出版社，2007年。

周铜器群型式登记表

釜	铺	盨	簠	簋	盆	敦	壶	尊缶	罍	鉴	盂	匜	盘	铺	浴缶	汤鼎
									AaⅡ1			AaaaⅡ1				
													AbbaⅢ1	AbbⅢ1		
							CaaⅡ1									
							CbaaⅡ1、DⅡ1									
														AbbⅢ1		
														AabⅡ1		
														AbbⅢ1		
						AaⅢ1			AaⅡ1					AabⅢ1		
						AaⅡ1			AaⅡ1			AaaaⅢ1	AbabⅣ1	AbbⅢ1、Cbc2		
									AaⅡ1					AbbⅢ1		

名　称	分期	立耳折沿鼎	附耳折沿鼎	附耳子母口鼎	箍口鼎	束腰鼎	细撇足鼎	鬲鼎	牲首鼎	方鼎	鬲	甗	簠	鉴
延庆玉皇庙 1986M35（完整）①	2													
易县 1958 采铜敦（采）②	2													
易县燕下都郎井村 1966 采铜盘：0173（采）③	2													
易县燕下都郎井村 1966 采铜匜：0633（采）④	2													
北京拣选铜铺（采）⑤	3													
怀来甘子堡 1981M18（扰）⑥	3													
怀来甘子堡 1981M1（扰）⑦	3		Ba Ⅰ 1									1		
怀来甘子堡 1981M2（扰）⑧	3			Ac Ⅱ 1、1										
怀来甘子堡 1981M5（扰）⑨	3													
怀来甘子堡 1981M6（扰）⑩	3													
顺平坛山 1985M（扰）⑪	3												Abb Ⅲ 1	
唐县东崮笼采铜归父敦（采）⑫	3													
唐县西下素 1989 采铜敦（采）⑬	3													
易县燕下都东贯城 1973 采铜鼎：026（采）⑭	3			Aa Ⅲ 1										

---

① 北京市文物研究所：《军都山墓地》，文物出版社，2007 年。
② 河北省博物馆、文物管理处：《河北省出土文物选集》，文物出版社，1980 年，第 46 页。
③ 河北省文物研究所：《燕下都》，文物出版社，1996 年，第 818—819 页。
④ 河北省文物研究所：《燕下都》，文物出版社，1996 年，第 818—819 页。
⑤ 程长新：《北京市拣选的春秋战国青铜器》，《文物》1987 年第 11 期，第 93—95 页。
⑥ 贺勇、刘建中：《河北怀来甘子堡发现的春秋墓群》，《文物春秋》1993 年第 2 期，第 23—40 页。
⑦ 贺勇、刘建中：《河北怀来甘子堡发现的春秋墓群》，《文物春秋》1993 年第 2 期，第 23—40 页。
⑧ 贺勇、刘建中：《河北怀来甘子堡发现的春秋墓群》，《文物春秋》1993 年第 2 期，第 23—40 页。
⑨ 贺勇、刘建中：《河北怀来甘子堡发现的春秋墓群》，《文物春秋》1993 年第 2 期，第 23—40 页。
⑩ 贺勇、刘建中：《河北怀来甘子堡发现的春秋墓群》，《文物春秋》1993 年第 2 期，第 23—40 页。
⑪ 保定市文物管理所：《河北顺平县坛山战国墓》，《文物春秋》2002 年第 4 期，第 43—45 页。
⑫ 王敏之：《河北唐县出土西周归父敦》，《文物》1985 年第 6 期，第 15 页。
⑬ 薛香琴：《河北唐县文管所征集的古代青铜器》，《文物春秋》1997 年第 2 期，第 83—84 页。
⑭ 河北省文物研究所：《燕下都》，文物出版社，1996 年，第 818—819 页。

釜	铺	盨	簠	簋	盆	敦	壶	尊缶	罍	鉴	盉	匜	盘	铄	浴缶	汤鼎
														AbbⅢ1		
						A1										
														AcbⅡ1		
													AaaaⅡ1			
														CbaⅢ1		
						AbⅡ1										
						CaaaⅠ1			AbbbⅡ1			AaaaⅡ1	AbaaⅡ1	AbbⅣ1		
						Bca1	CbaaⅢ1		AaⅡ2			AbaaⅢ1		AbbⅤ1		
						AbⅡ1									BⅢ1	
												AbaaⅣ1				
						AaⅢ1										
						CaaⅠ1										

名称	分期	立耳折沿鼎	附耳折沿鼎	附子母口鼎	箍口鼎	束腰鼎	细撇足鼎	鬲鼎	牲首鼎	方鼎	鬲	甗	鍑	鉴
丰宁凤山 1979M(扰)①	4													
邯郸百家村 1957M57（完整)②	4			AbⅢ3								AaaaⅣ1		
邯郸邯钢 1989M(扰)③	4			AbⅢ2								AaaaⅣ1		
怀来北辛堡 1964M1(扰)④	4			Bcb1									AadaⅢ1	
灵寿青廉 2006JC(扰)⑤	4			AbⅢ5								CadⅡ1		
灵寿西岔头 1984M(扰)⑥	4			AbⅢ2										
满城采石厂 1971M(扰)⑦	4			AcⅢ1								CadⅠ1		
平山三汲访驾庄 1970M(扰)⑧	4			AbⅢ1										
平山三汲穆家庄 1977M8101(扰)⑨	4			AbⅢ1										
曲阳大赵邱 1998M(扰)⑩	4			Ab\AcⅢ1								CadⅡ1		
容城南阳 1981 采铜(采)⑪	4													
三河大唐迴 1978M1(扰)⑫	4			Bca1										
三河双村 1978M1(扰)⑬	4			Bca1										

① 张汉英:《丰宁县凤山镇发现战国早期墓葬》,《文物资料丛刊》(7),文物出版社,1983 年,第 168—169 页。
② 河北省文化局文化工作队:《河北邯郸百家村战国墓》,《考古》1962 年第 12 期,第 613—634 页。
③ 郝良真、赵建朝:《邯钢出土青铜器及赵国贵族墓葬区域》,《文物春秋》2003 年第 4 期,第 13—17 页。
④ 敀承隆、李晓东:《河北省怀来县北辛堡出土的燕国铜器》,《文物》1964 年第 7 期,第 28—29 页;河北省文化局文物工作队:《河北怀来北辛堡战国墓》,《考古》1966 年第 5 期,第 231—242 页;河北省博物馆、文物管理处:《河北省出土文物选集》,文物出版社,1980 年,第 84—86 页。
⑤ 杨书明、杨勇:《灵寿县青廉村战国青铜器窖藏》,《文物春秋》2008 年第 4 期,第 64—66 页。
⑥ 文启明:《河北灵寿县西岔头村战国墓》,《文物》1986 年第 6 期,第 20—24 页。
⑦ 河北省博物馆、文物管理处:《河北省出土文物选集》,文物出版社,1980 年,第 97—98 页。
⑧ 唐云明、王玉文:《河北平山县访驾庄发现战国前期青铜器》,《文物》1978 年第 2 期,第 96 页。
⑨ 河北省文物研究所:《河北平山三汲古城调查与墓葬发掘》,《考古学集刊》(5),中国社会科学出版社,1987 年,第 157—193 页。
⑩ 王丽敏:《河北曲阳县出土战国青铜器》,《文物》2000 年第 11 期,第 60—61 页。
⑪ 孙继安:《河北容城县南阳遗址调查》,《考古》1993 年第 3 期,第 235—238 页。
⑫ 廊坊地区文物管理所、三河县文化馆:《河北三河大唐迴、双村战国墓》,《考古》1987 年第 4 期,第 318—322 页。
⑬ 廊坊地区文物管理所、三河县文化馆:《河北三河大唐迴、双村战国墓》,《考古》1987 年第 4 期,第 318—322 页。

续表

釜	铺	盨	簠	簋	盆	敦	壶	尊缶	罍	鉴	盉	匜	盘	铜	浴缶	汤鼎
						Caaa Ⅱ1										
						Caaa Ⅱ2	Cbbb Ⅰ2					Baaa Ⅳ1	Abd Ⅴ1	Bba Ⅳ1		
												Bab Ⅰ1	Abba Ⅴ1			
							Cbc Ⅳ1、Cbbc Ⅱ2			Aa Ⅳ2						
						Cba Ⅱ3	Cbaa Ⅰ1、Cbaa Ⅱ1、D Ⅳ1									
						Caaa Ⅱ1						Bbda1	Aca Ⅳ1	Bba Ⅳ1	Bba Ⅴ1	
														Cbda1		
						C1	Cbaa Ⅳ1					1	1			
						Caaa Ⅱ1	Cbac Ⅰ1、Cbbc Ⅰ1						Bca Ⅰ1			
						Caaa Ⅱ1	Cbac Ⅰ1							Bbc1		
														Bbc1		
						Cba Ⅱ1								Bbc1		
						Cba Ⅱ1								Bbc1		

名称	分期	立耳折沿鼎	附耳折沿鼎	附子口耳母鼎	箍口鼎	束腰鼎	细撇足鼎	鬲鼎	牲首鼎	方鼎	鬲	甗	簠	敦
涉县李家巷 1997M01(扰)①	4			AaⅣ2										
顺义龙湾屯 1982M(扰)②	4			Bcb1										
唐山贾各庄 1952M18（完整)③	4			AbⅢ1										
唐山贾各庄 1952M28（完整)④	4			Bcb1										
唐山贾各庄 1952M5(扰)⑤	4													
唐县北城子 1970M1(扰)⑥	4			AbⅢ1								CadⅡ1		
唐县北城子 1970M2(扰)⑦	4			AbⅢ1、Bcb1								AaaaⅣ1	AbbⅣ1	
唐县钓鱼台 1966M(扰)⑧	4			AbⅢ1、AcⅢ1									AbbⅣ1	
唐县西下素 1989 采铜鼎（采)⑨	4			Bcb1										
唐县西下素 1989 采铜壶（采)⑩	4													
新乐中同村 1980M1(扰)⑪	4			AbⅢ2								AaaaⅣ1		
新乐中同村 1980M2(完整)⑫	4			AbⅢ1								AaaaⅣ1		AacⅣ1

　　① 邯郸市文物保护研究所、涉县文物保管所：《河北涉县李家巷春秋战国墓发掘报告》，《文物》2005 年第 6 期，第 39—53 页。
　　② 程长新：《北京市顺义县龙湾屯出土一组战国青铜器》，《考古》1985 年第 8 期，第 701—703 页。
　　③ 安志敏：《河北省唐山市贾各庄发掘报告》，《考古学报》1953 年第 6 期，第 57—116 页。
　　④ 安志敏：《河北省唐山市贾各庄发掘报告》，《考古学报》1953 年第 6 期，第 57—116 页。
　　⑤ 安志敏：《河北省唐山市贾各庄发掘报告》，《考古学报》1953 年第 6 期，第 57—116 页。
　　⑥ 郑绍宗：《唐县南伏城及北城子出土周代青铜器》，《文物春秋》1991 年第 1 期，第 14—22 页；河北省博物馆、文物管理处：《河北省出土文物选集》，文物出版社，1980 年，第 91—95 页。
　　⑦ 郑绍宗：《唐县南伏城及北城子出土周代青铜器》，《文物春秋》1991 年第 1 期，第 14—22 页；河北省博物馆、文物管理处：《河北省出土文物选集》，文物出版社，1980 年，第 91—95 页。
　　⑧ 胡金华、冀艳坤：《河北唐县钓鱼台积石墓出土文物整理简报》，《中原文物》2007 年第 6 期，第 4—9 页；河北省博物馆、文物管理处：《河北省出土文物选集》，文物出版社，1980 年，第 96 页。
　　⑨ 薛香琴：《河北唐县文管所征集的古代青铜器》，《文物春秋》1997 年第 2 期，第 83—84 页。
　　⑩ 薛香琴：《河北唐县文管所征集的古代青铜器》，《文物春秋》1997 年第 2 期，第 83—84 页。
　　⑪ 石家庄地区文物研究所：《河北新乐县中同村战国墓》，《考古》1984 年第 11 期，第 971—973 页。关于编号参见河北省文物研究所：《河北新乐中同村发现战国墓》，《文物》1985 年第 6 期，第 16—21 页。
　　⑫ 石家庄地区文物研究所：《河北新乐县中同村战国墓》，《考古》1984 年第 11 期，第 971—973 页。关于编号参见河北省文物研究所：《河北新乐中同村发现战国墓》，《文物》1985 年第 6 期，第 16—21 页。

釜	铺	盨	簠	簋	盆	敦	壶	尊缶	罍	鉴	盉	匜	盘	铟	浴缶	汤鼎
						CaabⅡ2								BbaⅣ1		
						CbaⅡ1								Bbc1		
						CbaⅡ1	CbaaⅣ1					Bbda1	AbabⅤ1	Bbc1		
						C1								CbdbⅠ1		
							CbaaⅣ1									
						CbaⅡ1	CbaaⅣ1					Bbda1	AcaⅣ1			
						CbaⅡ1	CabⅡ1		AbaⅣ1			BbbⅠ1		Bbc1		
						BbaⅢ1			AbaⅢ1			AbaaⅣ1		AbbⅢ1		
							CbaaⅣ1									
						CbaⅡ1										
						CbbⅡ1	CbcⅣ1						AaaⅣ1	AbbⅤ1		

名　称	分期	立耳折沿鼎	附耳折沿鼎	附耳子母口鼎	箍口鼎	束腰鼎	细足撇鼎	鬲鼎	牲首鼎	方鼎	鬲	甗	镀	鍪
行唐黄龙岗 1966M2(扰)①	4			AbⅢ1								CadⅡ1		
行唐庙上 1966M1(扰)②	4			AcⅢ1								AaaaⅣ1		
行唐西石邱 1972M(扰)③	4			AbⅢ1								AaaaⅣ1		
邢台葛家庄 1993M10(盗)④	4			1										
邢台南大汪西南岗 1956M(扰)⑤	4													
邢台南大汪西南岗 1958M1(完整)⑥	4			AbⅢ1、AcⅢ2								AaaaⅣ1		
阳原九沟 1966M(扰)⑦	4													
易县燕下都 1964M31(扰)⑧	4			Bca1										
易县燕下都高陌 1975 征铜敦:08(征)⑨	4													
易县燕下都高陌 1975 征铜铺:07(征)⑩	4													
易县燕下都郎井村 1966 采铜鼎:0175(采)⑪	4			Bc1										
易县燕下都郎井村 1966 采铜敦:0174(采)⑫	4													
易县燕下都西贯城 1973 采铜鼎:030(采)⑬	4			BbⅣ1										

① 河北省文物研究所:《行唐县庙上村、黄龙岗出土的战国青铜器》,《河北省考古文集》,东方出版社,1998 年,第 199—201 页。
② 河北省文物研究所:《行唐县庙上村、黄龙岗出土的战国青铜器》,《河北省考古文集》,东方出版社,1998 年,第 199—201 页。
③ 王巧莲:《行唐县西石邱出土的战国青铜器》,《文物春秋》1995 年第 3 期,第 75—77 页。
④ 河北省文物研究所、邢台市文物管理处:《河北邢台市葛家庄 10 号墓的发掘》,《考古》2001 年第 2 期,第 45—54 页。
⑤ 罗平、程明远、唐云明:《邢台西南岗出土的战国铜器》,《文物参考资料》1956 年第 12 期,第 73 页。
⑥ 河北省文化局文物工作队:《河北邢台南大汪村战国墓简报》,《考古》1959 年第 7 期,第 346—349 页;河北省博物馆、文物管理处:《河北省出土文物选集》,文物出版社,1980 年,第 56—57 页。
⑦ 河北省博物馆、文物管理处:《河北省出土文物选集》,文物出版社,1980 年,第 99 页。
⑧ 河北省文化局文物工作队:《1964—1965 年燕下都墓葬发掘报告》,《考古》1965 年第 11 期,第 548—561 页。
⑨ 河北省文物研究所:《燕下都》,文物出版社,1996 年,第 818—821 页。
⑩ 河北省文物研究所:《燕下都》,文物出版社,1996 年,第 818—822 页。
⑪ 河北省文物研究所:《燕下都》,文物出版社,1996 年,第 818—819 页。
⑫ 河北省文物研究所:《燕下都》,文物出版社,1996 年,第 818—820 页。
⑬ 河北省文物研究所:《燕下都》,文物出版社,1996 年,第 818—819 页。

釜	铺	盨	簠	簋	盆	敦	壶	尊缶	罍	鉴	盂	匜	盘	铺	浴缶	汤鼎
						Caaa II 1	Cbaa IV 1					Bba IV 1		Abb IV 1		
						Cba II 1	Cbaa IV 1					Bbda1				
						C2	Aa IV 2						1			
						Caaa II 2	Aa IV 2						1			
														Bbc1、Cbdb II 1		
						Cba II 1								Cbdb I 1		
						Cba II 1										
														Bbc1		
						Cba II 1										

名　称	分期	立耳折沿鼎	附耳折沿鼎	附耳子母口鼎	箍口鼎	束腰鼎	细撇足鼎	鬲鼎	牲首鼎	方鼎	鬲	甗	镬	复	整
易县燕下都西贯城 1973 采铜匜：0123（采）①	4														
易县燕下都西贯城 1974M14（完整）②	4			AbⅢ1											
涿鹿倒拉嘴 1996M（扰）③	4														
喀左南洞沟 1966M（扰）④	4														
赤城龙关 1957 采铜敦（采）⑤	5														
邯郸百家村 1957M3（完整）⑥	5								BaⅤ1						
涞水永乐 1955M（扰）⑦	5														
滦平虎什哈炮台山 1979M6（完整）⑧	5														
平山三汲访驾庄 1977M8006（盗）⑨	5												CadⅢ1		
平山三汲穆家庄 1977M8102（扰）⑩	5			1					BaⅣ1						
迁西大黑汀 1989M1（扰）⑪	5			AdⅢ1											
容城西北阳 1966 采铜壶（采）⑫	5														

① 河北省文物研究所：《燕下都》，文物出版社，1996 年，第 819—822 页。

② 河北省文物研究所：《燕下都》，文物出版社，1996 年，第 541—563 页。

③ 陈信：《河北涿鹿县发现春秋晚期墓葬》，《文物春秋》1999 年第 6 期，第 31—32 页。

④ 辽宁省博物馆、朝阳地区博物馆：《辽宁喀左南洞沟石椁墓》，《考古》1977 年第 6 期，第 373—375 页。

⑤ 河北省博物馆、文物管理处：《河北省出土文物选集》，文物出版社，1980 年，第 82 页。

⑥ 河北省文化局文化工作队：《河北邯郸百家村战国墓》，《考古》1962 年第 12 期，第 613—634 页。

⑦ 佚名：《河北省涞水县永乐村发现一批战国铜、陶器》，《文物参考资料》1955 年第 12 期，第 151—152 页。

⑧ 河北省文物研究所、承德地区文化局、滦平县文物管理所：《滦平县虎什哈炮台山山戎墓地的发现》，《文物资料丛刊》(7)，文物出版社，1983 年，第 67—74 页。

⑨ 河北省文物研究所：《河北平山三汲古城调查与墓葬发掘》，《考古学集刊》(5)，中国社会科学出版社，1987 年，第 157—193 页。

⑩ 河北省文物研究所：《河北平山三汲古城调查与墓葬发掘》，《考古学集刊》(5)，中国社会科学出版社，1987 年，第 157—193 页。

⑪ 唐山市文物管理所：《河北迁西县大黑汀战国墓出土铜器》，《文物》1992 年第 5 期，第 76—77 页；顾铁山、郭景斌：《河北省迁西县大黑汀战国墓》，《文物》1996 年第 3 期，第 4—17 页。

⑫ 孙继安、徐明甫：《河北省容城县出土战国铜器》，《文物》1982 年第 3 期，第 91—92 页；孙继安：《河北容城县南阳遗址调查》，《考古》1993 年第 3 期，第 235—238 页。

续表

釜	铺	盈	簠	簋	盆	敦	壶	尊缶	罍	鉴	盂	匜	盘	铺	浴缶	汤鼎
												Aab1				
						Cba Ⅱ 1										
						Caa Ⅱ \ Cba Ⅱ 1								Abd Ⅱ 1		
														Bbc1		
						Dca Ⅱ 1										
						Dba Ⅰ 1										
						Cbb Ⅲ 1、Dca Ⅱ 1	Cbac Ⅱ 1					B1				
						Dca Ⅱ 1										
						Cbb Ⅱ 1、Bcb2	Cbaa Ⅴ 1					1		Abb Ⅴ 1		
						Cbc1、Dca Ⅱ 1						B1		Abd Ⅱ 1		
							Cbba Ⅳ 1									

名　　称	分期	立耳折沿鼎	附耳折沿鼎	附耳子母口鼎	敛口鼎	束腰鼎	细撇足鼎	鬲鼎	牲首鼎	方鼎	鬲	甗	簠	鍪
三河双村1975M03(扰)①	5													
唐山贾各庄1952M16(完整)②	5													
通州中赵甫1981M(扰)③	5			AbⅣ1、AdⅣ1										
新乐中同村1985M3(未完全公布)④	5													
北京天坛1959M(扰)⑤	6													
凌源三官甸1976采铜鼎(采)⑥	6			AbⅤ1										
平山三汲1974M1PM2(完整)⑦	6			AbⅤ1										
平山三汲1974M1(盗)⑧	6			AbⅤ15						AbaaⅦ4	DcⅡ1			
平山三汲穆家庄1974M6(盗)⑨	6			AbⅤ9、AdⅤ5						AbaaⅦ4	CacⅢ2			
容城西北阳1979采铜鼎(采)⑩	6			DaⅢ1										
易县燕下都郎井村1971采铜鼎:03(采)⑪	6			AbⅤ1										

① 　廊坊地区文物管理所、三河县文化馆：《河北三河大唐迴、双村战国墓》，《考古》1987年第4期，第318—322页。
② 　安志敏：《河北省唐山市贾各庄发掘报告》，《考古学报》1953年第6期，第57—116页。
③ 　程长新：《北京市通州中赵甫出土一组战国青铜器》，《考古》1985年第8期，第694—700页。
④ 　张丽敏：《错铜鸟兽纹铜壶赏析》，《文物春秋》1997年第2期，第76页。
⑤ 　王汉彦：《天坛公园内出土一对铜壶》，《文物》1960年第3期，第90页。
⑥ 　辽宁省博物馆：《辽宁凌源县三官甸青铜短剑墓》，《考古》1985年第2期，第125—130页。
⑦ 　河北省文物研究所：《战国中山国灵寿城——1975~1993年考古发掘报告》，文物出版社，2005年。
⑧ 　河北省文物研究所：《战国中山国灵寿城——1975~1993年考古发掘报告》，文物出版社，2005年。
⑨ 　河北省文物研究所：《战国中山国灵寿城——1975~1993年考古发掘报告》，文物出版社，2005年。
⑩ 　孙继安、徐明甫：《河北省容城县出土战国铜器》，《文物》1982年第3期，第91—92页；孙继安：《河北容城县南阳遗址调查》，《考古》1993年第3期，第235—238页。
⑪ 　河北省文物研究所：《燕下都》，文物出版社，1996年，第818—819页。

釜	铺	盨	簠	簋	盆	敦	壶	尊缶	罍	鉴	盉	匜	盘	铲	浴缶	汤鼎
														Cbdb Ⅱ1		
						Dca Ⅱ1										
						Cbc1、Dca Ⅱ1						Baaa Ⅴ1		Cbdb Ⅱ1		
							Cbba Ⅳ2									
							Cbba Ⅴ2									
	2			Bc Ⅱ2		Caca Ⅱ2、E Ⅱ8	Ab Ⅵ1、Caa Ⅵ2、Caa Ⅶ2、Cbaa Ⅵ4、Cbba Ⅵ2、Cbbd Ⅱ4、Ccb Ⅲ2				Bc Ⅴ3	Baaa Ⅷ1	Bca Ⅲ1			
	2			Bc Ⅱ2		Ab Ⅵ1、Cac Ⅱ2、E Ⅱ6	Cbbd Ⅱ4、Cbaa Ⅵ1、Caa Ⅵ2				Bc Ⅴ4	Baaa Ⅷ2	Bca Ⅲ1			

名称	分期	立折沿鼎	附耳折沿鼎	附耳子母口鼎	箍口鼎	束腰鼎	细撇足鼎	鬲鼎	牲首鼎	方鼎	鬲	甗	簋	鉴
北京拣选宜阳右仓敦(采)①	7													
丰台贾家花园 1977M(扰)②	7			AbⅥ2										
涞水永乐 1955 采铜壶(采)③	7													
容城南阳 1981 采铜鼎(采)④	7			AbⅥ2										
宣化万字会 2009M15（完整）⑤	7													
元氏杨家寨 1989M(扰)⑥	7			AbⅥ1										

附表三　甘肃、陕西东

名称	分期	立折沿鼎	附耳折沿鼎	附耳子母口鼎	箍口鼎	束腰鼎	细撇足鼎	鬲鼎	牲首鼎	方鼎	鬲	甗	簋	鉴
宝鸡甘峪 1979M(扰)⑦	1												AaaⅠ1	
宝鸡姜城堡 1967M(完整)⑧	1	DⅠ3												
宝鸡南阳 1998M1(扰)⑨	1	DⅠ3												
宝鸡南阳 1998M2(完整)⑩	1	DⅠ3												
宝鸡南阳 1998M3(完整)⑪	1	BⅠ5												
宝鸡南阳 2004M1(盗)⑫	1	DⅠ3												
凤翔东社 1982 采铜簋(采)⑬	1												AaaⅠ1	
甘肃省博物馆藏传礼县采铜簋(采)⑭	1												AabⅠ1	

① 程长新：《北京市拣选的春秋战国青铜器》，《文物》1987 年第 11 期，第 93—95 页。
② 张先得：《北京丰台区出土战国铜器》，《文物》1978 年第 3 期，第 88—90 页。
③ 河北省博物馆、文物管理处：《河北省出土文物选集》，文物出版社，1980 年，第 58 页。
④ 孙继安：《河北容城县南阳遗址调查》，《考古》1993 年第 3 期，第 235—238 页。
⑤ 张家口市宣化区文物保管所：《河北张家口宣化战国墓发掘简报》，《文物》2010 年第 6 期，第 21—30 页。
⑥ 张金栋：《元氏县发现一座石板墓》，《文物春秋》1990 年第 2 期，第 92—93 页。
⑦ 高次若、王桂枝：《宝鸡县甘峪发现一座春秋早期墓葬》，《文博》1988 年第 4 期，第 21 页。
⑧ 王光永：《宝鸡市渭滨区姜城堡东周墓葬》，《考古》1979 年第 6 期，第 564 页。
⑨ 宝鸡市考古工作队、宝鸡县博物馆：《陕西宝鸡县南阳村春秋秦墓的清理》，《考古》2001 年第 7 期，第 21—29 页。
⑩ 宝鸡市考古工作队、宝鸡县博物馆：《陕西宝鸡县南阳村春秋秦墓的清理》，《考古》2001 年第 7 期，第 21—29 页。
⑪ 宝鸡市考古工作队、宝鸡县博物馆：《陕西宝鸡县南阳村春秋秦墓的清理》，《考古》2001 年第 7 期，第 21—29 页。
⑫ 宝鸡市陈仓区博物馆：《陕西宝鸡市陈仓区南阳村春秋秦墓清理简报》，《考古与文物》2005 年第 4 期，第 3—4 页。
⑬ 陕西省雍城考古队：《一九八二年凤翔雍城秦汉遗址调查简报》，《考古与文物》1984 年第 2 期，第 23—31 页。
⑭ 李永平：《甘肃省博物馆系统所藏青铜器选介》，《文物》2000 年第 12 期，第 69—71 页。

釜	铺	盨	簠	簋	盆	敦	壶	尊缶	罍	鉴	盏	匜	盘	铺	浴缶	汤鼎
						Dbb Ⅲ1										
							Ccb Ⅲ1									Ⅶ1
							Cbac Ⅳ1									
							Cbab Ⅴ1、Cbbd Ⅱ1									

周铜器群型式登记表

釜	铺	盨	簠	簋	盆	敦	壶	尊缶	罍	鉴	盏	匜	盘	铺	浴缶	汤鼎
				A Ⅰ2			Aa Ⅰ2				A Ⅰ1		Abaa Ⅰ1			
				A Ⅰ2			Ab Ⅰ2					Aaaa Ⅰ1	Aaa Ⅰ1			

名　称	分期	立耳折沿鼎	附耳折沿鼎	附耳母子口鼎	箍口鼎	束腰鼎	细撇足鼎	鬲鼎	牲首鼎	方鼎	鬲	甗	簠	盨
韩城梁带村 2005M19（完整）①	1	Aa I 3、C I 1									Abaa I 4	Ab I 1		
韩城梁带村 2005M26（完整）②	1		Aa I 5								Abaa I 5	Ab I 1	Aaa I 1	
韩城梁带村 2005M27（完整）③	1		Aa I 7									Ab I 1		
韩城梁带村 2007M18（完整）④	1		Aa I 1											
韩城梁带村 2007M28（完整）⑤	1		Aa I 5								Abaa I 4	Ab I 1		
韩城梁带村 2007M502（完整）⑥	1	Ab I 3												
户县南关 1974M1(扰)⑦	1	D I 5												
户县南关 1982M1(扰)⑧	1	D I 7												
户县宋村 1974M3(完整)⑨	1	D I 5										Ab I 1		
麟游天鹰 2012缴(缴)⑩	1	Ab I 1、D I 1												
灵台景家庄 1978M1(完整)⑪	1	D I 3										Ab I 1		
陇县边家庄 1986M5(完整)⑫	1	Aa I 5										Ab I 1		

　　①　陕西省考古研究所、渭南市文物保护考古研究所、韩城市文物旅游局：《陕西韩城梁带村遗址 M19 发掘简报》，《考古与文物》2007 年第 2 期，第 3—14 页。
　　②　陕西省考古研究所、渭南市文物保护考古研究所、韩城市文物旅游局：《陕西韩城梁带村遗址 M26 发掘简报》，《文物》2008 年第 1 期，第 4—21 页；孙秉君、蔡庆良：《芮国金玉选粹——陕西韩城春秋宝藏》，三秦出版社，2007 年；上海博物馆、陕西省考古研究院：《金玉华年——陕西韩城出土周代芮国文物珍品》，上海书画出版社，2012 年。
　　③　陕西省考古研究院、渭南市文物保护考古研究所、韩城市文物旅游局：《陕西韩城梁带村遗址 M27 发掘简报》，《考古与文物》2007 年第 6 期，第 3—22 页。
　　④　陕西省考古研究院、渭南市文物保护考古研究所、韩城市景区管理委员会：《梁带村芮国墓地——二〇〇七年度发掘报告》，文物出版社，2010 年。
　　⑤　陕西省考古研究院：《陕西韩城市梁带村芮国墓地 M28 的发掘》，《考古》2009 年第 4 期，第 3—15 页。
　　⑥　陕西省考古研究院、渭南市文物保护考古研究所、韩城市景区管理委员会：《梁带村芮国墓地——二〇〇七年度发掘报告》，文物出版社，2010 年。
　　⑦　曹发展：《陕西户县南关春秋秦墓清理记》，《文博》1989 年第 2 期，第 3—12 页。
　　⑧　曹发展：《陕西户县南关春秋秦墓清理记》，《文博》1989 年第 2 期，第 3—12 页。
　　⑨　陕西省文管会秦墓发掘组：《陕西户县宋村春秋秦墓发掘简报》，《文物》1975 年第 10 期，第 55—67 页。
　　⑩　王宏、权敏、向丽君：《浅谈新发现的几件秦国青铜器》，《文博》2013 年第 4 期，第 25—28 页。
　　⑪　刘得祯、朱建唐：《甘肃灵台县景家庄春秋墓》，《考古》1981 年第 4 期，第 298—301 页。
　　⑫　陕西省考古研究所宝鸡工作站、宝鸡市考古工作队：《陕西陇县边家庄五号春秋墓发掘简报》，《文物》1988 年第 11 期，第 14—23 页。

釜	铺	盨	簠	簋	盆	敦	壶	尊缶	罍	鉴	盉	匜	盘	铜	浴缶	汤鼎
				AⅠ4	CaⅠ1		AaⅠ2				AⅠ1		AbaaⅠ1			
			AaⅠ2	AⅠ4	CaⅠ2		AaⅠ2				AⅠ1		AcaⅠ1	AaaaⅡ1		
				AⅠ7	CaⅠ1		AaⅠ2				AⅠ1					
				AⅠ4			AaⅠ2				AⅠ1		AbaaⅠ1			
				AⅠ2							AⅠ1		AbaaⅠ1			
				AⅠ4			AaⅠ2					AaaaⅠ1	AbaaⅠ1			
				AⅠ6			AaⅠ2					AaaaⅠ1	AbaaⅠ1			
				AⅠ4			AaⅠ2					AaaaⅠ1	AbaaⅠ1			
							AaⅠ2				AⅠ1					
				AⅠ4			AaⅠ2				AⅠ1		AbaaⅠ1			

名　称	分期	立耳折沿鼎	附耳折沿鼎	附耳子母口鼎	箍口鼎	束腰鼎	细撇足鼎	鬲鼎	牲首鼎	方鼎	鬲	甗	复	鑑
天水广播电视局 1993M(扰)①	1		Aa I 4											
永寿永寿坊村 1983 采铜鼎(采)②	1	Ab I 1												
宝鸡福临堡 1959M1(完整)③	2	D II 3										Ab II 1		
宝鸡洪塬 2003M1(扰)④	2	Ab II 1、D II 2										Ab I 1		
宝鸡阳平秦家沟 1963M1(完整)⑤	2	D II 3												
宝鸡阳平秦家沟 1963M2(完整)⑥	2	D II 3												
凤翔八旗屯 1976BM27(完整)⑦	2	Ab II 3										Ab I 1		
凤翔八旗屯 1976CM2(完整)⑧	2	D II 3										Ab I 1		
凤翔八旗屯 1976M(扰)⑨	2	D II 3												
凤翔八旗屯 1978M(扰)⑩	2													
凤翔东关废品收购站 1969 征铜盆(征)⑪	2													
凤翔侯家庄 1973M(扰)⑫	2											Aab II 1		
凤翔孙家南头 2003M161(完整)⑬	2	Aa II 1、B II 1												

① 汪保全：《甘肃天水市出土西周青铜器》，《考古与文物》1998 年第 3 期，第 82—83 页。
② 李景林：《陕西永寿县出土春秋中滋鼎》，《考古与文物》1990 年第 4 期，第 109 页。
③ 中国科学院考古研究所宝鸡发掘队：《陕西宝鸡福临堡东周墓葬发掘记》，《考古》1963 年第 10 期，第 536—543 页。
④ 王志友、董卫剑：《陕西宝鸡市洪塬村一号春秋秦墓》，《考古》2008 年第 4 期，第 93—96 页。
⑤ 陕西省文物管理委员会：《陕西宝鸡阳平镇秦家沟村秦墓发掘记》，《考古》1965 年第 7 期，第 339—346 页。
⑥ 陕西省文物管理委员会：《陕西宝鸡阳平镇秦家沟村秦墓发掘记》，《考古》1965 年第 7 期，第 339—346 页。
⑦ 吴镇烽、尚志儒：《陕西凤翔八旗屯秦国墓葬发掘简报》，《文物资料丛刊》(3)，文物出版社，1980 年，第 67—85 页。
⑧ 吴镇烽、尚志儒：《陕西凤翔八旗屯秦国墓葬发掘简报》，《文物资料丛刊》(3)，文物出版社，1980 年，第 67—85 页。
⑨ 赵丛苍：《凤翔出土一批春秋战国文物》，《考古与文物》1991 年第 2 期，第 2—13 页。
⑩ 赵丛苍：《凤翔出土一批春秋战国文物》，《考古与文物》1991 年第 2 期，第 2—13 页。
⑪ 赵丛苍：《凤翔出土一批春秋战国文物》，《考古与文物》1991 年第 2 期，第 2—13 页。
⑫ 赵丛苍：《凤翔出土一批春秋战国文物》，《考古与文物》1991 年第 2 期，第 2—13 页。
⑬ 陕西省考古研究院、宝鸡市考古工作队、凤翔县博物馆：《陕西凤翔孙家南头春秋秦墓发掘简报》，《考古与文物》2013 年第 4 期，第 3—53 页。

续表

釜	铺	盨	簠	簋	盆	敦	壶	尊缶	罍	鉴	盂	匜	盘	铺	浴缶	汤鼎
												Aaaa I 1	Abaa I 1			
				A II 2	Cb II 1		Aa II 2					Aaaa III 1	Abaa II 1			
					C I 4		Aa II 2					Aaaa II 1	Abaa II 1			
					C I 4		Aa II 2					1	Abba II 1			
					Cb II 1											
				1								1	1			
														Aaaa IV 1		
					Cb II 1											
												1	Abaa II 1			

名　称	分期	立耳折沿鼎	附耳折沿鼎	附耳子母口鼎	箍口鼎	束腰鼎	细撇足鼎	鬲鼎	牲首鼎	方鼎	鬲	甗	鍑	鉴
礼县圆顶山 1998M1(盗一)①	2	AbⅡ5		AaⅡ1										
礼县圆顶山 1998M2(盗一)②	2	DⅡ4		AaⅡ1										
礼县圆顶山 2000M4(盗一)③	2	DⅡ5										AbⅡ1		
陇县边家庄 1979M1(完整)④	2	AaⅡ6										AbⅡ1		
临潼零口 1976JC(扰)⑤	2													
陕西省博物馆征铜盆(征)⑨	2													
横山城关 2002 采:973 铜铺 (采)⑩														
张掖木龙坝 1985M(扰)⑪	2													
安康邹坡 1986 采铜敦(采)⑫	3													
长武上孟村 1978M27 (完整)⑬	3	DⅢ1										AbⅢ1		
凤翔三岔村砖厂 1999M1 (扰)⑭	3	DⅢ1										AbⅢ1		
凤翔孙家南头 2003M126(完整)⑮	3	DⅢ5										AbⅢ1		

①　甘肃省文物考古研究所、礼县博物馆:《礼县圆顶山春秋秦墓》,《文物》2002 年第 2 期,第 4—30 页。原简报第 29 页言礼县圆顶山 1998LDM1 出土铜鼎 5 件,但根据第 7 页记载,A 型Ⅰ式一组列鼎 4 件、A 型Ⅱ式 1 件、B 型 1 件,共计 6 件铜鼎。原简报第 29 页言礼县圆顶山 1998LDM1 出土铜壶 2 件,但根据第 8—10 页记载,A 型方壶 2 件,形制、纹饰、大小相同,B 型壶 1 件,共计 3 件。

②　甘肃省文物考古研究所、礼县博物馆:《甘肃礼县圆顶山 98LDM2、2000LDM4 春秋秦墓》,《文物》2005 年第 2 期,第 4—27 页。

③　甘肃省文物考古研究所、礼县博物馆:《甘肃礼县圆顶山 98LDM2、2000LDM4 春秋秦墓》,《文物》2005 年第 2 期,第 4—27 页。

④　尹盛平、张天恩:《陕西陇县边家庄一号春秋秦墓》,《考古与文物》1986 年第 6 期,第 15—22 页。

⑤　临潼县文化馆:《陕西临潼发现武王征商簋》,《文物》1977 年第 8 期,第 1—7 页。

⑥　"西周早期 1"表示有西周早期器物 1 件。

⑦　"西周晚期 2"表示有西周晚期器物 2 件。

⑧　"西周晚期 1"表示有西周晚期器物 1 件。

⑨　陕西省博物馆:《陕西省博物馆鉴选一批历史文物》,《文物》1965 年第 5 期,第 2—4 页。

⑩　曹玮主编:《陕北出土青铜器》(三),巴蜀书社,2009 年。

⑪　萧云兰:《甘肃张掖市龙渠乡出土一批青铜器》,《考古与文物》1990 年第 1 期,第 109 页。

⑫　施昌成、刘康利:《安康地区博物馆藏战国青铜器》,《文博》1992 年第 5 期,第 62—63 页。

⑬　陕西省考古研究所:《陕西长武上孟村秦国墓葬发掘简报》,《考古与文物》1984 年第 3 期,第 8—17 页。

⑭　景宏伟:《凤翔出土春秋时期文物》,《文博》2003 年第 4 期,第 30—37 页。

⑮　陕西省考古研究院、宝鸡市考古工作队、凤翔县博物馆:《陕西凤翔孙家南头春秋秦墓发掘简报》,《考古与文物》2013 年第 4 期,第 3—53 页。

续表

釜	铺	盨	簠	簋	盆	敦	壶	尊缶	罍	鉴	盉	匜	盘	铺	浴缶	汤鼎
				AⅡ2			AaⅡ2、CbaaⅡ1				AⅡ1	BaaaⅢ1	AbaaⅡ1	AbaⅡ1		
		BⅡ1		AⅡ6			AaⅡ2、CbaaⅡ1				AⅡ1	BaaaⅢ1	AbaaⅡ1			
		BⅡ1		AⅡ4			AaⅡ2									
				AⅡ4			AaⅡ2				AⅡ1		AbaaⅡ1			
				BaⅡ1、西周早期1⑥			西周晚期2⑦				西周晚期1⑧					
					AⅢ1											
														AbbⅢ1		
														AbaⅡ1		
					BaaⅡ1											
				AⅢ4	CbⅢ1		AaⅢ2				AaaaⅢ1	AbaaⅡ1				

名　称	分期	立耳折沿鼎	附耳折沿鼎	附耳子母口鼎	箍口鼎	束腰鼎	细撇足鼎	鬲鼎	牲首鼎	方鼎	鬲	甗	镤	鉴
凤翔孙家南头 2003M160(完整)①	3	DⅢ2		BaⅢ1								AbⅢ1		
凤翔孙家南头 2003M191(完整)②	3	AaⅢ1、DⅢ5										AbⅢ1		
凤翔孙家南头 2003M81(完整)③	3	DⅢ1										1		
凤翔孙家南头 2003M83(完整)④	3	DⅢ1												
凤翔铁炉村 2001M1(扰)⑤	3	DⅢ1										AbⅢ1		
汉中石英沙厂1986M1(扰)⑥	3													AabⅠ1
礼县大堡子山 2006M1(完整)⑦	3	DⅢ3										AbⅠ1		
礼县大堡子山 2006M25(完整)⑧	3	AaⅢ1、DⅢ2										AbⅢ1		
礼县圆顶山 1998M3(盗一)⑨	3	DⅢ1												
陕西省博物馆征铜鼎(征)⑩	3	DⅢ1												
凤翔八旗屯 1972 采铜鼎(采)⑪	4			AcⅢ1										
凤翔高王寺1977JC(窖藏)⑫	4			BbⅠ3								AaaaⅣ1		

①　陕西省考古研究院、宝鸡市考古工作队、凤翔县博物馆：《陕西凤翔孙家南头春秋秦墓发掘简报》，《考古与文物》2013年第4期，第3—53页。

②　陕西省考古研究院、宝鸡市考古工作队、凤翔县博物馆：《陕西凤翔孙家南头春秋秦墓发掘简报》，《考古与文物》2013年第4期，第3—53页。

③　陕西省考古研究院、宝鸡市考古工作队、凤翔县博物馆：《陕西凤翔孙家南头春秋秦墓发掘简报》，《考古与文物》2013年第4期，第3—53页。

④　陕西省考古研究院、宝鸡市考古工作队、凤翔县博物馆：《陕西凤翔孙家南头春秋秦墓发掘简报》，《考古与文物》2013年第4期，第3—53页。

⑤　景宏伟：《凤翔出土春秋时期文物》，《文博》2003年第4期，第30—37页。

⑥　何新成：《汉中市石英沙厂清理三座战国墓》，《文博》1987年第6期，第33—36页。

⑦　早期秦文化联合考古队：《2006年甘肃礼县大堡子山东周墓葬发掘简报》，《文物》2008年第11期，第30—49页。

⑧　早期秦文化联合考古队：《2006年甘肃礼县大堡子山东周墓葬发掘简报》，《文物》2008年第11期，第30—49页。

⑨　甘肃省文物考古研究所、礼县博物馆：《礼县圆顶山春秋秦墓》，《文物》2002年第2期，第4—30页。

⑩　陕西省博物馆：《陕西省博物馆鉴选一批历史文物》，《文物》1965年第5期，第2—4页。

⑪　赵丛苍：《凤翔出土一批春秋战国文物》，《考古与文物》1991年第2期，第2—13页。

⑫　韩伟、曹明檀：《陕西凤翔高王寺战国铜器窖藏》，《文物》1981年第1期，第15—17页。

釜	铺	甗	簠	簋	盆	敦	壶	尊缶	罍	鉴	盉	匜	盘	铺	浴缶	汤鼎
					CaⅢ1											
				CⅡ4	CbⅢ1	AaⅢ2					AaaaⅢ1		AbaaⅡ1			
					CbⅢ1											
					CbⅢ1											
					CbⅢ1											
					CbⅢ1											
					CbⅢ1											
					CaaaⅡ1、DaaⅠ2	CbbbⅠ2					BcⅢ1	BaaaⅣ1	AdbⅣ1			

名称	分期	立耳折沿鼎	附耳折沿鼎	附耳子母口鼎	箍口鼎	束腰鼎	细足撇鼎	鬲鼎	牲首鼎	方鼎	鬲	甗	镬	鉴
凤翔高庄 1977M10(完整)①	4	DⅣ3											AbⅣ1	
凤翔上郭店砖厂 2001M1(扰)②	4			AdⅢ1										
汉中石英沙厂 1986M2(扰)③	4													AabⅡ1
靖边麻湾小圈 1985 采铜镬(采)④	4												AbaⅣ1	
陕西省博物馆征铜匜(征)⑤	4													
神木乔岔滩 1982 征铜镬(采)⑥	4												AbbⅣ1	
绥德城关 1979 征铜镬(征)⑦	4												BaⅢ1	
志丹张渠 1984M(扰)⑧	4												BaⅢ1	
长安客省庄 1955M202(完整)⑨	5	DⅤ2											AbⅤ1	
淳化东关 1981M(扰)⑩	5						BbⅡ1							
凤翔八旗屯 1977M(扰)⑪	5												AaaaⅤ1	
凤翔八旗屯西沟道 1983M3(盗)⑫	5													
凤翔马家庄砖厂 1990M1(扰)⑬	5												AaaaⅤ1	
洛南城关粮库 2000M1(扰)⑭	5			AbⅣ1										

① 吴镇烽、尚志儒:《陕西凤翔高庄秦墓地发掘简报》,《考古与文物》1981 年第 1 期,第 12—38 页。
② 凤翔县博物馆:《陕西凤翔县上郭店村出土的春秋时期文物》,《考古与文物》2005 年第 1 期,第 3—6 页。
③ 何新成:《汉中市石英沙厂清理三座战国墓》,《文博》1987 年第 6 期,第 33—36 页。
④ 卢桂兰:《榆林地区收藏的部分匈奴文物》,《文博》1988 年第 6 期,第 16—19 页。
⑤ 陕西省博物馆:《陕西省博物馆鉴选一批历史文物》,《文物》1965 年第 5 期,第 2—4 页。
⑥ 卢桂兰:《榆林地区收藏的部分匈奴文物》,《文博》1988 年第 6 期,第 16—19 页。
⑦ 卢桂兰:《榆林地区收藏的部分匈奴文物》,《文博》1988 年第 6 期,第 16—19 页。
⑧ 姬乃军:《延安地区文管会收藏的匈奴文物》,《文博》1989 年第 4 期,第 72—73 页。
⑨ 中国科学院考古研究所:《沣西发掘报告》,文物出版社,1963 年。
⑩ 姚生民:《陕西淳化出土战国秦铜簋》,《考古与文物》1982 年第 1 期,第 109 页。
⑪ 赵丛苍:《凤翔出土一批春秋战国文物》,《考古与文物》1991 年第 2 期,第 2—13 页。
⑫ 尚志儒、赵丛苍:《陕西凤翔八旗屯西沟道秦墓发掘简报》,《文博》1986 年第 3 期,第 1—31 页。
⑬ 景宏伟:《凤翔出土春秋时期文物》,《文博》2003 年第 4 期,第 30—37 页。
⑭ 商洛市考古队、洛南县博物馆:《洛南西寺冀塬及城关粮库东周墓发掘简报》,《考古与文物》2003 年第 5 期,第 15—24 页。

釜	铺	盨	簠	簋	盆	敦	壶	尊缶	罍	鉴	盂	匜	盘	铜	浴缶	汤鼎
					Bb1		AaⅣ2							AbbⅤ1、BbaⅣ1		
												BbcⅢ1				
				CⅣ2	Bb2		AbⅤ2					1	1			
												Aaac1				

名称	分期	立耳折沿鼎	附耳折沿鼎	附子耳母口鼎	箍口鼎	束腰鼎	细撇足鼎	鬲鼎	牲首鼎	方鼎	鬲	甗	簠	盨
眉县水泥厂 1993M(扰)①	5	DⅤ1												
武功赵家来 1981M1(完整)②	5	DⅤ3												
咸阳任家咀 1990M56（完整）③	5	DⅤ2			CbⅡ1							AbⅤ1		
大荔朝邑北寨子 1974M107(完整)④	6			AbⅤ1										
凤翔八旗屯 1976BM31(盗)⑤	6											1		
凤翔八旗屯西沟道 1983M26(完整)⑥	6	DⅥ2		AbⅤ1								AbⅥ1		
凤翔邓家崖 1988M4(扰)⑦	6	DⅥ1												
凤翔邓家崖 1988M7(扰)⑧	6	DⅥ1										AaaaⅤ1		
凤翔礼包务 1984 采铜鼎(采)⑨	6					BbⅢ1								
黄陵寨头河 2011M7(完整)⑩	6					BbⅢ1								
洛南冀塬 1982M1(扰)⑪	6			AbⅤ1										
秦安王洼 2009M1(盗)⑫	6													
山阳过风楼 1990M(扰)⑬	6													
山阳鹃岭 1998M7(扰)⑭	6			DaⅢ2										
西安北郊交校 1998IIM24(完整)⑮	6													AabⅤ1

① 刘怀君、郝芝芹：《眉县水泥厂春秋秦墓及其相关问题》，《文博》1993 年第 6 期，第 93—96 页。
② 中国社会科学院考古研究所武功发掘队：《陕西武功县赵家来东周时期的秦墓》，《考古》1996 年第 12 期，第 44—48 页。
③ 咸阳市文物考古研究所：《任家咀秦墓》，科学出版社，2005 年。
④ 陕西省文管会、大荔县文化馆：《朝邑战国墓葬发掘简报》，《文物资料丛刊》(2)，文物出版社，1978 年，第 75—91 页。
⑤ 吴镇烽、尚志儒：《陕西凤翔八旗屯秦国墓葬发掘简报》，《文物资料丛刊》(3)，文物出版社，1980 年，第 67—85 页。
⑥ 尚志儒、赵丛苍：《陕西凤翔八旗屯西沟道秦墓发掘简报》，《文博》1986 年第 3 期，第 1—31 页。
⑦ 陕西省考古研究所雍城工作站：《凤翔邓家崖发现秦墓发掘简报》，《考古与文物》1991 年第 2 期，第 14—19 页。
⑧ 陕西省考古研究所雍城工作站：《凤翔邓家崖发现秦墓发掘简报》，《考古与文物》1991 年第 2 期，第 14—19 页。
⑨ 赵丛苍：《凤翔出土一批春秋战国文物》，《考古与文物》1991 年第 2 期，第 2—13 页。
⑩ 陕西省考古研究院、延安市文物研究所、黄陵县旅游文物局：《陕西黄陵寨头河战国戎人墓地发掘简报》，《考古与文物》2012 年第 6 期，第 3—10 页。
⑪ 张懋镕、张小兵：《陕西洛南冀塬一号战国墓》，《文物》2001 年第 9 期，第 32—36 页。
⑫ 甘肃省文物考古研究所：《甘肃秦安王洼战国墓地 2009 年发掘简报》，《文物》2012 年第 8 期，第 27—37 页。
⑬ 蔺德智：《陕西山阳过风楼出土战国铜器》，《考古与文物》1992 年第 5 期，第 111—112 页。
⑭ 陕西省商洛地区考古队：《陕西山阳县鹃岭战国墓葬》，《考古》2005 年第 2 期，第 28—34 页。
⑮ 陕西省考古研究所：《西安北郊秦墓》，三秦出版社，2006 年。

续表

釜	铺	盨	簠	簋	盆	敦	壶	尊缶	罍	鉴	盂	匜	盘	铲	浴缶	汤鼎
			CⅣ1				1									
					Bb1											
							Cbba Ⅴ1									
												1	C1			
			CⅤ2	Gc2		AbⅥ2						Aac1	C1		Bba Ⅶ1	
			CⅤ1	Gc1												
												Aac1	C1			
	2				Caaa Ⅳ2							Baaa Ⅷ1				
						Cbba Ⅴ1										
						Cbba Ⅴ2										
												Baaa Ⅷ1	Bcb Ⅲ1			

名　称	分期	立耳折沿鼎	附耳折沿鼎	附耳子母口鼎	箍口鼎	束腰鼎	细足撇鼎	鬲鼎	牲首鼎	方鼎	鬲	甗	簠	鉴
咸阳任家咀 1990M230（完整）①	6	DⅦ1										AaaaⅥ1		
咸阳任家嘴 1984M（扰）②	6			AⅤ1			BaⅥ2、BbⅢ1					AaaaⅣ1、AaaaⅥ1		
咸阳塔儿坡 1995M32350（完整）③	6			AbⅦ1										
安康五里 1978 采铜盉（采）④	7													
安康五里 1978 采铜壶（采）⑤	7													
安康五里 1985 采铜鼎（采）⑥	7						DbⅢ1							
宝鸡凤阁岭建河 1978M 甲（扰）⑦	7													
宝鸡凤阁岭建河 1978M 乙（扰）⑧	7													
大荔朝邑北寨子 1974M103（完整）⑨	7													
大荔朝邑北寨子 1974M203（完整）⑩	7			AbⅥ1										
凤翔八旗屯 1976CM9（完整）⑪	7	DⅦ3		AbⅥ1								1		
凤翔八旗屯 1981M14（完整）⑫	7	DⅦ1										AaaaⅥ1		
凤翔八旗屯西沟道 1983M6（完整）⑬	7													

① 咸阳市文物考古研究所：《任家咀秦墓》，科学出版社，2005 年。
② 咸阳市博物馆：《咸阳任家嘴殉人秦墓清理简报》，《考古与文物》1986 年第 6 期，第 22—27 页。
③ 咸阳市文物考古研究所：《塔儿坡秦墓》，三秦出版社，1998 年。
④ 徐信印：《安康拣选的几件青铜器》，《考古与文物》1991 年第 3 期，第 112 页。
⑤ 施昌成、刘康利：《安康地区博物馆藏战国青铜器》，《文博》1992 年第 5 期，第 62—63 页。
⑥ 施昌成、刘康利：《安康地区博物馆藏战国青铜器》，《文博》1992 年第 5 期，第 62—63 页。
⑦ 王红武、吴大焱：《陕西宝鸡凤阁岭公社出土一批秦代文物》，《文物》1980 年第 9 期，第 94—95 页。
⑧ 王红武、吴大焱：《陕西宝鸡凤阁岭公社出土一批秦代文物》，《文物》1980 年第 9 期，第 94—95 页。
⑨ 陕西省文管会、大荔县文化馆：《朝邑战国墓葬发掘简报》，《文物资料丛刊》(2)，文物出版社，1978 年，第 75—91 页。
⑩ 陕西省文管会、大荔县文化馆：《朝邑战国墓葬发掘简报》，《文物资料丛刊》(2)，文物出版社，1978 年，第 75—91 页。
⑪ 吴镇烽、尚志儒：《陕西凤翔八旗屯秦国墓葬发掘简报》，《文物资料丛刊》(3)，文物出版社，1980 年，第 67—85 页。
⑫ 陕西省雍城考古队：《一九八一年凤翔八旗屯墓地发掘简报》，《考古与文物》1986 年第 5 期，第 23—40 页。
⑬ 尚志儒、赵丛苍：《陕西凤翔八旗屯西沟道秦墓发掘简报》，《文博》1986 年第 3 期，第 1—31 页。

续表

釜	铺	盨	簠	簋	盆	敦	壶	尊缶	罍	鉴	盉	匜	盘	铆	浴缶	汤鼎
					Gc1								C1			
							CaaⅧ1、Cb1、CbbcⅣ1									
							CbbdⅡ1									
											BcⅤ1					
							CcbⅢ1									
							Ea1									
							Ea1									
												1				
Ⅲ1							CbbaⅥ1									
						C2	2						1			
					Gc1							Aac1	C1			
					1											

名称	分期	立耳折沿鼎	附耳折沿鼎	附耳子母口鼎	箍口鼎	束腰鼎	细撇足鼎	鬲鼎	牲首鼎	方鼎	鬲	甂	鍑	鑑
凤翔八旗屯西沟道 1983M7(完整)①	7													AabⅥ1
凤翔高庄 1977M16(盗)②	7			AbⅥ1										
凤翔高庄 1977M17(完整)③	7											1		1
凤翔高庄 1977M33(完整)④	7													Abb1
凤翔高庄 1977M46(完整)⑤	7											DcⅢ1		
凤翔高庄 1977M47(盗)⑥	7													
凤翔高庄 1979M1(完整)⑦	7			AbⅤ1										AabⅥ1
临潼 1960 采铜尊缶(采)⑧	7													
临潼刘庄砖瓦厂 1990M(扰)⑨	7													
临潼上焦村 1976M12(完整)⑩	7													
临潼上焦村 1976M18(完整)⑪	7											DcⅢ1		Abb1
临潼武家屯 1963 采铜鑑(采)⑫	7													Abb1
陇县店子 1991M279(完整)⑬	7													
米脂文化馆征铜盉(征)⑭	7													

① 尚志儒、赵丛苍:《陕西凤翔八旗屯西沟道秦墓发掘简报》,《文博》1986 年第 3 期,第 1—31 页。
② 吴镇烽、尚志儒:《陕西凤翔高庄秦墓地发掘简报》,《考古与文物》1981 年第 1 期,第 12—38 页。
③ 吴镇烽、尚志儒:《陕西凤翔高庄秦墓地发掘简报》,《考古与文物》1981 年第 1 期,第 12—38 页。
④ 吴镇烽、尚志儒:《陕西凤翔高庄秦墓地发掘简报》,《考古与文物》1981 年第 1 期,第 12—38 页。
⑤ 吴镇烽、尚志儒:《陕西凤翔高庄秦墓地发掘简报》,《考古与文物》1981 年第 1 期,第 12—38 页。
⑥ 吴镇烽、尚志儒:《陕西凤翔高庄秦墓地发掘简报》,《考古与文物》1981 年第 1 期,第 12—38 页。
⑦ 雍城考古工作队:《凤翔县高庄战国秦墓发掘简报》,《文物》1980 年第 9 期,第 10—14 页。
⑧ 丁耀祖:《临潼县附近出土秦代铜器》,《文物》1965 年第 7 期,第 53—54 页;《中国青铜器全集》编辑委员会:《中国青铜器全集》,文物出版社,1995 年,第 12 册,图 010。
⑨ 由更新:《临潼出土的几件铜器》,《考古与文物》1995 年第 5 期,第 37 页。
⑩ 秦俑考古队:《临潼上焦村秦墓清理简报》,《考古与文物》1980 年第 2 期,第 42—50 页。
⑪ 秦俑考古队:《临潼上焦村秦墓清理简报》,《考古与文物》1980 年第 2 期,第 42—50 页。
⑫ 朱捷元、黑光:《陕西省兴平县念流寨和临潼县武家屯出土古代金饼》,《文物》1964 年第 7 期,第 35—37 页。
⑬ 陕西省考古研究所:《陇县店子秦墓》,三秦出版社,1998 年。
⑭ 戴应新:《陕北清涧、米脂、佳县出土古代铜器》,《考古》1980 年第 1 期,第 95 页。

釜	铺	盨	簠	簋	盆	敦	壶	尊缶	罍	鉴	盉	匜	盘	铊	浴缶	汤鼎
							CcbⅢ1									
							1						1			
					Gc1		Ea1									
							CcbⅢ1									
							CbbdⅡ1、Ea1					BaabⅡ6				
								AaⅧ1								
							Ea1									
												1				
												BaabⅡ1				
								BcⅤ1								

名　　称	分期	立耳折沿鼎	附耳折沿鼎	附耳母子口鼎	箍口鼎	束腰鼎	细撇足鼎	鬲鼎	牲首鼎	方鼎	鬲	甗	镀	鉴
平凉庙庄 1974M6(盗)①	7							BbⅢ1						
平凉庙庄 1974M7(盗)②	7			AbⅥ1										
乾县东倪家窑 1959 采铜壶 (采)③	7													
秦始阜陵园 K9901T1；38 铜鼎 (未完全公布)④	7			AbⅥ1										
庆阳博物馆 1983 征铜壶 (征)⑤	7													
庆阳博物馆 1984 征铜鬲 (征)⑥	7										F1			
绥德1967征铜壶(征)⑦	7													
西北农林科大 2004M76(完整)⑧	7			AbⅥ1										
西安茅坡邮电学院南区 2001M34(完整)⑨	7													
西安世家星城 2003M107(完整)⑩	7													AabⅥ1
西安世家星城 2003M150(完整)⑪	7													Abb1
西安世家星城 2003M180(完整)⑫	7													
西安世家星城 2003M181(完整)⑬	7											DbaⅣ1		

① 甘肃省博物馆：《甘肃平凉庙庄的两座战国墓》，《考古与文物》1982 年第 5 期，第 21—33 页。
② 甘肃省博物馆：《甘肃平凉庙庄的两座战国墓》，《考古与文物》1982 年第 5 期，第 21—33 页。
③ 吴梓林：《乾县凤翔发现古铜器》，《文物》1960 年第 10 期，第 74 页。
④ 始皇陵考古队：《秦始皇陵园 K9901 试掘简报》，《考古》2001 年第 1 期，第 59—73 页。
⑤ 许俊臣、刘得祯：《战国铜扁壶》，《文物》1987 年第 6 期，第 96 页。
⑥ 许俊臣、刘得祯：《介绍一件春秋战国铲足铜鬲》，《考古》1988 年第 3 期，第 230 页。
⑦ 朱捷元：《绥德发现战国鸟盖铜瓠壶》，《考古与文物》1980 年第 2 期，第 32—33 页。
⑧ 陕西省考古研究所：《西北农林科大战国秦墓发掘简报》，《考古与文物》2006 年第 5 期，第 37—47 页。
⑨ 西安市文物保护考古所：《西安南郊秦墓》，陕西人民出版社，2004 年。
⑩ 西安市文物保护考古所：《西安南郊秦墓》，陕西人民出版社，2004 年。
⑪ 西安市文物保护考古所：《西安南郊秦墓》，陕西人民出版社，2004 年。
⑫ 西安市文物保护考古所：《西安南郊秦墓》，陕西人民出版社，2004 年。
⑬ 西安市文物保护考古所：《西安南郊秦墓》，陕西人民出版社，2004 年。

釜	铺	盨	簠	簋	盆	敦	壶	尊缶	罍	鉴	盂	匜	盘	铘	浴缶	汤鼎
							CbbaⅥ2					BaabⅠ1	1			
							1									
							Ea1									
							CaaⅦ1									
							DⅥ1									
							CbbaⅥ1									
											BaⅥ1					
							CbbaⅥ1									
					1											

名　称	分期	立耳折沿鼎	附耳折沿鼎	附耳子母口鼎	箍口鼎	束腰鼎	细撇足鼎	鬲鼎	牲首鼎	方鼎	鬲	甗	镬	鍪
西安世家星城 2003M185(完整)①	7			AbⅥ1										
西安世家星城 2003M189(完整)②	7			AbⅥ1										
西安世家星城 2003M200(完整)③	7													AabⅥ1
西安世家星城 2003M202(完整)④	7													Abb1
西安尤家庄 1996M20(完整)⑤	7			AbⅥ4										
西安尤家庄纬四小区 2001一号M6(完整)⑥	7													AabⅥ1
西安尤家庄壹号公寓 1998M36(完整)⑦	7			AbⅥ1										B1
咸阳博物馆藏二年寺工师初铜壶(馆藏)⑧	7													
咸阳博物馆藏雍工敀铜壶(馆藏)⑨	7													
咸阳涤纶纤维厂 1987M8(盗)⑩	7													
咸阳黄家沟 1974采铜盉(采)⑪	7													
咸阳黄家沟 1975M43(完整)⑫	7			AbⅥ2										

①　西安市文物保护考古所：《西安南郊秦墓》,陕西人民出版社,2004年。
②　西安市文物保护考古所：《西安南郊秦墓》,陕西人民出版社,2004年。
③　西安市文物保护考古所：《西安南郊秦墓》,陕西人民出版社,2004年。
④　西安市文物保护考古所：《西安南郊秦墓》,陕西人民出版社,2004年。
⑤　西安市文物保护考古所：《西安北郊尤家庄二十号战国墓发掘简报》,《文物》2004年第1期,第4—16页。
⑥　陕西省考古研究院：《西安尤家庄秦墓》,陕西科学技术出版社,2008年。
⑦　陕西省考古研究院：《西安尤家庄秦墓》,陕西科学技术出版社,2008年。
⑧　李光军、宋蕊：《咸阳博物馆收藏的两件带铭铜壶》,《考古与文物》1983年第6期,第4—5页。
⑨　李光军、宋蕊：《咸阳博物馆收藏的两件带铭铜壶》,《考古与文物》1983年第6期,第4—5页。
⑩　杨新文：《咸阳涤纶纤维厂战国秦墓清理简报》,《文物考古论集》,三秦出版社,2000年,第194—201页。
⑪　刘晓华：《咸阳市出土秦代铜盉》,《考古与文物》1989年第6期,第104页。
⑫　秦都咸阳考古队：《咸阳市黄家沟战国墓发掘简报》,《考古与文物》1982年第6期,第6—15页。

续表

釜	铺	盨	簠	簋	盆	敦	壶	尊缶	罍	鉴	盉	匜	盘	铏	浴缶	汤鼎
					1											
					1											
													BcbⅣ2			
							CbabⅤ1									
							CbbaⅥ1									
							CbbaⅥ1									
							CbbaⅥ1									
										BcⅤ1						
							CbbaⅥ2									

名　称	分期	立耳折沿鼎	附耳折沿鼎	附耳母子口鼎	箍口鼎	束腰鼎	细撇足鼎	鬲鼎	牺首鼎	方鼎	鬲	甗	鍑	鍪
咸阳任家咀 1990M232（完整）①	7											3		
咸阳塔儿坡 1966M(扰)②	7			AbⅥ9										
旬邑转角 1979M(扰)③	7			AbⅥ1、AdⅥ1										
延川外贸公司 1984M(扰)④	7			AbⅥ2、DaⅣ1										
张家川马家塬 2006M1(盗)⑤	7			AbⅥ1										
张家川马家塬 2006M3(盗)⑥	7			1										
张家川马家塬 2007M14（完整）⑦	7										F1			
张家川马家塬 2007M15（完整）⑧	7								BbⅢ1					
张家川马家塬 2008M16（完整）⑨	7											Aac1		
张家川马家塬 2010M18（完整）⑩	7										F2	AaaaⅥ1、Aac1		
张家川马家塬 2010M19（完整）⑪	7			AbⅥ1								Aac1		

①　咸阳市文物考古研究所：《任家咀秦墓》，科学出版社，2005 年。
②　咸阳市博物馆：《陕西咸阳塔儿坡出土的铜器》，《文物》1975 年第 6 期，第 69—75 页。
③　卢建国：《陕西铜川发现战国铜器》，《文物》1985 年第 5 期，第 44—46 页。
④　樊俊成：《延川县出土的几件青铜器》，《考古与文物》1995 年第 5 期，第 91 页。
⑤　甘肃省文物考古研究所、张家川回族自治县博物馆：《2006 年度甘肃张家川回族自治县马家塬战国墓地发掘简报》，《文物》2008 年第 9 期，第 4—28 页。
⑥　甘肃省文物考古研究所、张家川回族自治县博物馆：《2006 年度甘肃张家川回族自治县马家塬战国墓地发掘简报》，《文物》2008 年第 9 期，第 4—28 页。
⑦　早期秦文化联合考古队、张家川回族自治县博物馆：《张家川马家塬战国墓地 2007—2008 年发掘简报》，《文物》2009 年第 10 期，第 25—51 页。
⑧　早期秦文化联合考古队、张家川回族自治县博物馆：《张家川马家塬战国墓地 2007—2008 年发掘简报》，《文物》2009 年第 10 期，第 25—51 页。
⑨　早期秦文化联合考古队、张家川回族自治县博物馆：《张家川马家塬战国墓地 2008—2009 年发掘简报》，《文物》2010 年第 10 期，第 4—26 页。
⑩　早期秦文化联合考古队、张家川回族自治县博物馆：《张家川马家塬战国墓地 2010—2011 年发掘简报》，《文物》2012 年第 8 期，第 4—26 页。
⑪　早期秦文化联合考古队、张家川回族自治县博物馆：《张家川马家塬战国墓地 2010—2011 年发掘简报》，《文物》2012 年第 8 期，第 4—26 页。

釜	铺	錾	簠	簋	盆	敦	壶	尊缶	罍	鉴	盂	匜	盘	铘	浴缶	汤鼎
												Aac1	1			
					2		Cbbd Ⅱ 1、Ccb Ⅲ 3、Cca Ⅲ 1、Eb1									
Ⅲ 1						Ab Ⅵ 1	Cbbd Ⅱ 1、Ea2									
							E1			2						
							Cbba Ⅵ 1									
							G1									
							Cbba Ⅵ 1									
							Cbba Ⅵ 2									
						Dca Ⅲ 1、Dcb Ⅲ 2						Baab Ⅱ 1	Bcb Ⅲ 1			

附表四　广东东周

名称	分期	立耳折沿鼎	附耳折沿鼎	附耳子母口鼎	箍口鼎	束腰鼎	细撇足鼎	鬲鼎	牲首鼎	方鼎	鬲	瓿	䵽	鉴
乐昌对面山 1987M59(未完全公布)①	1						EⅠ1							
清远马头岗 1963M2(扰)②	3													
乐昌对面山 1987M150(未完全公布)③	3						1							
德庆落雁山 1972M1(扰)④	4						AaⅣ1							
清远马头岗 1962M(扰)⑤	4						AbⅣ1、BaⅣ1							
四会鸟旦山 1973M1(扰)⑥	4						AaⅣ2、EⅢ1							
广宁铜鼓岗 1977M16 (完整)⑦	5						AaⅤ1							
乐昌对面山 1987M60(未完全公布)⑧	5						CⅠ1							
广宁龙嘴岗 1996M8(扰)⑨	6													
揭阳中厦面头岭 1973M14(扰)⑩	6													
揭阳中厦面头岭 1973M3(扰)⑪	6						EⅣ2							
揭阳中厦面头岭 1973M7(扰)⑫	6						1							

　　① 广东省文物考古研究所、乐昌市博物馆、韶关市博物馆:《广东乐昌市对面山东周秦汉墓》,《考古》2000 年第 6 期,第 37—61 页。
　　② 广东省文物管理委员会:《广东清远的东周墓葬》,《考古》1964 年第 3 期,第 138—142 页。
　　③ 广东省文物考古研究所、乐昌市博物馆、韶关市博物馆:《广东乐昌市对面山东周秦汉墓》,《考古》2000 年第 6 期,第 37—61 页。
　　④ 徐恒彬、杨少祥、榻富崇:《广东德庆发现战国墓》,《文物》1973 年第 9 期,第 18—22 页。
　　⑤ 广东省文物管理委员会:《广东清远发现周代青铜器》,《考古》1963 年第 2 期,第 57—61 页。
　　⑥ 广东省博物馆:《广东四会鸟旦山战国墓》,《考古》1975 年第 2 期,第 102—108 页。
　　⑦ 广东省博物馆:《广东广宁县铜鼓岗战国墓》,《考古学集刊》(1),中国社会科学出版社,1981 年,第 111—119 页。
　　⑧ 广东省文物考古研究所、乐昌市博物馆、韶关市博物馆:《广东乐昌市对面山东周秦汉墓》,《考古》2000 年第 6 期,第 37—61 页。
　　⑨ 广东省文物考古研究所、广宁县博物馆:《广东广宁县龙嘴岗战国墓》,《考古》1998 年第 7 期,第 45—59 页。
　　⑩ 广东省博物馆、汕头市文管会、揭阳县博物馆:《广东揭阳县战国墓》,《考古》1992 年第 3 期,第 220—226 页。
　　⑪ 广东省博物馆、汕头市文管会、揭阳县博物馆:《广东揭阳县战国墓》,《考古》1992 年第 3 期,第 220—226 页。
　　⑫ 广东省博物馆、汕头市文管会、揭阳县博物馆:《广东揭阳县战国墓》,《考古》1992 年第 3 期,第 220—226 页。

铜器群型式登记表

釜	铺	盨	簠	簋	盆	敦	壶	尊缶	罍	鉴	盂	匜	盘	铲	浴缶	汤鼎
															BⅢ1	
				Baa Ⅳ1					Abbb Ⅳ1						1	
											Ba Ⅳ1					
													Add Ⅴ2			
													Adc Ⅵ1			

名　　称	分期	立耳折沿鼎	附耳折沿鼎	附子口耳母鼎	箍口鼎	束腰鼎	细撇足鼎	鬲鼎	牲首鼎	方鼎	鬲	甗	簠	鍪	鉴
四会高地园 1974M1(扰)①	6						BaⅦ1、EⅣ1								
四会高地园 1974M2(扰)②	6						1								
封开利羊墩 1988M2(扰)③	7						DbⅢ1								
广宁龙嘴岗 1995M4(扰)④	7						BaⅦ1								
广宁龙嘴岗 1995M5(扰)⑤	7						BaⅦ1								
广宁龙嘴岗 1996M13(扰)⑥	7						DbⅢ1								
广宁铜鼓岗 1977M13（完整)⑦	7						DbⅢ1								
乐昌对面山 1987M148(未完全公布)⑧	7						DbⅢ1								
乐昌对面山 1987M52(未完全公布)⑨	7						DbⅢ1								
乐昌对面山 1987M87(未完全公布)⑩	7						DbⅢ1								
罗定背夫山 1983M1(完整)⑪	7						AaⅦ1、EⅣ1								
罗定太平南门垌 1977M1(扰)⑫	7			AbⅦ1			2								
肇庆北岭松山 1972M1(扰)⑬	7						DbⅢ1、CⅠ2								

① 何纪生:《广东发现的几座东周墓葬》,《考古》1985 年第 4 期,第 360—364 页。
② 何纪生:《广东发现的几座东周墓葬》,《考古》1985 年第 4 期,第 360—364 页。
③ 杨式挺、崔勇、邓增魁:《广东封开利羊墩墓葬群发掘简报》,《南方文物》1995 年第 3 期,第 1—16 页。
④ 广东省文物考古研究所、广宁县博物馆:《广东广宁县龙嘴岗战国墓》,《考古》1998 年第 7 期,第 45—59 页。
⑤ 广东省文物考古研究所、广宁县博物馆:《广东广宁县龙嘴岗战国墓》,《考古》1998 年第 7 期,第 45—59 页。
⑥ 广东省文物考古研究所、广宁县博物馆:《广东广宁县龙嘴岗战国墓》,《考古》1998 年第 7 期,第 45—59 页。
⑦ 广东省博物馆:《广东广宁县铜鼓岗战国墓》,《考古学集刊》(1),中国社会科学出版社,1981 年,第 111—119 页。
⑧ 广东省文物考古研究所、乐昌市博物馆、韶关市博物馆:《广东乐昌市对面山东周秦汉墓》,《考古》2000 年第 6 期,第 37—61 页。
⑨ 广东省文物考古研究所、乐昌市博物馆、韶关市博物馆:《广东乐昌市对面山东周秦汉墓》,《考古》2000 年第 6 期,第 37—61 页。
⑩ 广东省文物考古研究所、乐昌市博物馆、韶关市博物馆:《广东乐昌市对面山东周秦汉墓》,《考古》2000 年第 6 期,第 37—61 页。
⑪ 广东省博物馆、罗定县文化局:《广东罗定背夫山战国墓》,《考古》1986 年第 3 期,第 210—220 页。
⑫ 广东省博物馆:《广东罗定出土一批战国青铜器》,《考古》1983 年第 1 期,第 43—48 页。
⑬ 广东省博物馆、肇庆市文化局发掘小组:《广东肇庆市北岭松山古墓发掘简报》,《文物》1974 年第 11 期,第 69—79 页。

续表

釜	铺	盨	簠	簋	盆	敦	壶	尊缶	罍	鉴	盉	匜	盘	铏	浴缶	汤鼎
													1			
										BbⅤ2						
					CbⅡ1		AaⅧ1			BbⅤ1	BaⅤ1					
						CbabⅤ1			AbbaⅧ2							

名　称	分期	立耳折沿鼎	附耳折沿鼎	附耳子母口鼎	箍口鼎	束腰鼎	细撇足鼎	鬲鼎	牲首鼎	方鼎	鬲	甗	簠	鉴
恭城秧家1971M(扰)①	3	BⅡ1	BaⅠ1				AaⅢ3							
宾阳韦坡1977M1(扰)②	4						EⅢ1							
贺州龙中1991M(完整)③	4						AaⅣ1、DaⅠ1、EⅢ1							
岑溪花果山1986采铜鼎:25(采)④	6						DaⅢ1							
平乐银山岭1974M102(完整)⑤	6						CⅡ1							
平乐银山岭1974M108(扰)⑥	6						CⅡ1							
平乐银山岭1974M153(完整)⑦	6						CⅡ1							
平乐银山岭1974M168(完整)⑧	6						CⅡ1							
平乐银山岭1974M71(完整)⑨	6						CⅡ1							
平乐银山岭1974M74(完整)⑩	6						CⅡ3							
平乐银山岭1974M81(完整)⑪	6						CⅡ1							
岑溪花果山1986采铜鼎:26(采)⑫	7						BaⅦ1							

① 广西壮族自治区博物馆:《广西恭城县出土的青铜器》,《考古》1973年第1期,第30—34页。
② 广西壮族自治区文物工作队:《广西宾阳县发现战国墓葬》,《考古》1983年第2期,第146—148页。
③ 贺县博物馆:《广西贺县龙中岩洞墓清理简报》,《考古》1993年第4期,第324—329页。
④ 广西壮族自治区文物工作队、岑溪县文物管理所:《岑溪花果山战国墓清理简报》,《广西考古文集》,科学出版社,2004年,第213—227页。
⑤ 广西壮族自治区文物工作队:《平乐银山岭战国墓》,《考古学报》1978年第2期,第211—258页。
⑥ 广西壮族自治区文物工作队:《平乐银山岭战国墓》,《考古学报》1978年第2期,第211—258页。
⑦ 广西壮族自治区文物工作队:《平乐银山岭战国墓》,《考古学报》1978年第2期,第211—258页。
⑧ 广西壮族自治区文物工作队:《平乐银山岭战国墓》,《考古学报》1978年第2期,第211—258页。
⑨ 广西壮族自治区文物工作队:《平乐银山岭战国墓》,《考古学报》1978年第2期,第211—258页。
⑩ 广西壮族自治区文物工作队:《平乐银山岭战国墓》,《考古学报》1978年第2期,第211—258页。
⑪ 广西壮族自治区文物工作队:《平乐银山岭战国墓》,《考古学报》1978年第2期,第211—258页。
⑫ 广西壮族自治区文物工作队、岑溪县文物管理所:《岑溪花果山战国墓清理简报》,《广西考古文集》,科学出版社,2004年,第213—227页。

铜器群型式登记表

釜	铺	盨	簠	簋	盆	敦	壶	尊缶	罍	鉴	盉	匜	盘	铍	浴缶	汤鼎
									AbbbⅢ1							
										BaⅣ1					BⅣ1	
												1				
												1				
												1				

名　　称	分期	立耳折沿鼎	附耳折沿鼎	附子母口鼎	箍口鼎	束腰鼎	细撤足鼎	鬲鼎	牲首鼎	方鼎	鬲	瓬	簋	鑋
岑溪花果山 1986 采铜鼎：27 (采)①	7						BaⅧ1							
平乐银山岭 1974M110 (完整)②	7						DbⅢ1							
平乐银山岭 1974M119 (完整)③	7						BaⅧ1							
平乐银山岭 1974M126 (完整)④	7						BaⅧ1							
平乐银山岭 1974M22 (完整)⑤	7						DbⅢ1							
平乐银山岭 1974M55 (完整)⑥	7						DbⅢ1							

附表六　河南东周

名　　称	分期	立耳折沿鼎	附耳折沿鼎	附子母口鼎	箍口鼎	束腰鼎	细撤足鼎	鬲鼎	牲首鼎	方鼎	鬲	瓬	簋	鑋
安阳王古道 2004M1(完整)⑦	1		AaⅠ1											
安阳王古道 2004M2(完整)⑧	1	AbⅠ2											AbⅠ1	
登封告成袁窑村 1995M3 (扰一)⑨	1	AaⅠ1	AaⅠ4										AbⅠ1	
郏县太仆乡 1953M(扰)⑩	1	AbⅠ2、CⅠ1	AaⅠ2										AbⅠ1	

① 广西壮族自治区文物工作队、岑溪县文物管理所：《岑溪花果山战国墓清理简报》,《广西考古文集》,科学出版社,2004年,第213—227页。
② 广西壮族自治区文物工作队：《平乐银山岭战国墓》,《考古学报》1978年第2期,第211—258页。
③ 广西壮族自治区文物工作队：《平乐银山岭战国墓》,《考古学报》1978年第2期,第211—258页。
④ 广西壮族自治区文物工作队：《平乐银山岭战国墓》,《考古学报》1978年第2期,第211—258页。
⑤ 广西壮族自治区文物工作队：《平乐银山岭战国墓》,《考古学报》1978年第2期,第211—258页。
⑥ 广西壮族自治区文物工作队：《平乐银山岭战国墓》,《考古学报》1978年第2期,第211—258页。
⑦ 安阳市文物考古研究所：《河南安阳市王古道村东周墓葬发掘报告》,《华夏考古》2008年第1期,第14—29页。
⑧ 安阳市文物考古研究所：《河南安阳市王古道村东周墓葬发掘报告》,《华夏考古》2008年第1期,第14—29页。
⑨ 郑州市文物考古研究所、登封市文物局：《河南登封告成东周墓地三号墓》,《文物》2006年第4期,第4—16页。
⑩ 佚名：《河南郏县发现的古代铜器》,《文物参考资料》1954年第3期,第60—62页;河南省博物馆编：《河南省博物馆馆藏青铜器选》,香港摄影艺术出版社(出版年代不详)。

续表

釜	铺	盨	簠	簋	盆	敦	壶	尊缶	罍	鉴	盂	匜	盘	锄	浴缶	汤鼎
													1			
													BcaⅣ1			
													1			

铜器群型式登记表

釜	铺	盨	簠	簋	盆	敦	壶	尊缶	罍	鉴	盂	匜	盘	锄	浴缶	汤鼎
				AⅠ2			AaⅠ2					AaaaⅠ1	AaaⅠ1			
			AbⅠ1	AⅠ2			AaⅠ2					AaaaⅠ1				
				AⅠ4	CbⅠ1		AaⅠ2、CaaⅠ1				AⅠ1		AbaaⅠ1			
			AaⅠ2、AaⅡ2	AⅠ4	CaⅠ1		AaⅠ2、CaaⅠ1		AaⅠ2			AaaaⅠ1	AbaaⅠ1			

名　称	分期	立耳折沿鼎	附耳折沿鼎	附耳子母口鼎	箍口鼎	束腰鼎	细撇足鼎	鬲鼎	牲首鼎	方鼎	鬲	甗	簠	鉴
罗山高店 1972M(扰)①	1													
洛阳体育场路 2002C1M10122 (盗)②	1		Aa I 1									Abaa I 2		
洛阳体育场路 2002C1M10123 (盗)③	1												Ab I 1	
洛阳西工区 2005M8781(完整)④	1	Ab I 1、B I 1												
洛阳西工区润阳广场 2008C1M9934(盗)⑤	1	B I 2	Aa I 1									Abaa I 2	Ab I 1	
洛阳西工区润阳广场 2008C1M9950(完整)⑥	1		Aa I 4、Abc I 1									Abaa I 4	Ab I 1	
泌阳郭岗 1980M(扰)⑦	1													
平顶山滍阳岭 1989M8(完整)⑧	1	Ab I 1、B I 3、C I 1											Ab I 1	
确山竹沟 1982M(扰)⑨	1													
三门峡上村岭 1956M1052(完整)⑩	1	Ab I 7										Abaa I 6	Ab I 1	
三门峡上村岭 1957M1601(完整)⑪	1													
三门峡上村岭 1957M1602(盗)⑫	1	Ab I 3										Aaa I 2		

① 信阳地区文管会、罗山县文化馆：《河南罗山县发现春秋早期铜器》，《文物》1980 年第 1 期，第 51—53 页。
② 洛阳市文物工作队：《洛阳体育场路东周墓发掘简报》，《文物》2011 年第 5 期，第 4—11 页。
③ 洛阳市文物工作队：《洛阳体育场路东周墓发掘简报》，《文物》2011 年第 5 期，第 4—11 页。
④ 洛阳市文物工作队：《洛阳 014 中心春秋墓 M8781》，《中国国家博物馆馆刊》2011 年第 8 期，第 6—14 页；洛阳市文物工作队：《洛阳体育场路西东周墓发掘报告》，文物出版社，2011 年。
⑤ 山西大学历史文化学院、洛阳市文物工作队：《河南洛阳市润阳广场东周墓 C1M9934 发掘简报》，《考古》2010 年第 12 期，第 23—32 页。
⑥ 洛阳市文物工作队：《河南洛阳市润阳广场 C1M9950 号东周墓葬的发掘》，《考古》2009 年第 12 期，第 18—31 页。
⑦ 李芳芝、张金端：《河南泌阳发现春秋铜器》，《文物资料丛刊》(6)，文物出版社，1982 年，第 169—171 页。
⑧ 河南省文物考古研究所、平顶山市文物管理局：《河南平顶山应国墓地八号墓发掘简报》，《华夏考古》2007 年第 1 期，第 20—49 页。
⑨ 夏麦陵：《嚣伯匜断代与隞之地望》，《考古》1993 年第 1 期，第 73—80 页。
⑩ 中国科学院考古研究所：《上村岭虢国墓地》，科学出版社，1959 年。
⑪ 中国科学院考古研究所：《上村岭虢国墓地》，科学出版社，1959 年。
⑫ 中国科学院考古研究所：《上村岭虢国墓地》，科学出版社，1959 年。

釜	铺	㽄	簠	簋	盆	敦	壶	尊缶	罍	鉴	盉	匜	盘	铲	浴缶	汤鼎
							Bb Ⅰ 1					Aaaa Ⅰ 1	Abaa Ⅰ 1			
			Aa Ⅱ 2									Aaaa Ⅰ 1	Abaa Ⅰ 1			
	1			A Ⅰ 4			Ab Ⅰ 2				A Ⅰ 2		Aaa Ⅰ 1、Abaa Ⅰ 1			
	2			A Ⅰ 4			Aa Ⅰ 2				A Ⅰ 2		Abaa Ⅰ 2			
												Aaaa Ⅰ 1	Abaa Ⅰ 1			
				A Ⅰ 5			Aa Ⅰ 2				F1	Aaaa Ⅰ 1	Abaa Ⅰ 2			
												Aaaa Ⅰ 1	1			
	1			A Ⅰ 6			Aa Ⅰ 2				A Ⅰ 1		Abaa Ⅰ 1			
												Aaaa Ⅰ 1	Abaa Ⅰ 1			
				A Ⅰ 4								Aaaa Ⅰ 1	Abaa Ⅰ 1			

名　称	分期	立耳折沿鼎	附耳折沿鼎	附耳子母口鼎	箍口鼎	束腰鼎	细足撇足鼎	鬲鼎	牲首鼎	方鼎	鬲	甗	镬	鍪
三门峡上村岭 1957M1612（完整）①	1	Ab I 1、C I 1												
三门峡上村岭 1957M1620（完整）②	1	B I 1												
三门峡上村岭 1957M1631（完整）③	1										Abaa I 1			
三门峡上村岭 1957M1651（完整）④	1	B I 1												
三门峡上村岭 1957M1657（完整）⑤	1	B I 1												
三门峡上村岭 1957M1661（完整）⑥	1	B I 1												
三门峡上村岭 1957M1689（盗）⑦	1	Ab I 3、C I 1												
三门峡上村岭 1957M1691（盗）⑧	1	Aa I 2												
三门峡上村岭 1957M1692（完整）⑨	1	Aa I 1												
三门峡上村岭 1957M1701（完整）⑩	1		Aa I 1											
三门峡上村岭 1957M1702（完整）⑪	1	Aa I 1												
三门峡上村岭 1957M1704（完整）⑫	1										Aab I 1			

① 中国科学院考古研究所：《上村岭虢国墓地》，科学出版社，1959 年。
② 中国科学院考古研究所：《上村岭虢国墓地》，科学出版社，1959 年。
③ 中国科学院考古研究所：《上村岭虢国墓地》，科学出版社，1959 年。
④ 中国科学院考古研究所：《上村岭虢国墓地》，科学出版社，1959 年。
⑤ 中国科学院考古研究所：《上村岭虢国墓地》，科学出版社，1959 年。
⑥ 中国科学院考古研究所：《上村岭虢国墓地》，科学出版社，1959 年。
⑦ 中国科学院考古研究所：《上村岭虢国墓地》，科学出版社，1959 年。
⑧ 中国科学院考古研究所：《上村岭虢国墓地》，科学出版社，1959 年。
⑨ 中国科学院考古研究所：《上村岭虢国墓地》，科学出版社，1959 年。
⑩ 中国科学院考古研究所：《上村岭虢国墓地》，科学出版社，1959 年。
⑪ 中国科学院考古研究所：《上村岭虢国墓地》，科学出版社，1959 年。
⑫ 中国科学院考古研究所：《上村岭虢国墓地》，科学出版社，1959 年。

釜	铺	盨	簠	簋	盆	敦	壶	尊缶	罍	鉴	盉	匜	盘	铲	浴缶	汤鼎
			A Ⅰ 5								A Ⅰ 1	Aaaa Ⅰ 1	Aaa Ⅰ 1、 Abaa Ⅰ 1			
											Aaaa Ⅰ 1	Abaa Ⅰ 1				
											Aaaa Ⅰ 1	Abaa Ⅰ 1				

名　称	分期	立耳折沿鼎	附耳折沿鼎	附耳子母口	敛口鼎	束腰鼎	细撇足鼎	鬲鼎	牲首鼎	方鼎	鬲	甗	簠	盨
三门峡上村岭 1957M1705(完整)①	1	Aa Ⅰ 3												
三门峡上村岭 1957M1706(完整)②	1	Ab Ⅰ 5									Abaa Ⅰ 4			
三门峡上村岭 1957M1708(完整)③	1							A1						
三门峡上村岭 1957M1714(完整)④	1	B Ⅰ 1												
三门峡上村岭 1957M1715(完整)⑤	1	Aa Ⅰ 1、C Ⅰ 1												
三门峡上村岭 1957M1720(完整)⑥	1	B Ⅰ 1												
三门峡上村岭 1957M1721(完整)⑦	1	Aa Ⅰ 3												
三门峡上村岭 1957M1743(完整)⑧	1	Aa Ⅰ 1												
三门峡上村岭 1957M1744(完整)⑨	1	B Ⅰ 1												
三门峡上村岭 1957M1753(完整)⑩	1	C Ⅰ 1												
三门峡上村岭 1957M1761(完整)⑪	1		Aa Ⅰ 1											
三门峡上村岭 1957M1762(完整)⑫	1	B Ⅰ 1												

①　中国科学院考古研究所:《上村岭虢国墓地》,科学出版社,1959 年。
②　中国科学院考古研究所:《上村岭虢国墓地》,科学出版社,1959 年。
③　中国科学院考古研究所:《上村岭虢国墓地》,科学出版社,1959 年。
④　中国科学院考古研究所:《上村岭虢国墓地》,科学出版社,1959 年。
⑤　中国科学院考古研究所:《上村岭虢国墓地》,科学出版社,1959 年。
⑥　中国科学院考古研究所:《上村岭虢国墓地》,科学出版社,1959 年。
⑦　中国科学院考古研究所:《上村岭虢国墓地》,科学出版社,1959 年。
⑧　中国科学院考古研究所:《上村岭虢国墓地》,科学出版社,1959 年。
⑨　中国科学院考古研究所:《上村岭虢国墓地》,科学出版社,1959 年。
⑩　中国科学院考古研究所:《上村岭虢国墓地》,科学出版社,1959 年。
⑪　中国科学院考古研究所:《上村岭虢国墓地》,科学出版社,1959 年。
⑫　中国科学院考古研究所:《上村岭虢国墓地》,科学出版社,1959 年。

续表

釜	铺	盨	簠	簋	盆	敦	壶	尊缶	罍	鉴	盉	匜	盘	铷	浴缶	汤鼎
				AⅠ4			AaⅠ2					AaaaⅠ1	AbaaⅠ1			
	1			AⅠ4			AaⅠ2					AaaaⅠ1	AbaaⅠ1			
												AaaaⅠ1	AbaaⅠ1			
	1															
												AaaaⅡ1	AbaaⅠ1			
													AbaaⅠ1			
												AaaaⅠ1	AbaaⅠ1			

名称	分期	立耳折沿鼎	附耳折沿鼎	附耳母子口鼎	箍口鼎	束腰鼎	细撇足鼎	鬲鼎	牲首鼎	方鼎	鬲	甗	镬	鏊
三门峡上村岭 1957M1765(盗)①	1	AaⅠ1												
三门峡上村岭 1957M1777(盗)②	1	AbⅠ1									AbaaⅠ2	AbⅠ1		
三门峡上村岭 1957M1810(完整)③	1	AaⅠ5									AbaaⅠ4	AbⅠ1		
三门峡上村岭 1957M1819(完整)④	1	AbⅠ1、CⅠ1												
三门峡上村岭 1957M1820(完整)⑤	1	AbⅠ3									AbaaⅠ2	AbⅠ1		
三门峡上村岭 1990M2001(完整)⑥	1	AaⅠ3	AaⅠ7								AbaaⅠ8	AbⅠ1		
三门峡上村岭 1990M2006(完整)⑦	1	AbⅠ3									AbaaⅠ4	AbⅠ1		
三门峡上村岭 1990M2008(盗)⑧	1										AbaaⅠ2			
三门峡上村岭 1990M2010(完整)⑨	1	AbⅠ5										AbⅠ1		
三门峡上村岭 1990M2016(完整)⑩	1	AaⅠ2												
三门峡上村岭 1990M2017(完整)⑪	1	AbⅠ2												
三门峡上村岭 1990采SG010—013铜鼎(采)⑫	1	AbⅠ4												

① 中国科学院考古研究所:《上村岭虢国墓地》,科学出版社,1959 年。
② 中国科学院考古研究所:《上村岭虢国墓地》,科学出版社,1959 年。
③ 中国科学院考古研究所:《上村岭虢国墓地》,科学出版社,1959 年。
④ 中国科学院考古研究所:《上村岭虢国墓地》,科学出版社,1959 年。
⑤ 中国科学院考古研究所:《上村岭虢国墓地》,科学出版社,1959 年。
⑥ 河南省文物考古研究所、三门峡市文物工作队:《三门峡虢国墓》(第一卷),文物出版社,1999 年。
⑦ 河南省文物考古研究所、三门峡市文物工作队:《上村岭虢国墓地 M2006 的清理》,《文物》1995 年第 1 期,第 4—31 页。
⑧ 河南省文物考古研究所、三门峡市文物考古研究所:《河南三门峡虢国墓地 M2008 发掘简报》,《文物》2009 年第 2 期,第 18—31 页。
⑨ 河南省文物考古研究所、三门峡市文物工作队:《三门峡虢国墓地 M2010 的清理》,《文物》2000 年第 12 期,第 4—22 页。
⑩ 河南省文物考古研究所、三门峡市文物工作队:《三门峡虢国墓》(第一卷),文物出版社,1999 年。
⑪ 河南省文物考古研究所、三门峡市文物工作队:《三门峡虢国墓》(第一卷),文物出版社,1999 年。
⑫ 河南省文物考古研究所、三门峡市文物工作队:《三门峡虢国墓》(第一卷),文物出版社,1999 年。

釜	铺	甑	簠	簋	盆	敦	壶	尊缶	罍	鉴	盉	匜	盘	铺	浴缶	汤鼎
							AaⅠ1									
	1			AⅠ4			AaⅠ2				AⅠ1		AbaaⅠ1			
	1		AaⅠ2	AⅠ4			AaⅠ2		AaⅠ1			AaaaⅠ1	AbaaⅠ1			
	2	AⅠ4	AaⅠ2	AⅠ9			AaⅠ2、BaⅠ2				AⅠ3		AbaaⅠ4			
		AⅠ2	AaⅠ1				BbⅠ2				AⅠ1		AbaaⅠ1			
			AaⅠ1	AⅠ2			AaⅠ3					AaaaⅠ1	AaaⅠ1、AbaaⅠ1			
				AⅠ4			AaⅠ2					AaaaⅠ1	AbaaⅠ1			
				AⅠ1									AbaaⅠ1			
			AaⅠ1	AⅠ1									AbaaⅠ1			

名称	分期	立耳折沿鼎	附耳折沿鼎	附耳子母口鼎	箍口鼎	束腰鼎	细撇足鼎	鬲鼎	牲首鼎	方鼎	鬲	甗	簠	鉴
三门峡上村岭1990采SG01—07铜鼎(采)①	1	AaⅠ3、AbⅠ4												
三门峡上村岭1990采SG014铜鼎(采)②	1	AbⅠ1												
三门峡上村岭1990采SG015铜鼎(采)③	1	AbⅠ1												
三门峡上村岭1990采SG016铜鼎(采)④	1	AbⅠ1												
三门峡上村岭1990采SG017铜鼎(采)⑤	1		AaⅠ1											
三门峡上村岭1990采SG018铜鼎(采)⑥	1		AaⅠ1											
三门峡上村岭1990采SG019铜鼎(采)⑦	1	AaⅠ1												
三门峡上村岭1990采SG0203铜盆(采)⑧	1													
三门峡上村岭1990采SG020铜鼎(采)⑨	1	AaⅠ1												
三门峡上村岭1990采SG021铜鼎(采)⑩	1	AaⅠ1												
三门峡上村岭1990采SG022铜鼎(采)⑪	1	AbⅠ1												
三门峡上村岭1990采SG023铜鼎(采)⑫	1	AaⅠ1												

① 河南省文物考古研究所、三门峡市文物工作队:《三门峡虢国墓》(第一卷),文物出版社,1999年。
② 河南省文物考古研究所、三门峡市文物工作队:《三门峡虢国墓》(第一卷),文物出版社,1999年。
③ 河南省文物考古研究所、三门峡市文物工作队:《三门峡虢国墓》(第一卷),文物出版社,1999年。
④ 河南省文物考古研究所、三门峡市文物工作队:《三门峡虢国墓》(第一卷),文物出版社,1999年。
⑤ 河南省文物考古研究所、三门峡市文物工作队:《三门峡虢国墓》(第一卷),文物出版社,1999年。
⑥ 河南省文物考古研究所、三门峡市文物工作队:《三门峡虢国墓》(第一卷),文物出版社,1999年。
⑦ 河南省文物考古研究所、三门峡市文物工作队:《三门峡虢国墓》(第一卷),文物出版社,1999年。
⑧ 河南省文物考古研究所、三门峡市文物工作队:《三门峡虢国墓》(第一卷),文物出版社,1999年。
⑨ 河南省文物考古研究所、三门峡市文物工作队:《三门峡虢国墓》(第一卷),文物出版社,1999年。
⑩ 河南省文物考古研究所、三门峡市文物工作队:《三门峡虢国墓》(第一卷),文物出版社,1999年。
⑪ 河南省文物考古研究所、三门峡市文物工作队:《三门峡虢国墓》(第一卷),文物出版社,1999年。
⑫ 河南省文物考古研究所、三门峡市文物工作队:《三门峡虢国墓》(第一卷),文物出版社,1999年。

续表

釜	鋪	甑	簠	簋	盆	敦	壶	尊缶	罍	鉴	盉	匜	盘	铫	浴缶	汤鼎
					A Ι 1											

名　称	分期	立耳折沿鼎	附耳折沿鼎	附耳子母口鼎	箍口鼎	束腰鼎	细足撇鼎	鬲鼎	牲首鼎	方鼎	鬲	甗	镬	鏊
三门峡上村岭 1990 采 SG024 铜簋(采)①	1													
三门峡上村岭 1990 采 SG025 铜簋(采)②	1													
三门峡上村岭 1990 采 SG026 铜簋(采)③	1													
三门峡上村岭 1990 采 SG027 铜簋(采)④	1													
三门峡上村岭 1990 采 SG029 铜簋(采)⑤	1													
三门峡上村岭 1990 采 SG031 铜簋(采)⑥	1													
三门峡上村岭 1990 采 SG032 铜簋(采)⑦	1													
三门峡上村岭 1990 采 SG034 铜簋(采)⑧	1													
三门峡上村岭 1990 采 SG035 铜簋(采)⑨	1													
三门峡上村岭 1990 采 SG036 铜簋(采)⑩	1													
三门峡上村岭 1990 采 SG040 铜簋(采)⑪	1													
三门峡上村岭 1990 采 SG044 铜鬲(采)⑫	1										Abaa I 1			

---

① 河南省文物考古研究所、三门峡市文物工作队：《三门峡虢国墓》(第一卷)，文物出版社，1999 年。
② 河南省文物考古研究所、三门峡市文物工作队：《三门峡虢国墓》(第一卷)，文物出版社，1999 年。
③ 河南省文物考古研究所、三门峡市文物工作队：《三门峡虢国墓》(第一卷)，文物出版社，1999 年。
④ 河南省文物考古研究所、三门峡市文物工作队：《三门峡虢国墓》(第一卷)，文物出版社，1999 年。
⑤ 河南省文物考古研究所、三门峡市文物工作队：《三门峡虢国墓》(第一卷)，文物出版社，1999 年。
⑥ 河南省文物考古研究所、三门峡市文物工作队：《三门峡虢国墓》(第一卷)，文物出版社，1999 年。
⑦ 河南省文物考古研究所、三门峡市文物工作队：《三门峡虢国墓》(第一卷)，文物出版社，1999 年。
⑧ 河南省文物考古研究所、三门峡市文物工作队：《三门峡虢国墓》(第一卷)，文物出版社，1999 年。
⑨ 河南省文物考古研究所、三门峡市文物工作队：《三门峡虢国墓》(第一卷)，文物出版社，1999 年。
⑩ 河南省文物考古研究所、三门峡市文物工作队：《三门峡虢国墓》(第一卷)，文物出版社，1999 年。
⑪ 河南省文物考古研究所、三门峡市文物工作队：《三门峡虢国墓》(第一卷)，文物出版社，1999 年。
⑫ 河南省文物考古研究所、三门峡市文物工作队：《三门峡虢国墓》(第一卷)，文物出版社，1999 年。

釜	铺	盉	篚	篮	盆	敦	壶	尊缶	罍	鉴	盂	匜	盘	铷	浴缶	汤鼎
				A∣1												
				A∣1												
				A∣1												
				A∣1												
				A∣1												
				A∣1												
				A∣1												
				A∣1												
				A∣1												
				A∣1												
				A∣1												

名　称	分期	立耳折沿鼎	附耳折沿鼎	附耳母口鼎	箍口鼎	束腰鼎	细撇足鼎	鬲鼎	牲首鼎	方鼎	鬲	甗	簠	鉴
三门峡上村岭 1990 采 SG045 铜鬲(采)①	1										Abaa I 1			
三门峡上村岭 1990 采 SG047 铜鬲(采)②	1										Abaa I 1			
三门峡上村岭 1990 采 SG049 铜鬲(采)③	1										Abaa I 1			
三门峡上村岭 1990 采 SG050 铜鬲(采)④	1										Abaa I 1			
三门峡上村岭 1990 采 SG052 铜壶(采)⑤	1													
三门峡上村岭 1990 采 SG053 铜壶(采)⑥	1													
三门峡上村岭 1990 采 SG054 铜壶(采)⑦	1													
三门峡上村岭 1990 采 SG055 铜盘(采)⑧	1													
三门峡上村岭 1990 采 SG057 铜盘(采)⑨	1													
三门峡上村岭 1990 采 SG058 铜盘(采)⑩	1													
三门峡上村岭 1990 采 SG059 铜盘(采)⑪	1													
三门峡上村岭 1990 采 SG060 铜盘(采)⑫	1													

① 河南省文物考古研究所、三门峡市文物工作队:《三门峡虢国墓》(第一卷),文物出版社,1999 年。
② 河南省文物考古研究所、三门峡市文物工作队:《三门峡虢国墓》(第一卷),文物出版社,1999 年。
③ 河南省文物考古研究所、三门峡市文物工作队:《三门峡虢国墓》(第一卷),文物出版社,1999 年。
④ 河南省文物考古研究所、三门峡市文物工作队:《三门峡虢国墓》(第一卷),文物出版社,1999 年。
⑤ 河南省文物考古研究所、三门峡市文物工作队:《三门峡虢国墓》(第一卷),文物出版社,1999 年。
⑥ 河南省文物考古研究所、三门峡市文物工作队:《三门峡虢国墓》(第一卷),文物出版社,1999 年。
⑦ 河南省文物考古研究所、三门峡市文物工作队:《三门峡虢国墓》(第一卷),文物出版社,1999 年。
⑧ 河南省文物考古研究所、三门峡市文物工作队:《三门峡虢国墓》(第一卷),文物出版社,1999 年。
⑨ 河南省文物考古研究所、三门峡市文物工作队:《三门峡虢国墓》(第一卷),文物出版社,1999 年。
⑩ 河南省文物考古研究所、三门峡市文物工作队:《三门峡虢国墓》(第一卷),文物出版社,1999 年。
⑪ 河南省文物考古研究所、三门峡市文物工作队:《三门峡虢国墓》(第一卷),文物出版社,1999 年。
⑫ 河南省文物考古研究所、三门峡市文物工作队:《三门峡虢国墓》(第一卷),文物出版社,1999 年。

釜	铺	盨	簠	簋	盆	敦	壶	尊缶	罍	鉴	盉	匜	盘	铷	浴缶	汤鼎
							AaⅠ1									
							AaⅠ1									
							AaⅠ1									
													AbaaⅠ1			
													AbaaⅠ1			
													AbaaⅠ1			
													AbaaⅠ1			
													AbaaⅠ1			

名　称	分期	立耳折沿鼎	附耳折沿鼎	附子口耳母鼎	箍口鼎	束腰鼎	细撇足鼎	鬲鼎	牺首鼎	方鼎	鬲	甗	镈	鍪
三门峡上村岭 1990 采 SG061 铜盘(采)①	1													
三门峡上村岭 1990 采 SG062 铜簠(采)②	1													
三门峡上村岭 1990 采 SG063 铜铺(采)③	1													
三门峡上村岭 1990 采 SG064 铜甗(采)④	1											Ab Ⅰ1		
三门峡上村岭 1990 采 SG08 铜鼎(采)⑤	1	Aa Ⅰ1												
三门峡上村岭 1991M2011(完整)⑥	1	Aa Ⅰ8、B Ⅰ1									Abaa Ⅰ8	Ab Ⅰ1		
三门峡上村岭 1991M2012(盗)⑦	1	Aa Ⅰ9	Aa Ⅰ2								Abaa Ⅰ8	Ab Ⅰ1		
三门峡上村岭 1992M2013(完整)⑧	1	Aa Ⅰ1、Ab Ⅰ1、B Ⅰ1												
三门峡上村岭 1999M2118(盗)⑨	1										Abaa Ⅰ2	Ab Ⅰ1		
三门峡上村岭 1999M2119(盗)⑩	1													
三门峡上村岭 1999M2121(盗)⑪	1													
桐柏月河左庄 1964M(扰)⑫	1	Aa Ⅰ1												

① 河南省文物考古研究所、三门峡市文物工作队:《三门峡虢国墓》(第一卷),文物出版社,1999 年。
② 河南省文物考古研究所、三门峡市文物工作队:《三门峡虢国墓》(第一卷),文物出版社,1999 年。
③ 河南省文物考古研究所、三门峡市文物工作队:《三门峡虢国墓》(第一卷),文物出版社,1999 年。
④ 河南省文物考古研究所、三门峡市文物工作队:《三门峡虢国墓》(第一卷),文物出版社,1999 年。
⑤ 河南省文物考古研究所、三门峡市文物工作队:《三门峡虢国墓》(第一卷),文物出版社,1999 年。
⑥ 河南省文物考古研究所、三门峡市文物工作队:《三门峡虢国墓》(第一卷),文物出版社,1999 年。
⑦ 河南省文物考古研究所、三门峡市文物工作队:《三门峡虢国墓》(第一卷),文物出版社,1999 年。
⑧ 河南省文物考古研究所、三门峡市文物工作队:《三门峡虢国墓地 M2013 的发掘清理》,《文物》2000 年第 12 期,第 23—34 页。
⑨ 河南省文物考古研究所、三门峡市文物工作队:《三门峡虢国墓》(第一卷),文物出版社,1999 年。
⑩ 河南省文物考古研究所、三门峡市文物工作队:《三门峡虢国墓》(第一卷),文物出版社,1999 年。
⑪ 河南省文物考古研究所、三门峡市文物工作队:《三门峡虢国墓》(第一卷),文物出版社,1999 年。
⑫ 王儒林:《河南桐柏发现周代铜器》,《考古》1965 年第 7 期,第 371—372 页。

续表

釜	铺	盨	簋	簠	盆	敦	壶	尊缶	罍	鉴	盉	匜	盘	铜	浴缶	汤鼎
													Abaa Ⅰ1			
		Aa Ⅰ1														
	1															
	1		A Ⅰ8	A Ⅰ1			Aa Ⅰ2、Ba Ⅰ2					Aaaa Ⅰ1	Abaa Ⅰ1			
	2	Aa Ⅰ2	A Ⅰ10				Aa Ⅰ2				A Ⅰ6	Aaaa Ⅰ1	Abaa Ⅰ7			
		Aa Ⅰ2										Aaaa Ⅰ1	Abaa Ⅰ1			
			A Ⅰ2								A Ⅰ1					
							Aa\b Ⅰ1									
		Aa Ⅰ2														
									Ba Ⅰ1			Aaaa Ⅰ1	Abaa Ⅰ1			

名称	分期	立耳折沿鼎	附耳折沿鼎	附耳子母口鼎	箍口鼎	束腰鼎	细撇足鼎	鬲鼎	牲首鼎	方鼎	鬲	甗	复	整
桐柏月河左庄 2001M22（完整）①	1	Ab I 2												
桐柏月河左庄 2001M4（完整）②	1	Ab I 2									B I 2			
桐柏钟鼓堂 1975M(扰)③	1	Aa I 1、Ab I 1	Aa I 1								B I 2			
新野小西关 1974M(扰)④	1		Aa I 3								Abaa I 4	Ab I 1		
新郑端湾 1968 采铜壶（采）⑤	1													
新郑唐户 1976M39(盗)⑥	1	Ab I 1												
新郑唐户 1976M3(盗)⑦	1										Abaa I 2			
新郑唐户 1976M9(完整)⑧	1	Aa I 3												
信阳长台关甘岸 1974M(扰)⑨	1													
信阳明港钢厂 1981M(扰)⑩	1	Aa I 4									B I 2			
信阳吴家店杨河 1979M(扰)⑪	1	Aa I 2												
郾城塚周 1964 采铜甗（采）⑫	1													

①　河南省文物考古研究所、桐柏县文物管理委员会：《河南桐柏月河墓地第二次发掘》，《文物》2005 年第 8 期，第 21—38 页。
②　河南省文物考古研究所、桐柏县文物管理委员会：《河南桐柏月河墓地第二次发掘》，《文物》2005 年第 8 期，第 21—38 页。
③　黄运甫、曾光勋：《桐柏钟鼓堂出土一批春秋铜器》，《河南文博通讯》1980 年第 4 期，第 7—8 页；南阳地区文物工作队：《河南桐柏县发现一批春秋铜器》，《考古》1983 年第 8 期，第 701—702 页。
④　河南省博物馆、新野县文化馆：《河南新野古墓葬清理简报》，《文物资料丛刊》(2)，文物出版社，1978 年，第 70—74 页。
⑤　杨宝顺：《新郑出土西周铜方壶》，《文物》1972 年第 10 期，第 66 页。
⑥　开封地区文管会、新郑县文管会、郑州大学历史系考古专业：《河南省新郑县唐户两周墓葬发掘简报》，《文物资料丛刊》(2)，文物出版社，1978 年，第 45—65 页。
⑦　开封地区文管会、新郑县文管会、郑州大学历史系考古专业：《河南省新郑县唐户两周墓葬发掘简报》，《文物资料丛刊》(2)，文物出版社，1978 年，第 45—65 页。
⑧　开封地区文管会、新郑县文管会、郑州大学历史系考古专业：《河南省新郑县唐户两周墓葬发掘简报》，《文物资料丛刊》(2)，文物出版社，1978 年，第 45—65 页。
⑨　信阳地区文管会、信阳县文化馆：《信阳发现两批春秋早期吕国铜器》，《河南文博通讯》1979 年第 4 期，第 10—12 页；信阳地区文管会：《河南信阳发现两批春秋铜器》，《文物》1980 年第 1 期，第 42—45 页。
⑩　信阳地区文管会、信阳县文化馆：《信阳县明港发现两批春秋早期青铜器》，《中原文物》1981 年第 4 期，第 16—17 页。
⑪　信阳地区文管会、信阳县文化馆：《信阳发现两批春秋早期吕国铜器》，《河南文博通讯》1979 年第 4 期，第 10—12 页；信阳地区文管会：《河南信阳发现两批春秋铜器》，《文物》1980 年第 1 期，第 42—45 页。
⑫　新来、周到：《河南省博物馆所藏几件青铜器》，《考古》1966 年第 4 期，第 219—220 页。

续表

釜	铺	盨	簠	簋	盆	敦	壶	尊缶	罍	鉴	盉	匜	盘	铚	浴缶	汤鼎
							Ba Ⅰ2					Aaaa Ⅰ1	Abaa Ⅰ1			
									Ba Ⅰ2			Aaaa Ⅰ1	Abaa Ⅰ1			
				Db4			Ac Ⅰ2					Aaaa Ⅰ1	Abaa Ⅰ1			
				A Ⅰ4	A Ⅰ1		Ba Ⅰ2					Aaaa Ⅰ1	Abaa Ⅰ1			
							Aa Ⅰ2									
				A Ⅰ1												
				A Ⅰ4								Aaaa Ⅰ1	Abaa Ⅰ1			
												Aaaa Ⅰ2	Abaa Ⅰ1			
							Ba Ⅰ2、Bc Ⅰ1					Baaa Ⅰ1	Abba Ⅰ1			
												Aaaa Ⅰ1	Abaa Ⅰ1			
									Aa Ⅰ1							

名称	分期	立耳折沿鼎	附耳折沿鼎	附耳母子口鼎	箍口鼎	束腰鼎	细撇足鼎	鬲鼎	牲首鼎	方鼎	鬲	甗	簠	盨
永城丁集1985采铜匜(采)①	1													
登封告成袁窑村 1995M1(盗)②	2	AbⅡ1、BⅠ1、?1	AaⅠ4									AbⅠ1		
登封告成袁窑村 1995M2(盗)③	2		AaⅠ1											
固始万营山 1980M1(扰)④	2	BⅡ1												
光山宝相寺 1983MG1(扰)⑤	2	AbⅡ2												
光山宝相寺 1983MG2(扰)⑥	2	AaⅡ1、AbⅡ1									BⅡ2	BbⅡ1		
淮阳塯堆李庄 1973M(扰)⑦	2													
潢川刘砦 1978M(扰)⑧	2	BⅡ1												
潢川上油岗磨盘山 1975M(扰)⑨	2													
辉县琉璃阁 1937M12(完整)⑩	2			2										
罗山高店 1979M(扰)⑪	2			AdⅠ2										
罗山高店 1996M(扰)⑫	2		AaⅠ2											
洛阳西工区 2005M8750(完整)⑬	2													

①　李俊山：《永城出土西周宋国铜匜》,《中原文物》1990 年第 1 期,第 104 页。
②　郑州市文物考古研究院、登封市文物管理局：《河南登封告成春秋墓发掘简报》,《文物》2009 年第 9 期,第 21—42 页。
③　郑州市文物考古研究院、登封市文物管理局：《河南登封告成春秋墓发掘简报》,《文物》2009 年第 9 期,第 21—42 页。
④　信阳地区文管会、固始县文管会：《河南固始万营山春秋墓清理简报》,《考古》1992 年第 3 期,第 277—279 页。
⑤　河南信阳地区文管会、光山县文管会：《春秋早期黄君孟夫妇墓发掘报告》,《考古》1984 年第 4 期,第 302—332 页。
⑥　河南信阳地区文管会、光山县文管会：《春秋早期黄君孟夫妇墓发掘报告》,《考古》1984 年第 4 期,第 302—332 页。
⑦　淮阳县太昊陵文物保管所：《淮阳县发现两件西周铜器》,《中原文物》1981 年第 2 期,第 59 页。
⑧　郑杰祥、张亚夫：《河南潢川县发现一批铜器》,《文物》1979 年第 9 期,第 91—93 页。
⑨　信阳地区文管会、潢川县文化馆：《河南潢川县发现黄国和蔡国铜器》,《文物》1980 年第 1 期,第 46—50 页;赵新来：《潢川县出土蔡国铜器补正》,《文物》1981 年第 11 期,第 93—94 页。
⑩　郭宝钧：《山彪镇与琉璃阁》,科学出版社,1959 年。
⑪　信阳地区文管会、罗山县文化馆：《罗山县高店公社又发现一批春秋时期青铜器》,《中原文物》1981 年第 4 期,第 18—21 页。
⑫　左超：《关于曾国问题的补遗》,《楚文化研究论集》(五),黄山书社,2003 年;湖北省文物考古研究所：《曾国青铜器》,文物出版社,2007 年,第 391—400 页。
⑬　洛阳市文物工作队：《洛阳体育场路西东周墓发掘报告》,文物出版社,2011 年。

续表

釜	铺	盨	簠	簋	盆	敦	壶	尊缶	罍	鉴	盂	匜	盘	铲	浴缶	汤鼎
												Aaaa I 1				
			Aa Ⅲ 1	A I 2	Ca I 2		Aa I 2						Aaa Ⅱ 1			
			Aa Ⅲ 2								A I 1		Abaa Ⅱ 1	Aaab Ⅱ 1		
						Aa Ⅱ 1										
				Dc Ⅱ 2			Ac Ⅱ 2		Ba Ⅱ 2			Aaaa Ⅱ 1	Abaa Ⅱ 1			
				Dc Ⅱ 2			Ac Ⅱ 2		Ba Ⅱ 3		E Ⅱ 1	Aaaa Ⅱ 1	Abaa Ⅱ 1			
			Aa Ⅲ 1										Abaa Ⅱ 1			
				A I 1			Ac Ⅱ 1						Abaa I 1		B Ⅱ 1	
					Ca Ⅱ 1		有		Ba Ⅱ 1		C Ⅱ 1		有			
					Ca Ⅱ 1		Bc Ⅱ 1					Aaaa Ⅱ 1	Aca I 1	Abb Ⅱ 1		
			Ba Ⅲ 2				Bb Ⅱ 2					Baaa Ⅱ 1	Abaa Ⅱ 1			
						Baa I 1								Abb Ⅲ 1		

名　称	分期	立耳折沿鼎	附耳折沿鼎	附耳子口母鼎	箍口鼎	束腰鼎	细撇足鼎	鬲鼎	牲首鼎	方鼎	鬲	瓴	镂	盨
洛阳西工区 2005M8832(完整)①	2	AaⅡ5、BⅡ1		AdⅠ1、BaⅡ1										
洛阳西工区 2005M8834(完整)②	2	BⅡ1												
洛阳西工区 2005M8836(完整)③	2	AbⅡ6		A1								CaaⅡ1		
洛阳中州路 1954M2415(完整)④	2	BⅡ1												
南阳李八庙 2004M1(扰)⑤	2			AaⅡ2								AaabⅡ1		
南阳西关 1988M1(完整)⑥	2			AaⅡ1										
南阳西关 1988M22(完整)⑦	2	AbⅡ1												
南阳西关煤场 1974M(扰)⑧	2	BⅡ2	AaⅠ1											
南阳烟草专卖局 1993M2(完整)⑨	2	BⅡ1												
商水朱集 1975M(扰)⑩	2													
淅川下寺 1979M7(完整)⑪	2			AaⅡ2										
淅川下寺 1979M8(盗)⑫	2			AbⅠ1										

　　① 洛阳市文物工作队:《河南洛阳市西工区 M8832 号东周墓》,《考古》2011 年第 9 期,第 33—43 页;洛阳市文物工作队:《洛阳体育场路西东周墓发掘报告》,文物出版社,2011 年。
　　② 洛阳市文物工作队:《洛阳体育场路西东周墓发掘报告》,文物出版社,2011 年。
　　③ 洛阳市文物工作队:《洛阳体育场路西东周墓发掘报告》,文物出版社,2011 年。
　　④ 中国科学院考古研究所:《洛阳中州路(西工段)》,科学出版社,1959 年。
　　⑤ 南阳市文物考古研究所:《河南南阳李八庙春秋楚墓清理简报》,《文物》2012 年第 4 期,第 29—33 页。
　　⑥ 南阳市文物工作队:《南阳市西关三座春秋楚墓发掘简报》,《中原文物》1992 年第 2 期,第 107—113 页。
　　⑦ 南阳市文物工作队:《南阳市西关三座春秋楚墓发掘简报》,《中原文物》1992 年第 2 期,第 107—113 页。
　　⑧ 王儒林、崔庆明:《南阳市西关出土一批春秋青铜器》,《中原文物》1982 年第 1 期,第 39—41 页;尹俊敏:《南阳市西关出土一批春秋青铜器补记》,《华夏考古》1999 年第 3 期,第 43—45 页。
　　⑨ 南阳市古代建筑保护研究所:《南阳市烟草专卖局春秋、西汉墓葬的发掘》,《华夏考古》1999 年第 3 期,第 46—52 页。
　　⑩ 河南省周口市博物馆:《周口市博物馆藏有铭青铜器》,《考古》1988 年第 8 期,第 766—768 页;秦永军、韩维龙、杨凤翔:《河南商水县出土周代青铜器》,《考古》1989 年第 4 期,第 310—313 页。
　　⑪ 河南省文物研究所等:《淅川下寺春秋楚墓》,文物出版社,1991 年。
　　⑫ 河南省文物研究所等:《淅川下寺春秋楚墓》,文物出版社,1991 年。

续表

釜	铺	盨	簠	簋	盆	敦	壶	尊缶	罍	鉴	盃	匜	盘	铘	浴缶	汤鼎
			AaⅣ4			AaⅡ1	AbⅡ2、CbaaⅡ1		AaⅡ2			AaaaⅢ1、AbaaⅢ1、BaaaⅠ1	AbcⅡ1	AabⅢ1		
						Ba\b1						AbaaⅢ1	AbbaⅢ1	AbbⅢ1		
			AaⅣ1				AbⅡ2、CaaⅡ1		AaⅡ3			1	AbbaⅢ1	AbbⅢ1		
						AaⅡ1						AaaaⅢ1	AbaaⅡ1	AabⅠ1		
						AaⅡ1						BaaaⅡ1	AdbⅠ1		BbaⅡ1	
			BbⅢ1								BaⅡ1		AbbaⅡ1			
			AaⅣ2													
			BaⅢ2				BbⅡ2									
						AaⅡ1										
			AaⅢ3	BaⅠ2、BaⅡ2												
			BbⅢ2			BaaⅠ1						BbcⅠ1	AbbaⅡ1		BaⅡ2	
			AdⅡ1、BbⅢ3								CⅡ1	BaaaⅡ1			BaⅡ1	

名　称	分期	立耳折沿鼎	附耳折沿鼎	附耳母子口鼎	箍口鼎	束腰鼎	细撇足鼎	鬲鼎	牲首鼎	方鼎	鬲	甗	镬	鏊
新野小西关1971M(扰)①	2	AⅠ1	贯耳折沿鼎1、兽首环耳折沿鼎1									AaaaⅠ1		
新郑热电厂2003M1(完整)②	2	BⅡ1												
新郑唐户1976M1(盗)③	2													
新郑兴弘花园2003M100(完整)④	2													
新郑兴弘花园2003M121(完整)⑤	2	BⅡ1												
新郑兴弘花园2003M42(完整)⑥	2	AbⅡ1												
信阳明港段湾1978M(扰)⑦	2	AbⅠ2										AbaaⅠ2		
信阳平桥西1978M1(扰)⑧	2	AbⅡ1										BⅠ2		
信阳平桥西1978M2(扰)⑨	2	AbⅡ2												
信阳平桥西1981M3(扰)⑩	2	AaⅡ1												
信阳平桥西1986M5(扰)⑪	2	AaⅡ1										BⅡ1		
孟津平乐邙山1957采齐侯盂(采)⑫	3													

① 郑杰祥:《河南新野发现的曾国铜器》,《文物》1973年第5期,第14—20页。
② 河南省文物考古研究所:《郑韩故城兴弘花园与热电厂墓地》,文物出版社,2007年。
③ 开封地区文管会、新郑县文管会、郑州大学历史系考古专业:《河南省新郑县唐户两周墓葬发掘简报》,《文物资料丛刊》(2),文物出版社,1978年,第45—65页。
④ 河南省文物考古研究所:《郑韩故城兴弘花园与热电厂墓地》,文物出版社,2007年。
⑤ 河南省文物考古研究所:《郑韩故城兴弘花园与热电厂墓地》,文物出版社,2007年。
⑥ 河南省文物考古研究所新郑工作站:《河南新郑兴弘花园发现的两座春秋墓》,《文物》2007年第2期,第4—14页;河南省文物考古研究所:《郑韩故城兴弘花园与热电厂墓地》,文物出版社,2007年。
⑦ 信阳地区文管会、信阳县文化馆:《信阳县明港发现两批春秋早期青铜器》,《中原文物》1981年第4期,第16—17页。
⑧ 河南省博物馆、信阳地区文管会、信阳市文化局:《河南信阳市平桥春秋墓发掘简报》,《文物》1981年第1期,第9—14页。
⑨ 河南省博物馆、信阳地区文管会、信阳市文化局:《河南信阳市平桥春秋墓发掘简报》,《文物》1981年第1期,第9—14页。
⑩ 信阳地区文管会、信阳市文化局:《信阳市平桥西三号春秋墓发掘简报》,《中原文物》1981年第4期,第14—15页。
⑪ 信阳地区文管会、信阳市文管会:《河南信阳市平西五号春秋墓发掘简报》,《考古》1989年第1期,第20—25页。
⑫ 张剑:《齐侯鉴铭文的新发现》,《文物》1977年第3期,第75页。

釜	铺	盨	簠	簋	盆	敦	壶	尊缶	罍	鉴	盉	匜	盘	铻	浴缶	汤鼎
			Bb II 2		Ca II 1							Aaaa I 1	Abaa II 1			
						Aa II 1							Abba III 1	Abb III 2		
						Aa II 1							Abb III 1			
						Aa II 1							Abb III 1			
						Aa II 1							Abb III 1			
						A II 1	Ac II 2						Abaa II 1			
						Ca II 1	Ba II 1					Aaaa I 1	Abaa I 1			
			Bb III 2				Bc II 2					Aaaa II 1	Abaa II 1			
							Bc II 1							Aab II 1		
						Aa II 1	Bc II 1									

名　称	分期	立耳折沿鼎	附耳折沿鼎	附耳子母口鼎	箍口鼎	束腰鼎	细撇足鼎	鬲鼎	牲首鼎	方鼎	鬲	甗	簠	簋
固始万营山 1983M2(扰)①	3		BbaⅠ2											
辉县琉璃阁 1937M14（完整）②	3													
辉县琉璃阁 1937M80（完整）③	3	7									6	1		
辉县琉璃阁 1951M130（完整）④	3			AcⅡ2										
洛阳王城广场 2002M8(扰)⑤	3	BⅢ1												
洛阳西工区 1981C1M4（完整）⑥	3			AbⅡ1										
洛阳西工区 1991C1M3427（完整）⑦	3		AaⅢ2、BaⅠ1	AbⅡ2										
洛阳西工区 1998C1M6112（完整）⑧	3	AaⅢ2		AbⅡ1										
洛阳西工区 2001C1M7258（完整）⑨	3	BⅢ1												
洛阳西工区 2001JM32（完整）⑩	3	BⅢ1		AaⅢ2										
洛阳西工区 2005M8759（完整）⑪	3			AbⅡ1										
洛阳西工区 2005M8814（完整）⑫	3													
洛阳西工区 2005M8815(盗)⑬	3													

① 信阳地区文管会、固始县文管会：《河南固始万营山春秋墓清理简报》，《考古》1992 年第 3 期，第 277—279 页。
② 郭宝钧：《山彪镇与琉璃阁》，科学出版社，1959 年。
③ 郭宝钧：《山彪镇与琉璃阁》，科学出版社，1959 年。
④ 中国科学院考古研究所：《辉县发掘报告》，科学出版社，1956 年。
⑤ 洛阳市文物工作队：《洛阳王城广场东周墓》，文物出版社，2009 年。
⑥ 洛阳市文物工作队：《洛阳两座东周铜器墓》，《中原文物》1983 年第 4 期，第 17—18 页。
⑦ 洛阳市文物工作队：《洛阳西工区春秋墓发掘简报》，《文物》2010 年第 8 期，第 8—28 页。
⑧ 洛阳市文物工作队：《洛阳市 613 所东周墓》，《文物》1999 年第 8 期，第 14—18 页。
⑨ 洛阳市文物工作队：《洛阳市西工区几座春秋墓的清理》，《考古与文物》2003 年第 2 期，第 9—15 页。
⑩ 洛阳市第二文物工作队：《洛阳市纱厂路东周墓（JM32）发掘简报》，《文物》2002 年第 11 期，第 31—37 页。
⑪ 洛阳市文物工作队：《洛阳体育场路西东周墓发掘报告》，文物出版社，2011 年。
⑫ 洛阳市文物工作队：《洛阳体育场路西东周墓发掘报告》，文物出版社，2011 年。
⑬ 洛阳市文物工作队：《洛阳体育场路西东周墓发掘报告》，文物出版社，2011 年。

续表

釜	铺	盨	簠	簋	盆	敦	壶	尊缶	罍	鉴	盉	匜	盘	钘	浴缶	汤鼎
			BbⅣ1			BaaⅡ1						BbaⅢ1	AdcⅢ1		BaⅢ1	
														1		
			4	6		2	D1		2	2	1	1	1	2		
						AbⅡ2								AbbⅣ1		
						1						AbaaⅣ1	AbbbⅠ1	AbbⅣ1		
						AbⅡ1						AbaaⅣ1	AbbbⅠ1	AbcⅠ1		
			AbⅤ2			B1	AaⅢ2		AaⅢ2			AbaaⅣ1	AbbbⅠ1	AbbⅢ1		
			AcⅢ2			AbⅣ1	AbⅢ2					AbaaⅢ1	AbbaⅣ1	AbbⅣ1		
						AbⅠ1						AbaaⅣ1	AbbbⅣ1	AbbⅣ1		
			AcⅢ2			AbⅣ1			AaⅢ2			AbaaⅣ1	AbbaⅢ1	AbbⅢ1		
						BbaⅡ1						AbaaⅣ1	AbbaⅣ1	CbbⅠ1		
												A1	A1	Abb1		
												AbaaⅣ1	1	AbbⅢ1		

名称	分期	立耳折沿鼎	附耳折沿鼎	附耳子母口鼎	箍口鼎	束腰鼎	细撇足鼎	鬲鼎	牲首鼎	方鼎	鬲	甗	簠	鑑
洛阳西工区 2005M8820（完整）①	3													
洛阳西工区 2005M8821（完整）②	3	BⅢ1	BaⅠ1											
洛阳西工区 2005M8830（完整）③	3	BⅢ1	AaⅢ1、BaⅡ1	AdⅡ1										
洛阳西工区 2005M8833（完整）④	3	AbⅡ2	AbⅠ1											
洛阳西工区 2005M8835（完整）⑤	3		AaⅡ2											
洛阳中州路 1954M1（完整）⑥	3	BⅢ1												
洛阳中州路 1954M6（完整）⑦	3		AaⅢ1											
南阳八一路 2008M38（完整）⑧	3		AbaⅢ2	AbⅡ3										
南阳废旧仓库 1980 征铜鼎（征）⑨	3			1										
南阳万家园 2005M181（盗）⑩	3		AbⅡ1	AaⅡ1、AbⅡ1										
南阳西关 1988M40（完整）⑪	3		AcⅠ1											
南阳中原技校 M6（未完全公布）⑫	3		AbⅡ1											
淇县赵沟 1978M（扰）⑬	3		AbⅡ1											

①　洛阳市文物工作队：《洛阳体育场路西东周墓发掘报告》，文物出版社，2011 年。
②　洛阳市文物工作队：《洛阳体育场路西东周墓发掘报告》，文物出版社，2011 年。
③　洛阳市文物工作队：《洛阳体育场路东周墓（M8830）发掘简报》，《文物》2011 年第 8 期，第 13—21 页；洛阳市文物工作队：《洛阳体育场路西东周墓发掘报告》，文物出版社，2011 年。
④　洛阳市文物工作队：《洛阳体育场路西东周墓发掘报告》，文物出版社，2011 年。
⑤　洛阳市文物工作队：《洛阳体育场路西东周墓发掘报告》，文物出版社，2011 年。
⑥　中国科学院考古研究所：《洛阳中州路（西工段）》，科学出版社，1959 年。
⑦　中国科学院考古研究所：《洛阳中州路（西工段）》，科学出版社，1959 年。
⑧　南阳市文物考古研究所：《河南南阳春秋楚彭射墓发掘简报》，《文物》2011 年第 3 期，第 4—31 页。
⑨　徐英俊：《南阳博物馆征集一件应国铜器》，《文物》1993 年第 3 期，第 93—94 页。
⑩　南阳市文物考古研究所：《南阳市万家园 M181 发掘简报》，《中原文物》2009 年第 1 期，第 4—11 页。
⑪　南阳市文物工作队：《南阳市西关三座春秋楚墓发掘简报》，《中原文物》1992 年第 2 期，第 107—113 页。
⑫　林丽霞、王凤剑：《南阳市近年出土的四件春秋有铭铜器》，《中原文物》2006 年第 5 期，第 8—9 页。
⑬　王小运：《河南淇县文物管理所藏春秋青铜器》，《华夏考古》2012 年第 3 期，第 89—90 页。

釜	铺	盨	簠	簋	盆	敦	壶	尊缶	罍	鉴	盉	匜	盘	铲	浴缶	汤鼎
												Aaaa\ Abaa Ⅳ1	AbcⅣ1	AbbⅢ1		
			AbⅤ2			BaaⅡ1	AaⅡ2					AⅢ1	Abb1	AbbⅢ1		
			AbⅤ2			AbⅡ1	AbⅢ2		AbaⅡ1			AbaaⅣ1		Cbc1	BⅢ1	
			AbⅢ2			AbⅢ1	AbⅢ2		AbbaⅡ2			AbaaⅣ1	AbbbⅠ1	AbbⅢ1		
			AaⅤ2			AaⅡ1						AbaaⅣ1	AbbaⅣ1	AbbⅢ1		
						AbⅡ1						AbaaⅣ1	AbbaⅣ1	AbbⅣ1		
						AaⅢ1						AbaaⅣ1	AbbaⅣ1	AbbⅣ1		
			BbⅣ4			BaaⅡ1		AcⅠ2				BbaⅢ1	AdbⅢ1		BaⅢ2	Ⅲ1
			BbⅣ2			BaaⅡ1						BbaⅢ1	AdcⅢ1		BaⅢ1	
			2													

名　称	分期	立耳折沿鼎	附耳折沿鼎	附耳子母口鼎	箍口鼎	束腰鼎	细撇足鼎	鬲鼎	牲首鼎	方鼎	鬲	甗	鍑	鉴
淇县赵沟 1982M1(扰)①	3			AaⅢ1										
陕县后川 1957M2056 (完整)②	3	AbⅢ1		AbⅡ1										
陕县后川 1957M2061 (完整)③	3			AaⅢ1										
桐柏月河左庄 1993M1 (完整)④	3	BⅡ2												
尉氏河东周村 1971M(扰)⑤	3			AaⅢ1	AⅡ1、BaⅠ1							2		
西峡花元村 1980M(扰)⑥	3				AbⅡ1									
淅川毛坪 1975M18(未完全公布)⑦	3				AbⅡ1									
淅川下寺 1977M36(扰)⑧	3		BbaⅠ2											
淅川下寺 1978M1(完整)⑨	3	AbⅡ1	BbaⅠ4		AbⅡ4、AcⅡ1	BaaⅡ2						AbaaⅠ1、CⅠ1		
淅川下寺 1978M2(扰)⑩	3		BbaⅠ6		AbⅡ5	BaaⅢ7						AbaaⅢ2		
淅川卜寺 1978M3(完整)⑪	3		BbaⅠ2		AbⅡ2、BaⅠ1									
淅川下寺 1979M4(完整)⑫	3				AbⅡ1									
新郑大高庄 1993M10(盗)⑬	3											CadⅡ1		

① 王小运：《河南淇县文物管理所藏春秋青铜器》，《华夏考古》2012 年第 3 期，第 89—90 页。
② 中国社会科学院考古研究所：《陕县东周秦汉墓》，科学出版社，1994 年。
③ 中国社会科学院考古研究所：《陕县东周秦汉墓》，科学出版社，1994 年。
④ 南阳市文物研究所、桐柏县文管办：《桐柏月河一号春秋墓发掘简报》，《中原文物》1997 年第 4 期，第 8—23 页。
⑤ 郑州市博物馆：《尉氏出土一批春秋时期青铜器》，《中原文物》1982 年第 4 期，第 32—35 页。
⑥ 谢宏亮、徐明法：《西峡县出土春秋时期青铜器》，《河南文博通讯》1980 年第 3 期，第 41 页。
⑦ 淅川县博物馆、南阳地区文物队：《淅川县毛坪楚墓发掘简报》，《中原文物》1982 年第 1 期，第 42—46 页。
⑧ 河南省文物研究所等：《淅川下寺春秋楚墓》，文物出版社，1991 年。
⑨ 河南省文物研究所等：《淅川下寺春秋楚墓》，文物出版社，1991 年。
⑩ 河南省文物研究所等：《淅川下寺春秋楚墓》，文物出版社，1991 年。
⑪ 河南省文物研究所等：《淅川下寺春秋楚墓》，文物出版社，1991 年。
⑫ 河南省文物研究所等：《淅川下寺春秋楚墓》，文物出版社，1991 年。
⑬ 郑州市文物工作队、新郑县文物保管所：《河南新郑大高庄东周墓》，《文物》1995 年第 3 期，第 16—30 页。

续表

釜	铺	盨	簠	簋	盆	敦	壶	尊缶	罍	鉴	盉	匜	盘	铆	浴缶	汤鼎
													Abbb I 1			
						Aa\Ab1						Aaaa IV 1	1	Abb IV 1		
						Aa II 1						Abaa III 1	Acb III 1	Abb IV 1		
					Bab III 1		Aa III 2					Aaaa I 1	Adc III 1		Ba III 2	
			Bb IV 2				Aa II 1、Baa II 3	Cab III 1				Abaa IV 2、Baaa III 1、? 1	Abba IV 1、? 1	Abb IV 2、Cbba II 1		
			Bb IV 1									Bba III 1	Adb\Adc III 1			
			Bb IV 1									Bba III 1	Adb\Adc III 1			
			Bb IV 2									Bba III 1	Adc III 1		Ba III 2	
			Bb IV 2	A III 1		Baa II 1	Aa III 2	Ab I 2			Ba III 1	Bba III 1	Adb III 1		Ba III 2	III 1
	1		Bb IV 1	A III 2	A III 1、Baa II 1	Baa II 1	1	Aa III 2		Aa III 1		Bba III 1	Adc III 1	Abb IV 1	Bba III 2	III 1
			Ae IV 1、Bb IV 3			Baa II 1	Cbab I 1	Aa III 2		Aa III 1	Ba III 1	Bba III 1	Adc III 1	Aaac I 1	Ba III 2	III 1
			Bb IV 1									Bba III 1	Adc III 1		Ba III 1	
							Cab III 1									

名称	分期	立耳折沿鼎	附耳折沿鼎	附耳子母口鼎	箍口鼎	束腰鼎	细撇足鼎	鬲鼎	牲首鼎	方鼎	鬲	甗	簠	盨
新郑祭祀坑 1997T602K15(完整)①	3	AbⅢ9									AbaaⅢ9			
新郑祭祀坑 1997T604K10(完整)②	3	AbⅢ9									AbaaⅢ9			
新郑祭祀坑 1997T605K2(完整)③	3	AbⅢ9									AbaaⅢ9			
新郑祭祀坑 1997T605K3(完整)④	3	AbⅢ9									AbaaⅢ9			
新郑祭祀坑 1997T615K6(完整)⑤	3	AbⅢ9									AbaaⅢ9			
新郑李家楼 1923M(扰)⑥	3	AbⅢ6	BaⅠ9		AbⅡ7						AbaaⅠ9	AbⅠ1		
新郑热电厂 2003M40(完整)⑦	3													
新郑西亚斯 2003M247(盗)⑧	3				BaⅠ1									
新郑兴弘花园 2003M35(完整)⑨	3				AbⅡ1									
叶县旧县 1950M(扰)⑩	3				AⅡ1									
叶县旧县 2002M4(盗)⑪	3				AⅡ2	BaaⅢ7						CbⅢ1		
荥阳官庄 2010M24(完整)⑫	3				AbⅡ1									
荥阳官庄 2010M6(完整)⑬	3	AbⅢ1												

　① 河南省文物考古研究所:《新郑郑国祭祀遗址》,大象出版社,2006 年。
　② 河南省文物考古研究所:《新郑郑国祭祀遗址》,大象出版社,2006 年。
　③ 河南省文物考古研究所:《河南新郑市郑韩故城郑国祭祀遗址发掘简报》,《考古》2000 年第 2 期,第 61—77 页;河南省文物考古研究所:《新郑郑国祭祀遗址》,大象出版社,2006 年。
　④ 河南省文物考古研究所:《新郑郑国祭祀遗址》,大象出版社,2006 年。
　⑤ 河南省文物考古研究所:《新郑郑国祭祀遗址》,大象出版社,2006 年。
　⑥ 河南博物院:《新郑郑公大墓青铜器》,大象出版社,2001 年。
　⑦ 河南省文物考古研究所:《郑韩故城兴弘花园与热电厂墓地》,文物出版社,2007 年。
　⑧ 河南省文物考古研究所:《新郑西亚斯东周墓地》,大象出版社,2012 年。
　⑨ 河南省文物考古研究所新郑工作站:《河南新郑兴弘花园发现的两座春秋墓》,《文物》2007 年第 2 期,第 4—14 页;河南省文物考古研究所:《郑韩故城兴弘花园与热电厂墓地》,文物出版社,2007 年。
　⑩ 李元芝、郑永东:《叶县发现陈侯之孙宋儿鼎》,《中原文物》2012 年第 5 期,第 19—21 页。
　⑪ 平顶山市文物管理局、叶县文化局:《河南叶县旧县四号春秋墓发掘简报》,《文物》2007 年第 9 期,第 4—37 页。
　⑫ 郑州大学历史学院考古系、河南省文物局南水北调文物保护办公室:《河南荥阳市官庄遗址春秋墓葬发掘简报》,《华夏考古》2012 年第 1 期,第 3—12 页。
　⑬ 郑州大学历史学院考古系、河南省文物局南水北调文物保护办公室:《河南荥阳市官庄遗址春秋墓葬发掘简报》,《华夏考古》2012 年第 1 期,第 3—12 页。

釜	铺	甌	簋	簠	盆	敦	壶	尊缶	罍	鉴	盉	匜	盘	铄	浴缶	汤鼎
	1		AⅢ8				AaⅢ2、BaⅢ1			AaⅢ1						
	1		AⅢ8				AaⅢ2、BaⅢ1			AaⅢ1						
	1		AⅢ8				AaⅢ2、BaⅢ1			AaⅢ1						
	1		AⅢ8				AaⅢ2、BaⅢ1			AaⅢ1						
			BbⅣ6	AⅠ8		A1、BaaⅡ2	AaⅢ4、BaⅢ2		AaⅢ1	2		AbaaⅣ2、BaaaⅡ2	AbbaⅣ2、AeⅠ1	AbbⅣ3、CbbaⅡ2		
						AaⅢ1								1		
			1									AbaaⅣ1	AeⅡ1			
						BaaⅡ1								AbbⅢ1		
			BbⅣ1	2		BaaⅡ1	AaⅢ1								BⅢ1	Ⅲ1
						BaaⅡ1								AbaⅡ1		
						1								AbbⅣ1		

名称	分期	立耳折沿鼎	附耳折沿鼎	附耳子母口鼎	箍口鼎	束腰鼎	细撇足鼎	鬲鼎	牲首鼎	方鼎	鬲	瓿	镦	登
固始侯古堆 1978M1(盗)①	4			AbⅢ3、AdⅢ3	AcⅣ3									
潢川隆古高稻场 1966M1(扰)②	4													
潢川隆古高稻场 1966M2(扰)③	4				BaⅡ2、BbⅠ1									
辉县琉璃阁 1936M甲(扰)④	4		BaⅡ6	AbⅢ10、AcⅢ2							AbaaⅣ5	CadⅡ1	AadbⅢ8	
辉县琉璃阁 1936M乙(扰)⑤	4	BⅢ4		AaⅢ6							AbaaⅢ5	AaabⅡ1		
辉县琉璃阁 1936M甲乙:1⑥	4											AaaaⅣ1		
辉县琉璃阁 1937M17(完整)⑦	4													
辉县琉璃阁 1937M44(完整)⑧	4													
辉县琉璃阁 1937M55(完整)⑨	4										6			
辉县琉璃阁 1937M60(完整)⑩	4	9									6	1		
洛阳凯旋路南 1997LM433(完整)⑪	4			AbⅢ1										

① 河南省文物考古研究所:《固始侯古堆一号墓》,大象出版社,2004年。
② 信阳地区文管会、潢川县文化馆:《河南潢川县发现黄国和蔡国铜器》,《文物》1980年第1期,第46—50页;赵新来:《潢川县出土蔡国铜器补正》,《文物》1981年第11期,第93—94页。
③ 信阳地区文管会、潢川县文化馆:《河南潢川县发现黄国和蔡国铜器》,《文物》1980年第1期,第46—50页;赵新来:《潢川县出土蔡国铜器补正》,《文物》1981年第11期,第93—94页。
④ 郭宝钧:《山彪镇与琉璃阁》,科学出版社,1959年;河南博物院、台北历史博物馆:《辉县琉璃阁甲乙二墓》,大象出版社,2003年。
⑤ 郭宝钧:《山彪镇与琉璃阁》,科学出版社,1959年;河南博物院、台北历史博物馆:《辉县琉璃阁甲乙二墓》,大象出版社,2003年。
⑥ 郭宝钧:《山彪镇与琉璃阁》,科学出版社,1959年;河南博物院、台北历史博物馆:《辉县琉璃阁甲乙二墓》,大象出版社,2003年。
⑦ 郭宝钧:《山彪镇与琉璃阁》,科学出版社,1959年。
⑧ 郭宝钧:《山彪镇与琉璃阁》,科学出版社,1959年。
⑨ 郭宝钧:《山彪镇与琉璃阁》,科学出版社,1959年。
⑩ 郭宝钧:《山彪镇与琉璃阁》,科学出版社,1959年。
⑪ 中国社会科学院考古研究所洛阳唐城工作队:《洛阳凯旋路南东周墓发掘报告》,《考古学报》2000年第3期,第359—394页。

釜	铺	甗	簋	簠	盆	敦	壶	尊缶	罍	鉴	盉	匜	盘	铞	浴缶	汤鼎
			BbV2			AcⅡ1、CcaⅠ1					BaⅣ1	BbaⅣ1	AdcⅣ1	1	BaⅣ3	
			BbV1								BaaaⅣ1	AdbⅣ1	AbbV1	BaⅣ1		
			BbV1			BaaⅢ1		AbⅡ1					AbcⅡ2			
	1		AbⅥ4	Bb6		A2、BbaⅢ2、BdⅢ1	AaⅢ2、CbcⅢ1、DⅣ1		AbbbⅣ2	AaⅣ1			AbbV1			
	1		AbV2、BbV2	AⅢ4		AaⅡ2	AaⅢ2		AbbbⅣ2	AaⅣ1		1	AdaⅣ1	AbbV2		
														1		
									1				1	1		
	2		4	4			A2			2	1		1	1		
	1		4	6			A3		2	4	1		2	1		

名称	分期	立耳折沿鼎	附耳折沿鼎	附子口耳母鼎	箍口鼎	束腰鼎	细撇足鼎	鬲鼎	牲首鼎	方鼎	鬲	甗	镦	盨
洛阳凯旋路南 1997LM467（完整）①	4			AbⅢ1										
洛阳凯旋路南 1997LM470（完整）②	4			AbⅢ1										
洛阳琉璃厂 1966M439（完整）③	4			AaⅣ1										
洛阳王城广场 2002M103（完整）④	4													
洛阳王城广场 2002M37（完整）⑤	4	BⅣ1		AbⅢ1										
洛阳王城广场 2002M7（扰）⑥	4								BbⅠ1					
洛阳西工区 1975M60（完整）⑦	4	AbⅣ3		AcⅢ2										
洛阳西工区 1981C1M124（完整）⑧	4			AaⅣ1										
洛阳西工区 1983LBM4（完整）⑨	4	BⅣ1		AcⅢ1										
洛阳西工区 1991C1M3498（完整）⑩	4	AbⅣ2		AbⅢ1、A1	CbⅠ1									
洛阳西工区 1992C1M3529（完整）⑪	4			AaⅣ1										
洛阳西工区 1996C1M5560（盗）⑫	4													

① 中国社会科学院考古研究所洛阳唐城工作队：《洛阳凯旋路南东周墓发掘报告》，《考古学报》2000 年第 3 期，第 359—394 页。

② 中国社会科学院考古研究所洛阳唐城工作队：《洛阳凯旋路南东周墓发掘报告》，《考古学报》2000 年第 3 期，第 359—394 页。

③ 洛阳博物馆：《洛阳哀成叔墓清理简报》，《文物》1981 年第 7 期，第 65—67 页。

④ 洛阳市文物工作队：《洛阳王城广场东周墓》，文物出版社，2009 年。

⑤ 洛阳市文物工作队：《洛阳王城广场东周墓》，文物出版社，2009 年。

⑥ 洛阳市文物工作队：《洛阳王城广场东周墓》，文物出版社，2009 年。

⑦ 洛阳博物馆：《河南洛阳春秋墓》，《考古》1981 年第 1 期，第 24—26 页。

⑧ 洛阳市文物工作队：《洛阳两座东周铜器墓》，《中原文物》1983 年第 4 期，第 17—18 页。

⑨ 中国社会科学院考古研究所洛阳唐城队：《1983 年洛阳西工区墓葬发掘简报》，《考古》1985 年第 6 期，第 508—521 页。

⑩ 洛阳市文物工作队：《洛阳西工区春秋墓发掘简报》，《文物》2010 年第 8 期，第 8—28 页。

⑪ 洛阳市文物工作队：《洛阳市木材公司春秋墓》，《中国国家博物馆馆刊》2011 年第 8 期，第 15—23 页。

⑫ 洛阳市文物工作队：《洛阳唐宫路小学 C1M5560 战国墓发掘简报》，《文物》2004 年第 7 期，第 17—35 页。

釜	铺	盨	簠	簋	盆	敦	壶	尊缶	罍	鉴	盉	匜	盘	铜	浴缶	汤鼎
						CabaⅡ1										
						CabaⅡ1								BaⅣ1		
						CabaⅡ1								CbbbⅡ1		
						CaaaⅡ2										
						CabaⅡ2	CbacⅠ1					AbaaⅤ1	AbbbⅡ1	BbaⅣ1		
						CaaaⅠ2	CbbaⅢ1									
	1						CaaⅡ1					AbaaⅤ1	AbbbⅡ1	AbbⅤ2		
						BbaⅠ1						AbcⅣ1	AbcⅤ1	Cbc1		
						BbaⅢ1			AaⅣ2			AbaaⅤ1	AbbaⅤ1	Ab1		
	2	AaⅥ2				CabaⅡ1	AbⅣ2		AbaⅣ2			AbaaⅤ1	AbbbⅡ1	BbaⅣ1		
						Bab\ Bba1			AaⅣ2			AbaaⅤ1	AbbaⅤ1	AbbⅢ1		
						CaaaⅡ2										

名　称	分期	立耳折沿鼎	附耳折沿鼎	附耳子母口鼎	箍口鼎	束腰鼎	细撇足鼎	鬲鼎	牲首鼎	方鼎	鬲	甗	馈	鑒
洛阳西工区 2001C1M7039(完整)①	4			AbⅢ2										
洛阳西工区 2001C1M7226(完整)②	4			AbⅢ1										
洛阳西工区 2001C1M7256(完整)③	4			AbⅢ1										
洛阳西工区 2001C1M7257(完整)④	4	BⅢ1												
洛阳西工区 2005M8762(完整)⑤	4													
洛阳西工区 2005M8829(盗)⑥	4			AbⅢ1										
洛阳伊川刘沟 2000M74(盗)⑦	4			AcⅢ1、A1										
洛阳中州路 1954M115(完整)⑧	4			AbⅢ1										
洛阳中州路 1954M2729(完整)⑨	4	BⅣ1		AbⅢ1										
洛阳中州路 1954M4(完整)⑩	4			AbⅢ3										
洛阳中州路北 1998LM535(完整)⑪	4			AcⅢ1										
南阳物资城 M1(未完全公布)⑫	4													
南阳中原机械学校 M6(未完全公布)⑬	4													

① 洛阳市文物工作队：《洛阳市西工区几座春秋墓的清理》，《考古与文物》2003 年第 2 期，第 9—15 页。
② 洛阳市文物工作队：《洛阳市西工区几座春秋墓的清理》，《考古与文物》2003 年第 2 期，第 9—15 页。
③ 洛阳市文物工作队：《洛阳市西工区几座春秋墓的清理》，《考古与文物》2003 年第 2 期，第 9—15 页。
④ 洛阳市文物工作队：《洛阳市西工区几座春秋墓的清理》，《考古与文物》2003 年第 2 期，第 9—15 页。
⑤ 洛阳市文物工作队：《洛阳体育场路西东周墓发掘报告》，文物出版社，2011 年。
⑥ 洛阳市文物工作队：《洛阳体育场路西东周墓发掘报告》，文物出版社，2011 年。
⑦ 洛阳市第二文物工作队：《洛阳(洛界)高速公路伊川段 LJYM74 发掘简报》，《文物》2001 年第 6 期，第 45—50 页。
⑧ 中国科学院考古研究所：《洛阳中州路(西工段)》，科学出版社，1959 年。
⑨ 中国科学院考古研究所：《洛阳中州路(西工段)》，科学出版社，1959 年。
⑩ 中国科学院考古研究所：《洛阳中州路(西工段)》，科学出版社，1959 年。
⑪ 中国社会科学院考古研究所洛阳唐城队：《河南洛阳市中州路北东周墓葬的清理》，《考古》2002 年第 1 期，第 29—33 页。
⑫ 林丽霞、王凤剑：《南阳市近年出土的四件春秋有铭铜器》，《中原文物》2006 年第 5 期，第 8—9 页。
⑬ 林丽霞、王凤剑：《南阳市近年出土的四件春秋有铭铜器》，《中原文物》2006 年第 5 期，第 8—9 页。

续表

釜	铺	盨	簠	簋	盆	敦	壶	尊缶	罍	鉴	盂	匜	盘	铲	浴缶	汤鼎
						Caba Ⅱ 2			Aa Ⅳ 2			Abaa Ⅴ 1	Abbb Ⅱ 1	Abb Ⅴ 1		
						Caba Ⅱ 2			Aa Ⅴ 2			Abaa Ⅴ 1	Abbb Ⅱ 1	Bba Ⅳ 1		
						Ab Ⅲ 1						Abaa Ⅴ 1	Abbb Ⅱ 1	Abb Ⅳ 1		
						Bba Ⅲ 1						Abaa Ⅳ 1	1	1		
														Abb Ⅴ 1		
						Bba Ⅲ 2			Aa Ⅴ 2			1	Abbb Ⅱ 1	Abb Ⅳ 1		
						Bba Ⅲ 2						A Ⅴ 1	Abba Ⅴ 1	Abc Ⅱ 1		
						Caba Ⅱ 2			Aa Ⅴ 2			Abaa Ⅴ 1		Bba Ⅳ 1		
						Caba Ⅱ 2			Aa Ⅴ 2			Abaa Ⅴ 1	Abba Ⅴ 1	Bba Ⅳ 1		
			Aa Ⅵ 2			Bba Ⅲ 1			Aba Ⅲ 2			Aaaa Ⅴ 1	1	1		
						Caba Ⅱ 1						Abaa Ⅲ 1	Abbb Ⅱ 1	Abb Ⅳ 1		
			Bb Ⅴ 1													
						Dab Ⅰ 1										

名　称	分期	立耳折沿鼎	附耳折沿鼎	附耳子母口鼎	箍口鼎	束腰鼎	细撇足鼎	鬲鼎	牲首鼎	方鼎	鬲	瓶	簠	整
平顶山滍阳岭 1992M301(完整)①	4				AbⅢ1、AcⅢ1、AcⅣ1									
淇县桥盟 1982征铜敦(征)②	4													
淇县桥盟 1982征铜匜(征)③	4													
淇县桥盟 1984采铜敦(采)④	4													
淇县赵沟 1981M1(扰)⑤	4			AbⅢ1										
淇县赵沟 1981M2(扰)⑥	4			AbⅢ1										
淇县赵沟 1982M2(扰)⑦	4													
三门峡人民银行 2002M28(完整)⑧	4			AbⅢ1										
淅川下寺 1979M10(完整)⑨	4				BbⅠ4									
淅川下寺 1979M11(完整)⑩	4				BbⅠ3									
新郑李家村 1979M1(扰)⑪	4		AbaⅣ1											
新郑铁岭 2009M429(完整)⑫	4				BbⅠ1									
新郑 铁岭 2011M1404(完整)⑬	4		AbaⅣ1											

① 河南省文物考古研究所、平顶山市文物管理局、河南大学历史文化学院：《河南平顶山春秋晚期 M301 发掘简报》，《文物》2012 年第 4 期，第 4—28 页。
② 王小运：《河南淇县文物管理所藏春秋青铜器》，《华夏考古》2012 年第 3 期，第 89—90 页。
③ 王小运：《河南淇县文物管理所藏春秋青铜器》，《华夏考古》2012 年第 3 期，第 89—90 页。
④ 王小运：《河南淇县文物管理所藏春秋青铜器》，《华夏考古》2012 年第 3 期，第 89—90 页。
⑤ 淇县文物保管所：《淇县赵沟发现两批战国铜器》，《中原文物》1984 年第 2 期，第 117—118 页。
⑥ 淇县文物保管所：《淇县赵沟发现两批战国铜器》，《中原文物》1984 年第 2 期，第 117—118 页。
⑦ 王小运：《河南淇县文物管理所藏春秋青铜器》，《华夏考古》2012 年第 3 期，第 89—90 页。本书将淇县赵沟 1982 年 5 月发现的墓葬编为 M1，将同年 7 月发现的墓葬编为 M2。
⑧ 三门峡市文物考古研究所：《三门峡市人民银行生活区基建工地 28 号战国墓发掘简报》，《考古与文物》2004 年增刊，第 15—18 页。
⑨ 河南省文物研究所等：《淅川下寺春秋楚墓》，文物出版社，1991 年。
⑩ 河南省文物研究所等：《淅川下寺春秋楚墓》，文物出版社，1991 年。
⑪ 河南省文物研究所新郑工作站：《河南新郑县李家村发现春秋墓》，《考古》1983 年第 8 期，第 703—706 页。
⑫ 郑州市文物考古研究院、河南省文物管理局南水北调办公室：《新郑铁岭墓地 M429 发掘简报》，《中原文物》2010 年第 1 期，第 4—8 页。
⑬ 郑州市文物考古研究院、河南省文物管理局南水北调办公室：《新郑铁岭墓地 M1404、M1405 发掘简报》，《中原文物》2012 年第 2 期，第 10—18 页。

续表

釜	铺	盨	簠	簋	盆	敦	壶	尊缶	罍	鉴	盉	匜	盘	铜	浴缶	汤鼎
			BbⅤ2			BbaⅢ1						BbaⅣ1	AbbbⅡ1		BaⅣ2	
						AbⅢ1										
												Aab1				
						BbaⅢ1										
						AbⅢ1						Aab1	AdaⅣ1	AbdⅠ1		
						BbaⅢ1						BabⅠ1	AbbbⅡ1			
													AdaⅣ1			
						CaaaⅡ2	BaⅣ1、CbbbⅠ1					AbaaⅤ1	AbbaⅤ1			
			BbⅤ2			DaaⅠ1	AbⅡ2					BbaⅣ1	AdcⅣ1		BaⅣ2	
			BbⅤ2			1	AaⅣ2					1	Ad1		BaⅣ1	
						DaaⅠ1						AbaaⅤ1	AbbaⅣ1	CbbⅡ1		
						BaaⅢ1						AbaaⅤ1	AeⅢ1	AbbⅣ1		
						BaaⅢ1						AbaaⅤ1	AbbaⅤ1	CbbⅡ1		

名称	分期	立耳折沿鼎	附耳折沿鼎	附耳子母口鼎	箍口鼎	束腰鼎	细撇足鼎	鬲鼎	牲首鼎	方鼎	扁鼎	甗	簠	鉴
新郑铁岭 2011M1405（完整）①	4			AbⅢ1									CaaⅣ1	
新郑新禹公路1987M1(扰)②	4			AcⅢ1										
郑州加气混凝土厂 1998M14（完整）③	4													
辉县二位营1973M(扰)④	5			AbⅣ3									1	
洛阳西工区 1981M131（完整）⑤	5			AbⅣ3、AdⅣ2										
洛阳西工区 1984C1M2547（完整）⑥	5			AbⅣ1、AdⅣ1										
洛阳西工区 2004C1M8371（盗）⑦	5			AbⅣ1、AdⅣ1、CaⅠ1									AaaaⅤ1	
洛阳西宫 1950M(扰)⑧	5			AdⅣ1		BbⅡ1								
洛阳中州路 1954M2717（完整）⑨	5			AbⅣ3		BaⅤ2							AaaaⅤ1	
平顶山滍阳岭 1994M10（盗）⑩	5			DbⅡ1	AcⅢ3、AcⅤ1									
三门峡西苑小区 2003M1（完整）⑪	5			AbⅣ3										
陕县后川 1957M2041（完整）⑫	5			AbⅣ5							2		AaaaⅤ1	

① 郑州市文物考古研究院、河南省文物管理局南水北调办公室：《新郑铁岭墓地M1404、M1405发掘简报》，《中原文物》2012年第2期，第10—18页。
② 赵清、王文华、刘松根：《河南新郑新禹公路战国墓发掘简报》，《考古》1994年第5期，第397—404页。
③ 郑州市文物考古研究所：《郑州市加气混凝土厂东周墓发掘简报》，《华夏考古》2001年第4期，第25—32页。
④ 崔墨林：《河南辉县三位营发现战国铜器》，《文物》1975年第5期，第91—92页。
⑤ 蔡运章、梁晓景、张长森：《洛阳西工131号战国墓》，《文物》1994年第7期，第4—15页。
⑥ 赵振华：《河南洛阳新发现随葬钱币的东周墓葬》，《考古》1991年第6期，第511—521页。
⑦ 洛阳市文物工作队：《洛阳中州中路东周墓发掘简报》，《文物》2006年第3期，第20—44页。
⑧ 杜廼松：《记洛阳西宫出土的几件铜器》，《文物》1965年第11期，第47—49页。
⑨ 中国科学院考古研究所：《洛阳中州路（西工段）》，科学出版社，1959年。
⑩ 河南省文物考古研究所、平顶山市文物局：《平顶山应国墓地十号墓发掘简报》，《中原文物》2007年第4期，第4—19页。
⑪ 三门峡市文物考古研究所：《三门峡市西苑小区战国墓（M1）发掘简报》，《文物》2008年第2期，第19—29页。
⑫ 中国社会科学院考古研究所：《陕县东周秦汉墓》，科学出版社，1994年。

釜	铺	盈	簠	簋	盆	敦	壶	尊缶	罍	鉴	盉	匜	盘	铜	浴缶	汤鼎
						BaaⅢ1	CabⅣ1					AbaaⅤ1	AeⅢ1	CbbaⅡ1		
						BaaⅢ1						AbaaⅣ1	AbbaⅤ1	CbbⅡ1		
														AbcⅡ/Cbc1		
						C2	2		AaⅤ2			BaaaⅤ2	1			
						CaaaⅢ4	CbbaⅣ4						1			
						CabaⅢ2	C1					1				
							CbbbⅡ2									
							CbbaⅣ2									
						CaaaⅢ4	CbbaⅣ4、CbacⅡ1					BabⅡ2	AdbⅣ1	BbaⅤ1		
						DaaⅢ2、AcⅢ2		AaⅤ2				BaaaⅤ1	1		BbaⅣ1	
						CaaaⅢ2	CbbbⅡ2					1	AbbaⅥ1			
		2				Caa\Cab2、Cac2、? 2	CbbaⅣ2			2		1	AbbbⅣ1	BbaⅤ1		

名称	分期	立耳折沿鼎	附耳折沿鼎	附耳子母口鼎	箍口鼎	束腰鼎	细撇足鼎	鬲鼎	牲首鼎	方鼎	鬲	甗	簠	鉴
陕县后川 1957M2121（完整）①	5			AbⅣ3										
陕县后川 1957M2124（完整）②	5			AbⅣ2								AaaaⅤ1		
陕县后川 1957M2125（完整）③	5			AbⅣ1	AdⅣ									
陕县后川 1957M2149（完整）④	5			AdⅣ3										
淅川和尚岭 1990M1(盗)⑤	5			AbⅢ2	BbⅡ2	BaaⅡ2								
淅川和尚岭 1990M2(盗一)⑥	5		BbbⅢ2	AbⅣ1	AcⅤ3、BbⅡ1									
淅川徐家岭 1990M9(盗)⑦	5				AcⅤ1	BabⅠ3				AbabⅤ3				
淅川徐家岭 2006M11(盗)⑧	5			DbⅡ5										
新郑铁岭 2009M458(完整)⑨	5		AbcⅤ1											
新郑铁岭 2009M550(完整)⑩	5				AdⅣ1									
新郑新禹公路 1988M13(盗)⑪	5		AbaⅤ1											
新郑新禹公路 1988M2（完整）⑫	5		AbbⅤ1											
新郑烟厂 1963M(扰)⑬	5		AbbⅤ1											

①　中国社会科学院考古研究所：《陕县东周秦汉墓》，科学出版社，1994年。
②　中国社会科学院考古研究所：《陕县东周秦汉墓》，科学出版社，1994年。
③　中国社会科学院考古研究所：《陕县东周秦汉墓》，科学出版社，1994年。
④　中国社会科学院考古研究所：《陕县东周秦汉墓》，科学出版社，1994年。
⑤　河南省文物考古研究所等：《淅川和尚岭与徐家岭楚墓》，大象出版社，2004年。
⑥　河南省文物考古研究所等：《淅川和尚岭与徐家岭楚墓》，大象出版社，2004年。
⑦　河南省文物考古研究所等：《淅川和尚岭与徐家岭楚墓》，大象出版社，2004年。
⑧　河南省文物管理局南水北调文物保护办公室、南阳市文物考古研究所：《河南淅川县徐家岭11号楚墓》，《考古》2008年第5期，第41—48页。
⑨　郑州市文物考古研究院、河南省文物管理局南水北调办公室：《河南新郑市铁岭墓地M458发掘简报》，《文物研究》(17)，科学出版社，2010年。
⑩　郑州市文物考古研究院、河南省文物管理局南水北调办公室：《新郑铁岭墓地M550发掘简报》，《中原文物》2010年第5期，第4—10页。
⑪　赵清、王文华、刘松根：《河南新郑新禹公路战国墓发掘简报》，《考古》1994年第5期，第397—404页。
⑫　赵清、王文华、刘松根：《河南新郑新禹公路战国墓发掘简报》，《考古》1994年第5期，第397—404页。
⑬　孟昭东：《河南新郑出土的战国铜器》，《考古》1964年第7期，第368页。

续表

釜	铺	盨	簠	簋	盆	敦	壶	尊缶	罍	鉴	盂	匜	盘	铏	浴缶	汤鼎
						Caaa Ⅲ 2	Cbbb Ⅱ 2					Baaa Ⅴ 1	Abbb Ⅳ 1			
						C2						1	1	Bba Ⅴ 1		
						Caaa Ⅲ 2	Cbbb Ⅱ 2							1		
						Caaa Ⅲ 2	2					1	Abba Ⅳ 1	1		
			1													
			Bb Ⅵ 2			Dab Ⅰ 1	Cbba Ⅳ 2					Baaa Ⅵ 1	Add Ⅴ 1		Ba Ⅴ 1	
			Bb Ⅵ 1		E Ⅰ 1		Cbba Ⅳ 2			Aa Ⅴ 1		1	1		Ba Ⅳ 2	
			Bb Ⅵ 3				Cbba Ⅳ 2								Ba Ⅴ 1	
						Baa Ⅳ 1								Cbba Ⅲ 1		
						Baa Ⅳ 1						Abaa Ⅵ 1	Ae Ⅳ 1	Cbba Ⅲ 1		
						Baa Ⅳ 1						Abaa Ⅵ 1	Aab Ⅶ 1	Cbb Ⅲ 1		
						Baa Ⅳ 1						Abaa Ⅵ 1	Abb 1	Cbb Ⅲ 1		
						Baa Ⅳ 2							Abba Ⅵ 1			

名称	分期	立耳折沿鼎	附耳折沿鼎	附耳子母口鼎	箍口鼎	束腰鼎	细撇足鼎	鬲鼎	牲首鼎	方鼎	鬲	甗	簠	鑑
新郑郑韩路 2004M6(完整)①	5		AbcⅤ1											
固始白狮子地 1980M1(扰)②	6			DbⅢ2										
淮阳平粮台 1979M4(完整)③	6			DaⅢ1										
辉县琉璃阁 1935M1(盗)④	6													
辉县琉璃阁 1937M56(完整)⑤	6													
辉县琉璃阁 1937M59(完整)⑥	6											1		
辉县琉璃阁 1937M75(完整)⑦	6							7				1		
辉县琉璃阁 1937M76(完整)⑧	6													
辉县赵固 1951M1(扰)⑨	6			AbⅤ1、AdⅤ1				BaⅦ1、BbⅢ1				DcⅡ1		
汲县山彪镇 1935M1(盗)⑩	6	A8		AbⅤ5、AdⅤ1							AbaaⅤ3	AaaaⅥ1		
洛阳金谷园 1998 采太子左相室鼎(采)⑪	6			AbⅤ1										
洛阳王城广场 2002M145(盗)⑫	6													
洛阳王城广场 2002M150(完整)⑬	6							BaⅦ1						

① 河南省文物考古研究所新郑工作站：《新郑市郑韩路 6 号春秋墓》,《文物》2005 年第 8 期,第 39—46 页。
② 信阳地区文管会、固始县文化局：《固始白狮子地一号和二号墓清理简报》,《中原文物》1981 年第 4 期,第 21—28 页。
③ 曹桂岑、骆崇礼、张志华：《淮阳县平粮台四号墓发掘简报》,《河南文博通讯》1980 年第 1 期,第 34—36 页。
④ 郭宝钧：《山彪镇与琉璃阁》,科学出版社,1959 年。
⑤ 郭宝钧：《山彪镇与琉璃阁》,科学出版社,1959 年。
⑥ 郭宝钧：《山彪镇与琉璃阁》,科学出版社,1959 年。
⑦ 郭宝钧：《山彪镇与琉璃阁》,科学出版社,1959 年。
⑧ 郭宝钧：《山彪镇与琉璃阁》,科学出版社,1959 年。
⑨ 中国科学院考古研究所：《辉县发掘报告》,科学出版社,1956 年。
⑩ 郭宝钧：《山彪镇与琉璃阁》,科学出版社,1959 年。
⑪ 蔡运章：《太子鼎铭考略》,《文物》2001 年第 6 期,第 69—71 页。
⑫ 洛阳市文物工作队：《洛阳王城广场东周墓》,文物出版社,2009 年。
⑬ 洛阳市文物工作队：《洛阳王城广场东周墓》,文物出版社,2009 年。

釜	铺	盨	簠	簋	盆	敦	壶	尊缶	罍	鉴	盂	匜	盘	铲	浴缶	汤鼎
						BaaⅣ1						AbaaⅥ1	AeⅣ1	CbbaⅢ1		
							CbbaⅤ2					BaaaⅧ2				
							1									
							4									
							2					1	1	1		
						C12	6				4	2	2			
						C22	4				2		1	1		
						DbaⅡ2	CbacⅡ2						BcaⅡ1	1		
3		AdⅥ1				CaaaⅣ1、CacaⅡ1	CaaⅥ1、CbacⅢ1、CbbaⅤ4、DⅥ1				AaⅥ2、BaⅡ1	BaaaⅧ1	AbbbⅤ1			
												BaaaⅧ1				

名　　称	分期	立耳折沿鼎	附耳折沿鼎	附耳子母口鼎	箍口鼎	束腰鼎	细撇足鼎	鬲鼎	牲首鼎	方鼎	鬲	甗	镬	鍪
洛阳文物交流中心1998征铜匜(征)①	6													
洛阳西工区1969M6(完整)②	6							BbⅢ1						
洛阳西工区1992C1M3750(完整)③	6				CbⅢ2			BbⅢ1						
洛阳西工区1996C1M5269(盗)④	6			AdⅤ2				BbⅢ3						
洛阳西工区解放路1982C1M395(陪葬坑)(完整)⑤	6			AⅤ10、AbⅤ10			BbⅤ2				AabⅢ4			
洛阳西郊1973M4(盗)⑥	6								AbaaⅥ1					
南阳彭营1988M(扰)⑦	6			DaⅢ4										
三门峡盆景园1993M8(完整)⑧	6							BbⅢ1						
陕县后川1957M2040(完整)⑨	6	AbⅥ5		AbⅤ5				BbⅢ7			AbabⅥ3	AaaaⅥ1		
陕县后川1957M2042(完整)⑩	6			AbⅤ2										
陕县后川1957M2044(完整)⑪	6			AbⅤ1										
陕县后川1957M2048(整)⑫	6			AbⅤ2							1			
陕县后川1957M2060(盗)⑬	6			AbⅤ1										

① 徐婵菲、姚智远:《浅释洛阳新获战国铜匜上的刻纹图案》,《中原文物》2007年第1期,第64—68页。
② 洛阳博物馆:《洛阳西工区战国初期墓葬》,《文物资料丛刊》(3),文物出版社,1980年,第118—120页。
③ 洛阳市文物工作队:《洛阳市中州中路东周墓》,《文物》1995年第8期,第7—18页。
④ 洛阳市文物工作队:《洛阳市针织厂东周墓(C1M5269)的清理》,《文物》2001年第12期,第41—59页。
⑤ 洛阳市文物工作队:《洛阳解放路战国陪葬坑发掘报告》,《考古学报》2002年第3期,第359—380页。
⑥ 洛阳市文物工作队:《洛阳西郊四号墓发掘简报》,《文物资料丛刊》(9),文物出版社,1985年,第141—150页。
⑦ 南阳市文物工作队:《南阳市彭营砖瓦厂战国楚墓》,《中原文物》1994年第1期,第91—95页。
⑧ 三门峡市文物工作队:《三门峡市盆景园8号战国墓》,《中原文物》2002年第1期,第4—8页;胡小龙、许海星、刘宇翔:《河南三门峡市老城东8号战国墓》,《考古》2004年第2期,第94—96页。
⑨ 中国社会科学院考古研究所:《陕县东周秦汉墓》,科学出版社,1994年。
⑩ 中国社会科学院考古研究所:《陕县东周秦汉墓》,科学出版社,1994年。
⑪ 中国社会科学院考古研究所:《陕县东周秦汉墓》,科学出版社,1994年。
⑫ 中国社会科学院考古研究所:《陕县东周秦汉墓》,科学出版社,1994年。
⑬ 中国社会科学院考古研究所:《陕县东周秦汉墓》,科学出版社,1994年。

釜	铺	盨	簠	簋	盆	敦	壶	尊缶	罍	鉴	盉	匜	盘	铊	浴缶	汤鼎
												BaaaⅧ1				
						DbbⅡ1	CbbcⅠ2		AbaⅥ1			BaaaⅧ1	Abb1			
							CbbaⅤ1、CcbⅡ2			BcⅤ2		BaabⅠ1				
2	2		BaⅦ4	AⅥ4	Fb1、Gb1	AbⅥ4	CbbaⅤ12、CbaaⅥ1		AbbaⅥ1			BaaaⅧ2	BcaⅢ1、BcbⅢ2	AbdⅠ2		
							Cb2							AbdⅢ1		
							CbbaⅤ2				2	2				
						CaaaⅣ2	CbbbⅢ2					BaaaⅧ1				
	2		AdⅥ2			CaaaⅣ4、CacaⅡ4、DbbⅡ2	AaⅥ2、BaⅣ2、CbacⅡ1			AaⅥ4		AbbⅥ1、AbdⅢ1	AbbbⅣ1、BcaⅢ1	BbaⅥ2		
						C2	CbbbⅡ2					BaaaⅧ1		BbaⅥ1		
						CaaaⅣ2						AaaaⅧ1	AbbbⅣ1			
						CaaaⅣ2	1			1		BaaaⅧ1	1	BbaⅥ1		
							2					AaaaⅧ1	1			

名称	分期	立耳折沿鼎	附耳折沿鼎	附耳子母口鼎	箍口鼎	束腰鼎	细撇足鼎	鬲鼎	牲首鼎	方鼎	鬲	瓹	复	整
陕县后川 1957M2123（完整）①	6							BbⅢ1						
陕县后川 1957M2138（完整）②	6			AbⅤ2										
陕县后川 1957M2144（完整）③	6							BbⅢ3						
上蔡砖瓦厂 1979M(扰)④	6			DaⅢ2										
淅川徐家岭 1990M1(盗)⑤	6		BbbⅣ1	DaⅢ1、DbⅡ1、DbⅡ2										
淅川徐家岭 1990M3(盗)⑥	6			AbⅣ1	AcⅥ2	BabⅡ4								
淅川徐家岭 1990M6(扰一)⑦	6			DbⅢ2										
淅川徐家岭 1990M8(盗)⑧	6													
淅川徐家岭 1991M10(盗一)⑨	6		BaⅣ1	DbⅢ5		BabⅢ5						CⅣ5		
新蔡葛陵 1994M1001(盗)⑩	6													
新野任集 1991 采铜浴缶(采)⑪	6													
信阳长台关 1956M1(扰)⑫	6			DaⅢ5										
叶县旧县 1985M1(盗)⑬	6		BaⅣ1	DaⅢ1、DbⅢ1		BaaⅦ2								

①　中国社会科学院考古研究所：《陕县东周秦汉墓》，科学出版社，1994 年。
②　中国社会科学院考古研究所：《陕县东周秦汉墓》，科学出版社，1994 年。
③　中国社会科学院考古研究所：《陕县东周秦汉墓》，科学出版社，1994 年。
④　李芳芝：《上蔡县发现一座楚墓》，《中原文物》1990 年第 2 期，第 93—94 页。
⑤　河南省文物考古研究所等：《淅川和尚岭与徐家岭楚墓》，大象出版社，2004 年。
⑥　河南省文物考古研究所等：《淅川和尚岭与徐家岭楚墓》，大象出版社，2004 年。
⑦　河南省文物考古研究所等：《淅川和尚岭与徐家岭楚墓》，大象出版社，2004 年。
⑧　河南省文物考古研究所等：《淅川和尚岭与徐家岭楚墓》，大象出版社，2004 年。
⑨　河南省文物考古研究所等：《淅川和尚岭与徐家岭楚墓》，大象出版社，2004 年。
⑩　河南省文物考古研究所、河南省驻马店市文化局、新蔡县文物保护管理所：《河南新蔡平夜君成墓的发掘》，《文物》2002 年第 8 期，第 4—19 页；河南省文物考古研究所：《新蔡葛陵楚墓》，大象出版社，2003 年。
⑪　丁鹏：《河南省新野县发现一件战国时期青铜缶》，《文物》1993 年第 2 期，第 47 页。
⑫　河南省文物研究所：《信阳楚墓》，文物出版社，1986 年。
⑬　河南省文物研究所、平顶山市文物管理委员会、叶县文化馆：《河南省叶县旧县 1 号墓的清理》，《华夏考古》1988 年第 3 期，第 1—18 页。

釜	铺	錪	簠	簋	盆	敦	壶	尊缶	罍	鉴	盂	匜	盘	铘	浴缶	汤鼎
						CaaaⅣ2、? 1	CbbbⅢ2									
						CaaaⅣ2	CbbbⅡ2					BaaaⅧ1	BcaⅢ1			
						DabⅢ1	CbbaⅤ2									
		BbⅧ2				DabⅢ2		AaⅥ2				1	B1		BbaⅥ1	
															BbbⅢ1	
						DabⅢ2	CbbaⅤ2						BcaⅢ1			
												BaaaⅧ1				
	2	BbⅥ2	BaⅠ4			CcaⅡ2、DabⅢ2	BaⅥ2、CbbaⅣ2	AbⅣ2		AaⅥ2	BaaaⅧ1	BaaaⅧ1	Bb1、Afa1		BbbⅢ1、Bbc1	
		BbⅧ1				CbdⅠ1										
															CaⅢ1	
						AbⅥ2、DabⅢ1	CbbaⅤ2			Bb1	BaaaⅧ1	BcaⅢ4			BbaⅥ1	
							CbbaⅤ2									

名　称	分期	立耳折沿鼎	附耳折沿鼎	附子口耳母鼎	箍口鼎	束腰鼎	细撇足鼎	高鼎	牲首鼎	方鼎	鬲	甗	簠	鉴
扶沟古城1974采铜鼎(采)①	7			AbⅥ1										
灵宝庙上村1976采铜壶(采)②	7													
洛阳1940采王太后左私室鼎(采)③	7			AbⅥ1										
洛阳大学文物馆征三年垣上官鼎(征)④	7			AbⅥ1										
洛阳道北1993IM540(盗)⑤	7			DaⅣ1										
洛阳理工学院2008征信安君鼎(征)⑥	7			AbⅥ1										
洛阳西工区1983C1M203(完整)⑦	7			AbⅥ2										
洛阳新安人徒山1978采铜鋆(采)⑧	7													Abb1
泌阳大曹庄1988M5北棺(扰)⑨	7			AbⅥ1										
泌阳大曹庄1988M5南棺(扰)⑩	7			AbⅥ1										
泌阳官庄1978M3北椁室(完整)⑪	7			AbⅥ1										Abb1
泌阳官庄1978M3南椁室(完整)⑫	7			AbⅥ1										Abb1
南阳拆迁办2000M208(完整)⑬	7			DbⅣ1										AabⅥ1

① 河南省博物馆、扶沟县文化馆：《河南扶沟古城村出土的楚金银币》，《文物》1980年第10期，第61—66页。
② 杨育彬：《两件战国青铜器》，《河南文博通讯》1979年第4期，第48页。
③ 刘余力、蔡运章：《王太后左私室鼎铭考略》，《文物》2006年第11期，第63—67页。
④ 蔡运章、赵晓军：《三年垣上官鼎铭考略》，《文物》2005年第8期，第90—93页。
⑤ 洛阳市第二文物工作队：《洛阳市道北锻造厂战国墓清理简报》，《文物》1994年第7期，第16—21页。
⑥ 刘余力、褚卫红：《战国信安君鼎考略》，《文物》2009年第11期，第70—72页。
⑦ 洛阳市文物工作队：《洛阳市西工区203号战国墓清理简报》，《中原文物》1984年第3期，第29—33页。
⑧ 杨平：《洛阳出土的中胡二穿戈与战国铜鋆》，《中原文物》1994年第3期，第119页。
⑨ 河南省文物研究所、泌阳县文化馆：《河南泌阳县发现一座秦墓》，《华夏考古》1990年第4期，第43—50页。
⑩ 河南省文物研究所、泌阳县文化馆：《河南泌阳县发现一座秦墓》，《华夏考古》1990年第4期，第43—50页。
⑪ 驻马店地区文管会、泌阳县文教局：《河南泌阳秦墓》，《文物》1980年第9期，第15—24页。
⑫ 驻马店地区文管会、泌阳县文教局：《河南泌阳秦墓》，《文物》1980年第9期，第15—24页。
⑬ 南阳市文物考古研究所：《河南南阳市拆迁办秦墓发掘简报》，《华夏考古》2005年第3期，第15—19页。

续表

釜	铺	盨	簠	簋	盆	敦	壶	尊缶	罍	鉴	盉	匜	盘	铟	浴缶	汤鼎
							CbbaⅦ1									
													BcbⅣ1			
						CaaaⅣ2	CbacⅢ1									
							CbbaⅦ1、Ea1						1			
							CcbⅢ1、Ea1						BcbⅣ1			
							CbbaⅦ1、Ea1					BaaaⅨ4	BcbⅣ1			
						EⅡ1	CbbdⅡ1、Ea1					BaaaⅨ3	BcbⅣ1			
							Eb1									

名　称	分期	立耳折沿鼎	附耳折沿鼎	附子母口鼎	箍口鼎	束腰鼎	细撇足鼎	鬲鼎	牲首鼎	方鼎	鬲	甗	复	鉴
南阳拆迁办 2000M76（完整）①	7			AbⅥ2										Abb1
三门峡上村岭 1974M5(扰)②	7													
陕县后川 1957M2011（完整）③	7			AbⅣ1、AbⅤ1								DbaⅣ1		Abb1
陕县后川 1957M3401（完整）④	7			AdⅥ2								DcⅢ1		
陕县后川 1957M3410（完整）⑤	7													Abb1
陕县后川 1957M3411（完整）⑥	7			DbⅣ1										AabⅥ1
淅川马川 1981M(完整)⑦	7			AbⅥ1								1		Abb1
新蔡北李庄 1982JC(完整)⑧	7			AbⅥ2										
信阳长台关 2002M7(盗)⑨	7			DaⅣ4										
宜阳秦王寨 1980 采铜鉴(采)⑩	7													AabⅥ1

附表七　湖北东周

名　称	分期	立耳折沿鼎	附耳折沿鼎	附子母口鼎	箍口鼎	束腰鼎	细撇足鼎	鬲鼎	牲首鼎	方鼎	鬲	甗	复	鉴
安陆王家山采：02 铜鼎(采)⑪	1		AaⅠ1											
广水吴店 1987M1(完整)⑫	1	AbⅠ2									BⅠ2	AbⅠ1		

---

① 南阳市文物考古研究所：《河南南阳市拆迁办秦墓发掘简报》，《华夏考古》2005 年第 3 期，第 15—19 页。
② 河南省博物馆：《河南三门峡市上村岭出土的几件战国铜器》，《文物》1976 年第 3 期，第 52—54 页。
③ 中国社会科学院考古研究所：《陕县东周秦汉墓》，科学出版社，1994 年。
④ 中国社会科学院考古研究所：《陕县东周秦汉墓》，科学出版社，1994 年。
⑤ 中国社会科学院考古研究所：《陕县东周秦汉墓》，科学出版社，1994 年。
⑥ 中国社会科学院考古研究所：《陕县东周秦汉墓》，科学出版社，1994 年。
⑦ 淅川县文管会：《淅川县马川秦墓发掘简报》，《中原文物》1982 年第 1 期，第 47 页。
⑧ 薛焕民：《河南新蔡县北李庄发现战国铜器》，《考古》1983 年第 7 期，第 666 页。
⑨ 河南省文物考古研究所、信阳市文物工作队：《河南信阳长台关七号楚墓发掘简报》，《文物》2004 年第 3 期，第 31—41 页。
⑩ 赵晓军、刁淑琴：《洛阳宜阳发现秦铜鉴及其相关问题》，《文物》2005 年第 8 期，第 88—89 页。
⑪ 安陆市博物馆：《安陆发现一批东周时期青铜器》，《江汉考古》1990 年第 2 期，第 47—48 页。
⑫ 广水县文化馆文物组：《湖北广水吴店古墓葬清理简报》，《文物》1989 年第 3 期，第 51—56 页。

续表

釜	铺	盨	簠	簋	盆	敦	壶	尊缶	罍	鉴	盉	匜	盘	铺	浴缶	汤鼎
							Eb1									
							CaaⅧ1		C1	AbⅣ1						
							CbbaⅥ2									
						E1	CbbdⅡ1、CcbⅢ1						1			
1							Ea1						BcbⅣ1			
							CbbdⅡ1									
							Ea2						BcbⅢ2			
						Ad1、EⅡ4	CaaⅦ1					BaabⅠ9	AddⅥ16、BcbⅣ8			

铜器群型式登记表

釜	铺	盨	簠	簋	盆	敦	壶	尊缶	罍	鉴	盉	匜	盘	铺	浴缶	汤鼎
			AⅠ2				BaⅠ2					AaaaⅠ1	AbaaⅠ1			

名　称	分期	立耳折沿鼎	附耳折沿鼎	附耳子口母鼎	簠口鼎	束腰鼎	细撇足鼎	鬲鼎	牲首鼎	方鼎	鬲	甗	镄	鏊
京山苏家垄 1966M(扰)①	1		AaⅠ9								BⅠ9	AbⅠ1		
京山苏家垄 2008M2(扰)②	1													
随州安居桃花坡 1979M1 (扰)③	1	AbⅠ2									AaaⅠ4			
随州安居桃花坡 1979M2 (扰)④	1	AbⅠ3、CⅠ1									BⅠ2			
随州贯庄 1978M(扰)⑤	1	AaⅠ2									AaaⅠ1、BⅠ3	AbⅠ1		
随州尚店 1974M(扰)⑥	1	AaⅠ2												
随州万店周家岗 1976M (扰)⑦	1					BbⅠ2					BⅠ2			
随州熊家老湾 1970M(扰)⑧	1													
随州熊家老湾 1972M(扰)⑨	1	AbⅠ3										AbⅠ1		
随州旭光砖瓦厂 1983M (扰)⑩	1													
随州义地岗 1993M83(扰)⑪	1										AbaaⅠ1			
随州义地岗八角楼 1979M (扰)⑫	1		AaⅠ2											
武汉 1965 采曾伯从宠鼎 (采)⑬	1	AbⅠ1												

①　佚名:《湖北京山发现曾国铜器》,《文物》1972 年第 1 期,第 75 页;湖北省博物馆:《湖北京山发现曾国铜器》,《文物》1972 年第 2 期,第 47—53 页。
②　湖北省文物考古研究所:《湖北京山苏家垄墓地 M2 发掘简报》,《江汉考古》2011 年第 2 期,第 34—38 页。
③　随州市博物馆:《湖北随县安居出土青铜器》,《文物》1982 年第 12 期,第 51—57 页。
④　随州市博物馆:《湖北随县安居出土青铜器》,《文物》1982 年第 12 期,第 51—57 页。
⑤　随州市博物馆:《湖北随县新发现古代青铜器》,《考古》1982 年第 2 期,第 139—141 页。
⑥　随州市博物馆:《湖北随县新发现古代青铜器》,《考古》1982 年第 2 期,第 139—141 页。
⑦　随州市博物馆:《湖北随县发现商周青铜器》,《考古》1984 年第 6 期,第 510—514 页。
⑧　鄂兵:《湖北随县发现曾国铜器》,《文物》1973 年第 5 期,第 21—25 页。
⑨　鄂兵:《湖北随县发现曾国铜器》,《文物》1973 年第 5 期,第 21—25 页。
⑩　左得田:《随州旭光砖瓦厂出土青铜器》,《江汉考古》1985 年第 1 期,第 106—107 页。
⑪　随州市考古队:《湖北随州义地岗又出土青铜器》,《江汉考古》1994 年第 2 期,第 37—40 页。
⑫　随县博物馆:《湖北随县城郊发现春秋墓葬和铜器》,《文物》1980 年第 1 期,第 34—41 页;湖北省博物馆:《荆楚英华——湖北全省博物馆馆藏文物精品联展图录》,湖北人民出版社,2011 年。
⑬　蓝蔚:《武汉发现曾伯鼎一件》,《文物》1965 年第 7 期,第 53 页。

釜	铺	瓬	簠	簋	盆	敦	壶	尊缶	罍	鉴	盉	匜	盘	铲	浴缶	汤鼎
	2			AⅠ7			AaⅠ2				CⅠ1	AaaaⅠ1	AbaaⅠ1			
				AⅠ4												
				AⅠ4			BaⅠ1					AbaaⅠ1	AcaⅠ1			
				AⅠ1												
				AⅠ2			BaⅠ2					AaaaⅠ1	AbaaⅠ1			
				AⅠ2												
				AⅠ2			BaⅠ2					AaaaⅠ1	AbaaⅠ1			
				AⅠ4					BaⅠ1							
				AⅠ2			F1					AaaaⅠ1	AbaaⅠ1			
				AⅠ2												
												AaaaⅠ1	AbaaⅠ1			
							DⅠ1						AbaaⅠ1			

名　　称	分期	立耳折沿鼎	附耳折沿鼎	附子口母鼎	箍口鼎	束腰鼎	细撇足鼎	高鼎	牲首鼎	方鼎	高	甒	馥	鉴
襄樊1979采邓公牧簋(采)①	1													
襄樊1979采侯氏簋(采)②	1													
襄樊1979采曾仲子吾鼎(采)③	1	AbⅠ1												
襄阳蔡坡1981采侯氏簋(采)④	1													
襄阳山湾1972采铜盘(采)⑤	1													
襄阳王坡2001M1(完整)⑥	1		AaⅠ1											
宜城楚皇城1976采铜方壶(采)⑦	1													
应城孙堰村1991M1(扰)⑧	1		AaⅠ2							BⅠ1				
枣阳东赵湖1983M(扰)⑨	1	AaⅠ1												
枣阳段营1972M(扰)⑩	1		AaⅠ3											
枣阳郭家庙1983M02(扰)⑪	1		AaⅠ1											
枣阳郭家庙2002M01(扰)⑫	1	AbⅠ1												
枣阳郭家庙2002M17(盗)⑬	1		AaⅠ3							BⅠ1				
枣阳郭家庙2002M1(扰一)⑭	1		AaⅠ1											
枣阳郭家庙2002M25(扰)⑮	1		AaⅠ1											
枣阳郭家庙2002M6(完整)⑯	1		AaⅠ1											

① 张家芳：《湖北襄樊拣选的商周青铜器》，《文物》1982年第9期，第84—86页。
② 张家芳：《湖北襄樊拣选的商周青铜器》，《文物》1982年第9期，第84—86页。
③ 张家芳：《湖北襄樊拣选的商周青铜器》，《文物》1982年第9期，第84—86页。
④ 襄樊市博物馆、谷城县文化馆：《襄樊市、谷城县馆藏青铜器》，《文物》1986年第4期，第15—20页。
⑤ 湖北省博物馆：《襄阳山湾出土的东周青铜器》，《江汉考古》1988年第1期，第19—22页。
⑥ 湖北省文物考古研究所、襄樊市考古队、襄阳区文物管理处：《襄阳王坡东周秦汉墓》，科学出版社，2005年。
⑦ 楚皇城考古发掘队：《湖北宜城楚皇城勘查简报》，《考古》1980年第2期，第108—113页。
⑧ 李怡南、汪艳明：《应城市孙堰村发现一座两周之际墓葬》，《江汉考古》1996年第4期，第43页。
⑨ 徐正国：《枣阳东赵湖再次出土青铜器》，《江汉考古》1984年第1期，第106页。
⑩ 湖北省博物馆：《湖北枣阳发现曾国墓葬》，《考古》1975年第4期，第222—225页。
⑪ 襄樊市考古队、湖北省文物考古研究所、湖北孝襄高速公路考古队：《枣阳郭家庙曾国墓地》，科学出版社，2005年。
⑫ 襄樊市考古队、湖北省文物考古研究所、湖北孝襄高速公路考古队：《枣阳郭家庙曾国墓地》，科学出版社，2005年。
⑬ 襄樊市考古队、湖北省文物考古研究所、湖北孝襄高速公路考古队：《枣阳郭家庙曾国墓地》，科学出版社，2005年。
⑭ 襄樊市考古队、湖北省文物考古研究所、湖北孝襄高速公路考古队：《枣阳郭家庙曾国墓地》，科学出版社，2005年。
⑮ 襄樊市考古队、湖北省文物考古研究所、湖北孝襄高速公路考古队：《枣阳郭家庙曾国墓地》，科学出版社，2005年。
⑯ 襄樊市考古队、湖北省文物考古研究所、湖北孝襄高速公路考古队：《枣阳郭家庙曾国墓地》，科学出版社，2005年。

釜	铺	盨	簠	簋	盆	敦	壶	尊缶	罍	鉴	盏	匜	盘	铞	浴缶	汤鼎
				A I 2												
				A I 1												
				A I 1												
													Abaa I 1			
							Aa I 1									
				Da I 2			Bc I 1									
									Aa I 2							
				A I 4			Ba I 2									
				A I 2					Aa I 1			Aaaa I 1	Abaa I 1			
													Abaa I 1			
							Ba I 2							Aaab I 1		
			Aa II 2				Aa I 2					Aaaa I 1	1			
							Ba I 1									

名　称	分期	立耳折沿鼎	附耳折沿鼎	附耳母口鼎（附子口）	箍口鼎	束腰鼎	细撇足鼎	鬲鼎	牲首鼎	方鼎	鬲	甗	镬	鉴
枣阳赵湖 1972M(扰)①	1	AbⅠ2												
枣阳赵湖 1983M(扰)②	1	AbⅠ1												
枣阳资山杜家庄 1977M(扰)③	1	AaⅠ2												
枝江问安关庙山 1975 采铜盘(采)④	1													
谷城邱家楼 2007M 铜器群(缴)⑤	1	AaⅠ1、AaⅡ1												
安陆何陈 1978 采铜簠(采)⑥	2													
安陆死土岗采：4 铜簠(采)⑦	2													
安陆王家山采：4 铜簠(采)⑧	2													
当阳赵家湖 1976 采铜盆(采)⑨	2													
谷城新店 1977M(扰)⑩	2	BⅡ3			AaⅠ2									
汉川西正街尾 1974M(扰)⑪	2											BⅡ2	BaⅡ1	
麻城李家湾 1993M44（完整)⑫	2													
随州黄土坡 2000M1(扰)⑬	2	AbⅡ1												
随州刘家崖 1975 采铜鼎 1—3 号(采)⑭	2				BbⅡ3									

①　湖北省博物馆：《湖北枣阳县发现曾国墓葬》，《考古》1975 年第 4 期，第 222—225 页。这批材料后收入《枣阳郭家庙曾国墓地》第 195—199 页，编为 CM01，但是铜器尺寸与简报所述差异较大，本书暂从简报。
②　田海峰：《湖北枣阳县又发现曾国铜器》，《江汉考古》1983 年第 3 期，第 101—103 页。这批材料后来被重新整理收入《枣阳郭家庙曾国墓地》第 154—159 页，编为 CM02。
③　襄樊市博物馆、谷城县文化馆：《襄樊市、谷城县馆藏青铜器》，《文物》1986 年第 4 期，第 15—20 页。
④　枝江县博物馆：《枝江近年出土的周代铜器》，《江汉考古》1991 年第 1 期，第 53—56 页。
⑤　李广安：《湖北谷城出土许国铜器》，《文物》2014 年第 8 期，第 46—48 页。
⑥　余从新：《安陆馆藏的几件青铜器》，《江汉考古》1984 年第 2 期，第 100 页。
⑦　安陆市博物馆：《安陆发现一批东周时期青铜器》，《江汉考古》1990 年第 2 期，第 47—48 页。
⑧　安陆市博物馆：《安陆发现一批东周时期青铜器》，《江汉考古》1990 年第 2 期，第 47—48 页。
⑨　宜昌地区博物馆：《馆藏铜器介绍》，《江汉考古》1986 年第 2 期，第 93—96 页。
⑩　陈千万：《谷城新店出土的春秋铜器》，《江汉考古》1986 年第 3 期，第 13—16 页；襄樊市博物馆、谷城县文化馆：《襄樊市、谷城县馆藏青铜器》，《文物》1986 年第 4 期，第 15—20 页；襄樊市博物馆：《湖北谷城、枣阳出土周代青铜器》，《考古》1987 年第 5 期，第 410—413 页；谷城县博物馆：《谷城文物精粹》，文物出版社，2012 年。
⑪　沈银华：《湖北省汉川县发现一批春秋时期青铜器》，《文物》1974 年第 6 期，第 85 页。
⑫　湖北省文物考古研究所：《湖北麻城市李家湾春秋楚墓》，《考古》2000 年第 5 期，第 21—33 页。
⑬　拓古、熊燕：《湖北随州市黄土坡周代墓的发掘》，《考古》2007 年第 8 期，第 90—92 页。
⑭　随州市博物馆：《湖北随县刘家崖发现古代青铜器》，《考古》1982 年第 2 期，第 142—146 页。

续表

釜	铺	盨	簠	簋	盆	敦	壶	尊缶	罍	鉴	盉	匜	盘	铆	浴缶	汤鼎
				AⅠ2												
				AⅠ2			BaⅠ1									
				AⅠ2								AaaaⅠ1	AbaaⅠ1			
													AbaaⅠ1			
			BbⅠ2				BbⅠ2									
			AaⅢ1													
			AaⅣ1													
			AaⅢ1													
					CaⅡ1											
			AaⅣ4				BaⅡ2						AdbⅢ1	CaⅠ1	BⅡ2	
				EⅡ1										AⅢ1		
														AbbⅢ1		

名称	分期	立耳折沿鼎	附耳折沿鼎	附耳子母口鼎	箍口鼎	束腰鼎	细撇足鼎	鬲鼎	牲首鼎	方鼎	鬲	甗	镬	鍪
随州刘家崖 1980M1(盗)①	2					BbⅡ2					AbabⅡ4			
随州义地岗季氏梁 1979M(扰)②	2			AaⅡ1								CaaⅡ1		
随州义地岗季氏梁 1980 采:1 铜鼎(采)③	2			AaⅡ1										
武汉市文物商店征蔡太史铺(征)④	2													
武穴鼓山 1993M23(扰)⑤	2	AbⅡ1												
襄樊市博物馆藏铜簠(刘叔远捐)⑥	2													
襄阳沈岗 2009M1022(完整)⑦	2			AaⅡ2										
襄阳王坡2001M55(完整)⑧	2		AaⅡ5											
襄阳朱坡徐庄 1990 采铜敦(采)⑨	2													
宜城朱市 1987M(扰)⑩	2		AaⅠ1											
枣阳郭家庙 2002M8(盗)⑪	2													
枝江百里洲王家岗 1969M(扰)⑫	2		AaⅠ3											
枝江问安庙山 1978 采徐太子鼎(采)⑬	2	AbⅡ1												
钟祥文集黄土坡 1988M31(完整)⑭	2			AbⅠ1										

① 　随州市博物馆：《湖北随县刘家崖发现古代青铜器》，《考古》1982 年第 2 期，第 142—146 页。
② 　随县博物馆：《湖北随县城郊发现春秋墓葬和铜器》，《文物》1980 年第 1 期，第 34—41 页。
③ 　随州市博物馆：《随州东城区发现东周墓葬和青铜器》，《江汉考古》1989 年第 1 期，第 22—26 页。
④ 　武汉市文物商店：《武汉市收集的几件重要的东周青铜器》，《江汉考古》1983 年第 2 期，第 36—37 页。
⑤ 　湖北省京九铁路考古队：《武穴鼓山发掘一座春秋越人墓》，《江汉考古》1996 年第 4 期，第 44 页。
⑥ 　襄樊市博物馆、谷城县文化馆：《襄樊市、谷城县馆藏青铜器》，《文物》1986 年第 4 期，第 15—20 页。
⑦ 　襄阳市文物考古研究所：《湖北襄阳沈岗墓地 M1022 发掘简报》，《文物》2013 年第 7 期，第 4—19 页。
⑧ 　湖北省文物考古研究所、襄樊市考古队、襄阳区文物管理处：《襄阳王坡东周秦汉墓》，科学出版社，2005 年。
⑨ 　张昌平：《襄阳县新发现一件铜盏》，《江汉考古》1993 年第 3 期，第 42—43 页。
⑩ 　襄樊市博物馆：《湖北宜城出土蔡国青铜器》，《考古》1989 年第 11 期，第 1041—1044 页。
⑪ 　襄樊市考古队、湖北省文物考古研究所、湖北孝襄高速公路考古队：《枣阳郭家庙曾国墓地》，科学出版社，2005 年。
⑫ 　湖北省博物馆：《湖北枝江百里洲发现春秋铜器》，《文物》1972 年第 3 期，第 65—68 页。
⑬ 　枝江县博物馆：《枝江近年出土的周代铜器》，《江汉考古》1991 年第 1 期，第 53—56 页。
⑭ 　荆州博物馆、钟祥市博物馆：《湖北钟祥黄土坡东周秦代墓发掘报告》，《考古学报》2009 年第 2 期，第 247—294 页。

续表

釜	铺	盨	簠	簋	盆	敦	壶	尊缶	罍	鉴	盂	匜	盘	铺	浴缶	汤鼎
							BaⅡ2									
			AaⅢ2													
															AbbⅠ1	
			1													
			AdⅠ2			BdⅠ1						BaaaⅠ1	AbaaⅠ1		BaⅡ2	
				AⅡ6		BaⅡ2						AaaaⅡ1	AbaaⅡ1			
						Be1										
			AaⅢ1													
												BaaaⅡ1				
			BbⅡ2				AcⅡ1					AbaaⅡ1	AbaaⅡ1			
						BaaⅠ2						BaaaⅡ1	AdbⅡ1			

名称	分期	立耳折沿鼎	附耳折沿鼎	附耳母子口鼎	箍口鼎	束腰鼎	细撇足鼎	鬲鼎	牲首鼎	方鼎	鬲	甗	簋	鑑
钟祥文集黄土坡1988M35(完整)①	2			AaⅡ1										
安陆城关1981征铜鼎(征)②	3				BaⅠ1									
楚王媵随仲芈加鼎(私藏)③	3				AbⅡ1									
当阳曹家岗1978M3(完整)④	3													
当阳金家山1975M9(完整)⑤	3		BbaⅠ2											
当阳金家山1984M247(完整)⑥	3				AbⅠ1									
当阳金家山1984M248(完整)⑦	3				AbⅡ1									
当阳金家山1984M249(完整)⑧	3													
当阳赵家塝1973M2(完整)⑨	3		AaⅡ1											
当阳赵家塝1973M3(完整)⑩	3		BaⅠ1											
当阳赵家塝1973M4(完整)⑪	3				AbⅠ1									
当阳赵家塝1978M8(完整)⑫	3	BⅡ1			AbⅡ1									
当阳赵家湖1974M(扰)⑬	3				AbⅡ2									
当阳赵巷1988M4(盗)⑭	3													

① 荆州博物馆、钟祥市博物馆:《湖北钟祥黄土坡东周秦代墓发掘报告》,《考古学报》2009年第2期,第247—294页。
② 余从新:《安陆馆藏的几件青铜器》,《江汉考古》1984年第2期,第100页。
③ 曹锦炎:《"曾"、"随"二国的证据——论新发现的随仲芈加鼎》,《江汉考古》2011年第4期,第67—70页。
④ 湖北省宜昌地区博物馆、北京大学考古系:《当阳赵家湖楚墓》,文物出版社,1992年。
⑤ 湖北省宜昌地区博物馆、北京大学考古系:《当阳赵家湖楚墓》,文物出版社,1992年。
⑥ 湖北省宜昌地区博物馆:《当阳金家山春秋楚墓发掘简报》,《文物》1989年第11期,第70—78页。
⑦ 湖北省宜昌地区博物馆:《当阳金家山春秋楚墓发掘简报》,《文物》1989年第11期,第70—78页。
⑧ 湖北省宜昌地区博物馆:《当阳金家山春秋楚墓发掘简报》,《文物》1989年第11期,第70—78页。
⑨ 湖北省宜昌地区文物工作队:《当阳金家山九号春秋楚墓》,《文物》1982年第4期,第41—45页;湖北省宜昌地区博物馆、北京大学考古系:《当阳赵家湖楚墓》,文物出版社,1992年。
⑩ 高仲达:《湖北当阳赵家塝楚墓发掘简报》,《江汉考古》1982年第1期,第11—20页;湖北省宜昌地区博物馆、北京大学考古系:《当阳赵家湖楚墓》,文物出版社,1992年。
⑪ 高仲达:《湖北当阳赵家塝楚墓发掘简报》,《江汉考古》1982年第1期,第11—20页;湖北省宜昌地区博物馆、北京大学考古系:《当阳赵家湖楚墓》,文物出版社,1992年。
⑫ 高仲达:《湖北当阳赵家塝楚墓发掘简报》,《江汉考古》1982年第1期,第11—20页;湖北省宜昌地区博物馆、北京大学考古系:《当阳赵家湖楚墓》,文物出版社,1992年。
⑬ 余秀翠:《当阳发现一组春秋铜器》,《江汉考古》1983年第1期,第81—82页。
⑭ 宜昌地区博物馆:《湖北当阳赵巷4号春秋墓发掘简报》,《文物》1990年第10期,第25—32页。

釜	铺	盨	簠	簋	盆	敦	壶	尊缶	罍	鉴	盉	匜	盘	铊	浴缶	汤鼎
						BaaⅡ2			AbbaⅠ2							
														AbbⅣ1		
				AⅢ2		BaaⅡ1								AbcⅠ1		
						BaaⅡ1								AbcⅠ1		
						BaaⅡ1								AbbⅣ1		
														AbcⅠ1		
				AⅢ2												
				AⅢ2												
				AⅢ2												
				AⅢ2(锡)		BaaⅡ1								AbcⅠ1		
			BbⅣ1									BbaⅢ1	AdbⅢ1		BaⅢ1	
												BbaⅢ1	AdcⅢ1			

名　称	分期	立耳折沿鼎	附耳折沿鼎	附子耳母口鼎	箍口鼎	束腰鼎	细撇足鼎	高鼎	牲首鼎	方鼎	鬲	甗	簠	鑑
当阳郑家洼 1973M23（完整）①	3				AbⅡ1									
公安石子滩 1984M1(扰)②	3				AbⅡ1									
江陵岳山 1970M(扰)③	3				AbⅡ1									
随州刘家崖 1975 采铜鼎 4 号(采)④	3				BaⅠ1									
随州刘家崖 1975 采铜簋 1—4 号(采)⑤	3													
随州义地岗季氏梁 1980M(扰)⑥	3				AbⅡ1									
襄阳山湾 1972M15(完整)⑦	3				AbⅡ1									
襄阳山湾 1972 采铜鼎：4 号(采)⑧	3		BbaⅠ1											
襄阳山湾 1972 采铜匜：9(采)⑨	3													
襄阳山湾 1972 采铜铷：12(采)⑩	3													
襄阳山湾采襄樊市博物馆藏铜敦：1(采)⑪	3													
襄阳余岗 2004M237(完整)⑫	3				BaⅠ1									
襄阳余岗 2004M241(完整)⑬	3				AbⅡ1									

① 高仲达：《湖北当阳赵家塝楚墓发掘简报》，《江汉考古》1982 年第 1 期，第 11—20 页；湖北省宜昌地区博物馆、北京大学考古系：《当阳赵家湖楚墓》，文物出版社，1992 年。
② 荆州地区博物馆：《湖北公安石子滩春秋遗址及墓葬》，《文物》1993 年第 3 期，第 31—35 页。
③ 荆州地区博物馆：《江陵岳山大队出土一批春秋铜器》，《文物》1982 年第 10 期，第 16—17 页。简报给出铜浴缶口径数据为 9.1 厘米，有误，据图像测算实际应为 19.1 厘米。
④ 随州市博物馆：《湖北随县刘家崖发现古代青铜器》，《考古》1982 年第 2 期，第 142—146 页。
⑤ 随州市博物馆：《湖北随县刘家崖发现古代青铜器》，《考古》1982 年第 2 期，第 142—146 页。
⑥ 随州市博物馆：《随州东城区发现东周墓葬和青铜器》，《江汉考古》1989 年第 1 期，第 22—26 页。
⑦ 湖北省博物馆：《襄阳山湾东周墓葬发掘报告》，《江汉考古》1983 年第 2 期，第 1—35 页。
⑧ 湖北省博物馆：《襄阳山湾出土的东周青铜器》，《江汉考古》1988 年第 1 期，第 19—22 页。
⑨ 湖北省博物馆：《襄阳山湾出土的东周青铜器》，《江汉考古》1988 年第 1 期，第 19—22 页。
⑩ 湖北省博物馆：《襄阳山湾出土的东周青铜器》，《江汉考古》1988 年第 1 期，第 19—22 页。
⑪ 王少泉：《襄樊市博物馆收藏的襄阳山湾铜器》，《江汉考古》1988 年第 3 期，第 96—97 页。
⑫ 襄阳市文物考古研究所：《余岗楚墓》，科学出版社，2011 年。
⑬ 襄阳市文物考古研究所：《余岗楚墓》，科学出版社，2011 年。

续表

釜	铺	盨	簠	簋	盆	敦	壶	尊缶	罍	鉴	盉	匜	盘	铲	浴缶	汤鼎
						Baa Ⅱ1								Abc Ⅰ1		
						Baa Ⅱ1									Ba Ⅲ1	
			Ad Ⅲ1			Baa Ⅱ1						Abaa Ⅱ1	Ada Ⅲ1		Ba Ⅲ1	
				A Ⅲ4												
						Baa Ⅱ1										
						Baa Ⅱ1						1	Adc Ⅲ1		Ba Ⅲ1	
												Bba Ⅲ1				
														Abb Ⅳ1		
						Caaa Ⅰ1										
						Aa Ⅱ1								Abc Ⅰ1		
						Baa Ⅱ1								1		

名　称	分期	立耳折沿鼎	附耳折沿鼎	附耳子口鼎	箍口鼎	束腰鼎	细撇足鼎	鬲鼎	牲首鼎	方鼎	鬲	甗	镈	鉴
襄阳余岗 2004M268(完整)①	3				Ba I 1									
襄阳余岗 2004M279(完整)②	3				Ab II 1									
宜城蒋湾母牛山 1989M1(扰)③	3				Ab II 2									
郧县肖家河 2001M1(扰)④	3				Ab II 1									
郧县肖家河 2006M4(完整)⑤	3		Bba I 2											
钟祥文集黄土坡 1988M4(完整)⑥	3		Bba I 2											
钟祥文集黄土坡 1988M6(完整)⑦	3													
安陆死土岗采：02 铜鼎(采)⑧	4				Ba II 1									
当阳金家山 1978M235(完整)⑨	4				Ab III 1									
当阳赵家湖 1976 采铜鼎(采)⑩	4				Ac III 1									
谷城过山砖瓦厂 1997 征铜敦(征)⑪	4													
荆州施家地 1990M814(完整)⑫	4				Ab III 1									
麻城李家湾 1993M14(完整)⑬	4				Ba II 1									

① 襄阳市文物考古研究所：《余岗楚墓》，科学出版社，2011 年。
② 襄阳市文物考古研究所：《余岗楚墓》，科学出版社，2011 年。
③ 张乐发：《湖北宜城市母牛山出土一批春秋青铜器》，《考古》2008 年第 9 期，第 93—96 页。
④ 郧县博物馆：《湖北郧县肖家河出土春秋唐国铜器》，《江汉考古》2003 年第 1 期，第 3—8 页。
⑤ 湖北省文物考古研究所、湖北省文物局南水北调办公室：《湖北郧县乔家院春秋殉人墓》，《考古》2008 年第 4 期，第 28—50 页。
⑥ 荆州博物馆、钟祥市博物馆：《湖北钟祥黄土坡东周秦代墓发掘报告》，《考古学报》2009 年第 2 期，第 247—294 页。
⑦ 荆州博物馆、钟祥市博物馆：《湖北钟祥黄土坡东周秦代墓发掘报告》，《考古学报》2009 年第 2 期，第 247—294 页。
⑧ 安陆市博物馆：《安陆发现一批东周时期青铜器》，《江汉考古》1990 年第 2 期，第 47—48 页。
⑨ 湖北省宜昌地区博物馆、北京大学考古系：《当阳赵家湖楚墓》，文物出版社，1992 年。
⑩ 宜昌地区博物馆：《馆藏铜器介绍》，《江汉考古》1986 年第 2 期，第 93—96 页。
⑪ 熊北生、李广安：《湖北谷城过山出土春秋有铭铜盏》，《文物》2002 年第 1 期，第 94—95 页。
⑫ 湖北省文物考古研究所：《湖北荆州市施家地楚墓发掘简报》，《考古》2000 年第 8 期，第 36—54 页。
⑬ 湖北省文物考古研究所：《湖北麻城市李家湾春秋楚墓》，《考古》2000 年第 5 期，第 21—33 页。

续表

釜	铺	盨	簠	簋	盆	敦	壶	尊缶	罍	鉴	盉	匜	盘	铲	浴缶	汤鼎
						Baa II 1								Abc I 1		
			Bb IV 2									Bba III 1	Adc III 1		Ba III 1	
						Baa II 1	Cab III 1					Bba III 1	Abc III 1			
			Bb IV 2			Baa II 1						Bba III 1	Adc III 1		Ba III 2	
			Bb IV 2												Ba III 1	
						Aa II 1、Baa II 1									Ba III 1	
						Da I 1										
						Da I 1										
							1									
						Daa I 1	Cbaa IV 1					Bba IV 1	Adc IV 1			

名　称	分期	立耳折沿鼎	附耳折沿鼎	附耳子母口鼎	箍口鼎	束腰鼎	细撇足鼎	鬲鼎	牲首鼎	方鼎	鬲	瓿	镀	鋻
麻城李家湾 1993M16（完整）①	4				Bb I 1									
麻城李家湾 1993M1（完整）②	4				Bb I 1									
麻城李家湾 1993M42（完整）③	4				Bb I 1									
麻城李家湾 1993M70（完整）④	4				Ab III 1									
麻城李家湾 1993M78（完整）⑤	4													
麻城吴益山 1983M（扰）⑥	4				Bb I 1									
松滋大岩嘴 1960 采铜簠（采）⑦	4													
随州安居徐家咀 1988M（扰）⑧	4				Bb I 1									
随州刘家崖 1975 采铜簠 1—4 号（采）⑨	4													
随州刘家崖 1975 采铜盘 1—2 号（采）⑩	4													
随州刘家崖 1975 采铜瓿 1 号（采）⑪	4											Cab II 1		
随州义地岗 1994M1（完整）⑫	4				Ac III 1							Cab II 1		
随州义地岗 1994M2（完整）⑬	4				Ac III 1									

①　湖北省文物考古研究所：《湖北麻城市李家湾春秋楚墓》，《考古》2000 年第 5 期，第 21—33 页。
②　湖北省文物考古研究所：《湖北麻城市李家湾春秋楚墓》，《考古》2000 年第 5 期，第 21—33 页。
③　湖北省文物考古研究所：《湖北麻城市李家湾春秋楚墓》，《考古》2000 年第 5 期，第 21—33 页。
④　湖北省文物考古研究所：《湖北麻城市李家湾春秋楚墓》，《考古》2000 年第 5 期，第 21—33 页。
⑤　湖北省文物考古研究所：《湖北麻城市李家湾春秋楚墓》，《考古》2000 年第 5 期，第 21—33 页。
⑥　徐志乐：《湖北麻城吴益山出土青铜器》，《文物》1992 年第 5 期，第 94—95 页。
⑦　湖北省文物管理委员会：《湖北松滋县大岩嘴东周土坑墓的清理》，《考古》1966 年第 3 期，第 122—132 页。
⑧　随州市博物馆：《湖北随州市安居镇发现春秋曾国墓》，《江汉考古》1990 年第 1 期，第 8—11 页。
⑨　随州市博物馆：《湖北随县刘家崖发现古代青铜器》，《考古》1982 年第 2 期，第 142—146 页。
⑩　随州市博物馆：《湖北随县刘家崖发现古代青铜器》，《考古》1982 年第 2 期，第 142—146 页。
⑪　随州市博物馆：《湖北随县刘家崖发现古代青铜器》，《考古》1982 年第 2 期，第 142—146 页。
⑫　湖北省文物考古研究所等：《湖北随州义地岗墓地曾国墓 1994 年发掘简报》，《文物》2008 年第 2 期，第 4—18 页。
⑬　湖北省文物考古研究所等：《湖北随州义地岗墓地曾国墓 1994 年发掘简报》，《文物》2008 年第 2 期，第 4—18 页。

釜	铺	甗	簠	簋	盆	敦	壶	尊缶	罍	鉴	盉	匜	盘	铴	浴缶	汤鼎
						Dab I 1		Ab II 1								
			Bb V 1					Aa IV 1								
						Ab IV 1									Ba IV 1	
			1					Ab II 1								
			1					Aa IV 1								
			Bb V 1													
			Bb V 2				Aa IV 2 (铅)									
			Bb V 4													
													Add IV 2			
			Bb V 1				Aa IV 1					Baaa IV 1	Abbb II 1			
			Bb V 1				Aa IV 1					Baaa IV 1	Abbb II 1			

名称	分期	立耳折沿鼎	附耳折沿鼎	附耳子口母鼎	箍口鼎	束腰鼎	细撇足鼎	鬲鼎	牲首鼎	方鼎	鬲	甗	镬	鍪
随州义地岗 1994M3(完整)①	4				Bb I 1									
随州义地岗 2012M33(未完全公布)②	4				Bb I	BaaⅣ								
武汉市文物商店征邓子口鼎(征)③	4				Bb I 1									
武汉市文物商店征许公买簠(征)④	4													
襄樊团山 1988M1(完整)⑤	4				Bb I 2									
襄阳山湾 1972M14(完整)⑥	4				Bb I 1									
襄阳山湾 1972M19(完整)⑦	4				Bb I 1									
襄阳山湾 1972M22(完整)⑧	4				Bb I 1									
襄阳山湾 1972M23(完整)⑨	4				Bb I 1									
襄阳山湾 1972M33(完整)⑩	4				Ac Ⅲ 2									
襄阳山湾 1972M6(完整)⑪	4				Ba Ⅱ 2									
襄阳山湾 1972 采:21 上都府簠(采)⑫	4													
襄阳山湾 1972 采铜鼎:1 号(采)⑬	4				Bb I 1									
襄阳山湾 1972 采铜鼎:26 号(采)⑭	4				Bb I 1									
襄阳山湾 1972 采铜敦:23(采)⑮	4													

①　湖北省文物考古研究所等:《湖北随州义地岗墓地曾国墓 1994 年发掘简报》,《文物》2008 年第 2 期,第 4—18 页。
②　湖北省文物考古研究所:《湖北随州文峰塔墓地考古发掘的主要收获》,《江汉考古》2013 年第 1 期,第 3—5 页。
③　武汉市文物商店:《武汉市收集的几件重要的东周青铜器》,《江汉考古》1983 年第 2 期,第 36—37 页。
④　武汉市文物商店:《武汉市收集的几件重要的东周青铜器》,《江汉考古》1983 年第 2 期,第 36—37 页。
⑤　襄樊市博物馆:《湖北襄阳团山东周墓》,《考古》1991 年第 9 期,第 781—802 页。
⑥　湖北省博物馆:《襄阳山湾东周墓葬发掘报告》,《江汉考古》1983 年第 2 期,第 1—35 页。
⑦　湖北省博物馆:《襄阳山湾东周墓葬发掘报告》,《江汉考古》1983 年第 2 期,第 1—35 页。
⑧　湖北省博物馆:《襄阳山湾东周墓葬发掘报告》,《江汉考古》1983 年第 2 期,第 1—35 页。
⑨　湖北省博物馆:《襄阳山湾东周墓葬发掘报告》,《江汉考古》1983 年第 2 期,第 1—35 页。
⑩　湖北省博物馆:《襄阳山湾东周墓葬发掘报告》,《江汉考古》1983 年第 2 期,第 1—35 页。
⑪　湖北省博物馆:《襄阳山湾东周墓葬发掘报告》,《江汉考古》1983 年第 2 期,第 1—35 页。
⑫　杨权喜:《襄阳山湾出土的都国和邓国铜器》,《江汉考古》1983 年第 1 期,第 51—53 页。
⑬　湖北省博物馆:《襄阳山湾出土的东周青铜器》,《江汉考古》1988 年第 1 期,第 19—22 页。
⑭　湖北省博物馆:《襄阳山湾出土的东周青铜器》,《江汉考古》1988 年第 1 期,第 19—22 页。
⑮　湖北省博物馆:《襄阳山湾出土的东周青铜器》,《江汉考古》1988 年第 1 期,第 19—22 页。

续表

釜	铺	甗	簠	簋	盆	敦	壶	尊缶	罍	鉴	盉	匜	盘	钅	浴缶	汤鼎
						Cc1	Cbaa Ⅵ1					Baaa Ⅵ1	Add Ⅵ1			
			Bb Ⅴ2				Aa Ⅳ2	Aa Ⅳ1				Bba Ⅳ1			Ba Ⅳ2	
			Bb Ⅴ1													
			Bb Ⅴ2					Aa Ⅳ2				Baaa Ⅳ1	Add Ⅳ1			
			Bb Ⅴ1									Baaa Ⅳ1	Adc Ⅳ1		Ba Ⅳ1	
						1							Add Ⅳ1			
						Daa Ⅰ1										
			Bb Ⅴ1									Baaa Ⅳ1	Add Ⅳ1		B Ⅳ1	
			Bb Ⅴ1			Da Ⅰ1						Baaa Ⅳ1	Adb Ⅳ1		Ba Ⅳ1	
			Bb Ⅴ2									Baaa Ⅳ1	Adc Ⅳ1		Ba Ⅳ2	
			Bb Ⅴ1													
						Daa Ⅰ1										

名　称	分期	立耳折沿鼎	附耳折沿鼎	附耳子母口鼎	箍口鼎	束腰鼎	细撇足鼎	鬲鼎	牲首鼎	方鼎	鬲	甗	簠	鉴
襄阳山湾 1972 采铜敦：24 (采)①	4													
襄阳山湾 1972 采铜敦：5 (采)②	4													
襄阳山湾 1972 采铜匜：32 (采)③	4													
襄阳山湾 1972 采铜铺：11 (采)④	4													
襄阳山湾 1972 采铜铺：29 (采)⑤	4													
襄阳山湾 1974 采：3 邓公乘鼎 (采)⑥	4				AbⅢ1									
襄阳山湾采襄樊市博物馆藏铜鼎二号(采)⑦	4				BbⅠ1									
襄阳山湾采襄樊市博物馆藏铜鼎三号(采)⑧	4				BbⅠ1									
襄阳山湾采襄樊市博物馆藏铜鼎一号(采)⑨	4				BbⅠ1									
襄阳山湾采襄樊市博物馆藏铜敦：2(采)⑩	4													
襄阳山湾采襄樊市博物馆藏铜浴缶(采)⑪	4													
襄阳山湾采襄樊市博物馆藏铜铺(采)⑫	4													

①　湖北省博物馆：《襄阳山湾出土的东周青铜器》,《江汉考古》1988 年第 1 期,第 19—22 页。
②　湖北省博物馆：《襄阳山湾出土的东周青铜器》,《江汉考古》1988 年第 1 期,第 19—22 页。
③　湖北省博物馆：《襄阳山湾出土的东周青铜器》,《江汉考古》1988 年第 1 期,第 19—22 页。
④　湖北省博物馆：《襄阳山湾出土的东周青铜器》,《江汉考古》1988 年第 1 期,第 19—22 页。
⑤　湖北省博物馆：《襄阳山湾出土的东周青铜器》,《江汉考古》1988 年第 1 期,第 19—22 页。
⑥　杨权喜：《襄阳山湾出土的鄀国和邓国铜器》,《江汉考古》1983 年第 1 期,第 51—53 页。
⑦　王少泉：《襄樊市博物馆收藏的襄阳山湾铜器》,《江汉考古》1988 年第 3 期,第 96—97 页。
⑧　王少泉：《襄樊市博物馆收藏的襄阳山湾铜器》,《江汉考古》1988 年第 3 期,第 96—97 页。
⑨　王少泉：《襄樊市博物馆收藏的襄阳山湾铜器》,《江汉考古》1988 年第 3 期,第 96—97 页。
⑩　王少泉：《襄樊市博物馆收藏的襄阳山湾铜器》,《江汉考古》1988 年第 3 期,第 96—97 页。
⑪　王少泉：《襄樊市博物馆收藏的襄阳山湾铜器》,《江汉考古》1988 年第 3 期,第 96—97 页。
⑫　王少泉：《襄樊市博物馆收藏的襄阳山湾铜器》,《江汉考古》1988 年第 3 期,第 96—97 页。

釜	铺	甑	簠	簋	盆	敦	壶	尊缶	罍	鉴	盉	匜	盘	铲	浴缶	汤鼎
						Daa I 1										
						Daa I 1										
												Bba IV 1				
														Abc II 1		
														Abc II 1		
						Daa I 1										
															Ba IV 1	
														Abc II 1		

名称	分期	立耳折沿鼎	附耳折沿鼎	附耳子母口鼎	箍口鼎	束腰鼎	细撇足鼎	鬲鼎	牲首鼎	方鼎	鬲	甗	簠	鍑	鑋
襄阳余岗 2004M175(完整)①	4				AcⅢ1										
襄阳余岗 2004M177(完整)②	4				AcⅢ1										
襄阳余岗 2004M178(完整)③	4				AbⅢ1										
襄阳余岗 2004M180(完整)④	4				AcⅢ1										
襄阳余岗 2004M194(完整)⑤	4				AcⅢ1										
襄阳余岗 2004M199(完整)⑥	4				AbⅢ1										
襄阳余岗 2004M214(完整)⑦	4				AcⅢ1										
襄阳余岗 2004M215(完整)⑧	4				AbⅢ2										
襄阳余岗 2004M227(完整)⑨	4				AcⅢ1										
襄阳余岗 2004M236(完整)⑩	4														
宜城安乐坨 1958 采蔡侯朱之缶(采)⑪	4														
宜城骆家山 1979M1(扰)⑫	4				BbⅠ1										
郧县肖家河 1990M(扰)⑬	4				AcⅢ2										
枣阳博物馆藏铜簋(馆藏)⑭	4														
枝江姚家港 1985M14(完整)⑮	4				AcⅢ2										
钟祥文集黄土坡 1988M3(完整)⑯	4				AⅡ1、AbⅢ1										

① 襄阳市文物考古研究所:《余岗楚墓》,科学出版社,2011 年。
② 襄阳市文物考古研究所:《余岗楚墓》,科学出版社,2011 年。
③ 襄阳市文物考古研究所:《余岗楚墓》,科学出版社,2011 年。
④ 襄阳市文物考古研究所:《余岗楚墓》,科学出版社,2011 年。
⑤ 襄阳市文物考古研究所:《余岗楚墓》,科学出版社,2011 年。
⑥ 襄阳市文物考古研究所:《余岗楚墓》,科学出版社,2011 年。
⑦ 襄阳市文物考古研究所:《余岗楚墓》,科学出版社,2011 年。
⑧ 襄阳市文物考古研究所:《余岗楚墓》,科学出版社,2011 年。
⑨ 襄阳市文物考古研究所:《余岗楚墓》,科学出版社,2011 年。
⑩ 襄阳市文物考古研究所:《余岗楚墓》,科学出版社,2011 年。
⑪ 仲卿:《襄阳专区发现的两件铜器》,《文物》1962 年第 11 期,第 64—65 页。
⑫ 张吟午、李福新:《湖北宜城骆家山一号墓出土青铜器》,《江汉考古》1983 年第 1 期,第 84 页。
⑬ 郧阳地区博物馆:《湖北郧县肖家河春秋楚墓》,《考古》1998 年第 4 期,第 42—46 页。
⑭ 徐正国:《湖北枣阳市博物馆收藏的几件青铜器》,《文物》1994 年第 4 期,第 77—79 页。
⑮ 湖北省宜昌地区博物馆:《湖北枝江姚家港高山庙两座春秋楚墓》,《文物》1989 年第 3 期,第 57—62 页。
⑯ 荆州博物馆、钟祥市博物馆:《湖北钟祥黄土坡东周秦代墓发掘报告》,《考古学报》2009 年第 2 期,第 247—294 页。

釜	铺	盨	簠	簋	盆	敦	壶	尊缶	罍	鉴	盉	匜	盘	铫	浴缶	汤鼎
						Dab Ⅰ1		AaⅣ1								
						Dab Ⅰ1										
						Daa Ⅱ1										
			BbⅤ1					AaⅣ1								
						Daa Ⅱ1										
						Daa Ⅱ1										
			BbⅤ1					AaⅣ1								
			BbⅤ1			Daa Ⅰ1		AbⅡ1								
						Daa Ⅰ1										
														1		
															BⅣ1	
						Bbb Ⅰ1										
			BbⅤ2					AbⅡ2				BaaaⅣ1	1			
			BbⅤ1													
			BbⅤ2									BbaⅣ1	AdcⅣ1		BaⅣ1	
			BbⅣ1					Aa Ⅱ1		AaⅣ1		BbaⅣ1	AdbⅣ1		BaⅣ1	

名　称	分期	立耳折沿鼎	附耳折沿鼎	附耳子母口鼎	箍口鼎	束腰鼎	细撇足鼎	鬲鼎	牲首鼎	方鼎	鬲	甗	簠	盨
枝江关庙山1987M1(扰)①	4													
巴东西瀼口1979采铜壶(采)②	5													
当阳曹家岗1981M5(扰)③	5				AbⅣ2									
当阳杨家山1978M6(完整)④	5				AcⅤ1									
随州刘家崖1975采铜壶1—2号(采)⑤	5													
随州擂鼓墩1978M1(盗一)⑥	5		BaⅢ2	AdⅣ5、AbⅣ1、DaⅡ2	AcⅤ1	BaaⅤ9					AbabⅤ9、DⅠ1	AabⅡ1		
随州擂鼓墩1981M2(盗)⑦	5		BaⅢ1	DbⅡ6		BaaⅤ9					DⅠ1、EⅠ9	AabⅡ1		
随州义地岗1976M(扰)⑧	5				BbⅡ1									
随州义地岗2011M6(完整)⑨	5				AcⅤ2								CabⅢ1	
随州义地岗季氏梁1980采：2铜鼎(采)⑩	5		BbbⅢ1											
随州义地岗季氏梁1980采：3铜鼎(采)⑪	5				AcⅤ1									
襄阳余岗2004M112(完整)⑫	5			DbⅡ1										
襄阳余岗2004M173(完整)⑬	5				BbⅠ1									
襄阳余岗2004M289(完整)⑭	5				AcⅤ1									

① 枝江县博物馆：《湖北枝江关庙山一号春秋墓》，《江汉考古》1990年第1期，第12—13页。
② 王晓宁：《湖北鄂西自治州博物馆藏青铜器》，《文物》1990年第3期，第42—51页。
③ 宜昌地区博物馆：《馆藏铜器介绍》，《江汉考古》1986年第2期，第93—96页。
④ 湖北省宜昌地区博物馆、北京大学考古系：《当阳赵家湖楚墓》，文物出版社，1992年。
⑤ 随州市博物馆：《湖北随县刘家崖发现古代青铜器》，《考古》1982年第2期，第142—146页。
⑥ 湖北省博物馆：《曾侯乙墓》，文物出版社，1989年。
⑦ 随州市博物馆：《随州擂鼓墩二号墓》，文物出版社，2008年。
⑧ 程欣仁、刘彬徽：《古盏小议》，《江汉考古》1983年第1期，第74—76页。
⑨ 湖北省文物考古研究所、随州市博物馆：《湖北随州义地岗曾公子去疾墓发掘简报》，《江汉考古》2012年第3期，第3—26页。
⑩ 随州市博物馆：《随州东城区发现东周墓葬和青铜器》，《江汉考古》1989年第1期，第22—26页。
⑪ 随州市博物馆：《随州东城区发现东周墓葬和青铜器》，《江汉考古》1989年第1期，第22—26页。
⑫ 襄阳市文物考古研究所：《余岗楚墓》，科学出版社，2011年。
⑬ 襄阳市文物考古研究所：《余岗楚墓》，科学出版社，2011年。
⑭ 襄阳市文物考古研究所：《余岗楚墓》，科学出版社，2011年。

续表

釜	铺	盨	簠	簋	盆	敦	壶	尊缶	罍	鉴	盉	匜	盘	铊	浴缶	汤鼎
								1								
							CbbaⅣ2									
			BbⅥ2									BaaaⅤ1		AbbⅢ1	BaⅤ1	
						DaaⅡ2							1			
							AaⅤ2									
	2		BbⅥ4	BaⅤ8		AbⅤ2、CaabⅢ1、DacⅡ5、EⅠ2	BaⅤ2、CbabⅢ2	Ad2、BⅢ2		AbⅡ2、BbⅢ2	BacⅣ1、BbbⅡ1、Bbdb1	AbbaⅥ1			BaⅤ4	Ⅴ1
	2		BbⅦ4	BaⅤ8	EⅡ1	CcaⅠ1	AbⅤ2、CbbaⅣ2	AaⅤ2、BⅢ2			BabⅢ1	BaaⅠ1			BaⅤ2	Ⅴ1
						BbbⅡ1										
			BbⅥ2				AaⅤ2					BaaaⅤ1			BaⅤ1	
						DabⅡ1						BaaaⅤ1				
						AcⅢ1										

名称	分期	立耳折沿鼎	附耳折沿鼎	附耳母子口鼎	箍口鼎	束腰鼎	细撇足鼎	鬲鼎	牲首鼎	方鼎	鬲	甗	镬	鉴
郧县肖家河2006M5(完整)①	5				AcⅤ1、BbⅡ1									
郧县肖家河2006M6(完整)②	5				BbⅡ2									
巴东西瀼口1977采铜鼎(采)③	6			DaⅢ1										
巴东西瀼口1979采铜敦(采)④	6													
大冶向家垅1970采铜甗(采)⑤	6											AabⅢ1		
丹江口吉家院1998M1(盗)⑥	6													
丹江口吉家院1998M2(盗)⑦	6			DⅢ2										
丹江口吉家院1998M3(盗)⑧	6			DbⅢ2										
当阳陈家坡1972采铜鼎1号(采)⑨	6			DⅢ1										
当阳陈家坡1972采铜鼎2号(采)⑩	6					DbⅡ1								
当阳陈家坡1972采铜鼎3号(采)⑪	6			DaⅢ1										
当阳陈家坡1972采铜敦1号(采)⑫	6													

① 湖北省文物考古研究所、湖北省文物局南水北调办公室:《湖北郧县乔家院春秋殉人墓》,《考古》2008年第4期,第28—50页。
② 湖北省文物考古研究所、湖北省文物局南水北调办公室:《湖北郧县乔家院春秋殉人墓》,《考古》2008年第4期,第28—50页。
③ 王晓宁:《湖北鄂西自治州博物馆藏青铜器》,《文物》1990年第3期,第42—51页。
④ 王晓宁:《湖北鄂西自治州博物馆藏青铜器》,《文物》1990年第3期,第42—51页。
⑤ 梅正国、余为民:《湖北大冶罗桥出土商周青铜器》,《文物资料丛刊》(5),文物出版社,1981年,第203—205页。
⑥ 湖北省文物考古研究所、十堰市博物馆、丹江口市博物馆:《湖北丹江口市吉家院墓地的清理》,《考古》2000年第8期,第55—64页。
⑦ 湖北省文物考古研究所、十堰市博物馆、丹江口市博物馆:《湖北丹江口市吉家院墓地的清理》,《考古》2000年第8期,第55—64页。
⑧ 湖北省文物考古研究所、十堰市博物馆、丹江口市博物馆:《湖北丹江口市吉家院墓地的清理》,《考古》2000年第8期,第55—64页。
⑨ 陈振裕、杨权喜:《当阳沮河下游一九七二年考古调查简报》,《江汉考古》1982年第1期,第21—28页。
⑩ 陈振裕、杨权喜:《当阳沮河下游一九七二年考古调查简报》,《江汉考古》1982年第1期,第21—28页。
⑪ 陈振裕、杨权喜:《当阳沮河下游一九七二年考古调查简报》,《江汉考古》1982年第1期,第21—28页。
⑫ 陈振裕、杨权喜:《当阳沮河下游一九七二年考古调查简报》,《江汉考古》1982年第1期,第21—28页。

续表

釜	铺	盨	簠	簋	盆	敦	壶	尊缶	罍	鉴	盉	匜	盘	铷	浴缶	汤鼎
			BbⅥ2					AaⅤ2				BaaaⅤ1	BcaⅡ1		BaⅤ1	
			BbⅥ2					AbⅢ2				BaaaⅤ1	BcaⅡ1		BbaⅤ1	
						DabⅢ1										
			1													
							CbbaⅤ2					BaaaⅦ1	1			
						DabⅢ1	CbbaⅤ2									
						DabⅢ1										

名称	分期	立耳折沿鼎	附耳折沿鼎	附耳子母口鼎	敛口鼎	束腰鼎	细撇足鼎	鬲鼎	牲首鼎	方鼎	鬲	甗	瓿	復	鍪
当阳陈家坡1972采铜敦2、3号(采)①	6														
当阳陈家坡1972采铜壶1号(采)②	6														
当阳陈家坡1972采铜壶2、3号(采)③	6														
当阳岱家山 2004M150(完整)④	6						DbⅡ1								
当阳窑湾1973采铜鼎(采)⑤	6			AbⅤ1											
鄂城百子畈1958M3(完整)⑥	6						DbⅡ1								
鄂城钢铁厂1958M53(完整)⑦	6			DbⅢ2											
广水彭家塆1986M1(完整)⑧	6			DaⅢ2											
黄冈黄州国儿冲1982M5(扰)⑨	6			DaⅢ2											
黄冈禹王城曹家岗1992M5(完整)⑩	6			DaⅢ4											
黄冈禹王城汪家冲1992M18(完整)⑪	6			DaⅢ2											
江陵车垱1992M1(完整)⑫	6			DⅢ2											
江陵官坪1986M10(扰)⑬	6			DaⅢ1											

①　陈振裕、杨权喜：《当阳沮河下游一九七二年考古调查简报》，《江汉考古》1982年第1期，第21—28页。
②　陈振裕、杨权喜：《当阳沮河下游一九七二年考古调查简报》，《江汉考古》1982年第1期，第21—28页。
③　陈振裕、杨权喜：《当阳沮河下游一九七二年考古调查简报》，《江汉考古》1982年第1期，第21—28页。
④　湖北省宜昌博物馆：《当阳岱家山楚汉墓》，科学出版社，2006年。
⑤　宜昌地区博物馆：《馆藏铜器介绍》，《江汉考古》1986年第2期，第93—96页。
⑥　湖北省鄂城县博物馆：《鄂城楚墓》，《考古学报》1983年第2期，第223—254页。
⑦　湖北省鄂城县博物馆：《鄂城楚墓》，《考古学报》1983年第2期，第223—254页。
⑧　广水市博物馆：《湖北省广水市彭家塆古墓清理简报》，《江汉考古》1990年第2期，第49—53页。
⑨　黄州古墓发掘队：《湖北黄州国儿冲楚墓发掘简报》，《江汉考古》1983年第3期，第13—22页。
⑩　黄冈市博物馆、黄州区博物馆：《湖北黄冈两座中型楚墓》，《考古学报》2000年第2期，第257—284页。
⑪　湖北省文物考古研究所、黄冈市博物馆、黄州博物馆：《湖北黄冈楚墓》，《考古学报》2001年第2期，第227—274页。
⑫　荆沙市文物处：《江陵车垱战国墓清理简报》，《江汉考古》1996年第1期，第22—25页。
⑬　江陵县文物局：《江陵官坪楚墓发掘简报》，《江汉考古》1989年第3期，第1—7页。

釜	铺	盨	簠	簋	盆	敦	壶	尊缶	罍	鉴	盉	匜	盘	铊	浴缶	汤鼎
						DabⅢ2										
							CbbaⅤ1									
							CbbaⅤ2									
						DabⅢ1	CbbaⅤ2									
							CbbaⅤ2					BaaaⅧ1	BcbⅢ1			
												1				
						AbⅥ2、DabⅢ2	CbbaⅤ2、CbbaⅥ2				Bb1	BaaaⅧ1	BcaⅢ1			Ⅶ1
						DabⅢ1	CbbaⅤ2					BaaaⅧ1	BcaⅢ2			

名称	分期	立耳折沿鼎	附耳折沿鼎	附耳子母口鼎	箍口鼎	束腰鼎	细撤足鼎	鬲鼎	牲首鼎	方鼎	鬲	甗	復	整
江陵官坪1986M9(完整)①	6			DⅢ2										
江陵荆州砖瓦厂1976M1(扰)②	6			DbⅢ2										
江陵荆州砖瓦厂1982M2(完整)③	6						DbⅡ1							
江陵九店1981M163(完整)④	6													
江陵九店1981M168(完整)⑤	6			DbⅢ2										
江陵九店1981M183(完整)⑥	6			DaⅢ2										
江陵九店1981M19(扰)⑦	6			DⅢ1										
江陵九店1981M21(完整)⑧	6													
江陵九店1981M229(完整)⑨	6			DaⅢ2										
江陵九店1981M233(扰一)⑩	6			DⅢ1										
江陵九店1981M246(完整)⑪	6			DaⅢ1										
江陵九店1981M250(完整)⑫	6			DbⅢ4										
江陵九店1981M251(完整)⑬	6			DaⅢ2										
江陵九店1981M253(完整)⑭	6			DⅢ2										

① 江陵县文物局：《江陵官坪楚墓发掘简报》，《江汉考古》1989年第3期，第1—7页。
② 荆州地区博物馆：《江陵张家山201号楚墓清理简报》，《江汉考古》1984年第2期，第13—16页。原简报正文首段将该墓编号为"张家山M201"，但在下文及图中编号为"江陵砖瓦厂张家山M1"或"江陵张家山M1"。此墓即为距"江陵荆州砖瓦厂1982M2铜器群(完整)"(荆州地区博物馆：《湖北荆州砖瓦厂2号楚墓》，《江汉考古》1984年第1期，第32—37页)约100米的M1。因此本书将这座墓编号为"江陵荆州砖瓦厂1976M1"。
③ 荆州地区博物馆：《湖北荆州砖瓦厂2号楚墓》，《江汉考古》1984年第1期，第32—37页。
④ 湖北省文物考古研究所：《江陵九店东周墓》，科学出版社，1995年。
⑤ 湖北省文物考古研究所：《江陵九店东周墓》，科学出版社，1995年。
⑥ 湖北省文物考古研究所：《江陵九店东周墓》，科学出版社，1995年。
⑦ 湖北省文物考古研究所：《江陵九店东周墓》，科学出版社，1995年。
⑧ 湖北省文物考古研究所：《江陵九店东周墓》，科学出版社，1995年。
⑨ 湖北省文物考古研究所：《江陵九店东周墓》，科学出版社，1995年。
⑩ 湖北省文物考古研究所：《江陵九店东周墓》，科学出版社，1995年。
⑪ 湖北省文物考古研究所：《江陵九店东周墓》，科学出版社，1995年。
⑫ 湖北省文物考古研究所：《江陵九店东周墓》，科学出版社，1995年。
⑬ 湖北省文物考古研究所：《江陵九店东周墓》，科学出版社，1995年。
⑭ 湖北省文物考古研究所：《江陵九店东周墓》，科学出版社，1995年。

釜	铺	盨	簠	簋	盆	敦	壶	尊缶	罍	鉴	盉	匜	盘	铟	浴缶	汤鼎
							Cbba V 1									
						Ab Ⅶ 2	Cbba V 2					Baaa Ⅷ 1	Bca Ⅲ 1			
							Cbba V 1									
							Cbba V 2									
						Ac Ⅳ 1							Bca Ⅲ 1			
							Cbba V 1									
						Dab Ⅲ 2							Bca Ⅲ 1			
							Cbba V 1									
							Cbba V 1									
						Dab Ⅲ 2、Ab Ⅶ 1、Ac Ⅳ 1	Cbba V 2				Bb 1	Baaa Ⅷ 1	Bca Ⅲ 1			
							Cbba V 2									
							Cbba V 2					Baaa Ⅷ 1	1			

名称	分期	立耳折沿鼎	附耳折沿鼎	附耳母子口鼎	箍口鼎	束腰鼎	细足撇鼎	鬲鼎	牲首鼎	方鼎	鬲	甗	镬	盨
江陵九店 1981M25(完整)①	6			DⅢ1										
江陵九店 1981M261(完整)②	6			DbⅢ2										
江陵九店 1981M280(完整)③	6													
江陵九店 1981M294(完整)④	6			DaⅢ2										
江陵九店 1981M33(完整)⑤	6			DaⅢ2										
江陵九店 1981M408(完整)⑥	6			DaⅢ1										
江陵九店 1981M412(完整)⑦	6			DaⅢ1										
江陵九店 1981M420(完整)⑧	6			DaⅢ1										
江陵九店 1981M426(完整)⑨	6			1										
江陵九店 1981M453(完整)⑩	6			DaⅢ2										
江陵九店 1981M47(扰)⑪	6			DaⅢ2										
江陵九店 1981M485(完整)⑫	6			DaⅢ2										
江陵九店 1981M4(完整)⑬	6													
江陵九店 1981M511(完整)⑭	6			DaⅢ2										
江陵九店 1981M55(完整)⑮	6						DbⅡ1							
江陵九店 1981M616(完整)⑯	6			DaⅢ2										
江陵九店 1981M620(完整)⑰	6			DⅢ2										

① 湖北省文物考古研究所:《江陵九店东周墓》,科学出版社,1995年。
② 湖北省文物考古研究所:《江陵九店东周墓》,科学出版社,1995年。
③ 湖北省文物考古研究所:《江陵九店东周墓》,科学出版社,1995年。
④ 湖北省文物考古研究所:《江陵九店东周墓》,科学出版社,1995年。
⑤ 湖北省文物考古研究所:《江陵九店东周墓》,科学出版社,1995年。
⑥ 湖北省文物考古研究所:《江陵九店东周墓》,科学出版社,1995年。
⑦ 湖北省文物考古研究所:《江陵九店东周墓》,科学出版社,1995年。
⑧ 湖北省文物考古研究所:《江陵九店东周墓》,科学出版社,1995年。
⑨ 湖北省文物考古研究所:《江陵九店东周墓》,科学出版社,1995年。
⑩ 湖北省文物考古研究所:《江陵九店东周墓》,科学出版社,1995年。
⑪ 湖北省文物考古研究所:《江陵九店东周墓》,科学出版社,1995年。
⑫ 湖北省文物考古研究所:《江陵九店东周墓》,科学出版社,1995年。
⑬ 湖北省文物考古研究所:《江陵九店东周墓》,科学出版社,1995年。
⑭ 湖北省文物考古研究所:《江陵九店东周墓》,科学出版社,1995年。
⑮ 湖北省文物考古研究所:《江陵九店东周墓》,科学出版社,1995年。
⑯ 湖北省文物考古研究所:《江陵九店东周墓》,科学出版社,1995年。
⑰ 湖北省文物考古研究所:《江陵九店东周墓》,科学出版社,1995年。

釜	铺	盨	簋	簠	盆	敦	壶	尊缶	罍	鉴	盉	匜	盘	铷	浴缶	汤鼎
							CbbaⅤ1									
												BaaaⅦ1				
							CbbaⅤ1									
						DabⅢ2	CbbaⅤ2									
							CbbaⅤ2						BcbⅢ1			
							CbbaⅤ1									
							CbbaⅤ1									
							CbbaⅤ1									
						EⅡ1	CbbaⅤ1						BcbⅢ1			
							CbbaⅤ2									
						AcⅣ1						1		1		
						DabⅢ2	CbbaⅤ2					BaaaⅦ1	BcaⅢ1			
												BaaaⅦ1				
						DabⅢ2	CbbaⅤ2									
						AbⅦ1										
							CbbaⅤ2									
						AcⅣ1	CbbaⅤ2					BaaaⅦ1	BcaⅢ1			

名称	分期	立耳折沿鼎	附耳折沿鼎	附耳子母口鼎	箍口鼎	束腰鼎	细撇足鼎	鬲鼎	牺首鼎	方鼎	鬲	甗	簋	鳌
江陵九店 1981M642(完整)①	6			DaⅢ2										
江陵九店 1981M645(完整)②	6													
江陵九店 1981M69(完整)③	6			DaⅢ2										
江陵九店 1981M702(完整)④	6			DaⅢ1										
江陵九店 1981M729(完整)⑤	6			DⅢ1										
江陵九店 1981M72(完整)⑥	6													
江陵九店 1981M78(完整)⑦	6			DaⅢ2										
江陵九店 1981M85(完整)⑧	6			DⅢ2										
江陵九店 1981M90(完整)⑨	6			DaⅢ1										
江陵李家台 1974M4(扰)⑩	6			DaⅢ2										
江陵马山联山林场 1984M1(扰)⑪	6			DaⅢ2										
江陵马山联山林场 1984M2(完整)⑫	6			DaⅢ2										
江陵马山砖厂 1984M16(扰)⑬	6			DⅢ1										
江陵拍马山 1971M18(完整)⑭	6			DaⅢ1										
江陵秦家咀 1986M100(未完全公布)⑮	6			DaⅢ1										

① 湖北省文物考古研究所:《江陵九店东周墓》,科学出版社,1995年。
② 湖北省文物考古研究所:《江陵九店东周墓》,科学出版社,1995年。
③ 湖北省文物考古研究所:《江陵九店东周墓》,科学出版社,1995年。
④ 湖北省文物考古研究所:《江陵九店东周墓》,科学出版社,1995年。
⑤ 湖北省文物考古研究所:《江陵九店东周墓》,科学出版社,1995年。
⑥ 湖北省文物考古研究所:《江陵九店东周墓》,科学出版社,1995年。
⑦ 湖北省文物考古研究所:《江陵九店东周墓》,科学出版社,1995年。
⑧ 湖北省文物考古研究所:《江陵九店东周墓》,科学出版社,1995年。
⑨ 湖北省文物考古研究所:《江陵九店东周墓》,科学出版社,1995年。
⑩ 荆州博物馆:《江陵李家台楚墓清理简报》,《江汉考古》1985年第3期,第17—25页。
⑪ 湖北省博物馆江陵工作站:《江陵马山十座楚墓》,《江汉考古》1988年第3期,第21—35页。
⑫ 湖北省博物馆江陵工作站:《江陵马山十座楚墓》,《江汉考古》1988年第3期,第21—35页。
⑬ 湖北省博物馆江陵工作站:《江陵马山十座楚墓》,《江汉考古》1988年第3期,第21—35页。
⑭ 湖北省博物馆、荆州地区博物馆、江陵县文物工作组发掘小组:《湖北江陵拍马山楚墓发掘简报》,《考古》1973年第3期,第151—161页。
⑮ 荆沙铁路考古队:《江陵秦家咀楚墓发掘简报》,《江汉考古》1988年第2期,第36—43页。

釜	铺	盨	簠	簋	盆	敦	壶	尊缶	罍	鉴	盉	匜	盘	铏	浴缶	汤鼎
							Cbba Ⅴ2					BaaaⅧ1	BcaⅢ1			
													BcbⅢ1			
							Cbba Ⅴ2									
							Cbba Ⅴ1									
							1									
							Cbba Ⅴ2									
							Cbba Ⅴ2						1			
							1						AddⅦ1			
						DabⅢ1	Cbba Ⅴ2									
						DabⅢ2	Cbba Ⅴ2					BaaaⅧ1	BcaⅢ1			
							Cbba Ⅴ1									
							Cbba Ⅴ1									

名　　称	分期	立耳折沿鼎	附耳折沿鼎	附耳子母口鼎	箍口鼎	束腰鼎	细撇足鼎	鬲鼎	牲首鼎	方鼎	鬲	甗	簠	鉴
江陵秦家咀 1986M1(未完全公布)①	6													
江陵秦家咀 1986M4(未完全公布)②	6													
江陵太湖港 1984M1(扰)③	6			DaⅢ2										
江陵藤店 1973M1(扰)④	6			DbⅢ2										
江陵天星观 1978M1(盗)⑤	6													
江陵天星观 2000M2(盗)⑥	6	AaⅥ1		DbⅢ1、DⅢ5	AcⅥ1	BaaⅥ5				AbaaⅥ5				
江陵望山 1965M1(完整)⑦	6													
江陵望山 1965M2(盗)⑧	6			DaⅢ5										
江陵雨台山 1975M150(完整)⑨	6			DaⅢ2										
江陵雨台山 1975M203(完整)⑩	6			DaⅢ1										
江陵雨台山 1975M204(完整)⑪	6													
江陵雨台山 1975M217(完整)⑫	6			DaⅢ1										
江陵雨台山 1975M314(完整)⑬	6			DaⅢ1										
江陵雨台山 1975M323(完整)⑭	6			DaⅢ1										

①　荆沙铁路考古队:《江陵秦家咀楚墓发掘简报》,《江汉考古》1988 年第 2 期,第 36—43 页。
②　荆沙铁路考古队:《江陵秦家咀楚墓发掘简报》,《江汉考古》1988 年第 2 期,第 36—43 页。
③　江陵文物局:《江陵太湖港古遗址与墓葬调查清理简报》,《江汉考古》1988 年第 2 期,第 12—22 页。
④　荆州地区博物馆:《湖北江陵藤店一号墓发掘简报》,《文物》1973 年第 9 期,第 7—17 页。
⑤　湖北省荆州地区博物馆:《江陵天星观一号楚墓》,《考古学报》1982 年第 1 期,第 71—116 页。
⑥　湖北省江陵博物馆:《江陵天星观二号楚墓》,文物出版社,2003 年。
⑦　湖北省文物考古研究所:《江陵望山沙塚楚墓》,文物出版社,1996 年。
⑧　湖北省文物考古研究所:《江陵望山沙塚楚墓》,文物出版社,1996 年。
⑨　湖北省荆州地区博物馆:《江陵雨台山楚墓》,文物出版社,1984 年。
⑩　湖北省荆州地区博物馆:《江陵雨台山楚墓》,文物出版社,1984 年。
⑪　湖北省荆州地区博物馆:《江陵雨台山楚墓》,文物出版社,1984 年。
⑫　湖北省荆州地区博物馆:《江陵雨台山楚墓》,文物出版社,1984 年。
⑬　湖北省荆州地区博物馆:《江陵雨台山楚墓》,文物出版社,1984 年。
⑭　湖北省荆州地区博物馆:《江陵雨台山楚墓》,文物出版社,1984 年。

釜	铺	盨	簠	簋	盆	敦	壶	尊缶	罍	鉴	盉	匜	盘	铜	浴缶	汤鼎
						DabⅢ2	2									
							CbbaⅤ2						1			
						DabⅢ2	CbbaⅤ2									
						Ccb2			AbbaⅥ2			BaaaⅧ1	BcaⅢ1			
							2				Bb1	BaaaⅦ1	BcaⅢ1		BbaⅥ1	Ⅵ1
	4			BaⅥ5		DabⅢ2、CbdⅡ1					BaⅥ1	BaaaⅦ1、BbcⅤ1	BcaⅡ1、BcbⅢ1		BbbⅡ1	Ⅵ1
						DabⅢ2	CbbaⅤ4	AbⅣ2			Bb1	BaaaⅧ1	BcaⅡ2		BbaⅥ1	Ⅵ1
						DabⅢ4	CbbaⅤ4	AbⅣ1				BaaaⅦ2	BcaⅢ2			
							CbbaⅤ1						BcaⅢ1			
												BaaaⅦ1				
							CbbaⅤ1									
							CbbaⅤ1									
							CbbaⅤ1									

名　称	分期	立耳折沿鼎	附耳折沿鼎	附耳子母口鼎	箍口鼎	束腰鼎	细撇足鼎	鬲鼎	牲首鼎	方鼎	鬲	瓽	镀	鉴
江陵雨台山 1975M354(完整)①	6			DaⅢ2										
江陵雨台山 1975M368(完整)②	6						DbⅢ1							
江陵雨台山 1975M391(完整)③	6			DaⅢ1										
江陵雨台山 1975M423(完整)④	6						DbⅢ1							
江陵雨台山 1975M428(完整)⑤	6						DbⅢ1							
江陵雨台山 1975M446(完整)⑥	6						DbⅢ1							
江陵雨台山 1975M482(完整)⑦	6													
江陵雨台山 1975M532(完整)⑧	6						DbⅢ1							
江陵雨台山 1975M554(完整)⑨	6													
江陵雨台山 1975M58(完整)⑩	6						DbⅡ1							
荆门包山 1986M2(完整)⑪	6		AaⅥ1、BaⅣ1	DaⅢ7、DbⅢ6	AcⅥ1	BaaⅥ2						AabⅢ1		
荆门包山 1986M4(盗)⑫	6													
荆门包山 1986M5(完整)⑬	6						DbⅡ1							

① 湖北省荆州地区博物馆：《江陵雨台山楚墓》，文物出版社，1984 年。
② 湖北省荆州地区博物馆：《江陵雨台山楚墓》，文物出版社，1984 年。
③ 湖北省荆州地区博物馆：《江陵雨台山楚墓》，文物出版社，1984 年。
④ 湖北省荆州地区博物馆：《江陵雨台山楚墓》，文物出版社，1984 年。
⑤ 湖北省荆州地区博物馆：《江陵雨台山楚墓》，文物出版社，1984 年。
⑥ 湖北省荆州地区博物馆：《江陵雨台山楚墓》，文物出版社，1984 年。
⑦ 湖北省荆州地区博物馆：《江陵雨台山楚墓》，文物出版社，1984 年。
⑧ 湖北省荆州地区博物馆：《江陵雨台山楚墓》，文物出版社，1984 年。
⑨ 湖北省荆州地区博物馆：《江陵雨台山楚墓》，文物出版社，1984 年。
⑩ 湖北省荆州地区博物馆：《江陵雨台山楚墓》，文物出版社，1984 年。
⑪ 湖北省荆沙铁路考古队：《包山楚墓》，文物出版社，1991 年。盗洞未扰动椁室和棺室，随葬品保存完整。
⑫ 湖北省荆沙铁路考古队：《包山楚墓》，文物出版社，1991 年。
⑬ 湖北省荆沙铁路考古队：《包山楚墓》，文物出版社，1991 年。

续表

釜	铺	盨	簠	簋	盆	敦	壶	尊缶	罍	鉴	盉	匜	盘	铲	浴缶	汤鼎
													BaaaⅦ1	BcaⅢ1		
														BaaaⅦ1	BcaⅢ1		
														BaaaⅦ1			
		BbⅧ2					DabⅢ2、EⅡ?	CbbaⅤ2	AbⅣ2	BbⅠ2、AbbaⅥ4	AaⅥ2	Bb1	BaaaⅧ1、BbbⅢ2	BcaⅢ1、BcbⅢ3	BaⅥ2	Ⅵ1
							AbⅦ1	CbbaⅤ1				Bb1				
													BaaaⅧ1	BcbⅢ1		

名称	分期	立耳折沿鼎	附耳折沿鼎	附耳子母口鼎	箍口鼎	束腰鼎	细撇足鼎	鬲鼎	牲首鼎	方鼎	鬲	甗	簠	鉴
荆门郭店 1993M1(盗)①	6													
荆门黄付庙 2001M15(扰)②	6													
荆门黄付庙 2001M17（完整）③	6			DbⅢ1										
荆门黄付庙 2001M18（完整）④	6			DaⅢ2										
荆门黄付庙 2001M19（完整）⑤	6			DaⅢ2										
荆门罗坡岗 1996M50（完整）⑥	6			DaⅢ1										
荆门罗坡岗 1996M51（完整）⑦	6						DbⅡ1							
荆门罗坡岗 1996M85（完整）⑧	6			DaⅢ1										
荆门子陵岗 1987M30（完整）⑨	6			DaⅢ1										
荆门左冢 2000M1(盗)⑩	6			DⅢ4										
荆门左冢 2000M2(盗)⑪	6													
荆门左冢 2000M3(完整)⑫	6			DaⅢ2										
荆州施家地 1990M832（完整）⑬	6			DⅢ2										
荆州施家地 1990M949（完整）⑭	6													

① 湖北省荆门市博物馆:《荆门郭店一号楚墓》,《文物》1997 年第 7 期,第 35—48 页。
② 荆门市博物馆:《湖北荆门黄付庙楚墓发掘报告》,《江汉考古》2005 年第 1 期,第 24—44 页。
③ 荆门市博物馆:《湖北荆门黄付庙楚墓发掘报告》,《江汉考古》2005 年第 1 期,第 24—44 页。
④ 荆门市博物馆:《湖北荆门黄付庙楚墓发掘报告》,《江汉考古》2005 年第 1 期,第 24—44 页。
⑤ 荆门市博物馆:《湖北荆门黄付庙楚墓发掘报告》,《江汉考古》2005 年第 1 期,第 24—44 页。
⑥ 湖北省文物考古研究所、荆门市博物馆:《荆门罗坡岗与子陵岗》,科学出版社,2004 年。
⑦ 湖北省文物考古研究所、荆门市博物馆:《荆门罗坡岗与子陵岗》,科学出版社,2004 年。
⑧ 湖北省文物考古研究所、荆门市博物馆:《荆门罗坡岗与子陵岗》,科学出版社,2004 年。
⑨ 荆门市博物馆:《荆门子陵岗》,文物出版社,2008 年。
⑩ 湖北省文物考古研究所等:《荆门左冢楚墓》,文物出版社,2006 年。
⑪ 湖北省文物考古研究所等:《荆门左冢楚墓》,文物出版社,2006 年。
⑫ 湖北省文物考古研究所等:《荆门左冢楚墓》,文物出版社,2006 年。
⑬ 湖北省文物考古研究所:《湖北荆州市施家地楚墓发掘简报》,《考古》2000 年第 8 期,第 36—54 页。
⑭ 湖北省文物考古研究所:《湖北荆州市施家地楚墓发掘简报》,《考古》2000 年第 8 期,第 36—54 页。

续表

釜	铺	盨	簠	簋	盆	敦	壶	尊缶	罍	鉴	盂	匜	盘	铷	浴缶	汤鼎
												BaaaⅦ1	BcaⅢ1			
													BcaⅢ1			
							CbbaⅤ1					BaaaⅧ1	BcbⅢ1			
							CbbaⅤ2									
													1			
						DabⅢ1	CbbaⅤ1									
						DabⅢ1	CbbaⅤ1									
						EⅡ1	1				Bb1	BaaaⅦ1	BcaⅢ2		BbaⅥ1	
							CbbaⅤ2						BcaⅢ1			
							CbbaⅤ2					BaaaⅦ1	BcaⅢ1			
						DabⅢ2	CbbaⅤ2					BaaaⅦ1	BcaⅢ1			
												BaaaⅦ1	BcaⅢ1			

名　称	分期	立耳折沿鼎	附耳折沿鼎	附耳子母口鼎	箍口鼎	束腰鼎	细撇足鼎	鬲鼎	牲首鼎	方鼎	鬲	甗	镂	鉴
荆州施家地 1990M973（完整）①	6			DaⅢ2										
荆州熊家冢 2006PM16(未完全公布)②	6													
荆州院墙湾 2006M1(盗)③	6			3										
麻城白骨墩 1984M1(扰)④	6			DaⅢ2										
麻城白骨墩 1984M4(扰)⑤	6													
沙市罗场高家坟 1986采铜鼎(采)⑥	6			DaⅢ1										
沙洋程新 2000M2(完整)⑦	6			DaⅢ2										
松滋大岩嘴 1960M19(扰)⑧	6													
松滋大岩嘴 1960M23（完整）⑨	6													
随州擂鼓墩 1978M33(扰)⑩	6				AcⅥ2									
随州擂鼓墩砖瓦厂 1983M13(扰)⑪	6			DaⅢ2										
天门彭家山 2007M11（完整）⑫	6					DbⅡ1								
天门彭家山 2007M18(盗)⑬	6													
天门彭家山 2007M1(盗)⑭	6			DaⅢ4										

① 湖北省文物考古研究所：《湖北荆州市施家地楚墓发掘简报》，《考古》2000 年第 8 期，第 36—54 页。
② 荆州博物馆：《湖北荆州熊家冢墓地 2006—2007 年发掘简报》，《文物》2009 年第 4 期，第 4—25 页。
③ 荆州博物馆：《湖北荆州院墙湾一号楚墓》，《文物》2008 年第 4 期，第 4—23 页。
④ 湖北省博物馆江陵工作站、麻城县革命博物馆：《麻城楚墓》，《江汉考古》1986 年第 2 期，第 10—28 页。
⑤ 湖北省博物馆江陵工作站、麻城县革命博物馆：《麻城楚墓》，《江汉考古》1986 年第 2 期，第 10—28 页。
⑥ 沙市市博物馆：《沙市罗场高家坟楚墓清理简报》，《江汉考古》1988 年第 2 期，第 44—47 页。
⑦ 武汉大学历史学院考古系、荆门市博物馆：《湖北沙洋县程新村花果山战国楚墓的发掘》，《考古》2013 年第 2 期，第 14—28 页。
⑧ 湖北省文物管理委员会：《湖北松滋县大岩嘴东周土坑墓的清理》，《考古》1966 年第 3 期，第 122—132 页。
⑨ 湖北省文物管理委员会：《湖北松滋县大岩嘴东周土坑墓的清理》，《考古》1966 年第 3 期，第 122—132 页。
⑩ 随州市博物馆：《湖北随州擂鼓墩战国东汉墓发掘简报》，《江汉考古》1992 年第 2 期，第 1—7 页。
⑪ 随州市博物馆：《随州擂鼓墩砖瓦厂十三号墓发掘简报》，《江汉考古》1984 年第 3 期，第 37—41 页。
⑫ 湖北省文物考古研究所、天门市博物馆：《天门彭家山楚墓》，科学出版社，2012 年。
⑬ 湖北省文物考古研究所、天门市博物馆：《天门彭家山楚墓》，科学出版社，2012 年。
⑭ 湖北省文物考古研究所、天门市博物馆：《天门彭家山楚墓》，科学出版社，2012 年。

续表

釜	铺	盨	簠	簋	盆	敦	壶	尊缶	罍	鉴	盏	匜	盘	铺	浴缶	汤鼎
							Cbba V 2					Baaa Ⅷ1	Bca Ⅲ1			
						Ac Ⅳ1								Aaac Ⅲ1		
						Dab Ⅲ1	Cbba V 2									
												1	Bca Ⅲ1			
						Dab Ⅲ2	Cbba V 2					Baab Ⅰ1	Bcb Ⅲ1			
							Cbba V 1									
												Baaa Ⅷ1	1			
		Bc Ⅱ2						Aa Ⅵ2							Bbb Ⅲ1	Ⅵ1
						Dab Ⅲ1	Cbba V 2									
						Dab Ⅲ1	Cbba V 1									
												Baaa Ⅷ2				
						Dab Ⅲ1	Cbba Ⅳ2				Ba Ⅵ1	Baaa V 1	Bca Ⅱ1			

名　　称	分期	立耳折沿鼎	附耳折沿鼎	附耳子母口鼎	箍口鼎	束腰鼎	细足撇鼎	鬲鼎	牲首鼎	方鼎	鬲	甗	复	鉴
天门彭家山 2007M7(扰)①	6			DaⅢ2										
天门彭家山 2007M8(扰)②	6			DaⅢ3										
襄樊邓城贾庄 1997M1(扰)③	6			DbⅢ2										
襄樊团山 1994M(扰)④	6			DaⅢ1										
襄阳蔡坡 1973M4(扰)⑤	6			AbⅣ2										
襄阳蔡坡 1973M8(扰)⑥	6			DbⅢ2										
襄阳蔡坡 1973M9(扰)⑦	6			DaⅢ2										
襄阳蔡坡 1976M12(盗)⑧	6			DaⅢ2										
襄阳蔡坡 1998M13(扰)⑨	6			DbⅢ2										
襄阳蔡坡 1998M14(扰)⑩	6						DbⅡ1							
襄阳蔡坡 1998M18(扰)⑪	6													
襄阳陈坡 2006M10(完整)⑫	6		AaⅥ1	DaⅢ6、DbⅡ1、DbⅢ18		BaaⅥ4					AbaaⅤ8、DⅡ1、EⅡ1	AabⅢ1		
襄阳法龙付岗 1996M3(扰)⑬	6			DaⅢ1										
孝感毛陈天津湖 1978M(扰)⑭	6			DⅢ1										

① 湖北省文物考古研究所、天门市博物馆:《天门彭家山楚墓》,科学出版社,2012 年。
② 湖北省文物考古研究所、天门市博物馆:《天门彭家山楚墓》,科学出版社,2012 年。
③ 王先福、王志刚、范文强:《湖北襄樊市贾庄发现东周墓》,《考古》2005 年第 1 期,第 92—95 页。
④ 汤雨林:《襄樊团山派出所移交的一批战国文物》,《江汉考古》2002 年第 1 期,第 91 页。
⑤ 湖北省博物馆:《襄阳蔡坡战国墓发掘报告》,《江汉考古》1985 年第 1 期,第 1—37 页。
⑥ 湖北省博物馆:《襄阳蔡坡战国墓发掘报告》,《江汉考古》1985 年第 1 期,第 1—37 页。
⑦ 湖北省博物馆:《襄阳蔡坡战国墓发掘报告》,《江汉考古》1985 年第 1 期,第 1—37 页。
⑧ 襄阳首届亦工亦农考古训练班:《襄阳蔡坡 12 号墓出土吴王夫差剑等文物》,《文物》1976 年第 11 期,第 65—71 页。
⑨ 襄樊市考古队:《湖北襄樊市蔡坡战国墓第二次发掘》,《考古》2005 年第 11 期,第 30—41 页。
⑩ 襄樊市考古队:《湖北襄樊市蔡坡战国墓第二次发掘》,《考古》2005 年第 11 期,第 30—41 页。
⑪ 襄樊市考古队:《湖北襄樊市蔡坡战国墓第二次发掘》,《考古》2005 年第 11 期,第 30—41 页。
⑫ 湖北省文物考古研究所等:《襄阳陈坡》,科学出版社,2013 年。
⑬ 襄石复线襄樊考古队:《湖北襄阳法龙付岗墓地发掘简报》,《江汉考古》2002 年第 4 期,第 51—56 页。
⑭ 孝感市博物馆:《孝感市天津湖战国墓清理》,《江汉考古》1990 年第 2 期,第 44 页。

釜	铺	盨	簠	簋	盆	敦	壶	尊缶	罍	鉴	盉	匜	盘	铜	浴缶	汤鼎
							CbbaⅤ2					BaabⅠ1				
						DabⅢ1	CbbaⅤ2					BaabⅠ1				
						AcⅤ1、DabⅢ1	CbbaⅤ2					BaaaⅧ1	BcaⅡ1			
						DabⅢ1										
			BbⅤ1			AcⅣ2、DabⅡ1	CbbaⅣ2					BaaaⅧ1	BcaⅢ1		BaⅣ1	
												BaaaⅧ2	1			
							1					1				
												1	BcaⅢ1			
												BaabⅠ1				
												BaaaⅧ1	BcaⅢ1			
				BaⅥ6		AbⅥ2、AbⅦ2、EⅡ4	AbⅥ2、CbbaⅤ2	AbⅣ2	AbbaⅥ2	AaⅥ2	Bb1	BaaaⅦ2、BbaⅥ1	AbbbⅣ1、AdbⅥ1、AdcⅥ1、BcaⅡ1、BcbⅢ1		BbaⅥ1、Bbc1	Ⅵ1
												BaaaⅧ1	BcbⅢ1			

名称	分期	立耳折沿鼎	附耳折沿鼎	附耳子母口鼎	镳口鼎	束腰鼎	细撤足鼎	鬲鼎	牲首鼎	方鼎	鬲	甗	鍑	鉴
宜城楚皇城1976采铜鼎(采)①	6						DbⅡ1							
枣阳九连墩2002M1(未完全公布)②	6			DaⅢ、DbⅢ	AcⅥ	BaaⅥ				AbabⅥ、CⅣ	AabⅢ			
枣阳九连墩2002M2(未完全公布)③	6		BaⅣ	AdⅤ、DbⅢ										
枝江姚家港1984M2(盗)④	6													
枝江姚家港1985M3(扰)⑤	6													
枝江姚家港1987采铜鼎(采)⑥	6			DⅢ1										
钟祥富泉1988M(扰)⑦	6			DaⅢ1			DbⅡ2							
钟祥冢十包1993M5(完整)⑧	6			DaⅢ2										
当阳季家湖1988M(扰)⑨	7													
黄冈罗汉山1982M(扰)⑩	7			DbⅣ2										
江陵纪南城新桥1987J1(完整)⑪	7													
江陵马山砖厂1982M1(完整)⑫	7			DaⅣ2										

① 楚皇城考古发掘队:《湖北宜城楚皇城勘查简报》,《考古》1980年第2期,第108—113页。

② 湖北省博物馆:《九连墩——长江中游的楚国贵族大墓》,文物出版社,2007年;湖北省博物馆、深圳博物馆:《剑舞楚天——湖北出土楚文物展图录》,文物出版社,2010年;山西博物院、湖北省博物馆:《荆楚长歌——九连墩楚墓出土文物精华》,山西省人民出版社,2011年。数量不详。

③ 湖北省博物馆:《九连墩——长江中游的楚国贵族大墓》,文物出版社,2007年;湖北省博物馆、深圳博物馆:《剑舞楚天——湖北出土楚文物展图录》,文物出版社,2010年;山西博物院、湖北省博物馆:《荆楚长歌——九连墩楚墓出土文物精华》,山西省人民出版社,2011年。数量不详。

④ 湖北省宜昌地区博物馆:《湖北枝江县姚家港墓葬发掘报告》,《考古》1988年第2期,第157—168页。

⑤ 湖北省宜昌地区博物馆:《湖北枝江县姚家港墓葬发掘报告》,《考古》1988年第2期,第157—168页。

⑥ 枝江县博物馆:《枝江近年出土的周代铜器》,《江汉考古》1991年第1期,第53—56页。

⑦ 刘昌银:《钟祥出土一批战国青铜器》,《江汉考古》1992年第3期,第91页。

⑧ 湖北省文物考古研究所、荆州市博物馆、钟祥市博物馆:《湖北钟祥市冢十包楚墓的发掘》,《考古》1999年第2期,第61—74页。

⑨ 谭宗菊:《湖北当阳县出土的战国青铜器》,《考古》1990年第2期,第175页;宜昌地区博物馆:《当阳季家湖楚墓发掘简报》,《江汉考古》1991年第1期,第17—19页。

⑩ 黄州古墓发掘队:《黄冈罗汉山楚墓》,《江汉考古》1987年第1期,第1—4页。

⑪ 湖北省文物考古研究所:《纪南城新桥遗址》,《考古学报》1995年第4期,第413—451页。

⑫ 荆州地区博物馆:《湖北江陵马山砖厂一号墓出土大批战国时期丝织品》,《文物》1982年第10期,第1—8页。

釜	铺	錪	簠	簋	盆	敦	壶	尊缶	罍	鉴	盉	匜	盘	铷	浴缶	汤鼎
			BbⅧ	BaⅥ		AbⅦ、CbdⅡ、CcaⅡ、DabⅢ	AaⅥ、CbadⅡ、CcbⅡ	AaⅥ、AbⅣ		AaⅥ、AbⅢ		BaaaⅦ	AbaaⅠ、BcaⅢ			
				BaⅥ		AbⅦ、CaabⅣ、DabⅢ	BaⅣ、CcbⅡ	AbⅣ		AaⅤ	Bb	BaaaⅦ	BcaⅢ		Bbc	
						1										
												BaaaⅦ1			C1	
						CbbaⅤ2										
						CcbⅢ1		AbⅣ2								
						CbbaⅥ2					Bb1	1				
						1										
						CbabⅤ1										

名　称	分期	立耳折沿鼎	附耳折沿鼎	附耳子母口鼎	箍口鼎	束腰鼎	细撇足鼎	鬲鼎	牲首鼎	方鼎	鬲	甗	簠	盏
江陵蚂蝗山 1982M(扰)①	7						DbⅢ1							
江陵扬家山 1990M135（完整）②	7			AbⅥ2								CabⅥ1		
江陵雨台山 1975M480（完整）③	7						DbⅢ1							
荆门子陵岗 1987M63（完整）④	7				AbⅢ1									
荆门子陵岗 1987M64（完整）⑤	7			AbⅥ1										
荆门子陵岗 1987M65（完整）⑥	7						DbⅢ1							
荆门子陵岗 1987M66（完整）⑦	7													AbaⅢ1
荆门子陵岗 1996M201（完整）⑧	7													AbaⅢ1、Abb1
沙市肖家山 1999M1(扰)⑨	7													
随州环城砖瓦厂 1981M(扰)⑩	7													Abb1
襄樊郑家山 1990M17（完整）⑪	7						DbⅢ1				Bb1			
襄樊郑家山 1990M52(扰)⑫	7													Abb1
襄樊郑家山 1990M62（完整）⑬	7													AabⅥ1

① 胡文春：《江陵蚂蝗山越人墓简报》，《考古与文物》1987 年第 5 期，第 110—111 页。
② 湖北省荆州地区博物馆：《江陵杨家山 135 号秦墓发掘简报》，《文物》1993 年第 8 期，第 1—11 页。
③ 湖北省荆州地区博物馆：《江陵雨台山楚墓》，文物出版社，1984 年。
④ 荆门市博物馆：《荆门子陵岗》，文物出版社，2008 年。
⑤ 荆门市博物馆：《荆门子陵岗》，文物出版社，2008 年。
⑥ 荆门市博物馆：《荆门子陵岗》，文物出版社，2008 年。
⑦ 荆门市博物馆：《荆门子陵岗》，文物出版社，2008 年。
⑧ 湖北省文物考古研究所、荆门市博物馆：《荆门罗坡岗与子陵岗》，科学出版社，2004 年。
⑨ 荆州博物馆：《湖北荆州市沙市区肖家山一号秦墓》，《考古》2005 年第 9 期，第 16—19 页。
⑩ 左得田：《湖北随州市发现秦国铜器》，《文物》1986 年第 4 期，第 21—22 页。
⑪ 湖北省文物考古研究所、襄樊市博物馆：《湖北襄樊郑家山战国秦汉墓》，《考古学报》1999 年第 3 期，第 367—392 页。
⑫ 湖北省文物考古研究所、襄樊市博物馆：《湖北襄樊郑家山战国秦汉墓》，《考古学报》1999 年第 3 期，第 367—392 页。
⑬ 湖北省文物考古研究所、襄樊市博物馆：《湖北襄樊郑家山战国秦汉墓》，《考古学报》1999 年第 3 期，第 367—392 页。

釜	铺	盨	簠	簋	盆	敦	壶	尊缶	罍	鉴	盉	匜	盘	铺	浴缶	汤鼎
							Ccb Ⅲ 2、Ea1						Bcb Ⅳ 1			
						E Ⅱ 1	Cbab Ⅴ 1									
							Cbba Ⅵ 1									
							Cbab Ⅴ 1	Abbb Ⅷ 1								
							Cbba Ⅵ 1									
							Ea1									
							Ea1、Eb1						Bca Ⅳ 1			
							Cbba Ⅵ 1、Ea2									
							Caa Ⅷ 1									
							Cbba Ⅵ 1	1?				Baaa Ⅸ 1	1			
							Ccb Ⅲ 2					1	1			

名称	分期	立耳折沿鼎	附耳折沿鼎	附耳子母口鼎	箍口鼎	束腰鼎	细撇足鼎	鬲鼎	牲首鼎	方鼎	鬲	甗	镃	敦
襄阳山湾 1972M18(完整)①	7			AbⅥ2										
襄阳山湾 1972 采铜壶：25 (采)②	7													
襄阳山湾采襄樊市博物馆藏铜壶(采)③	7													
襄阳王坡 2001M109(完整)④	7			AbⅥ1										
襄阳王坡 2001M111(完整)⑤	7													AabⅥ1
襄阳王坡 2001M134(完整)⑥	7			AbⅥ2			DbⅢ1							
襄阳王坡 2001M146(完整)⑦	7			DaⅣ1										
襄阳王坡 2001M147(完整)⑧	7			AbⅥ1										
襄阳王坡 2001M155(完整)⑨	7													Abb1
襄阳王坡 2001M157(完整)⑩	7			AbⅥ1										
襄阳王坡 2001M34(完整)⑪	7			DbⅣ2										
襄阳王坡 2001M35(完整)⑫	7			AbⅥ2										
襄阳王坡 2001M73(完整)⑬	7			AbⅥ1、DbⅣ1										
襄阳王坡 2001M74(完整)⑭	7			AbⅥ2										
襄阳王坡 2001M82(完整)⑮	7			DⅣ1										

①　杨权喜：《襄阳山湾十八号秦墓》，《考古与文物》1983 年第 3 期，第 20—21 页。
②　湖北省博物馆：《襄阳山湾出土的东周青铜器》，《江汉考古》1988 年第 1 期，第 19—22 页。
③　王少泉：《襄樊市博物馆收藏的襄阳山湾铜器》，《江汉考古》1988 年第 3 期，第 96—97 页。
④　湖北省文物考古研究所、襄樊市考古队、襄阳区文物管理处：《襄阳王坡东周秦汉墓》，科学出版社，2005 年。
⑤　湖北省文物考古研究所、襄樊市考古队、襄阳区文物管理处：《襄阳王坡东周秦汉墓》，科学出版社，2005 年。
⑥　湖北省文物考古研究所、襄樊市考古队、襄阳区文物管理处：《襄阳王坡东周秦汉墓》，科学出版社，2005 年。
⑦　湖北省文物考古研究所、襄樊市考古队、襄阳区文物管理处：《襄阳王坡东周秦汉墓》，科学出版社，2005 年。
⑧　湖北省文物考古研究所、襄樊市考古队、襄阳区文物管理处：《襄阳王坡东周秦汉墓》，科学出版社，2005 年。
⑨　湖北省文物考古研究所、襄樊市考古队、襄阳区文物管理处：《襄阳王坡东周秦汉墓》，科学出版社，2005 年。
⑩　湖北省文物考古研究所、襄樊市考古队、襄阳区文物管理处：《襄阳王坡东周秦汉墓》，科学出版社，2005 年。
⑪　湖北省文物考古研究所、襄樊市考古队、襄阳区文物管理处：《襄阳王坡东周秦汉墓》，科学出版社，2005 年。
⑫　湖北省文物考古研究所、襄樊市考古队、襄阳区文物管理处：《襄阳王坡东周秦汉墓》，科学出版社，2005 年。
⑬　湖北省文物考古研究所、襄樊市考古队、襄阳区文物管理处：《襄阳王坡东周秦汉墓》，科学出版社，2005 年。
⑭　湖北省文物考古研究所、襄樊市考古队、襄阳区文物管理处：《襄阳王坡东周秦汉墓》，科学出版社，2005 年。
⑮　湖北省文物考古研究所、襄樊市考古队、襄阳区文物管理处：《襄阳王坡东周秦汉墓》，科学出版社，2005 年。

续表

釜	铺	盨	簠	簋	盆	敦	壶	尊缶	罍	鉴	盉	匜	盘	铷	浴缶	汤鼎
							Ea1									
							CbbaⅦ1									
							CbbaⅦ1									
							Ea1						BcbⅣ1			
							CbbaⅦ1、CcbⅢ2									
							Ea1					BaaaⅨ1				
							CcbⅢ1									
							Ea1									
							CcbⅢ2									
							CcbⅢ2									
							CcbⅢ2									
							Ea1									

名称	分期	立耳折沿鼎	附耳折沿鼎	附耳母子口鼎	箍口鼎	束腰鼎	细撇足鼎	鬲鼎	牲首鼎	方鼎	鬲	甗	镬	鍪
襄阳王坡2001M92(完整)①	7			AbⅥ2										
襄阳王坡2001M93(完整)②	7													AabⅥ1
襄阳王坡2001M99(完整)③	7													
阳新半壁山1984M1(扰)④	7												1	Abb1
宜昌葛洲坝1971M1(扰)⑤	7			DaⅣ1										
宜昌前坪1971M23(完整)⑥	7			DbⅣ1										
宜城楚皇城1976采铜壶(采)⑦	7													
宜城雷家坡1976M3(完整)⑧	7			AbⅥ2										AabⅥ1
宜城雷家坡1976M4(扰)⑨	7			AbⅥ1										
宜城雷家坡1976M5(扰)⑩	7			AbⅥ2										
宜城雷家坡1976M6(扰)⑪	7						DbⅢ1							
宜城雷家坡1982M13(完整)⑫	7			DaⅣ1										
宜都枝城中药材公司1988采铜壶(采)⑬	7													
云梦木匠坟1975M1(完整)⑭	7													Abb1
云梦睡虎地1975M10(完整)⑮	7													AabⅥ1

① 湖北省文物考古研究所、襄樊市考古队、襄阳区文物管理处:《襄阳王坡东周秦汉墓》,科学出版社,2005年。
② 湖北省文物考古研究所、襄樊市考古队、襄阳区文物管理处:《襄阳王坡东周秦汉墓》,科学出版社,2005年。
③ 湖北省文物考古研究所、襄樊市考古队、襄阳区文物管理处:《襄阳王坡东周秦汉墓》,科学出版社,2005年。
④ 咸宁地区博物馆、阳信县博物馆:《湖北阳新县半壁山一号战国墓》,《考古》1994年第6期,第525—531页。
⑤ 湖北省博物馆:《宜昌前坪战国两汉墓》,《考古学报》1976年第2期,第115—148页。
⑥ 湖北省博物馆:《宜昌前坪战国两汉墓》,《考古学报》1976年第2期,第115—148页。
⑦ 楚皇城考古发掘队:《湖北宜城楚皇城勘查简报》,《考古》1980年第2期,第108—113页。
⑧ 楚皇城考古发掘队:《湖北宜城楚皇城战国秦汉墓》,《考古》1980年第2期,第114—122页。
⑨ 楚皇城考古发掘队:《湖北宜城楚皇城战国秦汉墓》,《考古》1980年第2期,第114—122页。
⑩ 楚皇城考古发掘队:《湖北宜城楚皇城战国秦汉墓》,《考古》1980年第2期,第114—122页。
⑪ 楚皇城考古发掘队:《湖北宜城楚皇城战国秦汉墓》,《考古》1980年第2期,第114—122页。
⑫ 武汉大学历史系考古专业、宜城县博物馆:《宜城雷家坡秦墓发掘简报》,《江汉考古》1986年第4期,第1—7页。
⑬ 黎泽高、赵平:《枝城市博物馆藏青铜器》,《考古》1989年第9期,第775—778页。
⑭ 云梦县博物馆:《湖北云梦木匠坟秦墓发掘简报》,《江汉考古》1987年第4期,第37—41页;云梦县博物馆:《湖北云梦木匠坟秦墓》,《文物》1992年第1期,第76—82页。
⑮ 《云梦睡虎地秦墓》编写组:《云梦睡虎地秦墓》,文物出版社,1981年。

釜	铺	盨	簠	簋	盆	敦	壶	尊缶	罍	鉴	盉	匜	盘	铺	浴缶	汤鼎
							Ccb Ⅲ 2									
							Eb1					Baab Ⅱ 5				
							Cbab Ⅴ 1									
							Cbab Ⅴ 1						1			
							Cbab Ⅴ 1									
							Cbba Ⅶ 1、Ea1									
							Ea1									
							Ea2									
							Cbba Ⅵ 1					Baaa Ⅸ 1	1			
							Cbba Ⅵ 1									

名　称	分期	立耳折沿鼎	附耳折沿鼎	附耳子母口鼎	箍口鼎	束腰鼎	细撇足鼎	鬲鼎	牲首鼎	方鼎	鬲	甗	镬	整
云梦睡虎地 1975M11 (完整)①	7			AbⅥ2										Abb1
云梦睡虎地 1975M13 (完整)②	7													1
云梦睡虎地 1975M3(完整)③	7			DⅣ1										
云梦睡虎地 1975M4(完整)④	7			DⅣ1										
云梦睡虎地 1975M5(完整)⑤	7													
云梦睡虎地 1975M9(完整)⑥	7													Abb1

附表八　湖南东周

名　称	分期	立耳折沿鼎	附耳折沿鼎	附耳子母口鼎	箍口鼎	束腰鼎	细撇足鼎	鬲鼎	牲首鼎	方鼎	鬲	甗	镬	整
长沙高桥 1970 采：4 铜鼎(采)⑦	2				AⅠ1									
衡南胡家港 1963M(扰)⑧	2	BⅡ14					EⅡ1					BaⅡ1		
衡阳赤石黄泥岭 1985M315(扰)⑨	2	BⅡ1										AaabⅡ1		
湖南省博物馆藏彭子仲铜盆(馆藏)⑩	2													
桃江腰子仑 1989M16 (完整)⑪	2						BaⅡ1							
湘潭枫树 1975M(扰)⑫	2	BⅡ4					AbⅡ1							

① 《云梦睡虎地秦墓》编写组：《云梦睡虎地秦墓》，文物出版社，1981 年。
② 《云梦睡虎地秦墓》编写组：《云梦睡虎地秦墓》，文物出版社，1981 年。
③ 《云梦睡虎地秦墓》编写组：《云梦睡虎地秦墓》，文物出版社，1981 年。
④ 《云梦睡虎地秦墓》编写组：《云梦睡虎地秦墓》，文物出版社，1981 年。
⑤ 《云梦睡虎地秦墓》编写组：《云梦睡虎地秦墓》，文物出版社，1981 年。
⑥ 《云梦睡虎地秦墓》编写组：《云梦睡虎地秦墓》，文物出版社，1981 年。
⑦ 宋少华：《长沙出土商、春秋青铜器》，《湖南博物馆文集》，岳麓书社，1991 年，第 133—136 页。
⑧ 湖南省博物馆：《湖南衡南、湘潭发现春秋墓葬》，《考古》1978 年第 5 期，第 297—300 页。
⑨ 衡阳市博物馆：《湖南衡阳县赤石春秋墓发掘简报》，《考古》1998 年第 6 期，第 47—56 页。
⑩ 湖南省博物馆：《介绍几件馆藏周代铜器》，《考古》1963 年第 12 期，第 679—682 页。
⑪ 益阳市文物管理处：《湖南桃江腰子仑春秋墓》，《考古学报》2003 年第 4 期，第 511—544 页。
⑫ 湖南省博物馆：《湖南衡南、湘潭发现春秋墓葬》，《考古》1978 年第 5 期，第 297—300 页。

续表

釜	铺	盨	簠	簋	盆	敦	壶	尊缶	罍	鉴	盉	匜	盘	铺	浴缶	汤鼎
							Ccb Ⅲ 2					Baaa Ⅸ 1				
						EⅡ5	Cbba Ⅵ1					Bcb Ⅳ1				
												Baaa Ⅶ1	1			
							Ea1					Baab Ⅱ1		Abc Ⅰ1		

铜器群型式登记表

釜	铺	盨	簠	簋	盆	敦	壶	尊缶	罍	鉴	盉	匜	盘	铺	浴缶	汤鼎
						AaⅡ1										
					CaⅡ1											
														AbaⅡ1		

名称	分期	立耳折沿鼎	附耳折沿鼎	附耳子母口鼎	箍口鼎	束腰鼎	细撇足鼎	鬲鼎	牲首鼎	方鼎	鬲	甗	簠	鉴
湘潭金棋1986采铜卣(采)①	2													
岳阳凤形嘴1986采铜敦(采)②	2													
岳阳凤形嘴1986采铜鬲(采)③	2									AbaaⅡ1				
岳阳凤形嘴1986采铜卣(采)④	2													
长沙五里牌1964M1(完整)⑤	3						AbⅢ1							
桃江腰子仑1989M11(完整)⑥	3						BbⅡ1							
桃江腰子仑1989M28(完整)⑦	3						AbⅢ1							
桃江腰子仑1989M33(完整)⑧	3						BbⅡ1							
桃江腰子仑1989M43(完整)⑨	3						1							
湘乡大茅坪1965M1(完整)⑩	3						AaⅢ1、AbⅢ1							
岳阳凤形嘴1986M1(完整)⑪	3		BbaⅠ2											
1984长沙市博物藏铜鼎(采)⑫	4					BaⅡ1\ BbⅠ1								

①　熊建华:《湘潭县出土周代青铜提梁卣》,《湖南考古辑刊》(4),岳麓书社,1987年,第19—21页。
②　岳阳市文物工作队、岳阳县文物管理所:《岳阳县筻口出土春秋人像动物纹青铜卣》,《湖南博物馆文集》,岳麓书社,1991年,第142—151页。
③　岳阳市文物工作队、岳阳县文物管理所:《岳阳县筻口出土春秋人像动物纹青铜卣》,《湖南博物馆文集》,岳麓书社,1991年,第142—151页。
④　岳阳市文物工作队、岳阳县文物管理所:《岳阳县筻口出土春秋人像动物纹青铜卣》,《湖南博物馆文集》,岳麓书社,1991年,第142—151页。
⑤　湖南省博物馆、湖南省文物考古研究所、长沙市博物馆、长沙市文物考古研究所:《长沙楚墓》,文物出版社,2000年。报告新编号为M22。
⑥　益阳市文物管理处:《湖南桃江腰子仑春秋墓》,《考古学报》2003年第4期,第511—544页。
⑦　益阳市文物管理处:《湖南桃江腰子仑春秋墓》,《考古学报》2003年第4期,第511—544页。
⑧　益阳市文物管理处:《湖南桃江腰子仑春秋墓》,《考古学报》2003年第4期,第511—544页。
⑨　益阳市文物管理处:《湖南桃江腰子仑春秋墓》,《考古学报》2003年第4期,第511—544页。铜鼎1件,残,不辨器形。
⑩　原韶山灌区文物工作队:《在华主席关怀下韶山灌区文物考古工作的重大成果》,《文物》1977年第2期,第1—4页;湖南省博物馆:《湖南韶山灌区湘乡东周墓清理简报》,《文物》1977年第3期,第54页。
⑪　岳阳市文物工作队:《湖南省岳阳凤形嘴山一号墓发掘简报》,《文物》1993年第1期,第1—8页。
⑫　胡德元、高成林:《长沙市博物馆收藏的一件楚式铜鼎》,《湖南省博物馆馆刊》2006年第3期,第197—201页。

续表

釜	铺	甗	簠	簋	盆	敦	壶	尊缶	罍	鉴	盉	匜	盘	鉶	浴缶	汤鼎
						AaⅡ1										
															BaⅢ1	
		BbⅣ1				BaaⅡ1				BaⅢ1	BbcⅡ1	AeⅠ1				

名　称	分期	立耳折沿鼎	附耳折沿鼎	附耳子母口鼎	箍口鼎	束腰鼎	细撤足鼎	鬲鼎	牲首鼎	方鼎	鬲	瓶	簠	鉴
澧县皇山岗 1996M1(扰)①	4				AbⅢ1									
桃江腰子仑 1989M12 (完整)②	4						BbⅢ1							
桃江腰子仑 1989M15 (完整)③	4						BbⅢ1							
桃江腰子仑 1989M17 (完整)④	4						AbⅣ1							
桃江腰子仑 1989M18 (完整)⑤	4						BbⅢ1							
桃江腰子仑 1989M19 (完整)⑥	4						AbⅣ1							
桃江腰子仑 1989M46 (完整)⑦	4						BaⅣ1							
桃江腰子仑 1990M27 (完整)⑧	4						BaⅣ1							
桃江腰子仑 1990M7(完整) ⑨	4						AbⅣ1							
桃江腰子仑 1990M8(完整) ⑩	4						BaⅣ1							
湘乡何家湾 1982M1(完整)⑪	4				AbⅢ1		BbⅢ3						—	—
益阳热电厂 1985M46(扰)⑫	4				AcⅢ1									
长沙三公里 2002M1(盗)⑬	5													
桃江腰子仑 1990M24 (完整)⑭	5						DbⅠ1							

① 　澧县博物馆:《湖南澧县皇山岗楚墓发掘报告》,《湖南考古辑刊》(7),岳麓书社,1999 年,第 128—132 页。
② 　益阳市文物管理处:《湖南桃江腰子仑春秋墓》,《考古学报》2003 年第 4 期,第 511—544 页。
③ 　益阳市文物管理处:《湖南桃江腰子仑春秋墓》,《考古学报》2003 年第 4 期,第 511—544 页。
④ 　益阳市文物管理处:《湖南桃江腰子仑春秋墓》,《考古学报》2003 年第 4 期,第 511—544 页。
⑤ 　益阳市文物管理处:《湖南桃江腰子仑春秋墓》,《考古学报》2003 年第 4 期,第 511—544 页。
⑥ 　益阳市文物管理处:《湖南桃江腰子仑春秋墓》,《考古学报》2003 年第 4 期,第 511—544 页。
⑦ 　益阳市文物管理处:《湖南桃江腰子仑春秋墓》,《考古学报》2003 年第 4 期,第 511—544 页。
⑧ 　益阳市文物管理处:《湖南桃江腰子仑春秋墓》,《考古学报》2003 年第 4 期,第 511—544 页。
⑨ 　益阳市文物管理处:《湖南桃江腰子仑春秋墓》,《考古学报》2003 年第 4 期,第 511—544 页。
⑩ 　益阳市文物管理处:《湖南桃江腰子仑春秋墓》,《考古学报》2003 年第 4 期,第 511—544 页。
⑪ 　湘乡县博物馆:《湘乡县五里桥、何家湾古墓葬发掘简报》,《湖南考古学辑刊》(3),岳麓书社,1986 年,第 39—44 页。
⑫ 　益阳市文物管理处、益阳市博物馆:《益阳楚墓》,文物出版社,2008 年。报告统一编号为 M183。
⑬ 　长沙市文物考古研究所:《湖南长沙三公里楚墓发掘简报》,《文物》2007 年第 12 期,第 4—20 页。
⑭ 　益阳市文物管理处:《湖南桃江腰子仑春秋墓》,《考古学报》2003 年第 4 期,第 511—544 页。

釜	铺	盨	簠	簋	盆	敦	壶	尊缶	罍	鉴	盉	匜	盘	铷	浴缶	汤鼎
						Daa Ⅰ1		AaⅣ1				BaaaⅣ1				
						Daa Ⅰ2		AbⅡ1								
		BbⅤ1						AaⅣ1					AddⅣ1			
						DabⅡ1	CbbaⅣ2					BaⅤ1			B1	

名　称	分期	立耳折沿鼎	附耳折沿鼎	附耳子口鼎	籃口鼎	束腰鼎	细撇足鼎	鬲鼎	牲首鼎	方鼎	鬲	瓶	鍑	鏊
湘乡五里桥 1977M1(完整)①	5						Bc I 3、? 1							
湘乡新坳 1965M31(完整)②	5													
益阳热电厂 1985M33(扰)③	5													
长沙白泥塘 1994M5(完整)④	6			DaⅢ3										
长沙荷花池 1986M1(完整)⑤	6			DaⅢ2										
长沙黄泥坑 1954M5(完整)⑥	6						DbⅡ2							
长沙烈士公园 1957M1(完整)⑦	6			1										
长沙烈士公园 1971M1(完整)⑧	6													
长沙浏城桥 1971M1(完整)⑨	6			DaⅢ2、DbⅢ2										
长沙马益顺巷 1992M1(扰)⑩	6			DaⅢ1、DbⅢ1										
长沙茅亭子 1996M1(完整)⑪	6			DaⅢ2										
长沙砚瓦池 1955M1(完整)⑫	6													
长沙紫檀铺 1956M30(完整)⑬	6			DaⅢ2										

① 湘乡县博物馆:《湘乡县五里桥、何家湾古墓葬发掘简报》,《湖南考古学辑刊》(3),岳麓书社,1986年,第39—44页。
② 原韶山灌区文物工作队:《在华主席关怀下韶山灌区文物考古工作的重大成果》,《文物》1977年第2期,第1—4页;湖南省博物馆:《湖南韶山灌区湘乡东周墓清理简报》,《文物》1977年第3期,第54页。
③ 益阳市文物管理处、益阳市博物馆:《益阳楚墓》,文物出版社,2008年。报告统一编号为M170。
④ 长沙市文物工作队:《长沙市白泥塘5号战国墓发掘简报》,《文物》1995年第12期,第17—26页。
⑤ 长沙市文物工作队:《长沙市荷花池1号战国木椁墓发掘报告》,《湖南考古辑刊》(5),岳麓书社,1989年,第52—60页;湖南省博物馆、湖南省文物考古研究所、长沙市博物馆、长沙市文物考古研究所:《长沙楚墓》,文物出版社,2000年。报告新编号为M396。
⑥ 湖南省博物馆、湖南省文物考古研究所、长沙市博物馆、长沙市文物考古研究所:《长沙楚墓》,文物出版社,2000年。报告新编号为M186。
⑦ 周世荣:《长沙烈士公园清理的战国墓葬》,《考古通讯》1958年第6期,第47—49页。
⑧ 湖南省博物馆、湖南省文物考古研究所、长沙市博物馆、长沙市文物考古研究所:《长沙楚墓》,文物出版社,2000年。报告新编号为M1640。
⑨ 湖南省博物馆、湖南省文物考古研究所、长沙市博物馆、长沙市文物考古研究所:《长沙楚墓》,文物出版社,2000年。报告新编号为M89。
⑩ 长沙市文物考古研究所:《长沙市马益顺巷一号楚墓》,《考古》2003年第4期,第50—73页。
⑪ 长沙市文物考古研究所:《长沙市茅亭子楚墓的发掘》,《考古》2003年第4期,第33—49页。
⑫ 湖南省博物馆、湖南省文物考古研究所、长沙市博物馆、长沙市文物考古研究所:《长沙楚墓》,文物出版社,2000年。报告新编号为M266。
⑬ 湖南省文物管理委员会:《湖南长沙紫檀铺战国墓清理简报》,《考古》1957年第1期,第19—22页。

釜	铺	盨	簠	簋	盆	敦	壶	尊缶	罍	鉴	盉	匜	盘	钟	浴缶	汤鼎
							CbbaⅣ1						1			
						CabaⅢ1	2									
						DaaⅡ1										
						1	2						1			
						DabⅢ1	CbbaⅤ2									
												BaaaⅧ1	BcaⅢ1			
							1									
						DabⅢ2	2						1			
						DabⅢ1	CbbaⅤ1					BaaaⅧ1	BcaⅢ1			
						DabⅢ1	CbbaⅤ2					BaaaⅦ1	BcaⅢ1			
						C1、DabⅢ1	CbbaⅤ2					BaaaⅦ1	1			

名　称	分期	立耳折沿鼎	附耳折沿鼎	附子母口鼎	箍口鼎	束腰鼎	细撇足鼎	鬲鼎	牲首鼎	方鼎	鬲	甗	镬	鉴
常德德山 1958M76(完整)①	6						1							
常德跑马岗 1999M21(完整)②	6													
慈利官地 1969M(扰)③	6			DbⅢ1										
慈利石板 1987M36(完整)④	6			DaⅢ2										
津市金鱼岭 1984M9(扰)⑤	6						DbⅡ1							
津市金鱼岭 1986M2(完整)⑥	6						DbⅡ1							
临澧九里 1981M4(盗)⑦	6			DaⅢ1										
龙山里耶麦茶 2002M331(完整)⑧	6													
汨罗汨罗山 1958采铜鼎(采)⑨	6						DbⅡ1							
汨罗汨罗山 1983M82(完整)⑩	6				2									
桃江腰子仑 1989M10(完整)⑪	6						BcⅡ1							
武陵德山寨子岭 2002M4(盗)⑫	6													
湘乡 1965采铜鉴(采)⑬	6													

① 湖南省博物馆:《湖南常德德山楚墓发掘报告》,《考古》1963 年第 9 期,第 461—473 页。
② 常德市博物馆:《湖南常德跑马岗战国墓发掘简报》,《江汉考古》2003 年第 3 期,第 36—46 页;湖南省常德市文物局等:《沅水下游楚墓》,文物出版社,2010 年。
③ 高中晓、袁家荣:《湖南慈利官地战国墓》,《湖南考古辑刊》(2),岳麓书社,1984 年,第 78—80 页。
④ 湖南省文物考古研究所、慈利县文物保护管理研究所:《湖南慈利石板村 36 号战国墓发掘简报》,《文物》1990 年第 10 期,第 37—47 页;湖南省文物考古研究所、慈利县文物保护管理研究所:《湖南慈利县石板村战国墓》,《考古学报》1995 年第 2 期,第 173—207 页。
⑤ 津市市文物管理所:《津市市金鱼岭东周墓群》,《湖南考古辑刊》(5),岳麓书社,1989 年,第 74—83 页。
⑥ 津市市文物管理所:《津市市金鱼岭东周墓群》,《湖南考古辑刊》(5),岳麓书社,1989 年,第 74—83 页。
⑦ 湖南省博物馆、常德地区文物工作队:《临澧九里楚墓发掘报告》,《湖南考古辑刊》(3),岳麓书社,1986 年,第 87—111 页。
⑧ 湖南省文物考古研究所:《里耶发掘报告》,岳麓书社,2007 年。
⑨ 湖南省博物馆:《汨罗县东周、秦、西汉、南朝墓发掘报告》,《湖南考古辑刊》(3),岳麓书社,1986 年,第 45—86 页。
⑩ 湖南省博物馆:《汨罗县东周、秦、西汉、南朝墓发掘报告》,《湖南考古辑刊》(3),岳麓书社,1986 年,第 45—86 页。
⑪ 益阳市文物管理处:《湖南桃江腰子仑春秋墓》,《考古学报》2003 年第 4 期,第 511—544 页。
⑫ 湖南省常德市文物局等:《沅水下游楚墓》,文物出版社,2010 年。
⑬ 原韶山灌区文物工作队:《在华主席关怀下韶山灌区文物考古工作的重大成果》,《文物》1977 年第 2 期,第 1—4 页。

釜	铺	盨	簠	簋	盆	敦	壶	尊缶	罍	鉴	盉	匜	盘	铲	浴缶	汤鼎
												BaaaⅦ1	BcaⅢ1			
						AbⅥ1										
						AbⅥ1										
							1					BaaaⅦ1				
							CbbaⅤ1									
							CbbaⅤ2									
												BaabⅠ1				
										BbⅣ1						

名　称	分期	立耳折沿鼎	附耳折沿鼎	附子母口鼎	箍口鼎	束腰鼎	细撇足鼎	鬲鼎	牲首鼎	方鼎	鬲	甗	簠	盨
益阳赫山 1991M6(完整)①	6						DbⅡ1							
益阳赫山房产公司 1984M1(完整)②	6						DbⅡ1							
益阳赫山房产公司 1985M30(完整)③	6						DbⅡ1							
益阳赫山庙义子山 1991M48(完整)④	6						DbⅡ1							
益阳热电厂 1985M2(完整)⑤	6						BaⅥ1							
益阳县医院 1988M26(完整)⑥	6			DaⅢ1										
资兴旧市东江 1978M234(完整)⑦	6						DbⅡ1							
资兴旧市东江 1978M164(完整)⑧	7						DbⅢ1							
资兴旧市东江 1978M171(完整)⑨	7						DbⅢ2							
资兴旧市东江 1978M172(完整)⑩	7						DbⅢ1							
资兴旧市东江 1978M212(完整)⑪	7						DbⅢ1							
资兴旧市东江 1978M213(完整)⑫	7						DbⅢ1							
资兴旧市东江 1978M216(完整)⑬	7						DbⅢ1							

① 益阳市文物管理处、益阳市博物馆:《益阳楚墓》,文物出版社,2008 年。报告统一编号为 M119。
② 益阳市文物管理处、益阳市博物馆:《益阳楚墓》,文物出版社,2008 年。报告统一编号为 M42。
③ 益阳市文物管理处、益阳市博物馆:《益阳楚墓》,文物出版社,2008 年。报告统一编号为 M119。
④ 益阳市文物管理处、益阳市博物馆:《益阳楚墓》,文物出版社,2008 年。报告统一编号为 M422。
⑤ 益阳市文物管理处、益阳市博物馆:《益阳楚墓》,文物出版社,2008 年。报告统一编号为 M139。
⑥ 益阳市文物管理处、益阳市博物馆:《益阳楚墓》,文物出版社,2008 年。报告统一编号为 M375。
⑦ 湖南省博物馆:《湖南资兴旧市战国墓》,《考古学报》1983 年第 1 期,第 93—124 页。
⑧ 湖南省博物馆:《湖南资兴旧市战国墓》,《考古学报》1983 年第 1 期,第 93—124 页。
⑨ 湖南省博物馆:《湖南资兴旧市战国墓》,《考古学报》1983 年第 1 期,第 93—124 页。
⑩ 湖南省博物馆:《湖南资兴旧市战国墓》,《考古学报》1983 年第 1 期,第 93—124 页。
⑪ 湖南省博物馆:《湖南资兴旧市战国墓》,《考古学报》1983 年第 1 期,第 93—124 页。
⑫ 湖南省博物馆:《湖南资兴旧市战国墓》,《考古学报》1983 年第 1 期,第 93—124 页。
⑬ 湖南省博物馆:《湖南资兴旧市战国墓》,《考古学报》1983 年第 1 期,第 93—124 页。

釜	铺	盨	簠	簋	盆	敦	壶	尊缶	罍	鉴	盂	匜	盘	铏	浴缶	汤鼎
							CbbaⅥ1									
							DaaⅢ1									
													1			

名　称	分期	立耳折沿鼎	附耳折沿鼎	附耳子母口鼎	箍口鼎	束腰鼎	细足撇足鼎	鬲鼎	牺首鼎	方鼎	鬲	甗	簠	鉴
资兴旧市东江 1978M228(完整)①	7						DbⅢ1							
资兴旧市东江 1978M229(完整)②	7						DbⅢ1							
资兴旧市东江 1978M242(完整)③	7						DbⅢ1							
资兴旧市东江 1978M249(完整)④	7						DbⅢ1							
资兴旧市东江 1978M254(完整)⑤	7						DbⅢ1							
资兴旧市东江 1978M262(完整)⑥	7						DbⅢ1							
资兴旧市东江 1978M275(完整)⑦	7						DbⅢ1							
资兴旧市东江 1978M285(完整)⑧	7						DbⅢ1							
资兴旧市东江 1978M286(完整)⑨	7						DbⅢ1							
资兴旧市东江 1978M301(完整)⑩	7						DbⅢ1							
资兴旧市东江 1978M356(完整)⑪	7						DbⅢ1							
资兴旧市东江 1978M357(完整)⑫	7						DbⅢ1							

① 湖南省博物馆:《湖南资兴旧市战国墓》,《考古学报》1983 年第 1 期,第 93—124 页。
② 湖南省博物馆:《湖南资兴旧市战国墓》,《考古学报》1983 年第 1 期,第 93—124 页。
③ 湖南省博物馆:《湖南资兴旧市战国墓》,《考古学报》1983 年第 1 期,第 93—124 页。
④ 湖南省博物馆:《湖南资兴旧市战国墓》,《考古学报》1983 年第 1 期,第 93—124 页。
⑤ 湖南省博物馆:《湖南资兴旧市战国墓》,《考古学报》1983 年第 1 期,第 93—124 页。
⑥ 湖南省博物馆:《湖南资兴旧市战国墓》,《考古学报》1983 年第 1 期,第 93—124 页。
⑦ 湖南省博物馆:《湖南资兴旧市战国墓》,《考古学报》1983 年第 1 期,第 93—124 页。
⑧ 湖南省博物馆:《湖南资兴旧市战国墓》,《考古学报》1983 年第 1 期,第 93—124 页。
⑨ 湖南省博物馆:《湖南资兴旧市战国墓》,《考古学报》1983 年第 1 期,第 93—124 页。
⑩ 湖南省博物馆:《湖南资兴旧市战国墓》,《考古学报》1983 年第 1 期,第 93—124 页。
⑪ 湖南省博物馆:《湖南资兴旧市战国墓》,《考古学报》1983 年第 1 期,第 93—124 页。
⑫ 湖南省博物馆:《湖南资兴旧市战国墓》,《考古学报》1983 年第 1 期,第 93—124 页。

釜	铺	盨	簠	簋	盆	敦	壶	尊缶	罍	鉴	盉	匜	盘	铷	浴缶	汤鼎

名　称	分期	立耳折沿鼎	附耳折沿鼎	附耳子母口鼎	箍口鼎	束腰鼎	撇足细鼎	鬲鼎	牲首鼎	方鼎	鬲	甗	镦	鉴
资兴旧市东江 1978M361（完整）①	7						DbⅢ1							
资兴旧市东江 1978M363（完整）②	7						DbⅢ1							
资兴旧市东江 1978M365（完整）③	7						DbⅢ1							
资兴旧市东江 1978M367（完整）④	7						DbⅢ1							
资兴旧市东江 1978M400（完整）⑤	7						DbⅢ1							
资兴旧市东江 1978M403（完整）⑥	7						DbⅢ1							
资兴旧市东江 1978M467（完整）⑦	7						DbⅢ1							
资兴旧市东江 1978M472（完整）⑧	7						DbⅢ1							
资兴旧市东江 1978M490（完整）⑨	7						DbⅢ1							
资兴旧市东江 1978M492（完整）⑩	7						DbⅢ1							
资兴旧市东江 1978M493（完整）⑪	7						DbⅢ1							
资兴旧市东江 1978M527（完整）⑫	7						DbⅢ1							

① 湖南省博物馆：《湖南资兴旧市战国墓》，《考古学报》1983 年第 1 期，第 93—124 页。
② 湖南省博物馆：《湖南资兴旧市战国墓》，《考古学报》1983 年第 1 期，第 93—124 页。
③ 湖南省博物馆：《湖南资兴旧市战国墓》，《考古学报》1983 年第 1 期，第 93—124 页。
④ 湖南省博物馆：《湖南资兴旧市战国墓》，《考古学报》1983 年第 1 期，第 93—124 页。
⑤ 湖南省博物馆：《湖南资兴旧市战国墓》，《考古学报》1983 年第 1 期，第 93—124 页。
⑥ 湖南省博物馆：《湖南资兴旧市战国墓》，《考古学报》1983 年第 1 期，第 93—124 页。
⑦ 湖南省博物馆：《湖南资兴旧市战国墓》，《考古学报》1983 年第 1 期，第 93—124 页。
⑧ 湖南省博物馆：《湖南资兴旧市战国墓》，《考古学报》1983 年第 1 期，第 93—124 页。
⑨ 湖南省博物馆：《湖南资兴旧市战国墓》，《考古学报》1983 年第 1 期，第 93—124 页。
⑩ 湖南省博物馆：《湖南资兴旧市战国墓》，《考古学报》1983 年第 1 期，第 93—124 页。
⑪ 湖南省博物馆：《湖南资兴旧市战国墓》，《考古学报》1983 年第 1 期，第 93—124 页。
⑫ 湖南省博物馆：《湖南资兴旧市战国墓》，《考古学报》1983 年第 1 期，第 93—124 页。

釜	铺	盨	簠	簋	盆	敦	壶	尊缶	罍	鉴	盉	匜	盘	铜	浴缶	汤鼎

名　　称	分期	立耳折沿鼎	附耳折沿鼎	附子口耳母鼎	箍口鼎	束腰鼎	细撇足鼎	鬲鼎	牲首鼎	方鼎	鬲	甗	簋	盨
资兴旧市东江 1978M574(完整)①	7						DbⅢ1							
资兴旧市东江 1978M576(完整)②	7						DbⅢ1							
资兴旧市东江 1978M585(完整)③	7						DbⅢ1							
长沙长岭 1985M7(完整)④	7			1										
长沙火把山 1986M4(完整)⑤	7			DaⅣ1、DbⅣ1										
长沙烈士公园 1955M2(完整)⑥	7			1										
长沙烈士公园 1957M3(完整)⑦	7									1				
长沙留芳岭 1985M3(完整)⑧	7						DbⅢ1							
长沙磨子山 1953M9(完整)⑨	7			DaⅣ1										
长沙识字岭 1974M2(完整)⑩	7													
长沙树木岭 1974M1(完整)⑪	7						DbⅢ1							
长沙丝茅冲 1955M33(完整)⑫	7			DbⅣ4										

①　湖南省博物馆:《湖南资兴旧市战国墓》,《考古学报》1983 年第 1 期,第 93—124 页。

②　湖南省博物馆:《湖南资兴旧市战国墓》,《考古学报》1983 年第 1 期,第 93—124 页。

③　湖南省博物馆:《湖南资兴旧市战国墓》,《考古学报》1983 年第 1 期,第 93—124 页。

④　湖南省博物馆、湖南省文物考古研究所、长沙市博物馆、长沙市文物考古研究所:《长沙楚墓》,文物出版社,2000 年。报告新编号为 M1274。

⑤　湖南省博物馆、湖南省文物考古研究所、长沙市博物馆、长沙市文物考古研究所:《长沙楚墓》,文物出版社,2000 年。报告新编号为 M1281。

⑥　湖南省博物馆、湖南省文物考古研究所、长沙市博物馆、长沙市文物考古研究所:《长沙楚墓》,文物出版社,2000 年。报告新编号为 M698。

⑦　湖南省博物馆、湖南省文物考古研究所、长沙市博物馆、长沙市文物考古研究所:《长沙楚墓》,文物出版社,2000 年。报告新编号为 M967。

⑧　湖南省博物馆、湖南省文物考古研究所、长沙市博物馆、长沙市文物考古研究所:《长沙楚墓》,文物出版社,2000 年。报告新编号为 M109。

⑨　湖南省博物馆、湖南省文物考古研究所、长沙市博物馆、长沙市文物考古研究所:《长沙楚墓》,文物出版社,2000 年。报告新编号为 M485。

⑩　湖南省博物馆、湖南省文物考古研究所、长沙市博物馆、长沙市文物考古研究所:《长沙楚墓》,文物出版社,2000 年。报告新编号为 M1649。

⑪　湖南省博物馆:《长沙树木岭战国墓阿弥岭西汉墓》,《考古》1984 年第 9 期,第 790—797 页。

⑫　湖南省博物馆、湖南省文物考古研究所、长沙市博物馆、长沙市文物考古研究所:《长沙楚墓》,文物出版社,2000 年。报告新编号为 M787。

釜	铺	盨	簠	簋	盆	敦	壶	尊缶	罍	鉴	盉	匜	盘	铺	浴缶	汤鼎
						AbⅥ1	1					1	1			
						CbbaⅥ1							1			
						CbabⅤ1										
						CbbaⅥ2						1	1			
						CbbaⅥ2			1	1						

名称	分期	立耳折沿鼎	附耳折沿鼎	附耳子母口鼎	箍口鼎	束腰鼎	细足撇足鼎	高鼎	牲首鼎	方鼎	鬲	甗	簠	盨
长沙魏家堆 1974M1(完整)①	7			DbⅣ1										
长沙下麻园湾 1964M12(完整)②	7						DbⅢ1							
长沙颜家岭 1952M35(完整)③	7			DaⅣ1										
长沙子弹库 1953M35(完整)④	7						DbⅢ1							
长沙左家塘 1959M6(完整)⑤	7			DaⅣ1										
常德德山 1958M26(完整)⑥	7			DaⅣ1										
常德德山 1958M47(完整)⑦	7			1										
常德德山 1958M50(完整)⑧	7			1										
常德河家坪寨子岭 1999M1(盗)⑨	7													
常德市区沅江内 1993M(扰)⑩	7													
郴州市区高山背山坡 1985M(完整)⑪	7						DbⅢ1							
衡阳苗圃 1981M20(完整)⑫	7						DbⅢ1							
衡阳涂家山 1991M10(完整)⑬	7			1										

①　湖南省博物馆、湖南省文物考古研究所、长沙市博物馆、长沙市文物考古研究所：《长沙楚墓》，文物出版社，2000 年。报告新编号为 M1140。

②　湖南省博物馆、湖南省文物考古研究所、长沙市博物馆、长沙市文物考古研究所：《长沙楚墓》，文物出版社，2000 年。报告新编号为 M362。

③　湖南省博物馆、湖南省文物考古研究所、长沙市博物馆、长沙市文物考古研究所：《长沙楚墓》，文物出版社，2000 年。报告新编号为 M115。

④　湖南省博物馆、湖南省文物考古研究所、长沙市博物馆、长沙市文物考古研究所：《长沙楚墓》，文物出版社，2000 年。报告新编号为 M157。

⑤　湖南省博物馆、湖南省文物考古研究所、长沙市博物馆、长沙市文物考古研究所：《长沙楚墓》，文物出版社，2000 年。报告新编号为 M1054。

⑥　湖南省博物馆：《湖南常德德山楚墓发掘报告》，《考古》1963 年第 9 期，第 461—473 页。

⑦　湖南省博物馆：《湖南常德德山楚墓发掘报告》，《考古》1963 年第 9 期，第 461—473 页。

⑧　湖南省博物馆：《湖南常德德山楚墓发掘报告》，《考古》1963 年第 9 期，第 461—473 页。

⑨　常德市文物处：《湖南常德寨子岭一号楚墓》，《湖南考古(2002)》，岳麓书社，2004 年，第 402—410 页。

⑩　龙朝彬、郑祖梅：《湖南省常德市出土战国鎏金铜方壶》，《文物》1996 年第 4 期，第 86 页。

⑪　龙福连：《郴州市出土的战国越人墓》，《湖南考古辑刊》(4)，岳麓书社，1987 年，第 176 页。

⑫　衡阳市博物馆：《衡阳市苗圃五马归槽茅坪古墓发掘简报》，《考古》1984 年第 10 期，第 880—886 页。

⑬　衡阳市文物管理处：《湖南衡阳市苗圃涂家山战国墓》，《考古》1997 年第 12 期，第 22—28 页。

釜	铺	盨	簠	簋	盆	敦	壶	尊缶	罍	鉴	盉	匜	盘	铲	浴缶	汤鼎
						AbⅥ1										
							1									
							1					BaabⅡ1				
												BcaⅣ1				
							CcbⅢ1									

名称	分期	立耳折沿鼎	附耳折沿鼎	附子口耳母鼎	箍口鼎	束腰鼎	细足撇鼎	鬲鼎	牲首鼎	方鼎	鬲	甗	簠	鉴
衡阳涂家山 1991M4(完整)①	7						DbⅢ1							
耒阳城里加油站 1983M10(完整)②	7						DbⅢ1							
耒阳城里加油站 1983M4(完整)③	7						DbⅢ1							
临澧九里 1981M17(盗)④	7			DbⅣ1										
临澧九里 1981M21(盗)⑤	7						1							
临澧太山庙 1986M17(完整)⑥	7						DbⅢ2							
浏阳北岭 1964M(扰)⑦	7						DbⅢ3							
汨罗汨罗山 1983M36(完整)⑧	7													
汨罗汨罗山 1983M72(完整)⑨	7						DbⅢ2							
平江红门 1989M2(完整)⑩	7						DbⅢ1							
桃江腰子仑 1989M5(完整)⑪	7						DbⅢ1							
桃江腰子仑 1990M37(完整)⑫	7						DbⅢ1							
桃源三元 1985M1(完整)⑬	7			DaⅣ2										
湘乡何家湾 1982M3(完整)⑭	7						BcⅢ1							

①　衡阳市文物管理处:《湖南衡阳市苗圃涂家山战国墓》,《考古》1997 年第 12 期,第 22—28 页。
②　湖南省博物馆、耒阳县文化局:《耒阳春秋、战国墓》,《文物》1985 年第 6 期,第 1—15 页。
③　湖南省博物馆、耒阳县文化局:《耒阳春秋、战国墓》,《文物》1985 年第 6 期,第 1—15 页。
④　湖南省博物馆、常德地区文物工作队:《临澧九里楚墓发掘报告》,《湖南考古辑刊》(3),岳麓书社,1986 年,第 87—111 页。
⑤　湖南省博物馆、常德地区文物工作队:《临澧九里楚墓发掘报告》,《湖南考古辑刊》(3),岳麓书社,1986 年,第 87—111 页。
⑥　湖南省文物考古研究所、常德地区文物工作队、临澧县文物管理所:《临澧太山庙楚墓》,《湖南文物》(三),湖南大学出版社,1988 年,第 77—88 页。
⑦　张欣如:《湖南浏阳县北岭发现青铜器》,《考古》1965 年第 7 期,第 374 页。
⑧　湖南省博物馆:《汨罗县东周、秦、西汉、南朝墓发掘报告》,《湖南考古辑刊》(3),岳麓书社,1986 年,第 45—86 页。
⑨　湖南省博物馆:《汨罗县东周、秦、西汉、南朝墓发掘报告》,《湖南考古辑刊》(3),岳麓书社,1986 年,第 45—86 页。
⑩　岳阳市文管处:《平江红门遗址发掘简报》,《湖南考古辑刊》(6),岳麓书社,1994 年,第 107—111 页。
⑪　益阳市文物管理处:《湖南桃江腰子仑春秋墓》,《考古学报》2003 年第 4 期,第 511—544 页。
⑫　益阳市文物管理处:《湖南桃江腰子仑春秋墓》,《考古学报》2003 年第 4 期,第 511—544 页。
⑬　常德地区文物工作队、桃源县文化局:《桃源三元村一号楚墓》,《湖南考古辑刊》(4),岳麓书社,1987 年,第 22—32 页;湖南省常德市文物局等:《沅水下游楚墓》,文物出版社,2010 年。
⑭　湘乡县博物馆:《湘乡县五里桥、何家湾古墓葬发掘简报》,《湖南考古学辑刊》(3),岳麓书社,1986 年,第 39—44 页。

釜	铺	甑	簠	簋	盆	敦	壶	尊缶	罍	鉴	盉	匜	盘	铲	浴缶	汤鼎
					1	1										
												Baaa IX 1				
					Eb1											
					Cbba VI 2							Baaa IX 1	Bca IV 1			

名　称	分期	立耳折沿鼎	附耳折沿鼎	附耳子母口鼎	箍口鼎	束腰鼎	细撇足鼎	鬲鼎	牲首鼎	方鼎	鬲	瓿	镇	鋞
湘乡义冢山 1965M76(扰)①	7													
溆浦马田坪 1978M24 (完整)②	7			AbⅥ2										
溆浦马田坪 1982M20 (完整)③	7													
益阳赫山房产公司 1984M18 (完整)④	7						DbⅢ1							
益阳赫山房产公司 1984M1(完整)⑤	7						DbⅡ1							
益阳赫山房产公司 1984M5(完整)⑥	7			DaⅣ1										
益阳赫山庙义子山 1991M33 (完整)⑦	7						DbⅢ1							
益阳赫山招待所 1986M26(完整)⑧	7													
益阳粮站 1992M18(完整)⑨	7			DaⅣ2										
益阳县医院 1988M35 (完整)⑩	7						DbⅢ1							
益阳轴承厂 1983M1(完整)⑪	7													
永州鹞子岭 1984M20(扰)⑫	7						DbⅢ2							
资兴旧市东江 1978M165(完整)⑬	7						DbⅢ1							

①　原韶山灌区文物工作队：《在华主席关怀下韶山灌区文物考古工作的重大成果》，《文物》1977年第2期，第1—4页；湖南省博物馆：《湖南韶山灌区湘乡东周墓清理简报》，《文物》1977年第3期，第54页。
②　湖南省博物馆、怀化地区文物工作队：《湖南溆浦马田坪战国西汉墓发掘报告》，《湖南考古辑刊》(2)，岳麓书社，1984年，第38—69页。
③　湖南省博物馆：《湖南溆浦马田坪战国、西汉墓》，《文物资料丛刊》(10)，文物出版社，1987年，第88—103页。
④　益阳市文物管理处、益阳市博物馆：《益阳楚墓》，文物出版社，2008年。报告统一编号为M71。
⑤　益阳市文物管理处、益阳市博物馆：《益阳楚墓》，文物出版社，2008年。报告统一编号为M42。
⑥　益阳市文物管理处、益阳市博物馆：《益阳楚墓》，文物出版社，2008年。报告统一编号为M119。
⑦　益阳市文物管理处、益阳市博物馆：《益阳楚墓》，文物出版社，2008年。报告统一编号为M413。
⑧　益阳市文物管理处、益阳市博物馆：《益阳楚墓》，文物出版社，2008年。报告统一编号为M300。
⑨　益阳市文物管理处、益阳市博物馆：《益阳楚墓》，文物出版社，2008年。报告统一编号为M452。
⑩　益阳市文物管理处、益阳市博物馆：《益阳楚墓》，文物出版社，2008年。报告统一编号为M379。
⑪　益阳市文物管理处、益阳市博物馆：《益阳楚墓》，文物出版社，2008年。报告统一编号为M42。
⑫　零陵地区文物工作队：《永州市鹞子岭战国墓发掘简报》，《湖南考古辑刊》(4)，岳麓书社，1987年，第48—51页。
⑬　湖南省博物馆：《湖南资兴旧市战国墓》，《考古学报》1983年第1期，第93—124页。

釜	铺	盨	簠	簋	盆	敦	壶	尊缶	罍	鉴	盉	匜	盘	铺	浴缶	汤鼎
							1									
						AbⅦ1							1	1		
												BaaaⅨ1	BcaⅣ1			
							1									
							CbabⅤ1						1			
							CbbaⅦ1					BaaaⅨ1	1			
						AbⅦ1	CbbaⅦ2			1						
							CcaⅢ1									
							CbbaⅦ2						1			
													BcaⅣ1			

名　　称	分期	立耳折沿鼎	附耳折沿鼎	附耳子母口鼎	箍口鼎	束腰鼎	细撇足鼎	鬲鼎	牲首鼎	方鼎	鬲	甗	镬	鉴
资兴旧市东江 1978M166(完整)①	7						DbⅢ1							
资兴旧市东江 1978M175(完整)②	7						DbⅢ1							
资兴旧市东江 1978M208(完整)③	7						DbⅢ1							
资兴旧市东江 1978M326(完整)④	7						DbⅢ1							
资兴旧市东江 1978M528(完整)⑤	7						DbⅢ1							

附表九　江苏、浙江

名　　称	分期	立耳折沿鼎	附耳折沿鼎	附耳子母口鼎	箍口鼎	束腰鼎	细撇足鼎	鬲鼎	牲首鼎	方鼎	鬲	甗	镬	鉴
长兴李家巷 1979 采铜壶(采)⑥	1													
高淳废品收购站 1979 征铜鼎(征)⑦	1	BⅠ1												
灌云伊山 1988M(扰)⑧	1	BⅠ3												
江宁陶吴 1960M(扰)⑨	1	CⅠ1									Abba1			
溧阳上沛 1978 采铜鼎(采)⑩	1	AbⅠ1												
浦口林场长山子 1977M(扰)⑪	1	BⅠ1									Abbb2、BⅠ1			

---

①　湖南省博物馆：《湖南资兴旧市战国墓》，《考古学报》1983 年第 1 期，第 93—124 页。
②　湖南省博物馆：《湖南资兴旧市战国墓》，《考古学报》1983 年第 1 期，第 93—124 页。
③　湖南省博物馆：《湖南资兴旧市战国墓》，《考古学报》1983 年第 1 期，第 93—124 页。
④　湖南省博物馆：《湖南资兴旧市战国墓》，《考古学报》1983 年第 1 期，第 93—124 页。
⑤　湖南省博物馆：《湖南资兴旧市战国墓》，《考古学报》1983 年第 1 期，第 93—124 页。
⑥　夏星南：《浙江长兴发现东周青铜器》，《文物》1981 年第 12 期，第 89 页。
⑦　肖梦龙：《镇江博物馆藏商周青铜器——兼谈江南吴器的地方特色》，《东南文化》1988 年第 5 期，第 54—77 页。
⑧　灌云县博物馆：《江苏灌云县出土周代青铜器》，《考古》1993 年第 10 期，第 94—95 页。
⑨　李蔚然：《南京发现周代铜器》，《考古》1960 年第 6 期，第 41 页。
⑩　刘兴：《镇江地区近年出土的青铜器》，《文物资料丛刊》(5)，文物出版社，1981 年，第 106—111 页。
⑪　南京市文物保管委员会：《南京浦口出土一批青铜器》，《文物》1980 年第 8 期，第 10—11 页。

续表

釜	铺	盨	簠	簋	盆	敦	壶	尊缶	罍	鉴	盉	匜	盘	铺	浴缶	汤鼎

东周铜器群型式登记表

釜	铺	盨	簠	簋	盆	敦	壶	尊缶	罍	鉴	盉	匜	盘	铺	浴缶	汤鼎
							Ba I 1									
												Aaab I 1				

名称	分期	立耳折沿鼎	附耳折沿鼎	附耳母子口鼎	箍口鼎	束腰鼎	细撇足鼎	鬲鼎	牲首鼎	方鼎	鬲	甗	簠	鉴
无锡北周巷 1979JC(扰)①	1													
武进淹城 1958M(扰)②	1													
丹阳司徒砖瓦厂 1976JC(扰)③	2	BⅡ1、西周4④	AaⅠ3、西周3⑤											
高淳固陇下大路 1971M(扰)⑦	2	BⅡ2												
高淳青山 1972采铜鼎(采)⑧	2	BⅡ1												
江宁东胭脂村 1957采铜鼎(采)⑨	2	BⅡ1												
溧水白马上洋 1977M(扰)⑩	2	BⅡ1												
溧水黄家宽广墩 1981M(扰)⑪	2													
丹徒青龙山 1987M1(盗)⑫	3											CaeⅢ1		
邳州九女墩 1997M6(盗)⑬	3													
盱眙王庄 1985采铜匜(采)⑭	3													
丹徒北山顶 1984M(盗)⑮	4		AcⅢ1、DaⅠ1	AcⅡ1										
丹徒谏壁粮山 1979M1(扰)⑯	4				BbⅠ1		AaⅣ2					Da1		

①　冯普仁:《无锡北周巷青铜器》,《考古》1981 年第 4 期,第 302—303 页。

②　谢春祝:《淹城发现战国时期的独木船》,《文物参考资料》1958 年第 11 期,第 80 页;倪振逵:《淹城出土的铜器》,《文物》1959 年第 4 期,第 5 页;赵玉泉:《武进县淹城遗址出土春秋文物》,《东南文化》1988 年第 4、5 期,第 78—91 页。

③　镇江市博物馆、丹阳县文物管理委员会:《江苏丹阳出土的西周青铜器》,《文物》1980 年第 8 期,第 3—9 页。

④　"西周 4"表示有西周时期器物 4 件。

⑤　"西周 3"表示有西周时期器物 3 件。

⑥　"西周 2"表示有西周时期器物 2 件。

⑦　刘兴:《镇江地区近年出土的青铜器》,《文物资料丛刊》(5),文物出版社,1981 年,第 106—111 页。

⑧　刘兴:《镇江地区近年出土的青铜器》,《文物资料丛刊》(5),文物出版社,1981 年,第 106—111 页。

⑨　尹焕章、张正祥:《宁镇山脉及秦淮河地区新石器时代遗址普查报告》,《考古学报》1959 年第 1 期,第 13—40 页。

⑩　溧水县图书馆:《江苏溧水出土的几批青铜器》,《考古》1986 年第 3 期,第 281—282 页。

⑪　刘建国、吴大林:《江苏溧水宽广墩墓出土器物》,《文物》1985 年第 12 期,第 23—25 页。

⑫　丹徒考古队:《丹徒青龙山春秋大墓及附葬墓发掘报告》,《东方文明之韵》,岭南美术出版社,2000 年,第 10—35 页;杨正宏、肖梦龙主编:《镇江出土吴国青铜器》,文物出版社,2008 年。

⑬　徐州博物馆、邳州博物馆:《江苏邳州市九女墩春秋墓发掘简报》,《考古》2003 年第 9 期,第 13—24 页。

⑭　秦士芝:《盱眙县王庄出土春秋吴国铜匜》,《文物》1988 年第 9 期,第 96 页。

⑮　江苏省丹徒考古队:《江苏丹徒北山顶春秋墓发掘报告》,《东南文化》1988 年第 3、4 期,第 13—50 页;杨正宏、肖梦龙主编:《镇江出土吴国青铜器》,文物出版社,2008 年。

⑯　镇江市博物馆:《江苏丹徒出土东周铜器》,《考古》1981 年第 5 期,第 409—410 页(此墓后被编为 M1,见刘建国:《江苏丹徒粮山春秋石穴墓——兼谈吴国的葬制及人殉》,《考古与文物》1987 年第 4 期,第 29—38 页);杨正宏、肖梦龙主编:《镇江出土吴国青铜器》,文物出版社,2008 年。

续表

釜	铺	盨	簠	簋	盆	敦	壶	尊缶	罍	鉴	盉	匜	盘	铲	浴缶	汤鼎
				EⅠ2	·											
				EⅠ1								CⅠ1	1			
				EⅠ1、EⅡ4、西周2⑥									3		Bbc1	
												CⅡ1				
						C1		1							BⅢ1	
												BbaⅢ1				
								AbⅡ2	BbⅡ1							
															CaⅠ1	

名　称	分期	立耳折沿鼎	附耳折沿鼎	附耳子母口鼎	镦口鼎	束腰鼎	细撇足鼎	鬲鼎	牲首鼎	方鼎	鬲	甗	复	鉴
丹徒谏壁王家山 1985M(扰)①	4						AaⅣ1							
金坛薛埠东进 1964 采铜鉴(采)②	4													
六合程桥 1964M1(扰)③	4						AaⅣ1							
六合程桥 1968M2(扰)④	4			DaⅠ2										
六合程桥 1988M3(扰)⑤	4				BbⅠ2							Da1		
邳州九女墩 1993M3(完整)⑥	4			AbⅢ3					1			AabⅠ1		
邳州九女墩 1995M2(盗)⑦	4			AⅢ3										
邳州刘林 1958M(扰)⑧	4													
绍兴坡塘狮子山 1982M306(扰)⑨	4			AⅢ2					1			AabⅠ1、BbⅢ1		
苏州虎丘 1975M(扰)⑩	4				BbⅠ2									
苏州新苏丝织厂 1977JC(扰)⑪	4						AaⅣ2							
吴县枫桥何山 1980M(扰)⑫	4			AbⅡ3			BaⅣ2							
安吉良朋上马山 2004M(扰)⑬	5													
六合和仁 1973M(扰)⑭	5						AaⅤ1							

① 镇江博物馆：《江苏镇江谏壁王家山东周墓》，《文物》1987 年第 12 期，第 24—37 页；杨正宏、肖梦龙主编：《镇江出土吴国青铜器》，文物出版社，2008 年。

② 刘兴：《镇江地区近年出土的青铜器》，《文物资料丛刊》(5)，文物出版社，1981 年，第 106—111 页；杨正宏、肖梦龙主编：《镇江出土吴国青铜器》，文物出版社，2008 年。

③ 江苏省文物管理委员会、南京博物院：《江苏六合程桥东周墓》，《考古》1965 年第 3 期，第 105—115 页。

④ 南京博物院：《江苏六合程桥二号东周墓》，《考古》1974 年第 2 期，第 116—120 页。

⑤ 南京市博物馆、六合县文教局：《江苏六合程桥东周三号墓》，《东南文化》1991 年第 1 期，第 204—211 页。

⑥ 孔令远、陈永清：《江苏邳州市九女墩三号墩的发掘》，《考古》2002 年第 5 期，第 19—30 页。

⑦ 南京博物院、徐州市文化局、邳州市博物馆：《江苏邳州市九女墩二号墩发掘简报》，《考古》1999 年第 11 期，第 28—34 页。

⑧ 南京博物院：《1959 年冬徐州地区考古调查》，《考古》1960 年第 3 期，第 25—29 页。

⑨ 浙江省文物管理委员会等：《绍兴 306 号战国墓发掘简报》，《文物》1984 年第 1 期，第 10—26 页。

⑩ 苏州博物馆考古组：《苏州虎丘东周墓》，《文物》1981 年第 11 期，第 51—54 页；苏州博物馆：《苏州博物馆藏出土文物》，文物出版社，2009 年。

⑪ 苏州博物馆考古组：《苏州城东北发现东周铜器》，《文物》1980 年第 8 期，第 18—20 页。

⑫ 吴县文物管理委员会：《江苏吴县何山东周墓》，《文物》1984 年第 5 期，第 16—20 页。

⑬ 程永军、周意群：《浙江安吉出土春秋青铜盉》，《浙江文物》2004 年第 6 期，第 28 页；安吉县文物保护管理所：《浙江安吉出土春秋青铜盉》，《文物》2006 年第 11 期，第 95—96 页。

⑭ 吴山菁：《江苏六合县和仁东周墓》，《考古》1977 年第 5 期，第 298—301 页。

续表

釜	铺	盨	簠	簋	盆	敦	壶	尊缶	罍	鉴	盉	匜	盘	铏	浴缶	汤鼎
						AcⅡ1					BaⅣ1	BaaaⅣ1	AddⅣ1			
										BbⅡ1						
							AaⅣ1					BaaaⅣ1				
												BaaaⅣ1				
			BbⅤ1									BbaⅢ1	AdcⅣ1	AbbⅤ1		
						CabaⅡ5	CbaaⅣ1	1		BaⅡ5	BaⅣ2				CaⅠ1	Ⅳ1
							AaⅣ1									
			BbⅤ2				AaⅣ2					AbcⅣ1				
			DaⅣ1							BaⅡ1	BaⅣ1		Ad1	AbbⅤ1（金质）	CaⅠ1	Ⅳ1
						CbaⅠ1	AbⅡ1				BaⅣ1	BaaaⅣ1	AddⅣ1			
													AbdⅠ1			
			BbⅤ2								BaⅣ1	BbaⅣ1	AddⅣ1		BaⅣ1	
											BaⅤ1					
											BaaaⅤ1					

名　称	分期	立耳折沿鼎	附耳折沿鼎	附耳子母口鼎	箍口鼎	束腰鼎	细撇足鼎	鬲鼎	牲首鼎	方鼎	鬲	甗	鍑	鏊
长兴和平四矿区 1969M (扰)①	6						DaⅢ1							
淮阴高庄1978M1(盗)②	6						DbⅡ11		1			AabⅢ1		
句容1977征铜鼎(征)③	7			DaⅣ1										
句容下蜀1977采铜鼎(采)④	7						DbⅢ1							
苏州真山1992D1M1(扰)⑤	7			DbⅣ4										
铜山翟山2001M3(扰)⑥	7			AbⅥ1										
无锡前洲1973M(扰)⑦	7													
武进孟河徽州山 1980M (扰)⑧	7			DbⅣ2										
武进淹城1976采铜鼎(采)⑨	7						CⅢ1							

附表一〇　江西东周

名　称	分期	立耳折沿鼎	附耳折沿鼎	附耳子母口鼎	箍口鼎	束腰鼎	细撇足鼎	鬲鼎	牲首鼎	方鼎	鬲	甗	鍑	鏊
靖安李洲坳 2007MG12 (完整)⑩	4						BaⅣ1							
靖安李洲坳 2007MG4 (完整)⑪	4						BaⅣ1							

①　长兴县文化馆:《浙江长兴县的两件青铜器》,《文物》1973 年第 1 期,第 62 页。
②　淮阴市博物馆:《淮阴高庄战国墓》,《考古学报》1988 年第 2 期,第 189—232 页;淮安市博物馆:《淮阴高庄战国墓》,文物出版社,2009 年。
③　刘兴:《镇江地区近年出土的青铜器》,《文物资料丛刊》(5),文物出版社,1981 年,第 106—111 页。
④　刘兴:《镇江地区近年出土的青铜器》,《文物资料丛刊》(5),文物出版社,1981 年,第 106—111 页。
⑤　苏州博物馆:《真山东周墓地》,文物出版社,1999 年。
⑥　徐州博物馆:《徐州翟山战国至西汉墓葬群发掘简报》,《东南文化》2008 年第 3 期,第 21—26 页。
⑦　李零、刘雨:《楚郏陵君三器》,《文物》1980 年第 8 期,第 29—34 页。
⑧　镇江市博物馆:《江苏武进孟河战国墓》,《考古》1984 年第 2 期,第 135—137 页。
⑨　赵玉泉:《武进县淹城遗址出土春秋文物》,《东南文化》1989 年第 4、5 期,第 78—91 页。
⑩　江西省文物考古研究所:《江西靖安县李洲坳东周墓葬》,《考古》2008 年第 7 期,第 47—53 页;江西省文物考古研究所、靖安县博物馆:《江西靖安李洲坳东周墓发掘简报》,《文物》2009 年第 2 期,第 4—17 页。
⑪　江西省文物考古研究所:《江西靖安县李洲坳东周墓葬》,《考古》2008 年第 7 期,第 47—53 页;江西省文物考古研究所、靖安县博物馆:《江西靖安李洲坳东周墓发掘简报》,《文物》2009 年第 2 期,第 4—17 页。

续表

釜	铺	盨	簠	簋	盆	敦	壶	尊缶	罍	鉴	盉	匜	盘	铚	浴缶	汤鼎
										Bb Ⅳ 14	Ba Ⅵ 1、Bb1	Baaa Ⅶ 7	Add Ⅵ 7、Adb Ⅵ 1		Cb2	
											1					
							Cbba Ⅵ 1、Caa Ⅶ 1									
	2											Baaa Ⅸ 1				
						1	Cbba Ⅵ 2						1	1		

铜器群型式登记表

釜	铺	盨	簠	簋	盆	敦	壶	尊缶	罍	鉴	盉	匜	盘	铚	浴缶	汤鼎

名　称	分期	立耳折沿鼎	附耳折沿鼎	附耳子口鼎	箍口鼎	束腰鼎	细撇足鼎	鬲鼎	牲首鼎	方鼎	鬲	甗	鍑	鑿
靖安水口李家 1979M(扰)①	4													
萍乡芦溪高楼 1973 采铜鼎 (采)②	4				B1									
樟树观上郭堆垴 1993M (盗)③	4	AbⅣ2												
樟树临江 1970 采铜鉴(采)④	4													
瑞昌桂林六合 1990M(扰)⑤	5						DbⅠ1、 EⅢ1							
高安太阳墟 1986M(扰)⑥	6						DbⅡ3、 EⅢ1							
奉新宋埠青河 1975 采铜盘 (采)⑦	7													
上高塔下 1956M(扰)⑧	7						DbⅢ3							

附表一一　山东东周

名　称	分期	立耳折沿鼎	附耳折沿鼎	附耳子口鼎	箍口鼎	束腰鼎	细撇足鼎	鬲鼎	牲首鼎	方鼎	鬲	甗	鍑	鑿
安丘东古庙 1994M(扰)⑨	1	BⅠ5									BⅠ2			
安丘郚山贾孟 1987M(扰)⑩	1	CⅠ1									BⅠ1			
昌乐前张次 1951 采铜鼎 (采)⑪	1	AbⅠ1												

① 江西省历史博物馆、靖安县文化馆：《江西靖安出土春秋徐国铜器》,《文物》1980 年第 8 期,第 13—15 页。
② 石凡：《江西出土部分楚文物介绍》,《江西历史文物》1985 年第 2 期,第 25—34 页。
③ 樟树市博物馆：《江西樟树观上春秋墓》,《南方文物》1997 年第 2 期,第 46—48 页。
④ 樟树市博物馆：《江西樟树观上春秋墓》,《南方文物》1997 年第 2 期,第 46—48 页。
⑤ 何国良、冯丽华：《瑞昌市郊出土两件春秋铜鼎》,《江西文物》1990 年第 3 期,第 42—43 页;何国良：《江西瑞昌市出土春秋青铜鼎》,《考古与文物》1992 年第 5 期,第 112 页。
⑥ 江西省文物工作队、高安县博物馆：《高安太阳墟春秋墓》,《江西历史文物》1986 年第 2 期,第 26—28 页。
⑦ 石凡：《江西出土部分楚文物介绍》,《江西历史文物》1985 年第 2 期,第 25—34 页。
⑧ 薛尧：《江西出土的几件青铜器》,《考古》1963 年第 8 期,第 416—418 页。
⑨ 安丘市博物馆：《山东安丘柘山镇东古庙村春秋墓》,《文物》2012 年第 7 期,第 16—21 页。
⑩ 安丘县博物馆：《山东安丘发现两件青铜器》,《文物》1989 年第 1 期,第 96 页。
⑪ 潍坊市博物馆、昌乐县文管所：《山东昌乐县商周文化遗址调查》,《海岱考古》(1),山东大学出版社,1989 年,第 292—312 页。

釜	铺	盨	簠	簋	盆	敦	壶	尊缶	罍	鉴	盉	匜	盘	铷	浴缶	汤鼎
										Ba I 1						
							1			Aa IV 1						
										Aa IV 1						
													Bcb IV 1			

铜器群型式登记表

釜	铺	盨	簠	簋	盆	敦	壶	尊缶	罍	鉴	盉	匜	盘	铷	浴缶	汤鼎
							Caa I 1		Aa I 4			Aaab I 1	Abaa I 1	Ba I 1		

名称	分期	立耳折沿鼎	附耳折沿鼎	附耳子母口鼎	箍口鼎	束腰鼎	细撇足鼎	鬲鼎	牲首鼎	方鼎	鬲	甗	镬	鉴
昌乐前张次 1980 采铜鼎(采)①	1	Ab丨1												
昌乐宇家 1965 采铜鼎(采)②	1		Aa丨1											
昌乐宇家 1965 采铜盘(采)③	1													
昌乐宇家 1965 采铜匜(采)④	1													
昌乐宇家 1980 采铜鼎(采)⑤	1	Ab丨1												
昌乐宇家 1980 采铜盘(采)⑥	1													
昌乐宇家 1980 采铜匜(采)⑦	1													
长清石都庄 1986M1(扰)⑧	1	B丨2												
长清石都庄 1991M2(扰)⑨	1	Aa丨2、Ab丨1、B丨1												
长清仙人台 1975M1(扰)⑩	1	B丨1												
长清仙人台 1975 采铜簋(采)⑪	1													
长清仙人台 1995M3(完整)⑫	1	Ab丨2												
长清仙人台 1995M6(完整)⑬	1	B丨14	Aa丨1											
肥城小王庄 1963M(扰)⑭	1			Aa丨2						Abaa丨2				

①　潍坊市博物馆:《山东潍坊地区商周遗址调查》,《考古》1993 年第 9 期,第 781—799 页。
②　潍坊市博物馆、昌乐县文管所:《山东昌乐县商周文化遗址调查》,《海岱考古》(1),山东大学出版社,1989 年,第 292—312 页。
③　潍坊市博物馆、昌乐县文管所:《山东昌乐县商周文化遗址调查》,《海岱考古》(1),山东大学出版社,1989 年,第 292—312 页。
④　潍坊市博物馆、昌乐县文管所:《山东昌乐县商周文化遗址调查》,《海岱考古》(1),山东大学出版社,1989 年,第 292—312 页。
⑤　潍坊市博物馆:《山东潍坊地区商周遗址调查》,《考古》1993 年第 9 期,第 781—799 页。
⑥　潍坊市博物馆:《山东潍坊地区商周遗址调查》,《考古》1993 年第 9 期,第 781—799 页。
⑦　潍坊市博物馆:《山东潍坊地区商周遗址调查》,《考古》1993 年第 9 期,第 781—799 页。
⑧　昌芳:《山东长清石都庄出土周代铜器》,《文物》2003 年第 4 期,第 85—91 页。
⑨　昌芳:《山东长清石都庄出土周代铜器》,《文物》2003 年第 4 期,第 85—91 页。
⑩　吴桂荣:《山东长清县北黄崖发现的周代遗物》,《考古》2004 年第 4 期,第 91—92 页。
⑪　李晶:《济南市博物馆收藏的一件邿国铜簋》,《文物》2002 年第 10 期,第 96 页。
⑫　山东大学考古系:《山东长清县仙人台周代墓地》,《考古》1998 年第 9 期,第 11—25 页。
⑬　山东大学考古系:《山东长清县仙人台周代墓地》,《考古》1998 年第 9 期,第 11—25 页。
⑭　齐文涛:《概述近年来山东出土的商周青铜器》,《文物》1972 年第 5 期,第 3—18 页。

釜	铺	甗	簠	簋	盆	敦	壶	尊缶	罍	鉴	盉	匜	盘	铊	浴缶	汤鼎
													Abaa Ⅰ 1			
												Aaaa Ⅰ 1				
													Abaa Ⅰ 1			
												Aaaa Ⅰ 1				
			Aa Ⅰ 2													
			A Ⅰ 3													
			A Ⅰ 1													
			Aa Ⅰ 2													
	2		A Ⅰ 8				Aa Ⅰ 2、Ba Ⅰ 2、Caa Ⅰ 1						Aaab Ⅰ 1	Abaa Ⅰ 1		
			Ae Ⅱ 2				Aa Ⅰ 2						Abaa Ⅰ 1	Abaa Ⅰ 1		

名称	分期	立耳折沿鼎	附耳折沿鼎	附耳母子口鼎	箍口鼎	束腰鼎	细撇足鼎	鬲鼎	牲首鼎	方鼎	鬲	甗	簠	鉴
莱芜西上崮1973采铜鼎1号(采)①	1	Ab I 1												
历城北草沟1970M(扰)②	1													
临朐泉头1977M甲(扰)③	1	Aa I 1、B I 1									Abaa I 5			
临朐泉头1981M乙(扰)④	1	Aa I 1	Aa I 1			A1					Abaa I 2			
临沂汤河中洽沟1984M1(扰)⑤	1	B I 4									B I 1			
临淄东古城1984M1(扰)⑥	1	3												
临淄河崖头1965JC(扰)⑦	1													
龙口旧城1950s采铜鬲(采)⑧	1										Aaa I 1			
蓬莱刘格庄1976M11(盗)⑨	1	Ab I 1												
平邑蔡庄1976M(扰)⑩	1	B I 2									B I 1			
青州杨姑桥1972M1(扰)⑪	1													
曲阜北关1969M(盗)⑫	1													
曲阜鲁故城 1977M30（完整)⑬	1	Ab I 1												
曲阜鲁故城 1977M48（完整)⑭	1	Ab I 3									Caa I 1			

① 刘慧：《山东莱芜西上崮出土青铜器及双凤牙梳》,《文物》1990年第11期,第59—64页。原文未编号,本书将原简报中的铜鼎 I 式编为铜鼎1号。
② 朱活：《山东历城出土鲁伯大父媵季姬簋》,《文物》1973年第1期,第64页。
③ 临朐县文化馆、潍坊地区文物管理委员会：《山东临朐发现齐、郱、曾诸国铜器》,《文物》1983年第12期,第1—6页。
④ 临朐县文化馆、潍坊地区文物管理委员会：《山东临朐发现齐、郱、曾诸国铜器》,《文物》1983年第12期,第1—6页。
⑤ 临沂市博物馆：《山东临沂中洽沟发现三座周墓》,《考古》1987年第8期,第701—706页。
⑥ 齐国故城遗址博物馆、临淄区文物管理所：《山东临淄齐国故城西周墓》,《考古》1988年第1期,第24—26页。
⑦ 齐文涛：《概述近年来山东出土的商周青铜器》,《文物》1972年第5期,第3—18页。
⑧ 李步青：《山东莱阳县出土己国铜器》,《文物》1983年第12期,第7—8页。
⑨ 山东省烟台地区文管组：《山东蓬莱县西周墓发掘简报》,《文物资料丛刊》(3),文物出版社,1980年,第50—55页。
⑩ 李常松：《平邑蔡庄出土一批青铜器》,《考古》1986年第4期,第366—367页。
⑪ 青州市博物馆：《青州杨姑桥遗址调查报告》,《海岱考古》(5),科学出版社,2012年,第243—252页。
⑫ 齐文涛：《概述近年来山东出土的商周青铜器》,《文物》1972年第5期,第3—18页。
⑬ 山东省文物考古研究所等：《曲阜鲁国故城》,齐鲁书社,1982年。
⑭ 山东省文物考古研究所等：《曲阜鲁国故城》,齐鲁书社,1982年。

续表

釜	铺	盨	簠	簋	盆	敦	壶	尊缶	罍	鉴	盂	匜	盘	锄	浴缶	汤鼎
				A Ⅰ 1												
												Aaaa Ⅰ 1	Abaa Ⅰ 1	Aaaa Ⅱ 1		
			Aa Ⅰ 2									Aaaa Ⅰ 1	Abaa Ⅰ 1			
													Abaa Ⅰ 1			
				A Ⅰ 2			Caa Ⅰ 1					Aaaa Ⅰ 1	Abaa Ⅰ 1	Aab Ⅰ 1		
				Ba Ⅰ 4												
			Ba Ⅱ 4									Aaaa Ⅰ 1、Aaab Ⅰ 1	Abaa Ⅰ 1			
												Aaaa Ⅰ 1	Abaa Ⅰ 1			
	2			A Ⅰ 6												
		A Ⅰ 1					Cbc Ⅰ 1					Aaaa Ⅰ 1	Aaa Ⅰ 1			
		A Ⅰ 2	Aa Ⅰ 1	A Ⅰ 2			Cbc Ⅰ 1					Aaaa Ⅰ 2	Abaa Ⅰ 1、Abab Ⅰ 1			

名称	分期	立耳折沿鼎	附耳折沿鼎	附耳子母口鼎	箍口鼎	束腰鼎	细撇足鼎	鬲鼎	牲首鼎	方鼎	鬲	甗	簠	盨
曲阜鲁故城 1977M49（完整）①	1	Ab Ⅰ1												
日照董家滩采铜鬲(采)②	1										B Ⅰ1			
日照董家滩采铜匜(采)③	1													
日照崮河崖 1976M1(扰)④	1	Aa Ⅰ2	Abb Ⅰ2								Abaa Ⅰ4			
日照邱前村采铜鼎(采)⑤	1	Ab Ⅰ1												
日照陶家村采铜鬲(采)⑥	1										B Ⅰ1			
日照下元村 2008 采铜鼎(采)⑦	1	Aa Ⅰ1												
日照小村采铜鼎(采)⑧	1	B Ⅰ1												
日照赵家庄采铜鬲(采)⑨	1										B Ⅰ1			
泰安城前 1982M(扰)⑩	1	Aa Ⅰ3												
泰安龙门口采铜簋(采)⑪	1													
滕州后荆沟 1980M1(扰)⑫	1	Aa Ⅰ1、Ab Ⅰ1									B Ⅰ2			
滕州薛城 1973 采铜簋(采)⑬	1													
滕州薛故城尤楼 1978M3(盗)⑭	1													
五莲留村 1980 采铜鼎 4 号(采)⑮	1	Ab Ⅰ1												

①　山东省文物考古研究所等：《曲阜鲁国故城》，齐鲁书社，1982 年。
②　杨深富、胡膺、徐淑彬：《山东日照市周代文化遗存》，《文物》1990 年第 6 期，第 72—79 页。
③　杨深富、胡膺、徐淑彬：《山东日照市周代文化遗存》，《文物》1990 年第 6 期，第 72—79 页。
④　杨深富：《山东日照崮河崖出土一批青铜器》，《考古》1984 年第 7 期，第 594—597 页。
⑤　杨深富、胡膺、徐淑彬：《山东日照市周代文化遗存》，《文物》1990 年第 6 期，第 72—79 页。
⑥　杨深富、胡膺、徐淑彬：《山东日照市周代文化遗存》，《文物》1990 年第 6 期，第 72—79 页。
⑦　王仕安、刘建忠、李凯：《山东日照首次发现春秋时期樊国铭文青铜器》，《中原文物》2012 年第 4 期，第 71—74 页。
⑧　杨深富、胡膺、徐淑彬：《山东日照市周代文化遗存》，《文物》1990 年第 6 期，第 72—79 页。
⑨　杨深富、胡膺、徐淑彬：《山东日照市周代文化遗存》，《文物》1990 年第 6 期，第 72—79 页。
⑩　程继林、吕继祥：《泰安城前村出土鲁侯铭文铜器》，《文物》1986 年第 4 期，第 12—14 页。
⑪　泰安市博物馆：《山东泰安市龙门口遗址调查》，《文物》2004 年第 12 期，第 4—12 页。
⑫　万树瀛：《滕县后荆沟出土不娶簋等青铜器群》，《文物》1981 年第 9 期，第 25—29 页。
⑬　万树瀛、杨孝义：《山东滕县出土杞薛铜器》，《文物》1978 年第 4 期，第 94—96 页。
⑭　山东省济宁市文物管理局：《薛国故城勘查和墓葬发掘报告》，《考古学报》1991 年第 4 期，第 449—495 页。
⑮　潍坊市博物馆：《山东潍坊地区商周遗址调查》，《考古》1993 年第 9 期，第 781—799 页。

续表

釜	铺	盨	簠	簋	盆	敦	壶	尊缶	罍	鉴	盉	匜	盘	铷	浴缶	汤鼎
				A丨2								Aaaa丨1	Aaa丨1			
												Aaaa丨1				
					Ca丨2		Cbc丨2					Abaa丨1	Abaa丨1			
			Aa丨2				Caa丨1									
			Aa丨2													
			Aa丨2	A丨2					Ba丨2			Aaaa丨1	Aca丨1			
			Aa丨4													
							Caa丨1									

名　称	分期	立耳折沿鼎	附耳折沿鼎	附耳子母口鼎	箍口鼎	束腰鼎	细撇足鼎	鬲鼎	牲首鼎	方鼎	鬲	甗	簠	盨
五莲留村 1980 采铜鬲(采)①	1										Aaa I 1			
五莲留村 1980 采铜壶(采)②	1													
沂水黄山铺东河北 1982M(扰)③	1	B I 1									B I 1			
沂水黄山铺东河北 1990M5(扰)④	1													
沂水刘家店子 1978M2(扰)⑤	1	B I 9												
沂水杨庄李家坡 1988M(扰)⑥	1	B I 1									B I 1			
沂源姑子坪 2001M2(扰)⑦	1	Ab I 1												
莒县西大庄 1996M1(扰)⑧	1	Ab I 3									B I 3	Aaaa I 1		
莒南柳沟卢范大庄 1982M(扰)⑨	1													
枣庄东江 2002M1(盗)⑩	1										Abaa I 4			
枣庄东江 2002M2(完整)⑪	1					A4					Abaa I 4			
枣庄东江 2002M3(完整)⑫	1	B I 1				A3					Abaa I 2			
枣庄东江 2002 采铜鼎(采)⑬	1	Ab I 4		Aa I 8										
枣庄东江 2002 采铜壶(采)⑭	1													

① 潍坊市博物馆:《山东潍坊地区商周遗址调查》,《考古》1993 年第 9 期,第 781—799 页。
② 潍坊市博物馆:《山东潍坊地区商周遗址调查》,《考古》1993 年第 9 期,第 781—799 页。
③ 马玺伦:《山东沂水发现一座西周墓葬》,《考古》1986 年第 8 期,第 756—758 页。
④ 沂水县博物馆:《山东沂水县发现五座东周墓》,《考古》1995 年第 4 期,第 319—324 页。
⑤ 山东省文物考古研究所、沂水县文物管理站:《山东沂水刘家店子春秋墓发掘简报》,《文物》1984 年第 9 期,第 1—10 页。
⑥ 孔繁刚:《山东沂水县出土一批青铜器》,《考古与文物》1992 年第 2 期,第 13—14 页。
⑦ 山东大学考古系、淄博市文物局、沂源县文管所:《山东沂源县姑子坪周代墓葬》,《考古》2003 年第 1 期,第 33—43 页。
⑧ 莒县博物馆:《山东莒县西大庄西周墓葬》,《考古》1999 年第 7 期,第 38—45 页。
⑨ 莒南博物馆展陈。
⑩ 枣庄市博物馆、枣庄市文物管理办公室:《枣庄市东江周代墓葬发掘报告》,《海岱考古》(四),科学出版社,2011 年,第 141—231 页。
⑪ 枣庄市博物馆、枣庄市文物管理办公室:《枣庄市东江周代墓葬发掘报告》,《海岱考古》(四),科学出版社,2011 年,第 141—231 页。
⑫ 枣庄市博物馆、枣庄市文物管理办公室:《枣庄市东江周代墓葬发掘报告》,《海岱考古》(四),科学出版社,2011 年,第 141—231 页。
⑬ 枣庄市博物馆、枣庄市文物管理办公室:《枣庄市东江周代墓葬发掘报告》,《海岱考古》(四),科学出版社,2011 年,第 141—231 页。
⑭ 枣庄市博物馆、枣庄市文物管理办公室:《枣庄市东江周代墓葬发掘报告》,《海岱考古》(四),科学出版社,2011 年,第 141—231 页。

釜	铺	盨	簠	簋	盆	敦	壶	尊缶	罍	鉴	盂	匜	盘	铜	浴缶	汤鼎
							Cbaa Ⅰ 1									
														Aaaa Ⅱ 1		
														Aab Ⅰ 1		
									Aa Ⅰ 2		有	有				
													Abaa Ⅰ 1		Ab Ⅰ 1	
				A Ⅰ 4			Ba Ⅰ 2					Aaaa Ⅰ 1	Aaa Ⅰ 1	Aaaa Ⅰ 1		
														Aaaa Ⅰ 1		
			Aa Ⅰ 4				Ba Ⅰ 2		Aa Ⅰ 1			Aaaa Ⅰ 1	Abaa Ⅰ 1			
			Aa Ⅰ 4				Bb Ⅰ 2					D1	Aca Ⅰ 1		Ba Ⅰ 2	
							Aa Ⅰ 2									

名　　称	分期	立耳折沿鼎	附耳折沿鼎	附耳子母口鼎	敞口鼎	束腰鼎	细撇足鼎	鬲鼎	牲首鼎	方鼎	鬲	甑	镀	鉴
枣庄东江 2002 采铜盂(采)①	1													
枣庄东江 2002 采铜盉(采)②	1													
枣庄东江 2002 采郳庆簋(采)③	1													
枣庄东江 2002 采郳庆鬲(采)④	1										Abaa I 4			
枣庄东江 2002 采郳庆壶(采)⑤	1													
枣庄东江 2002 采郳庆盘(采)⑥	1													
枣庄东江 2002 采郳庆匜(采)⑦	1													
枣庄山亭两河叉 1988 采铜鬲(采)⑧	1										Aaa I 、B I 1			
招远曲城 1958M(扰)⑨	1											1		
淄博南阳 1982M(扰)⑩	1	Ab I 1												
邹城灰城子 1973M(扰)⑪	1													
邹城七家峪 1965M(扰)⑫	1	2	Aa I 1	A I 2							Abaa I 4			

① 枣庄市博物馆、枣庄市文物管理办公室:《枣庄市东江周代墓葬发掘报告》,《海岱考古》(四),科学出版社,2011 年,第141—231 页。

② 枣庄市博物馆、枣庄市文物管理办公室:《枣庄市东江周代墓葬发掘报告》,《海岱考古》(四),科学出版社,2011 年,第141—231 页。

③ 枣庄市博物馆、枣庄市文物管理办公室:《枣庄市东江周代墓葬发掘报告》,《海岱考古》(四),科学出版社,2011 年,第141—231 页。

④ 枣庄市博物馆、枣庄市文物管理办公室:《枣庄市东江周代墓葬发掘报告》,《海岱考古》(四),科学出版社,2011 年,第141—231 页。

⑤ 枣庄市博物馆、枣庄市文物管理办公室:《枣庄市东江周代墓葬发掘报告》,《海岱考古》(四),科学出版社,2011 年,第141—231 页。

⑥ 枣庄市博物馆、枣庄市文物管理办公室:《枣庄市东江周代墓葬发掘报告》,《海岱考古》(四),科学出版社,2011 年,第141—231 页。

⑦ 枣庄市博物馆、枣庄市文物管理办公室:《枣庄市东江周代墓葬发掘报告》,《海岱考古》(四),科学出版社,2011 年,第141—231 页。

⑧ 李光雨:《山东枣庄市两河叉出土周代铜鬲》,《考古》1996 年第 5 期,第 13 页。

⑨ 李步青、林仙庭、杨文玉:《山东招远出土西周青铜器》,《考古》1994 年第 4 期,第 377—378 页。

⑩ 张光明:《山东淄博南阳村发现一座周墓》,《考古》1986 年第 4 期,第 368—369 页。

⑪ 中国社会科学院考古研究所山东工作队、邹县文物保管所:《山东邹县古代遗址调查》,《考古学集刊》(3),中国社会科学出版社,1983 年,第 98—108 页。

⑫ 王轩:《山东邹县七家峪村出土的西周铜器》,《考古》1965 年第 11 期,第 541—547 页。简报认为这批铜器出自两座南北并列的墓葬,但是从铜器组合来看,应属于一座墓的随葬品。简报云"出土的铜器已全部收集至县文物保管所妥善保管",似可以排除因铜器出土后部分遗失导致"两座墓"出土的随葬品恰构成一套组合的可能性。简报定为两座墓的根据似是因出土两具人骨架,这可能是夫妇合葬或者其中一人属于陪葬或殉葬性质。本书将这批铜器认定为出自同一座墓葬。

釜	铺	盨	簠	簋	盆	敦	壶	尊缶	罍	鉴	盉	匜	盘	铏	浴缶	汤鼎
											A I 1					
		A I 1														
			Aa II 2													
							Aa I 2、Ba I 3									
													Abaa I 3			
												Aaaa I 2				
					Ca I 1								Ada I 1			
														Aaaa II 1		
			Aa I 4									Aaab I 1	Abaa I 1			
			Aa I 4						Aa I 2			Abaa I 1	Abaa I 1			

名称	分期	立耳折沿鼎	附耳折沿鼎	附耳子母口鼎	箍口鼎	束腰鼎	细撇足鼎	鬲鼎	牲首鼎	方鼎	鬲	甗	镈	甑
邹城邾国故城 1972 采铜鼎(采)①	1	Aa I 1												
临沂沙旦子 1963M(未完全公布)②	1		西周1								B I 1			
昌乐后张次 1980 采铜匜(采)③	2													
长岛大竹山岛 1965M(扰)④	2													
费县上冶台子沟采铜鼎(采)⑤	2	B II 1												
海阳嘴子前 1978M1(扰)⑥	2	Ab II 1		Aa II 1										
海阳嘴子前 1985M2(扰)⑦	2	B II 1												
海阳嘴子前 1994M4(扰)⑧	2	B II 6		Ad I 1								Aaaa II 1		
海阳嘴子前 2000M6(扰)⑨	2	B II 1												
济南市博物馆藏齐叔姬盘(馆藏)⑩	2													
莒县天井汪 1963M(扰)⑪	2	Aa I 5		Aa II 1										
莱芜西上崮 1973 采铜匜 1 号(采)⑫	2													
临朐岳泉 1980 采铜 2 号(采)⑬	2													
临沂土城 1950 采铜鼎(采)⑭	2			Ad I 1										

①　王言京:《山东邹县春秋邾国故城附近发现一件铜鼎》,《文物》1974 年第 1 期,第 76 页。
②　临沂市博物馆展陈。
③　潍坊市博物馆:《山东潍坊地区商周遗址调查》,《考古》1993 年第 9 期,第 781—799 页。
④　李步青、林仙庭:《山东省长岛县出土一批青铜器》,《文物》1992 年第 2 期,第 95—96 页。
⑤　心健、家骥:《山东费县发现东周铜器》,《考古》1983 年第 2 期,第 188 页。
⑥　烟台市博物馆、海阳市博物馆:《海阳嘴子前》,齐鲁书社,2002 年。
⑦　烟台市博物馆、海阳市博物馆:《海阳嘴子前》,齐鲁书社,2002 年。
⑧　烟台市博物馆、海阳市博物馆:《海阳嘴子前》,齐鲁书社,2002 年。
⑨　烟台市博物馆、海阳市博物馆:《海阳嘴子前》,齐鲁书社,2002 年。
⑩　于中航:《济南市博物馆藏商周青铜器选粹》,《海岱考古》(1),山东大学出版社,1989 年,第 320—325 页。
⑪　齐文涛:《概述近年来山东出土的商周青铜器》,《文物》1972 年第 5 期,第 3—18 页。
⑫　刘慧:《山东莱芜西上崮出土青铜器及双凤牙梳》,《文物》1990 年第 11 期,第 59—64 页。
⑬　潍坊市博物馆:《山东潍坊地区商周遗址调查》,《考古》1993 年第 9 期,第 781—799 页。
⑭　山东省文物管理处:《山东文物选集(普查部分)》,文物出版社,1959 年,第 122 号。

续表

釜	铺	盨	簠	簋	盆	敦	壶	尊缶	罍	鉴	盏	匜	盘	铺	浴缶	汤鼎
									Aa Ⅰ1			Abaa Ⅰ1	Abaa Ⅰ1	Aaaa Ⅱ1		
												Aaaa Ⅱ1				
														Abb Ⅲ1		
				Dd Ⅱ2		Aa Ⅱ1	Cab Ⅱ1						Abab Ⅱ1	Abb Ⅳ1		
						A1								Aab Ⅱ1		
						Aa Ⅱ2	Ab Ⅱ2				Aa Ⅱ1	Abaa Ⅲ1	Abba Ⅲ1	Aba Ⅰ1		
						A1								Abb Ⅲ1		
												Abaa Ⅱ1				
					Fa1		Cbaa Ⅱ1、 D Ⅱ1		Aa Ⅱ2				1			
												Abaa Ⅱ1				
														Aab Ⅱ1		

名称	分期	立耳折沿鼎	附耳折沿鼎	附耳子母口鼎	箍口鼎	束腰鼎	细撇足鼎	鬲鼎	牲首鼎	方鼎	鬲	甗	镬	鋻
临淄高阳乡1991采铜鼎(采)①	2			Ba Ⅱ 1										
临淄刘家新村2011M28(完整)②	2	B Ⅱ 3										Aaaa Ⅱ 1		
龙口采铜鬶(采)③	2													
蓬莱柳格庄1976M4(盗)④	2													
蓬莱辛旺集1976M6(盗)⑤	2		Aa Ⅰ 1								B Ⅱ 1	Aaaa Ⅱ 1		
蓬莱辛旺集1976M7(盗)⑥	2													
栖霞吕家埠1982M1(扰)⑦	2	B Ⅱ 1												
栖霞吕家埠1983M2(扰)⑧	2	B Ⅱ 1												
栖霞杏家庄1976M3(扰)⑨	2													
曲阜林前1981M711(未完全公布)⑩	2													
曲阜鲁故城1977M201(完整)⑪	2	B Ⅱ 1												
曲阜鲁故城1977M202(盗)⑫	2													
曲阜鲁故城1977M203(完整)⑬	2													
曲阜鲁故城1977M305(盗)⑭	2													

① 《中国青铜器全集》(9),第4号。
② 临淄区文物局:《山东淄博市临淄区刘家新村春秋墓》,《考古》2013年第5期,第20—28页。
③ 李步青:《山东莱阳县出土己国铜器》,《文物》1983年第12期,第7—8页。
④ 烟台市文物管理委员会:《山东蓬莱县柳格庄墓群发掘简报》,《考古》1990年第9期,第803—810页。
⑤ 山东省烟台地区文管组:《山东蓬莱县西周墓发掘简报》,《文物资料丛刊》(3),文物出版社,1980年,第50—55页。
⑥ 山东省烟台地区文管组:《山东蓬莱县西周墓发掘简报》,《文物资料丛刊》(3),文物出版社,1980年,第50—55页。
⑦ 栖霞县文物管理所:《山东栖霞县松山乡吕家埠西周墓》,《考古》1988年第9期,第778—783页。
⑧ 栖霞县文物管理所:《山东栖霞县松山乡吕家埠西周墓》,《考古》1988年第9期,第778—783页。
⑨ 烟台市文物管理委员会、栖霞县文物事业管理处:《山东栖霞县占疃乡杏家庄战国墓清理简报》,《考古》1992年第1期,第11—21页。
⑩ 山东省博物馆展陈。
⑪ 山东省文物考古研究所等:《曲阜鲁国故城》,齐鲁书社,1982年。
⑫ 山东省文物考古研究所等:《曲阜鲁国故城》,齐鲁书社,1982年。
⑬ 山东省文物考古研究所等:《曲阜鲁国故城》,齐鲁书社,1982年。
⑭ 山东省文物考古研究所等:《曲阜鲁国故城》,齐鲁书社,1982年。

续表

釜	铺	盨	簠	簋	盆	敦	壶	尊缶	罍	鉴	盂	匜	盘	铺	浴缶	汤鼎
				AⅡ4		A1	BbⅡ2					AbaaⅢ1	AbaaⅡ1	AaaaⅣ1		
									AaⅡ1							
														AaaaⅢ2		
							CaaⅡ1									
												BaaaⅢ1	AbbⅡ1	BaⅡ\ BbaⅡ1		
														AaaaⅢ1		
						1						AbaaⅡ1	AbbⅡ1			
												BaaaⅢ1				
											AaⅡ1		AbbⅡ1			
						AaⅡ1						AaaaⅠ1	AbaaⅠ1	AbbⅡ1		
													AbaⅡ1			
														Ac1		

名称	分期	立折耳沿鼎	附耳折沿鼎	附耳子母口鼎	箍口鼎	束腰鼎	细撇足鼎	鬲鼎	牲首鼎	方鼎	鬲	甗	簠	簋
日照赵家庄采铜鼎(采)①	2	AbⅡ1												
日照赵家庄采铜匜(采)②	2													
日照赵家庄采铜铺(采)③	2													
泰安黄花岭1956采铜盘(采)④	2													
泰安黄花岭1956采铜匜(采)⑤	2													
泰安夏张王士店1963采铜匜(采)⑥	2													
泰安夏张王士店1963采铜铺1号(采)⑦	2													
泰安夏张王士店1963采铜铺3号(采)⑧	2													
郯城大埠二村2002M1(扰一)⑨	2	BⅡ2									BⅡ1			
滕州薛故城尤楼1978M1(完整)⑩	2	BⅡ7								AⅡ1	AbaaⅡ6			
五莲留村1980采铜铺(采)⑪	2													
五莲丹土1981采铜铺(米)⑫	2													
莒南岭泉墩后采铜铺(采)⑬	2													
滕州薛故城采铜铺(采)⑭	2													

① 杨深富、胡膺、徐淑彬:《山东日照市周代文化遗存》,《文物》1990年第6期,第72—79页。
② 杨深富、胡膺、徐淑彬:《山东日照市周代文化遗存》,《文物》1990年第6期,第72—79页。
③ 杨深富、胡膺、徐淑彬:《山东日照市周代文化遗存》,《文物》1990年第6期,第72—79页。
④ 林宏:《山东泰安市黄花岭村出土青铜器》,《考古与文物》2000年第4期,第13—16页。
⑤ 林宏:《山东泰安市黄花岭村出土青铜器》,《考古与文物》2000年第4期,第13—16页。
⑥ 林宏:《泰安市夏张王士店出土一批青铜器》,《考古与文物》2008年第5期,第3—4页。
⑦ 林宏:《泰安市夏张王士店出土一批青铜器》,《考古与文物》2008年第5期,第3—4页。
⑧ 林宏:《泰安市夏张王士店出土一批青铜器》,《考古与文物》2008年第5期,第3—4页。
⑨ 山东省文物考古研究所等:《郯城县大埠二村遗址发掘报告》,《海岱考古》(四),科学出版社,2011年,第105—140页。
⑩ 山东省济宁市文物管理局:《薛国故城勘查和墓葬发掘报告》,《考古学报》1991年第4期,第449—495页。
⑪ 潍坊市博物馆:《山东潍坊地区商周遗址调查》,《考古》1993年第9期,第781—799页。
⑫ 郭公仕主编:《五莲文物志》,齐鲁书社,2013年。
⑬ 莒南博物馆展陈。
⑭ 山东省文物考古研究所展陈。

续表

釜	铺	盨	簠	簋	盆	敦	壶	尊缶	罍	鉴	盉	匜	盘	钟	浴缶	汤鼎
												AaabⅡ1				
														AbbⅡ1、Ac1		
													AbbaⅡ1			
												AbaaⅡ1				
												AbaaⅡ1				
														AbbⅢ1		
														AbbⅢ1		
					CaⅡ1		DⅡ1					AaabⅡ1	AcbⅡ1	AbbⅣ1		
			AaⅢ2	AⅡ6			BaⅡ2、CaaⅡ1					AbaaⅡ1	AbabⅢ1	AbaⅠ1		
														AaaaⅢ1		
														AabⅡ1		
														AabⅡ1		
														CaⅠ1		

名称	分期	立耳折沿鼎	附耳折沿鼎	附耳母口鼎	箍口鼎	束腰鼎	细足撇鼎	鬲鼎	牲首鼎	方鼎	鬲	甗	馈	盨
滕州庄里西采铜钘(采)①	2													
香港中文大学文物馆藏滕大宰得匜(馆藏)②	2													
烟台1950采铜甗(采)③	2											AaaaⅡ1		
沂水刘家店子1978M1车马坑(未完全公布)④	2										BⅡ1			
沂水刘家店子1978M1(未完全公布)⑤	2	BⅡ12,CⅡ2	AaⅠ2								BⅡ9	AaaaⅡ1、BaⅡ1		
枣庄薛城中北常村1987M(扰)⑥	2													
邹平大省村1979M1(扰)⑦	2			AaⅡ1										
长清仙人台1995M5(完整)⑧	3			BbⅢ3								CaaⅢ1		
莱芜西上崮1973采铜敦(采)⑨	3													
临朐杨善1963M(扰)⑩	3	5		BbⅢ2										
临朐岳泉1980采3号铜钘(采)⑪	3													
临淄刘家新村2011M19(盗)⑫	3													
日照陶家村采铜鼎(采)⑬	3		AaⅢ1											

---

① 政协枣庄市委员会:《枣庄文物博览》,齐鲁书社,2001年。
② 王人聪:《新获滕大宰得匜考释》,《文物》1998年第8期,第88—90页。
③ 山东省文物管理处:《山东文物选集(普查部分)》,文物出版社,1959年,第95号。
④ 山东省文物考古研究所、沂水县文物管理站:《山东沂水刘家店子春秋墓发掘简报》,《文物》1984年第9期,第1—10页。
⑤ 山东省文物考古研究所、沂水县文物管理站:《山东沂水刘家店子春秋墓发掘简报》,《文物》1984年第9期,第1—10页。
⑥ 李兰昌、苏昭秀:《山东薛城中北常村发现一批战国文物》,《考古与文物》2002年增刊·先秦考古,第52—53页。
⑦ 山东省惠民地区文物组、邹平县图书馆:《山东邹平县大省村东周墓》,《考古》1986年第7期,第662—664页。
⑧ 山东大学历史文化学院考古系:《长清仙人台五号墓发掘简报》,《文物》1998年第9期,第18—30页。
⑨ 刘慧:《山东莱芜西上崮出土青铜器及双凤牙梳》,《文物》1990年第11期,第59—64页。
⑩ 齐文涛:《概述近年来山东出土的商周青铜器》,《文物》1972年第5期,第3—18页。
⑪ 潍坊市博物馆:《山东潍坊地区商周遗址调查》,《考古》1993年第9期,第781—799页。
⑫ 临淄区文物局:《山东淄博市临淄区刘家新村春秋墓》,《考古》2013年第5期,第20—28页。
⑬ 杨深富、胡膺、徐淑彬:《山东日照市周代文化遗存》,《文物》1990年第6期,第72—79页。

釜	鍑	甑	簠	簋	盆	敦	壶	尊缶	罍	鉴	盂	匜	盘	鉌	浴缶	汤鼎
													Abb Ⅲ 1			
												Baaa Ⅲ 1				
					A1											
7					Ca Ⅱ 2		Ba Ⅱ 6				Aaab Ⅱ 1、Abaa Ⅱ 1	Abaa Ⅱ 1	Aaaa Ⅲ 2	Ab Ⅱ 3		
													Abb Ⅱ 1			
					A1						Abaa Ⅲ 1	Abaa Ⅱ 1	Abb Ⅲ 2			
					Ab Ⅱ 1、Bba Ⅱ 1	Cbaa Ⅲ 1						Ada Ⅲ 1	Ca Ⅱ 1、Cbaa Ⅱ 2			
					Caa Ⅰ 2											
			有		Bcb1、A1	Bb Ⅲ 2、Cbaa Ⅳ 1							1			
													Abb Ⅳ 1			
											Aaaa Ⅱ 1	Abba Ⅳ 1				

名称	分期	立耳折沿鼎	附耳折沿鼎	附耳子母口鼎	箍口鼎	束腰鼎	细撇足鼎	鬲鼎	牺首鼎	方鼎	鬲	甗	簠	鑑
寿光达字刘 1980 采铜铺(采)①	3													
泰安黄花岭 1956 采铜敦(采)②	3													
滕州北辛 1999M1(扰)③	3				AbⅡ2									
滕州东康留 1999M51(未完全公布)④	3													
滕州薛故城尤楼 1978M2(完整)⑤	3			AaⅡ1、BaⅢ7							AaaⅡ6			
滕州薛故城尤楼 1978M4(完整)⑥	3			AaⅡ3、BaⅡ7							6			
滕州薛故城尤楼 1978M9(完整)⑦	3				AbⅡ1									
峄城徐楼 2009M1(扰)⑧	3			BaⅢ3										
峄城徐楼 2009M2(扰—)⑨	3	BⅢ1		AaⅢ1			AaⅢ1							
淄博磁村 1977M01(扰)⑩	3			BbⅢ1										
淄博磁村 1977M02(扰)⑪	3			BbⅢ1										
淄博磁村 1977M1(完整)⑫	3			BbⅢ1										
邹平大省村 1979M7(扰)⑬	3													
沂水纪王崮 2012M1(未完全公布)⑭	3													

① 潍坊市博物馆:《山东潍坊地区商周遗址调查》,《考古》1993 年第 9 期,第 781—799 页。
② 林宏:《山东泰安市黄花岭村出土青铜器》,《考古与文物》2000 年第 4 期,第 13—16 页。
③ 孙柱才、王元平、石晶:《山东滕州市北辛村发现一座战国墓》,《考古》2004 年第 3 期,第 92—93 页。
④ 山东省文物考古研究所、滕州市博物馆:《山东滕州东康留周代墓地发掘简报》,《文物》2013 年第 4 期,第 24—38 页。
⑤ 山东省济宁市文物管理局:《薛国故城勘查和墓葬发掘报告》,《考古学报》1991 年第 4 期,第 449—495 页。
⑥ 山东省济宁市文物管理局:《薛国故城勘查和墓葬发掘报告》,《考古学报》1991 年第 4 期,第 449—495 页。
⑦ 山东省济宁市文物管理局:《薛国故城勘查和墓葬发掘报告》,《考古学报》1991 年第 4 期,第 449—495 页。
⑧ 枣庄市博物馆等:《山东枣庄徐楼东周墓发掘简报》,《文物》2014 年第 1 期,第 4—27 页。
⑨ 枣庄市博物馆等:《山东枣庄徐楼东周墓发掘简报》,《文物》2014 年第 1 期,第 4—27 页。
⑩ 淄博市博物馆:《山东淄博磁村发现四座春秋墓葬》,《考古》1991 年第 6 期,第 506—510 页。
⑪ 淄博市博物馆:《山东淄博磁村发现四座春秋墓葬》,《考古》1991 年第 6 期,第 506—510 页。
⑫ 淄博市博物馆:《山东淄博磁村发现四座春秋墓葬》,《考古》1991 年第 6 期,第 506—510 页。
⑬ 山东省惠民地区文物组、邹平县图书馆:《山东邹平县大省村东周墓》,《考古》1986 年第 7 期,第 662—664 页。
⑭ 山东省文物考古研究所、临沂市文物考古队、沂水县博物馆:《山东沂水县纪王崮春秋墓》,《考古》2013 年第 7 期,第 33—48 页;山东省文物考古研究所、临沂市文物考古队、沂水县博物馆:《沂水县纪王崮一号春秋墓及车马坑》,《海岱考古》(6),科学出版社,2013 年,第 280—311 页。

釜	铺	盨	簠	簋	盆	敦	壶	尊缶	罍	鉴	盉	匜	盘	铲	浴缶	汤鼎
														AbbⅣ1		
						BabⅠ1										
						CbbⅠ2									Ba\BbaⅢ2	
														AbbⅣ1		
			AaⅢ2	AⅡ6			BaⅡ2、CbaaⅡ1					AbabⅠ1	AbbaⅣ1	AbbⅢ1		
			AbⅣ2	AⅡ6			BaⅡ2、CbaaⅡ1			1	BcⅠ1	AbabⅡ1	AbbaⅣ2	1		
						CbaⅠ2						A1	AbcⅣ1			
			AbⅤ4				AaⅢ2		AbbbⅡ2			AbabⅡ1	AbbaⅣ1	AbcⅠ1		
												AbcⅢ1	AbbaⅣ1	AaaaⅤ1		
						AbⅡ1								AbbⅣ1		
						AbⅡ1								Bbb1		
						AbⅡ1								AbbⅣ1		
														AbbⅣ1		
						AcⅠ3	DⅢ1						AdaⅢ1	AaaaⅤ2、AbbⅣ1		

名称	分期	立耳折沿鼎	附耳折沿鼎	附耳子母口鼎	镦口鼎	束腰鼎	细撇足鼎	鬲鼎	牲首鼎	方鼎	鬲	甗	镀	鉴
莒县于家沟1988M(未完全公布)①	4			BbⅣ1										
莒县王家山1997采铜鼎(采)②	4			AaⅣ/AbⅢ/AcⅢ1										
安丘庵上毛子埠1985采铜鼎(采)③	4			BbⅣ1										
肥城王庄东焦1993M(扰)④	4			AbⅢ1										
胶南六汪山周采荆公孙敦(采)⑤	4													
莒南大店老龙腰1975M1(盗)⑥	4				AcⅢ2									
莒南大店花园村1975M2(盗)⑦	4													
莱芜戴鱼池1984M(盗)⑧	4			BbⅣ2										
莱芜西上崮1973采铜鼎2号(采)⑨	4			AcⅢ1										
莱芜西上崮1973采铜敦2号(采)⑩	4													
莱芜西上崮1973采铜壶(采)⑪	4													
莱芜西上崮1973采铜盘(采)⑫	4													

① 苏兆庆:《古莒遗珍》,人民美术出版社,2007年。尚未完全公布,数量不详,暂计一件。
② 苏兆庆:《古莒遗珍》,人民美术出版社,2007年。失盖。
③ 徐新华、刘江:《山东安丘出土一件战国铜鼎》,《考古》1987年第12期,第1141页。
④ 张彬:《山东肥城市王庄镇出土战国铜器》,《考古》2003年第6期,第96页。
⑤ 王景东:《山东胶南县发现荆公孙敦》,《考古》1989年第6期,第565页。
⑥ 山东省博物馆等:《莒南大店春秋时期莒国殉人墓》,《考古学报》1978年第3期,第317—336页。
⑦ 山东省博物馆等:《莒南大店春秋时期莒国殉人墓》,《考古学报》1978年第3期,第317—336页。
⑧ 莱芜市图书馆、泰安市文物考古研究室:《山东莱芜市戴鱼池战国墓》,《文物》1989年第2期,第67—71页。
⑨ 刘慧:《山东莱芜西上崮出土青铜器及双凤牙梳》,《文物》1990年第11期,第59—64页。原文未编号,本书将原简报中的铜鼎Ⅱ式编为铜鼎2号。
⑩ 刘慧:《山东莱芜西上崮出土青铜器及双凤牙梳》,《文物》1990年第11期,第59—64页。原文未编号,本书将原简报中的铜敦Ⅱ式编为铜敦2号。
⑪ 刘慧:《山东莱芜西上崮出土青铜器及双凤牙梳》,《文物》1990年第11期,第59—64页。
⑫ 刘慧:《山东莱芜西上崮出土青铜器及双凤牙梳》,《文物》1990年第11期,第59—64页。

续表

釜	铺	豆	簠	簋	盆	敦	壶	尊缶	罍	鉴	盉	匜	盘	铜	浴缶	汤鼎
						Ac Ⅰ 1	DⅣ1									
						Cba Ⅱ 1	Cbaa Ⅳ 1				Baaa Ⅳ 1		Abd Ⅰ 1			
						Bcb1										
						Ab Ⅲ 3	Cbaa Ⅳ 1					Baa Ⅰ 1	Abd Ⅱ 1			
												Abb Ⅴ 2	Bba Ⅲ 2			
						Caa Ⅱ 2							Abd Ⅰ 1			
						Dca Ⅰ 2										
							Cbaa Ⅳ 1									
													Ada Ⅳ 1			

名　称	分期	立耳折沿鼎	附耳折沿鼎	附耳子母口鼎	箍口鼎	束腰鼎	细撇足鼎	鬲鼎	牲首鼎	方鼎	鬲	甗	镈	鎣
莱芜西上崮 1973 采铜匜 2 号(采)①	4													
临沂凤凰岭 1982M(盗)②	4	AbⅣ1											CabⅡ1	
临淄白兔丘 1987 采铜敦(采)③	4													
临淄齐故城北褚家庄 1973M(扰)④	4													
临淄齐故城河崖头采铜鼎(采)⑤	4			AcⅢ1										
青州杨姑桥 1972M2(扰)⑥	4			AbⅢ1										
曲阜鲁故城 1977M103(盗)⑦	4													
曲阜鲁故城 1977M115(完整)⑧	4													
曲阜鲁故城 1977M116(盗)⑨	4			AbⅢ1										
泗水尹家城 2000M5(完整)⑩	4													
泰安大汶口 1981 采铜铺(采)⑪	4													
泰安黄花岭 1956 采铜铺(采)⑫	4													

①　刘慧:《山东莱芜西上崮出土青铜器及双凤牙梳》,《文物》1990 年第 11 期,第 59—64 页。原文未编号,本书将原简报中的铜匜Ⅱ式编为铜匜 2 号。
②　山东省兖石铁路文物考古工作队:《临沂凤凰岭东周墓》,齐鲁书社,1987 年。
③　张龙海:《山东临淄出土一件有铭铜豆》,《考古》1990 年第 11 期,第 1045 页。
④　李剑、张龙海:《临淄出土的几件青铜器》,《考古》1985 年第 4 期,第 380—381 页。
⑤　李剑、张龙海:《临淄出土的几件青铜器》,《考古》1985 年第 4 期,第 380—381 页。
⑥　青州市博物馆:《青州杨姑桥遗址调查报告》,《海岱考古》(5),科学出版社,2012 年,第 243—252 页。
⑦　山东省文物考古研究所等:《曲阜鲁国故城》,齐鲁书社,1982 年。
⑧　山东省文物考古研究所等:《曲阜鲁国故城》,齐鲁书社,1982 年。
⑨　山东省文物考古研究所等:《曲阜鲁国故城》,齐鲁书社,1982 年。
⑩　山东省文物考古研究所、泗水县文物管理所:《2000 年泗水尹家城遗址发掘报告》,《海岱考古》(2),科学出版社,2007 年。
⑪　泰安市文物管理局:《山东泰安市大汶口镇近年出土的一批铜器》,《考古》1987 年第 7 期,第 662—664 页。
⑫　林宏:《山东泰安市黄花岭村出土青铜器》,《考古与文物》2000 年第 4 期,第 13—16 页。

续表

釜	铺	盨	簠	簋	盆	敦	壶	尊缶	罍	鉴	盉	匜	盘	鉼	浴缶	汤鼎
												BaaaⅣ1				
			BbⅤ2		BabⅣ1	AcⅠ1、AcⅡ2、A3	CbaaⅣ1				BcⅢ1		AdaⅣ1	AbbⅤ2	BbaⅡ3	
						CbⅡ1										
						Bcb1										
						A1、CbbⅡ1								CbbⅠ1		
														AbdⅠ1		
														AbdⅠ1		
						CabaⅡ2						1	1	AbdⅡ2		
														AbdⅡ1		
														AbdⅠ1		
														AbdⅠ2		

名　称	分期	立耳折沿鼎	附耳折沿鼎	附耳子母口鼎	箍口鼎	束腰鼎	细撤足鼎	鬲鼎	牲首鼎	方鼎	鬲	甗	瓿	镀	鑒
泰安夏张王士店1963采铜铺2号(采)①	4														
郯城二中1989M1(扰)②	4				BbⅠ1										
滕州东康留1999M124(未完全公布)③	4														
滕州洪绪杜庄1982采滕侯敦(采)④	4														
滕州薛故城尤楼1978M6(完整)⑤	4				AbⅡ1										
滕州庄里西1990M8(完整)⑥	4				AaⅢ1										
潍坊1980采铜敦(采)⑦	4														
新泰郭家泉M9(完整)⑧	4														
新泰周家庄2003M2(完整)⑨	4			AbⅢ2								CaaⅣ1			
新泰周家庄2003M3(完整)⑩	4			AbⅢ1											
新泰周家庄2003M5(完整)⑪	4			AbⅢ1											
新泰周家庄2003M10(完整)⑫	4														
新泰周家庄2003M11(完整)⑬	4														

①　林宏:《泰安市夏张王士店出土一批青铜器》,《考古与文物》2008年第5期,第3—4页。简报中未对3件铜铺进行编号,本书将简报中的铜舟Ⅱ式改成铜铺2号。
②　刘一俊、冯沂:《山东郯城县二中战国墓的清理》,《考古》1996年第3期,第8—13页。
③　山东省文物考古研究所、滕州市博物馆:《山东滕州东康留周代墓地发掘简报》,《文物》2013年第4期,第24—38页。
④　滕县博物馆:《山东滕县发现滕侯铜器墓》,《考古》1984年第4期,第333—337页。
⑤　山东省济宁市文物管理局:《薛国故城勘查和墓葬发掘报告》,《考古学报》1991年第4期,第449—495页。
⑥　滕州市博物馆:《山东滕州庄里西战国墓》,《文物》2002年第6期,第57—62页。
⑦　潍坊市博物馆:《山东潍坊地区商周遗址调查》,《考古》1993年第9期,第781—799页。
⑧　山东大学历史系考古专业、山东省新泰市文化局:《山东新泰郭家泉东周墓》,《考古学报》1989年第4期,第449—472页。
⑨　山东省文物考古研究所、新泰市博物馆:《新泰周家庄东周墓地》,文物出版社,2014年。
⑩　山东省文物考古研究所、新泰市博物馆:《新泰周家庄东周墓地》,文物出版社,2014年。
⑪　山东省文物考古研究所、新泰市博物馆:《新泰周家庄东周墓地》,文物出版社,2014年。
⑫　山东省文物考古研究所、新泰市博物馆:《新泰周家庄东周墓地》,文物出版社,2014年。
⑬　山东省文物考古研究所、新泰市博物馆:《新泰周家庄东周墓地》,文物出版社,2014年。

釜	铺	鉴	簠	簋	盆	敦	壶	尊缶	罍	鉴	盂	匜	盘	铺	浴缶	汤鼎
														AbdⅠ1		
														AbdⅠ1		
						CbbⅡ1										
						CbaⅠ2								AbcⅡ1		
						CbaⅡ2						BaaaⅣ1	AdaⅣ1	AbdⅠ2		
						BbaⅢ1										
														AbdⅡ1		
						CbaⅡ2、CbbⅡ2	CbaaⅣ1					BaaaⅣ1	AdaⅣ1	AbdⅠ2		
						CbbⅡ4							AdaⅣ1	AbdⅠ2		
						CbaⅡ2	CbaaⅣ1							AbdⅡ1		
						CbbⅡ2								AbdⅡ2		
						CbbⅡ2								AbdⅠ2		

名　称	分期	立耳折沿鼎	附耳折沿鼎	附耳子母口鼎	箍口鼎	束腰鼎	细足撇足鼎	鬲鼎	牲首鼎	方鼎	鬲	甗	復	整
新泰周家庄 2003M13（完整）①	4			AbⅢ1										
新泰周家庄 2003M18（完整）②	4			BbⅣ1										
新泰周家庄 2003M22（完整）③	4			AbⅢ1										
新泰周家庄 2003M25（完整）④	4													
新泰周家庄 2003M28（完整）⑤	4													
新泰周家庄 2003M32（完整）⑥	4													
新泰周家庄 2003M35（完整）⑦	4			AbⅢ1								CaaⅣ1		
新泰周家庄 2003M36（完整）⑧	4			AbⅢ1										
新泰周家庄 2003M37（完整）⑨	4			AbⅢ1										
新泰周家庄 2003M38（完整）⑩	4			BbⅣ1										
新泰周家庄 2003M48（完整）⑪	4			AbⅢ1										
新泰周家庄 2003M49（完整）⑫	4			AbⅢ1										

---

① 山东省文物考古研究所、新泰市博物馆：《新泰周家庄东周墓地》，文物出版社，2014年。
② 山东省文物考古研究所、新泰市博物馆：《新泰周家庄东周墓地》，文物出版社，2014年。
③ 山东省文物考古研究所、新泰市博物馆：《新泰周家庄东周墓地》，文物出版社，2014年。
④ 山东省文物考古研究所、新泰市博物馆：《新泰周家庄东周墓地》，文物出版社，2014年。
⑤ 山东省文物考古研究所、新泰市博物馆：《新泰周家庄东周墓地》，文物出版社，2014年。
⑥ 山东省文物考古研究所、新泰市博物馆：《新泰周家庄东周墓地》，文物出版社，2014年。
⑦ 山东省文物考古研究所、新泰市博物馆：《新泰周家庄东周墓地》，文物出版社，2014年。
⑧ 山东省文物考古研究所、新泰市博物馆：《新泰周家庄东周墓地》，文物出版社，2014年。
⑨ 山东省文物考古研究所、新泰市博物馆：《新泰周家庄东周墓地》，文物出版社，2014年。
⑩ 山东省文物考古研究所、新泰市博物馆：《新泰周家庄东周墓地》，文物出版社，2014年。
⑪ 山东省文物考古研究所、新泰市博物馆：《新泰周家庄东周墓地》，文物出版社，2014年。
⑫ 山东省文物考古研究所、新泰市博物馆：《新泰周家庄东周墓地》，文物出版社，2014年。

釜	铺	盨	簠	簋	盆	敦	壶	尊缶	罍	鉴	盂	匜	盘	铜	浴缶	汤鼎
						Cbb Ⅱ 2								Abd Ⅱ 2		
						Caba Ⅱ 2								Abd Ⅱ 1、Cbab1		
						Cbb Ⅱ 2								Abd Ⅱ 1、Cba Ⅲ 1		
						Cbb Ⅱ 1								Abd Ⅰ 1		
						Cba Ⅱ 1、Cbb Ⅱ 1								Abd Ⅱ 2		
						Dca Ⅰ 2							Add Ⅳ 1	Abd Ⅱ 1		
						Cbb Ⅱ 2	Cbaa Ⅳ 1						Baa Ⅰ 1	Abd Ⅱ 2		
						Cbb Ⅱ 2						Baaa Ⅳ 1	Ada Ⅳ 1	Abd Ⅱ 2		
						Cba Ⅱ 1						Baaa Ⅳ 1	Ada Ⅳ 1	Abd Ⅰ 1		
						Cba Ⅱ 2	Cbaa Ⅳ 1						Baa Ⅰ 1	Cbab Ⅲ 1		
						Cba Ⅱ 2								Abd Ⅱ 1、Cbab Ⅲ 1		
						Cba Ⅱ 2								Abd Ⅰ 1		

名　称	分期	立耳折沿鼎	附耳折沿鼎	附耳子母口鼎	箍口鼎	束腰鼎	细撇足鼎	鬲鼎	牲首鼎	方鼎	鬲	甗	簠	鎣
新泰周家庄 2003M50（完整）①	4			AbⅢ1										
新泰周家庄 2003M57（完整）②	4													
新泰周家庄 2003M58（完整）③	4													
新泰周家庄 2003M59（完整）④	4													
新泰周家庄 2003M61（完整）⑤	4													
新泰周家庄 2003M62（完整）⑥	4													
新泰周家庄 2003M65（完整）⑦				AbⅢ1										
新泰周家庄 2003M67（完整）⑧	4			AbⅢ1										
新泰周家庄 2003M68（完整）⑨	4			AbⅢ2										
新泰周家庄 2003M69（完整）⑩	4													
新泰周家庄 2003M70（完整）⑪	4													
新泰周家庄 2003M72（完整）⑫	4			AbⅢ1										

①　山东省文物考古研究所、新泰市博物馆：《新泰周家庄东周墓地》，文物出版社，2014年。
②　山东省文物考古研究所、新泰市博物馆：《新泰周家庄东周墓地》，文物出版社，2014年。
③　山东省文物考古研究所、新泰市博物馆：《新泰周家庄东周墓地》，文物出版社，2014年。
④　山东省文物考古研究所、新泰市博物馆：《新泰周家庄东周墓地》，文物出版社，2014年。
⑤　山东省文物考古研究所、新泰市博物馆：《新泰周家庄东周墓地》，文物出版社，2014年。
⑥　山东省文物考古研究所、新泰市博物馆：《新泰周家庄东周墓地》，文物出版社，2014年。
⑦　山东省文物考古研究所、新泰市博物馆：《新泰周家庄东周墓地》，文物出版社，2014年。
⑧　山东省文物考古研究所、新泰市博物馆：《新泰周家庄东周墓地》，文物出版社，2014年。
⑨　山东省文物考古研究所、新泰市博物馆：《新泰周家庄东周墓地》，文物出版社，2014年。
⑩　山东省文物考古研究所、新泰市博物馆：《新泰周家庄东周墓地》，文物出版社，2014年。
⑪　山东省文物考古研究所、新泰市博物馆：《新泰周家庄东周墓地》，文物出版社，2014年。
⑫　山东省文物考古研究所、新泰市博物馆：《新泰周家庄东周墓地》，文物出版社，2014年。

釜	铺	盨	簠	簋	盆	敦	壶	尊缶	罍	鉴	盉	匜	盘	铻	浴缶	汤鼎
						CbbⅡ1	CbaaⅣ1							AbdⅠ1		
														AbdⅡ1		
						CbbⅡ2								AbdⅠ2		
														AbbⅣ1、AbdⅡ1		
														AbdⅡ2		
						BbaⅢ1								AbdⅡ1		
						CbaⅡ2										
						CbaⅡ2						BaaaⅣ1	AdaⅣ1	AbdⅡ1、CbabⅢ1		
						CbaⅡ2						BaaaⅣ1	AdaⅣ1	AbdⅡ2		
						Bcb1	CbaaⅣ1					BaaⅠ1		AbdⅡ1		
						CbaⅡ1、CbbⅡ1								AbdⅡ1		
						CbaⅡ2						Aab1	AdaⅣ1	AbdⅡ2		

名称	分期	立耳折沿鼎	附耳折沿鼎	附耳子母口鼎	籠口鼎	束腰鼎	细撇足鼎	鬲鼎	牲首鼎	方鼎	鬲	甗	镀	鍪
新泰周家庄 2003M73（完整）①	4			AbⅢ1										
新泰周家庄 2003M80（完整）②	4			AbⅢ1										
阳谷景阳岗 1979M(扰)③	4													
沂水诸葛略疃村 1983M(扰)④	4													
邹县城北钢山 1980 采铜敦(采)⑤	4													
邹县城北钢山 1980 采铜铺(采)⑥	4													
临淄高阳采铜铺(采)⑦	4													
淄川磁村采铜铺(采)⑧	4													
临淄河崖头 1964 采铜铺(采)⑨	4													
昌乐宇家 1965 采铜敦(采)⑩	5													
长岛王沟 1973M1(扰)⑪	5													
长岛王沟 1973M2(扰)⑫	5													
济南左家洼 1985M1(扰)⑬	5			AbⅢ2、BbⅤ1										

①　山东省文物考古研究所、新泰市博物馆：《新泰周家庄东周墓地》，文物出版社，2014 年。
②　山东省文物考古研究所、新泰市博物馆：《新泰周家庄东周墓地》，文物出版社，2014 年。
③　聊城地区博物馆：《山东阳谷县景阳岗村春秋墓》，《考古》1988 年第 1 期，第 27—29 页。
④　沂水县文物管理站：《山东沂水县发现工盧王青铜剑》，《文物》1983 年第 12 期，第 11—12 页。
⑤　中国社会科学院考古研究所山东工作队、邹县文物保管所：《山东邹县古代遗址调查》，《考古学集刊》(3)，中国社会科学出版社，1983 年，第 98—108 页。
⑥　中国社会科学院考古研究所山东工作队、邹县文物保管所：《山东邹县古代遗址调查》，《考古学集刊》(3)，中国社会科学出版社，1983 年，第 98—108 页。
⑦　张连利等：《山东淄博文物精粹》，山东画报出版社，2002 年。
⑧　张连利等：《山东淄博文物精粹》，山东画报出版社，2002 年。
⑨　张连利等：《山东淄博文物精粹》，山东画报出版社，2002 年。
⑩　潍坊市博物馆、昌乐县文管所：《山东昌乐县商周文化遗址调查》，《海岱考古》(1)，山东大学出版社，1989 年，第 292—312 页。
⑪　烟台市文物管理委员会：《山东长岛王沟东周墓群》，《考古学报》1993 年第 1 期，第 57—87 页。
⑫　烟台市文物管理委员会：《山东长岛王沟东周墓群》，《考古学报》1993 年第 1 期，第 57—87 页。
⑬　济南市文化局文物处、历城区文化局：《山东济南市左家洼出土战国青铜器》，《考古》1995 年第 3 期，第 209—213 页。

续表

釜	铺	盨	簠	簋	盆	敦	壶	尊缶	罍	鉴	盉	匜	盘	铕	浴缶	汤鼎
						Cbb II 2								Abd II 1		
						Cbb II 2						Abaa V 1	Ada IV 1	Abd I 2		
						Cb II 1	Caa IV 1							Cbab III 1		
														Cbab III 1		
						Caaa II 1										
														Abd II 1		
														Cbb II 1		
														Cbab III 1		
														D1		
						Dca II 2										
						C2、Dca II 1	Cbaa V 1							Abd II 1		
						Cba III 2、Dca II 1	Cba1					1	2	1		
						Cbb III 3、Dca I 1、Bcb1	Cbaa V 1						Baa I 1	Abb IV 1		

名　称	分期	立耳折沿鼎	附耳折沿鼎	附耳子母口鼎	箍口鼎	束腰鼎	细撒足鼎	鬲鼎	牲首鼎	方鼎	鬲	瓿	镬	鉴
莱芜西上崮 1973 采铜敦 1 号 (采)①	5													
莱芜西上崮 1973 采铜(采)②	5													
崂山夏庄安乐 1974M(扰)③	5			AbⅣ1										
临朐岳泉 1980 采铜敦(采)④	5													
临淄东夏庄 1984M6P13X22 (盗)⑤	5													
临淄齐故城东申桥 1966 采铜敦(采)⑥	5													
临淄齐故城东申桥 1966 采铜 (采)⑦	5													
临淄齐故城河崖头 1965 采铜簋(采)⑧	5													
临淄齐故城内采铜敦(采)⑨	5													
临淄相家庄 1996M2P9(盗)⑩	5													
临淄相家庄 1996M6(盗)⑪	5			BbⅤ1				Ca1、Cb1						
临淄相家庄 1996M3(盗)⑫	5													
平度东岳石 1960M16 (完整)⑬	5			AbⅣ1										

① 刘慧:《山东莱芜西上崮出土青铜器及双凤牙梳》,《文物》1990 年第 11 期,第 59—64 页。原文未编号,本书将原简报中的铜敦Ⅰ式编为铜敦 1 号。
② 刘慧:《山东莱芜西上崮出土青铜器及双凤牙梳》,《文物》1990 年第 11 期,第 59—64 页。
③ 孙善德:《青岛市郊出土一批东周青铜器》,《文物资料丛刊》(5),文物出版社,1981 年,第 206—208 页。
④ 潍坊市博物馆:《山东潍坊地区商周遗址调查》,《考古》1993 年第 9 期,第 781—799 页。
⑤ 山东省文物考古研究所:《临淄齐墓》(一),文物出版社,2007 年。
⑥ 李剑、张龙海:《临淄出土的几件青铜器》,《考古》1985 年第 4 期,第 380—381 页。
⑦ 李剑、张龙海:《临淄出土的几件青铜器》,《考古》1985 年第 4 期,第 380—381 页。
⑧ 李剑、张龙海:《临淄出土的几件青铜器》,《考古》1985 年第 4 期,第 380—381 页。
⑨ 李剑、张龙海:《临淄出土的几件青铜器》,《考古》1985 年第 4 期,第 380—381 页。
⑩ 山东省文物考古研究所:《临淄齐墓》(一),文物出版社,2007 年。
⑪ 山东省文物考古研究所:《临淄齐墓》(一),文物出版社,2007 年。
⑫ 山东省文物考古研究所:《临淄齐墓》(一),文物出版社,2007 年。
⑬ 中国科学院考古研究所山东发掘队:《山东平度东岳石村新石器时代遗址与战国墓》,《考古》1962 年第 10 期,第 509—518 页。

釜	铺	盨	簠	簋	盆	敦	壶	尊缶	罍	鉴	盉	匜	盘	铺	浴缶	汤鼎
						Dcb Ⅰ2										
														Abd Ⅱ1		
						Cbb Ⅲ2	Cbaa Ⅴ1					Bab Ⅰ1		Abd Ⅱ1		
						Dca Ⅱ2										
												Baaa Ⅵ1		Abc Ⅲ1		
						Dca Ⅱ2										
														Abc Ⅲ2		
				Ba Ⅴ1												
						Dcb Ⅰ1										
												Baaa Ⅵ1				
	3					Dca Ⅱ2、Cbb Ⅲ2	Cbad Ⅰ1		Abba Ⅴ1			Baaa Ⅵ2	Bca Ⅱ2	Abc Ⅲ3		
														Abc Ⅲ1		
						Dca Ⅱ2	Cb1					1	Baa Ⅰ1	Abd Ⅱ1		

名称	分期	立耳折沿鼎	附耳折沿鼎	附耳子母口鼎	箍口鼎	束腰鼎	细撇足鼎	鬲鼎	牲首鼎	方鼎	鬲	瓿	簠	鉴
泰安夏张王士店1963采铜敦(采)①	5													
淄博磁村1977M03(扰)②	5			CaⅠ1										
邹城城北钢山1980采铜鼎(采)③	5			CaⅠ1										
邹平大省村1979M3(扰)④	5			AbⅣ1										
安丘葛布口1956M(扰)⑤	6	AbⅦ1		Cb1										
长岛王沟1973M10(完整)⑥	6													
长岛王沟采铜铄(采)⑦	6													
长清岗辛1975M(盗)⑧	6			CaⅡ4										
临淄单家庄1992M1P3(盗)⑨	6													
临淄东夏庄1985M5(盗)⑩	6			BbⅦ1、CaⅡ1										
临淄国家村2004M4(盗)⑪	6			CaⅡ2										
临淄孙家徐姚2008M20(扰)⑫	6													
临淄辛店2010M2(盗)⑬	6			CaⅡ7、Cb1								AabⅢ1		

① 林宏:《泰安市夏张王士店出土一批青铜器》,《考古与文物》2008年第5期,第3—4页。
② 淄博市博物馆:《山东淄博磁村发现四座春秋墓葬》,《考古》1991年第6期,第506—510页。
③ 中国社会科学院考古研究所山东工作队、邹县文物保管所:《山东邹县古代遗址调查》,《考古学集刊》(3),中国社会科学出版社,1983年,第98—108页。
④ 山东省惠民地区文物组、邹平县图书馆:《山东邹平县大省村东周墓》,《考古》1986年第7期,第662—664页。
⑤ 山东诸城县博物馆:《山东诸城臧家庄与葛布口村战国墓》,《文物》1987年第12期,第47—56页。
⑥ 烟台市文物管理委员会:《山东长岛王沟东周墓群》,《考古学报》1993年第1期,第57—87页。
⑦ 烟台市文物管理委员会:《山东长岛王沟东周墓群》,《考古学报》1993年第1期,第57—87页。
⑧ 山东省博物馆、长清县文化馆:《山东长清岗辛战国墓》,《考古》1980年第4期,第325—332页。
⑨ 山东省文物考古研究所:《临淄齐墓》(一),文物出版社,2007年。
⑩ 山东省文物考古研究所:《临淄齐墓》(一),文物出版社,2007年。
⑪ 淄博市临淄区文物局:《山东淄博市临淄区国家村战国墓》,《考古》2007年第8期,第11—21页。
⑫ 淄博市临淄区文物局:《山东淄博市临淄区孙家徐姚战国墓地》,《考古》2011年第10期,第14—29页。
⑬ 临淄区文物局:《山东淄博市临淄区辛店二号战国墓》,《考古》2013年第1期,第32—58页。

续表

釜	铺	盨	簠	簋	盆	敦	壶	尊缶	罍	鉴	盉	匜	盘	铷	浴缶	汤鼎
						Caaa Ⅲ2										
						Bcb1、Caba Ⅲ1								1		
						Cbb Ⅲ1	Cbaa Ⅴ1						Baa Ⅰ1	Abd Ⅱ1		
						Cbb Ⅳ2、Dca Ⅰ2	Cbba Ⅴ2			1				Abc Ⅳ1		
														Abc Ⅳ1		
						Caba Ⅳ4	Cbba Ⅴ2							Abd Ⅲ1		
						E Ⅱ1							Baaa Ⅵ1	Bcb Ⅲ1		
	3					Dca Ⅲ2、Cbb Ⅳ2	Cbaa Ⅵ2		Abba Ⅵ2				Bab Ⅱ2	Abc Ⅳ2		
						Dca Ⅲ2			Abba Ⅵ2		Bac Ⅴ1	Bca Ⅲ1				
												Baaa Ⅷ1				
	1					Cbb Ⅳ4、Dca Ⅲ4、Dcb Ⅱ2	Cbba Ⅴ4、Cbaa Ⅵ2				Ba Ⅵ1	Baaa Ⅷ1	2	Abc Ⅳ1		

名称	分期	立耳折沿鼎	附耳折沿鼎	附耳子母口鼎	箍口鼎	束腰鼎	细撇足鼎	鬲鼎	牲首鼎	方鼎	鬲	甗	簠	盨
临淄姚王凤凰塚 1956M(扰)①	6			BbⅥ8										
平度东岳石 1960M14(完整)②	6													
威海量具厂 1978M3(扰)③	6													
烟台金沟寨 1979M11(完整)④	6													
阳信城关西北 1988M(扰)⑤	6			Cb2										
章丘女郎山 1990M1(盗)⑥	6			CaⅡ5										
诸城臧家庄 1970M(盗)⑦	6			CaⅡ5										
临淄城北 2002M3(未完全公布)⑧	6													
临淄国家村 2003M3(未完全公布)⑨	6													
临淄中轩电厂 2001M1(未完全公布)⑩	7													
安丘葛布口 1965M(扰)⑪	7													
济南千佛山 1972M(扰)⑫	7			CaⅢ2										

①　杨子范:《山东临淄出土的铜器》,《考古通讯》1958 年第 6 期,第 50—52 页。
②　中国科学院考古研究所山东发掘队:《山东平度东岳石村新石器时代遗址与战国墓》,《考古》1962 年第 10 期,第 509—518 页。
③　郑同修、隋裕仁:《山东威海市发现周代墓葬》,《考古》1995 年第 1 期,第 23—27 页。
④　烟台市博物馆:《山东烟台市金沟寨战国墓葬》,《考古》2003 年第 3 期,第 18—26 页。
⑤　惠民地区文物普查队、阳信县文化馆:《山东阳信城关镇西北村战国墓器物陪葬坑清理简报》,《考古》1990 年第 3 期,第 218—222 页。
⑥　济青公路文物考古队绣惠分队:《章丘绣惠女郎山一号战国大墓发掘报告》,《济青高级公路(章丘工段)考古发掘报告集》,齐鲁书社,1993 年。
⑦　山东诸城县博物馆:《山东诸城臧家庄与葛布口村战国墓》,《文物》1987 年第 12 期,第 47—56 页。
⑧　于洪亮主编:《临淄新出土文物集粹（1998—2006）》,中国国际广播出版社,2006 年。
⑨　于洪亮主编:《临淄新出土文物集粹（1998—2006）》,中国国际广播出版社,2006 年。
⑩　于洪亮主编:《临淄新出土文物集粹（1998—2006）》,中国国际广播出版社,2006 年。
⑪　山东诸城县博物馆:《山东诸城臧家庄与葛布口村战国墓》,《文物》1987 年第 12 期,第 47—56 页。
⑫　李晓峰、伊沛扬:《济南千佛山战国墓》,《考古》1991 年第 9 期,第 813—817 页。

釜	铺	盨	簠	簋	盆	敦	壶	尊缶	罍	鉴	盉	匜	盘	铜	浴缶	汤鼎
	6			有			CbbaV2									
						CbbIV2	Cba1						1			
						DcaIII1						BaaaVII1				
						DcaIII2										
						C2、DcaIII4	CbbaV2、CbaaVI1				1		1	AbcIV1	BbbII1	
	4					CbbIV6、DcaIII2	CbbaV4、CbaaVI1						BaaII2	AbcIV4		
						CbbIV5	CbadII1、CbbaV2						1			
														AbdIII1		
														AbcIV1		
														AbcIV1		
						Cb1		AbbaVII1			BaaaIX1		2		Cb1	
						CbbaVI2							BcaIII1			

名称	分期	立耳折沿鼎	附耳折沿鼎	附耳子母口鼎	箍口鼎	束腰鼎	细撇足鼎	鬲鼎	牲首鼎	方鼎	鬲	甗	镦	鉴
济南天桥 1972M(扰)①	7						DbⅢ1							
临淄商王 1992M1(完整)②	7			AbⅥ5										
临淄商王 1992M2(完整)③	7			AbⅥ2										
临淄赵家徐姚 2001M1(扰)④	7			CaⅢ2				Cb1						
曲阜鲁故城 1977M3(盗)⑤	7													
曲阜鲁故城 1977M52(完整)⑥	7													
曲阜鲁故城 1977M58(完整)⑦	7						DbⅢ1							
泰安东更道 1954JC(扰)⑧	7													

附表一二 山西、内蒙

名称	分期	立耳折沿鼎	附耳折沿鼎	附耳子母口鼎	箍口鼎	束腰鼎	细撇足鼎	鬲鼎	牲首鼎	方鼎	鬲	甗	镦	鉴
侯马上马 1961M14(完整)⑨	1		匜鼎1											
侯马上马 1973M1284(完整)⑩	1	AbⅠ2	AaⅠ1											
侯马上马 1973M1287(完整)⑪	1	BⅠ2	AaⅠ1											

① 于中航:《山东济南市天桥战国墓的清理》,《考古》1997 年第 8 期,第 78—79 页。
② 淄博市博物馆:《山东临淄商王村一号战国墓发掘简报》,《文物》1997 年第 6 期,第 14—26 页;淄博市博物馆、齐故城博物馆:《临淄商王墓地》,齐鲁书社,1997 年。
③ 淄博市博物馆:《山东临淄商王村一号战国墓发掘简报》,《文物》1997 年第 6 期,第 14—26 页;淄博市博物馆、齐故城博物馆:《临淄商王墓地》,齐鲁书社,1997 年。
④ 淄博市临淄区文化局:《山东淄博市临淄区赵家徐姚战国墓》,《考古》2005 年第 1 期,第 32—44 页。
⑤ 山东省文物考古研究所等:《曲阜鲁国故城》,齐鲁书社,1982 年。
⑥ 山东省文物考古研究所等:《曲阜鲁国故城》,齐鲁书社,1982 年。
⑦ 山东省文物考古研究所等:《曲阜鲁国故城》,齐鲁书社,1982 年。
⑧ 杨子范:《山东泰安发现的战国铜器》,《文物参考资料》1956 年第 6 期,第 65 页。
⑨ 山西省文物管理委员会侯马工作站:《山西侯马上马村东周墓葬》,《考古》1963 年第 5 期,第 229—245 页。
⑩ 山西省考古研究所:《上马墓地》,文物出版社,1994 年。
⑪ 山西省考古研究所:《上马墓地》,文物出版社,1994 年。

续表

釜	铺	盨	簠	簋	盆	敦	壶	尊缶	罍	鉴	盉	匜	盘	铺	浴缶	汤鼎
						AbⅥ12	CbbdⅡ4、Ea1		AbbaⅦ4		BaaaⅧ2、BbbⅢ1	BcbⅢ1	AbcⅣ1、AbdⅣ1			
												BcbⅢ1、BcbⅣ1				
						CbaⅤ2、EⅡ5	CbbaⅥ1				BaaaⅦ1、BaabⅠ5	BcaⅣ1	AbcⅣ1			
							CbabⅤ5									
												BaaⅢ1				
							CbbaⅥ2			BcⅤ1		1	1			
														BaⅦ6		

古东周铜器群型式登记表

釜	铺	盨	簠	簋	盆	敦	壶	尊缶	罍	鉴	盉	匜	盘	铺	浴缶	汤鼎
												AaaaⅠ1	AbaaⅠ1			
												AaaaⅠ1	AbaaⅠ1			

名　　称	分期	立耳折沿鼎	附耳折沿鼎	附子口鼎	附耳母鼎	箍口鼎	束腰鼎	细撇足鼎	鬲鼎	牲首鼎	方鼎	鬲	甗	镬	鍪
侯马上马 1973M4078 (扰一)①	1	Ab I 2、B I 1													
曲沃北赵晋侯墓地 1994M102 (完整)②	1	Ab I 3,1?													
曲沃北赵晋侯墓地 1994M93 (完整)③	1	Ab I 1	Aa I 5										Aaaa I 1		
曲沃羊舌 2005M5(未完全公布)④	1	Ab I 1													
芮城坛道村 1962M1(扰)⑤	1	Ab I 2、B I 1													
闻喜上郭 1974M373(完整)⑥	1	Ab I 1											Ab I 1		
闻喜上郭 1974M374(盗)⑦	1														
闻喜上郭 1974M46(盗)⑧	1		匜鼎1												
闻喜上郭 1974M48(完整)⑨	1														
闻喜上郭 1974M51(完整)⑩	1														
闻喜上郭 1974M55(盗)⑪	1														
闻喜上郭 1974M57(盗)⑫	1														
闻喜上郭 1974M58(盗)⑬	1	B I 1													
闻喜上郭 1974M59(盗)⑭	1														
闻喜上郭 1975M1(盗)⑮	1	Aa I 1、Ab I 1													

① 山西省考古研究所：《上马墓地》，文物出版社，1994 年。
② 北京大学考古学系、山西省考古研究所：《天马——曲村遗址北赵晋侯墓地第五次发掘》，《文物》1995 年第 7 期，第 4—39 页。
③ 北京大学考古学系、山西省考古研究所：《天马——曲村遗址北赵晋侯墓地第五次发掘》，《文物》1995 年第 7 期，第 4—39 页。
④ 山西省考古研究所、曲沃县文物局：《山西曲沃羊舌晋侯墓地发掘简报》，《文物》2009 年第 1 期，第 4—14 页。
⑤ 山西省考古研究所：《山西芮城东周墓》，《文物》1987 年第 12 期，第 38—46 页。
⑥ 朱华：《闻喜上郭村古墓群试掘》，《三晋考古》(一)，山西人民出版社，1994 年，第 95—122 页。
⑦ 朱华：《闻喜上郭村古墓群试掘》，《三晋考古》(一)，山西人民出版社，1994 年，第 95—122 页。
⑧ 朱华：《闻喜上郭村古墓群试掘》，《三晋考古》(一)，山西人民出版社，1994 年，第 95—122 页。
⑨ 朱华：《闻喜上郭村古墓群试掘》，《三晋考古》(一)，山西人民出版社，1994 年，第 95—122 页。
⑩ 朱华：《闻喜上郭村古墓群试掘》，《三晋考古》(一)，山西人民出版社，1994 年，第 95—122 页。
⑪ 朱华：《闻喜上郭村古墓群试掘》，《三晋考古》(一)，山西人民出版社，1994 年，第 95—122 页。
⑫ 朱华：《闻喜上郭村古墓群试掘》，《三晋考古》(一)，山西人民出版社，1994 年，第 95—122 页。
⑬ 朱华：《闻喜上郭村古墓群试掘》，《三晋考古》(一)，山西人民出版社，1994 年，第 95—122 页。
⑭ 朱华：《闻喜上郭村古墓群试掘》，《三晋考古》(一)，山西人民出版社，1994 年，第 95—122 页。
⑮ 山西省考古研究所：《1976 年闻喜上郭村周代墓葬清理记》，《三晋考古》(一)，山西人民出版社，1994 年，第 123—138 页。

续表

釜	铺	甗	簠	簋	盆	敦	壶	尊缶	罍	鉴	盂	匜	盘	铲	浴缶	汤鼎
			Aa I 2									Aaaa I 1	Abaa I 1			
				A I 4、1?			Aa I 1				A I 1	Aaaa I 1	1			
				A I 7			Aa I 2					1	Abaa I 2			
												Aaaa I 1	Aca I 1			
				A I 5			Aa I 2				A I 1		Aaa I 1			
				A I 1			Aa I 1					Aaaa I 1	Abaa I 1	Bba I 1		
				A I 1												
														Aaaa II 1		
												Aaaa I 1	Abaa I 1			
												Aaaa I 1				
			Baa I 1											Aaaa II 1		
			Cb I 1													
											A I 1		Abaa I 1	Aaaa II 1		

名　称	分期	立耳折沿鼎	附耳折沿鼎	附耳子母口鼎	箍口鼎	束腰鼎	细撇足鼎	鬲鼎	牲首鼎	方鼎	鬲	甗	镬	鍪
闻喜上郭 1976M(扰)①	1													
闻喜上郭 1989M12(完整)②	1		AaⅠ1											
闻喜上郭 1989M13(完整)③	1		匜鼎1											
闻喜上郭 1989M27(完整)④	1		匜鼎1											
闻喜上郭 1989M28(完整)⑤	1	AbⅠ1												
闻喜上郭 1989M2(完整)⑥	1		匜鼎1											
闻喜上郭 1989M33(完整)⑦	1													
闻喜上郭 1989M7(完整)⑧	1		匜鼎1											
闻喜上郭 1989M9(盗)⑨	1		匜鼎1											
宁城松树梁 1956 采铜鼎(采)⑩	1	AbⅠ1												
临猗程村 1987M1120（完整)⑪	2		AaⅡ1											
闻喜上郭 1976M1(完整)⑫	2												AaaⅡ1	
闻喜上郭 1976M4(完整)⑬	2	AaⅡ1												
闻喜上郭 1976M6(完整)⑭	2	BⅡ1												
闻喜上郭 1976M7(完整)⑮	2	BⅡ1												
闻喜上郭 1989M3(完整)⑯	2													

① 山西省考古研究所：《1976 年闻喜上郭村周代墓葬清理记》,《三晋考古》(一),山西人民出版社,1994 年,第 123—138 页。
② 山西省考古研究所：《闻喜县上郭村 1989 年发掘简报》,《三晋考古》(一),山西人民出版社,1994 年,第 139—153 页。
③ 山西省考古研究所：《闻喜县上郭村 1989 年发掘简报》,《三晋考古》(一),山西人民出版社,1994 年,第 139—153 页。
④ 山西省考古研究所：《闻喜县上郭村 1989 年发掘简报》,《三晋考古》(一),山西人民出版社,1994 年,第 139—153 页。
⑤ 山西省考古研究所：《闻喜县上郭村 1989 年发掘简报》,《三晋考古》(一),山西人民出版社,1994 年,第 139—153 页。
⑥ 山西省考古研究所：《闻喜县上郭村 1989 年发掘简报》,《三晋考古》(一),山西人民出版社,1994 年,第 139—153 页。
⑦ 山西省考古研究所：《闻喜县上郭村 1989 年发掘简报》,《三晋考古》(一),山西人民出版社,1994 年,第 139—153 页。
⑧ 山西省考古研究所：《闻喜县上郭村 1989 年发掘简报》,《三晋考古》(一),山西人民出版社,1994 年,第 139—153 页。
⑨ 山西省考古研究所：《闻喜县上郭村 1989 年发掘简报》,《三晋考古》(一),山西人民出版社,1994 年,第 139—153 页。
⑩ 内蒙古自治区文物工作队：《内蒙古出土文物选集》,文物出版社,1963 年。
⑪ 中国社会科学院考古研究所等：《临猗程村墓地》,中国大百科全书出版社,2003 年。
⑫ 山西省考古研究所：《1976 年闻喜上郭村周代墓葬清理记》,《三晋考古》(一),山西人民出版社,1994 年,第 123—138 页。
⑬ 山西省考古研究所：《1976 年闻喜上郭村周代墓葬清理记》,《三晋考古》(一),山西人民出版社,1994 年,第 123—138 页。
⑭ 山西省考古研究所：《1976 年闻喜上郭村周代墓葬清理记》,《三晋考古》(一),山西人民出版社,1994 年,第 123—138 页。
⑮ 山西省考古研究所：《1976 年闻喜上郭村周代墓葬清理记》,《三晋考古》(一),山西人民出版社,1994 年,第 123—138 页。
⑯ 山西省考古研究所：《闻喜县上郭村 1989 年发掘简报》,《三晋考古》(一),山西人民出版社,1994 年,第 139—153 页。

续表

釜	铺	盨	簠	簋	盆	敦	壶	尊缶	罍	鉴	盉	匜	盘	铺	浴缶	汤鼎
	1			A I 1												
												Aaaa I 1	Abaa I 1			
					Baa I 1							Abaa I 1				
						Aa II 1										
					D II 1							Aaaa II 1	Aca I 1	Abb II 1		
												Aaaa II 1	Abaa II 1	Aba III 1		
					Aa II 1		Caa II 1					Aaaa II 1	Abba III 1			
					Ca II 1									Aba III 1		

名称	分期	立耳折沿鼎	附耳折沿鼎	附耳子母口鼎	簠口鼎	束腰鼎	细撇足鼎	鬲鼎	牲首鼎	方鼎	鬲	甗	镬	鍪
闻喜上郭1989M4(完整)①	2													
新绛宋村1982采铜锄(采)②	2													
洪洞上张2000征铜鼎(征)③	3			AbⅡ1										
侯马上马1961M11(完整)④	3			AaⅢ2							AbaaⅣ2			
侯马上马1961M13(完整)⑤	3		BaⅠ3	AbⅡ4							AbaaⅢ2	AaaaⅢ1	AacⅢ1	
侯马上马1961M5(完整)⑥	3			AaⅢ2、AbⅡ1										
侯马上马1973M1013(完整)⑦	3			AbⅡ1										
侯马上马1973M1015(完整)⑧	3			AbⅡ2										
侯马上马1978M1006(完整)⑨	3			AaⅢ1、AbⅡ1										
侯马上马1978M1010(完整)⑩	3			AaⅢ1								AaaaⅡ1		
侯马上马1978M1027(完整)⑪	3			AbⅡ3										
侯马上马1978M2148(完整)⑫	3			AbⅡ1										
侯马上马1981M4094(完整)⑬	3			AaⅢ1										

① 山西省考古研究所：《闻喜县上郭村1989年发掘简报》，《三晋考古》(一)，山西人民出版社，1994年，第139—153页。
② 王金平：《新绛柳泉墓地采集的铜器》，《晋都新田》，山西人民出版社，1996年，第188—193页。
③ 祁临高速公路临汾市北环段考古队：《2009年洪洞范村古城调查记》，《三晋考古》(四)，上海古籍出版社，2012年，第430—439页。
④ 山西省文物管理委员会侯马工作站：《山西侯马上马村东周墓葬》，《考古》1963年第5期，第229—245页。
⑤ 山西省文物管理委员会侯马工作站：《山西侯马上马村东周墓葬》，《考古》1963年第5期，第229—245页。
⑥ 山西省文物管理委员会侯马工作站：《山西侯马上马村东周墓葬》，《考古》1963年第5期，第229—245页。
⑦ 山西省考古研究所：《上马墓地》，文物出版社，1994年。
⑧ 山西省考古研究所：《上马墓地》，文物出版社，1994年。
⑨ 山西省考古研究所：《上马墓地》，文物出版社，1994年。
⑩ 山西省考古研究所：《上马墓地》，文物出版社，1994年。
⑪ 山西省考古研究所：《上马墓地》，文物出版社，1994年。
⑫ 山西省考古研究所：《上马墓地》，文物出版社，1994年。
⑬ 山西省考古研究所：《上马墓地》，文物出版社，1994年。

釜	铺	盨	簠	簋	盆	敦	壶	尊缶	罍	鉴	盉	匜	盘	锄	浴缶	汤鼎
														AbbⅢ1		
														AbbⅢ1		
						AaⅡ2						AbaaⅣ1	AbbaⅣ1	1		
			BbⅣ2			BbaⅡ4	AbⅢ2			AaⅢ2		AbaaⅣ1	AbbaⅣ1	AbbⅣ2		
						AaⅢ1						AaaaⅣ1	AdaⅢ1			
						AaⅢ1								AaaaⅤ1		
						BbaⅡ2						AbaaⅣ1	AbbaⅣ1	AbbⅣ1		
						AaⅣ1						AbaaⅢ1	AbbaⅣ1	AbbⅣ1		
						AaⅢ1						AbaaⅢ1	AbbaⅣ1	AbbⅣ1		
						BbaⅡ2						AbaaⅣ1	AbbaⅣ1	AbbⅣ2		
						BbaⅡ1								AbbⅣ1		
														1		

名　称	分期	立耳折沿鼎	附耳折沿鼎	附耳子母口鼎	敛口鼎	束腰鼎	细撇足鼎	鬲鼎	牺首鼎	方鼎	鬲	甗	簠	鉴
侯马台神东沟1958M(扰)①	3			AcⅡ1										
临猗程村1987M0002(扰)②	3											AacⅢ1、AbaaⅢ1	AabⅢ2	
临猗程村 1987M0003 (完整)③	3			AbⅡ2、AcⅡ1									AaaaⅢ1	
临猗程村 1987M0020 (完整)④	3			AaⅢ2、AbⅡ1										
临猗程村 1987M0022 (扰一)⑤	3			AcⅡ1									AaaaⅢ1	
临猗程村 1987M1059 (完整)⑥	3			AaⅢ1、AbⅡ1										
临猗程村 1987M1064 (完整)⑦	3			AbⅡ1										
临猗程村 1987M1072 (完整)⑧	3			AbⅡ2	AbⅡ1								AaaaⅢ1	AabⅢ1
万荣庙前1961采：30铜尊缶(采)⑨	3													
万荣庙前1961采：31铜尊缶(采)⑩	3													
闻喜上郭1975采铜鼎(采)⑪	3			BaⅢ1										
闻喜上郭1976M17(完整)⑫	3			BaⅢ1										
闻喜上郭1989M5(完整)⑬	3													

① 山西省考古研究所侯马工作站：《晋都新田》，山西人民出版社，1996年，第101—102页。
② 赵慧民、李百勤、李春喜：《山西临猗县程村两座东周墓》，《考古》1991年第11期，第987—994页。
③ 中国社会科学院考古研究所等：《临猗程村墓地》，中国大百科全书出版社，2003年。
④ 中国社会科学院考古研究所等：《临猗程村墓地》，中国大百科全书出版社，2003年。
⑤ 中国社会科学院考古研究所等：《临猗程村墓地》，中国大百科全书出版社，2003年。
⑥ 中国社会科学院考古研究所等：《临猗程村墓地》，中国大百科全书出版社，2003年。
⑦ 中国社会科学院考古研究所等：《临猗程村墓地》，中国大百科全书出版社，2003年。
⑧ 中国社会科学院考古研究所等：《临猗程村墓地》，中国大百科全书出版社，2003年。
⑨ 山西省考古研究所：《万荣庙前东周墓葬发掘收获》，《三晋考古》(一)，山西人民出版社，1994年。
⑩ 山西省考古研究所：《万荣庙前东周墓葬发掘收获》，《三晋考古》(一)，山西人民出版社，1994年。
⑪ 《中国青铜器全集》(8)，图009。
⑫ 山西省考古研究所：《1976年闻喜上郭村周代墓葬清理记》，《三晋考古》(一)，山西人民出版社，1994年，第123—138页。
⑬ 山西省考古研究所：《闻喜县上郭村1989年发掘简报》，《三晋考古》(一)，山西人民出版社，1994年，第139—153页。

续表

釜	铺	甑	簠	簋	盆	敦	壶	尊缶	罍	鉴	盉	匜	盘	铊	浴缶	汤鼎
			AaⅤ2			2	A2			AaⅢ2		AbaaⅣ1	1			
						BbaⅡ1						AbaaⅢ1	AbbaⅣ1	AbbⅢ1		
						AaⅢ1、AbⅢ1								AbbⅣ1		
						BabⅠ1										
						AaⅢ1								AbbⅣ1		
						B1						AaaaⅣ1	AabⅣ1	AbbⅢ1		
						CaaaⅠ1						AbaaⅣ1	AbbbⅠ1	AbbⅣ1		
								AbⅠ1								
								AdⅠ1								
						AaⅢ1								AbbⅢ1		
														AbbⅣ1		

名称	分期	立耳折沿鼎	附耳折沿鼎	附耳母子口鼎	箍口鼎	束腰鼎	细撇足鼎	鬲鼎	牲首鼎	方鼎	鬲	甗	簋	盨
忻州公安处1994缴铜鼎3号(缴)①	3			AbⅡ1										
新绛东柳泉1976采铜敦(采)②	3													
长治分水岭1959M53(扰)③	4			AbⅢ5										
长治分水岭1966M232(完整)④	4													
长治分水岭1966M236(扰)⑤	4			AbⅢ1										
长治分水岭1972M269(完整)⑥	4	AbⅣ5		AbⅢ4						AbabⅣ4	Cac I 1			
长治分水岭1972M270(完整)⑦	4	BⅢ5		AbⅡ5										
长治分水岭1972M271(扰)⑧	4			A1										
长治分水岭1972M272(扰)⑨	4			AbⅢ3										
长治分水岭1972M273(扰)⑩	4			AbⅢ1										
长子羊圈沟1973M1(完整)⑪	4			AdⅢ2										
长子羊圈沟1973M2(完整)⑫	4			AbⅢ1	Cb I 1									

① 李有成:《忻州缴获的三件铜鼎》,《文物季刊》1997年第1期,第100—101页。
② 王金平:《新绛柳泉墓地采集的铜器》,《晋都新田》,山西人民出版社,1996年,第188—193页。
③ 山西省文物管理委员会、山西省考古研究所:《山西长治分水岭战国墓第二次发掘》,《考古》1964年第3期,第111—137页;山西省考古研究所等:《长治分水岭东周墓地》,文物出版社,2010年。
④ 山西省文物管理委员会、山西省考古研究所:《山西长治分水岭战国墓第二次发掘》,《考古》1964年第3期,第111—137页;山西省考古研究所等:《长治分水岭东周墓地》,文物出版社,2010年。
⑤ 山西省文物管理委员会、山西省考古研究所:《山西长治分水岭战国墓第二次发掘》,《考古》1964年第3期,第111—137页;山西省考古研究所等:《长治分水岭东周墓地》,文物出版社,2010年。
⑥ 山西省文物工作委员会晋东南工作组、山西省长治市博物馆:《长治分水岭269、270号东周墓》,《考古学报》1974年第2期,第63—85页;山西省考古研究所等:《长治分水岭东周墓地》,文物出版社,2010年。
⑦ 山西省文物工作委员会晋东南工作组、山西省长治市博物馆:《长治分水岭269、270号东周墓》,《考古学报》1974年第2期,第63—85页;山西省考古研究所等:《长治分水岭东周墓地》,文物出版社,2010年。
⑧ 李夏廷、李建生:《也谈长治分水岭东周墓地》,《中国国家博物馆馆刊》2012年第3期,第15—31页。
⑨ 李夏廷、李建生:《也谈长治分水岭东周墓地》,《中国国家博物馆馆刊》2012年第3期,第15—31页。
⑩ 李夏廷、李建生:《也谈长治分水岭东周墓地》,《中国国家博物馆馆刊》2012年第3期,第15—31页。
⑪ 山西省考古研究所:《山西长子县东周墓》,《考古学报》1984年第4期,第503—529页。
⑫ 山西省考古研究所:《山西长子县东周墓》,《考古学报》1984年第4期,第503—529页。

釜	铺	盨	簠	簋	盆	敦	壶	尊缶	罍	鉴	盉	匜	盘	铴	浴缶	汤鼎
						Caaa Ⅰ 1										
						Caaa Ⅱ 4	2			Aa Ⅳ 1						
						Caaa Ⅱ 2						Abaa Ⅴ 1	1	1		
		Ab Ⅵ 2				Bba Ⅲ 2	Ab Ⅳ 2		Aa Ⅳ 2	Aa Ⅳ 1	Bc Ⅱ 1		Abbb Ⅱ 1	Abb Ⅲ 1		
		Ab Ⅴ 2				Bba Ⅱ 2	Ab Ⅲ 2		Abbb Ⅳ 2		Bc Ⅲ 1	1	Abba Ⅳ 1	Abc Ⅱ 1		
						Bba Ⅲ 1										
						Caaa Ⅲ 1、Bab Ⅱ \ Bba Ⅲ 1	Cbbb Ⅰ 2					Abaa Ⅴ 1		Abd Ⅰ 1		
						Caaa Ⅱ 3						Abaa Ⅴ 1	Abba Ⅴ 1	Bba Ⅳ 1		

名　称	分期	立耳折沿鼎	附耳折沿鼎	附耳子母鼎	箍口鼎	束腰鼎	细撇足鼎	高鼎	牲首鼎	方鼎	鬲	瓿	镬	鉴
定襄中霍村 1995M1(扰一)①	4			AbⅢ1	CbⅠ2			BaⅣ1				AaaaⅣ1		
定襄中霍村 1995M2(扰)②	4			AbⅢ1	CbⅠ1							AaaaⅣ1		
定襄中霍村 2000 采铜敦(采)③	4													
定襄中霍村 2000 采铜瓿(采)④	4											AaaaⅣ1		
侯马东高 1994 采铜鼎(采)⑤	4			AbⅢ1										
侯马东高 1994 采铜(采)⑥	4													
侯马牛村南 1960M27(完整)⑦	4			AbⅢ2										
侯马牛村南 1960M6(完整)⑧	4			AbⅢ1										
侯马牛村南 1961M342(完整)⑨	4			AbⅢ1										
侯马上马 1959M(扰一)⑩	4			AbⅢ3										
侯马上马 1963M15(完整)⑪	4			AaⅢ1	CbⅠ2							AaaaⅣ1		
侯马上马 1963M5218(完整)⑫	4			AcⅢ1	CbⅠ4						AbaaⅣ2	AaaaⅣ1		
侯马上马 1973M1002(完整)⑬	4			AbⅢ1										
侯马上马 1973M1004(完整)⑭	4			AcⅢ2	Ca3									

①　李有成：《定襄县中霍村东周墓发掘报告》,《文物》1997 年第 5 期,第 4—17 页。
②　李有成：《定襄县中霍村东周墓发掘报告》,《文物》1997 年第 5 期,第 4—17 页。
③　郭艮堂、李培林：《定襄中霍村出土的一批青铜器》,《文物》2004 年第 12 期,第 72—73 页。
④　郭艮堂、李培林：《定襄中霍村出土的一批青铜器》,《文物》2004 年第 12 期,第 72—73 页。
⑤　山西省考古研究所侯马工作站：《侯马东高墓地调查》,《晋都新田》,山西人民出版社,1996 年,第 249—257 页。
⑥　山西省考古研究所侯马工作站：《侯马东高墓地调查》,《晋都新田》,山西人民出版社,1996 年,第 249—257 页。
⑦　山西省考古研究所侯马工作站：《侯马牛村古城南墓葬发掘报告》,《晋都新田》,山西人民出版社,1996 年,第 194—248 页。
⑧　山西省考古研究所侯马工作站：《侯马牛村古城南墓葬发掘报告》,《晋都新田》,山西人民出版社,1996 年,第 194—248 页。
⑨　山西省考古研究所侯马工作站：《侯马牛村古城南墓葬发掘报告》,《晋都新田》,山西人民出版社,1996 年,第 194—248 页。
⑩　杨富斗：《山西侯马上马村发现东周铜器》,《考古》1959 年第 7 期,第 371 页。
⑪　山西省考古研究所：《上马墓地》,文物出版社,1994 年。
⑫　山西省考古研究所：《上马墓地》,文物出版社,1994 年。
⑬　山西省考古研究所：《上马墓地》,文物出版社,1994 年。
⑭　山西省考古研究所：《上马墓地》,文物出版社,1994 年。

续表

釜	铺	盨	簠	簋	盆	敦	壶	尊缶	罍	鉴	盉	匜	盘	钟	浴缶	汤鼎
						Caaa II 2	CbaaIV1、CbcIV1					BaaaIV1	BcaI1?			
						Caba II 1	CbaaIV1						BcaI1			
						Cbb II 1										
														BbaIV1		
						Caaa II 2						AdbIV1	BbaIV1			
						Caaa II 1							Abc II 1			
						Caaa II 2							AbbV1			
						Caaa II 2						AbaaV1	AbbaV1	BbaIV1		
						Caaa II 2	BaIV2					AbaaV1	AbbbII1	BbaIV2		
				BbV2		Caaa II 2	BaIV2			AaIV2		Afb1				
						Caaa II 1							BbaIV1			
						Caaa II 4						BbcIII1	AbbaV1	BbaIV2	BIV2	

名称	分期	立耳折沿鼎	附耳折沿鼎	附耳子母口鼎	箍口鼎	束腰鼎	细撇足鼎	鬲鼎	牲首鼎	方鼎	鬲	甗	铍	整
侯马上马 1973M2008（完整）①	4			AbⅢ2	Ca1							AaaaⅣ1	AabⅣ1	
侯马上马 1973M4006（完整）②	4			AcⅢ3										
侯马上马 1978M1011（完整）③	4			AcⅢ1										
侯马上马 1978M1026（完整）④	4				Ca1									
侯马上马 1981M4090(扰)⑤	4			AbⅢ2										
浑源李峪 1963 征铜敦(征)⑥	4													
浑源李峪 1963 征铜铍(征)⑦	4												BbⅢ1	
浑源李峪 1975M2(扰)⑧	4			AbⅢ1										
浑源李峪 1975M3(扰)⑨	4										1			
沁水桃花沟 1984M(扰)⑩	4												Abd1	
沁水河西村 1991M(扰)⑪	4			AbⅢ1			BaⅣ1							
交口桃红坡窑瓦 1985M(扰)⑫	4			AbⅢ1										
临猗程村 1987M0001(扰)⑬	4	BⅣ1		AcⅡ1、AcⅢ1								AaaaⅣ1		
临猗程村 1987M0004（完整）⑭	4			AbⅢ1										

①　山西省考古研究所：《上马墓地》，文物出版社，1994 年。
②　山西省考古研究所：《上马墓地》，文物出版社，1994 年。
③　山西省考古研究所：《上马墓地》，文物出版社，1994 年。
④　山西省考古研究所：《上马墓地》，文物出版社，1994 年。
⑤　山西省考古研究所：《上马墓地》，文物出版社，1994 年。
⑥　山西省考古研究所：《山西浑源县李峪村东周墓》，《考古》1983 年第 8 期，第 695—700 页。
⑦　山西省考古研究所：《山西浑源县李峪村东周墓》，《考古》1983 年第 8 期，第 695—700 页。
⑧　山西省考古研究所：《山西浑源县李峪村东周墓》，《考古》1983 年第 8 期，第 695—700 页。
⑨　山西省考古研究所：《山西浑源县李峪村东周墓》，《考古》1983 年第 8 期，第 695—700 页。
⑩　李继红：《沁水县出土的春秋战国铜器》，《山西省考古学会论文集》(三)，山西古籍出版社，2000 年，第 288—294 页。
⑪　李继红：《沁水县出土的春秋战国铜器》，《山西省考古学会论文集》(三)，山西古籍出版社，2000 年，第 288—294 页。
⑫　山西省考古研究所：《交口县东周墓葬清理简报》，《三晋考古》(一)，山西人民出版社，1994 年，第 263—265 页；张矿生：《交口县东周墓葬清理简报》，《山西省考古学会论文集》(三)，山西古籍出版社，2000 年，第 39—41 页。第二篇简报与第一篇基本雷同，但是第二篇简报中没有第一篇简报中介绍的素面铜鼎；第一篇简报中介绍的第二件铜鼎实际应是铜敦，第二篇简报承袭第一篇简报也误作铜鼎，但是两篇简报所说该器的尺寸差别很大，不知孰对孰错。
⑬　赵慧民、李百勤、李春喜：《山西临猗县程村两座东周墓》，《考古》1991 年第 11 期，第 987—994 页。
⑭　中国社会科学院考古研究所等：《临猗程村墓地》，中国大百科全书出版社，2003 年。

续表

釜	铺	盨	簠	簋	盆	敦	壶	尊缶	罍	鉴	盏	匜	盘	铲	浴缶	汤鼎
						BbaⅢ2						AbaaⅣ1	AbbaⅤ1	BbaⅣ1		
						CaaaⅡ2						AbaaⅤ1	AdbⅣ1	BbaⅣ1		
						BbaⅢ1										
						BbaⅢ1						AbaaⅤ1	AdcⅣ1	BbaⅣ1		
						CaaaⅡ2						AbaaⅤ1	Afb1	BbaⅣ1		
						CaaaⅡ1										
						C1										
							CbaaⅣ1					1	AcaⅣ1	Bbc1?		
						AaⅤ1										
						CabbⅡ2						1				
						BbaⅢ1								A1		
						AaⅢ1、AaⅣ1				AaⅣ2		AbaaⅤ1		Abb1、BbaⅣ1		
						A1						AbaaⅤ1	AbbaⅤ1	AbbⅣ1		

名　称	分期	立耳折沿鼎	附耳折沿鼎	附耳子母口鼎	箍口鼎	束腰鼎	细足撇鼎	鬲鼎	牲首鼎	方鼎	鬲	甗	镈	鏊
临猗程村 1987M0019（完整）①	4			AcⅢ1										
临猗程村 1987M0021（完整）②	4			AcⅢ1										
临猗程村 1987M1001（完整）③	4		BaⅡ2	AcⅢ3								AaaaⅢ1		
临猗程村 1987M1002（完整）④	4	AbⅣ2		AbⅢ1、AcⅢ2										
临猗程村 1987M1022（完整）⑤	4			AbⅢ1、AcⅢ1								AaaaⅣ1		
临猗程村 1987M1023（完整）⑥	4			AbⅢ1										
临猗程村 1987M1024（完整）⑦	4			AcⅢ1										
临猗程村 1987M1056（完整）⑧	4			AcⅢ3										
临猗程村 1987M1057（完整）⑨	4			AbⅢ1								AaaaⅣ1		
临猗程村 1987M1062（完整）⑩	4			AbⅢ1										
临猗程村 1987M1082（完整）⑪	4			AbⅢ1										
临猗程村 1987M1118（完整）⑫	4			AbⅢ1										

① 中国社会科学院考古研究所等：《临猗程村墓地》，中国大百科全书出版社，2003 年。
② 中国社会科学院考古研究所等：《临猗程村墓地》，中国大百科全书出版社，2003 年。
③ 中国社会科学院考古研究所等：《临猗程村墓地》，中国大百科全书出版社，2003 年。
④ 中国社会科学院考古研究所等：《临猗程村墓地》，中国大百科全书出版社，2003 年。
⑤ 中国社会科学院考古研究所等：《临猗程村墓地》，中国大百科全书出版社，2003 年。
⑥ 中国社会科学院考古研究所等：《临猗程村墓地》，中国大百科全书出版社，2003 年。
⑦ 中国社会科学院考古研究所等：《临猗程村墓地》，中国大百科全书出版社，2003 年。
⑧ 中国社会科学院考古研究所等：《临猗程村墓地》，中国大百科全书出版社，2003 年。
⑨ 中国社会科学院考古研究所等：《临猗程村墓地》，中国大百科全书出版社，2003 年。
⑩ 中国社会科学院考古研究所等：《临猗程村墓地》，中国大百科全书出版社，2003 年。
⑪ 中国社会科学院考古研究所等：《临猗程村墓地》，中国大百科全书出版社，2003 年。
⑫ 中国社会科学院考古研究所等：《临猗程村墓地》，中国大百科全书出版社，2003 年。

釜	铺	鋞	簠	簋	盆	敦	壶	尊缶	罍	鉴	盂	匜	盘	铙	浴缶	汤鼎
						BbaⅢ1										
						BbaⅢ1								AbbⅤ1		
			BbⅢ1			CaaaⅡ2	AbⅣ2			AaⅣ2		AbaaⅤ1	AbbaⅤ1	BbaⅣ2		
			BbⅤ2			BbaⅢ2	AbⅣ2			AaⅣ2		AbaaⅤ1	AbbaⅤ1	BbaⅣ2		
						CaaaⅡ2						AbaaⅤ1	AbbaⅤ1	BbaⅣ1		
						BbaⅢ1						AbaaⅤ1	AabⅤ1	AaacⅡ1		
						BbaⅢ1						AbaaⅤ1	AbbbⅡ1	AbbⅤ1		
						CaaaⅡ1						AbaaⅤ1	AbbaⅤ1	BbaⅣ1		
						BbaⅢ2						AbaaⅤ1	AabⅤ1			
						CaaaⅡ1								BbaⅣ1		
						BbaⅢ1						AbaaⅤ1	AbbaⅤ1	AbcⅡ1		
						AbⅡ1								BbaⅣ1		

名称	分期	立耳折沿鼎	附耳折沿鼎	附子母口鼎	箍口鼎	束腰鼎	细撇足鼎	鬲鼎	牲首鼎	方鼎	鬲	甗	复	整
临猗程村 1987M1119(扰)①	4			AcⅢ1										
芮城坛道村 1962M2(完整)②	4			AbⅢ1	CbⅠ1								AaaaⅣ1		
太原金胜村 1994M673(未完全公布)③	4														
太原金胜村 1994M674(未完全公布)④	4	AbⅣ1	BaⅡ1	AbⅢ7	AcⅢ3										
屯留武家沟 1970M(扰)⑤	4			AbⅢ1											
万荣庙前 1958M1(扰)⑥	4			AⅢ5								AbaaⅣ3			
万荣庙前 1961 采：21 铜敦(采)⑦	4														
万荣庙前 1961 采：29 铜壶(采)⑧	4														
万荣庙前 1962M1(完整)⑨	4			AbⅢ1、AcⅢ1											
万荣庙前 1962M5(完整)⑩	4				CbⅠ1										
闻喜邱家庄 1979M13(完整)⑪	4			AbⅢ2											
忻州公安处 1994 缴铜鼎 2 号(缴)⑫	4				CbⅠ1										

①　中国社会科学院考古研究所等：《临猗程村墓地》，中国大百科全书出版社，2003 年。
②　山西省考古研究所：《山西芮城东周墓》，《文物》1987 年第 12 期，第 38—46 页。
③　李建生：《辉县琉璃阁与太原赵卿墓相关问题》，《中国国家博物馆馆刊》2012 年第 2 期，第 6—42 页。
④　李建生：《辉县琉璃阁与太原赵卿墓相关问题》，《中国国家博物馆馆刊》2012 年第 2 期，第 6—42 页。
⑤　长治市博物馆：《山西屯留武家沟出土战国铜器》，《考古》1983 年第 3 期，第 273—274 页。
⑥　杨富斗：《山西万荣县庙前村的战国墓》，《文物参考资料》1958 年第 12 期，第 34—35 页；山西省考古研究所：《万荣庙前东周墓葬发掘收获》，《三晋考古》(一)，山西人民出版社，1994 年。
⑦　杨富斗：《山西万荣县庙前村的战国墓》，《文物参考资料》1958 年第 12 期，第 34—35 页；山西省考古研究所：《万荣庙前东周墓葬发掘收获》，《三晋考古》(一)，山西人民出版社，1994 年。
⑧　杨富斗：《山西万荣县庙前村的战国墓》，《文物参考资料》1958 年第 12 期，第 34—35 页；山西省考古研究所：《万荣庙前东周墓葬发掘收获》，《三晋考古》(一)，山西人民出版社，1994 年。
⑨　杨富斗：《山西万荣县庙前村的战国墓》，《文物参考资料》1958 年第 12 期，第 34—35 页；山西省考古研究所：《万荣庙前东周墓葬发掘收获》，《三晋考古》(一)，山西人民出版社，1994 年。
⑩　杨富斗：《山西万荣县庙前村的战国墓》，《文物参考资料》1958 年第 12 期，第 34—35 页；山西省考古研究所：《万荣庙前东周墓葬发掘收获》，《三晋考古》(一)，山西人民出版社，1994 年。
⑪　运城行署文化局、运城地区博物馆：《山西闻喜邱家庄战国墓葬发掘简报》，《考古与文物》1983 年第 1 期，第 5—11 页。原简报在图、文照应方面存在一些失误处，例如：图五第 3 应为 M13：24；图十第 1 应为 M13：2 的器盖纹饰，图十第 2 应为 M13：1 腹部纹饰；还有一些图没有注明器物号，例如图三，从文字描述看，应为 M13：2。
⑫　李有成：《忻州缴获的三件铜鼎》，《文物季刊》1997 年第 1 期，第 100—101 页。

续表

釜	铺	盨	簠	簋	盆	敦	壶	尊缶	罍	鉴	盉	匜	盘	铲	浴缶	汤鼎
						CaaaⅡ2	BaⅣ2						AbbbⅡ1			
							BaⅣ2			AaⅣ2						
							BaⅣ2、CbaaⅣ2、CaaⅣ1			AaⅣ2						
						CaaaⅡ1	CbbaⅢ2							BbaⅣ1		
				2			AbⅣ1		AbbaⅢ2	AaⅣ2		1		AbbⅤ2		
						CaaaⅡ1										
							CbaaⅣ1									
						BbaⅢ1						AbaaⅤ1	AabⅤ1	BbaⅣ1		
						BbaⅢ1										
						CaaaⅡ2						AbdⅠ1	AbbaⅤ1	BbaⅣ1		

名称	分期	立耳折沿鼎	附耳折沿鼎	附耳子母口鼎	箍口鼎	束腰鼎	细足撇鼎	鬲鼎	牲首鼎	方鼎	鬲	甗	簠	鉴
新绛东柳泉1976采铜钶(采)①	4													
新绛宋村1980采铜鼎(采)②	4		AaIV1											
新绛西柳泉1984采铜敦(采)③	4													
新绛西柳泉1984采铜盘(采)④	4													
新绛西柳泉1984采铜匜(采)⑤	4													
新绛西柳泉1984采铜(采)⑥	4													
原平练家岗1974M(扰)⑦	4											AaaaIV1	AbcIV1	
原平刘庄塔岗梁1985M1(扰)⑧	4													
原平刘庄塔岗梁1985M3(完整)⑨	4												BbIII1	
原平刘庄塔岗梁1991M(扰)⑩	4												BbIII1	
原平峙峪赵家坳1964M(扰)⑪	4			AbIII1、AdIII1、?2								AaaaIV2	1	
运城南相1987M1(完整)⑫	4			AbIII1、AcIII2								AaaaIV1		
运城南相1987M2(完整)⑬	4			AcIII1										

① 王金平：《新绛柳泉墓地采集的铜器》，《晋都新田》，山西人民出版社，1996年，第188—193页。
② 王金平：《新绛柳泉墓地采集的铜器》，《晋都新田》，山西人民出版社，1996年，第188—193页。
③ 王金平：《新绛柳泉墓地采集的铜器》，《晋都新田》，山西人民出版社，1996年，第188—193页。
④ 王金平：《新绛柳泉墓地采集的铜器》，《晋都新田》，山西人民出版社，1996年，第188—193页。
⑤ 王金平：《新绛柳泉墓地采集的铜器》，《晋都新田》，山西人民出版社，1996年，第188—193页。
⑥ 王金平：《新绛柳泉墓地采集的铜器》，《晋都新田》，山西人民出版社，1996年，第188—193页。
⑦ 李有成：《原平县练家岗战国青铜器》，《山西省考古学会论文集》(一)，山西人民出版社，1992年，第107—109页。
⑧ 山西忻州地区文物管理处：《原平县刘庄塔岗梁东周墓》，《文物》1986年第11期，第21—26页。
⑨ 山西忻州地区文物管理处：《原平县刘庄塔岗梁东周墓》，《文物》1986年第11期，第21—26页。
⑩ 山西忻州地区文物管理处：《原平县刘庄塔岗梁东周墓》，《文物》1986年第11期，第21—26页。
⑪ 戴遵德：《原平峙峪出土的东周铜器》，《文物》1972年第4期，第69—72页。
⑫ 王志敏、高胜才：《运城南相春秋墓清理简报》，《文物季刊》1990年第1期，第39—44页。
⑬ 王志敏、高胜才：《运城南相春秋墓清理简报》，《文物季刊》1990年第1期，第39—44页。

续表

釜	铺	盨	簠	簋	盆	敦	壶	尊缶	罍	鉴	盂	匜	盘	铊	浴缶	汤鼎
														Bba Ⅳ1		
						Caaa Ⅱ1										
													Abba Ⅴ1			
												Abaa Ⅴ1				
														Bba Ⅳ1		
							Cbaa Ⅳ1									
						Caaa Ⅱ1								Bba Ⅳ1		
						Caaa Ⅱ1		Ac Ⅱ1						Bba Ⅳ1		
						Caab Ⅱ1	Cbaa Ⅳ1									
						Bba Ⅲ1						Abaa Ⅴ1	Abba Ⅴ1	Abb Ⅴ1		
						Ab Ⅳ1										

名　称	分期	立耳折沿鼎	附耳折沿鼎	附耳子母口鼎	箍口鼎	束腰鼎	细撇足鼎	鬲鼎	牲首鼎	方鼎	鬲	甑	簠	盨
凉城麦胡图1957采铜鼎(采)①	4			AdⅢ1										
准格尔宝亥社1984M(扰)②	4												BbⅢ1	
长治分水岭1954M10(完整)③	5			AbⅣ2										
长治分水岭1954M11(完整)④	5			AbⅣ2										
长治分水岭1964M126(扰)⑤	5	1									AbaaⅤ3			
长治分水岭1966M225(扰)⑥	5			AbⅣ2										
长治分水岭1966M229(完整)⑦	5			1										
长子牛家坡1977M7(完整)⑧	5			AbⅣ6				BbⅡ1			AbaaⅤ2	AaaaⅤ1		
定襄中霍村2000采铜鼎(采)⑨	5			A1										
侯马牛村南1960M25(完整)⑩	5			AbⅣ1										
侯马下平望1975M(扰)⑪	5				CbⅡ2						AbaaⅤ1			

① 内蒙古自治区文物工作队:《内蒙古出土文物选集》,文物出版社,1963年。
② 伊克昭盟文物工作站:《内蒙古准格尔旗宝亥社发现青铜器》,《文物》1987年第12期,第81—83页。
③ 山西省文物管理委员会:《山西长治市分水岭古墓的清理》,《考古学报》1957年第1期,第103—118页;山西省考古研究所等:《长治分水岭东周墓地》,文物出版社,2010年。
④ 山西省文物管理委员会:《山西长治市分水岭古墓的清理》,《考古学报》1957年第1期,第103—118页;山西省考古研究所等:《长治分水岭东周墓地》,文物出版社,2010年。
⑤ 山西省文物管理委员会:《山西长治市分水岭古墓的清理》,《考古学报》1957年第1期,第103—118页;山西省考古研究所等:《长治分水岭东周墓地》,文物出版社,2010年。
⑥ 山西省文物管理委员会:《山西长治市分水岭古墓的清理》,《考古学报》1957年第1期,第103—118页;山西省考古研究所等:《长治分水岭东周墓地》,文物出版社,2010年。
⑦ 山西省文物管理委员会:《山西长治市分水岭古墓的清理》,《考古学报》1957年第1期,第103—118页;山西省考古研究所等:《长治分水岭东周墓地》,文物出版社,2010年。
⑧ 山西省考古研究所:《山西长子县东周墓》,《考古学报》1984年第4期,第503—529页。
⑨ 郭艮堂、李培林:《定襄中霍村出土的一批青铜器》,《文物》2004年第12期,第72—73页。
⑩ 山西省考古研究所侯马工作站:《侯马牛村古城南墓葬发掘报告》,《晋都新田》,山西人民出版社,1996年,第194—248页。
⑪ 范文谦:《山西侯马下平望墓地出土的东周铜器》,《文物季刊》1993年第1期,第20—21页。

釜	铺	盨	簠	簋	盆	敦	壶	尊缶	叠	鉴	盉	匜	盘	铲	浴缶	汤鼎
						CaⅡ1										
						CaaaⅢ2										
						BabⅢ2	CbbbⅡ2					BabⅡ1		BbaⅤ1		
						CaaaⅢ3、?1	CbbcⅢ1			AaⅤ2				BbaⅤ1		
						CaaaⅢ2	CbbbⅡ2						1	BbaⅤ1		
						CaaaⅢ2						Aa1	B1	BbaⅤ1		
	1	AcⅧ2			2	CaaaⅢ2、CacbⅠ2、?1	CbbaⅣ2、CbacⅡ1			AaⅤ2	BcⅣ1		BcaⅡ2			
						CaaaⅢ1										
							CbbbⅡ1					AbbⅤ1	AbbbⅢ1	BbaⅤ1		

名　称	分期	立耳折沿鼎	附耳折沿鼎	附耳子母口鼎	箍口鼎	束腰鼎	细撇足鼎	鬲鼎	牲首鼎	方鼎	鬲	甗	甑	鍪
柳林杨家坪1997M1(完整)①	5			AbⅣ1										
潞城潞河1983M7(扰一)②	5	AbⅤ2	BaⅢ1	AbⅣ8								AbaaⅤ2	AaaaⅤ1	
潞城潞河1983M8(完整)③	5			AaⅢ1										
太原金胜村1988M251(完整)④	5	AbⅤ5	BaⅢ1	AaⅤ2、AbⅣ5、AdⅣ1	CbⅡ7				BbⅡ6			AbaaⅤ5	AaaaⅤ1、CacⅡ1、DcⅠ1	AacⅤ1、Aae2、Aaf8
太原金胜村1994M656(未完全公布)⑤	5												AaaaⅤ1	
太原金胜村1994M88(未完全公布)⑥	5													
万荣庙前1961M1(完整)⑦	5			AbⅣ1										
襄汾大张1994M2铜壶(扰)⑧	5													
长治分水岭1954M12(完整)⑨	6			5									1	
长治分水岭1954M14(完整)⑩	6	2		AbⅤ7								AbaaⅥ4		
长治分水岭1959M20(盗)⑪	6			AbⅤ1										
长治分水岭1959M25(完整)⑫	6	AbⅥ1		AbⅤ5								AbaaⅥ3		
长治分水岭1959M26(盗)⑬	6	AbⅢ2		AbⅤ5										

　　① 吕梁地区文物事业局、柳林县文物管理所:《1997年柳林县杨家坪战国墓葬清理简报》,《山西省考古学会论文集》(三),山西古籍出版社,2000年,第42—50页。
　　② 山西省考古研究所、山西省晋东南地区文化局:《山西省潞城县潞河战国墓》,《文物》1986年第6期,第1—19页。
　　③ 山西省考古研究所、山西省晋东南地区文化局:《山西省潞城县潞河战国墓》,《文物》1986年第6期,第1—19页。
　　④ 山西省考古研究所、太原市文物管理委员会:《太原晋国赵卿墓》,文物出版社,1996年。
　　⑤ 李建生:《辉县琉璃阁与太原赵卿墓相关问题》,《中国国家博物馆馆刊》2012年第2期,第6—42页。
　　⑥ 李建生:《辉县琉璃阁与太原赵卿墓相关问题》,《中国国家博物馆馆刊》2012年第2期,第6—42页。
　　⑦ 山西省考古研究所:《万荣庙前东周墓葬发掘收获》,《三晋考古》(一),山西人民出版社,1994年,第218—250页。
　　⑧ 山西省考古研究所侯马工作站:《三件战国文物介绍》,《文物季刊》1996年第3期,第57—61页。
　　⑨ 山西省考古研究所等:《长治分水岭东周墓地》,文物出版社,2010年。
　　⑩ 山西省考古研究所等:《长治分水岭东周墓地》,文物出版社,2010年。
　　⑪ 山西省考古研究所等:《长治分水岭东周墓地》,文物出版社,2010年。
　　⑫ 山西省考古研究所等:《长治分水岭东周墓地》,文物出版社,2010年。
　　⑬ 山西省考古研究所等:《长治分水岭东周墓地》,文物出版社,2010年。

釜	铺	甗	簠	簋	盆	敦	壶	尊缶	罍	鉴	盉	匜	盘	铺	浴缶	汤鼎
						Caaa Ⅲ2										
	2		Bc Ⅰ2			Caaa Ⅲ4、Cac Ⅰ2	Cbc Ⅴ1、DⅤ1		Abbb Ⅵ4	Aa Ⅴ4	Bc Ⅳ1	Baaa Ⅴ1	1	Bba Ⅴ1		
						Ab Ⅱ1	Ba Ⅳ2					Bab Ⅱ1	Aab Ⅵ1			
	2		Ac Ⅶ2			Caaa Ⅲ8、Cac Ⅰ4	Aa Ⅴ4、Caa Ⅴ1、DⅤ1		Abbb Ⅴ2	Aa Ⅴ6		Baaa Ⅴ1、Bbc Ⅳ1	Abbb Ⅲ1、Bca Ⅱ1	Bba Ⅴ4		
							Cbba Ⅳ1		Abbb Ⅵ1							
						Dbb Ⅰ1	Cbba Ⅳ2		1							
							Cbba Ⅳ1									
			Aa Ⅷ2	Bc1		Dca Ⅲ2	Cbba Ⅴ2、Ccb Ⅱ2			Aa Ⅵ3			1	Bba Ⅵ2		
										Aa Ⅵ1						
						Caaa Ⅳ2、Dba Ⅰ2	Cbac Ⅲ2			Aa Ⅵ2		Bab Ⅳ1	1	Bba Ⅵ1		
			Ab Ⅷ2	Bc2、？2		Dbb Ⅱ2、C2	Ccb Ⅱ2、？2			Aa Ⅵ2		Bad Ⅴ2				

名　称	分期	立耳折沿鼎	附耳折沿鼎	附耳子母口鼎	箍口鼎	束腰鼎	细撇足鼎	鬲鼎	牲首鼎	方鼎	鬲	甗	簠	鉴
长治分水岭 1959M35(盗)①	6			1				BbⅢ1						
长治分水岭 1959M36(盗)②	6		AbⅤ1					BbⅢ1						
长治分水岭 1964M106 (完整)③	6							BaⅥ2						
长治分水岭 1964M109 (完整)④	6			1										
长治分水岭 1964M79(扰)⑤	6													
长治分水岭 1964M83 (完整)⑥	6			1										
长治分水岭 1964M84(扰)⑦	6							BbⅢ1						
长治分水岭 1966M258 (完整)⑧	6							BbⅢ1						
长子牛家坡 1979M11 (完整)⑨	6		Ab\dⅤ1					BdⅢ2						
侯马下平望 1977M1002 (完整)⑩	6							BbⅢ1						
太原 1981 采土匀鉡(采)⑪	6													
忻州公安处 1994 缴铜鼎 1 号(缴)⑫	6	AbⅥ1												
新绛柳泉 1979M302(盗)⑬	6													
中阳弓家湾 1988 采铜鼎(采)⑭	6			AbⅤ1										

①　山西省考古研究所等:《长治分水岭东周墓地》,文物出版社,2010 年。
②　山西省考古研究所等:《长治分水岭东周墓地》,文物出版社,2010 年。
③　山西省考古研究所等:《长治分水岭东周墓地》,文物出版社,2010 年。
④　山西省考古研究所等:《长治分水岭东周墓地》,文物出版社,2010 年。
⑤　山西省考古研究所等:《长治分水岭东周墓地》,文物出版社,2010 年。
⑥　山西省考古研究所等:《长治分水岭东周墓地》,文物出版社,2010 年。
⑦　山西省考古研究所等:《长治分水岭东周墓地》,文物出版社,2010 年。
⑧　山西省考古研究所等:《长治分水岭东周墓地》,文物出版社,2010 年。
⑨　山西省考古研究所:《山西长子县东周墓》,《考古学报》1984 年第 4 期,第 503—529 页。
⑩　山西省考古研究所侯马工作站:《山西侯马下平望两座东周墓》,《文物季刊》1993 年第 4 期,第 52—60 页。
⑪　胡振祺:《太原检选到土匀鉡》,《文物》1981 年第 8 期,第 88 页。
⑫　李有成:《忻州缴获的三件铜鼎》,《文物季刊》1997 年第 1 期,第 100—101 页。
⑬　杨富斗等:《新绛柳泉墓地调查、发掘报告》,《晋都新田》,山西人民出版社,1996 年,第 145—187 页。
⑭　张德光、杨绍舜:《中阳县弓家湾发现战国青铜器铭文考释》,《汾河湾——丁村文化与晋文化考古学术研讨会文集》,山西高校联合出版社,1996 年,第 208—211 页。

釜	铺	盨	簠	簋	盆	敦	壶	尊缶	罍	鉴	盉	匜	盘	铲	浴缶	汤鼎
										AaⅦ1						
							CbbdⅡ1				BcⅤ1					
												1				
						C2	4			AaⅦ1		1				
						CaaaⅣ1										
						CaaaⅣ2	CbbaⅤ2									
							CaaⅦ1									
				BaⅦ1			CbbaⅤ1、CcbⅡ1			AaⅦ3				BbaⅦ1		

名称	分期	立耳折沿鼎	附耳折沿鼎	附耳子母口鼎	箍口鼎	束腰鼎	细撇足鼎	鬲鼎	牲首鼎	方鼎	鬲	甑	復	鉴
中阳弓家湾 1988 采铜壶（采）①	6													
长治分水岭 1965M127（扰）②	6			1										
长治分水岭 1965M134（扰）③	6			2										
洪洞博物馆 2000 征铜鼎（征）④	7			AbⅥ3										
侯马 1995 缴铜壶（缴）⑤	7													
侯马虒祁 1996M2039（完整）⑥	7						DbⅢ1							
侯马虒祁 1996M2125（完整）⑦	7													Abb1
侯马虒祁 1996M2129（完整）⑧	7			AbⅥ1										
侯马虒祁 1996M2184（完整）⑨	7													
文水上贤 1981M（扰）⑩	7			AbⅥ2										Abb1
襄汾司马村 1977M（扰）⑪	7			AbⅥ1										Abb1
榆次锦纶厂 1995M11（完整）⑫	7			AbⅥ1										

① 张德光、杨绍舜：《中阳县弓家湾发现战国青铜器铭文考释》，《汾河湾——丁村文化与晋文化考古学术研讨会文集》，山西高校联合出版社，1996 年，第 208—211 页。
② 山西省考古研究所等：《长治分水岭东周墓地》，文物出版社，2010 年。
③ 山西省考古研究所等：《长治分水岭东周墓地》，文物出版社，2010 年。
④ 祁临高速公路临汾市北环段考古队：《2009 年洪洞范村古城调查记》，《三晋考古》（四），上海古籍出版社，2012 年，第 430—439 页。
⑤ 山西省考古研究所侯马工作站：《三件战国文物介绍》，《文物季刊》1996 年第 3 期，第 57—61 页。
⑥ 山西省考古研究所侯马工作站：《山西侯马市虒祁墓地的发掘》，《考古》2002 年第 4 期，第 41—59 页。
⑦ 山西省考古研究所侯马工作站：《山西侯马市虒祁墓地的发掘》，《考古》2002 年第 4 期，第 41—59 页。
⑧ 山西省考古研究所侯马工作站：《山西侯马市虒祁墓地的发掘》，《考古》2002 年第 4 期，第 41—59 页。
⑨ 山西省考古研究所侯马工作站：《山西侯马市虒祁墓地的发掘》，《考古》2002 年第 4 期，第 41—59 页。
⑩ 胡振祺：《山西文水县上贤村发现青铜器》，《文物》1984 年第 6 期，第 24—25 页。
⑪ 临汾地区丁村文化工作站：《山西襄汾出土一组秦代铜器》，《考古》1986 年第 5 期，第 472—473 页。
⑫ 榆次市文管所：《榆次市锦纶厂战国墓清理简报》，《文物季刊》1997 年第 3 期，第 14—17 页。

釜	铺	甑	簠	簋	盆	敦	壶	尊缶	罍	鉴	盂	匜	盘	铏	浴缶	汤鼎
							Cbba Ⅴ1									
							2									
						C2	2						1			
							Ccb Ⅲ1									
							1									
													1			
							Cbbd Ⅱ1									
							Ea2									

附表一三　四川、重庆

名称	分期	立耳折沿鼎	附耳折沿鼎	附子耳母口鼎	箍口鼎	束腰鼎	细撇足鼎	鬲鼎	牲首鼎	方鼎	鬲	甗	镬	鉴
茂县牟托1992K3(扰)①	2			AaⅡ1										
成都三洞桥1983M1(扰)②	3				AbⅡ1									
成都三洞桥1983M2(扰)③	3				1									
茂县牟托1992M1(完整)④	3													
宝兴新江1975M(扰)⑤	4													AabⅡ1
成都百花潭1965M10(完整)⑥	4				AⅢ1							DbaⅠ1		AaaⅢ1、AabⅢ1
成都京川饭店1986M(扰)⑦	4													AaaⅡ1、AabⅠ1
成都罗家碾1987M1(扰)⑧	4											DbaⅠ1		
成都石人小区1994M9(扰)⑨	4								AaⅣ1			DbaⅠ1		AaaⅢ1、AabⅢ1、1
成都文庙西街2003M1(扰)⑩	4													
成都西郊青羊宫1973M(扰)⑪	4													AabⅡ4
成都中医学院1980M(扰)⑫	4													AaaⅠ1
开县余家坝2000M10(完整)⑬	4													AabⅢ1

---

① 茂县羌族博物馆、阿坝藏族羌族自治州文物管理所:《四川茂县牟托一号石棺墓及陪葬坑清理简报》,《文物》1994年第3期,第4—40页;茂县羌族博物馆、成都文物考古研究所、阿坝藏族羌族自治州文物管理所:《茂县牟托一号石棺墓》,文物出版社,2012年。

② 成都市文物管理处:《成都三洞桥青羊小区战国墓》,《文物》1989年第5期,第31—35页。

③ 成都市文物管理处:《成都三洞桥青羊小区战国墓》,《文物》1989年第5期,第31—35页。

④ 茂县羌族博物馆、阿坝藏族羌族自治州文物管理所:《四川茂县牟托一号石棺墓及陪葬坑清理简报》,《文物》1994年第3期,第4—40页;茂县羌族博物馆、成都文物考古研究所、阿坝藏族羌族自治州文物管理所:《茂县牟托一号石棺墓》,文物出版社,2012年。

⑤ 宝兴县文化馆:《四川宝兴出土的西汉铜器》,《考古》1978年第2期,第139—140页。

⑥ 四川省博物馆:《成都百花潭中学十号墓发掘记》,《文物》1976年第3期,第40—46页。

⑦ 成都市博物馆考古队:《成都京川饭店战国墓》,《文物》1989年第2期,第62—66页。

⑧ 罗开玉、周尔泰:《成都罗家碾发现二座蜀文化墓葬》,《考古》1993年第2期,第190—192页。

⑨ 成都市文物考古研究所、成都市文物考古工作队:《成都西郊石人小区战国土坑墓发掘简报》,《文物》2002年第4期,第32—40页。

⑩ 成都市文物考古研究所:《成都市文庙西街战国墓葬发掘简报》,《成都考古发现》(2003),科学出版社,2005年,第244—265页。

⑪ 四川省博物馆:《成都西郊战国墓》,《考古》1983年第7期,第597—600页。

⑫ 成都市博物馆考古队:《成都中医学院战国土坑墓》,《文物》1992年第1期,第71—75页。

⑬ 山东大学考古学系、重庆市文化局、开县文物管理所:《重庆开县余家坝墓地2000年发掘简报》,《华夏考古》2003年第4期,第10—21页;山东大学考古学系、重庆市文物局、开县文物管理所:《开县余家坝墓地发掘简报》,《重庆库区考古报告集·2000卷》,科学出版社,2007年,第671—688页。

东周铜器群型式登记表

釜	铺	盨	簠	簋	盆	敦	壶	尊缶	罍	鉴	盂	匜	盘	铺	浴缶	汤鼎
									Da1							
									Da1							
						BaaⅡ2			Db1							
							CbbaⅢ1									
			BbⅤ1			DaⅠ1	BaⅣ1						AddⅣ1			
						DabⅠ1	CbbbⅠ1	AaⅣ2				BaaaⅣ1				
						DaaⅠ1										

名 称	分期	立耳折沿鼎	附耳折沿鼎	附耳子母口鼎	箍口鼎	束腰鼎	细撇足鼎	鬲鼎	牲首鼎	方鼎	鬲	甗	簋	鍪
开县余家坝 2000M13（完整）①	4													AabⅢ1
开县余家坝 2000M8（完整）②	4													AabⅢ1
开县余家坝 2000M9（完整）③	4													AabⅢ1
茂县牟托 1992K1（完整）④	4													
茂县牟托 1992K2（扰）⑤	4													
万州大坪 2002M56（完整）⑥	4													AabⅡ1
荣经同心 1985M24（完整）⑦	4													AabⅢ1
宝兴厄尔山 1998M（扰）⑧	5													AabⅣ1
成都金沙巷 1993M1（扰）⑨	5													AabⅣ1
成都金沙巷 1993M2（完整）⑩	5							BaV1							AabⅣ2
成都石人小区 1994M8（扰）⑪	5													
成都无线电机校 1986M（扰）⑫	5			DⅡ3										

① 山东大学考古学系、重庆市文化局、开县文物管理所:《重庆开县余家坝墓地 2000 年发掘简报》,《华夏考古》2003 年第 4 期,第 10—21 页;山东大学考古学系、重庆市文物局、开县文物管理所:《开县余家坝墓地发掘简报》,《重庆库区考古报告集·2000 卷》,科学出版社,2007 年,第 671—688 页。

② 山东大学考古学系、重庆市文化局、开县文物管理所:《重庆开县余家坝墓地 2000 年发掘简报》,《华夏考古》2003 年第 4 期,第 10—21 页;山东大学考古学系、重庆市文物局、开县文物管理所:《开县余家坝墓地发掘简报》,《重庆库区考古报告集·2000 卷》,科学出版社,2007 年,第 671—688 页。

③ 山东大学考古学系、重庆市文化局、开县文物管理所:《重庆开县余家坝墓地 2000 年发掘简报》,《华夏考古》2003 年第 4 期,第 10—21 页;山东大学考古学系、重庆市文物局、开县文物管理所:《开县余家坝墓地发掘简报》,《重庆库区考古报告集·2000 卷》,科学出版社,2007 年,第 671—688 页。

④ 茂县羌族博物馆、阿坝藏族羌族自治州文物管理所:《四川茂县牟托一号石棺墓及陪葬坑清理简报》,《文物》1994 年第 3 期,第 4—40 页;茂县羌族博物馆、成都文物考古研究所、阿坝藏族羌族自治州文物管理所:《茂县牟托一号石棺墓》,文物出版社,2012 年。

⑤ 茂县羌族博物馆、阿坝藏族羌族自治州文物管理所:《四川茂县牟托一号石棺墓及陪葬坑清理简报》,《文物》1994 年第 3 期,第 4—40 页;茂县羌族博物馆、成都文物考古研究所、阿坝藏族羌族自治州文物管理所:《茂县牟托一号石棺墓》,文物出版社,2012 年。

⑥ 重庆市文化局、重庆市文物考古所、益阳市文物处、万州区文物管理所:《万州大坪墓群发掘简报》,《重庆库区考古报告集·2002 卷》,科学出版社,2010 年,第 792—803 页。

⑦ 四川省文物考古研究所、荣经严道古城遗址博物馆:《荣经县同心村巴蜀船棺葬发掘报告》,《四川考古报告集》,文物出版社,1998 年,第 212—280 页。

⑧ 杨文成:《四川宝兴出土巴蜀符号印等文物》,《文物》1998 年第 10 期,第 90 页。

⑨ 成都市文物考古工作队:《成都市金沙巷战国墓清理简报》,《文物》1997 年第 3 期,第 15—23 页。

⑩ 成都市文物考古工作队:《成都市金沙巷战国墓清理简报》,《文物》1997 年第 3 期,第 15—23 页。

⑪ 成都市文物考古研究所、成都市文物考古工作队:《成都西郊石人小区战国土坑墓发掘简报》,《文物》2002 年第 4 期,第 32—40 页。

⑫ 成都市博物馆:《成都出土一批战国铜器》,《文物》1990 年第 11 期,第 68—71 页。

釜	铺	盨	簠	簋	盆	敦	壶	尊缶	罍	鉴	盂	匜	盘	铄	浴缶	汤鼎
					Baa Ⅰ 3											
					Baa Ⅰ 3、Da Ⅰ 1											
					Ac Ⅰ 1											
1													1			
													Bca Ⅱ 1			
					Daa Ⅱ 1	Cbba Ⅳ 1							Add Ⅴ 1			
					Dab Ⅱ 2											
Ⅰ 1						Da Ⅱ 1、C1		1								

名　称	分期	立耳折沿鼎	附耳折沿鼎	附耳子口鼎	箍口鼎	束腰鼎	细撇足鼎	鬲鼎	牲首鼎	方鼎	鬲	甗	鍑	鋻
成都西郊金鱼村 1992M14(完整)①	5													AabⅣ1
简阳糖厂 1975JC(完整)②	5													
开县余家坝 1994M3(完整)③	5													AabⅣ1
开县余家坝 1994M4(完整)④	5													AabⅣ1
开县余家坝 2000M18(完整)⑤	5													AabⅣ1
开县余家坝 2001M56(完整)⑥	5													AabⅣ1
芦山向前 1985 采铜鋻(采)⑦	5													AabⅣ1
绵竹清道 1976M1(扰)⑧	5			DbⅡ1			BbⅣ1、DbⅠ1					DbaⅡ1		AabⅣ1、AbaⅠ1
什邡城关 1988M1(完整)⑨	5													AabⅣ1
什邡城关 1988M74B(扰)⑩	5													AabⅣ1
什邡城关 1988M7(完整)⑪	5													AabⅣ1
什邡城关 1988M89(扰)⑫	5													AabⅣ1

①　成都市文物考古工作队：《成都西郊金鱼村发现的战国土坑墓》，《文物》1997 年第 3 期，第 4—14 页。
②　四川省博物馆、简阳县文化馆：《四川简阳出土的战国青铜器》，《文物资料丛刊》(3)，文物出版社，1980 年。
③　山东大学考古系：《四川开县余家坝战国墓葬发掘简报》，《考古》1999 年第 1 期，第 53—59 页。
④　山东大学考古系：《四川开县余家坝战国墓葬发掘简报》，《考古》1999 年第 1 期，第 53—59 页。
⑤　山东大学考古学系、重庆市文化局、开县文物管理所：《重庆开县余家坝墓地 2000 年发掘简报》，《华夏考古》2003 年第 4 期，第 10—21 页；山东大学考古学系、重庆市文物局、开县文物管理所：《开县余家坝墓地发掘简报》，《重庆库区考古报告集·2000 卷》，科学出版社，2007 年，第 671—688 页。
⑥　山东大学考古学系、重庆市文物局、开县文物管理所：《开县余家坝墓地 2001 年发掘简报》，《重庆库区考古报告集·2001 卷》，科学出版社，2008 年，第 1429—1448 页。
⑦　周曰琏：《四川芦山出土的巴蜀文化器物》，《考古》1991 年第 10 期，第 892—901 页。
⑧　王有鹏：《四川绵竹县船棺墓》，《文物》1987 年第 10 期，第 22—33 页。
⑨　四川省文物考古研究所、什邡市文物保护管理所：《什邡市城关战国秦汉墓葬发掘报告》，《四川考古报告集》，文物出版社，1998 年，第 112—185 页；四川省文物考古研究院等：《什邡城关战国秦汉墓地》，文物出版社，2006 年。
⑩　四川省文物考古研究所、什邡市文物保护管理所：《什邡市城关战国秦汉墓葬发掘报告》，《四川考古报告集》，文物出版社，1998 年，第 112—185 页；四川省文物考古研究院等：《什邡城关战国秦汉墓地》，文物出版社，2006 年。
⑪　四川省文物考古研究所、什邡市文物保护管理所：《什邡市城关战国秦汉墓葬发掘报告》，《四川考古报告集》，文物出版社，1998 年，第 112—185 页；四川省文物考古研究院等：《什邡城关战国秦汉墓地》，文物出版社，2006 年。
⑫　四川省文物考古研究所、什邡市文物保护管理所：《什邡市城关战国秦汉墓葬发掘报告》，《四川考古报告集》，文物出版社，1998 年，第 112—185 页；四川省文物考古研究院等：《什邡城关战国秦汉墓地》，文物出版社，2006 年。

釜	铺	盨	簠	簋	盆	敦	壶	尊缶	罍	鉴	盂	匜	盘	铺	浴缶	汤鼎
													1			
								AbⅢ1					BcaⅡ1			
						CaaaⅢ1、CaabⅢ1、DabⅡ3	CcbⅠ1、CbabⅢ1、CbcⅤ1、? 1	AbⅢ1								
Ⅰ1													BcbⅡ1			
						DabⅡ1										

名称	分期	立耳折沿鼎	附耳折沿鼎	附耳子母口鼎	箍口鼎	束腰鼎	细撇足鼎	鬲鼎	牲首鼎	方鼎	鬲	甗	復	鑒
什邡城关 1988M90—1（完整）①	5													AabⅣ1
什邡城关 1988M90—2（完整）②	5													AabⅣ1
荥经同心 1987M1(扰)③	5													AabⅣ1
宝兴汉塔山 1991M27（完整）④	6													AabⅤ1
宝兴汉塔山 1991M54（完整）⑤	6													
宝兴汉塔山 1991M9(完整)⑥	6													AabⅤ1
宝兴汉塔山 1991 采铜盘(采)⑦	6													
成都凉水井街 2004M1(扰)⑧	6													
成都水利设计院 1994M5(扰)⑨	6												1	
成都文庙西街 2003M2(扰)⑩	6											DbaⅣ1		AabⅤ1
峨眉柏香林 1963 采铜敦(采)⑪	6													

①　四川省文物考古研究所、什邡市文物保护管理所:《什邡市城关战国秦汉墓葬发掘报告》,《四川考古报告集》,文物出版社,1998 年,第 112—185 页;四川省文物考古研究院等:《什邡城关战国秦汉墓地》,文物出版社,2006 年。

②　四川省文物考古研究所、什邡市文物保护管理所:《什邡市城关战国秦汉墓葬发掘报告》,《四川考古报告集》,文物出版社,1998 年,第 112—185 页;四川省文物考古研究院等:《什邡城关战国秦汉墓地》,文物出版社,2006 年。

③　荥经严道古城遗址博物馆:《四川荥经县同心村巴蜀墓的清理》,《考古》1996 年第 7 期,第 41—45 页。

④　四川省文管会、雅安地区文管所、宝兴县文管所:《四川宝兴汉塔山战国土坑积石墓发掘报告》,《考古学报》1999 年第 3 期,第 337—366 页。

⑤　四川省文管会、雅安地区文管所、宝兴县文管所:《四川宝兴汉塔山战国土坑积石墓发掘报告》,《考古学报》1999 年第 3 期,第 337—366 页。

⑥　四川省文管会、雅安地区文管所、宝兴县文管所:《四川宝兴汉塔山战国土坑积石墓发掘报告》,《考古学报》1999 年第 3 期,第 337—366 页。

⑦　四川省文管会、雅安地区文管所、宝兴县文管所:《四川宝兴汉塔山战国土坑积石墓发掘报告》,《考古学报》1999 年第 3 期,第 337—366 页。

⑧　成都文物考古研究所:《成都凉水井街 2004M1——凉水井街战国墓葬出土的青铜器》,《成都考古发现(2004)》,科学出版社,2006 年,第 306—311 页。

⑨　成都市文物考古工作队:《成都西郊省水利设计院土坑墓清理简报》,《考古与文物》2000 年第 4 期,第 9—12 页。

⑩　成都市文物考古研究所:《成都市文庙西街战国墓葬发掘简报》,《成都考古发现(2003)》,科学出版社,2005 年,第 244—265 页。

⑪　陈黎清:《四川峨眉县出土一批战国青铜器》,《考古》1986 年第 11 期,第 982—986 页。

釜	铺	盨	簠	簋	盆	敦	壶	尊缶	罍	鉴	盂	匜	盘	铍	浴缶	汤鼎
						DabⅡ1										
													BcaⅢ1			
						AcⅣ1										
													BcaⅢ1			
							CbbaⅤ1									
								AaⅥ1								
Ⅱ1																
						DabⅢ1										

名称	分期	立耳折沿鼎	附耳折沿鼎	附子口耳母鼎	箍口鼎	束腰鼎	细撇足鼎	高鼎	牲首鼎	方鼎	鬲	瓿	复	鉴
峨眉柏香林 1963 采铜鉴(采)①	6													AabⅤ5
峨眉柏香林 1963 采铜.缶(采)②	6													
奉节上关 1998M32(完整)③	6			DaⅢ1										
涪陵小田溪 1972M1(扰)④	6									AaaaⅥ1、DbaⅣ1				AabⅤ1、AbaⅡ2
涪陵小田溪 1972M2(扰)⑤	6									DbaⅣ1				AabⅤ2
涪陵小田溪 1980M6(扰)⑥	6													
涪陵镇安 2000M18(完整)⑦	6													AabⅤ1
涪陵镇安 2001M28(完整)⑧	6													AabⅤ1
涪陵镇安 2001M39(扰)⑨	6													
涪陵镇安 2001M40(扰)⑩	6													AabⅤ1
广元宝轮院 1995M17(完整)⑪	6													AabⅤ1
广元宝轮院 1995M18(完整)⑫	6													AabⅤ1

① 陈黎清:《四川峨眉县出土一批战国青铜器》,《考古》1986 年第 11 期,第 982—986 页。
② 陈黎清:《四川峨眉县出土一批战国青铜器》,《考古》1986 年第 11 期,第 982—986 页。
③ 重庆市文物考古所:《奉节上关遗址发掘简报》,《重庆库区考古报告集·1998 卷》,科学出版社,2003 年,第 276—298 页。
④ 四川省博物馆、重庆市博物馆、涪陵县文化馆:《四川涪陵地区小田溪战国土坑墓清理简报》,《文物》1974 年第 5 期,第 61—80 页。
⑤ 四川省博物馆、重庆市博物馆、涪陵县文化馆:《四川涪陵地区小田溪战国土坑墓清理简报》,《文物》1974 年第 5 期,第 61—80 页。
⑥ 四川省文物管理委员会、涪陵地区文化局:《四川涪陵小田溪四座战国墓》,《考古》1985 年第 1 期,第 14—17 页。
⑦ 北京市文物研究所三峡考古队、重庆市涪陵区博物馆:《涪陵镇安遗址发掘报告》,《重庆库区考古报告集·1999 卷》,科学出版社,2006 年,第 747—777 页。
⑧ 北京市文物研究所、重庆市文物局、重庆市涪陵区博物馆:《2001、2003 年度涪陵镇安遗址发掘报告》,《重庆库区考古报告集·2001 卷》,科学出版社,2008 年,第 1930—1980 页。
⑨ 北京市文物研究所、重庆市文物局、重庆市涪陵区博物馆:《2001、2003 年度涪陵镇安遗址发掘报告》,《重庆库区考古报告集·2001 卷》,科学出版社,2008 年,第 1930—1980 页。
⑩ 北京市文物研究所、重庆市文物局、重庆市涪陵区博物馆:《2001、2003 年度涪陵镇安遗址发掘报告》,《重庆库区考古报告集·2001 卷》,科学出版社,2008 年,第 1930—1980 页。
⑪ 四川省文物考古研究所、广元市文物管理所:《广元市昭化宝轮院船棺葬发掘简报》,《四川考古报告集》,文物出版社,1998 年,第 197—211 页。
⑫ 四川省文物考古研究所、广元市文物管理所:《广元市昭化宝轮院船棺葬发掘简报》,《四川考古报告集》,文物出版社,1998 年,第 197—211 页。

釜	铺	盨	簠	簋	盆	敦	壶	尊缶	罍	鉴	盉	匜	盘	铺	浴缶	汤鼎
								AbⅣ2								
							CbbaⅤ1						1			
				DaⅥ4				AbⅣ2					BcbⅢ1			
				DaⅥ2			CbbaⅤ1									
						AbⅥ1										
Ⅱ1							CbbaⅤ1									
Ⅱ1																

名称	分期	立耳折沿鼎	附耳折沿鼎	附耳母子口鼎	箍口鼎	束腰鼎	细撇足鼎	鬲鼎	牲首鼎	方鼎	鬲	甗	镬	鍪
犍为五联 1977M6(完整)①	6													AabⅤ1
开县余家坝 1994M2(完整)②	6													AabⅤ1
开县余家坝 2000M15(完整)③	6													
开县余家坝 2000M7(完整)④	6													
芦山博物馆藏铜釜 1(馆藏)⑤	6													
芦山博物馆藏铜釜 2(馆藏)⑥	6													
芦山博物馆藏铜釜 4(馆藏)⑦	6													
芦山仁加寺横头 1976 采铜匝(采)⑧	6													
芦山太平场北口 1972 采铜鍪(采)⑨	6													AabⅤ1
茂县城关 1978AM3(完整)⑩	6													AabⅤ1
什邡城关 1988M10(完整)⑪	6											DbaⅣ1		AabⅤ2
什邡城关 1988M16(扰)⑫	6													AabⅤ1
什邡城关 1988M23(完整)⑬	6													AabⅤ1

① 四川省博物馆:《四川犍为县巴蜀土坑墓》,《考古》1983 年第 9 期,第 779—785 页。
② 山东大学考古系:《四川开县余家坝战国墓葬发掘简报》,《考古》1999 年第 1 期,第 53—59 页。
③ 山东大学考古学系、重庆市文化局、开县文物管理所:《重庆开县余家坝墓地 2000 年发掘简报》,《华夏考古》2003 年第 4 期,第 10—21 页;山东大学考古学系、重庆市文物局、开县文物管理所:《开县余家坝墓地发掘简报》,《重庆库区考古报告集·2000 卷》,科学出版社,2007 年,第 671—688 页。
④ 山东大学考古学系、重庆市文化局、开县文物管理所:《重庆开县余家坝墓地 2000 年发掘简报》,《华夏考古》2003 年第 4 期,第 10—21 页;山东大学考古学系、重庆市文物局、开县文物管理所:《开县余家坝墓地发掘简报》,《重庆库区考古报告集·2000 卷》,科学出版社,2007 年,第 671—688 页。
⑤ 周曰琏:《四川芦山出土的巴蜀文化器物》,《考古》1991 年第 10 期,第 892—901 页。通高 14.5、口径 23、腹径 26 厘米。
⑥ 周曰琏:《四川芦山出土的巴蜀文化器物》,《考古》1991 年第 10 期,第 892—901 页。通高 11、口径 16.8、腹径 18.5 厘米。
⑦ 周曰琏:《四川芦山出土的巴蜀文化器物》,《考古》1991 年第 10 期,第 892—901 页。
⑧ 周曰琏:《四川芦山出土的巴蜀文化器物》,《考古》1991 年第 10 期,第 892—901 页。
⑨ 周曰琏:《四川芦山出土的巴蜀文化器物》,《考古》1991 年第 10 期,第 892—901 页。
⑩ 四川省文管会、茂汶县文化馆:《四川茂汶羌族自治县石棺葬发掘报告》,《文物资料丛刊》(7),文物出版社,1983 年,第 34—55 页。
⑪ 四川省文物考古研究所、什邡市文物保护管理所:《什邡市城关战国秦汉墓葬发掘报告》,《四川考古报告集》,文物出版社,1998 年,第 112—185 页;四川省文物考古研究院等:《什邡城关战国秦汉墓地》,文物出版社,2006 年。
⑫ 四川省文物考古研究所、什邡市文物保护管理所:《什邡市城关战国秦汉墓葬发掘报告》,《四川考古报告集》,文物出版社,1998 年,第 112—185 页;四川省文物考古研究院等:《什邡城关战国秦汉墓地》,文物出版社,2006 年。
⑬ 四川省文物考古研究所、什邡市文物保护管理所:《什邡市城关战国秦汉墓葬发掘报告》,《四川考古报告集》,文物出版社,1998 年,第 112—185 页;四川省文物考古研究院等:《什邡城关战国秦汉墓地》,文物出版社,2006 年。

釜	铺	盨	簠	簋	盆	敦	壶	尊缶	罍	鉴	盂	匜	盘	铜	浴缶	汤鼎
Ⅱ1																
Ⅱ1																
Ⅱ1																
Ⅱ1																
Ⅱ1																
												BaaaⅧ1				
												BcbⅢ1				
Ⅱ2													1			
Ⅱ1																

名称	分期	立耳折沿鼎	附耳折沿鼎	附耳子母口鼎	箍口鼎	束腰鼎	细撇足鼎	鬲鼎	牲首鼎	方鼎	鬲	甗	镇	鉴
什邡城关1988M37(完整)①	6													AabⅤ1
什邡城关1988M38(扰)②	6											DbaⅢ1		AabⅤ1
什邡城关1988M45(完整)③	6													AabⅤ1
什邡城关1988M51(扰)④	6													AabⅤ1
什邡城关1988M52(完整)⑤	6													AabⅤ1
什邡城关1988M72(完整)⑥	6													AabⅤ1
什邡城关1988M79(扰)⑦	6													
什邡城关1988M93(扰)⑧	6													AabⅤ1
什邡城关1988M94(扰)⑨	6													AabⅤ1
万州曾家溪2001M12(完整)⑩	6													AabⅤ1
万州曾家溪2001M1(完整)⑪	6			DaⅢ1										AabⅤ1
巫山土城坡2004M65(完整)⑫	6			DaⅢ1										

①　四川省文物考古研究所、什邡市文物保护管理所:《什邡市城关战国秦汉墓葬发掘报告》,《四川考古报告集》,文物出版社,1998年,第112—185页;四川省文物考古研究院等:《什邡城关战国秦汉墓地》,文物出版社,2006年。

②　四川省文物考古研究所、什邡市文物保护管理所:《什邡市城关战国秦汉墓葬发掘报告》,《四川考古报告集》,文物出版社,1998年,第112—185页;四川省文物考古研究院等:《什邡城关战国秦汉墓地》,文物出版社,2006年。

③　四川省文物考古研究所、什邡市文物保护管理所:《什邡市城关战国秦汉墓葬发掘报告》,《四川考古报告集》,文物出版社,1998年,第112—185页;四川省文物考古研究院等:《什邡城关战国秦汉墓地》,文物出版社,2006年。

④　四川省文物考古研究所、什邡市文物保护管理所:《什邡市城关战国秦汉墓葬发掘报告》,《四川考古报告集》,文物出版社,1998年,第112—185页;四川省文物考古研究院等:《什邡城关战国秦汉墓地》,文物出版社,2006年。

⑤　四川省文物考古研究所、什邡市文物保护管理所:《什邡市城关战国秦汉墓葬发掘报告》,《四川考古报告集》,文物出版社,1998年,第112—185页;四川省文物考古研究院等:《什邡城关战国秦汉墓地》,文物出版社,2006年。

⑥　四川省文物考古研究所、什邡市文物保护管理所:《什邡市城关战国秦汉墓葬发掘报告》,《四川考古报告集》,文物出版社,1998年,第112—185页;四川省文物考古研究院等:《什邡城关战国秦汉墓地》,文物出版社,2006年。

⑦　四川省文物考古研究所、什邡市文物保护管理所:《什邡市城关战国秦汉墓葬发掘报告》,《四川考古报告集》,文物出版社,1998年,第112—185页;四川省文物考古研究院等:《什邡城关战国秦汉墓地》,文物出版社,2006年。

⑧　四川省文物考古研究所、什邡市文物保护管理所:《什邡市城关战国秦汉墓葬发掘报告》,《四川考古报告集》,文物出版社,1998年,第112—185页;四川省文物考古研究院等:《什邡城关战国秦汉墓地》,文物出版社,2006年。

⑨　四川省文物考古研究所、什邡市文物保护管理所:《什邡市城关战国秦汉墓葬发掘报告》,《四川考古报告集》,文物出版社,1998年,第112—185页;四川省文物考古研究院等:《什邡城关战国秦汉墓地》,文物出版社,2006年。

⑩　镇江博物馆、重庆市文物局、重庆市文物考古所、重庆市万州区文物管理所:《万州曾家溪墓地考古发掘报告》,《重庆库区考古报告集·2001卷》,科学出版社,2008年,第979—1019页。

⑪　镇江博物馆、重庆市文物局、重庆市文物考古所、重庆市万州区文物管理所:《万州曾家溪墓地考古发掘报告》,《重庆库区考古报告集·2001卷》,科学出版社,2008年,第979—1019页。

⑫　武汉市文物考古研究所、巫山县文物管理所:《重庆巫山土城坡墓地2004年发掘简报》,《江汉考古》2009年第2期,第24—55页。

釜	铺	盨	簠	簋	盆	敦	壶	尊缶	罍	鉴	盉	匜	盘	铲	浴缶	汤鼎
2																
				Ga1												
Ⅱ1																
												BaaaⅧ1				
						1	CbbaⅤ1					BaaaⅧ1	1			

名　称	分期	立耳折沿鼎	附耳折沿鼎	附耳子母口鼎	箍口鼎	束腰鼎	细撇足鼎	鬲鼎	牲首鼎	方鼎	鬲	甗	簠	盨
巫山秀峰一中 2000M5（完整）①	6			DbⅢ1										
新都马家1980M(盗)②	6			DbⅢ5								AabⅢ2、DbaⅢ2		AabⅤ3、AbaⅡ2
荥经南罗坝 1988M10（完整）③	6													AabⅤ1
荥经南罗坝 1988M11（完整）④	6													AabⅤ1
荥经南罗坝1988M1(完整)⑤	6													AabⅤ1、AbaⅡ1
荥经南罗坝1988M9(完整)⑥	6													AabⅤ1
荥经同心1984M2(完整)⑦	6													AabⅤ2
荥经同心1985M18(完整)⑧	6													1
荥经同心1985M1(扰)⑨	6													1
荥经同心1985M20(完整)⑩	6													1
荥经同心1985M21B(完整)⑪	6													1
荥经同心1985M23(完整)⑫	6													2
云阳李家坝 1997M17（完整）⑬	6													AabⅤ1

①　河南省文物考古研究所、重庆市文物局、巫山县文物管理所：《巫山秀峰一中战国、两汉墓地发掘报告》，《重庆库区考古报告集·2000卷》，科学出版社，2007年，第177—190页。

②　四川省博物馆、新都县文物管理所：《四川新都战国木椁墓》，《文物》1981年第6期，第1—16页。

③　荥经严道古城遗址博物馆：《四川荥经南罗坝村战国墓》，《考古学报》1994年第3期，第381—396页。

④　荥经严道古城遗址博物馆：《四川荥经南罗坝村战国墓》，《考古学报》1994年第3期，第381—396页。

⑤　荥经严道古城遗址博物馆：《四川荥经南罗坝村战国墓》，《考古学报》1994年第3期，第381—396页。

⑥　荥经严道古城遗址博物馆：《四川荥经南罗坝村战国墓》，《考古学报》1994年第3期，第381—396页。

⑦　四川省文物管理委员会、荥经严道古城遗址博物馆：《四川荥经同心村巴蜀墓发掘简报》，《考古》1988年第1期，第49—54页。

⑧　四川省文物考古研究所、荥经严道古城遗址博物馆：《荥经县同心村巴蜀船棺葬发掘报告》，《四川考古报告集》，文物出版社，1998年，第212—280页。

⑨　四川省文物考古研究所、荥经严道古城遗址博物馆：《荥经县同心村巴蜀船棺葬发掘报告》，《四川考古报告集》，文物出版社，1998年，第212—280页。

⑩　四川省文物考古研究所、荥经严道古城遗址博物馆：《荥经县同心村巴蜀船棺葬发掘报告》，《四川考古报告集》，文物出版社，1998年，第212—280页。

⑪　四川省文物考古研究所、荥经严道古城遗址博物馆：《荥经县同心村巴蜀船棺葬发掘报告》，《四川考古报告集》，文物出版社，1998年，第212—280页。

⑫　四川省文物考古研究所、荥经严道古城遗址博物馆：《荥经县同心村巴蜀船棺葬发掘报告》，《四川考古报告集》，文物出版社，1998年，第212—280页。

⑬　四川大学历史文化学院考古系、云阳县文物管理所：《云阳李家坝东周墓地发掘报告》，《重庆库区考古报告集·1997卷》，科学出版社，2001年，第244—288页；四川大学历史文化学院考古学系等：《重庆云阳李家坝东周墓地1997年发掘报告》，《考古学报》2002年第1期，第59—94页。

续表

釜	铺	盨	簠	簋	盆	敦	壶	尊缶	罍	鉴	盉	匜	盘	铲	浴缶	汤鼎
						DabⅢ1										
Ⅰ5					Ga5	CaaⅣ2、DabⅢ2	CbbaⅤ5	AaⅤ5	Da5	AaⅥ2		BaaaⅧ2	BcaⅡ2		BaⅥ2	
1																
1																
2													2			
Ⅱ1																
Ⅱ2																
Ⅱ1													1			
Ⅱ3																
1													1			
1													BcaⅢ1			
Ⅱ2													2			

名 称	分期	立耳折沿鼎	附耳折沿鼎	附耳子母口鼎	箍口鼎	束腰鼎	细撇足鼎	鬲鼎	牲首鼎	方鼎	鬲	甗	簋	盨
云阳李家坝 1997M25（完整）①	6						DbⅡ1							AabⅤ1
云阳李家坝 1997M28（完整）②	6													AabⅤ1
云阳李家坝 1997M33（完整）③	6													AabⅤ1
云阳李家坝 1997M43（完整）④	6													
云阳李家坝 1997M51（完整）⑤	6													AabⅤ1
云阳李家坝1997M53(扰)⑥	6													AabⅤ1
云阳李家坝 1998M12（完整）⑦	6													1
云阳李家坝 1998M20（完整）⑧	6													AabⅤ1
云阳李家坝 1998M21（完整）⑨	6													AabⅤ1

① 四川大学历史文化学院考古系、云阳县文物管理所：《云阳李家坝东周墓地发掘报告》，《重庆库区考古报告集·1997卷》，科学出版社，2001年，第244—288页；四川大学历史文化学院考古学系等：《重庆云阳李家坝东周墓地1997年发掘报告》，《考古学报》2002年第1期，第59—94页。
② 四川大学历史文化学院考古系、云阳县文物管理所：《云阳李家坝东周墓地发掘报告》，《重庆库区考古报告集·1997卷》，科学出版社，2001年，第244—288页；四川大学历史文化学院考古学系等：《重庆云阳李家坝东周墓地1997年发掘报告》，《考古学报》2002年第1期，第59—94页。
③ 四川大学历史文化学院考古系、云阳县文物管理所：《云阳李家坝东周墓地发掘报告》，《重庆库区考古报告集·1997卷》，科学出版社，2001年，第244—288页；四川大学历史文化学院考古学系等：《重庆云阳李家坝东周墓地1997年发掘报告》，《考古学报》2002年第1期，第59—94页。
④ 四川大学历史文化学院考古系、云阳县文物管理所：《云阳李家坝东周墓地发掘报告》，《重庆库区考古报告集·1997卷》，科学出版社，2001年，第244—288页；四川大学历史文化学院考古学系等：《重庆云阳李家坝东周墓地1997年发掘报告》，《考古学报》2002年第1期，第59—94页。
⑤ 四川大学历史文化学院考古系、云阳县文物管理所：《云阳李家坝东周墓地发掘报告》，《重庆库区考古报告集·1997卷》，科学出版社，2001年，第244—288页；四川大学历史文化学院考古学系等：《重庆云阳李家坝东周墓地1997年发掘报告》，《考古学报》2002年第1期，第59—94页。
⑥ 四川大学历史文化学院考古系、云阳县文物管理所：《云阳李家坝东周墓地发掘报告》，《重庆库区考古报告集·1997卷》，科学出版社，2001年，第244—288页；四川大学历史文化学院考古学系等：《重庆云阳李家坝东周墓地1997年发掘报告》，《考古学报》2002年第1期，第59—94页。
⑦ 四川大学历史文化学院考古系、云阳县文物管理所：《云阳李家坝巴人墓地发掘报告》，《重庆库区考古报告集·1998卷》，科学出版社，2003年，第348—388页。
⑧ 四川大学历史文化学院考古系、云阳县文物管理所：《云阳李家坝巴人墓地发掘报告》，《重庆库区考古报告集·1998卷》，科学出版社，2003年，第348—388页。
⑨ 四川大学历史文化学院考古系、云阳县文物管理所：《云阳李家坝巴人墓地发掘报告》，《重庆库区考古报告集·1998卷》，科学出版社，2003年，第348—388页。

釜	铺	盉	簠	簋	盆	敦	壶	尊缶	罍	鉴	盂	匜	盘	铲	浴缶	汤鼎
						CbbaⅤ1										

名 称	分期	立耳折沿鼎	附耳折沿鼎	附耳子母口鼎	簋口鼎	束腰鼎	细撇足鼎	鬲鼎	牺首鼎	方鼎	鬲	甋	鍑	鍪
云阳李家坝 1998M25 (完整)①	6						DbⅡ1							AabⅤ2
云阳李家坝 1998M40 (完整)②	6													AabⅤ1
云阳李家坝 1998M45 (完整)③	6			DaⅢ1										AabⅤ1
昭觉好谷俄巴布吉 2005M1 (扰)④	6													
忠县崖脚 1997M3(完整)⑤	6			DaⅢ1										
宝兴汉塔山 1991M12 (完整)⑥	7													AabⅦ1
宝兴汉塔山 1991M3(完整)⑦	7													AabⅦ1
宝兴老场 1985M67(完整)⑧	7													Abb1
成都北郊汽配厂 1996M3(完整)⑨	7													AabⅦ1
成都北郊汽配厂 1996M4(完整)⑩	7													AabⅦ1
成都金牛圣灯 1980M2 (完整)⑪	7													AabⅦ1
成都龙泉驿红豆 1992M19 (未完全公布)⑫	7													AabⅦ1

①　四川大学历史文化学院考古系、云阳县文物管理所:《云阳李家坝巴人墓地发掘报告》,《重庆库区考古报告集·1998卷》,科学出版社,2003 年,第 348—388 页。
②　四川大学历史文化学院考古系、云阳县文物管理所:《云阳李家坝巴人墓地发掘报告》,《重庆库区考古报告集·1998卷》,科学出版社,2003 年,第 348—388 页。
③　四川大学历史文化学院考古系、云阳县文物管理所:《云阳李家坝巴人墓地发掘报告》,《重庆库区考古报告集·1998卷》,科学出版社,2003 年,第 348—388 页。
④　凉山彝族自治州博物馆等:《四川昭觉县好谷村古墓群的调查和清理》,《考古》2009 年第 4 期,第 30—40 页。
⑤　北京大学考古文博学院三峡考古队、重庆市忠县文物管理所:《忠县崖脚墓地发掘报告》,《重庆库区考古报告集·1998卷》,科学出版社,2003 年,第 679—734 页。
⑥　四川省文管会等:《四川宝兴汉塔山战国土坑积石墓发掘报告》,《考古学报》1999 年第 3 期,第 337—366 页。
⑦　四川省文管会等:《四川宝兴汉塔山战国土坑积石墓发掘报告》,《考古学报》1999 年第 3 期,第 337—366 页。
⑧　四川省文物管理委员会、宝兴县文化馆:《四川宝兴陇东东汉墓群》,《文物》1987 年第 10 期,第 34—53 页。
⑨　成都市文物考古工作队:《四川成都市北郊战国东汉及宋代墓葬发掘简报》,《考古》2001 年第 5 期,第 27—39 页。
⑩　成都市文物考古工作队:《四川成都市北郊战国东汉及宋代墓葬发掘简报》,《考古》2001 年第 5 期,第 27—39 页。
⑪　成都市文物管理处:《成都市金牛区发现两座战国墓葬》,《文物》1985 年第 5 期,第 41—43 页。
⑫　成都市文物考古研究所、龙泉驿区文物管理所:《成都龙泉驿区北干道木椁墓群发掘简报》,《文物》2000 年第 8 期,第 21—32 页。

釜	铺	盨	簠	簋	盆	敦	壶	尊缶	罍	鉴	盂	匜	盘	铜	浴缶	汤鼎
							CbbaⅤ2									
						DabⅢ1	CbbaⅤ1									
													BcaⅢ1			
Ⅲ1													BcbⅣ1			

名称	分期	立耳折沿鼎	附耳折沿鼎	附耳母子口鼎	箍口鼎	束腰鼎	细撇足鼎	鬲鼎	牲首鼎	方鼎	鬲	瓿	镈	鉴
成都龙泉驿红豆1992M24(未完全公布)①	7													Abb1
成都龙泉驿红豆1992M33(未完全公布)②	7											DbaⅣ1		
成都龙泉驿红豆1992M34(完整)③	7													1
成都清镇2002M1(完整)④	7											DbaⅣ1		
成都羊子山1952M88(未完全公布)⑤	7													
成都羊子山1955M172(完整)⑥	7	BaⅤ1	AbⅥ2									CacⅣ1、DbaⅣ1		Abb5
成都羊子山1956M85(未完全公布)⑦	7													
大邑五龙1982M2(盗)⑧	7											DbaⅣ1		AabⅥ1
大邑五龙1982M3(扰)⑨	7													AabⅥ1
峨眉柏香林1963采铜瓿(采)⑩	7											DbaⅣ1		
涪陵小田溪1972M3(扰)⑪	7											DbaⅣ1		AabⅥ1、AbaⅢ1
涪陵小田溪1980M4(完整)⑫	7											DbaⅣ1		AaaⅥ1、AabⅥ1

①　成都市文物考古研究所、龙泉驿区文物管理所:《成都龙泉驿区北干道木椁墓群发掘简报》,《文物》2000年第8期,第21—32页。
②　成都市文物考古研究所、龙泉驿区文物管理所:《成都龙泉驿区北干道木椁墓群发掘简报》,《文物》2000年第8期,第21—32页。
③　成都市文物考古研究所、龙泉驿区文物管理所:《成都龙泉驿区北干道木椁墓群发掘简报》,《文物》2000年第8期,第21—32页。
④　成都市新都区文物管理所:《成都市新都区清镇村土坑墓发掘简报》,《成都考古发现(2005)》,科学出版社,2007年,第289—300页。
⑤　刘瑛:《巴蜀铜器纹饰图录》,《文物资料丛刊》(7),文物出版社,1983年,第1—12页。
⑥　四川省文物管理委员会:《成都羊子山第172号墓发掘报告》,《考古学报》1956年第4期,第1—20页。
⑦　刘瑛:《巴蜀铜器纹饰图录》,《文物资料丛刊》(7),文物出版社,1983年,第1—12页。
⑧　四川省文管会、大邑县文化馆:《四川大邑五龙战国巴蜀墓葬》,《文物》1985年第5期,第29—40页。
⑨　四川省文管会、大邑县文化馆:《四川大邑五龙战国巴蜀墓葬》,《文物》1985年第5期,第29—40页。
⑩　陈黎清:《四川峨眉县出土一批战国青铜器》,《考古》1986年第11期,第982—986页。
⑪　四川省博物馆、重庆市博物馆、涪陵县文化馆:《四川涪陵地区小田溪战国土坑墓清理简报》,《文物》1974年第5期,第61—80页。
⑫　四川省文物管理委员会、涪陵地区文化局:《四川涪陵小田溪四座战国墓》,《考古》1985年第1期,第14—17页。

釜	铺	盨	簠	簋	盆	敦	壶	尊缶	罍	鉴	盉	匜	盘	铷	浴缶	汤鼎
Ⅲ1												Baab Ⅱ1	Bca Ⅳ1			
Ⅲ1																
							Ccb Ⅲ1									
							Ccb Ⅲ2				Bc V1	Baab Ⅱ3	5		Ba Ⅶ1	
							Cbab V1									
						1	Cbba Ⅶ1						1			
Ⅲ1							Cbba Ⅶ1						1			

名称	分期	立耳折沿鼎	附耳折沿鼎	附耳子母口鼎	簋口鼎	束腰鼎	细撇足鼎	鬲鼎	牲首鼎	方鼎	鬲	甗	镦	鋻
涪陵小田溪 1980M5(完整)①	7												DbaⅣ1	AabⅥ1
涪陵小田溪 1993M9(完整)②	7												DbaⅣ1	AabⅥ1
涪陵小田溪 2002M10（完整）③	7			AbⅥ1									DbaⅣ1	AabⅥ1
涪陵小田溪 2002M12（完整）④	7												1	2
涪陵小田溪 2002M15（完整）⑤	7												DbaⅣ1	AabⅥ1
涪陵小田溪 2002M20（完整）⑥	7												DbaⅣ1	AabⅥ1
涪陵小田溪 2002M22(盗)⑦	7													1
涪陵镇安 2000M21(完整)⑧	7													
涪陵镇安 2001M38(扰)⑨	7						DbⅡ1						DbaⅣ1	1
涪陵镇安 2001M69(扰)⑩	7													AabⅥ1
涪陵镇安 2001M73(完整)⑪	7													1
犍为金井万年 1980M1(扰)⑫	7												DbaⅣ1	AabⅤ3

①　四川省文物管理委员会、涪陵地区文化局：《四川涪陵小田溪四座战国墓》,《考古》1985 年第 1 期,第 14—17 页。
②　四川省文物考古研究所等：《涪陵市小田溪 9 号墓发掘简报》,《四川考古报告集》,文物出版社,1998 年。
③　重庆市文物考古研究所、重庆市文物局：《涪陵小田溪墓群发掘简报》,《重庆库区考古报告集·2002 卷》,科学出版社,2010 年,第 1339—1376 页。
④　重庆市文物考古研究所、重庆市文物局：《涪陵小田溪墓群发掘简报》,《重庆库区考古报告集·2002 卷》,科学出版社,2010 年,第 1339—1376 页。
⑤　重庆市文物考古研究所、重庆市文物局：《涪陵小田溪墓群发掘简报》,《重庆库区考古报告集·2002 卷》,科学出版社,2010 年,第 1339—1376 页。
⑥　重庆市文物考古研究所、重庆市文物局：《涪陵小田溪墓群发掘简报》,《重庆库区考古报告集·2002 卷》,科学出版社,2010 年,第 1339—1376 页。
⑦　重庆市文物考古研究所、重庆市文物局：《涪陵小田溪墓群发掘简报》,《重庆库区考古报告集·2002 卷》,科学出版社,2010 年,第 1339—1376 页。
⑧　北京市文物研究所三峡考古队、重庆市涪陵区博物馆：《涪陵镇安遗址发掘报告》,《重庆库区考古报告集·1999 卷》,科学出版社,2006 年,第 747—777 页。
⑨　北京市文物研究所等：《2001、2003 年度涪陵镇安遗址发掘报告》,《重庆库区考古报告集·2001 卷》,科学出版社,2008 年,第 1930—1980 页。
⑩　北京市文物研究所等：《2001、2003 年度涪陵镇安遗址发掘报告》,《重庆库区考古报告集·2001 卷》,科学出版社,2008 年,第 1930—1980 页。
⑪　北京市文物研究所等：《2001、2003 年度涪陵镇安遗址发掘报告》,《重庆库区考古报告集·2001 卷》,科学出版社,2008 年,第 1930—1980 页。
⑫　王有鹏：《四川犍为县巴蜀墓发掘简报》,《考古与文物》1984 年第 3 期,第 18—21 页。

釜	铺	盨	簠	簋	盆	敦	壶	尊缶	罍	鉴	盉	匜	盘	铷	浴缶	汤鼎
III1							1						1			
III1													BcbIII1	CaIV1		
							CbbaVI1									
	8						1									
III1						EII1	CbbaVI1									
													BcbIII1			
							Ea1									
II1							CbbbIII1									
III1																

名称	分期	立耳折沿鼎	附耳折沿鼎	附耳子母口鼎	箍口鼎	束腰鼎	细撇足鼎	鬲鼎	牲首鼎	方鼎	鬲	甗	復	鍪
犍为金井万年 1984M6(扰)①	7											DbaⅣ1		AabⅥ3
犍为五联 1977M3(完整)②	7											DbaⅣ1		
开县余家坝 2001M60（完整）③	7													AabⅥ2
开县余家坝 2001M85（完整）④	7													AabⅥ1
芦山博物馆藏铜釜 3(馆藏)⑤	7													
芦山仁加坪上 1989 采铜鍪(采)⑥	7													Abb1
芦山仁加寺横头 1976 采铜鍪(采)⑦	7													AabⅦ1
茂县城关 1978AM10(完整)⑧	7													
茂县城关 1978AM11(完整)⑨	7													1
茂县城关 1978AM1(完整)⑩	7													1
茂县城关 1978AM2(完整)⑪	7													
茂县城关 1978AM4(完整)⑫	7													
茂县城关 1978AM5(完整)⑬	7													1

① 四川省义物管理委员会:《四川犍为金井乡巴蜀土坑墓清理简报》,《文物》1990 年第 5 期,第 68—75 页。
② 四川省博物馆:《四川犍为县巴蜀土坑墓》,《考古》1983 年第 9 期,第 779—785 页。
③ 山东大学考古学系等:《开县余家坝墓地 2001 年发掘简报》,《重庆库区考古报告集·2001 卷》,科学出版社,2008 年,第 1429—1448 页。
④ 山东大学考古学系等:《开县余家坝墓地 2001 年发掘简报》,《重庆库区考古报告集·2001 卷》,科学出版社,2008 年,第 1429—1448 页。
⑤ 周曰琏:《四川芦山出土的巴蜀文化器物》,《考古》1991 年第 10 期,第 892—901 页。
⑥ 周曰琏:《四川芦山出土的巴蜀文化器物》,《考古》1991 年第 10 期,第 892—901 页。
⑦ 周曰琏:《四川芦山出土的巴蜀文化器物》,《考古》1991 年第 10 期,第 892—901 页。
⑧ 四川省文管会、茂汶县文化馆:《四川茂汶羌族自治县石棺葬发掘报告》,《文物资料丛刊》(7),文物出版社,1983 年,第 34—55 页。
⑨ 四川省文管会、茂汶县文化馆:《四川茂汶羌族自治县石棺葬发掘报告》,《文物资料丛刊》(7),文物出版社,1983 年,第 34—55 页。
⑩ 四川省文管会、茂汶县文化馆:《四川茂汶羌族自治县石棺葬发掘报告》,《文物资料丛刊》(7),文物出版社,1983 年,第 34—55 页。
⑪ 四川省文管会、茂汶县文化馆:《四川茂汶羌族自治县石棺葬发掘报告》,《文物资料丛刊》(7),文物出版社,1983 年,第 34—55 页。
⑫ 四川省文管会、茂汶县文化馆:《四川茂汶羌族自治县石棺葬发掘报告》,《文物资料丛刊》(7),文物出版社,1983 年,第 34—55 页。
⑬ 四川省文管会、茂汶县文化馆:《四川茂汶羌族自治县石棺葬发掘报告》,《文物资料丛刊》(7),文物出版社,1983 年,第 34—55 页。

釜	铺	盨	簠	簋	盆	敦	壶	尊缶	罍	鉴	盉	匜	盘	铷	浴缶	汤鼎
Ⅲ2													1			
Ⅲ1																
1																
1													1			
1													1			
1													1			
Ⅲ1													BcbⅢ1			

名　称	分期	立耳折沿鼎	附耳折沿鼎	附子母口鼎	箍口鼎	束腰鼎	细撇足鼎	鬲鼎	牲首鼎	方鼎	鬲	甗	复	鉴
茂县城关 1978AM6(完整)①	7													
茂县城关 1978AM8(完整)②	7													2
茂县城关 1978AM9(完整)③	7													2
茂县城关 1978BM10(完整)④	7													2
茂县城关 1978BM11(完整)⑤	7													
茂县城关 1978BM7(完整)⑥	7													Abb1
茂县城关 1978CM2(完整)⑦	7													
茂县城关 1978CM5(完整)⑧	7													1
彭州明台 1986M(扰)⑨	7													AabⅥ1
青川郝家坪 1979M13(完整)⑩	7			Ab/AdⅥ1										
青川郝家坪 1979M1(扰)⑪	7			AbⅥ1										
青川郝家坪 1979M26(完整)⑫	7													AabⅥ1

①　四川省文管会、茂汶县文化馆:《四川茂汶羌族自治县石棺葬发掘报告》,《文物资料丛刊》(7),文物出版社,1983 年,第 34—55 页。

②　四川省文管会、茂汶县文化馆:《四川茂汶羌族自治县石棺葬发掘报告》,《文物资料丛刊》(7),文物出版社,1983 年,第 34—55 页。

③　四川省文管会、茂汶县文化馆:《四川茂汶羌族自治县石棺葬发掘报告》,《文物资料丛刊》(7),文物出版社,1983 年,第 34—55 页。

④　四川省文管会、茂汶县文化馆:《四川茂汶羌族自治县石棺葬发掘报告》,《文物资料丛刊》(7),文物出版社,1983 年,第 34—55 页。

⑤　四川省文管会、茂汶县文化馆:《四川茂汶羌族自治县石棺葬发掘报告》,《文物资料丛刊》(7),文物出版社,1983 年,第 34—55 页。

⑥　四川省文管会、茂汶县文化馆:《四川茂汶羌族自治县石棺葬发掘报告》,《文物资料丛刊》(7),文物出版社,1983 年,第 34—55 页。

⑦　四川省文管会、茂汶县文化馆:《四川茂汶羌族自治县石棺葬发掘报告》,《文物资料丛刊》(7),文物出版社,1983 年,第 34—55 页。

⑧　四川省文管会、茂汶县文化馆:《四川茂汶羌族自治县石棺葬发掘报告》,《文物资料丛刊》(7),文物出版社,1983 年,第 34—55 页。

⑨　廖光华:《彭县致和乡出土战国青铜器》,《四川文物》1989 年第 1 期,第 66 页。

⑩　四川省博物馆、青川县文化馆:《青川县出土秦更修田律木牍——四川青川县战国墓发掘简报》,《文物》1982 年第 1 期,第 1—21 页。

⑪　四川省博物馆、青川县文化馆:《青川县出土秦更修田律木牍——四川青川县战国墓发掘简报》,《文物》1982 年第 1 期,第 1—21 页。

⑫　四川省博物馆、青川县文化馆:《青川县出土秦更修田律木牍——四川青川县战国墓发掘简报》,《文物》1982 年第 1 期,第 1—21 页。

釜	铺	盨	簠	簋	盆	敦	壶	尊缶	罍	鉴	盉	匜	盘	铜	浴缶	汤鼎
													1			
1													1			
1													1			
1													1			
													1			
													1			
1													1			

名　称	分期	立耳折沿鼎	附耳折沿鼎	附子口耳母鼎	箍口鼎	束腰鼎	细足撇鼎	鬲鼎	牲首鼎	方鼎	鬲	甗	鍑	鍪
什邡城关 1988M14(完整)①	7													AabⅥ1
什邡城关 1988M22(完整)②	7													AabⅥ1
什邡城关 1988M36(扰)③	7													AabⅥ1
什邡城关 1988M50(完整)④	7													
什邡城关 1988M54(完整)⑤	7													AabⅥ1
什邡城关 1988M59(完整)⑥	7													
什邡城关 1988M95(完整)⑦	7													AabⅥ1
什邡城关 1988M98(完整)⑧	7													AabⅥ1
万州曾家溪 2001M19 (完整)⑨	7													AabⅥ1
万州曾家溪 2001M2(完整)⑩	7											DbaⅣ1		AabⅥ1
巫山麦沱 1999M43(完整)⑪	7			AbⅥ1										
巫山麦沱 1999M45(完整)⑫	7			AbⅥ1										

---

①　四川省文物考古研究所、什邡市文物保护管理所:《什邡市城关战国秦汉墓葬发掘报告》,《四川考古报告集》,文物出版社,1998 年,第 112—185 页;四川省文物考古研究院等:《什邡城关战国秦汉墓地》,文物出版社,2006 年。

②　四川省文物考古研究所、什邡市文物保护管理所:《什邡市城关战国秦汉墓葬发掘报告》,《四川考古报告集》,文物出版社,1998 年,第 112—185 页;四川省文物考古研究院等:《什邡城关战国秦汉墓地》,文物出版社,2006 年。

③　四川省文物考古研究所、什邡市文物保护管理所:《什邡市城关战国秦汉墓葬发掘报告》,《四川考古报告集》,文物出版社,1998 年,第 112—185 页;四川省文物考古研究院等:《什邡城关战国秦汉墓地》,文物出版社,2006 年。

④　四川省文物考古研究所、什邡市文物保护管理所:《什邡市城关战国秦汉墓葬发掘报告》,《四川考古报告集》,文物出版社,1998 年,第 112—185 页;四川省文物考古研究院等:《什邡城关战国秦汉墓地》,文物出版社,2006 年。

⑤　四川省文物考古研究所、什邡市文物保护管理所:《什邡市城关战国秦汉墓葬发掘报告》,《四川考古报告集》,文物出版社,1998 年,第 112—185 页;四川省文物考古研究院等:《什邡城关战国秦汉墓地》,文物出版社,2006 年。

⑥　四川省文物考古研究所、什邡市文物保护管理所:《什邡市城关战国秦汉墓葬发掘报告》,《四川考古报告集》,文物出版社,1998 年,第 112—185 页;四川省文物考古研究院等:《什邡城关战国秦汉墓地》,文物出版社,2006 年。

⑦　四川省文物考古研究所、什邡市文物保护管理所:《什邡市城关战国秦汉墓葬发掘报告》,《四川考古报告集》,文物出版社,1998 年,第 112—185 页;四川省文物考古研究院等:《什邡城关战国秦汉墓地》,文物出版社,2006 年。

⑧　四川省文物考古研究所、什邡市文物保护管理所:《什邡市城关战国秦汉墓葬发掘报告》,《四川考古报告集》,文物出版社,1998 年,第 112—185 页;四川省文物考古研究院等:《什邡城关战国秦汉墓地》,文物出版社,2006 年。

⑨　镇江博物馆、重庆市文物局、重庆市文物考古所、重庆市万州区文物管理所:《万州曾家溪墓地考古发掘报告》,《重庆库区考古报告集·2001 卷》,科学出版社,2008 年,第 979—1019 页。

⑩　镇江博物馆、重庆市文物局、重庆市文物考古所、重庆市万州区文物管理所:《万州曾家溪墓地考古发掘报告》,《重庆库区考古报告集·2001 卷》,科学出版社,2008 年,第 979—1019 页。

⑪　重庆市文化局等:《巫山麦沱古墓群第二次发掘报告》,《重庆库区考古报告集·1998 卷》,科学出版社,2003 年,第 119—147 页;重庆市文化局等:《重庆巫山麦沱古墓群第二次发掘报告》,《考古学报》2005 年第 2 期,第 185—206 页。

⑫　重庆市文化局等:《巫山麦沱古墓群第二次发掘报告》,《重庆库区考古报告集·1998 卷》,科学出版社,2003 年,第 119—147 页;重庆市文化局等:《重庆巫山麦沱古墓群第二次发掘报告》,《考古学报》2005 年第 2 期,第 185—206 页。

釜	铺	盨	簠	簋	盆	敦	壶	尊缶	罍	鉴	盉	匜	盘	铟	浴缶	汤鼎
													1			
Ⅲ1																
													1			
Ⅲ1													1			
Ⅲ1													1			
Ⅲ2												Baab Ⅱ1	1			
							Cbba Ⅵ1									
							Ccb Ⅲ1									

名　称	分期	立耳折沿鼎	附耳折沿鼎	附耳子母口鼎	箍口鼎	束腰鼎	细撇足鼎	鬲鼎	牲首鼎	方鼎	鬲	甗	簠	鑒
巫山麦沱 1999M48(完整)①	7			AbⅥ1										
荣经同心 1985M10(完整)②	7													AabⅥ1
荣经同心 1985M16(完整)③	7													1
荣经同心 1985M21A(完整)④	7											Dbb1		AabⅥ3、AbaⅢ1
云阳李家坝 1997M10(完整)⑤	7			AbⅥ1										AbaⅢ1
云阳李家坝 1997M26(完整)⑥	7													AabⅥ1
云阳李家坝 1998M23(完整)⑦	7													AabⅥ1
云阳李家坝 1998M43(完整)⑧	7													AabⅥ1

①　重庆市文化局等:《巫山麦沱古墓群第二次发掘报告》,《重庆库区考古报告集·1998 卷》,科学出版社,2003 年,第 119—147 页;重庆市文化局等:《重庆巫山麦沱古墓群第二次发掘报告》,《考古学报》2005 年第 2 期,第 185—206 页。

②　四川省文物考古研究所、荣经严道古城遗址博物馆:《荣经县同心村巴蜀船棺葬发掘报告》,《四川考古报告集》,文物出版社,1998 年,第 212—280 页。

③　四川省文物考古研究所、荣经严道古城遗址博物馆:《荣经县同心村巴蜀船棺葬发掘报告》,《四川考古报告集》,文物出版社,1998 年,第 212—280 页。

④　四川省文物考古研究所、荣经严道古城遗址博物馆:《荣经县同心村巴蜀船棺葬发掘报告》,《四川考古报告集》,文物出版社,1998 年,第 212—280 页。

⑤　四川大学历史文化学院考古系、云阳县文物管理所:《云阳李家坝 10 号岩坑墓发掘报告》,《重庆库区考古报告集·1997 卷》,科学出版社,2001 年,第 289—299 页。

⑥　四川大学历史文化学院考古系、云阳县文物管理所:《云阳李家坝东周墓地发掘报告》,《重庆库区考古报告集·1997 卷》,科学出版社,2001 年,第 244—288 页;四川大学历史文化学院考古学系等:《重庆云阳李家坝东周墓地 1997 年发掘报告》,《考古学报》2002 年第 1 期,第 59—94 页。

⑦　四川大学历史文化学院考古系、云阳县文物管理所:《云阳李家坝巴人墓地发掘报告》,《重庆库区考古报告集·1998 卷》,科学出版社,2003 年,第 348—388 页。

⑧　四川大学历史文化学院考古系、云阳县文物管理所:《云阳李家坝巴人墓地发掘报告》,《重庆库区考古报告集·1998 卷》,科学出版社,2003 年,第 348—388 页。

釜	铺	盨	簠	簠	盆	敦	壶	尊缶	罍	鉴	盉	匜	盘	铟	浴缶	汤鼎
							CbbaⅥ1									
1													1			
Ⅲ1													1			
3								AaⅦ1				BaabⅡ1	BcaⅣ2			
							CcbⅢ1									
						AbⅥ1										

参 考 文 献

A

王支援、安亚伟：

《对洛阳东周墓的几点认识》,《考古与文物》2000 年第 4 期,第 68—71 页。

安志敏：

《"陈喜壶"商榷》,《文物》1962 年第 6 期,第 21—23 页；

《虢国墓地和三门峡考古》,《中国文物报》1991 年 2 月 10 日,第 3 版。

B

巴纳：

《陈璋两铭》,《第二届国际中国古文字学研讨会论文集》,香港中文大学,1995 年,第 235—255 页。

白冰：

《春秋青铜器器名方言考》,《语言研究》2005 年第 25 卷第 2 期,第 112—114 页；

《青铜赂器功能考辨》,《五邑大学学报》(社会科学版)2005 年第 7 卷第 2 期,第 41—45 页。

白光琦：

《对〈秦国文物的新认识〉引文的意见》,《文物》1981 年第 2 期,第 74 页；

《秦公壶应为东周初期器》,《考古与文物》1995 年第 4 期,第 71 页。

白国红：

《太原金胜村赵简子墓所见春秋晚期礼制变革》,《中国历史文物》2006 年第 3 期,第 45—51 页；

《从乐悬制度的演变看春秋晚期新的礼制规范的形成——以太原金胜村赵卿墓为切入点》,《文物春秋》2006 年第 4 期,第 18—20 页。

白坚、刘林：

《从靖安、贵溪出土徐器和仿铜陶器看徐文化对南方吴越文化的影响》,《江西历史文物》1981 年第 4 期,第 30—34 页。

白九江：

《从三峡地区的考古发现看楚文化的西进》,《江汉考古》2006 年第 1 期,第 51—64 页。

白宁：

《吴国青铜鼎浅析》,《东方文明之韵——吴文化国际学术研讨会论文集》,岭南美术出版社,2000 年,第 221—228 页。

卜工：

《广东青铜时代的分期与文化格局》,《中国文物报》2001 年 11 月 16 日,第 7 版。

卜庆华:

《郐国地望新探》,《江汉考古》2000 年第 2 期,第 91—93 页。

步连生:

《中山王墓出土遗物考释三则》,《故宫博物院院刊》1979 年第 2 期,第 88—90 页。

C

蔡靖泉:

《楚文化在秦统治时期的存在和影响》,《江汉考古》1997 年第 1 期,第 55—61 页;

《巴楚文化关系论略》,《巴楚文化研究》,中国三峡出版社,1997 年,第 19—26 页;

《蜀国与蜀文化——兼论蜀文化与楚文化的关系》,《巴蜀文化研究》(第三辑),巴蜀书社,2006 年,33—38 页。

蔡清:

《茂县南新牟托一号石棺墓及陪葬坑出土部分器物浅析》,《三星堆研究》(第二辑),文物出版社,2007 年,第 194—200 页。

蔡全法:

《新郑李家楼青铜器钩沉》,《海峡两岸春秋郑公大墓青铜器学术研讨会论文集》,台湾历史博物馆,2001 年,第 87—118 页;

《郑国祭祀遗址及青铜礼器研究》,《文物》2005 年第 10 期,第 75—79 页。

蔡全法、马俊才:

《郑韩故城 4 号、15 号坑铜礼乐器浅析》,《华夏考古》1998 年第 4 期,第 57—62 页。

蔡运章:

《哀成叔鼎铭考释》,《中原文物》1985 年第 4 期,第 56—62 页;

《论虢仲其人——三门峡虢国墓地研究之一》,《中原文物》1994 年第 2 期,第 86—89 页;

《虢文公墓考——三门峡虢国墓地研究之二》,《中原文物》1994 年第 3 期,第 42—45 页;

《虢国的分封与五个虢国的历史纠葛——三门峡虢国墓地研究之三》,《中原文物》1996 年第 2 期,第 69—76 页;

《太子鼎铭考略》,《文物》2001 年第 6 期,第 69—71 页;

《虢硕父其人考辨》,《中国文物报》2007 年 3 月 23 日,第 7 版;

《战国成君鼎铭及其相关问题》,《中国历史文物》2007 年第 4 期,第 44—48 页;

《西虢史迹及相关问题——三门峡虢国墓地研究之四》,《甲骨金文与古史新探》(增订本),科学出版社,2012 年,第 91—106 页。

蔡运章、赵晓军:

《三年垣上官鼎铭考略》,《文物》2005 年第 8 期,第 90—93 页。

蔡哲茂:

《平山三器铭文集释》,《书目季刊》1987 年第 20 卷第 3、4 期,第 53—84、40—81 页;

《平山三器铭文集释再补正》,《书目季刊》1987 年第 21 卷第 1 期,第 168 页。

曹传松:

《澧水下游楚文化的分期及相关的两个问题》,《楚文化研究论集》(一),荆楚书社,1987 年,第 94—107 页。

曹桂岑:

《战国晚期楚国的埋葬习俗》,《楚文化觅踪》,中州古籍出版社,1986 年,第 35—45 页;

《淮阳楚墓论述》,《楚文化研究论集》(一),荆楚书社,1987 年,第 60—70 页;

《河南淅川春秋楚墓简考》,《中国文物报》1992 年 10 月 18 日,第 3 版;

《河南楚文化的发现与研究》,《楚文化研究论集》(六),湖北教育出版社,2005 年,第 251—261 页。

曹锦炎:

《关于楚公篝释文的一点意见》,《江汉考古》1983 年第 4 期,第 57 页;

《绍兴坡塘出土徐器铭文及其相关问题》,《文物》1984 年第 1 期,第 27—29 页;

《娄君盂小考》,《中原文物》1985 年第 2 期,第 63—64 页;

《平阴鼎盖考释》,《考古》1985 年第 7 期,第 633—635 页;

《东陲鼎盖考释》,《古文字研究》(十四),中华书局,1986 年,第 45—50 页;

《北山铜器新考》,《东南文化》1988 年第 6 期,第 41—44 页;

《浙江出土商周青铜器初论》,《东南文化》1989 年第 6 期,第 104—112 页;

《吴越青铜器铭文述编》,《古文字研究》(十七),中华书局,1989 年,第 67—119 页;

《程桥新出铜器考释及相关问题》,《东南文化》1991 年第 1 期,第 147—152 页;

《盱眙南窑铜壶新出铭文考释》,《东南文化》1991 年第 1、2 期,第 211—213 页;

《从青铜器铭文论吴国的国名》,《东南文化》1991 年第 6 期,第 207—208 页;

《舒城九里墩鼓座铭文补释》,《中国文字》1993 年新 17 期,第 283—288 页。

曹淑琴:

《罍器初探》,《江汉考古》1993 年第 2 期,第 60—64 页。

曹淑琴、殷玮璋:

《寿县朱家集铜器群研究》,《考古学文化论集》(一),文物出版社,1987 年,第 199—220 页。

曹玮:

《东周时期的赗赙制度》,《考古与文物》2002 年第 6 期,第 39—42 页。

曹学群:

《论湖广地区的越文化与杨越的关系——兼与朱建中同志商榷》,《东南文化》1993 年第 1 期,第 215—219 页;

常兴照:

《齐地古史的考古学研究》,《管子与齐文化》,北京经济学院出版社,1990 年,第 486—495 页。

常兴照、宁荫堂:

《山东章丘出土青铜器述要兼谈相关问题》,《文物》1989 年第 6 期,第 66—72 页。

陈邦怀:

《对〈陈喜壶〉一文的补充》,《文物》1961 年第 10 期,第 36 页;

《中山国文字研究》,《天津社会科学》1983 年第 1 期,第 62—69 页。

陈秉新:

《舒城出土鼓座铭文试释》,《安徽省考古学会会刊》1982 年第 5 期,第 22 页;

《舒城鼓座铭文初探》,《江汉考古》1984 年第 2 期,第 73—78 页;

《寿县楚器铭文考释拾零》,《楚文化研究论集》(一),荆楚书社,1987 年,第 327—340 页;

《徐器铭文考释商兑》,《东南文化》1991 年第 2 期,第 148—151 页;

《读徐器铭文札记》,《东南文化》1995 年第 1 期,第 39—40 页;

《安徽出土子汤鼎铭文的再认识》,《考古》2005 年第 7 期,第 89—91 页。

陈昌远:

《古申国考辨——河南古国史研究之一》,《河南大学学报(哲学社会科学版)》1989 年第 4 期,第 44—51 页;

《古息国考辨——河南古国史研究之四》,《史学月刊》1990 年第 6 期,第 16—20 页;

《〈上都府簋〉与都国地望考——河南古国史研究之二》,《中原文物》1991 年第 4 期,第 8—13 页。

陈大远:

《罗定出土青铜墓葬的十个未解之谜》,《广东文物(千年特刊)》,广东文物管理委员会,2000 年,第 30—31 页。

陈芳妹:

《晋侯对铺——兼论铜铺的出现及其礼制意义》,《故宫学术季刊》1999 年第 17 卷第 4 期,第 53—108 页;

《簋与盂——簋与其他粢盛器关系研究之一》,《故宫学术季刊》1983 年第 1 卷第 2 期,第 89—110 页;

《盆、敦与簋——论春秋早、中期间青铜粢盛器的转变》,《故宫学术季刊》1985 年第 2 卷第 3 期,第 63—118 页;

《战国田齐桓公的"金"碗》,《故宫文物月刊》1985 年第 3 卷第 1 期,第 4—12 页;

《商代青铜艺术"区域风格"之探索——研究课题与方法之省思》,《故宫学术季刊》1998 年第 15 卷第 4 期,第 109—150 页;

《商周"稀有"青铜器类的文化意涵——所谓"边缘"文化研究的意义》,《"国立"台湾大学美术史研究集刊》(19),2005 年,第 1—62 页;

《"商代多元青铜艺术系统"研究的新线索——艺术、技术、用铜概念与用器行为》,《故宫学术季刊》2005 年第 23 卷第 2 期,第 21—82 页。

陈公柔:

《滕国、邾国青铜器及其相关问题》,《中国考古学研究——夏鼐先生考古五十年纪念论文集》,文物出版社,1986 年,第 176—190 页;

《〈曾伯桼簠〉铭中的"金道锡行"及相关问题》,《中国考古学论丛》,科学出版社,1993 年,第 331—338 页;

《〈宋公繸簠〉与宋国青铜器》,《洛阳考古四十年——1992 年洛阳考古学术研讨会论文集》,科学出版社,1996 年,第 237—242 页;

《徐国青铜器的花纹、形制及其他》,《吴越地区青铜器研究论文集》,两木出版社,1997 年,第 263—274 页。

陈光:

《东周燕文化分期论》,《北京文博》1997 年第 4 期,第 5—17 页;

《东周燕文化分期论》,《北京文博》1998 年第 1、2 期,第 18—31、19—28 页。

陈光祖:

《欧亚草原地带出土"镊类器"研究三题》,《欧亚学刊》(八),中华书局,2008年,第1—37页。

陈果:

《论早期巴文化的形成和发展》,《重庆三峡学院学报》2006年第22卷第1期,第28—32页。

陈江:

《止水为鉴、临鉴立影——鉴的形制、器用及其渊源》,《故宫文物月刊》1995年第13卷第9期,第28—39页。

陈军:

《吴文化研究的反思》,《东南文化》1999年第2期,第10—12页。

陈立柱:

《楚淮古地三题》,《江汉考古》2010年第1期,第84—90页。

陈连庆:

《〈 骉羌钟 〉铭"征秦遐齐"新释》,《吉林师范大学学报》(社会科学版)1979年第3期,第76—81页;

《晋姜鼎铭新释》,《古文字研究》(十三),中华书局,1986年,第189—201页。

陈梦家:

《禺邗王壶考释》,《燕京学报》1937年第21期,第207页;

《寿县蔡侯墓出土遗物编辑后记》,《寿县蔡侯墓出土遗物》,科学出版社,1956年,第19—21页;

《寿县蔡侯墓铜器》,《考古学报》1956年第2期,第95—123页;

《蔡器三记》,《考古》1963年第7期,第381—384页;

《东周盟誓与出土载书》,《考古》1966年第5期,第271—281页。

陈佩芬:

《记上海博物馆所藏越族青铜器——兼论越族青铜器的纹饰》,《上海博物馆集刊》(4),上海古籍出版社,1987年,第221—232页;

《吴王夫差盉》,《上海博物馆集刊》(7),上海书画出版社,1996年,第18—22页。

陈平:

《浅谈江汉地区战国秦汉墓的分期和秦墓的识别问题》,《江汉考古》1983年第3期,第51—62页;

《试论关中秦墓青铜容器的分期问题(上)》,《考古与文物》1984年第3期,第58—73页;

《试论关中秦墓青铜容器的分期问题(下)》,《考古与文物》1984年第4期,第63—73页;

《试论历史上的"山戎"及其有关问题》,《北京文物与考古》(4),北京市文物研究所,1994,第99—108页;

《略论"山戎文化"的族属及相关问题》,《华夏考古》1995年第3期,第63—76页;

《浅谈礼县秦公墓地遗存与相关问题》,《考古与文物》1998年第5期,第78—87页;

《徐国青铜礼器——汤鼎》,《中国文化报》2003年6月11日,第7版。

陈奇猷:

《邿中簠当作止(邿)子中簠》,《文物》2004年第11期,第86页。

陈千万:

《中子宾缶初探》,《江汉考古》1985年第3期,第56—61页;

《湖北谷城发现的邓国铜器及相关问题》,《襄樊考古文集》(一),科学出版社,2007年,第519—525页。

陈千万、卓道成:

《保康重阳楚鼎及有关遗址的发现与启示》,《江汉考古》2000 年第 2 期,第 75—81 页。

陈瑞近:

《吴地东周贵族墓地探析》,《东南文化》2007 年第 6 期,第 14—18 页。

陈剩勇:

《吴越文化特征初探》,《浙江学刊》1985 年第 2 期,第 60—65 页。

陈世骧:

《进化论与分类学》,《昆虫学报》1977 年第 20 卷第 4 期,第 360—381 页。

陈万千:

《郙儿罍及郙国地望问题》,《考古与文物》1988 年第 3 期,第 75—77 页。

陈伟:

《淅川下寺二号楚墓墓主及相关问题》,《江汉考古》1983 年第 1 期,第 32—33 页;

《对战国中山国两件狩猎纹铜器的再认识》,《文物春秋》2001 年第 3 期,第 56—59 页。

陈文:

《铜鍪研究》,《广西博物馆建馆 60 周年论文选集》,广西民族出版社,1993 年,第 87—95 页;

《铜鍪研究》,《考古与文物》1994 年第 1 期,第 66—76 页。

陈文学:

《春秋战国时期楚、巴关系试探》,《江汉考古》1991 年第 2 期,第 57—60 页。

陈耀钧:

《试论江陵楚墓的特点》,《江汉考古》1980 年第 2 期,第 31—35 页。

陈应祺:

《略谈灵寿古城址所反映中山国的几个问题》,《中国考古学会第三次年会论文集》,文物出版社,1981 年,第 230—237 页;

《浅议中山桓公与灵寿故城》,《河北省考古文集》(二),北京燕山出版社,2001 年,第 376—380 页。

陈元甫:

《绍兴印山越国王陵葬制初探》,《东方博物》(5),浙江大学出版社,2000 年,第 142—148 页;

《绍兴印山越王陵葬制的初步研究》,《长江流域青铜文化研究》,科学出版社,2002 年,第 328—339 页;

《浙江绍兴印山越王陵初步研究》,《考古与文物》2002 年增刊,第 271—277 页;

《绍兴印山越国王陵陵园制度初探》,《东南文化》2004 年第 3 期,第 21—26 页;

《越国贵族墓葬制葬俗初步研究》,《东南文化》2010 年第 1 期,第 49—55 页。

陈泽:

《秦公簋铭文考释与器主及作器时代的推定》,《古代文明研究通讯》2002 年总第 14 期,第 20—27 页。

陈昭容:

《秦公簋的时代问题——兼论石鼓文的相对年代》,《中研院历史语言研究所》1993 年第 64 本第 4 分,第 1077—1120 页;

《谈新出秦公壶的时代》,《考古与文物》1995 年第 4 期,第 64—69 页;

《谈甘肃礼县大堡子山秦公墓地及文物》,《大陆杂志》第 95 卷第 5 期,1997 年,第 1—10 页;

《故宫新收青铜器王子醽匜》,《中国文字(新 25 期)》,艺文印书馆,1999 年,第 93—122 页;

《论山彪镇一号墓出土周王叚戈的作器者及时代》,《古今论衡》2000 年第 5 期,第 30—44 页;

《从古文字材料谈古代的盥洗用具及其相关问题——自淅川下寺春秋楚墓的青铜水器自名说起》,《中研院历史语言研究所集刊》2000 年第 71 本第 4 分,第 857—932 页;

《樊国出土青铜器及其相关问题》,《历史文物月刊》2005 年第 15 卷第 12 期,第 120—129 页;

《两周婚姻关系中的"媵"与"媵器"——青铜器铭文中的性别、身份与角色研究之二》,《中研院历史语言研究所集刊》2006 年第 77 本第 2 分,第 193—278 页;

《论山彪镇一号墓的年代及国别》,《中原文物》2008 年第 3 期,第 58—66 页。

陈振裕:

《望山一号墓的年代与墓主》,《中国考古学会第一次年会论文集》,文物出版社,1980 年,第 229—236 页;

《略论九座楚墓的年代》,《考古》1981 年第 4 期,第 319—331 页;

《略论湖北秦墓》,《文博》1986 年第 4 期,第 17—24 页;

《湖北楚墓综述》,《湖北省考古学会论文选集》(一),武汉大学学报编辑部,1987 年,第 95—106 页;

《精美的吴越青铜剑和矛:兼析楚与吴越的关系》,《楚文化研究论集》(1),荆楚书社,1987 年,第 302—312 页;

《试论湖北地区秦墓的年代分期》,《江汉考古》1991 年第 2 期,第 69—81 页;

《楚国青铜器的装饰艺术》,《南方文物》1993 年第 2 期,第 84—94 页;

《楚文化综论》,《庆祝何炳棣先生九十华诞论文集》,三秦出版社,2008 年,第 499—520 页。

陈振裕、梁柱:

《试论曾国与曾楚关系》,《考古与文物》1985 年第 6 期,第 85—96 页。

陈振裕、杨权喜:

《襄阳山湾五座楚墓的年代及其相关问题》,《江汉考古》1983 年第 1 期,第 19—24 页。

陈振裕、张昌平:

《早期楚文化探索二十年》,《苏秉琦与当代中国考古学》,科学出版社,2001 年,第 592—604 页。

陈直:

《安徽寿县新出土几件铜器概论》,《西北大学学报》1957 年第 1 期,第 63 页。

成增耀、蒋若是:

《关于四川青川战国墓的年代》,《中国钱币》1990 年第 1 期,第 79 页。

程鹏万:

《释朱家集铸客大鼎铭文中的"鸣腋"》,《江汉考古》2008 年第 1 期,第 126—128 页。

程如峰:

《从山字镜谈楚伐中山》,《江淮论坛》1981 年第 6 期,第 119—120 页。

程欣人、刘彬徽:

《古盏小议》,《江汉考古》1983 年第 1 期,第 74—76 页。

程燕:

《鲍子鼎铭文补释——兼论郘子姜首盘铭文中的"及"》,《中国历史文物》2010 年第 2 期,第 73—74 页。

程亦胜:

《早期越国都邑初探——关于古城遗址及龙山墓群的思考》,《东南文化》2006 年第 1 期,第 31—39 页。

程永建:

《洛阳东周铜器墓用鼎制度》,《中原文物考古研究》,大象出版社,2003 年,第 190—197 页;

《东周王畿铜器墓用鼎状况考察》,《考古与文物》2003 年第 1 期,第 31—37 页。

程永建、商春芳:

《东周王畿与莒国东周葬制、青铜礼器比较》,《耕耘论丛》(二),科学出版社,2003 年,第 52—65 页。

程有为:

《杞国及其迁徙》,《东夷古国史研究》(一),三秦出版社,1988 年,第 201—211 页。

崔桂岑:

《河南楚文化的发现与研究》,《华夏考古》1989 年第 3 期,第 63—67 页。

崔乐泉:

《纪国铜器及其相关问题》,《文博》1990 年第 3 期,第 19—27 页;

《山东地区东周考古学文化的序列》,《华夏考古》1992 年第 4 期,第 72—84 页。

崔仁义:

《子陵岗东周墓的初步认识》,《江汉考古》1990 年第 4 期,第 75—78 页。

D

戴春阳:

《秦人·秦文化浅议》,《西北史地》1991 年第 2 期,第 87—95 页;

《秦墓屈肢葬管窥》,《考古》1992 年第 8 期,第 751—756 页;

《礼县大堡子山秦公墓地及有关问题》,《文物》2000 年第 5 期,第 74—80 页。

戴浩石:

《被遗忘的李峪》,《上海文博论丛》2004 年第 2 期,第 60—65 页。

笪浩波:

《由楚文化遗存的分布特点看早期楚文化的中心区域》,《华夏考古》2010 年第 1 期,第 95—104 页。

邓辉:

《试论巴、楚文化交流》,《湖北省考古学会论文选集》(一),武汉大学学报编辑部,1987 年,第 167—170 页。

邓建鹏:

《窃曲纹考》,《殷都学刊》2000 年第 1 期,第 19—20 页。

邓峙一:

《李品仙盗掘楚王墓亲历记》,《安徽文史资料选辑》(一),1964 年,第 121—123 页。

丁金龙:

《浅析吴楚文化交流》,《东方文明之韵——吴文化国际学术研讨会论文集》,岭南美术出版社,2000 年,第 79—81 页。

丁兰:

《纪南城周边楚墓地出土青铜越式鼎现象初探》,《百越研究》(一),广西科学技术出版社,2007 年,第 289—295 页。

丁孟:

《嵌赤铜狩猎纹豆》,《故宫博物院院刊》1986 年第 1 期,第 83—84 页。

丁楠：

《秦公簋断代问题研究——秦公簋作器者究竟为谁》，《古代文明研究通讯》2006 年总第 31 期，第 35—36 页。

董楚平：

《徐器汤鼎铭文考释中的一些问题》，《杭州大学学报》1987 年第 1 期，第 123—124 页；

《楚败越过程考略》，《百越民族研究》，江西教育出版社，1990 年，第 194—205 页；

《从吴国具铭铜器探讨吴国的历史文化》，《中国文物世界》(145)，1997 年，第 82—94 页；

《能原镈、之利残片、之利钟、勾践剑铭文汇释——兼谈邾越关系》，《故宫博物院院刊》1999 年第 4 期，第 4—8 页；

《关于绍兴印山大墓墓主问题的探讨——兼说绍兴 306 号墓的国属问题》，《杭州师范学院学报》2002 年第 4 期，第 57—62 页；

《绍兴 306 号墓国属问题研究——兼及浙江徐偃王传说》，《绍兴文理学院学报》2006 年第 26 卷第 6 期，第 34—37 页。

董全生、张晓军：

《从金文羕、祁看古代的养国》，《中原文物》1996 年第 3 期，第 70—72 页。

董全生、赵成甫：

《桐柏月河一号春秋墓相关问题研究》，《中原文物》1997 年第 4 期，第 87—89 页。

董珊：

《秦子姬簋盖初探》，《故宫博物院院刊》2005 年第 6 期，第 27—32 页。

董珊、陈剑：

《郾王职壶铭文研究》，《北京大学中国古文献研究中心集刊》(三)，北京大学出版社，2002 年，第 29—54 页。

杜德兰：

《异质文化撞击与交流的范例——淅川下寺墓随葬器物的产地及相关问题》，《江汉考古》1996 年第 2 期，第 89—93 页。

杜恒：

《试论百花潭嵌错图象铜壶》，《文物》1976 年第 3 期，第 47—51 页。

杜家祁：

《滕器铭文探微：兼论黄、曾、楚国姓》，《书目季刊》1987 年第 20 卷第 4 期，第 20—29 页。

杜乃(迺)松：

《从列鼎制度看"克己复礼"的反动性》，《考古》1976 年第 1 期，第 17—21 页；

《论巴蜀青铜器》，《江汉考古》1985 年第 3 期，第 62—65 页；

《谈江苏地区商周青铜器的风格与特征》，《考古》1987 年第 2 期，第 169—174 页；

《春秋吴国具铭青铜器汇释和相关问题》，《吴文化研究论文集》，中山大学出版社，1988 年，第 133—143 页；

《先秦两汉青铜铸造工艺研究》，《故宫博物院院刊》1989 年第 3 期，第 58—65 页；

《谈虢国墓地新出铜器》，《中国文物报》1991 年 2 月 10 日，第 3 版；

《论东周燕国青铜器》，《文物春秋》1994 年第 2 期，第 45—49 页；

《东周青铜器研究》,《故宫博物院院刊》1994 年第 3 期,第 3—16 页;

《东周时代齐、鲁青铜器探索》,《南方文物》1995 年第 2 期,第 81—87 页;

《论春秋战国青铜器的风格与特征》,《文物考古论丛——敏求精舍三十周年纪念论文集》,两木出版社,1995 年,第 158—170 页;

《各具风采的东周诸侯国青铜器》,《中国文物报》1999 年 10 月 17 日,第 3 版;

《论春秋战国青铜器的风格与特征》,《吉金文字与青铜文化论集》,紫禁城出版社,2003 年,第 136—154 页;

《论先秦时代南方青铜器的风格与特征》,《吉金文字与青铜文化论集》,紫禁城出版社,2003 年,第 155—165 页;

《在皖鉴定所见铜器考》,《吉金文字与青铜文化论集》,紫禁城出版社,2003 年,第 361—366 页;

《近年考古发现东周青铜器概论》,《陕西历史博物馆馆刊》(11),三秦出版社,2004 年,第 33—47 页;

《论中山国青铜器》,《吉金文字与青铜文化论集》,紫禁城出版社,2003 年,第 209—215 页。

杜平安:

《河南新郑彝器出土追记》,《中州古今》2000 年第 2 期,第 48—49 页。

段宏振:

《赵都邯郸故城考古简史》,《追溯与探索——纪念邯郸市文物保护研究所成立四十五周年学术研讨会文集》,科学出版社,2007 年,第 147—154 页。

段连勤:

《关于平山三器的作器年代及中山王䜭的在位年代问题——兼与李学勤、李零同志商榷》,《西北大学学报》1980 年第 3 期,第 54—59 页;

《鲜虞及鲜虞中山国早期历史初探》,《人文杂志》1981 年第 2 期,第 67—76 页。

段渝:

《涪陵小田溪战国墓及所见之巴、楚、秦关系诸问题》,《四川文物》1991 年第 2 期,第 3—9 页;

《论新都蜀墓及所出"邵之饮鼎"》,《考古与文物》1991 年第 3 期,第 65—70 页;

《涪陵小田溪巴王墓新证》,《巴蜀历史·民族·考古·文化》,巴蜀书社,1991 年,第 269—283 页;

《略论巴、蜀与楚的文化交流关系》,《长江文化论集》,湖北教育出版社,1995 年,第 230—239 页;

《巴蜀青铜文化的演进》,《文物》1996 年第 3 期,第 36—47 页。

F

樊继福:

《豫南地区楚墓浅析》,《陕西教育学院学报》1994 年第 10 卷第 1 期,第 56—62 页。

饭岛武次:

《秦的起源与文化》,《陕西历史博物馆馆刊》(二),三秦出版社,1995 年,第 303—308 页;

《秦文化的起源:西周青铜器与秦青铜器、陶器的关系》,《中国考古学与历史学之整合研究》,中研院历史语言研究所,1997 年,第 345—372 页。

范常喜:

《"曾姬无恤壶"器名补说》,《南方文物》2007 年第 1 期,第 84—85 页。

范毓周:

《息器、妇息与息国》,《郑州大学学报》1986 年第 4 期,第 112—116 页。

方辉:

《郜公典盘铭考释》,《文物》1998 年第 9 期,第 62—63 页。

方辉、沈辰:

《记皇家安大略博物馆收藏的一件画像青铜壶》,《故宫文物月刊》1999 年总第 194 期,第 68—77 页。

方林:

《从考古发现看皖西楚文化的发现历程》,《文物研究》(十一),黄山书社,1998 年,第 271—274 页。

方秀珍:

《曾侯乙墓乐悬与周代礼制》,《江汉考古》1991 年第 3 期,第 94—95 页。

方酉生:

《有关曾侯乙墓的几个问题》,《武汉大学学报》1981 年第 6 期,第 45—49 页。

方壮猷:

《初论江陵望山楚墓的年代与墓主》,《江汉考古》1980 年第 1 期,第 59—62 页。

冯峰:

《郧县乔家院春秋墓初识》,《南方文物》2009 年第 4 期,第 98—106 页。

冯广宏、王家佑:

《邵之飤鼎疑辨》,《四川文物》1997 年第 1 期,第 38—40 页。

冯胜君:

《战国燕青铜礼器铭文汇释》,《中国古文字研究》(一),吉林大学出版社,1999 年,第 183—195 页。

冯时:

《春秋齐侯盂与鎛铭文对读》,《徐中舒先生百年诞辰纪念文集》,巴蜀书社,1998 年,第 133—136 页。

冯永轩:

《说楚都》,《江汉考古》1980 年第 2 期,第 13—21 页。

冯玉辉:

《试论东周时期湘江上游的楚文化及楚的版图》,《楚史与楚文化研究》,湖南省楚史研究会,1987 年,第 133—141 页。

傅聚良:

《湖南战国时期的青铜容器》,《湖南博物馆文集》,岳麓书社,1991 年,第 42—48 页。

傅玥:

《试析望山 M2 遣策与青铜礼器的对应问题》,《江汉考古》2010 年第 1 期,第 91—97 页。

G

冈村秀典:

《秦文化の编年》,《古史春秋》(2),1985 年,第 53—74 页。

高成林:

《淅川和尚岭楚墓的时代问题》,《中原文物》1996 年第 4 期,第 61—65 页;

《湖南省博物馆馆刊》第 2 期,岳麓书社,2005 年,第 258—263 页;

《岭南地区汉墓出土簋形盒渊源试探——从簋形盒看楚文化对岭南地区的影响》,《楚文化研究论集》

（六），湖北教育出版社，2005 年，第 683—697 页。

高成林、傅先荣：

《吴文化铜瓶及其渊源浅谈》，《东方文明之韵——吴文化国际学术研讨会论文集》，岭南美术出版社，
2000 年，第 243—246 页。

高崇文：

《东周楚式鼎形态分析》，《江汉考古》1983 年第 1 期，第 1—18 页；

《春秋楚墓特征及其形成诸因素初探》，《中原文物》1985 年第 1 期，第 60—66 页；

《西周时期铜壶的形态学研究》，《考古类型学的理论与实践》，文物出版社，1989 年，第 177—233 页；

《试论晋南地区东周铜器墓的分期与年代》，《文博》1992 年第 4 期，第 17—33 页；

《长江流域礼制文化的发展》，《长江流域青铜文化研究》，科学出版社，2003 年，第 8—16 页；

《楚文化渊源新思考》，《楚文化研究论集》（六），湖北教育出版社，2005 年，第 488—494 页；

《楚墓的考古发现与研究》，《古代文明》（8），文物出版社，2010 年，第 163—203 页。

高大伦：

《从青铜礼器看蜀文化的传承》，《追寻中华古代文明的踪迹——李学勤先生学术活动五十年纪念文
集》，复旦大学出版社，2002 年，第 359—366 页。

高广仁：

《海岱区所见秦帝国烙印》，《文博》2000 年第 2 期，第 45—53 页。

高广仁、邵望平：

《淮系文化的早期发展与三代变迁》，《中国社会科学院古代文明研究中心通讯》2004 年第 7 期，第 8—
12 页；

《析中国文明主源之一——淮系文化》，《东方考古》（1），科学出版社，2004 年，第 36—64 页。

高明：

《略论汲县山彪镇一号墓的年代》，《考古》1962 年第 4 期，第 211—215 页；

《中原地区东周时代青铜礼器研究（上）》，《考古与文物》1981 年第 2 期，第 68—82 页；

《中原地区东周时代青铜礼器研究（中）》，《考古与文物》1981 年第 3 期，第 84—103 页；

《中原地区东周时代青铜礼器研究（下）》，《考古与文物》1981 年第 4 期，第 82—91 页。

高木森：

《论蔡侯申所作诸器的年代》，《华学月刊》1984 年总第 142 期，第 51—59 页。

高去寻：

《李峪出土铜器及其相关之问题》，《中研院历史语言研究所集刊》1999 年第 70 本 4 分，第 905—1006 页。

高西省、叶四虎：

《论梁带村新发现春秋时期青铜镂形器》，《中国历史文物》2011 年第 6 期，第 33—38 页。

高秀丽：

《薛侯行壶》，《中国文物报》2004 年 7 月 21 日，第 8 版。

高应勤、王光镐：

《当阳赵家湖楚墓的分类与分期》，《中国考古学会第二次年会论文集》，文物出版社，1982 年，第 41—
50 页。

高应勤、夏渌：

《〈郑大子伯辰鼎〉及其铭文》,《江汉考古》1984 年第 1 期,第 101—102 页;

《王孙霝簠及其铭文》,《文物》1986 年第 4 期,第 10—11 页。

高至喜:

《试论湖南楚墓的分期与年代》,《中国考古学会第一次年会论文集 1979》,文物出版社,1980 年,第 237—248 页;

《论长沙浏城桥一号墓和杨家湾六号墓的年代》,《湖南考古辑刊》(一),岳麓书社,1982 年,第 100—104 页;

《湖南出土楚文物研究综述》,《湖南省博物馆开馆三十周年暨马王堆汉墓发掘十五周年纪念文集》,湖南省博物馆,1986 年,第 100—108 页;

《楚人入湘的年代和湖南越楚墓葬的分辨》,《江汉考古》1987 年第 1 期,第 57—63 页;

《再论湖南楚墓的分期与年代》,《楚文化研究论集》(一),荆楚书社,1987 年,第 24—34 页;

《从长沙秦和西汉早期墓葬看楚文化的延续和影响》,《楚史与楚文化研究》,湖南省楚史研究会,1987 年,第 310—323 页;

《论湖南秦墓》,《文博》1990 年第 1 期,第 47—56 页;

《论战国晚期楚墓》,《东周文化》1990 年第 4 期,第 75—86 页;

《长沙楚墓综论》,《中国文物世界》2001 年总第 192 期,第 104—121 页;

《论湖南战国墓出土的巴蜀文物和巴人墓》,《楚文化研究论集》(六),湖北教育出版社,2005 年,第 121—134 页;

《长沙楚墓与陕西战国秦墓的比较研究》,《湖南省博物馆馆刊》(二),岳麓书社,2005 年,第 147—156 页。

高至喜、熊传薪:

《楚人在湖南的活动遗迹概述——兼论有关楚文化的几个问题》,《文物》1980 年第 10 期,第 50—60 页。

郜向平:

《洛阳地区春秋墓及相关问题》,《青年考古学家》2004 年总第 16 期,第 40—45 页。

耿超:

《郏召簠及相关问题初探》,《中原文物》2010 年第 3 期,第 62—66 页。

耿建军:

《试论古徐国的后期都城》,《南京大学历史系考古专业成立三十周年纪念文集》,天津人民出版社,2002 年,第 210—214 页。

宫希成:

《安徽淮河流域西周时期文化试析》,《东南文化》1999 年第 5 期,第 38—43 页。

龚长根、陈军:

《铜绿山古铜矿与楚国的强盛》,《楚文化研究论集》(六),湖北教育出版社,2005 年,第 282—291 页。

姑射:

《太原金胜村 251 号墓墓主及年代》,《北方文物》1992 年第 1 期,第 26—29 页。

谷建祥、魏宜辉:

《邳州九女墩所出编镈铭文考辨》,《考古》1999 年第 11 期,第 71—73 页。

谷口满:

《再论楚郢都的地望问题——纪南城是否春秋时期的郢都?》,《楚文化研究论集》(六),湖北教育出版社,2005 年,第 463—475 页。

顾颉刚:

《读春秋郏国彝铭因论郏之盛衰》,《(上海)中央日报文物周刊》1947 年第 46 期;

《战国中山国史札记》,《学术研究》1981 年第 4 期,第 24—28 页。

顾铁符:

《长沙 52·826 号墓在考古学上诸问题》,《文物参考资料》1954 年第 10 期,第 68—73 页;

《有关信阳楚墓铜器的几个问题》,《文物参考资料》1958 年第 1 期,第 6—12 页;

《信阳一号楚墓的地望与人物》,《故宫博物院院刊》1979 年第 2 期,第 76—80 页;

《随县战国墓几件文物器名商榷》,《中国文物》1980 年第 2 期,第 27 页;

《从随县曾侯乙墓看封建制度下的杀殉问题》,《江汉考古》1981 年第 1 期,第 77—87 页;

《江南对楚国的贡献与楚国的开发江南》,《湖南考古辑刊》(一),岳麓书社,1982 年,第 82—86 页;

《关于河南淅川楚墓的若干参考意见》,《故宫博物院院刊》1985 年第 3 期,第 79—90 页;

《侯马遗址是晋都新田说的提出》,《文物》1991 年第 7 期,第 65—67 页。

顾铁符、王人聪:

《龟鱼蟠螭纹方盘与螭梁盉》,《文物》1972 年第 11 期,第 60—63 页。

顾铁符、张亚初:

《关于淅川下寺楚墓》,《中国历史博物馆馆刊》1984 年第 6 期,第 30—40 页。

郭德维:

《曾侯乙墓并非楚墓》,《江汉论坛》1980 年第 1 期,第 76—79 页。

《随县曾侯乙墓的年代——与曾昭岷、李瑾同志商榷》,《武汉师范学院学报(哲学社会科学版)》1980 年第 1、2 期,第 105—108 页;

《江陵楚墓试论》,《考古学报》1982 年第 2 期,第 155—182 页;

《对寿县李三孤堆楚王墓的推测》,《安徽省考古学会会刊》(六),1982 年,第 35—38 页;

《试论江汉地区楚墓、秦墓、西汉前期墓的发展与演变》,《考古与文物》1983 年第 2 期,第 81—87 页;

《楚墓分类问题探讨》,《考古》1983 年第 3 期,第 249—259 页;

《从江陵古墓葬看楚制、秦制、汉制的关系》,《楚史论丛·初集》,湖北人民出版社,1984 年,第 245—251 页;

《楚国的"士"墓辨析》,《楚文化研究论集》(一),荆楚书社,1987 年,第 211—223 页;

《蜀楚关系新探——从考古发现看楚文化与巴蜀文化》,《考古与文物》1991 年第 1 期,第 91—97 页;

《试论典型楚器——兼论楚文化的形成》,《中原文物》1992 年第 2 期,第 5—10 页。

郭克煜:

《有关莒国史的几个问题》,《齐鲁学刊》1984 年第 1 期,第 63—67 页;

《郯国历史略说》,《东夷古国史研究》(一),三秦出版社,1988 年,第 245—259 页。

郭礼典:

《谈谈战国青铜器的镶嵌技术》,《东南文化》1996 年第 2 期,第 135—137 页。

郭沫若:

《晋邦盉韵读》,《殷周青铜器铭文研究》,科学出版社,1961 年,第 130—143 页;

《新郑古器之一二考核》,《殷周青铜器铭文研究》,科学出版社,1961 年,第 103—116 页;

《新郑古器中"莲鹤方壶"的平反》,《殷周青铜器铭文研究》,科学出版社,1961 年,第 219 页;

《秦公簋韵读》,《殷周青铜器铭文研究》,科学出版社,1961 年,第 144—151 页;

《齐侯壶释文》,《殷周青铜器铭文研究》,科学出版社,1961 年,第 158—167 页;

《金文丛考》,人民出版社,1954 年;

《由寿县蔡器论到蔡墓的年代》,《考古学报》1956 年第 1 期,第 1—5 页;

《信阳墓的国别与年代》,《文物参考资料》1958 年第 1 期,第 5 页;

《三门峡出土铜器二三事》,《文物》1959 年第 1 期,第 13—15 页;

《跋江陵与寿县出土铜器群》,《考古》1963 年第 4 期,第 181 页;

《曾子斿鼎、无无者俞钲及其他》,《文物》1964 年第 9 期,第 6—7 页;

《侯马盟书试探》,《文物》1966 年第 2 期,第 4—6 页。

郭若愚:

《从有关蔡侯的若干资料论寿县蔡墓蔡器的年代》,《上海博物馆集刊》(2),1982 年,第 75—88 页。

郭胜斌:

《楚文化在湖南出现的年代及其他》,《楚史与楚文化研究》,湖南省楚史研究会,1987 年,第 101—117 页;

《湘江下游楚文化早期遗存探索》,《湖南省博物馆四十周年纪念论文集》,湖南教育出版社,1996 年,第 126—132 页;

《凤形嘴、高泉山出土青铜器的年代与族属》,《楚文化研究论集(六)》,湖北教育出版社,2005 年,第 212—221 页;

《岳阳出土三件铭文铜器的相对年代与文化性质兼及高泉山 M1 墓主的族属》,《湖南省博物馆馆刊》(四),岳麓书社,2007 年,第 182—188 页。

郭伟川:

《从新郑出土礼乐器论春秋史事与礼乐制度》,《学术集林》1998 年第 13 期,第 158—175 页。

郭伟民:

《楚区域边缘文化浅议》,《江汉考古》1992 年第 4 期,第 88—92 页;

《谈先秦荆楚、百越民族的葬制》,《民族研究》1994 年第 3 期,第 50—57 页;

《关于早期楚文化和楚人入湘问题的再探讨》,《中原文物》1996 年第 2 期,第 62—68 页。

郭物:

《论青铜镜的起源》,《21 世纪中国考古学与世界考古学》,中国社会科学出版社,2002 年,第 392—410 页;

《第二群青铜(铁)镜研究》,《考古学报》2007 年第 1 期,第 61—95 页;

《试析铜镜器耳突起装饰的象征意义》,《考古与文物》2010 年第 2 期,第 64—68 页。

H

韩国河:

《秦代墓研究的几个问题》,《文博》2002 年第 3 期,第 21—26 页。

韩嘉谷:

《从军都山东周墓谈山戎、胡、东胡的考古学文化归属》,《内蒙古文物考古文集》,中国大百科全书出版社,1994 年,第 336—347 页。

韩建武:

《卅四年工师文铜罍》,《中国文物报》1995 年 7 月 9 日,第 3 版。

韩伟:

《略论陕西春秋战国秦墓》,《考古与文物》1981 年第 1 期,第 83—93 页;

《关于"秦文化是西戎文化"的质疑——兼谈秦文化的族属》,《青海考古学会会刊》1981 年第 2 期,第 1—8 页;

《关于秦人族属及文化渊源管见》,《文物》1986 年第 4 期,第 23—27 页;

《秦国史迹钩沉》,《文物天地》1988 年第 5 期,第 30—36 页;

《论甘肃礼县出土的秦金箔饰片》,《文物》1995 年第 6 期,第 4—11 页。

韩伟、焦南峰:

《秦都雍城考古发掘研究综述》,《考古与文物》1988 年第 5、6 期,第 111—127 页。

郝本性:

《寿县楚器集脰诸铭考释》,《古文字研究》(十),中华书局,1983 年,第 205—213 页;

《试论楚国器铭中所见的府和铸造组织》,《楚文化研究论集》(一),荆楚书社,1987 年,第 313—326 页;

《河南潢川出土蔡公子簠考证》,《楚文化研究论集》(六),湖北教育出版社,2005 年,第 680—682 页。

郝本性、张松林:

《郑子耳鼎、窑登鼎与鲁侯壶诠释》,《华夏文明的形成与发展》,大象出版社,2003 年,第 279—283 页。

何光岳:

《庸国的兴亡及其与楚的关系》,《求索》1983 年第 3 期,第 123—126 页;

《黄国与黄国青铜器》,《中原文物》1989 年第 4 期,第 18—22 页。

何浩:

《春秋时楚灭国新探》,《江汉论坛》1982 年第 4 期,第 55—63 页;

《郪陵君与春申君》,《江汉考古》1985 年第 2 期,第 75—78 页;

《从曾器看随史》,《江汉考古》1988 年第 3 期,第 52—55 页;

《羕器、养国与楚国养县》,《江汉考古》1989 年第 2 期,第 63—66 页;

《鲁阳君、鲁阳公及鲁阳设县的问题》,《中原文物》1994 年第 4 期,第 47—50 页;

《略论楚境"东至于海"》,《江汉考古》1995 年第 1 期,第 43—46 页。

何浩、宾晖:

《盛君萦及擂鼓墩二号墓墓主的国别》,《楚文化研究论集》(一),荆楚书社,1987 年,第 224—234 页。

何纪生、何介钧:

《古代越族的青铜文化》,《湖南考古辑刊》(3),岳麓书社,1986 年,第 215—239 页。

何介钧:

《战国楚贵族墓葬制的几个问题》,《楚史与楚文化研究》,湖南省楚史研究会,1987 年,第 284—294 页;

《楚鬲试析》,《湖南考古辑刊》(6),岳麓书社,1994 年,第 177—185 页;

《试论岭南青铜文化》,《深圳考古发现与研究》,文物出版社,1994 年,第 192—201 页。

何琳仪:

《楚邿陵君三器考辨》,《江汉考古》1984 年第 1 期,第 103—104 页;

《中山王器考释拾遗》,《史学集刊》1984 年第 3 期,第 5—10 页;

《平安君鼎国别补证》,《考古与文物》1986 年第 5 期,第 81—83 页;

《节可忌豆小记》,《考古》1991 年第 10 期,第 939 页;

《九里墩鼓座铭文新释》,《文物研究》(十一),黄山书社,1998 年,第 294—298 页;

《楚王领钟器主新探》,《东南文化》1999 年第 3 期,第 93—95 页;

《莒县出土东周铜器铭文汇释》,《文史》(三),中华书局,2000 年,第 29—37 页;

《龙阳灯铭文补释》,《东南文化》2004 年第 4 期,第 85—86 页。

何琳仪、高玉平:

《唐子仲濒儿匜铭文补释》,《考古》2007 年第 1 期,第 64—69 页。

何露:

《广东韶关地区青铜文化初论》,《南方文物》1998 年第 4 期,第 48—54 页;

《广东韶关地区青铜时代文化初探》,《江汉考古》1999 年第 3 期,第 43—48 页。

何弩:

《泌阳平安君夫妇墓所出器物纪年及国别的再考证》,《中原文物》1992 年第 2 期,第 58—61 页。

何清谷:

《试谈赵灭中山的几个问题》,《人文杂志》1981 年第 2 期,第 77—82 页。

何直刚:

《中山三铭与中山史考辨》,《文物春秋》1992 年第 2 期,第 22—25 页。

贺刚:

《论湖南秦墓、秦代墓与秦文化因素》,《湖南考古辑刊》(5),岳麓书社,1989 年,第 165—182 页;

《论越文化的特质及其与楚文化的相互浸染和融合》,《百越民族研究》,江西教育出版社,1990 年,第 206—222 页。

贺西林:

《东周画像铜器题材内容的演变》,《文博》1989 年第 6 期,第 32—35 页;

《东周画像铜器题材内容考略》,《美术史论》1991 年第 1 期,第 58—61 页;

《东周线刻画像铜器研究》,《美术研究》1995 年第 1 期,第 37—42 页;

《东周线刻画像铜器研究》,《筚路蓝缕四十年——中央美术学院美术史系教师论文集》,人民美术出版社,2000 年,第 713—725 页;

《战国墓葬绘画的风格与图像》,《四川文物》2002 年第 2 期,第 28—33 页。

横仓雅幸、西江清高、小泽正人:

《所谓"越式鼎"の展开——纪元前 1 千纪后半の东南中国》,《考古学杂志》1990 年第 76 卷第 1 期,第 66—100 页。

衡云花:

《河南出土的楚鼏鼎综述》,《中原文物考古研究》,大象出版社,2003 年,第 202—206 页。

洪梅:

《试析战国时期巴蜀文化的墓葬形制》,《华夏考古》2009 年第 1 期,第 114—124 页。

侯俊杰:

《虢国文化研究综述》,《中原文物》2008 年第 4 期,第 50—55 页。

侯乃峰:

《鲍子鼎铭文补说》,《中国历史文物》2010 年第 2 期,第 70—72 页。

侯毅:

《长治潞城出土铜器图案考释》,《中原文物》1989 年第 1 期,第 47—52 页;

《试论太原金胜村 251 号墓墓主身份》,《文物》1989 年第 8 期,第 90—94 页;

《再论太原金胜村 251 号大墓年代与墓主问题》,《辽海文物学刊》1992 年第 1 期,第 107—110 页;

《春秋青铜器制作技术研究》,《文物季刊》1992 年第 3 期,第 57—66 页。

胡长春:

《钟离氏始祖"宋襄公母弟敖"新证暨"鶑鶑雎雎"释义的再探讨》,《考古与文物》2009 年第 3 期,第
109—112 页。

胡传耸:

《从出土文物看东周燕文化与玉皇庙文化的联系》,《北京文博》2006 年第 4 期,第 53—55 页;

《东周燕文化与周边考古学文化的关系研究(上)》,《文物春秋》2007 年第 1 期,第 20—33 页;

《东周燕文化与周边考古学文化的关系研究(下)》,《文物春秋》2007 年第 2 期,第 3—9 页。

胡进驻:

《赵都中牟新考》,《文物春秋》2004 年第 3 期,第 18—23 页。

胡文魁:

《由肖家河楚墓出土铭文铜器浅析"缰"(疆)国相关问题》,《湖北省考古学会论文选集》(三),江汉考古
编辑部,1998 年增刊,第 93—94 页;

《就肖家河楚墓铭文的解释与王一军先生商榷》,《十堰职业技术学院学报》1999 年第 12 卷第 3 期,第
27 页。

胡顺利:

《中山王嚳鼎铭"五年复吴"的史实考释辨》,《中国史研究》1984 年第 3 期,第 165—166 页;

《淅川下寺二号楚墓墓主小议》,《江汉考古》1984 年第 3 期,第 69 页。

胡小石:

《安徽省立图书馆新得寿春出土楚王铊鼎铭释》,《胡小石论文集三编》,上海古籍出版社,1995 年,第
182—183 页。

胡欣民:

《寿县李三古堆大墓墓主考辨》,《楚文化研究论集》(六),湖北教育出版社,2005 年,第 299—308 页。

胡雅丽:

《包山 2 号楚墓所见葬制葬俗考》,《奋发荆楚探索文明——湖北省文物考古研究论文集》,湖北科学技术
出版社,2000 年,第 196—203 页。

胡永庆:

《淅川在楚文化研究中的地位》,《南京大学历史系考古专业成立三十周年纪念文集》,天津人民出版社,
2002 年,第 222—226 页;

《淅川和尚岭与徐家岭楚墓墓主身份探讨》,《河南文物考古论集》(四),大象出版社,2006 年,第 126—
131 页。

胡永庆、宋国定：

《近十年来河南两周考古的新收获》，《华夏考古》1989 年第 3 期，第 17—29 页。

胡运宏：

《六合程桥春秋三墓述议》，《江南大学学报（人文社科版）》2006 年第 5 卷第 1 期，第 71—75 页。

黄德宽：

《曾姬无邮壶铭文新释》，《古文字研究》（二十三），中华书局，2002 年，第 102—107 页。

黄德馨：

《论楚国的军事扩展与青铜器生产的发展》，《武汉师范学院学报》1983 年第 5 期，第 95—98 页。

黄凤春：

《新见楚器铭文中的"竞之定"及相关问题》，《江汉考古》2008 年第 2 期，第 74—79 页。

黄纲正：

《楚文化在湖南的发展历程》，《楚文化研究论集》（一），荆楚书社，1987 年，第 83—93 页；

《长沙楚墓文化因素试析》，《中国考古学会第七次年会论文集》，文物出版社，1992 年，第 150—163 页。

黄留珠：

《秦文化二源说》，《西北大学学报》1995 年第 25 卷第 3 期，第 28—34 页。

黄铭崇：

《殷代与东周之"弄器"及其意义》，《古今论衡》2001 年第 6 期，第 66—88 页；

《山彪镇一号墓的历史坐标》，《古今论衡》2000 年第 5 期，第 2—16 页。

黄尚明：

《试论楚文化对晚期蜀文化的影响》，《江汉考古》2006 年第 2 期，第 52—61 页；

《论楚文化对巴文化的影响》，《江汉考古》2008 年第 2 期，第 68—73 页。

黄盛璋：

《关于陈喜壶的几个问题》，《文物》1961 年第 10 期，第 36—38 页；

《试论三晋兵器的国别和年代及其相关问题》，《考古学报》1974 年第 1 期，第 13—44 页；

《关于战国中山国墓葬遗物若干问题辨正》，《文物》1979 年第 5 期，第 43—45 页；

《再论平山中山国墓若干问题》，《考古》1980 年第 5 期，第 444—447 页；

《公朱鼎及相关诸器综考》，《中原文物》1981 年第 4 期，第 39—46 页；

《河北平山县战国中山国墓葬与遗物的历史和地理问题》，《历史地理论集》，人民出版社，1982 年，第 536—544 页；

《新出信安君鼎、平安君鼎的国别、年代与有关制度问题》，《考古与文物》1982 年第 2 期，第 55—61 页；

《关于壶的形制发展与名称演变考略》，《中原文物》1983 年第 2 期，第 22—27 页；

《鄀国铜器——铜器分国大系考释之一》，《文博》1986 年第 2 期，第 20—25 页；

《朴君述鼎国别、年代及其相关问题》，《江汉考古》1987 年第 1 期，第 91—99 页；

《鄀器与鄀国地望及与楚之关系考辨》，《江汉考古》1988 年第 1 期，第 49—51 页；

《魏享陵鼎铭考论》，《文物》1988 年第 11 期，第 45—47 页；

《三晋铜器的国别、年代与相关制度》，《古文字研究》（十七），中华书局，1989 年，第 1—66 页；

《淮夷新考》，《文物研究》（五），黄山书社，1989 年，第 25—41 页；

《新发现的"兼陵"金版及其相关的兼器、曾器铭文中诸问题的考索》，《出土文献研究续集》，文物出版

社,1989 年,第 107—119 页;

《山东诸小国铜器研究——〈两周金文辞大系续编〉分国考释之一章》,《华夏考古》1989 年第 1 期,第
73—102 页;

《新发现之战国铜器与国别》,《文博》1989 年第 2 期,第 27—32 页;

《论出土魏国铜器之秦墓与墓主及遗物》,《人文杂志》1990 年第 1 期,第 100—103 页;

《山东出土莒之铜器及其相关问题综考》,《华夏考古》1992 年第 4 期,第 63—71 页;

《邿国墓地与邿国铜器辨正》,《陕西历史博物馆馆刊》(十一),三秦出版社,2004 年,第 1—9 页。

黄天树:

《关于〈原氏仲簋〉中的人名》,《考古》1990 年第 12 期,第 1144 页。

黄锡全:

《燕破齐史料的重要发现——燕王职壶铭文的再研究》,《古文字研究》(二十四),中华书局,2002 年,第
247—252 页。

黄锡全、李祖才:

《郑臧公之孙鼎铭文考释》,《考古》1991 年第 9 期,第 855—858 页。

黄锡全、刘森淼:

《"救秦戎"钟铭文新解》,《江汉考古》1992 年第 1 期,第 73—77 页。

黄旭初、黄凤春:

《湖北郧县新出唐国铜器铭文考释》,《江汉考古》2003 年第 1 期,第 9—15 页。

黄运甫:

《略谈淅川毛坪楚墓的分期及其特征》,《中原文物》1982 年第 1 期,第 48—51 页。

黄展岳:

《论两广出土的先秦青铜器》,《考古学报》1986 年第 4 期,第 409—434 页。

霍巍:

《关于岷江上游牟托石棺墓几个问题的探讨》,《四川文物》1997 年第 5 期,第 6—10 页。

霍巍、黄伟:

《蜀人的墓葬分期》,《巴蜀历史·民族·考古·文化》,巴蜀书社,1991 年,第 224—238 页。

J

吉琨璋:

《晋国春秋中期铜器墓葬初论》,《山西省考古学会论文集》(二),山西人民出版社,1994 年,第 112—
122 页;

《晋文化考古研究中的几个问题》,《汾河湾——丁村文化与晋文化考古学术研讨会文集》,山西高校联
合出版社,1996 年,第 262—273 页;

《晋文化考古的初步认识》,《一剑集——北京大学考古专业八六届毕业十周年纪念文集》,中国妇女出
版社,1996 年,第 70—75 页;

《晋国迁都新田的历史背景和考古学观察》,《文物世界》2005 年第 1 期,第 20—22 页;

《曲沃羊舌晋侯墓地 1 号墓墓主初论——兼论北赵晋侯墓地 93 号墓主》,《中国文物报》2006 年 9 月 29
日,第 7 版;

《再论羊舌晋侯墓地》,《古代文明研究通讯》2007 年总第 34 期,第 43—47 页。

吉琨璋、王金平:

《从晋文化墓葬材料看东周宗法社会的衰落与终结》,《山西省考古学会论文集》(三),山西古籍出版社,2000 年,第 266—270 页。

贾峨:

《关于东周错金镶嵌铜器的几个问题的探讨》,《江汉考古》1986 年第 4 期,第 34—48 页;

《关于上村岭虢国墓的几个问题》,《中国文物报》1991 年 3 月 31 日,第 3 版。

贾志强:

《忻定盆地春秋铜器墓主的文化族属问题》,《山西省考古学会论文集》(三),山西古籍出版社,2000 年,第 316—320 页。

江章华、张擎:

《巴蜀墓葬的分区与分期初论》,《四川文物》1999 年第 3 期,第 23—35 页。

姜涛:

《虢国墓地的再发掘与认识》,《中国文物报》1991 年 12 月 8 日,第 3 版。

蒋廷瑜:

《楚国的南界和楚文化对岭南的影响》,《中国考古学会第二次年会论文集》,文物出版社,1980 年,第 67—73 页;

《古岭南的西部文明——简论广西古代青铜器》,《青铜文化研究》(二),黄山书社,2001 年,第 47—62 页。

蒋廷瑜、蓝日勇:

《广西先秦青铜文化初论》,《中国考古学会第四次年会论文集》,文物出版社,1983 年,第 252—263 页;

《广西出土的楚文物及相关问题》,《江汉考古》1986 年第 4 期,第 68—74 页。

蒋晓春:

《试论涪陵小田溪墓地的分期与时代》,《江汉考古》2002 年第 3 期,第 69—74 页;

《涪陵小田溪墓地时代再探讨》,《重庆·2001 三峡文物保护学术研讨会论文集》,科学出版社,2003 年,第 114—120 页;

《从重庆地区考古材料看巴文化融入汉文化的进程》,《文物》2005 年第 8 期,第 71—78 页;

《三峡地区秦汉墓的分期》,《考古学报》2008 年第 2 期,第 195—252 页。

靳枫毅:

《军都山玉皇庙墓地的特征及其族属问题》,《苏秉琦与当代中国考古学》,科学出版社,2001 年,第 194—214 页;

《军都山玉皇庙墓地殉牲制度研究》,《北京文物与考古》(6),民族出版社,2004 年,第 116—166 页;

《北京军都山玉皇庙墓地殉牲制度研究》,《二十一世纪的中国考古学——庆祝佟柱臣先生八十五华诞学术文集》,文物出版社,2006 年,第 611—677 页。

靳枫毅、王继红:

《山戎文化所含燕与中原文化因素之分析》,《考古学报》2001 年第 1 期,第 43—72 页。

靳桂云:

《东周齐国贵族埋藏制度研究》,《管子研究》1994 年第 3 期,第 59—63 页。

K

柯昌泗：

《昭王之媜敦跋》，《考古社刊》1936 年第 4 期，第 43 页。

孔令远：

《王子婴次炉的复原及其国别问题》，《考古与文物》2002 年第 4 期，第 30—33 页；

《试论邳州九女墩三号墩出土的青铜器》，《考古》2002 年第 5 期，第 81—84 页；

《春秋时期徐国都城遗址的发现与研究》，《东南文化》2003 年第 11 期，第 39—42 页；

《徐文化渊源及特征初探》，《南方文物》2004 年第 1 期，第 23—27 页；

《徐、舒考辨》，《古文字研究》（二十六），中华书局，2006 年，第 509—514 页；

《巴徐青铜文化比较论纲》，《巴蜀文化研究》（三），巴蜀书社，2006 年，第 123—125 页；

《江苏邳州市九女墩六号墓出土青铜器铭文考》，《考古》2006 年第 10 期，第 96 页。

孔仲温：

《论郑陵君三器的几个问题》，《容庚先生百年诞辰纪念文集》，广东人民出版社，1998 年，第 533—546 页。

L

蓝日勇：

《银山岭战国墓并非楚墓说》，《江汉考古》1988 年第 4 期，第 78—82 页；

《广西战国至汉初越人墓葬的发展与演变》，《广西博物馆建馆 60 周年论文选集》，广西民族出版社，1993 年，第 105—110 页；

《骆越无国论》，《百越研究》（一），广西科技出版社，2007 年，第 26—33 页。

劳伯敏：

《从有铭吴越青铜器看吴越与晋的文化交流——兼谈春秋时期晋国和越国在争霸斗争中的策略》，《东方博物》（21），浙江大学出版社，2006 年，第 76—83 页。

雷英：

《小议养器与养国》，《中原文物》2007 年第 1 期，第 59—63 页。

李伯谦：

《从对三星堆青铜器年代的不同认识谈到如何理解和运用"文化滞后"理论》，《四川考古论文集》，1996 年，文物出版社，第 64—69 页；

《商周青铜器的区域特征及其形成原因初析》，《古代文明研究通讯》2002 年总第 15 期，第 1—6 页。

李朝远：

《青铜扁壶说》，《中国文物世界》1995 年总第 119 期，第 32—39 页；

《上海博物馆新获秦公器研究》，《上海博物馆集刊》（7），上海书画出版社，1996 年，第 23—33 页；

《新出秦公器铭文与籀文》，《考古与文物》1997 年第 5 期，第 82—86 页；

《上海博物馆新藏秦器研究》，《上海博物馆集刊》（9），上海书画出版社，2002 年，第 38—53 页；

《新见秦式青铜镦研究》，《文物》2004 年第 1 期，第 83—92 页；

《伦敦新见秦公壶》，《中国文物报》2004 年 2 月 27 日，第 7 版；

《合阳鼎拾遗》,《古文字研究》(二十六),中华书局,2006年,第230—239页。

李陈广:

《南阳地区楚文化的发现和研究》,《中原文物》1992年第2期,第38—42页。

李德文:

《李三孤堆楚王墓钻探简况》,《安徽省考古学会会刊》(6),1982年,第39—43页;

《朱家集楚王墓的形制与棺椁制度》,《楚文化研究论集》(一),荆楚书社,1987年,第240—245页。

李丰:

《虢国墓地铜器群的分期及相关问题》,《考古》1988年第11期,第1035—1043页。

李复华、匡远滢:

《新都战国蜀墓里中原文化和楚文化因素初探》,《西南民族研究》,民族出版社,2012年,第400—412页。

李光雨、刘爱民:

《枣庄东江小邾国墓地发掘的意义及相关问题》,《东岳论丛》2007年第28卷第2期,第5—8页。

李国梁:

《皖南出土的青铜器》,《文物研究》(4),黄山书社,1988年,第161—186页。

李宏:

《从新郑大墓与淅川楚墓论郑楚关系》,《海峡两岸春秋郑公大墓青铜器学术研讨会论文集》,台北历史博物馆,2001年,第41—50页;

《辉县甲、乙二墓考古纪实》,《历史文物》2003年第4期,第8—17页;

《辉县琉璃阁墓地国别族属考》,《中原文物》2008年第3期,第49—57页。

李家浩:

《关于许公买瑚的一点意见》,《江汉考古》1984年第1期,第31页;

《盱眙铜壶刍议》,《古文字研究》(十二),中华书局,1985年,第355—361页;

《楚王熊章戈与楚灭越的年代》,《文史》(24),中华书局,1985年,第15—21页;

《关于郏陵君铜器铭文的几点意见》,《江汉考古》1986年第4期,第83—86页;

《从曾姬无恤壶铭文谈楚灭曾的年代》,《文史》(33),中华书局,1990年,第11—18页;

《庚壶铭文及其年代》,《古文字研究》(十九),中华书局,1992年,第89—101页;

《吴王夫差盉铭文》,《中国文物报》1997年8月31日,第3版。

李家和:

《越文化初论》,《江西历史文物》1981年第3期,第9—17页;

《春秋徐器分期和徐人活动地域试探——从靖安等地出土徐国青铜器谈起》,《江西历史文物》1983年第1期,第46—54页。

李建生:

《曲沃羊舌墓地几个问题的思考》,《文物世界》2008年第3期,第60—65页。

李瑾:

《徐楚关系与徐王义楚元子剑》,《江汉考古》1986年第3期,第37—43页。

李瑾、曾昭岷:

《楚器〈中子化盘〉作器年代管窥:青铜器楚史资料研究之二》,《湖北省考古学会论文选集》(一),武汉大学学报编辑部,1987 年,第 154—166 页。

李进增:

《关于东周秦墓与秦国礼制兴衰》,《考古与文物》1991 年第 1 期,第 82—90 页。

李景业:

《东周时期资兴旧市越人墓异变的系统研究》,《湖南考古》(2002),岳麓书社,2004 年,第 588—603 页。

李久昌:

《虢国墓地墓葬制度述论》,《考古与文物》2003 年第 6 期,第 50—55 页。

李科友:

《东周时期江西地区的楚文化及其有关问题》,《中国考古学会第二次年会论文集》,文物出版社,1980 年,第 51—58 页。

李立芳:

《安徽舒城秦家桥楚墓铜器铭文考》,《古文字研究》(二十二),中华书局,2000 年,第 106—111 页。

李零:

《"楚叔之孙倗"究竟是谁——河南淅川下寺二号墓之墓主和年代问题的讨论》,《中原文物》1981 年第 4 期,第 36—37 页;

《〈史记〉中所见秦早期都邑葬地》,《文史》(20),中华书局,1983 年,第 15—23 页;

《楚国铜器铭文编年汇释》,《古文字研究》(十三),中华书局,1986 年,第 353—397 页;

《楚国铜器类说》,《江汉考古》1987 年第 4 期,第 69—78 页;

《楚燕客铜量铭文补正》,《江汉考古》1988 年第 4 期,第 102—103 页;

《楚国族源、世系的文字学证明》,《文物》1991 年第 2 期,第 47—54 页;

《论东周时期的楚国典型铜器群》,《古文字研究》(十九),中华书局,1992 年,第 136—178 页;

《化子瑚与淅川楚墓》,《文物天地》1993 年第 6 期,第 29—30 页;

《楚鼎图说》,《文物天地》1995 年第 6 期,第 31—36 页;

《琉璃阁铜壶上的神物图像》,《文物天地》1998 年第 4 期,第 20—24 页;

《〈琉璃阁铜壶上的神物图像〉补遗》,《文物天地》1999 年第 3 期,第 31—33 页。

李龙章:

《试论两汉先秦青铜文化的来源》,《南方文物》1994 年第 1 期,第 93—99 页;

《"楚国南界已越过南岭"质疑:兼谈两广青铜文化的来源》,《广东社会科学》1994 年第 3 期,第 72—78 页;

《湖南两广青铜时代越墓研究》,《考古学报》1995 年第 3 期,第 275—312 页;

《广西右江流域战国秦汉墓研究》,《考古学报》2004 年第 3 期,第 271—294 页。

李民、张国硕:

《吴文化与中原文化关系探索》,《中原文物》1992 年第 2 期,第 81—85 页。

李明斌:

《论四川盆地的秦人墓》,《南方文物》2006 年第 3 期,第 91—99 页。

李培林、丁伟高:

《忻定盆地春秋时期戎狄文化浅论》,《山西省考古学会论文集》(三),山西古籍出版社,2000 年,第 305—310 页。

李乔：

《应国历史与地理问题考述》，《中原文物》2010 年第 6 期，第 40—46 页。

李琴：

《试析淅川和尚岭出土的一件嵌红铜画像铜壶》，《楚文化研究论集》（六），湖北教育出版社，2005 年，第 28—37 页；

《对河南博物院藏辉县甲、乙墓青铜礼乐器的认定及存疑》，《河南博物院建院 80 周年论文集》，大象出版社，2007 年，第 130—141 页；

《故宫博物院藏辉县琉璃阁甲乙墓青铜器》，《中原文物》2010 年第 6 期，第 71—75 页。

李清丽、马伟峰：

《梁姬壶铭文试析》，《中国历史文物》2007 年第 6 期，第 55—57 页。

李全立：

《河南周口市出土两周铜器初识》，《华夏考古》2006 年第 3 期，第 81—84 页。

李如森：

《略论关中东周秦墓葬制与关东诸国的差异》，《北方文物》1993 年第 4 期，第 18—26 页。

李绍连：

《楚文化起源的几个问题》，《楚文化研究论文集》，中州书画社，1983 年，第 96—106 页；

《河南境内楚文化的特点和分期》，《楚文化觅踪》，中州古籍出版社，1986 年，第 54—69 页。

李世源：

《淮阴高庄墓刻纹铜器内容之我见》，《江苏社会科学》1993 年第 2 期，第 82—85 页；

《吴徐关系述论》，《东方文明之韵——吴文化国际学术研讨会论文集》，岭南美术出版社，2000 年，第 76—78 页。

李淑萍：

《临潼上焦村秦墓发微》，《文博》1996 年第 2 期，第 81—85 页。

李文、李宇：

《东南地区吴越墓葬浅析——二谈吴越文化》，《南方文物》2003 年第 2 期，第 87—95 页。

李夏廷：

《略谈晋国晚期青铜器动物纹》，《文物季刊》1990 年第 1 期，第 9—26 页；

《浑源彝器研究》，《文物》1992 年第 10 期，第 61—75 页。

李先登：

《曾国铜器的初步分析》，《中国历史博物馆馆刊》1986 年第 9 期，第 45—49 页；

《吴王夫差铜器集录》，《东南文化》1990 年第 4 期，第 104—106 页；

《燕国青铜器的初步研究》，《北京建城 3040 年暨燕文明国际学术研讨会议专辑》，北京燕山出版社，1997 年，第 305—311 页；

《独具特色的战国兽纹青铜豆》，《中国文物报》1998 年 4 月 8 日，第 4 版。

李先登、杨英：

《四川茂县牟托石棺墓的初步研究》，《中国历史博物馆馆刊》1998 年第 1 期，第 49—57 页。

李修松：

《战国时期淮河流域商业交通的发展》，《文物研究》（12），黄山书社，2000 年，第 40—43 页；

《夏商周时期淮河流域交通之发展》,《文物研究》(13),黄山书社,2002 年,第 49—57 页。

李修松、张宪平:

《战国时期淮河流域手工业述论》,《东南文化》1999 年第 2 期,第 64—67 页。

李秀国:

《先秦南方文化研究刍议》,《中山大学研究生学刊》1986 年第 2 期,第 85—92 页;

《越地青铜器图象所见(古越族诸文化习俗考)》,《人类学论文选集》(二),中山大学出版社,1987 年,第 227—241 页;

《湘赣两广东周青铜墓与杨越文化的关系》,《东南文化》1987 年第 2 期,第 19—27 页。

李学勤:

《战国器物标年》,《历史学习》1956 年第 2 期,第 33 页;

《战国题铭概述(上)》,《文物》1959 年第 7 期,第 50—54 页;

《战国题铭概述(中)》,《文物》1959 年第 8 期,第 60—63 页;

《战国题铭概述(下)》,《文物》1959 年第 9 期,第 58—61 页;

《战国时代的秦国铜器》,《文物参考资料》1957 年第 8 期,第 38—40 页;

《平山墓葬群与中山国的文化》,《文物》1971 年第 1 期,第 37—41 页;

《曾国之谜》,《光明日报》1978 年 10 月 4 日,第 3 版;

《论汉淮间的春秋青铜器》,《文物》1980 年第 1 期,第 54—58 页;

《从新出青铜器看长江下游文化的发展》,《文物》1980 年第 8 期,第 35—39 页;

《秦国文物的新认识》,《文物》1980 年第 9 期,第 25—31 页;

《论新发现的魏信安君鼎》,《中原文物》1981 年第 4 期,第 37—38 页;

《论新都出土的蜀国青铜器》,《文物》1982 年第 1 期,第 38—43 页;

《楚国夫人玺与战国时的江陵》,《江汉论坛》1982 年第 7 期,第 70—71 页;

《论梁十九年鼎及有关青铜器》,《古文字论集》(1),考古与文物编辑部,1983 年,第 1—3 页;

《试论山东新出青铜器的意义》,《文物》1983 年第 12 期,第 18—22 页;

《论仲爯父簋与申国》,《中原文物》1984 年第 4 期,第 31—32 页;

《谈文水出土的错银铭铜壶》,《文物》1984 年第 6 期,第 26—27 页;

《晋公盏的几个问题》,《出土文献研究》,文物出版社,1985 年,第 134—137 页;

《论几件宋国青铜器》,《商丘师专学报》1985 年第 1 期,第 11 页;

《光山黄国墓的几个问题》,《考古与文物》1985 年第 2 期,第 49—52 页;

《关于楚灭越的年代》,《江汉论坛》1985 年第 7 期,第 56—58 页;

《再论楚文化的传流》,《楚文化觅踪》,中州古籍出版社,1986 年,第 1—12 页;

《吴国地区的尊、卣及其他》,《吴文化研究论文集》,中山大学出版社,1988 年,第 123—132 页;

《释桃源三元村鼎铭》,《江汉考古》1988 年第 2 期,第 59 页;

《非中原地区青铜器研究的几个问题》,《东南文化》1988 年第 5 期,第 78—82 页;

《论搐鼓墩尊盘的性质》,《江汉考古》1989 年第 4 期,第 37—39 页;

《秦公簋年代的再推定》,《中国历史博物馆馆刊》1989 年第 13、14 期,第 231—234 页;

《楚王熊审盏及有关问题》,《中国文物报》1990 年 5 月 31 日,第 3 版;

《安徽南部存在着颇具特色的青铜文化》,《学术界》1991 年第 1 期,第 37—40 页;

《三门峡虢墓新发现与虢国史》，《中国文物报》1991年2月3日，第3版；

《瑰丽绝伦的战国中山青铜器》，《中国文物世界》1993年第8期，第35—45页；

《探索秦国发祥地》，《中国文物报》1995年2月19日，第3版；

《论甘肃礼县铜镈》，《远望集——陕西省考古研究所华诞四十周年纪念文集》，陕西人民美术出版社，1998年，第396—399页；

《新郑李家楼大墓与中国考古学史》，《海峡两岸春秋郑公大墓青铜器学术研讨会论文集》，台北历史博物馆，2001年，第23—30页；

《春秋郑器与兵方壶论释》，《松辽学刊》2001年第5期，第1—3页；

《"秦子"新释》，《文博》2003年第5期，第37—40页；

《荥阳上官皿与安邑下官锺》，《文物》2003年第10期，第77—81页；

《论郧县肖家河新发现青铜器的"正月"》，《河南科技大学学报（社会科学版）》2003年第21卷第1期，第5—6页；

《栾书缶释疑》，《中国社会科学院历史研究所学刊》（二），商务印书馆，2004年，第1—5页；

《齐文化考古发现的历史意义》，《管子学刊》2004年第3期，第90—91页；

《北京东北旺出土叔繁簠研究》，《北京文博》2005年第3期，第29—30页；

《论秦子簋盖及其意义》，《故宫博物院院刊》2005年第6期，第21—26页；

《三年垣上官鼎校量的计算》，《文物》2005年第10期，第93—94页；

《青铜器分期研究的十个课题》，《中国史研究》2005增刊，第57—61页；

《包山楚简"郙"即巴国说》，《巴蜀文化暨三峡考古学术研讨会文集》，西南师范大学出版社，2006年，第1—4页；

《齐侯壶的年代与史事》，《中华文史论丛》2006年第2期，第1—6页；

《小邾国墓及其青铜器研究》，《东岳论丛》2007年第28卷第2期，第1—4页；

《论"景之定"及有关史事》，《文物》2008年第2期，第56—58页；

《由新见青铜器看西周早期的鄂、曾、楚》，《文物》2010年第1期，第40—43页；

《楚国申氏两簠读释》，《江汉考古》2010年第2期，第117—118页。

李学勤、艾兰：

《最新出现的秦公壶》，《中国文物报》1994年10月30日，第3版。

李学勤、李零：

《平山三器与中山国史的若干问题》，《考古学报》1979年第2期，第147—170页。

李学勤、郑绍宗：

《论河北近年出土的战国有铭青铜器》，《古文字研究》（七），中华书局，1982年，第128—138页。

李学勤、祝敏申：

《盱眙壶铭与齐破燕年代》，《文物春秋》1989年第1期，第13—17页。

李义海：

《曾姬无卹壶铭文补释》，《考古与文物》2009年第2期，第66—70页。

李永迪：

《谈山彪镇一号墓出土的一件盥盘及其相关问题》，《古今论衡》2002年第8期，第144—167页。

李永敏、杨林中、畅红霞：

《侯马铸铜遗址 IIT9F30 与太原赵卿墓的比较》,《山西省考古学会论文集》(四),山西人民出版社,2006年,第 134—140 页。

李永平:

《新见秦公墓文物及相关问题探识》,《故宫文物月刊》(194),1999 年,第 60—67 页。

李勇、胡援:

《春秋"子荡"楚器考》,《东南文化》1993 年第 1 期,第 114—117 页;

《春秋"子荡"楚器考》,《文物研究》(8),黄山书社,1993 年,第 186—188 页。

李玉洁:

《试论楚文化的墓葬特色》,《中原文物》1992 年第 2 期,第 27—31 页。

李玉龙:

《从楚都、楚墓出土文物看楚国文化》,《荆州师专学报》1981 年第 1 期,第 134 页。

李玉瑞、李生平:

《再谈鲜虞人来自何方》,《文物春秋》1996 年第 2 期,第 26—31 页。

李裕民:

《郭店楚墓的年代与墓主新探》,《陕西师范大学学报》2000 年第 29 卷第 3 期,第 23—27 页。

李曰训:

《齐鲁文化与山东地区的东周文明(上)》,《历史文物》2004 年第 11 期,第 40—60 页;

《齐鲁文化与山东地区的东周文明(下)》,《历史文物》2004 年第 12 期,第 44—58 页。

李仲操:

《中山王厝行年考》,《中国考古学研究论集——纪念夏鼐先生考古五十周年》,三秦出版社,1987 年,第343—347 页。

李主立:

《陈国溯源》,《中国文物报》2006 年 8 月 25 日,第 7 版。

梁晓景:

《邻国史迹探索》,《中原文物》1987 年第 3 期,第 102 页;

《韩国都城迁徙考辨》,《河洛文明论文集》,中州古籍出版社,1994 年,第 326—336 页。

梁云:

《秦文化的发现、研究和反思》,《中国历史博物馆馆刊》2000 年第 2 期,第 65—71 页;

《关于雍城考古的几个问题》,《陕西历史博物馆馆刊》(八),三秦出版社,2001 年,第 60—65 页;

《秦墓等级序列及相关问题探讨》,《古代文明》(4),文物出版社,2005 年,第 105—129 页;

《周代用鼎制度的东西差别》,《考古与文物》2005 年第 3 期,第 49—59 页;

《"秦子"诸器的年代及有关问题》,《古代文明》(5),文物出版社,2006 年,第 301—311 页;

《从秦文化的转型看考古学文化的突变现象》,《华夏考古》2007 年第 3 期,第 103—113 页;

《从秦墓葬俗看秦文化的形成》,《考古与文物》2008 年第 1 期,第 54—61 页;

《战国时代的东西差别——考古学的视野》,文物出版社,2008 年。

廖平原:

《楚族源与楚文化》,《中山大学研究生学刊》1986 年第 1 期,第 81—85 页。

林春:

《巴蜀的青铜器与历史》,《巴蜀历史·民族·考古·文化》,巴蜀书社,1991 年,第 164—173 页。

林甘泉:

《从出土文物看春秋战国间的社会变革》,《文物》1981 年第 5 期,第 34—44 页。

林华东:

《绍兴 306 号"越墓"辨》,《考古与文物》1985 年第 4 期,第 84—88 页;

《苏州吴国都城探究》,《南方文物》1992 年第 2 期,第 71—75 页。

林留根:

《试论吴文化的多元性》,《吴文化研究论文集》,中山大学出版社,1988 年,第 251—260 页。

林奇:

《巴楚关系初探》,《江汉论坛》1980 年第 4 期,第 87—91 页。

林清源:

《栾书缶的年代、国别与器主》,《中研院历史语言研究所集刊》第 73 本 1 分,2002 年,第 1—41 页。

林仙庭:

《齐东呂是野人地,望族田氏有宗亲》,《故宫文物月刊》(165),1996 年,第 72—87 页;

《嘴子前墓群与田氏代姜之变》,《中国历史博物馆馆刊》1998 年第 1 期,第 44—48 页。

林沄:

《周代用鼎制度商榷》,《史学集刊》1990 年第 3 期,第 12—23 页;

《东胡与山戎的考古探索》,《环渤海考古国际学术讨论会论文集》,知识出版社,1996 年,第 174—181 页;

《枣庄市东江墓地青铜器铭文部分人名的考释》,《古文字研究》(二十六),中华书局,2006 年,第 205—208 页。

刘彬徽:

《罍、缶辨正》,《江汉考古》1982 年第 2 期,第 92—93 页;

《楚国有铭铜器编年概述》,《古文字研究》(九),中华书局,1984 年,第 331—372 页;

《楚国青铜礼器初步研究》,《中国考古学会第四次年会论文集》,文物出版社,1985 年,第 108—122 页;

《随州擂鼓墩二号墓青铜器初论》,《文物》1985 年第 1 期,第 37—39 页;

《楚国春秋早期铜礼器简论》,《楚文化觅踪》,中州古籍出版社,1986 年,第 30—34 页;

《湖北出土两周金文国别年代考述》,《古文字研究》(十三),中华书局,1986 年,第 239—352 页;

《关于"盛君萦"考证的一点说明》,《文物》1986 年第 6 期,第 47 页;

《曾侯乙墓青铜礼器初步研究》,《湖北省考古学会论文选集》(一),武汉大学学报编辑部,1987 年,第 133—142 页;

《楚系青铜器略论》,《楚文化研究论集》(一),荆楚书社,1987 年,第 147—157 页;

《楚国纪年法简论》,《江汉考古》1988 年第 2 期,第 60—62 页;

《上都府簠及楚灭都问题简论》,《中原文物》1988 年第 3 期,第 56—57 页;

《楚墓出土铜器的年代略说》,《中原文物》1989 年第 4 期,第 23—24 页;

《东周时期青铜敦研究》,《湖南博物馆文集》,岳麓书社,1991 年,第 28—35 页;

《楚国楚系有铭铜器编年补论》,《文物研究》(7),黄山书社,1991 年,第 237—243 页;

《楚鼬略考》,《楚文化研究论集》(二),湖北人民出版社,1991 年,第 81—92 页;

《两广先秦青铜容器研究》,《东南文化》1991 年第 1 期,第 122—125 页;

《论东周时期用鼎制度中楚制与周制的关系》,《中原文物》1991 年第 2 期,第 50—58 页;

《论东周青铜缶》,《考古》1994 年第 10 期,第 937—942 页;

《山东地区东周青铜器研究》,《中国考古学会第九次年会论文集》,文物出版社,1997 年,第 263—275 页;

《秦楚青铜器比较研究》,《周秦文化研究》,陕西人民出版社,1998 年,第 542—547 页;

《容庚先生〈通考〉著录的楚铜器及其铭文述编》,《容庚先生百年诞辰纪念文集》,广东人民出版社,1998 年,第 44—52 页;

《吴越地区东周铜器与徐楚青铜器比较研究》,《早期文明与楚文化研究》,岳麓书社,2001 年,第 138—146 页;

《楚铜器墓分期续论》,《早期文明与楚文化研究》,岳麓书社,2001 年,第 95—103 页;

《曾侯乙墓青铜礼器研究》,《早期文明与楚文化研究》,岳麓书社,2001 年,第 104—111 页;

《周代曾国国君及其宗族的青铜器》,《中国文物世界》(193),2001 年,第 110—124 页;

《从近年出土曾器看楚文化对曾国的影响》,《早期文明与楚文化研究》,岳麓书社,2001 年,第 60—63 页;

《周代楚国国君及其宗族的青铜器》,《中国文物世界》(197),2003 年,第 6—31 页;

《近年楚系青铜器研究述评》,《湖南省博物馆馆刊》(三),岳麓书社,2006 年,第 171—182 页;

《楚文化考古新发现》,《历史文物》2006 年第 160 期,第 81—89 页。

刘彬徽、王世振:

《曾国灭亡年代小考》,《江汉考古》1984 年第 4 期,第 91—92 页。

刘波:

《岭南地区东周青铜器的分群研究》,《东方文明之韵——吴文化国际学术研讨会论文集》,岭南美术出版社,2000 年,第 296—323 页。

刘超英:

《战国中山族属浅议》,《文物春秋》1992 年增刊,第 80—86 页。

刘敦愿:

《青铜器舟战图像小释》,《文物天地》1988 年第 2 期,第 15—17 页;

《战国铜鉴上的庭院植树与观赏养鹤》,《文物天地》1990 年第 3 期,第 46—48 页;

《中国青铜器上的采桑图像》,《文物天地》1990 年第 5 期,第 4—6 页;

《青铜器勾连纹探源》,《故宫文物月刊》(92),1991 年,第 80—87 页;

《青铜器上的狩猎图像》,《故宫文物月刊》(123),1993 年,第 62—75 页。

刘广和:

《徐国汤鼎铭文试释》,《考古与文物》1985 年第 1 期,第 101—102 页。

刘和惠:

《关于寿县楚王墓的几个问题》,《文物研究》(5),黄山书社,1989 年,第 129—134 页;

《蔡器铭与楚蔡关系新探》,《东南文化》1989 年第 3 期,第 22—28 页;

《春申君墓之谜》,《文物研究》(11),黄山书社,1998 年,第 251—254 页。

刘弘:

《巴蜀铜鍪与巴蜀之师》，《四川文物》1994 年第 6 期，第 16—19 页。

刘建安：

《洛阳地区秦墓探析》，《华夏考古》2010 年第 1 期，第 86—94 页。

刘建国：

《江苏丹徒粮山春秋石穴墓——兼谈吴国的葬制及人殉》，《考古与文物》1987 年第 4 期，第 29—38 页；

《春秋刻纹铜器初论》，《东南文化》1988 年第 5 期，第 83—90 页；

《论楚鬲文化特征的两重性——兼及楚文化与中原文化的关系》，《中原文物》1989 年第 4 期，第 4—13 页；

《论錞于文化与东夷、百越的关系》，《百越民族研究》，江西教育出版社，1990 年，第 248—265 页；

《蔡侯墓文化属性试析——兼论楚式青铜器的形成及其外因》，《楚文化研究论集》（二），湖北人民出版社，1991 年，第 229—242 页；

《论江南周代青铜文化》，《东南文化》1994 年第 3 期，第 20—40 页。

刘节：

《说攻吴与禺邘》，《禹贡》第 7 卷第 1、2、3 期合刊，1937 年，第 119—120 页；

《寿县所出楚器考释》，《古史考存》，人民出版社，1958 年，第 108 页。

刘军社：

《秦人吸收周文化问题的探讨》，《文博》1999 年第 1 期，第 13—16 页；

《关于春秋时期秦国铜器墓的葬式问题》，《文博》2000 年第 2 期，第 37—42 页。

刘来成、李晓东：

《试探战国时期中山国历史上的几个问题》，《文物》1979 年第 1 期，第 32—36 页。

刘莉：

《铜镤考》，《考古与文物》1987 年第 3 期，第 60—65 页。

刘礼堂：

《随州出土豫南古国铜器考述》，《信阳师范学院学报》1986 年第 2 期，第 48—52 页。

刘社刚：

《梁姬罐相关问题的思考》，《中原文物》2002 年第 6 期，第 60—62 页。

刘先枚：

《春秋战国时期人殉制度的演变——兼论曾侯乙墓的时代》，《江汉论坛》1985 年第 8 期，第 73—76 页。

刘翔：

《说钟》，《江汉考古》1986 年第 2 期，第 91—92 页；

《簠器略说》，《古文字研究》（十三），中华书局，1986 年，第 458—463 页。

刘翔：

《论黄君孟铜器群》，《江汉考古》1988 年第 4 期，第 92—96 页。

刘信芳、阚绪杭、周群：

《安徽凤阳县卞庄一号墓出土镈钟铭文初探》，《考古与文物》2009 年第 3 期，第 102—108 页。

刘兴：

《谈镇江地区出土青铜器的特色》，《文物资料丛刊(5)》，文物出版社，1981 年，第 112—116 页；

《吴文化青铜器初探》，《文博通讯》（江苏）1981 年第 4 期，第 25—30 页；

《东南地区青铜器分期》,《考古与文物》1985 年第 5 期,第 90—101 页;

《试论东南地区青铜器特点》,《中国历史博物馆馆刊》1986 年第 9 期,第 30—44 页;

《从江苏东周时期遗存看楚文化的东渐》,《楚文化研究论集》(一),荆楚书社,1987 年,第 281—292 页;

《丹徒北山顶舒器辨疑》,《东南文化》1993 年第 4 期,第 73—76 页。

刘雄:

《辉县固围村战国墓性质之我见》,《首都师范大学学报》2009 年增刊,第 1—4 页。

刘绪:

《晋与晋文化的年代问题》,《文物季刊》1993 年第 4 期,第 83—87 页;

《晋乎?卫乎?——琉璃阁大墓的国属》,《中原文物》2008 年第 3 期,第 44—48 页。

刘延常:

《莒文化探析》,《东南文化》2002 年第 7 期,第 38—49 页。

刘延常、兰玉富:

《山东地区周代考古的新进展》,《东南文化》2009 年第 6 期,第 61—67 页。

刘岩常、曲传刚、穆红梅:

《山东地区吴文化遗存分析》,《东南文化》2010 年第 5 期,第 51—56 页。

刘余力、蔡运章:

《王太后左私室鼎铭考略》,《文物》2006 年第 11 期,第 63—67 页。

刘余力、褚卫红:

《战国信安君鼎考略》,《文物》2009 年第 11 期,第 70—72 页。

刘雨:

《两周曹国铜器考》,《中原文物》2008 年第 2 期,第 42—46 页。

刘玉堂:

《楚文化发展历程考述》,《荆州师专学报》1987 年第 4 期,第 34 页;

《试论楚文化对越文化的吸收》,《百越民族研究》,江西教育出版社,1990 年,第 281—293 页。

刘钊:

《谈新发现的敖伯匜》,《中原文物》1993 年第 1 期,第 36 页。

刘宗汉:

《〈哀成叔鼎〉"君既安吏,亦弗其蔜蔓"解》,《洛阳考古四十年——1992 年洛阳考古学术研讨会论文集》,科学出版社,1996 年,第 247—248 页。

卢连成:

《秦国早期文物的新认识》,《中国文字》(新 21 期),1996 年,第 61—65 页。

吕荣芳:

《望山一号墓与越王剑的关系》,《厦门大学学报(哲学社会科学版)》1977 年第 4 期,第 84—86 页。

罗丰:

《中原制造——关于北方动物纹金属牌饰》,《文物》2010 年第 3 期,第 56—63 页。

罗凤鸣:

《侯马和温县盟书的背景研究》,《汾河湾——丁村文化与晋文化考古学术研讨会文集》,山西高校联合出版社,1996 年,第 162—167 页。

罗福颐：

《中山王墓鼎壶铭文小考》，《故宫博物院院刊》1979 年第 2 期，第 81—85 页。

罗开玉：

《晚期巴蜀文化墓葬初步研究（上）》，《成都文物》1991 年第 3 期，第 1—19 页；

《晚期巴蜀文化墓葬初步研究（下）》，《成都文物》1991 年第 4 期，第 45—58 页。

罗鹭凌：

《山东沂水刘家店子春秋墓出土的铜器》，《文物天地》2007 年第 10 期，第 120—121 页。

罗平、孟繁峰：

《赵秦墓葬的“共祖”现象刍议》，《赵国历史文化论丛》，河北人民出版社，1989 年，第 75—85 页。

罗泰：

"The Bronzes from Xiasi and Their Oweners"，《考古学研究》（五），科学出版社，2003 年，第 755—786 页；

"Forerunners of the Houma Bronze Styles：The Shangguo Sequence"，《故宫学术季刊》2005 年第 23 卷第 1 期，第 111—174 页。

罗勋章：

《刘家店子春秋墓琐考》，《文物》1984 年第 9 期，第 11—13 页；

《田齐王陵初探》，《中国考古学会第九次年会论文集》，文物出版社，1997 年，第 251—262 页。

罗扬：

《战国铜敦》，《中国文物报》1989 年 1 月 27 日，第 3 版。

罗运环：

《金文简牍中的汉水和楚国》，《江汉论坛》2006 年第 4 期，第 97—99 页；

《论郭店一号楚墓所出漆耳杯文及墓主和竹简的年代》，《考古》2000 年第 1 期，第 68—71 页。

洛撒·沃恩·福克哈森：

《东周时期岭南地区青铜礼器的价值和意义》，《南方文物》2006 年第 2 期，第 98—105 页。

M

马冰：

《也谈曲沃羊舌 M1 和北赵晋侯墓地 M93 的墓主》，《中国文物报》2007 年 2 月 2 日，第 7 版。

马承源：

《鸟兽龙纹壶》，《文物》1960 年第 4 期，第 79—80 页；

《陈喜壶》，《文物》1961 年第 2 期，第 45—46 页；

《漫谈战国青铜器上的画像》，《文物》1961 年第 10 期，第 26—30 页；

《长江下游土墩墓出土青铜器的研究》，《上海博物馆集刊》（4），上海古籍出版社，1987 年，第 198—220 页；

《虢国大墓参观记》，《中国文物报》1991 年 3 月 3 日，第 3 版。

马道阔：

《谈蔡侯墓》，《文物研究》（3），黄山书社，1988 年，第 50—52 页；

《安徽省庐江县出土春秋青铜器——兼谈南淮夷文化》，《东南文化》1990 年第 1、2 期，第 74—77 页。

马国权：

《栾书缶考释》,《艺林丛录》(4),商务印书馆,1964 年,第 245—249 页。

马今洪:

《流甒的研究》,《文博》1996 年第 5 期,第 39—44 页;

《翼兽形盉与格里芬》,《上海文博》2002 年第 2 期,第 44—49 页;

《牺尊与上海博物馆收藏的李峪村青铜器》,《上海文博论丛》(2),2004 年,第 52—59 页。

马良民、林仙庭:

《海阳嘴子前春秋墓试析》,《考古》1996 年第 9 期,第 11—13 页。

马世之:

《豫南楚文化问题试探》,《史学月刊》1982 年第 4 期,第 33—38 页;

《楚文化探源》,《楚文化研究论文集》,中州书画社,1983 年,第 73—95 页;

《试论郑与楚文化的关系》,《中原文物》1983 年特刊,第 47—51 页;

《也谈王子婴次炉》,《江汉考古》1984 年第 1 期,第 76—80 页;

《试论楚文化的形成及其相关问题》,《楚文化觅踪》,中州古籍出版社,1986 年,第 13—29 页;

《河南楚文化的考古发现和研究》,《中原文物》1989 年第 4 期,第 38—45 页;

《中原楚文化的发展阶段与特征》,《中原文物》1992 年第 2 期,第 22—26 页;

《虢国史迹试探》,《中州学刊》1994 年第 6 期,第 103—107 页;

《浅析中原地区新发现的两周城址》,《河南博物院建院 80 周年论文集》,大象出版社,2007 年,第 84—89 页。

马振智:

《关于甘肃礼县大堡子山秦公墓地的几个问题》,《陕西历史博物馆馆刊》(十),三秦出版社,2003 年,第 57—62 页;

《甘肃礼县大堡子山秦公墓地之我见》,《西部考古》(一),三秦出版社,2007 年,第 206—211 页。

毛颖:

《刻纹铜器新探》,《东方文明之韵——吴文化国际学术研讨会论文集》,岭南美术出版社,2000 年,第 229—242 页;

《南方青铜盉研究》,《东南文化》2004 年第 4 期,第 51—62 页;

《吴国青铜器之南方特征》,《南方文物》2009 年第 2 期,第 62—70 页。

毛颖、张敏:

《长江下游的徐舒与吴越》,湖北教育出版社,2005 年。

梅华全:

《百越民族葬制综述》,《百越史论集》,云南民族出版社,1989 年,第 418—430 页;

《闽越与南越考古学文化的比较研究》,《南方文物》1992 年第 2 期,第 62—69 页。

牟永抗:

《绍兴 306 号越墓刍议》,《文物》1984 年第 1 期,第 30—35 页。

O

欧潭生:

《固始白狮子地一号楚墓的年代及其他》,《楚文化研究论文集》,中州书画社,1983 年,第 166—172 页;

《信阳地区楚文化发展序列》,《楚文化觅踪》,中州古籍出版社,1986 年,第 70—89 页;

《固始侯古堆吴太子夫差夫人墓的吴文化因素》,《中原文物》1991 年第 4 期,第 33—38 页。

瓯燕:

《战国时期的墓葬》,《北方文物》1989 年第 3 期,第 29—35 页;

《栾书缶质疑》,《文物》1990 年第 12 期,第 37—41 页。

P

潘慧如:

《晋国青铜器铭文探研》,(香港)青木书屋,1999 年。

逄振镐:

《莒国史略》,《东岳论丛》1999 年第 4 期,第 100—104 页;

《从出土文物看楚文化对山东文化的影响》,《楚史与楚文化研究》,湖南省楚史研究会,1987 年,第 324—335 页。

裴安平:

《鄂西楚文化渊源探索的考察:关于考古学历史文化传统的思考之二》,《楚史与楚文化研究》,求索杂志社,1986 年,第 295—309 页。

裴明相:

《楚文化在河南发展的历程》,《楚文化研究论文集》,中州书画社,1983 年,第 23—48 页;

《论黄与楚、虢文化的关系》,《江汉考古》1986 年第 1 期,第 43—50 页;

《信阳楚墓的主要遗存及其特点》,《中原文物》1989 年第 1 期,第 82—87 页;

《"弃疾簠"与"析鼎"释略》,《中原文物》1989 年第 4 期,第 1—3 页。

彭邦本:

《春秋晚期吴文化的北向影响初探》,《齐鲁学刊》1992 年第 2 期,第 79—84 页。

彭浩:

《楚系墓制初论》,《中国考古学会第二次年会论文集》,义物出版社,1982 年,第 33—40 页;

《我国两周时期的越式鼎》,《湖南考古辑刊》1984 年第 2 期,第 136—141 页。

彭适凡:

《春秋徐国南疆析疑》,《江西社会科学》1981 年第 2 期,第 72—78 页;

《有关江西靖安出土徐国铜器的两个问题》,《江西历史文物》1983 年第 2 期,第 38—43 页;

《谈江西靖安徐器的名称问题》,《文物》1983 年第 6 期,第 66—68 页。

彭万廷、王家德:

《试论三峡、宜昌地域的巴楚文化》,《考古学集刊》(11),中国大百科全书出版社,1997 年,第 242—250 页。

彭文、米黔林:

《秦代人口迁移及秦文化与周边文化的交流》,《周秦文化研究》,陕西人民出版社,1998 年,第 783—791 页。

彭裕商:

《三门峡虢季墓新考》,《东方考古》(2),科学出版社,2006 年,第 198—201 页;

《虢国东迁考》,《历史研究》2006 年第 5 期,第 12—22 页;

《东周青铜盆、盏、敦研究》,《考古学报》2008 年第 2 期,第 175—194 页。

彭云:

《从宁绍地区墓葬材料看楚文化对越文化的影响与浸染》,《东方文明之韵——吴文化国际学术研讨会论文集》,岭南美术出版社,2000 年,第 290—295 页;

《论绍兴征集的越国青铜器》,《真如集——浙江考古学会学术论文集》,西泠印社,2002 年,第 10—19 页。

Q

钱公麟:

《春秋晚期吴国王陵新探》,《东方文明之韵——吴文化国际学术研讨会论文集》,2000 年,第 175—180 页。

钱益汇:

《齐文化的考古学发现与研究》,《中原文物》2004 年第 1 期,第 46—53 页。

乔梁:

《辛庄头 30 号墓的年代及其他》,《华夏考古》2004 年第 2 期,第 58—67 页。

乔淑芝:

《"栾书缶"与栾书》,《晋阳学刊》1983 年第 4 期,第 99—100 页。

乔晓勤:

《试论吴文化的渊源》,《中山大学研究生学刊》1984 年第 1 期,第 93—100 页。

秦彦士、梁华荣:

《秦与巴蜀文化影响略论——从出土文物看秦与巴蜀文化的互动》,《巴蜀文化暨三峡考古学术研讨会文集》,西南师范大学出版社,2006 年,第 178—182 页。

邱立诚:

《广东东周时期青铜器墓葬制刍议》,《广东出土先秦文物》,广东省博物馆、香港中文大学文物馆,1984 年,第 153—157 页。

《论广东地区两周时期的考古文化》,《广东省文物考古研究所建所十周年文集》,岭南美术出版社,2001 年,第 144—157 页;

求实:

《河南淅川和尚岭楚墓年代刍议》,《中国文物报》1992 年 10 月 18 日,第 3 版。

裘士京:

《古皖方国、淮夷与夏商周王朝关系》,《周秦社会与文化研究论文集——纪念中国先秦史学会成立 20 周年学术研讨会》,陕西师范大学出版社,2003 年,第 183—196 页。

裘士京、张靖:

《试论商业因素对楚系青铜文化的影响》,《文物研究》(13),黄山书社,2002 年,第 64—72 页。

裘锡圭:

《〈武功县出土平安君鼎〉读后记》,《考古与文物》1982 年第 2 期,第 53—54 页。

裘锡圭:

《谈谈随县曾侯乙墓的文字资料》,《文物》1979 年第 7 期,第 25—32 页;

《说钺、楃、椑楃》,《中国历史博物馆馆刊》1989 年第 13、14 期,第 71—80 页。

裘锡圭、李家浩:

《曾侯乙墓钟磬铭文释文说明》,《音乐研究》1981 年第 1 期,第 17—21 页。

屈万里:

《曾伯零簠考释》,《中研院历史语言研究所集刊》第 33 本,1962 年,第 331—349 页。

渠川福:

《太原金胜村大墓年代的推定》,《文物》1989 年第 9 期,第 87—90 页;

《关于太原晋国赵卿墓的若干问题》,《山西省考古学会论文集》(三),山西古籍出版社,2000 年,第 321—324 页。

R

Robert W. Bagley:

《从浑源铜器看侯马铸铜作坊》,《文物保护与考古科学》1998 年第 10 卷第 1 期,第 23 29 页。

饶宗颐:

《中山君罾考略》,《学术研究》1980 年第 2 期,第 41—45 页;

《读盛君簠——随州擂鼓墩文物展侧记》,《江汉考古》1985 年第 1 期,第 57—59 页。

任经荣:

《州来国探源》,《文物研究(9)》,黄山书社,1994 年,第 71—77 页。

任孔闪:

《"曹国"新考》,《暨南大学学报(社会科学版)》2002 年第 3 期,第 29—30 页。

任伟:

《〈无匹壶〉定名及江汉曾国的族姓问题》,《文博》2002 年第 1 期,第 36—37 页;

《曾、随之谜试解》,《华夏文明的形成与发展》,大象出版社,2003 年,第 287—299 页。

任相宏:

《郜中簠及寺国姓氏考略》,《文物》2003 年第 4 期,第 40—43 页。

容庚:

《秦公钟簋之年代》,《考古社刊》(6),1937 年。

S

商承祚:

《中山王罾鼎、壶铭文刍议》,《古文字研究》(七),中华书局,1982 年,第 43—70 页;

《中山王罾壶、鼎铭文刍议》,《上海博物馆集刊》(2),上海古籍出版社,1983 年,第 62—73 页;

《中山王罾方壶圆鼎及舒蚉圆壶三器铭文考释会同篇前言》,《文物春秋》1992 年第 2 期,第 20—21 页。

商志䐡、唐钰明:

《江苏丹徒背山顶春秋墓出土钟鼎铭文释证》,《文物》1989 年第 4 期,第 51—56 页。

尚景熙:

《楚方城及其与楚国的军事关系》,《中原文物》1992 年第 2 期,第 11—15 页。

尚志儒:

《试论平山三器的铸造年代及中山王𰻝的在位时间——兼与段连勤同志商榷》,《河北学刊》1985 年第 6 期,第 77—81 页。

邵望平、高广仁:

《战国齐文化考古概说》,《石璋如院士百岁祝寿论文集》,南天书局,2002 年,第 241—279 页;

《东周淮夷文化刍议》,《庆祝何炳棣先生九十华诞论文集》,三秦出版社,2008 年,第 485—498 页。

邵学海:

《王子午鼎的繁缛与铸客鼎的简约——论楚国青铜艺术风格的形成与嬗变》,《江汉考古》1995 年第 3 期,第 59—63 页。

申茂盛:

《秦陵大鼎与秦鼎》,《文博》2001 年第 3 期,第 59—62 页。

沈仲常:

《新都战国木椁墓与楚文化》,《文物》1981 年第 6 期,第 26—28 页。

沈作霖:

《绍兴出土的越国青铜器》,《百越民族研究》,江西教育出版社,1990 年,第 385—391 页。

盛国定:

《益阳楚墓辨析》,《楚文化研究论集》(一),荆楚书社,1987 年,第 108—118 页。

盛正岗:

《余杭出土战国原始瓷及产地问题》,《东方博物》(28),浙江大学出版社,2008 年,第 87—92 页。

施劲松:

《关于四川牟托一号石棺墓及器物坑的两个问题》,《考古》1996 年第 5 期,第 77—82 页;

《船棺葬、早期铜鼓和不对称形铜钺》,《新世纪的中国考古学——王仲殊先生八十华诞纪念论文集》,科学出版社,2005 年,第 472—485 页。

石泉:

《古代曾国——随国地望初探》,《武汉大学学报(哲学社会科学版)》1979 年第 1 期,第 59—68 页。

石荣传:

《桐柏月河一号墓玉器与东周文化交流》,《东南文化》2010 年第 5 期,第 71—77 页。

石志廉:

《陈喜壶补正》,《文物》1961 年第 10 期,第 38 页;

《中山王墓出土的铜投壶》,《文博》1986 年第 3 期,第 77—78 页。

时学颜:

《有关曾国遗物所表现的文化性质》,《江汉考古》1985 年第 3 期,第 31—32 页。

史党社:

《宜阳鼎跋》,《文博》2007 年第 3 期,第 16—17 页。

史党社、田静:

《从称谓角度说"秦子"》,《中国历史文物》2010 年第 4 期,第 67—72 页。

史树青:

《对"五省出土文物展览"中几件铜器的看法》,《文物参考资料》1956 年第 8 期,第 49—50 页;

《论蔡侯墓的年代》,《文史哲》1957 年第 8 期,第 64—66 页。

舒之梅:

《试论越文化对楚文化的影响》,《民族研究》1986 年第 4 期,第 60—65 页。

舒之梅、刘彬徽:

《论汉东曾国为土著姬姓随国》,《江汉论坛》1982 年第 1 期,第 72—77 页;

《从近年出土曾器看楚文化对曾的影响》,《楚史论丛·初集》,湖北人民出版社,1984 年,第 228—236 页。

舒之梅、罗运环:

《楚同各诸侯国关系的古文字资料简述》,《求索》1983 年第 6 期,第 168—172 页;

《古文字资料中所见楚国同各诸侯国的关系》,《湖北省考古学会论文选集》(一),武汉大学学报编辑部,1987 年,第 143—150 页。

舒之梅、吴永章:

《从楚的历史发展看楚与中原地区的关系》,《江汉论坛》1980 年第 1 期,第 65—70 页。

水涛:

《岭南青铜文化中的外来文化因素》,《东南考古研究》(三),厦门大学出版社,2003 年,第 322—326 页。

松崎恒子:

《从湖北秦墓看秦的统一和战国传统文化的融合》,《中国史研究》1989 年第 1 期,第 120—124 页。

宋公文:

《春秋前期楚北上中原灭国考》,《江汉论坛》1982 年第 1 期,第 76—81 页;

《论楚国墓葬形制及其同中原的区别》,《湖北大学学报(哲学社会科学版)》1991 年第 18 卷第 4 期,第 100—107 页;

《楚墓的头向与葬式》,《考古》1994 年第 9 期,第 837—841 页。

宋焕文:

《从应山春秋墓看楚三关的地位和作用》,《江汉考古》1987 年第 3 期,第 40—46 页。

宋康年:

《皖西南楚文化初探——从望江县近年出土的楚文物谈起》,《华夏考古》1997 年第 3 期,第 76—79 页。

宋玲平:

《山西中北部东周时期青铜器及相关问题》,《山西省考古学会论文集》(三),山西古籍出版社,2000 年,第 271—287 页;

《东周青铜器叙事画像纹地域风格浅析》,《中原文物》2002 年第 2 期,第 46—50 页;

《再议辉县琉璃阁春秋大墓的国别》,《故宫博物院院刊》2003 年第 4 期,第 75—79 页;

《关于晋文化的概念问题》,《考古与文物》2004 年第 5 期,第 38—40 页。

宋少华:

《湖南秦墓初论》,《中国考古学会第七次年会论文集》,文物出版社,1992 年,第 189—212 页。

宋永祥:

《试析皖南周代青铜器的几个地方特征》,《东南文化》1988 年第 5 期,第 91—101 页。

宋远茹:

《明珠花园秦墓的分期及相关问题的讨论》,《考古与文物》2002 年第 6 期,第 66—69 页。

宋治民：

《略论四川战国秦墓葬的分期》，《中国考古学会第一次年会论文集》，1980 年，第 265—277 页；

《略论四川的秦人墓》，《考古与文物》1984 年第 2 期，第 83—90 页；

《四川战国墓葬试析》，《四川文物》1990 年第 5 期，第 3—14 页；

《什邡荥经船棺葬墓地有关问题探讨》，《四川文物》1999 年第 1 期，第 3—12 页；

《四川茂县牟托 1 号石棺墓若干问题的初步分析》，《四川大学考古专业创建四十周年暨冯汉骥教授百年诞辰纪念文集》，四川大学出版社，2001 年，第 267—284 页。

苏兆庆：

《莒史新征》，《西周史论文集》，陕西人民教育出版社，1993 年，第 313—320 页。

孙百朋：

《"蔡侯"的考证》，《寿县蔡侯墓出土遗物》，科学出版社，1956 年，第 21 页；

《蔡侯墓出土的三件铜器铭文考释》，《文物参考资料》1956 年第 12 期，第 33 页。

孙斌来：

《两周之际青铜器断代的一个原则问题》，《山西师大学报(社会科学版)》1992 年第 1 期，第 31—33 页。

孙次舟：

《新郑铜器群年代考辨》，《纪念顾颉刚学术论文集(上)》，巴蜀书社，1990 年，第 201—213 页。

孙德海：

《浅析邯郸百家村战国墓的人殉性质：略谈人殉与人牲》，《赵国历史文化论丛》，河北人民出版社，1989 年，第 362—365 页。

孙贯文：

《陈璋壶补考》，《考古学研究》(一)，北京大学考古系，1992 年，第 287—300 页。

孙广清、杨育彬：

《从考古发现谈晋文化在河南的传播》，《中原文物》2004 年第 6 期，第 47—52 页。

孙华：

《试论中山国的族姓及有关问题》，《河北学刊》1984 年第 4 期，第 72—76 页；

《商周铜卣新论——兼论提梁铜壶及铜匜的有关问题》，《洛阳博物馆建馆四十周年纪念文集》，科学出版社，1999 年，第 22—34 页；

《中山王𰀉墓铜器四题》，《文物春秋》2003 年第 1 期，第 59—69 页；

《绍兴印山大墓的若干问题—读〈印山越王陵〉札记》，《南方文物》2008 年第 2 期，第 27—38 页。

孙鉴泉：

《庚壶忝释》，《中国文字》(新 14 期)，1991 年，第 169—174 页。

孙敬明：

《东夷文物撷英——参观莒文化陈列》，《中国文物报》1989 年 11 月 3 日，第 2 版；

《荆公孙敦约解》，《第三届国际中国古文字学研讨会论文集》，香港中文大学，1997 年，第 355—359 页。

孙敬明、何琳仪、黄锡全：

《山东临朐新出铜器铭文考释及有关问题》，《文物》1983 年第 12 期，第 13—16 页。

孙敬明、徐新华：

《杞国考略》，《西周史论文集》，陕西人民教育出版社，1993 年，第 321—329 页。

孙开玉、石晶：

《薛国考略》，《中国文物报》2006 年 9 月 1 日，第 7 版。

孙庆伟：

《试论曲沃羊舌墓地的归属问题》，《古代文明研究通讯》(33)，2007 年，第 33—36 页；

《周代用玉制度研究》，上海古籍出版社，2008 年。

孙闻博：

《鲜虞中山族姓及渊源问题之再探》，《四川文物》2005 年第 5 期，第 30—33 页。

孙智彬：

《新都战国木椁墓文化因素剖析》，《江汉考古》1986 年第 1 期，第 58—62 页。

孙稚雏：

《淮南蔡器释文的商榷》，《考古》1965 年第 9 期，第 467—468 页；

《中山王𰯼鼎、壶的年代史实及其意义》，《古文字研究》(一)，中华书局，1979 年，第 273—305 页；

《蔡侯墓器摹本》，《古文字研究》(八)，中华书局，1983 年，第 39—42 页；

《𫸩羌钟铭文汇释》，《古文字研究》(十九)，中华书局，1992 年，第 102—114 页。

谭旦冋：

《自由奔放的春秋战国时代——中国历代纹饰考订篇(上)》，《故宫文物月刊》1987 年第 5 卷第 1 期，第 48—56 页。

谭维四：

《曾侯乙编钟所见先秦列国文化交流》，《中国考古学会第七次年会论文集》，文物出版社，1992 年，第 177—188 页；

《曾侯乙墓的发现、发掘与研究》，《江汉考古》2000 年第 1 期，第 84—90 页。

汤余惠：

《楚器铭文八考》，《古文字论集》(1)，考古与文物编辑部，1983 年，第 60—68 页；

《淳于大夫釜甗铭文管见》，《文物》1995 年第 8 期，第 25 页。

唐长寿：

《川南蜀人墓葬和蜀国南疆》，《四川文物》1995 年第 4 期，第 30—33 页。

唐复年：

《战国宴乐射猎攻战纹壶》，《故宫博物院院刊》1983 年第 3 期，第 84—86 页。

唐兰：

《𫸩羌钟考释》，《北平图书馆馆刊》第 6 卷 1 号，1932 年，第 83 页；

《寿县所出铜器考略》，《北京大学国学季刊》第 4 卷第 1 期，1934 年；

《晋公𬭚𥂕考释》，《北京大学国学季刊》第 4 卷 1 号，1934 年，第 11 页；

《赵孟𠂤壶跋》，《考古社刊》(6)，1936 年，第 325 页；

《智君子鉴考》，《辅仁学志》第 7 卷第 1、2 期，1938 年，第 101 页；

《洛阳金村古墓为东周墓非韩墓》，《大公报文史周刊》第 2 期，1946 年 10 月 23 日；

《关于洛阳金村古墓答杨宽先生》，《大公报文史周刊》第 9 期，1946 年 12 月 11 日；

《郏县出土的铜器群》，《文物参考资料》1954 年第 5 期，第 38—40 页；

《五省出土重要文物展览图录序言》，《五省出土重要文物展览图录》，文物出版社，1958 年。

唐友波：

《春成侯盉与长子盉综合研究》，《上海博物馆集刊》（8），上海书画出版社，2000 年，第 151—168 页；

《垣上官鼎及其相关问题》，《文物》2004 年第 9 期，第 85—87 页；

《"修武使君甗"与"使君"》，《上海文博》（4），2006 年，第 30—33 页。

陶春林、马晶：

《从巴族典型器物的考古发现看巴文化的发展与传播》，《贵州民族研究》2007 年第 27 卷第 6 期，第 158—165 页。

陶令：

《山西浑源春秋彝器传奇》，《收藏》2004 年第 1 期，第 68—71 页。

陶喻之：

《浑源彝器还椟秘闻（一）》，《文物世界》2002 年第 4 期，第 32—35 页；

《浑源彝器还椟秘闻（二）》，《文物世界》2002 年第 5 期，第 44—46 页；

《浑源彝器还椟秘闻（三）》，《文物世界》2002 年第 6 期，第 14—16 页。

陶正刚：

《赵氏戈铭考释》，《文物》1995 年第 2 期，第 64—68 页；

《从太原赵卿墓出土文物看我国东周时期南北文化的交流和影响》，《中国北方古代文化国际学术研讨会论文集》，中国文史出版社，1995 年，第 39—42 页；

《山西东周戎狄文化初探》，《远望集——陕西省考古研究所华诞四十周年纪念文集》，陕西人民美术出版社，1998 年，第 415—425 页；

《太原晋国赵卿墓概述》，《中国文物世界》（184），2000 年，第 34—53 页。

陶治强：

《安徽江淮地区战国楚墓简论》，《文博》2009 年第 3 期，第 17—22 页。

滕铭予：

《关中秦墓研究》，《考古学报》1992 年第 3 期，第 281—300 页；

《中国北方地区西周时期铜镞的再探讨——兼论秦文化中所见铜镞》，《边疆考古研究》（1），科学出版社，2002 年，第 34—54 页。

田建文：

《也论曲沃羊舌墓地 1 号墓墓主》，《中国文物报》2007 年 3 月 30 日，第 7 版。

田双印、乔斌：

《虢国墓地出土梁姬罐相关问题的再认识》，《中国文物报》2004 年 1 月 30 日，第 7 版。

田亚岐、刘爽：

《孙家南头秦国春秋铜器墓的相关问题》，《考古与文物》2013 年第 4 期，第 81—91 页。

童恩正：

《从出土文物看楚文化与南方诸民族的关系》，《湖南考古辑刊》（3），岳麓书社，1986 年，第 168—183 页。

童书业：

《晋公盨铭"口宅京自"解——春秋晋都辨疑》，《中国古代地理考证论文集》，1962 年，第 77 页；

《释"攻吴"与"禺邗"》，《中国古代地理考证论文集》，1962 年，第 113 页。

涂白奎：

《〈寺公典盘〉及相关问题》，《考古与文物》2003 年第 5 期，第 42—43 页。

万俐：

《吴越、晋楚青铜器制作技术的对比研究》，《东南文化》2003 年第 10 期，第 62—66 页。

万全文：

《徐楚青铜文化比较研究》，《荆州师专学报》（社会科学版）1991 年第 14 卷第 4 期，第 71—77 页；

《徐楚青铜文化比较研究论纲》，《东南文化》1993 年第 6 期，第 26—33 页；

《从曾国的文物看周代的艺术》，《故宫文物月刊》（157），1996 年，第 74—81 页。

王爱武：

《浅析宣州市孙埠出土的青铜器》，《文物研究》（1），黄山书社，1999 年，第 263—264 页。

王冰：

《试论宜侯夨非吴君世系——兼及太伯奔吴为信史》，《东南文化》2008 年第 3 期，第 50—55 页。

王博：

《业欧阜原所见青铜鍑及其研究》，《新疆师范大学学报（哲学社会科学版）》1995 年第 16 卷第 4 期，第 26—34 页。

王崇顺、王厚宇：

《淮阴高庄战国墓铜器图像考释》，《东南文化》1995 年第 4 期，第 115—121 页。

王从礼：

《楚墓葬制分析》，《江汉考古》1988 年第 2 期，第 100—105 页。

王恩田：

《辉县赵固刻纹鉴图说》，《文物季刊》1980 年第 2 期，第 160—170 页；

《从曲阜两周墓葬看鲁文化面貌及楚文化对鲁国的影响》，《楚文化研究论集》（一），荆楚书社，1983 年，第 293—301 页；

《纪、曩、莱为一国说》，《齐鲁学刊》1984 年第 1 期，第 71—77 页；

《河南固始"勾吴夫人墓"——兼论番国地理位置及吴伐楚路线》，《中原文物》1985 年第 2 期，第 59—62 页；

《临淄国子墓和郎家墓的年代与墓主问题》，《考古与文物》1985 年第 6 期，第 80—84 页；

《滕国考》，《东夷古国史研究》（1），三秦出版社，1988 年，第 260—269 页；

《齐都营丘续考》，《管子学刊》1988 年第 1 期，第 80—86 页；

《从考古材料看楚灭杞国》，《江汉考古》1988 年第 2 期，第 86—92 页；

《跋唐县新出归父敦》，《文物春秋》1990 年第 2 期，第 64—66 页；

《荆公孙敦的国别与年代》，《文物春秋》1992 年第 2 期，第 29—30 页；

《三说纪曩莱为一国：答郭克煜先生》，《管子学刊》1993 年第 3 期，第 84—90 页；

《上曾太子鼎的国别及其相关问题》，《江汉考古》1995 年第 2 期，第 70—72 页；

《东周齐国铜器的分期与年代》，《中国考古学会第九次年会论文集》，文物出版社，1997 年，第 276—297 页；

《莒公孙潮子钟考释与臧家庄墓年代——兼说齐官印"阳都邑"巨玺及其辨伪》，《远望集——陕西省考古研究所华诞四十周年纪念文集》，陕西人民美术出版社，1998 年，第 313—318 页；

《跋陈乐君欧瓶与耶盂——兼论齐桓公伐楚》,《中原文物》1998 年第 1 期,第 77—82 页;

《"二王并立"与虢国墓地年代上限——兼论一号、九号大墓即虢公忌父墓与虢仲林父墓》,《华夏考古》2012 年第 4 期,第 85—91 页。

王飞:

《用鼎制度与兴衰异议》,《文博》1986 年第 6 期,第 29—33 页。

王凤竹:

《从考古发现看楚国的发展与楚文化影响区域》,《奋发荆楚探索文明——湖北省文物考古研究论文集》,湖北科学技术出版社,2000 年,第 204—209 页。

王峰:

《淮夷文化初探》,《文物研究》(13),黄山书社,2002 年,第 58—63 页。

王凤剑:

《南阳地区出土养器及相关问题》,《河南文物考古论集》(4),大象出版社,2006 年,第 132—135 页。

王冠英:

《栾书缶应称名为栾盈缶》,《文物》1990 年第 12 期,第 42—44 页;

《令狐君嗣子壶》,《中国文物报》1998 年 5 月 17 日,第 3 版。

王光镐:

《当阳赵家塝楚墓略析》,《江汉考古》1983 年第 1 期,第 25—30 页。

王国维:

《王子婴次炉跋》,《观堂集林》,中华书局,1959 年,第 899 页;

《铸公簠跋》,《观堂集林》,中华书局,1959 年,第 889 页;

《攻吴王夫差鉴跋》,《观堂集林》,中华书局,1959 年,第 898 页;

《秦公敦跋》,《观堂集林》,中华书局,1959 年,第 901—902 页;

《王子申簠跋》,《观堂集林·别集》,中华书局,1959 年,第 1197 页;

《齐侯壶跋》,《观堂集林·别集》,中华书局,1959 年,第 1202 页。

王海文:

《故宫博物院所藏楚器》,《江汉考古》1986 年第 4 期,第 29—30 页。

王红星:

《略论包山墓地发掘的考古学价值》,《江汉考古》1988 年第 2 期,第 55—58 页;

《包山楚墓墓地试析》,《文物》1988 年第 5 期,第 32—34 页;

《九连墩 1、2 号楚墓的年代与墓主身份》,《楚文化研究论集》(六),湖北教育出版社,2005 年,第 430—438 页;

《楚都探索的考古学观察》,《文物》2006 年第 8 期,第 63—68 页。

王厚宇:

《淮阴高庄战国墓的刻纹铜器艺术》,《美术》1988 年第 5 期,第 67—69 页;

《试探淮阴高庄墓的时代、国别、族属》,《考古》1991 年第 8 期,第 737—743 页。

王辉:

《二年寺工壶、雍工敀壶铭文新释》,《人文杂志》1987 年第 3 期,第 82—84 页;

《子汤簠铭文试解》,《文物研究》(6),1990 年,第 246—248 页;

《徐铜器铭文零释》,《东南文化》1995 年第 1 期,第 35—38 页;

《也谈礼县大堡子山秦公墓地及其铜器》,《考古与文物》1998 年第 5 期,第 88—93 页。

王继红:

《山戎文化动物纹的分布地域与年代分期》,《北京文博》1999 年第 1 期,第 19—38 页;

《山戎文化动物纹的基本特征及相关问题的探讨》,《北京文博》2001 年第 1 期,第 35—44 页。

王家德:

《江陵蚂蝗山越人墓质疑》,《考古与文物》1990 年第 4 期,第 108 页;

《宜昌地区所见周代巴蜀铜器刍议》,《江汉考古》1991 年第 1 期,第 57—58 页。

王家祐、刘磐石:

《涪陵考古新发现与古代"巴国"历史的一些问题》,《文物资料丛刊》(7),文物出版社,1982 年,第 28—29 页。

王家祐、王子岗:

《涪陵出土的巴文物与川东巴国》,《四川大学学报丛刊》(五),1980 年,第 166—169 页。

王建苏:

《包山楚墓研究述评》,《华夏考古》1994 年第 2 期,第 81—84 页。

王劲:

《楚文化渊源试探》,《中国考古学会第二次年会论文集》,文物出版社,1982 年,第 1—10 页;

《从楚式鬲鼎等器的渊源看楚文化与土著文化的关系》,《中国考古学会第七次年会论文集》,文物出版社,1992 年,第 140—149 页。

王力之:

《早期楚文化探索》,《江汉考古》2003 年第 3 期,第 49—57 页。

王立仕:

《淮阴高庄战国墓铜器刻纹和〈山海图〉》,《东南文化》1991 年第 6 期,第 158—163 页。

王龙正、何耀鹏:

《虢石父铜器的再发现及其他》,《中国文物报》2000 年 9 月 27 日,第 3 版。

王龙正、赵成玉:

《季嬴铜鬲与虢石父及虢国墓地年代》,《中国文物报》1998 年 11 月 4 日,第 3 版。

王龙正等:

《虢石父铜器的再发现与西虢国的历史地位》,《三门峡考古文集》,中国档案出版社,2001 年,第 68—70 页。

王青:

《海岱地区周代墓葬研究》,山东大学出版社,2002 年;

《海岱地区周代墓葬与文化分区研究》,文物出版社,2012 年。

王然、丁兰:

《麻城李家湾楚墓考析》,《江汉考古》2000 年第 4 期,第 81—87 页。

王人聪:

《蔡侯申考》,《古文字研究》(十二),中华书局,1985 年,第 321—325 页;

《关于曾侯乙墓的年代》,《江汉考古》1985 年第 2 期,第 3—4 页;

《楚王酓审盏盂馀释》,《江汉考古》1992 年第 2 期,第 65—67 页;

《徐器铭文杂释》,《南方文物》1996 年第 1 期,第 109—111 页。

王戎:

《洛阳战国刻纹铜匜图像浅议》,《中原文物》2008 年第 4 期,第 78—79 页。

王善才:

《鄂东楚墓综述》,《湖北省考古学会论文选集》(一),武汉大学学报编辑部,1986 年,第 107—112 页。

王少华:

《上古吴人与吴地论》,《文物研究》(9),黄山书社,1994 年,第 66—70 页。

王少清:

《舒城九里墩战国墓金文初探》,《文物研究》(3),黄山书社,1988 年,第 136—138 页。

王世民:

《陕县后川 2040 号墓的年代问题》,《考古》1959 年第 5 期,第 262—263 页;

《春秋战国葬制中乐器和礼器的组合情况》,《曾侯乙编钟研究》,湖北人民出版社,1992 年,第 92—108 页;

《略说殷周时代的异类同铭铜器》,《中国考古学论丛》,科学出版社,1993 年,第 311—314 页;

《关于嗣子壶》,《文物天地》1997 年第 2 期,第 20—21 页;

《喜看楚墓研究的新进展——兼评〈长沙楚墓〉》,《江汉考古》2003 年第 3 期,第 91—93 页;

《商周铜器考古学研究的回顾与展望》,《新世纪的中国考古学——王仲殊先生八十华诞纪念论文集》,科学出版社,2005 年,第 260—268 页。

王涛:

《两周之际的青铜器艺术——以晋侯墓地出土的青铜器为例》,《晋侯墓地出土青铜器国际学术研讨会论文集》,2003 年,第 384—410 页;

《从彭伯壶看古代彭国》,《华夏考古》2007 年第 2 期,第 98—101 页。

王伟:

《从秦子簋盖词语说到秦子诸器——兼与董珊先生商榷》,《宁夏大学学报(人文社科版)》2008 年第 30 卷第 3 期,第 27—31 页。

王炜林、孙秉君:

《汉水上游巴蜀文化的踪迹》,《中国考古学会第七次年会论文集》,文物出版社,1992 年,第 236—248 页。

王玮:

《固始侯古堆出土青铜器赏析》,《中原文物》2000 年第 2 期,第 57—58 页。

王文君:

《成都百花潭铜壶与〈豳风·七月〉》,《四川师院学报》1981 年第 4 期,第 79—80 页。

王文强:

《赵都中牟地望考》,《中原文物考古研究》,大象出版社,2003 年,第 210—214 页。

王文清:

《试论吴越同族》,《南京博物院集刊》1982 年第 4 期,第 1—24 页;

《"禺邗王壶"铭辨》,《东南文化》1991 年第 1 期,第 160—161 页。

王先福：

《襄阳秦墓初探》，《考古与文物》2004 年增刊·先秦，第 219—225 页；

《襄樊余岗墓地楚式青铜礼器分期研究》，《江汉考古》2010 年第 3 期，第 77—89 页。

王献唐：

《邿伯罍考》，《考古学报》1963 年第 2 期，第 59—64 页。

王晓宁：

《湖北出土的巴式青铜器及相关问题》，《四川文物》1991 年第 6 期，第 22—28 页。

王晓勇：

《有关古黄国的两个问题》，《河南大学学报》1989 年第 4 期，第 60—64 页。

王彦芬：

《楚方城考》，《楚文化研究论文集》，中州书画社，1983 年，第 155—165 页。

王一军：

《湖北郧县肖家河春秋麇国古墓铭文考》，《武汉教育学院学报》1998 年第 17 卷第 4 期，第 68—71 页。

王有鹏：

《犍为巴蜀墓的发掘与蜀人的南迁》，《考古》1984 年第 12 期，第 1114—1117 页；

《成都地区楚式敦的出土及开明氏蜀族源试探》，《中国考古学会第七次年会论文集》，文物出版社，1992 年，第 249—254 页。

王育成：

《从两周金文探讨妇名"称国"规律——兼谈湖北随县曾国姓》，《江汉考古》1982 年第 1 期，第 53—58 页。

王泽文：

《晋公盏再研究》，《华学》（八），紫禁城出版社，2006 年，第 38—46 页。

王占奎：

《晋地"姜戎氏"文化的线索》，《文物考古文集》，武汉大学出版社，1997 年，第 201—207 页。

王政：

《关于淮夷、徐夷文化中审美基因的初步考察》，《考古与文物》1994 年第 4 期，第 75—81 页。

王准：

《秦、楚两国庶民阶层比较初探》，《楚文化研究论集》（六），湖北教育出版社，2005 年，第 222—228 页。

王子超：

《一件涉及宋、郑早期关系的青铜器——"宋孟姬匜"考释》，《黄淮学刊》1989 年第 2 期，第 97—99 页。

魏航空：

《楚文化消失过程中的考古学分析》，《湖北省考古学会论文选集》（三），江汉考古编辑部，1998 年，第 150—164 页；

《关于秦汉时期楚文化的探讨》，《南方文物》2000 年第 1 期，第 51—57 页。

魏克彬：

《侯马与温县盟书中的"岳公"》，《文物》2010 年第 10 期，第 76—83 页。

魏宜辉：

《再谈番国青铜器及相关问题》，《东南文化》1997 年第 2 期，第 115—119 页。

温廷敬:

《齐侯壶释》,《中山大学文学院专刊》(2),1935 年,第 289 页。

温增源:

《诸城公孙朝子编钟及其相关问题》,《齐鲁艺苑》1992 年第 1 期,第 37—42 页。

文达:

《吴文化研究的回顾与展望》,《文史知识》1990 年第 11 期,第 118—123 页。

文非:

《对商水铜器释文的两点意见》,《考古》1990 年第 12 期,第 1144 页。

闻一多:

《禺邗王壶跋》,《古典新义》,上海古籍出版社,1956 年,第 609 页。

巫鸿:

《谈几件中山国器物的造型与装饰》,《文物》1979 年第 5 期,第 46—50 页;

《"明器"的理论和实践——战国时期礼仪美术中的观念化倾向》,《文物》2006 年第 6 期,第 72—81 页。

吴长青:

《寿县李三孤堆楚器的研究与探索》,《故宫博物院院刊》2006 年第 6 期,第 117—127 页。

吴辉:

《长沙楚墓年代学研究述评》,《江汉考古》2008 年第 1 期,第 90—95 页。

吴静安:

《中山国始末考述》,《南京师院学报》1979 年第 3 期,第 87 页。

吴匡:

《释铸客诸器》,《书目季刊》1983 年第 17 卷第 2 期,第 3—19 页。

吴良宝:

《十七年坪阴鼎盖新考》,《中国历史文物》2007 年第 5 期,第 4—7 页;

《战国魏"合阳鼎"新考》,《考古》2009 年第 7 期,第 61—63 页。

吴铭生:

《资兴旧市战国墓反映的楚、越文化关系探讨》,《湖南考古辑刊》(1),岳麓书社,1982 年,第 105—110 页;

《湖南东周时期土著文化与楚文化的关系》,《江汉考古》1989 年第 4 期,第 40—47 页;

《湖南东周时期越人墓葬的研究》,《湖南考古辑刊》(5),岳麓书社,1989 年,第 161—164 页;

《湖南古越人葬俗》,《南方文物》1995 年第 2 期,第 112—115 页。

吴铭生、贺刚:

《试论湘西战国时期楚文化的特征》,《楚文化研究论集》(一),荆楚书社,1987 年,第 71—82 页。

吴奈夫:

《太湖洞庭两山先秦吴国遗址、遗迹考》,《苏州大学学报》2005 年第 3 期,第 94—97 页。

吴荣曾:

《中山国史试探》,《历史学》1979 年第 4 期,第 33 页。

吴升仁、熊跃泉:

《略论淅川和尚岭春秋楚墓》,《江汉考古》2001 年第 1 期,第 85—88 页。

吴彤彤：
《四川茂县牟托石棺葬的文化渊源》,《艺术探索》2007 年第 21 卷第 4 期,第 29—31 页。
吴伟华：
《从随葬铜器墓看周代莒国贵族埋葬制度》,《文博》2009 年第 3 期,第 3—12 页。
吴小平：
《从礼器到日常用器——论两汉时期青铜容器的变化》,《厦门大学学报》2006 年第 3 期,第 58—64 页;
《汉代铜壶的类型学研究》,《考古学报》2007 年第 1 期,第 29—59 页。
吴晓松：
《𣞤公买簠及相关问题》,《楚文化研究论集》(六),湖北教育出版社,2005 年,第 675—679 页。
吴雅芝：
《战国三晋铜器研究》,《"国立"台湾师范大学国文研究所集刊》(41),1997 年,第 431—688 页。
吴怡：
《浅析铜罍在巴蜀青铜文化中的地位及其特点》,《四川文物》2002 年第 5 期,第 37—41 页。
吴毅强：
《晋姜鼎补论》,《中国历史文物》2009 年第 6 期,第 79—83 页;
《赵孟介壶新研》,《考古与文物》2010 年第 1 期,第 63—68 页。
吴聿明：
《北山顶四器铭释考存疑》,《东南文化》1990 年第 1、2 期,第 68—70 页;
《禺邗王壶铭再辨》,《东南文化》1992 年第 1 期,第 196—197 页。
吴郁芳：
《擂鼓墩二号墓簠铭"盛君萦"小考》,《文物》1986 年第 2 期,第 63—64 页;
《包山二号墓墓主昭佗家谱考》,《江汉论坛》1992 年第 11 期,第 62—64 页;
《"曾侯乙"与"随国"考》,《江汉考古》1996 年第 4 期,第 51—55 页。
吴增德、叶杨：
《论广东青铜时代的三个基本问题》,《东南文化》1993 年第 4 期,第 87—94 页。
吴振武：
《谈徐王炉铭文中的"间"字》,《文物》1984 年第 11 期,第 84 页;
《释"受"并论盱眙南窑铜壶和重金方壶的国别》,《古文字研究》(十四),中华书局,1986 年,第 51—59 页;
《关于新见垣上官鼎铭文的释读》,《吉林大学社会科学学报》2005 年第 6 期,第 5—10 页;
《朱家集楚器铭文辨析三则》,《黄盛璋先生八秩华诞纪念文集》,中国教育文化出版社,2005 年,第 291—299 页。
吴振武、蔡运章：
《湖北随县刘家崖、尚店东周青铜器铭文补释》,《考古》1982 年第 6 期,第 663—664 页。
吴镇烽：
《高陵君鼎考》,《第二届国际中国古文字学研讨会论文集》,1993 年,第 237—247 页;
《工师文罍考》,《于省吾教授百年诞辰纪念文集》,吉林大学出版社,1996 年,第 95—98 页;
《工师文罍考》,《陕西历史博物馆馆刊》(四),西北大学出版社,1997 年,第 14—16 页;

《兢之定铜器群考》,《江汉考古》2008 年第 1 期,第 82—89 页;

《先秦梁国考》,《文博》2008 年第 5 期,第 3—6 页;

《六年相室赵夒鼎考》,《考古与文物》2008 年第 5 期,第 39—41 页;

《鲍子鼎铭文考释》,《中国历史文物》2009 年第 2 期,第 50—55 页。

伍仕谦:

《王子午鼎、王孙诰钟铭文考释》,《古文字研究》(九),中华书局,1984 年,第 275—294 页。

武家璧:

《淅川下寺二号楚墓年代及墓主新证——兼释"新命楚王孋"》,《青年考古学家》(11),1999 年,第 37—
40 页。

武家昌:

《山戎族地望考略》,《辽海文物学刊》1995 年第 1 期,第 64—68 页。

X

夏渌、高应勤:

《楚子超鼎浅释》,《江汉考古》1983 年第 1 期,第 31 页。

夏渌、黄敬忠:

《随县出土铜器铭文考释》,《江汉考古》1985 年第 2 期,第 80—81 页。

夏麦陵:

《嚣伯匜断代与陬之地望》,《考古》1993 年第 1 期,第 73—80 页;

《原氏仲簠与春秋婚制》,《郑州大学学报》1993 年第 1 期,第 68—71 页;

《嚣伯匜非楚器说》,《中原文物》1997 年第 1 期,第 76—80 页。

夏鼐:

《楚文化研究中的几个问题》,《江汉考古》1982 年第 1 期,第 1—2 页。

夏志峰:

《新郑器群文化因素分析》,《海峡两岸春秋郑公大墓青铜器学术研讨会论文集》,台北历史博物馆,2001
年,第 155—164 页;

《新郑器群三考》,《中国文物世界》(191),2001 年,第 112—125 页。

向达、刘节:

《寿州出土铜器》,《大公报图书副刊》(29),1934 年。

向开旺:

《试论楚人进入沅水中上游地区的年代问题》,《考古耕耘录——湖南省中青年考古学者论文选集》,岳
麓书社,1999 年,第 237—240 页。

向桃初:

《"越式鼎"研究初步》,《古代文明》(4),文物出版社,2005 年,第 65—104 页。

项春松:

《"许季姜簠"铭文考》,《北方文物》2000 年第 3 期,第 16—21 页。

肖梦龙:

《初论吴文化》,《考古与文物》1985 年第 4 期,第 61—72 页;

《试论江南吴国青铜器》,《东南文化》1986 年第 1 期,1986 年;

《镇江博物馆藏商周青铜器——兼谈江南吴器的地方特色》,《东南文化》1988 年第 5 期,第 54—77 页;

《吴国青铜器分期、类型与特点探析》,《考古与文物》1990 年第 3 期,第 52—60 页;

《吴国王陵区初探》,《东南文化》1990 年第 4 期,第 95—99 页;

《论吴文化的发展与特色》,《南方文物》1992 年第 1 期,第 36—43 页;

《吴国青铜器的发展、特色、成就》,《苏州大学学报》1997 年第 1 期,第 106—110 页;

《吴国青铜器研究》,《东方文明之韵——吴文化国际学术研讨会论文集》,岭南美术出版社,2000 年,第 193—207 页。

肖明华:

《再说百越的分布》,《越文化实勘研究论文集》(二),科学出版社,2008 年,第 50—52 页。

谢崇安:

《试论秦式扁壶及其相关问题》,《考古》2007 年第 10 期,第 62—73 页。

谢高文:

《咸阳塔儿坡、黄家沟秦人墓地的形成及相关问题探讨》,《文物考古论集——咸阳市文物考古研究所成立十周年纪念》,三秦出版社,2000 年,第 129—134 页。

谢尧亭:

《谈赵孟庎壶与黄池之会》,《文物季刊》1995 年第 2 期,第 55—57 页;

《关于晋文化的几点认识》,《汾河湾——丁村文化与晋文化考古学术研讨会文集》,山西高校联合出版社,1996 年,第 254—261 页;

《晋侯墓地研究述评(上)》,《文物世界》2009 年第 3 期,第 11—36 页;

《晋侯墓地研究述评(下)》,《文物世界》2009 年第 4 期,第 19—33 页。

辛士成:

《试论吴越文化和对中华民族的贡献》,《百越史论集》,云南民族出版社,1989 年,第 306—317 页。

辛士成、严晓辉:

《于越的来源及其文化特征》,《中国古代文化史论》,北京大学出版社,1986 年,第 338—351 页。

辛怡华:

《西周对淮夷战争的初步研究》,《陕西历史博物馆馆刊》(七),三秦出版社,2000 年,第 176—182 页。

熊卜发:

《试论鄂东北地区东周时期文化》,《江汉考古》1990 年第 2 期,第 80—86 页。

熊传薪、吴铭生:

《湖南古越族青铜器概论》,《中国考古学会第四次年会论文集》,文物出版社,1985 年,第 152—166 页。

熊建华:

《浅析湘中地区越楚文化在春秋晚期消长变化的一个特点》,《楚文化研究论集》(六),湖北教育出版社,2005 年,第 292—298 页。

徐伯鸿:

《程桥三号春秋墓出土盘匜簠铭文释证》,《东周文化》1991 年第 1 期,第 153—159 页。

徐蝉菲、姚智远:

《浅释洛阳新获战国铜匜上的刻纹图案》,《中原文物》2007 年第 1 期,第 64—68 页。

徐长青：

《江西靖安李洲坳东周墓》，《文物天地》2008 年第 3 期，第 86—90 页。

徐恒彬：

《试论楚文化对广东历史发展的作用》，《中国考古学会第二次年会论文集》，文物出版社，1982 年，第 74—79 页。

徐少华：

《曾即随及其历史渊源》，《江汉论坛》1986 年第 4 期，第 71—75 页；

《郿国铜器及其历史地理研究》，《江汉考古》1987 年第 3 期，第 51—63 页；

《包山二号楚墓的年代及有关问题》，《江汉考古》1989 年第 4 期，第 72—77 页；

《鄀国历史地理探疑——兼论包山、望山楚墓的年代和史实》，《华夏考古》1991 年第 3 期，第 89—95 页；

《息国铜器及其历史地理分析》，《江汉考古》1992 年第 2 期，第 57—62 页；

《许国铜器及其历史地理研究》，《江汉考古》1994 年第 3 期，第 56—61 页；

《江国铜器及其历史地理考辨》，《中原文物》1994 年第 3 期，第 46—50 页；

《陈国铜器及其历史地理与文化综论》，《江汉考古》1995 年第 2 期，第 59—66 页；

《樊国铜器及其历史地理新探》，《考古》1995 年第 4 期，第 355—360 页；

《从包山楚简论楚之始封立国——兼论有关周原卜辞的年代和史实》，《长江文化论集》，湖北教育出版社，1995 年，第 357—362 页；

《邓国铜器及其历史地理与文化》，《华夏考古》1996 年第 1 期，第 58—63 页；

《吕国铜器及其历史地理探疑》，《中原文物》1996 年第 4 期，第 66—71 页；

《楚丹阳地望及其考古学分析》，《文物考古文集》，武汉大学出版社，1997 年，第 192—200 页；

《从南漳宜城出土的几批蔡器谈春秋楚郢都地望》，《楚文化研究论集》（六），湖北教育出版社，2005 年，第 157—167 页；

《郭店一号楚墓年代析论》，《江汉考古》2005 年第 1 期，第 68—72 页；

《从叔姜簠析古申国历史与文化的有关问题》，《文物》2005 年第 3 期，第 66—68 页；

《兼国铜器及其历史地理探析》，《考古学报》2008 年第 4 期，第 441—460 页；

《舒城九里墩春秋墓的年代与族属析论》，《东南文化》2010 年第 1 期，第 45—48 页；

《蚌埠双墩与凤阳卞庄两座墓葬年代析论》，《文物》2010 年第 8 期，第 79—83 页。

徐士友：

《当阳赵家湖楚墓头向的两点启示》，《江汉考古》1999 年第 2 期，第 55—58 页。

徐天进：

《西周至春秋初年晋国墓葬的编年研究》，《文化的馈赠：汉学研究国际会议论文集（考古学卷）》，北京大学出版社，2000 年，第 335—337 页；

《晋侯墓地的发现及研究现状》，《晋侯墓地出土青铜器国际学术研讨会论文集》，上海书画出版社，2002 年，第 517—529 页。

徐无闻：

《释"铧"字》，《文物》1981 年第 11 期，第 82 页。

徐新生：

《春秋吴国铜器铭文新证》，《东方文明之韵——吴文化国际学术研讨会论文集》，岭南美术出版社，2000

年,第 208—212 页。

徐扬杰:

《关于曾国问题的一点看法》,《江汉论坛》1979 年第 3 期,第 74—79 页。

徐中舒:

《寿州出土楚铜器补述》,《大公报图书副刊》(31),1934 年;

《陈侯四器考释》,《国立中研院历史语言研究所集刊》第 3 本 4 分,1933 年,第 479—506 页。

徐中舒、唐嘉弘:

《古代楚蜀的关系》,《文物》1981 年第 6 期,第 17—25 页。

许成、李进增:

《东周时期的戎狄青铜文化》,《考古学报》1993 年第 1 期,第 1—11 页。

许宏:

《东周考古学研究的回顾与展望》,《中国考古学跨世纪的回顾与前瞻》,科学出版社,2000 年,第 64—73 页。

许齐平:

《许子妆簠考释》,《中原文物》2003 年第 4 期,第 65—67 页。

许雅惠:

《东周的图像纹铜器与刻纹铜器》,《故宫学术季刊》2002 年第 20 卷 2 期,第 63—108 页。

许永生:

《从虢国墓地考古新发现谈虢国历史概况》,《华夏考古》1993 年第 4 期,第 92—95 页。

许智范:

《从崖墓文物看越族文化》,《百越民族研究》,江西教育出版社,1990 年,第 326—336 页。

薛瑞泽、李随森:

《简论河洛地区的秦文化》,《洛阳博物馆建馆四十周年纪念文集》,科学出版社,1999 年,第 96—103 页。

薛新民:

《晋中春秋时期文化遗存分析》,《汾河湾——丁村文化与晋文化考古学术研讨会文集》,山西高校联合出版社,1996 年,第 279—288 页。

Y

严志斌:

《楚王領探讨》,《考古》2011 年第 8 期,第 87—96 页。

晏昌贵:

《淮汝颍地区是先秦时期文化交流的中心》,《华夏考古》1992 年第 2 期,第 89—93 页。

杨爱国:

《小邾国贵族丧葬礼俗初探——以枣庄东江小邾国墓地为例》,《枣庄学院学报》2005 年第 22 卷 1 期,第 35—37 页。

杨宝成:

《试论曾国铜器的分期》,《中原文物》1991 年第 4 期,第 14—20 页;

《试论随枣地区的两周铜器》,《中国考古学会第七次年会论文集》,文物出版社,1992 年,第 127—

139 页；

《鄂器与鄂国》，《洛阳考古四十年——一九九二年洛阳考古学术研讨会论文集》，科学出版社，1996 年，第 243—246 页；

《当前楚文化研究中的几个问题》，《湖北省考古学会论文选集》（三），江汉考古编辑部，1998 年，第 107—116 页；

《楚国青铜礼器组合研究》，《华夏考古》2000 年第 2 期，第 87—93 页。

杨德标、杨立新：

《安徽江淮地区的商周文化》，《中国考古学会第四次年会论文集》，文物出版社，1985 年，第 65—71 页。

杨定爱：

《江陵地区东周墓葬日用陶器年代序列》，《江汉考古》2002 年第 2 期，第 56—68 页。

杨富斗：

《关于四十年晋文化考古研究》，《汾河湾——丁村文化与晋文化考古学术研讨会文集》，山西高校联合出版社，1996 年，第 106—110 页。

杨国宜：

《略论江淮地区的古文化及其与吴楚文化的融合》，《安徽史学》1985 年第 3 期，第 57—68 页。

杨华：

《鄂西巴文化遗存的发现与研究》，《四川文物》1994 年第 3 期，第 3—7 页；

《从鄂西考古发现谈巴文化的起源》，《考古与文物》1995 年第 1 期，第 30—41 页；

《对巴人起源于清江说若干问题的分析》，《四川文物》2001 年第 1 期，第 15—25 页；

《长江三峡地区西周、东周时期文化遗迹的考古发现研究》，《三峡大学学报》2001 年第 23 卷第 2 期，第 47—52 页；

《长江三峡地区东周时期埋葬习俗文化考古研究》，《重庆师范大学学报》2007 年第 5 期，第 73—78 页。

杨惠福、侯红伟：

《礼县大堡子山秦公墓主之管见》，《考古与文物》2007 年第 6 期，第 63—67 页。

杨建芳：

《白狄东徙的考古学研究》，《庆祝何炳棣先生九十华诞论文集》，三秦出版社，2008 年，第 474—484 页。

杨建华：

《冀北周代青铜文化初探》，《中原文物》2000 年第 5 期，第 22—30 页；

《再论玉皇庙文化》，《边疆考古研究》（2），科学出版社，2004 年，第 154—163 页；

《内蒙古地区东周时期东西区的差异及相关问题》，《内蒙古文物考古》2006 年第 2 期，第 55—60 页；

《陕西清涧李家崖东周墓与"河西白狄"》，《考古与文物》2008 年第 5 期，第 34—38 页；

《中国北方东周时期两种文化遗存辨析——兼论戎狄与胡的关系》，《考古学报》2009 年第 2 期，第 155—184 页。

杨建军：

《三晋东周铜器墓初论》，《中原文物》2005 年第 3 期，第 33—46 页。

杨鸠霞：

《长丰战国晚期楚墓》，《文物研究》（4），黄山书社，1988 年，第 89—98 页；

《安徽战国楚墓综述》，《文物研究》（11），黄山书社，1998 年，第 255—260 页。

杨宽：

《骉羌钟的制作年代》，《（上海）中央日报文物周刊》（4），1946年；

《陈骍壶考释》，《（上海）中央日报文物周刊》（34），1947年。

杨立新：

《江淮地区楚文化初论》，《楚文化研究论集》（一），荆楚书社，1987年，第35—47页。

杨林中：

《晋东南春秋铜器墓的分期及意义》，《山西省考古学会论文集》（二），山西人民出版社，1994年，第109—111页；

《楚器、吴器在晋文化中的发现》，《汾河湾——丁村文化与晋文化考古学术研讨会文集》，山西高校联合出版社，1996年，第274—278页。

杨权喜：

《试谈鄂西地区古代文化的发展与楚文化的形成问题》，《中国考古学会第二次年会论文集》，1982年，第21—32页；

《江汉地区发现的商周青铜器——兼述楚文化与中原文化的关系》，《中国考古学会第三次年会论文集》，文物出版社，1984年，第207—219页；

《湖北省楚文化考古发现与研究》，《湖北省考古学会论文选集》（一），武汉大学学报编辑部，1987年，第83—94页；

《襄阳楚墓与楚国势力的扩展》，《江汉考古》1986年第2期，第71—76页；

《楚灭六国的实物见证——楚邓郐蔡徐吴六国铜器同出于一个墓地》，《文物天地》1986年第5期，第38—39页；

《江汉地区楚式鬲的初步分析》，《楚文化研究论集》（一），荆楚书社，1987年，第195—205页；

《楚文化与中原文化关系的探讨》，《江汉考古》1989年第4期，第64—71页；

《从葬制看楚文化与中原文化的关系》，《中原文物》1989年第4期，第14—17页；

《楚向鄂东的发展与鄂东的楚文化》，《考古与文物》1989年第4期，第97—102页；

《杨越民族的分布区域及文化特点》，《百越史论集》，云南民族出版社，1989年，第342—351页；

《试论扬越对楚文明的贡献》，《百越民族研究》，江西教育出版社，1990年，第108—119页；

《襄阳余岗东周青铜器的初步研究》，《江汉考古》1990年第4期，第79—95页；

《绍兴306号墓文化性质的分析——兼述楚文化对吴越地区的影响》，《东南文化》1992年第6期，第40—45页；

《近两年湖北楚文化考古发掘与研究》，《中国文物报》1992年10月25日，第3版；

《荆楚地区巴蜀文化因素的初步分析》，《三星堆与巴蜀文化》，巴蜀书社，1993年，第233—242页；

《襄阳余岗楚墓陶器的分期研究》，《江汉考古》1993年第1期，第61—67页；

《江汉地区的鬲与楚式鬲》，《江汉考古》2001年第1期，第64—70页；

《古代巴、楚及其交融》，《湖南省博物馆馆刊》（二），岳麓书社，2005年，第394—400页。

杨善群：

《杞国都城迁徙与出土铜器考辨》，《学术月刊》2000年第2期，第64—69页。

杨式昭：

《试论新郑器群的楚文化特质》，《海峡两岸春秋郑公大墓青铜器学术研讨会论文集》，台北历史博物馆，

2001 年,第 51—66 页;

《郑公大墓青铜器的时代意义》,《历史文物》2001 年第 6 期,第 5—13 页;

《春秋楚系青铜器转型风格的探讨》,《海峡两岸楚文化学术研讨会论文集》,台北历史博物馆,2004 年,第 167—191 页;

《试论春秋时期列鼎制度——古中原王朝秘宝展专题之四》,《历史文物》2005 年第 3 期,第 52—65 页;

《试论春秋时期列鼎制度》,《故宫文物月刊》2005 年第 15 卷第 3 期,第 52—65 页。

杨式昭、李琴:

《瑰宝重现——辉县琉璃阁甲乙墓青铜器》,《历史文物》2003 年第 4 期,第 18—25 页。

杨树达:

《曾侯簠跋》,《国立中山大学研究院文科研究所集刊》(1),1948 年,第 5 页。

杨文胜:

《新郑李家楼大墓出土青铜器研究》,《华夏考古》2001 年第 3 期,第 73—79 页;

《郑冢古器新考》,《追寻中华古代文明的踪迹——李学勤先生学术活动五十年纪念文集》,复旦大学出版社,2002 年,第 389—396 页;

《郑国青铜器与楚国青铜器之比较研究》,《中原文物》2002 年第 3 期,第 41—44 页;

《郑县太仆乡出土青铜器研究》,《考古与文物》2002 年第 5 期,第 46—48 页;

《郑国青铜礼乐器祭祀坑相关问题讨论》,《华夏考古》2008 年第 2 期,第 110—120 页。

杨武俊、李杰:

《春秋时期晋国曲沃遗址和晋文公陵墓考》,《山西省考古学会论文集》(四),山西人民出版社,2006 年,第 120—123 页。

杨行正:

《巴楚文化的成因及特征析略》,《巴楚文化研究》,中国三峡出版社,1997 年,第 27—33 页。

杨亚长:

《略论陕南地区的战国墓葬》,《考古与文物》1997 年第 4 期,第 42—45 页;

《陕西地区楚文化遗存初探》,《考古与文物》2002 年增刊·先秦,第 283—285 页;

《试论洛南县发现的东周遗存》,《考古与文物》2005 年第 6 期,第 42—44 页。

杨勇:

《略论晚期巴文化的几个问题》,《二十一世纪的中国考古学——庆祝佟柱臣先生八十五华诞学术文集》,文物出版社,2006 年,第 689—705 页。

杨育彬:

《辉县甲乙墓研究与河南两周考古撷拾》,《中原文物》2008 年第 3 期,第 67—72 页。

杨哲峰:

《茧形壶的类型、分布与分期试探》,《文物》2000 年第 8 期,第 64—72 页。

姚勤德:

《考古学吴文化刍议》,《东方文明之韵——吴文化国际学术研讨会论文集》,岭南美术出版社,2000 年,第 73—75 页。

叶林生:

《吴文化部族属性考》,《东方文明之韵——吴文化国际学术研讨会论文集》,岭南美术出版社,2000 年,第 123—128 页。

叶文宪:

《秦公墓为什么朝向东方?——谈谈墓葬的朝向问题》,《历史教学问题》1987 年第 1 期,第 51—54 页;

《越式鼎溯源》,《东南文化》1988 年第 6 期,第 107—109 页;

《吴人土墩墓与越人石室土墩墓》,《东方文明之韵——吴文化国际学术研讨会论文集》,岭南美术出版社,2000 年,第 191—194 页;

《越人石室土墩墓与华南悬棺葬》,《浙江社会科学》2003 年第 5 期,第 162—166 页。

叶小燕:

《秦墓初探》,《考古》1982 年第 1 期,第 65—73 页;

《东周刻纹铜器》,《考古》1983 年第 2 期,第 158—164 页;

《中原地区战国墓初探》,《考古》1985 年第 2 期,第 161—172 页;

《试论巴蜀文化的铜器——兼论巴蜀与中原文化的关系》,《中国考古学研究——夏鼐先生考古五十年纪念论文集(二)》,科学出版社,1986 年,第 121—134 页。

叶学明:

《侯马牛村古城南东周遗址出土陶器的分期》,《文物》1962 年第 4、5 期,第 43—54 页。

叶植:

《楚式鼎刍议》,《江汉考古》1991 年第 4 期,第 71—75 页;

《汉淮间诸侯国及其与楚的关系初探》,《文物考古文集》,武汉大学出版社,1997 年,第 224—241 页。

亦晓:

《关于国子鼎的年代问题》,《考古》1980 年第 1 期,第 83 页。

殷涤非:

《关于寿县楚器》,《考古通讯》1955 年第 2 期,第 21—24 页;

《寿县楚器中的"大腐镐"》,《文物》1980 年第 8 期,第 26—28 页;

《九里墩墓的青铜鼓座》,《安徽省考古学会会刊》(五),安徽省考古学会,1982 年,第 28 页;

《舒城九里墩墓的青铜鼓座》,《古文字学论集(初编)》,香港中文大学,1983 年,第 441—460 页;

《青铜器研究与安徽古代史》,《江淮论坛》1983 年第 1 期,第 83—85 页;

《寿县蔡侯铜器的再研究》,《考古与文物》1984 年第 4 期,第 60—62 页;

《九里墩墓的青铜鼓座》,《古文字研究》(十四),中华书局,1986 年,第 27—43 页;

《忆寿县楚器返皖》,《文物天地》1987 年第 2 期,第 35—37 页;

《蔡器综述——兼论下蔡地望》,《古文字研究》(十九),中华书局,1992 年,第 126—135 页;

《安徽舒城九里墩墓的青铜鼓座研究》,《文物研究》(13),黄山书社,2002 年,第 338—342 页;

《蔡器综述——兼论下蔡地望》,《文物研究》(13),黄山书社,2001 年,第 343—348 页;

《关于寿县楚器》,《文物研究(13)》,黄山书社,2001 年,第 331—333 页。

尹弘兵:

《楚都丹阳"丹淅说"与"枝江说"的对比研究》,《江汉考古》2009 年第 4 期,第 96—105 页;

《纪南城与楚郢都》,《考古》2010 年第 9 期,第 55—65 页。

尹俊敏:

《叔姜簠及其相关问题》,《江汉考古》1999 年第 3 期,第 49—51 页;

《叔姜簠及其相关问题》,《学术研究文集——纪念南阳市博物馆建馆四十周年(1959—1999)》,科学出版社,2000年,第169—173页。

尹盛平:

《巴文化与巴族的迁徙》,《巴蜀历史·民族·考古·文化》,巴蜀书社,1991年,第253—268页;

《略论巴文化与巴族的迁徙》,《文博》1992年第5期,第25—36页。

尹占群:

《淮夷文化初探》,《徐州师范学院学报》1990年第2期,第84—88页。

印群:

《论虢国墓地新出夫人及太子墓的年代及相关族氏的来源》,《三代考古》(二),科学出版社,2006年,第531—539页。

游国庆:

《许季姜簠及其相关问题》,《故宫文物月刊》(210),2000年,第30—35页。

游寿、徐家婷:

《寿县蔡器铭文与蔡楚吴史事》,《南京大学学报》1980年第1期,第114—118页。

于省吾:

《陈喜壶铭文考释》,《文物》1961年第10期,第35页;

《寿县蔡侯墓铜器铭文考释》,《古文字研究》(一),中华书局,1979年,第40—54页。

于豪亮:

《为什么随县出土曾侯墓?》,《古文字研究》(一),中华书局,1979年,第306—313页;

《中山三器铭文考释》,《考古学报》1979年第2期,第171—184页;

《论息国和樊国的铜器》,《江汉考古》1980年第2期,第7—11页;

《中山三器铭文考释》,《于豪亮学术文存》,中华书局,1985年,第37—54页;

《曾侯乙墓出土于随县解》,《于豪亮学术文存》,中华书局,1985年,第55—61页。

余静:

《从近年来三峡考古新发现看楚文化的西渐》,《江汉考古》2005年第1期,第73—84页。

俞伟超:

《关于楚文化发展的新线索》,《江汉考古》1980年第1期,第17—30页;

《关于当前楚文化的考古学研究问题》,《湖南考古辑刊》(1),岳麓书社,1982年,第39—46页;

《寻找"楚文化"渊源的新线索》,《江汉考古》1982年第2期,第1—6页;

《楚文化的研究与文化因素的分析》,《楚文化研究论集》(一),荆楚书社,1987年,第1—15页;

《上村岭虢国墓地新发现所揭示的几个问题》,《中国文物报》1991年2月3日,第3版;

《关于楚文化总体研究的一点期望——"关于考古学文化"的范畴问题》,《中国文物报》1990年8月9日,第3版;

《关于楚文化形成、发展和消亡过程的新认识》,《中国历史博物馆考古部纪念文集》,科学出版社,2000年,第153—161页。

袁国华:

《山彪镇一号大墓出土鸟虫书错金戈铭新释》,《古今论衡》2000年第5期,第17—29页。

袁俊杰:

《小邾国媵器随葬于本国贵族墓地原因探析》,《华夏考古》2008 年第 2 期,第 98—102 页。

袁艳玲:

《周代青铜礼器的生产与流动》,《考古》2009 年第 10 期,第 68—77 页。

岳连建:

《西安北郊战国晚期铸铜工匠墓初论》,《考古与文物》2002 年增刊·先秦,第 278—282 页。

Z

曾宪通:

《关于曾侯乙编钟铭文的释读问题》,《古文字研究》(十四),中华书局,1986 年,第 5—26 页。

曾昭岷、李瑾:

《随县擂鼓墩一号墓年代、国别问题刍议》,《武汉师范学院学报》1979 年第 4 期,第 91—97 页;

《曾国和曾国铜器综考》,《江汉考古》1980 年第 1 期,第 69—84 页;

《随县擂墓断代补论——兼答郭德维君》,《武汉师范学院学报》1982 年第 2 期,第 55—71 页。

张爱冰:

《铜陵谢垅出土青铜器的年代及其相关问题》,《东周文化》2009 年第 6 期,第 68—74 页;

《皖南沿长江地区周代铜器研究》,《考古学报》2013 年第 4 期,第 469—500 页。

张爱冰、陆勤毅:

《繁昌汤家山出土青铜器的年代及其相关问题》,《文物》2010 年第 12 期,第 52—60 页。

张昌平:

《曾国青铜器的分期及其相关问题》,《江汉考古》1992 年第 3 期,第 60—66 页;

《曾国为缯—随说》,《江汉考古》1994 年第 4 期,第 72—77 页;

《噩国与噩国铜器》,《华夏考古》1995 年第 1 期,第 86—90 页;

《楚鬲研究》,《一剑集》,中国妇女出版社,1996 年,第 76—100 页;

《楚鬲研究》,《奋发荆楚探索文明——湖北省文物考古研究论文集》,湖北科学技术出版社,2000 年,第 161—183 页;

《早期楚文化中心区域的考古学观察》,《楚文化研究论集》(六),湖北教育出版社,2005 年,第 450—454 页;

《曾国青铜器铭文中"子"、"伯"等称谓问题》,《古代文明研究通讯》(27),2005 年,第 22—30 页;

《"择其吉金"金文辞例与楚文化因素的形成与传播》,《中原文物》2006 年第 4 期,第 43—47 页;

《关于擂鼓墩墓群》,《江汉考古》2007 年第 1 期,第 80—86 页;

《关于曾侯乙尊盘》,《上海文博论丛》2007 年第 3 期,第 36—44 页;

《曾国铜器的发现与曾国地域》,《文物》2008 年第 2 期,第 59—64 页;

《曾国青铜器简论》,《考古》2008 年第 1 期,第 81—89 页;

《曾侯乙、曾侯遴和曾侯邸》,《江汉考古》2009 年第 1 期,第 92—99 页;

《商周青铜器铭文的若干制作方式——以曾国青铜器材料为基础》,《文物》2010 年第 8 期,第 61—70 页。

张昌倬:

《试论吴、越文化的几个问题》,《人类学论文选集》,中山大学出版社,1986 年,第 155—165 页。

张长寿：

《虢国墓地的新发现》,《中国文物报》1991 年 3 月 17 日,第 3 版。

张崇宁：

《对"𤔲"字以及赵孟称谓之认识》,《华夏考古》1994 年第 1 期,第 111—112 页；

《故绛管窥》,《汾河湾——丁村文化与晋文化考古学术研讨会文集》,山西高校联合出版社,1996 年,第 328—330 页；

《太原金胜村 251 号墓主探讨》,《中国历史文物》2005 年第 1 期,第 64—68 页。

张春长等：

《邯郸赵墓的几个问题》,《追溯与探索》,科学出版社,2007 年,第 197—201 页。

张德光：

《关于栾书缶制作者与其相关问题的一点看法》,《文物世界》2004 年第 4 期,第 53—56 页。

张德光、杨绍舜：

《中阳县弓家湾发现战国青铜器铭文考释》,《汾河湾——丁村文化与晋文化考古学术研讨会文集》,山西高校联合出版社,1996 年,第 208—211 页。

张德良：

《青铜器窃曲纹的来源及分型》,《文物》2009 年第 4 期,第 86—91 页。

张光明：

《齐文化的考古发现与研究》,齐鲁书社,2004 年。

张光裕：

《从𤔲字的释读谈到盨、盆、盂诸器的定名问题》,《考古与文物》1982 年第 3 期,第 76—82 页；

《香江新见蔡公子及蔡侯器述略》,《中国文字》1997 年新 22 期,第 151—164 页；

《香江新见蔡公子及蔡侯器述略》,《雪斋学术论文二集》,艺文印书馆,2004 年,第 137—148 页；

《雪斋新藏可忌豆铭识小》,《雪斋学术论文二集》,艺文印书馆,2004 年,第 67—72 页；

《新见楚式青铜器器铭试释》,《文物》2008 年第 1 期,第 73—84 页。

张光远：

《战国初齐桓公诸器续考》,《故宫季刊》1977 年第 12 卷第 2 期,第 59—80 页；

《春秋晚期齐庄公时庚壶考》,《故宫季刊》1982 年第 16 卷第 3 期,第 83—121 页。

张广立：

《东周青铜刻纹》,《考古与文物》1983 年第 1 期,第 83—88 页。

张颔：

《侯马东周遗址铸铜陶范花纹所见》,《文物》1961 年第 10 期,第 31—34 页；

《陈喜壶辨》,《文物》1964 年第 9 期,第 37—40 页；

《侯马东周遗址发现晋国朱书文字》,《文物》1966 年第 2 期,第 1—3 页；

《瓠形壶与瓠瓜星》,《光明日报》1979 年 8 月 22 日,第 3 版；

《重视对晋国历史及晋国文化的研究》,《晋阳学刊》1982 年第 1 期,第 62—63 页；

《"浑源彝器"拾遗》,《张颔学术文集》,中华书局,1995 年,第 14—22 页。

张颔、张万钟：

《庚儿鼎解》,《考古》1963 年第 5 期,第 270—272 页。

张怀通：

《〈春秋·庄公三十二年〉伐邢之"狄"考》，《中原文物》2001 年第 3 期，第 23—27 页；

《试论李家窑 M44 墓主身份及西虢东迁问题》，《齐鲁学刊》2004 年第 4 期，第 150—152 页。

张剑：

《从河南淅川春秋楚墓的发掘谈对楚文化的认识》，《文物》1980 年第 10 期，第 21—26 页；

《齐侯宝盂鉴小考》，《中原文物》1981 特刊，第 103—105 页；

《略论河南淅川下寺春秋楚墓的葬制特点》，《楚文化研究论文集》，中州书画社，1983 年，第 173—187 页；

《齐侯宝盂鉴的年代及其史料价值》，《中原文物》1985 年第 4 期，第 63—64 页；

《淅川下寺楚墓的时代及其墓主》，《中原文物》1992 年第 2 期，第 51—55 页；

《洛阳东周墓葬的形制与考古分期》，《洛阳博物馆建馆四十周年纪念文集》，科学出版社，1999 年，第 54—64 页；

《东周国都洛阳青铜器研究》，《四川大学考古专业创建四十周年暨冯汉骥教授百年诞辰纪念文集》，四川大学出版社，2001 年，第 228—243 页。

张洁：

《淮泗流域东周墓葬出土青铜容器研究（内容提要）》，《古代文明研究通讯》（30），2006 年，第 30 页。

张金茹：

《鲜虞中山国青铜器的造型艺术》，《文物春秋》2002 年第 5 期，第 43—46 页。

张敬国：

《略论江淮地区夏商周文化分期及族属》，《文物研究》（3），黄山书社，1988 年，第 15—20 页。

张君：

《春秋时期楚国上层文化面貌初探》，《学术月刊》1985 年第 12 期，第 61—66 页。

张错生：

《馆藏镶红铜龙纹有盖铜方豆的年代与功用》，《河南博物院建院 80 周年论文集》，大象出版社，2007 年，第 135—141 页。

张克忠：

《中山王墓青铜器铭文简释——附论墓主人问题》，《故宫博物院院刊》1979 年第 1 期，第 39—50 页。

张莉：

《登封告成春秋郑国贵族墓研究》，《中国历史文物》2007 年第 5 期，第 74—80 页。

张立柱：

《关于冀北山戎的几个问题》，《文物春秋》2009 年第 1 期，第 15—20 页。

张连航：

《楚王子王孙器铭考述》，《古文字研究》（二十四），中华书局，2002 年，第 253—257 页。

张临生：

《故宫博物院所藏匜形器研究》，《故宫学术季刊》1984 年第 1 卷第 3 期，第 31—66 页；

《院藏人足兽鋬匜》，《故宫文物月刊》1984 第 2 卷第 7 期，第 4—11 页；

《故宫博物院所藏东周镶嵌铜器研究》，《故宫学术季刊》1989 第 7 卷第 2 期，第 1—78 页；

《院藏东周镶嵌铜器》，《故宫文物月刊》1990 年第 8 卷第 2 期，第 72—83 页；

《院藏东周镶嵌铜器》,《故宫文物月刊》1990 年第 8 卷第 3 期,第 44—53 页;

《院藏东周镶嵌铜器》,《故宫文物月刊》1990 年第 8 卷第 4 期,第 118—127 页;

《院藏东周镶嵌铜器》,《故宫文物月刊》1990 年第 8 卷第 5 期,第 4—9 页;

《浅谈四龙耳罍》,《海峡两岸春秋郑公大墓青铜器学术研讨会论文集》,台北历史博物馆,2001 年,第 67—86 页。

张懋镕:

《秦昭王十五年高陵君鼎考论》,《考古》1993 年第 3 期,第 269—270 页;

《两周青铜盨研究》,《考古学报》2003 年第 1 期,第 1—28 页;

《芮国铜器初探——附论陕西韩城梁带村墓地的国别》,《中原文物》2008 期第 2 期,第 47—49 页;

《试论青铜器自名现象的另类价值》,《庆祝何炳棣先生九十华诞论文集》,三秦出版社,2008 年,第 443—451 页;

《铜鉴小议》,《四川文物》2009 年第 2 期,第 53—54 页。

张懋镕、田旭东:

《礼县圆顶山秦墓铜器琐谈》,《早期秦文化研究》,三秦出版社,2006 年,第 34—46 页。

张懋镕、王勇:

《"王太后右和室"铜鼎考略》,《考古与文物》1994 年第 3 期,第 100—103 页。

张敏:

《吴王余眜墓的发现及其意义》,《东南文化》1988 年第 3、4 期,第 52—58 页;

《宁镇地区青铜文化谱系与族属研究》,《南京博物院建院 60 周年纪念文集》,南京博物院,1993 年,第 119—177 页;

《破山口青铜器三题》,《东周文化》2002 年第 6 期,第 46—53 页;

《宁镇地区青铜文化研究》,《长江流域青铜文化研究》,科学出版社,2003 年,第 248—297 页;

《读〈皖南商周青铜器〉有感》,《中国文物报》2007 年 4 月 11 日,第 4 版;

《鸿山越墓的发现与越文化的再认识》,《南京博物院集刊》(10),2008 年,第 30—40 页;

《阖闾城遗址的考古复查初步认识》,《无锡文博》2008 年第 4 期,第 9—17 页;

《吴越考古:新思维、新方法、新课题——〈南方文物〉吴越考古专栏开栏语》,《南方文物》2009 年第 2 期,第 51—54 页;

《吴国都城初探》,《南方文物》2009 年第 2 期,第 55—61 页;

《吴越贵族墓葬的甄别研究》,《文物》2010 年第 1 期,第 61—72 页。

张明东:

《试论齐国的墓葬特色》,《管子学刊》1995 年第 2 期,第 61—63 页。

张铭洽:

《秦代的文化政策与秦文化——再谈秦文化的层次性》,《陕西历史博物馆馆刊》(3),西北大学出版社,1996 年,第 82—92 页。

张庆久、杨华:

《山东地区周代腰坑墓葬考古研究》,《中国历史文物》2008 年第 2 期,第 43—51 页;

《从腰坑葬俗的延传轨迹看东夷—华夏文明的融合过程——兼论周代山东地区腰坑葬俗》,《文物世界》2008 年第 3 期,第 25—32 页。

张胜琳、张正明：

《上古墓葬头向与民族关系》，《湖北省考古学会论文选集》（一），1987 年，第 186—198 页。

张世铨：

《论越文化》，《百越史论集》，云南民族出版社，1989 年，第 278—292 页。

张硕：

《巴文化、楚文化与巴楚文化》，《楚文化研究论集》（六），湖北教育出版社，2005 年，第 1—11 页。

张泰龙、胡铁南、向开旺：

《湖南出土的两件东周铜器铭文考释》，《中国历史文物》2004 年第 5 期，第 33—35 页。

张天恩：

《边家庄春秋墓地与汧邑地望》，《文博》1990 年第 5 期，第 227—231 页；

《礼县等地所见早期秦文化遗存有关问题刍论》，《文博》2001 年第 3 期，第 67—74 页；

《甘肃礼县秦文化调查的一些认识》，《考古与文物》2004 年第 6 期，第 76—80 页；

《芮国史事与考古发现的局部整合》，《文物》2010 年第 6 期，第 35—42 页。

张婷：

《两周青铜簠初步研究》，《四川文物》2009 年第 1 期，第 45—51 页。

张童心、张崇宁：

《临猗程村墓地地望考》，《汾河湾——丁村文化与晋文化考古学术研讨会文集》，山西高校联合出版社，1996 年，第 331—333 页。

张万钟：

《侯马东周陶范的造型工艺》，《文物》1962 年第 4、5 期，第 37—42 页。

张闻捷：

《试论楚墓的用鼎制度》，《江汉考古》2010 年第 4 期，第 87—95 页；

《略论东周用豆制度》，《考古与文物》2011 年第 1 期，第 43—52 页；

《周代用鼎制度疏证》，《考古学报》2012 年第 2 期，第 131—162 页。

张闻玉：

《王子午鼎年代考》，《江汉考古》1987 年第 4 期，第 67—68 页。

张辛：

《侯马附近地区的东周陶器墓》，《三晋考古》（一），山西人民出版社，1994 年，第 30—54 页；

《郑州地区的周秦墓研究》，《考古学研究》（二），北京大学出版社，1994 年，第 166—188 页；

《中原地区东周陶器墓葬研究》，科学出版社，2002 年；

《中国古代青铜器的礼学观察》，《中国文物报》2004 年 7 月 30 日，第 7 版；

《青铜器礼仪论要》，《考古学研究》（六），科学出版社，2006 年，第 572—586 页。

张新斌：

《河南鹤壁鹿楼古城为赵都中牟说》，《文物春秋》1993 年第 4 期，第 34—38 页；

《辉县固围村战国墓国别问题讨论》，《中原文物》1994 年第 2 期，第 90—95 页。

张雄：

《"夷"、"越"文化关系略论》，《百越民族研究》，江西教育出版社，1990 年，第 223—233 页。

张秀荣：

《古山戎考略》,《北京文物与考古》(4),1994 年,第 109—115 页;

《试论山戎与奚及东胡的关系》,《北京文博》2008 年第 1 期,第 66—70 页。

张学海:

《试论鲁城两周墓葬的类型、族属及其反映的问题》,《中国考古学会第四次年会论文集》,文物出版社,1985 年,第 81—97 页。

张亚初:

《淅川下寺二号墓的墓主、年代与一号墓编钟的名称问题》,《文物》1985 年第 4 期,第 54—58 页;

《对商周青铜盉的综合研究》,《中国考古学研究——夏鼐先生考古五十年纪念论文集》(二),科学出版社,1986 年,第 49—63 页。

张彦修:

《河南三门峡市虢国墓地 M2001 墓主考》,《考古》2004 年第 2 期,第 76—78 页。

张翊华:

《江西贵溪崖墓墓主族属质疑——越人乎? 徐人乎?》,《南方文物》1992 年第 2 期,第 76—79 页。

张应桥、蔡运章:

《奠登伯盨跋》,《文物》2009 年第 1 期,第 45—47 页。

张英群:

《试论河南战国青铜器的画像艺术》,《中原文物》1984 年第 2 期,第 4—12 页。

张泽栋:

《从息县赖国城址谈古赖国的兴衰》,《中原文物》1996 年第 1 期,第 104—107 页;

《试论云梦秦墓陶器年代分期》,《江汉考古》1997 年第 2 期,第 58—60 页。

张增午:

《赵都中牟林州说的推定》,《中原文物》2005 年第 6 期,第 57—68 页。

张正明:

《楚都辨》,《江汉论坛》1982 年第 4 期,第 64—68 页;

《论楚文化的渊源》,《湖北大学学报》1985 年第 5 期,第 92 页;

《楚墓与楚文化》,《中原文物》1989 年第 2 期,第 37—40 页;

《楚文化的发现和研究》,《文物》1989 年第 12 期,第 57—62 页;

《淮汉之间——周代的一个文化交错地段》,《中原文物》1992 年第 2 期,第 1—4 页;

《楚墓与秦墓的文化比较》,《华中师范大学学报(人文社科版)》2003 年第 42 卷第 4 期,第 52—58 页;

《从楚墓看战国晚期的江陵和长沙》,《湖南省博物馆馆刊》(三),岳麓书社,2008 年,第 73—77 页。

张政烺:

《邵王之諻鼎及簋铭考证》,《中研院历史语言研究所集刊》第 8 本 3 分,1939 年,第 371—378 页;

《中山王𪮤壶及鼎铭考释》,《古文字研究》(一),中华书局,1979 年,第 208—232 页;

《中山国胤嗣䤿盗壶释文》,《古文字研究》(一),中华书局,1979 年,第 233—246 页;

《哀成叔鼎释文》,《古文字研究》(五),中华书局,1981 年,第 27—33 页;

《庚壶释文》,《出土文献研究》,文物出版社,1985 年,第 126—133 页。

张志新:

《楚叔之孙盉》,《中国文物报》1996 年 11 月 3 日,第 3 版;

《严山玉器窖藏与越国灭吴战争》,《东方文明之韵——吴文化国际学术研讨会论文集》,岭南美术出版社,2000 年,第 274—277 页。

张钟云:

《徐与舒关系略论》,《南方文物》2000 年第 3 期,第 45—49 页;

《安徽地区楚文化的研究与展望》,《东南文化》2001 年第 7 期,第 16—21 页;

《关于楚晚期都城寿春的几个问题》,《中国历史文物》2010 年第 6 期,第 57—62 页。

赵炳清:

《从峡江地区的楚墓看楚国的西境变化》,《中国历史地理论丛》2008 年第 2 期,第 52—58 页;

《从峡江地区楚文化遗存看东周时期巴楚关系的变化》,《华夏考古》2009 年第 2 期,第 118—124 页;

《从峡江地区楚文化遗存看东周时期的巴楚关系》,《考古》2010 年第 4 期,第 79—86 页。

赵诚:

《〈中山壶〉〈中山鼎〉铭文试释》,《古文字研究》(一),中华书局,1979 年,第 247—272 页。

赵德祥:

《䢂铭王孙霝和蔡姬考略》,《考古与文物》1993 年第 2 期,第 58—59 页。

赵东升:

《徐国史迹钩沉》,《东南文化》2006 年第 1 期,第 47—54 页。

赵冬菊:

《三峡地区巴、楚文物与巴楚文化研究》,《巴楚文化研究》,中国三峡出版社,1997 年,第 49—54 页。

赵化成:

《寻找秦文化渊源的新线索》,《文博》1987 年第 1 期,第 1—7 页;

《东周燕代青铜容器的初步分析》,《考古与文物》1993 年第 2 期,第 60—67 页;

《秦统一前后秦文化与列国文化的碰撞及融合》,《苏秉琦与当代中国考古学》,科学出版社,2001 年,第 619—630 页。

赵平安:

《哀成叔鼎"䀋蔓"解》,《中山大学学报》1992 年第 3 期,第 129—130 页;

《山东秦国考》,《华学》(七),中山大学出版社,2004 年,第 117—118 页;

《山东泰安龙门口新出青铜器铭文考释》,《中国历史文物》2006 年第 2 期,第 18—20 页;

《唐子仲濒盘匜"咸"字考索》,《中国历史文物》2008 年第 2 期,第 73—77 页;

《从语源学的角度看东周时期鼎的一类别名》,《考古》2008 年第 12 期,第 66—70 页;

《宋公䧹作溦叔子鼎与滥国》,《中华文史论丛》2013 年第 3 期,第 31—36 页。

赵青云、傅振伦:

《关于固始侯古堆一号墓》,《中国历史博物馆馆刊》1984 年第 6 期,第 23—27 页。

赵士祯:

《关中秦墓分析》,《文博》2006 年第 4 期,第 49—51 页。

赵世纲:

《楚人在河南的活动遗迹》,《楚文化研究论文集》,中州书画社,1983 年,第 49—72 页;

《信阳长台关一号墓的年代与国别》,《考古与文物》1983 年第 4 期,第 56—59 页;

《淅川楚墓王孙诰钟的分析》,《江汉考古》1986 年第 3 期,第 45—57 页;

《徐王子旃钟与徐君世系》,《华夏考古》1987 年第 1 期,第 194—201 页;

《邓子受钟与鄂国史迹》,《故宫文物月刊》(138),1994 年,第 102—117 页;

《淅川楚王族墓地的发现与研究》,《故宫文物月刊》(142),1995 年,第 82—103 页;

《邓子受钟与鄂国史迹》,《江汉考古》1995 年第 1 期,第 47—51 页;

《虢国青铜器与虢国墓地的年代问题》,《河南文物考古论集》,河南人民出版社,1996 年,第 350—364 页。

赵世纲、刘笑春:

《王子午鼎铭文试释》,《文物》1980 年第 10 期,第 27—30 页。

赵世纲、罗桃香:

《论温县盟书与侯马盟书的年代及其相互关系》,《汾河湾——丁村文化与晋文化考古学术研讨会文集》,山西高校联合出版社,1996 年,第 152—161 页。

赵旭阳:

《秦变革前后咸阳墓葬的变化》,《文物考古论集——咸阳市文物考古研究所成立十周年纪念》,三秦出版社,2000 年,第 107—111 页。

赵幼强:

《螭盉与吴王夫差盉》,《中国文物报》2000 年 5 月 31 日,第 4 版。

赵玉泉、壮宏亮:

《对春秋时期吴国城址的初步认识》,《东南文化》1998 年第 4 期,第 45—49 页。

赵振华:

《哀成叔鼎的铭文与年代》,《文物》1981 年第 7 期,第 68—69 页。

赵宗秀:

《试论商末周初徐国之所在》,《东南文化》1995 年第 1 期,第 28—34 页。

征程:

《东周青铜器研究的重要成果》,《中国文物报》1999 年 6 月 30 日,第 3 版。

郑洪春、袁长江:

《汉水流域巴蜀文化分野及巴人文化延续》,《巴蜀文化暨三峡考古学术研讨会文集》,西南师范大学出版社,2006 年,第 183—186 页。

郑建芳:

《古费国历史的见证——费敏父鼎》,《中国文物报》1994 年 4 月 24 日,第 3 版。

郑君雷:

《战国时期燕墓陶器的初步分析》,《考古学报》2001 年第 3 期,第 275—304 页;

《战国燕墓的非燕文化因素及其历史背景》,《文物》2005 年第 3 期,第 69—75 页。

郑清森:

《"宋孟姬"青铜匜考》,《中国历史文物》2007 年第 5 期,第 12—14 页;

《山东泰安出土"商丘叔"簠考》,《中国历史文物》2010 年第 6 期,第 39—43 页。

郑威:

《两周之际高等级贵族墓青铜礼器组合新探》,《考古》2009 年第 3 期,第 57—63 页。

郑小炉:

《试论徐与群舒青铜器——兼论徐、舒与吴越的融合》,《文物春秋》2003 年第 5 期,第 6—14 页;
《试论青铜甗(鬲)形盉》,《南方文物》2003 年第 3 期,第 45—54 页;
《南方青铜器断代的理论与实践》,《考古》2007 年第 9 期,第 67—77 页。
郑忠华、许道胜:
《钟祥黄土坡五座铜礼器墓分期研究》,《楚文化研究论集》(六),湖北教育出版社,2005 年,第 241—250 页。
中山大学古文字研究室楚简整理小组:
《江陵昭固墓若干问题的探讨》,《中山大学学报》1977 年第 2 期,第 90—96 页。
钟凤年:
《试谈平山三铜器》,《文物》1981 年第 12 期,第 34 页。
钟立飞:
《试析江西楚文化》,《江汉考古》1994 年第 2 期,第 64—68 页。
钟龙岗、丁金龙:
《浑源李峪青铜器再认识》,《山西省考古学会论文集》(四),山西人民出版社,2006 年,144—146 页。
钟遐:
《绍兴 306 号墓小考》,《文物》1984 年第 1 期,第 36—37 页。
周大鸣:
《略论吴国发现的青铜器及其相关问题》,《人类学论文选集》,中山大学出版社,1986 年,第 101—109 页。
周萼生:
《邛县刘林遗址出土西啉簠铭释文》,《考古》1960 年第 6 期,第 36 页。
周法高:
《楚王领钟的年代》,《金文诂林》,香港中文大学出版社,1975 年,第 113 页。
周健、侯毅:
《关于晋文化研究的几个问题》,《文物世界》2002 年第 2 期,第 34—36 页。
周世荣:
《浅谈湖南的楚文化》,《中原文物》1990 年第 2 期,第 85—88 页。
周书灿:
《再论确山县竹沟镇窖藏青铜器的国别和族属问题》,《江汉考古》1999 年第 3 期,第 39—42 页;
《再论确山县竹沟镇窖藏青铜器的国别和族属问题》,《东南文化》1999 年第 5 期,第 114—116 页。
周书灿、郭玮:
《春秋器器浅议》,《中原文物》1994 年第 3 期,第 52—53 页。
周晓陆:
《"郏陵君鉴"补》,《江汉考古》1987 年第 1 期,第 77 页;
《盱眙所出重金络𨱔、陈璋圆壶读考》,《考古》1988 年第 3 期,第 258—263 页;
《战国楚寿春饮鼎跋》,《文物研究》(9),黄山书社,1994 年,第 204—207 页。
周晓陆、张敏:
《北山四器铭考》,《东南文化》1988 年第 3、4 期,第 73—82 页。

周亚：

《丹徒谏壁王家山东周墓部分青铜器的时代及其他》,《上海博物馆集刊》(六),上海古籍出版社,1992
年,第 164—169 页；

《"浑源彝器"话今昔》,《鉴赏家》1997 年第 5 期,第 94—99 页；

《吴越地区土墩墓青铜器研究中的几个问题——从安徽屯溪土墩墓部分青铜器谈起》,《吴越地区青铜器
研究论文集》,上海博物馆、两木出版社,1997 年,第 55—70 页；

《西施的传说与吴王夫差盉》,《中国文物世界》(138),1997 年,第 71 页；

《郾王职壶铭文初探》,《上海博物馆集刊》(八),上海书画出版社,2000 年,第 144—150 页。

周永珍：

《曾国与曾国铜器》,《考古》1980 年第 5 期,第 436—443 页；

《两周时期的应国、邓国铜器及地理位置》,《考古》1982 年第 1 期,第 48—53 页。

朱拜石：

《安徽省立图书馆所藏寿县出土楚器简明表》,《学风》1935 年第 5 卷第 7 期。

朱德熙：

《寿县出土楚器铭文研究》,《历史研究》1954 年第 1 期,第 99—118 页；

《战国文字研究(六种)》,《考古学报》1972 年第 1 期,第 73—89 页。

朱德熙、裘锡圭：

《平山中山王墓铜器铭文的初步研究》,《文物》1979 年第 1 期,第 42—52 页。

朱凤瀚：

《臧孙钟与程桥墓地》,《王玉哲先生八十寿辰纪念文集》,南开大学出版社,1994 年,第 193—200 页。

朱继平：

《考古所见楚对鄂东铜矿的争夺与控制》,《中国历史文物》2010 年第 6 期,第 63—69 页。

朱萍：

《楚文化的西渐——楚国向西扩张的考古学观察》,《重庆·2001 三峡文物保护学术研讨会论文集》,科
学出版社,2003 年,第 175—188 页。

朱仁星：

《有流鼎初探》,《故宫学术季刊》1993 年第 10 卷第 4 期,第 35—52 页。

朱燕英：

《从考古贡献看越文化对楚文化的影响——以长沙楚墓资料为主》,《福建文博》2006 年第 3 期,第 16—
24 页；

《楚文化对江南百越文化的影响和融合》,《百越研究》(一),广西科技出版社,2008 年,第 273—288 页。

祝诣博：

《楚与两广之越关系初探》,《楚文化研究论集》(六),湖北教育出版社,2005 年,第 512—518 页。

祝中熹：

《礼县大堡子山秦陵墓主再探》,《文物》2004 年第 8 期,第 65—72 页；

《试说甘肃省博物馆藏春秋秦鼎》,《早期秦文化研究》,三秦出版社,2006 年,第 191—209 页；

《试论礼县圆顶山秦墓的时代与性质》,《考古与文物》2008 年第 1 期,第 70—77 页。

庄春波：

《谭国史考略》,《东夷古国史研究》(1),三秦出版社,1988 年,第 212—225 页。

邹芙都:

《楚系铭文分期研究》,《四川大学学报(哲学社会科学版)》2003 年第 3 期,第 137—142 页;

《有铭楚器订补九则》,《西南师范大学学报》2005 年第 2 期,第 105—108 页;

《楚国铜器铭文札记七则》,《云南民族大学学报(哲学社会科学版)》2005 年第 2 期,第 107—111 页;

《有铭楚器订补九则》,《西南师范大学学报(人文社会科学版)》2005 年第 2 期,第 105—108 页;

《新见"楚王酓忎"考释》,《考古与文物》2009 年第 2 期,第 71—73 页。

邹衡:

《新发现虢国大墓观后感》,《中国文物报》1991 年 3 月 17 期,第 3 版;

《论古代器物的型式分类》,《夏商周考古学论文集(续集)》,科学出版社,1998 年,第 352—354 页。

邹厚本:

《宁镇地区出土周代青铜容器的初步认识》,《中国考古学会第四次年会论文集》,文物出版社,1985 年,第 123—135 页。

左正华:

《太原晋国赵卿墓——晋阳城肇建者最后的奢华》,《中国文化遗产》2008 年第 1 期,第 48—54 页。

致　　谢

本书是在 2014 年 6 月完成的博士毕业论文的基础上修改完成的。本书的选题、构思和篇章结构都是由我的导师徐天进先生亲自手定的。在写作和修改过程中,徐老师始终关注着研究进展情况,时刻给出十分具体的意见和建议,倾注了大量的心血。本书能够完成全系徐老师的卓识、支持和鼓励。自 2008 年以来,徐老师睿智、博学、深思、笃志和淡泊宁静的风格给我巨大影响,时间愈久愈加感念老师的恩德,愈发能够理解“先生之风,山高水长”。

在北京大学读书期间,李伯谦先生、朱凤瀚先生、李零先生和刘绪、孙华、高崇文、赵化成、雷兴山、孙庆伟、董珊等老师,都给我学业上的直接指导,在论文写作和修改期间提出很多宝贵的意见。他们对考古事业和学术研究的热情、执着和奖掖后学的精神,给我留下深刻印象。特别是李伯谦先生一直关注着本书的修改工作,多次敦促和激励我抓紧修改出版并尽早启动下篇的研究。本书的出版与李先生的关爱和支持密不可分。

博士论文评审和答辩期间,匿名评审专家和李伯谦、李零、刘绪、孙华、孙庆伟、雷兴山、董珊、周亚、王青等答辩委员提出了许多宝贵意见,都体现在本书之中。在此一并表示感谢。

2004 至 2008 年在西北大学求学期间,王建新、张宏彦、赵丛苍、王维坤、陈洪海、冉万里、刘瑞俊、王振等老师给我很多教诲和帮助。钱耀鹏先生将我引向考古学的道路,他严谨、细致和坚守的品格给我留下深刻的印象和影响。

过去十年间,我经常向王占奎、张懋镕、许宏、徐良高、宋江宁、付仲扬、焦南峰、张天恩、刘军社、孙周勇、孙秉君、种建荣、梁云、辛怡华、吉琨璋、王辉、张敏、宫希成、吴卫红、黄凤春、任相宏、方辉、王青、郑同修、王守功、刘延常、蔡庆良、付罗文、叶娃、大贯静夫、饭岛武次、西江清高、渡部展也等先生求教,得到很多帮助和鼓励。常怀颖、冯峰、马赛、刘静、施文博、陈冲、郜向平、林永昌、吴长青、张闻捷、张依萌、汤超、文明、梁勇、罗汝鹏、王子奇、陈晶鑫、侯卫东、庄惠芷、张寅、方笑天、黎海超、李宏飞、刘佳君、曹龙、张伟、孙伟刚、邵晶、耿庆刚、陈国科、侯红伟、郭长江、雷少、角道亮介、近藤晴香、田田润、长尾综史、铃木舞、金豆豆等同志和同学,给我提供了各种帮助。亦师亦友的王君美先生有很多奇思妙想,给我不少灵感和启发。责任编辑张亚莉女士为本书的校对付出了艰辛的劳动和努力。在此一并表示感谢。

最后,感谢我的家人给我陪伴、鼓励和支持。

图书在版编目(CIP)数据

东周青铜容器谱系研究／路国权著. —上海：上海古籍出版社，2018.8
（北京大学中国考古学研究中心稽古系列丛书）
ISBN 978-7-5325-8944-9

Ⅰ.①东… Ⅱ.①路… Ⅲ.①青铜器(考古)—研究—中国—东周时代 Ⅳ.①K876.414

中国版本图书馆 CIP 数据核字(2018)第 158284 号

东周青铜容器谱系研究
（全二册）

路国权　著

上海古籍出版社出版发行

（上海瑞金二路 272 号　邮政编码 200020）

(1) 网址：www. guji. com. cn

(2) E-mail：guji1@guji. com. cn

(3) 易文网网址：www. ewen. co

上海惠敦印务科技有限公司印刷

开本 787×1092　1/16　印张 68.25　插页 5　字数 1,453,000
2018 年 8 月第 1 版　2018 年 8 月第 1 次印刷
ISBN 978-7-5325-8944-9

K · 2528　定价：280.00 元

如有质量问题,请与承印公司联系